本文集为
中国社会科学院"登峰战略"资深学科带头人项目
"清代满汉关系研究（2018—2020）"
子课题

本文集为
中国社会科学院"登峰战略"资深学科带头人项目
"清代满汉关系研究（2018—2020）"
子课题

刘小萌 著

清史满族史论集 （上）

中国社会科学出版社

图书在版编目(CIP)数据

清史、满族史论集：全二册/刘小萌著.—北京：中国社会科学出版社，2020.10
ISBN 978-7-5203-6675-5

Ⅰ.①清… Ⅱ.①刘… Ⅲ.①中国历史—清代—文集②满族—民族历史—文集 Ⅳ.①K249.07-53②K282.1-53

中国版本图书馆CIP数据核字(2020)第129340号

出 版 人	赵剑英
责任编辑	耿晓明
责任校对	李　军
责任印制	李寡寡

出　　版	中国社会科学出版社
社　　址	北京鼓楼西大街甲158号
邮　　编	100720
网　　址	http://www.csspw.cn
发 行 部	010-84083685
门 市 部	010-84029450
经　　销	新华书店及其他书店
印　　刷	北京明恒达印务有限公司
装　　订	廊坊市广阳区广增装订厂
版　　次	2020年10月第1版
印　　次	2020年10月第1次印刷
开　　本	710×1000　1/16
印　　张	73
字　　数	1015千字
定　　价	369.00元（全二册）

凡购买中国社会科学出版社图书，如有质量问题请与本社营销中心联系调换
电话：010-84083683
版权所有　侵权必究

总 目 录

前 言 …………………………………………………… 1

上 册

第一编　清初史 …………………………………………（1）
第二编　八旗制度与社会 ………………………………（189）

下 册

第三编　旗民关系 ………………………………………（539）

后　记 ……………………………………………………（1157）

前　言

本文集为中国社会科学院"登峰战略"资深学科带头人项目"清代满汉关系研究（2018—2020）"子课题之一。选编了我自1987年以来陆续发表的有关清史、满族史论文58篇，分编为"清初史""八旗制度与社会""旗民关系"三个专题。每专题按照文章主旨分类编排。通过以上编排，可以大致了解我的治学之路。

总结自己三十多年来从事研究的基本特色，大致有如下几点：第一，从满族角度研究清史，从八旗角度研究满族史；第二，研究注重利用满汉文档案、文献，并在挖掘利用契书、碑文、家谱、舆图等史料方面努力探索；第三，研究围绕清代满汉关系（旗人与民人关系）展开，并逐步拓展范围；第四，继承实证史学传统，解读研究中的疑难问题。

收入本集的论文因散见于各种刊物，体例不一，此次作了统一处理。文末注明发表刊物的名称与时间。论文内容基本保持原貌，若干篇作了修订，基本观点均未改动。凡满文引文，按国际通行穆德麟夫转写法。其中，《台尼堪考》一篇系与中国社会科学院历史研究所研究员定宜庄合撰。特作说明，并致谢忱！所收论文仍存在不少讹误或有待商榷处，敬祈诸位师长学友批评指正。

作者谨识
2019年6月8日

目 录

（上　册）

第一编　清初史

有关满族开国史的古籍整理与研究 ………………………………（3）
明代女真血缘组织哈拉穆昆的动态分析 ……………………………（14）
明代女真的血缘家族乌克孙 …………………………………………（25）
明代女真的地缘组织
　　——噶栅 ………………………………………………………（35）
明代女真社会的酋长 …………………………………………………（46）
明末女真社会氏族制度的瓦解 ………………………………………（60）
满族肇兴时期政治制度的演变 ………………………………………（79）
关于满族肇兴时期"两头政长"的撤废问题 ………………………（94）
论牛录固山制度的形成 ………………………………………………（102）
满族习惯法初探 ………………………………………………………（116）
天聪年间皇太极限制贵族特权的法律措施 …………………………（132）
满族肇兴时期所受蒙古文化的影响 …………………………………（148）
从满语词汇考察满族早期的经济生活 ………………………………（161）
满族萨满教信仰中的多重文化成分 …………………………………（177）

1

目　录

第二编　八旗制度与社会

八旗户籍中的旗下人诸名称考释 …………………………（191）
关于清代八旗中"开户人"的身份问题 ……………………（201）
试析旗下开户与出旗为民 …………………………………（212）
库图勒考 ……………………………………………………（224）
台尼堪考 ……………………………………………………（237）
关于江宁将军额楚满文诰封碑 ……………………………（247）
清前期东北边疆"徙民编旗"考察 …………………………（254）
康熙年间的北京旗人社会 …………………………………（272）
清前期北京旗人满文房契研究 ……………………………（303）
清代北京的俄罗斯人 ………………………………………（323）
清代北京俄罗斯人与中俄文化交流 ………………………（338）
旗籍朝鲜人安氏的家世与家事 ……………………………（368）
清朝皇帝与保母 ……………………………………………（402）
清朝皇帝与保母续考 ………………………………………（418）
"和珅跌倒"后的官场贪腐
　　——以广兴案为例 ……………………………………（439）
乾隆朝顺懿密太妃丧葬仪注考 ……………………………（455）
乾隆帝恢复允禵允禟宗籍考 ………………………………（477）
关于清代内务府世家 ………………………………………（493）
清代满人的姓与名 …………………………………………（521）

第一编

清初史

有关满族开国史的古籍整理与研究

满族是继蒙古族以后,在我国历史上又一次建立起统一王朝的少数民族,在清代近三百年统治中起过重要作用。研究满族从部落到国家的发展,是满族史的重要课题。满族建立起的清朝,继承了历代王朝的体制,但是又带有不同于前代的许多特征,对于这些特征,如果不联系满族早期历史,往往难以说明。清初满族虽处在社会制度迅速变革的阶段,但作为一个统治民族,它的某些落后性,对中国社会的发展又曾一度产生消极影响。因此,研究满族早期历史,对清朝制度史、政治史研究也具有重要意义。

长期以来,国内外满族史、清史学界发表了不少有关明代女真和清入关前满族历史的论文论著,但大多偏重某一专题的研究。如何从制度史角度,对元末以迄明季三百余年间满族从部落到国家的形成进行比较系统的说明,仍是一个有待努力的工作。

满族的先民女真,几乎没有留下关于自身历史的文字史料,考察这段历史主要依据当时明朝、朝鲜的一些记载,以及后来清朝满族统治者对其祖先业绩的追述。

朝鲜世代与女真民族为邻,历史关系悠久。明代的朝鲜,由于国力比较单弱,对东北地区剽悍的女真部落不能不怀有强烈戒心,比起以泱泱大国自居的明朝来,显然更关注女真社会的动向。因此,在研究女真史和满族兴起史方面,朝鲜史料具有最重要的价值。《朝鲜李朝实录》(简称《朝鲜实录》),是朝鲜李氏王朝用汉文记载的官修史书。李朝建于1392年,止于1910年,基本与中国明清两代相始终。《朝鲜实录》大量记述明代女真在东北和朝鲜周

| 第一编　清初史 |

边的活动，特别是关于女真社会内部的调查和报告，是明朝官私史籍中绝少看见的。《朝鲜实录》卷帙浩繁，全阅不易，日本学者从20世纪30年代初开始整理《朝鲜实录》，并从中摘抄女真（满）、蒙古史料，直到1954年《满蒙史料》才陆续出版，至1959年共15册全部出齐，这部史料的重要价值在于对各种版本认真校勘，并编有人名地名索引，为研究者提供了便利。1980年中华书局出版吴晗辑录《朝鲜李朝实录中的中国史料》12册，全书三编，上编收录明代女真史料。

朝鲜申忠一《建州纪程图记》和李民寏《建州闻见录》是考知满族兴起之际社会状况的两部珍藏，以往流传甚稀。1939年日本稻叶岩吉将《建州纪程图记》收入所著《兴京二道河子旧老城》，使珍本得以传布。1978年至1979年，辽宁大学历史系将两书收入《清初史料丛刊》印行。

明代汉文史料首推《明朝实录》，其中系统记录了明朝与女真诸部交往、战和的历史，有关卫所设置、贡敕制度的资料尤为翔实，但殊少对女真社会内部状况的报告，其中对少数民族的歧视，因不同文化背景而导致的隔膜更撼拾可见。1940年江苏国学图书馆影印本共500册，今以1962年"中研院"历史语言研究所出版王崇武、黄彰健等人校勘本为佳。日本京都大学学者从20世纪30年代初着手《明朝实录》校勘整理，从中辑出有关满蒙史料，1954年至1959年全部出齐共18册，内《满洲篇》8册，殊便使用。《明会典》是汇录明朝一代典章制度的书，始修于弘治年间，目前通行万历十五年（1587）重修本，其中涉及女真卫所制度、朝贡回赏等内容，均分门别类，便于考索。《辽东志》《全辽志》是有关明代东北的两部志书，前书为嘉靖十六年（1537）重修本，后书成于嘉靖四十五年（1566），实即《辽东志》第三次修订本，所载辽东马市、陆路交通、女真诸部风俗习惯的资料弥足珍贵。金毓黻将两志收入《辽海丛书》，并进行认真校勘。《皇明经世文编》是成于崇祯十一年（1638）的一部明人文集汇编，所收奏疏记述了不少明代女真与满族肇兴时期史事，可补正史缺文。1962年中华书局据明刊本影印。

明季记女真（满族先世）史事的私家笔记很多，但多非身历其境之作，故道听途说、陈陈相因者不少。价值较高的有，程开祜辑《筹辽硕画》46卷，收录万历、泰昌、天启朝内外臣僚关于辽事奏疏，保留有关满族建国前后的若干珍贵史料；冯瑗《开原图说》2卷，记海西女真史事翔实可靠；瞿九思《万历武功录》14卷，其中第11卷专记女真各部行迹及其与明朝、蒙古关系；茅瑞徵撰《东夷考略》，作者历官兵部职方主事、郎中，素悉女真状况，所述非漫然命笔。

满族在国家形成过程中从毗邻各先进民族得到不同益处。特别在早期，蒙古文化的影响尤为显著。蒙古文史籍除记载两个民族密切交往的历史外，还保留着有关满族早期历史的一些宝贵片断。大约成书于17世纪初叶的蒙古族重要史籍《蒙古黄金史纲》（朱风、贾敬颜译，内蒙古人民出版社1985年版）以及罗布藏丹津原著、札奇斯钦译注《蒙古黄金史》（联经出版事业股份有限公司1979年版）是两部重要珍藏。罗福成类次《女真译语》、贾敬颜、朱风合辑《蒙古译语女真译语汇编》（天津古籍出版社1990年版）在考证女真名物制度等方面也有参考价值。

清代满汉文献是可资利用的又一大宗史料。清朝官书往往抹杀早期历史实情，对与明朝、朝鲜的关系忌讳尤甚。清修《明史》对女真史实鲜有记述，或语焉不详。乾隆年间官修《满洲源流考》，将满洲世系上溯先秦肃慎，但竭力遮掩明代女真史事，无此通病的仅《满文老档》。《满文老档》指满族入关前用无圈点老满文书写的编年体官方史书，乾隆年间复用新满文重抄。原本残缺，今存万历三十五年（1607）至清崇德元年（1636）部分，是研究满族兴起史的第一手原始资料。1918年，满族学者金梁招聘人员翻译老档，1929年将部分译稿以《满洲老档秘录》名义刊布，其后将部分译稿在《故宫周刊》连载，题称《汉译满洲老档拾零》。金梁译文只求达雅，信则不足，为后人所病，其实首事之功不可泯没，可惜此后数十年间老档在国内几无人问津。1939年，日本出版了藤冈胜二的《满文老档》日译本。50年代，神田信夫、松村润、冈田英弘等组成满文老档研究会译注《满文老档》，至1963年7册出齐，用罗马字母转写满文，逐词直译，下附日语译文，是日本学者整理《满文老档》的一项突出成绩。1964年，广禄、李学智开始译注《满文老档》原本，即无圈点老满文原档，是一项难度很大的工作，后以《清太祖朝老满文原档》为名出版2册，体例与《满文老档》日译本同，满汉对照，下附汉语译文。《原档》所记有为《老档》所不载者，史学价值不言而喻。张葳《旧满洲档译注》将天聪元年至五年老满文原档译为汉文，是整理满文古籍的又一成绩。

1990年，中华书局终于印行由国内学者集体译注的《满文老档》，是国内满族史、清史学界的一桩大事。这部译著纠正了前人译本的一些缺失，反映了《老档》翻译的新水平。但由于未录满文原文，加之个别地方抄写有误，所以在依据满文审音勘同、考证名物等方面，日译本仍有不可替代的价值。近年来，国内学者在整理翻译出版清初满文档案方面取得了引人注目的成就，特别是1989年《光明日报》出版社出版由中国第一历史档案馆编译的《清初内国史院满文档案译编》，是继《满文老档》之后的又一部重要译著，无异于《满文老档》补编。这样，关于满族建国初期的历史，便有了由满文档案和清朝实录并行的两套史料，两者可以互为参稽补充。另外，李光涛、李学智自1959年以后陆续编辑《明清档案存真选辑》三集，初集包括《沈阳旧档》38件，二集收录老满文档案4件，均为研究满族开国史的珍藏。

《满文老档》记事起自1607年，对于这之前的满族历史只有求诸《满洲实录》和《清太祖武皇帝实录》。前书体例为历朝正史所无：以满蒙汉三体对照行文，又附图绘77帧。是书虽最后成书于乾隆四十六年（1781），但文字主要取材于满文老档，图绘则源于天聪九年（1635）完成的《太祖实录图》，故保留了比较古朴的面貌，堪称研究满族早期社会制度、族源世系、肇兴事迹的瑰宝。1938年，今西春秋出版《满和对译满洲实录》，将满文转写为罗马字母，用日文逐词直译，下附汉文原文，书末《注释》对书中涉及主要制度或史事逐条诠释，抉微阐幽，是一部集史料整理和学术研究于一体的著作。近年，陈捷先撰《满文清实录研究》（《满文档案丛考》第一集），对《满文老档》《武皇帝实录》《满洲实录》的沿革关系进行了穷原竟委的考辨。

清朝入关，为巩固统治，确立"首崇满洲"原则，重视对本族历史的研究整理。《八旗满洲氏族通谱》《八旗通志》《满洲源流考》等一批官修史籍应运而生。《八旗满洲氏族通谱》80卷，书成于乾隆九年（1744），满汉两种文本，据明清档案笔记家乘等写成，是探明满族早期血缘组织形态变迁与牛录固山制度发展的重要参考文献。1989年，辽沈书社据武英殿本影印，附有姓氏人名索引。《八旗通志初集》250卷，乾隆四年（1739）书成，专记八旗制度与八旗人物。其中，《旗分志》和传记部分是考镜满族早期人物与牛录源流的重要凭依，例来为史家所重，今通行东北师范大学出版社1985年校勘本。神田信夫曾将《八旗通志初集》和《钦定八旗通志》中列传和人物志所收人物编为索引，1965年东洋文库满文老档研究会以《八旗通志列传索引》为名印行，是研究满族历史和八旗制度的重要工具书。此外，《清朝开国方略》《清朝通志·氏族略》《清史列传》等官修史书，也较有参考价值。

日本学者自20世纪初着手满族史料的搜检，对满族早期历史的研究开拓早，用力深，成绩斐然。白鸟库吉、内藤虎次郎（内藤湖南）是这一领域的开拓者。30年代稻叶君山（稻叶岩吉）撰为《清朝全史》《满洲发达史》，至今仍有学术参考价值。这一研究在三四十年代达到高潮，涌现出鸳渊一、户田茂喜、旗田巍、今西春秋、三田村泰助、中山八郎、园田一龟、安部健夫、周藤吉之等一批知名学者。以后，他们的研究大多结集出版，主要有：周藤吉之《清代满洲土地政策研究》（1944）、园田一龟《明代建州女真史研究》（1948）、和田清《东亚史研究》（满洲篇，1955）、三田村泰助《清朝前史的研究》（1965）、安部健夫《清朝史的研究》（1971）等。50年代以来，日本的研究队伍仍具备雄厚的实力，又出现阿南惟敬这样以研究八旗制度称名的专家。1992年，日本出版河内良弘《明代女真史的研究》，堪称研究明代女真社会历史、经济生活、对外关系的精审之作。

明代女真的部落组织，内部包括血缘组织与地域组织，关系比较复杂。1935年，旗田巍发表《吾都里族的部落构成》（收入《满洲史研究》，1936），依据15世纪中叶《朝鲜实录》有关图们江流域女真部落的调查报告，对建州女真吾都里（斡朵里）部的内部结构进行精细考证，认为其村落已非血缘集团，而且贫富差别相当明显，据此得出吾都里部氏族制度已经崩溃的结论，是一项影响深远的成果。三田村泰助在先后发表的《满洲国成立过程的考察》（1936）、《明末清初的满洲氏族及其源流》（1960）、《穆昆塔坦制的研究》（1963）中贯穿着一个基本观点：由于女真的老氏族组织过于庞大，不能再履行各项社会职能，于是从哈拉分化出的穆昆逐渐取以而代之，后者是以地域关系为基础的血缘组织，是决定女真社会性质的的根本因素。三田村泰助祖述内藤虎次郎，持明代女真社会氏族制度说，故不免忽略氏族组织日呈瓦解的征兆。尽管如此，他的论著仍构成对女真社会组织最为系统的考察，不少观点颇有见地。

噶栅（即村寨）是女真部落内的基本地域组织。旗田巍《吾都里族的部落构成》最先剖析噶栅的内部结构。他在《关于满洲八旗成立过程的考察》（1940）中，进一步研究噶栅的规模，探明了噶栅规模小的特点。并且认为，"噶栅、乌克孙（以及穆昆）是满洲早先社会经济的基本单位"。1944年，《史渊》第32期发表了江岛寿雄的《明末清初噶栅的各种形态》，依据申忠一《建州纪程图记》的记述，将建州女真的噶栅分为四种类型，但未就噶栅性质和内部关系作较为详尽的考察。这种根据观察得到的相似性和差异，把噶栅组织加以分类的方法，有助于对不同类型噶栅的特征进行概括并进行比较。此外，中山八郎《明末女真和八旗体制的素描》（1936），今西春秋《满和对译满洲实录》（1938）的《注释》，鸳渊一、户田茂喜《诸申的考察》（1939）等文，也曾就女真社会的血缘、地域组织问题各叙已见。

女真社会组织的细胞是家庭。日本学者不仅注意分析家庭中贫富分化现象，而且揭示了家庭制度的特点。内藤虎次郎1922年曾在《史林》7卷1号发表的《清朝初期的继嗣问题》一文中指出：幼子继承制度是蒙古和满洲的传统。尔后，旗田巍《关于建州三卫的户口》（1940）提出：女真素有父子兄弟分居的习惯，男子成年后即依序离开父亲，另居一户，财产也分别占有。

女真部落管理机构主要由大小酋长组成，旗田巍《吾都里族的部落构成》认为，吾都里部酋长是强盛家族的代表。田中通彦在《十五世纪女真族社会和初期努尔哈赤政权的结构》（载《历史人类学》第3号，1977）一文中进一步说明，吾都里的村落内分为主体家族和从属性的依附家族，前者保持较明显的聚居，内部分化也更显著。在《明代女真族的社会构成》（载《木村正雄先生退官纪念东洋史论集》，1976）中他表示：女真酋长的身份具有双重性质，对于部民既有强制和剥削役使的一面，又有依赖的一面，这种状况与部落内部存在一定程度的阶层分化有关：大小酋长及其一族是奴隶的占有者，一般成员则缺少耕牛等必要的农业生产手段。

到明末努尔哈赤崛兴之际，满族社会面貌焕然一新，从传统社会组织和管理机构中逐步脱胎出新的政治组织和公共权力机构。鸳渊一、户田茂喜《诸申的考察》，三田村泰助《穆昆塔坦制的研究》，安部健夫《八旗满洲牛录的研究》等文，依据《满文老档》卷79—81《穆昆塔坦档》，对努尔哈赤的早期政权与性质分别发表了意见，尽管说解不同，成为今天研究的起点。

由牛录组合而成的八固山，又习称"八旗"，是满族进入国家时代的军事政治经济合一的社会组织和政治制度。日本学者历来重视对这一核心问题的研究。牛录是固山的基层组织，关于它的源起、建制年代、内容与性质，中山八郎《关于明末女真和八旗制度的素描》《关于清初兵制的若干考察》（载《和田博士还历纪念东洋史论丛》，1951）、安部健夫《八旗满洲牛录的研究》、三田村泰助《初期满洲八旗之成立过程》、旗田巍《关于满洲八旗成立过程的考察》均作了专门研究，在牛录组织的氏族制起源上求得了共识。中山八郎的文章突出了牛录与哈拉穆昆的关系；旗田巍认为牛录是若干噶栅、乌克孙的结合；安部健夫强调牛录是经济组织，养兵的基体。从不同角度丰富了人们的认识。松浦茂《努尔哈赤的徙民政策》是一篇独辟蹊径之作，认真考察了努尔哈赤将海西女真、东海女真诸部迁徙入旗政策及其实施过程。在八旗制度研究方面，阿南惟敬是颇有造诣的学者，论文集《清初军事史论考》（1980）重点探讨满族建国以后八旗制度的一些专题。努尔哈赤将被征服的众多族寨编入固山牛录，在此基础上形成新的村落制度。周藤吉之《清代前期八旗村落制》（1972）对此问题详加考察，增进了人们对八旗组织深层结构的了解。

"八王（即八旗旗主）共治国政"体现了满族国家的重要特点。1936年，中山八郎在《明末女真和八旗制度的素描》中首先提出这个问题，在《清初努尔哈赤王国的统治机构》（载《一桥论丛》第14卷2期，1944）中利用《满文老档》，作了进一步研究。以后继续探讨的有鸳渊一《清初的八固山额真》（《山下先生还历纪念论文集》，1938）、神田信夫《清初的贝勒》（1958）、阿南惟敬《关于清初八王的考察》等，后文针对神田信夫考证的八和硕贝勒而撰，对其中的多铎、多尔衮提出异议。日本学者治学扎实谨严，曾在《满文老档》《朝鲜实录》等基本史料的整理研究上花费了很大精力，注重语言工具的掌握，所以在满族早期历史的研究方面取得了比较突出的成绩。

国内有关这一方面的研究可以追溯到孟森先生。孟先生著述甚丰，尤于清先世事迹潜心钻研，长期致力于编纂《明元清系通纪》，对有明一代女真史事梳理钩稽，1934年由北京大学出版。1927年商务印书馆印行萧一山《清代通史》，第一篇《后金汗国之成立与发展》，叙满族兴起建国，但于政治制度的创建言之颇简。20世纪30年代，吴晗在从《朝鲜实录》中摘抄有关中国史料的同时，从中录出建州女真酋长李满住事迹，撰为《朝鲜李朝实录中之李满住》，并就明代前期建州三卫酋长的关系多所考订，刊于1934

年《燕京学报》第 17 期（原名《关于东北史上一位怪杰的新史料》）。

在民国时期，满族早期历史研究尚处在低潮，直到 50 年代，始趋繁兴。张维华《清入关前的社会性质》（1954）、王锺翰《满族在努尔哈赤时代的社会经济形态》与《皇太极时代满族向封建制的过渡》（1956）、莫东寅《满族史论丛》（1958）的发表，表明国内学者开始探讨满族早期社会历史诸问题，在挖掘利用《满文老档》等原始资料方面，也开风气之先。进入 20 世纪 70 年代以后，王锺翰主编《满族简史》（1979）、《满族史研究集》（1988）、戴逸主编《简明清史》第 1 册（1980）、郑天挺《探微集》、周远廉《清朝开国史研究》（1981）、孙文良与李治亭《清太宗全传》（1983）、蔡美彪主编《中国通史》第 9 册（1986）、李洵主编《明清史》、孙进己同张璇如等合著《女真史》（1987）、张晋藩和郭成康《清入关前国家法律制度史》（1988）、滕绍箴《满族发展史初编》（1990）等专著专集踵相问世，将满族史、清史研究推向高潮。这些论著体例不一，详略各异，说解也不尽相同，对满族开国史研究都有裨益。《清入关前国家法律制度史》是一部关于清开国时期政治与法律制度的专史。满族建国初的社会组织与政治制度大多滥觞于氏族部落时代的传统，而是书研究起自努尔哈赤建国（1616），由此看来，阐明满族部落制度到国家制度沿革损益的全部过程与特征，仍是一项必要的工作。

国内学者有关满族入关前史的论文为数众多，专门讨论满族部落制度的却寥寥可数。莫东寅《明初女真族的社会形态》（载《满族史论丛》）第三节，以"明初建州女真的社会组织"为题，在分析吾都里部内部关系时，主要参据旗田巍《吾都里族的部落构成》，认为"明初女真人早已不是一个原始部落，而且已在氏族制的末期"。薛虹《明代初期建州女真的社会形态》（1979）和《明代前期建州女真的社会组织》（1988），对建州女真的社会性质与组织结构进行了认真研究，正确指出：在吾都里部内"地缘性已经居于主要的地位，血缘性的组织仍跨村落地长期保留着"。所云：

第一编　清初史

"从哈喇（hala，姓氏）怎样分成木昆，而木昆之下又怎样分编塔坦，还是一个值得研究的大课题"，点到了问题的症结。房兆楹《清初满洲家庭里的分家子和未分家子》（1948），是研究满族分家子制度的精审之作，对了解满族建国初期政治制度特点有参考价值。郑天挺《清史语解》（收入《探微集》）关于"扎尔固齐""巴图鲁""巴克什"等篇目，是考证满族与蒙古制度渊源的精品。

孟森《八旗制度考实》（《历史语言研究所集刊》第6本，1936），钩剔清官书中旁见侧出者以穷究八旗制度之本源，多灼见明识，迄今仍为研究八旗制度的基本著作。莫东寅《八旗制度》（收入《满族史论丛》）从论述明末满族社会形态入手，分析八旗组织赖以生存的经济基础。他在探讨牛录源流时，将牛录额真即十户长与所谓"先封建国家"的十户百户千户制联系在一起，显然不妥。李洵《论八旗制度》（《中华文史论集》第5辑，1964）从八旗制度的起源与变化、八旗制度的土地占有关系两方面，研究八旗制度的继承性和特殊性。其中关于满族与历史上辽契丹、金女真、元蒙古的军队都源于"兵农合一"部族组织的观点，对比较满、蒙等北方少数民族建国初期社会制度的异同，提供了启示。周远廉《关于八旗制度的几个问题》（《清史论丛》第3辑，1982）研究八旗制度建立的历史条件、过程、影响，是一篇全面考察八旗制度的论著。前人研究满族所建金国（名称后金），往往关注其向汉族制度转化，而疏虞于蒙古文化的深远影响。蔡美彪《大清建国前的国号、族名和纪年》（《历史研究》1987年第3期）一文，提出努尔哈赤金国政权是模仿蒙古汗国制度建立的论点，对于全方位地研究满族国家制度的发展，开启了新的思路。

关于"八王共治国政"，孟森《八旗制度考实》（1936）广征博引详为考证，认为八王共治"实是用夷法以为法"，即从满族传统制度中去寻求通解，确是不易之论。周远廉《后金八和硕贝勒"共治国政"论》（《清史论丛》第2辑，1980）则认为，此项制度的形成与八旗制度下和硕贝勒的强大权势以及无法选定合适嗣子有关。姚大中《清太祖建国期政治制度原形重估》（《国际中国边疆学术会议论文集》，1985）着眼于金国中枢权力结构由五大臣制向四大贝勒的转换，从一个方面阐明了金国政治权力集中的途径。陈文石《清太宗时代的重要政治措施》（《历史语言研究所集刊》第40本上册，1969年）、徐凯《清代八旗制度的变革与皇权集中》（《北京大学学报》1989年第5期）等文，也就八王集权向中央集权的制度演进阐述己见。

苏联学者在明代女真史研究方面也作了有益尝试。В. В. 叶夫休科夫《女真与明的关系》（载《东亚历史与文化》论文集，莫斯科科学出版社新西伯利亚分社，1986）研究15世纪明朝与女真关系。其中关于女真与蒙古民族长期交往，以及部分女真贵族"在一定程度上已经蒙古化"的分析较有参考价值。Г. В. 麦列霍夫偏重满族聚集过程的研究，《努尔哈赤和阿巴海（即皇太极）时代满洲部落的聚集过程》（收入《满洲人统治中国》，莫斯科科学出版社1966年版），试图利用《八旗通志·旗分志》考知满洲牛录的编设过程与复杂源流。在《满洲人在东北》（莫斯科科学出版社1974年版）第一章中，对上述专题作了进一步研讨。苏联学者的研究很大程度上是与当时中苏争端的历史背景联系在一起的，带有强烈的政治色彩，这不能不影响研究成果的客观性，并导致研究范围的狭隘。相形之下，民族学家的若干早期著作，如Б. Я. 符拉基米尔佐夫《蒙古社会制度史》、С. М. 希罗科戈罗夫（史禄国）《北方通古斯的社会组织》、И. А. 拉帕金《奥罗奇——满族的近亲》（1925年哈尔滨俄文本），以及1975年出版的语言学巨著《通古斯—满语比较辞典》的参考价值要高得多。

学术的发展需要一代代学人执著的追求，有关满族开国史古籍整理与研究正在更高的层面上展开。以上挂一漏万的回顾意在彰显前人取得的卓越成就，并明确今日研究的起点。

（原载《中国少数民族古籍论》，巴蜀书社1997年版）

明代女真血缘组织哈拉穆昆的动态分析

明代女真，是尔后满族的基本来源，其社会制度也成为后者进一步发展的基础，女真人的历史因此被纳入满族史研究的传统范畴。

关于女真人的血缘组织形态，是一个难度较大的研究课题。女真人中比较先进的建州女真、海西女真，早在明朝初叶已处在氏族制度的瓦解阶段，血缘组织在经历长期递嬗演变以后，内部关系趋于复杂，不易解析。加之有关文献史料零散不全，而且多系明代汉人、朝鲜人所述，不免隔膜。本文结合清代的满族史料，试从新的角度对上述课题作些探讨。

关于哈拉与穆昆，中外学者曾进行过研究。俄人史禄国认为：哈拉是基本的血缘组织，以后由于血缘组织的发展又分衍出噶尔干（gargan）与穆昆两个层次[1]；我国学者莫东寅据此指出：哈拉、噶尔干、穆昆分别相当于明代女真人的部落、胞族、氏族。日人今西春秋指出：史禄国有关噶尔干的看法在文献史料中得不到印证。日本学者三田村泰助对明代女真社会组织进行过深入研究，所撰《满珠国成立过程的考察》，认为穆昆是哈拉的派生部分，即以地域关系为基础的血缘集团[2]。简言之，学者们在穆昆是由哈拉派生出来

---

[1] ［俄］史禄国：《北方通古斯的社会组织》（Sergei M. Shirokogoroff, *Social Organization of the Northern Tungus*, Shanghai, China, The Commercial press limited, 1929），吴有刚译，内蒙古人民出版社1984年版，第191页。

[2] 莫东寅：《满族史论丛》，人民出版社1958年版，第21页；［日］今西春秋（满和对译）《满洲实录》，日满文化协会，1938年，第372页；［日］三田村泰助：《清朝前史の研究》，东洋史研究丛刊十四，同朋舍，1965年，第467—477页。

的血缘组织这点是有共识的，但哈拉与穆昆的性质问题并未圆满解决。问题在于：哈拉与穆昆的性质因社会关系的递嬗而有所变迁，须分为前后两个阶段分别进行考察才能说明。

一　哈拉穆昆的早期形态

在明代建州女真和海西女真中，哈拉组织已经析解，追溯它与穆昆的早期形态，需从有关语汇的分析入手。"hala"（哈拉）是女真的传统语汇①。"mukūn"（穆昆）一般认为源于金代女真语"谋克"②。在清代文献中，"hala"对译为"姓"③；"mukūn"则有两种基本的意义，一曰"族"，见现存最早满文工具书康熙三十九年版《满汉类书》卷四《人伦》：凡"mukūn"，均对译为"族"，如"aldangga mukūn"（远族），"hanci mukūn"（近族），"mukūn i da"（族长）即是。据此，康熙朝《御制清文鉴》"mukūn"条释义："emu hala i ahūn deo be mukūn sembi"，可译为："同姓兄弟称为族"④；二曰"氏"，在这种场合，一般是与哈拉联系起来讲的。雍正朝《八旗满洲氏族通谱》是以八旗满洲为对象纂修的一部大型谱书，共载640姓氏。因为是在参稽家谱、世袭谱档等早期官私文献基础上完成的，所以不失为考核满族源流的基本著作。《卷首·凡例》缕述满洲血缘组织的特征时写道："满洲八旗内有同姓而不同宗者，有本属同姓同宗而其支族别为一姓者。"这里的"姓"在该书满文本中作"hala"，"氏"则作"mukūn"⑤。因为是考镜源流的

---

①　在黑龙江广大流域通古斯语族的索伦、涅基达尔、奥罗奇、乌尔奇、那乃（赫哲）、满等民族，均有"哈拉"一语，意为家庭、家族、氏族、同族、故乡等。参［苏］В. И. 琴齐乌斯《通古斯—满语比较辞典》（Цинциус В. И. Сравнительный словарь тунгусо-маньчжурских языков, Nздательство Наука Ленинград, 1975, 1977），第459—460页。

②　阿桂等：《满洲源流考》卷18，乾隆四十三年殿本，第8页下；脱脱等：《金史·国语解》，中华书局1975年版，第2892页。

③　《满洲实录》卷1，华文书局"大清历朝实录"影印本，1968年，第5、15、16、18、20页。

④　傅达礼等：《御制清文鉴》卷5，康熙四十七年内府刻本，页12上。

⑤　鄂尔泰等撰：《八旗满洲氏族通谱》（《jakūn gūsai manjusai mukūn hala be uheri ejehe bithe》），雍正十三年内府满文本，《凡例》第4页下。

书，故于有关血缘概念的辨析最明。

总之，在清代满族中，哈拉已非血缘组织实体，只有穆昆才是。但是借助姓与氏的关系，可以了解哈拉与穆昆的历史面貌。姓氏之别，并非满族及其先世所独有。氏族系谱已经十分湮远，以致氏族成员，除了有较近的共同祖先的少数场合以外，已经不能证明他们相互之间有事实上的亲属关系。而一个社会，只要它存在血缘组织并进行着自然繁衍，就必然形成区分不同层次血缘组织的概念。姓与氏具有表述血缘亲疏的社会功能，姓表同祖，即同一血族，氏表分支，即同一血统内的亲疏远近。由姓（哈拉）而及氏（穆昆），反映了血缘组织分枝繁衍的普遍规律，同时意味着血缘关系由近及远的变化。清代史籍，凡记各部始祖（da mafa）姓氏，均用"hala"而不用"mukūn"，《满洲实录》卷1，记哈达、乌喇两部始祖的哈拉为"nara"（纳喇），叶赫部始祖的哈拉为"tumet"（土默特），这是蒙古姓；辉发部始祖的哈拉为"ikderi"（益克得哩），均可为证。

虽然，哈拉组织在明代建州、海西女真中已经瓦解，在长期留居东北边疆的"野人"女真及其后裔中却大体保留了原貌。《八旗满洲氏族通谱》中载有克伊克勒（又称葛依克勒）、禄叶勒（努业勒）、瑚锡哈理（怙什哈礼）三哈拉①，原是世代居住黑龙江中游"混同江"一带的传统渔猎民，其中一部分迟至清康熙年间才被编入满洲旗籍。当时的官方档案为后人留下了关于哈拉组织的宝贵资料：葛依克勒哈拉，男丁793人，因人口繁多，已分为两个同姓哈拉，共含七个穆昆；努业勒哈拉，男丁493人，内含四个穆昆；怙什哈礼哈拉，男丁187人，内含六个穆昆②。这三个哈拉"一向捕鱼为生"，"不谙农耕"，尚未脱离渔猎经济窠臼，南迁以前共组为一个"国伦"（部落），以人丁众多的葛姓哈拉达（氏族长）世代承袭国伦达（部落长）。时人记其"随意行止，不知法度"，"无文

---

① 鄂尔泰等撰：《八旗满洲氏族通谱》卷42、58、59，乾隆九年内府汉文本。
② 中国第一历史档案馆藏：《军机处满文月折档》，乾隆七年二月十三日鄂弥达奏。

字，刻木记事"，乃至"不知岁月不知生辰"，"赐以官爵亦不知贵"①。种种落后愚昧现象，说明因居地偏远，罕有濡染文明社会先进文化的机缘，长期停滞在氏族社会末期阶段，从而保留了哈拉组织比较古朴的面貌。结合其他有关资料，可以就哈拉与穆昆的早期形态得出以下认识：

第一，哈拉组织的发展不是无限度的，它受到经济活动和管理职能的制约。在一个缺乏行政机构、主要依靠社会舆论与习惯调节人们关系的社会里，人数过多不单造成食物来源的短缺，还会增加社会管理的难度，影响组织机能的正常运转。上举葛依克勒哈拉一分为二的事实当即基于这些原因。

第二，关于哈拉与穆昆的区别，单纯以人数多少为标准，显然难以识辨。关键在于结构的不同：一个哈拉包含若干穆昆，而一个穆昆只能从属于一个哈拉。在"国伦"内部，哈拉与穆昆是亲疏不同的血缘亲属集团，主干与分支的关系不能颠倒。

第三，哈拉组织最初具有地域的同一性。女真人（满族）哈拉之由来，或者以地为姓，或者以河为姓，或者以古老图腾信仰为姓。前者如瓜尔佳（《氏族通谱》卷1）、佟佳（卷19）、董鄂、马佳（卷7），均是以地为姓；后者如钮祜禄（本义为"狼"，转义姓浪、郎）、萨克达（野猎）、尼马察（尼马哈，本义"鱼"，后转义姓榆）、舒穆禄等，多是以某一古老图腾作为血族的标记。反映了同一哈拉的先民最初同地而居，合作生产并有共同精神生活的历史。从葛依克勒等哈拉的实例看，每一哈拉分别居住在若干近居噶栅，换句话说，在每个噶栅内聚集的只是同一哈拉的男性成员以及他们的家庭②。在这里，血缘关系与地域关系大体重合着。清代满人保留"随名姓"旧俗：人们相逢称名不举姓，以人名第一字相称

---

① 中国第一历史档案馆藏：《宁古塔副都统行文档》（康熙二十二年）；吴振臣：《宁古塔纪略》，《小方壶斋舆地丛钞》光绪十七年（1891）本第1帙，第346页。

② 中国第一历史档案馆编：《清代中俄关系档案史料选编》第一编上册，中华书局1981年版，第2、4号档；中国第一历史档案馆藏：《宁古塔副都统行文档》（康熙二十二年）。

"若姓然"①。当同一哈拉成员生活在一个狭小封闭的社会环境，彼此相熟自然无称姓的必要。哈拉，作为一个基本血缘组织的标记，只有在和外部交往中才发挥它的作用。随名姓，或是那个同族聚居的古老时代留下的残风余响。

第四，与穆昆相比，在早期生活中，哈拉具有更为重要的社会功能。

其一，哈拉是族外婚单位。满族始祖传说中布库哩雍顺入主三姓（ilan hala）部时，聘娶某哈拉女子，反映了哈拉曾是族外婚单位的历史②。清初满语亲属称谓关于"亲戚"有两个含义不同的固有语汇。第一，"hūncihin"，即"同姓之人"（emu halai niyalma），是泛指同姓血亲的称谓；第二，"niyaman"，意指姻亲（sadun hala），即以婚姻纽带相缔结的异性亲属③。在这里，界定血缘亲族的概念也正是"哈拉"。然而在实际生活中，清代满人的同族禁婚却早已突破了哈拉界限（其说详后）。族外婚，是氏族形成的基础，也是它的重要标志。哈拉历史上既是族外婚单位，按照同姓不婚这一氏族社会根本原则可以推知：早期的哈拉，是由出自一个共同祖先，具有同一个氏族名称并以血统关系相结合的血缘亲族的总和，也即氏族。

其二，接纳入族的职能。《氏族通谱》卷23载：辉发纳喇氏始祖星古里，原姓益克得哩，黑龙江尼马察部人，"载木主迁于札鲁居焉"。后遇"张地方"的扈伦人纳喇姓噶扬噶土墨图，遂附其姓，宰七牛祭天，改姓纳喇。"木主"，满语"weceku"（家内神，家堂神），也就是哈拉历代祖先的神位。星古里通过一定的仪式，正式改入他姓，这在满族先辈历史上并不是个别的事例。氏族部落时代，生产力低下，单弱的氏族难以抵御种种意外事件的侵袭和灾祸。人口锐减，时时危及它的生存，人口较少的氏族通过接纳或加入异氏族，增强抵抗自然力或者外敌的力量。

---

① 吴振棫：《养吉斋丛录》卷1，北京古籍出版社1983年版，第3页。
② 《满洲实录》卷1，第4—5页。
③ 傅达礼等：《御制清文鉴》卷5，第13页上、15页下。

明代女真血缘组织哈拉穆昆的动态分析

其三，血族复仇的义务。《朝鲜实录》记女真之俗："勇于战斗喜于报复，一与作隙累世不忘"；又记尼麻车兀狄哈射伤兀良哈部民以后，被害人"一族同类人"欲于秋后入归报仇①。李朝世祖五年（明天顺三年，1459），毛怜卫酋长浪卜儿罕（孛儿罕）被害于朝鲜，族人被迫移居建州左卫，七八年后，欲"以孛儿罕之故"向朝鲜报复。三十余年后，朝鲜派童清礼出使建州，诸酋长均表诚服，唯独浪卜儿罕远亲（七寸亲）金山赤下设险抗拒，原因仍是当年朝鲜当局无故杀害浪卜儿罕②。说明在氏族制度已趋瓦解的女真社会，同族自卫意识仍然强烈。在氏族社会中，还没有一种拥有足够权威的权力机关立于各氏族之上，自卫乃是对于任何外来侵犯唯一可能的反应。氏族自卫采取了血族复仇的形式。《朝鲜实录》又记：女真人自相抢掠，"其被耗者，亦必报复，依数征还而后已也。故虽强力者，恐其后日之患，未敢轻易下手"③。"依数征还而后已"，意味所受损失必得到同等补偿方可罢休，是氏族社会同态复仇（即以对等价值原则进行复仇）的传统形式。由此可见，血族复仇的作用，不仅在于补偿损失，在一定条件下也抑制了各氏族争斗的加剧，从而加强了氏族的凝聚。

其四，哈拉是精神生活的单位。《满洲祭神祭天典礼》载乾隆十二年（1747），乾隆帝弘历谕旨云：

> 我满洲……恭礼佛与神，厥礼均重，惟姓氏各殊，礼皆随俗。凡祭神、祭天、背灯诸祭，虽微有不同而大端不甚相远。若我爱新觉罗姓之祭神，则自大内至王公之家，皆以祝辞为首。④

这段文字概括了满族萨满教信仰的基本内涵及清皇室的仪礼特

---

① 《朝鲜世祖实录》卷37，日本东京大学文学部：《满蒙史料·朝鲜王朝实录抄》，景仁文化社，1982年，十一年十月甲申。
② 《朝鲜燕山君日记》卷28，三年正月壬子。
③ 《朝鲜世宗实录》卷88，二十二年二月癸未。
④ 允禄等：《满洲祭神祭天典礼·文献篇》，薹园精舍1935年版，第3页上。

点。它的满文原文载在殿本《钦定满洲祭祀条例》卷首,其中,"我爱新觉罗姓之祭神"一句,满文为"meni gioro hala wecengge"[①],译为"吾等觉罗哈拉所祭者"。另外,《祭天典礼》卷1多处胪举觉罗哈拉诸穆昆在祭祀仪礼与内容上的共同之处[②]。觉罗哈拉各穆昆在历尽历史沧桑失却血缘纽带以后,依旧长期保持共同信仰内容的事实表明:在氏族部落时代,哈拉曾是举行宗教仪式的单位,也是联结同族人精神生活的纽带。

第五,《满洲实录》卷1记吾都里国伦(吾都里部)的三哈拉(三姓),为接纳布库哩雍顺并推举他为国伦达(部落长),而举行亲属氏族会议的古老传说,反映了哈拉还具有社会管理功能的历史事实。

通过对哈拉穆昆历史原貌的追索可以认为:在氏族部落社会,哈拉是基本血缘组织即氏族,拥有多重社会功能;穆昆则是它内部的血缘分支,以更密切的血缘纽带结为一体。

二 哈拉与穆昆的形态变迁

当人们的社会活动还局限在一个相对狭小的范围时,哈拉的各穆昆地域相接,构成了一个有机的血缘组织,在前述吾都里部的始祖传说以及明代"野人女真"中,彼此界限分明的哈拉组织内便包括了穆昆组织。然而,就明代建州、海西这两个比较先进的部分说来,上述形态的哈拉组织已不复存在。《八旗满洲氏族通谱·凡例》:"满洲族姓甚繁,而一姓之中所居地名不一。"同一哈拉的人们,从当初的某一中心地区辐射开去,愈走愈远,血缘关系由亲而疏,地域联系由近及远,最终失去了地域的同一性,在不同的地点逐渐发展起独立的穆昆。满洲著名的瓜尔佳哈拉,分为苏完、叶赫等十二穆昆(《氏族通谱》卷1—4);钮祜禄哈拉——英额、长白

[①] 允禄等:《钦定满洲祭祀条例》卷首(满文),乾隆年间殿本,第2页上。
[②] 允禄等:《满洲祭神祭天典礼·文献篇》第5页,6页上,20页上,27页下等。

明代女真血缘组织哈拉穆昆的动态分析

山两大穆昆（卷5）；曾为建州女真左右卫主体氏族之一的觉罗哈拉则分为八个穆昆（卷12）。此类现象多不胜举，足以显示哈拉与穆昆的深刻变化。《八旗满洲氏族通谱》卷12记：

> 觉罗为满洲著姓，内有伊尔根觉罗、舒舒觉罗、西林觉罗、通颜觉罗、阿颜觉罗、呼伦觉罗、阿哈觉罗、察喇觉罗等氏。其氏族藩衍，各散处于穆溪、叶赫、嘉木湖、兴堪、萨尔浒、呼讷赫、雅尔湖、乌喇、瓦尔喀、松花江、阿库里、佛阿喇、哈达、旺泰等地方。

《八旗满洲氏族通谱》虽成书较晚，但因为是稽考满洲源流之作，所以各家姓氏"俱按原籍地名分类编辑"①，其中除少数入旗较晚的所谓"新满洲"和尼堪（汉）、高丽（朝鲜）、蒙古人外，所载各哈拉的分布大体反映的是明末入旗以前的情形，从而为追索哈拉的分衍过程提供了比较可靠的依据。

上述觉罗哈拉的分布，涉及建州、海西、"野人女真"三部的广大区域，说明在明末以前，已经经历了长期繁衍和反复分化。上引文提到的"松花江"，也就是以觉罗哈拉为核心氏族的吾都里部的原居地。元末明初，吾都里部酋长猛哥帖木儿（孟特木，即清肇祖）在"旧有仇隙"的"兀狄哈"女真压力下"挈家流移"，率部从这一流域的三姓（今黑龙江省伊兰）开始，踏上了辗转南迁的历程。猛哥帖木儿首先抵达朝鲜东北境会宁，在外部社会的压迫下，仍未安其居，曾一度往返于会宁与凤州（今黑龙江省东南部东宁县境，旧称开元城）之间。明宣德八年（1433），猛哥帖木儿在会宁一带被七姓兀狄哈所害②，觉罗哈拉一时凋散。正统五年（1440），其弟凡察与子董山在朝鲜威胁下率部西走婆猪江（佟家江）和浑河流域。同时部分族人留居会宁，其中包括凡察亲兄弟吾沙可、于虚

---

① 鄂尔泰等：《八旗满洲氏族通谱》卷首《凡例》，第2页上。
② 《朝鲜世宗实录》卷62，十五年十月乙巳。

里等人①。觉罗哈拉经历了再一次分化。而后，建州左右卫的析置，不可避免给残缺不全的哈拉组织又一次打击②。有明一代觉罗哈拉人们的迁徙远远不止上述三次，只不过这三次比较清晰地展示出辗转迁徙与哈拉分裂的因果关系而已。一个比较完整的哈拉组织，在二百余年间逐渐畸零。

在氏族社会，氏族的迁徙与扩散应是一个自然过程，当人口增长引起生活资料紧张时，剩余人口遂移居到新的土地上。在这种场合，氏族总是按照自己的愿望分离的。觉罗哈拉的变化则表明：女真氏族组织是在外部社会的干预或者打击下，与社会内部攫取财产的武装冲突的合力作用下急遽瓦解的。私有制度的发展，激起女真人对农业社会人口与财产的觊觎，而他们对朝鲜、明朝边境的频繁骚扰，不能不招致后者有力的反击。仅在明宣德八年—成化十五年（1433—1479）短短四十五年间，婆猪江流域的建州女真即被兵五次（宣德八年，1433年；正统二年，1437年；成化三年，1467年；成化十四年，1478年；成化十五年，1479年）。朝鲜军、明军每次入讨，均以"可屠者屠之……尽灭乃已"③为宗旨。宣德八年之役，朝鲜军擒斩五百余人，建州女真"流离四散，其余存者无几"④；成化三年之役，明、朝军队合击建州地区。事后，明武靖伯赵辅在《平夷赋有序》中自夸其功："强壮尽戮，老稚尽俘"⑤，可知屠戮之惨。海西女真在正统、景泰之际则迭遭瓦喇蒙古的反复蹂躏茶毒，部落失散，乃至后人有海西女真有名酋长"率死于也先之乱"的说法⑥。显而易见的是，满族先民的南迁对其社会发展产

---

① 《朝鲜世宗实录》卷89，二十二年六月丙申；卷90，同年七月辛丑。
② 《明朝英宗实录》卷89，正统七年二月甲辰，日本京都大学文学部编：《明代满蒙史料·明实录抄》，1954年。
③ 《朝鲜成宗实录》卷110，十年闰十月甲子。
④ 《朝鲜世宗实录》卷60，十五年五月己未、丁卯；十六年五月乙巳。
⑤ 《朝鲜世祖实录》卷44，十三年十月戊申；《明朝宪宗实录》卷47，成化三年十月壬戌；李辅增修：《全辽志》卷6，辽海丛书，1931—1934年，第25页上。
⑥ 马文升：《抚安东夷记》，潘喆、孙明方、李鸿彬编：《清入关前史料选辑》第1辑，中国人民大学出版社1985年版，第3页。

生了双重效应。一方面，与外部社会的经济、政治交往促进了私有制的迅速发展；另一方面，对外掳掠的需要又酿成与外部社会的矛盾冲突而招致报复。在明朝、朝鲜、蒙古三个强大势力的频繁干预和影响下，哈拉组织失却了绵延存续的条件。

哈拉组织的瓦解，也是各穆昆不断分衍发展的过程，兹据《氏族通谱》，将觉罗哈拉各穆昆的进一步变化略示如下：

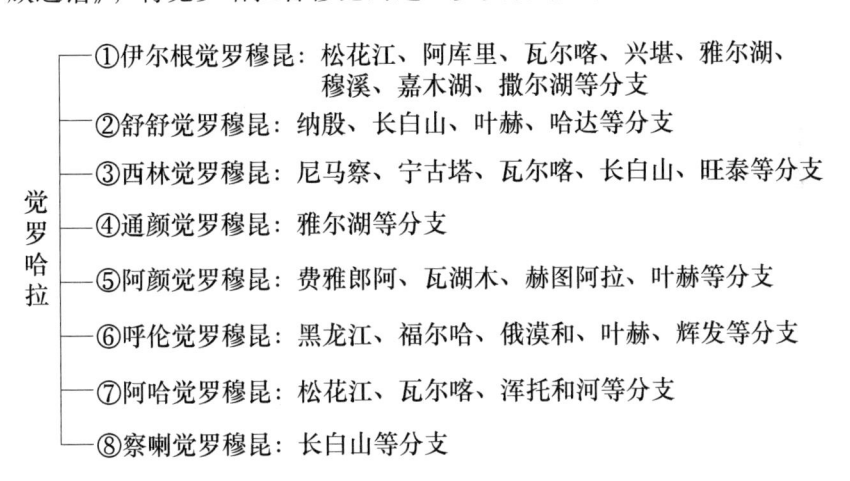

觉罗哈拉
- ①伊尔根觉罗穆昆：松花江、阿库里、瓦尔喀、兴堪、雅尔湖、穆溪、嘉木湖、撒尔湖等分支
- ②舒舒觉罗穆昆：纳殷、长白山、叶赫、哈达等分支
- ③西林觉罗穆昆：尼马察、宁古塔、瓦尔喀、长白山、旺泰等分支
- ④通颜觉罗穆昆：雅尔湖等分支
- ⑤阿颜觉罗穆昆：费雅郎阿、瓦湖木、赫图阿拉、叶赫等分支
- ⑥呼伦觉罗穆昆：黑龙江、福尔哈、俄漠和、叶赫、辉发等分支
- ⑦阿哈觉罗穆昆：松花江、瓦尔喀、浑托和河等分支
- ⑧察喇觉罗穆昆：长白山等分支

以上八穆昆，除察喇、通颜两穆昆比较集中，其余穆昆旁支斜出，在繁殖分衍的反复运动中均已扩散到相当广阔的地域。这说明：哈拉组织在明代业经反复多次的裂变。而当它的分支乃至分支的分支散布到某地以后，经过一段时间的发展就可能形成一支独立的、以共同地域为前提的新穆昆。与前相比，穆昆脱离了哈拉的母体，老氏族哈拉作为一个血缘实体已不复存在，是历史显示的第一个重大变化。

《御制清文鉴》卷五释"穆昆"，第一义为同哈拉（姓）兄弟，第二义为一群人。前者取其血缘相近，后者取其地域相连[1]，这与哈拉的瓦解形成截然对比。同一哈拉的人们既散布在不同地域、不同部落，乃至不同民族中[2]，联系不易，哈拉所具有的传统社会功

---

[1] 参见《通古斯—满语比较辞典》，第543页，可知通古斯—满语各民族的"穆昆"亦具此双重意义。
[2] 《清朝通志》卷3—5《氏族略·满洲八旗姓》共载横跨满蒙的姓氏17个，上海商务印书馆1936年版。

能随之消失殆尽,大部分转给了在地域上仍保持联系的穆昆,小部分转给了更小的血缘组织乌克孙(家族)乃至包(即个体家庭,主要是经济职能,这与私有制的发展有关)。

由哈拉转给穆昆的首先是同姓禁婚功能。明代女真老哈拉各穆昆之间,有一些已经突破了婚姻的禁忌。在明前期吾都里部内。酋长童亡乃与童所老加茂,并为童姓,互为婚族;另一酋长童吾沙可的女婿之一童束时,亦为童姓①,反映了同一哈拉不同穆昆联姻的早期变化。努尔哈赤的六祖即著名"宁古塔贝勒",是明末崛起于新宾地方的一个乌克孙(家族),也是觉罗哈拉敷衍的一个支系。在努尔哈赤诸妻中:伊尔根觉罗氏二人(一阿巴泰母,一第七女之母),嘉穆瑚觉罗氏一人(巴布泰、巴布海母,此氏不录《氏族通谱》八大穆昆之列,当是支族),西林觉罗氏一人(赖慕布母)②。其中,伊尔根觉罗是觉罗哈拉中较早分析出的穆昆,与努尔哈赤家族保持传统婚姻。努尔哈赤起兵后,率先投附他的嘉穆瑚寨主噶哈善,即伊尔根觉罗氏③。努尔哈赤因他先众来归,妻之以妹,彼此结为姻亲。

调节婚姻原本是哈拉最基本的功能,也是氏族由以形成并存在的前提。于是,在哈拉的婚姻禁忌被突破的同时,诸如社会管理、宗教活动的组织等职能也随之为穆昆承担了。这样一来,哈拉与穆昆的关系,便由当初氏族与其支脉的关系变化为老氏族与新氏族的关系。穆昆具有较近的血缘,比较密切的地域联系,成为新的氏族。因此,穆昆在明代女真社会中的作用远大于哈拉,这是历史显示的又一重大变化。

(原载《社会科学战线》1990年第4期)

---

① [日]旗田巍:《吾都里族の部落構成》,《満洲史研究》,四海書房,1936年。
② 唐邦治:《清皇室四谱》卷2,上海聚珍仿宋印书局,1923年排印本,第3页下、4页上。
③ 鄂尔泰等撰:《八旗满洲氏族通谱》卷12,第12页上本传。

明代女真的血缘家族乌克孙

明代女真是满族的先民，其血缘组织包括哈拉、穆昆、乌克孙三个层次。哈拉、穆昆性质的变迁，是氏族制度逐步走向瓦解的一个标记，比穆昆更小的血缘组织乌克孙的发展，促使古老的氏族制进一步走向瓦解。关于哈拉与穆昆的问题，笔者曾做专文加以论述[1]，这里继续探讨的是乌克孙的性质、功能与内部结构。

一

乌克孙，满文写为"uksun"，在清朝官修满文本《满洲实录》中对译为"族"[2]，但满洲统治者在入关以后，改以乌克孙作为爱新觉罗皇族近支嫡派"宗室"专称[3]，同时另外造出"乌克苏拉"（uksura）一词以取代它。本文仍取乌克孙一词，并就其原义进行考察。

在《清太祖朝老满文原档》《满洲实录》等清代文献中，"宁古塔（满语'六'之义）贝勒"及其子孙，被称作"uksun"（乌克孙）[4]。这种组合与康熙《御制清文鉴》卷五"uksura"的释义：

---

[1] 刘小萌：《明代女真血缘组织哈拉穆昆的动态分析》，《社会科学战线》1990年第4期。
[2] 《满洲实录》卷1，第17、29、35、41页；卷2，第71、77页；卷3，第115、132页。
[3] 傅达礼等：《御制清文鉴》卷2"uksun"条，康熙四十七年内府刻本。
[4] 广禄、李学智译注：《清太祖朝老满文原档》第二册，"中研院"历史语言研究所专刊第五十八，1972年，第24页；《满洲实录》卷1，第29、41页；卷2，第77页满文体。

"emu gargan ci fuseke juse omosi"（汉义：同一支孳生的诸子孙们）相符，说明乌克孙是血缘关系较穆昆更为密切的近亲集团。

关于乌克孙在明代女真社会生活中的作用与地位，直接文字史料很少，只有通过不同侧面进行综合考察。

首先，从亲属制度考察。亲属制度是指一定社会中规定人们之间亲属关系的某种体系，用以表明该体系的名称即是亲属称谓。一般说来，亲属称谓是它由以形成时代的亲属关系的反映，也是随着后者的发展而变化。正是由于亲属称谓的这种滞后性，使人们可以借助对它的考察，去约略地了解已被湮没于历史尘埃中的亲属制度。

一直到清初，满洲人的亲属称谓仍很简单，载在《满洲实录》中的父系称谓不过有：mafa（祖），ama（父），eme（母），eshen（叔父），ahūn（兄），deo（弟），eyun（姐），non（妹），jui（子），omolo（孙），以及作为家庭核心的 eigen（夫），sargan（妻）。这些称谓上下及于祖孙，旁系不出伯叔，均未超出一祖所生的近亲范畴，而其他关系比较疏远的亲属称谓则由上述称谓派生，如称清太祖的伯父李敦巴图鲁为："taidzu sure beilei mafa giocangga jui lidun baturu"（直译"太祖淑勒贝勒祖父觉常安儿子李敦巴图鲁"），称侄子为"deo i jui"（直译"弟的儿子"）等等。如此累赘的表达方式，自然是比较晚近时候的产物[①]。

汇录《御制清文鉴》卷5有关家族成员的条目与释文，可以明了亲属称谓何以如此简单的缘由。兹据其原文翻译如次：

（1）mafa：父之长辈，又老翁之敬称；

（2）mama：父之母辈，又老妪之敬称；

（3）ahūn：父伯叔所生子比己年长者，同辈亲戚比己年长者；

（4）deo：父伯叔所生子比己年幼者，同辈亲戚比己年幼者；

（5）eyun：父伯叔所生女比己年长者，同辈亲戚比己年长者；

（6）non：父伯叔所生女比己年幼者，同辈亲戚比己年幼者；

（7）jui：亲生子女，又兄弟之子女，同辈亲属之子女，称

---

① 李学智：《谈满文的亲族称谓》，《边政研究所年报》总第17期，1986年。

子辈；

（8） omolo：子所生之子。

上引称谓仍保留了满族先民社会关系的基本特点：第一，同一称谓，指称不同对象，除嫡亲外，旁及同辈亲族。亲属制度一般分为类分式与描述式两大类型。前者特点，重视群体关系而不计及个人亲属关系，无论直系或旁系亲属，只要辈分相同，除性别外，一般使用同一称谓，因此称谓极为简单。后者特点，则是直系与旁系的亲属各使用不同的称谓，以示区别。满族早期称谓仍保留类分式特点，说明人们在早先的社会交往中，首先关心的是有无血缘关系，其次才是亲疏。同时意味着，凡是血族成员，在社会的权力方面基本平等。正是基于这一特点，类分式不但是满族先民，而且也是世界范围内氏族社会亲属称谓的基本范式。第二，每个称谓的对象均分两类，同祖所生的成员（乌克孙）为一类，其他比较疏远的亲属为一类，充分显示乌克孙在血亲关系中的核心地位。这种对同祖所生伯叔子侄均以嫡亲称谓相称的习惯，一直延续到清代。《满洲实录》载称，努尔哈赤称其侄女恩哲为"女儿"（sargan jui）而不曰侄女，将己女与舒尔哈齐两女亲热地称作"吾之三女"（mini ilan sargan jui）而不加分别；该书又称哈达部博尔坤从兄为"兄"（ahūn）[1]，均为乌克孙成员间弥漫骨肉之情的明证[2]。亲属称谓属于语言范畴，并不可能准确无误地反映已经消亡或接近消亡的错综复杂的社会关系，所以还需要结合满族先民的经济生活，对乌克孙的功能作进一步了解。

《满洲实录》卷三追述其先民行围狩猎制度时写道："前此凡遇出师行猎，不论人之多寡，照依族寨而行"。"照依族寨而行"一句的满文为："uksun uksun i gašan gašan i yabumbihe"。这里，与

---

[1] 《满洲实录》卷3，第146、149页；卷1，第22页。
[2] 附带说明，满族亲属称谓制度由类分式向描述式的过渡至乾隆朝才告完成，在吸收汉、蒙亲属称谓并对本族传统亲属称谓加以再造的基础上，最终形成上起高祖下至玄孙旁及九族的封建宗法观念以及相应亲属制度，参见李学智《谈满文的亲族称谓》，《边政研究所年报》总第17期，1986年。

"族"字对应的满文既非哈拉（hala），亦非穆昆（mukūn），而是以近亲血缘为纽带的乌克孙（uksun），与"寨"对应的满文是"gašan"（噶栅），即村屯。噶栅是部落内的基层地域单位，乌克孙则是基本血缘单位，但在实际生活中，这两种划分又以不同方式相互交错在一起。乌克孙既以一定的空间为存在前提，就不可能孤立于噶栅之外，换言之，噶栅多是以一个或几个乌克孙为主体而构成①。因此，在行围狩猎的集体生产中，乌克孙的作用尤为重要。

女真人是传统渔猎民族，同时兼营采集、畜牧、农耕等辅助性生产。15世纪初建州女真南迁到婆猪江（浑江）流域以后，部落仍"以猎兽为生，农业乃其余事"②，从事农业的主要是被掳或主动流入的汉人、朝鲜人。有的部落专以采猎为业，不事农耕③。明弘治五年（1492），朝鲜人回顾说："野人（这里指建州女真）惟知射猎，本不事耕稼，闻近年以来，颇业耕农。"④可见农业经济在15世纪末16世纪初才开始振兴。明初海西女真的经济虽然受到西部蒙古民族的更多影响，但经济生活与建州女真没有大的差异。15世纪中叶，兀者卫使者对朝鲜官员说："大抵本地所产獐鹿居多，熊虎次之，土豹（猞猁狲）、貂鼠又次之。"⑤兀者卫是海西女真中的大部落，明初居住在今黑龙江省呼兰河流域，至15世纪中仍以狩猎为主要生业，这反映了海西女真的基本状况。兀者卫使者还提到："牛马则四时常放草野，惟所骑饲以刍豆。"把坐骑与一般马匹区别对待，说明海西女真的马匹较多，畜牧业比较发达。无论是在建州女真还是海西女真中，15世纪末以前，传统经济仍居主导地位。

狩猎离不开集体协作，"群聚以猎"是女真人行猎的主要形式。

---

① 刘小萌：《明代女真的地缘组织——噶栅》，《民族研究》1991年第3期。
② 《朝鲜成宗实录》卷170，十五年九月丙戌，《朝鲜李朝实录》，日本东京学习院东洋文化研究所影印本，1964年。
③ 《朝鲜燕山君日记》卷16，二年七月丙寅。
④ 《朝鲜成宗实录》卷269，二十三年九月乙未。
⑤ 《朝鲜世宗实录》卷84，二十一年正月己丑。

|明代女真的血缘家族乌克孙|

人数多则三十,少不过十余,"率以二十余人为群"①,是围猎人数的理想规模。究其原因,集体狩猎的规模受着自然环境与本身攫取型经济特点的约束,人数过少难以保证行围顺利进行,人数过多又会使个人收入受到影响,以乌克孙而非穆昆作为行围的组织基础,正是基于这个道理。

乌克孙既是集体狩猎的组织,也必然是从事这种性质生产的分配单位。满族和其他通古斯语民族中,有一个通行的古老语汇:"obu"(或曰"ubu"),意为集体狩猎中平均分配的份额②。清太祖努尔哈赤建立后金国后,分众亲近子侄为八旗旗主,号称"八家"(jakūn boo),或者"八分"(jakūn ubu,意为八份),无论掳掠所获还是收养纳降,均按"八家均分"原则分配③。朝鲜致送礼物,八家"例为均一分之,如有余不足之数,则片片分割"④。透过这种等级社会特权家族内部的均分制度,可以曲折地了解到明代女真人在乌克孙内部平均分配猎获物的民主平等性质。

综上所述,乌克孙的经济职能是很重要的,它是集体狩猎的单位与相应的分配单位,这是决定乌克孙在社会关系中曾经居有核心地位的基本原因。

其次,从社会生活考察。生产活动趋向于分散,是狩猎和采集经济的共同特征。由于生计的需要,使女真人养成"不喜羁系一处"⑤的习惯,因而在相对广阔的地域内只能维持小型的聚落。明代女真的噶栅组织规模狭小,一般在十至二十户之间⑥,因此,部

---

① 《朝鲜燕山君日记》卷34,五年七月壬午;《朝鲜世宗实录》卷113,二十八年八月辛酉。
② 傅达礼等:《御制清文鉴》卷7,第39页"ubu"条;[俄]史禄国:《北方通古斯的社会组织》,第613页。
③ "八家均分"又作"八份均分"(jakūn ubui, neigen dendehe),日本满文老档研究會譯註:《滿文老檔》(太祖)卷44,天命八年二月初三日,東洋文庫叢刊第十二,1955—1963年。
④ [朝]《备边司誊录》第4册,第307页,韩国国史编纂委员会影印本。
⑤ 《朝鲜世宗实录》卷82,二十年七月癸巳。
⑥ 《朝鲜成宗实录》卷53,六年三月庚申;《朝鲜世宗实录》卷94,二十三年十二月己未;同上卷86,二十一年九月癸酉。

落内的关系非常松散。建州女真酋长李满住部落千余户,直属部落仅百户,不过三百人①。兀良哈是与朝鲜毗邻的女真部落,即明政府所授毛怜卫,其酋长赵三波、巨具、权赤在本卫大酋郎卜儿罕被朝鲜边吏杀害后,转投建州左卫,"亦各率麾下……百五十余兵而已,他人无与焉"②。当时左卫大酋长董山纠结武装丁壮多时可达千人,实际上就是由这些平日各自为政的族部临时凑集而成的。"野人散处,或五六户或十余户,或十五余户,屯居无常,各有酋长,酋长欲留,则其下焉往;欲去,则其下亦从之"③。这种率领十数户,屯居无常,任意去来的酋长,多数应是乌克孙的族长。他们是集体生产的组织者和社会生活的管理者,一般又是血缘组织内辈分最高的长老,所以在族人中享有很高威望。社会关系的涣散,是导致乌克孙成为社会活动中心的又一原因。

氏族制度的衰落瓦解,成为强化乌克孙在社会生活中举足轻重地位的新因素。氏族社会的基础是氏族血缘组织,相对有限的生活环境使同氏族成员形成一种强烈的认同感,一种亲密而深刻的利害关系,在此基础上保持行动的一致。然而,处在氏族制度瓦解阶段的建州、海西女真的部落组织,早已不是同一血缘成分的结集。古老的氏族组织哈拉已经析解,由它派生的血缘组织穆昆内部的关系也日益松懈,同一穆昆不再能单独享有一片土地而是与其他血缘分支错居一起。由于部落内部已经不存在完整的氏族组织,家族即乌克孙的族长构成议事会主体。明初吾都里部酋长凡察,可以召集大小五十余酋长议事④,兀良哈部酋长曾聚集酋长二十余人会议⑤,与会者大多是乌克孙的代表。同一血缘或不同血缘的各乌克孙形成各自的特殊利益,"其心不同,而间有异同之议焉"⑥。其时女真诸

---

① 《朝鲜成宗实录》卷52,六年二月辛巳;《朝鲜世祖实录》卷37,十一年十月丙戌。
② 《朝鲜世祖实录》卷26,七年十一月壬寅。
③ 《朝鲜世宗实录》卷94,二十三年十二月己未。
④ 《朝鲜世宗实录》卷89,二十二年六月丁亥。
⑤ 《朝鲜太宗实录》卷10,五年九月甲寅。
⑥ 《朝鲜世宗实录》卷73,十八年闰六月癸未。

部合则毕举,这多是在联合对外的场合,不合则各行其是。氏族组织的分解,注定了乌克孙在血缘组织内扮演起主要角色。

二

进一步考察乌克孙的内部状况,还可发现在同一乌克孙之内,存在着若干满语称为包(boo)的家庭。过去有一种观点认为,家庭是人类社会步入农业经济以后的产物,只是由于私有财产继承的需要,才形成一夫一妻制家庭。然而,越来越多的学者认识到:从人类社会形成之初,最基层的生活单位,很可能就是由一对临时或长期结合的男女及其子女组成的家庭。这种建立在血缘与姻缘关系基础上的相对稳定的社会细胞,还不是瓦解氏族组织的力量,而是与它并行不悖地发展。只是到私有财产产生以后,家庭组织在稳定性、社会职能等方面才逐渐发生演变[①]。在漫长的氏族制度时代,女真的家庭组织也应有如上的经历。这里讨论的,是明代女真家庭组织的结构特点。

所谓家庭结构,是指家庭成员的代际和亲缘关系的组合状况。《朝鲜成宗实录》十六年(1485)十二月壬午条载,建州女真酋长李满住之孙沙乙豆说:"父达罕送我云,前者子包罗大、李多乙之介,受大国鞍马而来,不胜感戴,然皆别居,无益于我。汝则同居一家,幸蒙上恩,又受鞍马而来,则我得而资之矣"。朝鲜实录原文有注:"沙乙豆,万住(即李满住)之孙达罕之第三子也,包罗大、李多乙之介,即达罕之第一第二子也"。说明沙乙豆的两兄弟都已别居,只有他还和父亲同居。《朝鲜中宗实录》十二年(1517)十二月乙丑条又记,建州女真酋长主成可之婿童尚时的话:"主成可率两子同居,长子、次子及我则各居。"上引记载表

[①] 参考童恩正《文化人类学》,上海人民出版社1989年版,第334—335页;[英]莫里斯·布洛克:《马克思主义与人类学》(Maurice Bloch, *Marxism and Anthropology*, Oxford, 1983),冯莉等译,华夏出版社1988年版,第82页。

明，在女真家庭中，普遍存在年长诸子"别居"或"各居"的状况；分居的次序是由长及次，惟有幼子与父母同居。

长子析居、幼子守户，大概是一种始于原始渔猎经济的家庭制度。它的社会功能，在于最大限度地控制家庭人口，以适应渔猎采集过程中分散经营、流动生产、转辗迁徙，以及长期野外生活期间窝铺（满语称"tatan"，塔坦）狭小的需要。据日本学者旗田巍考证：明代女真人家庭，一般是包含二名男丁的小家庭，人口众多的人户是罕见的①。这应是实行长子析居制的结果。文化人类学研究也证明：扩大式家庭（即由两对或两对以上夫妇及其未婚子女组成的家庭），通常存在于实行定居的农业社会。小农经济的单弱、四世同堂的定居生活方式，以及保证财产（主要是作为基本生产资料的土地）不致分散的愿望，是有助于农业社会中大家庭维系的主要因素。而在流动性很强的渔猎社会中，却缺少适应这种大家庭赖以生存的土壤。②

到私有制度发展起来以后，从这种古老的析居制度中逐渐演化出一种特定的财产继承制度——分家子与未分家子制度（下简称"分家子"制度），或曰幼子继承制。《金史·本纪一·世纪》记："生女真之俗，生子年长即析居。"金女真家中的未分家幼子称"蒲阳温"（即幼子之义），又名"主家子"。"主家子"者，即"主父母之业"，当父母在世时，与之同居止，父母殁世，承袭其最后遗产（即最大份额的家产）③。在满语中，末子称"fiyanggū"（费扬古），与"蒲阳温"似为同一语汇。据前引朝鲜实录两条史料，明代女真酋长的诸分家子，可以把得来的赏赐据为己有，而并

---

① ［日］旗田巍：《建州三衛の戶口に就いて》，《池内博士還歷記念東洋史論叢》，座右宝刊行會，1940年，第667页。

② ［美］斯·恩伯等：《文化的变异：现代文化人类学通论》（Carol R. Ember, Melvin Ember, *Cultural Anthropology*, Prentice-Hall, 1973），杜彬彬译，辽宁人民出版社1988年版，第318页；童恩正：《文化人类学》，上海人民出版社1989年版，第165页。所以，长子析居制不单见于明女真，也是金女真，近代鄂伦春、鄂温克，以及西伯利亚尤卡吉尔、爱斯基摩等许多渔猎文化民族长期保留的古老风习。

③ 贾敬颜：《蒲阳温》，《民族历史文化萃要》，吉林教育出版社1990年版。

明代女真的血缘家族乌克孙

不奉献给父亲，是明代女真家庭实行分家子制度的明证。同时又说明，由于私有制的发展，女真人的家庭已不再是家族内单纯的生活单位，而兼有了越来越明显的经济内容，实际上已成为私有财产的所有单位。不过，这些别居的家庭往往还不是完全独立的生产和分配单位。至少在集体生产场合，仍旧实行按不同劳动组合（乌克孙、噶栅、牛录、塔坦）平均分配的原则，以家庭为单位的生产主要见于传统采集经济和农业生产中。所以，它仍旧是乌克孙家族的细胞，与之保持经济上的联系。同一乌克孙的各包的族人，往往在近邻居住，彼此关系密切[1]；他们不能通婚，奉祀共同的祖先神"weceku"（渥辙库，义为"家堂神"）；遇到困难，共同"对神立誓"，团结一致；与外族发生冲突时，"同族所生"的各包集合聚议，"共相保守"[2]。

社会生产力的发展和私有经济的不断壮大，势必促使家庭逐渐从家族中分离出来成为独立的经济单位。明朝末年，努尔哈赤的六祖分居在赫图阿拉（今辽宁省新宾县境内）的六处地方，远近相距二十里至五六里不等。以后进一步分衍为十二处[3]。这表明，个体家庭与家族的经济联系被进一步割断。

私有经济的发展与贫富分化的加剧，是传统秩序的崩坏和社会矛盾的日益不可调和。《满洲实录》卷1这样描述明末社会秩序的大混乱："各部蜂起，皆称王争长，互相战杀，甚且骨肉相残。"同书又记，辉发部贵族拜音达礼，为窃据部主之位杀戮同乌克孙的叔辈七人不以为意。努尔哈赤在起兵初屡次为乌克孙内的族人所倾害，晚年忆及此事说："谁不欲杀我？与我同祖所生六贝勒子孙数次欲杀我而未得逞"，犹心有余悸[4]。乌克孙的血缘纽带已经无力

---

[1] ［日］旗田巍：《建州三衛の户口に就いて》，第667页。在金代女真早期生活中，可以看到类似情景，即《金史·兵志》所云："兄弟虽析，犹相聚种"。
[2] 《满洲实录》卷1，第12、17页。
[3] 《满文老档》（太祖）卷57，天命八年七月初四；参看《满洲实录》卷1有关记事。
[4] 《满洲实录》卷1，第12、20—21、26、29、41页等；《满文老档》（太祖）卷57，天命八年七月初四。

羁束日益膨胀的掠夺贪欲,从昔日的"各依族寨而行",发展到兄弟相阋以至骨肉相残,最终导致氏族制度的灭亡和满族国家的诞生。

(原载《社会科学辑刊》1992年第4期)

明代女真的地缘组织
——噶栅

明代女真的部落组织人数较多，结构复杂，远非一个统一的整体。通常它是按两种方式划分的：一种按血缘组织层层划分，包括哈拉、穆昆、乌克孙；另一种按基层地域组织即噶栅（村屯）来划分。在实际生活中，这两种划分，又以不同方式相互交错在一起。关于明代女真血缘组织形态，笔者已另撰专文，这里主要以代表女真社会发展方向的建州女真为研究对象，就其地域组织噶栅的形态、结构特点、与血缘组织的关系等具体问题，略作讨论。

一 噶栅形态

以渔猎生产为基础的女真先人，曾不得不一再迁徙他们的住地。随着氏族的繁衍，以氏族为单位也日益不能适应渔猎生产的需要。因而，在他们的住地逐渐形成了同一氏族或不同氏族成员组成的地域组织"噶栅"。

噶栅，满文"gašan"，《满洲实录》多译作"寨"，即村屯。《华夷译语》记女真语为"哈沙"[1]。

清初满族人对"噶栅"的释解，反映了噶栅形态演变的基本趋向。康熙朝《御制清文鉴》卷12"gašan""yaya hoton hecen i tulergi falga falga tehengge be gašan sembi"（城堡外围若干法尔噶构成的居所称噶栅）。将噶栅解释为从属城堡的外围组织，反映的应是较晚时

---

[1] 金启孮：《女真文辞典》，文物出版社1984年版，第187页。

期、即当明末满族社会兴建起武装城堡以后的状况。在这之前，作为满族先世的女真人居住草野，采猎为业，"不喜羁系一处"。"彼人（指建州女真）所居，非如大都，而无城郭……作屯聚居"①，社会中既未形成显著分工与政治等级，也就不可能出现以城堡为腹心、村屯为支脉的社会组织系统。但是，通过这种比较晚出的解释，仍可增进对早期噶栅的认识。

关于噶栅结构。《御制清文鉴》说是由若干法尔噶组成的聚落。那么，法尔噶的性质又是如何？检《御制清文鉴》卷5"falga"条，认为"法尔噶"就是穆昆的同义语②。穆昆的本义曰族，并含有群的意义。这说明噶栅是由原属同一氏族或者原属不同氏族的若干血缘集团组成的联合体。然而，象其他关于社会组织的概念那样，伴随社会关系的发展，法尔噶的含义也发生明显变迁。羽田亨等人编纂的《满和词典》集了"falga"的各种含义：

（1）一族，同族［10，人倫二：族］
（2）部落，一街上にある家の集團［19，城廓：黨］
（3）書記が事務を執る所，役場［20，部院一：甲］
（4）Nirui falgaに同じ，村の集會所［彙：本佐領人眾聚會議話的去處，即 Nirui falga 也］。③

上引文方括号前为日文释义，括号内为清代满语辞书释解，前三条系引自乾隆朝《五体清文鉴》，末条见《清文汇书》。结合前引康熙朝《御制清文鉴》释义，不难察知法尔噶含义的演变轨迹，即由血缘组织"族"的同义语递嬗为不带任何血缘色彩的"党""甲"，以至同佐领人的议事场所。法尔噶既是噶栅的基本要素，

---

① 《朝鲜中宗实录》卷61，二十三年四月壬戌，《朝鲜李朝实录》，日本東京學習院東洋文化研究所影印本，1964年。
② 傅达礼等：《御制清文鉴》卷5"falga"条："uthai mukūn sere gisun"，康熙四十七年内府刻本。
③ ［日］羽田亨：《满和辭典》，國書刊行會，1972年，第125页。

因此它的性质演变也就决定了噶栅组织的变化趋向。

以上看法是否能得到具体史料印证呢？关于明代女真噶栅记述翔实的史料，载于朝鲜《鲁山君日记》卷13，鲁山君三年（明景泰六年，1455）三月己巳条，朝鲜咸吉道都体察使李思俭关于当时图们江两岸女真部落的调查报告。日本学者旗田巍曾据报告中吾都里（斡朵里）部6噶栅（旗田巍沿用朝鲜实录说法，将噶栅概称"部落"）资料，对噶栅结构，以及在其基础上形成的斡朵里部落的性质进行了开拓性研究，指出："吾都里诸部落（即噶栅）并非以血缘纽带为基础的组织，已成为地域团体。"据此得出氏族制度已经崩溃的结论。他的结论，多为后来中外学者沿用[①]。

笔者基本赞同作者关于斡朵里部落已成为地域集团的分析，同时认为在噶栅组织的研究方面尚存在两点不足：第一，作者为论题所限，考察范围囿于斡朵里部居住的6噶栅，难以对噶栅形态复杂性作出整体估计；第二，作者以及后来一些学者在强调明代女真氏族制度已经瓦解的同时，对于残余血缘关系在噶栅内部以及噶栅之间的存在形式及影响未予重视，不免忽略了明代女真社会组织的过渡性质。

李思俭报告原文过长，不再征引。只将报告内容略作介绍。报告撰于朝鲜鲁山君三年（明景泰六年，1455），调查对象涉及图们江流域的4个女真部落：

（1）斡朵里部，实际上这只是明正统五年（1440）建州左卫酋长凡察率部西迁后留在当地的残部，百余户，分居6噶栅，其中包括凡察亲兄阿哈里（于虚里）、异母弟加时波，吾沙哥等族人。[②]

[①] ［日］旗田巍：《吾都里族の部落構成》，《満洲史研究》，四海書房，1936年；莫东寅：《明初女真族的社会形态》，《满族史论丛》；薛虹：《明代初期建州女真的社会形态》，《吉林师大社会科学丛书》第1辑，1979年；［日］鸳渊一、户田茂喜：《ジユセンの一考察》（《東洋史研究》5卷1号，1939年）认为："噶栅是脱离血缘关系的地缘集团。"

[②] ［日］旗田巍：《吾都里族の部落構成》，《満洲史研究》，四海書房，1936年。

（2）兀良哈部，即明朝毛怜卫女真本部，分居32噶栅，约590余户。

（3）女真部，这里的"女真"是狭义的，指由外地迁居当地的女真部落，10噶栅约93户。

（4）骨看部，骨看，在《朝鲜实录》中又称"阔儿看兀狄哈"，是明朝所设喜乐温河卫一部（其说详后），5噶栅约46户。

总计4部落，53噶栅，约840余户。

李思俭报告的缺陷在于：对各部落酋长和一些"族类强盛"者的近亲族人以外的大多数噶栅人户，只录其名而未注彼此间社会关系，因此难以对53噶栅的状况作总体考察。只能在现有资料基础上，概括噶栅的两种类型。

第一类5例：

（1）伊应巨地方住兀良哈，伊时乃，"族类强盛"，与兄弟子侄同居一噶栅。《报告》特别注明："右人族类三十余名"，说明是单一血缘成分噶栅。

（2）阿赤郎贵地方住兀良哈酋长，金都乙温，无子，"族类强盛"，与侄、侄孙等6户共居。

（3）于知未地方住骨看，刘沙乙只大，"族类强盛"，与子、弟等2户壮丁6名同居。

（4）阿乙阿毛丹地方住女真，金含大，与子、弟、侄同居一噶栅。

（5）江阳地方住骨看，李多弄可，与子、弟、侄等4户壮丁10名同居一噶栅。

这种由一个或几个原属同一氏族的家族（乌克孙）或家庭（包）组成的聚落应属血缘噶栅类型。

第二类8例，按照具体组合又可进一步分为两种情况。一种是以某一家族为主而附入了若干外来成分：

（1）沙吾耳地方住兀良哈、也乃等人，7户壮丁10余名。其中除常道一人与也乃关系不明，余者俱是也乃近族。

（2）愁州地方住兀良哈酋长，柳尚同介，"族类强盛"。24户壮丁53名，其中注明柳尚同介族人的15人，其他人户关系不详。

（3）庆源镇东39里江外地方住兀良哈酋长，金权老，"族类强盛"，9户壮丁30余名，包括金权老的五子，一个女婿及其各自家庭。

（4）会伊春住女真，朴波伊大等6户壮丁21名，包括朴波伊大、子4人，弟、侄8人以及他们的家庭。

另一种则系多重血缘成分的错居：

（1）吾弄草地方住斡朵里，40余户壮丁80余名，包括李、童、浪、朴多姓。

（2）吾音会地方住斡朵里，9户壮丁20余名，童、马二姓。童姓内，童亡乃与童三波老同姓不同族。

（3）西指十三里江内住斡朵里，15户壮丁30余。除童、高姓，还有"杨里人"（身份详后）10户。

（4）下东良地方住兀良哈，20余户壮丁70余名。浪、金、李多姓。

这种由不同哈拉的家族或家庭聚居的村落应属地缘噶栅。

根据上述考察，可以就明代女真噶栅形态得出三点初步认识。

第一，不同类型噶栅显示血缘关系与地缘关系结合的不同形式。氏族社会是以血缘为基础的社会，而血缘组织的存在又必须以一定空间关系的一致性为前提，所以氏族部落时代的噶栅最初不过是血缘组织的外壳。第一种类型在某种程度上尚保留了血缘噶栅的面貌。基于社会发展的不平衡特点，在远离文明中心的黑龙江流域渔猎居民中，这种类型的噶栅组织在比较封闭的环境中长期保留下来并延续到清代。清朝初年，松花江下游至乌苏里江口一带的虎尔哈部（枯尔凯国）仍旧保持着比较完整的氏族组织（哈拉与穆昆），部落内的噶栅一般是由单一血缘男性成员与其家庭组成的[①]。这类噶栅显示了血缘关系与地缘关系的高度统一。所以将噶栅组织

[①] 中国第一历史档案馆编：《清代中俄关系档案史料选编》第一编上册，第2号档，第4号档，中华书局1981年版，第3—5页。

简单理解为与血缘组织互相排斥的说法是不妥的。

第二种类型,即地域噶栅中,以某一乌克孙(家族)为中心而附入若干外来成分的情况,主要适用于酋长所在的噶栅,像前文所举柳尚同介、金权老等都是"族类强盛"有力乌克孙的首领。此外,如建州女真酋长李满住、李达罕、李如弄致等人聚落当属此类①。而在多重血缘成分的噶栅内,地域关系则得到更充分的发展,诚如前面对噶栅形态分析时所指出的:地缘噶栅通常是由一个或若干不同哈拉的乌克孙为核心组成的。照例,其中"族类强盛"的一支便取得支配性地位。《朝鲜实录》载称:凡察率斡朵里大部西迁以后,留在会宁当地的尚有凡察亲兄阿哈里(于虚里)、吾沙介、哈夫八(加时波)及管下180户。在这180户中有所谓"户头"40余人②,平均起来,大约四五户有一个"户头"。结合十几年后李思俭的报告中有关斡朵里的记载,可以发现:这些户头多数为马、童、李三姓,应是斡朵里部五大酋长的同族。其中也有因各种原因依附的若干异姓成分,如吾弄草噶栅的"户头"朴讷于赤(赫),属于这种状况。在李思俭的报告中,这些户头中有人已成为"族类强盛"的酋长(马仇音波),或者被列为仅次于酋长的二等大户(朴讷于赫)。由此可见,地域噶栅内酋长与"户头"的关系,反映的是核心家族与同姓、异姓依附家族间的关系。

第二,噶栅组织由血缘性向地域性的推移,反映明代女真社会组织变化的基本方向。哈拉的析解,是地缘噶栅成为主导聚落形式的主要原因。这种变化,一方面表现为同一氏族的成员分散在不同噶栅(凡察一族,三代之间分居在斡朵里6噶栅中的5个,就是明证③);另一方面,又表现为不同氏族的成员杂居一处。仅就李思俭报告中所见:斡朵里部民与兀良哈部民杂居的三例(见兀良哈部

---

① 《朝鲜世祖实录》卷37,十一年十月丙戌;《朝鲜燕山君日记》卷28,三年十月乙亥;《朝鲜中宗实录》卷64,二十三年十一月乙丑。
② 《朝鲜世宗实录》卷90,二十二年七月辛丑;卷92,二十三年正月丙午。
③ [日] 旗田巍:《吾都里族の部落構成》,《滿洲史研究》,四海書房,1936年。

的上甫乙下、中东良、上东良三噶栅);兀良哈部民与女真部民混居的二例(兀良哈部的多隐、尼麻退二噶栅);"杨里人"与斡朵里、兀良哈部杂居的五例(斡朵里部会宁西指十三里江内、兀良哈部伐引、钟城江内行城底、钟城二十里江内愁州、钟城西指二十里江外愁州等5处的噶栅)。李思俭的报告中特别注明的"杨里人",本非女真土著,原"系开阳(开原)之民",即隶属明朝辽东都司的开原居民。明永乐二十年(1422),开原一带五百户居民被百户杨木答兀裏胁逃走斡朵里部。逃民被明廷陆续索还后,仍有少数留在当地,或入于斡朵里,或入于兀良哈。因知汇聚在噶栅内部的社会成分,不但已突破哈拉的狭隘壁垒,而且进一步突破了部落间的畛域。

第三,噶栅形态的差异与社会发展不平衡有关。既然一般的发展序列应是先有血缘噶栅后有地缘噶栅,何以在明代女真社会中呈现两种形态的并存局面?在斡朵里部中,已没有血缘型噶栅,在兀良哈部32个噶栅中,能够判明属于这种类型的仅有2个,说明在比较先进的女真部落中,这种类型已经没落。与之比较,"女真"与骨看部落的噶栅则表现出规模小、分布疏散、血缘色彩强的特点。骨看部落5噶栅中的两个,由单一血缘组成。其余3个也带有明显血缘痕迹,可为证明。朝鲜《龙飞御天歌》卷7第52章记阔儿看兀狄哈(即骨看)酋长说:"阔儿看兀狄哈,则眼春括儿牙秃成改等是也。"下注:"阔儿看兀狄哈,部种名,水居以捕鱼为生者也。"按日人和田清考证:阔儿看原籍眼春,即珲春迤东今俄境波谢特湾北岸[①]。明代朝鲜人正是根据他们滨水而居,"不事耕稼,以渔猎为业"的习性,而以"水兀狄哈"或者"水野人"相称[②]。既然专以渔猎为生,又被划入"野人"(兀狄哈)范畴,说明社

---

① [日]和田清:《東亞史研究》(滿洲篇),東洋文庫論叢第三十七,1955年,第399—400页。
② 《朝鲜太宗实录》卷19,十年五月丙子;《朝鲜世宗实录》卷53,十三年八月壬子。

会发展程度较低。阔儿看酋长豆称介（秃成改）在《明实录》中写为土成哈，是明喜乐温河卫指挥①。李思俭的报告中的骨看部落，即由该部析出逐渐西迁到朝鲜边境的一支。由此可知：女真、骨看两部噶栅形态的原始性，与其落后的渔猎经济背景息息相关。

综上所述，噶栅原来仍应是以血缘氏族为基础的地域性的群体，但它的发展却逐渐冲破血缘氏族的限制，而形成没有血缘关系的氏族成员的地域性的结集，内部关系也呈现出复杂的情景。

二 噶栅与乌克孙

在不同氏族成员组成的噶栅中，各个氏族成员仍是以乌克孙（家族）作为它的组织基础和活动单位。因此，要弄清噶栅内部的复杂关系，还必须对乌克孙在噶栅中的地位和作用做一些考察。

李思俭的报告中涉及三个部落（斡朵里、兀良哈、骨看）的16名酋长，斡朵里部的6噶栅被列为一等的酋长有5名，兀良哈部32噶栅中有8名，骨看部5噶栅中有2名（女真情况不明）。说明每个部落中均包括若干酋长，都是"族类强盛"的血缘集团长老。

其时朝鲜国对女真人授职，是依据"所率族属部党几户几人"②，而有都万户、万户、副万户、司直、护军之别。族众势强者授显职，反之予卑职。对三部落16名酋长先后授予最高职衔都万户的事实表明，这些酋长在部落中地位相当，不存在明确的隶属关系。详见下表：

---

① 《朝鲜太宗实录》卷19，十年四月壬寅；《明朝太宗实录》卷48，五年正月戊辰。
② 《朝鲜世宗实录》卷78，十九年九月甲辰；参《朝鲜鲁山君日记》卷13，三年正月戊午。

明代女真的地缘组织

图们江两岸女真酋长一览表

姓名	部落	居地	职衔	备注
李贵也	斡朵里	吾弄草	万户	
马仇音波	"	吾音会	都万户	童所老加茂妹夫，童亡乃姻亲
童亡乃	"	"	"	马仇音波舅
童所老加茂	"	会宁西三十里江内	中枢	凡察亲兄于虚里之子，后升都万户
童吾沙介	"	下甫乙下	都万户	凡察异母弟
屡时巨	兀良哈	无乙界	"	
金仇赤	"	甫伊下	"	
哈儿秃	"	伐引住	都司	疑即都万户
裴麻罗可	"	"	都万户	
浪卜儿罕	"	下东良	"	
金波乙大	"	"	"	
柳尚同介	"	愁州	"	
金都乙温	"	阿赤郎贵	"	
金权老	"	庆源东三十九里	"	
金时仇	骨看	阿多山	"	
金照郎可	"	余山	"	

按：此表据李思俭《报告》。表中都万户、万户，都是朝鲜当局笼络女真酋长授予的荣誉职衔。这些酋长同时受职于明廷。如：浪卜儿罕，是毛怜卫都督金事，又称"都督"（《朝鲜世祖实录》六年三月己卯；《明朝英宗实录》四年五月丁丑）；柳尚同介，毛怜卫都指挥（使）（《朝鲜世祖实录》六年三月己卯，八年十二月辛酉）；童所老加茂，建州左卫指挥于虚里（额黑里）子（《朝鲜世宗实录》二十七年九月），后受朝鲜都万户（《朝鲜世宗实录》二十六年九月丁亥）。

从斡朵里部五名酋长的关系分析："童所老加茂、李贵也、马仇音波、童亡乃、童吾沙介，为吾都里中有力者。"[①] 在三名童姓酋长中，童亡乃与吾沙介、所老加茂同姓不同族，相当于同哈拉不同穆昆。吾沙介与所老加茂则为同姓近族，也就是说，后者之父于

---

① 《朝鲜鲁山君日记》卷11，二年五月辛酉。

虚里与吾沙介是异母兄弟。除此以外，在斡朵里部内还有一位"虽非酋长，族类强盛"而被列为一等的大户童南罗，也是童姓酋长的近亲（与所老加茂为亲兄弟）。①

综合以上情况，一部之内有若干不相统属的酋长，有的不但同姓而且还属于同一穆昆（斡朵里童姓酋长便是），这就说明：酋长的真实身份应是有力家族（乌克孙）的族长（uksun i da）。因为"族类强盛"，故膺受显职。

关于他们与属民的关系和性质，李思俭的报告中，有一些值得思考的现象。

其一，两个酋长同时分割对本噶栅与另一噶栅的管理权。在13个居有酋长的噶栅中，有3个噶栅中并存2名不同家族的酋长。例如兀良哈部伐引住两酋长哈儿秃、裴麻罗可，同时分享本噶栅与西六十里毛里安噶栅的管辖权。属于这类情况的还有吾音会住斡朵里酋长马仇音波、童亡乃；下东良住兀良哈酋长浪卜儿罕与金波乙大。在这种场合，《报告》总是以"并其所管"四字表示。

其二，一个酋长同时管理若干噶栅。下阿赤郎贵住酋长金都乙温除本噶栅外，又领有上阿赤郎贵等噶栅。属于这种情况的还有愁州住兀良哈酋长柳尚同介。

上述现象表明：酋长与属民的隶属关系有时是跨越不同噶栅的。李思俭的报告中在上阿赤郎贵噶栅万户末老名下，注有"族类强盛，金都乙温一族"。这就表示：下阿赤郎贵的金都乙温所以有能力控制上阿赤郎贵，是因为当地住着他的族人。前述两个异姓酋长同时分割两个噶栅管理权的事实也证实：家族即乌克孙不但在噶栅内部而且在不同噶栅的同族人之间也起着重要作用。它实际上是部落中最活跃的单位。

《满洲实录》卷3追述其先民行围狩猎制度时写道："前此凡遇出师行猎，不论人之多寡，照依族寨而行。"寥寥数语，对研究女真社会中的社会关系却弥足珍贵。从"照依族寨而行"一句满文：

---

① ［日］旗田巍：《吾都里族の部落構成》，《満洲史研究》，四海書房，1936年。

明代女真的地缘组织

"uksun uksun i gašan gašan i yabumbihe"可以得知,这里的"族"既非哈拉(hala),亦非穆昆(mukūn),而是以近亲血缘为纽带的乌克孙(uksun)。乌克孙既以一定的空间为存在前提,就不可能孤立于噶栅以外。换言之,噶栅大多是以一个或几个乌克孙为主体。两者交错的结果,明代女真的噶栅组织不同程度上仍带有血缘的色彩。地域型噶栅与血缘组织的互相并行或彼此交叉,不能不日益破坏着氏族组织的残余,并在女真(满族)由部落制向国家制过渡的历史变革中,产生重要的影响。

(原载《民族研究》1991年第3期)

明代女真社会的酋长

满族的先民在明代被泛称为女真。按照其社会发展水平以及地理分布，又分称为建州女真、海西女真、"野人"女真三大部。自明初迄明中叶（约至15世纪末16世纪初），比较先进的海西女真、建州女真正处在由氏族社会向阶级社会的过渡中。部落的管理机构仍旧保持着传统形式：大大小小的酋长——国伦达（部长）、穆昆达（族长）、乌克孙达（家族长）、噶栅达（村长），以及各级议事会议，是社会中的权威，继续行使组织生产、社会管理、指挥作战、对外交涉等多项职能。不过，伴随着氏族制度的瓦解，部落酋长的身份、职能毕竟发生了某些实质性变化。用动态的观点考察这些变化，对于认识明代女真社会的阶段性发展、把握其由部落制向国家制过渡的历史脉络，有着积极意义。本文试从酋长的世袭、酋长间的关系、酋长的会议、酋长的职能四个方面展开讨论。

一 酋长的世袭

在女真历史上，酋长一职在同一家族内相袭，当是比较晚近的事，在这以前，推举选任是基本的制度。但由于年代久远，这段历史大抵湮没无闻，唯清人所修《满洲实录》卷1在记载开国传说中略有提及。传说称：仙女佛库伦吞食朱果诞育了布库哩雍顺，后布库哩雍顺沿河行至鄂多理，为三姓人调解纠纷，最后"三姓人息争，共奉布库哩雍顺为主……其国定号满洲，乃始祖也"。布库哩雍顺无疑是见诸记载的最早一位酋长，汰去传说中虚构的成分，与其他史籍互证，可以约略推知当时的一些状况。

《满洲实录》称布库哩雍顺所定国号为满洲，"满洲"族名在清太宗皇太极天聪九年（1635）才正式确立，实录所载，显系后人附会。至于这里所说的"国"（gurun），当然也不是近代意义的国家，而是泛指部落集团。由三姓（ilan hala）即三个血缘氏族共组的一个部落集团，还属于部落组织的早期形态，也就是血缘型部落，比之按地域特征形成的部落，较为古老。

传说中所称鄂多理地方的三姓，并非无稽之谈。元朝曾在松花江下游女真地区置斡朵怜、胡里改、桃温、脱斡怜、孛苦江五万户府，居民"逐水草为居，以射猎为业"[1]。元末，当地尚存斡朵里（斡朵怜）、胡里改（火儿阿）、托温（桃温）三万户府。明洪武二十八年（1395）成书的朝鲜李朝政府官修的《龙飞御天歌》，则将"三万户"记为：斡朵里万户夹温姓猛哥帖木儿，火儿阿万户古论姓阿哈出，托温万户高姓卜儿阏。这三万户，当是沿袭旧制而云然[2]。

布库哩雍顺既被清朝皇室奉为始祖，也就是斡朵里（吾都里）部猛哥帖木儿（即清朝尊为肇祖的孟特木）的先人。而推举他为部长的三姓人或者就是上文提到的夹温姓、古论姓、高姓。开国传说中布库哩雍顺乘舟行至鄂多理的事迹，反映的应是满洲始祖从遥远北方溯松花江下游南迁并加入到三姓部落的经历。所以，不可以认为猛哥帖木儿是元代斡朵怜部的简单承袭。由于自然环境与社会环境的差异，满族先民的社会发展始终呈现不平衡状态，处在边远地带的部分，长期过着以渔猎经济为主的生活，无力摆脱落后氏族制度的羁绊，一些南迁的居民则在迁徙过程中得到发展。

正是在氏族制度的基础上，形成了部落的推举制度。这种制度的轮廓在《满洲实录》"三姓人息争，共奉布库哩雍顺为主"一句的满文体中得到较为详细的说明："ilan halai niyalma acafi hebdeme；

---

[1] 宋濂等：《元史》卷55，中华书局1976年版，第1400页。
[2] ［日］和田清：《東亞史研究》（滿洲篇），東洋文庫論叢三十七，1955年，第380页。

'muse gurun de ejen ojoro be temšerengge nakaki, ere jui be tukiyefi musei gurun de beile obufi'"。这句话的汉译为："三姓人合议说：'此子（人）平息了我们固伦（部落）中谁为额真（主人）的争竞，可以推举（他）做我们固伦的贝勒（王）。'"由此可见，布库哩雍顺是因为平息了三姓人争长的内讧而被推举为部落长的。这种推举，反映了部落内各血缘氏族的共同意愿，应是那个时代里诸部通行的制度。无独有偶，在海西女真著姓乌喇纳喇氏的始祖传说中也曾提到：始祖纳齐布禄，人称"墨尔根"（汉译聪明之义），有智有勇而被乌喇河滨居人"奉为部主"[1]。部落时代，社会中尚未形成独立的上层建筑，氏族（哈拉）、部落（固伦）组织，既是社会组织，也是社会活动的管理机构。由于酋长权力主要是通过自己的人品和才干获得的，所以他手中不拥有强制性手段。以上，便是传说时代女真酋长的一些情况。

约自元末明初开始，辗转南迁的女真部落加快了氏族制度瓦解的步伐。随着氏族的繁衍，以氏族为单位已日益不能适应渔猎生产的需要。于是在他们的住地逐渐发展起由同一氏族或不同氏族成员组成的地域组织"噶栅"（汉译村寨），在噶栅基础上形成以地域而非血缘为主要特征的部落。这种地域性部落已属于部落组织的晚期形态。

在部落内部，由于各血缘集团人数多寡不一，族大势强的酋长自然在推举时居有优势。这种优势又基于掠夺战争的出现与日趋频繁而强化，从而发轫了由推举制向世袭制的过渡。在著名的建州三卫中，建州卫酋长世世为明初胡里改部长阿哈出之后，建州左、右卫酋长世世为明初吾都里部长猛哥帖木儿之后。关于部落酋长在同一家族内世袭的史事，前辈学者考订甚详[2]。世袭制的产生，是氏族制度开始瓦解的重要标记，表明氏族制度的民主机关开始脱离自己

---

[1] 鄂尔泰等：《八旗满洲氏族通谱》卷23，第1页上下。
[2] 详见孟森《明元清系通纪》，1934年刊本（收入《孟森著作集》，中华书局2006年版）；［日］园田一龟：《明代建州女直史研究》，国立书院，1948年，第6—7页《建州三卫世系表》。

的基础，逐步转化为它的对立物：从一个自由处理内部事务的部落组织向掠夺和压迫邻人的组织转化，而它的机关也相应地从部落成员的意志的代表开始转变为旨在压制自己人民的一个独立的统治机关。

应该着重指出的是：在女真社会中，上述历史性转折，并不是通过急剧变革的形式一蹴而就的，而是表现为一个漫长的渐进过程。明成化二十年（1484）九月，建州卫酋长李达罕之子谒见朝鲜官员时提到，建州右卫并立着两个酋长："甫花土居长，故掌印行公，罗下有才能，故皇帝别命耳。"① 甫花土是右卫原酋长凡察（猛哥帖木儿异母弟）之子，罗下是其弟。引文中"皇帝"指明朝皇帝。明朝统治者自奄有东北全境以后，在女真地区广置卫所，对各部酋长授以都督、都指挥、千百户、镇抚等官职名分，意在招抚。但在官职授予、升除、待遇等方面，均不遵行明政府有关卫所制度的成规。对各部酋长，不过超授显秩以示笼络，实则任其"世居本土，自相统属"。所以，女真卫所的设置，是在不触动其原有社会组织前提下实施的羁縻性质的制度。一卫二酋长的原因，实际上很难归结为明朝统治者的赏识，而诚如当时朝鲜方面所分析的，是"众所推服"的缘故②。在氏族制度完全崩解以前，是不存在严格世袭制的，传统民主制度的影响仍旧广有市场。因此，在世袭的酋长家族中，只有那些较有才干并受人拥护者，才能膺受酋长之职。也就是说，酋长权力虽然开始为上层家族所控制，但还没有集中到某个特定人手中，在世袭制产生的同时，政治多头，权力分散，以及推举制的遗风，仍是女真部落中习见的现象。

二 酋长间的关系

实行世袭制的结果，是上层家族的形成，并由酋长家族世代构成部落组织的核心。应该进一步说明的问题是：既然部落是由数量

---

① 《朝鲜成宗实录》卷158，十四年九月甲午。
② 《朝鲜成宗实录》卷162，十五年正月丁未。

不等的血缘组织（族）和地域组织（寨）结集而成的，那么作为这些族、寨代表的大小酋长之间，又是怎样一种关系呢？明成化、弘治年间，李达罕继为建州酋长，同时被推举为建州女真诸部名义上的联盟长。弘治九年（1496），他向朝鲜使者提供了所辖建州的三卫和岐州卫（即明朝设"寄住毛怜卫"的音转）等四个部落酋长的名单，为分析部落内诸酋长间的关系提供了重要的依据①。

表1　　　　　　　　　建州部落酋长的构成

	建州卫	建州左卫	建州右卫	岐州卫
酋长	[都督]李达罕	[都督]童都论	童甫花土	王夫里介
稗将	李巨右	金知童夫堂介、童老同、童处永巨	都督童罗吾章、童舍吾儿	王舍里
里将	指挥王三下，指挥赵加乙豆	蒋马加里，童车音波、赵马吾阿、高甫乙赤、马可古、浪还四	童其音波	

按：[ ]内职名系笔者据《朝鲜成宗实录》卷142，十三年六月癸亥；《明朝宪宗实录》卷237，十九年二月戊寅所加。童都论，又称土老，清代文献称妥罗，明人称脱罗。

不难看出，李达罕提供的酋长名单中并列着两个不同的等级序列：都督、佥知（当系都督佥事之讹）、指挥，应是明朝政府授予诸酋长的官职；酋长、稗将、里将，则是部落内自成一体的等级序列。而部落酋长的实际地位并不完全依所受明朝官职高低排列，是一个显而易见的事实：官阶不同或者没有官阶的酋长，可以跻身同列；而官阶相同或接近者，也可分置两等，如右卫都督童罗吾章与佥知（佥事）童夫堂介，以及没有官职的童老同等人均为"稗将"，即为明证。对一个落后社会来说，从文明社会中最易接受的首先是物质和经济成就，如欲取仿后者的政治制度，却需要具备更为复杂的条件。因此，剥去女真卫所制度的外衣，仍旧是传统的部

---

① 《朝鲜燕山君日记》卷19，二年十一月甲辰。

落组织。

李达罕所谓酋长、稗将、里将，大体反映出部落内大小酋长实际地位的高低。"稗将"或"裨将"之义，"裨"有"副"的意思，反映了低于酋长的关系。李达罕、童都论、童甫花土等为三部酋长，以下辖领号称稗将、里将的大小首领。由此呈现出政治制度从部落组织分离出来的雏形。

稗将之"将"，原义指军事首长。这有助于说明，稗将的实际身份，是地位仅次于部落长的军事首长。海西女真兀者左卫酋长速时忒哥亡故后，长孙罗邑大继为部落长，以其弟毛多吾哈"管军"①。兄弟分掌军政，是私有制发展起来后，武装冲突日趋频繁所致。明初建州左卫猛哥帖木儿任酋长时，异母弟凡察也是管军领袖：如有兴兵之事，"则必使凡察领左军、权豆领右军、自将中军，或分兵与凡察"②。这时的所谓"左军""右军""中军"，反映的当是朝鲜史籍的看法，实际上还只是自发的全民性质的武装，所以时而三分时而二分，无一定规制。凡察是猛哥帖木儿之弟，权豆是其子，军事权从一开始就掌握在酋长家族手中。明宣德八年（1433），猛哥帖木儿晋右都督职，凡察相应升为都指挥使，反映了军事首长在部落内的重要地位。军事权力的出现，是酋长逐渐脱离部落民而形成一个特殊的正在萌芽的统治集团的又一重要标志。

在李达罕的部落联盟中，每个部落的酋长与稗将皆为同姓，里将则为同姓或者异姓，也是一个值得注意的迹象。建州卫酋长李达罕，是女真名酋李满住子孙；稗将李巨右，系达罕之子③；以下里将王姓、赵姓各一人。建州右卫酋长童甫花土，是凡察之子，稗将童罗吾章与童舍吾儿（沙吾章），则是甫花土弟罗下之子④；以下里将亦是同姓。建州左卫酋长童都论即明人所称脱罗，系吾都里部酋长猛哥帖木儿之孙，童仓（董山）之子；其下稗将童姓三人，身

---

① 《朝鲜世宗实录》卷78，十九年九月癸卯、戊申。
② 《朝鲜世宗实录》卷82，二十年七月辛亥。
③ 《朝鲜成宗实录》卷158，十四年九月甲午。
④ ［日］園田一龜：《明代建州女直史研究》，《建州三卫世系表》，第6—7页。

份虽不能确指,但从前面两卫酋长与稗将的关系可以推知,他们当为脱罗的诸子或弟侄;其下里将包括蒋、童、赵、高、马、浪诸姓。

建州三卫的情况显示:在每个部落内部,除了核心地位的部长家族外,还有众多地位较低的同姓、异姓的氏族分支或家族,也就是被称为"里将"的小酋长以及他们所代表的族、部。

那么,这些大大小小的家族代表在部落内又是如何联结并协调彼此关系的呢?从明初吾都里部诸酋长的关系中,可以得到一些启迪:在该部童所老加茂、李贵也、马仇音波、童亡乃、童吾沙介五名酋长中,马仇音波是童所老加茂的妹夫,而童所老加茂的父亲于虚里,又是本部另一酋长童吾沙介异母兄;童亡乃与童所老加茂、童吾沙介同姓不同族,但他是马仇音波母舅,又是其弟马朱音波岳丈,足见两家是世代姻亲。这样一来,除李贵也情况不明,其他四名酋长之间,都建立起直接、间接的亲属关系[①]。从后来建州卫的情况看也是如此:酋长李达罕之子李巨右娶本部酋长沈者罗老侄沈汝弄介的女儿。沈姓,为部落内大族,早在李满住(李巨右曾祖)率部由凤州移居婆猪江(今浑江)时,沈者罗老已是他麾下的大酋[②]。李达罕妹,则嫁给本部另一酋长蒋舍澄可[③]。由此可知,部落内各异姓酋长间的联姻,乃是巩固彼此关系的重要纽带。

在《满洲实录》开国传说中提到:三姓人在推举布库哩雍顺为部长时,曾以聘娶族女(即百里之女)为条件。这一情节实际体现了氏族社会的一个基本原则,即氏族外婚制与部落内婚制的实行,形成一张将所有部落成员联结起来的亲属关系网络,彼此之间不是血亲便是姻亲。所以布库哩雍顺只有在与三姓人缔结姻亲关系后,才能取得部落长资格。类似情况在其他民族早期历史中并不鲜见,

---

① [日] 旗田巍:《吾都里族の部落構成》,《滿洲史研究專輯》,四海書房,1936年;莫东寅:《满族史论丛》,第28—29页。

② 《朝鲜成宗实录》卷152,十四年三月戊午;《朝鲜世宗实录》卷24,六年四月辛未。

③ 《朝鲜成宗实录》卷152,十四年三月辛亥。

其中，以金代女真始祖传说最为典型。传说称：始祖函普行至完颜部，禁两族相杀，遂娶老女，并被推为部长。而他以青牛为聘所娶的竟是一位六十岁老妪①。足以说明缔结这种婚姻关系的着眼点，并非男女个人间的结合，而是它所具有的社会整合功能。

明代女真社会中部落酋长间极为普遍的联姻现象（而且往往是世代联姻）既脱胎于氏族社会的古老传统，同时又注入了新的内容。随着氏族制度趋向瓦解，血缘纽带日益松弛，姻亲关系在平抑内部冲突、协调对外行动方面起到更为重要的作用。基于同样动机，在友好部落的酋长家族间，也盛行世代联姻②。姻亲关系的缔结，不仅有助于酋长地位的巩固，也是上层家族在部落中世代绵延的一个重要保证。

三 酋长的会议

酋长议事会是一个源远流长，与氏族社会共始终的制度。它的古老形态，由各氏族酋长所组成，共同掌握全部落的最高权力。满洲开国传说中提到的始祖布库哩雍顺，就是在部落议事会上被推举为部落长的。这种制度，在女真社会生活中仍具有举足轻重的作用。据李朝实录记载：建州卫酋长李达罕会见朝鲜使者时，"耆老及族众等重五六行，序立"③。这从一个侧面折射出往昔氏族长老与酋长同座共议的情景。族中长老在议事会中的显要地位则导源于

---

① 脱脱等：《金史》卷1，中华书局1975年版，第2页；徐梦莘：《三朝北盟会编》卷18，光绪四年（1878）刻本，第3页下引《神麓记》。

② 明初吾都里部酋长猛哥帖木儿与胡里改（火儿阿）部酋长阿哈出是两个互为姻亲的部落。南迁以后，这两个姻族始终保持着联姻关系：猛哥帖木儿的姊或妹嫁阿哈出长子释迦奴（李显忠）；子都赤又娶阿哈出次子猛哥不花女；次子童仓娶猛哥不花侄李满住之女；李满住子李豆里又是猛哥帖木儿侄童速鲁帖木儿婿（见《朝鲜世宗实录》卷61，十五年闰八月辛酉；同上，十五年六月己亥；《朝鲜世祖实录》卷39，十二年五月癸巳；《朝鲜鲁山君日记》卷14，三年五月丙午）。这些记载表明：阿哈出到李豆里四代，猛哥帖木儿到童速鲁帖木儿三代之间，两家族的联姻从未中辍。这正是当时联盟诸部亲属关系的一个缩影。

③ 《朝鲜燕山君日记》卷19，二年十一月甲辰。

社会中根深蒂固的血缘辈分观念。明成化十九年（1483），建州卫酋长李达罕之子李巨右与沈汝弄介往谒朝鲜国王。李巨右因沈汝弄介年长，所以进入朝鲜境后，凡遇拜见宴筵场合均以他为首。朝鲜边将则认为，李巨右既是酋长之子，理应坐在沈汝弄介之上，"于礼当然"。朝鲜人所谓的"礼"，无非是符合于封建等级制度的一套繁文缛节之礼，即按照人们的政治地位确定他们身份的尊卑，这与女真社会中"俗以年之老少为上下"的血缘辈分观念自然格格不入①。女真酋长的权力和地位在很大程度上是依靠亲属关系来支撑的，另一方面，由于族中长老受到普遍敬重，酋长在议事时必须认真听取长老意见，而不能独断专行。

女真社会的酋长议事会有着不同的层次与形式。明初吾都里部酋长猛哥帖木儿被兀狄哈女真袭杀后，部落溃散，其弟凡察招百余人谋议所向②，不久率残部西迁婆猪江与李满住部联合，反映了多数部民的愿望。兀狄哈女真在动兵以前，从酋长中推举勇敢者"作将帅"，并"聚同类"定议③。伴随地域联系的扩展，在亲属部落需要协商对外采取联合行动时，由发起者召集"诸部落头酋（酋长）会议"④，是层次更高的部落联盟的酋长议事会。

凡遇到涉及部落整体利益的重大问题，经常召集全体男性成员聚议，是规模更大的议事会。朝鲜史籍提到，女真人在大敌当前时召开全部落会议。会上，"壮者曰：吾辈当先发；老者曰：不可无故先发"⑤。与会者畅所欲言，各抒己见，不受年龄、辈分的拘束。当时，女真人以"族寨"为基础组成临时性武装，还不是阶级社会中与民众分离的特殊的公共权力，遇到外敌，"壮者皆出御"⑥。部落男性成员普遍享有的武装权，是决定他们在部落

---

① 《朝鲜成宗实录》卷152，十四年三月丙辰。
② 《朝鲜世宗实录》卷64，十六年六月乙亥。
③ 《朝鲜成宗实录》卷259，二十二年十一月癸酉。
④ 《朝鲜太宗实录》卷19，十年四月丁未；《朝鲜世宗实录》卷41，十三年正月壬申。
⑤ 《朝鲜文宗实录》卷4，零年十一月戊午。
⑥ 《朝鲜成宗实录》卷95，九年八月壬子。

会议中享有平等民主权力的重要原则。酋长会议既在全体部落成员的影响下进行工作，它的决议不可避免要体现后者的意志。

不过，与往昔比较，女真人酋长会议的面貌已经发生明显蜕变：首先，由于部落内完整的氏族血缘组织不复存在，有力家族的族长取代氏族酋长构成议事会主体。吾都里部酋长凡察，可以召集大小五十余酋长聚议；兀良哈部酋长曾邀集酋长二十余人会议①。这些酋长多数应是部落内大小家族的代表。其次，随着地域组织和经济组织的加强，在部落中发展起不同的利益集团，进而削弱了议事会权威。凡察率部西迁婆猪江，是部落酋长会议业已通过的计划，但迁徙时却有百余户滞留会宁，理由是眷恋故土，或与当地朝鲜人互为婚娶②。足见酋长议事会的权威随着氏族制度的瓦解也在走向剥蚀。

四　酋长的职能

部落酋长的职能一向分为对内职能与对外职能两个方面。对内职能包括社会日常生活的管理，组织生产、负责产品分配、调解纠纷，以及主持宗教活动等等，总起来看，女真酋长在履行对内职能方面因受着主客观条件的制约远不能认为是强有力的。明弘治九年（1496），朝鲜使者进入建州女真地域，禁止他们无故犯境、扰害边民。对此，酋长李达罕却表示，对部民的越轨行径无力禁戢，理由是"欲杀之，则其人必欲害吾，生杀之刑吾不得用之"③。看来，李达罕在与外部先进社会的接触中，对强制手段即"生杀之刑"的作用开始有了一些粗浅的认识，然而令其一筹莫展的问题，不在于是否乐意使用强制手段，而在于社会中根本不具备设置这种手段的物质条件。答案一目了然，当女真人的军

---

① 《朝鲜世宗实录》卷89，二十二年六月丁亥；《朝鲜太宗实录》卷10，五年九月甲寅。
② 《朝鲜世宗实录》卷92，二十三年正月丙午。
③ 《朝鲜燕山君日记》卷19，二年十一月甲辰。

事组织还只是临时性的全民武装时，是不能被部落酋长当作挟制或强迫部民的工具的。

社会中充溢的浓厚的血缘意识，也是制约部落酋长履行对内职能的重要因素。建州卫酋长李满住曾因潜通朝鲜政府，被左卫部民李亏哈报告给明朝官吏，受到后者申斥。李满住和左卫酋长童仓对告密者颇为憎恨，意欲报复，终慑于"彼族类多，欲杀而未得"①。氏族社会的基础是氏族血缘组织，狭隘的生活范围在同族人中陶冶出一种非常强烈的认同感，一种密切而深刻的利害关系。李朝实录称："胡人（女真）之俗，名曰同姓，则甚为亲密，每事同心。"②"同心"的前提是"同姓"，即共同的血缘，由此可见原始的道德规范是何等狭隘，鉴定是非的标准又是何等简单。而这种古老观念，在女真人中还广有市场。

不过，处在氏族社会末期阶段的女真部落组织，早已不是同一血缘成分的结集，而融汇着众多的血缘成分。在部落内部，以乌克孙（家族）噶栅（村寨）为基础的集体生产组织和社会活动单位，成为部落中最活跃的部分。不同的血缘家族各有自己的特殊利益，于是"其心不同，而间有异同之议焉"③。"间有"，就是偶尔有的意思，合则毕举，这多是在联合一致抵御外侮的场合，平日则各行其是。史称李满住任酋长时，部落盛时一千七百余户，但直属部分才百户左右，不过三百人④。这实际上只是他所居的"族寨"。毛怜卫酋长赵三波、巨具、权赤三人依附建州左卫以后，仍旧"各率麾下"⑤。不同血缘集团的汇聚，不断壮大着地域性部落组织，与此同时，却使部落长的对内管理职能受到更多的限制。

规模比部落大、结构更加复杂的是部落联盟组织。由于女真人

---

① 《朝鲜世祖实录》卷16，五年五月辛丑。
② 《朝鲜宣祖实录》卷127，二十三年七月戊午。
③ 《朝鲜世宗实录》卷73，十八年闰六月癸未。
④ 《朝鲜成宗实录》卷52，六年二月辛巳；《朝鲜世祖实录》卷37，十一年十月丙戌。
⑤ 《朝鲜世祖实录》卷26，七年十一月壬寅。

社会活动的核心组织是基层的家族与村寨,所以部落联盟长对内管理职能之脆弱与部落长别无二致。15世纪末李达罕曾是建州女真诸部名义上的共主,如前文所述,他对本部部民尚难有效管理,对依附部落的控制力如何,也就可想而知了。一次,建州右卫的部民李权投掳掠了一名朝鲜人,李达罕在朝方压力下命李权投送还,却被后者一口回绝,他又提议用牛马十四匹交换被掳人口,仍未如愿,最后只好悻悻而返①。一位酋长,只有在首先赢得部落内部对他的服从时,才可能获得外部对他的服从。换言之,部落或部落联盟长外在权力的大小和可靠性,首先取决于内部对他服从的程度。

至于部落酋长的对外职能,则主要表现为联合亲属部落,组织掳掠或者抵御外部的进攻和侵害。由于社会生产力的提高和私有制的产生、部落、部落联盟间频繁出现旨在掳掠人口、牲畜的战争。牡丹江、绥芬江流域的兀狄哈女真与南边的建州女真是"往来相掠,无岁无之"的世仇。李朝实录称其"自相侵掠,抢夺人畜,其被耗者,亦必报复"②。这种循环不已的军事行动以掳掠为动机,已经失去单纯血族复仇的性质。与此同时,女真部落还频频骚扰明朝辽东和朝鲜边民,抢掳人口资财。为着进行这种掠夺性战争或者防止其他部落所发起的同一性质的战争,为了力图取得这种战争的胜利,部落长必须召集所属酋长会议,协调全部落的大小族寨,一致对外,同时联合亲属部落,进行救援。李满住本部仅数百人,与朝鲜发生战事时,请兵于诸部,纠结数千人③。毛怜卫酋长浪卜儿罕被朝鲜边官诱杀后,建州、毛怜等亲属部落酋长欲聚集速平江(绥芬江)、喜乐温、斡木河、西海等处女真部落六千人前往报仇④。由此可见,随着战争加剧与范围扩大,部落长及其

---

① 《朝鲜成宗实录》卷290,二十五年五月辛丑。
② 《朝鲜世宗实录》卷88,二十三年二月癸未。
③ 《朝鲜成宗实录》卷52,六年二月壬午。
④ 《朝鲜世祖实录》卷19,六年二月癸丑。

副手军事首长的对外职能也在加强。

以上从四个方面考察了明初以迄明中叶女真部落酋长的身份特征和彼此关系。世袭制度的产生，军事首长的崛起，酋长间世代联姻的倾向，及其对外职能的强化，均表明部落上层家族的形成，又是特殊公共权力从部落制度中逐步脱离的一个明显迹象。同时应该看到：部落酋长手中逐渐加强的权力，仍旧受到传统民主制度的有力制约。部落酋长既没有掌握强制性手段，随心所欲地支配部落成员的行动也就无从谈起。这与女真社会中已经出现贫富分化然而尚非阶级分化的过渡性质是相吻合的。

部落酋长通过对外交换活动牟取较多利润，借助掳掠占有较多奴隶，凭借对公共事务的管理从部民中索取一定物品，在经济上比较富有，这是没有疑问的。同时还应看到，酋长还没有攫取到社会中主要生活资料与产品的分配权和特殊占有权，部落民"田猎资生"，仍自主地支配劳动所得。建州女真大酋李满住名为明廷"都督"，住所不过"以版为屋"，藩篱之外草莽弥野，人居不稠①，与部落民无显著区别。平时"家无蓄积，不足则取给于管下"②。"家无蓄积"，表明酋长积聚尚少，经济上未发展到与部民对立的地步；"不足则取给于管下"，又表明酋长可凭借某种理由向部民征敛，从而拥有对后者劳动无偿占有的可能。但是当酋长不具备强制手段时，剥削形式只能是隐蔽的，剥削数量只能是轻微的，因为这种额外的获取只有在部民自愿的基础上才能够实现。

基于上述缘故，酋长为维持生计，还不能脱离社会生产。李满住曾亲率部民入山捕土豹；其子果喇哈、亦当哈与部民行围野外，一住半月；寄住毛怜卫酋长的五个儿子因在野外"张罗捕獐"被杀害；酋长甫花土、沈者罗老等人也有采参狩猎的历史③。这些点滴的记载说明，在明中叶以前的女真社会中，还不存在大部分人养活

---

① 《朝鲜燕山君日记》卷15，三年七月庚戌。
② 《朝鲜世祖实录》卷37，十一年十月丙戌。
③ 《朝鲜世宗实录》卷58，十四年十二月丙午；卷123，三十一年二月壬申；《朝鲜中宗实录》卷12，五年八月壬辰；《朝鲜成宗实录》卷145，十三年闰八月丁丑。

一小撮寄生者的事实。

综合全文，处于由氏族社会向阶级社会过渡中的女真部落酋长，具有一种既区别于氏族社会血缘、地域组织长老，又不同于阶级社会统治者的身份特征。这种特征的消除，仍有待女真社会私有制度的进一步发展和阶级对立的形成。

（原载《中国史研究》1995 年第 2 期）

明末女真社会氏族制度的瓦解

满族的先民在明代被泛称为女真,依其社会发展水平以及地理分布,又分称为建州女真、海西女真、"野人女真"。明初女真人仍以传统的渔猎采集为主导经济,尚未脱离氏族制度的羁绊。15世纪前后,海西女真、建州女真从遥远的松花江流域辗转南迁到明朝辽东边外以后,农业经济和对外交换有了长足的发展。约自明嘉靖年间(1522—1566)以后,女真社会随着强邻压迫的减弱和对外交换的繁兴,有了较为迅速的发展。伴随着生产的进步和对外掳掠的扩大,个体家庭日益成为财产私有单位并且日益加剧着贫富分化。从氏族部落血缘组织和地域组织的各级酋长中产生出拥有某些权力并占有较多财富的部落显贵。本族和外族奴隶日益增多,以及部落民依附地位的加强,逐渐形成不同的阶级。古老的氏族部落组织越来越无力控制这个社会而逐渐走向解体,从而为女真(满族)国家的诞生奠定了基础。本文试从分析明末女真社会经济发展诸特点入手,把握这一历史性的变革过程。

一 经济的发展及特点

居有优势地位的采猎经济长期抑制了女真社会内部分工的发展,以致社会发展缓慢。封闭的闸门一旦敞开,才使女真人获得崛兴的动力。了解明末女真对外交换的蓬勃发展,对认识该社会私有制形成与国家产生具有特殊意义。

明末女真社会氏族制度的瓦解

1. 对外交换的发展

女真社会中的交换活动已有悠久历史。在女真（满）语中，关于"买卖"这一交换活动，有两个意义相近的概念。一曰"hudašambi"（作生意），词根"huda"（或 kuda）在通古斯语和蒙古语中均指"亲家"即姻亲①。"ša"是表示行为反复的附加词缀，"mbi"是动词词尾。这表明，在氏族部落时代，零星的互惠性质交换活动，首先应是在姻亲氏族间以走亲形式进行的。这种现象，亦广泛见于其他各民族早期历史中。而这种原始交易性质的变迁，则反映在另一个有关词汇"maimašambi"中。除附加成分与前者相同外，词根"maima"，显而易见是汉语"买卖"的音转。买与卖，是建立在商品交换基础上的社会行为，比起早先单纯为了满足自身消费需要，以其所有易其所无，以物易物的互惠交换来，性质已迥然不同。这是因为：一个人或者社会实体，只要他（他们）将自己的产品卖给商人，就不可避免要同他所承担的传统社会经济义务决裂，并在经济领域引起一连串的连锁反应。词汇的变化又显示，女真人真正意义上的交换活动，是在与汉人接触后才大规模展开的。

明初统治者，在女真地区广设卫所，官其酋长，颁予敕书，以"来朝及互市"形式与女真人进行贸易。当时，明国力昌盛，商业活动直抵女真地域纵深的黑龙江流域。在辽东地区的开原，也与女真人展开互市贸易。当海西、建州女真的南迁逐步缩短了与南部文明社会的距离，乃至最终形成毗邻关系以后，交换活动基于社会内部生产力发展和外部广大消费市场双重需要的刺激蓬勃发展起来：女真人以皮毛、松子、蘑菇、人参、蜂蜜、牲畜等产品易换农业地区的农器、耕牛、手工业品、米盐绢布。两个类型不同的经济地区，以交换为媒介开始紧密联系起来。明末女真外贸的迅猛发展集中表现在以下四方面：

第一，互市贸易的繁荣。明初永乐四年（1406），于开原（今

---

① ［苏］B. И. 琴齐乌斯：《通古斯—满语比较辞典》，第 423 页；参见贾敬颜、朱风合辑《蒙古译语女真译语汇编》，第 237、253、319 页，［俄］史禄国：《北方通古斯的社会组织》，第 287 页。

辽宁省开原市）正式设立女真马市，天顺八年（1464）增抚顺关市（今抚顺市东南），万历初年续增清河（今本溪市清河城子南）、叆阳（今凤城市东北）、宽甸（今宽典县东）诸市，贸易通道由当初一处增至五处；互市时间也由最初的每月一市到明末的三日一市，以至一日一市①。抚顺开市初，一日不过数十人，及万历年间入市者动辄数千人②。随着互市地点增加，间隔时间缩短，边市规模日益扩大，成为经济交流的主要孔道。明初，女真人与朝鲜互市于庆源、镇城，"市盐铁牛马"。至明末，互市日繁，有的市场"月月开市，牛布诸物无所不有"。除正常的互市贸易外，还有不定时的民间自由贸贩③。

第二，贡市贸易的发展。互市贸易主要以民间贸易形式展开，通贡则在部落上层与明朝之间进行；女真酋长以土产品为贡物入于明廷，后者以回赐名义赏给物品。入贡除表示政治上的隶属关系，同时也是商品交换形式。朝贡领赏后，例于会同馆开市三日，与内地商贾两平交易。明初永乐、宣德年间，意在招抚，对于入贡的女真酋长来者不拒，"悉听其便"。正统以降，明国力渐衰，无力耗费巨资延揽。对于入贡人数与时间开始有所限制④。嘉靖年间定：每年海西女真入贡千人，建州女真五百人。实际上各部竞相入贡，远远超过限额：嘉靖十年（1531），海西各部入贡人数"溢其旧几至一倍"；嘉靖十五年（1536），建州、海西入贡者多达两千余人；万历初年，建州女真势力坐大，每入贡千五百人⑤。超过限额三倍，反映了贡市贸易发展的事实。明正统年间以后，女真人与朝鲜的贡市贸易，也有显著发展⑥。

---

① 周远廉：《清朝兴起史》，吉林文史出版社1986年版，第10页。
② 《明朝神宗实录》卷568，四十六年四月甲辰。
③ 《朝鲜太宗实录》卷11，六年二月己卯、五月己亥；《朝鲜仁祖实录》卷27，十年九月壬子。
④ 《明朝太宗实录》卷48，五年二月己丑；《明朝英宗实录》卷58，四年八月乙未。
⑤ 《明朝世宗实录》卷123，十年三月庚寅；卷184，十五年二月甲辰；卷185，三月丙寅；卷187，五月癸亥；卷189，六月庚子。谈迁：《国榷》卷82，中华书局1958年版，第5080页。
⑥ ［日］河内良弘：《忽剌温兀狄哈の朝鮮貿易》，《朝鮮学報》第61辑。

明末女真社会氏族制度的瓦解

第三，价值尺度变化。女真社会内部分工不发达，用于交换的产品丰富多样，加之外部社会影响所致（如当时的朝鲜长期以棉布为基本价值尺度），长期未形成固定的价值尺度。及明末，银两开始真正进入流通领域。据《大明会典》卷113，嘉靖六年（1527）议准，入贡回赐准予折价。嘉靖四十三年（1564），明廷应女真酋长要求，将回赐抚赏全部改为折银。仅此一项，每年就有大批白银流入女真地区。又见《全辽志》卷2，辽东互市税（马市抽分）均按银本位计值征敛，说明在大量的民间交易中，也由简单的以物易物向一般等价物的货币形态过渡。

第四，初级市场的形成。明末汉人、朝鲜人对女真地区土特产貂皮、人参、珍珠等需求甚巨。刘若愚《酌中志》卷14载：当时明宫廷每年约需貂皮一万张，狐皮六万余张。同时，朝鲜人也普遍流行服用貂皮，据说达到了"年少妇女皆服貂裘，无此则羞与为会"的地步①。朝鲜宫廷差遣人役赴咸镜、平安两界，一次购入转贸于女真的貂皮两万领②。这种奢泰成习的追求，与当时朝鲜社会商品经济的畸形发展不无关系，对邻境女真社会却产生了积极影响。就貂皮贸易而言，东北境内所产貂皮量少、质次，远不能满足南方农业社会的需求。明朝消费的毛色纯黑的优质貂皮，大多来自黑龙江流域：今勒拿河上游各支流、额尔古纳河流域、黑龙江上游石勒喀河、下游兴衮河（阿姆贡河）流域③，均需长途贩运。这些地方，也是珍珠、土豹皮、灰鼠皮的重要产地。于是，在上述地区兴起了主要为对外交换服务的商业通道。

女真地区与明朝贸易的通道，以开原为枢纽④，主要有两条：一自黑龙江下游溯黑龙江、松花江，更折向西南经今哈尔滨附近南

---

① 《朝鲜成宗实录》卷57，六年七月辛酉。
② 《朝鲜燕山君日记》卷60，十一年十月甲寅。
③ ［日］河内良弘：《明代東北アジアの貂皮貿易》，《東洋史研究》30卷1号，1971年。
④ 李辅增修：《全辽志》卷6《外志》，辽海丛书，1931—1934年。

第一编　清初史

抵开原；一自朝鲜咸镜南道，循豆满江（图们江）东北行，经长白山北绕松花江上源，西南行至开原。与朝鲜贸易的干线也有两条：一由北方逆黑龙江、松花江，中经牡丹江流域宁古塔（今黑龙江省宁安市）、东京城（宁安市渤海镇），南抵朝鲜咸镜南道；一由北方经今吉林（吉林省吉林市）、新宾（辽宁省新宾县）达朝鲜满浦。以前一条最为繁荣[①]。女真人与明朝和朝鲜的贸易干线并不是孤立的，而是彼此联系在一起。咸镜南道和东京城是重要的衔接点。于是形成西接蒙古、南通明朝、东南联结朝鲜，将广大女真地区连为一体的经济、交通网络。

以上屡述了明末女真对外贸易的几点变化。除汉人、朝鲜人外，与西邻蒙古人的贸易也还在发展。

对于任何民族说来，私有制的形成和国家的产生，都是以社会分工和商品交换的发展为前提的。明末女真社会的发展特点在于：其交换关系主要不是在社会内部分工有了很大发展的基础上，而是在与外部农业社会形成的区域性分工基础上繁荣起来的。或者说，是在毗邻消费市场的直接刺激下崛兴的。采猎经济类同于游牧经济的一点，它的产品只能满足人们最低限度的消费。因此，一旦它与农业社会建立交换关系，结果只能是对后者形成严重依赖，即所谓"衣食皆易内地"[②]。举凡日常所需，农业、手工业的主要生产资料均仰赖农业社会供给，为此又必须输出大宗传统产品。这在渔猎、游牧民族与农业民族的交换关系中应是一种普遍现象。这种交换关系对女真社会产生了双重影响：在主导方面，它成为私有制发展的有力杠杆，刺激了人们的物质贪欲，当这种欲望得不到满足时就将掀起冲突和战争；集体平均原则和互助合作的亲密关系被剥蚀，使个体家庭独立经营成为现实。在次要方面，由于它强化了传统经济，限制了社会分工和手工业的发展，在一定程度上又会抵销社会经济的进步速度。

[①] ［日］河内良弘：《明代東北アジアの貂皮貿易》，《東洋史研究》30卷1号，1971年。

[②] 《明朝神宗实录》卷3，隆庆六年七月辛丑。

2. 农业的发展

农业是女真社会的古老经济成分，只是由于受到自然环境与社会环境种种不利因素的限制，始终停滞在较低水平，远不足以取代采猎经济的重要作用。

明正统十二年（1447），瓦剌蒙古在也先率领下大举东犯，曾迫令呼兰河一带居住的海西女真兀者卫酋长剌塔"馈送粮食"，并以"违言即肆抢掠"相威胁①。说明海西女真已有粮食生产，但数量、规模、水平不详。《朝鲜实录》提到兀者卫的经济生活时说："所产獐鹿居多，熊虎次之，土豹、貂鼠又次之"，"牛马四时常放草野，唯所骑马饲以刍豆，若乏刍豆，切獐鹿肉，和水鱼饲之"②。可见，当时的农业生产水平还很低，因为种植的豆粮不敷，所以才想出饲马掺以兽肉水鱼的权宜之策。

女真人早期农业经济的落后性，还通过作为生产力基本要素的生产工具的状况表现出来。在铁器未普及以前，简陋的农具主要是木质或骨质的。对此，清初满人还留有深刻记忆。康熙朝《御制清文鉴》卷13 "dargūwan"（达尔关）条解释说："古时满洲因无锄（homin），长木上置一锹状物，前推刈草，称锄草。"这当是女真人输入农业社会生产工具以前的原始农具，又被后人称作"关东锄""木锄"或"满洲式锄"③。而比较语言学的研究则进一步说明：这种木锄，可能是在最原始的农器——带尖木棍的基础上，经过不断改进，而发展成的一种简陋的复合工具④。女真人就是使用如此粗陋的工具垦拓荒原的，其工效之低、费力之大不难想象了。

女真人的农业发展同样受毗邻各民族影响。女真语"种田"叫作"兀失塔林必"（usin tarimbi），词根"tari"（耕作）源于蒙古语⑤。在满语中，镰刀称"hadufun"，蒙语则称"xaduγur"；铃铛

---

① 《明朝英宗实录》卷153，正统十二年闰四月戊寅。
② 《朝鲜世宗实录》卷84，二十一年正月己丑。
③ ［日］羽田亨：《满和辞典》，國書刊行會，1972年，第82页。
④ ［苏］В. И. 琴齐乌斯：《通古斯—满语比较辞典》，第199页；在黑龙江下游各渔猎民族中，达尔关（达尔基）有鱼镖、鱼叉、带刃木棒、挂鱼网长竿等义。
⑤ 贾敬颜、朱风合辑：《蒙古译语女真译语汇编》，第164、267页；蒙古语"tari"应源于契丹语"提烈"（tirie），见武珪《燕北杂记》卷4，涵芬楼《说郛》本，第9页上。

第一编　清初史

麦（燕麦），满语称"arfa"，蒙语作"arbai"，突厥语和匈牙利语则称"arpai"①。上述几例，说明了蒙古语诸民族以及中亚突厥语民族与作为满族先民的女真人在农业方面的悠久联系。

历史上，从中亚往东，中经蒙古高原，东抵大兴安岭东麓的科尔沁草原乃至东北大平原，其间并无不可逾越的天然屏障横断其间。这一广袤无垠的草原地带，历来是骑马游牧民族纵横驰骋的场地。他们出没无常此伏彼起，在不断的迁徙中将比较先进的草原文化——包括某些农业生产的知识向东传布，是很自然的。至于南方农耕民族的影响，大概伴随海西、建州女真的步步南迁，才日益强烈起来。

女真与农业民族的商品交换日益频繁，有力地促进了农业发展。15世纪中叶，建州女真在向明廷朝贡的回程"沿途买牛，带回耕种"。海西女真人也乘入市机会，以马易牛，并在朝贡回途，用所得货币购买耕牛②。耕牛农器，同样是女真人与朝鲜人交易的主要对象。"牛以厚其农"，是农业生产的重要生产资料，以马易牛的普遍愿望，集中体现了农业经济兴起的需求。明末女真人从明朝买入的耕牛、农具数量颇为可观。有人据明朝档案统计：仅在万历十二年（1584）三月的17次马市交易中，就买进铁铧4848件；同月的29次买牛交易中，买进耕牛430头③。

耕牛和铁制农器的大批输入，为荒地开垦、农业生产率提高、农业技术改造，提供了必要物质手段。海西女真哈达、叶赫诸部"地素饶沃"，拥有发展农业的良好自然条件，农业发展的成就尤为令人瞩目："户知稼穑，不专以射猎为生"；建州女真地势"高下不等，苦涝旱薄收"④，虽不免有些逊色，农业的发展也是比较迅速的。16世纪初，明朝人卢琼在《东戍风闻录》中指出，建州

---

① ［俄］А. П. 杰列维扬科：《黑龙江沿岸的部落》（Деревянко А. П. Племена Приамурья，Новосибирск. 1981），林树山译，吉林文史出版社1987年版，第49、407页。
② 《明朝英宗实录》卷300，天顺三年二月庚午。
③ 阎崇年：《努尔哈赤传》，北京出版社1983年版，第230页。
④ 茗上愚公：《东夷考略》，潘喆、孙明方、李鸿彬编：《清入关前史料选辑》第1辑，中国人民大学出版社1985年版，第69页。

女真"乐住种，善缉（绩）纺"。16世纪末，当地已是"无墅（野）不耕"，山坡也得到开垦。农作物产量有了提高，达到落种一斗，在薄瘠地上收获一石，肥腴地上收获八、九石的水平①。16世纪初，牡丹江流域的兀狄哈尼麻车部，田地沃饶，畜有犬豕鸡鸭，战马则饲以秕糠，所产粮食除自食外，余粮贸与深处狩猎居民。当地使用的农器都是用皮物从朝鲜交换来的②。朝鲜人的这些亲所闻见表明："野人"女真（东海女真）的局部地区，农业经济也在邻境朝鲜人影响下走向振兴。

一般说来，纯粹的渔猎民总是处在文明社会的门槛之外。这是因为，渔猎、采集经济的分散性、不稳定性和流动性，不但抑制了社会分工的发展，排斥大规模社会组织的聚合，也极大地限制了奴隶劳动的使用，因而对私有制的形成与国家的建立起到阻滞作用。黑龙江流域众多渔猎居民的社会制度，在南方文明社会将势力扩张到当地之前，始终未能突破氏族制度的樊篱，就是明证。而农业的发展，则势必推动生产过程个体化；农业的定居生活方式，又为财产的积聚创造了条件，起到为私有制发展廓清道路的作用。

3. 个体家庭经济的发展

在氏族部落时代，社会的基本生产资料由血缘组织集体所有。以后，随着生产力的提高和私有经济的壮大，财产所有单位由氏族和家族逐步缩小到个体家庭。自明初以来，女真社会的家庭已不再是家族（乌克孙）内单纯的生活单位，逐步成为独立的经济单位。明朝末年，努尔哈赤的六祖，即其祖父觉昌安等六兄弟，分居六处，远近相距二十里至五六里不等。以后进一步分衍为十二处③。这表明：交换经济和农业经济的齐头并进，进一步割断了个体家庭与家族的经济联系。

家庭的财产在满语称作"boigon"，内容包括"一人所有之人、

---

① 《朝鲜宣祖实录》卷71，二十九年正月丁酉。
② 《朝鲜成宗实录》卷259，二十二年十一月戊子；卷276，二十四年四月丁未。
③ 《满洲实录》卷1，第12页。

地、房"①。这里所反映的，显然是满族过渡到农业社会以后形成的财产观念，突出了对土地、房屋等不动产的重视，与其早先的私有财产范畴则不完全符合。明代后期建州女真婚俗："婿家先以甲胄弓矢为币而送于女家，次以金杯，次以牛二头马二匹，次以衣服奴婢，各因其家之贫富而遗之。"②《满洲实录》卷1记努尔哈赤十九岁分家时所得"家产"，包括"aha ulha"，即"阿哈（奴仆）、牲畜"。可见女真人早先的私有财产有弓矢（既是生产工具又是武器）、牲畜、奴婢、衣物等等，仅限于动产，不包括农业居民视为生命之源的基本生产资料的土地。

渔猎、游牧民与农耕民在私有制发展过程上是有所差异的。对游牧部落说来，被占有和再生产的只是畜群而不是土地，而土地在每一个停留地都暂时为共同利用。土地的长期集体所有，是由游牧生产迁徙不定的生产方式所决定的。在这方面，女真人与之不无相通之处。传统的采猎经济使他们难以固着于一块土地。即使在栖息一地时，总是在一年当中的大部分时间外出行猎，因此难以形成土地私有观念。一直到进入国家时代，女真（满族人）真正成为一个农业民族以后，这种观念才逐步形成。

尽管在私有财产范畴上与传统农业民族有如上差别，其个体家庭经济的壮大依旧是氏族制度瓦解的催化剂。由子女继承财产的父权制，促进了财产积累于家庭中，并且使家庭变成一种与氏族对立的力量。个体经济壮大的必然结果，是家庭间的贫富分化，15世纪末，女真人家庭在筹办婚礼的经济能力上已经表现出明显差异：富家筹备聘礼约花费三四年时间，贫家筹措十年以上，仍有因未足其额而不能完婚者③。各部落中因孤弱贫寒不能自存而到朝鲜边境乞食的贫民络绎不绝。贫富家庭分化已是社会中普遍现象。16世纪初，努尔哈赤伯父阿哈纳求聘萨克达部长巴斯翰妹，为其所拒。原因是阿哈纳"家贫"。巴斯翰"爱栋鄂部长克彻殷富"，遂以妹

---

① 傅达礼等：《御制清文鉴》卷13，康熙四十七年内府刻本，第19页。
② 《朝鲜成宗实录》卷159，十四年十月戊寅。
③ 同上。

妻其子①。财产占有的多寡，即所谓"贫""富"的标准已成为人们缔结婚姻的基本依据，这从一个侧面反映出社会成员贫富分化日益深刻的变迁。

明末女真人对外交换的扩大，将内部的传统采猎产品的生产纳入商品生产的轨道，是促使家庭分化的重要因素。

采猎产品本不具有交换价值，与农业社会进行交换，才转变为商品。由于交换路途遥远，以及交换活动的扩大，社会内部出现了专业或者半专业的商人。牡丹江流域的都骨、尼麻车部往来朝境、海西等地从事贩运的人络绎不绝②。有的人家用貂皮向朝鲜人易换农具，再将生产出的粮食与"深处兀狄哈"猎户换取毛皮，又利用入明朝贡市互机会换取匹缎，于辗转贸易中牟取利润。于是"多储匹缎布物，一人所有貂鼠皮，可至三百余张"，蓄积愈富③。交换的产品既然为财产积累提供了可能性，便常常不是用于交换，而是作为原始货币的储备。在这里，貂皮、匹缎实际起着货币储藏与交换的双重职能。当时与朝鲜贸易，貂皮一张可换大牛一头④。可见这些积累囤聚的人户已成为富户。从当时朝鲜人的报告可以得知：富户与贫户区别显著⑤。

二 阶级的形成

社会经济的发展与家庭贫富分化，终于在社会中形成不同的阶级。

1. 显贵阶级

女真社会中的噶栅达（村长）、穆昆达（族长）、国伦达

---

① 《满洲实录》卷1，第14—15页。
② 《朝鲜成宗实录》卷255，二十二年七月丁亥；《朝鲜世宗实录》卷37，十一年十月甲申。
③ 《朝鲜成宗实录》卷255，二十二年七月丁亥。
④ 《朝鲜中宗实录》卷1，元年十月庚戌；卷5，三年二月辛卯。
⑤ 《朝鲜成宗实录》卷170，十五年九月丙戌。

（部长），本来是部落内地域组织和血缘组织的大小首领，是社会生活的管理者和组织者，世袭惯例的形成他们提供了世代把持社会权力的机会，一些富裕而有权势的成员逐渐成为部落贵族。

显贵阶级私有财富的积累，主要通过以下途径：

第一，对外交换。女真各部落的互市入贡大多是在酋长组织下进行的。明朝制度，对朝贡或互市的女真人均置备酒食、牛羊以为慰劳之资，酋长所受待遇远高出一般部民①。酋长入京朝贡则获得更大经济利益。据《大明会典》卷111，朝贡正赏：都督每人赏彩缎四表里，折钞绢二匹；都指挥每人赏彩缎二表里，绢四匹，折钞绢一匹；织金纻丝衣一套。以下指挥、千百户、镇抚、舍人、头目，均按等递减。此外还有回赐，即对贡物的变相给价。原来每贡入一匹马，赐彩缎二表里，折纱绢一匹；貂鼠皮每四个，生绢一匹。嘉靖四十三年（1564）以后俱改为以银折给。据估计，每名入贡者可以得到二十两银左右的赏赐②。朝贡酋长于回程中"行李多至千柜"，所购除满足日常需要，主要目的还是"借贡兴贩以规利"③。建州女真酋长王杲控制抚顺交易时，与部下来利红等"贩貂皮人参松板以为利"，隆庆末年，他一次贡马五百匹，方物三十包④。足见已成为家资富足的部落显贵。对外交换成为部落上层致富的渊薮。

第二，对外掳掠。部落显贵觊觎邻人的财富，获取财富已成为最重要的生活目的之一。为了满足无餍的贪欲，他们"互相战杀，甚至骨肉相残"。随着商品经济的发展，掠夺对象已由传统的人口、牲畜，进一步扩大到敕书。所谓敕书，是明政府颁给女真大小酋长

---

① 毕恭：《辽东志》卷3，辽海丛书，1931—1934年，第30页上；[日]稻叶君山：《清朝全史》，中华书局1915年版，第48—49页。
② 丛佩远：《明代女真的敕书之争》，《文史》总第26期，中华书局1986年版。
③ 《明朝神宗实录》卷495，四十年五月壬寅。
④ 瞿九思：《万历武功录》，潘喆、孙明方、李鸿彬编：《清入关前史料选辑》第1辑，第42、35页。

的官职委任状，也是后者市易朝贡，领取抚赏、回赐的凭证。"每一道（敕书）验马一匹入贡。"① 可见它不但是酋长身份的证明，也是拥有财富多少的象征。自明正德年间开始，随着对外交换活动的扩展，敕书之争逐渐兴起，而后愈演愈烈。万历时，各部落的争斗已达到"日以争敕构兵"的白热化程度。明嘉靖年间定：海西敕书一千道，建州敕书五百道②，各部酋长持敕书分别入贡。掠夺战争的加剧，促使敕书由分散走向集中。嘉靖年间，海西哈达部创始者王忠把持贡道要冲，抢劫它部敕书，以后杀死与之角力争雄的叶赫部酋祝孔革"夺贡敕"，海西敕书都成为他的禁脔③。《满文老档》卷78—81载清太祖努尔哈赤夺自海西哈达部敕书三百六十三道，即其中的一部分。王忠借夺取敕书达到控制各部贸易权的目的，蓄积益富，从而为其侄王台建立海西部落联盟准备了条件。建州女真的五百道敕书，原为强酋勒勒把督、王杲、鹅头等分领，其中王杲不过占有十八道，说明社会中敕书占有也是相当分散的。努尔哈赤起兵后领有父、祖所遗三十道敕书，以后兼并诸部夺取敕书。到万历十六年（1588），他遣人入贡明廷时"执五百道敕书受年例金币"④。以后熊廷弼曾追述说："自建州之势合，而奴酋（指努尔哈赤）始强，自五百道之贡赏入，而奴酋始富。"⑤ 敕书的集中也就意味着财富与权力的集中。这正是部落显贵间"争敕构兵"的原因所在。

第三，剩余劳动的剥削。明末以前，女真酋长的经济来源虽然部分依靠部民的贡献，还不能脱离社会生产。与此同时，已开始对奴隶劳动的剥削。明初开原百户杨木答兀裹胁开原城千余军民逃往阿木河（位于朝鲜东北境的镜城一带）以后，吾都里酋长猛哥帖木

---

① 瞿九思：《万历武功录》，第17页。
② 申时行等重修：《明会典》卷107，文海出版社影印本1985年版。
③ 《明朝世宗实录》卷235，十九年三月己未；苕上愚公：《东夷考略》；冯瑗：《开原图说》卷下，玄览堂丛书影印本，1941年。
④ 《满洲实录》卷1，第29页；卷2，第72页。
⑤ 陈子龙等辑：《明经世文编》卷480，中华书局1962年版，第5287页。

第一编 清初史

儿一家曾"分执为奴使唤"。以后，各酋长家庭均占有数量不等的家内奴隶①。据《朝鲜世祖实录》卷45，兀良哈酋长柳尚冬哈到朝鲜钟城寻找逃奴时，对当地官员说："我以牛马购奴婢，若不及还，亲操耒耜必矣"。由于明末农业生产的发展，使奴隶具有了越来越大的使用价值，部落酋长为了掳掠人口频繁扰害明朝边境（说详后文）。努尔哈赤的六祖家族，曾被邻人讥为"家贫"，但从努尔哈赤分家和起兵前后的记载可以得知，各家均占有男女奴仆②。至于部落酋长中的富裕家庭，自然占有更多的奴婢。"奴婢耕作，以输其主"③，对于奴隶全部剩余劳动的占有，构成部落显贵经济上致富的一条重要途径。

频繁的战争中，一些失败的部落溃灭了。胜利的部落显贵控制了越来越多的依附民（诸申）。他们开始通过贡赋（阿勒班）的形式无偿占有依附民的部分剩余劳动，构成剥削收入的又一来源。

胜利的军事统帅和大酋长在经济上不断增长他们私有财富的同时，开始摒弃"族长"（穆昆达）、"村长"（噶栅达）、"部长"（国伦达）一类部落酋长的传统称名，代之以"汗""贝勒""昂邦"等尊贵的显号。

"汗"（han）本是古代北方游牧民族柔然、突厥、回纥、蒙古使用过的酋长尊号。自明末哈达部王台称汗以后，汗成为女真社会中凌驾于各部显贵之上最高统治者的称号。汗号的出现，意味着经济上占统治地位的显贵阶级势必要成为政治上的统治阶级，同时把氏族部落的管理制度变为控制压迫人民的机关。这时的汗，虽然"威服远近"，毕竟还不是统一国家的君主。各部酋长多僭称"贝勒"（beile）。贝勒，继金代女真"勃极烈"的余

---

① 《朝鲜世宗实录》卷33，八年七月癸卯；卷36，九年四月甲戌；卷78，十九年九月戊戌；《朝鲜世祖实录》卷38，十二年二月辛巳；卷39，十二年七月丁丑等。
② 《满洲实录》卷1，第19页满文体，39页、43页。
③ ［朝］李民寏：《建州闻见录》，辽宁大学历史系辑"清初史料丛刊"第九种，1978年，第43页。

绪，清代多译为王①。贝勒一般为汗所辖制。这说明，特权阶层中的主要集团已经日益从社会中分离出来，而且需要专门的官员昂邦（amban）来管理他们的内部事务，并维护其特权。

2. 阿哈——奴隶阶级

在显贵阶层形成的同时，也就形成了它的对立物：阿哈与诸申。

阿哈（aha）意即奴隶，又可称作"包衣"（booi），全称为"包衣阿哈"（booi aha），包衣和包衣阿哈均指"家奴"。从这一语言的含义里已说明了他或她最初的工作性质和工作范围。

明朝初叶，女真地区已存在奴隶这种成分。15世纪中叶以后，明朝和朝鲜双方文献，开始大量记载女真人掳掠汉人和朝鲜人为奴事件。《朝鲜成宗实录》八年（1477）五月丁卯条载："野人（泛指女真人）剽掠上国（明朝）边氓，做奴使唤，乃其俗也。"朝鲜人被掠为奴的也不少。奴隶主以被掳者"转相买卖，辄得厚利"②，阿哈为主驱使，从事耕农、采参、砍柴等各种劳役，更多的则"为奴做妾"③。

建州女真聘礼中包括奴婢，说明阿哈与牛马一样，成为私有财产的一部分。阿哈与额真（主人）住在一起，往往缺食少穿。剩余生产品全部被主人占有。阿哈没有人身自由，小有过失就被侵责不已，一旦逃跑就可能被"打杀"④。反映了奴婢所受的非人待遇。

另一方面也应看到，奴隶通过"收养"⑤、娶妻纳妇等途径改变身份的也大有人在⑥。朝鲜人金吾未年十余被掳，娶女真妇，

---

① 徐梦莘：《三朝北盟会编》卷3，光绪四年刻本，第5页；《满洲实录》卷1，对译为"王"或"君"。
② 《朝鲜燕山君日记》卷17，二年八月乙亥。
③ 《朝鲜世祖实录》卷45，十四年三月壬戌；《朝鲜成宗实录》卷255，二十二年七月丁亥；《朝鲜睿宗实录》卷2，即位年十一月癸亥。
④ 《朝鲜世祖实录》卷35，二十年七月丁丑；《朝鲜成宗实录》卷255，二十二年七月丁亥。
⑤ 《朝鲜中宗实录》卷50，十九年三月己卯；卷53，二十年二月癸丑。
⑥ 《朝鲜世宗实录》卷71，十八年二月己未；三月癸酉；五月己未；卷84，二十一年壬戌；《朝鲜睿宗实录》卷8，元年十一月癸巳；《朝鲜成宗实录》卷122，十一年十月丙寅。

"初虽被掳,连婚野人,任意生业出入自由",成为社会中的自由民。明初永乐年间,杨木答兀胁迫辽东居民千余人入吾都里部,除绝大部分被明政府陆续索还,余剩者(即所谓"杨里人")很快"任意居住"①,成为某个酋长的依附民。可见当时奴隶身份尚不稳定,与自由民没有不可逾越的界限。

明末以前女真奴隶制因素未得到正常发展,是由于内外多重原因制约的结果。首先,明代前期,女真人尚"以猎兽为生,农业乃其余事"②。由于农业生产长期未能将传统生产排挤出经济领域,致使奴隶使用范围受到很大限制。奴隶主仍然要参与采猎生产,还不存在大部分人养活一小撮寄生者的事实③。其次,外部社会的打击与限制。奴隶制的形成发展都是以奴隶的充分来源为保障的。女真人奴隶制因素的发展曾一次次激化与强邻明朝与朝鲜的矛盾,其结局不外乎大兵夺境,生灵涂炭,生产力被破坏④,奴隶制发展因外部社会的有力干预而被遏制。女真人南迁以后毗邻明朝和朝鲜而居,有利的地理环境,为奴隶逃跑提供了便利条件;部落"散居草野""虽有酋长,不相统属"⑤,社会中尚未形成特殊的强制手段等等,也都是影响奴隶制正常发展的重要原因。明代后期女真社会奴价渐长,一名幼童值马一匹,成人多值牛马二十余头或牛马十七头,衣七领。远远高出清初努尔哈赤年间一人一牛的标准⑥。奴价高而不降,以至被视作"奇货"⑦,说明奴隶劳动还不能成为社会中的主导劳动形式。

---

① 《朝鲜世宗实录》卷95,二十四年二月丙申。

② 《朝鲜成宗实录》卷170,十五年九月丙戌。

③ 参刘小萌《明代女真社会的酋长》,《中国史研究》1995年第2期。

④ 仅在1433—1479年间,婆猪江(今浑江)流域的建州女真即被兵五次(见本书第22页)。

⑤ 《朝鲜燕山君日记》卷6,二年七月癸酉。

⑥ 《朝鲜成宗实录》卷152,十四年三月己酉;卷250,二十二年二月甲子;卷253,二十二年五月壬午;参卷290,二十五年五月辛丑;《朝鲜燕山君日记》卷44,八年五月庚寅等。王锺翰:《满族在努尔哈齐时代的社会经济形态》,《清史论文选集》(一),中国人民大学出版社1979年版,第169页。

⑦ 《朝鲜成宗实录》卷250,二十年二月甲子。

明末女真社会氏族制度的瓦解

进入 16 世纪以后，女真社会私有制的发展，农业经济的振兴，以及外部明朝、朝鲜两大强邻逐步走向衰弱，为奴隶制的发展创造了前所未有的有利契机。掳掠汉民的规模愈演愈烈。明正德十年（1515），建州女真王鞑子等分兵寇掠新安堡、叆阳堡军民百余人；翌年，千余人突入叆阳堡掳掠人口。据《明朝实录》隆庆元年（1567）至万历十四年（1586）二十年间所载，累计招还被掳人口7300多人。能够招还的只是被掳者的少数，可见被掳汉人数量之多。朝鲜人被掳为奴的也相当可观，建州女真酋长王山赤下多次入朝境掳人，不但掳朝鲜人，还掳其他部落女真人。被掳者"结项牵去"不以为意，或者自家为奴，或者互相买卖，以牟厚利[1]。

促使氏族制度走向尽头的，不仅是外族的涌入，而且还有本族甚至本部落奴隶的产生，女真人本部之民原不相为奴，待努尔哈赤起兵，宣布将违令入朝境采参的部民"一一闻见，摘发其身，杀妻子为奴"[2]；犯罪者家眷从原属的社会组织中被分离出来，以奴隶身份另有隶属。这种现象的发展，不能不造成部落成员之间的对抗。

觉罗哈拉是满族著名氏族，在《八旗满洲氏族通谱》卷 18 所载八大穆昆中，有所谓"阿哈觉罗"一支。"阿哈"奴隶之义，阿哈觉罗氏后人，无一例外均系包衣籍出身。满洲包衣籍旗人，在入关以后身份地位虽逐渐提高，但他们的祖辈曾属奴籍当是事实。据此看来，阿哈觉罗穆昆大概不是哈拉组织正常分衍而成的某一血缘分支，而是基于共同为奴的历史而被单独打入另册的氏族成员。然而，也就是在这部分人沦为阿哈的同时，与之同一哈拉的少数族人，即所谓"爱新觉罗"（金觉罗）的一支，却已跃升显贵阶级的代表了。觉罗哈拉内部的分化不过是女真民族阶级分化日益深刻的缩影。

阿哈作为所有权的客体，可以被任意买卖、赠送、继承，乃至

---

[1] 《朝鲜燕山君日记》卷 17，二年八月己亥。
[2] 《朝鲜宣宗实录》卷 78，二十九年八月己酉。

被杀害；劳动产品全部归主人所有，是社会中身份地位最低下的阶级。

3. 诸申——依附民阶级

贫富家庭的分化，使大部分部落民形成人数众多的诸申（jušen）阶层。诸申，与朱理真都是女真民族同一族称在不同时代的译写①。万历十一年（1583），苏克苏浒河部的四名部长率先投附努尔哈赤，并对他说："念吾等先众来归，毋视为编氓，望待之如骨肉手足。"这里的"编氓"，满文即写为"jušen"②。四部长因率先投附有功，请求努尔哈赤不要像对待诸申那样对待自己，而应像兄弟那样加以恩养的事实表明："诸申"已随着女真社会的分化成为下层阶级的属名。

申忠一《建州纪程图记》记努尔哈赤属下诸申的话："前则一任自意行止，亦且田猎资生，今则既束行止，又纳所猎。"这两句话，言简意赅地概括出诸申经济社会地位的变化。前一句说明，部落时代的诸申狩猎为生，行动不受任何人约束，是身份自由的部落成员；后一句表明：当社会中出现显贵阶层以后，他们经济上不能再自由支配自己的产品，必须将其中一部分无偿提供给统治者，同时行动上受到日益严格的限制，身份地位明显下降。

康熙《御制清文鉴》将"jušen"释为"manjui aha"（满洲奴仆）。乾隆《五体清文鉴》卷10中，除沿用其满文释义外，蒙文体对译为"albatu"（阿勒巴图）。"albatu"是由蒙语"alban"派生的词汇，词根"al"含有取、夺的意义。在含有许多蒙古词成分的雅库特语中，"alban"还有"强求、勒索"之义③。在蒙古语中义为"服役贡赋"，即力役与课赋的总称④。据此，蒙古学家认为：

---

① 徐梦莘：《三朝北盟会编》卷3，第1页上。
② 《满洲实录》卷1，第30—31页。
③ ［苏］Б. Я. 符拉基米尔佐夫著：《蒙古社会制度史》（Владимирцов Б. Я. Общественный строй монголов. Монгольский кочевой феодализм. 1934），瑞永译，中国社会科学院民族研究所，1978年铅印本，第二编注226。
④ ［苏］Б. Я. 符拉基米尔佐夫：《蒙古社会制度史》，第228页。

阿勒巴图是指"负担赋税义务的人"或"纳贡的人",即封建领主的属民①。诸申的领有者与蒙古封建领主的身份自当别论。但是,在以"阿勒班"形式为部落显贵(汗、贝勒)提供各种无偿劳役和实物贡赋这一点上,与阿勒巴图是相同的。王台为哈达汗,将昂邦(大人)分遣各处,敛取金银、财宝、葛布,以及鸡豚鹰犬。

关于诸申"阿勒班"的具体内容,从申忠一《建州纪程图记》中可知有以下几项:劳役,驾牛运木,"每一户计其男丁之数,分番赴役,每名输十条";守堡,"军者以各堡附近部落调送,十日相递";纳粮,"各处部落例置屯田,使其部酋长掌治耕获,而临时取用";兵役,"动兵时,则传箭于诸酋长,各领其兵,军器、军粮使之自备"。

由此可见,诸申的"阿勒班"是将劳役、兵役及实物贡赋统统包括在内的总括语。出兵时,军器军粮"使之自备",既说明兵役的沉重,同时也反映出诸申拥有自己独立的经济。

《满洲实录》卷3满文体记:"若无阿哈,额真何存?若无诸申,贝勒何生?"可以视为明末女真社会阶层关系的高度概括。阿哈,作为额真的私产,与之结为相互依存的经济关系;阿勒班,则是显贵阶层束缚诸申的经济锁链。显贵阶层为了保证阿勒班的来源,必须加强对诸申的人身控制;而诸申阿勒班的提供,又以拥有一定的独立经济为前提,这就决定了诸申有别于阿哈的依附民身份。

应该强调指出的是,加入依附民队伍的,除女真人外,还有大批外来民族成分。自明初开始,就有不少汉民、朝鲜因躲避差徭课赋,逃入女真地区②。明末,辽东民人在天灾人祸驱迫下大量流向

---

① 内蒙古大学文学所编《蒙汉辞典》"albatu":纳贡者、臣仆、义为承担赋役的人,又叫属民。参见《满文老档》(太宗天聪)卷37,五年四月十二日条,领主"倘若害所属阿勒巴图,没收三百安柱(anju,意为筵席所用牲口)"。阿勒巴图不准随意杀害,说明身份与阿哈(蒙古称勃斡勒)不同。

② 《明朝英宗实录》卷103,八年四月庚戌;《明朝宪宗实录》卷191,十五年六月甲午;《明朝宣宗实录》卷90,七年五月丙寅;《朝鲜鲁山君日记》卷12,二年十二月癸巳;《朝鲜世宗实录》卷72,十八年五月乙未等。

女真地区。万历三十四年（1606），辽东明将李成梁在建州女真侵逼下从垦拓已久的宽奠等六堡后撤时，当地六万居民迫于生计，"强壮之人大半逃入建州"，日久天长在女真地区形成"蛮子城"一类汉民聚居地①。与此同时，不堪苛赋重役的朝鲜边民"相率而流入于胡地者多"。特别是北边六镇居民，竟以女真之地为"乐土"，逃入者不可胜数②。如果认为这些流民大批沦为女真人的奴仆，显然有悖常理。这些来自比较先进社会下的流民当然不会接受残酷的奴隶制剥削，而女真统治者基于农业发展的需要，也不会拒绝采取比较和缓的剥削方式，以招徕外来农民。因此比较合理的推测是：这些外族流民的大部分加入了向显贵阶级交纳"阿勒班"的依附民阶级。

综上所述，在明末的女真社会中，形成了显贵、依附民、奴隶这样三个阶级。

社会中涌进了数量庞大的新分子——朝鲜人、汉人、外部落的女真人，引起了重大后果：他们不是任何一个部落或血缘组织成员，而是外族的奴隶和被统治者。传统的氏族部落制度完全无法适用于外族人员以及奴隶、依附民的管理，无法进行有效的统治。当这种情况不能再维持下去时，氏族部落制的旧秩序便走到了尽头。

（原载《中国社会科学院研究生院学报》1996年第5期）

---

① 海滨野史：《建州私志》卷上，潘喆、孙明方、李鸿彬编：《清入关前史料选辑》第1辑，第266页；《明朝神宗实录》卷455，三十七年二月甲寅；卷524，四十二年九月壬戌。

② 《朝鲜中宗实录》卷53，二十一年十二月壬申；卷55，二十年十一月壬戌。

满族肇兴时期政治制度的演变

约在16世纪初以后，东北女真（满族）社会有了较为迅速的发展：从氏族部落的各级酋长中，产生出拥有某些权力并占有较多财富的部落显贵，奴隶与依附民日渐增多，社会矛盾加剧。满族首领努尔哈赤就是在这样的社会背景下登上历史舞台，并征服了建州女真各部、海西女真大部和"野人女真"部落。万历三十四年（1606），蒙古喀尔喀部使臣向他奉上"昆都仑汗"的尊号。此后，满族便沿着建立国家的道路上前进。本文运用档案资料和史籍，对满族从氏族部落时代向国家过渡中建立起来的政治制度的特征、性质及其演变情况进行探讨，并进而指出，努尔哈赤称汗建国，是满族历史上一件划时代的大事；它结束了漫长的氏族部落时代，开创了满族历史的新时期。

一 古出集团

努尔哈赤之所以能够征服诸部，巩固汗权，亲信的古出集团起了重要作用。

古出是明末满族社会中一种特殊的政治力量。据《满洲实录》卷1记，万历十一年，努尔哈赤因妹夫噶哈善被同族龙敦等截杀于途，欲聚众往寻其尸。但因族中兄弟俱与龙敦同谋，最后他只"带数人往寻之"。这里的"带数人"，满文体写作"ini udu gucu be gaifi"（携其数古出）。同年五月条又记，某夜刺客潜入努尔哈赤家宅被擒以后，"有兄弟亲族俱至，言挞之无益不如杀之"。"弟兄亲族"的满文体为"buya deote gucuse, booi niyalma"（众幼弟，众古出，家人）。当时，努尔哈赤有部属不过数十人，亲兄弟、古出、家人是其基本成分。古出虽然不是家族成员，并且一般说来也不是本氏族成员，但由于他们投依主人，平日与主人同居，随主出行，为主效力以至献出生命，因而与主人之间更显示出较族人尤为亲密的关系。以努尔哈赤为首的贵族及海西乌拉、叶赫等部首领，都拥有数量不等的古出①。

古出的本意是朋友，指"彼此同心而交好者"②。在黑龙江流域一些通古斯语民族中，"古出"还有叔叔、婶、族人等带有尊敬的意义③。这里的"古出"，则是指那些与部落显贵结为特殊依附关系的社会成员。明朝《华夷译语》将女真语的"古出"解释为"皂隶"。"皂隶"，是汉族传统社会对差役一类社会地位低下阶层的称谓，事实上满族的古出地位要高于皂隶。努尔哈赤攻叶赫西城时，叶赫贝勒金台什负隅顽抗，随同他的古出，一同战死；努尔哈赤长子褚英遭父严斥后，曾要求四名古出与己同死。古出则称他为"贝勒父"，口口声声必欲先他而死④。这些记载表明，古出平日侍从首领，战时跟随出兵，为主效力以至献出生命。

古出是氏族社会末期阶级分化的产物。当时，社会成员的分化一方面赋予部落贵族经济实力和政治、军事上的特殊权力，使他们拥有了在自己周围聚集一群古出令其效力的物质条件；另一方面又驱使一些人为了觅得衣食，获取荫庇、分享掳掠余润，而主动投附。正是在这种利害关系基础上，实现了他们彼此间的结合。

努尔哈赤时期古出来源比较复杂。万历十一年（1583）刺客行刺努尔哈赤未中，却刺死了窗前扈卫的包衣帕海。次年复有刺客行

---

① 日本满文老档研究会译注：《满文老档》（太祖）卷2，壬子年记事；卷12，天命四年八月十九日；卷1，丁未年、己酉年记事；卷3，癸丑年六月记事，东洋文库丛刊第十二，1955—1963年。
② 傅达礼等：《御制清文鉴》卷50 "gucu"条。
③ ［苏］В. И. 琴齐乌斯：《通古斯—满语比较词典》，第175页。
④ 《满文老档》（太祖）卷12，天命四年八月十九日；卷3，癸丑年六月记事。

刺，被擒后，有家人洛汉力主杀之。据说洛汉"本刘姓，中原人，以佣至辽"，入于建州。因其有勇力，受到努尔哈赤赏识，"倚如左右手"，赐姓觉罗①。洛汉事迹说明：古出在努尔哈赤创业时期不但有满族人，而且还有因贫困流入建州的汉人。可见，家人在战斗中有功，地位上升，也可能享有古出身份。

努尔哈赤开国五大臣中的费扬古、额亦都，都是出身于自由民的古出。他们在努尔哈赤起兵后"沿途诸部皆是仇敌"情况下，效尽了犬马之劳，使努尔哈赤得以一次次摆脱危局而迅速崛起。如努尔哈赤初讨尼堪外兰图伦城，额亦都率众先登。万历十五年（1587），他在攻巴尔达城时身被五十余创而不退，终拔其城，赐号"巴图鲁"（蒙古语，勇士、勇敢义）。额亦都从十九岁起开始从努尔哈赤，"数十年攻城野战"，立下汗马功劳。费扬古与努尔哈赤同龄，"自弱冠从太祖四征不庭"。当努尔哈赤兼并诸部时，他"皆为军前锋"，屡受重伤，多树勋伐，亦获"巴图鲁"号。清朝史臣称："开国功臣，惟安费扬武（即谙班费扬古，谙班，又写为昂邦，满语'大人''大臣'意）与额亦都二人效力最在先"，充分肯定了他们的创业之功。

对古出说来，与首领同甘共苦，赴汤蹈火，夺取胜利，是应尽的义务，也是满足日益膨胀的贪欲的必要条件。首领则以赏赉作为回报。努尔哈赤对古出"每克敌……辄嘉奖之"。额亦都以身负五十余创的代价拔取巴尔达城后，努尔哈赤将该城人口全部赏给他。在击败九部联军后，又以亲乘名马赐之，"前后赏赉衣裘、弓矢、人户、牲畜无算"。努尔哈赤还先后将族妹、亲女嫁予他。除额亦都外，费扬古、达尔汉、扈尔罕、何和里等，也都发迹成为新的军功贵族。由此带来的后果是：在牺牲一般部落民利益的同时，造就了一批异姓军功贵族。

当满族社会中还没有出现由统治者一手操纵的脱离社会生产的

---

① 分见《满洲实录》卷1，第43页；昭梿：《啸亭杂录》附《续录》卷3，中华书局1980年版，第465页；鄂尔泰等纂：《八旗满洲氏族通谱》卷74，乾隆九年内府刻本，第7页上。

专业武装时，古出集团的形成促进了汗权的强化。古出与临时召集的部落壮丁不同，后者平日生产，遇到战事临时聚集；古出则与首领朝夕共处，犹如族人，战时成为精锐武装或者指挥官。因此，它成为社会中一支新兴的超经济强制力量，对满族国家的形成起了重大的作用。努尔哈赤在建国以后曾把早期的古出比作"一无所有时得的铁"，认为它的价值在当时比金子还宝贵，是很恰当的比喻①。

二 穆昆塔坦

《满文老档》卷79—81载有《穆昆塔坦档》，经考定，它是万历三十八年（1610）努尔哈赤统治集团将获自哈达部的363道敕书在内部进行分配时的原始记录②。敕书的分配单位是穆昆塔坦：

第一穆昆共十二塔坦。其中，第一至四塔坦为"汗家（指努尔哈赤）"领有；以下第五至九塔坦分别为额亦都、何和里、费英东、扈尔罕和费扬古领有（其他五十三人从略）。这是以汗与古出出身的五大臣为主体的穆昆。

第二穆昆共十三塔坦。其中，第一、二、五、六塔坦为努尔哈赤长子褚英领有；第三、四、七、八、九、十塔坦的领有者为海西哈达部故酋速黑忒一族后裔吴尔古岱、苏巴海、雅瑚、茂巴礼等人（其他大约五十四人从略，档案有残缺）。这是以褚英为长、旧海西贵族为主体的穆昆。

第三穆昆共十二塔坦。第一、二、八塔坦为舒尔哈齐（努尔哈赤弟）领有；第五塔坦扎萨克图系其子；第二、四、六塔坦隶属于代善。这是以努尔哈赤亲弟为长，附之以建州、海西旧酋长的穆昆（其他约四十五人从略）。

以上三穆昆三十七塔坦内近一百七十人，是万历三十八年前后

---

① 《满文老档》（太祖）卷11，天命四年七月记事。
② ［日］鸳渊一、户田茂喜：《ジュセンの一考察》；［日］三田村泰助：《清朝前史の研究》，東洋史研究叢刊十四，1965年，第183、202页；［日］安部健夫：《清代史の研究》，創文社，1971年，第311页。

努尔哈赤贵族集团的主要成员。参稽《穆昆塔坦档》与其他有关记载，可就该组织的性质、结构、特点得出以下初步印象：

关于穆昆塔坦的性质。"穆昆"（mukūn）的本意为"族"，日本研究清史、满族史的一些学者，多称三大穆昆的组合为"族制的国家"。有的学者认为它是氏族制国家，有的则认为是"封建的族制国家"①。这一组织形式可否称为"国家"，姑置勿论，但将它与血缘组织视同一体，似乎不妥。

从三大穆昆本身考察，显然不是单一血缘成分。第一穆昆内，额亦都等人多与努尔哈赤异姓就是明证。有学者虽然也承认这一事实，但把它解释为氏族社会收养外人入族的一种形式。然而检阅《八旗满洲氏族通谱》，这些著名人物的姓氏大多斑斑可考，说明不存在改姓入族的问题；再者，同姓同族而分在不同的穆昆塔坦，也并非偶然一见的个别现象②。足见努尔哈赤的穆昆并非血缘组织性质，而是以传统社会组织为其外壳的权力组织，它事实已成为部落联盟的核心。

至于穆昆内部的塔坦（tatan），原指"野外行走人的止宿处"③。满族先民集体行围"各依族寨而行"，分散采参游猎则划分为更小的劳动组合，"每一幕（即塔坦）三四人共处，昼则游猎，夜则困睡"④。同塔坦成员，一般由家庭成员或近亲族人组成，带有鲜明的血缘色彩，这应是塔坦从属于穆昆的历史原因。不过，当他们开始由氏族社会步入政治社会，社会中血缘关系开始让位于地缘关系时起，"塔坦"这一古老概念就像"穆昆"一样，被注入新

---

① 见鸳渊一、三田村泰助、安部健夫前引文。
② 第一穆昆五大臣中仅费扬古为觉罗觉尔察姓，其他均为异姓；第二穆昆除褚英外，多为海西纳喇姓；第三穆昆罗屯马法、他塔喇氏（《氏族通谱》卷11）；巴笃礼、莽阿图、佟佳氏（同上卷19）；都瑚禅、雅希禅、纳喇姓（同上卷23）；叶楞格、瓜尔佳氏（同上卷2）；南济兰、费莫氏（同上卷44）。其他从略。
③ 傅达礼等：《御制清文鉴》卷14 "tatan"条；又《女真译语》中称"下营"为"塔塔孩"。说明满语"塔坦"是源于女真的古老语言，原指人们在野外临时搭建的简陋窝铺。
④ 《朝鲜世宗实录》卷113，二十八年八月辛酉。

的含义。在《满洲实录》中，凡满文"tatan"均对译为"部"或者"部落"①，已失却它的原始意义。又同书中的"十固山执政王"在《清太祖朝老满文原档》中本来写为"juwan tatan i doro jafaha beise"（十塔坦执政贝勒们）②。从而说明：塔坦以及它所从属的穆昆，曾是满族新型国家组织的初级形式，而且直到努尔哈赤建国后仍旧保持着它的影响。

关于穆昆塔坦的结构。在穆昆塔坦中，汗既是最高统治者，同时又兼任第一穆昆的首长（穆昆达）。努尔哈赤长子褚英、弟舒尔哈齐分任第二、三穆昆之长。需要说明的是，在此前一年即万历三十七年（1609），舒尔哈齐已被努尔哈赤剥夺了一切实际权力，而在此后一年（1611）被幽禁杀害。由此可知，此时的舒尔哈齐尽管在形式上依旧保留了穆昆达的职务，但实权无疑已旁落到同穆昆的侄子古英巴图鲁代善手中。他死后不久，努尔哈赤即将国人各五千户、牧群各八百、银各万两、敕书各80道，分予年长二子，任以为两大执政③，正是上述权力关系演变的必然结果。所以，汗与穆昆达的关系，实际上反映的是努尔哈赤与其亲子间建立在血缘关系基础上的政治关系。

在汗和穆昆达控制下的各塔坦，是大大小小的同姓或异姓显贵（其中除海西贵族外，还包括来自建州、东海各部落的功臣）。胜利的掠夺战争，为他们政治上的发迹提供了前所未有的良机，使之不断扩大自己的权力。如所周知，明中叶李达罕任建州女真酋长时代，无论部落内部还是部落之间，大小酋长仍处在"无君臣上下之分"，彼此不能相制的阶段。经过一百多年以后，情况却发生显著变化。万历三十五年（1607）乌碣岩战役后，当时尚未正式称汗的努尔哈赤借口舒尔哈齐麾下二员昂邦常书、纳齐布违令不前，分

---

① ［日］今西春秋：《满洲实录》卷3，第93页；卷4，第127页；卷6，第232、241、245页等，表示比"固伦"小的地域组织概念。
② 广禄、李学智译注：《清太祖朝老满文原档》（二），第190页。
③ 《满文老档》（太祖）卷3，癸丑年记事。

别予以罚银百两和没收全部属民的处分①。这一举动,充分表明各部酋长彼此不能相制的松散关系已开始被日益严格的隶属关系所取代。

以穆昆塔坦为形式的政治等级制度,在氏族制度废墟上迅速形成并不是偶然的。努尔哈赤从起兵之日起,开始了对社会财富更大规模的聚敛。明人评论他:"贪刻无比",凡"一貂一雉一兔一珠一参"都不准部酋私市,违者处死,只有他一人"专其利"②。从而控制了社会经济命脉。从《穆昆塔坦档》中可以得知:在363道敕书中,努尔哈赤及其两子共得119道,占总额近三分之一。其余160余人则按照政治地位高低实行分配:首先是舒尔哈齐父子分得35道,363敕书的原主海西哈达部酋长王台之孙吴尔古岱分得31道;其次便是努尔哈赤的五大臣,各得5—8道,其余诸人多分得1—2道。敕书的级别也在考虑之列,都督级敕书几乎全被努尔哈赤一家独占(详附表)。敕书,原是明政府颁给女真大小酋长的官职委任状,也是后者市易朝贡,领取抚赏和回赐的凭证。"每一道(敕书)验马一匹入贡",说明它不但是酋长身份的证明,也是拥有财富多少的象征。显而易见的事实是:经济权的攫取,以及由此导致的社会财富分配的极大不公,成为政治等级制度迅速形成的物质前提。

表1　　　　　　　穆昆塔坦敕书分配略表

穆昆塔坦	姓名	敕书数	敕书的最高品级	备注
一、1.2.3.4.	努尔哈赤	40	都督级　二道	
二、1.2.5.6.	褚英	39	都督级　二道	努尔哈赤长子
三、3.4.6.7.	代善	40	都督级　二道	努尔哈赤次子
二、3.7.8.	吴尔古岱	31	都督级　二道	海西酋王台孙
三、1.2.8.	舒尔哈齐	25	都督级　二道	努尔哈赤弟

---

① 《满文老档》(太祖)卷1,丁未年记事。
② 程开祜:《筹辽硕画》卷2,北平图书馆《善本丛书》第1辑,第27页上。

续表

穆昆塔坦	姓名	敕书数	敕书的最高品级	备注
三、5.	扎萨克图	10	都指挥使品级　一道	舒尔哈齐子
一、5.	额亦都	8	都指挥使品级　二道	五大臣之一
一、6.	何和里	7	都指挥使品级　四道	五大臣之一
一、7.	费英东	7	都指挥使品级　二道	五大臣之一
一、8.	扈尔罕	7	都指挥使品级　四道	五大臣之一
一、9.	费扬古	5.5	都指挥使品级　一道	五大臣之一

注：凡领有敕书3道以下者一概从略；所属穆昆以汉字、塔坦以阿拉伯字表示。

三　五大臣执政

在穆昆塔坦组织中，五大臣与汗同处一穆昆，并且成为汗的重要辅佐。努尔哈赤的穆昆成为部落联盟的统治核心后，开始模拟蒙古汗国的某些制度，命五大臣分工管理各方面事务，并加以蒙古职名。额亦都、费扬古两巴图鲁主军事；费英东为大札尔固齐（蒙古语"断事官"义）主刑政；达尔罕虾（蒙古语"侍卫"义）扈尔罕主扈从，并辅以何和里参与执政。五人或为汗婿，或为养子，都是文武兼备的强有力人物。这些执政职务的设立，为国家机关的设置奠定了基础，标志着满族的部落联盟朝着国家的建立又迈出了重大的一步。

万历十一年（1583），努尔哈赤的古出费扬古杀退哈达兵入侵时，已称"谙班"（即昂邦）[①] 还只是一种尊显的僭称。四年后，努尔哈赤筑城池、定国政、建衙门、颁法律，着手创设各种制度。翌年，他又以三大部来归，统治区域由浑河流域推进到浑江（婆猪江、佟佳江）流域，"国势日强"，人口亟增，命费英东、扈尔罕和何和里三人为一等大臣[②]，正式设立大臣（昂邦），综理庶务。

[①] 《满洲实录》卷1，第37页。
[②] 《满洲实录》卷2，第71—72页。

这表明，满族特权阶级中的主要集团不仅日益明显地从社会中分离出来，而且需要专门的官员来管理内部事务，以维护他们的特权。

当时诸制草创，大臣之数未必以"五"为规制。史书载称："国初"归附的酋长罗屯马法、西喇巴、布颜等曾"予五大臣之列"[①] 可以为证。不过，诸昂邦以"效力最先"、勋劳卓著的五大臣为其核心，当无疑义。

札尔固齐，即元代蒙古的札鲁忽赤，早在元太祖成吉思汗建国时即为司理狱讼的要员。据《清太祖武皇帝实录》《满洲实录》诸书记载：努尔哈赤在万历四十三年（1615）"立理国政听讼大臣（即前述五大臣）五员"的同时，又立札尔固齐十员。但据郑天挺先生考证，早在万历二十一年（1593）以前，努尔哈赤部下已有札尔固齐一职[②]。努尔哈赤于万历十五年（1587）初定国政时的核心任务，便是颁行法律，禁止"作乱窃盗欺诈"。说明在国家形成过程中，法制及其有关的职官建设，具有重要意义。札尔固齐的主要职掌是鞫审讼狱[③]。它的设立，标志着新国家在形成过程中，已注入了前所未有的镇压职能。

札尔固齐的创设，亦如同一时期设置的其他职官——牛录额真、谙班、巴克什等等，都是因人因事以意增减，无一定规制。以后事务繁多、制度建设逐渐步入正轨，始有"大札尔固齐"（amba jarguci）的增设。一方面是最高的法官，另一方面又是汗的股肱宰臣。"大札尔固齐"费英东不但总理刑政，而且是与两巴图鲁并驾齐驱的将领，所战"莫不披靡"，因而被努尔哈赤誉为"万人敌"。努尔哈赤初设十札尔固齐时，以阿兰柱为首。但阿兰柱因早年从征乌拉战殁，以至没有留下什么记载。酋长黑东额，"首先慕义"归附，因"屡立战功"擢升札尔固齐。噶盖札尔固齐，不但能战，而且以创制满文成为满族文化的重要奠基人。由此可见，札尔固齐平

---

① 鄂尔泰等：《八旗满洲氏族通谱》卷11，第16页上；卷17，第6页下；鄂尔泰等纂：《八旗通志初集》卷162，第4030页。
② 郑天挺：《探微集》，中华书局1980年版，第44页。
③ 《满洲实录》卷4，第182页。

曰"听讼治民",战时命将出师,无一不是勇敢善战的将帅。

巴克什(baksi)源于元代蒙古,原义为师傅。明代蒙古把精通读写的人称为"巴克什"。努尔哈赤起兵后,对读书识文墨的归附者赐号巴克什。在万历三十八年《穆昆塔坦档》第一穆昆第九塔坦中,与费英东并列的额尔德尼便是由古出出身的"记典例司文书"的巴克什。

额尔德尼"兼通蒙古汉文",谙熟蒙古风习、语言,是满族人中通晓蒙、汉文明的先进代表。达海、武纳格、硕色、希福等人也无一不是如此。额尔德尼、噶盖、喀喇等巴克什于16世纪末利用蒙古文创制满文。此前,明初女真人往来文书曾用金代女真字。但这种分别依仿汉字和契丹字制作的女真字难以辨识,至明中叶,女真人已多不通晓。以后改行蒙古字,使满族社会上层"只知蒙书,凡文簿,皆以蒙字记之"①。但蒙语、女真语语言有别,行文时需先将女真语译为蒙古语再撰写成文书,颇多不便。额尔德尼等人创制本族文字后,满族人拥有了传达政令以及制定法律、传播知识和汲取先进文化的工具。

《清史稿·列传》二十《论赞》:"国初置五大臣,以理政听讼,有征伐则将帅以出。"从总体看,作为枢要的五大臣,"理政听讼""将帅以出",兼具军、政、刑的多重职能。所谓札尔固齐主刑政、巴图鲁主军政、巴克什主文书,只是平日的职能划分,而一切工作都是围绕建国的核心任务——军事活动展开的。努尔哈赤在部落联盟中建立起来的这些新制度,无疑是满族社会发展的需要。这一国家机构雏形的建立,又反转来加强着汗的权力,推动着历史的发展。历史再前进一步,国家便不可避免地诞生了。

四　议政会议

努尔哈赤汗权的日益强化和五大臣机构的设置,为国家的创建

---

① [朝]李民寏:《建州闻见录》,第44页。

准备了日益成熟的条件。万历四十三年（1615），努尔哈赤在建立八旗制度和对传统部落组织进行全面改造的同时，正式建立议政会议制度：设八大臣四十理事官，"每五日一次，使诸贝勒大臣聚集衙门议事，是非公断，作为常规"①。

努尔哈赤起兵初期，子侄年幼，"凡军国重务"只能依靠视为股肱的五大臣"赞决"，并组成了以汗穆昆为主体的中枢议政集团。以后，子侄次第长成，年长诸子成为各掌一旗的和硕贝勒（旗主贝勒）。与此同时，五大臣却被分别拨入各旗任固山额真②，成为和硕贝勒的附庸；他们参予议事不过是陪同末议，失去了昔日的权柄。这种反映在权力中枢中的变化，是汗权强化的必然产物。

《满文老档》卷13，天命四年（1619）十一月一日条，提到全国的"十部（塔坦）执政贝勒"，可惜未录执政诸贝勒名。检阅现存最原始的清初史料《清太祖朝老满文原档》，发现该档在同一记事中，披露了十部执政名单，为它书所缺："十塔坦执政的昆都仑庚寅汗、古英巴图鲁、阿敏台吉、莽古尔泰、洪台吉、德格类、阿济格阿哥、杜度、布尔杭古、德尔格勒。"

昆都仑庚寅汗，是明万历三十三年（1605）蒙古喀尔喀五部给努尔哈赤奉上的汗号。布尔杭古、德尔格勒，则是新降附的叶赫贝勒、汗的姻亲。根据上引档案，并结合有关记载，可从以下几方面探讨议政会议的内容、性质、特点：

第一，与穆昆塔坦制的关系。虽然对十塔坦的具体内容已难有进一步的了解，但可以肯定的是：作为满族国家雏形机构组成部分的塔坦，在新型的国家中枢机构中依旧残留了一些影响。不过，此时的议政会议在汗的召集下每五日一聚，并由在八旗制度基础上新

---

① 《满文老档》（太祖）卷4，乙卯年十一月记事。
② 初设四旗时固山额真人选无考。额亦都、扈尔罕、费英东和何和里任固山额真事分见《建州闻见录》《满文老档》（太祖）卷18，天命六年闰二月二十日；《朝鲜光海君日记》卷169，十三年九月戊申；费扬古任固山额真事见《八旗通志初集》卷167，第4119页。

设的八大臣四十理事官（每旗大臣一，理事官五）辅佐办事。这就进一步突破了传统社会组织的束缚，对国家行政机构赋予更为分明的职能。

第二，参予议政的成员。努尔哈赤时，"凡有所谋，必与执政诸贝勒大臣共议"①。所谓"执政诸贝勒"，在建国前后一段时间里，也就是前述十部执政中的古英巴图鲁代善（努尔哈赤次子）、阿敏台吉（舒尔哈齐长子）、莽古尔泰（努尔哈赤五子）、洪台吉（即皇太极，八子）、德格类（十子）、阿济格（十二子）、杜度（长孙，即褚英之子）。由此可见，议政会议除八旗八大臣和若干异姓亲贵外，以汗家族为核心，带有家族政治的色彩。

在古代北方少数民族中，诸如出身匈奴挛鞮氏（虚连题）、突厥国家阿史那氏、鲜卑国家拓跋氏、蒙古国家勃儿只斤氏、金国家女真完颜氏的最高统治者，实际上都不是以自己的整个氏族、而只是以自己为大家长的某一特权家族为核心，建构早期国家组织的。家族关系与政治生活的联系不是偶然的。从人类社会发展历程看，正是先有家族关系然后才有政治关系。由于氏族社会残余影响，作为统治阶级代表的国家与统治家族融合在一起，是正常的历史现象。统治家族的首领也是国家的最高所有者。这样，国家的权力机构与特权家族相结合，政治关系与家族关系就纽结为一了。"汗犹一家之祖父也，贝勒犹一家子弟也。"②努尔哈赤以诸亲近子侄为和硕贝勒，分掌八旗，把持议政，建立起集族权、政权于一身的"父汗"统治。

第三，议政会议的职能。议政会议沿袭了氏族部落时代酋长议事会的形式，却被赋予新的内容：

执掌司法：小罪由各地众官员聚议审断，大罪由众理事官、众大臣、执政贝勒会审，任何案件，需经众人审理后由汗裁夺③。

---

① 《清太宗实录》卷7，天聪四年六月癸丑。
② 罗振玉编：《天聪朝臣工奏议》，辽宁大学历史系辑"清初史料丛刊"第四种，1980年，第43页。
③ 《满文老档》（太祖）卷21，六年五月初五；卷38，七年三月初三。

满族肇兴时期政治制度的演变

决策国政：万历四十四年（1616）正月初一，诸贝勒大臣商议，认为"无汗的生活甚苦"，于是定议给努尔哈赤奉上"天授养育诸国伦（部）英明汗"号①。说明努尔哈赤是通过议政会议的形式，正式成为国家的最高统治者。天命七年（1622），八和硕贝勒向汗询问治国之道，努尔哈赤提出八和硕贝勒同心治国，"共议国政"的主张，充分反映了满族建国初期议政会议的实际状况。

选汗权：努尔哈赤兼有"父""汗"的双重身份，在长期的征服战争中形成无可争辩的权威，但建国称汗仍需通过议政会议形式上的认可。后来，他在对八和硕贝勒的训谕中提出："八固山王中，有才德能受谏者，可继我之位"；如果发现不能胜任，"可更择有德者立之"②。天命末年，皇太极以八子身份继承汗位，也经过议政会议的推举③。汗的产生，已为汗的家族所垄断，但是在诸子中推举何人继位等重大决策上，议政会议仍保有一定权力。

以贵族议事会形式组成国家中枢，在中国北方民族建国历史中是习见的现象。早在匈奴时代，即有"大会……课校人畜"和"会诸部，议国事"④的记载。这种部落酋长会议制度的源头，可以上溯到冒顿建国以前更为古老的氏族长会议，也就是后来蒙古"忽里勒台"（宗亲大会）⑤的滥觞。成吉思汗建立蒙古国家时，仍然保持着贵族议事会忽里勒台的选举制，即大汗必须经过大会选举，才算合法。北魏拓跋的前期政治制度，行政权力集中于"听理万机"的八公会议⑥。所谓八公会议实即八部大人会议，总揽军

---

① 广禄、李学智译注：《清太祖朝老满文原档》（二），第28页。
② 《满洲实录》卷7，第346页。
③ 《清太宗实录》卷1，天命十一年八月庚戌。
④ 班固：《汉书》卷94，中华书局1962年版，第3752页；范晔：《后汉书》卷89，中华书局1965年版，第2942、2944页。
⑤ 《蒙古秘史》第179节，古籍出版社1956年版，第155页；宋濂等：《元史》卷146，中华书局1976年版，第3457页。
⑥ 司马光：《资治通鉴》卷111，古籍出版社1957年版，第3488页；参见魏收《魏书》卷113《官氏志》，中华书局1974年版。

政。金代女真人建国初,"国有大事,适野环坐,画灰而议",与会者均为宗亲①;建国以后形成勃极烈议政制度。勃极烈即贝勒。金太祖阿骨打建国,设勃极烈四人,以家族近亲或子弟担任,组成皇帝以下的最高统治机构。

这种历史现象的一再重演,说明从氏族部落时代的酋长会议到建立国家以后的贵族议政制度,是过渡到国家阶段的各民族普遍经历的一种变化。至于满族的议政会议,尽管保留了古老议事制的某些痕迹,实际上已蜕变为以汗为首的贵族阶级实行统治的工具,所以它讨论的内容,完全围绕战争、刑罚、政务等与特权利益息息相关的问题展开。由于汗权的强化,会议失去了对汗的约束,降到唯汗是从的地步。

议政会议作为国家的中枢机构,职能上军政不分,人员上额数无定,以及鲜明的血缘色彩,反映出它的原始性。它虽然还不是比较完整的国家制度,但是与以往的穆昆塔坦制相比,显然又向前发展了一步。

五　国家的诞生

满族国家是万历四十四年(1616)正式建立的。这一年正月初一,清太祖努尔哈赤在赫图阿拉(今辽宁省新宾县老城)废除了旧汗号,正式确立了作为最高统治者的汗号:"天授养育诸国伦英明汗"。汗号中的"诸国伦",指被征服的诸部。这时,除叶赫部尚未降附外,建州、海西、东海诸部已大部平服。在此基础上终于形成了统一的国家——金国(史称后金)。

在这以前,努尔哈赤先后创文字、建都城、立法制、编八旗、设职官及议政会议等,完成了国家机构所必备的各种条件。特殊公共权力的出现,是国家形成的重要标志。八旗组织按地域原则而不再按氏族部落划分居民,是国家形成的另一重要标志。

---

①　徐梦莘:《三朝北盟会编》卷3,光绪四年刻本,第7页上。

国家是靠部分改造氏族旧制度，部分设置新制度，并且最后全部以真正的国家权力机关来取代它们而发展起来的。这是世界许多民族也是满族经历过的共同道路。

　　努尔哈赤建国的特点是，作为国家权力机关的札尔固齐、巴克什等官职的创设，借助于对蒙古司法制度和行政制的模仿。八旗组织的创设，则基于对氏族旧制度的改造，并且以原有的生产组织和地域组织作为改造的基础。八旗作为军事、行政和生产相结合的组织，虽然并未严格地受到地域的限制，却在有效地实现着国家的基本职能。努尔哈赤称汗建国，是满族历史上一件划时代的大事件。它结束了漫长的氏族部落时代，开创了历史的新时期。

（原载《中国社会科学院研究生院学报》1991年第2期）

关于满族肇兴时期"两头政长"的撤废问题

努尔哈赤（清太祖）诛死胞弟舒尔哈齐，又草薙其子弟亲党，骨肉变为仇雠，萧墙之内横尸喋血，是满族肇兴时期一件大案。究其缘起，在势力日益扩大的建州部落联盟内，努尔哈赤与舒尔哈齐比权量力，专擅自恣，形成本文所谓"两头政长"的权力结构，才酿成了这场火并。问题在于，"两头政长"的格局何以兴又何以亡？它在满族从部落到国家的制度演进中究竟是纯属偶然的"昙花一现"，还是带有某种普遍性的现象？是值得结合满族自身社会历史特点进行研究的。本文想要集中探讨的是"两头政长"的撤废问题。

努尔哈赤起兵之初，有部属不过数十人，其中亲兄弟、古出、家人是基本成分。古出虽然不是家族成员，并且一般说来也不是本氏族成员，但由于他们投依主人，平时与主人同居，随主人出行，为主人效力以至献出生命，因而与主人之间显示出较族人尤为亲密的关系。除此之外，努尔哈赤两个胞弟中，雅尔哈齐事迹不彰，可以倚为臂膂的唯有舒尔哈齐。《朝鲜宣祖实录》二十二年（1589）七月丁巳载归附朝鲜的建州女真人语云：

左卫酋长老乙可赤（即努尔哈赤）兄弟，以建州卫酋长李以难等为麾下属。老乙可赤则自中称王，其弟则称船将。

建州卫、建州左卫、建州右卫原是同一部落联盟内的三个亲属部落。自明初以来，长期以建州卫酋长兼任部落联盟盟长。最先是

关于满族肇兴时期"两头政长"的撤废问题

阿哈出，继之以李满住（阿哈出孙），接着是李达罕（李满住孙）。盟长世代相袭，反映出建州卫在联盟内的核心地位。至此，出身左卫的努尔哈赤兄弟用武力征服建州卫，表明随着私有经济的不断壮大，联结亲属部落的纽带日益松弛，部落间的矛盾也日益加剧。一些传统的酋长家族在"强凌弱，众暴寡"的激烈角逐中衰落下去，取而代之的是新兴部落显贵。与此同时，建州女真的部落组织在经历多次反复分解组合后形成新的联盟。

在这个新联盟中，努尔哈赤称"王"，满语号称"淑勒贝勒"（sure beile），汉译"聪睿王"①，是联盟内的最高首长，弟舒尔哈齐则称"船将"。"船将"语义不明。史称舒尔哈齐"自幼随征，无处不到"，"有战功，得众心"②，又曾冠以"达尔汉巴图鲁"（darhan baturu）的双重勇号③。"巴图鲁"，即元史中的拔都、拔都鲁、八都儿，明《华夷译语》作把阿秃儿，译言"勇""勇士"，一向是蒙古族中勇武者的美号。"达尔汉"，亦作"答儿罕""答剌罕"，原为漠北游牧民族的武职官员，始见于"蠕蠕"（即4、5世纪的柔然）。元代蒙古人，只有对大汗本人或其子孙有特殊贡献者始有荣膺此号的资格，且享有种种特权。在明代蒙古中，对建立军功的勇士，亦颁给此号④。由此可见，舒尔哈齐的双重勇号均仿自毗邻的蒙古人，而此号的真实含义是对他英武善战的褒扬。据此又可推测，朝鲜史书中所谓"船将"，应是指他统兵将帅的身份。不过，舒尔哈齐对内亦称"贝勒"⑤，实际上是与兄并称的"两王"。

万历二十三年（1595），明朝通事何世国、朝鲜南部主簿申忠

---

① 《满洲实录》卷1，第18页。
② 《满洲实录》卷3，第126页；李民寏：《建州闻见录》，第42页。
③ 《满洲实录》卷1，第18—19页。
④ 韩儒林：《蒙古答剌罕考》，《穹庐集》（上海人民出版社1982年版）；萧大亨：《北虏风俗·战阵》，薄音湖等编辑点校：《明代蒙古汉籍史料汇编》第2辑，内蒙古大学出版社2006年版。
⑤ 见《清太祖武皇帝实录》《满洲实录》，丁酉年（1597）以前称贝勒者仅努、舒兄弟，戊戌年（1598）记事中，努尔哈赤幼弟把牙剌、长子褚英尚称"台吉"，至丁未年（1607）褚英方改称"贝勒"，反映了身份地位的变化。又同书将次子代善始称贝勒时间提前至丁酉年，远在把牙喇、褚英前，于理不合，似系撰者追加。

一先后访问建州女真腹地佛阿拉（今辽宁省新宾县旧老城）。据其所见：努尔哈赤兄弟并称"两都督"；待客宴筵，持礼服色俱相等；居舍"各以十坐，分为本栅，各造大门"；兄麾下万余众，"诸将"（即归附的各部酋长）一百五十余名，弟麾下五千余众，"诸将"四十余名；平日"各持战马著甲"练兵，出征时"各聚其兵"①。二人还以"都督"身份率所部入明廷朝贡。仅据明实录记载，努尔哈赤先后入贡七次，舒尔哈齐三次②。每次入贡，两人均各领一队，分别行进并各自领受宴赏。

这些情况告诉我们：舒尔哈齐的实力虽然比乃兄稍逊一筹，但在政治、经济、军事、外交等方面却拥有自主的权力。兄弟二人各辖部属，各聚军兵，各自为政，俨然是联盟组织中的"两头政长"。

"两头政长"原指酋长家族内相互搭配，相继在位的两名酋长。这在历史上并不是绝无仅有的现象。金女真先世完颜部乌古乃为部落联盟长时，以同部另一家族族长雅达为副。以后部落联盟日益壮大，乌古乃子劾里钵与弟颇剌淑，乌古乃子盈哥与侄撒改，劾里钵子阿骨打（即金太祖）与堂兄撒改，均为相辅相成的两头政长。《金史》卷70《撒改传》，"太祖（阿骨打）称都勃极烈（即部落联盟长），与撒改分治诸部：匹脱水以北，太祖统之；来流水人民，撒改统之"。阿骨打以前，女真人尚未进入国家门槛。除最初的雅达外，并立的酋长或为叔侄，或为兄弟，均是同一家族成员，从而体现着部落酋长推举原则和由血统决定继承原则的结合。地位仅次于联盟的酋长，在《金史》中被称作"国相"，实即联盟长处理联盟事务的主要辅佐。

---

① 《朝鲜宣祖实录》卷69，二十八年十一月戊子；卷87，三十年四月壬戌。
② 努尔哈赤入贡见《明朝神宗实录》卷222，十八年四月庚子；卷251，二十年八月丁酉；卷310，二十五年五月甲辰；卷327，二十六年十月癸酉；卷366，二十九年十二月乙丑；卷453，三十六年十二月乙卯；卷488，三十九年十月戊寅。舒尔哈齐入贡见同书（内阁文库本）卷23，二十三年八月丙寅；卷312，二十五年七月戊戌；卷453，三十六年十二月甲戌。

关于满族肇兴时期"两头政长"的撤废问题

明初女真部落内,二三酋长并立,是习以为常的现象。建州左卫猛哥帖木儿(明人称孟特木,即清朝肇祖)为部长时,弟凡察位在其次。及兄死,凡察为部长[1]。但他才绌智短,不孚众望,一部分部民转而拥戴猛哥帖木儿儿子童仓,最终导致部落一分为二,从建州左卫又析出右卫。以后凡察辖领右卫,殁后部落由子甫花土、罗下两兄弟管理。甫花土年长,是部落大酋长,弟罗下办事有能力,是部落"副酋长"[2]。在位酋长,是同一家族兄弟,彼此相辅相成,患难与共,这种现象在海西四部中亦不乏其例[3]。不过,由于这些部落都是一些大大小小的血缘集团(族)和地缘集团(寨)的结集,只在战时联合对外,平日内部关系涣散,各个族、寨保持着很大独立性,行动自由,以至政出多门,"两头政长"的现象尚不明显。

直至明末,与努尔哈赤兄弟同时并存的还有海西叶赫部的"两头政长"。16世纪中,叶赫部长清佳努、扬吉努二兄弟(俱祝孔革之孙)"征服诸部,各居一城"。不久,哈达部长王台死,部落内讧频仍,部民多入叶赫,"兄弟遂皆称王(贝勒)"[4]。万历十二年(1584),兄弟相继被明辽东巡抚李松、总兵李成梁设伏杀害,子布斋、纳林布禄又"各继父位"。以后,布斋死,子布扬古继之,纳林布禄死,弟锦台失(金台失)继之。冯瑷《开原图说》卷下《海西夷北关枝派图》称:白羊骨(布扬古)部落五千,精兵二千,金台失部落六千,精兵三千,各置"中军"(即统兵将帅)。两人各居一城,并称贝勒。这种犬牙相制、分庭抗礼的体制与当时努尔哈赤、舒尔哈齐间的关系如出一辙,而它的绵延存续则使叶赫部的实力大为衰竭,所以到万历四十七年(1619)终被努尔哈赤缔造的金国所翦灭。

"两头政长"的形成,似与氏族社会末期地域组织扩大、管理事务增加,尤其是军事活动趋于频繁的历史进程相关,同时,不失

---

[1]《明朝宣宗实录》卷99,八年二月戊申;卷108,九年二月癸酉。
[2]《朝鲜成宗实录》卷158,十四年九月甲午;卷162,十五年正月丁未。
[3]《朝鲜世宗实录》卷78,十九年九月癸卯,戊申。
[4]《满洲实录》卷1,第24页。

为部落权力由涣散走向集中的一种过渡形态。最初，它仍带有部落制的烙印，不但履行联盟的主要管理职能，而且是实行"世选制"（即酋长在同一家族选出，或者兄终弟及，或者父子相继，而非严格的父子世袭）原则的组织保证。但私有经济的发展与公共权力的强化，却使"两头政长"的民主色彩不断剥蚀。到后来，并立的酋长各拥巨资，聚部众，豢甲兵，日益形成私家的特殊利益。这正是我们在明末建州和海西女真中看到的同一情景。至此，"两头政长"显然已成为女真（满族）社会组织实现统一，政治权力进一步集中的障碍。部落显贵对权力不择手段的追逐与物质贪欲的膨胀，则为传统社会关系注入了疏离的因素。

早在万历二十三年（1595），舒尔哈齐对其兄已心存芥蒂。据朝鲜使者申忠一所见，舒尔哈齐"凡百器具，不及其兄远矣"。又私下向其表示：日后送礼，"不可高下我兄弟"①！不满情绪溢于言表。努尔哈赤十九岁时，遵循满族长子析居旧制，成为分家子。《满洲实录》卷1记，分家时"家产所予独薄"。可见努尔哈赤当初并不富有。舒尔哈齐是继承父业的未分家子，资产当在其兄以上。从此，两人各自拥有独立的经济。起兵以后，凡掳掠人口、奴仆、财物，两人"皆同享之"②；与明贸易，"参价车银尽入于建酋兄弟之橐"③。其实，这些人口、财物只是共同分配，仍旧由两人分别占有。建州女真原有明廷颁给的敕书五百道，作为入贡贸易的凭证。以后归入努尔哈赤名下的约三百六十道，归入舒尔哈齐名下的一百四十道④。明朝边将每年在抚顺关颁给建州女真八百两抚赏，努尔哈赤分得五百两，弟舒尔哈齐领三百两⑤。万历二十三年何世

---

① ［朝］申忠一：《建州纪程图记》，第28页。
② 《满文老档》（太祖）卷1，戊申年（1608）记事。
③ 礼部题：《为海建两酋逾期违贡等事疏》，董其昌辑：《神庙留中奏疏汇要·兵部类》卷6，燕京大学图书馆，1937年。
④ ［日］三田村泰助：《清朝前史の研究》，東洋史研究叢刊十四，同朋舍，1965年，第132页。
⑤ 过廷弼：《谨述东夷归疆起贡大略》，程开祜辑：《筹辽硕画》卷10，北平图书馆"善本丛书"第1集，1912年。

关于满族肇兴时期"两头政长"的撤废问题

国看到,努尔哈赤有战马七百余匹,舒尔哈齐有四百余匹。以上只是两兄弟资产的一部分。然而,在蓄积愈富的同时,财产占有不均的矛盾也日益暴露出来。这应是舒尔哈齐"耿耿不寐,如有隐忧"的原因之一。

努尔哈赤身为兄长,本来就居有高出舒尔哈齐的地位,对外征服使他的地位日益显贵。万历二十三年(1595),努尔哈赤对朝鲜书称:"女真国建州卫管束夷人之主"①;万历三十一年(1603)致书朝鲜边将时又自称:"建州等处地方国王。"② 这些称号虽出自草拟文书的汉人手笔,实际反映的却是努尔哈赤权力的扩张。"管束夷人之主"的名义既然已不能使他满足,于是开始以专制一方的"国王"自比。尤为引人注目的事件是,万历三十四年(1606),蒙古喀尔喀五部王公为之奉上"淑勒昆都仑汗"尊号(省作"昆都仑汗",昆都仑,汉语译言"恭敬")。汗是高出贝勒的尊号,蒙古王公奉上汗号,表示服从他的统辖。努尔哈赤借用蒙古之制,为自己的显贵身份再增添一层光彩。舒尔哈齐的地位因此日益下降,与其兄"不可高下"的努力完全付诸东流。这应是他对兄长日益不满的又一原因。

再就努尔哈赤一方考察,"两头政长"的并立已成为他独掌汗权的主要障碍。《满洲实录》卷3记,己亥年(1599)往攻哈达部,舒尔哈齐为先锋,遇哈达兵迎战,舒尔哈齐按兵不战,受到努尔哈赤的怒斥。其实,舒尔哈齐"自幼随征",以勇武闻名遐迩,又挟战无不胜之师,乘摧枯拉朽之势,哪有在哈达兵马前怯战的道理?实录中贬抑舒尔哈齐,以为努尔哈赤后来杀弟行径回护,自然不可信以为据。不过这至少可以作为努尔哈赤与弟早有嫌隙,并且成见日深的一个征兆。同书丁未年(1607)又记:舒尔哈齐领兵前往东海瓦尔喀部迎接蜚悠城降民,归途中在乌碣崖遇到乌拉大兵拦截,两侄褚英和代善奋勇进击,惟舒尔哈齐"落后不战"。事

---

① [朝]申忠一:《建州纪程图记》第22页。
② [朝]《东国史略事大文轨》卷46,引自《清史论丛》第1辑,文海出版社1979年版,第24页。

99

后，努尔哈赤借口"不随两贝勒（指褚英、代善）进战破敌"，将舒尔哈齐麾下两将定以死罪。舒尔哈齐闻讯怒形于色，声称"若杀二将，即杀我也"。努尔哈赤只好姑从宽宥。努尔哈赤的初衷，或者旨在翦除其弟羽翼，所谓项庄舞剑之意，昭然若揭，毋怪乎舒尔哈齐要以死自誓。两人之间的矛盾日益尖锐，公开决裂遂迫在眉睫。

《筹辽硕画》卷1熊廷弼《审进止伐虏谋疏》，援引驻扎哈达旧寨的建州军兵之语："我都督与二都督速儿哈齐近日不睦，恐二都督走投北关，令我们在此防范。"同疏又引开原兵备副使石九奏文："职闻奴酋因修自己寨城，怪速酋部下不赴工，问其故，则云：二都督将欲另居一城。"时在万历三十七年（1609）初，"二都督"指舒尔哈齐。他与其兄努尔哈赤原居一城，至此决计携部另居一城，即黑扯木地，并使人伐木，以备造房①。黑扯木，又作赫彻穆路，位于浑河上游，北接叶赫②。努尔哈赤预先遣人遏其逃路，无意网开一面，三月十三日设计将其囚禁③。

努尔哈赤囚禁舒尔哈齐，使建州部落联盟避免了一次大分裂。为了彻底摧垮舒尔哈齐势力，又将舒尔哈齐长子阿尔通阿、三子札萨克图诛杀，事见《清史稿》卷215《舒尔哈齐传》。前引熊廷弼奏疏称，舒尔哈齐领兵中军并心腹三四人被炮烙死。《满文老档》卷1载：大臣乌尔坤蒙兀，被吊缚于树，下积柴草，以火焚死。所云"炮烙"，即指此而言。

据《满文老档》，舒尔哈齐卒于万历三十九年（1611）八月十九日。关于舒尔哈齐死因，清朝官方文献讳莫如深，然而杀弟真相欲盖弥彰。孟森《清太祖杀弟考实》广征博引，证实舒尔哈齐为其兄所害。努尔哈赤推刃于胞弟一案，明人和朝鲜人史书多有记载。

---

① 《满文老档》（太宗天聪）卷30，天聪四年六月初七日。
② 阿桂等：《盛京吉林黑龍江等處標注戰跡輿圖》，满洲文化協會，1935年，二排四。
③ 黄石斋：《建夷考》，转引自孟森《清太祖杀弟考实》，《明清史论著集刊》，中华书局1984年版。

关于满族肇兴时期"两头政长"的撤废问题

李民寏《建州闻见录》曾评价努尔哈赤为人："狠厉威暴,虽其妻子及素亲爱者,少有所忤,即加杀害,是以人莫不畏惧。"所谓:"素亲爱者",当包括其弟与侄辈在内,"狠厉威暴"的指责也并非言之无据。然而问题的实质在于:任何一种新的进步都必然表现为对某种神圣事务的亵渎,表现为对陈旧的、但为习惯所崇奉的秩序的叛逆。努尔哈赤是作为旧制度的改革者而遭到反抗的。他为了强化自己的权威,不断破坏旧的部落制度,不可避免地要和权势地位相近的贵族发生利益冲突。舒尔哈齐"有战功,得众心"[①],按照世选制传统,他本来是最有希望的继任者。希望破灭后,他不惜铤而走险,由分庭抗礼走向公开决裂,以维护自己的传统地位,实际上成为旧制度的牺牲品。

努尔哈赤通过残酷手段剪除了其胞弟舒尔哈齐的势力,废除"两头政长",实现了建州部落联盟的空前统一,大权独揽,为汗权的确立扫清了道路。

(原载《庆祝王锺翰先生八十寿辰学术论文集》,辽宁大学出版社1993年版)

[①] [朝]李民寏:《建州闻见录》,第45页。

论牛录固山制度的形成

牛录固山制是满族建立国家前后，在原来的部落组织和生产组织的基础上形成的一种特殊制度。这一制度构成为满族国家的一个显著特点，并在相当长的历史时期里，产生着多方面影响。本文试图通过对牛录固山制度形成问题的探考，从一个方面揭示满族在进入国家的历史关头，在社会组织和权力结构方面发生的深刻变革。

一　牛录的改造

满族的先辈以渔猎采集为主要生业，不得不一再迁徙他们的住地。随着人口的繁衍，以氏族为单位已日益不能适应生产的需要。因而，在他们的住地逐渐形成了同一氏族或不同氏族成员组成的地域组织"噶栅"（即村屯）。在一个部落或氏族中，又形成了从事渔猎和采集的生产组织——牛录。

《满洲实录》卷3在追溯牛录缘起时这样写道：

> 前此，凡遇行师出猎，不论人之多寡，照依族寨而行。满洲人出猎开围之际，各出箭一枝，十人中立一总领，属九人而行，各照方向，不许错乱。此总领呼为牛录（原注华言大箭）厄真（华言主也）。

据此，可以就部落时代牛录组织的作用和性质得出以下认识：
第一，"族（满语乌克孙，即家族）寨（噶栅）"是满族先民

论牛录固山制度的形成

出兵打仗、集体生产、社会管理的基本单位。"牛录"只是围猎时临时组建的小组,在军事活动中也起一定作用。行动完结,旋即散去,因此,与族寨相比,牛录是更为不稳定的、临时性从属性的组织。由于牛录是在族寨基础上编设的,而近亲族人在生产协作方面有更便利的条件,这就注定牛录带有强烈的血缘色彩。

第二,牛录是渔猎文化产物,是在特定自然环境下适应狩猎需要而产生的集体生产组织形式。围猎有赖于与猎者的合作,同时又受到狩猎生产本身流动性大、行动分散等特点的限制,因而在本质上排斥大规模地域组织的发展。牛录由区区十人组成,正是社会组织涣散,生产规模狭小的明记。

第三,牛录额真由参与围猎者在平等基础上临时推举产生。行围之际,族寨首领立于围底,牛录额真各领九人分翼而行,皆听酋长节制,猎狩完毕牛录解散,"额真"职守随之完结。牛录额真的推选制说明他们不享有任何政治经济特权,体现了氏族制度的民主传统。

约自明嘉靖朝以后,满族社会随着强邻压迫的减弱和对外交换活动的开展,有了较为迅速的发展。伴随着生产的进步和对外掳掠的扩大,血缘家庭日益成为财产私有的单位并且日益加剧着贫富的分化。从氏族部落血缘组织和地域组织的各级酋长中产生出拥有某些权力并占有较多财富的部落显贵。本族和外族奴隶和依附民日益增多,逐渐形成阶级间的对立。古老的氏族部落组织越来越无力控制这个社会而逐渐走向解体。满族国家的创造者努尔哈赤(清太祖)在这一历史性的变革中登上了历史舞台。明万历十一年(1583),他以父、祖遗甲十三副起兵,先后征服建州、海西、东海诸部落,人口日增。为了便于管理,将牛录由原先的生产组织逐渐改建为军政经合一的社会组织。这种改建经历了一个长期过程。

1. 万历二十九年(1601)的牛录组织

关于努尔哈赤改造牛录制的具体时间,现存史料不足,未有定论。有学者援引《清史稿》"太祖初起兵,有挟丁口来归者,籍为牛录,即使为牛录额真,领其众",作为努尔哈赤万历十一年

(1583) 已编制牛录的有力依据①。实际上,"太祖初起兵"只是一个模糊的时间概念,犹如《八旗通志》中所谓"国初编设"牛录,其中不但包括努尔哈赤天命一朝所编牛录,还掺杂了若干天聪年间牛录②一样,在外延上是很宽泛的说法。

"牛录"一称初见《满洲实录》,在万历十二年(1584)九月征董鄂部记事中:努尔哈赤攻破翁鄂洛城,不计旧怨,对曾射伤自己的守将鄂尔果尼、洛科"赐以牛录之爵(原注:属三百人)"。这是一些作者认为该年牛录建制的基本依据③。但是略作考察,不能不对这条材料的可靠性产生疑问:

首先,从《满洲实录》本身记载看,甲申年(万历十二年,1584)记事既已云"赐以牛录之爵(原注:属三百人)",明言1584年已有牛录之制,何以同书辛丑年(万历二十九年,1601)记事又说,"是年,太祖将所聚之众,每三百人内立一牛录厄真管属……于是以牛录厄真为官名"。一事两属,时间上前后相抵。

其次,从努尔哈赤当时拥有的实力分析:癸未年(1583)起兵时,麾下仅部众三十人,甲十三副,与本部嘉木湖寨主噶哈善、沾河寨主常书、杨书合兵一起,"兵不满百,甲仅三十副",显然不具备编设三百人为一牛录的条件。《满洲实录》卷1又记,翌年(1584)六月,努尔哈赤率兵四百往攻马尔敦城;九月,以兵五百往攻董鄂部长阿海。在这以前,努尔哈赤曾兼并浑河部兆嘉城,兵势有所增益,但不至于比起兵时陡然翻至数倍,足见《满洲实录》于太祖兴起之状已不无夸张。退一步讲,即使其说属实,以所有五百兵尽付与鄂尔果尼、洛科,尚不足二牛录之数;何况这五百兵中除努尔哈赤兵丁外,还有常书、杨书的属人?其时正逢群雄并起的时代,建州诸寨堡酋首的实力少则数十甲,多不过百余。努尔哈赤

---

① 傅克东、陈佳华:《佐领述略》,中国社会科学院民族研究所编:《满族史研究集》,中国社会科学出版社 1988 年版。
② [日] 阿南惟敬:《清初軍事史論考》,甲陽書房,1980 年,第 234 页。
③ [日] 中山八郎:《明末女直と八旗統制に關する素描》,《滿洲史研究專輯》,四海書房,1936 年;莫东寅:《满族史论丛》,人民出版社 1958 年版,第 66 页。

论牛录固山制度的形成

所属,不过是众多部落中一个小部落。一直到戊子年(万历十六年,1588)三部长来归以前,他的兵力从未超过五百[①]。在这种情况下,努尔哈赤当然并不具备编三百丁为一牛录的条件。

再次,鄂尔果尼、洛科既受牛录官职,领受三百人,何以在《八旗通志·旗分志》二百三十九名"国初牛录"的牛录额真中未录其名?这或者可视为上说不能成立的一条旁证。看来,《满洲实录》这条记载,或者出自后世作者的追述,与当时情况有所不符,或者正文"赐以牛录之爵"是指努尔哈赤赐给他们牛录额真的名义,出兵时仍按过去传统,属十人而行。而下面的注文"属三百人",则系后世作者按自己对牛录的理解添加的解释。无论如何,据此材料便推断说万历十二年前后已建立三百人牛录,是难以令人信服的。

努尔哈赤起兵之初,人丁稀少,由于军事活动趋于频繁,部落内的牛录由狩猎生产的临时性组织逐步向军事活动中的常设组织转化是可能的,但牛录人数在一段时间内仍旧维持旧制也是正常的。关于这一推测,可从有关这一时期满族人活动的重要史籍《建州纪程图记》得到印证。明万历二十三年底至二十四年初(1595—1596)朝鲜南部主簿申忠一出使建州,上书即根据此行亲所闻见整理。书中记录了建州女真兵制:

> 正月初四日,胡人百余骑,各具兵器,裹粮数斗许,建旗出北门,乃烟台及防备诸处捌奸事出去云。旗用青、黄、赤、白、黑,各付二幅,长可二尺许。初五日亦如之。[②]

在这里,作者仅描述了初四日见闻,但从"初五日亦如之"的语气不难推知,这种编组方式并不是偶然一见的现象。旗分五色,各有两幅,共计十幅的记述,表明百余人的骑兵队是以每十人配置

[①] 《满洲实录》卷1—2。
[②] [朝]申忠一:《建州纪程图记》,第23页。

旗一幅的。牛录旧制本以十人为一队，说明这里的旗应是标志牛录的旗。满族先民狩猎行围要由围底、两围肩、两围端（围两头）五部贯联而成①，五部（即五牛录）之间各树一帜遥相呼应，或者就是旗分五色的滥觞。这与后来八固山分设一旗的规制又当有所不同。

上引书又称：努尔哈赤兄弟二人属下诸将二百人，"皆以各部酋长为之"。这些酋长"掌治耕耘"，"各领其兵"，对于旧属仍实行直接管理，申忠一没有只言片语涉及牛录组织。由此看来，16世纪末叶的满族社会，传统部落组织以及包含其外壳内的"族党屯寨"，仍然是社会生活中的基本单位。牛录的变化大概表现在：伴随军事活动的日益频繁，其军事职能大为强化。凡遇出兵、戍台、应役，努尔哈赤便"传箭于诸酋长"，按牛录旧制编组，定数分派。

有迹象表明：牛录组织的初步改造应在辛丑年（万历二十九年，1601）前后。《满洲实录》《八旗通志》"清三通"均将该年作为"编牛录之始"。其时，努尔哈赤麾下归附日众，各部落人口畸重畸轻，多寡不均，小的部落不足十户乃至十数户，这为实行统治带来诸多不便。大的部落如戊子年（1588）归附的苏完部长索尔果，有户五百②；乙未年（1595）归附的安褚拉库地方喜塔喇姓酋长罗屯领户八百③，人口众多，势力强盛。"温火卫"酋长甫下下归附后，胜兵千余，仍任"都酋长"（总部长），保持着对原先六个依附部落的控制权④。对努尔哈赤来说，上述状况不但难于治理，而且易于酿成尾大不掉之势。

对陈旧部落组织进行改造以适应新的社会形势要求，成为满族统治者面临的历史任务。《满洲实录》卷3说："是年（1601），太祖将所聚之众每三百人内立一牛录额真管理……于是以牛录额真为官名。"努尔哈赤沿用了牛录的名称，但注入了全新的内容。这次

---

① 傅达礼等：《御制清文鉴》卷4，康熙四十七年内府刻本。
② 鄂尔泰等纂：《八旗通志初集》卷141，东北师范大学出版社1986年版，第3693页。
③ 鄂尔泰等：《八旗满洲氏族通谱》卷11，乾隆九年内府刻本，第16页上。
④ ［朝］申忠一：《建州纪程图记》，第27页。

论牛录固山制度的形成

变革，在满族由部落制向国家制度过渡的进程中具有重要意义：

第一，牛录的性质变了。过去的牛录，原是部落时代出兵行围时，在族寨范围内自愿结合的临时性组织，至此向国家军政经一体的常设性组织演变。随着军事职能的加强，已由"居民的自动的武装组织"，向阶级社会中与人民大众分离的"特殊的公共权力"——军队转变。牛录内部的社会关系随之变迁：过去，"牛录额真"临时选任，不享有任何特权，现在以额真为官名，成为高居一般牛录成员之上的贵族，子孙世袭其职。牛录内的一般成员，即诸申，"前则一任自意行止，亦且田猎资生，今则既束行止，又纳所猎"①，被束缚在牛录内承担徭役、课赋、兵役，各牛录人不能任意他去，外来人员也不能随便加入。牛录成为封闭性的社会组织。违反政令的诸申，轻则被罚牛一只或银十八两，或者捉拿家口做苦役，重则处以刑罚②。他们已由部落时代的自由民下降为贵族的依附民。

第二，牛录的规模扩大了。牛录由以往的十人制改为编丁三百人。当然这只是规范的说法，实际上努尔哈赤时代牛录下的丁额极不一致，多则五六百丁，少则数十。究其原因，各部酋长多以族、寨来归，人数多寡不均。努尔哈赤任何革新之举，都不能不考虑酋长的利益，尤其是当政治关系还比较脆弱而必须附着于传统关系时。实际上一直到清太宗崇德五年（1640），牛录壮丁均齐才真正付诸实行。即便如此，它毕竟取代旧的部落组织，构成崛起中满族社会的基层组织。索尔果部落五百户，被分解为五牛录③；罗屯八百户，被分解为二牛录④；明安图巴颜千余壮丁，被分解为六牛录⑤。此类记载颇多，毋庸赘举。努尔哈赤的统治地位因此得到加

---

① ［朝］申忠一：《建州纪程图记》，第26页。
② 同上。
③ 参见鄂尔泰等纂《八旗通志初集》《旗分志》，即镶黄旗二参七佐、八佐、十二佐；镶白旗四参二佐，五参四佐。
④ 鄂尔泰等纂：《八旗满洲氏族通谱》卷11，第16页上。
⑤ 鄂尔泰等纂：《八旗通志初集》《旗分志》卷152，第3865页；卷163，第4055页。

强。万历二十九年（1601），一度雄踞海西、建州诸部之首的哈达部被努尔哈赤正式吞并，《开原图说》卷下《海西夷南关枝派》："自猛哥孛罗死，吾儿忽答既羁留不能归，南关旧寨二三百里内，杳无人迹。"哈达部人户被席卷一空，尽迁建州。如何组织安置这一人口众多的部落，想必是努尔哈赤颇费心机的难题，同一年牛录的改制与此应有某种内在联系。努尔哈赤将哈达部民"分隶八旗，所余之人编在佐领"①，从而肢解了哈达部落。上述事实表明：牛录组织并不总是部落组织的简单继承，而是在部落基础上的改造与重建。尽管这种变化在开始时还是初步的，却代表满族社会组织演变的趋向。

2. 万历四十三年（1615）牛录组织的再建

万历二十九年（1601）以后，努尔哈赤在东方连年用兵于乌苏里江、黑龙江中下游以及东海女真的瓦尔喀、虎尔哈等部，在西方截止到1615年，除依恃明朝为奥援的叶赫部外，兼并了其他海西三部。人口增加，地域空前，牛录的编组一再进行。于是在建立大金国这一历史性变革的前夜，对牛录组织进行了再一次改造。《清太祖朝老满文原档》缺少八旗组织肇建的资料，却载录了《满洲实录》所遗漏的重要内容：

> 淑勒昆都仑汗将收集众多的国人，皆使其平均划一，以每三百男丁编一牛录。每一牛录设额真一人，牛录额真下面，设置两个代子，四个章京，四个村拨什库。将三百男丁分与四个章京管理，编为塔坦（部）。或是办理各种事情，或是往任何地方行走，应派四塔坦的人按班轮值，共同去做，共同行走。②

说明牛录组织又向前发展了一大步：在牛录内部增置新的职官，以强化牛录作为基层社会组织与权力机构的各项职能。所设代

---

① 鄂尔泰等：《八旗满洲氏族通谱》卷23，第15页上。
② 广禄、李学智译注：《清太祖朝老满文原档》（二），第13—14页。

论牛录固山制度的形成

子（daise）二人，"代子"出自汉语借词，如其文义，是辅佐牛录额真的官员；又设章京（janggin）四人，噶栅拨什库（gašan bošokū，又称村领催，村拨什库，守堡）四人。原则上各管一塔坦。"塔坦"原是女真人狩猎时于野外临时止宿处，这里衍义为"部"，实指聚落组织村屯。明末噶栅组织的规模无明显变化，多不过一二十户人家，个别的在百户以上①。当牛录扩大为三百人后，同牛录的人们很少再有聚居一地的可能，因此有四章京、四噶栅拨什库之设。部落时代的牛录本来是从属族党屯寨的组织，至此反而成为若干族、寨的结合体。这一变化有助于打破族、寨间的此界彼疆，促进地缘关系的发展。

牛录职官的增置是牛录组织适应建国需要，社会职能日趋多元化的体现。

首先，农业管理职能得到加强。满族先世原是以采猎为主要生业的民族，当他们南迁辽东密迩明边以后，传统产品虽然通过与农业社会交换，带来巨额财富，同时也造成他们在经济政治上对明朝的多方依赖。扭转这种局面只有发展农业，这不单是赡养日益膨胀人口的唯一出路，而且是满族能否建立国家以及建立后能否生存、巩固的重要问题。

在建立国家的前夜，满族地区拉开积极发展农业的序幕，万历四十一年（1613），努尔哈赤下令以牛录为单位，各出十丁四牛，垦殖荒地，设立谷仓，以备凶歉②。两年后，诸贝勒大臣陈请讨伐叶赫，为努尔哈赤所拒。他说："我国素无积储，虽得其人畜，何以为生？无论不足以养所得人畜，即本国之民，且匮乏矣。"③ 于是"修边关，务农事"，统计丁男，编设牛录，增置代子、章京、噶栅拨什库诸职，又设十六昂邦，八巴克什④，凡此

---

① ［日］旗田巍：《満洲八旗の成立過程に關する一考察》，《東亞論叢》第 2 辑，1940 年。
② 日本满文老档研究会译注：《满文老档》（太祖）卷 3，癸丑年记事，东洋文库丛刊第十二，1955—1963 年。
③ 《满洲实录》卷 4，第 175 页。
④ 《满文老档》（太祖）卷 4，乙卯年十一月记事。

举措，均与发展农业的战略息息相关。牛录是屯田单位，组织农耕，是牛录额真的主要职守之一。它对满族社会经济的发展起到积极作用。

其次，行政职能的强化。牛录不但是生产单位，也是行政管理单位。牛录计以人丁，以时编审，户口调查是牛录额真、章京、噶栅拨什库的职守之一①，意在保证丁役、兵役、课赋的完成。凡筑城运石、运输、造舟、坐台、运盐、制作云梯诸项劳作均按牛录佥派②。万历四十一年（1613，天命前二年），牛录额真组织十男四牛屯田，"以充田赋"。

再次，军事职能的强化。牛录源于行围时的临时性生产组织，同时兼具军事职能。一旦它转变为国家时代的社会组织以后，军事职能明显加强。牛录编以人丁，构成军兵的来源。凡遇战事，均按牛录抽兵，总以均摊为原则③。

综上所述，1601年改制是牛录性质变化的起点，由部落时代行围出猎的临时性组织开始成为社会组织的基本形式。1615年增设职官以后，牛录组织军政经合一的社会职能日趋完善，同时完成了由牛录组织向固山组织的扩建。

二 牛录向固山的发展

满语"gūsa"音译为"固山"，是满族进入国家时代时，在牛录基础上扩大发展起来的军政经合一组织。这里简要概述牛录制到固山制的演变及其在满族国家形成中的历史意义。

---

① 《满文老档》（太祖）卷58，天命八年七月二十三日书。
② 《满文老档》（太祖）卷5，天命元年八月；卷15，五年六月；卷17，六年八月十八日；卷36，七年二月十日；卷44，八年正月二十六日；《清太祖武皇帝实录》卷2，第2页上、11页上等。
③ 各牛录抽甲，有一甲、四甲、五甲、六甲、十甲、二十甲、五十甲之数，总以均摊为原则，见《满文老档》（太祖）卷36，七年二月十日、十四日；卷30，六年十二月十三日；卷25，六年八月二十四日；卷24，六年七月二十七日；卷33，七年一月十六日等条。

论牛录固山制度的形成

1. 牛录向固山的发展

满族的固山，各以一定颜色的旗纛为标帜，人们相沿成习，渐以"旗"作为固山代称。

清代沿袭下来的看法是，万历二十九年（辛丑年，1601）始建黄红蓝白四旗，万历四十三年（乙卯年，1615）增四镶旗，成八旗定制。又有学者援引《满洲实录》癸巳年（万历二十一年，1593）古勒山一役记事中"令诸王大臣等各率固山兵分头预备"一句，认为1593年旗制已初具规模。上引"固山"的满文的"gūsa"。此说能否成立，关键在于对"固山"含义的认识。关于"gūsa"，《御制清文鉴》卷2释为"牛录、甲喇之总汇"，也就是我们今天的理解。然而，"gūsa"的原义却是"部落"，这种用例在《满文老档》中仍多处可见。因此，在清初文献中，"gūsa"又与作为"部落"讲的"tatan"通用。田中宏己《固山考》一文对此已有令人信服的考证①。明乎此，反回来看前引资料，所谓"各固山兵"（gūsa gūsai cooha），与其理解为八旗组织的"旗"，显然不如理解为"部落"之"部"更为恰当。诚如前文在考察牛录组织时已经提出的：戊子年（万历十六年，1588）三部长来归以前，努尔哈赤兵力从未超过五百。以后申忠一出使建州，记努尔哈赤兄弟属下诸将二百余人，"皆以各部酋长为之"，丝毫不见八旗之制的踪影。问题还在于：1593年，努尔哈赤统治集团中堪称"贝勒"的仅止努尔哈赤兄弟二人。其时努尔哈赤长子褚英不过十岁，与诸弟并称台吉，还不可能形成和硕贝勒各领一、二旗的局面。因此，难以根据上引资料即仓促得出万历二十一年（1593）创立旗制的结论。

至于初设四旗时间在辛丑年（1601）的传统说法，也值得商榷。从现存清代文献看，为时最早的《满文老档》记事始自丁未年（1607），而"固山"（旗）一称初见于乙卯年（1615）②。当时已

---

① ［日］田中宏己：《固山考》，《史观》第78册，1968年。
② 《满文老档》（太祖）卷4，乙卯年十二月记事。

第一编 清初史

有八旗建制,说明初创日期失载。《武皇帝实录》卷1、《满洲实录》卷2虽然在癸巳年(1593)记事中提到"固山",并未说明与旗制有无关系。乾隆朝敕撰《皇清开国方略》卷4云:"初只有四旗,创造年月无考。"在查无实据的情况下采取姑且存疑的态度也是可取的。所谓四旗定制于1601年的说法,见《皇朝文献通考》卷179,《皇朝通典》卷68,(乾)《大清会典则例》卷171,以及专记八旗典制的《八旗通志初集》。诸书成书均在雍乾之际。而早出史书如《武皇帝实录》,于同年记事中对如此重要事件却无只言片语[1],不能不令人对此说的可靠性产生怀疑。一般来说,早出史书记事简而可靠,晚出史书翔实而多文饰。那么,是否有这种可能:乾隆年间作者因为见到前所未见的材料,而作了新补充呢?这种可能性恐怕很小,否则,面世最晚的《开国方略》对于这样一个重要信息不会不知,更不会明确表示"创造年月无考"了。因知1601年设四旗的说法虽然为人取信,根据并不充分。

朝鲜史书《事大文轨》卷48,万历三十五年(1607)六月二十四条记舒尔哈赤、褚英、代善领兵三千在乌碣岩与乌拉部大战事,内有"奴酋军兵,分属三将,各持青白旗为号"之句,日本著名清初史专家三田村泰助先生据此分析说:这里的"旗"是"固山"的标志,青旗即蓝旗,后为舒尔哈齐子阿敏领有,说明蓝旗曾是舒尔哈齐的旗;白旗后由褚英子杜度所有[2],说明白旗曾是褚英的旗。既然已存在蓝、白二旗,那么黄、红二旗的存在也是无疑了,四旗制在天命建元前十年即已存在应是事实[3]。三田先生的分析是有道理的,努尔哈赤1601年剿灭哈达,1607年剪除辉发,前后收服东海各部,人口膨胀,牛录增多,在牛录之上增置固山以便

---

[1] 现存《清太祖武皇帝实录》为顺治亲政后重修本;《满洲实录》成于乾隆四十四至四十六年;《皇朝文献通考》成于乾隆三十二年;《大清会典则例》成于乾隆二十九年;《八旗通志初集》成于乾隆四年,《皇清开国方略》成于乾隆五十一年。

[2] 《朝鲜光海君日记》卷169,十三年九月戊申条,杜度(斗斗阿古)领镶白旗,《朝鲜李朝实录》,日本东京学习院东洋文化研究所影印本,1964年。

[3] [日]三田村泰助:《清朝前史の研究》,東洋史研究叢刊十四,同朋舍,1965年,第311页。

论牛录固山制度的形成

统属，应当是顺理成章之事。而四旗中，努尔哈赤、褚英、代善、舒尔哈齐分领一旗的设想，与万历三十八年（1610）努尔哈赤统治集团分配三百六十三道敕书时一汗三贝勒的权力结构也大体相符①。

不过，社会组织的形成发展总需要有一个过程，将分散的牛录编组为统一的八旗，从倡始、酝酿到工作全部完竣，是一项复杂的工作。四固山之设是否必在1607年完成，似乎还值得考虑。1611年以后舒尔哈齐、褚英相继死于非命，努尔哈赤诸子次第长成，于是在原有基础上增至八旗，努尔哈赤自领二黄旗，代善领二红旗，皇太极领正白旗，莽古尔泰领正蓝旗，褚英长子杜度领镶白旗，舒尔哈齐次子领镶蓝旗②。这应是伴随舒尔哈齐、褚英死后，八旗领属关系的新变化。结合前面关于牛录的考察，可以认为：1601年前后厘定牛录制度，1607年以前初建固山（旗）之制，于1615年八固山（八旗）定制，基本完成了由牛录制向固山制的过渡。

2. 固山制的意义

固山组织是牛录组织的发展扩大，也继承了它"出则为兵，入则为民，耕战二事，未尝偏废"③的组织特点。军政一体，"以旗统人，即以旗统兵"④，兵民合一，"出则备战，入则务农"⑤，成为军政经合一的社会组织。战争期间，动员起全社会力量，平日则主要从事生产。兵民合一，是北方民族部落时代的普遍制度，但满族在建国以后一段时间内仍保持了这种传统。匈奴人丁，"宽则随畜因射猎禽兽为业，急则人习战攻以侵伐"⑥；契丹部民"有事则以攻战为务，闲暇则以畋渔为生"⑦；金女真的猛安谋克，"缓则射

---

① 见《满文老档》（太祖）卷79至81《穆昆塔坦档》。
② 《朝鲜光海君日记》卷169，十三年九月戊申。
③ 《清太宗实录》卷7，天聪四年五月壬辰。
④ 嵇璜等纂：《清朝文献通考》卷179，上海商务印书馆1936年版，第6391页。
⑤ "中研院"历史语言研究所编：《明清史料》丙编第1册，上海商务印书馆1936年版，第15页。
⑥ 司马迁：《史记》卷110，中华书局1959年版，第2879页。
⑦ 脱脱等：《辽史》卷31，中华书局1974年版，第361页。

猎，争则出战"①。这种兵民合一的社会组织形式亦见于蒙古。

从牛录到八固山的建立，表明满族社会组织在规模与层次两个方面的变化。氏族社会组织以血缘为基础，人与人之间存在着自然关系，即血缘关系，这种关系使个人成为一个狭隘群体的附属物，不能与之分离。自然共同体的特征，还在于其成员文化、宗教、语言习惯上的共同性。更为重要的一点，是对主要生产资料的共同占有。而阶级社会的组织则是政治组织，它以地域和财产为基础。狭隘的血缘界限被突破，原始的集体共有制因之瓦解。八旗组织是有别于氏族社会组织的政治组织，如果说大多数牛录仍不同程度保留着传统的自然关系，由牛录组合的八固山则是真正以地域关系为纽带的大型社会组织：同一固山的人户包括来源复杂的社会成分，划分为不同的政治等级。

八固山的建立，最终结束了满族"部落无统"、关系涣散的落后局面。"一国之众，八旗分隶。"② 全体人民，按照固山牛录组织起来，严格管理，统一指挥。政治上为国家的建立发展，经济上为实现向农业的全面过渡准备了组织条件。

八固山不但是满族的社会组织，也是统治者实行管理的政治制度。由初级组织牛录发展到高级组织八固山，是社会政治权力由分散趋向于集中的必要前提。努尔哈赤天命十一年（1626）七月乙亥训谕诸贝勒大臣的一席话，于旗制作用切中肯綮：

> 推尔等之意，以为国人众多稽察难遍。不知一国之众，以八旗而分隶之，则为数少矣。每旗下以五甲喇而分隶之则又少矣，每甲喇下以五牛录而更分隶之则又更少矣。今自牛录额真以至什长，递相稽察，各于所属之人，自膳夫牧卒，以及仆隶，靡不详加晓谕，有恶必惩，则盗窃奸宄，何自而生哉？③

---

① 徐梦莘：《三朝北盟会编》卷3，光绪四年刻本，第5页下。
② 王先谦：《东华录》（天命四），光绪十三年重刊本，15页下。
③ 《清太祖高皇帝实录》卷10，天命十一年七月乙亥。

论牛录固山制度的形成

努尔哈赤在这里所强调的，显然是八旗等级制度对实行政治专制与维护贵族特权利益的必要性。汗、贝勒、昂邦，是处在等级制度不同阶梯的统治者，牛录下一般诸申，"膳夫牧卒，以及仆隶"，是身份地位不尽相同的被统治者。狭小的牛录组织显然无法容纳发达的等级制度，以及由此而引发的激烈斗争，八旗则为金国等级制度的建立奠定了组织基础。尽管八旗制度的严格束缚使诸申丧失了任意行止的自由，尽管等级压迫的重负使陷入社会底层的阿哈（奴仆）处境悲惨，然而，没有这种历史的代价，满族人民就不会由分散归于统一，由弱小转为强大，就不会摆脱野蛮与落后，跨入文明民族的行列。

（原载《东北地方史研究》1990 年第 4 期）

满族习惯法初探

习惯法与氏族社会在古老习惯间的渊源关系虽不难辨识,两者性质却不可混为一谈。氏族社会的"习惯",指调整人们在生产和生活中相互关系的行为规范,所体现的是全体成员的共同愿望,并在原始道德、传统教育、舆论力量和酋长权威的保证下实行,"习惯法"则是经国家统治者认可并赋予法律效力的习惯。换言之,习惯法是以国家强制力为后盾,并强制人们执行的。

习惯法对金国(史称后金)制度影响深钜。不过,由于当时的满族社会正处在历史性飞跃阶段,加快了习惯法的蜕嬗与衰落,以致"不尽垂诸久远"[①]。这样一来,就使它的真实面貌在后人眼里益发扑朔迷离。在这篇短文里,笔者不拟勾勒满族习惯法的总体轮廓,仅择取其中给金国制度打下鲜明印记的几个方面略作考察。

一 幼子继承

家庭是社会的细胞,血缘纽带的坚韧与组织上的相对封闭,使家庭成为传统习惯最易绵延存续的温床。而且,社会形态愈落后,这种现象愈鲜明。在满族家庭习惯法中,家庭析居与财产继承的传统均与汉族大相径庭。这除了两个民族在社会发展水平上存在的明显差距外,还缘于不同的文化背景。

对世代以农耕为业的汉族来说,父子祖孙同财,是古已有之一

---

① 赵尔巽等撰:《清史稿》卷142,中华书局1976年版,第4182页。

脉相承下来的习俗。儒家经典《仪礼·丧服传》："父子一体也，夫妇一体也，昆弟一体也……而同财。"① 家庭成员同财共居，名为同财，实际上由家长管理支配。父母在世时，儿子若"别籍异财"，不仅有悖儒家伦理孝道，且为法律所不容。唐律规定，对登记分户和分财产的子、孙判刑三年②，处罚较私擅用财为重。倘若祖父、祖母、父、母明确地令子、孙分家，则被处以两年刑罚，但子或孙不论罪。后世法律沿袭了唐律规定。如《明律》卷4《户律·别籍异财》："凡祖父母、父母在，而子孙别立户籍，分异财产者，杖一百。"唐、明法律刻意维护家长财产支配权，着眼于巩固家庭的经济基础，使之不因财产分析而瓦解。而这种观念的生成，归根结底与农业社会的经济特点有关。农业生产，以土地为基本生产资料，久而久之形成安土重迁、聚族而居的传统，陶冶出四世同堂的习尚。何况传统小农经济势单力薄，为维护基本的再生产条件，抵御天灾人祸的侵袭，也需要尽可能长久地保持同财共居的状态。

与之截然相反，满族先世则实行父母在世时儿子分家别居。清太祖努尔哈赤十九岁时，即从父亲家中分出，独自立户。《满洲实录》卷1记，分家时"家产所予独薄"。努尔哈赤与弟舒尔哈齐为同胞兄弟，而分家时薄于长厚于幼正是满族传统习惯所使然。在明代女真家庭中，普遍存在年长诸子"别居"和"各居"的现象；分居的次序是由长及次；唯有幼子与父母"同居"③。当私有制度的胚芽在女真氏族社会的土壤中萌生并茁壮成长时，从这种古老的析居传统中便演化出一种独特的财产继承法则——分家子与未分家子制度，或曰幼子继承制。据前引朝鲜实录的两条史料，明代女真

---

① 郑玄注、陆德明音义：《仪礼》卷11，四部丛刊影印明徐氏翻宋刻本。
② 长孙无忌：《唐律疏义》卷12，商务印书馆1929年版，第155条。
③ 《朝鲜成宗实录》卷186，十六年十二月壬午；《朝鲜中宗实录》卷31，十二年十二月乙丑，《朝鲜李朝实录》，日本东京学习院东洋文化研究所影印本，1964年；房兆楹：《清初满洲家庭里的分家子和未分家子》，《国立北京大学五十周年纪念论文集》文学院第三种（民国三十七年），对分家子问题考辨精详。

酋长家的诸分家子，可以把得来的赏赐据为己有，而并不奉献给父亲，是明代女真家庭实行分家子制度的明证。

分家子制度曾风靡于北方通古斯语各渔猎民族中。《金史·本纪一·世纪》载称："生女真之俗，生子年长即析居。"此处所云"生女真"，系指金女真建国前的完颜部。当时生女真尚以渔猎为业，逐水草而居，仍未脱离氏族制度的羁绊。家庭中同样流行长子析居、幼子守户的传统。金女真家庭中的未分家幼子称"蒲阳温"，与满语中末子"fiyanggū"（费扬古）如出一辙，又名"主家子"。"主家子"者，即"主父母之业"，当父母健在时，与其同居止，俟其殁，则袭其最后的遗产（即最大份额的家产）①。

长子析居、幼子守户，实际是一种起源于渔猎生活的习惯。它的社会功能，在于最大限度地控制家庭人口，以适应渔猎采集过程中分散经营、流动生产、辗转迁徙的需要，以及长期在野外生活时窝铺（满语叫"塔坦"）狭小的限制。前人考证，明代女真人的家庭，一般是包含二名男丁的小家庭，人口众多的人户罕见②。当是行用长子析居规则的结果。

此俗亦见于游牧的蒙古民族。巴托尔德认为，这是狩猎的残余在游牧民中的表现。蒙古游牧民与狩猎生活有着密切关系，何况他们的先人，本来就是从渔猎经济的基础上蹒跚起步的③。

无论女真人、满人，还是蒙古人，在他们实行分家子制度时，作为财产的主要是动产（牲畜、奴隶人口），这比起不动产（土地、房舍）来更容易分配。随着诸子陆续成年建立家庭，就从父亲那里获得一份家产，而幼子最终成为父亲产业的继承人。这种习惯导致两个后果：第一，财产在家庭中不易积聚；第二，男子以所分财产为家业，年轻时就开始独立生活。

努尔哈赤建国前后，仍以此旧俗为习惯法。明万历四十一年

---

① 贾敬颜：《蒲阳温》，《民族历史文化萃要》，吉林教育出版社1990年版。
② ［日］旗田巍：《建州三衛の戸口に就いて》，《池内博士還歷記念東洋史論叢》，第667页。
③ ［苏］Б. Я. 符拉基米尔佐夫：《蒙古社会制度史》，第78页。

(1613),他回顾说,先前曾分予年长二子(指褚英、代善)部民各五千户,牧群各八百,银各万两,敕书各八十道①。万历三十五年(1607)前后,在牛录制基础上编设四固山,分别以黄、红、蓝、白旗为标帜。其中,努尔哈赤领黄旗固山,弟舒尔哈齐领蓝旗固山,褚英、代善各领白、红旗固山,是年长两子析产后的初步格局②。迨万历三十九年(1611)以后,舒尔哈齐、褚英相继死于非命,努尔哈赤诸子侄次第长成,于是在原有四固山基础上增衍为八,即努尔哈赤自领二黄旗固山,次子代善领二红旗固山,三子莽古尔泰领正蓝旗固山,四子皇太极领正白旗固山,褚英长子杜度领镶白旗固山、舒尔哈齐次子阿敏领镶蓝旗固山③。这是伴随舒尔哈齐、褚英死后八固山领属关系的新变化。其中,杜度、阿敏所领两固山乃其父遗产,而莽古尔泰、皇太极各领一固山,则为诸子年长成家并从父亲处领得一份家业传统的余绪。

努尔哈赤建国后,通过掳掠战争积聚起大量财货、人口,在家族内部分配。固山和牛录是贵族集团分配的两个基本单位。诸亲近子侄各分得固山,为和硕贝勒,以固山为单位编设的诸申(依附民)便成为其私产。至于血缘关系比较疏远的同姓贵族也可分得若干牛录的诸申④。努尔哈赤晚年,将作为自己家产的正黄、镶黄两固山分给多铎、阿济格、多尔衮⑤;以及大贝勒代善生前将"坏的诸申"分给年长的岳托、硕托,而把"好的诸申"留给幼子⑥,都反映出家庭关系方面习惯的顽强生命力。皇太极主政时曾经表示:父亲生前遗留的牛录"虽无遗命,理宜分与幼子"。这里所谓的"理",当然不是由司法机构审核颁行的成文法,而是历史沿袭下来而依旧有效的习惯法。

---

① 日本满文老档研究会译注:《满文老档》(太祖)卷3,万历四十一年三月,东洋文库丛刊第十二,1955—1963年。
② [日]三田村泰助:《清朝前史的研究》,第311页。
③ 《朝鲜光海君日记》卷169,十三年九月戊申。
④ 《清太宗实录》卷3,天聪元年十二月辛丑。
⑤ 《满文老档》(太宗),天聪元年十二月八日。
⑥ 广禄、李学智译注:《清太祖朝老满文原档》(二),天命五年九月记事,第254页。

第一编 清初史

对于满族统治者来说，与家产继承相关的还有政治权力的继承问题。这个问题之所以需要澄清，是因为过去曾有学者依据满族幼子继承遗产的风尚而推测说，其政治权力按惯例也由幼子继承①。但按以史实，这种推测似得不到印证。在明代女真社会里，酋长地位往往按功绩、才力而定。建州左卫猛哥帖木儿（明人称孟特木，即清肇祖）为部长时，弟凡察位在其次。及兄死，凡察继为部长②。但他才绌智短，不孚众望，一部分部民转而拥戴猛哥帖木儿独生子童仓。最终导致部落一分为二，从建州左卫又析出右卫。以后，凡察辖领右卫，殁后部落由子甫花土、罗下两兄弟管理。甫花土年长，是部落大酋长，弟罗下办事有能力，是部落"副酋长"③。再看明末海西女真，叶赫贝勒清佳努、杨吉努死，子布斋、纳林布禄"各继父位"。嗣后，布斋死，子布扬古继之；纳林布禄死，弟锦台失继之④。足见酋长的权位继承，或取兄终弟及，或取父子相袭。但在多数场合，因年长的分家子在资历、经验、才能、声望上均较幼子胜出一筹，故在继承政治权力方面显然更具优势。努尔哈赤起兵后，一度以已经分家的年长两子褚英、代善为两大执政；天命年间规定，身后由八旗旗主共推一人为长，并以年长四子（四和硕贝勒）轮流执掌国政⑤，均非他的创例。

权力继承制度缺乏规则性，成为清初数朝皇室子弟争夺最高统治权而演出一幕又一幕骨肉相残悲剧的重要原因。直到雍正帝创立秘密建储制度，"兄弟阋于墙"的隐患才得以消弭。不过，终清之世，帝位继承始终有别于汉族王朝"立嗣以嫡不以长"的传统。

---

① ［日］内藤虎次郎：《清朝初期的继嗣问题》，《史林》7卷第1号，1922年。
② 《明朝宣宗实录》卷99，八年二月戊戌；卷108，九年二月癸酉。
③ 《朝鲜成宗实录》卷158，十四年九月甲午；卷162，十五年正月丁未。
④ 《满洲实录》卷1，第24—25页。冯瑗：《开原图说》卷下《海西夷北关枝派图说》，李澍田主编：《海西女真史料》，吉林文史出版社1986年版，第282页。
⑤ 《满文老档》（太祖）卷3，癸丑年记事；《清太宗实录》卷1，天命十一年八月庚戌；卷5，天聪三年正月丁丑。

二 "八家均分"

狩猎是满族人古老的生活活动,在经济生活中长期占有主导地位。在生产实践中,人们逐渐积累起丰富经验,形成一系列特定习惯,用以规范人们的行为,调解彼此的纠纷。

明代女真出猎行围各依族、寨而行,集体生产方式导致了平均分配猎获物的习惯。满族和其他通古斯语民族中,有一个通用的语汇"ubu(obu)",意指集体狩猎中平均分配的份额①。平均分配原则不仅适用于猎物,还适用于一切集体得到的物品,无论是战利品,还是贸易所得。《朝鲜世宗实录》十五年闰八月辛酉条记:女真"五六人虽得一衣,皆分取之",乃是均分传统流行于社会的一个生动例证。对集体得来的产品平均分配,是许多民族氏族部落时代的通则。由于物质生活匮乏,生产力低下,以及天灾人祸接踵,人们很难依靠自己的劳动独立生存而必须仰赖于集体内的互助,而截盈补缺,在均平前提下维持基本生计,自然是使群体得以存活延续的最佳选择。这对满族先民来说也不能例外。

然而私有观念的兴起,导致了传统惯例的松弛。早在明代女真社会中,不同家庭、家族乃至部落间便经常酿起攘夺猎场、猎物的冲突。明朝末叶,"攘夺货财,兄弟交嫉"的现象愈演愈烈。为减少社会内部摩擦,稳定社会秩序,努尔哈赤在建国前夕颁布了有关狩猎行围的法令,重申均分猎物的惯例:

> 遇到熊和野猪,先射者能杀之则已,不然,应邀相遇者相助共同射杀。共同射杀时,所获兽肉应平均分取。因舍不得分给兽肉而不肯邀相遇者帮助捕杀,自己又不能射杀该兽,致使脱逃者,应令其赔偿脱逃野兽之肉。

---

① 傅达礼等:《御制清文鉴》卷7页39"ubu"条。参见[俄]史禄国:《北方通古斯的社会组织》,第613页;《鄂伦春社会调查》(一),内蒙古人民出版社1984年版,第17页。

| 第一编　清初史 |

　　老满文原档的笔录者在记述了努尔哈赤颁行的一系列有关狩猎用兵法令后特别说明："庚寅汗（意为光明汗，指努尔哈赤）一向喜好行围用兵，故整理行围用兵的义理定为法律，各处宣布。"①所谓"义理（jurgan），实际是往昔行围用兵时的惯例。经过修订，作为开国时代的习惯法。

　　不过，由氏族社会习惯过渡到国家时代习惯法，并非古老传统的简单模拟，而是与社会进步的节拍相响应，在内容上经历着由个别调整到一般调整的过程。于是，已经确认的习惯法便逐步丧失其存在合理性，而为更新的法令所取代。对飞速发展的满族社会来说，这种更新尤其令人瞩目。具体到平均分配猎物的习惯法，虽经努尔哈赤亲自颁行，但是，随着大规模掳掠战争的展开，其适用范围也在日渐缩小。因此，到了天命年间（1616—1626），以往那种不分彼此高下平均分配的习惯已经普遍为一种建立在等级制度基础上的均分原则所取代。战场上掳得金、银等贵重物品，全部归八家诸贵族擅有，另一部分物品则按等级赏给八旗众官，余剩之物始由"众军兵均分之"②。狩猎之物也严格按政治地位分配③。分配猎物资格的有无与所得多寡，不再取决于是否参与狩猎、战争过程或参与程度，而主要取决于地位和身份高低。

　　等级均分制的集中体现是努尔哈赤家族内部实行的"八家均分"。努尔哈赤在创建国家过程中，陆续分众亲近子侄为八固山额真（八旗旗主），号称"八家"（jakūn i boo）或者"八分"（jakūn ubu）。无论掳掠所获还是收养纳降，均按"八家均分"（jakūn ubui neigen dendehe）的原则分配④。天命十一年（1626），经努尔哈赤再度确认，"预定八家但得一物，八家均分公用，毋得分外私取"⑤，成为满族最高统治集团内部维持均衡关系的根本大法。

---

① 广禄、李学智译注：《清太祖朝老满文原档》（二），第7页。
② 《满文老档》（太祖）卷10，天命四年五月。
③ 《满文老档》（太祖）卷44，天命八年二月初六。
④ 《满文老档》（太祖）卷44，天命八年二月初三。
⑤ 《清太祖武皇帝实录》卷4，天命十一年六月二十四日。

"八家均分"原则对皇太极在位期间全国政治走向所产生的影响尤为显著。"得些人来，必分八家共养之"；至于战斗力役，抽甲调兵，与夫国家一切公共开支，也统统由"八家均出"①。"八家均分"甚至达到锱铢必较的地步，朝鲜国呈进礼物，八家"例为均分之，如有余不足之数，则片片分割"②。经济上的"八家均分"，又成为政治上八家"共治国政"的物质基础。八家贵族共同拥有选立或罢黜新汗的权力，共同拥有政治、军事上的决策权力③。经努尔哈赤钦定的这一原则，在一段时间里被当作协调最高统治集团内部政治关系的准绳。八家贵族在财富、权力、义务上的平等，铸就了彼此间势均力敌、犬牙相制的关系。从"八家均分"到"共治国政"的珠联璧合，构成了满族国家的基本特征，而这一基本特征的形成，也并非如有的学者所认为的，是努尔哈赤在晚年试图有所作为而采取的革新政治之举，或者由于"立储"屡受挫折不得不采取的权宜之计。正如前面所考查的，尽管它与氏族社会中的均分习惯在性质上日益疏离，但就其形式和内容来说，又无不与之血脉相连。

传统是历史发展的巨大惰性。经济上的"八家均分"，使八旗成为彼此独立、分庭抗礼的经济实体；政治上的"共治国政"，则试图以集体权力制约个人权力，以合作共议限制个人专断。换言之，即通过排斥每个人对权力的垄断，共同维持集体意志的最高权威。然而满族的崛兴，金国的壮大，却迫切需要以汗权为代表的最高权威的巍然屹立。皇太极继承汗位后，深感传统势力"事事掣肘"④。为弭灭在多头政治背后加剧着的分裂内讧危机，他曾经付出巨大努力。

---

① 胡贡明：《陈言图报事》，《天聪朝臣工奏议》卷上，辽宁大学历史系辑"清初史料丛刊"第四种，1980年；《清太宗实录》卷17，天聪八年正月癸卯。

② ［朝］《备边司誊录》第4册，第307页。

③ 《清太祖武皇帝实录》卷4，天命七年三月初三日；《满文老档》（太祖）卷38，天命七年三月初三。

④ 胡贡明：《五进狂瞽奏》，《天聪朝臣工奏议》卷上。

在金国内部，率先攻讦"八家均分"成规为"陋习"的，是镶红旗汉人胡贡明。天聪六年，他在《陈言图报奏》中一针见血地指出："这个陋习，必当改之为贵"，又说："厚薄予夺之权得以自操，而人之心志，亦必归结一处矣。"从而点明了集中财产人口分配权与实现政治上"自专"的因果关系。胡贡明乃一介降俘，人微言轻，所以敢于向先汗口授大法发难，盖投皇太极之所好，以干求利禄。天聪八年，在商订分配新掳获的瓦尔喀壮丁时，皇太极正式提出："此俘获之人，不必如前八分均分，当补壮丁不足之旗。"破坏"八家均分"的结果，使人口、财产的分配权由诸贝勒逐渐收揽在汗手中。皇太极通过一次次有利于自己的分配，使两黄旗的丁额很快漫过其他诸旗，形成强大的实力。"八王共治国政"因此被釜底抽薪，随着汗权的升起而成为强弩之末。

三　多重合审

案件的审理，具体从司法程序方面保证刑法实现的职能，故为金国缔造者所重视，《老满文原档》万历四十三年（1615）记事：

> 选择正直贤良者任以为八大臣，其次任命四十名断事官，审理国家的案件。不食酒肴，不取金银（将案件的是非公正审理）。每五日一次，使众贝勒众大臣聚集于衙门相议，将案件公正审理。定为常规①。

在这以前，努尔哈赤设立札尔固齐（断事官）数员管理诉讼刑政。人无定员，官无常守，反映了早期刑政司法制的落后、原始。至此，以八固山（八旗）组织为基础，设八大臣四十断事官。八固山设八大臣，合每固山一人；以下四十断事官，合每固山五人，即

---

① 广禄、李学智译注：《清太祖朝老满文原档》（二），第13页。

每甲喇一人。按照这项"常规":寻常案件由基层的牛录官员和由八大臣四十断事官组成的机构逐级审理,大案由诸大臣和贝勒每五日会审一次。

金国建立后,司法制度基本循着既定的轨道发展,仅略有更张。天命六年(1621)五月迁都辽沈地区不久,努尔哈赤就审案程序作了更为详明的规定:小案送地方官和属下小官审理;大案送汗城(辽阳)理事大衙门,由汗亲生的八子,其下的八大臣及所属众官每五日会审一次,将所有案件分三阶段审理(ai ai weile be ilan jalan i duilembi)①。这里所谓"三阶段审理",应是指"所属众官"即断事官为初审,八大臣为复审,八和硕贝勒为终审。而事实上,大案的鞫审绝不止以上三个层次:在基层,参与初审的除断事官外,并不排除牛录额真的参与②,在高层,对案件的终裁往往由汗亲自做出。直到皇太极即位以后的天聪年间,多级审案制度相沿不辍③。

与多级审案做法相得益彰的是逐级合议。从基层到中央,在每个层次的每个环节,均规定由地位相同或相近的人合议而定,而严禁个人擅断。禁止个人擅断原则,贯穿在诉讼的整个过程,也是努尔哈赤反复强调的话题。擅自听断的则被惩治不贷④。

这种分别小案、大案,逐级合审,禁止个人擅断的做法,作为金国家的重要特点却并非努尔哈赤的匠心独具,而是对氏族部落时代议事和审案习惯的沿袭和改造。在明代女真社会,氏族部落酋长议事会有着不同层次与形式。重大问题则召集全部落男性成员聚议。与会者畅所欲言,各抒己见,不受年龄、辈分的拘束⑤。当时

---

① 《满文老档》(太祖)卷21,天命六年五月初五。
② 《满文老档》(太祖)卷11,天命四年七月初八。
③ 天聪五年三月大贝勒莽古尔泰在言中自称:"每据三次供词,覆加详阅,以断是非";贝勒济尔哈朗也提到"二次审事诸臣"的玩忽职守。见《清太宗实录》卷8,天聪五年三月乙亥。
④ 《满文老档》(太祖)卷21,天命六年五月初五;卷34,七年正月二十六日;卷28,六年十一月初四;卷30,十二月初一。
⑤ 参见刘小萌《明代女真社会的酋长》,《中国史研究》1995年第2期。

第一编　清初史

女真人以"族寨"为基础组成的临时性武装，还不是阶级社会中与民众分离的特殊的公共权力，遇到外敌，"壮者皆出御"①。部落男性成员普遍享有的武装权，以及经济地位的大体相同，是决定他们在部落会议中享有平等民主权力的重要原则。酋长会议既在全体氏族部落成员的影响下进行工作，它的决议不可避免要体现后者的意志。

在部落内部，从基层血缘组织乌克孙（家族）、地域组织噶栅（村寨），到高一级的组织氏族和部落，形成不同层次。与此相关，一个案件的审理程序，取决于它所涉及的范围大小与情节轻重。俄国学者拉帕金的民族学调查报告《奥罗奇——满族的近亲》翔实记述了奥罗奇人审理案件的惯例：当氏族内部发生人命案时，由氏族长出面主持审理，熟通习惯法的长老们被推选出来参与工作。审理之日，全体氏族成员，除少数例外，都要参加。届时，营地一片鼎沸喧哗。人们先分成不大的小组讨论案情，继而氏族长宣布开会。所有族人围成一个大圆圈席地而坐，酋长坐在中央。原、被告发言后讯问证人，然后允许与会者即席发言。判决是依据少数服从多数原则由与会者集体做出的②。

与奥罗奇人相比，通古斯习惯法的审案程序则较为复杂。"硕兰葛（シユロンガ，指各氏族首长）在接受诉讼时，召集数名年长的氏族成员，对于该事件协议而定（原注：显而易见，是由年长者裁判）。重大的犯罪，在斯古兰（スグラン，犹如布里亚特族的氏族会议）中，由大台依辖（タイシヤ，种族长）裁判。"③ 在这里，氏族长、部落长的终审权在很大程度上仍是由社会成员的集体意志赋予的。而在金国，终审权则牢牢操在以汗为首的少数贵族手中。

---

① 《朝鲜成宗实录》卷95，九年八月壬子。

② ［俄］И. А. 拉帕金：《奥罗奇——满族的近亲》（Лопатин И. А. Орочи-сородичи маньчжур. Общество изучения маньчжурского края. Харбин，1925）。

③ ［俄］维·阿·梁赞诺夫斯基：《通古斯族的习惯法》（Valentin A. Riasanovsky. Customary Law of the Tunguses, Nankai Social and Economic Quarterly（南開大學社會經濟季刊），10—2，1937），［日］姜山隆宏譯：《ツングース族の慣習法》）（上），《書香》15卷11號，1942年。

可见，金国多层审案制虽然脱胎于氏族社会传统，性质上却早已貌合神离。

天聪年间，多层审案的弊端已暴露无遗。弊端之一，诸大贝勒审案时一味偏袒本旗之人，维护一己特权，以至是非不明，冤抑难伸，不但引起国人强烈不满，"皆有怨言"，而且妨碍了汗权的伸张。时人所谓"养奸匿慝，实由诸贝勒为之"，即指此而言①。弊端之二，合议审案，彼此掣肘，事权不一，严重干扰司法程序正常进行。也就是汉人降官高鸿中在奏议里所抨击的那种混乱现象："见得我国中，下人犯事，或牛录，或家主，就来同审事官坐下，正犯未出一语，家主先讲数遍，旁边站立者纷纷滥说。"②

皇太极在位，力矫此弊。他采择贝勒萨哈廉"听断不必多人"的建策③，首先采取措施对大贝勒审事特权加以限制。天聪五年（1631）七月，设立刑部，简拔贝勒济尔王哈朗主管其事，下设满、蒙、汉承政四人，参政八人。从此，刑事司法大权进一步集中到汗手中。

四　刑罚中的习惯法

在氏族社会中，血族复仇是氏族成员的基本义务。《朝鲜实录》记女真之俗："勇于战斗，喜于报复，一与作隙累世不忘。"④ 又大量记载散居牡丹江、绥芬河流域的"兀狄哈"女真（"野人女真"）与南边斡朵里、兀良哈诸族是"往来相掠，无岁无之"的世仇⑤。在女真部落间，还有所谓"讨血债"的说法。说明在氏族制度趋于瓦解的女真社会，同族自卫意识仍很强烈。在当时，还没有一种拥有足够权威的权力机关高踞于各氏族之上，自卫便成为对付任何外来侵犯唯一可能的反应。氏族自卫采取了血族复仇的形式。

---

① 《清太宗实录》卷8，天聪五年三月乙亥。
② 高鸿中：《陈刑部事宜奏》，《天聪朝臣工奏议》卷上。
③ 《清太宗实录》卷8，天聪五年三月乙亥。
④ 《朝鲜世祖实录》卷37，十一年十月甲申。
⑤ 《朝鲜成宗实录》卷182，十六年八月癸巳。

第一编 清初史

血族复仇的一个特点是残酷。但氏族社会的基础是血缘组织。狭隘的生活范围又形成了以氏族或部落为本位的道德意识:"胡人(女真)之俗,名曰同姓,则甚为亲密,每事同心。"① 于是,氏族部落内的和睦相处、合作互助,与敌对氏族部落间的彼此仇视,野蛮仇杀,就构成氏族社会道德标准的二重性。对敌对氏族、部落成员的残酷虐待,不仅不会受到舆论禁止,反而是件值得夸耀的事。

努尔哈赤创建国家过程中设立的刑罚野蛮、原始,诸如刺耳鼻、割耳、割鼻、剜眼、割脚筋、碎割凌迟,乱刺耳、鼻、面、腰等等,不一而足,大多为汉法所无,乃蹈袭昔日血族复仇的遗风。

血族复仇的另一特点是对等原则。《朝鲜实录》又记:女真人自相掳掠,"其被耗者,亦必报复,依数征还而后已也"②。所谓"依数征还而后已",意味着一个氏族只有当所受损失得到同等补偿后方可罢休。血族复仇的对等原则风行于许多民族早期历史中,并不是偶然的③,它的作用不仅在于补偿损失,在一定程度上也起到抑制各氏族争斗无限加剧的作用,同时强化了氏族内部的凝聚力。

在金国时代,"以眼还眼,以牙还牙"的同态复仇原则仍旧是以幼稚而残酷的交换办法来实行的。努尔哈赤以一孙女嫁董鄂额驸子,被凌辱而死,努尔哈赤遂命杀董鄂额驸之子以报之。汗婿科纳泰自马上鞭击苏完额驸子讬惠,命将科纳泰交讬惠击打以报偿④。在这两起案件中,对受罚者的量刑与他加害于人的程度完全对等。金国的某些酷刑,还带有象征意义:对盗马鞴者,以小刀划腰;盗马绊者割脚筋,盗马䇾者割嘴。对逃人,割脚筋后送归原主⑤。

---

① 《朝鲜宣祖实录》卷127,二十三年七月戊午。
② 《朝鲜世宗实录》卷88,二十二年二月癸未。
③ 如奥罗奇人氏族法规定:一命抵一命,但仅限一人,至多二人。如果在血族复仇时多杀了人,那么,便又成了敌方新的战争借口,见[俄]Л. Я. 斯特忍堡:《鞑靼海峡的奥罗奇人》(Штернберг Л. Я. Религиозные воззрения орочей Татарского пролива. Вдадивосток. 1896),郭燕顺等:《民族译文集》,吉林省社会科学院苏联研究室,1983年,第254页。
④ 《满文老档》(太祖)卷20,天命六年四月初三;卷57,八年七月初四。
⑤ 《满文老档》(太祖)卷13,天命二年九月十九日;卷45,六年正月十一日;卷52,六年四月二十八日。

对犯罪者，依据情节轻重罚物、罚人口，也是习惯法的重要内容。努尔哈赤起兵初，设立种种刑罚，对被统治的部落民严加钤束。对违反命令擅入朝境的部民，每名罚牛一只，或银十八两以赎其罪①。建国后流行罚银，又有罚十五两、三十两等等之别②。清初文献中常有"罚土黑勒威勒"，为一"满汉兼"语式，"土黑勒威勒"（tuhere weile）意为"落的罪""坐的罪"。"罚土黑勒威勒"也就是罚物（资产罚）之义，主要适用于享有一定政治特权的贵族官员。

对犯有人命罪的，流行赔偿人口。"国初定，凡过失杀人者，鞭一百，赔人一只。"对故意杀人者处以死刑。若本主私杀家仆，则比故意杀人律轻减一等，按过失杀人量刑：鞭一百，赔偿人口③。这当然是被杀者地位卑下所致。色勒阿哥在佛阿拉时，以"妖精附体"为由，斃家中仆妇和牛录下妇女各一。被告发后，定议：革职，赔还被打死之二妇。所谓赔还二妇，意指色勒将自己所属的两名妇人赔偿给汗。不但打死属人要赔偿人口，倘属人逃跑也要赔偿。乌巴海、胡希布牛录下逃走二蒙古人，除罚银外命赔偿蒙古二逃人及马匹；锡喇纳牛录下雅尔噶任纳殷路大臣，擅杀二人，命降其职，偿还二人④。因失于职守至所辖兵丁被杀，有时也会按损失人数赔偿⑤。金国的所有人口，无论诸申、尼堪、蒙古，以至于个人私属、仆妇，在广义上都是汗的财产，所以意外损失后都要赔偿，以示惩罚。赔人严格按照对等原则。

金国的杀人赔偿虽已成为贵族专擅的特权，但它的源头却可追溯到氏族社会传统。在氏族社会中，人们普遍遵循的是对等原则，它不仅贯穿于经济领域，也行用于人际关系中。谁认为自己受到伤

---

① 《朝鲜宣祖实录》卷69，二十八年十一月戊子。
② 《满文老档》（太祖）卷45，天命八年二月十九日；卷46，八年二月二十七日。
③ 昆冈等纂：《大清会典事例》卷805，中华书局1991年版，第799页；卷807，第822页；卷810，第847页。
④ 《满文老档》（太祖）卷46，天命八年二月二十七日，三十；卷18，六年三月初五。
⑤ 《满文老档》（太祖）卷56，天命八年六月二十七日。

第一编 清初史

害，必向对方索取应得的补偿。氏族间的"血族复仇"往往因此循环往复。但复仇结果除了造成人员的不断伤亡外，对双方来说都不会带来任何直接的好处。因此，促成人们转而采取罚物、赔人形式作为受损一方的补偿。在金朝女真皇族完颜氏的始祖传说中，反映了赎刑源起。《金史·世纪》称，始祖函普见两族交恶，哄斗不能解，乃往谕之："杀一人而斗不解，损伤益多。曷若止诛首乱者一人，部内以物纳偿，汝可以无斗而且获利焉。"两族从之。从血族复仇到杀人者家属向被害人家属交纳赔偿，是从无约束的仇杀向有约束的赔偿进化的一步。

罚物、赔人的社会功能不仅在于平息两个氏族间的纠葛，对于维持氏族内部的和谐关系来说具有尤为重要的意义。这是因为氏族内部有时也发生命案。在这种场合，制止复仇的有效手段莫过于对肇事者做出相应的惩处。《奥罗奇——满族的近亲》写道：奥罗奇人对氏族内部的命案由全氏族成员做出判决。惩罚形式不包括死刑和肉刑，只限于罚物、赔偿人口。数额取决于罪行性质：重罪（如故意杀人），赔偿数额就高；轻罪（如过失杀人，不幸的偶发事件），赔偿数额就低。赔偿的物品主要有袍服、器皿、饰物；赔偿的人口则取自被告姐妹、儿女。全部赔偿归入被害一方（通常是死者父亲和兄弟）[1]。在乌德赫、赫哲等与满族有亲缘关系的渔猎民族中，也曾流行类似风俗，是氏族习惯的重要内容[2]。满族崛起时代有关罚物、赔人之类习惯法盖缘于氏族社会的土壤，据此可以得知。不过，一旦这些古老的惩罚手段与阶级社会等级制度日益紧密地嵌合在一起，也就蜕变为统治集团维护特权的得力工具。无论是罚物罚银，还是所谓"赔人"，都成为贵族、官员用以逃避肉刑、死刑的方式。

---

[1] ［俄］И. А. 拉帕金：《奥罗奇——满族的近亲》。
[2] 曹廷杰：《西伯利东偏纪要》，《曹廷杰集》，中华书局1985年版，第120页；［俄］В. К. 阿尔先尼耶夫：《林中人——乌德赫》（Арсеньев В. К. Лесные люди удыгэ. Владивосток. 1926）；［俄］Л. Я. 斯特忍堡：《鞑靼海峡的奥罗奇人》，郭燕顺等：《民族译文集》第1辑，第252—254、304页。

显而易见，在金国的刑罚中习惯法具有举足轻重的地位。无论是汉文化影响也罢，还是满族本身社会关系的发展也罢，暂时也只是损及它的腠理。满族统治者倚用严刑酷法的确成功地建立起一个专制王朝，但这一王朝的稳固却需要有与广大汉族地区相适应的刑罚体系。这一变革，同样是伴随清朝入关的步伐而逐步完成的①。

以上从四个侧面考查了满族习惯法的渊源与流变，说明满族习惯法在清朝开国时代的重要影响。任何一个民族，当然也包括满族，都只能在一个既定的基础上创造自己的历史。这个既定的基础，既包括物质文化的积累，也包括精神文化的陶熔，而传统习惯，就是精神文化的一个组成部分。从这个意义上讲，一个民族弘扬了传统，才能拥有进步的起点。清太祖努尔哈赤缔造了清王朝，在制度上多方汲取传统文化的素养，功成业就，是一个明证。不过，传统毕竟又是一个民族文化中历时最久积淀最深的部分。伴随社会的发展，人们交往范围的扩大，传统文化中总会有或多或少的一部分转变为过时、保守的东西，而进入被淘汰之列。这种不断的自我革新，乃是一个民族较快发展的必要前提。反之，抱残守缺，一味坚持，以不变应万变，则无异于作茧自缚。清太宗皇太极在位近二十年，能够审时度势，在积极取仿外族先进文化的同时，对本族传统旧制大力芟削，所以将满族成功地引向了强盛之路。

（原载《满族历史与文化》，中央民族大学出版社 1996 年版）

---

① 赵尔巽等撰：《清史稿》卷 143，第 4193 页。

天聪年间皇太极限制贵族特权的法律措施

天命十一年（1626）八月十一日，清太祖努尔哈赤逝世，第八子皇太极（清太宗）即位，称天聪汗，并以天聪纪年。皇太极嗣位初，贵族特权不受约束，汗权相形见绌。为伸张汗权，他进行了不懈的努力。通过法律手段，循序渐进地对贵族特权加以限制，是这种努力的重要组成部分。而伴随汗权与贵族势力消长的，则是后金国家制度的别开生面。

一

努尔哈赤创建金国（史称后金），在满族从部落制向国家制过渡中迈出了关键一步。但是，新建立的国家形态原始，制度粗疏。他凭借"父汗"的双重身份，得以对国家实行有效管理。作为"汗"，他是国家最高权力执行者；作为"父"，他是统治家族内部辈分最高的家长。他倚用亲近子侄分掌八固山（旗），控制国民，在此基础上实现对最高统治权的专擅。但这种依赖血缘纽带和血缘辈分观念维系的权力结构，是无法长期保持稳定的。分掌固山的八家贵族，羽翼日渐丰满，在他们之间，开始孕育着疏离的胚种。努尔哈赤生前，这一胚种因受到父汗权力的威慑而处于蛰伏状态。一旦父汗故去，它就会迅速膨胀，成为新汗大权独揽的障碍。天命十一年（1626）皇太极嗣登汗位，面对的正是这种形势。

皇太极是在诸贵族推举下继承汗位的。《清太宗实录》卷1记载诸贝勒推举皇太极为新汗，皇太极推辞时便有"皇考无立我为君

天聪年间皇太极限制贵族特权的法律措施

之命"的话。皇太极嗣位后所做的第一件事就是与诸贝勒誓祝天地,他在誓文中又有"今我诸兄弟子侄,以家国人民为重,推我为君"之句。《清太宗实录》屡经清统治者改篡,凡载录满族旧习有悖于汉俗者,芟削殆尽,唯推举选汗的史事仍斑斑可考。推举选汗是满族先民在氏族部落时代集体选任酋长古老传统的遗绪。对推举者来说,被推举者不可避免要承担种种义务,而不能独断专行。贝勒阿敏在选皇太极为汗时曾向他提出交换条件:"我与诸贝勒议立尔为主,尔即位后,使我出居外藩可也。"① 公然提出分立的主张。而皇太极即位伊始颁行的禁止擅杀牲畜令中最引人注目的,就是"汗"与"诸王"一同被列为首告纠举的对象②。也就是说,诸贝勒既不准擅杀牲畜,新汗也无超越此限制的特权。毋庸置疑,法令是将新汗与诸贝勒置于近乎同等地位对待的。

努尔哈赤生前在规划八和硕贝勒(八王)"共治国政"蓝图时,即对推举选汗和新汗的义务作了明确规定:八和硕贝勒集体拥有新汗推举权、被推举权;被推举新汗应恪守"八王(指八和硕贝勒)共议"原则,不得"恃力妄为",否则,诸和硕贝勒有权将其罢免,另择新汗;新汗应向诸叔、诸兄执子弟之礼,与他们同座受拜;新汗应与诸和硕贝勒共同维护"八家均分公用"规范,不得"分(份)外私取"③。上述规定的实质,是以和硕贝勒集体的权力制约新汗个人的权力,以合作共议限制新汗个人的专断。换言之,即通过排斥新汗对权力的垄断,维护集体意志的最高权威,试图用分权共治的形式保持统治家族内部关系的和谐。

皇太极继承汗位,在诸贝勒中并不享有血缘行辈上的优势。在努尔哈赤诸子中,他排行第八。领有固山的八和硕贝勒中,依年龄为序,代善称大贝勒,阿敏称二贝勒,莽古尔泰称三贝勒,皇太极

---

① 《清太宗实录》卷48,崇德四年八月辛亥。
② 张葳:《旧满洲档译注》(太宗朝),台北"故宫博物院",1977年,第194页。
③ 日本满文老档研究会译注:《满文老档》(太祖)卷38,天命七年三月初三日,东洋文库丛刊第十二,1955—1963年;参见《清太祖武皇帝实录》卷4,天命七年三月初三,天命十一年六月二十四日。

称四贝勒,合称"四大贝勒"。天命年间,四大贝勒带队出征、运筹帷幄,是父汗的主要辅弼,在贵族中地位显赫,自不待言。但在四大贝勒中,皇太极年龄最轻,遵照父汗遗训,他必须对三兄长优礼相加。满族先世,俗"以年之老少为上下"①。父汗所定,不过是往昔父子兄弟间行辈观念的嬗变,而它对新汗权力的钤束,则不言而喻。皇太极嗣位后,对三兄长"不遽以臣礼待之"②,并非虚己待人之举,固是当时形势所使然。

《满文老档》载,天聪元年(1627)五月初一日:"满洲国旧制:凡朝会行礼时,大贝勒(指代善)、阿敏、莽古尔泰三贝勒,曾以兄行礼,命列坐汗左右,无论何处,均令与汗列坐,不令下坐。"遇到年节,新汗对诸兄还要额外行礼。礼节的形式虽被《清太宗实录》隐略不彰,但在原始文献中却明明白白写着"行三跪九叩头礼"③。皇太极事三大贝勒以重礼,不过是制约着他们之间关系的一个侧影。这使皇太极处理政务时瞻前顾后,"欲言而嗫嚅",大权独揽的雄心倍受压抑。

皇太极即位前为正白旗和硕贝勒(嗣汗位将正白旗改为正黄旗),充其量不过是八大贵族之一。在"八家均分"以及在其基础上层垒的八家分权共治的政治制度束缚下,他决策不得自专,颇感事事掣肘。《天聪朝臣工奏议》胡贡明奏议中说他徒"有一汗之虚名,实无异整(正)黄旗一贝勒",准确无误地道出了他当时的尴尬处境。

天聪初年,金国已是一个地域辽阔,包括满、蒙、汉多民族和众多人口的国家。振兴凋敝的经济,缓和尖锐的社会矛盾,顺利推进对外征服战争、巩固国家的根基,保证统治阶级的长治久安,均有赖于以汗权为代表的专制制度的加强。而这一制度的完备又与结束八家分立的涣散局面,削弱贵族特权的进程互为表里,这无疑是金国壮大发展的轴心所在。也正是在这个轴心上,不难看到皇太极

---

① 《朝鲜成宗实录》卷152,十四年三月丙辰。
② 《清太宗实录》卷1,天命十一年九月辛未。
③ 中国第一历史档案馆:《清初内国史馆满文档案译编》上,光明日报出版社1989年版,第49、130页。

天聪年间皇太极限制贵族特权的法律措施

对统治权力不断追求与满族社会历史发展需要的契合。

二

后金国家制度的基本特点：一国尽隶于八旗，以八和硕贝勒为旗主，旗下人谓之属人，属人对旗主有君臣之分。旗（固山）无异于和硕贝勒的禁脔，他人不得染指，从而奠定以和硕贝勒为核心的八家贵族的实力地位。皇太极欲加强汗权就必须控制八旗，而这种控制的实际内容则是将八旗人丁置于汗一人操纵之下。因此，皇太极始终把削弱八家贵族对属人的辖制，作为立法重点。

措施之一，制定牛录予夺之法。《清太宗实录》天聪三年（1629）八月庚午，记载初次颁布的八旗贝勒依据战绩分别赏罚例，包括牛录予取予夺的规定：

> 凡入八分贝勒等临阵时，如八旗贝勒等俱已败走，而一旗贝勒独能迎战，保全七旗者，即以败走七旗下之七牛录人员，给予迎战诸贝勒；若七旗诸贝勒迎战，而一旗诸贝勒俱败者，则将败走之贝勒削爵，并以其所属人员，悉分给七旗；如一旗内诸贝勒，战者半，败者半，即以败走之贝勒等所属人员，给予本旗迎战诸贝勒。

定例的对象是"入八分贝勒"，基本内容是规定将败阵者所属人员（以牛录为单位）奖赏给迎战有功者。

首先应说明的一点，何谓"入八分贝勒"？"入八分"或者"入八分贝勒"，是天聪年间史书中屡见不鲜的一个称谓，初见于《清太宗实录》天聪元年（1627）十二月辛丑条。至于它的含义，清人说解已颇歧互：或以清代王公服用的八件器物为"八分"；或以王公"得预朝政"为"八分"；或以天命年间八和硕贝勒为"八分"[1]。诸

---

[1] 吴振棫：《养吉斋丛录》卷1；福格：《听雨丛谈》卷1；允裪等纂：《大清会典》卷1；莫东寅：《满族史论丛》，第118页。

说均未得其要领。

按以《满文老档》天聪元年（1627）十二月初八日条，与《清太宗实录》同条（十二月辛丑）"入八分之列"对应的满文写作："ton de dosika bihe"①。"ton"是"数额"的意思，全句直译为"曾入于数额"。《实录》中"入八分之列"当为意译，据此可知。"入八分"的准确写法见于《旧满洲档》天聪九年（1635）正月二十二日条，满文为："jakūn ubu de dosika"②。"ubu"（乌布），在通古斯—满语中意指集体狩猎中平均分配的份额，也就是一份的"份"。因知所谓"八分"当读若"八份"，指以固山（旗）为范围的八个分配单位。努尔哈赤生前，以八和硕贝勒为首的八家贵族，无论掳掠所获还是收养纳降，均按"八份均分"（jakūn ubui neigen dendehe）的原则分配③，形成八个独立的经济单位。

由此派生出的概念："入八分贝勒"，即指有资格参与"八份均分"诸贝勒，也就是金国贵族中身份地位最高的特权集团。但"入八分贝勒"并不像有人所误解的那样，仅限于八旗和硕贝勒，而具有较之更大包容性。见《旧满洲档》天聪九年（1635）正月二十二日所载汗、贝勒、台吉与大臣结亲定例中，将汗一族分为四等，反映了"入八分贝勒"的构成：第一等，汗（khan），即皇太极；第二等，大贝勒（amba beile），指代善；第三等，八和硕贝勒（jakūn hošoi beile）与参政诸贝勒（doro de dosika beise），和硕贝勒即领旗贝勒，参政贝勒指不领旗但有资格参与议政贝勒；第四等，入八分诸台吉（jakūn ubu de dosika taijisa）。按，《满文老档》中对身份地位较低的贝勒或称为"台吉"。

以上四等，是着眼于汗家族成员身份地位差异来区分的，事实上，大贝勒代善也属领旗和硕贝勒，只不过因了汗兄的特殊身份，又超拔一等；至于汗本人，地位高出于诸贝勒之上，自不易混同。

---

① 《满文老档》（太宗天聪）卷8，天聪元年十二月八日。
② ［日］神田信夫、松村润、冈田英弘译注：《旧满洲档》（天聪九年）第1册，东洋文库丛刊第十二，1972年，第15页。
③ 《满文老档》（太祖）卷44，天命八年二月初三。

天聪年间皇太极限制贵族特权的法律措施

上引资料虽在天聪末年,但有助于说明:天聪年间的"入八分贝勒",是包括上起领旗和硕贝勒、不领旗议政贝勒、以及虽无议政资格但具备参与"八家均分"条件的诸贝勒(台吉)在内的同姓贵族集团。《满文老档》天聪元年(1627)十二月初八日条载皇太极训斥阿巴泰有云:

> 台吉德格类、台吉济尔哈朗、台吉杜度、台吉岳托及台吉硕托早已随班议政。因尔阿巴泰在诸弟之列,幸得六牛录诸申,方入诸贝勒之列,今尔欲欺谁乎?阿哥阿济格、阿哥多尔衮、阿哥多铎,皆系父汗分给全旗之子,诸贝勒又先尔入八分之列。

由此可见:只有得到父汗赐予诸申的诸贝勒,才可跻身于"贝勒"之列,并取得"入八分"资格。换句话说,"入八分贝勒"的基本特权,是拥有数量不等的以牛录为单位编组的诸申人丁。

诸申原是氏族社会末期"一任自意行止,亦且田猎资生"的自由民。待努尔哈赤缔造满族国家,将广大诸申编为牛录,统以八旗,"束其行止",后者遂沦为贵族的依附民。诸申是承担兵役、徭役、赋役的主体,因此,领有诸申的多少,便成为贵族实力强弱、地位高低的主要依据。《满洲实录》卷3:"若无诸申,贝勒何以为生?"[①] 即反映了贝勒在经济上对诸申严重依赖的程度。太祖朝《满文老档》明万历四十一年(1613)三月条载:努尔哈赤曾分给两长子褚英、代善固伦(gurun)各五千户,牧群各八百,银各万两,敕书各八十道。所称"固伦",原有"部""国"之义,这里转义为"部民",也就是诸申。天命年间,努尔哈赤陆续"将诸申给诸子专管"(juse de jušen salibume bure)[②]。和硕贝勒专管的牛录最多,其他血缘关系比较疏远的贵族也各拥有若干牛录的诸

[①]《满洲实录》卷3,壬子年十月初一日满文体。
[②] 张葳:《旧满洲档译注》(太宗朝),第88页。

申，如前引文提到的阿巴泰，因为是努尔哈赤庶子，又屡建战功，所以也分到六个牛录，成为"入八分贝勒"。

如上所述："入八分贝勒"是以占有牛录为前提的，而牛录的颁给在很大程度上具有析产别居性质。明乎此，也就不难理解前引八旗贝勒依据战绩分别赏罚定例的旨趣所在。本来，贝勒可以从专管牛录征敛"应得之份"，如出兵掳获物和各项服役。一旦牛录被褫夺，"随牛录应得之份也停止给予"。这句话的原文在《旧满洲档》中写为"niru be dahame bahara ubube inu nakabuha"①。对牛录领有者来说，这当然是莫大的经济损失。天聪三年（1629）定例规定，剥夺临阵败走贝勒的牛录人口，奖赏给立功的贝勒，起到将战场表现与个人利害关系衔接起来的作用，未尝不是克服八旗贝勒在战场上患得患失，只图拥兵自保的一项措施。但它的实际意义还不限于此。

皇太极在受推举为汗时曾信誓旦旦地向诸贝勒表示：不得因"兄弟子侄，微有过愆，遂削夺皇考所予户口"②。当时汗权衰弱，他只有认可诸贝勒所属诸申的不可侵犯性。天聪三年（1629）定例则以削夺牛录相威胁，这就为加强汗对八旗的控制迈出了重要的一步。孟森《八旗制度考实》："夫牛录而可随时予夺，必非太祖八固山并立之本意。太宗能立予夺之法，是即改革八家之专据。"确是不易之论。天聪四年（1630）大贝勒阿敏、贝勒硕托等人自永平败归，皇太极命将阿敏囚禁，所属人口给其弟济尔哈朗，硕托所属人口给其兄岳托；天聪五年（1631），皇太极又借口莽古尔泰"在御前露刃"，革去大贝勒，降居诸贝勒之列，夺五牛录属员给其弟德格类。皇太极将没收人口转拨给受罚者的亲兄弟，显然是因为考虑到贵族的私家利益，但不管怎么说，这却是他利用牛录予夺之法，来驾驭诸贝勒的开始。

削弱八家贵族对属人特权的措施之二，禁止恣意侵蚀外牛录人

---

① 张葳：《旧满洲档译注》（太宗朝），第147页，满文第3572节，参见第250页汉文。

② 《清太宗实录》卷1，天命十一年九月辛未。

天聪年间皇太极限制贵族特权的法律措施

丁。八旗制度"以旗统人，即以旗统兵"，兵民合一，既是国家的军事组织，又是经济组织和行政管理机构。天聪初年，八旗被八家贵族分别把持，旗下壮丁盈缩不定，实际数字掌握在贵族手中。由于汗权虚弱，外牛录人丁成为贵族恣意侵没私占的对象。

天聪四年（1630）六月，皇太极利用大贝勒阿敏弃永平城逃归一事，罗织罪状共十六款，宣布于众，要害是"自视如君（汗）"①，将其囚禁。阿敏平素最为桀骜，但在四大贝勒中，唯独他不是努尔哈赤之子，加之败军之帅无以言勇，以往劳绩一笔勾销，所以在他命蹇事乖之际，并没得到大贝勒代善、莽古尔泰等人同情。阿敏政治上一败涂地，使努尔哈赤生前煞费苦心建营的犬牙相制的权力机构开始解体。这年十月，皇太极不失时机地颁布八旗壮丁编审令。原文载《清太宗实录》天聪四年十月丙午条，因内容较长，兹仅撮其要点如次：

1. 以牛录为单位编审壮丁，沙汰老弱，增补新丁；对隐匿壮丁者，将壮丁入官，本主及牛录额真、拨什库等，俱坐以应得之罪。

2. 凡诸贝勒包衣牛录，或系置买人口及新成丁者，准与增入，毋得以在外牛录下人人之；如丙寅年（按即天命十一年）九月初一日以后，有将在牛录下人编入者，退还原牛录。

3. 凡贝勒家，每牛录只许四人供役，有溢额者察出，启知贝勒退还，如贝勒不从，即赴告法司。若不行赴告，或本人告发，或旁人举首，将所隐壮丁入官；若管旗诸贝勒俱属知情，即拨与别旗；如诸贝勒中有不知情者，即拨与不知情之贝勒；其不举首之固山额真、包衣昂邦、牛录额真，坐以应得之罪。

编审令严禁将牛录新增壮丁隐匿不报；禁止诸贝勒将外牛录壮丁编入包衣牛录，并限定时间在丙寅年九月初一日，即皇太极嗣汗位以后侵占的外牛录人丁退还原牛录；又明令禁止诸贝勒额外役使外牛录人丁。种种举措，无不服从于削弱贵族对旗下属人的严格控制这样一个基本目标。而皇太极所明确的，就是根据牛录性质，划

---

① 《清太宗实录》卷7，天聪四年六月乙卯。

分其人丁隶属。

包衣牛录（boo i niru），在清初又译"内牛录"，"家的牛录"，是汗家族主要成员——诸贝勒的私家财产。牛录成员以掳掠、置买奴仆为主，将其与贵族家主牢牢联结在一起的则是奴（阿哈）与主（额真）的纽带。

外牛录，是相对"内牛录"来说的，即清代八旗旗分佐领（gūsa i niru）的前身。牛录成分主要是依附民（诸申）。外牛录隶属固山，是国家的基层军政组织，原则上讲并不是某个贵族的私家财产。但由于努尔哈赤立国时，上承家族析产制的遗绪，以国为家，化公为私，将大批诸申以牛录为单位拨给诸贝勒专管，遂使外牛录下人的隶属关系变得扑朔迷离起来。一方面，他们以平民身份承担国家的兵役、徭役、粮赋，皇太极曾逐一胪举外牛录满洲人丁各项差徭多达三十余项①；另一方面，他们又在不同程度上受着某个领主的控制和经济上的盘剥，沦为该领主的私属。纵然如此，联结他们的纽带仍是依附民与领主的关系。于是，集中在外牛录人丁身上的往往是多重隶属关系：与牛录领有者的隶属关系，与固山领有者（和硕贝勒）的隶属关系，与汗为代表的国家间的隶属关系。这与欧洲封建社会"我的领主的领主不是我的领主"的单一隶属关系显然大相径庭。

因此，外牛录人丁的多重隶属关系视汗与诸贝勒势力的消长而演变亦在情理之中。诸贝勒势力强劲时，必千方百计地强化对外牛录人丁的控制，或将外牛录壮丁编入内牛录，或隐匿部分外牛录人丁以逃避国家的兵役差役，专供自家驱策，种种流弊应运而生。一旦汗势力抬头，又要处心积虑地将外牛录人丁置于自己的权力支配下。八旗壮丁编审令，正是汗意志的明显体现。该令的实施，使一部分沦为贵族仆役的诸申重新恢复依附民的身份，外牛录人丁的身份地位因法律的保障而稳定下来，这对满族社会的发展，也有积极意义。

---

① 《清太宗实录》卷17，天聪八年正月癸卯。

三

对过时的刑政制度进行大刀阔斧改造,是皇太极削弱贵族特权的一个重要方面。早在明万历四十三年(1615),努尔哈赤曾规定:每五日一次,集合贝勒大臣们于衙门,使他们相议,将事公正地审断,定为常规①。这种同坐议事的方式,上承氏族社会的遗风,对后金国的刑政制度产生了很大影响。天命年间,上述审事制度得以进一步完善:小罪由各地众官员聚议审断,大罪由众断事官、八大臣、八和硕贝勒依次会审,上报汗定夺②。当时,努尔哈赤集生杀予夺大权于一身,故带有氏族旧制度印记的多级会审制度不能构成对其权威的挑战。

天命七年(1622),努尔哈赤在阐述关于八王"共治国政"的政治蓝图时,对日后的刑政制度做了新的设计。他主张:设立诸申(女真)、尼堪(汉人)、蒙古断事官各八名,案件经诸断事官审理后报告于诸大臣,诸大臣议定后呈上八王,所定之罪由八王定夺③。它的基本特点,第一,所有职事自下而上均由八旗平均分配,是八旗分权共议制在刑政领域内的延伸。第二,在审理的各个级别,没有首脑,听凭身份地位相同或相近的若干成员集议裁断。第三,取消汗在刑政方面的最高裁断权,而代之以八王的集体权力。这种变动与通过八王"共治国政"来制约新汗权力的宗旨是嘤鸣相召的。

天聪初年,由努尔哈赤亲自构建的这一刑政系统在实际运作中很快暴露出严重弊端。首先,在诸贝勒权势的覆盖下,八旗审事诸臣或心怀畏惧,不以瞻徇为耻;或听信情面,各庇本旗所属;以致"从公执法者少"④。再者,层层审事、听断多人的合议裁决形式难以应付数量日增的案件,更不易对复杂案件作出一致决断,导致效

---

① 广禄、李学智译注:《清太祖朝老满文原档》(二),第13页。
② 《满文老档》(太祖)卷21,天命六年五月初五。
③ 《满文老档》(太祖)卷38,天命七年三月初三。
④ 《清太宗实录》卷8,天聪五年三月乙亥。

率低下、案情壅塞的后果。最后，在终审一级，诸贝勒的意志起着决定性作用，从而使营私舞弊、作奸犯科的大贵族益发有恃无恐，干扰了汗意旨的贯彻实行。

天聪五年（1631）三月，皇太极以"今闻国人皆有怨言，其怨者总因审理刑狱致有烦言"为理由，令诸贝勒、大臣就"作何更改"各抒己见①。在此以前，皇太极已经初步扭转了与三大贝勒在统治权上平分秋色的局面：天聪三年（1629），改变四大贝勒按月分值、执掌政务的旧制，并以诸小贝勒取而代之；天聪四年（1630），废黜大贝勒阿敏。皇太极锐意整饬旧的刑事审理制度，在削弱贵族特权的活动中采取了新的步骤。

在这个问题上，与旧制度利益攸关的大贝勒代善、莽古尔泰与其他贝勒的态度明显不同。代善将民有怨言的原因归结为"用人之失"，建言将谳狱诸臣选择更易，但无意变通大贝勒操纵刑政的旧制。莽古尔泰则强调自己"每据三次供词，复加详阅，以断是非，未有明知而敢枉断者"，断然否定了皇太极对刑政缺失的指责。尽管如此，大多数贝勒如德格类、济尔哈朗、岳托、多铎、萨哈连显然在迎合皇太极意旨。众人奏言删繁去冗，要点有三：

1. "养奸匿慝，实由诸贝勒为之。"换言之，诸贝勒违法乱纪，是国人滋怨的肇祸之源。为屏息奸乱，对敢于举发不法贝勒者，应断隶别旗。

2. "前人明习法度，业有成规，当令遵而行之。"前人法度，无非是汉人制度，"遵而行之"的实质就是背离本民族合议裁决之旧辙，取仿汉人制度之成规。

3. "听断不必多人"，应慎简贝勒一人、大臣一人、审事官四人，专任其事，除死罪、籍没外，"俱委令断决"。这意味着集中司法权，减少偏徇之弊。

诸贝勒的奏言对推动刑政司法制的变革所关甚巨。用"断隶别旗"的方法鼓励旗人纠举不法贝勒的建议，成为不久后修订《离主

―――――――――
① 《清太宗实录》卷8，天聪五年三月乙亥。

条例》的先声。依仿汉制集中司法权的主张则导致同年七月刑部设置。

诸小贝勒在改制问题仰体汗意，主要是基于切身政治利益的关系。天聪三年（1629）废三大贝勒按月分值政事旧例，改以诸小贝勒代之；五年七月创设六部，任诸小贝勒分掌。由此可见，诸小贝勒政治地位的上升有待于破除大贝勒对权力的垄断，从而为皇太极改制主张得到诸小贝勒支持奠定了基础。

刑部之设，使大贝勒把持司法权的局面有所改变。"一部有一部之责"，刑部职掌听断鞫审，成为主持全国刑政的专门机构。当中央一级刑政权力由涣散走向集中的同时，基层组织官员牛录额真的司法权也得到加强。普通民事案件，俱交牛录额真审结，重大案件，交刑部审理。上述变革，意味着多层会审旧制的解体。虽然，由诸贝勒集体审议重大案件的传统形式继续保留很长一段时间，但它已不能与汗权分庭抗礼。

四

满族立国初，等级制度未臻完备，对诉讼权缺少严格限制，允许"以下告上"。统治者意在强化对社会的控制，用"离主"为条件鼓励阿哈、诸申检举不法，助长了此风蔓延。皇太极即位后，继续颁布了一些离主条例，其中一些是作为附加条款见诸有关法令，另一些则作为单行立法公布于世[①]。皇太极通过修订离主条例，钳制不法贵族，是天聪朝法律建设的一大特色。《清太宗实录》天聪三年八月庚午载汗谕：

> 八贝勒等包衣牛录下食口粮之人，及奴仆之首告离主者，准给诸贝勒家；至于外牛录下人，及奴仆之首告离主者，不准

---

① 见《清太宗实录》卷3，天聪元年九月甲子；卷5，天聪三年八月庚午；卷7，天聪四年十月辛酉；卷9，天聪五年七月庚辰；卷11，天聪六年三月庚戌；卷17，天聪八年二月壬戌；卷22，天聪九年二月丁亥。

给诸贝勒之家。有从本旗内某牛录者，听其自便。

此项定例对首告离主范围做了相当苛刻的规定，但苛刻中又有区别：包衣牛录下食口粮之人及奴仆首告离主后，只准给诸贝勒家；外牛录下人及奴仆首告离主后，则不准给诸贝勒之家，允许在本旗内任一牛录入户。值得注意的是：区别对待的依据，并不是首告者本身的身份高低，仍是其所属牛录的性质。

包衣牛录既是贵族的私产，限制其人员外溢应在情理之中。所以包衣牛录下人即使首告得实被判离主，只"准给诸贝勒家"，通常也就是拨给原主近亲如兄弟父子，以确保贵族私家利益不受大的伤害。至于外牛录，毕竟不是贵族私产，所以皇太极明令禁止诸贝勒将外牛录首告离主者攘为己有。这与他在八旗壮丁编审令中要求诸贝勒将侵占的外牛录人丁退还原牛录的做法异曲同工，目的均在于保证外牛录的国有（实即汗有）性质，加强汗权根基。

不过，正是在这个关键点上，皇太极不得不对大贵族特权做出明显让步。定例将外牛录首告离主者的入户范围限定在本旗，无异于继续承认和硕贝勒控制本旗属人的充分权力，与此同时，却没给汗权向八旗的延伸留下什么余地。问题是：旗下人本来就处在贵族权势的侵凌威慑下，如果首告离主后连起码的人身安全都无法保障，又有谁会铤而走险去揭露不法？自然只有置若罔闻，噤若寒蝉了。其结果，所谓"离主"条例形同虚设，天潢贵胄依旧置身法外，其对属人的控制自然牢不可破。

天聪四年皇太极剪除大贝勒阿敏势力后，使统治集团内部的力量对比发生了有利于自己的重大变化，首告者不准出旗旧例遂成众矢之的。《清太宗实录》天聪五年（1631）三月乙亥条载贝勒济尔哈朗奏言："至于养奸匿慝，实由诸贝勒为之。如人讦告诸贝勒不将讦告之人断出，仍隶本旗，谁复敢于举发者？"他建言"将讦告之人断出别旗，则奸乱自息"。贝勒德格类附和说："嗣后诸贝勒有作奸犯科、被下讦告者，即将讦告之人，从公审理，断隶别旗，庶奸邪知警，而国法昭矣。"济尔哈朗、德格类的意见相当明了，

144

天聪年间皇太极限制贵族特权的法律措施

以将评告者"断隶别旗"作为禁止诸贝勒"作奸犯科"的有效手段。他们的意见,得到贝勒岳托等人支持。

不久,皇太极依仿明制,设立六部,进一步加强对政权的控制。在此背景下,他主持修订了《离主条例》。新条例共分七款,载在《清太宗实录》天聪五年(1631)七月庚辰条,要点如下:

1. 除八分外,有被人评告私行采猎者,其所得之物入官,评告者准其离主;

2. 除八分外,出征所获,被人评告私行隐匿者,以应分之物分给众人,评告者准其离主;

3. 擅杀人命者,原告准其离主,被害人近支兄弟并准离主,仍罚银千两;

4. 诸贝勒有奸属下妇女者,原告准其离主,本夫近支兄弟并准离主,仍罚银六百两;

5. 诸贝勒有将属下从征效力战士隐匿不报,乃以并未效力之私人冒功滥荐者,许效力之人评告,准其离主,仍罚银四百两;

6. 本旗人欲评其该管之主,而贝勒以威钳制,不许申诉,有告发者,准其离主,仍罚银三百两。

7. 凡以细事评诉者,不许离主,但视事之轻重审理,应离主者,拨与本旗别贝勒。

该条例专门针对贵族、不法行为,内容涉及经济、刑事、军事、诉讼等方面。除第七款以"细事评诉者"不准离主或出旗外,在其余情形下均准首告者离主出旗。

天命年间,除非被告犯有"私通敌国""谋害宗室兄弟"等杀身大罪,"其以他事评告诸贝勒者,俱不许离主"①。在一些特殊场合,首告者即使获准离主,也只能在极小范围内做些调整。《满文老档》天命六年(1621)三月初三条,镶蓝旗旗下瓦尔喀费扬古,首告本旗旗主阿敏虐待,经审理认定失实,努尔哈赤仍令其改投同旗贝勒斋桑古(阿敏弟)。又同书八年七月二十一日条,鄂伯惠、

---

① 《清太宗实录》卷9,天聪五年七月庚辰。

瓦尔喀叔牛录下人状告萨哈连阿哥隐匿诸申壮丁，审理得实，命将首告者"赏给大贝勒（代善）"。瓦尔喀叔的牛录隶镶红旗，为大贝勒代善所属①。在这两个有案可稽的离主事件中，首告者均未出旗。前者转归原主之弟，后者归入原主父亲名下，他们甚至连原主家族都没有脱离。足见贵族地位越高、权势越大，对属人的控制力就越强。这种现象延续下来，才会有天聪三年（1629）离主条例中首告者"准给诸贝勒旗"的规定。与之比较，重修后的离主条例第一次确认"断隶别旗"的合法性，说明对离主者"听所欲往"的限制较前松弛。这是对贵族特权明目张胆的侵犯，也是汗权骎骎上升的结果。

天命年间旗下属人人命危贱，贵族滥杀无辜受不到严厉惩处。《满文老档》天命八年（1623）二月二十七日记，色勒阿哥擅杀奴婢和诸申妇女各一，被告发后，仅夺职，罚交妇人两口。无论对首告者还是被害者家属，均未给予离主机会。而按照新修订的《离主条例》，在类似场合，除原告及被害人近支兄弟均准离主外，对肇事者，还要罚银千两。说明对贵族的擅杀罪加强了处罚力度。这一变化，亦见于其他有关条款。因此，尽管离主条例的颁行不会导致旗下属人实际社会地位和身份的显著改变，毕竟为他们的生命权和起码的生活条件提供了一些法律保障，这无疑是条例中最具积极意义的方面。法律作为上层建筑的重要组成部分，它的变化并不是发端于统治者的主观意愿，而是社会深层结构——首先是经济关系演变的结果。满族社会正是通过如此一点一滴的逐步积累而向前发展的。专制汗权升起对满族社会发展的推动，由此亦得到证明。

皇太极在修订离主条例同时，还明确提出"国家立法，不遗贵戚"的主张。针对诸贝勒枉断人死罪、枉断人杖赎、私与外国交易、怠忽职守、擅取民间财物等渎职行为，制定出处罚条例②。在这以前，统治集团的内部关系在很大程度上依赖于血缘行辈观念的

---

① 《满文老档》（太祖）卷68，天命十一年档。
② 《清太宗实录》卷9，天聪五年七月庚辰。

调节，所以才会产生汗与三大贝勒同座受拜一类现象。而"不遗贵戚"的主张与有关条例的制定，则意味着将统治集团的内部关系，首先是汗与诸贝勒的关系，纳入等级社会尊卑有序的法制轨道。

以上简略考察了皇太极在天聪元年（1627）至五年（1631）间为削弱贝勒特权、强化汗权而采取的法律措施与影响。另外，他在政治、经济、军事等领域也并行不悖地进行了卓有成效的努力。天聪五年十月，他借口大贝勒莽古尔泰于"御前露刃"一事，下令革去其大贝勒，降居诸贝勒之列。这样，天聪初年与之并驾齐驱的三大贝勒唯余代善一人。不旋踵，皇太极又废除与三大贝勒俱"南面坐受"朝拜的旧制，改由他一人"南面独坐"。这不仅是仪制的变通，而且是汗权巍然独立的象征。

天聪年间，汗与诸贝勒在分割权力方面虽然存在着矛盾、冲突，以至激烈斗争，但在维护天潢贵胄特权地位又存在着荣损与俱的利害关系。显而易见，没有一个牢固的贵族集团为依托，也就不会有汗权的屹立；反之，如果没有一个强大汗权的庇佑，也就不会有贵族特权的长久延续。所以，皇太极对待贵族特权的态度始终是限制，而并不是将它铲除。所谓限制，就是将专横跋扈的贵族特权压制到不足以对汗权构成挑战的地步。因此也就无须奇怪：皇太极在削弱贵族某些特权的同时，何以又用法律的形式明确赋予贵族一系列新的特权。

（原载《满学朝鲜学论集》，中国城市出版社 1995 年版）

满族肇兴时期所受蒙古文化的影响

我国东北，以其特定的地理环境和自然条件，自古以来便成为渔猎、农耕、游牧民族生息繁衍、往来融通的理想场所。多元的文化荟萃于此，相互濡染滋养，进而陶冶、孕育出一个个雄强健伟的民族。在东北地区渔猎、游牧、农耕三大文化相互濡染的问题上，以往论者或偏重于对南部汉族农耕文化影响的说明，而疏于对不同文化背景下北方少数民族彼此启迪发凡的考察。实际上，自有文字记载以来，东北诸少数民族间的文化交流现象，无论就时间还是空间意义上讲，均异常丰富、异常复杂。限于篇幅，本文仅撷取满族肇兴时期所受蒙古文化影响这一片断，略作说明，以为全豹之一窥。

一

由于东北平原与蒙古草原之间，没有不可逾越的天然障碍阻断其间，所以成为游牧民族与渔猎民族彼此作用、互为影响的古老基盘。9世纪末，游牧的契丹族崛起于西拉木伦河上游，辽太祖阿保机驱策铁骑东蹂渤海国，南并辽东。12世纪初，渔猎的女真人奋起于松花江畔，终于摧破契丹统治，建立金朝。迨蒙古兴盛，元世祖忽必烈的势力又奄有辽东。明承元祚，再据东北，统摄女真、蒙古，两族关系得到进一步发展。

明初洪武二十年（1387），北元丞相纳哈出被迫降明，受封海西王，领地覆盖松花江流域女真人地区。尔后纷起于当地的女真部落，融合了不少蒙古成分。嫩江流域与毗邻的呼兰河（时称忽喇温），是蒙古人与女真人交往的重要通道①。由于两族成员在当地长期混居，一些部落的族属逐渐模糊莫辨。

作为满族主要来源之一的海西女真，当时又称忽喇温（扈喇温）女真。忽喇温，以今松花江中游呼兰河流域得名。海西女真所处地理位置，正当南北交通的水路冲要，东与蒙古部相邻，两族血源融汇尤为明显。海西叶赫部始祖星根达尔汉，蒙古人，原姓土默特。后入居扈伦（即忽喇温）地方，而该地族姓为纳喇，"因姓纳喇"②。这代表着从西部草原地带加入到海西女真的一支。史称：明末海西乌拉部酋长布占泰先人亦来自蒙古③，而哈达部长王忠与他同祖，又说明海西叶赫、乌拉、哈达三大部均有蒙古族成分渗透融合的痕迹。

明永乐元年（1403）设兀者卫于呼兰河流域，以辖"女真野人"。不久，在其周围增置兀者左、右、后卫。"兀者"，即辽、金人所称"兀惹""乌惹""乌舍"；元明人又译作"吾者""斡者""斡拙"，也就是女真（满族）习称的"weji"（窝集），"老林"之谓。"兀者"原本是女真人专有名称，以后其指称范围却扩大到毗邻的蒙古族系的兀良哈三卫。大约成书于17世纪初叶的蒙古族重要史籍《蒙古黄金史纲》提到：明燕王朱棣（即后之永乐皇帝）起兵后，"统率自己少数护卫与山阳之六千兀者人与水滨之三万女真人以及黑城的汉人"，整兵往征建文皇帝④。文中"水滨之三万女真人"，是对女真诸部统称。"山阳之六千兀者人"既与"女真"在概念上加以区别，当然也不是指女真兀者诸卫，而是另有所指。明人王鸣鹤《登坛必究》卷22、茅元仪《武备志》卷227所收蒙古《译语》，均将兀良哈三卫中的福余卫称为"我着"（兀者），而

---

① ［日］和田清：《東亞史研究》（蒙古篇），東洋文庫論叢第三十二，1959年，第169页。
② 鄂尔泰等纂：《八旗满洲氏族通谱》卷22，乾隆九年内府刻本，第1页上。
③ 《清太宗实录》卷15，天聪七年八月癸卯。
④ 朱风、贾敬颜：《汉译蒙古黄金史纲》，内蒙古人民出版社1985年版，第47页。

三卫明初即分布在大兴安岭以南，也就是"山阳"。可见，《黄金史纲》中的"兀者人"是指福余卫，或泛指包括福余卫在内的兀良哈三卫。《黄金史纲》有关蒙古与明朝史事不无捕风捉影之说，唯所载永乐帝于靖难之役借兵于兀良哈（即山阳之六千兀者人）事，亦见于明人典籍[①]，是可以信从的。

兀良哈三卫最初是明廷以北元降众设立的三个羁縻卫所，其牧地远离明边。泰宁卫，位于今内蒙古洮南一带；朵颜卫，位于今绰尔河流域朵颜山附近；福余卫，位于黑龙江齐齐哈尔附近。福余等卫牧地密迩女真兀者等卫，往来频繁。明永乐六年（1408），明廷命戳儿河（绰尔河）女真野人头目忽失歹安为福余卫指挥佥事[②]。这一任命说明，福余卫应有不少女真人，所以才会任命女真人为其首长，并且像女真人一样，被称为"我着"或"兀者"。

有明一代女真人，因各种机缘为蒙古人所融合者颇多，其中规模最大的一次，或在明正统、景泰年间。当时西蒙古瓦喇部在兼并东蒙古诸部后向东蹂躏东北境内海西女真，"偷袭了水滨的三万女真，纳入自己的统治之下"[③]。明代蒙古自称"都沁都尔本"（汉译四十四），是"四十万蒙古（鞑靼部）与四万卫拉特（瓦喇部）"的统称，对女真诸部则习称"水滨三万女真"。虽然这只是一些虚数，却在一定程度上反映着两个民族间实际力量的强弱对比。如按明人于谦记录：在瓦喇蒙古脱脱不花王的这次军事活动中，被收服携归的女真人约有四、五万，内中精壮两万人。[④]

女真与蒙古两族间的血缘交流，不单通过刀光剑影的部落征伐形式，而且借助于和平时期的互结姻好。史称，海西女真酋长"世与北虏结婚"[⑤]。"北虏"，是明人对蒙古各部的歧视性称呼。海西

[①] 郑晓：《吾学编》卷67《吾良哈》，明隆庆元年海盐郑氏刊本；王世贞《弇州史料前集》卷18《三卫志》，明万历甲寅刊本。
[②] 《明朝成祖实录》卷77，永乐六年三月壬辰条。
[③] 朱风、贾敬颜：《汉译蒙古黄金史纲》，第68页。
[④] 于谦：《少保于公奏议》卷8《兵部为关隘事》，全国图书馆文献缩微复制中心，2012年。
[⑤] 熊廷弼：《熊经略集》卷1，学苑出版社2011年版。

诸部酋长慑于蒙古骑兵的强大,不得不卑躬屈膝地与其酋长缔结姻娅,维持苟安的局面。这种联姻虽基于政治利益的考虑,但推动了族际间的人员融合,对于政治关系的巩固和经济、文化交流也有积极作用。所以,非独与蒙古族毗邻的海西女真,就连相距较远的建州女真诸部酋长,与蒙古部落贵族也有越来越频繁的婚姻往来。

明正统、景泰年间,为瓦喇蒙古兵锋摧破的兀良哈三卫与海西女真残余部落相继南迁,驻牧于明朝边外。他们在与明朝进一步加强政治、经济联系的同时,彼此间的传统关系得到进一步发展,相互"结亲,交通买卖"[1]。因此,到明代后期,女真、蒙古间的贸易活动日趋频繁。

明末嘉靖年间,内蒙古草原以成吉思汗嫡裔引以为荣的鞑靼部在达延汗时代重新崛起。嘉靖二十六年(1547),达延汗的一支达来逊(史称小王子)惧为俺答汗所并,乃徙帐于辽东,驱散兀良哈三卫,并东控女真。嘉靖三十六年(1557)达来逊卒,子札萨克图(明人称土蛮)嗣汗位,"由珠(尔)齐特、额里古特、达奇果尔三部落取其供赋"[2]。"珠(尔)齐特"即《登坛必究》载蒙古《译语》中所谓"主儿赤",为"朱里真"(女真)之音译,"达奇果尔"等二部则难以确指。不过这至少说明:辽东女真诸部在此后一段时间里又慑服于蒙古察哈尔部的淫威。

与此同时,蒙古科尔沁部(即原兀良哈三卫之一福余卫之后),在鞑靼蒙古压力下,避居远徙。万历初年,科尔沁部酋长恍惚太(清人史籍称翁阿岱)立寨于混同江口(应在松花江中上游一带),对迤北女真各部过江到明朝辽东进行边市贸易者"皆计货税之";同时,不断纵兵袭扰女真腹地,涣散的女真部落不得不奉其为盟主。于是,混同江东西大片地域内的数十女真部落,均按每户岁纳貂皮一张、鱼皮二张的规定,向科尔沁蒙古酋长交税。科尔沁部以此益称富强。因当时与明廷贡道受阻,它转而"西交北关(即海西

---

[1] 《朝鲜成宗实录》卷70,七年八月丙申。
[2] 载《蒙古源流》,转引自罗布藏丹津著、札奇斯钦译注《蒙古黄金史》,联经出版事业股份有限公司1979年版,第297页。

女真叶赫部），南交奴酋（即建州女真努尔哈赤部）"①。从万历二十一年（1593）翁阿岱组织由科尔沁、海西乌拉、叶赫、哈达、辉发、锡伯、卦勒察、珠舍里、讷殷所谓九国之兵（实即九部之兵），合力攻打努尔哈赤（清太祖）建州部的情况可知，海西女真的全部、建州女真的一部以及锡伯等部，一时都沦为科尔沁的属部。

综上所述，有明一代满族先民与蒙古族关系相当密切。两族间壤地相接，接触频繁，血缘的融汇、婚姻的缔结、经济的交往是习见的现象。在政治关系上，社会形态比较先进，社会组织比较发达，军事实力远较涣散的女真部落强大的蒙古族，始终占据主导地位，也是显而易见的事实。正是在这样一种社会背景下，才会产生蒙古族在文化上对女真（满族）的强劲影响。

二

在经济上，满族先民原以采集、狩猎、网捕为传统生业，长期接触游牧民族的结果，使他们在从事传统营生同时，开始放养马、牛。蓄积在满语有关牧业生产、生活的大量语汇，诸如牛马毛色、年龄、体态、品性、鞍具名称等，十之八九借自蒙语。畜牧业的发达，是满族兴起的重要条件，它为农业发展提供了重要的生产资料，而农业的发展，又是推动满族脱离氏族制襁褓的有力杠杆。畜牧业的发达，还促进了军事力量的壮大。骑兵的普及，有赖于马匹源源不断的输送。正是在愈演愈烈的部落兼并与军事征伐中，满族在氏族制的废墟上迎来文明的曙光。

满族先民的农业发展也曾受到毗邻游牧民族的影响。在满语中，镰刀称"hadufun"，蒙语则称"xaduγur"；落子苗（即落到地里的穗生出的芽），满语称"alisun"，蒙语称"aliusu"；铃铛麦（燕麦），满语称"arfa"，蒙语作"arbai"，突厥语和匈牙利语则称

---

① 冯瑗：《开原图说》卷上《福余卫夷枝派图》，玄览堂丛书影印本，1941年。

"arpai"（阿尔帕）；满语"农业"为"tarin"，"耕作"为"tarimbi"；蒙语"耕种"与满语词根相同，称作"tarixu"①。上述几例，反映了蒙古语诸民族以及中亚突厥语民族与作为满族先民的通古斯语民族在农业方面的悠远联系。

在各民族早期精神文化中，宗教信仰与相关礼仪据有凸显的地位。满族也不例外。正是在这方面，蒙古文化的影响历历可稽。满族觉罗氏族世代供奉的神祇中，有所谓"蒙古神"，即哈屯（蒙语称"xatun"，王妃）、诺颜（蒙语称"noyan"，王爷），是来自蒙古族的祖先崇拜。一些穆昆（氏族）在祭祀他们时，仍沿袭草原牧民的风习奉献羊只（祭其他神祇多以猪为牺牲），或于庭院中搭盖的蒙古包前致祭②。满族早期祭祀天地，将其并尊"天父地母"，完全袭用蒙古人用语。另外，明代女真人流行祭天地杀白马黑牛之俗。此类记载在清初文献中不胜枚举。然而通观历史，此俗至少从汉代开始已通行于草原居民中了。《史记·匈奴传》载有呼韩邪单于刑白马与汉朝盟誓之史事；《契丹国志》卷首称契丹人国有大事，"杀白马灰（青）牛以祭"，降及蒙古，未之或改。在祭祀仪礼上，自肃慎以下，满族先民祭祀用牲历来以猪为主。明代建州、海西女真祭祀用牲则多用牛、马，与蒙古游牧民之风习如出一辙。明初海西女真人，父母死，祭以马而食其肉，然后"张其鬣尾脚挂之"③，这与游牧突厥人、蒙古人以及近代西伯利亚阿尔泰人、鄂毕乌戈尔人杀马以祭，将马皮张挂在桦树杆上的风俗颇为近似④。建州女真祭祀死者的方式与海西女真大同而小异，"杀其所乘之马，去其肉而葬其皮"⑤。另外，部落民祭祀死去的首领，也是"杀牛或马煮肉以祭"⑥。女真人祭祀用马、牛，是其畜牧业发达的结

---

① 内蒙古大学蒙古学研究院蒙古语文研究所：《蒙汉词典》，内蒙古大学出版社1999年版，第578、53、90、1023页；[苏] E. И. 杰列维扬科：《黑龙江沿岸的部落》，林树山译，吉林文史出版社1987年版，第49、407页。
② [日] 三田村泰助：《清朝前史の研究》，第393页。
③ 《朝鲜世宗实录》卷84，二十一年正月壬午。
④ [苏] E. И. 杰列维扬科：《黑龙江沿岸的部落》，第49、407页。
⑤ 《朝鲜成宗实录》卷159，十四年十月戊寅条。
⑥ 《朝鲜世宗实录》卷84，二十一年正月壬午条。

|第一编 清初史|

果。尤其海西女真，长期受益于蒙古游牧民族的影响与松花江流域便利的水草条件，畜养马匹很多，蒙古文化渗透之迹尤为鲜明。至明末，女真人依旧沿用杀马以祭的"古礼"。康熙朝《御制清文鉴》对此有具体解说："于死者，杀其所乘之马，剥其皮而楦之。致祭时，备鞍以设，祭毕，点纸焚烧。此谓之楦马皮焚祭（koyorholombi）。"①

在文化上，由于明代女真酋长与蒙古部落有较多接触机会，一定程度上表现出蒙古化倾向。清太祖努尔哈赤家族，从始祖猛哥帖木儿（蒙语"像铁一样坚硬、无坚不摧"之义）起，往往以取蒙古名字为荣。逮及明末，努尔哈赤子洪台吉（皇太极，即清太宗），又名"阿巴海"（蒙语"abay-a-i"②）；子德格类（蒙语"debel"，有皮长袍、蒙古袍、佛经的包皮儿等多重含义）；侄济尔哈朗（蒙语"Jiryalang"，幸福、快乐）；侄阿敏（蒙语"amin"，气息、生命），均以蒙语命名。明万历三十五年（1607），努尔哈赤曾向朝鲜人自炫说："我是蒙古遗种。"③尽管言过其实，毕竟反映出满族先民长期濡染蒙古文化并且对之倾慕不已的心态。

满族先世以渔猎采集为生，迁徙不定，无纪年之法。以后适应社会发展的需要，参考蒙古历法，以青、红、黄、白、黑五种颜色各分为深、浅两色，表示"十天干"；复以十二生肖与"十天干"对应，依次搭配，周而复始④。以六十年为一周期的纪年法虽然脱胎于汉族文化，用十二生肖纪年却是源于草原游牧民族的古老传统。在这方面，满族人师从了蒙古人，蒙古人则承袭了突厥等古代民族的余绪。《新唐书》卷217下载：黠戛斯国以十二物纪年，如岁在寅，则曰虎年。清人赵翼《陔余丛考》曾旁征博引，据以考订

---

① 傅达礼等：《御制清文鉴》卷3，康熙四十七年内府刻本，第15页。
② 蒙语"abay-a"义为"叔、伯"，"阿巴海"自此引申而来。
③ 《朝鲜宣祖实录》卷22，四十年二月己亥条。
④ 蒙古历法，将五种颜色各依深浅分阴阳，并与十二生肖依次搭配，但在实际运用中常省去阴阳、颜色，只记生肖。见珠荣嘎译注《阿勒坦汗传》，内蒙古人民出版社1991年版，第20页。

满族肇兴时期所受蒙古文化的影响

说：以十二生肖纪年"本起于北俗"①。所谓"北俗"，指北方游牧民族之俗。

16世纪末，满族崛起于辽东。以此为契机，比较先进的蒙古行政制度，成为努尔哈赤建国过程中学习模仿的主要对象。万历十一年（1583）努尔哈赤起兵，在对外征服中，经济上日益富有，政治上权力日益集中，地位也日益显贵。万历三十四年（1606），蒙古喀尔喀五部王公奉上"淑勒昆都仑汗"尊号（省作"昆都仑汗"。昆都仑蒙语"xündülen"，义为"恭敬"）。"汗"（han，蒙古语亦为"xan"），本是古代北方游牧民族柔然、突厥、回纥、蒙古使用的酋长尊号。自明末海西哈达部酋长王台"僭称"汗号，汗成为女真社会中凌驾诸部显贵之上的最高统治者的尊号。蒙古王公为努尔哈赤奉上汗号，表示服从他的统辖，努尔哈赤则借用蒙古之制，为自己的显贵身份再镀上一层至高无上的光彩。

努尔哈赤胞弟舒尔哈齐，是其开创基业的左膀右臂。史书称他"自幼随征，无处不到"，"有战功，得众心"，曾冠以"达尔罕巴图鲁"的双重勇号。巴图鲁（baturu，蒙文为baγatur），即元史中的拔都、拔都鲁、八都尔。明《华夷译语》作把阿秃儿，译言"勇""勇士"，一向是蒙古族中勇武者的美号。"达尔罕（darhan，蒙文为darxan）"，亦作"答儿罕""答剌罕"，原为漠北游牧民族的武职官号，始见于"蠕蠕"（即4、5世纪的柔然）。元代蒙古人，只有对大汗本人或其子孙有特殊贡献者始有荣膺此号的资格，且享有种种特权。明代蒙古，对建立军功的勇士，颁给此号②。由此可见，舒尔哈齐的双重勇号均取自毗邻的蒙古。

满族肇兴时期，国家制度轮廓初具，本族有关等级制度的概念却寥寥无几，只有实行"拿来主义"，故抄撮采撷蒙古制度不遗余力。凡借取者，无不与本民族传统制度杂糅融汇于一炉，取精用

---

① 赵翼：《陔余丛考》卷34，上海古籍出版社1957年版，第726—727页。
② 韩儒林：《蒙古达拉罕考》，《穹庐集》，上海人民出版社1982年版；萧大亨：《北虏风俗·战阵》，薄音湖、王雄：《明代蒙古籍史料汇编》第二辑，内蒙古大学出版社2000年版。

宏，加快了国家制度的缔建。努尔哈赤在兼并各部过程中，积极模拟蒙古汗国的某些制度，命五大臣分工管理方面事务，并加以蒙古职名。额亦都、费扬古两大臣并称"巴图鲁"，主军政；大臣费英东为"大札尔固齐"（amba jarguci，蒙古语"断事官"之义），主刑政；扈尔罕赐名"达尔罕虾"（hiya，蒙语为 xiy-a，蒙古语"侍卫"之义），主扈从，并辅以大臣何和里参与执政。札尔固齐（蒙语为ǰarγuči），即元代蒙古的札鲁忽赤，早在元太祖成吉思汗建国时即为司理狱讼的要员；明代蒙古封建领主所属掌管军政、司法、赋税等事务的官吏，仍称札萨固尔或札尔固齐。努尔哈赤建国前所设札尔固齐的主要职掌是鞫审讼狱。而"大札尔固齐"一职的增设，亦如历史上元太祖之设"也可（蒙语为 yexe，意为大）札鲁忽赤"，为众断事官之首而位在诸王之下。大断事官一面是最高的法官，一面又是汗的股肱宰臣，与巴图鲁同为领兵将帅。

努尔哈赤又取蒙古"巴克什（baksi，蒙语为baγsi）"制度以治文事。"巴克什"亦源于元代蒙古，原义为师傅。明代蒙古把精通读写的人尊称为"巴克什"或"把失"，又译言"师父"[①]。努尔哈赤建国之际，对读书识文墨的归附者赐号"巴克什"。其佼佼者额尔德尼兼通蒙古汉文，谙熟蒙古土俗、语言，是通晓蒙、汉文明的先进满族人代表[②]。达海、武纳格、硕色、希福诸巴克什，也无一不是如此。巴克什成为输导先进文化于满族社会的重要桥梁。

然而，推动社会发展的毕竟不是对外来文化的简单模拟，而是脚踏实地地进行匠心独具地改造。16世纪末，额尔德尼、噶盖、喀喇等巴克什，利用蒙古文创制了满文。额尔德尼等人创制的文字后世称"老满文"，以与天聪年间达海等改制的有圈点新满文相区别。满文创制后，本身经历了一个由粗疏到完善的过程，同时，由上而下地在社会中普及推广也颇费时日。于是，蒙文以及由它脱胎而出的满文，在社会中并行不悖，成为满族建国前后一段时间里的

[①] 王鸣鹤：《登坛必究》卷22，万历二十七年刻本。
[②] 赵尔巽等撰：《清史稿》卷228，第9253页。

普遍现象。毋庸置疑，蒙古文字对于满族肇兴所起的作用是巨大的。

除汗、札尔固奇、巴图鲁、达尔罕、巴克什等政治名号与相应制度外，满族统治者还积极援引蒙古尊号，对本族贵族大加封赠，以培植新型等级制度。努尔哈赤先后赐亲弟雅尔哈齐"卓里克图"（joriktu，蒙语"Ĵoriɣtu，意为"有志气的""能干的"）；庶弟穆尔哈齐"青巴图鲁"（cing baturu，蒙语"čing"有"诚心"的意义）的尊号。长子褚英先赐"洪巴图鲁"（hung baturu，"xong"蒙古语意为"大声"，引申为"响亮"）号，寻以战功加赐"阿尔哈图图们"（argatu tumen，蒙语"ary-a"谋略义；"tümen"万、万户义）。对第二子代善赐号"古英巴图鲁"（guyeng baturu，蒙语"güyeng baɣatur"）。对没有战功的幼子，也颁给尊号，以推崇汗家族成员身份的显贵：多尔衮被赐号"墨尔根岱青"（mergen daicing，"mergen"有"智者""好射者""善射者"义，蒙语称为"mergen xarbuɣaci"，其中"mergen"有"智""善""贤"等义；"daičin"有"斗士""战士""尚武"义）；多铎被赐号"额尔克楚虎尔"（erke cuhur，"erxe"有"权力""能力"义；"čöxör"语义不详，亦为明代蒙古王公中较常见尊号之一）。诸如此类的尊号，还经常颁给立有殊勋的异姓贵族。

其他如行政管理、社会组织等方面语汇，也多取自蒙古。政治与行政管理方面的词汇：法律（满语为"kooli"，蒙语"xauli"，满语中又有"šajin"，蒙语"šasin"亦称"šaǰin"，均有宗教、法律的意思）；刑罚（蒙语"eregüü"，满语"erun"）；规则（蒙语"yoso（n）"，满语"yoso"）；牢狱（蒙语"gindan"，满语"gindana"）；捐税力役均为"alban（alba）"；爵位（满语"hergen"，蒙语"xergem"）；俘获（蒙语"olǰa"，满语"olji"）；使者（蒙语"elčin"，满语"elcin"）；民人（均为"irgen"）；汗位（满语为"soorin"，蒙语为"saɣurin"），等等。

地理或社会组织方面的词汇如：部（蒙语"aimaɣ"，原指同一地域、若干近亲家族的联合体；满语"aiman"，是小于"路"的地域概念）；路（满、蒙原义均为"河床"，蒙语"γool"，亦指"道路"或"地界"①；满语"golo"，是大于"部"的概念，行政区划"省"义）；和硕（蒙语"xosiγu"，尖锐物、旗纛，进而引申为"乌鲁斯"下的一级军政组织；满语"hošo"，有"角""隅"之义，又借助蒙古人概念特指军政组织），等等。

上引语汇的发音与含义，在满语、蒙语中基本契合。两语既同属阿尔泰语系，不排除一些语汇本来就为其所共有，但其中的大多数是满族借自蒙古族应不成问题。在满族的部落时代，人们的社会关系基本平等，尚不具备形成等级制度与相应政治概念的土壤，一旦满族步入创建国家的变革时代，主观上才具备从外部社会，首先是从蒙古社会汲取政治素养的需要。

同时应该看到：一个民族能否汲取外来先进文化成分，以及接受这种影响的程度，不单取决于它的外部社会环境，同时还有赖于该社会自身发展的水平。为了满足社会发展的需要，满族统治者在积极借取蒙古制度的同时，也曾对本族旧有部落组织和生产组织进行改造。

三

满族及其先世女真人，为什么在文化上会受到蒙古族的多重影响？除了前文已经谈到的地缘上的毗邻关系并导致血缘、姻缘、经济、政治的悠久交往外，至少还有以下两个条件：

第一，渔猎经济与游牧经济成分的相互渗透。与农业经济相比，满族传统渔猎经济与蒙古游牧经济有更多的相通之处。首先，它们都不是单一经济，为保证比较稳定的收入，无论蒙古族还是满族先民，都必须各以另一方的经济成分作为生产中的辅助。其次，两种经济类型都必须在流动过程中组织生产，于是在社会组织方面

---

① "γool"原义"河流""中心""要点"等。古时多沿河行军、沿河设大道，并有以河为两地之界的情况，故引申为"道路""地界"。

形成部落关系松散,家庭结构狭小,诸子年长析居与幼子守户等一系列共同特点。清太祖努尔哈赤曾有过一段相当精辟的议论,他对汉人、朝鲜人、蒙古人、满人的风俗、语言、服制之异同进行了比较:"尼堪(汉人)、索尔和(朝鲜人),语言异而发式服式同,该两国是一国;蒙古与吾两国,语言异而服制各项风习皆似一国。"①努尔哈赤认为满、蒙两个民族在服制、风俗等方面"皆似一国",当是基于对上述共同特点的认识。这种文化上的认同和亲近感,大大削弱了满族人汲取蒙古文化时的感情障碍。

第二,满族先民,在经济类型、社会发展水平诸方面均较蒙古民族大为逊色,从而使它在文化交锋中处于一种比较被动的地位。游牧经济属生产型经济,与渔猎之民相比,游牧民族始终代表经济发展的更高层次。游牧经济的出现,表明人们已从单纯攫取自然界的天然产品,转为通过自身努力利用自然资源生产更多的生产生活资料。经常性剩余产品的出现和分工交换的发展,促进了政治权力的分离、等级制度的形成、国家的建立,因此当游牧民族见诸史籍时,大多已步入文明社会的门槛。蒙古民族自不待言。渔猎经济则属落后的攫取型经济,渔猎文化在与游牧文化的相互作用过程中不能不处于一种天然的劣势。其结果,在满族早期的物质文化与精神文化中,蒙古游牧文化渗透之迹斑斑可考。

不过,世事流迁,当满族与蒙古族的实力对比于明末清初逐渐发生变化后,两者在文化交流中所处的主从地位随之易位。明万历四十四年(1616),清太祖努尔哈赤称汗建立大金国(史称后金)。数年后,伴随对明战争的节节胜利,满族由明辽东边外举族迁入辽、沈汉族地区。为了适应发展经济、巩固统治、完善国家制度的需要,满族统治者将学习取仿的重点对象,由以往的游牧蒙古族转向儒家文化高度发达的汉族,与此同时,自身也实现了由渔猎民族向农耕民族的蜕变。对渔猎、游牧、农耕文化的多方摄取,无疑是使满族迅速崛起、发展的重要因素。清崇德元年(1636),清太宗

---

① 《满文老档》(太祖)卷13,天命四年十月记事。

取仿汉族制度,改汗称帝,同时改国号"金"为"大清"。顺治元年(1644),清朝定鼎北京,不久取得了对全中国的统治。满族统治地位的确立,使它得以从文化上对蒙古族施加强有力的影响。它不但用八旗组织统摄最早投附的那部分蒙古人(即编设蒙古八旗),而且将盟旗制度作为内、外蒙古的统一社会组织。对蒙古王公,则援用满族制度,赐以爵号。至此,满、蒙两族间的文化交流史掀开了崭新篇章。

(原载《社会科学战线》1994年第6期)

从满语词汇考察满族早期的经济生活

关于满族及其先民明代女真人的经济生活与特点，是清史、满族史研究中一个引人注目的课题。对此，以往论者曾进行过多方探讨并提出不同说解。问题在于，论者所依据的主要史籍如朝鲜《李朝实录》《明实录》等等，均出自旁观者言，因此隔膜之见，牴牾之言不能避免，而满族人关于自己早期历史的文献又缺少这一方面的翔实表述。在这种情况下，是否可以从新的角度对满族及其先民的经济生活作进一步考察呢？

我们知道，每一个民族的语言系统中都包含着特定组成要素，并且随着历史的发展层积了不同时期物质文化与精神文化的大量信息。文化背景不同的民族，或者文化背景基本相同而社会发展阶段不同的民族之间，在词汇组合及其表意功能方面是有所不同的。因此，语言的词汇构成与内涵分析，便成为复现各民族早期历史文化状况的一种重要手段。

清朝康熙年间纂修《御制清文鉴》，是现存较早的一部大型满文辞书。是书虽成于满族入关以后，但由于当时渐染汉习未深，故满语中的大量固有词汇仍得以存录，并附有说明释义，因而成为保存满族早期历史文化的珍贵储库。本文拟以康熙朝《清文鉴》为依据，参稽有关史籍，对满族及其先民经济生活的基本内容、特点、变化过程，从词汇学角度作一探索性考察。满族早期，仍以渔猎经济为主要生业，当清太祖努尔哈赤于明万历十一年（1583）起兵以后，农业经济迅速在生产部门中占据主导地位。本文即围绕这两项基本经济活动，展开讨论。

第一编 清初史

一 渔猎经济

在我国东北地区，很早以来便形成渔猎、游牧、农耕三种经济类型并存局面。尽管这三种经济始终在彼此渗透互相影响，但如果从总体来看，三种经济不仅在地理分布上有明显界限，而且各以不同的语族民族系列为开拓者。也就是说，东北西部，曾是乌桓、鲜卑、契丹、蒙古等蒙古语族各骑马游牧民族生息繁衍的场所；南部，很早以来便为汉族农民所开拓；东部与北部，即由黑龙江、乌苏里江、松花江为主脉联结的密林河谷，是以狩猎网捕著称于世的通古斯语族各民族——靺鞨、勿吉、挹娄、女真、满、以及赫哲、鄂温克、鄂伦春等世世代代生活居住的地方，并成为传统渔猎文化的摇篮。

1. 狩猎

狩猎是满族先民的传统生业，在渔猎经济中起着主导作用，它为人们的食物、穿着提供了基本来源。鹿、狍、獐、狐、熊、虎、貂、土豹、野猪，各种羽族，都是满族先民猎取对象。有关禽鸟野兽专门语汇的丰富蓄积，成为满语词汇中颇具特色的组成部分。以野猪为例，满语中至少有十一种专用名词：野猪子（mihacan），半大猪（alda），小公猪（buldu），一岁野猪（nuhen），二岁野猪（šurha），将壮野猪（hente），四岁公野猪（aidagan），母野猪（sakda），方长獠牙野猪（haita），盘牙老野猪（hayakta，又 balakta）。满语中熊的专门语词有十一种之多；鹿的专用语汇多达二十九种，都是很有代表性的。这些分类词汇分别涉及动物性别、年龄、形态等各方面的细微差异。至于形形色色禽类语词就更加繁多，难以毕举了。这一点，正体现出一个狩猎民族区别于游牧或农耕民族的重要特征。

由于在漫长的生产过程中对猎取对象细致入微的观察，在满语中形成了大量关于动物形态的词汇。以鹿为例，便有："鹿角蹭树"（gūyambi），"夏鹿成群"（又译：夏鹿牝牡分群，sesilehe 或

hiyancilaha），"母鹿寻子"（nirkimbi），"牡鹿寻牝"（ninkimbi 或 nirkimbi），"鹿滚泥遮体"（mumanambi）等等生动活泼的语汇。禽鸟形态词如："雏鸟在窝扇翅"（debderembi），"野鸡落树"（goboloho），"野鸡飞起声"（kotor），"斑鸠鸣"（durgimbi），"雉肥难飞"（urilehe），"鸟雉唤雌"（gukurembi），"雉奋土"（kuskurembi）等等，难以毕举①。单就"飞"这样一个具体动作来说，满语中便有"飞起"（dekdembi），"擦地飞"（fijirembi），"擦地慢飞"（lesumbi），"抿翅飞"（habtašambi），"抿翅疾飞"（habtalambi），"飞而忽腾起"（soilombi），"飞得慢"（leder seme）诸词语。不必说农业民族不会对禽兽有如此精微的生活体察，即便是兼营狩猎的游牧民族中，恐怕也难以产生出如此丰富而充满表现力的语汇。这些语汇虽带有明显的直观性，尚缺乏思维的抽象与概括，然而却是满族先民世世代代狩猎经验积累的产物。

狩猎生产属攫取经济范畴，由于它只能从自然界中获取天然产品，势必构成对生态环境的严重依赖。这种依赖性反映在语言中，便是积累了有关自然物象和景观的大量语汇。在满语中，与早期狩猎生活密切相关的这一类语汇也异常丰富。初步统计：有关树木形态的词汇多达二十五个②；关于"雪"（nimanggi）的动态词有十多个，即："下雪"（nimarambi）；"下雪片"（labsambi），"下米心雪"（sasurambi）；"带日下雪"（šarhūmbi），"风雪飘荡"（nimanggi kiyalmambi）；"风扬雪"（burašambi），"雪上微冻"（šaturnambi），"雪浮冻"（undanahabi），"雪面坚冻"（cakjakabi），"雪融化"（nimanggi wengke），"风雪有声"（sorsor seme nimarambi），"风搅沙雪"（šurgambi），以及"冻雪浸草上"（ungkan），"春雪凝冻"（undan），等等③。满族先民原来多生活在黑龙江、乌苏里江流域，

---

① 关于野兽禽鸟类词汇均见傅达礼等纂《御制清文鉴》（康熙四十七年内府刻本，下简称清文鉴）中《总纲》，参见乾隆朝《五体清文鉴》（下简称五体）卷30《鸟雀部》3《兽部》，民族文化宫影印本，1957年。《五体》卷29《草部·树木》。

② 《五体》卷29《草部·树木》。

③ 《五体》卷1《天部·天文》。

第一编 清初史

这里冬季严寒,冰雪凝冻,出师行猎栉风踏雪而行,才会积累这么多关于"雪"的态词。不同语汇组成反映不同大千世界的思维和传递信息系统,尤其在比较落后的社会阶段,它总是与人们的生态环境、经济类型紧紧联系在一起的。

满族早期的狩猎生产既属攫取经济类型,是否应毫无区别地一概纳入落后的原始经济范畴?如果囿于史料学的考究,显然难以澄清这个问题,因此有必要借助对满语传统词汇的考察。满语中保存了早期狩猎工具的大量词汇。以网具为例,有鹌鹑网(mušu algan),顶网(mušu gidara asu),拉雀网(cecike tatara asu),拉野鸭子网(niyehe tatara asu),野鸡网(ulhūmaalgan),粘网(马尾作圆眼网,捕雀鸟用,yasha),兔网(gūlmahūn i asu),跳兔网(alakdaha asu),鹰网(tusihiya)等等;套具有:马尾鸟套子(fejilen,又 hurka),野鸡活套子(oholjon),树上雀套子(gofoho);禽鸟脚套子(maselakū),猞猁狲套子(mudun futa 或 šeben),兽套(ile),打狐狸套子(dobi yasha),打雁套子(dan),打雕套子(gala futa),打野鸡脚套子(ofi),以及地弩、弓箭、犁刀、打貂鼠压木、打虎豹木笼、假鹿头、鹿哨、木墩、绷子等[①]。

这些猎具用途不同,形制各异,可以满足各种地形、气候条件下捕猎各种禽兽的需要。从而证明:满族早期的狩猎生产已超出技术落后、工具简陋的原始攫取经济,而过渡到工具专门化、技术复杂化、生产多元化的发达攫取经济。据初步统计,《清文鉴》卷 14 载录的打牲器具词汇共八十七种,其中汉语借词不过五种。又说明,满族早期发达的狩猎经济主要不是在外部社会影响下,而是长期独立发展的、与当地生态环境相适应的一个经济门类。

《朝鲜实录》记载:明朝初年,作为满族主要来源之一的建州女真主要以"打围牧放"为业;海西女真居住的松花江呼兰河一带

[①] 《清文鉴·总纲》,又卷 14《打牲用具》,参见《五体》卷 22《产业部·打牲器用》。

从满语词汇考察满族早期的经济生活

地方"本土所产,獐鹿居多,熊虎次之,土豹、貂鼠又次之"①,仍以狩猎为主要生业。尔后,建州、海西女真陆续南迁辽东一带,形成与明朝农业社会直接毗邻的格局。在外部巨大消费市场需求的刺激下,以交换珍贵皮毛为宗旨的狩猎生产获得进一步发展。明末万历十一年(1583)七月至翌年三月的八个月中,仅海西女真通过广顺关与镇北关交易的貂鹿狍皮,便达7866张,足以说明狩猎业的发达②。天命五年(1620),清太祖努尔哈赤在给蒙古喀尔喀五部王公信中列举本地所产有:三种貂皮,黑红白三种狐皮,猞猁狲皮、豹皮、獭皮、虎皮、水獭皮、灰鼠皮、鼯鼠皮、貉皮、鹿皮、狍皮等③。可见,已经处在向农业社会急遽过渡阶段的满族社会,传统经济仍有顽强的生命力。

满族先民的狩猎活动在一年当中无时不行。《朝鲜实录》记载女真人"自春至秋留屯田猎","夏月则野人出猎者交错","冬春则长以田猎为业"④。狩猎形式也多种多样,除以个体家庭为单位猎取小兽与禽鸟外,多采取各种协作方式。早春时节,集合数人乘冻雪未化之际穿起滑雪板(suntaha)放犬逐兽,称"春雪上赶兽"(undašambi)⑤;待草木萌生万物争荣的春光明媚之日,数人结伴行小围以猎取新肉,称"春行小围"(otorilambi);四、五月间,猎手择鹿群出没处设伏,同时分遣数人从各方面向设伏处驱赶鹿群,以射杀之,称"相地驱兽"(bodombi)。《朝鲜实录》记:明代女真人"群聚以猎""成群渔猎""成群结队分屯各处累日打猎"云云,其中就包括这种集体围猎形式。秋季阴历八月,适值鹿的发情期,异性间鸣叫相诱,猎手遂蔽身于鹿群往来通道,吹起鹿哨,模

---

① 《朝鲜世宗实录》卷21,五年八月辛亥;《朝鲜世宗实录》卷84,二十一年正月己丑。
② 杨余练:《明后期的辽东马市与女真族的兴起》,《民族研究》1980年第5期。
③ 日本满文老档研究会译注:《满文老档》(太祖)卷15,东洋文库丛刊第十二,1955—1963年,第227页。
④ 《朝鲜燕山君日记》卷16,二年七月戊申;卷40,七年六月壬辰;《朝鲜中宗实录》卷63,二十三年九月乙未。
⑤ 《清文鉴》卷4《畋猎》。

仿呦呦鹿鸣，诱致公鹿而射之，此举称"哨鹿围"（akūrambi）。早在辽、金时代，"哨鹿围"便被当作女真风俗而载入史籍①。隆冬季节行"大围"，又称"围猎"（kame abalambi），捕杀野猪等凶猛野兽。可见女真（满族）人狩猎虽不分四季，重点却在秋冬两季，而且多采取集体狩猎方式。

关于集体狩猎的组织结构，《满洲实录》卷3追述说："前此，凡遇行师出猎，不论人之多寡，照依族寨而行。"在满文体中，这里的"族"写作"uksun"，指家族，"寨"写作"gašan"，即村屯。前者是近亲血缘集团，后者多为地缘、血缘、姻缘关系交织纽结在一起的复合型地域集团。因此，围猎组织者一般应是家族长（uksun i da）或者村长（gašan i da）。开围（即向两翼分围）时，围猎组织者将参猎者分十数人一伙，每伙人中推举一首领，授大箭（niru）一枝以为标志，称"牛录额真"（箭主）；猎手在箭主带领下，"各照方向不许错乱"，分向两翼行；最后，听令合围，围中野兽尽为彀中之物。总之，围猎的成功，不仅依赖组织者的经验、果断，而且取决于全体参猎者的同心协力与密切配合。由于牛录组织适应了满族崛起时的社会需要，因此成为八旗制度下的基本单位——牛录（佐领）的滥觞。

2. 渔业

世界上并没有单纯从事狩猎的民族，狩猎生产不能提供稳定的食物来源。因此，所有以狩猎为主要生业的民族，均须因地制宜地进行采集、渔猎、畜养或者园艺种植等辅助劳动。《朝鲜实录》中记载了女真人狩猎之暇从事采集的一些事实：七月间"倾落采参，逾大岭布野"；八九月间，"或采人参，或探蜂蜜，布在山谷"②；妇女们则在五月间结伴入山采取桦皮。满族先民在迁入辽、沈农业区以前始终保持着这样的劳动传统。

清朝初年，满族人曾被察哈尔蒙古人习称为"水滨三万诸申

---

① 参见叶隆礼《契丹国志》卷23、卷25，上海古籍出版社1985年版；宇文懋昭：《大金国志》卷39。

② 《朝鲜燕山君日记》卷16，二年七月丙寅；卷17，二年八月癸未。

从满语词汇考察满族早期的经济生活

(满洲)"，以别于"马上行国"的游牧民族①。其先民既世代居住于依山傍水的河边谷地，养成了擅长渔捞的生产技能。明代女真人的渔业生产，在经济中多属辅助性劳动，《朝鲜太宗实录》五年（1405）九月甲寅条载：建州女真者安等十四户，男女一百余人，"因节晚失农，每户一二人欲往旧居处捕鱼资生"。海西女真饲马"切獐鹿肉，与水鱼饲之"。在狩猎、畜牧的同时佐以渔捞。而对于海滨居住的女真人来说，"海采之利"莫逾于网捕，近海渔业具有更为重要的经济意义②。

满语中保留的大量有关河鱼、海鱼、渔具的专门词汇，足以令后人对其渔业知识的丰富与渔业技术的发达产生深刻印象③。在这一生产领域中，满族早期所达到的水平完全可与其近亲民族赫哲族相媲美。春季鱼汛，人们主要捕食杂鱼；秋汛来临，网捕大马哈鱼、鲟鳇等珍贵鱼种；入冬前后，根据情况采取不同的生产手段：当秋季河沿冰结，流渐下行，河鱼多畏避于沿岸冻冰之下时，渔者于此时"敲冰打渔"（girin efulembi），以佐日需④。又如"凿冰叉鱼"，满族人叫"tungku tembi"，近代赫哲人取"tembi"之义（"坐"），"tungku"（音译"洞库"，义为"洞眼"）之音而称"坐洞库"。捕鱼方式也相同：冬季在江冰上搭盖草棚，下凿洞窟，渔者手握鱼叉坐候棚中静待鱼来；与此同时，有人在上游冰面凿洞，然后将渔网探下水中往来回荡，或用木墩、朽槁四面敲击将鱼群驱向渔者。当后者捕捉到机会，瞬息间将鱼叉掷中冰洞下一闪而过的游鱼，需要有灵敏反应与高超技能。还有"掷石击冰震小鱼"（tangkambi），"叉鱼下木亮子"（giyaban gidambi）等等，后者，是一种古老原始的捕鱼手段，也就是近代鄂伦春、鄂温克、赫哲等民

---

① 《满文老档》（太祖）卷14，第208—209页。
② 《朝鲜太宗实录》卷10，五年九月甲寅；《朝鲜世宗实录》卷84，二十一年正月己丑；《朝鲜明宗实录》卷13，七年十月壬戌；参见《朝鲜成宗实录》卷264，二十三年四月壬寅；卷267，二十三年七月辛卯；《朝鲜明宗实录》卷7，三年五月辛丑。
③ 《清文鉴·总纲》。
④ 《清文鉴》卷14《捕鱼》。

|第一编　清初史|

族中流行的河水中"档梁子"。有趣的是，满族早期"药鱼"（fekceku）不用毒饵，而是将山核桃树外皮与树叶掺水捣烂后抛诸水中，不但达到毒死鱼的目的，而且不致因食用而中毒，这当然是长期实践不断摸索的产物。

满族早期渔业生产技术也同狩猎技术一样，是比较发达的。从《清文鉴》看，所掌握的各种渔具应不少于九十种①。据其各自功能，一些小型网具如"浑水内打柳根池细丝粘网"（ulume butara se sirge asu），"黏网"（又称手网，eyebuku asu），"旋网"（sargiyalakū asu）等等，显然适用于个体生产。而一些大型网具则必以多人协作为前提，如大围网（hūrhan），拦河网（dangdali）即是。拦河网宽十寻（八十尺），上下三寻（二十四尺），使用时，先将纲绳系在渔船"阿伯萨"（absa）上，然后人们沿河两岸齐心协力曳网捕鱼。网具名目繁多，规制不一，正说明满族早期捕鱼形式是很灵活的，以适应不同季节不同自然条件下网捕不同对象的需要。近代赫哲人用拉网捕鱼时，其劳动非一家一户所能胜任，因此少则三、四人，多则十五六人合作生产。在这种场合，他们多同亲属或与自己关系密切的朋友自愿结合，网捕所得平均分配。这种集体组织形式与相应的分配原则，大概也适用于历史上处于同样生态环境、从事同一生产活动的满族人民。

发达的渔猎生产，对满族早期社会发展产生了怎样的影响？鉴于以往论者多从采猎产品成为女真（满族）与外部农业社会实行商品交换主要手段的角度，强调了它对社会生产力发展，最重要的是农业生产的积极推动作用，这里毋庸重复。只基于渔猎生产以集体协作、平均分配为基本形式特点，及其在满族早期社会发展进程中所起的影响，略作说明。

民族学研究充分表明：在所有从事狩猎的现代原始民族中，平均分享全部资源几乎是一个通则②。一直到近代，我国东北通古斯

---

① 《清文鉴·总纲》，参同书卷14《打牲用具》。
② ［苏］В. П. 阿列克谢耶夫（Алексеев. В. П.）等：《世界原始社会史》，贺国安等译，云南人民出版社1987年版，第141页。

语诸渔猎民族中，依旧保持了集体成员平均分配猎物传统。平均分配原则的实施，不单是集体生产的自然结果，也不是当时人们品德"高尚"所致，实际上，只是人们在低效率生产劳动与生活资料的经常性匮乏处境下，以谋生存的唯一选择。具体到满族先民，自然也不能超出此社会发展的一般轨道。满语中"ubu"（乌布）一词，汉译为一份、两份的"份"，原义是指集体狩猎中平均分配的单位①。当年达尔文作环球航行途经火地岛时，亲眼看到当一群岛民得到一块粗麻布赠品后，是如何将它平均撕成许多块，以使每人均得一份②。《朝鲜实录》曾提到明代女真"五六人虽得一衣皆分取之"的风俗③。这与火地岛人的做法又何其相似。

16世纪末，清太祖努尔哈赤起兵后，女真（满族）社会虽然已从部落制步入国家制，传统行为规范在社会中仍有巨大影响。1615年努尔哈赤创立旗制时，分八子侄为八旗旗主，号称"八家"。无论掳掠所获还是收养降附，均按"八家均分"的原则，这样就由氏族社会成员的原始平均主义异化为阶级社会的等级平均制。清太宗皇太极即位初，八家旗主不但要求政治权力平等，还保留了经济上收入均分、支出均摊的旧俗。以致当朝鲜国王呈进礼单后，八家大贵族"例为均一分之，如有余不足之数，则片片分割"④。

总之，满族早期社会不能较快突破原始平均主义樊篱，血缘关系仍是社会关系中的重要纽带，等级分化不成熟，私有制发展一定程度上受到抑制（如缺乏土地私有观念）；政治上政出多门，事权不一。凡此种种现象的产生，与渔猎时代古老风习的残风余响有着直接联系。

---

① [俄]史禄国：《北方通古斯的社会组织》，第478—480、613页。
② [苏] В. П. 阿列克谢耶夫（Алексеев. В. П.）等：《世界原始社会史》，第141页。
③ 《朝鲜世宗实录》卷61，十五年闰八月辛酉。
④ [朝]《备边司謄录》，第4册，第307页。

二 农业经济

史书中关于满族先民农业经济的记载内容简陋、多有歧互，难以说明满族农业之缘起，发展过程以及它与外部社会关系，因此有必要结合满语词汇分析作进一步的补充。

满族先民的农业从根源上说，是直接得自中原或者朝鲜农耕文化的传播，还是扎根于本民族历史的一种古老生业？为澄清这个问题，可以借助对满语中有关农业用具称名来源的考查。《清文鉴》卷13农器类中载有农具词汇共计31个，借自汉语的不过4个①。以主要农具"犁"为例，六个配件（犁杖"anja"，犁身"gokei"，犁蔫（犁把手）"bodori"，犁缆"salhū"，犁镜"ofoho"，犁铧"halhan"）均为满语固有词汇。另外"耙"作"narga"②，"锄"作"sacikū"，"镰"作"hadufun"等等，在语源上均有别于汉语、朝鲜语，而自成一套独立词汇系统。而作为满族先民的通古斯语诸族与蒙古语诸族以及中亚突厥语诸族在农业方面的悠久联系，借助历史语言学研究也可得到证明③。虽然上述外部社会的影响不应忽视，但满语农业词汇的独立性与稳定性告诉我们：农业生产作为社会经济的一种附加成分，在满族先民中业已经历漫长岁月。只是由于受到自然环境与社会环境种种不利因素限制，始终停滞在较低水平，明末以前远不足以取代采猎经济的重要作用。

明正统十二年（1447），瓦剌蒙古在也先率领下东侵，曾迫令呼兰河一带居住的海西女真兀者酋长剌塔"馈送粮食"，并以"违言即肆抢掠"相威胁④。说明海西女真中已有粮食生产，但数量、

---

① 汉语借词如"siseku"（筛箩子），"tangtu"（汤头）；"congkišakū"（杵），"niyeleku"（碾子）。参见《五体》卷21《产业部·农器》。
② 源于突厥语，[苏] В. И. 琴齐乌斯：《通古斯—满语比较辞典》，第585页。
③ 参见 [苏] А. П. 杰列维扬科《黑龙江沿岸的部落》，第49页。
④ 《明朝英宗实录》卷153，正统十二年闰四月戊寅，江苏国学图书馆传抄影印本，1940年。

规模、水平不详。《朝鲜实录》提到兀者卫的经济生活时说："所产獐鹿居多，熊虎次之，土豹、貂鼠又次之。牛马四时常放草野，惟所骑马饲以刍豆，若乏刍豆，切獐鹿肉，与水鱼饲之。"① 可见，当时的农业生产水平还很低，因为种植的豆粮不敷，所以才想出饲马以兽肉水鱼的权宜之策。满族早期农业经济的落后性，还通过作为生产力基本要素的生产工具与生产技术的状况表现出来：

第一，生产工具的落后。生产工具的发展程度，是衡量一个社会生产力发展的重要尺度。早期的满族社会，铁器未及普及，简陋的农具主要是木质或骨质的。

《清文鉴》关于"关东锄"（dargūwan，又称满洲锄）是这样解释的："古时候满洲人因为无锄（homin），在长木上端安一锹状物，前推刈草"② 云。这种木锄，可能是在最原始农器——木棍、鹿角锄基础上，经过不断改进，而发展成的一种简陋复合工具。满语的"锄"称为"homin"，与朝语的"锄"（homi）读音几近③。据此推测：满族可能在南迁到辽东并与毗邻的朝鲜建立起经常性交换关系以后，才开始使用真正的铁锄。与此同时，在耕牛犁铧不断输入的基础上，才具备了由落后锄耕农业向先进犁耕农业过渡的条件。

第二，技术的落后。与落后的生产工具相表里，农业技术之低下，突出反映在满族先民长期实行的以火耕为标志的生荒耕作制上。满语称"烧荒地"为"jekse"，火耕的具体内容在《清文鉴》"薮泽荒烧"（detu dambi）条中有简单表述："积水荒野之草地一并焚之，称'薮泽荒烧'。倘将此烧过之地种稗，则大获"云④。再印证《朝鲜实录》中记载："野人（女真人）火江北之地，草树尽焚"，"彼人尽焚山野"；又称："见今阴崖深谷冰雪始消，江水方涨……胡地火烧，马草俱尽，用兵实难。"⑤ 这两条记载的时间，

---

① 《朝鲜世宗实录》卷84，二十一年正月己丑。
② 《清文鉴》卷13，第35页下36页上。
③ 李得春：《漫谈朝鲜语和满语的共成同分》，《延边大学学报》1981年第1—2期。
④ 《清文鉴》卷4，第36页上。
⑤ 《朝鲜成宗实录》卷190，十七年四月丁丑；《朝鲜世祖实录》卷20，六年四月甲寅。

均在阳春四月。如果仅从字面来理解，女真人尽焚山野，似乎只是为了使"马草俱尽"，以防范朝鲜兵马入侵。如果联系前引词条释义，则不妨推想：满族先民春天烧荒，除带有军事意义外，应寓有火耕的目的。

火耕源于采集狩猎时代的火猎。早年游猎于东北大兴安岭的鄂伦春族，就有"烧荒引兽"之习。每届大地春回之际，他们就兴冲冲地放火烧山，以促使新草萌发，达到驱赶捕获野兽的目的。这种风习在其他狩猎民族中也相当普遍。一旦人们将这种方法转用于早期农业生产时，自然会因土地得到草木灰的滋养而获较好收成。在我国南方一些少数民族历史上，"刀耕"与"火种"是彼此相关的原始经营方式，所以又称"生荒耕作制"。

火耕的事实说明：满族先民在明代还没有掌握精耕细作的农业技术，种地不施肥，仅以烧荒余烬为限。若干年后，地力耗减产量愈低，不得不弃地它迁。明代前期女真各部之所以频繁迁徙，不获宁居，有着多方面原因。如果从满足经济需求角度分析，除适应狩猎生产特点外，与农业技术之落后及由此形成的游耕特点似乎也不无关系。

满族早先尽管多"逐水而居"，史书中却未见有利用河水灌溉农田的记录。《朝鲜实录》提到："彼地（指建州女真居地）无水田，唯黍粟生焉，其收获不过七月。"[①] 也反映了技术水平的低下。农作物除黍粟外，还有适应力强而产量偏低的稗子（hife）。稗子是"禾之贱者"，"性喜洼地"。《辑安县志》记其特性曰："非嘉谷，惟下湿之地百谷不宜种者种之，以甚不择地而皆畅茂，是旷地之副产也。"[②] 这种低产作物，纵可免去平日劳作之苦，任其自由生长，但偶遇涝灾，必定减产乃至颗粒无收，从而造成饥馑。明代女真人因为灾年无粮频频到明朝边境乞食，以至恳求内附的事例，在当时的史籍中撷拾即是。据此推测，认为满族早期农业曾经历广种薄收

---

① 《朝鲜成宗实录》卷240，二十一年五月丁丑。
② 刘天成修：《辑安县志》卷3，1931年铅印本。

从满语词汇考察满族早期的经济生活

粗放耕作的落后阶段，应是大致不错的。

明末清初，女真（满族）在汉族、朝鲜族等农业民族有力影响下，农业生产水平迅速提高。犁铧、耕牛的不断输入，使落后的锄耕农业逐渐完成向犁耕农业的转变。

农业的发展，集中表现在新作物的推广与技术提高方面。在这以前，明代女真人掌握的作物品种有稗（hife）、黍（有大黄米即糜子 ira，与小黄米 fisihe 之分）、大麦（muji）、谷（je）、荞麦（sasu 或 mere）、铃铛麦（arfa，即燕麦）等①。从语源看，它们均有别于汉语或者朝语。满族人祭祖，俗用黄米糕"以之荐祖祢"，说明在早先，这必是最上乘的食品。这些作物，无论是适于洼地生长（如稗），还是宜于坡地种植（如谷、黍），总的特点，一是"晚种早熟"，适合北方无霜期较短的气候条件；二是易收易长，生命力强，在粗放条件下也可望秋成；三是低产薄收，远不能满足社会日益增长的需求。只是通过与汉族的长期接触，才不断有新品种传入女真（满族）社会。这一变化反映在满语中，便形成了不少关于农作物的汉语借词。如"晚谷"，满语称"niyada"，应是得自汉语"粘稻"的借词，因为粘稻与晚谷一样是粘的，所以用来指称晚谷；高粱，满语称"šušu"，这应是"蜀黍"的借词。明清时代辽东汉民称高粱为"蜀黍"，因其"种传自蜀故名"②。又因高粱籽粒多为紫色，所以满语"šušu"又派生出"紫色"引申义。再如稻，满语称"handu"，当为汉语"旱稻"的音转，足证满族早年种植山稻，也是从汉人处习得的。同一途径传入的还有豆（turi）、绿豆（lidu）、豇豆（giyangtu）等作物③。

满族先民渔猎为生，原以野菜为蔬，常食用的有野韭（sifamaca），野芹（bigan i gintala），野蒜苗（sejulen，又 suduli），野芥菜（takan），细野葱（ungge），甘荠菜（niyajida），荠菜（abuha），车轱辘菜（niyehe tungge），小根菜（niyahara），鸡肠菜（ajirgan sogi），

---

① 《清文鉴·总纲》；同上，卷18。
② 《清文鉴》卷13。
③ 《清文鉴·总纲》；同上，卷18。

木耳（sanca），蘑菇（megu）①。后来，随着农业的发展逐步走向定居，并从汉人处学会了种菜技术。因此，当清太祖努尔哈赤建立后金国前后，满族聚居的赫图阿拉地区，已是"蔬菜瓜茄之属皆有之"了②。例如，满语"蔬菜"的"菜"叫"sogi"，这应该是"菘菜"（东北汉人称白菜为菘菜）的音转，因满语中原无"ts"音，故将"tsai"（菜）转读为"gi"了。"园"（yafan，即种菜蔬的场地），"畦"（cise，即种菜之处）等汉语词汇也为满语所汲取③。说明种菜业已向园田化、集约化发展。

明清之际，女真（满族）与朝鲜人往来密切，为学习先进的农业知识开辟了另一途径，如前所述，满语的"锄"（homin）即取自朝语；满语"萝卜"（mulsa）也是朝语借词④。

新品种的推广与农业生产经验的普及，尤其是高粱、玉米、稻等高产作物的引入，大大推动了农业生产的发展。如果说明朝前期女真地区还是"无水田唯黍粟生焉"的话，那么到了明朝末叶，女真（满族）农业已达到"旱田诸种无不有之"的水平了。努尔哈赤时代的满族地区"土地肥饶，禾谷甚茂"，作物种类比较齐全；单位面积产量，最多时粟种一斗可获八九石；家家皆畜鸡、猪、鹅、鸭之属⑤，已颇具农家气象。而后，进一步推广了高产水稻，满语称"种稻入水之处"作："handucise"，直译为"旱稻之畦"⑥。可见他们在引进水稻以后仍旧袭用"旱稻"旧语，泛指稻科作物。

推广新品种的过程也就是生产技术提高的过程。当天命六年（1621）满族进入辽、沈农业地区以后，这一步伐显然加快了。天聪年间清太宗皇太极谕令八旗说："洼地当种高粱、稗，高地随地所宜种之，地瘠须培壅，耕牛须善饲养。"⑦ 因地制宜、施用粪肥、

---

① 《清文鉴·总纲》。
② ［朝］李民寏：《建州闻见录》，第43页。
③ 《清文鉴》卷13。
④ 李得春：《漫谈朝鲜语和满语的共成同分》，《延边大学学报》1981年第1—2期。
⑤ ［朝］李民寏：《建州闻见录》；《朝鲜宣祖实录》卷71，二十九年正月丁酉。
⑥ 《清文鉴》卷13。
⑦ 《清太宗实录》卷13，天聪七年正月庚子。

从满语词汇考察满族早期的经济生活

善养耕牛这三个变化,集中反映满族耕地面积扩大,作业要求提高,犁耕农业深化的进步,说明这时已接近汉族农业的水平。

值得注意的一点,满族在进入汉区以后,并未完全放弃本民族的固有农业技术。耕作方法,仍用旧制。清太祖努尔哈赤曾下令:"田地不要仿汉人方法耕两次,依我们的旧例,用手拔草,反复地把土垄起来。仿汉人方法耕两次,田沟有硝浮起,恐怕根部的草不能完全除尽"①。虽然我们对"旧例"的具体内容已不能详知,看来,除草务尽,不起浮硝(以防止田亩碱化)应该是它的优点,否则就没有必要重新提倡了。"反复地把土垄起来",或者指的是宽垄间作技术。《满洲岁时记》谓"以马牛荷犁作垄,其垄幅广阔"。《清文鉴》"间种"(samdame tarimbi)条解释说:"将垄作宽,间种它物。"② 可知这是满族人民在农业中的创造。

综合上述,对满族早期社会的经济面貌、主要内容和特点、变化趋向进行了简要考察。主要依据对满语词汇或其具体含义的分析,进一步明确了以下几个问题:第一,满族早期渔猎经济是其固有文化的重要代表,早已超出简单原始的攫取经济范畴。因此,在研究这一经济类型时,不应简单套用民族学关于现代原始民族渔猎经济的一般结论。第二,发达的渔猎经济为满族早期社会与外部农业社会实行商品交换提供了主要前提。从这个意义上说,当明代女真人南迁到辽东地区以后,由于传统渔猎经济被赋予新的经济职能而成为满族社会发展的主要动力。同时应看到,与传统渔猎经济相适应的社会制度、分配原则、行为规范与观念,曾给满族早期社会发展打下深深烙印。第三,满族的农业经济,当它处于一种低级形态时,本是固有文化的一部分,尽管是经济生活中长期受到压抑而得不到正常发展的附属部分。将它的起缘简单归结为南方农业文化传扩的观点似乎值得考虑。实际情况是,不单在女真(满)等渔猎民族中,而且在北方蒙古语族各游牧民族的经济生活中,都曾存在

---

① 《满文老档》(太祖)卷52,第769页。[日]金丸精哉:《满洲岁时记》,《滿洲歲時記》,博文館昭和18年版,《四月垄·播種》。

② 《清文鉴》卷13。

过从属性的、局部的初级农业。第四，满族农业的真正发展，是在南迁并与农业民族为邻以后。语汇分析与史书记载均从不同角度印证了这一点。清太祖努尔哈赤崛起之际，满族开始迅速向农业经济过渡。当 1621 年满族迁入辽沈传统农业地区，并实行"计丁授田"以后，它已成为农业民族。如果说渔猎经济曾为满族早期的发展做出过重要贡献的话，农业经济则奠定了满族进入文明社会、建立国家政权的物质基础。

（原载《满语研究》1989 年第 2 期）

满族萨满教信仰中的多重文化成分

萨满教，作为一种原始多神教，曾广泛流行于我国东北及西伯利亚等地众多民族中。各民族萨满教，伴随自身的社会历史进程，经历了复杂演变，并形成庞杂的信仰体系。

满族是东北地区少数民族之一。其先民主要来自北方黑龙江流域及毗邻地区的渔猎之民。在由北向南的辗转迁徙中，他们曾先后受蒙古游牧文化和汉族农耕文化的熏陶。17世纪初叶，满族又顺利完成由渔猎经济向农业经济的过渡。对于满族早期历史发展的这一轨迹，清代史籍文献并无明晰载录，然而在满族人世代传承的古老信仰中，它却得到一定反映。本文通过对满族主要信仰来源的探索，展示渔猎、游牧、农耕等不同文化成分在满族信仰体系中的构成，借以加深对满族悠久历史文化传统及其发展特点的认识。

一 渔猎文化的本色

如果将满族文化比作一幅绚烂多彩的油画，渔猎时代文化正是它浑厚的底色。满族先民，长期以渔捞采猎为业，其萨满教中所蓄积的有关禽兽、神树、星辰等自然崇拜和图腾崇拜，从不同角度折射出他们在特定自然环境与社会环境下生成的复杂心态。属于这一时期的信仰形形色色，而其中为满族各氏族所普遍接受的，莫过于对乌鸦、喜鹊和狗的崇拜。

(一) 乌鹊信仰的缘起

乌鸦、喜鹊是满族神话传说中的重要主题。清代关于满族统治者爱新觉罗氏的始祖传说，即是指天女佛库伦吞食神鹊衔来朱果，而诞育始祖布库哩雍顺的故事。佛库伦及其姊恩库伦、正库伦，也就是著名三仙女的原形，即脱胎于古老的乌鸦崇拜。《满洲实录》又记，布库哩雍顺身后数世有名樊察者，正当追兵迫近的危难之际，幸得神鹊搭救，始得逃生。于是从此以后，"满洲后世子孙，俱以鹊为神，故不加害"①。上述乌、鹊传说，其中虽掺入后人附会与杜撰的成分，毕竟反映了满族先民赋予它们的神秘观念。

以往有论者根据古代中原地区流传的"天命玄鸟，降而生商"诸如此类的孕生神话，便认为满族乌鹊信仰导源于中原农耕文化，这种看法似乎忽略了对不同文化背景差异的考查。为说明这一点，有必要将视野转向以亚洲东北部古亚细亚语诸族为代表的北方原始渔猎文化区。

如众所知，乌鸦形象，见诸世界许多民族的宗教传说或神话。然而，在大多数场合之下，它总是被视作恶神，充其量也不过是揶揄嘲讽的对象。但是，唯独在亚洲东北部，以及与之隔海相望的北美西北部沿海的原始渔猎民中，乌鸦却得到积极的评价。一些世代定居的古亚细亚语民族楚克奇、尼夫赫等，以及爱斯基摩、阿留申、印第安人，都是信仰乌鸦的民族②。他们将一顶顶用宗教神话纺织而成的桂冠，戴在乌鸦头上。

如果进一步将满族与北方各渔猎民族的乌鸦信仰加以比较，就可以看出，在以下三方面，它们的观念是大体吻合的。

---

① 《满洲实录》卷1，第9页。
② ［俄］Е. М. 麦列金斯基：《古亚细亚人的乌鸦神话以及东北亚及西北美在民俗学中的关系问题》，《西伯利亚北部与北美的传统文化》（Мелетинский Е. М. Палеоазиатский эпос о Вороне и проблема отношений Северо-Восточной Азии и Северо-Западной Америки в области фольклора. Традиционные культуры Северной Сибири и Северной Америки. Наука. М., 1981, С. 182 – 200），莫斯科，1981年俄文版，第182—200页。

满族萨满教信仰中的多重文化成分

第一，都反映了以乌（鹊）为祖的图腾观念。亚洲东北部古亚细亚语诸族，曾被称作"信仰乌鸦的狂热民族"。尼夫赫、楚克奇人认为，乌鸦有开天辟地、衍育万物之功，是人类的共同祖先；科里亚克等民族神话中，乌鸦虽没有造物主功能，但是被当作始祖而加以膜拜。堪察加半岛的土著伊捷尔缅人，亦将大乌鸦"库特赫"视为始祖。在他们中间长期恪守对包括乌鸦在内的图腾物禁止杀害的禁忌。

通古斯语族埃文基人的创世传说提到："天神造人的助手是大乌鸦"；亨滚河一带的涅基达尔人认为，乌鸦前世也是人[①]。这种将乌鸦与人类视为同祖，因而存在血缘关系的观念，显然是图腾崇拜的遗存。在黑龙江下游的奥罗奇神话中也提到，人来源于乌鸦。同一地方奇雅喀拉人（又称恰喀拉，乌德赫族的一部）"刻木为乌张翼形，立木柱上，以为神"[②]。据俄国人记载，乌德赫人所祭的这种祖神为"库阿"鸟。所谓"库阿"与满语"嘎哈"（gaha，意即乌鸦）发音近似，说明乌德赫人神竿祭祀的对象很可能就是乌鸦。

在北美各印第安人部落中，乌鸦或被视为造物主，或被作为本氏族的象征。

乌鸦图腾观念在北方渔猎民族中影响既如此广泛，那么，在满族先民眼里，乌（鹊）又充当什么角色呢？

前面已经提到，在《满洲实录》这部有关满族早期历史的重要文献中，记录了由乌、鹊信仰敷衍而来的一些传说。这里须指明的是，在该书满汉文本有关神鹊救樊察而为满洲所崇信的一段文字中，存在细微然而重要的差别。满文本在讲述神鹊救樊察的一番功德后这样写道："满洲后世子孙，俱以鹊为祖（mafa）"。但是在晚出汉文译本中，却将满文"祖"字改译为"神"字，从而将全句改为"俱以鹊为神"了。虽止一字之易，却完全掩去满族先世曾经

[①] 郭燕顺等：《民族译文集》，吉林省社会科学院苏联研究室1983年版，第209页。
[②] 《苏联远东诸民族（17—20世纪）》（Народы Дальнего Востока СССР в XVII - XX вв. М., 1985, С. 133.），莫斯科，1984年俄文版，第133页。

以鹊为祖的事实。显而易见，清代文人在多次修订润色《满洲实录》的过程中，逐步意识到这种陈旧观念的不雅，故而有此改动。实际上，有清一代满族民间"俱德鹊，诫勿加害"。即如宁安一带满族，"庭中必有一竿，竿头系布片，曰祖先所凭依……割豕而群乌下，啄其余胬，则喜曰：祖先豫；不则愀然曰：祖先恫矣，祸至矣"①。就是以乌为祖的一例。

第二，都赋予乌、鹊以萨满的职能。萨满，是萨满教各种宗教活动的主持者，被认为拥有超自然能力，可与神灵直接交往，并且洞知将来。作为人神交通的中介，其职能主要体现在为人们祛除灾祸，跳神医病，祈求丰收，送魂求子等方面。东北亚古亚细亚语诸族，均将信仰中的乌鸦视为世间第一位萨满，认为它拥有在"宇宙各部分间"往返自如"进行调节"的超自然能力。例如，楚克奇人的传说赋予乌鸦以巫术特征，包含了乌鸦与恶神搏斗的情节。印第安人传说，亦将萨满祭祀的创设归功于乌鸦的引导。

比较古亚细亚语诸族与印第安人各部落的乌鸦信仰，可以发现二者略有不同。如果说在前者意念中，乌鸦往往被视作天神使者或助手的话，那么在后者心目中，乌鸦与天神形象，却几近于一身。这说明东北亚诸民族的宗教形态较之后者已有所发展，从而在古老图腾观的底蕴上，又逐渐分离出关于高级神——天神的观念。

在这方面，满族的观念较接近于东北亚诸民族。满族亦将乌鹊视为连接天地之间的使者，清代满族家家户户设竿祭天，并且在竿上设斗，以肉米等物生置其中，"用以饲乌"。神竿祭祀的对象，乃是冥冥上天，附祭乌、鹊，正是希冀借助它超凡的能力，将下界对天神的笃诚通达天庭。前述奇雅喀拉人、印第安人祭拜乌鸦的举动，与满族的神竿饲乌，实可收异曲同工之效。满族先民中，不乏"神鹊通天"一类传说。洪水神话《白云格格》里讲到，群鹊求告天女白云格格，投下青枝，才拯救和繁衍了地上的生灵万物。这不由得使我们想起科里亚克人的传说，洪水过后，乌鸦将人们的部落

---

① 王世选修：《宁安县志》卷4《风俗》，民国十三年版，第5页上。

分为氏族，帮助人们重建生活；以及尼夫赫人所谓乌鸦"是天上最高神"派到地上来的一类传说在情节上的类同。同样，满族传说亦将乌、鹊视为天神的助手。《天宫大战》神话中，出现了宇宙初开时，神鹊襄助天母"阿布卡赫赫"战胜恶魔的动人场面。这与古亚细亚语诸族关于乌鸦是第一位萨满，在天神驱使下与恶神斗法的传说，如出一辙。

第三，均将神话中的乌鸦，描绘为以血缘关系为纽带联结起来的一群，即"乌鸦家族""乌鸦氏族"或者"乌鸦族"。大乌鸦在东北亚诸民族的古老传说中，常被描绘为乌鸦族的族长。如在楚克奇人关于乌鸦与鹰换婚的故事中，提到了乌鸦的家族构成。①

在人所共知的佛库伦吞食朱果的满族始祖传说中，提到著名三仙女"恩库伦""正库伦""佛库伦"。关于三姊妹名字的含义，学者们曾有种种推测②。其中赵振才先生关于三仙女原形是古老乌鸦崇拜的解释，富有启示。这里仅想补充一点，从语源学角度分析，"库伦"一词似源于满语的"keru"（慈乌），即"大乌鸦"。至于三仙女名字前的第一字"恩""正""佛"的含意，倘根据满语构词的特点分析，三字可能是"库伦"一称的修饰定语，蕴含了借以彼此区别或者标明其各自特征的附加含义。如果以上推测不错，那么尽管代表同一族群的三只乌鸦已褪去乌黑的羽毛，幻化为三位伶俐俊秀的仙女，仍不难从中窥知其与古亚细亚语诸族的观念上的联系。

萨满教的祖先崇拜，最初往往是由更为原始的自然崇拜或图腾崇拜中演变而来的。上述各民族以乌、鹊为祖，并加以崇拜的事实便证实了这点。由于这种崇拜尚未蜕去旧有动物形态的躯壳，因而若与较为发达的人格化祖先崇拜相比，显然带有浓厚的原始性。满

---

① ［俄］E. M. 麦列金斯基：《古亚细亚人的乌鸦神话以及东北亚及西北美在民俗学中的关系问题》。

② 参见赵振才《满族民间传说中的佛库伦》，《中国民间传说论文集》，中国民间文艺出版社1986年版；《清代三仙女传说中人名和地名考释》，《满语研究》1987年第1期；［日］三田村泰助：《清朝前史の研究》，第51页。

族乌鸦崇拜,由动物原形向人格形的转化,再现了各民族早期宗教观念演进的一般历程。

综上所述,满族与东北亚古亚细亚语诸族乃至印第安人的乌鸦信仰之间,的确有着从形式到内容上的近似与吻合。这一文化现象,又给予我们哪些有益启示呢?

显然,那种将满族以乌鸦信仰为母体的始祖传说,与"天命玄鸟,降而生商"、秦朝始祖女修吞燕卵而生大业一类祖先神话联系起来的观点,是值得商榷的。与其将它的来源归结为中原农耕文化影响,不如将它的来源与处于相似生态环境、从事类似经济生活、并且在血缘、文化等方面始终保持交流的北方渔猎民族联系在一起,更为合理。至于说将乌鸦信仰视作高句丽始祖朱蒙降世传说的引申的观点,也颇值得怀疑。后者既然导源于扶余——高句丽系对日神的崇拜①,与满族始祖传说也似乎风马牛不相及。

乌鸦信仰的生成,与北方渔猎民族所处的自然环境亦有关系。当时的人们,尚处在生产力水平非常低下的渔猎经济阶段,时时处处依赖自然界的施予。在这种状况下孕育出来的精神文化,只能与自然界相互关联。于是,一个部落或民族生活于其中的特定自然条件和自然产物,都被搬进了它的宗教。在亚洲东北部的众多鸟类中,乌鸦的自然属性是比较醒目的。乌鸦在北方分布广泛,沿海地区尤为常见;乌鸦是留鸟,不像黑龙江下游以迄西伯利亚严寒地带的其他禽鸟,春来秋往,作有规律的飞行;加之乌鸦性喜居高处,食腐特性,以及令人心悸的鸣叫声,自然会引起当地居民的关注。

(二)以犬为祖的信仰来源

以犬为祖,是满族萨满教中又一古老信仰。早在满族入关以前,满族人就有不宰杀犬,"有挟狗皮者,大恶之"②的风习。由此信仰又派生出"义犬救主"一类传说。据说,清太祖努尔哈赤年幼时为奴,一次逃出时为追兵所逐,只是由于大黄狗的帮助,始免

---

① [日]三田村泰助:《清朝前史の研究》。
② [朝]李民寏:《建州闻见录》,第43页。

罹难。从此,他给满族立下规矩:不准杀狗、食狗、戴狗皮帽。其实,努尔哈赤为奴的传说本不可靠,义犬救主之说更属荒唐,而满族人对狗的特殊感情,应该另有渊源。

从文献记载看,被人们认为与满族有一定渊源的东北各古代民族,如勿吉、靺鞨、金代女真人等,不仅无敬狗为祖的图腾观念,而且食狗肉、衣狗皮的风气盛行。这与满族先民信仰习俗实在有些大相径庭。原因在于当他们见诸中原文士的笔端时,多已是向农耕过渡的民族,而满族的狗崇拜,却依旧保持了北方渔猎民族的真传:"其俗不知耕种,以捕鱼为生,其往来行猎,并皆以犬。"狗既成为他们饲养的主要家畜,又成为他们的主要劳动工具:冬季,人们乘狗拉雪橇出行,积雪之处"其快捷如奔马";夏季,又可使之拉纤,乘船逆流上行。总之,离开狗,人们简直寸步难行。正是根据这一特征,明清两代汉文典籍又把当地居民统称为"使犬部"[①]。

除了对乌、鹊和狗的崇拜,在满族尤其是东北边疆地区的"新满洲"(主要指清朝入关以后康熙、雍正两朝被陆续内迁编旗的边疆居民)中,还长期保留了与渔猎生活密切相关的其他一些信仰与风习。早期渔猎之民,在行围狩猎中时时处处面临各种猛兽的侵袭。他们在震怖惊恐之余,既深知自身力量的单薄软弱,于是转而将其神化,以时祭祀,希冀借助它们的勇猛祛除生活中不期而遇的各种灾祸或者不幸。譬如满族一些氏族多奉祭老虎神,延及入关以后,遂演变为萨满医病时的一种特殊方式。康熙朝满文《御制清文鉴》卷13医疗项载:"萨满供祭渥辙库(即家内神)跳神以驱妖魅,谓之跳老虎神逐祟。"萨满跳神时模拟老虎的各种动作,恐吓作祟病人的所谓妖魅,认为可以达到治病的目的。它如金钱豹神,人面豹身偶像,是清代东北一些氏族供奉的保护神。又如大鸟神,为原籍东海窝集(乌苏里江以东)尼马察氏所崇信,其木偶是一人面怪鸟,大概是从鸟图腾演变来的祖先神。尼马察氏恪守狩猎年代

---

① 嵇璜等纂:《清朝文献通考》卷271,上海商务印书馆1936年版,第7278页。

风俗,秋祭时供上野鸡一对。"突忽列玛法",是海滨渔猎民钮祜禄、郭合乐氏的保护神。它是由海兽形象演变来的祖神,通体布满发光的鳞片,然而却长着一副鸭掌。人们在出海打鱼时必求它的庇佑。鹿神"抓罗妈妈",是乌扎拉氏打鹿角时祭祀的神,届时萨满神帽上插一对鹿角,名曰"跳鹿神"。如此等等,不待详举。

综上所述,满族萨满教古老信仰中,有些信仰尚处在动物崇拜的原始阶段,另外一些信仰则发轫了由动物崇拜向人格神的演变,从而呈现半人半兽的奇诡形态。但它们都从不同侧面,揭示出满族先民渔猎文化的丰富内涵。

二 外来文化的影响

伴随社会历史演进,满族萨满教中也逐渐融汇了许多外来文化成分,下面对此作进一步的考查。

(一)游牧文化的渗透

明朝初年,南迁到辽东一带的海西女真和建州女真,仍继续与蒙古保持政治、经济文化的交流。比较先进的草原游牧文化使其固有信仰有了进一步的发展。

明末清初,对天神的祭祀开始成为满族萨满教的一项主要内容。清太祖努尔哈赤立国之初,在当时的统治中心赫图阿拉,"立一堂宇,缭以垣墙,为礼天之所。凡于战斗往来,奴酋及诸将胡,必往礼之"①。从此以后,堂子祭天始终是清皇室举行宫廷萨满祭祀时最隆盛的大礼。至于满族民间,家家户户立竿祭天,也是年祭月祭时不可或缺的活动。

满族的天神观既如此强烈,是否其固有渔猎文化的产物呢?从宗教形态演进的一般进程看,当渔猎采集之民尚处在社会发展的早期阶段时,囿于万物有灵的宗教观,是不能将"天"的概念从自然

---

① [朝] 李民寏:《建州闻见录》,第43页。

满族萨满教信仰中的多重文化成分

万物中凸显出来的。但当传统采猎经济向游牧或者农耕经济过渡时，人们的取食方式发生了变革，社会分工也日趋发展，就使宗教观念日臻复杂。例如在达斡尔族萨满教中，天神观的胚芽已经形成。达斡尔人将"天"划分为父天、母天、公主天、官人天而加以崇拜。这种观念的形成显然受到外来文化的影响，但诸天之间地位平等，与其他神灵亦无高下的观念，则代表了天神观的早期阶段。

满族天神观的形成还受到蒙古等游牧民族的影响。天神观在游牧族中得到了高度发展。匈奴之俗岁以正月、五月、九月戊日"祭天神"；突厥人对天也极表敬重，突厥芯伽可汗称："朕是同天及天生突厥芯伽可汗"，"承上天之志，历数在躬，朕立为可汗"；契丹民族"俗重天神"，认为天是万物主宰。蒙古民族是古代北方游牧文化的集大成者，蒙古萨满教认为天为九层，统御诸天神者尊称为至高无上的"长生天"。

游牧民族所以"俗重天神"，并不是偶然的。首先，与渔猎之民相比，他们代表了经济发展的更高层次。游牧经济的出现，表明人们已从单纯攫取自然界的天然产品，转为通过自身努力利用自然资源生产更多的生活资料。经常性剩余产品的出现和分工交换的发展，促进了政治权力分离、等级制度形成与国家的建立。因此，当上述游牧民族见诸史籍时，无不跨入文明社会的门槛。这样就为天神观的形成提供了必要的社会前提。再者，与游牧民族居有的自然环境也有一定关系。对于终日出没于原始森林和江湖之滨的渔猎民来说，苍天留给他们的印象远不及对于草原游牧民那般深刻。所谓"天似穹庐，笼盖四野，天苍苍，野茫茫，风吹草低见牛羊"之名句，正是草原牧民在特定环境下自然生发的天人一体的博大情怀的写照。

满族亦如蒙古。他们称天神为"天汗"，或将天地神灵并称"天父地母"；祭天仪礼也完全沿袭游牧民族的风习。早在明朝末年，朝鲜人便记述满族"杀白马祭天"[①]的礼仪，诸如"对天杀白

---

① 吴晗辑：《朝鲜李朝实录中的中国史料》，中华书局1980年版，第3048页。

马，对地杀黑牛"一类记载，在清初官方文献中不胜枚举。纵观历史，此俗自汉代已经流行于草原游牧民中。《史记·匈奴传》：匈奴呼韩邪单于曾与汉朝刑白马盟誓；契丹人"国有大事，则杀白马灰牛以祭"①；降及蒙古，白马仍用作祭天之牲。由此可见，满族萨满教的天神崇拜，无论从内容还是形式上看，都受到蒙古宗教观的影响。

蒙古文化对满族萨满教的影响还表现在其他方面。例如，满族萨满教夕祭诸神中，有所谓"蒙古神"，即"哈屯（王妃）""诸颜（王侯）"。至少觉罗姓各氏族，是将他们作为祖先神而虔诚祭祀。祭祀时，仍依照草原游牧民的惯例奉献羊只（祭其他神灵时多以猪为牺牲）或于庭院中搭盖的蒙古包前设祭。这正是满、蒙两个民族及其先民长期交往的一个例证。

（二）农业文化的汲取

明代建州女真、海西女真陆续南迁，至与明朝接壤的辽东地方以后，开始形成直接与汉族农业区为邻的格局。先进的农业文化对女真（满）人产生了越来越深刻的影响，并诱发其宗教信仰的进一步演变。汉族民间长期顶礼膜拜的人格神祇——佛祖（释迦牟尼）、观音（观世音菩萨）、关帝（关羽），很快跻身于满族萨满教"神殿"，居有显赫的地位。

佛祖、观音，并为佛教神祇。明初永乐皇帝曾于黑龙江下游奴尔干都司所在地修建永宁寺，又于南部建州部所在地的长白山区盖建佛寺，南北声气相通，试图以佛教濡化分离的女真各部。关帝，则为佛、道二家共同尊崇的神祇，而后者又尊之最隆。明代，关帝渐为蒙古、女真诸部共同尊崇。这位由英勇善战、忠君信友的三国时代蜀国大将演变来的人格神，对于崇尚武功的草原行国，或者"水滨"狩猎的女真部落，确乎表现出异乎寻常的吸引力。尤其当满族奋发崛起于辽东大地的年代，精神上正亟需这样一位实实在在

---

① 叶隆礼：《契丹国志》，上海古籍出版社1985年版，第1页。

的人格神，以取代往昔那些脱胎于虎、豹一类动物崇拜的原始战神。毋怪乎关羽被满族尊称为"关玛法（祖）"，成为各氏族共同崇信的祖先神。

佛教阐扬因果报应之说，提倡修行解脱；道教推举关羽，身体力行的乃是"忠""义"二字。这些中原社会的道德伦理，一向是汉族农业文化的组成部分，而与满族的固有信仰格格不入。儒、道观念对满族萨满教的渗透，一方面满足了明朝末年女真（满）族急剧向农业社会过渡时在意识形态上的需要，另一方面也预示了传统萨满教的衰亡。清太祖努尔哈赤虽然"手持念珠而数"，已接受佛教的影响，毕竟还没有减损对旧神的信仰，家中供有"渥辙库（家内神）"，每于其前设誓祝祷，态度是虔诚的①。皇太极即位后却说："所谓萨满书牍者，早有考究，而今荒疏矣。"②"萨满书牍"之有无姑且无论，至少说明他对萨满教信仰、仪礼原是精熟的，大概也信奉过，后来却逐渐与它疏远了。这种对萨满教所持的实用态度，与其在政治上除旧布新的建树是并行不悖的。清太宗秉政期间，文化上倡导尊儒，组织译写了大批汉文典籍；政治上废弃札尔固齐和贵族合仪旧制，建立内三院六部，积极仿行汉族制度；经济上实施有利于农业发展的一系列政策，从而推动了满族社会的发展。

以上对满族萨满教信仰的丰富内涵进行了简略考查。最后还应指出，多层文化成分的积淀，与萨满教原始多神教的性质有关，因此它无力排拒外来先进文化的影响。在某种程度上，也是因为满族先民社会环境的变迁，即向南迁徙和走向定居的过程，也是与游牧民族、农业民族相继结为毗邻关系的过程，为汲取外来文化创造了良好条件。作为原始宗教，满族萨满教同样是人们愚昧无知、文化极端落后的产物。但是基于它兼容并蓄了多重文化素养，在具体历史条件下，确也具有多方面的社会功能。

---

① 广禄、李学智译注：《清太祖朝老满文原档》（二），第15、140页。
② 中国人民大学清史研究所、中国第一历史档案馆译：《盛京刑部原档》，第199号，群众出版社1985年版，第86页。

首先，它有助于满族社会协调其成员思想与行为。满族萨满教不断接纳外来信仰的结果，使与之俱来的某些新的伦理道德、价值观念在社会中享有了合法地位，一定时期内适应了社会发展的要求。

其次，它有助于减少满族与外民族及其文化的隔膜与冲突。譬如佛祖、关帝等信仰的确立，使满族社会上下对汉文化开始有一个粗浅然而必要的认知。即便在与明朝统治者攻伐不已的年代，也没有改变对汉文化的态度，中止对它的研习。

最后，它有助于维系满族民族心理素质的稳定。萨满教对于外来文化的开放态度，缓解了一神教的有力冲击，也增强了它的应变力。清代二百七十余年，满族散布全国几十处，长期处在汉文化影响下，仍能保持浓烈的民族情感。除了其他因素外，萨满教作为固有文化的一部分，在维系民族心理方面所起的纽带作用是毋庸置疑的。

（原载《中国社会科学院研究生院学报》1989年第3期）

第二编

八旗制度与社会

八旗户籍中的旗下人诸名称考释

清代文献中常见八旗户籍名称有另户、正户、另记档案、开户、户下,本文试图通过对这些称谓的考查,揭示出旗下人的不同身份、地位,以及这些称谓之间的关系,并就其中应予澄清的一些问题,提出一点粗浅的看法。

一 另户与正户

"另户"与"正户"是两个彼此相关而又有所区别的户籍称谓。对于这两个称谓的解释,历来歧互不一[①],有进一步讨论的必要。

先看"另户"一称。根据笔者考查,在清初八旗内部,并没有"另户"的户籍称谓,凡是旗下"另分户人",在当时一般称作"各户"。如《清太宗实录》天聪七年(1633)七月辛卯条载:"命满洲各户有汉人十丁者,授绵甲一。"其中"各户"一称,当指满洲旗下分户各居、并占有奴仆的正身旗人。另外,在《顺治朝题本》所录有关顺治八年(1651)开户人定例的原始文件中,也清清楚楚地写着:

在盛京各户者,若告称是奴不准出;如系一户者,虽告不

---

① 一种传统看法:另户乃正户分出之户口。另有一种看法,认为另户即指开户人。这两种看法,均不十分准确。

第二编　八旗制度与社会

系奴，亦不准出。①

这里的"各户"，则显然是指入关以前开户的旗人了。不过，在入关后的几十年间，"各户"一称逐渐为"另户"所取代，即如上引定例，在康熙朝撰修的《清世祖实录》中也就改作：

今有以盛京户口册内另户之人，称原系伊家奴仆具告者，毋准；其册内本同户，乃告非伊家奴仆者，亦毋得开出。②

不难看出，《实录》中的所谓"另户"也就是《题本》中的"各户"。参稽其他文献，也进一步证实：约在康熙年间，"另户"一称取代了"各户"③，从此，终清之世未改。

另户旗人的身份原本同于各户。根据"各户"的满文"encu bisirengge"，完全可以考知"另户"的本义就是"另住"。因此，凡是由一"户"（或称"同户"）内分出另立户档的旗人，无论是正身旗人子弟成丁后由父亲名下分出，还是获准"开户"的奴仆由原主名下开出，在很长一段时间里，"俱系一体开载"记入另户册内。一直到雍正五年（1727），世宗胤禛仍以"另户亦有不同"作为借口，谕令将开户人罪犯发遣为奴。足证在此以前，另户旗人包括"奴仆开户而为另户"以及"满洲正身之另户"两种不同的身份④。

然而自雍正中期开始，旨在为正身旗人提供更多的食饷当差机会，以图缓和他们当中因"八旗生计"所日益激化的社会矛盾，世宗胤禛断然采取将开户人等非正身旗人从另户中一概清除出去的严

---

① 中国第一历史档案馆藏：《顺治朝题本》第 146 号。
② 《清世祖实录》卷 60，第 9 页上。
③ "各户"一称见《顺治朝题本》第 146 号，第 1364 号；"另户"一称始见伊桑阿等《大清会典》卷 23，康熙二十九年内府刻本，第 23 页下；卷 98，第 16 页上；卷 105，第 4 页上；卷 107，第 7 页下，第 8 页上下等等。
④ 中国第一历史档案馆藏：《汉文雍正起居注》，五年十月十九日谕旨。

八旗户籍中的旗下人诸名称考释

厉措施。其过程大致如下：雍正五年（1727），经副都统祖秉衡奏准，对八旗户籍的编审制度重新予以严格规定。不久，各旗咨报丁册开始注明"另户""开档（开户）"等不同字样①。乾隆初年又定：编造丁册时，不仅要分别"正身、开户、户下"的身份，而且必须在各自名下，开写三代履历②。与此同时，行文八旗及各省驻防，将另户、另记档案、开户、户下等分别造具清册③。八旗户籍制的改革，辅之以旷日持久的清查，其结果：大批非正身的另户被强行清出"另户"册籍，从而导致另户身份的变化。明确这点，无疑是正确理解另户、正户关系的关键。

再考"正户"。以笔者的初步了解，这一称谓初见于雍正《大清会典》④，乾隆年间使用广泛，并一直沿用到清末。

在清代满文文献中，并没有与"正户"对应的满文称谓，这是"正户"与其他户籍称谓的不同之处。因此，只有将满汉文本两相参照，庶可明了"正户"一称的本义，进而揭示它的身份。见于《清高宗实录》四年（1739）五月丙寅条，建威将军王常奏折，内有"八旗佐领下马甲额兵，应行挑选正户，不得将开档人等挑取"一句。其中"正户"一称，在《满文月折档》所载同折内写成"jingkini encu boigon"⑤，直译为"正身另户"。另据汉文本《谕行旗务奏议》雍正二年（1724）十月十四日户部议覆，内有"正户"一称，满文本则写作"jingkini manju"，直译为"正身满洲"。此二例充分证明："正户"一称来自对"正身另户"（简称"正身"）的转译。因此，正户的身份也就是正身旗人。基于上面的考查，试就另户与正户的关系提出以下几点不成熟的看法：

第一，另户并非正户分出的户口。比较两称出现的时间："另

---

① 允禄等：《谕行旗务奏议》卷5，乾隆九年刻本，第1页上下；参见中国第一历史档案馆藏《八旗都统衙门档》，乾隆五年闰六月初一日弘晊奏。
② 嵇璜等：《皇朝文献通考》卷20，浙江书局光绪八年刻本，第4页下。
③ 中国第一历史档案馆藏：《军机处满文月折档》（以下简称《月折档》），乾隆七年七月初六、八年闰四月十二日喀尔图奏。
④ "正户"始见尹泰等纂《大清会典》卷30，雍正十年内府刻本，第44页下。
⑤ 《月折档》，乾隆四年四月十九日王常奏。

193

户"（各户）一称在入关初已经被广泛使用，而"正户"迟至雍正朝才第一次见于文字记载，两者前后间隔较远。复就两者本义而言：另户乃"另住"之义，显然是与包含有一户同居意义的"同户"相对而言的；正户系"切实""没有代替者"之义①，则是与包括开户人在内的一切非正身旗人相对而言的。显而易见，"另户"本来指"同户"下分出的户口。

第二，另户与正户，不可以混同一谈。检阅乾隆以后的历朝官书，同一条定例，在一处写作"另户"，而在另一处又写作"正户"的例子不胜枚举。人们遂形成一种看法，认为另户身份始终同于正户，这实际上是一种误解。因为雍正朝以前，旗下只有"另户"之称，而无"正户"之名；另户除指正身旗人外，还包括非正身的开户人等。其身份与后来的正户并不相同。雍正朝以后，另户既然主要指正身旗人，自然与"正户"身份无别，也就毋怪乎清代官书中会有"另户"与"正户"称谓互换的现象了。

第三，在辨析另户与正户关系的同时，有必要针对雍正朝以前另户的内部关系略加探讨。开户人既然长期列籍"另户"（各户），是否可以将其身份地位与正身另户等量齐观呢？谁也不会否认：由奴仆而开户，标志着贱籍的豁除，社会地位的提高。同时还应该看到，开户人的身份地位，始终是与正身另户轩轾有别的。尽管早在入关前后法令已经申明："各档（即各户）是主，一档（即一户）是奴"，将是否拥有独立户籍，作为甄别"主""奴"身份的基本依据②。但对于获得"另住"权的开户人来说，其为"主"（即自由人）的地位既然脱胎于为奴的身份，也就势必涉及与原主的关系。也正是在这里，暴露出他们与正身另户在社会地位上的差距。

据文献记载，一直到康熙年间，开户人骑马行走时一旦路遇原主，仍须即刻下马以示身份的卑贱，否则任由原主打骂。这无疑是

---

① 参见志宽、培宽等编《清文总汇》卷10，荆州驻防翻译总学光绪二十三年刻本，第18页上"正身"条。
② 《顺治朝题本》，第1364号。

旧日主、奴关系仍相当重要的反映。康熙四十四年（1705），有开户人刘世芳被原主无故毙命一案，寻经刑部议准，将原主比照"家长殴雇工人致死律"定谳。又因"犯在上谕以前，应减一等"，最后原主仅受到革职，枷号三十五日、鞭九十的惩处。此例说明：在原主面前，开户人的法律地位不过相当雇工人。另外，开户人及其子弟被原主后代无故讦告之案，在顺、康、雍三朝的百余年间，史不绝书，不待详举。统而言之，既然奴隶制残余依旧束缚着开户人的手脚，也就不应该将他们与正身另户等同起来，一样看待，这是我们在考查清前期另户身份和地位时，不容忽视的一个问题。

二 另记档案与开户

雍正中期，满洲统治者开始将以"另户"中清除出来的非正身旗人另记档案，因人设事的结果，"另记档案"很快成为正式的八旗户籍名称。

另记档案人身份比较复杂。雍正七年（1729），清廷首先将满、蒙旗下开户、养子中挑补前锋、护军、领催者"另记档案"[1]；不数年，复命将上述人子弟，以及其他已载入"另户"档内的开户、养子确查后"另记档案"[2]。乾隆初年，陆续"另记档案"的又有冒籍民人、户口不清另户子弟、军功议叙列为一、二等的开户人等等[3]，不一而足。因知，另记档案人来源不一，既有开户旗人、复有入旗民人；"另记档案"的缘由各异，既有积功升至"另记档案"的开户，又有由"另户"贬至"另记档案"的大批非正身旗人。

"开户"，又译"开档"，是与"另记档案"关系既密切又相区别的户籍名称。

---

[1] 福隆安等纂：《钦定八旗通志》卷31，吉林文史出版社2002年版，第542页。
[2] 允禄等：《谕行旗务奏议》卷12，第17页下—19页上。
[3] 鄂尔泰等：《八旗则例》卷4，乾隆七年殿本，第4页上下。

第二编 八旗制度与社会

乾隆《大清会典》载："僮仆而本主听出户者，曰开户。"① 奴仆"旗下开户"的起源很早。证以顺治年间满洲贵族额毕伦的追述：其妻陪嫁人内，有"原在东京各自档内人"②。"各自档内人"的满文写作："dangse fakcaha niyalma"，直译为"分户人"或"开档人"。说明早在清太祖努尔哈赤定都东京城（今辽阳市旧城东五里）期间（1622—1625），旗下已有开户人的存在。然而，在此后很长一段时间里，旗下并没有关于开户人的规范化称谓。在清初档案文献中，除"各自档内人"外，或者称之为"分户""开户""各户""另户"等。雍正时，为了将开户人等非正身旗人与正身另户分别户籍，才开始将"开户"正式列为八旗户籍中的一种。

鉴于清人行文的习惯，往往将"开户人""另户人"等专用称谓略去词尾"人"之一字，而简称为"开户""另户"，从而导致"开户"一词的双重含义，每易致混淆。但一经查考满文，就能看出它们的区别。"开户"第一义，系"开除奴档"，满文写作：booi dangse be faksalambi，为动宾结构词组；第二义，系八旗户籍中的一种，满文为：dangse be faksalaha niyalma，专指由家主户下开出后被归入"开户"籍下的旗人。就其第一义而言，因专指"开除奴档"这一行为，所以除适用于"旗下开户"的说法外，复有"开档归宗""开户为民"种种提法，甚至对于民间奴仆赎身放出者亦称为"放赎开户之仆"③，而如果狃于此义而误认为"开户为民"奴仆也是开户人就不妥了。就其第二义而言，因专指"开户"籍下旗人，则不但不应与"开户为民"者相混淆，即使入于"另记档案"籍下的开户人也不能与之相提并论，因为他们虽然出身相同，地位接近，毕竟所隶户籍不同。乾隆二十四年（1759），家人玛木

---

① 允裪等：《大清会典》卷9，乾隆二十九年殿本，第1页下。
② 《顺治朝题本》，第1364号。
③ 见中国第一历史档案馆藏：《汉文朱批奏折》内政类卷7，乾隆四年吴应枚奏内语；《清高宗实录》卷608，第5页下；吴恩彤辑：《大清律例按语》卷59，海山仙馆道光二十七年刻本，第16页下。

八旗户籍中的旗下人诸名称考释

特被俘后投回,高宗弘历特旨"作为另户"①。则其虽为奴仆开户,却不入于"开户"册籍,也是一个显而易见的事实。由此可见,"开户"籍下旗人有其特定的身份地位,是不能与归入其他八旗户籍的开户奴仆,或者"开户为民"奴仆混为一谈的。

雍乾时期,开户人内又有"原主佐领下开户"与"原主名下开户"的不同。据《八旗通志》所载乾隆十二年(1747)七月户部奏折,可以将两者的区别概括如下:前者,户口"不归原主"而隶属佐领,名义上再"无本主拘管";后者,虽然开户,但仍"入于原主户下",并受"本主的拘管"②。在由奴仆向自由人身份转化的历史进程中,"原主名下开户人"显然处于一个更低的级别,因而对原主保持着更加严格的人身隶属关系。

关于另记档案人与开户人关系,以清末人的耳闻目睹,已不甚了了。如宗室奕赓在《东华录缀言》中说:"乾隆三十一年议准,宗室之女不得与八旗别载册籍之户结亲云,即开户也。"他不仅将"不准结亲"的时间完全搞错了,而且还错误地将"别载册籍"人(即另记档案人)与开户人视同一体③。此说辗转相传,对后世影响不小。据乾隆《中枢政考》中的定例:凡另记档案人冒入满洲另户档内,系官,革职;系无职人,鞭一百;扶同徇隐各员分别论处。开户人冒入另记档案册内,除本人交刑部治罪处,有关旗员分别责惩④。不难看出,在八旗内部,另户、另记档案、开户人之间畛域分明,满洲统治者是不准随意冒越的。而问题的症结还在于:对待上述两种情况下的渎职旗员,定例中虽然都规定要予以责惩,轻重程度却有明显不同。如以佐领等为例,在前种情况下,佐领、骁骑校降三级调用,领催鞭八十;而在后种情况下,佐领、骁骑校仅降一级调用,领催鞭六十。可见满洲统治者所孜孜以求者,莫过于设置正身旗人与非正身旗人之间的障碍。至于另记档案人,高宗

---

① 《清高宗实录》卷593,第10页下。
② 福隆安等:《钦定八旗通志》卷31,第550页。
③ 奕赓:《佳梦轩丛著》卷5,北京古籍出版社1994年版,第36页;参见鄂尔泰等《八旗则例》卷3,第4页下。
④ 鄂尔泰等:《钦定中枢政考》卷3,乾隆七年殿本,第5页下6页上。

弘历认为他们"虽与开户有间,实非正户可比"①。因此要在乾隆中期,将其与开户人等一同驱逐出旗。从而说明:另记档案人与开户人虽然身份不尽相同,社会地位还是比较接近的。

大体说来,另记档案、开户人在八旗内部的地位介乎正身旗人与奴仆之间。这是因为,一方面,这些人都拥有独立户籍,可以披甲当差,另记档案人甚至享有正身旗人的部分权力,如可以挑补养育兵,领取恩恤赏银;另一方面,他们又不得与宗室联婚,而且基本上被剥夺了应试为官的资格。尤其是开户人,因"不准越佐领认户",仍然程度不同地保留着对原主的人身依附关系。因此,他们是旗下人中受歧视比较严重的社会阶层。

三 户下

"户下"(booi),满文音译则又称为"包衣",乃"户下奴仆"(booi aha)的简称。早在满族入关前的原始文献《满文老档》中已不乏户下人的记载。根据顺治朝时的档案资料,可知清初已经将旗人统以不同的户籍档册进行管理,包括开户人在内的"各户"旗人俱记入"牛录档子"(nirui dangse),而户下人则载入"家内档子"(booi dangse,又译"户下档子"),大概也就是私家户口册,因为他们没有自己的户籍,只能附于主人户下。

户下人来源不尽相同。"或系契买,或系从盛京带来,或系带地投充,或系乾隆元年以前白契所买之人。"② 入关之初,户下人以"盛京带来人"(又称"关东旧人")、"带地投充人"为主。嗣后,陈奴中陆续开户者不少,因此又补充了大批"印契奴仆"。与此同时,满洲统治者又自康熙中期开始,将规定年限以前的"白契奴仆"强行作为"印契奴仆"载入旗档③,以弥补入册旗奴的匮

---

① 允裪等:《大清会典则例》卷176,第14页下。
② 昆冈等纂:《大清会典》卷84,光绪二十五年刻本,第9页上。
③ 见昆冈等纂《大清会典事例》卷857,第7页下—8页上引康熙二十二、四十三、雍正元年、十三年例;卷116,第10页下引乾隆二十五年例。

八旗户籍中的旗下人诸名称考释

乏。即如前引定例内"乾隆元年以前白契所买之人",也就作为正式家奴,被编入"本主人户下"。除了上述这些入册旗奴外,"白契奴仆"在人数上也不断增长,但他们的法律地位高于入册旗奴,相当于雇工人。

户下人来源复杂,为奴时间长短各异,与家主关系也有所区别。入关之初,旗下已经有大量陈年奴仆,见于《顺治朝题本》第1364号,满洲贵族额毕伦的奴仆叶柏孙供称:"我们俱是家主生长的奴才,身子皆是主人的。"三辈为奴的本尔格也说:"我祖、父原是主子家生长的旧奴才。"其中"奴才"一称的满文俱写为"ujin",征引《御制清文鉴》的满文释义:

家人所生子叫 ujin;又,家下马匹所下驹亦叫 ujin[①]。

因知"ujin",不仅是对陈奴世仆的泛称,同时也是贱称。由于为奴时间长,人身依附性最强,原则上禁止出旗为民,既经家主放出,唯准"旗下开户"[②],因此构成开户人的基本来源。"印契奴仆"的人身依附性次之,作为正式旗奴"既入丁档,不准赎身",又以其来源于民间百姓,因此在乾隆初年明文规定,不准再于"旗下开户",而是俟三辈以后,家主情愿"放出为民"。"白契作为印契奴仆",亦照此办理。至于"白契奴仆",丁档无名,法律地位比于"雇工",因其为奴时间较短人身依附性较弱,所以八旗定例准予"赎身为民"[③]。

户下人内尽管有上述种种差别,或准"开户",或准"放出",或准"赎出"其人身释放形式也有着不同规定,但作为家主私产,

---

① 傅达礼等:《御制清文鉴》卷5,第7页下。
② 伊桑阿:《大清会典》卷23,康熙二十九年内府刻本,第29页下引十七年例;参阅允禄等纂《谕行旗务奏议》卷1(雍正元年),第23页下;《汉文朱批奏折》,乾隆四年十月初四日允禄奏;开户人"均系旗下世仆",见《清高宗实录》卷506,第3页下语。
③ 嵇璜等辑:《清朝文献通考》卷198,上海商务印书馆1936年版,第6632页;《清高宗实录》卷70,第27页下28页上。

199

第二编　八旗制度与社会

毫无人身自由，生命得不到基本保障，应是他们共同的特征。乾隆二十一年（1756），乍甫驻防满洲旗人五十一契买民妇王徐氏子阿三为奴，卖身契上写明：

> 三面议定，得受身价银一两正。自卖之后，任从改名使唤，倘有夜眠不测，各安天命；如有逃走，中保寻还。①

仅以一两身价，即将人身据为己有，生死由之，即父母亦无权过问。一纸契买文书，真实地揭露出户下人人命微贱，朝不保夕的悲惨处境。雍、乾之世，家主对于奴仆仍是"衣食不能使其丰足，又任情折挫，稍有不遂即加以捶楚"②，也是人们熟知的事实。户下人无疑是八旗内部地位最卑贱、身份最低下的社会阶层。

上面就八旗户籍名称进行了初步剖析。应该指出，忽略对八旗户籍名称的辨析，势必妨碍对各阶层旗人社会地位做出比较准确的判断；如果浅尝辄止，仅囿于对这些称谓形式上的理解，也不可能对八旗内部的等级结构有比较深入的认识。如以"正户"为例，上至钟鸣鼎食的天潢贵胄，诗礼簪缨的世宦大家，下至普通旗人，在所谓"正身旗人"的外衣下，实际上却掩盖着不容僭越躐等的界限。

还应指出，虽然早在入关以前已建立起八旗户籍编审制度，但户籍名称的规范化却并非一蹴而就，往往经过一番演化才最终定型。甚至同一户籍名称的指称对象也可能随着时间变化而有所不同。倘若忽视这些特点，仅将时间背景不同、指称对象也不一致的户籍名称简单比附，就不能合理地辨析旗下人的不同身份、地位，以及其间错综复杂的关系，甚至会得出与事实相牴牾的结论来。

（原载《社会科学辑刊》1987年第3期）

---

① 《月折档》，乾隆二十五年图善等呈文。
② 福隆安等：《钦定八旗通志》卷首10，第203页。

关于清代八旗中"开户人"的身份问题

　　清代八旗是在满族氏族社会组织基础上建立起来的、具有军事、经济、行政管理职能的社会组织。在八旗内部，一切成员均隶属以下几个享有不同法律身份、社会地位和一系列相应政治、经济权利的社会阶层：正身旗人阶层，上起满洲皇帝、宗室贵戚，下至普通正身旗人，尽管其内部仍存在繁复的等级和尖锐的利益冲突，但从法律意义上讲，都没有超出旗下自由人范畴。旗下奴仆阶层，其中又可分为入册奴仆与非入册奴仆。前者包括所谓"盛京带来人"（关东旧人）、"带地投充人""远年掳掠人"和印契奴仆等被正式编入旗籍的奴仆；后者主要指白契奴仆，因为他们是被买卖双方私相授受置买而来，卖身契上未经官府钤盖印信，所以是未被正式列入旗档的奴仆。入册奴仆与非入册奴仆在身份地位、恢复人身自由的形式等方面，虽有差别，但是无一例外均属于旗下非自由人阶层。

　　清代旗人中身份地位比较模糊不清的，则为介乎上述两阶层之间的开户人。八旗奴仆（主要是入册奴仆）通过军功、赎身等途径从家主户下开出，并且于旗下另立一户者，称为"开户人"（开档人）。自入关前开始，至乾隆二十一年（1756）谕令开户人出旗为民止，在这段相当长时期内，他们始终是八旗等级结构中的一个组成部分。本文依据清代官书，同时参稽满汉文档案，试就开户人的身份特征及其变化问题进行初步探讨。

第二编　八旗制度与社会

一　清初开户人的身份特征

清初开户人身份特征的形成，即与满洲贵族制定的旗下奴仆"开户"政策有关，又受到满族落后社会性质的强烈影响。

明末清初满族，崛起于辽东一带，它不仅在社会发展水平上落后于汉等民族，从人口对比看，也处在绝对劣势。为弥补旗下披甲壮丁来源的不足，清初统治者曾陆续制定出一系列有关旗下奴仆开户的政策，以开户人承担正身旗人的部分社会义务（首先是披甲当兵）为条件，规定给予他们一些与正身旗人相同或近似的政治、经济权利与待遇：

第一，将开户奴仆改隶户籍。八旗户籍名称向有"户下"与"另户"之别。"户下"系"户下奴仆壮丁"的简称，以其人身依附于"本主人户下"，户口入在家主的"户内档子"（booi dangse），所以是私家奴仆，而非牛录（佐领）下额丁。在入关前，不准奴仆正式披甲。"另户"，则指拥有独立分户资格的壮丁。他们统属牛录额真（佐领）管理，户口造入八旗的"牛录档子"（nirui dangse），既为牛录下正式额丁，自然承担披甲义务[①]。由此可见，独立分户与否，是衡量旗人身份地位的重要标准。按照当时惯例，奴仆开户以后"即为另户"[②]。清统治者通过将开户奴仆改隶户籍，扩大了披甲额丁来源，在壮大军事实力、强化专制统治基础等方面，得到明显好处。对于开户人自身来讲，改隶户籍意味着奴籍的豁除，隶属关系的转变，从而成为身份比较自由的旗人。

第二，准许开户奴仆以军功擢用。清初战争频仍，每战均有大批奴仆跟随家主充当厮役，并成为参战的一支辅助力量。满洲君臣

[①] 《顺治朝题本》第146、1069、1364号。
[②] 《清世祖实录》卷60，八年九月甲申谕："此编审时，如有家下奴仆复行开户造送，后虽告称原系伊家奴仆，不准，仍听另户"语；又《清世宗实录》卷62，五年十月辛丑谕中有"另户亦有不同"之说，并将另户按出身来源分为"奴仆开户而为另户"以及"正身之另户"两种身份。均为清初开户人与正身旗人同属"另户"册籍的明证。

自揣兵力有限，不能不大力倡行奖励军功政策。规定建立军功的奴仆可以开户，优异者甚至可与正身旗人"一例擢用"，以此鼓励从军奴仆披坚持锐的热情和赴汤蹈火的勇气。即以杭州驻防八旗为例，所属开户人中曾"有一人血战几次者，有一人力战几年者"；有"以功牌获赏者"34人，"以捐躯致命者"45人。因功升用者上至参领下至骁骑校，"俱开载档案"①。满洲统治者对于开户人赏庸酬功，当然是以后者的"力战""血战"乃至捐弃性命为前提。但开户人由军功擢用，或以应试为官，确也是清初通行旗下的普遍现象。

第三，提高开户奴仆的法律地位。旗下奴仆身份卑贱，法律地位尤低。清朝律例中规定：旗人犯罪发遣，"正身当差，旗仆为奴"；刺字条例则是"旗人刺臂，奴仆刺面"。这一体现八旗内部严格等级制度的量刑原则，同样贯穿于其他有关律例条文中。而奴仆一旦开户，在通常情况下（即不涉及原主利益的场合），是比照正身旗人量刑办法处理的。清律例中关于开户人发遣、逃旗、刺字、换刑、留养等条文，均可为证②。

综上所述，清初开户人身份地位的变化显而易见。至于是否可以据此认为，他们的身份地位已经达到与正身旗人"无甚区别"的程度③，则是应该讨论的另一问题。问题在于，开户人"究系曾为人仆"④，因此开户后不可避免会遇到如何处理与原主关系的问题。剖析这层关系，正是把握开户人与正身旗人身份区别的关键所在。

第一，开户人对原主人身依附关系的残存。清太祖努尔哈赤统治时期，满族尚处在蓄奴制度发达的阶段，嗣后虽迈入领主农奴制门槛，但作为统治阶级上层的满洲贵族，仍旧与残存的蓄奴制长期保持着联系。这样一种社会背景，势必在开户人身上留下深深的印

---

① 《军机处满文月折档》（下简称《月折档》），雍正十年九月初七阿里衮奏。
② 允裪等：《大清会典》卷68，第6页下7页上；黄恩彤辑：《大清律例按语》卷31，第49页上；卷32，第59页下60页上。
③ 孟昭信：《八旗奴仆分档开户问题》，《清史研究通讯》1984年第2期。
④ 允裪等：《大清会典则例》卷176，第14页上。

迹。因此，清初开户人虽然在形式上独自立户，并不等于在经济、政治上已真正摆脱对原主的依附。天聪八年（1634）五月丙申，清太宗皇太极为征明事宜传谕：出兵时，凡被俘蒙古人"不必率往"；如其中有"曾给以奴仆，使之各居，抚养得所可保不逃者，即许彼携往"①。后者既被家主赏以奴仆，获准分户各居，其身份显然已经转变为开户人。正因为地位改变，"可保不逃"，所以皇太极要求将他们与奴仆区别对待。不过，出征时他们毕竟要由原主约束前往，"许彼携往"一句，正好道出了这种关系的性质。

清初开户人对于原主人身依附性的强弱，主要取决于原主的社会地位。天聪三年（1629）《离主条例》规定：八贝勒包衣牛录下奴仆首告离主后，准给诸贝勒家；外牛录（即公中佐领）下奴仆首告离主后，有愿从本旗内牛录者，听其自便。② 这种通过政府法令形式表现出的贵族特权，充分保护满洲贵族对于所属开户人的超经济强制，致使这部分开户人带有更为强烈的人身依附性。《顺治朝题本》所载，顺治末年在满洲贵族额毕伦（即遏必隆）家中，有一些跟随原主当差已达数十年之久的开户人（即"原在东京各自档内人"），便是一个例证③。至于说"外牛录"下的开户人，由于他们的原主多为不享有政治特权的普通正身旗人，人身依附关系自然相对松弛一些。

清初开户人对原主人身依附关系的强弱，随着时间推移亦呈现一定变化。入关以前，开户人命运往往为原主意愿所支配。例如天聪七年（1633）八旗编审时规定："凡系本家奴仆开户另造者，许其编入。"④ 公开准许原主趁此机会，将已经开户之人重新编入自家户下，意即为奴。可见开户人的身份地位并不稳定。清朝入关后，开户奴仆与日俱增，其人心之向背以及在旗内的社会作用，已不容执掌朝政者轻忽。清廷为稳定八旗内部秩序，杜绝公家壮丁为

---

① 《清太宗实录》卷18，第24页下。
② 《清太宗实录》卷5，第19页上下。
③ 《顺治朝题本》，第1364号。
④ 《清世祖实录》卷60，第9页上下。

关于清代八旗中"开户人"的身份问题

私人侵没一类现象的发生,遂于顺治八年(1651)更订新例,宣布禁止原主以"原系伊家奴仆"为借口,将已经开户之人复行攫为己有①。从此,原主及其子孙不能再随心所欲降低开户人身份,他们对开户人的人身控制随之也被削弱。

第二,开户人与原主法律地位不平等。前面提到,清初开户人已基本享有与正身旗人相同的法律地位,律例条文中对他们不再有内容歧互的规定。这里有必要补充说明一点,上述原则在实际运用过程中是有条件的,即只有在不损害原主利益前提下才是有效的。如果开户人与原主处在同一案件中诉讼双方的位置,则开户人与正身旗人的法律地位又当别论。虽然,律例中未曾针对这种法律关系拟定具体条款,但通过保存至今的一些成案,仍不难对此关系获取比较清晰的认识。据《定例成案合镌·家长殴开户人身死改案》记载,康熙四十四年(1705),刑部在复审旗员胡安国殴死开户人刘世芳一案时,曾将初审原判驳回。原判提出:应将胡安国比照家长殴死旧奴婢者以凡人论律,"拟绞"。刑部却认为:"家长殴死旧奴婢者以凡人论"中的"旧奴婢",系指将自家奴婢转卖他人而言。案内胡安国虽得刘世芳银两,只是准其赎身开户,并非将其转卖他人。所以,双方在法律地位上不应该"以凡人论"。终审结果,将原判改为"照家长殴雇工人致死者律定拟"。这样一来,对于肇事原主的量刑便由"拟绞"相应减为"杖一百徒三年"。又以旗人换刑、遇恩赦减等,最后对胡安国的量刑为:枷号三十五日、鞭九十②。

清律之特点在于:"以定例广律法,以成案实定例。""律""例"为法,"成案"为事,互为补充。而在没有相应律、例可资援据的情况下,"成案具在,可法可传"③,同样拥有法律权威。上引成案既为清朝典籍辗转征引④,正反映出清官方在处理开户人与

---

① 《清世祖实录》卷60,第9页上下。
② 王掞辑:《定例成案合镌》卷20,康熙四十六年刻本,第9页上。
③ 王掞辑:《定例成案合镌》,王掞《序》、孙纶《序》内语。
④ 此成案又载陈梦雷编《古今图书集成》第771册,中华书局、巴蜀书社1985年版,第47页。

原主关系时的基本立场。

按照统治者的"礼法":家主将奴仆转卖他人后,"主仆之义已绝"。所以原主戕杀旧奴仆,双方法律地位当同凡论。而准令奴仆出户,则出自家主"恩义",因此开户人与原主的主、奴名分"不可尽灭",法律关系也不应与凡人相等[1]。推原其故,清律之所以将卖出奴仆与原主的法律关系视同凡人,目的乃在于保证新家主对奴仆人身所有权益的独占性。而为了维持开户人对原主的人身依附关系,则在"恩义未绝"的借口下,将他与原主继续按照旧有关系(说详后)或者雇工人与家主关系处理。正是基于这种原因,致使清律中出现被卖奴仆在原主面前的法律地位,反而高出赎身开户人的奇怪现象。

进一步考察,可知开户人在原主面前的法律地位也不是一成不变。清律例曾针对赎身奴仆与原主法律关系明文规定:原主将赎身奴仆殴毙,比照家长殴雇工人致死者律,对肇事者从轻科断[2]。反之,当赎身奴仆被控犯有谋杀,或者仅仅詈骂旧家长罪名时,则依照奴仆冒犯家长各本律论,对被告从重定谳[3]。赎身奴仆在原主面前法律地位既视情节之性质而有如此变化,与其身份相似的开户人与原主法律关系究竟如何,也就不难推知了。事实上正如前引成案中所记载:当发生原主虐杀开户人,即以贵欺贱的案件,是将后者比照雇工人身份处理的;而一旦发生以贱犯贵,即开户人冒犯原主事件时,又势必像对待赎身奴仆那样,按照他们的旧有身份从严惩处。所以施行这种"分别良贱加减之罪"的量刑原则,从表面看似乎是为了"正名分"[4],究其实质,显然是为了维系八旗内部尊卑有序、井然不紊的等级制度。

---

[1] 参见黄恩彤辑《大清律例按语》卷19,第14页上下,16页上下。
[2] 王谈辑:《定例成案合镌》卷20,第9页上;又《清朝文献通考》卷201《改定殴死赎身放出奴婢》,上海商务印书馆1936年版,第6659页。
[3] 黄恩彤辑:《大清律例按语》卷21,第9页上下《妻妾骂故夫父母》;同上卷56第74页上下《谋杀故夫父母》。
[4] 黄恩彤辑:《大清律例按语》卷20第27页下按语部分。

二 雍乾年间开户人身份的变化

雍正以后，八旗人丁孳生日蕃，正身旗人面临"人口日增而兵额有定"的生计困难问题。在这种形势之下，满洲统治者对开户人，从以往的赎买利用，转而采取排斥迫害政策。

第一，从户籍制度上严格划分开户人与正身旗人畛域。雍正七年（1729），清世宗胤禛以"八旗现今开档人及养子，当前锋、护军者甚多，（若）辈即与满洲等矣"为理由①，着手大规模清查八旗户籍。在此基础上，将开户人清除出"另户"，并且斟酌等第，分别编入"另记档案"和"开户"册籍②。

第二，废除开户人与正身旗人"一例擢用"旧例，禁止将其升用旗员③。复以奴仆开户后，与原主"究有主仆名分"为借口，宣布禁止开户人及其子弟参加科考④。目的均在于"匀出钱粮，可养正身"。

第三，贬低开户人法律地位。清高宗弘历谕旨称：开户人"本属家奴，不但不可与满洲正身并论，并非汉军及绿旗营兵可比"⑤。这种歧视开户人的意向充分表现在对某些律例条文的修订上。譬如旗人发遣定例，原将开户人与正身旗人同等对待。雍正初年改为：开户人发遣，按旗奴例，给予正身旗人为奴⑥；又如旗人刺字定例等，也作了相应修改⑦。虽然，在有关开户人的一系列定例中，加

---

① 《清世宗实录》卷50，第16页上；福隆安等：《钦定八旗通志》卷31，吉林文史出版社2002年版，第542页。
② 另记档案人与开户人有所不同。据《清高宗实录》卷506第3页下载称，另记档案人主要有两种成分，即"原系开户家奴冒入另户后经自行首明"者，以及"旗人抱养民人为子者"。开户人则均系"旗下世仆，因效力年久，伊主情愿令其出户"之人。一部分开户人所以被载入"另记档案"册籍，是因为他们在清查八旗户籍过程中能自首出身，因而受到较高待遇。
③ 《月折档》，雍正十年九月初七阿里衮奏。
④ 允裪等：《大清会典则例》卷176，第14页上。
⑤ 《清高宗实录》卷512，第17页上。
⑥ 《清世宗实录》卷62，第23页下；卷64，第5页下—6页下。
⑦ 黄恩彤辑：《大清律例按语》卷54，第126页上，128页下。

第二编　八旗制度与社会

以类似改动的只是一小部分，但是对开户人所造成的伤害是不言而喻的。

清初满洲君臣之所以给予开户人较优渥的待遇，纯粹基于对自己有利的政治考虑。前一阶段的政策尽管并不合理，毕竟有利于开户人身份地位的提高，所以大体符合满族社会历史发展的要求。而后一阶段开户人政策，则企图剥夺他们长期享有的政治、经济权益，无异于倒行逆施之举。何况政策的这一逆转，发生在满族已经基本完成向地主租佃制过渡的历史背景之下，因此它与各种非正身旗人争取人身自由的大势所趋也是完全背道而驰的。

那么，对雍、乾之际开户人的实际处境又应该如何评价呢？有一种看法，认为这一阶段开户人身份地位已经"下降至类似奴仆的悲惨境地"①。对此，笔者不能苟同。研究历史上任何一社会阶级、阶层，都不能脱离对其所处历史背景的考察，而一味依据统治集团的某些政策去推定。同样道理，唯有在把握开户人身份问题与满族社会性质内在联系的同时，努力揭示入关以后近百年间开户人命运的实际变迁，才可能就上面提出的问题得出比较可靠的答案。这里试从三个方面作一扼要分析：

第一，"奴典旗地"的发展。"奴典旗地"与"民典旗地"是旗地典卖的两种形式，同为满族农奴制旗地经济崩溃瓦解的产物。不过，前者更直接生动地反映出八旗内部阶级关系的变革。

"奴典旗地"，顾名思义，应指被旗下奴仆非法典买的正身旗人地亩。而实际上，清廷借口"奴占主产，有乖名分"，将开户人所典原主旗地，亦纳入这一名目之下。乾隆初年，关于开户人典买旗地的回赎问题，特别规定"照民典减价之法"，即典买旗地十年以内者给原价、十年以外者减原价十分之一取赎②。后来考虑到开户人与原主特殊关系，又进一步补充：开户人所典如系原主地亩，应比民典回赎减价之法"量为加重"，照依奴典旗地回赎例办理。也

---

① 孟昭信：《八旗奴仆分档开户问题》，《清史研究通讯》1984年第2期。
② 允裪等：《大清会典》卷95，第7页下。

|关于清代八旗中"开户人"的身份问题|

就是说,典买旗地十年以内者减原价十分之一,十年以外者减原价十分之二取赎①。清政府借助这一补充条例,突出开户人在原主面前的卑贱身份,企图将这种不平等关系长久维持下去。殊不知开户人承典原主旗地现象的潜滋暗长,已注定上述企图的破产。据统计,乾隆年间"奴典旗地",约占全部回赎地亩的四分之一左右②。其中属于开户人承典原主旗地者究竟有多少,固然无从详考,但部分开户人与原主之间在经济地位上的相互转化,应是事实。

第二,"冒另户"人数的增加。"冒另户",是雍、乾年间清理八旗户籍时通行旗下的一个专用名词。细核之,并非指开户人冒入"另户"而言,因为在这以前,开户人长期合法地归属"另户",根本不存在什么"假冒"问题,所以它只能是针对开户人不断跻身于正身另户这一阶层而言的。

"冒另户"问题由来已久。清初对开户人原有"越佐领认户"的先例,即允许告主、军功、赎身等开户人脱离原主所在牛录,到本旗内其他牛录下开户。这样一来,开户人自然便于摆脱原主辖制,达到升入正身旗人阶层的目的。久而久之,此风愈演愈烈,以至雍正初年胤禛不得不向八旗大臣发出警告:开户人"越佐领认户者甚多",这些人"竟与原主无涉,又隔数辈,即为正户(即正身旗人)"③。直到乾隆中期开户人出旗为民为止,这个困扰统治者的严峻社会问题始终没有得到真正解决。据不完整统计,在雍、乾之际清查八旗户籍档案过程中,仅镶红旗满洲、蒙古、汉军旗人中自首的"冒另户"即达九百三十三人之多④。依此推算,整个八旗当在八千人左右。开户人之所以能升入正身旗人之列,是以断绝与原主依附关系为最起码条件的。否则,原主对此又怎能漠然置之而不

---

① 福隆安等:《钦定八旗通志》卷64,第1141页。
② 刘家驹:《清朝初期的八旗圈地》,台湾文史哲出版社1978年版,第155、158—162页。
③ 允禄等编:《谕行旗务奏议》卷2,乾隆九年刻本,第21页上下。
④ 镶红旗汉军见《八旗杂档》乾隆五年闰六月初一日、十二月初十日弘晊奏;蒙古见《清高宗实录》卷118,第10页下—14页上;满洲见日本东洋文库清史研究室编《镶红旗档》乾隆朝上册,日本东洋文库本,第35—38页。

问呢？因此，上面的统计虽然远不能概括百余年间开户人不断跻身正身阶层的全貌，却完全可以视为联结开户人与原主之间陈旧纽带已经松弛，乃至决裂的有力证明。

第三，驻防开户人的聚集。清廷定鼎北京，居重驭轻控制全国，八旗兵丁遂有禁旅、驻防之别。前者乃"亲枝藩附"，以正身旗人为主体，后者为"佐领中之余丁"，多由京旗闲散人丁中拨补①，在相继设置的各驻防重镇中，聚集了越来越多的开户人。

以绥远城（今呼和浩特市）驻防为例，乾隆初年，由"京师官兵人等户下开出"的开户兵丁计有二千四百名，十岁以上幼丁六千四百人。倘将全部家口计算在内，人数恐不下二万人②。

雍正朝设青州驻防，曾命：将京旗满洲余丁内之"次等者"拨出。结果，在拨出的二千名兵丁中，开户人占了一半③。

杭州驻防旗人中，也是"开户、养子甚多"。乾隆二十一年（1756）的统计表明：杭州将军属下的另记档案、开户人多达六千余人④。此外，右卫（今山西右玉）、山海关等处旗人中，均是正身人少，"开户人多"。西安、福州、荆州、宁夏、热河等驻防处的开户人数也颇为可观。

正身旗人习于繁华、耽于安乐，长年寓居京师而不愿外出驻防，这无疑是导致受到排斥的开户人，在驻防旗人中所占比例不断增长的原因之一。另一方面，大批开户人得以远离原主，世守一方，也是开户人与原主关系趋于松散的必然结局。例如福州驻防开户人，"伊主在京在杭"，彼此山河隔阻，事实上已无从统属。平时"唯藉兵饷养赡"，与正身旗人无异⑤。杭州等地驻防开户人"各立一户度日"，原与正身旗人"一体挑差"。雍正朝以后，由于"八旗生计"恶化，不少闲散开户人自行外出行贩佣工、剃头打草

---

① 魏源：《圣武记》卷1《开国龙兴记五》，中华书局1984年版，第59页。
② 《月折档》，乾隆五年四月十六伊勒慎奏；《清高宗实录》卷280，第5页上下。
③ 《清世宗实录》卷111，第10页下；《月折档》，乾隆十五年四月二十九日希拉门奏。
④ 《月折档》，乾隆二十一年五月初八萨哈尔岱奏。
⑤ 《清高宗实录》卷137，第7页上下。

以济衣食之用①。生活尽管拮据，人身是比较自由的。

综上考查，可知这一阶段开户人的实际身份地位，纵然受到不利因素的影响，但并没有"重新降至奴仆境地"。而且由于人身依附关系的明显削弱而呈现进一步提高的趋势。

不管满洲贵族的主观意愿如何，从当时的客观条件分析，处在满族地主租佃制日臻成熟的时代，显然不允许出现将成千上万开户人、重新驱至奴仆境地的历史倒退。何况满洲统治集团从自身长远利益考虑，为维护社会秩序的相对稳定，防止社会矛盾的过度激化，也不能无视现实生活中的深刻变化而一意孤行。打击开户人的政策既未收到预期效果，"八旗生计"却在恶化。清统治者不得不在乾隆二十一年（1756）宣布，准许开户人全部出旗为民，"情愿入籍何处，各听其便。所有本身田产，并许其带往"②。

大批开户人出旗为民，不仅意味着行之已久的禁锢开户人政策的彻底破产，同时标志着开户人身份的根本转变。从此，他们与原主分别隶属旗籍、民籍，人身上完全自由了。"所有本身田产，并许其带往"，说明经济上也走向自主。在科举考试方面，虽然仍有"止许营生，不准求谋仕宦"的歧视性规定，但这种规定只限于开户人本身。至其归入民籍后所生之子若孙，则概准"各照该籍民人例办理"③。说明卑贱的身份不再世袭。这样，在历经曲折坎坷之后，开户人终于由旗下半自由人上升为享有编户齐民一应权利的自由民。

（原载《社会科学战线》1987年第2期）

---

① 《月折档》，乾隆二年十月二十二日巴士努奏；《军机处满文录副奏折》，乾隆四年十二月初八日富森奏。
② 《清高宗实录》卷506，第3页下4页上。
③ 《清高宗实录》卷532，第22页上。

试析旗下开户与出旗为民

"旗下开户"与"出旗为民"是清代八旗奴仆豁除奴籍的两种基本形式。"旗下开户",指奴仆由家主户下开出,于旗下单独立户;"出旗为民",则指奴仆由家主户下开出,出旗编入州县民籍。至于汉军正身旗人的"出旗为民",因为具有与此不完全相同的性质,所以不应混为一谈。本文试就"出旗为民"取代"旗下开户"的递嬗过程,如此变化的社会背景,及其对旗下奴仆阶层的影响等问题,作一初步探讨。

一

"出旗为民"取代"旗下开户"的过程,大体经历了三个阶段。

第一个阶段,从入关前开始以迄雍正初年,奴仆释放形式以"旗下开户"为主。

奴仆是满族社会中地位最卑下阶层,由于沦落为奴的原因、充当仆役的时间各不相同,因此对于家主的人身依附程度也有差别。根据这些情况,清朝统治者将他们分为"入册奴仆"和"未入册奴仆",有区别地加以对待。这里的"册",指八旗档册,奴仆的入册与否,应是判断他们是否真正具有旗籍的基本依据。清官方文献中的所谓"盛京带来人""带地投充人""远年掳掠人",以及"印契奴仆""白契作为印契奴仆"等,均为正式载入八旗档册奴仆。至于白契奴仆,因其卖身契上未经官府钤盖印信,是由买卖双

试析旗下开户与出旗为民

方私相授受而来，所以向例不入八旗档册。

对于入册奴仆，满洲统治者自清初即实行"旗下开户"的释放形式。康熙十七年（1678）定："满洲蒙古家人，其主愿令赎身，在本佐领及本旗下者听；若违禁放出为汉军民人者，照买卖例治罪。"① 文中的"满洲蒙古家人"，主要指满洲、蒙古旗人役使的"汉人奴仆壮丁"。顺治初年，他们的人数约有21万之多，占全部旗下壮丁的三分之二以上（详见本书第221页表）。满洲统治者通过将大批开户人禁锢于旗内的办法，一定程度上保留了原主对开户人的特权；在当时满洲"人口稀少"不敷披甲的情况下，也补充了披甲壮丁的来源。②

有一种观点认为，从康熙二十一年（1862）开始，满洲统治者即准许旗下奴仆出旗为民，并援举当时的一条定例作为依据，这其实是一种误解③。二十一年定例是这样规定的：旗下印契所买之人及旧仆内，有年老疾病、其主准赎者，令赎为民；若将年壮旧人借名赎出者，照买卖例治罪④。从例文本身来看，比起前引十七年定例确实补充了一点新内容，即许可入册奴仆中的少数"年老疾病"者赎身为民。对于旗人家主来说，与其"白白养赡"这些被榨尽油水、坐以待毙的奴仆，当然不如将他们弃之不顾，在经济上较为合算，更何况还可以借此攫取一笔赎身银两？这无疑是准许他们赎身为民的原因所在。但是紧接着，定例又申明：倘有将"年壮旧人"违例赎出者，仍比照非法买卖旗奴例治罪。由此可见，新例与旧例并无牴牾，充其量，不过是在承认旧例前提下，为了更有利于奴主的利益，而稍事变通而已。

---

① 伊桑阿等：《大清会典》卷23，康熙二十九年内府刻本，第29页下。
② 详见刘小萌《关于清代八旗中"开户人"的身分问题》，《社会科学战线》1987年第2期。
③ 韦庆远、吴奇衍、鲁素《清代奴婢制度》（中国人民大学出版社1982年版，第169页）中，将乾隆二十四年颁行"八旗户下家人赎身例"误作康熙二十四年定例，以致得出"奴婢赎身制，最早见于法律规定是在康熙二十四年"的结论，与事实不符。
④ 伊桑阿等：《大清会典》卷23，第29页下。

康熙年间，满洲统治者多次强调："旗人无断出为民之例"，这主要是针对入册奴仆而言的。雍正元年（1723），满洲大臣依旧恪守八旗奴仆"只有开档（即开户）作为另户披甲，并无开出为民"的陈规，并奏准将非法出旗奴仆统统掣归旗下，照开档例，在佐领下当差①。雍正元年定例的颁行，是清初统治者禁止入册奴仆出旗为民的又一例证。

对于未入册籍的白契奴仆，清初统治者的态度略有不同。一方面，名义上承认他们有"照原价赎出为民"的权利；另一方面，又通过设置种种附加条件予以限制和阻挠。为了明确这一点，须就清初统治者长期行用的所谓将白契奴仆"分别恩养年限、按白契红契（即印契）分别定拟"政策，作一简单说明。此项政策创议于康熙初年，至康熙四十三年（1704）始形成比较明确的条文。条文规定：凡康熙四十二年以前的白契奴仆"俱作红契"；四十二年以后的白契所买之人，仍"许其赎身"②。也就是说，除了当年置买的少数白契奴仆仍准照未入册奴仆之例办理外，在此以前的所有白契奴仆俱被作为印契奴仆对待（即所谓"白契作为印契家人"），载入丁册，"不准赎身"。随后，清廷又在雍正元年（1723）、十三年（1735）等年份酌定前例，累次宣布将该年以前的白契奴仆一概作为"印契"③。从而以国家机器为暴力手段，强行剥夺绝大多数白契奴仆赎身为民的权力。

综上所述，在清初这段时期内，入册奴仆的全部和非入册奴仆的大部，都是不准许出旗为民的，遂使"旗下开户"成为该时期旗奴开释的主要形式。

八旗奴仆释放形式变化的第二个阶段，大致从雍正初年到乾隆前期。在此期间，"旗下开户"的形式日趋衰落，"出旗为民"代之而起。

---

① 《清圣祖实录》卷140，第31页下32页上；孙纶辑：《定例成案合镌续增》《逃人·满洲家人奴仆》，清刻本。
② 昆冈等纂：《大清会典事例》卷857，光绪二十五年刻本，第7页下—8页下。
③ 昆冈等纂：《大清会典事例》卷857，第7页下—8页下。

试析旗下开户与出旗为民

从主观愿望上讲，满洲贵族并非无意将旗下奴仆世代相仍地钤辖在八旗制度之下。将白契奴仆"分别恩养年限按白契、印契分别定拟"政策的实施，以及关于非法出旗奴仆重新掣归旗下定例的颁定，都是这种晦暗心理的暴露。但是，从现实需要出发，旨在维护满洲统治的相对稳定，他们又不可能无视社会中已经成为既成事实的深刻变化而一意孤行。政策，虽是统治者利益和意志的集中体现，但它同样要受到社会发展进程的制约。

雍正初年，八旗内部蓄奴制度面临着愈来愈大的挑战。许多旗下奴仆通过"自行赎身"或者"借名赎身"等非法途径出旗为民，"冒为平民者甚众"①，说明禁锢旗奴的政策已窒碍难行。慑于形势的压力，统治集团中某些人物，转而采取比较通融的态度，雍正三年（1725），和硕怡亲王允祥，在呈给雍正皇帝的一份奏议中正式提议，在家主情愿前提下，准许一部分旗奴赎出为民②。允祥奏折获准实行，意味着满洲统治者第一次从原则上认可了入册奴仆出旗为民的合法性。在八旗奴仆阶层身份地位演变的历史过程中，这无疑是一个值得注意的动向。

乾隆初年，清统治者出于现实需要，就旗下奴仆释放问题采取了以下步骤：

第一，缩小"旗下开户"范围。清初时，凡入册奴仆均准旗下开户。后改为："上届丁册"有名，并册内注系"陈人"字样奴仆，方准开户记档。至是，只有"远年丁册"有名的盛京带来、带地投充、远年掳掠人等，仍"准开入旗档"。这样一来，便将"旗下开户"的适用范围，由全部入册奴仆逐步缩小到奴仆中的少数"远年旧仆"③。

第二，将"出旗为民"范围，由"未入丁册"白契奴仆进一

---

① 允禄等编：《谕行旗务奏议》卷1，乾隆九年刻本，第23页下。
② 允禄等编：《谕行旗务奏议》卷1，第2页下。
③ 中国第一历史档案馆藏（以下所引均档案同）：《汉文朱批奏折》，乾隆四年十月初四日允禄奏。

步扩展到印契、白契作为印契等入册奴仆,同时规定出旗为民的具体办法:对于印契、白契作为印契奴仆,准许他们在效力三代后,经本主情愿"放出为民";对于乾隆元年(1736)以后的白契奴仆,则照例仍准"赎身为民"①。奴仆开释长期以"旗下开户"形式为主的局面因此扭转,一部分远年旧仆和大部分白契奴仆被纳入"出旗为民"的轨道。

八旗奴仆释放形式变化的最后一个阶段,始自乾隆前期,"出旗为民"从此成为奴仆摆脱奴役枷锁的基本形式。

大批非正身旗人的出旗为民,乃是"旗下开户"形式基本结束的重要标志。乾隆十年(1745),清政府首先将内务府官庄壮丁"拨出旗下,载入民籍";接着于二十一、二十七、三十六等年份,先后将官庄壮丁、内务府王公府属包衣中的非满洲血统旗人,以及另记档、开户人等次递出旗为民②。

与此同时,有关奴仆释放的各项具体政策亦为之亟变。今择录数款以证之:

对于军前阵亡奴仆子弟,旧例只准旗下开户。乾隆二十五年(1760)改为:"销去奴隶档册,令为民。"③

对于"非法"潜入民籍的奴仆,旧例是查出后勒令归旗开户,甚至"给还原主为奴"。乾隆二十四年(1759)改定,除照例治以不行呈报罪外,不再归旗,仍令各归民籍④。

对于本主已殁、家主无嗣的"绝户家奴",从前例准旗下开户。乾隆四十一年(1776)更定:"转行地方官收入民籍。"⑤

对于控制最严的陈奴世仆,清廷也在乾隆二十四年(1759)宣

---

① 《清高宗实录》卷70,第28页上下。
② 《内务府会计司三旗银两庄头为裁留壮丁事呈稿》,乾隆十年六月,中国科学院民族研究所、辽宁少数民族社会历史调查组:《满族历史档案资料选辑》,1963年铅印本;允祹等:《大清会典则例》卷172;福隆安等:《钦定八旗通志》卷12。
③ 《清高宗实录》卷82,第21页下,昆冈等纂:《大清会典事例》卷1114,第6页下。
④ 昆冈等纂:《大清会典事例》卷155;卷116,第6页下、10页上。
⑤ 同上。

布：不论"远年旧仆"还是"近岁契买奴仆"，凡是"本主不能养赡"者，概准"收入民籍"①。从此，入册奴仆与未入册奴仆在获得人身自由的形式上，不再存在"开户""为民"的畛域，而惟有"放出"与"赎出"的区别。

此外，清官府于乾隆三十二年（1767）审定旧例时，将有关旗下开户的四条专门定例，以及其他条例内涉及"开户"的字句，从《律例》中统统芟除，理由是"今八旗已无开户"②。这显然是八旗奴仆获得人身自由的形式变革在法律中的反映。

上述事实有力地证明：乾隆前期，满洲统治者终于解除了行之已久的禁锢旗奴政策。

二

满族入关以后内部社会关系的变迁，是导致旗奴释放形式改弦易辙的基本原因。

清朝入关，曾经将落后的领主农奴制强行移植于关内畿辅一带地区，但是，在地主租佃制经济强有力影响下，这种凭借暴力建立起来的落后制度难以长期维持。康熙初年，作为领主农奴制主要形式的八旗"份地制"开始瓦解。康熙末年，地主租佃制经济迅速成长为一般旗地上的普遍形态。内务府官庄和王庄是领主农奴制的另一种形式，由于它具有更为顽固的超经济强制力量，所以变革时间来得比较迟缓。乾隆前期，满洲统治者被迫将官庄、王庄中的大部分壮丁放出为民，表明其内部生产关系已发生根本的转变。

随着租佃关系的孕育成熟，八旗内部的社会关系亦发生相应演变：一方面，正身旗人的经济地位迅速分化，一部分人陷入窘迫拮据的境地；另一方面，奴仆阶层社会地位有所提高，内部成分也有

---

① 昆冈等纂：《大清会典事例》卷155；卷116，第6页。
② 黄恩彤辑：《大清律例按语》卷31，第15页下—53页下；卷37，第15页上下、21页上。

引人注目的变化。正是上述因素,制约着两种奴仆释放形式之间盈缩兴废的过程。

第一,正身旗人阶层的分化。满洲统治者为维持自己的专制统治,恩养旗人"至优至渥",却不能使他们摆脱畸富畸贫的命运。昔年"从龙入关"的旗人,当初虽按丁分得室庐田土,但日久天长,"率多转售予人",又不能自谋生计,于是"其生日蹙"。驻防旗人面临着同样的问题,以吉林乌拉一地为例,根据乾隆六年(1741)的官方调查,在三千余满洲兵丁中,富户仅仅21户(占总数0.8%),除中等户外,贫户和赤贫户计有1853户,约占全部户数68%。那么,清朝官方据以划分贫富的标准又是什么呢?检阅同一类奏疏,可知"力田饶裕衣食不缺者"是所谓"富户";"仅可敷衍,并非一概宽裕"者,为"中户";"有食无衣"者称贫户;而"实无养赡"者,大概就是地道的赤贫户了。①

经济地位的分化,将越来越多的下层旗人驱至贫困潦倒的境地,同时削蚀了他们对于奴仆的家主特权。清世宗胤禛谕旨内有云:"八旗开档及为义子之人,系无嗣年老残疾满洲,既不能当差行走,又未置有产业,冀得钱粮,故令披甲养赡。"② 一语道出奴仆开户与八旗生计之间的内在联系。但是,奴仆大批开户势必占夺有限的俸饷份额,在正身旗人孳生甚蕃的情况下,这样下去只能加剧八旗生计的恶化。一方面,大多数正身旗人已丧失蓄养奴仆的经济能力,另一方面,又不能听任大批奴仆继续于旗下开户,满洲统治者除了变通旗制将他们出旗为民外,实在没有其他的选择。

雍正、乾隆年间,家主迫于生计将家奴放出的例子在文献档案中撷拾可见。以奴仆居起龙为例,原系旗员侯居仁家"丁册有名"的陈奴,雍正三年(1725)被家主典卖。赎身出来后因衣食无着,

---

① 《月折档》,乾隆六年十一月二十七日鄂弥达奏;王云五主编:《道咸同光四朝奏议》卷31《筹划调剂双城堡京旗章程疏》,台湾商务印书馆1970年版。

② 允禄等编:《谕行旗务奏议》卷2,第21页上。

试析旗下开户与出旗为民

重新投入原主户下。但侯居仁家境每况愈下,已无力养赡,只好将他送予佐领金琯,而金琯家同样家计艰难,最后,只好将居起龙"打发出去"了事①。这个典型事例说明:正身旗人经济地位的恶化,对"出旗为民"这一奴仆释放形式的发展起到推波助澜的作用,许多类似居起龙的入册旗奴,因此获得出旗为民的机会。

第二,奴仆阶层的变化。满族社会内部地主经济的发展不断瓦解着奴仆制度的根基,在入关以后百余年间,八旗奴仆地位也有一定程度的改善。反映在清朝律例中,对于擅杀奴仆的旗员,清太祖、太宗时期仅限于革职、"罚银纳赎",或者"追人入官"②。康熙以降,开始分别情节,"立为等差之罪"③。刑罚明显重于从前。对于地位最卑贱的遣奴,清初原有"听伊主打死勿问"的野蛮规定,乾隆初年改定:家主倘将遣奴无故致毙,准被害人家属具控,并将家主比照故杀奴婢例治罪④。奴仆实际地位的变化,在社会生活的其他方面也有踪迹可寻。⑤

这样一来,"虽约束之道无加于畴昔,而向之相安者,遂觉为难堪矣"⑥。旗奴既不安于现状,又不满意开户人半自由人的处境,反抗斗争的锋芒集中在要求大幅度放松人身隶属关系,乃至完全取消家主对奴仆的人身控制上。雍正初年,近如畿辅一带的人口辐辏之区,远至关外的穷乡僻壤,凡有旗奴的所在,踵相出现奴仆非法"自行赎身,以诡求他人买身冒为平民"事件。许多奴仆通过逃旗达到挣脱奴役枷锁的目的。从这个意义上说,满洲统治者之所以最

---

① 《八旗都统衙门档》职官项,《张字第22号》。
② 日本满文老档研究会译注:《满文老档》(太祖)卷2,东洋文库丛刊第十二,1955—1963年,第673—674页;《清太宗实录》卷57,第14页下15页上。
③ 《清圣祖实录》卷191,第3页下;尹泰等纂:《大清会典》卷176,雍正十年内府刻本。
④ 《清高宗实录》卷26,第21页下—22页下。
⑤ 旗奴经济地位的变化突出反映在"奴典旗地"问题上,据统计,乾隆年间奴典旗地多达五、六千项,约占当时回赎旗地总额的四分之一(刘家驹:《清朝初期的八旗圈地》)。
⑥ 《清世宗实录》卷50,第16页下。

终废弃禁锢旗奴的政策，不过是被迫承认社会生活中不可逆转的变化而已。

奴仆阶层内部成分的显著变化，也是一个不应忽略的因素。入关初期，入册奴仆是旗下奴仆的主体。此后，由于满洲贵族不能再像以往那样，通过战争大规模掳人为奴，加之"印契买人甚难"[①]，入册奴仆来源很快陷于枯竭。随着白契买奴成为旗人置买奴婢的主要手段，白契奴仆取代形形色色的入册奴仆，开始成为奴仆阶层的主要成分。乾隆二十三年（1758），旗人福昆在密陈旗奴匮乏的奏折中提到："向来旧例，步甲（步军）缺出，俱由旗人户下家生子、陈汉人、印契奴仆内挑取。后因旗下陈奴渐少，遂将入册白契奴仆亦一并挑取。"到乾隆年间，甚至将"仓促寻得之人冒称白契奴仆使挑步甲"[②]。这样一来，虽然暂时缓解了因旗奴不足而引起的矛盾，却无助于家主对奴仆的人身控制。白契奴仆恃有"赎身为民"之例，往往稍有积累便不安现状，"百计设法赎身"；或者略不如意，"非逃即纵，投身他户而去"[③]。有奴主因此抱怨说：白契奴仆"虽有家奴之名，徒縻衣食养赡，而无丝毫利益"[④]。因知奴仆阶层内部结构的演变，也为"出旗为民"取代"旗下开户"准备了必不可少的社会条件。

三

那么，八旗奴仆释放形式的推演变迁对旗下奴仆阶层产生了怎样的影响呢？

第一，奴仆释放形式的变革，为众多奴仆摆脱奴籍、旗籍双重束缚提供了便利条件。为比较明确地揭示这点，兹将清代满、蒙旗

---

① 《月折档》，雍正十三年十一月十五日伊兰泰奏。
② 《月折档》，乾隆二十三年十二月初九福昆奏。
③ 《内务府来文》，载中国人民大学清史研究所、档案系合编《康雍乾时期城乡人民反抗斗争资料》上册，中华书局1979年版，第489页。
④ 《月折档》，雍正十三月十一月十五伊兰泰奏。

试析旗下开户与出旗为民

下汉人奴仆丁额的变化情况列表如次：

表1　　　　　满蒙旗下汉人奴仆丁额变化表[①]

丁数＼年代＼项目	顺治五年（1648）	康熙六十年（1721）	乾隆朝	嘉庆十七年（1812）	光绪十三年（1887）
满洲蒙古包衣汉人壮丁	216967	241494	?	50163	27172
满洲蒙古壮丁	84115	215677	?	299213	306174
满蒙旗下壮丁总额	301082	457171	?	349376	333346
汉人奴仆在总额中所占比例	约72%	约53%	?	约14%	约8%

将八旗奴仆释放形式发展变化的三个阶段，与表中奴仆人数的增减情况联系起来，可以清晰地看出：在奴仆释放形式以"旗下开户"为主的顺、康时期，旗下汉人奴仆数量惊人。尽管他们在满、蒙八旗人丁总额中所占比例，开始由72%降至53%，其绝对数字却仍略有上升，达到24万余人。至于奴仆释放形式过渡阶段（即雍正初年至乾隆前期）的汉人奴仆丁数，虽然表中暂付阙如，但种种迹象表明，其人数即便有所减少，总数却仍相当可观。证以档案中记载，当时仅在西安一地，驻防旗人拥有的各类奴仆即达8万[②]！据此，则其他地方的情形可以概见。总之，自入关前后至乾隆初年，八旗内部始终保持着一个数量庞大的奴仆阶层。这一事实有助于说明："旗下开户"的形式既不能无限量地开释奴仆，也就不可能触动八旗奴仆制度本身，大部分旗奴只有继续在奴役的枷锁下辗转呻吟。

但是，到了"出旗为民"成为奴仆释放主要形式的阶段，正如

---

① 表中丁数分见《和硕怡亲王允祥等奏为查报顺康年间八旗男丁数目事本》，雍正元年五月初四日，载安双成《顺治朝八旗男丁满文档案选译》（载《满学研究》第1辑，吉林文史出版社1992年版）；托津等：《大清会典》卷12，嘉庆二十三年殿本，第22页上下；昆冈等：《大清会典》卷19，第21页下。

② 《月折档》，乾隆五年七月初三日绰尔多奏。

表中所示，无论是奴仆在丁额中所占比例，抑或其绝对人数，均呈锐减趋势。旗奴大批出旗，固然是满族领主农奴制关系瓦解的结果，其与奴仆释放形式的变革也是分不开的。因为"出旗为民"的形式可以无限量地开释奴仆，便为众多旗奴豁贱为良开辟了一条切实可行的途径。

第二，奴仆释放形式的变革，有助于奴仆身份地位的提高。从表面来看，无论是旗下开户的奴仆，还是出旗为民的奴仆，他们在原主面前法律地位基本一致。但是如果更深入一步考查，就会发现两者实际地位有所不同。

奴仆"旗下开户"后，豁除的是奴籍而非旗籍，不可避免会受到原主纠缠和八旗制度束缚，因此在身份地位上形成以下特征：

首先，开户人人身不自由。雍、乾之际，开户人除一部分编入"另记档案"册籍外。大多数隶属"开户"籍下。其中又分为"原主佐领下开户"与"原主名下开户"两种。前者由佐领直接管辖，后者户口则不归佐领，仍"入于原主户下"，名正言顺地接受"本主拘管"。虽然名曰"开户"，实际上原主"仍可复役驱使，与户下家奴无异"[1]。与奴仆相比，只是不能任由原主买卖、随意戕害而已。因此，一般说来，开户人具有半自由人的身份特征。

其次，开户人经济上难以自立。奴仆开户以后，仍然有义务将其披甲所得的一部分交给原主。倘遇原主因公失误或者贪冒侵蚀，案发后勒令抵补，"原主名下开户人"必须与原子孙、家奴等共同分担，将粮饷半数，乃至全部，作为抵补官帑款项[2]。

再次，开户人身份世袭。一直到雍、乾年间，"远年开户人"（即清初开户人）后裔，依旧被打入另册，严格禁止其混入正身旗人阶层[3]。身份继承也就意味着地位承袭，而地位承袭则意味着政

---

[1] 福隆安等纂：《钦定八旗通志》卷31，吉林文史出版社2002年版，第550页。
[2] 日本东洋文库清史研究室编：《镶红旗档》（乾隆朝上册），日本東洋文庫本，第12—13、51页。
[3] 鄂尔泰等撰：《钦定中枢政考》卷3，乾隆七年殿本，第5页下—6页上。

治地位被打上某种"卑微"烙印。这种"卑微",集中表现为在科举入仕方面受到明显限制。雍正十三年(1735)奏准:八旗开户人只准由旗下别途进身,其本身及子孙"永不许考试"①。不仅将开户人,而且连其子孙的科考居官资格也一并剥夺。

而奴仆一旦"出旗为民",则完全摆脱了旗籍、奴籍的双重约束。因为与原主分别隶属旗籍、民籍,平日井水不犯河水,所以人身是自由的,经济是自主的。卑贱的身份地位也不再因袭。虽然有"止许耕作营生,不准求谋仕宦"的歧视性规定,但这种限制一般只及于本身,至其归入民籍后所生之子若孙,则准"各照该籍民人例办理"②。说明已享有"编户齐民"的一应权利。可见奴仆出旗为民后的实际地位明显高于旗下开户人。

总而言之,"出旗为民"取代"旗下开户",加速了八旗蓄奴制度的崩溃。对于这一历史事件在满族发展史中所起到积极作用,是不应该略而不谈的。

(原载《中国民族与文化》,中央民族大学出版社1988年版)

---

① 允裪等:《大清会典则例》卷76,第12页上。
② 《清高宗实录》卷532,第22页。

库图勒考

kutule（蒙语为"xötöl"，"牵、拉、曳"义）一词，大量见诸清代满文文献。在汉文典籍中音译为"库图勒"或者"苦独立"，意译则有"跟马人""厮卒""控马奴""跟役"等不同译名。

在八旗军队中，库图勒是一个重要角色。可惜，由于过去对满文资料发掘和利用不够，有关库图勒问题未能引起注意。有鉴于此，本文试就库图勒的历史渊源、在八旗军队中的作用、以及内部成分变化等问题，加以初步探讨，以就正诸师友学长。

一 库图勒的历史渊源

历史上北方许多少数民族的军事组织，以骑兵为主。跟马人一类的从人，并非八旗内部所独有。辽国兵制：每正军一名，马三匹，打草谷、守营铺家丁各一人。也就是说，辽兵一般携带二名左右跟马人。凡遇战阵，打草谷家丁各"衣甲持兵"，攻城之际"必使先登"[①]，协同作战。金国兵制：猛安谋克下的正式兵丁曰"正军"又称"甲军"，随带之副从曰"阿里喜"。后者除部分正户子弟外，多以"驱丁"（即奴仆壮丁）签充[②]。《三朝北盟会编》记载：金兵每人"各有两人或一人阿里喜"。其"阿里喜"下又注云："本朝所谓傔人。"[③] 女真语"阿里喜"与满语 ilhi 相通，乃有

---

① 脱脱等：《辽史》卷34，中华书局1974年版，第397—399页。
② 脱脱等：《金史》卷44，中华书局1975年版，第992、994页。
③ 徐梦莘：《三朝北盟会编》卷230，光绪四年刻本，第5页下。

"副""次"之意①。而所谓"傔人",也就是"从人",在此均指依附于正军的仆从、跟马人。

元蒙古作为剽悍的草原游牧民族,将士出征,除所乘马外,多备数匹从马(又称副马)。此种现象,甚至引起南宋人的注意。赵珙《蒙鞑备录·马政》条云:"凡出师,人有数马,日轮一骑乘之,故马不困弊。"彭大雅《黑鞑事略》云:"有骑士而无步卒,人二三骑或六七骑。"徐霆疏云:"霆往来草地,未尝见有一人步行者。其出军头目,人骑一马,又有五六匹或三四匹马自随,常以准备缓急。"元代蒙古战士,每届出征,辎重、奥鲁无不须人经管,而其所恃以骑乘之马匹,更须专人照料。此种掌管从马之人亦叫"从人"。蒙古初期掌太祖成吉思汗从马者,皆其亲信,而元代一般将士之从人,大抵悉由其"驱口"(即奴仆)充任②。

既然跟马人这种身份在历史并非罕见,kutule 一称是否满语中的固有词汇也就成为问题。曾经有学者指出:正是由于阿哈随主从征牧马侍奉的行为已很普遍,因而才产生了一个常见的专用名词 kutule。从而断为出自满语。笔者查阅《蒙古秘史》,多处载有 kotocin [蒙语为"xötöči",义为"(旧)牵马人、马童、马前卒"]一词,旁注汉文音译为"阔脱臣"③。蒙语"xötöči"(kotocin)词干为"xötöl"(kutule),涵"牵""拉""引"之意,因此它的本义就是"牵马人"。基于充当这一粗鄙差事的多为出身低微的仆从,遂又衍化出"xötöči"的派生义,泛指"家人""伴当""从仆"④。

关于满语 kutule 的含义,康熙朝《清文鉴》释为"跟随的奴

---

① [日]三上次男:《金代女真研究》,金启孮译,黑龙江人民出版社1984年版,第403页。
② 韩儒林:《元代阔端赤考》,《穹庐集》,上海人民出版社1982年版,第115页。
③ 额尔登泰等:《蒙古秘史词汇选释》,内蒙古人民出版社1980年版,第218页;道润梯步:《新译简注蒙古秘史》,内蒙古人民出版社1978年版,第207页。
④ [苏] С. А. КОЗИН(郭增):《蒙古秘史词汇注释》,内蒙古师范学院蒙语研究室译,内部资料,1978年铅印本,第168页。

才"（dahame yabure ahasi）①。清初朝鲜人也释库图勒："从人也"，盖八旗兵丁"皆骑兵，故多从云"②。总之，kutule 与 xötöči 音、义均相吻合，因此可以初步推定：它是一个来自蒙语的借词。

需要附带言明的两点是：第一，满、蒙语隶属同一语系，因而存在同源词现象。或者有人据此而提出疑问：kutule 与 kötölči 是否就是这一类语词呢？笔者以为：女真兵的从人既云："阿里喜"（il-hi），也就是基本排除了它们属于同源词的可能。第二，满族与女真人既然同一族源，何以对同一种社会身份会出现不同称谓？一方面，应该看到：满语之所以仍袭了女真语的基本内容和特点，正是满族人与女真人之间存在着不可分割的血缘联系的缘故；另一方面，也不能不承认：他们毕竟是处在不同历史时期的两个不同的民族，外部环境迥乎有别，从而形成两种语言之间的差异。对于同一对象，完全可能有歧互的称呼。例如关于"臣"这个概念，女真语称为"卜斡厄"，满语则作"谙班"（amban）；又如关于"民"这个概念，女真语称为"一忒厄"，满语则作"伊尔根"（irgen）③。诸如此类，不待详举。有明一代，女真文字逐渐湮没无闻。女真人书翰往来，必须"习蒙古书，译蒙古语"，在此种情势之下，一些蒙古语取代旧有的女真语而为满语所融汇吸收，不仅是正常的，也是完全可以理解的。

二 库图勒的作用

库图勒主要职能是什么？在八旗军队中约占多大比例？阐明这些问题，应是评估库图勒作用的前提。

（一）库图勒与兵丁之比

先分析入关以前的情况。清太祖努尔哈赤时期，朝鲜人李民寏

---

① 傅达礼等：《御制清文鉴》卷5，康熙四十七年内府刻本，第7页上。
② ［朝］李淯：《沈阳日记》，台湾台联国风出版社影印本，第467页。
③ 罗福成类次：《女真译语》，大库旧档整理处印本，第9页上—10页上。

库图勒考

《建州闻见录》中记载说：凡遇出兵之时，满人家有"奴四五人者皆争偕赴"①。迨至清太宗皇太极时，同样出自朝鲜人手笔："清国军法，一卒定四五驱土里"②。此"驱土里"显系 kutule 之音转。对于库图勒随主从征这一事实，毋庸置疑，但他们与兵丁的比例是否有如上述却值得讨论。

顺治五年（1648）八旗比丁数字表明：8400 名满、蒙旗人壮丁，共占有汉人奴仆壮丁 21000 名之多③，平均每丁有汉人奴仆二到三名。据此推断，入关以前，特别是经过几番大规模掳掠战争后，一户旗人拥有四五名奴仆，当是常见的现象。但是，问题的关键并不在于正身旗人是否有足够的奴仆跟随出征，而在于客观形势是否允许这样做。

首先，处在争战频仍迄无休止的社会条件下，后金（清）政权为了维持"耕战二事未尝偏废"的战时体制，避免经济的崩溃，将一部分奴仆长年固着于土地上乃是必要的前提。何况奴仆耕作"以输其主"，正身旗人"但砺刀剑"无事农亩，是满族内部社会分工的基本原则，也不能不限制奴仆随军的人数。退一步讲，即使统治者允许一般旗人携带四五名库图勒的话，衣食所费也断非其经济能力所能胜任。正是基于以上原因，清朝统治者对于携带库图勒的人数历来有所限制④。由此可见，"一卒定四五驱土里"的说法虽然出自目击者著述，但基于文化语言的隔阂，进入后金腹地的朝鲜人对八旗制度的内部情况远非了如指掌，故其相关记载也不能尽信以为据。

那么，入关以前，旗下兵丁与库图勒之比有无一定之规，如果

---

① ［朝］李民寏：《建州闻见录》，第 44 页。

② ［朝］李浵：《沈阳日记》，［日］内藤虎次郎辑：《满蒙丛书》第 9 卷，健捷堂印本，1921 年，第 467 页。

③ 安双成译：《和硕怡亲王允祥等奏为查报顺康年间八旗男丁数目事本》，雍正元年五月初四日，《满学研究》第 1 辑，吉林文史出版社 1992 年版，第 429 页。

④ 《清太宗实录》卷 36，第 29 页下—30 页下载：管牛录事库拜，以九罪论死，其中一条："其兄子马喇，往江华岛时，多带厮卒一人，不行察出"，即违例多带厮卒受惩例。

第二编 八旗制度与社会

有的话又是否一成不变呢？

皇太极在训诫八旗大臣时曾回顾说："太祖时……仆从甚少，人各牧马披鞍析薪自爨。"① 据其所云，似乎在太祖起兵初期，因奴仆数量有限，还不具备按一定比例配备库图勒的条件。这里，仅援举《太宗实录》中的几条资料，就皇太极时期的情况作一考查：

（1）天聪八年正月乙未条，遣承政车尔格领"每牛录下兵二名厮役一名"往探消息。

（2）同年二月乙亥条，遣劳萨等"率护军精骑八十名厮卒四十名"往锦州捉生。

（3）同年三月辛卯条，命"每牛录护军一名、每两牛录合出厮卒一名"往掠锦州。

（4）崇德二年十二月戊午条，遣丹岱"率护军四十人厮卒二十人"前往捉生②。

通过这四条材料，可以知道：在诸如侦察、捉生骚扰一类小型军事活动中，库图勒与兵丁比例一般为一比二。

但是，上述比例并不适用于大规模军事活动。证以《清太宗实录》崇德八年七月乙未条的记载，皇太极命八旗军队远征黑龙江部时，共遣护军以下官兵1347名，厮役1364名③。二者之间基本保持一比一比例。迨及康熙年间远征准噶尔部时，旗下兵、役仍旧保持这一比例，亦可以为证。

所以有此差别，主要是因为：小规模军事活动具有时间短、路途近、机动性强的特点。大规模军事活动则往往旷日持久，需要长途跋涉，势必更多地依赖库图勒的服务。况且，军事行动多以掳掠人畜作为行军目的，而攫取掳获物的多寡，最终取决于库图勒的人数。出兵时八旗将领"所得必多"，正由于他们"从役颇众"④，这

---

① 《清太宗实录》卷30，第21页上。
② 《清太宗实录》卷17，第8页下，36页下；卷18，第3页上下；卷39，第31页上。
③ 《清太宗实录》卷65，第16页上—17页上。
④ 《清太宗实录》卷62，第13页下。

库图勒考

显然是大规模出兵配备较多库图勒的又一原因。

入关以后，八旗出征时兵、役之间仍按一比一配备。乾隆朝《大清会典》卷61有"师行之制：兵四人，从役各一人，为一幕。每兵给马一匹，兵、役各乘其一"，即可为证。应该说明的是，此定例虽然载在乾隆朝官书，实际反映的却是康熙朝以前的情况。按以《清圣祖实录》，其中八旗兵丁每人厮役各一名的文字记载非止一处①。而雍、乾年间档案则充分说明，当时出兵已经按照两兵一役的比例配备②。至于减少库图勒的原因，很可能与旗下奴仆的匮乏有关。

总之，在入关前后各种性质的军事行动中，八旗兵、役之比，始终维持在一比一或者二比一之间。由此推知库图勒的人数，约占出兵总人数的50%或者34%。

前文所考，总就一般规定而言。事实上，由于经济地位的不同，一些贫苦兵丁出兵时"不过一身一骑"，无力携带库图勒。尤其到了八旗生计问题严重恶化的雍、乾时期，这个问题就暴露得更加明显。还应该补充的一点是：前面的考查主要着眼于兵丁与库图勒的比例，至于八旗将领，"从役颇众"，因此又当别论。据雍正年间官方文件，则知各级旗员携带库图勒的人数大抵如下：领兵大臣每人各二十四名，夸兰大各八名，参领等各六名，骁骑校各三名。另外，兵丁每二名合带一名③。显而易见，携带库图勒的多少，不单是根据战争中的实际需要，而是大小官僚别贵贱、"示等威"、炫耀权柄的一种方式。

（二）库图勒的职能

要而言之，库图勒的职能约有三点：

---

① 《清圣祖实录》卷169，第8页下，9页上，27页下；卷179，第4页下。
② 中国第一历史档案馆藏（下引档案皆同）：《军机处满文月折档》（下简称《月折档》）胶片第6卷无日期《出兵人数清单》；《乾隆朝奏折》第12辑，台北"故宫博物院"影印本，第397页。
③ 《月折档》胶片第6卷无日期《出兵人数清单》。

229

第二编 八旗制度与社会

1. 身持杂役。侍奉主人、"牧马备鞍"、汲水造饭，看守营帐，一切行军中的劳役均其本分。

2. 从事掳掠。崇德年间李国翰等奏言："皇上轸念军士贫乏，令其分往略地，盖欲使之宽裕也。"① 于战争的掳掠目的言之最明。不过，真正发了战争财的，并非一身一骑的贫困旗人，而首先是那些从役颇多、畜马最强的满族贵族和八旗将领。这些人贪得无厌，欲壑难填，每战"希冀多获"②，总是多带库图勒。入关以后，随着战争性质的演变，库图勒的这一职能基本废弃。

3. 驱使作战。在清代文献中，有关库图勒捉生、跺踪、取信、袭扰、设伏，以至登城夺隘、临阵赴敌的记载比比皆是。天命六年（1621）十一月二十八日，努尔哈赤命令大贝勒阿敏，在镇压镇江辽民反抗时，险峻处令"库图勒小子"（kutule i juse）攻取，就是其中典型的一例③。入关以后，清朝统治者除健全一兵带一仆的战时编制外，必要时甚至将库图勒单独成编送至军前。康熙十五年（1676）平定三藩之际，以旗下披甲不敷，圣祖玄烨谕令大将军图海"查西安物故人等厮役"，令披甲领赴平凉④。雍正九年（1731），与准部战事方酣，世宗胤禛旨在最大限度地减少正身旗人伤亡，组建了清一色奴仆编成的军队——家选兵（booi sonjoho cooha）。与此同时，复将和通泊（hotong hūrha noor）等役阵亡将士的库图勒集中编为复仇兵（karu gaire cooha）⑤，成为西北战场的一支劲旅。

---

① 《清太宗实录》卷62，第13页下。
② 《清太宗实录》卷36，第26页上下。
③ 日本满文老档研究会译注：《满文老档》（太祖）卷29，东洋文库丛刊第十二，1955—1963年，第433页，参见见《满文老档》（太宗天聪）卷41，第561、567页；卷47，第664页；《清太宗实录》卷3，第16页上；卷6，第18页上下；卷11，第9页上；卷15，第14页上；卷17，第8页下，第36页下；卷18，第3页上下；卷36，第23页下—34页上；卷39，第31页上；卷45，第21页上；卷46，第18页下；卷52，第8页上下；卷65，第15页上，第17页上等。
④ 《清圣祖实录》卷59，第22页下。
⑤ 《八旗杂档》，第226号档内《雍正九年二月三十日奉上谕》；《月折档》，雍正十一年六月二十一日锡保奏。

为鼓励这些奴仆库图勒临敌赴难的勇气和热忱,清朝统治者一贯以军功开户作为诱饵。规定凡是在战斗中"首先登城""倡率冲敌",或者于对阵之处"首先跃入"杀败贼寇的库图勒,均准开出户下,豁贱为良①。长期的戎马生涯使他们惯经战阵,娴于技艺,因而成为八旗战斗力的一部分。

在历次战争中,库图勒因功升赏者终究有限,代价则往往是惨重的。清朝官方于此讳莫如深,非稽考当日满文档案莫之能详。根据《满文月折档》中的不完全统计,仅和通泊一役,清军败绩,旗下人丁折损不下 6881 人,其中库图勒 2860 人,约占损失总数的 42%②。

总之,由于库图勒的力量是分散的,地位是卑贱的,在统治者来看,自然不足道言。但是,如果将库图勒置于八旗军队这个整体中考查,考虑到他们的后勤服务对于兵丁战斗力的影响,考虑到他们的人数在旗下人丁中所占有的分量,特别是考虑到他们直接参与各项军事活动这一事实,就不难对库图勒的作用得出比较中肯的评价。

三 库图勒身份地位的变化

一般认为,库图勒是"跟随的奴才"或"从军的阿哈",将其视为奴仆中的一种。但入关后的百余年间,满族社会性质已发生明显变化,随着八旗奴仆制度衰落,库图勒的身份也由简单趋于复杂。对于这个问题,同样可以分为前后两个阶段考查。

(一) 入关前库图勒的身份地位

据《满文老档》记载:天命四年(1619)六月,后金攻下开

---

① 《清太宗实录》卷 45,第 21 页上;《清圣祖实录》卷 170,第 10 页下 11 页上。勒德洪等:《平定三逆方略》卷 38,商务印书馆四库全书珍本初集 1935 年版,第 13 页上下。

② 《月折档》,雍正十年四月二十五日锡保奏。

原后，努尔哈赤曾令自贝勒大臣以下、"卑贱库图勒徒步人"以上的所有旗人"按份分取"战利品①。"按份分取"的寓意何在？是指参战旗人不分尊卑贵贱一体均分，还是同一等级人们间的平均分配？努尔哈赤谕内没有明言。为澄清这个有关库图勒身份地位的问题，仍然需要到《满文老档》中寻索答案。检以天命六年（1618）三月二十三日条，努尔哈赤占取辽沈地区以后将所掠财物大事赏赉②。兹将颁赏分配情况列表如下：

表1　　　　　努尔哈赤占领辽沈地区后颁赏情况表

等	职 项	银	布	缎
1	总兵官	200	220	30
2	副将	150	150	15
3	参将	80	80	8
4	游击	50	50	5
5	牛录额真等	20	20	3
6	白虾等	15	15	2
7	白侍从巴牙喇	10	10	1
8	持纛人		10	
9	代子千总		8	
10	披甲人等		7	
11	各路大臣千总		6	
12	村领催等		4	
13	库图勒		3	

据表可以一目了然：战利品的分配上下悬绝、多寡不等，一切视被赏人身份地位而定。在十三个等级中，库图勒序列最次，所得最少，正是其身份卑贱的充分体现。

---

① 《满文老档》（太祖）卷10，第154—155页。
② 《满文老档》（太祖）卷20，第296—297页。

库图勒考

在八旗所有掳获物中,"人俘"是重要的一项。对这种具有特殊使用价值的财产的分配与占有,成为正身旗人专擅的特权。每次大规模掳掠之后,分配人口通常是:各旗按甲分给,库图勒不给①。就其原则而言,奴仆之下不能复有奴仆,来源于奴仆的库图勒当然不可能例外。

从另一角度分析,库图勒尽管无权分配奴仆,毕竟可以合法地得到其他一些战利品或银两。《满文老档》天命十年(1625)四月十八日条:赏往征瓦尔喀的八旗兵丁"每披甲人各五两银,库图勒各二两银"②。又《清太宗实录》崇德八年(1643)七月戊戌条:赏远征黑龙江凯旋的八旗官兵,每护军校各银四十,每披甲人各银三十,每库图勒各银十五③。复证以上表中所列:每披甲人各布七匹、每库图勒各布三匹的记载,均说明赏予库图勒的额数是按照约抵正身兵丁的一半这一个基数分配的。

通过对入关前八旗内部分配关系进行的简略考查,可以就库图勒的身份地位得出一些初步结论。第一,库图勒既由清一色奴仆组成,其地位毫无疑问处在旗人社会最底层。第二,库图勒可以按照惯例领取一定战利品(人俘除外)的事实,则说明奴仆库图勒的待遇可视征战的具体需要而有所提升。

(二) 入关后库图勒的身份地位

入关之后,尤其是雍、乾年间,满族内部的租佃制生产关系日臻成熟,八旗奴仆制度形同强弩之末,一衰而不可复振。一方面,旗下奴主早已失去通过战争不断掠夺奴仆的手段,而民间百姓又无人甘心投身旗下沦落为奴,因此旗人"印契买人甚难"④。遂使旗下奴仆补充来源几近枯竭。另一方面,旧有旗奴中的一部分已经陆续削除奴籍成为旗下开户人,兼以逃旗事件的不断发生,以致在旗

---

① 《满文老档》(太宗天聪)卷54,第774页。
② 《满文老档》(太祖)卷65,第970页。
③ 《清太宗实录》卷65,第16页上。
④ 《月折档》,雍正十三年十一月十五日伊兰泰奏。

奴仆的人数日销月蚀，有减无增。在这一社会背景下，充当库图勒的除旗下奴仆，又补充进其他的一些社会成分。

（1）雇工人。失却了奴仆的旗人，在出兵时节势难将战斗、力役之事毕集一身，于是有了佣工充当库图勒的现象。尤其在汉军旗内，入册旗奴本来就少，雍正朝以降，库图勒中的雇工成分大增。雍正十一年（1733）锡保奏内"今汉军兵丁之库图勒额数虽有两千……其中兵丁子弟及伊等真正户下库图勒甚少，多系各处雇佣民人"①，这段话，即可为证。乾隆年间直隶总督方观承在奏陈满洲官兵库图勒中途脱逃情况的奏折中提到：库图勒一名刘成，系章京明阿泰雇工人；又一名陈六，系前锋八十六、李自孝所雇奉天民人②。就反映了满洲旗下库图勒成分变化的事实。

雇工人的身份地位原与奴仆不同，因此在充当库图勒的过程中，与雇主的人身依附关系就比较松弛。例如清廷对于出兵中途逃回的库图勒，是针对其不同社会身份分别定例办理的：是奴仆，罪行重者拿获即正法，否则归还原主仍复驱使，主奴关系牢不可破。是雇工，只要不曾偷盗马匹军械，缉获后除将本人按例科断外，仍向各犯家属及中保人等"追出原雇价值给还原主"③，主雇之间的契约关系随之解除。由此可见，库图勒中雇工人成分的增加，在旗内社会关系变革过程中无疑是一个进步现象。

（2）幼丁闲散。雍正朝以后，旗下奴仆人数减少，正身人丁却滋生甚蕃，"户口日增，兵额依旧"，越来越多的正身旗人子弟及丁后得不到披甲当差的机会，而唯有仰赖披甲人的豢养度日。其结果不仅使自身生计窘困拮据，且加重了披甲人的经济负担。于是遇到出兵机会，他们开始以库图勒身份随至军前。以雍正年间派赴西北的满洲八旗为例，在奉天等处兵丁库图勒内"另户牲丁其多"；黑龙江索伦兵库图勒内"携来之子弟……汉仗好者亦多"。当时仅

---

① 《月折档》，雍正十一年六月二十七日锡保奏。
② 《乾隆朝奏折》第10辑，第745页；参见第12辑，第43页；《月折档》，乾隆二十一年六月二十一日雅尔哈普奏。
③ 《乾隆朝奏折》第11辑，第841页。

库图勒考

宁夏驻防旗人中，各随兄长充任库图勒的闲散满洲就有一百一十二人之多①。对于披甲兵丁来说，借此可以减省雇佣民人的开支，而闲散余丁亦可得到菲薄的银米（每月盐菜银各五钱、米各一斗六升六合②），以资生计。或有佼佼者"因人自奋以取功名"，甚至可以战功谋得更好的出路。乾、嘉年间八旗名将、索伦人海兰察，由库图勒而累功升至专阃，就是一个突出的例子③。乾隆朝以后，旗下奴仆人数锐减，正身余丁与日俱增，充当库图勒者自然更多。

（3）奴仆，仍然是库图勒中的重要成分。雍正末年档案《兵逃略节》胪列了军前逃回三十六名库图勒的名单，其中除汉军旗下三名外，均为满、蒙旗下人。其社会成分包括：家生子六名，白契家人三名、印契家人三名、笼统称为"家人"者十九名，另外还有开户放出家人三名，打牲人丁、索伦人丁各一名④。

通过这件档案，可以得到以下几点启示：

第一点，在三十六名库图勒中各色奴仆占三十一名，为其总数的86%，从而揭示了雍正朝前后、满洲旗下库图勒仍以奴仆为主，这样一个有别于汉军八旗的事实。

第二点，同样是充当库图勒的奴仆，其内部结构与清初相比已出现明显变化。清初库图勒皆为"四方掳掠"而来的奴仆，即入关以后八旗户籍丁册中的所谓"盛京带来人""远年掳掠人"（泛指"家生子"，ujin）。至此时，库图勒中家生子已明显减少，印契、白契奴仆相应增多。这从一个侧面揭示了旗下奴仆内部结构的蜕变。

第三点，清初旗人随带库图勒均系自家奴仆，至是，转雇他人奴仆充当库图勒的现象日益普遍。在《兵逃略节》所载三十一名奴仆库图勒中，雇自他人的便有六名："一名查大海，系镶黄旗安图

---

① 《月折档》，雍正十年闰五月十三日锡保奏，十一年十二月二十七日福彭奏，九年九月二十五日福彭奏。
② 《月折档》，雍正十年八月三日马尔赛奏。
③ 西清：《黑龙江外记》，黑龙江人民出版社1984年版，第36页。
④ 《月折档》，胶片第3卷无日期档案一件。

佐领下已故领催大达色寡妻的家人，于雍正九年（1732）十月内雇与本佐领下副护军校黑云出兵"，就是其中的一例。这一变化也正是旗下奴仆日渐匮乏、蓄奴制度濒于没落的反映。

库图勒成分的复杂化必然导致其社会地位的差异。以《阵亡恤赏》条例为例：本来，库图勒阵亡一律按末等抚恤[①]；至是改为：阵亡前锋、护军等恤银200两，甲兵150两，牲丁、闲散余丁75两，正身库图勒75两，奴仆库图勒37.5两[②]。库图勒的待遇已根据身份的"良""贱"分为二等，正是其身份复杂化的体现。综上所述，入关以后库图勒已经由单一奴仆转而包含多种社会成分；其中不仅有身份低下的奴仆、具有半自由人身份特征的雇工人，而且加入了越来越多的正身旗人。

（原载《满语研究》1987年第2期）

[①]《满文老档》（太宗天聪）卷47，第664页，参见《清太宗实录》卷11，第9页上。

[②] 鄂尔泰等：《钦定中枢政考》卷31《阵亡恤赏》，乾隆七年殿本，参见同卷《阵伤恤赏》条。

台尼堪考[*]

"台尼堪"一词,见于《八旗满洲氏族通谱》和《清朝通志·氏族略》等篇,亦散见于清初各种史料和东北地方志中。"尼堪"(nikan)为满语,意即汉人。所谓"台尼堪"(tai nikan),特指清代旗下戍守边台的汉人。台尼堪是八旗组成部分之一,由于人数有限,历来未引起研究者重视,因而写下这篇短文,以求教于诸位前辈及学友。

一 两种不同的台尼堪

清末文人对台尼堪的确切概念已含混不明。其中影响较大的解释见魏声和《鸡林闻见录》:"及康熙时云南既平,凡附属吴三桂之滇人,悉配戍于尚阳堡,在今开原县边门外,满语称其地为台尼堪。"[①] 此说以"台尼堪"为地名,后人更有将此解释引申为"指开原上阳堡一带之汉人"[②] 者,不但将台尼堪的概念局限在一个极狭小范围,且完全泯没了他们的旗人身份,显然是不足取的。

"台尼堪"一词所指,其实是两种人。

第一种,满洲旗下台尼堪。他们是入关前即已入旗的汉人,为满洲人戍守边台。乾隆五年(1740)编纂《八旗满洲氏族通谱》时,清廷决定:"蒙古、高丽、尼堪、台尼堪、抚顺尼堪等人员,

---

[*] 本文与定宜庄合撰。
[①] 魏声和:《鸡林闻见录》下,第9页上—10页下。
[②] 莫东寅:《满族史论丛》,第172页。

从前入于满洲旗分内年久远者，注明伊等情由，附于满洲姓氏之后。"① 这里包括的就有台尼堪，而且特别提到这几种人都是"入满洲内历年久远者"。

第二种，汉军籍下台尼堪。这些人入旗时间比前者晚得多。圣祖玄烨平定三藩，锐意经营东北，用兵沙俄，始将三藩余部遣往东北戍守边台驿站。《盛京通志》卷13载高宗弘历巡幸盛京御制诗，内有《台尼堪》一首。首联云："外兰昔日征王师，三逆遗群亦戍兹。"前句征引清太祖起兵首征尼堪外兰故事，后句即指三藩余部遣戍东北一事。句末小注："康熙年间平三藩，以其遗类戍此守台，因名曰台尼堪。"② 道出了这些台尼堪的由来。在清代汉文官方史书以及方志中常可见到的"台丁"，多是指的这一种人。

两种台尼堪虽然名称相同，且都有戍守边台的经历，但由于旗籍、入旗时间以及具体历史背景等等的区别，身份地位是截然不同的。满洲旗下台尼堪的身份，起初固然也是卑微者居多，但入关后开始变化，逐渐享受到与满洲正身旗人相同的待遇。这方面的内容留待后面专门讨论，此不赘述；而汉军旗下台尼堪，则主要分布于康熙朝以后的东北地区，亦即各柳条边边门，直至嫩江以北，"充当守边挖壕差役"③。他们虽归属旗籍，但身份地位普遍低于驻防旗人：均无饷银，仅依靠份地收入以自给；而且"不得参与科举考试，亦不得为文武官吏"；这种卑贱身份世代相袭，"其子弟，例不准与其他旗人通婚"④。时人形容他们："非满非汉，至今子孙不得入仕途，贫苦之状难以言喻"⑤；又说："二百数十年来污辱困穷，直是无告之民族。"⑥ 对这些台尼堪的限制与歧视，直至清朝灭亡才告废除。总而言之，两种台尼堪名同实异，不能混为一谈。

---

① 鄂尔泰等：《八旗满洲氏族通谱·凡例》，乾隆九年内府刻本，第4页上。
② 阿桂等纂修：《盛京通志》卷13，乾隆四十三年版，第3页。
③ 阙名撰：《盛京通鉴》卷7《六边衙门应办事宜》，第269—270页。
④ 刘焕文等：《锦西县志》卷2，1929年版，第4页。
⑤ 宋小濂：《北徼纪游》，黑龙江人民出版社1984年版，第13页。
⑥ 魏声和：《鸡林旧闻录》下，第9页上10页下。

|台尼堪考|

二　满洲旗下台尼堪

满洲旗下台尼堪（下简称台尼堪），从清军入关时起直至康熙朝中叶，已被陆续抬入满洲八旗。在与满族人长期共处中，逐渐融合为其中的一部分，同时身份地位也发生了根本转化。台尼堪的这一变迁，为揭示清代八旗的结构，特别是满洲八旗内民族关系、等级关系的演变过程，提供了很有价值的依据。因此，我们把他们作为本篇考查的重点。

（1）辽东的边台

台尼堪既原指八旗的守台汉人，因而有必要将明代辽东边台的设置和台丁职守，先作一扼要说明。

明朝沿边皆设台。辽东的台傍依边墙而设，达一千五百余座[1]，主要位于山海关、宁远、开原一线，"原设各城沿边墩台自广宁起至开原平顶山止，延袤八百余里"[2]，以后续有扩展。明代辽东设台，主要为了防御女真各部（后来的满洲）和兀良哈蒙古的侵袭骚扰。综合有关记载，台的种类大致有墩台、路台等。墩台的任务是警戒，传递情报，"每墩军五人主瞭望，每路传烽官一人，有警举烽，左右分传，数百里皆见"[3]。同时面向纵深腹地择相宜处又设路台。路台体圆，以大砖为之，高三、五丈，周围四十丈，"专纳行旅居民之遇敌者"[4]，战时或可容纳数百人。另外还设有大量敌台，由此形成纵横交织的防御网络。

清太祖努尔哈赤建立大金国（俗称后金），仿照明制，"国中尽置烽台"，以与明军对峙。后金（清）台的职能有二，其一是警

---

[1] 杨宾：《柳边纪略》卷1，黑龙江人民出版社"龙江三纪"本1985年版，第4页上下。
[2] 王树楠、吴廷燮、金毓黻等纂：《奉天通志》卷170《军备三》，第3991页。
[3] ［朝］柳得恭：《滦阳录》卷2，金毓黻主编：《辽海丛书》第1集，1933—1936年。
[4] 杨宾：《柳边纪略》卷1，页10上下。

戒，一旦明军入境，边台昼则敲击云版、悬挂旗纛，夜则举烽燧以为信号，可以在几个时辰内将警报准确、迅速地递送到汗廷所在的赫图阿拉（今辽宁省新宾县老城）①。其二是防备自己一方的逃人。入关前，旗下奴仆大量逃亡始终是困扰满洲奴隶主的一个严峻社会问题，据《清太宗实录》载，仅崇德元年（1636）四月庚辰一次查报，驻防海州、盖州等八处的旗兵，就捕获逃人近一千三百人②。因此，后金墩台便兼有缉捕逃人的特殊任务。天聪五年（1631），皇太极在传达给边台诸臣的谕旨中明确规定："我国人步行逃窜，至二三十人者，可沿途传报；逃止四五人者，许管墩台官率兵追之；其踪迹不许容隐。"③《满文老档》中存有不少文书，其中就边台设置、台丁职守、奖惩办法，以及报警方式等等，均有严格具体的规定，充分显示出满洲统治者对于这项工作的重视。

在明与后金的长期对峙中，台的作用既如此重要，便须派出相当数量的人专门从事此职，称为"坐台"。后金坐台的台丁有满洲人，也有汉人。其中满洲台丁是从各牛录中按比例抽取的："满洲三丁抽一为兵……每牛录出守台人八名，淘铁人三名，铁匠六名，银匠五名，牧马人四名，固山下听事人役二名。"④ 从中可见，在所有差使中，坐台是满洲旗人最沉重的一项负担。为了弥补自身人力的不足，后金统治者不得不从辽东汉人中补充人力，而被后金统治者派往坐台的汉人，"因与满洲一起坐台，遂称台尼堪"⑤。

（2）清入关前的台尼堪

为了探寻清初台尼堪的来源，笔者除参考《八旗满洲氏族通谱》（下简称《通谱》）和《清朝通志·氏族略》中有关资料外，还在中国第一历史档案馆检得一份很有价值的满文档案《正蓝旗满

---

① 广禄、李学智译注：《清太祖朝老满文原档》（二），1973年，第13、79页。
② 《清太宗实录》卷28，第15页下—16页下。
③ 《清太宗实录》卷8，第12页上下。
④ ［日］周藤吉之：《清代满洲土地政策の研究》，河出书房，1944年，第420页引《清三朝实录》中《清太宗实录》。
⑤ 中国第一历史档案馆藏（下引档案皆同）：《八旗杂档》第26号《正蓝旗满洲台尼堪三代宗谱档》（满文）。

台尼堪考

洲台尼堪三代宗谱档》（下简称《正蓝旗档》）。以下将三部文献互相参稽[①]，就台尼堪归附满洲情况作一粗略考察，并列表如次：

表1　　　　　　　　　　台尼堪归附满洲情况

户数＼原住地＼归顺满洲时间	大凌河	辽东	辽阳	沈阳	盖州	抚顺	牛庄	铁岭	义州	沽河	绥山	匣塔子	台·六台·三台	章罗	吉林乌拉	宁古	长白	合计
国初（努尔哈赤天命年间）（1616—1626）			5		1				2			1	2					11
天聪（皇太极1627—1635）			4	2	5								1	1	2		2	17
年分无考者	16	2	4	1	1	5	5	1		2	1	1				1		40
合计	16	2	13	3	7	5	5	1	2	2	1	2	3	1	2	1	2	68

从表1中可以看出，努尔哈赤时期归附的台尼堪人数不多，主要来自辽阳、盖州数处。到清太宗天聪年间，台尼堪人数明显增多了。可以这样认为，不仅根据天聪朝归附台尼堪户数超过了努尔哈赤时期这一事实，而且还因为：从表中"年分无考"一栏四十户台尼堪的原籍考查，其中来自大凌河的即达十六户之多。后金兵攻取大凌河城，时在天聪五年（1631）。由此可以推断，台尼堪人数在天聪年间扩充最快，这与此时后金军队攻克明军在辽东的大批城堡台站有直接关系，也与皇太极大批收编汉人入旗的政策有关。

早在努尔哈赤时期，由于满洲自身人力的严重不足，已不得不吸收其他民族——包括汉族人——进入八旗之内。皇太极对这一问题的认识则更为充分，他不仅重视吸收和利用明朝各级官僚和汉族文士进入自己的政权，也注意收编和招抚普通的明朝士兵和百姓。

[①] 鄂尔泰等纂：《八旗满洲氏族通谱》卷69共载台尼堪39姓，63户；《正蓝旗档》共载台尼堪23户，其中18户与《通谱》同，2户在《通谱》中被列入"抚顺尼堪姓"，另外3户《通谱》阙载；两相参照，此表按68户计。

不过，在那一时期，满洲贵族更多地视汉人为奴仆。台尼堪在当时基本被编入满洲旗下各包衣牛录。其身份既为满洲王公贵族的奴仆，与一同坐台的满洲台丁自然不能享有平等待遇。例如天命八年（1623）努尔哈赤在下达给尼堪的文书中命令守台人丁"今年著沿台种地，来年无粮亦不予"①。守台人须耕田自给，这延续了清初八旗"出则为兵，入则为农，耕战二事，未尝偏废"②的传统。

然而，"兵农合一"的含义主要还是指八旗组织兼有政治、经济、军事多种职能来说的，并不排除八旗内部事实上存在着"兵"与"农"的分工。以努尔哈赤这条专门下达给汉族台丁的命令与天命年间朝鲜人李民寏所描绘的八旗将卒"但砺刀剑，无事于农亩"，"奴婢耕作，以输其主"③的情形相印证，再拿康熙朝以后遣往东北的台尼堪的低下地位来推测，包衣（奴仆）身份的台尼堪很可能承担着耕田供粮，赡养满洲台丁的义务。而满洲的守台将备，在初为守台人时"俱皆家徒壁立，仅可免于饥寒"，后来由于"台军之可以敛尅而取也"，所以竟有人"囊橐盈余而称巨富"，守台官职也被视为"第一美缺"④了。总之，入关以前满汉台丁虽一同坐台，身份地位是不同的。满洲守台人的情况，史料记载甚为缺乏，台尼堪却确乎是父子相袭，成为一种专职，以致后来台尼堪便成为专指这类人身份的名词了。

（3）满洲化的台尼堪

清朝入关后，满洲统治者面对数量超出自身千百倍，并且因为民族压迫政策而敌视他们的汉人，亟感自己处境的孤立，从而千方百计地设法扩大清朝专制统治的社会基础。在他们采取的各项措施中，比较成功的一项，就是对汉族的分化政策。具体地说，就是将为数众多的汉人，以归附满洲的时间先后为准，划分等级，区别对

---

① 日本满文老档研究会译注：《满文老档》（太祖）卷46，东洋文库丛刊第十二，1955—1963年，第679页。
② 《清太宗实录》卷7，第5页下。
③ ［朝］李民寏：《建州闻见录》，第43页。
④ 徐明远：《谨陈六事奏》，罗振玉编：《天聪朝臣工奏议》卷下。

待（虽然他们对这点并未明说，更不像元朝蒙古人那样公然用法律形式把人们的社会等级固定下来）。满洲统治者对跟随他们入关的辽东汉人特别优抚，顺治六年（1649）曾颁布优抚令，允许辽东人自愿编入满洲旗内，"照满洲一例恩养"[1]。台尼堪在辽东汉人中归附较早，"从龙入关"以后，身份更是明显提高。

下面以《正蓝旗档》为对象，就其所载二十三户台尼堪的分别列举，并略加分析，应该是能说明一些问题的：

其一，清太祖努尔哈赤时归顺的王国左、王国用两户。他们是天命七年（1622）跟随蒙古兀鲁特贝勒索诺木降附后金的，作为较早归附的所谓"陈汉人"，这两户虽被编入满洲旗下，却未入于包衣牛录。

其二，天聪朝归附满洲旗的五户，均被编入包衣牛录。其中康熙二十五年（1686）由包衣佐领抬旗而入于满洲旗分佐领的二户，见于《正蓝旗档》："正蓝旗满洲阿林佐领另户领催老格色、披甲陶格等呈称：吾等高祖文高，抚顺地方人。台姓，台尼堪。向为平郡王包衣佐领下人。康熙二十五年抬旗，编入此满洲佐领。"这便是其中的有一户。此外，康熙二十七年（1688）抬旗的有一户，至乾隆朝仍为包衣籍者二户。这仍为包衣的二户人中，一户明福，本身为八品笔帖式，其叔叔色和里曾任参领，实际身份早已脱离了奴籍。另一户双喜的情况也值得注意，见同档载称："包衣金湖佐领下闲散双喜：吾等高祖克惇，姓张。原盛京大凌河地方尼堪。因与满洲人一起坐台，遂称'台尼堪'。随世祖入京后，将吾等编入正白旗满洲包衣管领，雍正元年分给和硕恭亲王门上。乾隆五年蒙王施恩，将闲散双喜，编入勋旧包衣满洲金湖佐领。"既然由包衣管领改入包衣佐领需经恭亲王恩准，这是否也反映了旗下包衣人身份地位上的某些细微变化呢？关于这方面问题，尚有待今后的研究。

其三，另外十五户，归附满洲的确切年份缺载，但情况基本相同，在《正蓝旗档》中，都有这样一段话："（吾等）原盛京大凌

---

[1] 《清世祖实录》卷42，第9页下10页上。

|第二编　八旗制度与社会|

河地方尼堪，因与满洲人一起坐台，遂称'台尼堪'。随世祖入京后，将吾等编入满洲旗下满洲佐领。"这部分人原籍既为大凌河地方，显然是天聪年间入旗。在编入之初，他们可能也如前述双喜等五户的先人，统属包衣身份，但是在顺治年间陆续抬旗。以上二、三两部分占了《正蓝旗档》的大多数，在台尼堪身份变化的问题上，应该是有代表性的。

从上述统计中可以看出，绝大多数台尼堪，在入关以后陆续由内务府或王公府属佐领（或管领）抬入满洲旗分佐领之内。仍然留在包衣籍内的只是极少数，而且身份也起了实质性变化。所谓抬旗，情况各有不同。据清人说："建立功勋，或上承恩眷，则有由内务府旗下抬入八旗者；有由下五旗抬入上三旗者。"① 台尼堪的抬旗当属前一种情况，因其前世身份卑贱，所以视抬旗之典，更为稀世殊荣。台尼堪入满洲旗分佐领的时间，基本上是从顺治初年至康熙中叶，这正是满洲统治者在关内立足未稳，政局动荡不定，亟须扩充兵力和扩大政治影响的时期，台尼堪得以享此"殊荣"，显然是适应了统治者的这种特殊需要。

另据《八旗满洲氏族通谱》，其所载六十三户台尼堪中，属于满洲正黄旗的二十一户，正蓝旗的十七户，镶白旗的十九户，正白旗的二户；此外镶黄、镶白、正蓝、正黄旗的包衣各一户。可见台尼堪在满洲各旗的分布明显不均，主要集中于正黄、正蓝和镶白三旗。入关以前，正黄、正蓝与镶黄旗并为满洲最高统治者自将之旗，后来又以镶白旗换出正蓝旗，作为上三旗。档案资料已经证实，在入关前后的一段时间内，八旗中汉人奴仆的人数以上三旗为多，而上三旗中又以满洲三旗为最。上述台尼堪的旗籍隶属情况，也可作为大部分台尼堪出身包衣亦即奴仆的一个旁证。不过，他们逐步跻入各满洲旗分佐领。这与《通谱》中所列举的其他满洲化汉人，如尼堪、抚顺尼堪的绝大多数，始终隶属内务府以及下五旗王公府属佐领的情况殊为不同，是应引起注意的一点，因为它在一定

---

① 吴振棫：《养吉斋丛录》卷1，北京古籍出版社1983年版，第2页。

台尼堪考

程度上揭示了满洲旗下包衣汉人身份变化的不同途径①。

台尼堪身份变化的过程，同时也是他们与满洲人融合的过程。从组织形式上看，台尼堪也具有自己的特点。他们并没有像编入满洲旗分的其他民族成分如高丽（朝鲜）、索伦（鄂温克）、俄罗斯人等，单独编设佐领，而是始终与满洲人丁合编。这一点已为《八旗通志·旗分志》的记载所证实，同时也可以在档案中找到更直接的证明。满文《镶白旗满洲清查添设佐领缘由档》在记载米德公中佐领源由时说："康熙十三年由恭阿佐领下三十余满洲，阿津太佐领下三十余台尼堪，华尚佐领下三十余满洲，共缵凑一百丁编为一佐领。"②

从前引《正蓝旗档》也可以看出，台尼堪是散处于各满洲佐领之下的。满族统治者这样做的目的。有可能是出于对汉人的疑忌和防范。不管他们的主观愿望怎样，这一做法的确产生了相当深远的效果。

首先，编入满洲旗分的台尼堪，其地位应位于汉人、汉军旗人、内务府包衣旗人之上。他们在与满洲人长期相处过程中，逐渐与满洲正身另户旗人享有了完全同等的待遇，应试做官也均为满洲缺。在《正蓝旗档》中，台尼堪后代任员外郎、中书、参领、骁骑校、护军校者不乏其人，而其中最有代表性的，当为性桂。《国朝耆献类征》卷68《性桂传》记载："性桂，满洲正蓝旗人，姓王氏，先世居义州，国初来归。"参照《正蓝旗档》第三谱："吏部尚书性桂等之老祖王国左，义州地方人，王姓，天命七年随兀鲁特贝勒索诺木来归……编入满洲旗。"二文中的性桂，当为一人无疑。他的老祖王国左，为最早归顺满洲的所谓陈汉军，本文前面已经提到，性桂自康熙末年至乾隆之初，历任监察御史、大理寺卿、都察院左副都御史、浙江总督、杭州将军、兵部尚书、吏部尚书等显职③，均为满洲缺，并被列入《满洲名臣传》中。官书中全然未提

---

① 莫东寅：《满族史论丛》第143页，谓满洲旗分内高丽姓、尼堪姓、台尼堪姓、抚顺尼堪姓"全是包衣"，此说不准确。
② 中国第一历史档案馆藏：《八旗杂档》，第192号（满文）。
③ 李恒辑：《国朝耆献类征》卷68，广陵书社2007年版，第37页上；参见《满洲名臣传》卷37，第24页上下。

到他的台尼堪身世，甚至他的姓氏亦未列入《通谱》的台尼堪姓氏之内，俨然已是满洲贵宦的一员了。

其次，随着满洲化程度加深，台尼堪逐渐改换了满名。其中不少人因为坐台，早已将汉族本姓改称"台"姓（《通谱》则将台姓写作唐姓，或作谈姓）。入关后，台尼堪从第二、三代，最迟不过第四代均改用了满名。性桂即是一例，此外如林来凤，其子一名费扬阿，官至内阁中书；一名苏克济，为护军校；一名林超，刑部员外郎。三子中仅林超一人仍袭汉姓，另二人已采用满名。又如张恭生，子张天寿，孙张玉柱。玉柱有三子，改称色赫哩、萨哈哩等，这是第四代改用满名的例子。王弼，子王昭，王昭有六子，皆从满名，这是第三代改换满名的例子。曹聚会，子德克尽、德克特，这是从第二代起改用满名的例子[①]。这类例子很多，毋庸赘述。

从清入关初至乾隆朝近百年，与满洲人丁同处于满洲八旗之内，且与满洲旗人享有同等政治地位和经济待遇的台尼堪，无论其精神面貌、生活习惯和心理状态，与满人已无甚区别，况且很多人已经自认为是满洲成员。乾隆五年（1740）编纂《八旗满洲氏族通谱》时，清廷决定将他们的姓氏列于满洲姓氏之后，可看成是官方对这一既定事实的承认。

民族是一个历史的范畴。在清朝历史上，尤其是在入关之初社会急剧动荡的时期，民族之间的融合远较和平时期来得剧烈。进入八旗组织的很多汉人，逐渐被满洲人融合并最终成为它的成员，是历史确曾存在过的事实，台尼堪就是典型的例子。

（原载《清史研究通讯》1988年第3期）

[①] 《八旗杂档》第26号《正蓝旗满洲台尼堪三代宗谱档》（满文）。

关于江宁将军额楚满文诰封碑

在清代北京形形色色的碑刻中，由旗人撰写或者反映旗人社会生活的碑刻占有很大比例，并构成北京碑刻的一大特色。旗人碑刻文字，原以满汉合璧为主，清中叶以后，纯用汉文的碑刻逐渐增加，至于纯用满文的早期碑刻，存世者几稀[1]。康熙二十三年（1684）江宁将军额楚诰封碑，纯用满文，长期珍藏在北京石刻博物馆，罕为人知，故《全国满文图书资料联合目录》亦未收录。日前，笔者应石刻博物馆吴梦麟先生之邀，将额楚满文碑译为汉文，得以先睹为快。该碑在研究额楚身世以及满文碑刻方面，均有重要价值。兹将诰封碑满文用罗马字转写，加以汉译，复就额楚其人身世、事迹说明如下。

一　满文转写

hūwangdi hese, gurun booi fukjin doro mukdeke be gūnici, gungge de karulara kooli be wesihuleci acambi. amban niyalma, forgon de aisilara gong be ilibuci, jergi bure kesi be yabubure giyan. ere yargiyan i julgete i hafuka jurgan. giyang ning ni jergi babe tuwakiyara jiyanggiyūn, jai jergi adaha hafan ecu, sini banin tob ginggun, erdemu getuken hafu, giyang ning ni tuwakiyara jiyanggiyūn de sindaha manggi, ginggun olhoba

---

[1] 已知顺治十三年《索尼先茔碑》为满文碑，据黄润华、屈六生主编《全国满文图书资料联合目录》，书目文献出版社1991年版。

i tušan tuwakiyan be gūtubuhakū, baita icihiyara de yamji cimari faššame mutehe. tušan de aniya goidatala ele ajige mujilen i yabuha. ulhiyen i wesihun jergi de wesimbuhe manggi, ududu tušan de mutehe. kesi doshon be isibuci acame ofi, maktara saišara be tuwabuha. si neneme si ping hiyan be afara de, jai jergi de fekufi, tuwašara hafan obuha, geli siran siran i ilaci jergi adaha hafan oho. amala mederi hūlha jeng ceng gung se, jen giyang, guwa jeo be gaifi, nadan minggan funcere hūlha olgon de tafa ka be gidaha. geli ilan tumen funcere hūlha olgon de tafa ka be gidaha. geli ing gurire tumen funcere hūlha be gidaha. geli faidafi alime gaiha juwan tumen funcere hūlha be gidaha. uttu ofi, ilaci jergi adaha hafan be, jai jergi adaha hafan obuha. jalan lashalarakū sirambi. te simbe doro de aisilara amban fungnefi, tondo akdun be temgetulehe. erdemu be ili bure, gung be mukdembuhe.

elhe taifin i orin ilaci aniya sunja biyai ice ilan.

二 满文汉译

皇帝制曰：国家思创业之隆，当崇报功之典，人臣建辅运之绩，宜施赐爵之恩。此诚古今之通义。驻守江宁等处将军、二等阿达哈哈番额楚，尔性资端谨，才识宏通，补授江宁将军以来，恪谨无惭职守，夙夜勤勉任事。在任年久，小心益励，浡陟崇阶，历仕有能，因沛恩纶之宠，以示褒嘉。尔先于攻取西平县时，以第二名登（城），授为拖沙喇哈番。又累授为三等阿达哈哈番。其后海寇郑成功等袭取镇江、瓜洲，七千余贼登陆败之，又三万余贼登陆败之，又移营之万余贼败之，又列阵拒敌之十余万贼击败之，故以三等阿达哈哈番升为二等阿达哈哈番，世袭罔替。兹封尔为光禄大夫，宏彰忠贞，树德懋勋。

康熙二十三年五月初三日

三 额楚事迹

　　额楚，作为清顺康年间的一位重要将领，在《八旗通志初集》《清史列传》《清史稿》中均有专传。又雍正朝修《八旗满洲氏族通谱》卷30《札兰传》，也载有其事迹。综合这些记载，可以对额楚人生轨迹有一个比较清晰的了解。

　　《札兰传》载：额楚之父札兰，兀札喇氏，世居萨哈尔察地方，于"国初来归"。兀札喇，又写为乌扎喇、吴甲喇，《钦定八旗通志》卷55《氏族志一》列兀札喇氏凡二十二派。《八旗满洲氏族通谱》卷30谓："其氏族散处于乌喇（即松花江）、萨哈尔察、黑龙江及各地方。"明末清初，在松花江下游珊延倭和（白石）、瓦丹、盖敬（改金）、乌儿乎、他气力、哈儿哈马（喀尔喀木）、者克兔胡（遮克特库）等噶栅（村），松花江与黑龙江汇流处及黑龙江下游萨尔和、兀札喇（今俄罗斯境阿枪斯克）等噶栅，均有兀札喇氏人广泛分布[①]。至于扎兰一支，则属于"萨哈尔察地方兀札喇氏"。清初文献有时将黑龙江中游部分地区居民泛称为"萨哈尔察部"。大致范围在牛满江（今俄罗斯境布列亚河）、精奇里江（结雅河）一带。满语"萨哈尔察"（sahalca）有"黑色貂皮"之意，该地区以盛产优质貂皮驰名。清太祖、太宗两朝，曾派军远征萨哈尔察地方，招抚其众，编入八旗。见《氏族通谱》卷30，镶黄旗人穆穆理德特赫、札兰（即额楚父），镶白旗人滚布，正蓝旗人陶纳，正白旗人第优格等世职官员，都出自萨哈尔察地方兀札喇氏。额楚从其父归清的确切时间虽不可考，在清朝入关前当无疑义。

　　顺治二年（1645），额楚由闲散从征陕西，道经河南，明总兵刘洪起降而复叛，据西平城。八旗军树云梯攻城，护军昂海先登，额楚继之，遂克其城。五年议叙，授拖沙喇哈番（云骑尉）世职。

---

　　① 《郎丘等题枯儿凯补进貂皮本》，故宫博物院明清档案部编：《清代中俄关系档案史料选编》第一编上册，中华书局1979年版，第3页；刘小萌：《清前期东北边疆"徙民编旗"的考察》，《满族的社会与生活》，北京图书馆出版社1998年版，第240页。

此即碑文中所云："尔先于攻取西平县时，以第二名登（城），授为拖沙喇哈番。"从此，额楚在军营中崭露头角，不久授佐领。七年至九年三遇朝廷恩诏，晋世职为三等阿达哈哈番（三等轻车都尉）①。

按，顺治、康熙年间，八旗世袭官职分为八级，即公、侯、伯、精奇尼哈番、阿思哈尼哈番、阿达哈哈番、拜他喇布勒哈番、拖沙喇哈番。雍正年间，将世爵满名"妥议汉名"，精奇尼哈番称曰子，阿思哈尼哈番称曰男，阿达哈哈番称曰轻车都尉，拜他喇布勒哈番称曰骑都尉，拖沙喇哈番称曰云骑尉②。满名如故。乾隆十六年（1751）增设恩骑尉，最终形成九级世爵制，即公、侯、伯、子、男、轻车都尉、骑都尉、云骑尉、恩骑尉。每级又分三等。其中，公、侯、伯爵为超品，精奇尼哈番（子爵）为一品，阿思哈尼哈番（男爵）为二品，阿达哈哈番（轻车都尉）为三品，拜他喇布勒哈番（骑都尉）为四品，拖沙喇哈番（云骑尉）为五品，恩骑尉为七品。额楚以军功所受拖沙喇哈番，为世职第八级，以后三遇朝廷恩诏晋三等阿达哈哈番（后译三等轻车都尉），即世职第六级中的第三等。

顺康之际，清朝对中原地区的统治虽趋稳定，但局部战争也一直前后相踵。额楚的大半人生都是在金戈铁马中度过。顺治十五年（1658），他从梅勒章京噶楚哈征南明永历政权至贵州，第二年凯旋回至荆州。是年六月，以思明州（厦门）为抗清基地的郑成功与张煌言合师北入长江口，取瓜洲（今江苏镇江西北），克镇江，兵临江宁（今南京）城下，拜祭明太祖陵。江南仪真、浦口、芜湖等镇望风而降。额楚随噶楚哈沿江驰援，并受命统江宁驻防兵。

清朝定鼎北京后，贵族、官员的俸禄，八旗兵丁饷米大半依靠江南漕运。郑成功兵临江宁，不仅直接动摇了清王朝在江南地区统治，而且威胁到它的经济命脉乃至整个国家机器的正常运转，难怪

---

① 鄂尔泰等纂：《八旗通志初集》卷145《名臣列传五》，东北师范大学出版社1985年版。

② 鄂尔泰等纂：《八旗通志初集》卷42《职官志九》。

引起清廷的极大震动。事平之后，对功臣大行赏赉，加官晋爵，也在情理之中。按碑文记载，额楚在此次战役中曾四败郑成功军，得升二等阿达哈哈番（二等轻车都尉）。此役的出色表现还为他晋升高阶铺平了道路：顺治十七年（1660），额楚补授驻防江宁协领，翌年擢副都统。康熙七年（1668），迁本地驻防将军。

江宁将军全称为："jiyang ning ni jergi babe tuwakiyara jiyanggiyūn"，直译"驻守江宁等处将军"。江宁位于江南水陆冲要，控扼长江口，又俯瞰南北漕运的大动脉，战略地位重要。顺治二年（1645），清廷设江宁驻防，置八旗满、蒙兵二千，以后额兵续有增加①。江宁将军为正一品大员，按清廷规定，必须是满洲缺。

额楚升为江宁驻防最高官员后，过了十几年比较安稳舒适的生活，但康熙十二年（1673）爆发、并且绵延八年之久的"三藩之乱"，却彻底改变了他在晚年安享荣华的现实。十三年（1674），三藩之一的耿精忠据福建叛应吴三桂，遣将陷江西广信、建昌、饶州等府，徽州及婺源、绩溪等县俱失守。额楚奉诏同署副都统宗室巴尔堪往剿，屡破叛军，规复徽州、婺源、饶州等府、县。十四年四月，额楚率兵进剿至万年县石头街渡口，水陆夹击，大破吴三桂军，复广信府，又复万年县。安仁县叛军闻讯乘船遁。接着在弋阳县北再破叛军，先后击斩及溺死者二万余人②。十五年（1676），简亲王喇布自江宁移师南昌，额楚奉诏参赞军务。吴三桂遣将高天杰突陷吉安，额楚迎战于螺子山等处，屡失利。会安亲王岳乐自袁州进剿湖南，围长沙。马宝闻，亦退军。清廷遣官查奏螺子山战败罪，以额楚不能举发首先败走之责，又敌遁不行追击，罪不可逭，应罢官，革世职。朝命以世职仍领江宁兵，立功赎罪，率兵赴广东。十六年（1677）九月，额楚会同镇南将军莽依图大破马宝军，进驻韶州。十二月，谕曰："韶州地属紧要，一切军务，额楚若启简亲王转奏，恐多迟误。其令额楚以江宁将军印统

---

① 赵尔巽等撰：《清史稿》卷130《兵一》，第3868页；福隆安等纂：《钦定八旗通志》卷35《兵制志四》。
② 清国史馆撰：《清史列传》卷6，中华书局1987年版。

辖兵马，事许专奏。"①足见清廷对他的倚重。十七年（1678）十二月，额楚同抚蛮灭寇将军傅宏烈进定广西，驻藤县，遇大疫，士马多病毙。额楚疏请增援。援兵未至而敌军大集，战不利，藤县失陷。额楚同傅宏烈退保梧州。第二年二月，吴世琮犯梧州，额楚同莽依图、傅宏烈击却之，随即率兵解南宁围。十年（1680）六月，久经沙场的额楚奉诏还江宁。

额楚生年不详，卒年有二说。《八旗通志初集》卷145和《清史列传》卷6均谓其卒于二十年十月。《清史稿》卷258则谓："十九年，卒"。《清史稿》撰著在后，对其卒年却持新说，或另有所本。亦未可知。

自康熙七年至二十年（1668—1681），额楚前后任江宁将军长达十三年，在当时驻防盛京、吉林、江宁、京口、杭州、福州、广州、西安、汉中各处将军中，他任将军一职时间之久，仅次于吉林将军巴海，资格是相当老的。

额楚死后，清廷以其兄子格克里之次子富努保袭二等阿达哈哈番世职。富努保卒，以格克里长子法保袭。初，格克里于康熙十四年（1675）从征广东，战殁于阵。二十五年（1686）议恤，予拖沙喇哈番世职，以法保一并承袭，合已袭之职为一等阿达哈哈番。

额楚诰封碑刻于康熙二十三年（1684）五月初三日，距其去世已近三年。当由其子嗣所刻。值得注意的一个问题，是该诰封颁布时间。诰封末云："兹封尔为光禄大夫。"光禄大夫，正一品文官封号。按清朝封赠制度，原有文武之别，而八旗官员诰封例用文衔。其中，公、侯、伯及一品，俱光禄大夫。妻，俱一品夫人。以上封赠三代，诰命四轴。二品，资政大夫。妻，夫人。三品通议大夫。妻，淑人。以上封赠二代，诰命三轴。四品，中宪大夫。妻，恭人。五品，奉政大夫。妻，宜人。以上封赠一代，诰命二轴。六品，承德郎。妻，安人。七品，文林郎。妻，孺人。以上封赠一

---

① 清国史馆撰：《清史列传》卷6。

代，敕命二轴。八品，修德郎。九品，登仕郎。以上只封本身，敕命一轴①。额楚出任江宁将军，为一品大员，朝廷封赠光禄大夫，不过沿用成典。额楚出任江宁将军后的主要事迹，就是参与平定三藩的几乎全部过程。而诰封对此却只字未提，据此看来，诰封颁布的实际时间可能在康熙七年额楚出任江宁将军后。

有清一代，凡八旗官员诰封碑均为满汉合璧。近日见中国社会科学院近代史所珍藏清崇德四年（1639）八旗官员诰封，已是满汉合璧，说明诰封碑取满汉合璧，只是沿用诰封文书的既定体例。额楚诰封碑却纯用满文，实属特例。至于其中的底蕴尚不得而知。总之，关于额楚诰封碑还有一些疑问有待澄清，但不管怎么说，作为一块世所罕见的满文诰封碑，其珍贵的文物价值和研究价值都是显而易见的。

（原载《满语研究》2001年第1期）

---

① 鄂尔泰等纂：《八旗通志初集》卷45。

清前期东北边疆"徙民编旗"考察

清太祖努尔哈赤、太宗皇太极在统一东北边疆过程中，对当地氏族部落普遍实行编户制度。康熙初年，清政府为满足北疆防务需要，开始将这些属民大批迁入东北，编旗设佐，徙民编旗活动一直持续到雍正十三年（1735）才基本结束。对于清代东北边疆史中这一影响深远的事件，国内外一些学者在论著中曾有所涉及。但是，诸如徙民与清政权的历史关系、徙民的编旗与源流、"徙民编旗"的具体措施与评价等问题，或者所见歧互，或者言之未明。因此，有必要在扩大资料来源基础上，围绕上述提出的问题做进一步考察。

一 清政权与徙民的历史关系

内迁诸部原分布于黑龙江、乌苏里江广大流域。他们在原籍期间与清政权究竟有无隶属关系？这个问题的澄清，不仅有助于说明清前期东北治边政策的递嬗演变，对于正确评价"徙民编旗"，也是必要的前提。

（一）与瓦尔喀徙民的历史关系

"瓦尔喀部"的地理范围，包括图们江流域、乌苏里江流域及迤东滨海地区。清太祖努尔哈赤崛起辽东之际，曾以"瓦尔喀部众，皆吾所属"为理由，率先用兵该地。尔后，瓦尔喀降民大部分被编入满洲八旗，留居当地者便成为满族统治者控制下的边民。

崇德三年（1638）以后，珲春一带瓦尔喀部首领纽呼特姓贲达库、宁古塔姓加哈禅、泰楚拉姓（名字不详）3人相继归附。五年，清政府将其部人编为户口，正式建立噶栅（村屯）编户制度，并任命三人为噶栅达（村长）①。顺治一朝，编户制度有明显发展：官方任命的噶栅达已由最初的3人增至16人；噶栅组织在原赘达库部民基础上，又汇聚了来自喜禄河、伊鲁河（今俄境别利措瓦山附近）、雅兰河源（今俄境东海滨省境内）、兴堪（今兴凯湖）、乌苏里江，以及北部阿库里（今俄境瓦库河）、尼满（今俄境伊曼河）、厄勒（今俄境滨海省雾迷大沟）、约索（今俄境纳赫塔赫河一带）等地的散居之人。为了适应噶栅组织不断扩大的需要，清政府在众噶栅达之上，增置"库雅拉总管"，以归附在先的赘达库为首，综理各噶栅日常事务②。

瓦尔喀噶栅编户制的建立，确立了清政权在当地的统治。经济上，每年每户必须向清廷交纳貂皮或海豹皮一张③。《清实录》中，载有赘达库等人于崇德三年、六年、七年、八年、顺治三年、六年亲身入贡的事实。顺治年间，珲春曾发生一件隐匿编户案件：噶栅达塔克图原有编户四十，后因隐匿十一户貂皮不交，被属人布老告发。遂经宁古塔昂邦章京巴海等议准："令布老一党分出（噶栅）另住，赏穿一等朝服；并咨行盛京礼部添户征赋。"④ 布老因告发之功，得以率自己一族二十户另组一新噶栅，并升任噶栅达，而塔克图却受到削除编户的责罚。该案的处理结果表明，清政府对瓦尔喀编户不但握有充分的行政管理权，而且在有关赋税额数、征收程度、奖惩办法上均有章法可循。

噶栅编户制的确立，为清政府扩大招抚范围创造了条件。顺治十一年（1654），札斯胡里等十名噶栅达曾随同清朝章京满喜等分

---

① 阿桂等：《皇清开国方略》卷28，乾隆年间殿本，第11页下—13页下。《郎邸郎三代满文族谱》，引自董万伦《清代库雅喇满洲研究》，《民族研究》1987年第1期。
② 中国第一历史档案馆藏（下引档案皆同）：《军机处满文月折档》（下简称《月折档》）卷28—32。
③ 《月折档》卷28—32。
④ 《月折档》，乾隆七年二月二十二日鄂弥达奏，参见刘小萌《关于清代"新满洲"的几个问题》，《满族研究》1987年第3期。

赴额思库伦等地，招回壮丁114人。十三年，"库雅拉总管"赉达库奉昂邦章京沙尔虎达之命，率噶栅达16人，"白身人"（无职衔平民）164人，分赴阿库里、尼满、厄勒、约索等处。这些地方距珲春均不啻千里之遥，途中山岭纵横，森林密布，夏潦冬雪，人迹罕至，终于招回壮丁860人。大规模招抚活动一直持续到康熙初年始近尾声①，从而为后来"库雅拉佐领"的编设奠定了基础。

（二）与虎尔哈徙民的历史关系

虎尔哈部的地理范围，从松花江与牡丹江合流处开始，北迄乌苏里江口以下。该部居民在内迁以前，原分为若干地域集团。

第一，松花江下游与黑龙江北毕瞻河（今俄境比占河）流域的羌图礼部落。该部以墨尔哲勒氏族为核心，接纳了墨尔德里、乌札拉、巴雅拉、富察、托科罗、何叶诸姓②。羌图礼与清统治者的关系可以追溯到清太祖年间③，此后，"累世输诚""贡献不绝于道"④。因此，成为清初东北边疆少数民族领袖中名声远播的一位⑤。《扈从东巡日录》等书记其居地为"羌突里噶尚（噶栅）"，应即松花江与黑龙江汇流处的"莽按木屯"（即莫宏库噶栅，在今黑龙江同江县境）⑥。

清政府在羌图礼部建立了以三级管理体制为标志的噶栅编户制度。噶栅达为基层组织首领，上设若干"总屯头目"。例如墨尔哲勒姓七屯"总屯头目"是羌图礼（强兔力）；巴雅拉姓八屯"总屯头目"是土尔乎拿；托科罗姓十二屯"总屯头目"是南涧。"总屯

---

① 《月折档》，乾隆七年二月二十二日鄂弥达奏。
② 《月折档》卷28—32。
③ 张缙彦：《域外集·苍头街移镇记》，黑龙江人民出版社1984年版，第39页。
④ 《清太宗实录》卷17，第5页上，34页上下。
⑤ 杨宾：《柳边纪略》、高士奇：《扈从东巡日录》、张缙彦：《域外集》、吴兆骞《秋笳集》等康熙年间刊布的东北史地文集，均有关于他行迹或居地的记述；《八旗满洲氏族通谱》卷52，亦载其专传。
⑥ 《顺治朝题本》（编号4），中国第一历史档案馆编：《清代中俄关系档案史料选编》（第一编上册），中华书局1981年版，第5页。

头目"总一同姓诸屯,因知其人选当是各氏族族长。在"总屯头目"之上复设置"部长",曾长期由羌图礼担任①。由此可见,噶栅编户制是在充分利用血缘关系基础上建立起来的。它严格了各级首领的职守,便于清政府管理,从而成为当时通行东北边疆大部地区的基层行政组织。《顺治朝题本》所载清政府对羌图礼部收纳赋税、黜陟首领文书,正是该部落内迁以前长期隶属清廷的明证②。

第二,与羌图礼部毗邻的三姓部落。三姓系指葛依克勒姓、努业勒姓、怙什哈礼姓。明末清初,该部分布在黑龙江与松花江合流处,下迄乌苏里江口的沿江谷地③。他们姓氏不同,实则一部,早在明朝万历年间,已结成以葛依克勒姓氏族长为世袭部长的统一部落。三姓部归附清政权的时间,可能略迟于羌图礼部。天聪二年(1628),葛姓初次入朝。以后,首领索琐科被正式任命为三姓部"国伦达(部长)",娶宗室女,成为清皇室额驸。清太宗在位期间,三姓人入觐频繁④。

三姓部居地连属三江,为内地经略黑龙江下游所必经,因而引起清初统治者的重视。除对该部实行编户外,复以"联姻"手段"以抚其心"。天聪九年(1635),三姓部首领索琐科、觉奇纳、塞宁额、奥里喀,相继成为清室名义上的额驸。顺、康之际,额驸多达九人⑤。人数之多,令东北沿边任何一部落也难以望其项背。康熙年间流徙东北的汉族文人杨宾在《柳边纪略》中提到,三姓头目"皆尚少主",又以"少主合亲惯,乘舆出塞门"之句比附故典。所记虽不免夸张,却道出三姓部与清廷非同寻常的一段姻缘。实际

---

① 《顺治朝题本》(编号4)。
② [日]松浦茂:《清朝边民制度的成立》《清朝辺民制度の成立》,《東洋學報》67卷14号(1987年7月),对清代黑龙江中下游编户制度有精详研究。笔者在叙述虎尔哈部落噶栅编户制度时参考其成果。
③ 《月折档》卷28—32。又见《宁古塔副都统行文档》,康熙二十二年。
④ 《清太宗实录》卷4,第2页下;卷22,第3页下;卷34,第11页上;卷44,第23页上下;卷54,第20页上;卷58,第22页下;卷64,第11页上。
⑤ 关嘉禄、佟永功、关照宏译:《天聪九年档》,天津古籍出版社1987年版,第187页;《顺治年间档》(编号1,5);《宁古塔副都统行文档·为呈送本年征收貂皮赋事》。

上,"合亲"的妇女并非"少主","尚主"的额驸也不过是些普普通通的噶栅、氏族头领。然而,正是这种名实不尽相符的"联姻",将二者在政治上结为一体,推动了三姓部首领在配合清政府统一黑龙江下游事业中发挥积极作用。

在招抚远人方面,部长库力甘额驸(即索琐科之孙)曾于顺治年间多次奉旨往赴黑龙江下游。顺治十年(1653),招抚副使哈喇九姓432户。不久,远赴黑龙江下游入海处的"东海费雅喀",使当地九村居民"皆愿归附"。费雅喀庄屯头目克尔格孙亲赍黑狐皮入觐。黑龙江下游顺利纳入清朝版籍[①]。

在征收貂皮方面,顺治年间清廷入关伊始,无暇北顾,黑龙江下游的贡赋征收,曾由居间的三姓部代管。例如,新附副使哈喇等九姓纳贡的貂皮,便是由库力甘代征转送盛京的。至于迤北费雅喀部的莽河禅噶栅(今俄境阿姆贡河口)、霞集噶栅等贡奉的貂皮,至康熙前期,仍由乌苏里江口德辛噶栅的噶姓首领札郭络额驸转呈[②]。此后三姓部落南迁入旗,正是这种隶属关系的进一步发展。

第三,在乌苏里江下游及以北黑龙江下游沿岸,清初还分布有霍尔佛可儿等八氏族。其社会形态落后,尚未形成部落一级社会组织。《清太宗实录》崇德六年十二月甲寅,始有霍尔佛可儿(科尔佛科尔)等姓入贡清廷的记载。关于八姓居民内迁前的资料不多,故留待后面一并说明。

(三) 与索伦部徙民的历史关系

明末清初,黑龙江上游、精奇里江流域居民(即今达斡尔、鄂温克、鄂伦春人的先民),被统称为"索伦部"。天聪七年(1633),精奇里江的部落首领巴尔达奇内附。崇德二年(1637),黑龙江上游部落首领博木博果尔入贡称臣,清廷影响施及黑龙江上游。崇德五年(1640),清政权平定博木博果尔为首的反抗活动以

---

① 《顺治朝题本》(编号1,4,5);《清世祖实录》卷124,第6页上下。
② 《宁古塔副都统行文档·为呈送本年征收貂皮赋事》。

后，按"索伦牛录（佐领）"形式对其部民重新编组，任命"能约束众人，堪为首领"者为牛录章京（即佐领）[①]。索伦牛录无披甲名额，有按户纳貂义务，并且"择便安居"，维持旧有生计。无论从结构或职能看，均有异于八旗牛录而近乎清政权在东北其他地方所建立的噶栅组织。因此，应将索伦牛录的编设视作清政权在黑龙江上游推行编户政策的一种努力。到崇德七年（1642），索伦牛录已由前年的八个迅速增加到二十二个以上[②]。但是，它还仅限于原博木博果尔辖地。至于精奇里江的巴尔达奇额驸，因为得到清廷倚信，行政上反而未受过多干预，似乎仍以贡纳貂皮为限。索伦部距离当时清统治中心最远，曾经形成比较发达的部落联盟组织，又因蒙古文化的长期濡染，在语言、风俗、宗教等诸方面形成有别于满族的独特风格。清初统治者之所以对该部实行较为宽松的统治，不能排除是基于对上述因素的考虑。

以上诸部，构成后来康、雍年间内迁编旗的主流。编户制度的普遍建立，奠定了清政权对东北沿边诸部的统治，并为尔后徙民编旗的实施创造了条件。显然，只有把握这条循序发展的历史线索，才能避免对徙民编旗事件作孤立的考察。

二 徙民的编旗与源流

顺治元年（1644），清廷入关，八旗人丁倾落南迁。与此同时，沙俄侵略者却闯入黑龙江流域。及康熙初年，他们"过牛满、恒滚诸处，至赫真、费雅喀虞人住所，杀掠不已"。如此一进一退，历史的巧合，遂酿成严重的北疆危机。但是，当时的清政府于内地立足未稳，无力将有限兵力抽调北上，而黑龙江沿岸诸部，又慑于沙俄侵扰而不安其居。严峻的形势，促使清政府转以"徙民编旗"作为一项基本的御边措施。

[①] 《清太祖实录》卷51，第32页上下。
[②] 福隆安等：《钦定八旗通志》卷32，第7页上；《清太宗实录》卷59，第24页下。

（一）瓦尔喀部民内徙编旗

康熙九年（1670），清政府首先在当时的北方重镇宁古塔（今黑龙江省宁安），将迁来的瓦尔喀壮丁编为 14 个"库雅拉佐领"（额兵 845）。康熙五十三年（1714），又在珲春增设协领衙门，将当地瓦尔喀壮丁"罢其捕打海獭职务"，编成 3 个"库雅拉佐领"（额兵 150）①。

关于库雅拉佐领源流，前人言之过简。笔者据《军机处满文月折档》等资料编为《库雅拉佐领出身表》（见文末表 1）②，并略作说明：表中所列 16 名佐领中，康熙九年入旗的 13 名，康熙五十三年入旗的 3 名，比较完整地反映了库雅拉佐领的成分。在前 13 名佐领中，7 名是顺治年间隶属库雅拉总管赍达库的旧噶栅达③；另外 6 名入旗前身份不明，按照噶栅达亡故子侄袭职的惯例推测，可能是赍达库手下其他一些噶栅达的后人。在后 3 名佐领中，巴克喜纳是赍达库嫡裔，达巴库是加哈禅后嗣，至于泰楚拉姓莽柱祖辈，则是清太宗所命首任三噶栅达中的另一位④。由此可见，清初赍达库的编户，构成了库雅拉佐领的基本来源。虽然入旗以前他们曾在珲春、绥芬一带编为噶栅，从其原籍看，却涵盖了南起海滨、北迄阿库里、尼满、厄勒、约索一线的辽阔地域。甚至可能吸收了来自库页岛的民族成分⑤。

（二）虎尔哈部民内迁编旗

顺治末年开始，虎尔哈部民大举南迁，以后相继编为八旗"新满洲佐领"。

---

① 《月折档》卷 28—32。
② 清代"佐领"有二义，第一指八旗基层组织，满文"niru"（牛录）；第二指八旗佐领指挥官，满文"nirui janggin"（牛录章京），这里的佐领取第二义。
③ 《月折档》，乾隆七年二月二十二日鄂弥达奏。七名旧噶栅达是：布克都里、塔勒福察、古宁阿、札斯胡里、满珠那、托纽、满吉那。
④ 《郎邰郎三代满文族谱》，引自董万伦《清代库雅喇满洲研究》。
⑤ 《月折档》，乾隆十年五月十一日巴灵阿奏折内称：尼马察等四姓之祖"原乌苏里、绥芬、库页、阿库里之人"。"库页"（kuye）即"库页岛"。

第一，宁古塔新满洲佐领的编设。康熙十三年（1674），清政府将迁来宁古塔的虎尔哈部民大规模入旗，编为40个新满洲佐领（额兵约2000）。同年，宁古塔将军巴海率40名佐领谒见清圣祖玄烨。《康熙起居注》十三年十一月己丑条记其事云：

> 先是，镇守宁古塔等处将军巴海等，及松阿里乌喇、诺罗河、吴苏里乌喇、木伦等处居住墨尔哲勒氏部落，因骑射娴熟，投诚日久，自归依以来，气习渐改，颇守法制，将伊等族长、里长题授佐领、骁骑校。至是，将军巴海率墨尔哲勒氏新编佐领40员并佐领下人丁来朝。

"将伊等族长、里长（噶栅达）题授佐领、骁骑校"的规定，反映了对东北边民由编户到编旗的政策转变。这条记载，还概括出40佐领的源流。参见文末附表2《新满洲佐领出身表》，共收有23名佐领的姓氏原籍，约占40佐领的一半以上。其中，来自松花江下游噶栅的17人，黑龙江中游及江北毕瞻河流域的3人，乌苏里江流域的3人①。这样一来，不但印证了《康熙起居注》的记载，且进一步澄清了其主源，是原居松花江下游及毕瞻河流域的墨尔哲勒氏酋长羌图礼的部落。札努喀即羌图礼子，达杭库、科勒德、布克托、奇穆纳、二珠、阿克岛等人，均是其属下噶栅达②。

第二，三姓新满洲佐领的编设。康熙五十三年（1714），在三姓（今黑龙江省依兰）地方创设三姓协领衙门。同时，将迁来虎尔哈壮丁1538名编为4佐领（额兵200）③。

满文档案载其源流，正黄旗佐领札哈拉，葛依克勒姓姓长，原

---

① 附表二1—17号俱来自松花江下游噶栅；18—20号来自黑龙江中游和毕瞻河流域；21—23号来自乌苏里江流域。
② 《月折档》卷28—32；又《八旗满洲氏族通谱》卷30《布克韬传》，卷49《奇穆纳传》，卷52《强图理传》《希尔关传》。
③ 《月折档》，乾隆七年二月十三日鄂弥达奏。

居德新（在乌苏里江口）；镶黄旗佐领堪戴，努业勒姓姓长，原居集纳林（今同江县勤得利）；正白旗佐领额普齐，恬什哈礼姓姓长，原居喜鲁林（今抚远县境）；正红旗佐领崇吉喀，舒穆禄姓噶栅达，原居集纳林。其中，除舒姓65丁系外来氏族的一支而与努姓同居一噶栅外，其他壮丁来自当地的大小34个噶栅①。因此，不难得知，4佐领是在原三姓部落基础上编设的。佐领札哈拉，是清初三姓部长索琐科曾孙②。顺治末年，其父库力甘额驸率千余壮丁迁抵宁古塔，康熙前期再迁三姓城一带（即今依兰县，旧称老城屯，因三姓部迁入改今称）。康熙五十二年（1713），札哈拉继为部长，翌年入旗。

第三，三姓新满洲佐领的增设。雍正九年（1731），三姓协领衙门升格为副都统衙门。十年，大幅度扩充兵额：新增16佐领，每佐领兵额由康熙年间的50名增至100名，遂使当地驻兵由200名猛增至2000名。新增额兵，除800名由三姓部余丁挑补外，其余千名由迁来"江上打鱼壮丁"披甲。

关于其源流，《吉林通志》卷65虽载有新增佐领名字，惜未注其原籍姓氏。检以档案，知此"打鱼壮丁"属于乌尔衮克勒、那穆都鲁、霍尔佛可尔、穆里雅连、库发廷、希努尔呼、巴拉、恰喀拉八姓③。其中，乌姓，旧居乌苏里江口希占噶栅（今俄境哈巴罗夫斯克一带）；那姓，原居乌苏里江右岸勒河（今俄境契尔卡河）沿岸的抓金、沁噶栅。霍姓的这车林、各其善、辙岙、大滩、合轮等噶栅，库姓的古发庭、玛堪噶栅，希姓的穆苏噶栅，均位于乌苏里江口以下、敦敦河口以上黑龙江下游沿岸④。巴、恰二姓居址不详，但总应在毗邻六姓之处。因知，八姓壮丁是来自乌苏里江下游以迄黑龙江下游南段的渔猎民。

八姓与清政府关系始建于17世纪40年代。霍姓曾在崇德六年

---

① 《月折档》卷28—32；又见《宁古塔副都统行文档》，康熙二十二年。
② 郑士纯修：《桦川县志》卷5《葛氏源流考》，民国十七年版。
③ 《月折档》，乾隆七年二月十三日鄂弥达奏。
④ 参见《宁古塔副都统行文档·为呈送本年征收貂皮赋事》。

（1641）与三姓部等一同呈进貂皮。《顺治朝题本》载有清政府在霍姓、乌姓各噶栅征收貂皮的资料①。由此可见，八姓虽入旗较迟，却早已成为清朝的编民。

（三）索伦部民内迁编旗

顺治年间索伦部南移嫩江流域后，编为"布特哈打牲部落"，隶理藩院。康熙二十三年（1684），改隶新设的黑龙江将军。关于布特哈八旗始建日期，旧有康熙十年、二十三年、雍正十年诸说，按档案载，后说是正确的。这一年，在原"布特哈打牲部落"基础上，布特哈打牲壮丁6661名"按八旗旗色"编成108个佐领。

"布特哈八旗"的编设虽参考了八旗组织范式，两者之间却有明显不同。首先，它是按照"于伊等原居地址各族（mukūn）部（aiman）不使分离"原则编设的。这就是说，在旗制的外壳下仍完好无损地保存了传统血缘组织（族）与地缘组织（部）。基于同一原则，各旗佐自然不可能划一建制。因此，依然照旧例，每旗设4佐领以至11佐领，每佐领编壮丁50余名以至80名不等②。再者，布特哈八旗壮丁不论是官兵还是散户，均岁纳貂皮一张③。狩猎生产的职能使它必须保持比较松散的组织结构。然而，比起先前的索伦牛录来，它的军事职能毕竟已大大加强。

另外，自康熙二十三年（1684）以迄三十一年（1692）间，曾陆续抽调一部分"布特哈打牲部落"壮丁，编设39个八旗索伦佐领和达斡尔佐领（共额兵2340）。这部分佐领属于驻防八旗序列，分驻瑷珲、墨尔根、齐齐哈尔诸城④。

关于索伦部民源流，现存资料残缺不全，兹参稽中俄双方文献略作考查。见文末附表3《达斡尔索伦佐领出身表》：佐领赫图，

---

① 《顺治年间档》（编号2）。
② 《月折档》，雍正十年闰五月二十七日召尔亥奏。
③ 西清：《黑龙江外纪》卷5。
④ 《月折档》卷30—40，又见王河修《盛京通志》卷19。在39个索伦、达斡尔佐领中，有1个佐领是由科尔沁王公献出壮丁编成的。

应即俄方档案提到的黑龙江上游酋长拉夫凯所属三首领之一的阿图伊（Атуй）。他与当地首领敖拉姓阿尔巴西（Албаза），是拉夫凯的同族。另一首领拉夫凯的女婿齐帕（俄方称"Чипии"），则是达斡尔鄂嫩姓第四代祖先[①]，也即《顺治朝题本》（编号17）中提到的"齐把"。三首领南迁后均隶属于布特哈八旗。佐领勒木白德、马鲁凯，原籍多金（今呼玛县盘古河口），从地望看，所居距拉夫凯木城（今俄境乌尔堪河口，即我国漠河北）不远。因此，也应是由拉夫凯部内迁的编民。又佐领褚库尼、布克塔原籍济沁，罗布尔本居乌力斯穆丹，均来自黑龙江上游。前两人为崇德年间首任索伦牛录的牛录章京，其中褚库尼曾在崇德二年随博木博果儿入觐清帝[②]，是较早归附清朝的达斡尔首领。至于精奇里江巴尔达齐部的内迁情况，前人多有考察，毋庸赘述。该部主要居住精江下游，缘其周围，还散布着魏拉基尔、马那基尔、毕拉尔、杜拉尔、巴亚基尔、谢马基尔等游牧鄂温克和鄂伦春"养鹿人"[③]。据附表3，可知他们中的一部分也随同内迁编旗。

附表3所列佐领中，有4人是清初的首任索伦佐领[④]，结合其他事实不难确认：南迁的索伦部，主体是清政府在黑龙江上游和精奇里江的属民。

除旧属瓦尔喀部、虎尔哈部、索伦部编户外，清政府还努力寻找新的兵源。康熙三十一年（1692），用银赎出科尔沁王公所属万余达斡尔、索伦（鄂温克）、锡伯、卦尔察壮丁，编为72个八旗佐领（内达斡尔佐领16、锡伯佐领46、卦尔察佐领10，共额兵4000）[⑤]，

[①] 内蒙古自治区编写组：《达斡尔族社会历史调查》，内蒙古人民出版社1985年版，第15页。

[②] 《清太宗实录》卷36，第8页上。

[③] ［苏］Б. О. 多尔基赫：《十七世纪西伯利亚诸民族的氏族部落成分》（Долгих Б. О. Родовой и племенной состав народов Сибири в XVII веке. Труды Института этнографии. М., 1960, С. 583–586.），莫斯科，1960年，第583—586页。

[④] 见《清太宗实录》卷5，第6页上下，即勒木白德、褚库尼、布克塔、讷努克。

[⑤] 《月折档》卷30—40；王河修：《盛京通志》卷10；允裪等纂：《大清会典则例》卷174。

分驻齐齐哈尔、伯都讷、吉林乌拉、阿勒楚喀、拉林、呼兰等北疆要地。翌年，编漠北喀尔喀车臣汗所属巴尔虎来归之一部637户为8个巴尔虎佐领（额兵480），分驻北疆诸处①。雍正十三年（1735），将又一部内附巴尔虎人编为"巴尔虎八旗"，共40佐领（壮丁2984），置于克鲁伦河下游、贝尔湖和喀尔喀河（今贝尔湖上源哈拉哈河）驻牧②。

综上所述，徙民编旗活动至雍正十三年（1735）基本结束了。如果从顺治十年（1653）大规模内迁时算起，"徙民"与"编旗"作为彼此关联的两个步骤，前后持续了约82年。由于它聚会了黑龙江、乌苏里江两大流域众多民族成分：达斡尔人、索伦人、锡伯人、卦尔察人、赫哲人、恰喀拉人（属乌德赫族），以及蒙古人。因此，体现了历时长、范围广、人口多、民族成分复杂的特点。该地区的清朝属民几乎全部被纳入这一轨道，唯独黑龙江下游是个例外。那里的噶栅编户制在《尼布楚条约》以后继续发展，一直存续到近代。

三 "徙民编旗"的措施保证与评价

（一）徙民编旗的措施保证

对于徙民来讲，内迁不单意味着投身完全陌生的环境，还面临着在文化、生活、生产，乃至社会制度上的变革。清代八旗，是集军、政、经职能于一体的社会组织。旗下人丁行动上受到严格管束，经济上不得自谋生计。对于那些尚未脱离氏族制度羁绊、任意行止于山林水滨间的渔猎民，或者"逐水草而居"的游牧民来说，适应这种制度又谈何容易？那么，清政府采取了哪些措施，以保证决策的顺利实施呢？

第一，优礼上层。内迁诸部的社会形态是比较落后的。清人曾

---

① 《月折档》，乾隆七年十一月十八日博第奏。
② 《呼伦贝尔总统事略》；王河修：《盛京通志》卷19。

将新满洲与旧满洲佐领结构上的差异表述为：新满洲佐领内"同姓者居多，不似佛（旧）满洲佐领下姓氏繁多也"[1]。反映出血缘关系在前者社会关系中仍起着主导作用的事实。在这种状况下，氏族部落酋长对待内迁的态度如何，便成为内迁计划能否顺利实施的关键。为此，清政府制订了"分别率众迁徙先后给予世职"[2]的奖励办法，以争取他们支持。对卓有劳绩的部落领袖更是恩荣有加。札努喀、札哈拉等率部入旗后，均受到康熙帝亲自接见，御赐衣帽鞍马，除世管佐领外，并授副都统职衔。顺治六年（1649）达斡尔族首领巴尔达齐移居北京后，授一等男爵[3]。

第二，酌情安置。各部原居不同的生态环境，形成不同的经济类型，除少数游牧部落外，又有渔猎与农耕的区别。

对于已过渡到农业的部落（如羌图礼部），清政府令其披甲种地，顶补当差，完全按八旗满洲的方式管理[4]，比较顺利地完成了社会制度的转变。然而，一旦按此方式安置迁来的渔猎部落，却遇到意想不到的挫折。以"向以捕鱼为生""不谙农耕"的三姓部为例，迁至宁古塔后，当地官署曾奏准，发给每户牛只籽种，准予买奴，意在促其步入农耕，以适应编旗需要。但事与愿违，"牛只倒毙颗粒无收者有之，耕而未获者亦有之"。以至于康熙初年，三姓部首领在呈文中称："倘不赈济则窘迫之极"了。传统惰性不是一纸公文几道行政措施就能祛除的，一个"向以捕鱼为生"的部落，自然也很难迅速适应农业经济"日出而作，日落而息"的生活节奏，清政府只好将其转迁松花江下游，一定程度上恢复了渔猎旧业[5]，迟至康、雍之际，才全部编入旗籍。此后，清朝将迁来各部

---

[1] 萨英额纂：《吉林外纪》卷3《满洲蒙古汉军》。
[2] 王世选修：《宁安县志》卷2《军警》。
[3] 《清圣祖实录》卷52，第3页下—4页上；鄂尔泰等：《八旗满洲氏族通谱》卷35《巴尔达奇传》。
[4] 阙名撰：《盛京通鉴》卷3，[日]内藤虎次郎辑：《满蒙丛书》，1921年，第94页上。
[5] 《宁古塔副都统衙门档》，康熙二十二年七月乌拉等地行文档，又十二月拜布善等人行文档。

长期留驻边陲，或打牲，或驻牧，或耕农，编旗设佐的组织形式也因对象而异。如此这般，不但基于屏护北疆的需要，应寓有照顾其固有生活方式与习俗的目的。

第三，施以教化。康熙帝提出对来归之人"施以教化"。这些部落相对于满族来讲既比较落后，就存在一个如何使之面貌更新的问题。为此，主要采取了三项措施：

组织上，对编旗的新满洲人实行混合编制。康熙帝曾谕旨在将"根奇勒诸姓"（即葛依克勒等姓）和索伦达斡尔编旗时，遣满洲官兵"往彼教训之"①。因此，当三姓部初编4佐领时，曾由吉林乌拉调旧满洲40名编入。也就是说，在佐领50名兵中，有旧满洲10名。此外，对库雅拉佐领、卦尔察佐领、八姓人所编新满洲佐领，也如此办理②。

经济上，采取措施鼓励各渔猎、狩猎部向农业过渡。尽管这一努力因操之过急而一度招致挫折，毕竟在一段时间后，将大部分徙民导入"披甲种地"的生活。"以捕鱼为生"的新满洲终成为"咸务稽稼"的旗人。"初不知农务"的索伦达斡尔也逐渐"变猎人为农夫"了③。

文化上，遣旧满洲官兵教习"满洲礼法"，其核心是以儒家文化思想开启内迁者心智。复于墨尔根、珲春、齐齐哈尔、黑龙江等处开设旗学，选新满洲、锡伯、索伦、达斡尔各佐领下幼童入学④。经过一段时间循序渐进的研习，终于促成后者经济、文化、思想的全面转变。举三姓部为例，原"无文字，刻木记事"，"自编入伊耆满洲，颇习满文"。到康熙末年，俨然已是"礼貌言谈，亦与满汉无异"了⑤。变化是显著的，由于采取了以上措施，保证了徙民

---

① 王河等：《盛京通志》卷2，第12页上。
② 《月折档》卷28—32。
③ 徐鼐霖主修：《永吉县志》卷34《伊尔根觉罗氏谱自序》，《清朝文献通考》卷271《舆地四》。
④ 长顺修：《吉林通志》卷104，第36页上；王河等：《盛京通志》卷21，第13页上；卷19，第34页上。
⑤ 郑士纯修：《桦川县志》卷5《殖民》；吴桭臣：《宁古塔纪略》，《小方壶舆地丛钞》第1帙，第346页上下。

编旗的顺利完成。

（二）"徙民编旗"的评价

康熙帝充分认识到因沙俄入侵可能酿成的大祸。他说："罗刹扰我黑龙江、松花江一带三十余年。其所窃据，距我朝发祥之地甚近，不速加剪除，恐边缴之民，不获宁息。"① 然而剪除"罗刹"，兵源何在？自清朝定鼎中原以后数十年中，东南、西南数省的所谓"前三藩""后三藩"之乱前后相踵，西北又燃起与准噶尔部的纷争，北方曾演出察哈尔部布尔尼叛乱的插曲。东北驻防八旗不仅得不到必要补充，有限兵力反而被多次南调。如此捉襟见肘的窘境，迫使康熙帝对经略北边持非常谨慎的态度。他还说过："朕观往古，因边疆之事，致扰生民者甚多。宁辑边疆，原以为民，岂可反以累之。"② 实际上，只有在把东北治边政策的重点由编户转为徙民编旗之后，才最终了结了复失地固疆舆的夙愿。

顺治年间，东北全境八旗兵仅 2403 名，康熙前期增至 9454 名。此后，与俄关系虽趋稳定，驻兵仍续有增加，到雍正朝已达 26750 名③。其中，由迁来诸部编设的佐领达 180 个（额兵 10815），约占当时东北全境八旗兵一半。此外，又编设作为准军事部队的"布特哈八旗""巴尔虎八旗"共 148 个佐领，编丁 9645 名。两项合计，充分说明内迁诸部已成为戍卫北疆的主力。康熙年间驱逐沙俄侵略者的斗争中，索伦、达斡尔、新满洲兵已发挥重要作用。《尼布楚条约》的签订终于为北疆和平时期的到来铺平了道路。在此前后，沿边诸镇（珲春、宁古塔、吉林乌拉、三姓、瑷珲、墨尔根、齐齐哈尔、嫩江、呼伦贝尔等）的设置，也因"徙民编旗"政策而得以告成。他们从这些地方出发去设卡巡边。步履所及，北至额尔古纳河、外兴安岭一线，东北达黑龙江入海处，东抵乌苏里

---

① 《清圣祖实录》卷 121，第 11 页上。
② 《清圣祖实录》卷 199，第 8 页上。
③ 昆冈等纂：《大清会典事例》卷 1127—1128；伊桑阿等：《大清会典》卷 82；尹泰等：《大清会典》卷 217。

江东海滨，将广袤的疆域置于清政府的有效控制之下。

"徙民编旗"的实施，显示了一个少数民族肇建的王朝特色。清朝是由满洲统治者创建的政权，因而在相当一段时期内形成某些有别于汉族统治者的利害关系。从与内地汉族人民关系来说，当它以暴力攫取了最高权力以后，长期受到汉族人民——尤其是知识阶层的敌视与反抗。统治者与被统治者关系在激化的民族矛盾之下不能较快得到调整。然而，满洲统治者对东北边疆诸族，却因为历史、文化、血缘的密切联系而在心理上形成持久的认同感。而且，这种感情在维护自身统治的直接政治动机驱使下得以升华，从而形成重视边疆民族的政治取向。满洲统治者，从清太祖起兵之日起，便视东北边疆各族为征服重点和汲取兵源的储库，入关以后又将该地作为"根本重地"而苦心经营，都是基于对本身利害关系的认识。反观历代汉族统治者，除极少数雄才大略如汉武帝、唐太宗、明成祖者外，多以中原内地视作利益之渊薮，权力之所在，乃至形成注重内地农耕社会的政治传统。诚然，历史上一些中原王朝，也曾实行"徙民实边"政策，将内地一批批穷困潦倒的破产农民迁移边地屯戍。然而通观历史却不能不承认：能够像清朝统治者这样，成功地将边疆广大地域内经济落后、组织涣散、民族成分复杂的土著居民聚集起来，予以组织，并改造为一支劲旅的例子，是难得一见的。

表1   **库雅拉佐领出身表**

	姓氏	姓名	原籍	备注
1	库雅拉	讷尔召	毕尔腾	
2	萨克达	克母努	珲春	
3	尼和里	布克都里	乌苏里	
4	尼马察	塔勒福察	喜禄河	
5	阔卓里	克纽	阿库里	
6	富察	朱尔格申	乌苏里	
7	尼马察	古宁阿	珲春	
8	库雅拉	札斯胡里	兴堪	

269

第二编 八旗制度与社会

续表

	姓氏	姓名	原籍	备注
9	尼马察	礼佛	乌苏里绥芬	
10	尼马察	满珠那	阿库里尼满	
11	颜札	托纽	雅兰河源	
12	库雅拉	满吉那	乌苏里绥芬	《吉林通志》卷64
13	库雅拉	讷留	毕尔腾	《吉林通志》卷64
14	泰楚拉	莽柱	珲春	
15	宁古塔	达巴库	珲春	
16	纽呼特	巴克喜纳	珲春	

注：1. 凡未注资料来源者均据《月折档》卷28—32。

2. 1—13号为康熙九年前后编设佐领，14—16号为康熙五十三年所设。

表2　　　　　　　　　　新满洲佐领出身表

	姓氏	姓名	原籍	备注
1	墨尔哲勒	札努喀	？	原籍似为莫宏库
2	墨尔哲勒	达杭库	布尔呼	
3	墨尔哲勒	科勒德	阿穆达	
4	墨尔哲勒	乌尔机那	白石	
5	墨尔哲勒	珠穆纳	黑龙江口	
6	墨尔哲勒	二珠	马纳哈	
7	乌札拉	伊克善	白石	
8	乌札拉	尼克善	萨尔和	
9	何叶	胡哈图	熬金	
10	何叶	挠那	白石	
11	何叶	察勒必善	翁肯	
12	托科罗	希叶福德	松花江	
13	托科罗	奇穆纳	喀穆	《八旗满洲氏族通谱》卷49
14	托科罗	头辙	敖里米	
15	墨尔迪勒	阿克岛	熬金	《八旗满洲氏族通谱》卷52
16	乌札拉	布克托	瓦丹	
17	？	讷恩特	庙噶栅	
18	乌札拉	喀拜	改金	
19	托科罗	墨尔和穆	毕瞻	
20	墨尔德里	宁武讷	毕瞻	

续表

	姓氏	姓名	原籍	备注
21	崇吉拉	富纽兰	毕歆	
22	奇都穆	柱兰太	乌苏里	
23	奇塔拉	郭禄深	乌苏里	

注：1. 同表1注1。

2. 此表佐领仅限康熙十三年在宁古塔编设者。

表3　　　　　　　　　达斡尔索伦佐领出身表

	姓氏	姓名	原籍	备注
1	敖拉	赫图	多金	达斡尔佐领
2	杜拉尔	勒木白德	多金	索伦佐领
3	？	马鲁凯	多金	索伦佐领
4	克音	褚库尼	济沁	索伦佐领
5	衣勒哲里	布克塔	济沁	★索伦佐领
6	布拉穆	德里布	黑龙江	索伦佐领
7	杜尔本	喇巴奇	黑龙江	索伦佐领
8	沃热	苏鲁克图	黑龙江	★达斡尔佐领
9	乌兰	齐里太	黑龙江	★达斡尔佐领
10	乌力斯	罗尔布	黑龙江	★达斡尔佐领
11	精奇里	车尔沁	黑龙江	★达斡尔佐领
12	呼勒太	哥尔德努	黑龙江	★达斡尔佐领
13	杜拉尔	赫保依	郭贝勒	★达斡尔佐领
14	杜拉尔	乌鲁库依	杜拉尔	索伦佐领
15	杜拉尔	讷努克	杜拉尔	索伦佐领
16	撒马合尔	古德赫	和罗尔河	索伦佐领
17	杜里噶尔	特卜赫	裕尔肯	★索伦佐领
18	巴亚基尔	图克奇胡尔	精奇里	索伦佐领

注　1. 资料来源均据《月折档》卷30—40。

2. 带★者为驻防八旗佐领，其余为布特哈八旗佐领。

（原载《中国边疆史地论集》，黑龙江教育出版社1991年版）

康熙年间的北京旗人社会

清代北京的居民结构较之前代发生了很大变化。清朝入关后，强令北京内城（即北城）汉人迁往外城（即南城）居住，腾出内城安置八旗官兵及眷属，内城遂成为名副其实的"旗城"。然而，在此后近百年间，关于内城旗人社会却鲜有文字记载，一直到乾隆四年（1739）修成《八旗通志》［后称《八旗通志初集》，以区别于嘉庆四年（1799）出版的《钦定八旗通志》］才有所改观。不过，《八旗通志》记载重点是与统治集团利益攸关的方面，如八旗旗分、土田、营建、兵制、职官、学校、典礼、人物等，至于旗人生活状况、宗教信仰、旗民关系、风俗习惯等，却较少涉及。有鉴于此，本文试将康熙《万寿盛典图》与档案文献彼此参证，以期对该时期北京内城旗人社会，勾勒一个比较清晰的轮廓。

以图证史，本是史学研究传统方法。北宋张择端作《清明上河图》，以全景式构图，展现北宋都城汴梁郊外汴河沿岸清明时节的热闹景象，一向为史家所重。其实，康熙《万寿盛典图》的史学价值，丝毫不亚于北宋《清明上河图》。只不过清代史料浩如烟海，以致《万寿盛典图》在很长一段时间里未引起史家的足够重视。

在中国古代，皇帝诞辰叫"万寿节"，为皇帝诞辰举行的庆祝活动称"万寿盛典"。康熙五十二年（1713）三月十八日，是清圣祖玄烨六十大寿。此前一日，玄烨奉母皇太后自西郊畅春园回銮紫禁城，皇子皇孙二十五人扶辇随行，沿途臣民仰瞻龙颜，颁赐克食数千席置于道左，耆老夹道欢呼"万岁"。为纪念这一旷世盛典，清廷在事后编纂《万寿盛典初集》120卷，主要收载与盛典有关的皇帝谕旨、臣工颂词。其中，第41、42两卷为木刻版图（即后世所称《万寿盛典图》），选择盛典当日五十多处有代表性的场景做图。前卷描绘紫禁城北门（即神武门）到西直门的沿途盛况；后卷描绘从西直门到畅春园的沿途盛况。另外，《万寿盛典初集》第43、44卷为《注记》，是对两卷图的文字说明。此4卷图文并茂，相得益彰，内容涉及历史、社会、政治、经济、商业、都市、建筑、宗教、民俗、戏剧、艺术、文学、美术、民族等方面，多角度反映聚居内城的旗人社会，尤其值得认真挖掘。关于该书的时代背景、撰修过程、作者、版图内容与价值，前辈学者已有研究①。本文只着重从社会史角度对内城旗人社会的若干侧面加以考察。

一 旗城的由来与概况

顺治元年（1644），清朝定鼎北京之初，在城内实行旗、民分城居住制度。顺治三年二月，清廷借口京城内"盗贼窃发"，谕兵部严旗、民分城之制。但这道命令执行得并不顺利。顺治五年八月复重申前令，要求内城汉官及商民人等尽徙外城居住，限期年底前搬完②。当时的北京城，保持着明朝时的面貌，呈"凸"字形（图1）。内城在北，平面呈东西较长的长方形；外城在南，东西各宽于内城500米有余。经过顺治五年至六年间的大规模清理，原来在内城居住的汉人无论官民一律迁居外城，内城则成为清朝皇室和八旗王公贵族、官兵聚居的区域。

所谓内城，实际包括同心圆的三个城区。中央是皇帝居住的紫

---

① 研究成果有郑振铎：《中国古代木刻画选集》，人民美术出版社1985年版；［日］小野勝年：《康熙六旬萬壽盛典図について》（《田村博士頌寿東洋史論叢》）、《康熙萬壽盛典図考証》（天理図書館報《ビブリア》第52号，天理図書館報，1972年）；又，［日］瀧本弘之：《清朝北京都市大図典》收有《康熙六旬萬壽盛典図》《乾隆八旬萬壽盛典図》（遊子館，1998年）。前有《解題·〈康熙六旬萬壽盛典図〉初探》。

② 《清世祖实录》卷24，顺治三年二月甲申；鄂尔泰等纂：《八旗通志初集》卷23，东北师范大学出版社1986年版，第434页。

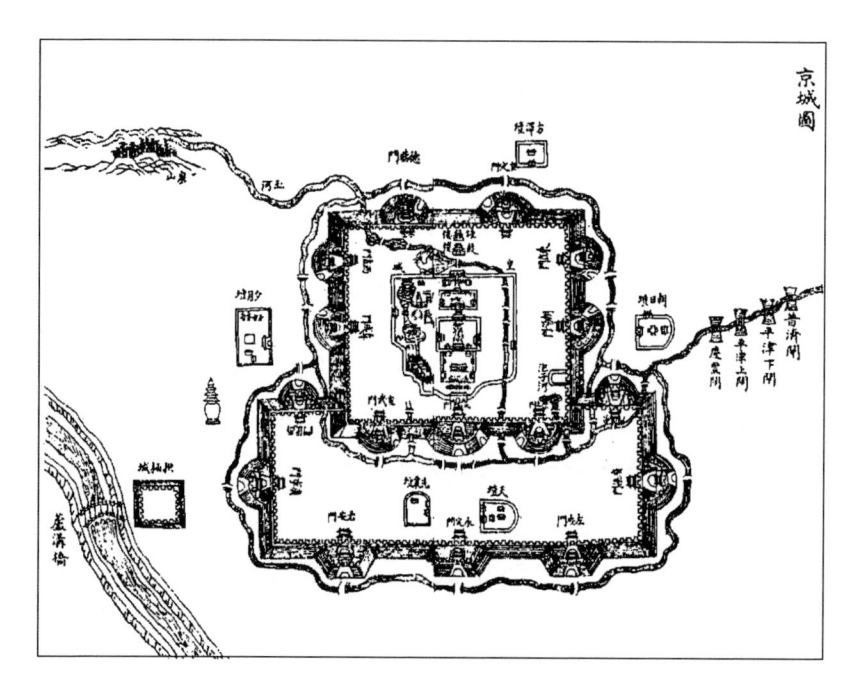

图1　京城图（雍正《畿辅通志》）

禁城（即今天故宫博物院的范围）；紫禁城外，是由内务府各衙署（七司三院各库）及内务府旗人集中住居的皇城。皇城有四门，南曰天安门、北曰地安门、东曰东安门、西曰西安门。皇城外，是由八旗驻扎的大城。大城有九门：北面的德胜门、安定门，东面的东直门、朝阳门，西面的西直门、阜成门，南面的宣武门、正阳门、崇文门（又称"前三门"）。由于汉官、汉民、汉商集中聚居在外城（南城），所以前三门便成为旗、民往来的主要通道。

驻扎大城的八旗称"禁旅八旗"，又称"京旗"，从四面拱卫皇城。八旗分布，是依据五行相生相克的原则确定。东方属木，金克木，金为白色，故正白、镶白二旗驻东城；西方属金，火克金，火为红色，故正红、镶红二旗驻西城。其他各旗也是按五行相克说确定防地——正黄、镶黄二旗驻北城，正蓝、镶蓝二旗驻南城。又以皇城中线分左、右翼，东部四旗为左翼，西部四旗为右翼。在清初,京城是作为军事大本营来配置旗兵的,以后城市的军事性质逐渐减弱,但驻防区划沿袭不改,直至晚清。

在每旗防区内,均按满洲、蒙古、汉军划定范围,以下按参领、佐领分别居住。佐领,是八旗基层组织,每佐领一般辖管数十户,每户约数口至数十口。他们被集中安置在某街区的某条胡同。

禁旅八旗各佐领在行政上隶属本旗都统衙门。在军事体制上,八旗兵丁又按照兵种,分为前锋、护军、马甲、步甲,均独立编营。其中,骁骑(马甲)营、护军营、步军(步甲)营均按旗分设,前锋营按左右翼分设。护军营与前锋营是近卫亲军,平时警卫宫禁,皇帝外出时扈从行营,是八旗兵的精锐。

那么,在这座庞大的"旗城"中究竟居住过多少人口?由于清朝对禁旅八旗兵额长期保密,增加了澄清这个问题的难度。一说顺治年间约有八万人,乾隆年间为十万余人①。《清史稿·兵志一》则提供了清季京旗官兵的准确数字:职官6680人,兵丁120309人。如果以每一旗兵眷属平均5口计算,京旗总人口约为63万余人。这与民国初年袁世凯为称帝在北京分民族进行人口统计时满族人口60万的统计数大致吻合②。

与内城旗人比邻而居的是外城众多汉人,被高高的城墙阻隔。当时北京内外城共有城门十六座,内城九门(即前述大城之九门)、外城七门,俗称"内九""外七"。康熙三十一年(1692),沙皇俄国派遣荷兰人伊兹勃兰特·伊台斯为首的使团至京城拜谒清廷。伊台斯记述说:"住在北京城内的大部分是鞑靼人(旗人),汉人必须住在外城和关厢,那里有最大的市场和店铺。"③此后一些西方人记载,也多提到北京"鞑靼城"(满城)与"汉

---

① 嵇璜等辑:《皇朝文献通考》卷179,浙江古籍出版社2000年版。
② 辽宁省编辑委员会编:《满族社会历史调查》,辽宁人民出版社1985年版,第85页。
③ [荷]伊兹勃兰特·伊台斯等:《俄国使团使华笔记》,北京师范学院俄语翻译组译,商务印书馆1980年版,第218页。

城"的区别①。17世纪前后来华的耶稣会传教士,习惯上把中国的蒙古人和满人统称为"鞑靼",又依据大致地理方位,称前者为"西鞑靼",后者为"东鞑靼"。北京内城旗人社会虽然有满洲、蒙古、汉军之区别,但其男妇在服饰等方面浑然一体,完全"满化",这应是传教士把旗城称作"鞑靼城"或"满城"的主要原因。旗人与民人分城而居,是清朝旗民分治二元体制在空间关系上的突出表现。旗人主体是满人,民人主体是汉人,又说明旗民分治的实质是满汉隔离。

二 内城的建筑与军事设施

康熙《万寿盛典图》对祝寿盛典日皇帝卤簿途经街景进行了生动地描述。其中与旗人社会关系密切者,首先是城市的军事设施:高耸的城墙,城墙上的望楼、巍峨的箭楼,以及护卫城门的瓮城。不过,更有价值的,还是对基层军事设施的描绘。

北京内城的八旗基层军事单位称"汛",汛下设栅栏和堆拨(在《乾隆京城全图》中称"堆子")。在汛、栅栏、堆拨执勤的为八旗步军营。汛的设立以皇城为界,又分内外两区。皇城内各汛,专隶八旗满洲,分90个汛,116个栅栏;皇城外各汛,分隶八旗满洲、蒙古、汉军,内九门城上设汛87处,大城内一共设625个汛、1199个栅栏。每汛设步军12人,均按地界防守稽查。夜则巡更击柝,每汛设更筹,自初更起,上下汛往来传送至黎明止②。每座栅栏设步军3人。按《八旗通志初集》卷45《城内夜禁》条:城内起更后,栅栏关闭,自王以下官民人等,不得任意往来。步

---

① 1703年耶稣会士洪若翰的一封信中写道:"北京由两个城组成:第一个是满人城,皇帝的宫殿就在该城的中央;第二个是汉人城。两座城彼此相连。"[法]杜赫德编《耶稣会士中国书简集》(郑德弟等译,大象出版社2001年版,第269页)。[法]让·巴底斯特·杜阿德《关于大中国和中国的鞑靼族的地理、历史、年代、政治和体制的描写》(荷兰海牙亨利·舒尔来出版社1736年版)和《中国总地图集》(法国巴黎皇后出版社1785年版)所载《北京城图》,则把内城称为"鞑靼城",外城称为"汉城"。

② 福隆安等:《钦定八旗通志》卷34《兵制志三》,吉林文史出版社2002年版。

军校等，分定街道，轮班值宿；步军副尉等仍行巡逻。兵部不时差官查验。若栅栏不关闭，官兵旷班及不支更者，步军副尉一并议处。另外，对夜间有特殊情况如遇丧事、生产、问病请医、祭祀、婚嫁、宴会而必须出行的旗人，也制定了严格呈报制度①（图2）。

图2 内城的栅栏（康熙《万寿盛典图》）

栅栏和堆拨（俗称堆子）遍布内城，是基层执勤单位，起着维持治安、缉捕盗贼、防范火灾的作用。关于栅栏和堆拨的具体情

---

① 鄂尔泰等纂：《八旗通志初集》卷45，雍正四年十二月，皇帝上谕八旗都统："尔等为旗下大人……在街上行走……遇着不公不法的，即行教谕他，如不服，就叫堆子上的步兵看住，查明他的住址姓名，对他本管官员说了惩治，尔大人等各个如此，街上的坏人也就少些，民间的风俗自然渐渐化好。"（中国第一历史档案馆编：《雍正朝汉文朱批奏折汇编》第8册，江苏古籍出版社1991年影印本，第752页。）这说明，堆子兵的职守之一是针对内城的不法旗人。

况，文字史书记载疏略。从《万寿盛典图》可以察知，栅栏一般设在大街两旁胡同入口（在《万寿盛典图》中，西安门外一处、西四北大街十处、新街口西二处、西直门内大街五处），早启晚闭。堆拨通常设在通衢或闹市旁，建有执勤班房，房内放着条凳，墙上挂着弓箭，门外插架上插着长枪（图3）（北海南一处、西安门墙外一处、西安门外拐角一处、西四牌楼大市街路边一处、新街口一带二处、西直门内大街一处）。

图3 内城的堆拨（康熙《万寿盛典图》）

在栅栏、堆拨执勤的步甲（步军、步兵），是八旗中地位最低、收入最少的兵种，其任务相当繁重："昼则巡街泼水，夜则敲梆守栅，终日坐堆，不得宁家，堪为苦役。"以致条件稍好的旗人均不愿当步甲，"惟贫乏及户下家人始肯挑补，间有穷老及寡妇，必藉钱粮以为养赡者，或典买一人，或向亲戚借一人，或抚一民为养子，使之披甲当差，得钱粮以养赡家口"。所以，当步甲的多是旗下奴仆，或抱养民人之子①。

据档案中记载：某夜二更，平郡王因故外出，步甲开栅栏稍迟，王大怒，令属下鞭之而过。待四更返回时，王又命执栅栏步甲，带回府中，亲自督责，打昏后拖出抛之。王还不罢休，翌日复命侍卫召集王府周围各栅栏步军头目，警告说：嗣后外出行走，若守栅步军稍有耽误，非但将其杖毙，且与该管官算账。由此可见，步甲不仅当差辛苦，还难免受到满洲达官贵人凌辱②。

《万寿盛典图》并不限于描绘沿途街景、建筑，其视野所及还包括大街两侧平行的胡同和稍远宅院。在西直门内横桥东，描绘了一处满洲王公的高大宅第，格局宏敞，前后四重院落。大门两旁立着拴马桩。清初关于王公府第台基高度长度、殿楼房屋门柱彩绘、脊瓦颜色，均有明确规定。康熙六年（1667）建裕亲王府，包括大门、正殿、东西配楼、顺山房；后殿、左右正房；寝殿、东西配殿、南北厢房；后楼、转角房、仓房、围房共计180间以上；围墙一道，长115丈3尺，高1丈6尺，厚5尺。其正殿正门覆以绿色琉璃瓦。康熙十三年，建恭亲王府，规制与裕亲王同。其余府第，虽多系自造，规制大略相等③。《万寿盛典图》中的府第，前为大

---

① 中国第一历史档案馆编：《雍正朝汉文朱批奏折汇编》第29册，第671—672页。八旗步军服役之苦，连汉官都觉得不近情理。国子监司业孙嘉淦曾奏言："窃见八旗步兵守堆子房者以及城外诸营把军守夜者，经年执役，从不换班，甚至疾病婚丧亦不得告假……国家立法原本人情，终岁守夜而不得归家一宿，此法似当变通也。"见《雍正朝汉文朱批奏折汇编》第32册，第773页。

② 中国第一历史档案馆编：《康熙朝满文朱批奏折全译》，中国社会科学出版社1996年版，第1650页。

③ 鄂尔泰等纂：《八旗通志初集》卷23，第430—432页。

门，次为正殿、次为后殿、次为寝殿、次为后楼，如实反映了朝廷规制（图4）。

图4　王府（康熙《万寿盛典图》）

与贵族轩敞的府第相比，普通八旗官兵住房自然狭小许多。顺治初年圈占内城民房拨给八旗官兵，规定一品官给房20间，以下递减至八品官给房3间；护军、领催、甲兵给房2间①。以后，一些旗人家口增长，购置或添盖住房。同时，有些贫困旗人将房子出卖。即便有上述变化，八旗官兵住房总量不会有太大变化。从图中可以看出，当时内城住房大多是小型四合院。这就是说，在同一院落内通常居住着若干户旗人，彼此形成密切的邻里关系。

《万寿盛典图》描绘宅院，不仅是外观，还用俯瞰式技法展示屋内和院内情景。有的屋开着门，有的屋敞着窗；有若干人围坐聊天的，哄孩子的、洗衣服的、做饭的、抽烟的、喝茶的，还有在马棚给马喂料的。人物有男有女，有老有少，无不栩栩如生。反映了旗人家庭生活的情趣与和谐。

沿街铺面房，通常是平房，前为铺面，后为居室，偶尔也有二层式建筑。在这种场合，楼下是铺面，楼上是居室。二层式建筑，有助于缓解商业区和人口密集区的住房压力。因此，在清代后期北京内外城，颇为流行②。

《万寿盛典图》的作者对都市生活的观察细致入微，甚至连街道两旁的水井等基础生活设施也没有遗漏（在北海五龙亭对面马圈旁，有一处水井；另外，西安门内一处、西四牌楼大街三处、西直门大街一处，在城外也有）③。井口高出井台，井台高出地面，保证了饮水卫生，井台旁边是饮马水槽（图5、6）。从图上看，人们用桶直接从井里汲水，并没有使用辘轳一类汲水工具。这是否说明，当时北京内城地下水位比较高呢？水井周围，有人用扁担挑水，或者用一只手拎水桶，这些人应是附近居民。远处居民的生活用水，则依靠专门的送水夫，也就是图中描绘的那种形象（在西四牌楼一处、在西四北大街一处）：头戴草帽，打着绑腿，推着独轮车，车上放着四只盛满水的木桶。据文献记载，这些穿行于大街小巷的水夫以山东人为多，他们受雇于"井主"，称伙计，为旗人送

---

① 鄂尔泰等纂：《八旗通志初集》卷23，第435页。
② ［日］陣内秀信等编：《北京都市空間を読む》，鹿島出版會，1998年，第110页。
③ 朱一新：《京师坊巷志稿》（北京古籍出版社1982年版），详细记载了各胡同有无水井的情况。

水并收取一定报酬①（图7）。

图5 水井与饮马人（康熙《万寿盛典图》）

图6 水井与庙（康熙《万寿盛典图》）

---

① 松筠：《百二老人语录》（日本东洋文库藏写本）第二卷，有一段专门提到内城挑水人夫：水井各有"井主"，底下雇了一批送水的伙计，这些伙计"皆隶籍山东，无计度日，始肯离乡来京，挑水度日"，"每日送水，按月领钱"。因各巷居住的旗下贫家常拖欠水钱，以致山东人索要水钱时态度强横，或随意出言嘲笑。

图7　街市中的送水夫（康熙《万寿盛典图》）

对北京这样一个大都市来说，居民用水始终是一个大问题。北京井水水质，有甜水（软水）和苦水（硬水）之别，而以苦水为多①。至迟从明末清初起，北京就兴起了专门的卖水和送水业②。发达的卖水送水业，形成了对水井和"水道"（特指送水对象）的独占。水井和"水道"的所有权与经营权，同不动产土地房屋一

---

① 阙名：《燕京杂记》，北京古籍出版社1986年版，第133页。
② 谈迁：《北游录·纪闻上》，中华书局1960年版，第312页。

样，可以买卖、转让、分割，由此又出现复杂的契约关系①。

送水夫，冬则寒风积雪，夏则烈日暴雨，劳动条件恶劣，一向被北京居民视为"贱业"②。他们是为内城旗人服务的下层劳动者，本身却也良莠不齐。有的水夫利用自己熟知旗人家庭情况的条件，与旗人家奴内外勾结，监守自盗，以致受到官府惩罚③。

送水夫为什么以山东人为多？明清之际，山东地方人口膨胀，迅速向邻近地域扩散，其中包括北京④。其次，八旗汉军原籍多是山东，进入北京后，许多亲属朋友也从家乡赶来，在为旗人提供服务方面自然便利。不仅送水夫，诸如内城为旗人加工米石的碓房，也多由山东人所开，是基于同样原因。

除了水夫，内城还活跃着为旗人提供服务的其他许多行业的民人，如粪夫⑤、轿夫、杠夫、裱糊匠、棚匠、泥瓦匠、木匠、靴匠、皮匠、帽匠、铁匠等。究其原因，旗人为数众多，除做官当兵外，无所事事，他们既有消费需求又有消费能力，从而对民人产生很大吸引力。进入内城的民人尽管开始时很少，却不可避免地成为旗人社会中新的经济成分和社会力量。随着民人与旗人逐渐杂居，内城社会面貌因此日趋丰富，文化也日趋多样。

三 内城居民的宗教生活

《万寿盛典图》的优点之一，是其观察的视野并未局限于皇帝

---

① 日本东京大学东洋文化研究所藏仁井田升博士搜集北京文书中，有卖水文书243件，是反映该行业经营情况的第一手资料。研究成果详见［日］熊远报《清代民国时期における北京の水壳買業と「水道路」》，载同氏《清代徽州地域社會史研究》，日本東京汲古書院，2003年。

② 夏仁虎：《旧京琐记》，北京古籍出版社1986年版，第97页。

③ 中国第一历史档案馆编：《康熙朝满文朱批奏折全译》，第1110页。

④ 熊远报：《清代民国时期における北京の水壳買業と「水道路」》。

⑤ 吴廷燮等：《北京市志稿·民政志》卷7："京市粪夫，由来久矣，其初散漫，略无挟制。康熙中，承平既久，户口浸滋，粪夫觑利，始划疆守。粪道之名，由是而起。"北京燕山出版社1998年版，第273页。

贵族和庆典本身，而是涵盖了城内居民生活的诸多方面，其中也包括他们的宗教活动和精神生活。

《万寿盛典图》描述沿途寺庙道观三十余处，在这些寺观，有皇室贵族、满汉官员延请的和尚、道士、喇嘛们，为皇帝唪诵万寿经。城外一段有：清梵寺、小关帝庙、兴隆庵、皇庄关帝庙、百祥庵、茶棚关帝庙、慈献寺（西直门外北下关）、隆昌寺（在慈献村，后改寿安寺）、广通寺、天仙庙（西直门外北下关）、真武庙、五圣庵。大城至皇城一段有：关帝庙、崇寿寺（西直门内大街）、万福庵、万寿寺、东三官庙、崇元观、北广济寺、祝寿寺（在新街口南大街）、龙泉寺、关帝庙（在大帽儿胡同）、宝禅寺（在大帽儿胡同南）、普庆寺（在新街口南大街）、西方寺（西四牌楼北石碑胡同）、般若庵、街心观音庵、真武庙、双关帝庙（在西四牌楼大街）、关帝庙。皇城至紫禁城一段有：慈云寺、旃檀寺（在北海太液池西南岸，又称弘仁寺）、白塔寺（即永安寺，在北海琼华岛）（图8、9）。

图8 观音庵（康熙《万寿盛典图》）

图9 慈云寺（康熙《万寿盛典图》）

《万寿盛典初集·注记》中提到的寺观则有：通惠寺、元静观、大佛寺、延禧寺、法华寺（在法华寺街）、境灵寺、普恩寺、三佛寺、清凉庵、静默寺（西华门外）、兴隆寺（西华门外）、永宁观、万寿寺（西直门外长河广源闸）、药王庙、仁威长寿观、西顶广仁宫（在西郊蓝靛厂）。①

上述寺观，多数属于佛教。有一些属藏传佛教即喇嘛教，如旃檀寺（弘仁寺）、白塔寺；另外一些则属道教，如药王庙、关帝庙、天仙庙。在一定程度上反映了京师居民（满人与汉人，旗人与民人）丰富多彩的精神生活、多重信仰，以及彼此间的融通。

早在关外时期，满洲先世女真人已受到佛教、道教影响。天命元年（1616），清太祖努尔哈赤称汗立国初，在赫图阿拉城东山顶上盖造佛寺、玉皇庙和十王殿等，号称七大庙。从这些庙宇的祭祀对象不难得知，当时满人信仰体系已是佛、道教的杂糅。清太宗皇太极统治时，随着与蒙古诸部交往增加，喇嘛教在满人中影响明显加强。早在关外时，满人已与喇嘛教发生频繁接触。崇德七年（1642），西藏第五世达赖喇嘛派使者至盛京（沈阳），受到皇太极盛情接待。顺治八年，福临谕命将北海琼华岛山顶的主要建筑广寒殿拆除，建筑了一座巨大喇嘛塔（今北海公园白塔）和寺庙②。在《万寿盛典图》中，特别刻画了高耸的白塔。

清朝入关，满人在濡染汉文化同时，宗教信仰也不能不日益与后者趋同。顺治帝福临笃信佛教。顺治十七年（1660）春，他亲自为万安山法海寺慧枢和尚榜书"敬佛"二字③。又谕旨宣徽院发出告示保护法海寺免受搅扰。康熙帝在位，重修梵宇，广建佛刹，以致崇佛之风，一时称盛。京城内外许多古老寺观，如《万寿盛典图》中提到的宝禅寺、双关帝庙、法华寺、广仁宫、旃檀寺（弘仁寺）、静默寺，都是这一时期敕命修缮的。图中还刻画宁寿宫老福晋、西四旗旗人设台放生的情景，放生台前，几只重获自由的小鸟

---

① 寺观地点参考《嘉庆重修一统志》卷2《京师二》，中华书局1986年版；吴廷燮等编：《北京市志稿·宗教志》。

② 《白塔碑》，顺治八年七月。载北京图书馆金石组编《北京图书馆藏中国历代石刻拓片汇编》（下简称《拓片汇编》）第61册，中州古籍出版社1990年版，第37—38页。

③ 即著名的《敬佛榜书碑》，顺治十七年三月十六日。碑在北京海淀区正红村香山法海寺。

在快乐地振翅飞翔。所谓放生,指基于佛教"不杀生"的思想,将笼中小鸟重新放飞的活动(图10)。

图10 放生图(康熙《万寿盛典图》)

清朝统治者在尊崇佛教的同时,对民间影响很大的道教也优礼有加。北京道观中,最著名者有东岳庙、白云观,自康熙年间起屡次修建。《万寿盛典图》着力刻画诸多寺观,既是迎合皇帝喜好,也是当时信仰流行的真实写照。

在旗人民间信仰中,关帝占有重要位置。《万寿盛典初集·注文》记载关帝庙有7处[①](图11),在各类寺观中为数最多。娘娘神也具有重要地位,尤其在妇女中间。《万寿盛典初集》提到的广仁宫,供奉碧霞元君,俗称西顶,是北京最著名娘娘庙。西顶在西郊蓝靛厂前,地近西山之麓。元君宫初号天妃宫,据说宋朝宣和年间开始显灵,至清初,该宫碑碣犹存,殿宇破旧。圣祖玄烨于康熙四十七年(1708)发内帑重葺,落成后亲往瞻礼,题额

---

① 即小关帝庙、皇庄关帝庙、茶棚关帝庙、双关帝庙各一,关帝庙三。

曰："广仁宫"①。从此，碧霞元君宫成了"西顶广仁宫"。每届开庙之期，清廷均派大臣前往拈香。

图 11　关帝庙（康熙《万寿盛典图》）

---

① 玄烨：《广仁宫碑》，康熙五十一年四月十八日，《拓片汇编》第 66 册，第 164 页。

《万寿盛典图》在三处水井旁,绘有龙王庙。人们相信,龙王掌握着天上地下的水源。旱魃猖獗时节,龙王尤其受到人们顶礼膜拜。此外如灶王、财神,也是旗人中流行的信仰(图12)。

图12 龙王庙的水井(康熙《万寿盛典图》)

特别有意思的是,《万寿盛典图》中,多处绘有满洲萨满教信仰所特有的索罗竿(皇城内北海南面一处、西安门内临街一处、西四北大街一处,西直门内二处)。索罗竿(神竿)由当初的神树崇拜演变而来,上端置一木斗,祭祀时在斗内放猪杂碎,以饲乌鹊。在萨满教信仰中,乌鸦、喜鹊都是神鸟,是人与天神沟通的媒介。《万寿盛典图》中的索罗竿,立在一块础石上,顶端置一小屋,下悬彩穗。其作用,大概相当于原先的木斗。奇怪的是,在索罗竿后面,还有一木栅圈起的屋子。至于这是否为旗人某族家庙?尚无从得知。满洲人入居北京,处在相对封闭的聚居区,加之其固有民族意识,对传统文化的眷恋,以及作为统治民族的优越感,均使萨满教的残风遗俗，在一些家庭内传承。

四　内城的商业与店铺

关于康熙年间北京城内商业，史书中鲜有涉及。《万寿盛典图》则用其神来之笔，惟妙惟肖地刻画了盛典沿途的店铺和商人。图中提到"西华门外众铺家""四牌楼北众买卖人""西直门外众铺家"，反映了这三个地区商业繁荣、店铺众多的事实。从图中看，仅西四牌楼一带，就有烟铺、布店、酒店、油漆店、钱庄、饭铺、茶点铺、杂货铺、粮店。西四的四个牌楼是该商业区的标志性建筑，题额均为满汉合璧，其中一牌楼上书"大市街"，另一牌楼上书"行义"二字①（图13）。

图13　满汉合璧"大市街"（康熙《万寿盛典图》）

---

① 按《光绪顺天府志》和《北京市志稿·名迹志二》均记载：西大市街有坊四，东曰行仁，西曰履义，南北曰大市街，俗称"西四牌楼大街"。"行义"牌坊在东四而非西四。

第二编　八旗制度与社会

《万寿盛典图》通过店铺悬挂的幌子或招牌，揭明其经营性质。位于西直门至西华门（即大城至皇城一段）的店铺有：杂货铺，写有："南北川广杂货""本行发卖各种杂货"；烟铺，写有"福建烟""石马名烟""佘塘高烟""济宁干烟""浦城社塘所烟"；药铺，写有"处制生熟道地药材""各种疾病丸散""岐黄世业""人参""专理男妇难症""虔制应症饮片丸散""南北川广道地药材"；香料铺，写有"出卖各色名香"，"玉容肥皂""诸品名香"；蜡烛铺，写有"本铺自浇细心坚烛"；颜料油漆店，写有"川广油漆杂货"，或者："各色颜料俱全"，两旁还写着："只此一家，别无二店"；点心铺，写有"松江茶食""本铺佳制各色粉麦细点""南式点心""苏式茶点"，有的还特别说明，有"三元糕""五仁糕""百子果""百合饼""各色菜馅饽饽"等各色食品；酒店，写有"诸色名酒""名酒发卖""各色花露药酒"；菜局即菜铺，写有"南来各种小菜"；布店，写有"大有京记布店"；洗染店，写有"青蓝标布发行""青蓝标扣发卖"；成衣局，写有"成衣"，即裁缝铺；钱庄、银庄，写有"信宝倾销""倾销各色银两""兑换银钱""银局""倾销银铺""信实通□银铺""通商银铺""南北通商倾销银铺"；"天宝斋仿古金□"，应是加工首饰的金店；摆着大肚弥勒佛和观音塑像的佛具店，幌子上书"诚造各种供佛高香"；古董店幌子写着"文物古玩"；引人注目的还有"益美号百文小当"的当铺；西直门内有"南北车辆"的幌子，或是大车店，或是车铺；刻书铺，幌子上书"本铺印造释……"字样（图14、15）。

店铺招幌目不暇接，且有号、堂、居、斋、行、铺、局、楼种种名目：大兴号、泰和号、正元号、新丰号、天成号、广源号、正源号、广聚号、新丰号、通裕号；仁德堂、萃生堂、杏仁堂；聚宝斋、胜兰斋、天宝斋；露香居、甘露居；华国楼等。

一些临街店铺，虽无商幌，其经营内容从屋内外摆设即一目了然。屋外摆满圆木的是木匠铺，放着木桶和木板的是箍桶铺，放桌椅柜子的是家具铺，摆着车轮、车框的是车铺，院里摆满煤球的是

图14　茶叶铺、箍桶铺、点心铺、酒铺

图15　车铺、米铺、药铺（康熙《万寿盛典图》）

煤铺，屋外张挂皮革的是熟皮铺，挂着毡子的是毡子铺，店内堆着粮囤的是粮店。肉店墙上挂猪腿，案板上摆鲜肉。当铺柜台前围着高高的栅栏，挂子上挂着一个鸟笼子，点染出店主的嗜好。其他如菜店、水果店、鞋店、杂货店、棉丝店，对自己的经营之道，均以特定商品、用物或商幌来表现。最醒目的还有帽子店，店前招牌上画着一顶清朝官帽（图16、17）。

图16　饽饽铺、佛具铺、香料铺（康熙《万寿盛典图》）

图17　钱铺、肉铺、杂货铺、银局（康熙《万寿盛典图》）

除了坐商，沿街还活跃着形形色色行商，多数是沿街吆喝的小商小贩。这些人物，在图中均有惟妙惟肖的刻画（图18）。

《万寿盛典图》反映出康熙后期北京城内商业的发达，烟草、

图 18　卖玩具的小贩（康熙《万寿盛典图》）

药材、香料、酒，乃至糕点，许多商品来自遥远南方；四面八方的商品汇萃京师，是国内社会秩序安定、经济发展、商业繁荣、交通畅达的结果。同时说明：

第一，与关外时期商品极度匮乏相比，旗人物质生活已有巨大改善。丰富的商品，满足了旗人生活的多方需求。与此同时，也消磨了当初骁勇善战、吃苦耐劳的传统，滋生了贪图享乐、攀比奢华的风气。旗人社会的贫富分化也由此加剧。康熙年间，八旗"生计问题"悄然而起，一些贫困旗人甚至将自己的房屋土地典当一空①。

第二，随着内城经济的恢复和商业活动的活跃，民人（汉人）

---

① 康熙三十四年清廷调查发现：内城中无房旗人已有 7000 人之多。圣祖玄烨说："京师内城之地，大臣、庶官、富家，每造房舍，辄兼数十贫人之产，是以地渐狭隘。"鄂尔泰等纂：《八旗通志初集》卷 23，第 438 页。

295

重返内城。以往研究清代北京史,有一个悬而未决的问题:清初民人被逐出内城后,何时开始返回,返回途径又有哪些?为此,笔者曾利用北京房契寻找答案。但康熙年间房契存世者稀少,难以做出比较全面的估计。《万寿盛典图》则令人信服地表明:内城商业、手工业、服务业的发展,为民人进入内城提供了便利途径。在通衢两旁,鳞次栉比着各色店铺,店铺主人均系民人。

《万寿盛典图》还清楚地表明,民人店铺不仅出现在内城,而且进入西华门内皇城。皇城内大道旁有挂着招牌的"菜局",堆放着一筐筐蔬菜,几个民妇在悠闲地聊天。西面一个药铺,柜台上摆着捣药罐,靠墙是盛放各味药材的柜子,幌子上写着"仁德堂南北川广道地药材"。有的店铺挂着"名烟""石马名烟""所烟发兑"幌子;有的幌子是一串铜钱造型;有的店内摆着酒坛,墙上挂着葫芦瓢;有的店内摆着桌子条凳,一位食客坐着吃饭,旁边伙计忙着应酬;有的店铺柜台上摆着一双鞋,还悬挂着旗人穿用的靴子;还有店铺摆满杂货。穿行于熙熙攘攘人流中的,是游动小贩,挑箩筐的,推独轮车的,提着秤杆交易的,坐在道边等顾客上门的;有在道边小桌上放个大茶壶卖茶水的,有手里摇着货郎鼓或背着货箱沿街吆喝的,货箱上还插着一面作为饰物的小旗,这些熙熙攘攘的热闹情景,洋溢着浓厚的生活气息和情趣,当然不是作者的虚构[①]。答案只有一个,在康熙年间皇城,民人已开拓出属于自己的一席之地。这一推论,从稍晚时的满汉文档案也得到充分印证[②]。

在明代,皇城内悉为禁地,民间不得出入。至清代,东安、西

[①] 印证档案,也有民人在皇城内做买卖、开铺子的记载,见《康熙朝满文朱批奏折全译》,第1621、1636页;《雍正朝满文朱批奏折全译》,第287页。

[②] 雍正十年,内务府官员丁皂保奏请严禁东西安门内路旁开书场、茶社,及在皇城内街道搭棚设醮,其中提到:"东安门西安门内大路两旁人居稠密,在廛在舍听凭贸易经营,此实我皇上宽恤深仁爱民如子之至意。"载《雍正朝汉文朱批奏折汇编》第30册,第520页。该奏折还证实,在皇帝"听凭贸易经营"谕旨下,皇城内主要街道旁的店铺很快发展起来,并出现了茶社、书场等文化娱乐场所。类似记载又见《雍正朝满文朱批奏折全译》,第2595页。

安、地安三门以内紫禁城以外的皇城,始允许旗人民人自由行走、居住①。这种变化,对民间商业发展乃至民人与旗人交往是有利的。

民人的商业触角由大城伸入皇城,同时发展起娱乐、文化、手工业等。雍正年间的一份奏折提到:棋盘街以北西长安街以南,沿皇城一带大街,以往虽有加工贩卖牛马皮张业者,不过寥寥数家,近年来贸易之人迅速增多,挨家逐户收买各色皮张,车载骡驮,不可胜数。乃至遍地腥膻血污,春夏时臭秽难闻,行人莫不掩鼻,殊失观瞻。这些民人都来自外省,在此赁屋居住。为清理环境,以壮观瞻,有官员曾奏请将民人全部驱逐出城②,而未获钦准。

这些记载表明:旗人社会的消费性质(除了当兵领取饷银粮米外,不事生产),决定了它无法脱离外城民人社会,并对民人产生越来越强的依赖。其结果,越来越多民人被吸引到内城,从事商业、手工业、服务业、娱乐业。这种交流,使民人获得许多商机和收入,对旗人社会也产生了深远影响。

五 内城风俗与文化

《万寿盛典图》在刻画盛景同时,描绘了大量与盛典活动本身无直接关系的社会场景和人物。这既是对盛典背景的渲染,也是对北京社会面貌的真实写照。对了解康熙年间内城旗人文化风俗说来,尤其具有价值。

在都市中,车是重要交通工具。主要分两轮车和独轮车。两轮车有驴车、马车、骡车;或者运货,或供人们乘坐。乘坐的车带车棚,有拱形的,长方形的,还有上面悬挂一块遮阳席篷或者布篷的。独轮车用于运输,有的车上面放着蔬菜、水果、水桶,盖着苫布。

街道上,是川流不息的人群,有参加祝寿活动的官员,也有出

---

① 朱一新:《京师坊巷志稿》,北京古籍出版社1982年版,第27页;参见吴廷燮等编《北京市志稿》第8册,第421页。

② 《雍正朝汉文朱批奏折汇编》第32册,第730—731页。

来围观或闲逛的普通旗人和百姓。穿着官袍、戴着官帽的官员，官袍上的补子和官帽上的花翎标志一定品级；全副武装的八旗官兵，手握刀枪的，腰间挂刀的，背着弓箭的，擎着大旗的。穿行在人群中，还有上穿长衣、腰间系带，或者上穿短衫、打着绑腿的下层劳动者。僧侣、道士则是特定装束。

街上的人物有徒步的，还有骑马的、骑驴的、骑骡的、骑骆驼的，背着口袋、褡裢或毡子卷的，抱着席子的、清扫马粪的，牵着孩子的，拄着拐杖的，吸着烟的。北海大桥人流中的两个妇女头上顶着包袱，可能是保留着前辈从朝鲜半岛带过来的习惯（一部分内务府旗人，是清朝入关前两次入侵朝鲜掳掠奴仆的后人）。

骑射是满人起家的传统，他们把这一传统从关外带入了北京。顺治元年（1644），曾在北京逗留一年之久的一群日本人惊异地看到：北京城里到处可见演练骑射的"鞑靼人"（这里指旗人）策马飞奔。他们如履平地，扬手飞矢，莫不中的。技艺之精湛，令人叹服[①]。康熙年间，许多旗人仍保持着骑射民族遗风。宗室诗人文昭写过一首著名小诗《见城中少年》："鹭翎缯笠半垂肩，小袖轻衫马上便。偏坐锦鞍调紫鹘，腰间斜插桦皮鞭。"刻画了在北京街头骑马而过的八旗子弟：他们稳坐锦鞍，调校捕猎的鹘鹰。在《万寿盛典图》中，这种传统在艺术上得到淋漓尽致地概括。除了八旗官兵的马队，还有旗人骑马的场景：扬鞭驰骋的，缓辔徐行的，两人并乘一骑的；骑者有老有少，最令人瞩目的，还是旗人妇女骑马的英姿（图19、20）。

满人原生活在中国东北，渔猎游牧为生，男人辫发，妇女天足，均穿旗袍，袍四面开衩，有扣绊束腰带，脱卸方便，保暖御寒，适合传统生活方式。入关后，清政府强迫汉人男性遵从满俗，

---

① ［日］国田兵右衛門等口述，園田一龜注本：《韃靼漂流記》，日本東洋文庫叢書，平凡社，1991年，第25页。

图19　并乘一骑的父子（康熙《万寿盛典图》）

图20　骑马的旗人妇女（康熙《万寿盛典图》）

剃发易服；妇女服饰则保持旧有传统。旗人妇女和汉人妇女外观上的差异主要有三，一为发式，二为脚，三为服饰。这些差异，在《万寿盛典图》中都有生动描绘。

在《万寿盛典图》中，旗人妇女都梳"两把头"，汉人妇女则脑后梳髻。满洲女孩婚前多梳辫，额头留"刘海儿"。及笄年岁，扎发作双角状，称"丫髻"，又叫"髽髻"。出嫁后，妇女发式为顶上梳髻，也称旗髻，有别于梳在脑后的汉髻（疙瘩鬏）。清初，满族发式扩大为旗人妇女（包括汉军、蒙古旗人）的统一发式。吴梅村诗中曾有："可怜鸦色双盘髻，抹做巫山两道云。"深以汉装改旗装为可惜。旗人妇女出门梳"两把头"，把头发分成左右两部分，脑后留一些，其余梳向头顶，编成一个横式长髻，再把留在脑后的头发梳挽成扁平状垂至领口，俗称"燕尾儿"，然后在头顶发髻上插戴鲜花和首饰。

在《万寿盛典图》中，旗人妇女均为大脚。大脚又叫"天足"；汉人妇女都是小脚。汉人妇女为裹小脚，受尽精神和肉体的折磨，还美其名曰："金莲"。满人女子不缠足，与其早期渔猎生活方式相适应。努尔哈赤时代，朝鲜人李民寏到访后金都城赫图阿拉，回国后写有《建州闻见录》，书中提到满洲女子"执鞭驰马，不异于男"。《满文老档》中也记载努尔哈赤率领众福晋行围狩猎，当他班师回城时众福晋骑马出城相迎的情景。纵马驰骋，当然不能缠足。女子天足的习俗，被满人带进了关内。康熙年间，满洲词人纳兰性德在一首词中写道："一半残阳下小楼，朱帘斜控软金钩，倚栏无绪不能愁。有个盈盈骑马过，薄妆浅黛亦风流，见人羞涩却回头。"这首词下半阕生动描绘了一位满洲少女的形象，只见她英姿飒爽地骑在马上，体态轻盈，薄妆浅黛，尤其"见人羞涩却回头"的举止，把她朴质无华的神情刻画得惟妙惟肖。

在《万寿盛典图》中，旗人妇女均穿袍（图21）。一些贵族官宦家妇女，因参加万寿盛典，穿的是礼袍，平常家居一般穿便袍。与旗人妇女相反，汉人妇女则是上袄下裙，上下衣不连属。穿裙实

图 21 穿官袍的旗人命妇（康熙《万寿盛典图》）

为汉人妇女外表一大特征。旗袍与上袄下裙的汉装风格迥异。旗袍上下一体，合身，显露出腰身曲线美，穿上高底鞋，袍长及地，使穿着者显得长身玉立，走起路来重心上移。汉女的上袄下裙分割线多（图22），富节奏感，袄衫肥大至膝，将女性曲线美掩藏于宽衣大袖之下，反映了儒家传统文化的影响。基于文化差异，旗人素有"重头轻脚"之说，发髻固然高耸，天足却被掩盖于袍服之下。相反，汉人倾心于"纤纤作细步"，"三寸金莲"是无论如何要露出裙摆的。此即汉人的"重脚轻头"。这些细微差异，居然也被《万寿盛典图》作者敏锐的观察力所捕捉。

上述现象还说明，旗人与民人（核心还是满人与汉人）间的差异，依旧深嵌在当时的社会意识中。外在差异，还远不是满汉文化差异的全部内涵。尤为突出的，还是旗人在政治、经济、法律等方面享有的特权。这些因素综合到一起，就构成旗人与民人（满人与汉人）两个社会既无法分离，彼此又存在隔阂的原因。

|第二编　八旗制度与社会|

图 22　汉妆妇女（康熙《万寿盛典图》）

（原载中国第一历史档案馆编《明清档案与历史研究论文集》，新华出版社 2008 年版）

清前期北京旗人满文房契研究

摘要：本文在刊布十件满文房产契书的基础上，对清前期北京旗人房产交易的形式、内容、特点进行了初步考察。指出至迟到乾隆前期，八旗内部已经存在典、抵押、活卖、绝卖等多种不动产转让形式。并对满文契书中所蕴含的有关北京旗人语言应用情况的信息作了分析。

关键词：清朝　满文房契　语言应用　满汉关系

旗人契书过去又简称"旗契"，其形制一般有别于"民契"（即民人契书），而在文字上分为单一满文、满汉合璧、单一汉文三种形式。在清代二百六十多年中，满文又称清文，尊为"国书"，但就旗契而言，还是满汉合璧或单一汉文者居多。至于纯用满文的契书，因只行用于清前期，能够历尽沧桑而存留至今者实属罕见。1988年，王锺翰师《康雍乾三朝满汉文京旗房地契约四种》一文，刊布了康熙三十二年（1693）满文卖房白契一件[1]；另外，日本学者石桥崇雄在《关于满文文书》的研究报告中也收有乾隆十三年（1748）至二十四年（1759）的四件满文典房白契[2]。近年来，笔者在研究过程中多方查找，又抄录到康、雍、乾三朝满文房

---

[1] 王锺翰：《康雍乾三朝满汉文京旗房地契约四种》，《北方民族》1988年创刊号，后收入《清史续考》，华世出版社1993年版。

[2] ［日］石桥崇雄：《滿文文書について》，日本東京大學東洋文化研究所：《中國土地文書目錄·解說》下，《東洋學文獻センター叢刊》第48辑，1983年。

契十件。这十件契书,比较集中地反映了清前期北京旗人社会生活、经济交往、语言文化等方面的情况,具有其他史料所不能替代的研究价值,故在此一并刊布。十件房契按时间顺序排列,满文用罗马拼音转写,加以汉译和解说。在此基础上,复就房契所揭示的相关问题略作探讨,以就正于方家。

一

第一号契满文:

gulu šanggiyan i baisha nirui boo uncara niyalma li ceng moo takurara menggun akū ofi, ini da beye udaha boo de tehengge top sun i dukai tule jung dung fang teo pu, dulinmbai hecen i harangga bai emu falan i boo, dukai girin i boo ilan giyan, hontoho giyan, utala uheri dehi juwe giyan boobe, gulu suwayan i piyan halangga de boo be obume uncaha. ineku inenggi bahabure hūdai menggun duin mingga duin tanggū yan menggun be, ini beye pingseleme gaime gamaha . umai edelehe ba akū, uttu ofi, wen šu i bithe ilibuha. amaha〔amaga〕inenggi aikabade mukūn i dorgi de gercilehe niyalma bici, boo uncara niyalma li ceng moo, nirui janggin baisha, funde bošokū šug'ai, ajige bošokū li jio ceng, mukūn i niyalma i li ceng g'an uheri akdulaha.

akdulaha niyalma nirui janggin baisha(押), funde bošokū šug'ai(押), ajige bošokū li jio ceng(押), mukūn i niyalma li ceng g'an(押).

elhe taifin i gūsin duinci〔duici〕aniya sunja biyai juwan de wen šu bithe ilibuha niyalma li ceng moo(押).

汉文:

立卖房契人李成茂系正白旗拜思哈佐领下,因为无银使用,今将自置房壹所、门面房叁间、壹过道到底,共计肆拾贰间,坐落正阳门外中城中东坊头铺,凭中说合,出卖与正黄旗偏宅名下为业。

当日得受价银肆千肆百两整，亲手领讫并无缺欠。日后倘有亲族人等争竞，卖主与牛录张京、分得拨什库、族中人等共同承认。恐后无凭，立此卖房文约永远存照。

外有清字白底契壹张，付买主收存。今写汉契壹纸，遵例赴县收税。一并存照。

凭中保人：牛录张京拜思哈，分得拨什库秣楷，小拨什库李九成，族中人李成幹。

康熙叁拾肆年（1695）五月初拾日立卖房契人李成茂（押）。①

解说：

牛录张京通常写为牛录章京，汉译佐领，是八旗基层组织牛录（佐领）的长官。康熙年间刘献庭《广阳杂记》卷1："每牛录下，有分得拨什库一员，职六品。小拨（什）库六名。小拨什库轮班管事，不分人数。"② 分得拨什库汉译带子（代子），又译骁骑校，是牛录章京的副手。小拨什库即领催，是马甲（或步甲）的头目，掌管登记档册支领俸饷。

检《八旗通志初集》卷5《旗分志五》：李成茂所在佐领为正白旗满洲包衣第四参领第一旗鼓佐领，"系国初编立"。佐领（牛录章京）依次为：李世昌、李成幹、都图、拜斯哈。拜斯哈是第四任佐领。所谓旗鼓佐领，专指内务府属上三旗（镶黄旗、正黄旗、正白旗）汉人佐领。宗室奕赓《寄楮备谈》中说得明白："内务府三旗汉军佐领，俱名旗鼓佐领，旧作齐固佐领。"在康熙朝《大清会典》卷153中，又把"旗鼓佐领"直接写为（内务府）"汉军佐领"。旗鼓佐领成员一般由关外入旗辽沈旧汉人编成。

李成茂写立的卖房白契，满、汉文各一纸，相互粘连，均为底契。汉文契与满文契文字略有出入，其中"外有清字（满文）白

---

① 此汉文契藏中国社会科学院近代史所图书馆，与满文契粘连，文字略有出入。
② 刘献庭：《广阳杂记》，中华书局1957年版，第2页。

底契壹张，付买主收存。今写汉契壹纸，遵例赴县收税，一并存照"等语，为满文契所无。说明满文契写立在前，汉文契写立在后，写立汉文契的主要目的就是赴县衙纳税。

顺治初年，清廷圈占北京内城民房安置"从龙入关"的八旗官兵，原有居民，除投充旗下者外，统统强令迁往外城（又称南城），因而形成内城居旗人、外城居民人的分布格局。作为本契标的物的房产，并不坐落于内城，而是位于外城。

顺治四年（1647），清政府设立买卖田宅税契制度，只以外城民房为对象。内城旗人置买外城民房，照例应持底契（草契、白契）赴大兴或宛平二县衙门纳税，并领取官契（又称印契、红契）。从本契未粘连官契看，买主偏宅并没有遵例纳税，而是将满、汉文白契作为交易的有效凭证保存下来。

契中说明标的物为"beye udaha boo"（自置房）。从上手契可知，此处房产系康熙十一年（1672）二月十一日李姓旗人（按常规推测，应是李成茂本人或其父辈）购自民人张相等人之手。其时共购房大小三十二间半，买价二百二十两整。[①] 至此二十三年后，李成茂将此处房产（已增至四十二间房）以四千四百两的价格卖给偏姓。是当初价格的大约二十倍。

康熙中叶，随着长期战乱的平息，社会秩序趋于安定，社会经济迅速复苏，尤其京师前三门（宣武门、正阳门、崇文门）以南地区，是外城汉人官、民的聚居地，也是繁华的商业和文化娱乐区。本契标的物坐落地点位于正阳门外中城中东坊头铺。头铺的具体范围："东至长巷上二条胡同，南至鲜鱼口小桥，西至正阳门街，北至城根。"[②] 正好处在正阳门外大道东侧，是最繁华的街区。这一带商贾辐辏云集，店铺楼馆鳞次栉比，铺面房随着商业活动的繁荣而大幅度升值，是很自然的。

[①] 此契藏中国社会科学院近代史所图书馆。
[②] 周家楣、缪荃孙等编纂：《光绪朝顺天府志》卷14，北京古籍出版社1987年版，第391页。

从此契及其上手契还可得知，首先是旗下汉人，接着便是满人，相继染指于外城民房。清朝统治者从维系自身特权利益的目的出发，一向禁止民人置买旗人不动产，反之对旗人置买民人房地产却视为合法。在这种政策鼓励下，旗人围绕外城民房展开的交易愈演愈烈，也就不足为奇了。

第二号契满文：

elhe taifin i dehi jakūn aniya uyun biyai juwan emu de abida nirui sula ušiba i ping dzi men dukai tule kiyoo i šun dekdere ergi amargi gencehen de bisire juwan emu giyan wase boobe, emu jalan arana nirui sula haipol duin tanggū orin yan menggun bume udame gaiha. ere juwan emu giyan booi dolo bisire langui juwe paidzi ilan boo dorgi de giyalaha undefun be gemu aššaburkū.

ere be ajige bošokū mungkidei tulesun se akdulaha.

译文：

康熙四十八年九月十一日，阿必达佐领闲散五十八所有平子（则）门外桥东北墙根处十一间瓦房，同参领阿拉纳佐领闲散海潘儿给四百二十两银买了。此十一间房内所有之栏柜二、牌子三，屋内隔断用的木板都不能挪动。

此系小拨什库孟衣特、免拉孙等保了。①

解说：

前引第一号契的标的物是外城民房，而自本契以下九张契的标的物则为清一色旗房。清廷定鼎京师后，将内城民房分拨八旗将士。这些由旗人居住的房屋习称"旗房"。

在大量旗房交易中，直接的买卖始终是重要形式。王锺翰师刊布的康熙三十二年（1693）正黄旗常来卖契，是目前已知最早的满文卖契。此处所引康熙四十八年（1709）卖房白契则是又一件

---

① 此契藏中国社会科学院近代史所图书馆。

珍贵书证。两契均属同旗人交易，又说明康熙年间同一旗分旗人互相买卖房屋活动已相当活跃。

平则门即阜成门，因此，这是一件涉及阜成门附近房产买卖的契书。作为房屋附产一同出卖的栏柜、牌子都是店铺中习见用物。栏柜即隔开商家与顾客的长柜，牌子挂在墙上用于记账或记事。从附产性质不难推知，被出售的是一栋用于商业活动的铺面房。

这件契书未说明交易双方旗属，检《八旗通志·旗分志》，同一参领而辖阿必达、阿拉纳两佐领的唯有正红旗蒙古左参领[①]。这样一来，关于立契人身份就出现了两种可能。一种可能，这件满文契书出自蒙古人之手。清朝肇兴时期，科尔沁、喀喇沁、察哈尔等部蒙古人被大批编入八旗，习满语，用满文，成为他们的一种时尚。同时，也不能完全排除立契人为蒙古旗下满洲人的可能。清初创立八旗组织，原本就是多种民族成分的结集。以后，归附日众，人口加增，分设蒙古、汉军八旗，但满洲旗内蒙古成分并未因此减少。与此同时，蒙古旗中也混杂了不少满洲人。不过，立契人的族属在这里并不重要，重要的是蒙古旗中流行满文这一事实。

第三号契满文：

kubuhe šanyan i fulbu nirui sula fušen i juwan giyan i boobe emu gūsai g'ao coo ju nirui hoo guwe yong ni juwe tanggū susai yan sain menggun gaime diyalaha, ilan aniya duleke manggi teni jolibumbi.

erebe juwan i da fulhū funde bošokū sotai ajige bošokū hamban uheri akdulaha.

elhe taifin i susai ilaci aniya juwan biyai ice jakūn.

译文：

镶白（旗）富尔布佐领下闲散富绅之十间房，同旗高朝柱佐领下侯国用用纯银二百五十两典了，三年过后才准赎。

[①] 鄂尔泰等纂：《八旗通志初集》卷11，东北师范大学出版社1986年版，第208、209页。

此系专达富尔虎，分得拨什库索太，小拨什库韩班同保。
康熙五十三年十月初八。①

解说：

专达（juwan i da），在刘献庭《广阳杂记》卷1又写为"壮大"，即护军校。康熙朝《大清会典》卷81载：京旗满洲、蒙古佐领，设前锋二名，亲军二名，护军十七名，拨什库（领催）六名，马兵（又称马甲、骁骑）四十名，步兵拨什库（步军领催）二名，步兵（步甲、步军）十八名，铁匠二名。护军校是护军头目。分得拨什库又译骁骑校，小拨什库又译领催。

本契为典房白契。"典"本身并无"卖"的含义，与卖合在一处，成为一种附加条件的出卖。房屋典卖的基本特点，即作为债务人一方的房主直接以房屋在一定期限内的经济收益（主要是房租）抵算利息，交给典主（也就是债主）。在房屋出典期间，典主拥有使用权、处分权，或转典他人权。房主则保留出典限满后的回赎权。因此，典房是一种所有权与使用权分离的、不充分的房屋买卖形式。

关于缔约双方身份，契书说明不详。检《八旗通志初集》卷7和卷15，知立契人富绅所隶富尔布佐领为镶白旗满洲第三参领第一佐领；受契人侯国用所隶高朝柱佐领为同旗汉军第四参领第三佐领。因此，这是同一旗分满洲人将房屋典卖给汉军人的契书。

第四号契满文：

hūwaliyasun tob i juwanci aniya juwan biyai juwan duin de, yonggo nirui juwan i da hoise diyalaha guwamboo nirui bayara bašii gio liyan dzi hutung ni julergi gencehen de bisire wase boo ilan giyan haša boo emu giyan be jorime, hetu nirui sula macang ni dehi yan menggun juwen

---
① 此契藏中国社会科学院近代史所图书馆。

309

gaijaha.

boo de turigen akū, menggun de madagan akū, da diyalaha boo i wenšu bithe be suwaliyame buhe.

erebe daiselaha funde bošokū cangjo, bošokū da be daiselaha ilhi funde bošokū keret sei akdulaha.

译文：

雍正十年十月十四日，永郭佐领下护军校回色指所典关保佐领下护军八十一之旧帘子胡同南墙根处瓦房三间、仓房一间，借取赫图佐领下闲散马常四十两银。

房无租银，债无利息，将原典房之契书一并交给。

此系署骁骑校常卓，署总催、副骁骑校克勒特等同保。①

解说：

满文的"拨什库达"（bošokū da）汉译"总催"或"催长"，是领催的头目。"hoise"（回色），又译回子，原指回人。满洲旗人中往往有取"回色"为名者。

满语称仓房为"haša"，俗称"哈什房"，通常是正房一侧厢房。

本契同样未说明立契双方旗属。据《八旗通志初集》卷2《旗分志二》：新帘子、旧帘子等五条胡同属镶蓝旗蒙古第二参领之十二佐领居址。旧帘子胡同在北，新帘子胡同在南。而在清乾隆朝《北京城图》上，上述两胡同分别称"旧帘子库胡同""新帘子库胡同"②。

本契是房产抵押白契。永郭佐领下护军校回色因借取赫图佐领下闲散马常四十两银，而将典自关保佐领下护军八十一的四间房抵押给债主。这种场合的交易，又叫指房借银，即债务人向债主借

---

① 此契藏北京市首都博物馆。
② 徐萍芳编：《明清北京城图》，地图出版社1986年版。

银,并以房屋为抵押物。契中"房无租银,债无利息"的含义,就是负债者直接用房屋在一定期限内的经济收益(租银)抵算债银利息,一俟偿还债银,债权人将抵押房产退回。此项债权因有物权作为担保,对债权人而言最无风险,故在当时八旗内外颇为流行。

第五号契满文:

kubuhe lamun i manju gūsai yanghai nirui miyoocan i uksin nartai, hung mioo i amargi ban bi giye de tehe emu farsi wase boo duin giyan emu hontoho giyan i boo be, emu gūsai mingfu nirui sidan juse jalafun i susai sunja yan menggun be gaime diyalaha.

erebe nartai i hanci mukūn i deo tuwašara hafan ilaci(押), emu nirui bošokū šumin sei uheri akdulaha.

abkai wehiyehe i duici aniya jorgon biyai orin duin.

译文:

厢蓝旗满洲杨海佐领下鸟枪兵那尔泰之红庙北半壁街居住一所瓦房四间半,同旗明福佐领下西丹珠色扎拉芬用银五十五两典了。

此系那尔泰近支胞弟云骑尉伊拉奇(押),同佐领领催舒敏等同保。

乾隆四年十二月二十四日。①

解说:

关帝庙,民间又习称"红庙"(宏庙)。此处所说"红庙北半壁街"位于新、旧帘子胡同以南,属厢蓝旗蒙古第二参领之十二佐领居址。

鸟枪兵(miyoocan i uksin)为满洲、蒙古旗下特殊兵种。康熙三十年(1691)设火器营,于八旗满洲、蒙古每佐领下,设鸟枪护军三名、鸟枪马甲四名。②

---

① 此契藏北京市首都博物馆。
② 昆冈等纂:《大清会典事例》卷1166《神机营·建置》,光绪二十五年刻本。

311

西丹珠色（sidan juse）指旗下幼丁。康熙《御制清文鉴》卷5"sidan"条："celeku de dosire unde juse be, sidan sembi"（汉译文：未及丁之孩童，谓之西丹）。幼丁是相对于壮丁来说的，作为一个壮丁的标准，在清代曾有多次变化，有时以身满五尺为合格，有时以年龄为标准（十五、十六、十八岁，多次变更）。①

拖沙喇哈番（tuwašara hafan），汉译云骑尉，官阶五品，为八旗世职第八级。②

本契是同旗人之间的典房白契。一般来说，典契应载有出典年限和"年满回赎"字样，作为房主回赎权的保证，本契却付阙如。这种典契又叫"老典契"。当时还有一些典契，虽就回赎期限作了规定，但期限过长，如三十年、五十年乃至一百年不等，也属"老典契"。"老典契"使房主回赎权难以得到保证，对典主一方则比较有利。

第六号契满文：

kubuhe lamun i manju gūsai mingfu nirui hūwašabure cooha jalafun hung mioo i amargi ban bi giye de tehe emu farsi wase boo duin giyan emu hontoho giyan i boobe, emu gūsai tumišan nirui uksin guwanšeo i sain menggun dehi yan menggun gaime diyalahabi. ilan aniya jaluka manggi menggun bufi jai urebumbi.

erebe hūwašabure cooha jalafun i hanci mukūn i ahūn lintai（押）tuwašara hafan ilaci（押）sei uheri akdulahabi.

abkai wehiyehe i uyuci aniya juwan biyai ice ninggun de diyalahabi.

abkai wehiyehe i juwanci aniya duin biyai ice ilan de boobe dasatara de juwan yan menggun baitalaha.

jalafun nirui janggin baru tumen araha.

---

① 参见傅乐焕《关于清代满族的几个问题》，《辽史丛考》，中华书局1984年版，第402页。

② 鄂尔泰等纂：《八旗通志初集》卷42，第795—796页。

译文：

厢蓝旗满洲明福佐领下养育兵扎拉芬之红庙北半壁街居住一所瓦房四间半，同旗图米善佐领下甲兵关韶用纯银四十两典了。三年满后给银再赎。

此系养育兵扎拉芬之近支胞兄林泰（押）云骑尉伊拉奇（押）等同保。

乾隆九年十月初六日典了。

乾隆十年四月初三日修房用银十两。

图门当着扎拉芬佐领的面书写了。①

解说：

本典房白契为第五号契的下手契。扎拉芬原为西丹珠色（幼丁），此时已升养育兵。养育兵设于雍正二年（1724）。当时旗人人口增多，而兵额有限，许多壮丁无缘当兵食饷，以致生计艰窘。清廷因设教养兵（后改称养育兵），由余丁和十岁以下幼丁中挑取，令食饷养家。② 养育兵属预备兵种，饷银较正兵为少，又有食米、不食米之别。八旗子弟成丁后，挑补兵缺照例由低级兵种开始。西清《黑龙江外记》卷3说："前锋、领催缺，马甲补之，马甲缺，匠役、养育兵、西丹（原注：西丹谓之幼丁）补之，名曰验缺。"此制不仅见于边疆驻防八旗，同样行用于京师禁旅八旗。

扎拉芬通过本契，将六年前典自那尔泰的四间半瓦房转典给关韶。值得注意的一点，是契中关于修房银的说明。契中书"修房银十两"，系指典主关韶修房时用了十两银。按照当时惯例，因为房屋所有权仍属原主，所以维修费用通常由原主承担一部分甚至全部。在这方面，旗人契书中曾有"大修两家，小修典主"，"大修房主，小修银主"，或者"其应修理需要银两，典主记账，赎房之

---

① 此契藏北京市首都博物馆。
② 昆冈等纂：《大清会典事例》卷1121《八旗都统·兵制》。

间（日），将修理用过银两并房价交完，方准回赎"等不同规定。[1] 本契虽未明言，从字面看，十两修房银应由原主扎拉芬承担。

第七号契满文：

kubuhe fulgiyan i cešen nirui yafaha uksin balantai loo lai giye i dergi de bisire diyalaha boo nadan giyan emu hontoho wase boo duin giyan emu hontoho, doho i boo ilan giyan boobe, emu gūsai jungšan nirui sula giya-booyu de jakūnju sunja yan menggun gaime diyalaha. boo turigen akū, menggun madagan akū, ilan aniya jaluka manggi, teni jolibumbi. ere boo aika getuken akū ojoro, encu niyalma temšere hacin bici, emu nirui yafaha bošokū dadzui alime gaifi akdulaha. da diyalaha fe wenšu bithe suwaliyame afabuha.

abkai wehiyehe i juwan juweci aniya sunja biyai orin emu.

  boo diyalaha niyalma balantai（押）

  akdulaha niyalma dadzui（押）.

译文：

镶红旗彻申佐领下步甲巴兰泰在老莱街东所有之典当房七间半，内瓦房四间半、灰房三间，同旗忠善佐领下闲散贾宝宇用银八十五两典了。房无租，银无息，三年满后准赎。此房若有（来历）不明、其他人争竞等情，由同一佐领之步甲领催大嘴承保。原典旧契一并交付。

乾隆十二年五月二十一日。

  典房人巴兰泰（押）

  担保人大嘴（押）[2]

解说：

八旗各兵种，可分为"马"（亲军、前锋、护军、马甲）、

---

[1] 刘小萌：《清代北京旗人的房屋买卖》，收入《满族的社会与生活》，北京图书馆出版社1998年版。

[2] 此典房契照片载刘宗一主编《北京房地产契证图集》，中国奥林匹克出版社1996年版，第45页。原汉译文有讹误遗漏，笔者重新作了翻译。

"步"（步甲，即步军）、"火器"（鸟枪、炮）三种。从收入可以看出，亲军、护军、前锋地位最高，其次马甲，等而下之为步甲。刘献庭《广阳杂记》卷1：每牛录下"步甲二十名，无马，不出兵，只守城当差"。

本契为典房白契。老莱街在北京内城西南角太平湖东，原属镶蓝旗界，而交易双方却是镶红旗人。说明旗人的房产交易开始打破八旗间的此疆彼界。

第八号契满文：

kubuhe fulgiyan i monggo gūsai hisembu nirui beri faksi ilibu i beye ilibuha sin liyan dzi hutung ni wargi jugūn i amargi gencehen de bisire wase boo duin giyan be, emu gūsai dingfu nirui bayara ulintai de nadanju yan menggun gaime enteheme uncaha. ere boo aika turgun getuken akū ojoro, jursuleme uncara diyalara, alban i menggun edelere, temšere niyalma bisire oci, hisembu nirui miyoocan bayara suihene, foboo nirui bayara bašisy sei akdulaha.

erebe hisembu nirui miyoocan bayara suihene（押）emu nirui beri faksi ilibu（押）foboo nirui bayara bašisy（押）sei akdulaha.

abkai wehiyehe i juwan ilaci aniya jakūn biyai orin jakūn.

译文：

镶红旗蒙古希森布佐领下弓匠伊里布，将自盖新帘子胡同西路之北墙根处所有瓦房四间，永远卖给同旗定福佐领下护军乌林泰，价银七十两。此房若有来历不明、重复典卖、拖欠官银、亲友争竞等情，希森布佐领下鸟枪护军绥和讷、佛保佐领下护军八十四等同保。

此系希森布佐领下鸟枪护军绥和讷（押）同佐领弓匠伊里布（押）佛保佐领下护军八十四（押）等同保。

乾隆十三年八月二十八日。①

---

① 此契藏北京市首都博物馆。

第二编 八旗制度与社会

解说：

与典卖和一般"出卖"不同，本契使用了"永远卖给"（enteheme uncaha）一词。民间房地交易有典有卖，卖又有"活卖""绝卖"之别，实际反映的是所有权转移的程度。从活卖到绝卖，原主尚有找价（即买主补给一定价值）机会，绝卖则是所有权的完全转移。本契所说"永远卖给"，也就是绝卖。

新帘子胡同原属镶蓝旗界，镶红旗人伊里布却在该处建房，并把它卖给同旗乌林泰。这是旗人房产交易在外旗地界进行的又一事例。

第九号契满文：

kubuhe lamun i manju gūsai mingfu nirui huwašabure cooha jalafun i diyalaha ban be［bi］giyei hutung ni wargi ergi de bisire wase boo duin giyan emu hontoho giyan be, emu nirui aisilara jungšu daicingga i sain menggun dehi ninggun yan gaime diyalabuha. ere boo ilan aniya jaluka manggi, da diyalaha menggun bufi joolibumbi.

hergen ilibuha niyalma jalafun（押）.

erebe mukūn i ahūn boošokū lintai（押）banjiha amji i omolo bošokū sibidai（押）se akdulaha.

abkai wehiyehe i juwan ilaci aniya juwan biyai orin emu.

译文：

厢蓝旗满洲明福佐领下养育兵扎拉芬所典半壁街胡同西边瓦房四间半，同佐领之协理中书代清阿用纯银四十六两典了。此房三年满后，给原典价银准赎。

立字人扎拉芬（押）。

此系族兄领催林泰（押）、亲伯父之孙领催希必代（押）等保了。

乾隆十三年十月二十一日。①

---

① 此契藏北京市首都博物馆。

解说：

本典房白契系第六号契下手契。乾隆十年（1745），养育兵扎拉芬将半壁街四间半瓦房典给同旗关韶，原契规定："三年满后给银再赎"。至此，三年期满。但扎拉芬刚刚赎回房产，却又转手典给同佐领代清阿。旗房的频繁转手，通常是普通旗人生计不稳定的反映。

第十号契满文：

kubuhe fulgiyan i monggo gūsai dingfu nirui bayara ulintai i udaha ice lian dzi hutung ni giyei（原作 kiyai）amargi ergide bisire wase boo duin giyan（原作 giyalan）be, emu gūsai nayantai nirui bošokū wasintai de jakūnju yan i sain menggun de uncabuha. erei boo aika turgun getuken akū oci, jursuleme uncara diyalara temšere jergi hacin bici, cengde nirui bayara bandi ajuse nirui juwan i da furantai sei akdulaha.

abkai wehiyehe i juwan nadanci aniya omšon biya i ice sunja de ilibuha.

erebe dingfu nirui bayara ulintai（押）ajuse nirui juwan i da furantai（押）bayara bandi（押）sei akdulaha.

译文：

厢红旗蒙古定福佐领下护军乌林泰所买新帘子胡同街北边所有瓦房四间，同旗那颜太佐领下领催瓦新泰用八十两纯银买了。此房若有来历不明、重复典卖、争竞等情，成德佐领下护军班第、阿朱色佐领下护军校福兰泰等同保。

乾隆十七年十一月初五日立。

此系定福佐领下护军乌林泰（押）阿朱色佐领下护军校福兰泰（押）护军班第（押）等同保。①

解说：

本卖房白契是第八号契下手契。乾隆十三年（1748）八月，镶

---

① 此契藏北京市首都博物馆。

红旗蒙古乌林泰买下伊里布在新帘子胡同的四间瓦房。至此以高出原价十两的价格转手卖给同旗瓦新泰。在这种场合，卖房可能是与牟利动机联系在一起的。

二

上引十件满文契书起讫时间为康熙三十四年（1695）至乾隆十七年（1752），其中卖房契四件，典房契五件，抵押契一件，说明至迟到乾隆前期，八旗内部已经存在典、抵押、活卖、绝卖等多种不动产转让形式。

一张比较规范的民间契书，通常包含几个方面：缔约双方身份，标的物来源、坐落、数量、质量，契价交付，中保人身份，违约责任说明，以及立契时间。如果是典契，一般还要注明出典原因、典当期限和回赎权。满文契书，却往往缺少其中的若干要素，如第二、三、四、五、六号契，均未说明标的物来源。说明标的物来源，也就是说明所有权来源，满文契书缺此要素，与契约关系不够成熟有一定关系。基于同一原因，满文契书还往往缺少标的物坐落、质量（第三号契），出典原因（第三、五、六号契）、出典期限（第五号契）、违约责任（第二、三、四、五、六等号契）的说明。

顺治初年，八旗满、蒙、汉军分驻北京内城，各有界址。每旗下参领、佐领，也各有划定街区。同一佐领成员，集中住在某条胡同。本文所引十件满文房契，除第一件房契涉及外城民房而属特殊情况外，其余九起旗房交易都是在同旗人中进行。由此可见，在这段时期，旗房交易范围还比较狭小。正是基于这一原因，早期满文契书在说明立契双方身份时，往往忽略旗属，只注明所属佐领（见第二、四号契）。而后，随着旗房交易范围扩大，越旗交易日渐普遍，契书中有关双方旗属说明，才成为必不可少要素。

清代房契原有白契、红契之别，但就本文所引十件满文房契看，却是清一色白契。白契，指交易双方私相授受而未经官府税契的文书。清朝入关,设立旗房、旗地,旗人只有使用权,无所有权,还称不上是真正意义上的私有财产。因此,并没有像对待民间房地产交易那样,建立税契制度。这正是康熙年间旗人房契概为白契的原因。

然而,随着旗房典卖活动愈演愈烈,形成大量白契。日积月累,交易双方往往为产权归属等问题构讼不休。促使清政府于雍正元年(1723)正式确立旗房(还包括旗地)买卖税契制度,规定此后旗人买卖不动产,必须到八旗左、右翼收税监督处领取印契(又称红契),凡实买实卖者照民间例纳税。同时规定:倘仍有白契私相授受者,照例治罪,房地入官。[①] 这就意味着,自雍正元年(1723)起,旗人的白契交易已属非法。但现存满文房契却表明,官方禁令几乎形同虚设。事实是,旗人买主往往视税契为额外负担而百般规避。再者,旗人与民人的不动产交易因受到官方禁止不得不采取"典""租""借"等隐蔽形式,也助长了白契在旗人中流行。何况,这些非法交易因得到佐领官员的纵容、包庇而畅行无阻。满文白契所涉及的各项交易,多数有佐领下官员担保,就是一个明证。

当然,也有一些旗人为使交易合法化并使产权得到法律保护,而到八旗两翼税务监督处税契,随之形成红契。但这种情况,远不足以扭转白契流行的局面。

三

在十件满文契书中,还蕴涵着有关清前期北京旗人语言文字应用情况的信息。八旗内部满洲、蒙古、汉军文化背景不同,各有自己的语言文字,一旦他们被编入八旗,首先要解决的,就是如何沟通的问题。满文契书表明:他们在入关后相当长一段时间里,都是

[①] 鄂尔泰等纂:《八旗通志初集》卷70,第1347—1348页。

在使用本民族语言文字同时，兼用其他民族语言文字，从而形成多种语言并行的状况。

首先，汉军旗人兼用满语满文。见第一号契，卖主李成茂作为正白旗旗鼓佐领下人，写立底契使用满、汉两种文本，说明汉军（首先是内务府汉军）在与满洲人交易不动产的重要场合，往往兼用满文。

其次，蒙古旗人兼用满语满文。前引第二、八、十号契，都是蒙古旗人写立的满文契据，时间分别为康熙四十八年（1709）、乾隆十三年（1748）和十七年（1752）。这三件契书还有一个共同点，即均属同旗交易。说明蒙古旗人不仅在与满洲旗人交往时通行满语满文，在内部交往中也使用满语满文。构成八旗主体的汉人、满人、蒙古人，原本以农耕、渔猎、游牧三种文化为依托。与农耕文化相比，游牧文化与渔猎文化有更多相同之处。[①] 满洲人在肇兴之初，参考蒙文创制满文，是两种文化相互融通的一个突出事例。对蒙古旗人来说，满文既脱胎于蒙文，掌握起来自然轻而易举。而清统治者的积极倡导，也推动满语满文在蒙古旗内普及。

再次，满洲旗人兼用汉语汉文。关外时期，满洲旗人多不通汉语。入关初期，不得不在各部衙中设立兼通满汉语的通事。但在汉文化冲击下，满语满文只经历了短暂繁荣。康熙十年（1671），清廷撤销各部衙满语通事，说明满官已逐渐掌握汉语。而在这之前，八旗满、蒙子弟考试生员，也改用汉文。满语文中大量汉语语汇的涌入，正是这种影响与日俱增的表现。根据满文契书，汉语语汇借用现象又分为三种情况：

第一种情况，汉语语汇意译。如第一号契的"正阳门"（top šun i duka）、"中城"（dulinmbai hecen），都是根据汉语地名的意译。

第二种情况，汉语词汇音译。属于此种情况的有第一号契的

[①] 刘小萌：《满族肇兴时所受蒙古文化的影响》，《满族的社会与生活》，北京图书馆出版社1998年版。

"中东坊头铺"（jung dung fang teo pu）；第二号契的"wase"（瓦）、"kiyoo"（桥）、"giyan"（间）、"langui"（栏柜）、"paidzi"（牌子）、"ping dzi men"（平子门）。平子（则）门，为元代旧称，明正统年间改阜成门。清沿明称，并把它意译为"elden i mutebuhe duka"。但满洲人在日常生活中却多未采纳此称，犹呼之为平则门，显然是受到汉人影响。① 第四号契的旧帘子胡同（gio lian dzi hutung），第五号契的红庙（hung mioo）、半壁街（ban bi giye），第七号契的老莱街（loo lai giye），第八号契的新帘子胡同（sin liyan dzi hutung），第九号契的半壁街胡同（ban be［bi］giyei hutung）等，也都是汉语地名对音。

第三种情况，满汉兼语式。所谓"兼语式"，就是两种语言兼用的表达方式。第一号契的"文约"（wen šu i bithe），为汉语"文书"（wen šu）音译与满语"文书"（bithe）的合成。情况类似的还有第四号契的"wenšu bithe"，第九号契的"协理中书"（aisilara jungšu）。契书中使用频率极高的瓦房（wase boo）一词，也是由汉语词"瓦"（wa）加一满语名词性词缀"色"（se），再加满语"包"（boo，即房）组合而成。

"满汉兼用"是旗人、民人长期交往中形成的一种有趣语言现象。宗室奕赓在《佳梦轩丛著·括谈》中说："常谈之语，有以满汉兼用者，谈者不觉，听者不知，亦时习也。"这种现象一直延续到晚清。

满洲人借用汉语语汇，因人而异，存在一定随意性。如第一号契"正阳门"一词，使用的是满语意译，第二号契关于"阜成门"，却直接采用"平子门"这一民间称谓。又如第八号契"新帘子胡同"（sin liyan dzi hutung）为汉语音译，而在第十号契中，"新帘子"的"新"字，却改用满语词"依车"（ice），成一满汉兼语式。

汉文化影响，还表现在满洲人命名上。满人命名，原有自己的

---

① 顺治十二年十月十五日刻《赐汤若望茔地谕旨碑》，也将阜成门写为"平子门"（ping dzi men duka），北京图书馆金石组编：《北京图书馆藏中国历代石刻拓本汇编》（下简称《拓本汇编》）第61册，中州古籍出版社1990年版，第81页。

传统和习惯，与汉人习俗大相径庭。契书则表明，在汉文化涵濡下，满人取汉名或满洲式汉名不再是罕见现象。第七号契的贾宝宇、大嘴，都是汉名；第四号契的八十一、第八号契的八十四、佛保，则是满洲式汉名。以婴儿出生时祖父母年龄数命名，是满洲旧俗。最初，数字命名使用满语，以后为简便起见，改用汉语。满人入关后易患痘疫，婴儿多早殇，于是取佛保、众圣保、众僧保、众神保、观音保、菩萨保等带有宗教色彩名字者屡见不鲜[①]，意在祷祝神佛保佑婴儿顺利成长。这些命名改用汉语，远比满语易说易记，仍带有满俗特色。

为防范满人汉化，清朝统治者在入关初就把满语尊崇为"国语"，并把"国语"与"骑射"视作立国根本而大力提倡。但在汉文化无孔不入的渗透下，首先是大量汉语词汇融入满语，接着便是满语、满文的衰落，成为不可逆转的趋势。乾隆前期，旗人契书仍旧使用满文的，已是寥若晨星。就旗人整体而言，包括满洲旗人在内，使用汉语汉文越来越普遍。于是，汉语文取代满语文，成为八旗内部满、蒙、汉军人交往沟通的主要语言工具。

(原载《民族研究》2001年第4期)

[①] 康熙十四年《清故淑女黑舍里氏圹志铭》(《拓本汇编》第63册，第69页)记辅政大臣索尼长孙女黑舍里氏生前取法名"众圣保"；又康熙四十四年阿进达墓碑载：阿进达殁后，其妻生一遗腹子，祖母"捧负珍如掌珠，锡以佛名众僧保"，盛昱辑：《雪屐寻碑录》卷10，载金毓黻编《辽海丛书》第九集，辽沈书社1985年版，第3000页。

清代北京的俄罗斯人

17世纪40—80年代，清朝与沙皇俄国在黑龙江中游雅克萨（阿尔巴津，Албазин）[①] 等地发生了一系列军事冲突。在此过程中，一些被清军俘虏或投诚的俄罗斯哥萨克（即俄国史籍中的"阿尔巴津人"，Албазинцы）被迁入北京。在康熙皇帝授意下，把他们编为最嫡系部队——八旗满洲镶黄旗下俄罗斯佐领。

由于研究清史、八旗制度史的关系，俄罗斯佐领的历史命运不能不引起我们的关切。2004年8月30日，笔者与日本东北学院大学细谷良夫教授专门对该佐领在北京的历史遗迹进行了考察。考察对象包括北京城东北角俄罗斯大使馆（原俄罗斯北馆）、南馆公园、安定门外青年湖公园（原俄罗斯坟地）。俄罗斯大使馆（苏联大使馆），就是原俄罗斯佐领所在地。它是如今北京众多外交使团中规模最大的一处。我们未能进入使馆内部进行实地考察，而其他几处与俄罗斯人相关的去处，随着北京城市建设的日新月异早已面目全非。实事求是地讲，此次考察所获甚微。但不管怎么说，正是这次考察，激起了我们对俄罗斯佐领的浓厚兴趣：俄罗斯佐领是怎

[①] 阿尔巴津，在中国文献中称"雅克萨"（Якса）。"雅克萨"在通古斯语（满语）中意指河流冲刷形成的河湾。黑龙江湍急的江水在雅克萨城西冲刷出半月形的陡岸，雅克萨因而得名。雅克萨木城，原是索伦部达斡尔人的居地。崇德五年（1640），在清太宗皇太极对索伦部的远征中，雅克萨木城曾遭战火焚毁（见《清太宗实录》第51卷，第8页下）。不久，索伦部达斡尔族首领阿尔巴西在其址建城居住。顺治八年（1651），沙俄哥萨克侵占该城，并以城主阿尔巴西之名称为"阿尔巴津"（Албазин）。清朝政府认为雅克萨（阿尔巴津）是中国的领土，所以在康熙二十二年（1683）、二十四年（1685）、二十五年多次派兵进剿，最终包围雅克萨城，并拔除了这个据点。

么编成的？俄罗斯人在北京如何生活？他们的归宿又如何？凡此种种，并非一篇短文所能涵盖。本文拟在前人研究基础上[1]，对上述问题作一初步考察。

一 俄罗斯佐领的编设

1616年，新兴的满洲族在中国东北建立了大金国（史称后金），1636年改称大清（清朝）。在此期间，满洲统治者多次用兵黑龙江、乌苏里江流域，将其纳入自己的控制范围。

顺治元年（1644）清军由山海关进占北京，建立起对全中国的统治。与此同时，不断向东方扩张的沙俄势力侵入了黑龙江流域。随即，清朝军队与沙俄势力在黑龙江流域发生武装冲突。一些被清军俘虏或投诚的俄罗斯人，被陆续送往北京。当他们行抵北京后，康熙皇帝将其编为镶黄旗满洲第四参领第十七佐领。

关于俄罗斯人被编为佐领的时间、人数、过程，清代文献记载不尽一致。

雍正朝编《八旗通志初集》卷3《旗分志三》："第四参领第十七佐领，系康熙二十二年（1683），将尼布绰等地方取来鄂罗斯三十一人，及顺治五年（1648）来归之鄂罗斯伍朗各里、康熙七年（1668）来归之鄂罗斯伊番等，编为半个佐领，即以伍朗各里管理。后二次，又取来鄂罗斯七十人，遂编为整佐领。"[2] 据上引文，最早归附的为顺治五年（1648）伍朗各里[3]，其次是康熙七年

---

[1] 关于俄罗斯佐领的先行研究，有清人俞正燮《俄罗斯佐领考》（载《癸巳类稿》卷9，上海商务印书馆1957年版，第332—334页）；吴洋《清代"俄罗斯佐领"考略》（载《历史研究》1987年第5期）；刘小萌《关于清代北京的俄罗斯人——八旗满洲俄罗斯佐领寻踪》，《清史论丛》2007年号，中国广播电视出版社2006年版。

[2] 鄂尔泰等纂：《八旗通志初集》卷3《旗分志三》。此段引文按笔者理解，重新断句。

[3] [俄]尼·伊·维谢洛夫斯基编《俄国驻北京传道团史料》（Веселовский Н. И. Материалы для истории российской духовной миссии в Пекине. СПб., 1905）第1册认为，阿尔巴津人首次被俘是顺治皇帝在位时。见杨诗浩等译，商务印书馆1978年版，第19页。

(1668）伊番等人，第三批人数较多，即从尼布绰（尼布楚）等地方取来鄂罗斯31人。康熙二十二年，以这些人为基础，编为半个佐领。问题是，"后二次"指哪两次，"编为整佐领"的具体时间又在何时？

同治元年（1862）总理各国事务衙门《俄罗斯佐领报考》一文载称："查初设俄罗斯佐领档案，系于顺治五年该国人乌朗格里投诚，赏给五品顶戴，附在固德依佐领下。嗣于康熙七年阿范等三十八人陆续投到，因将乌朗格里作为半个佐领。又先后投到七十人，于二十三年间编为俄罗斯整佐领。"该文又引俄罗斯佐领乌林布呈文称："现今本佐领下人等，由顺治五年乌朗格里投到，赏给五品顶戴，带入在固得依（固德依）佐领下兼管。康熙七年由阿范（伊番）等七人投到，亦入在固得依佐领下兼管。又呢蒲初等地方投到三十一人，作为半个佐领，乌朗格里承袭。是年，又投到二十二人，二十三年又投到四十八人。此四次共入京人一百零八名，作为整佐领。"①

据上引档案，可就俄罗斯佐领的编设初步确定三个时间点：第一个时间点，顺治五年（1648）乌朗格里投诚，清廷赏给五品顶戴，归"固德依佐领"兼管。按："固德依"的"依"，即满文"i"的音译；"固德依佐领"，即固德（古德）领有镶黄旗满洲第二参领第七佐领②。第二个时间点，康熙七年（1668），阿范（伊番）等7人投到，亦编入固德（古德）佐领。同年，又从呢蒲初（尼布楚）等地方投到31人，加上以前7人，合共38人，遂拨出固德佐领，独立编为半个佐领，以乌朗格里管理。第三个时间点，康熙二十三年（1684），将康熙七年投到22人、二十三年投到48人，前后四次进京共108人，合编为一整佐领。这第三个时间点，与前引《八旗通志初集》中"后二次，又取来鄂罗斯七十人，遂编为整佐领"的说法正相吻合。

---

① 《俄罗斯佐领报考》，同治元年九月初三日，"中研院"近代史研究所藏：全宗《总理各国事务衙门》，馆藏号：01—16—072—01—011。
② 鄂尔泰等纂：《八旗通志初集》卷3《旗分志三》，第30页。

第二编　八旗制度与社会

当然，由于康熙年间编设俄罗斯佐领的复杂过程，以上三个时间点实际只具有参考价值。印证中俄双方文献记载：康熙二十三年（1684）正月，俄罗斯降人宜番受命进入雅克萨一带沙俄据点，招抚米海罗等21人。康熙帝命将米海罗等送北京安置[①]。再一次，康熙二十四年（1685）五月，清军收复雅克萨城，俄人首领战败乞降。除遣返六七百人外，有副头目巴什里等40人（一说45人）表示不愿回国，因此也安置到北京[②]。康熙二十四年既有数十俄罗斯人进京，则俄罗斯佐领编于是年的可能性也不能排除。

俄罗斯人初进京，户部曾建议，将其分散编入八旗满洲正白旗下各佐领。而最终合编为一整佐领，则出自康熙帝谕旨，即考虑到罗刹（俄罗斯）归顺人颇多，宜集中编为一佐领，"令其彼此相依，庶有资济"[③]。此佐领即镶黄旗满洲第四参领第十七佐领，简称俄罗斯佐领。仍由伍朗格里管理[④]。

按八旗兵制，旗以下是参领，参领以下是佐领，佐领是由壮丁编成的基层单位（俄国文献中称之为"Сотня"，即百人队）。康熙年间，八旗满洲佐领的标准丁额为100人。在北京俄罗斯人超过百人，正好符合编设一个整佐领的条件[⑤]。

---

① 《清圣祖实录》卷114，第18页。
② 中国第一历史档案馆编：《清代中俄关系档案史料选编》第1编上册，中华书局1981年版，第56页。参见鄂尔泰等纂《八旗通志初集》卷153，第3885页。
③ 中国第一历史档案馆整理：《康熙起居注》，中华书局1984年版，第1074页。
④ 伍朗格里，俄名阿纳尼亚·乌鲁斯拉诺夫，原信伊斯兰教，后改皈东正教，归附清廷前为沙俄雅库特军政长官弗兰别科夫的仆人，见［俄］尼古拉·阿多拉茨基：《东正教在华两百年史》（Адоратский И. Н. Православная миссия в Китае за 200 лет ее существования: Опыт церковно-исторического исследования по архивным документам. Казань., 1887），阎国栋、肖玉秋译，广州人民出版社2007年版，第290页。
⑤ 按俄国文献的说法，这些人大部分并不是纯种俄罗斯人，而是入了东正教的布里亚特人、卡尔梅克人和混血儿，［俄］塔季扬娜·马纳科娃：《俄罗斯驻北京大使馆的红房子——在中国东正教的小岛》（Манакова Т. Б. Красная Фанза Российского посольства в Пекине: островок православия в Китае. Издание Православного Братства Святых Апостолов Петра и Павла в Гонконге. Пекин., 2007. С. 5），香港圣彼得圣保罗东正教兄弟会，2007年，第5页。

清代北京的俄罗斯人

对于俄罗斯降人，康熙皇帝一再谕命给予宽大，妥善安置，赐给房屋、土地、仆人①。对其中有才干者，授予官职。宜番，授给骁骑校；鄂噶番、席图颁、机里郭礼（吉礼过里）、鄂佛那西、马克西木，俱授七品官。伍朗格里身为佐领，已官居四品。康熙帝优待俄罗斯降人，并非简单地宽大为怀，而是着眼于当时黑龙江流域对沙俄作战的需要。这些俄罗斯人在编入八旗后，至少其中一部分，很快被送往黑龙江前线②。在前线，他们的主要任务是侦察敌情和招降。如前面提到的骁骑校宜番，先曾招降俄罗斯，后受命进入雅克萨城侦察敌情。③

他们在阵地前向自己的同胞喊话，号召他们投降博格达汗（指清朝皇帝）④。这种攻心战在康熙二十五年（1686）第二次雅克萨之战中收到奇效。正是在他们的招降下，固守雅克萨的哥萨克最终决定放下武器："阿尔巴津人看到敌营中已有自己的同伴，又看到对方兵力雄厚，所以非常害怕此时如不自动投降，就会遭到必然覆灭的下场；而且他们还设想，如不抵抗就投降，也许会得到中国皇帝的赦免。于是他们便听从了叛变投敌者的话。就这样，他们把自己的全部武器都集中起来，运至指定的地点。郎谈（满洲军队的将领）收缴了武器以后，即下令烧城。"⑤可见，这些俄罗斯人不仅参加了雅克萨之战，而且在关键时刻立有殊功。⑥

---

① 《清圣祖实录》卷111，第7页；《清代中俄关系档案史料选编》第1编上册，第50页。参见［法］白晋撰《康熙皇帝》，赵晨译，黑龙江人民出版社1981年版，第10页。
② 《清圣祖实录》卷113，第9页下—10页上。
③ 《八旗通志初集》卷153，第3887页。
④ 《历史文献补编——十七世纪中俄关系文件选译》，郝建恒等译，商务印书馆1989年版，第335—336页。
⑤ ［俄］尼·伊·维谢洛夫斯基编：《俄国驻北京传道团史料》第1册，第21页。该书又记，"在记事本手稿中，对于中国人战胜阿尔巴津人的经过所做的如下的描述，我认为是最符合实际情况的：'当时曾经有五个人，即斯捷凡、阿加方、雅基姆、塔塔林，还有一个不知是谁（记事本中只提到三个人的名字，没有提到另外两个人的名字），在投向满洲人以后，就开始劝说其他阿尔巴津人，要他们不要去冒风险，不要再对抗优势的兵力。如果他们还珍惜自己的生命，就应该放下武器，归顺围城者。只要他们按照这样的忠告去做，不仅可以得到宽恕，而且自己愿意到哪里去，还有完全的自由。'"
⑥ ［英］约·弗·巴特莱：《俄国、蒙古、中国》（John F. Baddeley, *Russia, Mongolia, China*, London, 1919）下卷，吴持哲等译，商务印书馆1981年版，第1526—1527页。

第二编　八旗制度与社会

若干年后，当俄国使节来到北京，有些俄罗斯人曾要求把他们带回俄国。这位使节给他们的答复却很干脆："把你们带回俄国？除非是要把你们当作叛国者押赴边界绞死，才能把你们带回俄国去。"① 联系前述事实，不难理解俄使的这种严厉态度。所以，在俄国史籍中，这些俄罗斯人一般被称为"阿尔巴津人"，但在某些特定场合，又被称为"逃人""叛徒""叛变投敌者"甚至"俄奸"。

通过前面的考察还可得知，俄罗斯旗人的来源，除了雅克萨（阿尔巴津）之战中的战俘和投诚者，还包括其他时间来自其他地区的一些人员。所以，俄国文献中把他们称为"阿尔巴津人"，只能理解为是一种便于表述的泛称，却不应据此认为，他们都来自"阿尔巴津"一地。

康熙二十八年（1689），中俄《尼布楚条约》签订，条约划定两国疆界，又规定凡定约以前，已在中国的俄国人和已在俄国的中国人均不必遣返。② 从此，这批俄罗斯人便在中国世代定居下来③。

二　俄罗斯人的生活

前面提到，俄罗斯人到北京后编入镶黄旗满洲。清代北京内城八旗分布，各有一定方位。镶黄旗位于内城东北部④，这样，俄罗斯佐领便被安置在属于镶黄旗地面的东直门内胡家圈（园）胡同（ворот Дунчжимэнь в переулке Хуцзяцюань）。

按照清代制度，旗人与民人是社会成员基本分类。民人即隶属

---

① ［俄］尼·伊·维谢洛夫斯基编：《俄国驻北京传道团史料》第1册，第30页。
② 俄国谈判代表戈洛文称："那些叛变的俄罗斯人，竟不怕亵渎上帝，忘记东正教的信仰和大君沙皇陛下对他们的隆厚恩典，叛离俄国，如今居于汗殿下（康熙皇帝）境内。由于他们这种罪恶的强盗图谋，已没有必要让他们回到沙皇陛下方面来。"苏联科学院远东研究所等编：《十七世纪俄中关系》（Академия наук СССР Институт Дальнего Востока. Русско-китайские отношения в XVII веке. Наука. М., 1972）第2卷，商务印书馆1978年版，第830页。
③ 俄罗斯人除了被安置在北京，还有一部分安置在盛京（沈阳），见《清圣祖实录》卷121，第14页。他们后来的命运尚无从知晓。
④ 福隆安等：《钦定八旗通志》卷30《八旗方位图》。

省府州县之人，以人数众多的汉人为主体；旗人则是编入八旗组织之人，内部又分八旗满洲、八旗蒙古、八旗汉军。一般说来，旗人地位优于民人。而在旗人内部，满人地位又优于蒙古和汉军。来自遥远异国的俄罗斯人，不仅被编入八旗满洲，还且还是上三旗①中的镶黄旗。这样一来，在清朝多民族等级架构中，他们就被置于与满洲人基本相同的地位②。

满洲人以一人数很少的民族而统治人口众多的汉人，不能不想尽办法扩大自身的实力。将一部分投附在先的汉人、蒙古人各编为八旗，是一种做法；将边疆地区一些被征服的小民族编为内务府上三旗或外八旗满洲旗下索伦（鄂温克、鄂伦春）佐领、达斡尔佐领、锡伯佐领、新满洲（黑龙江流域赫哲等）佐领、库雅喇（乌苏里江上游赫哲）佐领、番子（四川西部嘉绒藏族）佐领、回子（维吾尔）佐领，是又一种办法。将来自边外的俄罗斯人编为满洲旗下俄罗斯佐领，不过依仿现成模式。

俄罗斯人初到北京，得到住房、服装、粮饷；同时分得一块土地作为坟地，坟地位于城郊，在东北城楼外。官府还将步军统领衙门收押的女犯配予他们为妻，还给其中一些人匹配了大户人家妇女③。

他们与满人一样，以当兵为基本职业。除参与对俄征战外，还参加了对新疆穆斯林（回人）的战斗④。一些人在衙门中担任翻译。清内阁档案多次提到：将"俄文书交罗刹人希图班、鄂果番、侍卫罗多浑等翻译"⑤；或者将致俄罗斯国书，交俄罗斯佐领小领

---

① 在满洲八个旗中，镶黄旗、正黄旗、正白旗为上三旗，为皇帝所领属；其余镶白旗、镶红旗、正红旗、镶蓝旗、正蓝旗为下五旗，为宗室王公领有。
② [俄]尼·伊·维谢洛夫斯基编：《俄国驻北京传道团史料》第1册，第31页。
③ [俄]尼古拉·阿多拉茨基：《东正教在华两百年史》第31页；[俄]尼·伊·维谢洛夫斯基编：《俄国驻北京传道团史料》第1册，第26页；[英]约·弗·巴特莱：《俄国、蒙古、中国》上卷，第487页。
④ [俄]塔季扬娜·马纳科娃：《俄罗斯驻北京大使馆的红房子——在中国东正教的小岛》，第6页。
⑤ 《清代中俄关系档案史料选编》第1编上册，第78页。

第二编 八旗制度与社会

催库西玛、雅稿、伊凡、尼坎等译成俄文。① 康熙十五年（1676），俄国使者尼古拉·斯帕法里访问北京后，回忆说："目前在中国有十三名俄国人，其中仅有两名是在阿穆尔河（黑龙江）上被俘的，其余的都从边境城堡特别是阿尔巴津（雅克萨）逃来中国的……汗（康熙帝）录用了他们，发给他们薪俸，并让他们成了家。"他们还负责训练清军使用火枪。有的人能读能写俄文，又掌握中文、满文，成为衙门中的高水平译员②。

俄罗斯佐领最初由伍朗格里管理。康熙二十五年（1686），伍朗各里故，伊子罗多浑承袭。罗多浑，又作罗多珲、罗多欢，康熙二十八年（1689），他作为清廷侍卫，在中俄尼布楚谈判中担任中方译员。③ 康熙四十六年（1707），罗多浑故，子福寿年幼未袭（一说福寿承袭不久，夭亡绝嗣）。是年具奏奉旨："著派殷实大臣兼管。"④ 俄罗斯佐领遂改以大学士马齐兼理。俄罗斯佐领自康熙七年（1668）编设以来将近四十年间，佐领一职先后由伍朗格里祖孙三代（或四代）承袭，说明已具备世袭佐领性质。而伍朗格里孙福寿的夭亡绝嗣，则成为该佐领转为公中佐领的契机。

上文提到的"殷实大臣"，指满洲富察氏马齐，官至大学士，因位高权重，徒党众多，社会上曾流传"二马吃尽天下草"之谚⑤。二马指马齐、马武兄弟。马齐曾任总管内务府大臣，与满洲皇室关系极近。他身为一品大员，掌管与俄国各种事务（外交、商贸）。马齐死，俄罗斯佐领由公阿灵阿兼理。阿灵阿，满洲钮祜禄氏，开国功臣额亦都之后，世袭一等公。他曾任理藩院尚书，亦负责对俄事务。阿灵阿死于康熙五十五年。其后兼管该佐领者为尚书

---

① 《清代中俄关系档案史料选编》第1编上册，第318页。
② ［英］约·弗·巴特莱：《俄国、蒙古、中国》下卷，1528页。
③ 参见俞正燮《俄罗斯佐领考》，《癸巳类稿》卷9，上海商务印书馆1957年版，第332—334页。
④ 《俄罗斯佐领报考》，同治元年九月初三日，"中研院"近代史研究所藏：全宗《总理各国事务衙门》，馆藏号：01—16—072—01—011。一说福寿承袭不久，夭亡绝嗣，此佐领缺作为公中佐领，由本旗一二品大员奏派兼管。
⑤ 昭梿：《啸亭杂录》，中华书局1980年版，第284页。

德明。德明故，由大学士尹泰管理。尹泰，章佳氏，雍正间官至东阁大学士，兼兵部尚书。尹泰死，续由哈达哈、书山管理。书山之后，该佐领改由马齐后代——副都统富亮（马齐子）、副都统富景（马武之孙）、都统广成（马齐弟李荣保之子）、和硕额驸福隆安（马齐弟李荣保之孙）、公魁林（马齐弟李荣保之孙）、丰伸济伦（福隆安之子）相继管理[1]。这种承袭关系清楚地表明，富察氏一族与俄罗斯佐领，在某种程度上已形成具有世袭性质的领属关系，尽管其公中佐领的性质并未改变。20世纪90年代初，有俄罗斯旗人后裔在回忆文章中称，该佐领始终由俄人罗姓世袭管理[2]。此说并不准确。

与其他被编入八旗满洲的异族人一样，俄罗斯人的文化风俗首先受到满洲文化影响。

其一，发型。明朝时汉人男子蓄长发、梳髻。满洲传统是男子剃发，即将头顶四周头发剃去，中间长发分三绺编成一条长辫垂于脑后，叫作"薙（剃）发"。满洲人统治中国，强迫被征服各族剃发，改从满洲发式，作为降顺的重要标志。在这方面，俄罗斯旗人当然没有例外[3]。

其二，服饰。清代满洲人装束仍基本保持渔猎时代传统。男子穿袍褂，袖口窄狭，袍两侧开叉，腰束布带。清朝在强迫被征服民剃发留辫的同时，规定他们（主要指男性）必须服用满式衣冠。俄罗斯人似乎很快适应了这种改变。不管怎么说，北京的物质生活要远优于当初在黑龙江流域拓荒时的艰苦条件。于是，这些昔日的猎人脱下了原色的粗呢外衣，换上绸衣和棉布衣服，脱下兽皮靴，换

---

[1] 福隆安等纂：《钦定八旗通志》卷3《旗分志三》，吉林文史出版社2002年版，第44—45页。

[2] 见俄罗斯佐领后裔杜立福、罗荣禄《俄国东正教在北京的兴衰》（载《北京市东城区文史资料选编》第4辑，1993年）。不排除以下可能，即该佐领先由马齐一族管理，乾隆朝以后改由俄人罗姓世袭管理。

[3] 康熙年间清廷曾命令俄国人出征。文献记载说：临出发时他们把司祭的头剃光，只在后脑勺留下一条像满洲人那样的辫子，带着他一块儿出征去了。见［俄］尼·伊·维谢洛夫斯基：《俄国驻北京传道团史料》第1册，第29页。

第二编 八旗制度与社会

上中国式缎鞋。①

其三，语言和姓氏。俄罗斯人被编入满洲八旗后，无论公私事务，都与满人频繁交往，一些俄罗斯人逐渐掌握满文、满语。这一点，又成为他们出任公职（担任翻译、当兵或做官）的前提条件。为此，他们取了满洲名字。第一任佐领伍朗格里之子罗多珲（又作罗多浑），及其子福寿。19世纪初的一份档案，记载俄罗斯佐领领催乌凌阿，及其堂叔德英额、德昌、德住，堂弟明泰，表弟丰伸泰、和伸太等一系列满语名②。清末一份档案则提到俄罗斯佐领荣辉、骁骑校全凌、领催全秀③。俄国传教团文献也提到：俄人伊万的满洲名字叫德成、格里戈里叫友发、帕维尔叫民泰④。这些例子均说明：俄罗斯后代按照通行于八旗内部的惯例，相继使用满名。与此同时，他们的母语也走向退化⑤。

如果说清朝前期俄罗斯旗人曾较多濡染满洲文化的话，那么随着时间推移，他们亦如周围众多满人一样，在日常生活中日益承受汉文化熏陶。一个明显标志是：他们的俄罗斯姓氏都根据谐音改成汉姓（即根据俄国姓氏中第一个字母，取一个发音接近的汉姓）：罗曼诺夫（Романов）改为罗姓、哈巴洛夫（Хабаров）改为何姓、雅克甫列夫（Яковлев）改成姚姓、杜必宁（Дубинин）改为杜姓、

---

① ［俄］尼·伊·维谢洛夫斯基：《俄国驻北京传道团史料》第1册，第28页。季姆科夫斯基：《俄国使团赴华情况》（1827年，伦敦）也提到："他们（指阿尔巴津人）同满洲人的关系是如此密切，以致难以将他们区别开了。他们说中国话，穿着和满洲人一样，生活方式完全像该国士兵。"载［英］约·弗·巴特莱：《俄国、蒙古、中国》下卷，第1608页。

② 董诰等：《奏报审拟京城俄罗斯领催乌凌阿家失火一案事》，嘉庆十年七月初四日，中国第一历史档案馆藏：《录副奏折》，档号03—2191—002，。

③ 那彦图等：《奏为解任俄罗斯佐领荣辉畏罪脱逃请旨先行革职由臣咨行严拿等事》，光绪三十年十一月十八日，中国第一历史档案馆藏：《录副奏折》档号03—7399—006。

④ ［俄］尼·伊·维谢洛夫斯基：《俄国驻北京传道团史料》第1册，第72、74页。

⑤ 雍正十三年，多尔济奏陈派遣学童学习俄罗斯语文一折称：俄罗斯馆中两名俄罗斯文教习，"虽系俄罗斯血统，但生于京师，原对俄罗斯语文不甚精通"（中国第一历史档案馆编：《雍正朝满文朱批奏折全译》，黄山书社1998年版，第2492页）。这两名教习，应即俄罗斯佐领下人。

清代北京的俄罗斯人

贺洛斯托夫（Холостов）改为贺姓①。与此同时，他的在宗教信仰和婚丧习俗也发生明显转变（详见后说）。

总之，在入居北京并编入八旗满洲后，俄罗斯人由表及里，都发生了深刻变化。这种变化，足以令来到北京的俄罗斯使臣深感惊愕。道光二十五年（1845），俄国外交官叶·科瓦列夫斯基造访北京。事后，他这样回忆与俄罗斯人会面的情景："中午前我们来到了南馆，大司祭和传教士团成员们已在恭候我们，还有阿尔巴津的男女老少近百人，几乎都来了。看到这些俄罗斯人的后裔有种很奇怪的感觉，他们的服饰、语言、容貌一点都不像俄罗斯人。"②

除了八旗制度的陶熔，俄罗斯人自定居北京时起即娶中国妇女为妻，一些人还抱养民人之子。如此代代相传，加速了与满、汉等民族的融合。那么，作为满洲旗下的俄罗斯佐领，与其他满洲佐领相比，待遇上又有何异同？

所谓同者，即同样受到八旗制度约束。乾隆四十三年（1778）前后，俄罗斯旗人篯抡轱素勒操、依斯特班，因罪被发遣到福州给当地旗人为奴，随即相继脱逃③。光绪三十年（1904），又发生解任俄罗斯佐领荣辉畏罪潜逃之案④。一些零星记载似乎表明，京城俄罗斯人在都市奢靡之风的涵濡下虽逐渐变得柔弱，但还是经常酗酒闹事，并因违纪或反抗行为受到惩处。

---

① 杜立福、罗荣禄：《俄国东正教在北京的兴衰》，《北京市东城区文史资料选编》第4辑，1993年。据天津东正教大司祭杜远回忆，俄罗斯人原有七姓，除上述五姓外，另两姓绝嗣，姓氏不传。（Ду Иоанн. Распространение Русской Православной Церкви в Тяньцзине и его окрестностях, в переводе Петровского Д. И. 1983）（杜远：《俄罗斯东正教在天津及周边地区的传播》，Д. И. 彼得罗夫斯基译，本文根据作者之子请求发表，以纪念其父——天津最后的东正教神甫、大司祭杜远，1983年）。据网络下载。

② ［俄］叶·科瓦列夫斯基：《窥视紫禁城》（Ковалевский Е. П. Путешествие в Китай. СПб．，1853），阎国栋等译，北京图书馆出版社2004年版，第116页。

③ 《兵部为移会事》，乾隆四十三年四月二十三日。"中研院"历史语言研究所藏内阁大库档案，档号096200。

④ 那彦图等奏：《为解任俄罗斯佐领荣辉畏罪潜逃请旨先行革职由臣咨行严拿等事》，光绪三十年十一月十八日。中国第一历史档案馆藏：《朱批奏折》，档号03—7399—006。

所谓异者,即在科举、任官、挑补兵缺等方面,待遇低于满洲佐领。八旗满洲佐领兵额均有明文。光绪《大清会典》卷86载:京旗满洲佐领,设前锋2名,亲军2名,护军17名,鸟枪护军6名,马兵(马甲,又称骁骑)20名,步兵拨什库(步军领催)2名,步兵(步甲,又称步军)18名,炮甲1名,共68名(不包括养育兵)。这只是纸面规定,与实际情况并不完全吻合。同治元年闰八月二十三日,镶黄旗满洲都统和硕惠亲王称:本旗共佐领86员,内惟头甲喇恩荣佐领下缺分减半,每佐领下领催5缺,马甲十八九缺,有米养育兵十八九缺不等,无米养育兵7缺。四甲喇俄罗斯乌林布佐领下领催5缺,马甲20缺,有米养育兵9缺,无米养育兵5缺①。也就是说,俄罗斯佐领下,除佐领1员由兼管大臣委派外,全部额缺仅骁骑校1员、领催5名、马甲20名、养育兵14名。其额缺少于满洲佐领,很可能与壮丁人数较少有关②。至于该佐领下是否设有前锋、护军、亲军等待遇较高之额缺,档案中未提及,待考。同治元年(1862)六月十三日,俄国使臣把留捷克照会清廷总理各国事务衙门称:

> 本大臣闻得贵国京都八旗镶黄旗内有佐领名曰俄罗斯。该佐领下所辖之人皆系俄国人之后裔,其先人系顺治年间阿拉叭经城即雅克萨地方被获者及康熙年间不愿回国遵照尼布楚和约未经遣还者也。当时原因其人皆产于俄国即以俄罗斯为佐领之名,并因初到中国未习汉语尤未通晓汉文,自然未能按照各佐领一律报考入仕。乃今已及二百余年,与各旗人同为世仆,风

---

① 《满洲俄归化人报考》,同治元年九月初三日,"中研院"近代史研究所藏:全宗《总理各国事务衙门》,馆藏号:01—16—072—01—011。
② 据镶黄旗满洲都统和硕惠亲王报告:本旗八十六佐领下共一千九百八十六户,男妇子女共二万二千三百零三名口。八十六佐领中:男妇子女五百名口以上者有一;四百名口以上者有七;三百名口以上者有十六,二百名口以上者有三十七;一百名口以上者二十二;其余为一百名口以下者。俄罗斯佐领一百四十六名口,人口明显偏少。《满洲俄归化人报考》,同治元年九月初三日,"中研院"近代史研究所藏:全宗《总理各国事务衙门》,馆藏号:01—16—072—01—011。

俗礼仪饮食服色语言文字皆习惯中国，若仍不准考试充当文武各差，实非一视同仁之意。本大臣因体恤该佐领下人等起见，理合照会贵大臣，将俄罗斯佐领字样按照向例，改为以该佐领之名为名，并准其报考。

自康熙四十六年（1707）俄罗斯佐领由世袭改为公中以来，其佐领一缺始终由本旗一二品大员奏派兼管。俄罗斯旗人最高只能升任骁骑校一职，且不得参加科举，从而阻塞了仕途。如果说当初如此规定，是基于他们不熟悉中国文化（满汉文化）缘故。那么，当他们在北京生活二百余年后，在文化上与满汉人等早已陶融，依旧如此设限未免于理不合。耐人寻味的是，只是在俄国使团直接干预下，清廷才表示将俄罗斯佐领"照依各佐领下缺分及升途一体办理"。具体内容包括：佐领一职，作为该骁骑校专缺，准其升补；该佐领及骁骑校，准与其他佐领人员一并拣选，升至副参领为止，不准升授参领，亦不准保送营员以昭限制。[①] 清廷为防范沙俄政府借俄罗斯佐领事务干涉中国内政，对俄罗斯旗人仕途不能不稍存限制，但从总体看，此后在仕途、兵缺方面与其他满洲旗人已无甚区别。但是在科举考试方面，尽管清政府同意废除以往限制，俄罗斯佐领乌林布却呈称，本佐领下人"因家寒无力读书不愿报考"。说明一直到晚清，俄罗斯人在就学读书能力方面，仍落后于其他旗人，故主动放弃通过科考跻身仕途的资格。

综上所述，咸、同之际，正是在沙俄使臣干预下，俄罗斯旗人处境有所改观。沙俄政府之所以要在俄罗斯佐领这样一个明显属于中国内部事务的问题上横加干涉，自有其叵测居心。但不管怎么说，俄罗斯佐领人数虽少，在清代中俄关系史中却起到重要影响，也是事实。关于这方面问题，笔者拟另撰专文，在此不赘[②]。

[①] 《满洲俄归化人报考》，同治元年九月初三日，"中研院"近代史研究所藏：全宗《总理各国事务衙门》，馆藏号：01—16—072—01—011。

[②] 刘小萌：《清代北京的俄罗斯旗人与中俄文化的交流》，《纪念王锺翰先生百年诞辰学术文集》，中央民族大学出版社2013年版。

三 俄罗斯人的归宿

俄罗斯人长期定居北京,虽然给中俄关系带来深远影响,但他们的自身命运并未因此改观。不仅如此,进入近代以来,随着清朝国势日衰,他们的状况也每况愈下。同治元年(1862)统计:俄罗斯佐领下,罗姓人等19户,男妇子女95口,是伍朗格里之后;杜、姚、合、贺四姓人等14户,男妇子女51口。共33户,146口[①]。说明其人口在二百年间基本没有增长。繁华都市环境和奢华风气的侵蚀,使一些俄罗斯人习于酗酒和挥霍浪费。他们是八旗兵丁,但身无长技,眼高手低,为打发时光,经常走街串巷,逛戏园,吸鸦片,热衷赌博。有人死于酗酒斗殴。尽管有俸饷待遇,却债台高筑,以致成为街头巷尾的笑柄。一些人赤贫如洗,甚至死于饥饿。这些,应即制约其人口发展的基本因素[②]。

晚清年间,满洲统治者日益衰朽,政治腐败,官贪吏黩,八旗制度出现种种流弊。旗人子弟为争取当兵食饷的资格,必须向长官行贿,这种现象在俄罗斯佐领中同样愈演愈烈:"俄罗斯佐领中如果有谁死了,他的儿子不能立刻被接受为俄罗斯佐领的士兵。要想使自己能补上父亲的遗缺,非花费很大力气和大量银钱不可。为此,必须向领催(五十人长)和其他五位副领催求情送礼,求他们把谋求遗缺的人推荐给主管长官,因为主管长官总是根据他们的推荐来批准谋缺者的请求的。"[③]

进入民国,八旗制度被废除,俄罗斯人断了粮饷。一些人靠做小生意、当工人、任巡捕,维持生计。为了谋生,不断有人离开世居的东直门内一带地方。到20世纪五六十年代,罗、何、

[①] 《满洲俄归化人报考》,同治元年九月初三日,"中研院"近代史研究所藏:全宗《总理各国事务衙门》,馆藏号:01—16—072—01—011。

[②] [俄]尼·伊·维谢洛夫斯基:《俄国驻北京传道团史料》第1册,第27页;[俄]尼古拉·阿多拉茨基:《东正教在华两百年史》,第32页。

[③] [俄]尼·伊·维谢洛夫斯基:《俄国驻北京传道团史料》第1册,第31页。

姚、杜、贺等姓后裔，已散布到北京、上海、天津、哈尔滨、海拉尔等地。1951年中国政府进行民族识别，所有阿尔巴津后代都被归入满族。

（原载《第六届文化交流史暨方豪教授百年诞辰纪念：先驱、探索与创新国际学术研讨会》，辅仁大学，2010年5月）

清代北京俄罗斯人与中俄文化交流

前记：1982年，笔者决意报考锺翰师的硕士研究生。时锺翰师已近古稀，初次招收研究生，原拟招收1名，外语考试定为英语。后得知笔者报考，且粗通满文，有意提携，将招生名额增为2名，并将俄语增入考试科目。终使笔者得遂所愿，乃欣欣然与定宜庄师姐同入王门。若无锺翰师当年知遇之恩，则无笔者从事清史满族史研究之缘。饮水思源，无以为报。多年以来，笔者的俄文早已荒疏。值恩师百年诞辰之际，乃重拾中俄史料撰为是文，作为对恩师的永久怀念。

17世纪40—80年代，中国的清朝与沙皇俄国在黑龙江中游雅克萨（俄国称阿尔巴津，Албазин）等地发生了一系列军事冲突。在此过程中，一些被清军俘虏或投诚的俄罗斯人被陆续送到京师（北京）安置，编为八旗满洲下的"俄罗斯佐领"。这些被编入八旗的俄罗斯人，被清朝人称为"俄罗斯旗人"，也即俄国史籍中的"阿尔巴津人"（Албазинцы）。俄罗斯旗人人数很少，但以其经历为经纬，却编织了中俄关系史中一段非常重要的篇章。他们入居北京后，对中俄文化的交流产生了哪些影响？是本文考察的重点。

俄罗斯人与中国人的交往至少可以上溯到元代。13世纪，蒙古人西征，屡次入侵俄罗斯。在长达数十年的征服战争中，蒙古人每到一地，都要从当地居民中补充兵员。西征军中就有俄罗斯籍士兵。其中一部分，后来随军来到中国本土，参与了元朝灭亡金朝和南宋的战争。据《元史》第34卷记载，至顺二年（1331），元朝政府在北京（大都）设置了"宣忠扈卫亲军都万户府，秩正三品，总辖罗思（俄罗斯）军士"。这一时期来华的俄籍士兵，数量不会很少。随着元帝国版图的拓展，中西交通日益便利，交流更为密切，俄罗斯传教士、商人、工匠等各色人等，因各种原因来华者应该有所增长。在《元史》中，就有西域宗王献纳斡罗思人口的记载。14世纪中，随着元帝国覆亡和明朝建立，中俄交流一度停滞。

明万历四十六年（1618）一批俄罗斯人在伊万·佩特林率领下来到明朝首都北京。明朝皇帝尽管未接见俄罗斯使团，但颁给它一封诏书，允许俄罗斯人前来建使馆、做买卖。清顺治十二年（1655）以来，费多尔·巴伊可夫（1656）、伊万·佩尔菲利耶夫（1660）、伊格纳季·米洛瓦诺夫（1670）、尼古拉·斯帕法里（1676）分别率团拜访清朝都城①，做买卖的商队也络绎于途。这些交往，使俄国更多地了解了中国，同时还宣传了自己。

俄罗斯使团真正常驻清朝都城，是以康熙年间俄罗斯人从黑龙江迁来北京为契机的。自康熙年间以迄咸丰年间，俄国东正教会传教团，一直兼为俄国政府驻华代表。这也使俄国成为咸丰十年（1860）以前，唯一在中国首都驻有外交使团的国家。

咸丰十年（1860）以后，随着北京出现更多外国使馆，俄罗斯宗教使团的地位发生变化。同治三年（1864），俄罗斯使团分成宗教使团和外交使团。宗教使团返回北馆，靠近原阿尔巴津人教区；外交使团则安置在南馆。俄罗斯外交使团长期安顿在这里，民国九年（1920），中国政府宣布终止使团职能。随即，使团被苏联大使馆取代。

俄罗斯人入居北京，对中俄关系带来深远影响。这种影响，主要反映在三个方面：其一，使东正教传入中国；其二，促进了俄国中国学研究的兴起；其三，促进了两国文化交流。

---

① 《呈查俄罗斯通商及住京学艺年份清单》，乾隆五十八年，对历次交往有详细记载。中国第一历史档案馆藏：《朱批奏折》，档号04—01—30—0513—045。

一　东正教传入中国

满洲统治者一向把旗人视为"国家的根本"，严禁他们皈依西方"洋教"（主要是基督教、天主教）。但是对俄罗斯旗人的东正教信仰，统治者却采取异乎寻常的宽容态度。在康熙二十四年（1685）来归雅克萨人中，有一教堂司祭马克西姆·列昂季耶夫（Максим Леонтьев）。康熙帝把胡家园胡同内一处关帝庙赐给他们作为临时教堂，授给列昂季耶夫七品官衔，由他主持教堂活动。教堂建立不久，即有到北京的俄罗斯商人前往拜谒，参加弥撒。他们记载说："新建教堂在中国北京城东右方的城墙角下。教堂附近为在中国的俄国人建立了一个居住区。该区同中国居民的庭院相连……该教堂由马克西姆神甫主持弥撒，但据说他因年老眼弱，已无力主持其事。"[①] 当时，中国人把俄罗斯人称为"罗刹"。在《乾隆京城全图》中，小教堂的格局清晰可见，下方注有"罗刹庙"三字[②]，也即俄罗斯庙的意思。列昂季耶夫曾从雅克萨城带来一幅圣尼古拉神像，所以，这座教堂又称尼古拉教堂（后称乌斯宾斯基教堂、索菲亚教堂、圣母安息教堂、俄罗斯"北馆"），是北京第一座东正教教堂[③]。

康熙二十八年（1689），中俄签订《尼布楚条约》，划定两国黑龙江流域的边界，由此掀开和平睦邻新篇章。康熙五十年（1711），胡佳科夫率领俄国商队来到北京，以列昂季耶夫年老为

[①] 《历史文献补编——十七世纪中俄关系档选译》，郝建恒等译，商务印书馆1989年版，第313—314页。

[②] "罗刹"一词的含义，历来聚讼纷纭，一说来自佛经中的梵文"Raksasa"，意思为"邪气、恶鬼"。中国人曾用这个词称呼17世纪侵入黑龙江流域的沙俄哥萨克；一说源于俄语"猎人"（ловцы）。见蔡鸿生《俄罗斯馆纪事》，中华书局2006年版，第29页注3。

[③] ［荷］伊兹勃兰特·伊台斯、［德］亚当·勃兰德：《俄国使团使华笔记（1692—1695）》，北京师范学院俄语翻译组译，商务印书馆1980年版，第224页注，引俄国人亚金甫《北京概况》（圣彼得堡，1828年，第62页）。

由，要求理藩院准许俄国另派教士来京接替，康熙帝同意了他的要求。四年后（1715），俄国派遣的第一个传教团到达北京。雍正五年（1727），中俄订立《恰克图条约》。条约规定，传教团每十年（后改五年）轮换一次，每次由大约六名神职人员和四名学习满、汉、蒙文的世俗人员组成。条约还规定，允许东正教会在北京建立新教堂。新教堂地址在北京城南东江米巷（后称东交民巷）玉桥河西，称"奉献节教堂"（后称俄罗斯南馆），传教团随即由胡家园胡同的北馆迁入南馆。南馆前身，建于明代会同馆。明会同馆有南北两馆，清初，南会同馆分置鞑子馆和高丽馆。康熙三十三年（1694）拨高丽馆为俄罗斯馆，供俄国商队来京临时住宿①。及南馆建成，这里成为东正教北京传教团的长驻之地。至此，俄国东正教终于实现了在中国政治中心建立一个长期稳定的传教据点的愿望。

从康熙五十四年（1715）至咸丰十年（1860），传教团先后派遣十四批。俄国政府派遣传教团到北京，主要有几个目的：一是维持北京俄罗斯人的东正教信仰；二是履行俄国政府的外交任务；三是培养留学生；四是开展对中国历史与现状研究；五是对来华俄罗斯商队提供必要帮助。在宗教事务方面，传教团归俄国东正教最高会议领导；在政治方面，则接受俄国外交部指示②。

为减少清廷疑忌，传教团采取了一些适合中国传统的宣传方式，他们把东正教称为"天主教"，把教堂对外称为"庙"（罗刹庙）；把天主称为"佛"（Fo）；把教士称为"喇嘛"（Lama）③。在

---

① 蔡鸿生：《俄罗斯馆纪事》，第17页。
② Ду Иоанн. Распространение Русской Православной Церкви в Тяньцзине и его окрестностях, в переводе Петровского Д. И. 1983.（杜远：《俄罗斯东正教在天津及周边地区的传播》，Д. И. 彼得罗夫斯基译）。
③ ［意大利］马国贤：《清廷十三年——马国贤在华回忆录》（Memoirs of Father Ripa, during Thirteen Years Residence at the Court of Peking in the Service of the Emperor of Chona），李国纲译，上海古籍出版社2004年版，第78—79页。乾隆三十三年（1768）九月初一日刻写尔伊墓碑（碑原在北京安定门外东正教公墓），把已故神甫写尔伊称作"天主教三喇嘛"，亦可为证。引自《北京图书馆藏历代石刻拓片汇编》第72册，中州古籍出版社1990年版，第189—190页。

他们的努力下，一些中国人开始皈依东正教，有满人也有汉人①。

不过，总体来看，传教团在中国人中传播福音的活动并不顺利。1723 年的一份俄国档案记载：在北京城内，最初接受俄国教士洗礼的只有几十人，大部分是给传教团挑水的水夫。他们表示皈依东正教，只是为了接受某些礼物或一个银质十字架，当赠品到手后，他们仍旧信仰中国传统宗教②。

多数俄罗斯人定居北京不久，也丧失了宗教热情，而一旦娶了中国妇女，这种变化更加明显。这些女人不仅教他们汉语和中国风俗习惯，还向他们灌输中国传统宗教。她们指着偶像教训自己的丈夫说："连皇帝本人也得尊敬它，向它磕头，何况全国人民都信它。你是一个在森林里长大的野人，难道你认为你比皇帝还要聪明？"③这样一来，俄罗斯人就不再与司祭来往，完全按照妻子的话行事。他们严格遵守中国的生活方式，模仿其风俗习惯，改奉其宗教（佛教道教），家中供奉偶像，向其顶礼膜拜。第一任教堂司祭马克西姆·列昂季耶夫的孙子扎哈尔，一生中甚至没有进过一次教堂。

这些人既不到教堂中领洗，也不去做忏悔，领圣餐。一位在俄罗斯佐领当过差的俄罗斯人，当有人把他叫作领过洗的人时，他感到是一种羞耻，并对那些人说：一个婴儿当然一点也不知道他的父母为他做过什么。我的父亲就是在我还在吃奶的时候给我领洗的，所以我不记得这件事。他们改以中国婚礼娶妻，临终前，也不再请东正教司祭做祷告。家人死后，按照中国风俗请和尚诵经安葬。某次，一位俄罗斯人为其兄弟举办中国式葬仪，受到教堂司祭干预。他理直气壮地告诉司祭："我们有自己的皇帝，我们是领取皇饷的，

---

① [俄] 尼古拉·阿多拉茨基：《东正教在华两百年史》，第 35、100、167、174—175，215、262 页。

② [法] 葛斯顿·加恩：《早期中俄关系史》（1689—1730），江载华译，商务印书馆 1965 年版，第 211 页。

③ [俄] 尼·伊·维谢洛夫斯基：《俄国驻北京传道团史料》（Веселовский Н. И. Материалы для истории российской духовной миссии в Пекине. СПб., 1905）第 1 册，杨诗浩等译，商务印书馆 1978 年版，第 28—29 页。

因此应当像靠皇上恩典生活的人一样行事。"① 长辈去世，晚辈照中国传统披麻戴孝。子孙为长辈守制，满汉习俗不同，汉人守制三年，满人则守制百日。在这方面，隶属满洲旗的俄罗斯人依从满俗。②

一直到19世纪中期，东正教在中国的境遇才出现明显转机。咸丰八年（1858）《天津条约》签订后，包括俄国东正教在内的各国教会获得在中国自由传教的特权。同治三年（1861），俄罗斯驻北京使团彻底一分为二，一个作为东正教团由南馆迁往北馆，一个则作为外交使团留驻南馆。此后，东正教团不再承担外交使命。很快，传教活动有了起色。据1886年（光绪十二年）教徒名册统计，北京东正教徒共有459人，其中俄国雅克萨人后裔149人，汉人310人。③ 为什么俄罗斯后裔重新皈依东正教？除了宗教感情外，很大程度上应是基于实际生活的需要。晚清以来，清朝国势日衰，各国教会因有西方列强做后盾，在中国的势力和影响迅速扩大。入教之人不仅可得到教会庇护，在就业、医疗以及子女就学等方面也有更多机会。在这一点上，北京俄罗斯人与中国其他教民的需求应是一样的。

光绪二十六年（1900）爆发的义和团之乱，一度打断了东正教的发展。俄罗斯北馆包括图书馆、学校、救济院均被义和团烧毁，附近的俄罗斯墓地也被毁坏④。数百名中国东正教徒，包括妇女和儿童，遭到野蛮杀戮，事后，找到并且能够识别的有222人。教会获得清廷赔款白银1.8万两，正式在中国建立主教区。随即将旧北馆附近民房、土地以及四爷府（履亲王府）的土地统统购买过来，

---

① [俄] 尼·伊·维谢洛夫斯基：《俄国驻北京传道团史料》第1册，第71—72页。
② 董诰等：《奏报审拟京城俄罗斯领催乌凌阿家失火一案事》，嘉庆十年七月初四日，中国第一历史档案馆藏：《录副奏折》，档号03—2191—002。
③ [俄] 阿·马·波兹德涅耶夫：《蒙古及蒙古人》（Позднеев А. М. Монголия и Монго-лы. СПб., 1898）卷2，刘汉明等译，内蒙古人民出版社1983年版，前言第18页。
④ 俄罗斯墓地位于安定门外今青年湖公园内的山坡上，建于18世纪初，面积不超过10亩，葬有约350人。义和团乱后，清政府拨款重修，1906年10月1日举行献祭仪式。墓地四周围以高墙，建有石头门楼和圣些拉肥木教堂。1962年，教堂举行了最后一次仪式。以后，教堂被改为仓库，1986年被拆毁。

形成东起东城墙,北至北城墙的北官厅,南到东羊管胡同,西到四爷府的西墙及针线胡同,方圆三百亩(三顷地)的一大片教会用地。教会用地墙外设立石碑为界,墙内建立一座"教众致命堂",把被义和团杀害的中国东正教徒222具遗骸收殓在六具石制棺材里,埋在该堂"圣所"地下[1]。

教会在京城陆续建起圣母安息大堂、圣主教伊诺肯提依堂、钟楼、图书馆、天文台、男女修道院、男女学堂、神品学堂。在安定门外建立俄国坟地(今青年湖一带)的"圣些拉肥木堂"和在西山昌化寺的小教堂(主教避暑时用)。开设了面粉厂(机器磨)、铁工厂、印刷厂、牛奶场、装订房、造纸作坊、织布厂、养蚕室、养蜂场、地毯作坊、菜地、果园以及小型发电所。在东单北大街新开路口购置一所公寓式三层楼房供出租用,开设天福号米面庄。这一时期,北京的东正教徒很快达到3000—3500人[2]。

俄国十月革命(1917)后,大批白俄涌入中国避难。东正教以北京为起点,迅速向全国各地扩张,中国东正教徒迅速增加。据说,到1918年,有近1万名中国人皈依了东正教。另有记载称,在1900—1909年,全国共计有将近3万东正教徒[3]。北京郊区西山、通县、房山,河北永平、古北口、遵化、涿县、张家口、保定、北戴河,天津,山东青岛、烟台、崂山,华东上海,华中汉口,广东石浦,东北沈阳、长春、哈尔滨、旅顺、大连、齐齐哈尔,内蒙古海拉尔、满洲里,新疆乌鲁木齐、伊宁等地,都设有东

---

[1] 关于该事件,详见〔俄〕克谢尼亚·凯宾《北京教众致命堂》,汉译本据《中国东正教》网下载,译者不详;〔俄〕迪奥尼西·波兹德尼耶夫(Dionisy Pozdnyaev):《东正教会在义和团事件中的殉道史》,汉译本据《中国东正教》网下载,陈爱洁译。

[2] 杜立福、罗荣禄《俄国东正教在北京的兴衰》、肖玉秋《俄国东正教驻北京传教团在华活动的历史评价》认为,1911年,中国东正教徒有1167人,1917年已达6310人。〔俄〕尼古拉·阿多拉茨基:《东正教在华两百年史》(Адоратский И. Н. Православная миссия в Китае за 200 лет ее существования: Опыт церковно-исторического исследования по архивным документам. Казань. 1887),阎国栋、肖玉秋译,广州人民出版社2007年版,附录第302—303页。

[3] 〔俄〕塔季扬娜·马纳科娃:《俄罗斯驻北京大使馆的红房子——在中国东正教的小岛》,第10页。

正教分会和教堂或传道所。各分会和教堂的主管神职人员,由北京俄国东正教总会派遣。同期,北京东正教会辖下有男女修道院各一,司祝(祭司)寓所一,庙堂五,礼拜堂(大小教堂)三十有二,包括俄罗斯后裔在内的中国洗礼信徒多达5587人[①]。这是东正教会在中国最鼎盛时期。

二　俄罗斯中国学的兴起

俄国的中国学(汉学、东方学)研究,是随着俄国传教团进驻北京而兴起的。而传教团的到来,则缘于俄罗斯人定居北京。不妨说,正是俄罗斯人定居北京,带动了俄国中国学的兴起。

俄国传教团既是宗教团体,也是外交、商务、文化机构。在每届来华传教士团中,除了神职人员,都包括来华学习的留学生。从康熙五十四年(1715)第一届东正教传教团来华,以迄咸丰十年(1860),传教团共有十四届150余人次来北京,其中包括世俗人员60余人次(学生、医生、画家、科学家)和神职人员80人次。以这些人员为基础,形成俄国中国学研究的基本队伍。

他们系统学习汉、满、蒙、藏等语,开展对中国历史与现状的研究。他们的研究领域广泛,涉及语言、文学、哲学、风俗、宗教、历史、哲学、地理、法律、教育、图书、医学、美术、天文、农业诸多方面。他们编纂多语种词典辞书课本,为俄罗斯中国学的奠基与发展,做出突出贡献。据中国国家清史编委会编译组《清代入华传教士文献收集与整理》课题组统计,俄国东正教驻北京使团成员用俄文出版的有关中国论著,有218种之多[②]。罗索欣(И. К. Россохин,1707—1761)、列昂季耶夫(А. Л. Леонтиев,1716—1786)、

[①] 吴廷燮主编:《北京市志稿·宗教志》,第8册,北京燕山出版社2003年版,第392页。

[②] 张西平:《俄国东正教驻北京使团已出版论著目录》,据《中华文史网·中国国家清史编纂委员会编译组海外清史研究资源数据库》。该目录系根据俄罗斯东正教驻华第1—18届使团成员名单、苏联和俄罗斯出版的有关中国书目编成。

比丘林（Н. Я. Бичурин，1777—1853）、科瓦列夫斯基（О. М. Ковалевский，1800—1878）、扎哈罗夫（И. И. Захаров，1814—1885）、巴拉第（О. Паладий，1817—1878）、瓦西里耶夫（В. П. Васильев，1818—1900），就是其中的佼佼者。

罗索欣，第二届传教团随团学员。1729年（雍正七年）到达北京，12年后回到俄罗斯，在彼得堡皇家科学院担任满汉语翻译与教学工作，直至去世。罗索欣熟通满、蒙、汉语，他出色的语言天赋引起清朝官员的注意，先后被聘为理藩院通译和俄罗斯文馆老师。为解决文馆教材问题，他与馆内一位满人合作，将斯莫特利茨基（约1578—1633）《俄语语法》译成满语，称作《俄罗斯翻译捷要全书》。这是中国人学习俄语的第一部教科书。在教授俄语过程中，他意识到确定俄汉译音规则的必要性，制订出第一个译音方案《俄汉语发音转写》。

罗索欣翻译的满汉文献很多，能够确认的译稿约有三十部，有编年体史书，地理类书，儒学类书。其中最有名的一部，是他与第三届传教团学员列昂季耶夫合译的清朝官修《八旗通志初集》（Обстоятельное описание происхождения и состояния Манджурского народа и войска, осми знаменах состоящего. т. 1 - 17, СПб., 1784，译称《满族与八旗军之起源与现状详述》），是研究八旗制度和满族史的一部重要典籍。罗索欣按照《八旗通志初集》中的八志（旗分、土田、营建、兵制、职官、学校、典礼、艺文）和八表（封爵、世职、八旗大臣、宗人府、内阁大臣、部院大臣、直省大臣、选举），将俄译本分成16卷。他生前只译成一、二、三、六、七卷，其余各卷由列昂季耶夫译出。列昂季耶夫整理增补的第17卷即注释卷，具有很高学术价值，其中大部分内容出自罗索欣笔下。

罗索欣译有满洲人图理琛的著名旅行记《异域录》，俄译本名为《1714年前往伏尔加河地区晋见卡尔梅克阿玉奇中国使团旅俄记》(1764)。康熙五十一年（1712），内阁侍读图理琛奉命随团出使游牧于伏尔加河流域的蒙古土尔扈特部，五十四年（1715）返抵北京。《异域录》于雍正元年（1723）刊行，分上下两卷，上卷述出使缘由，及沿途所经漠北蒙古、俄罗斯之山川、地理、城镇、民族、风土、人情，下卷述在土尔扈特部之见闻。为中国第一部实地考察蒙古、俄罗斯地理历史的专著，弥足珍贵。《异域录》有汉文满文两种版本。其满文本词句优美，是考察清前期满文发展的珍贵资料，内容也较汉文本完整准确。近代以来，《异域录》颇引起西方学者瞩目，先后有法、德、俄、英等文译本问世。其中，法、英、德译本均出自汉文本，两个俄文译本（分别由罗索欣和列昂季耶夫翻译）则由满文本译出，因此具有较高学术价值①。

罗索欣在彼得堡科学院开办了一所满汉语学校。他选用中国教材，将《三字经》和《千字文》译成俄文。后来，他的学生沃尔科夫翻译了"四书"，是为俄国人翻译中国儒学典籍的最初尝试。

罗索欣是18世纪来华留学生中第一个学有所成者。他是最早从事中国典籍译介和满汉语教学的俄国人，由此掀开俄国汉学史的第一页，因此被誉为俄国汉学第一人。

列昂季耶夫，1743年作为第三届驻北京传教团学员来京学习。由于他在满汉语言翻译方面表现出色，很快被清政府理藩院认定为接替罗索欣的合适人选，担任满语通译和俄罗斯文馆教师。1755年离京回国，受命协助罗索欣翻译《八旗通志初集》，并编辑第17卷——注释卷。1784年《八旗通志初集》出版，代表了18世纪俄国对华研究的最高水平。

在俄国对中国的研究过程中，列昂季耶夫发挥了比罗索欣更加明显的作用。他先后发表译作二十余种，占18世纪俄国发表有关中国作品的五分之一。他的译作内容广泛，涉及中国历史、地理、刑法、伦理、哲学、民族、行政制度、文化艺术、国家关系，如《大清会典》《大清律例》《中国思想》《中国宗教》《中国戏剧》《中国象棋法》《中国书〈易经〉中的阴阳》《四书解义译注》

---

① 后续研究有，[日]今西春秋訳注、羽田明编译：《異域錄——清朝使節のロシア旅行報告》，平凡社，1985年；庄吉发：《满汉异域录校注》，文史哲出版社1983年版。

《三字经名贤集合刊本》《圣谕广训》《名臣奏议》《中国宫殿》《雍正帝传子遗诏》《中国历史纪年表》《雍正朱批谕旨》《俄中尼布楚谈判的前前后后》等。《中国思想》是一部译文集,首次出版于1772年,收录了历代皇帝和大臣治国论道的谕旨和奏章,因内容丰富,引起其他欧洲国家的关注,出版有德文和法文译本。儒家经典《大学》《中庸》的俄译本亦出自其手。

列昂季耶夫的译作,不仅在俄国思想界产生了影响,同时也为中国文化的传播以及俄国汉学的建立和发展做出了重要贡献,因此他被视为18世纪俄罗斯最重要的汉学家之一。

比丘林,俄国东正教驻北京第九届传教团领班,大司祭。1808—1821年在北京居留14年,他掌握拉丁语、法语,又学习汉、满、蒙、藏语。其汉学研究从19世纪初开始,持续了半个世纪。编纂有多部双语和多语辞典、汉语语法书;把儒家经典"四书"译成俄文。他在中国边疆民族史地研究中,广泛使用汉文文献,编译大量典籍文献,撰有《蒙古志》《西藏志》《西藏青海史》《突厥与准噶尔志》《中亚各民族志》,以及与中国沿边地区有关的十余种论著。给他带来盛誉的还有第一部《俄汉字典》《东亚与中亚历史地理资料汇编》《中华帝国综述》。所以,他当之无愧地被誉为19世纪俄罗斯中国学家(东方学家)的巨擘。[1]

比丘林重视实地考察。经常易华服,对北京进行深入考察,撰有《北京志》(Описание Пекина),记载了城墙高度和宽度(墙高33.5英尺,顶部宽50英尺,墙基宽62英尺),城门数及城门间距。当时北京有十六条主要街道,三百八十四条胡同,三百七十座桥梁,七百座庙宇。他详细描述民俗、节日、饮食、服装以及市民生活。他所绘北京城墙图,准确程度令后人叹服。比丘林对自己的成就颇为自诩。他的墓碑镌有俄汉两种文字。俄文是亡者姓名和生卒年代:"雅金夫·比丘林,1777年生,1853年亡";汉文是八个

---

[1] Ду Иоанн, Распространение Русской Православной Церкви в Тяньцзине и его окрестностях, в переводе Петровского Д. И. 1983.(杜远:《俄罗斯东正教在天津及周边地区的传播》,Д. И. 彼得罗夫斯基译)。

工整楷书:"无时勤劳垂光史册"。

瓦西里耶夫,东正教第十二届传教团成员。1840年来华,1850年返国。在北京生活10年之久。其间,深入研究梵、藏、汉、满、蒙等文字,广泛涉猎佛教典籍。回国后任喀山大学汉语满语教研室教授、圣彼得堡大学东方系教授。他是俄罗斯佛教研究的泰斗,著述颇多,留下大量手稿。他是俄国第一个中国文学史专家,著有《中国文学史纲要》,首次向俄国人评介了中国古代诸子百家,重点介绍儒家学说。还评论了中国文学,包括诗文、戏曲和小说。

他在汉语研究方面取得瞩目成就,代表作《中国象形文字分析》和《汉字的字形系统》。他对俄国汉语教学的重大贡献在于,率先进行了系统的汉语教学,编写了《汉语学习导论》《汉语文选》。他对东方语言的深刻理解,为在研究中使用比较语言学方法提供了条件。在《汉语与中亚各语言之关系》一文中,他将满语、蒙古语、鞑靼语及其他语言同汉语进行对比,指出相互的影响和词汇的相互渗透与补充。他编写了两部重要的满语教材《初级满语文选》与《满俄词典》(1866)。

他研究中国历史地理亦取得很高成就。《大清初期对蒙古人的安抚》(译自魏源《圣武记》)、《军机大臣马思哈出巡北部边疆日记》《满洲志》《宁古塔纪略》构成了他清朝史研究和翻译著作的系列。他认为,地理与历史是不可分割的两个学科,在考察地理现象时,必须要探究历史,反之,在论述历史问题时,必须兼顾地理。他的博士论文《元明两朝关于满族人的资料》,是研究满族早期历史的专著,也含有丰富的地理资料。由于成就突出,1886年被选为俄罗斯科学院院士。

第十二届传教团成员扎哈罗夫在学术上也有突出成就。1840—1850年,他在北京生活。著有《满俄大词典》(Полный маньчжурско-китайский словарь,1875)和《满语语法》(Грамматика маньчжурского языка,1879)。他不仅是著名的满语学者,对中国史研究也颇有造诣,两篇著名论文为:《中国人口历史概述》和《中国的土地所有制》。这两篇综贯今古视野宏大的论文,后被译成德文和英文。

巴拉第,原名卡法罗夫(П. И. Каваров),自愿参加第十二届传教团为助祭,1840年到北京,以后出任第十三届、第十五届传教团传教团领班(修士大司祭)。先后三次来华,在北京居住30年。他的中国学研究成就斐然:宗教方面,从汉、蒙、藏文献中翻译大量佛教经典,撰有《佛陀传》《古代佛教史纲》;对伊斯兰教文献有专门研究,撰有《中国的穆斯林》;中国边疆史地方面,侧重元朝蒙古史,据明《永乐大典》中辑出《元朝秘史》(《蒙古秘史》)汉文本译为俄文,又译《皇元圣武亲征录》(部分)、《长春真人西游记》。所译诸书撰有大量注释,奠定了俄国研究蒙古史的基础。他致力于编写汉俄大辞典,生前未完,手稿留北京,后由波波夫完成,1888年由北京同文馆出版,题称《汉俄合璧韵编》。是俄国在中国境内印刷的第一部大型汉俄辞典,在国际汉学界享有盛誉。

他担任第十五届传教士团领班期间,主持编写《俄国驻北京布道团人员论著集刊》,全书4卷28篇论文,是俄罗斯学者中国学研究成果的集大成者[①]。该书内容包括,戈尔斯基(В. В. Горский)的论文《满洲王朝的崛起与最初的事业》《论当今统治中国的清王朝始祖与满洲一名的起源》,是研究满族早期历史的名篇。该书还收有戈什克维奇(И. Гошкевич)的《中国人制造墨、香粉和胭脂的方法》《中国的算盘》《关于中国山药的培植》《"御稻米"或称"香稻米"》;塔塔林诺夫的(А. Татаринов)《中国医学》《试评中国手术中应用的止痛水和水疗法》;古里亚(О. Гурий)的《中国佛教徒的戒律及传戒仪式》;伊拉里翁(О. Иларион)的《中国与西藏交往史概述》;赫拉波维茨基(М. Храповицкий)的《明朝灭亡时期北京大事记》;茨韦特科夫(П. Цветков)的《中国人关于

[①] 曹天生:《前言》,载曹天生主编、张琨等译《19世纪中叶俄罗斯驻北京布道团人员关于中国问题的论著》,中华书局2004年版。

长崎的笔记》《七世纪的景教碑》，内容涉及历史、宗教、文化、农业、医学等多个领域，反映了19世纪中叶俄国东方学研究的最高水平。

如上所述，北京传教团成员留下的丰富著述略见一斑，足见其在中俄文化交流中扮演的重要角色。正是由于他们薪火相传的努力，使俄国的中国学研究走在世界前沿。

传教团成员不仅把中国文化传入俄罗斯，而且还辗转影响当时的欧洲。他们的一些著作被译成英、法、德等文字，在更大范围内得到传播。马克思在其巨著《资本论》第1卷论述"货币或商品"时，提到一位中国人——王茂荫（1798—1865）。王茂荫，咸丰初年任户部右侍郎，因奏请发行可兑换钞币受到皇帝申斥。他的主张却受到远在天边的马克思的重视。马克思对王茂荫的了解，来自卡尔·阿伯尔博士和F.阿·梅克伦堡的德文译作《帝国驻北京公使馆关于中国的著述》（1858年柏林版），而后者所依据的，则是巴拉第主编《俄国驻北京布道团人员论著集刊》中叶夫拉姆皮（Е. Евлампий）所写《内阁关于纸币的奏折》一文①。

三　促进两国的文化交流

传教团驻京近二百年间，中俄两国的政治、经济、文化等方面关系均获得长足发展，具体就文化而言，除了宗教、学术的影响，在教育、图书、医疗、绘画等方面均有交流。

为了发展对俄关系，康熙三十三年（1694），清政府立俄罗斯馆于京城中玉河桥西，接待俄罗斯来使和商队。俄罗斯馆隶理藩院。雍正五年（1727）《恰克图条约》签订后，准俄罗斯学生在馆居住，由国子监选满汉助教各一人，组成俄罗斯学，教习满汉文。在1864年（同治三年）以前，前后有四十八名留学生在华学习。

---

① 曹天生：《前言》，载曹天生主编、张琨等译《19世纪中叶俄罗斯驻北京布道团人员关于中国问题的论著》，第1—3页。

他们回国后，大多从事与中国有关的研究和教学。①

在以后年代里，俄国的中国学研究，经历了由域外到本土的发展历程，同时逐步建立起专门的学术研究机构。1831年，比丘林在恰克图开办第一所汉语学校，喀山大学成立汉语教研室；1855年，彼得堡大学成立东方学系；1898年，海参崴成立东方学院。到19世纪末20世纪初，俄国中国学研究人才的培养，已逐渐由北京传教团转移到国内大学和科学院，研究机构也完成了由域外向本土的转移。②

清政府为造就俄语人才，于乾隆二十二年（1757）创办内阁俄罗斯文馆。选八旗官学生专习俄罗斯文字，聘请俄罗斯佐领下和传教团习满文人员协同教授。传教团先后有六名神甫和三名学生受理藩院之聘，到馆任教，教授俄语。何秋涛《朔方备乘》卷13中"俄罗斯学考"记其学生来源和创设宗旨：内阁衙门别设八旗学生专习俄罗斯文字，以备翻译，亦谓之俄罗斯学。入学名额二十四人，学制五年。至嘉庆八年（1803）还订出一套考核任用制度。

清政府虽兴办俄罗斯学，但一直不重视俄语教师的培养和教材编纂，因此该馆教学成效不佳。道光四年（1824），大学士托律奏称："俄罗斯学官生，诵习俄罗斯文字，乾隆二十九年以前，有在京学习满文之俄罗斯协同教授，迨后仅用本学人员。迄今日久，俄罗斯来文颇有支离，承翻事件无从考查。请仍于驻京学习满文俄罗斯内，挑取一名，协同教授，以资校正。"③说明在校学生根本无法胜任翻译工作，只好依靠在京学习的俄罗斯学生。后来的情况变得更糟，1862年发现全馆只有一名助教稍通俄语，学生日常作业与五年一考的试卷内容完全一样，评阅试卷的标准竟然是满文书写

---

① 曹天生：《前言》，载曹天生主编、张琨等译《19世纪中叶俄罗斯驻北京布道团人员关于中国问题的论著》，第298页。

② 黄定天、彭传勇：《论俄（苏）的中国东北史研究》，《史学集刊》2007年第3期。

③ 《清宣宗实录》卷74，第20页。

得工整与否，学生的俄语程度则不加过问。俄罗斯学开办一百年之久，至咸丰十年（1860）《中俄北京条约》签订，根据总理各国事务衙门之请，结束了单一语种教学，开始增设其他外国语，两年后并入新创立的外国语文学校——京师同文馆。

从第十届开始，传教团开始设置随团医生。第一位随团医生沃伊采霍夫斯基（О. П. Войцеховский），因治愈礼亲王弟弟而知名。第十一届随团医生有四人，波尔菲里·基里洛夫（П. Е. Кирилов）的医术最高。他在华多年，治愈满洲贵族多人。① 随团医生多是莫斯科医学院毕业生，医术精湛，能讲汉语，因此在京城享有盛名。

从第十一届开始，传教团开始有随团画师来华。他们通过写生和素描记录中国的风土人情。他们为达官显贵作画，很得后者的尊崇。首位来华的画家列加舍夫（А. M. Легашев）曾为贝勒奕绘作画，奕绘《明善堂文集·流水编》卷4《自题写真寄容斋且约他日同画》一诗，赞其画技精湛和交谊之深笃。其一云："北极寒洋俄罗斯，教风颇近泰西规；十年番代新游学，百年重来好画师。图我衣冠正颜色，假君毫素见威仪；神巫何术窥壶子，地壤天文各一时"；其二云："忆昔与君同咏邀，虚亭共坐石床高；何时贱子侍末座，重倩此公挥健毫。听水看云同入定，据梧挟策各分劳；且令后世传佳话，殊胜登台享太牢。"②

传教团和留学生还在沙俄政府资助下，通过购买、抄写或接受私人馈赠，在中国搜集大量文献。第一批收藏约于1796年至1808年间收集。按照沙皇的旨意，每年拨给传教团500银卢布，专门用于购置书籍。这些书籍包括中国学、地理学、医学等内容，约1万卷，其中许多是珍贵的善本，有一些在中国已经失传。这使俄罗斯成为当时藏有满汉文典籍最丰富的国家之一。在19世纪，一部分收藏被运往伊尔库茨克。可惜的是，留在北京传教团图书馆的部分

---

① 蔡鸿生：《俄罗斯馆纪事》，第106页。
② 张璋编校：《顾太清奕绘诗词合集》，上海古籍出版社1998年版，第496页。

珍贵典籍、稿本在义和团之乱中毁于一旦①。比丘林在北京期间收集了大量文献资料，回国时所带文献材料重达一万四千磅，其中汉、满文书籍有十二箱，超过前八届传教团带回之总和。第十一届学员库尔良得佐夫带回红楼梦抄本《脂评石头记》，为中国国内所无之珍本。第十二届传教团成员瓦西里耶夫收藏中国古籍善本最多，是著名藏书家。

道光二十五年（1845），在传教团成员瓦西里耶夫、戈尔斯基等人直接参与下，中俄两国政府进行过一次大型互赠图书活动。清廷应沙皇尼古拉一世之请，将雍和宫的藏传佛教经典《丹珠尔》《甘珠尔》八百余册，赠送俄国。以后，俄国回赠清政府图书三百五十七种，八百余册，由第十二届传教团带致北京②。这些书多是新版的文化、科学、地理名著，如法国柯士所著《贴斐叶楞齐数书》，后译《微集分》，是当时彼得堡大学的教材；《眼科》一书，是当时最新的西方眼科医学书籍，对多种眼病的症状和治疗方案有详细阐述；《医法新编》后改译《医术新编》，是西方最新的医学著作；《天下东西地理图》包括彩色世界总图、俄罗斯地图以及一些专业地图。

但是，清政府却不知如何安置这批珍贵图书，最后决定存放在理藩院。从此束之高阁，少人问津。以后几次搬迁，陆续损毁，同治八年（1869）转移到总理衙门时，只剩六百八十二册。同文馆设立后，洋文总教习美国人丁韪良同馆内俄文馆教习班铎率领学生对剩下的图书进行编目。光绪二十六年（1900），八国联军攻入北京城，总理衙门遭到冲击，这批书散落殆尽。中华民国建立后，检点书籍只剩八十多册。这样，中国人又一次失去了了解、学习俄罗斯和西方的宝贵机会。③

---

① Манакова Т. Б. Красная Фанза Российского посольства в Пекине: островок православия в Китае. Издание Православного Братства Святых Апостолов Петра и Павла в Гонконге. Пекин., 2007. С. 10.
② 蔡鸿生：《俄罗斯馆纪事》，第42—45页。
③ 《百年前中俄互赠图书，科学书籍被清朝束之高阁》，《环球时报》2007年4月2日。

总起来看，中俄双方以传教团为中介展开的文化交流影响深远。俄国传教团成员留下的大批学术著作，保留着关于清代中国的丰富信息，值得中国学者高度重视与研究。但显而易见的一个情况是，中俄间的文化交流，无论从范围、规模、水准、还是成效来看，都极不相称。俄国政府基于政治、经济、外交等方面的考虑，极重视通过传教团获取有关中国的信息，并致力于培养这方面人才，开展这方面研究。正是通过这种交往，俄国涌现了一批杰出的中国学家，他们在推动俄国中国学研究发展的同时，也为19世纪后半期沙俄对华侵略扩张提供了有效信息。与此同时，在传统"华夷观"支配下的清朝政府，则沉溺于"中央帝国"的虚骄，长期缺乏了解外部世界的动力，疏于了解俄国国情，懵然无知，除了何秋涛通过与俄人交往，撰作《朔方备乘》一书，中国的对俄研究简直乏善可陈。这种状况所导致的消极影响，不言而喻。

结语

俄罗斯人长期定居北京，给中俄交流与关系发展带来深远影响。简言之，正是因为他们的存在，奠定了中国俄国交流的枢纽和平台。但他们的自身命运并未因此改观。不仅如此，进入近代以来，随着清朝国势日衰，他们的处境也每况愈下。

1949年中华人民共和国成立。1950年杜荣臣（Ду Жунь Чэнь，杜比宁姓后人）经莫斯科东正教总会任命，成为上海教区大主教，也是第一位中国人主教。1957年，北京的姚富安（Яо Фу Ань，雅可夫列夫姓后人）同样经莫斯科东正教总会任命，成为第二位中国人主教，管理北京教区。自此，结束了俄罗斯人控制中国东正教的历史[①]。

1955年，东正教教会中止在中国的活动。北馆连同建筑和财产转为苏联国家财产。很快，这里建起大型现代建筑，成为苏联驻

---

① Ду Иоанн. Распространение Русской Православной Церкви в Тяньцзине и его окрестностях, в переводе Петровского Д. И. 1983. （杜远：《俄罗斯东正教在天津及周边地区的传播》，Д. И. 彼得罗夫斯基译）。

第二编 八旗制度与社会

中国大使馆（现为俄联邦大使馆）。南馆则移交中国政府。但阿尔巴津人后裔（至少是其中一部分老人）对东正教的信仰并没有泯灭，活动地点就在苏联大使馆内的教堂。1966—1976年，东正教亦如其他宗教，遭受灭顶之灾。2000年8月，俄罗斯东正教大主教把义和团之乱中殉难的222名北京东正教徒封为"圣徒"（叫作封圣）。在各处东正教堂悬挂有他们的画像，包括妇女儿童，一律清代发式、袍服的打扮①（图1、2）。

图1 《中华殉道圣徒圣像》之一

近年来，阿尔巴津人后裔中的东正教信仰似乎有所复兴，这一趋势得到俄罗斯政府的支持和鼓励。前些年在俄罗斯学习东正教的

---

① 圣像中第一排穿祭衣老者为圣弥托罗梵神父，旁边戴白色头巾的妇人是他妻子圣塔蒂亚，她所扶男孩是他们的幼子圣约安，再旁边穿青色衣服的青年女子是神父儿媳妇圣玛利亚。第二排中穿清朝士兵服装的男子，为神父长子伊萨。

图2 《中华殉道圣徒圣像》之二

中国学生中，至少有几位是阿尔巴津人后代①。一些阿尔巴津人后裔，抱着对宗教的执著和对"母国"的留恋，前往俄罗斯"寻根"。2004年（即雅克萨战役三百二十年后）6月，阿尔巴津人后

---

① 数年前，我在关纪新先生家采访过其中的一位。据这位彭姓青年讲：在俄罗斯学习东正教的年轻人因种种原因都未能完成学业。他是坚持时间最长的一位，在教会中学会了希腊语、拉丁文，神父把他当作自己人，对他很好，但要求异常严格，过着真正"苦行僧"式的生活，食物单一（主要是黑面包），空闲时还要给修道院修女们劈柴。尽管不少俄国人视他为"自己人"，但他自认是堂堂正正的中国人。两年后因家中长辈生病，乃弃学回国，现在经商。

357

裔一行十六人，组成寻根团，经由中国黑龙江省黑河对岸的俄罗斯阿穆尔州首府布拉戈维申斯克，前往北部阿尔巴津村（雅克萨遗址），探访远祖生活战斗的地方。他们随身带有一幅祖先传下来的圣像。他们的寻根问祖活动，把中俄边界的历史恩怨，化为两国人民交往的一段情愫。

迄今为止，东正教会在中国的境况不佳。首先，没有神职人员负责教会，信徒们只能进行最基本的宗教活动；其次，东正教只是在官方默许下进行活动。2005年5月，北京阿尔巴津人后裔借用一座天主教堂，举行了首次东正教活动。据莫斯科东正教会对外关系事务部提供的资料，目前，中国大陆境内共有大约13000名东正教徒。其中400多名教友生活在北京。

几十年来，随着北京城市建设的迅疾发展，东正教教堂先后被拆除。目前，在俄罗斯大使馆院内，还保留着前高级神甫的住房、前图书馆（现在是领事处）和某些建筑，但它们的外观已大大改变。在使馆院内池塘边的露台上，兀立着一个三足香炉，康熙年间铸造。应是与俄罗斯人历史有关的最古老的遗物。位于北京安定门外青年湖内东北角的圣母堂保留的时间稍长。1987年也因城市建设被拆除。在此以前，俄国墓地早被夷为平地。尽管北京俄罗斯人的历史遗迹已无从寻觅，但他们在中俄关系史中所起的重要作用将不可磨灭。

附录：俄罗斯大使馆内历史遗迹的考察（2012年10月4日）

由于研究清史和八旗史的关系，俄罗斯旗人的历史命运曾引起笔者关切。2004年8月30日，笔者与日本东北学院大学细谷良夫教授专门对俄罗斯旗人在北京的历史遗迹进行了初步考察。考察对象包括北京城东北角俄罗斯大使馆（原俄罗斯北馆）、南馆公园、安定门外的青年湖公园（原俄罗斯坟地）。俄罗斯大使馆（苏联大使馆），就是原俄罗斯佐领所在地，占地16万平方米，据称是世界上面积最大的使馆①。但那次考察，我们无缘进入大使馆内部，不能不留下很大遗憾。事隔八年，2012年10月4日，经张建博士联系，终于得以进入俄罗斯大使馆，一睹相关史迹，从而了结了一个夙愿。

10月4日上午8时45分，我与张建在东直门地铁站出口处会合，步行前往俄罗斯大使馆。9时20分，在使馆正门（南门）外稍等片刻，有张建的朋友、使馆商务处官员谢尔盖博士开车来接，载着我们由正门驶入，省去办理手续的诸多麻烦。车子进大门后先向右拐，再左拐，就来到使馆主楼东侧商务处停车场。略事寒暄后，谢尔盖问我们想看什么，得知想看历史遗迹后便带着我们绕过使馆主楼，开始了短暂的考察之旅。

主楼后面是一个郁郁葱葱大花园。花园里绿树成荫，有槐树还有杨树；阳光透过树荫洒落在绿色的草坪，显得生机盎然，这里那里还点缀着花坛、喷泉、西式观景亭。四周空寂无人，只有树叶间的小鸟唧唧啾啾。真想不到，在使馆高墙背后，居然有这么一处"世外桃源"。我们沿着步道由东向西行，首先映入眼帘的，是道边横放的一对上马石，上马石造型粗陋，中间还放着一个青石柱础，鼓镜（柱础凸出于地面的部分）平面呈圆形，上刻莲花瓣，线条圆润。无文字，来源和年代不明，或为清代遗物。

行至花园中部，健身场东侧，在几棵槐树阴影遮蔽下，有一红砖铺地小空场，即著名的"教众致命堂"原址。空场西侧，坐西向东，矗立着一尊白色玉石雕刻的"纪念十字架"（Поклонный Крест）。十字架建于2007年4月3日，上端中央，浮雕东正教特有的十字造型，即在十字横杠上下，各加一长度较小的横杠，其中，底下的横杠左面向上倾斜。十字架上附有耶稣受难像。最长的横杠上下左右各镌两个缩写字母，含义不详。在十字架两侧，各置一方形碑石。左侧碑石上镌汉文："荣耀的殉道者在东方舍生取义，如旭日

---

① 关于该次考察情况，笔者曾撰为《补记：俄罗斯人的新情况》（2006年10月12日），收入拙著《清代北京旗人社会》第五章第四节"俄罗斯旗人"之末，可以参考。

第二编 八旗制度与社会

东升,光照寰宇。他们的肉躯虽然安眠于黄土,灵魂却憩息于永光之中。"右侧碑石镌旧俄文,应系旧碑文复制品。十字架右手,一个砖砌的靠座前还斜倚着一通俄式白玉石纪念碑,碑呈东正教教堂穹顶造型,碑上部浮雕教众致命堂轮廓,下部镌俄文碑铭。兹将碑铭移译如次:

17世纪末,在此地,哥萨克—阿尔巴津人建立了在中国的第一座东正教教堂。尔后在此地盖起圣尼果来耶夫斯基教堂。教堂于1900年义和团起义期间被毁,俄罗斯教团领地亦被其占领。在起义过程中殉难的222名中国东正教圣徒被葬入了一座集体公墓。1903年至1904年,在墓地之上修建了教众致命堂[1904年6月10日(俄历23日)举行圣礼]。1938年,罗曼诺夫家庭成员——1918年阿拉帕耶夫斯克事件中的受害者、亲王谢尔盖·米哈伊洛维奇、皇族公爵伊沃安·康斯坦丁诺维奇、康斯坦丁·康斯坦丁诺维奇、伊果尔·康斯坦丁诺维奇和管理宫廷大臣费多罗·米哈伊洛维奇·列篾兹改葬此教堂。他们从俄罗斯迁至北京逗留,从1920年起陆续葬入城中东正教墓地。教堂中还有第十八届、十九届教团首脑米特罗波立特·英诺肯提依(费古洛夫斯基)(1931),阿尔西耶宾思阔普·西蒙(维诺葛拉多夫)(1933)的长眠地。在教堂边葬有中东铁路(КВЖД)管理者、将军德米特里·列昂尼多维奇·霍尔瓦特(1937)。永远怀念他们。

据此看来,此处即俄罗斯人在华第一座东正教教堂——尼古拉教堂(圣尼果来耶夫斯基教堂)遗址,也即康熙帝赐予雅克萨人的关帝庙原址。据俄方记载,上述纪念碑建于2005年1月24日,用以纪念义和团之乱中死难的222名中国东正教徒。他们的遗体,曾被抛入传教团领地的一口古井,后集体安葬在此教堂祭坛下的地穴。碑文中提到的"1918年阿拉帕耶夫斯克事件",系指1918年红军在远东乌拉尔阿拉帕耶夫斯克屠杀沙皇一家老小的惨案,亲王谢尔盖·米哈伊洛维奇等皇室贵族，在该次事件中侥幸逃脱，后经哈尔滨辗转来京，死后葬在安定门外俄罗斯墓地，后改葬此地。葬入此地的还有东正教大主教、中东铁路长官等历史人物。不分国籍，不分身份，他们的人生足迹无论长短，最后都凝结在这块碑石的字里行间。为了给凭吊者留下直观印象，使馆还在空场西边一侧砖地上，专门铺设了一排呈"L"形的钢化玻璃。玻璃下面保存着教堂砖石等遗物（图3）。

图3 教众致命堂遗址

继续前行，在游戏场旁边，矗立着一个典型中国亭子。六角攒尖顶，顶端立圆形宝顶，显得沉稳大方。从宝顶向下辐射出六条垂脊，每条脊端立有五种神兽（望兽）：仙人、龙、凤、狮子……宝顶及琉璃板瓦、筒瓦、琉璃勾头、琉璃滴水均为黄色。亭檐用六根红柱支撑。亭子建筑年代不详，整体结构与外观也算中规中矩，但精美不足，似为仿清代皇家建筑。

不远处草坪上平放着一扇长方形青石板，中心部位被凿开一个半圆形洞，笔者推测石板原来应有两扇，两扇合并构成井台，两个半圆形的洞拼合在一起就是井口。但另一扇石板已不知所踪。据文献记载，大使馆内原先确有一口古井，内部人员曾以此井水维生。半圆形洞口边还凿有一铜钱形带把手的洞孔，疑为拴马之用（图4）。花园中还看到一个做工精巧的石质花几。平面呈圆形，内部凿

图4　古井台石板

空。花几高约1米，顶部平台较宽，颈部内缩，腰部呈鼓形向外延伸，表面刻云纹。腰部以下四足粗壮，内敛，底部各雕一狮子仰头

向上。无论从哪个角度观察,花几都极尽线条屈曲之美。石墩上方置一鼓形花坛,似由门墩改造。绿叶衬红花,焕发着生气。

花园西侧,矗立着另一座"纪念十字架",建于1997年4月19日,用于纪念俄罗斯传教团、中国的东正教徒、俄国的中国学家。十字架高约一米五,带有东正教特殊标记☰。十字架脚下嵌着一个铜牌,上镌俄文,汉译:"为了纪念和回忆长眠和安葬于此的同胞们(в честь и память соотечественников, в стране сей почивших и погревенных)。"(图5)

图5 纪念十字架

继续前行,来到大使馆院墙最西端,参观著名的"红房子"。

"红房子"其实是一栋典型清代大殿。其名称,盖缘于大殿四周的红色廊柱。红房子正门(南门)前,摆放着一尊铸铁香炉。三足鼎立,粗壮沉稳,肩部两侧向上各伸出一长方形立耳。炉敞口直颈,上镌:"大清康熙拾玖年岁次庚申叁月望日造"。腹部圆鼓,平行两行字,镌"信士"三十八人题名(其中一人有姓无名)。在题名后面,竖行镌:"發心弟子劉允晉延工誠造謹獻"。炉旁立一俄文铜质铭牌,称香炉(чаша,樽)。康熙十九年为1680年,时在康熙帝赠予俄罗斯旗人关帝庙之前,此炉是否关帝庙旧物或其他寺庙遗物,已无从查考。但不管怎么说,其为使馆内历史最久远的清代遗物,应无疑义(图6)。

图6 康熙十九年古鼎

"红房子"起始年代不详。按俄文文献记载,初为清朝王府建筑,20世纪初由大主教圣伊尔库茨克·英诺肯提依改造为住宅式教堂和高级神父住宅。关于王府土地落入教团领地背景,有两说:

一说义和团为乱期间，大主教英诺肯提依一度避难于与传教团临近的雍和宫。八国联军进城后，一队德国兵到雍和宫试图抢劫，英诺肯提依把他们挡在门外并声称，自己住在庙内，不允许他们放抢，雍和宫得以保全。事后，清廷出于感谢，将履王府土地赐予他。又一说，1901年秋，传教团用位于南城的房产、店铺等换取了毗邻北馆的履王府土地和房产。为此，王府还得到五千两白银，以及在南城和顺义县的土地[①]。履亲王允祹，康熙帝第十二子，初封贝子，雍正八年封履郡王，乾隆十三年进封履亲王。死后以高宗第四子永珹为嗣，此即"四爷府"之由来。履王府子孙依次降袭，至镇国公而止。比照清代不同时期北京城图，履王府原在北馆西邻。1900年后的城图则显示，履王府原址已划入扩大的传教团领地。崇彝《道咸以来朝野杂记》："闻当年履亲王府之园亦甚美，以地处东北隅，荒废已久，后遭回乱，一切皆毁，久付之荒烟蔓草中，其地在东直门内羊馆胡同东口外，邻于俄罗斯教堂。"说明履王府经过一场大火，府邸基本残毁，这应是转手俄罗斯教团的一个重要原因。而"红房子"作为履王府的残余建筑，应该也是在这一时期转入传教团之手。1901年，红房子被分为平行两个部分。右边部分作为主教住宅，左边部分成为圣英诺肯提依教堂（图7）。

几十年来，随着北京城市建设的迅疾发展，东正教教堂先后被拆除，俄国墓地也被平毁。20世纪50年代中期，在无神论的驱使下，苏联大使馆内的东正教建筑也受到不同程度破坏。如前面提及的教众致命堂，1954年被关闭，改为苏联使团驻地。1957年，根据苏联驻华大使尤金（П. Ф. Юдин）指令，该教堂被彻底拆毁。位于"红房子"的圣母安息堂则被改为大使车库，圣伊诺肯提依堂也被撤除。使馆南门钟楼则毁于1956年。同年，红房子重新进行大修，主教住宅和教堂被改为使馆接待处和礼堂。几十年来，红房

---

① Манакова Т. Б. Красная Фанза Российского посольства в Пекине: островок православия в Китае. Издание Православного Братства Святых Апостолов Петра и Павла в Гонконге. Пекин. , 2007. С. 12.

365

图 7　大使馆内唯一清代王府古建

子又经过多次重修①。如今，它是使馆内仍基本保持原貌的唯一清代建筑。

红房子的外观为悬山式两面坡顶，上面敷设绿色琉璃瓦，外檐下有多层斗拱，以蓝绿相间为底色，勾以闪亮金边，展示着大殿的华丽堂皇。雀替、额枋、藻头均施以缤纷的彩绘，有花草、法轮、宝珠等造型。不过，经过多次重修的红房子在建筑风格上已有明显改动，主要体现在屋顶正脊两端大吻，以及四条垂脊顶端装饰的神兽（望兽），均非中国式传统造像，而是鸽子造型：正脊两端的大鸽子做展翅欲飞状，垂脊顶端的五只鸽子则依次排列，形态各异，应系后来重修时改造。或可视为中俄文化交融的一个具体事例。红房子正门（南门）外两侧，各蹲一尊小石狮，狮子是中国传统保护

---

① Манакова Т. Б. Красная Фанза Российского посольства в Пекине: островок православия в Китае. Издание Православного Братства Святых Апостолов Петра и Павла в Гонконге. Пекин., 2007. С. 18—20.

神，与屋脊上的神兽，都有驱赶恶煞作用。如今的红房子，是俄罗斯大使馆接待大厅，同时，还是北京东正教团体举行礼拜的场所。显然，由俄罗斯旗人在300多年前开启的中俄交流史，还在这里延续、发展。

（原载《纪念王锺翰先生百年诞辰学术文集》，中央民族大学出版社2013年版）

旗籍朝鲜人安氏的家世与家事[*]

[摘要] 旗籍朝鲜人安尚仁（安尚义、安三）与安岐（安麓村）父子，因兼有康熙朝大学士、明珠的大管家、大盐商、社会公益家、慈善家、收藏鉴赏家等多重身份而独具特色。本文重点考察安氏的家世与家事。安氏应于明末清初（17世纪三四十年代）被掳入旗。安氏祖世为明府总管，两者形成荣损与俱的特殊关系。本文并从经营盐业、景德镇烧瓷、重筑天津城、安图被诛、安岐的收藏等五个方面，考察了安氏的家事。文末指出，安氏身份的准确定义，应为正黄旗满洲下包衣朝鲜人（家仆朝鲜人）。有关安氏的史迹，为考察清代满洲贵族家庭内部主奴关系、八旗内部多民族关系、旗人与民人关系，乃至中朝（韩）关系等问题，提供了一个独特视角。

[关键词] 旗籍朝鲜人　满洲奴仆　明珠　朝鲜安氏　中朝（韩）关系

满族所建清朝，是统一的多民族国家。作为清朝统治基础之一的八旗组织，亦为多民族成分的聚集。就八旗组织来说，由满洲、蒙古、汉军三部分组成；而就八旗满洲（以及内务府上三旗）内部而言，又包含高丽（朝鲜）、索伦（鄂温克、达斡尔）、鄂伦春、赫哲（那乃）、俄罗斯、回（维吾尔）、番（嘉绒藏族）等众多民

---

[*] 本文写作过程中，先后得到"中研院"近代史研究所研究员赖惠敏、中国人民大学清史研究所副教授董建中、中国社会科学院近代史研究所博士后张建、政治大学历史研究所博士生许富翔的鼎力相助，一并致以诚挚谢意！

族成分。这些民族成分，均在八旗史乃至清朝史中留下了自己的鲜明印记。在旗籍朝鲜人中，安尚仁与安岐父子，因兼有满洲权贵明珠的大管家、大盐商、社会公益家、收藏鉴赏家等多重身份而尤具特色。关于安氏父子，自晚清以来已有递进性考察①，但限于当时条件，在资料挖掘和史事考订上均留有缺憾。近年来，随着地域文化、书画收藏的升温，安氏父子又重新引起人们的兴趣②。笔者不揣谫陋，拟在前人基础上，重点利用档案、碑文史料，就安氏的身世、家事、贡献、影响作一较为系统、深入的考察，以彰显其在清朝史中一段不可磨灭的业绩。

一 安氏的家世

安岐字仪周，号麓村、绿村，晚号松泉老人，生于康熙二十二年（1683），其卒年约在乾隆甲子（1744）以后、丙寅（1746）以前，寿只六十三四③。其父安尚仁（字易之，又名安三、安尚义），为康熙朝权相（大学士）明珠家仆并任总管。安岐父子一生荣辱无不与明珠家息息相关。因此，考察安氏身世应从明珠谈起。

明珠（1635—1708），正黄旗满洲人，为明代海西女真贵族叶赫纳喇氏之后。明珠年十七，授銮仪卫云麾使，已受到顺治帝器重。康熙帝即位后，明珠累迁礼部尚书、兵部尚书、吏部尚书，拜

---

① 前人递进性研究（伍绍棠、端方、姚大荣、叶恭绰）俱详安岐著、郑炳纯等校《墨缘汇观》（岭南美术出版社1994年版）一书《附录》。可参考书前郑炳纯撰《前言》（以下简称"《墨缘汇观》郑本"）。叶恭绰《墨缘汇观书后》《纳兰容若致张见阳手札书后》二文，又载《矩园余墨》，辽宁教育出版社1997年版。又有房兆楹《安岐》一文，载 [美] A. W. 恒慕义主编：《清代名人传略》上，中国人民大学清史研究所编译组译，青海人民出版社1990年版。

② 王翁如：《安氏父子助捐重修天津城》，《历史教学》1995年第4期；韦明铧：《安岐与扬州——记中韩交往史上的一位扬州盐商》，《扬州大学学报》（人文社会科学版）2002年第4期；韦明铧：《安家巷安氏——南马·北安·西亢》，《风雨豪门：扬州盐商大宅院》，江苏广陵书社有限公司2003年版。

③ 姚大荣：《墨缘汇观撰人考》，《墨缘汇观》郑本《附录》，第326—327页。

武英殿大学士,加太子太傅晋太子太师。其时清廷用人行政,皆由内阁承宣,故大学士权重。明珠"立朝凡五十有八年,居内阁十有三年"①。他位高权重,植党营私,市恩通赂,权势熏灼。康熙二十七年(1688),因受到御史郭琇弹劾,被罢去首席大学士,仍授内大臣。

安尚仁作为明府总管,与明珠有主仆之名分,但实际关系却非同一般。位于今北京市海淀区上庄乡皂荚屯(皂荚屯、造甲屯)的东岳庙,为唐代古刹,康熙五十七年(1718)重修。庙内原立《重修榆河乡东岳行宫碑记》石碑一通(今存北京五塔寺石刻艺术博物馆),即由安尚仁授意刻立。碑文写道:

> 至康熙戊子(四十七年,1708)初夏,公(明珠)构疾不起,嘱其总管安尚仁曰:吾藏魄之所,应在祖茔之穆位,千载松楸,吾其永游于斯矣。惟左近三祠宇,吾久欲重加营葺而忽忽未就,他时毕吾窀穸,尔其为吾成此志,勿忘吾言。尚仁泣而受教,迄今盖十三年所矣。文端公(揆叙)于康熙丁酉年(五十六年,1717)正月去世,即营葬于祖茔之次穆位。尚仁于是竭资尽力重加修葺三祠宇,筑基址,储良材,皆取朴茂坚固,凡既具矣,乃大集工师,土木并举。三载以来,劳费备至,而所葺东岳庙、真武庙、龙母宫者,皆先后落成。涂茨丹艧,美哉轮奂……尚仁之志于是乎毕,而相国未竟之愿于是乎遂。尚仁不特以乐善好施为福田利益,其不忘相国遗言而必欲备物尽致,无一毫遗憾而后止,尚仁亦贤矣哉!……尚仁介朱岱请记于余,余为志其所以修举之故,以传相国之遗意,著尚仁之美意云,是为记。大清康熙五十九年岁次庚子九月穀旦。

榆河,又称玉河(今南沙河),在皂甲屯东南方流过。榆河

---

① 王鸿绪:《明珠墓志铭》,赵迅:《纳兰成德家族墓志通考》,文津出版社2000年版,第26页;明珠事迹详《八旗满洲氏族通谱》卷22《金台石》《钦定八旗通志》卷151、《清史列传》卷8、《清史稿》卷269各本传。

旗籍朝鲜人安氏的家世与家事

（玉河）村、皂甲屯（皂荚屯、造甲屯）、新庄一带，清属昌平州（今属北京市海淀区上庄乡），是康熙朝大学士明珠家族的赐庄、宅院和祖茔地。碑文中"尚仁"即安尚仁。明珠卒于康熙四十七年（1708）四月十七日，临终前托付总管安尚仁，将祖茔附近三座古庙（东岳庙、真武庙、龙母宫）重加修缮，尚仁受托后曾流泪向主人郑重承诺。但由于种种原因，明珠殁后尚仁并没立即动工。直到十年后的五十六年（1717）正月，即明珠次子揆叙病卒，将在祖茔营葬之际，方大集工匠，土木并举。工程历时三载，修缮后的三庙金碧辉煌，焕然一新，各延高僧在内，朝夕焚修，供祀明珠牌位。

上引碑文系安尚仁延请翰林院编修王时鸿撰写。其中记述安尚仁受故主之托重修三庙始末，重点则是明珠父子如何倚重尚仁，尚仁又如何尽善尽美地实现了故主重托，也就是碑文赞语所称："尚仁不特以乐善好施为福田利益，其不忘相国遗言而必欲备物尽致，无一毫遗憾而后止，尚仁亦贤矣哉！"安尚仁主持修缮的三座寺庙在历经三百年风雨之后，迄今仍有两座（东岳庙、龙母宫）基本保留完好，不能不说是个奇迹。

明珠生前，对尚仁宠信有加。因此，尚仁以明府管家身份在朝臣中拥有很大影响力："枋臣（泛指宰相一类高官，此处指大学士明珠）有幸仆曰安三（安尚仁），势倾京师，内外官僚多事之。""幸仆"即宠幸的仆人，"事之"的含义为逢迎、谄媚、巴结。汉人名士姜宸英（西溟），少工诗古文词，在科举途上却屡受挫折，一度寄身于明府。明珠长子性德（成德）曾劝他走安尚仁的后门，取做官的捷径："愿先生少施颜色，则事可立谐。"[①] 性德自己对姜宸英无力相助，才给他出此下策，这从一个侧面反映出安尚仁在明珠面前一言九鼎的能量。但姜宸英恃才倨傲，不肯向家仆低头，直到七十岁参加会试，考取了探花（一甲第三名），授翰林院编修。

---

① 全祖望：《翰林院编修姜先生宸英墓表》，参见方苞《记姜西溟遗言》，载钱仪吉《碑传集》卷47，中华书局1993年版，第1312—1315页。

第二编　八旗制度与社会

清初满洲社会中蓄奴成风，尤其贵族之家，无不奴婢成群。家奴称"包衣阿哈"（booi aha）或简称"包衣"（booi），世代为奴者则称"家生子"（满语称"ujin"或"ujin aha"），地位卑下①。清朝入关后，满人社会中的奴婢地位分化。至少像安尚仁这样的人家，尽管在明府面前仍保留"世仆"身份，其实际身份地位与清初满洲社会中的"包衣阿哈"已不可同日而语。

安尚仁先服侍明珠，及明珠殁，又服侍其次子揆叙，继续为其家总管。揆叙字凯功，号惟实居士，生于康熙十三年（1674），与其兄即著名词人性德一样，汉文学造诣极深。揆叙初授御前侍卫，及明珠从权力中枢退隐，他的仕途并未受到影响。二十三岁，擢翰林院侍读。三十八年（1699），扈从江南，康熙帝夸他"学问文章满洲中第一"，升翰林院侍读学士。四十一年（1702），康熙帝命诸文臣作书，揆叙书其扈从诗八章、序文一首进呈，帝大嘉赏，谓"诗文俱佳，字亦甚好"。不久，又试文论，同试者大学士熊赐履以下凡数人。揆叙草稿甫成，玄烨即命内侍取阅，谕令速誊，勿易一字，并赞赏道："议论识鉴压倒诸人，朕昔知为满洲第一，今日汉人中亦推第一矣。"② 康熙帝认为揆叙文采不仅独步满洲，且足以睥睨汉人，这一评价明显有些过分。当时揆叙年仅二十九岁，才华横溢，康熙帝对他奖掖有加，乃至寄予厚望，当为事实。是年，揆叙受命担任翰林院掌院学士兼礼部侍郎③。此后，他执掌翰林院长达14年之久，直至康熙五十六

---

① 傅达礼等：《御制清文鉴》卷5"ujin"条，汉译："家人所生子叫乌津（ujin）；又，家下马匹所下驹亦叫乌津。"（康熙四十七年内府刻本，第7页下。）在满人早期社会，"ujin"不仅是对陈奴世仆的泛称，同时也是贱称，奴仆于主人类同畜产。如以为奴时间长短记，复有世仆（dangkan）、一辈奴（futahi）、二辈奴（furna）、三辈奴（bolhosu）、四辈奴（ginggiyesu）等具体称呼。见乾隆朝《五体清文鉴》，民族出版社1957年影印本，第1178页。又，中国第一历史档案馆藏：《顺治朝题本》，第1364号档，顺治年间，满洲贵族额毕伦（遏必隆）的奴仆叶柏孙供称："我们俱是家主生长的奴才，身子皆是主子的。"其中，"奴才"一词的满文对译为"ujin aha"。奴仆木尔格也说："我祖、父原是主子家中生长的旧奴才。""旧奴才"的满文也为"ujin aha"。
② 王掞：《揆叙墓志铭》，见赵迅《纳兰成德家族墓志通考》，第44—45页。
③ 王掞：《揆叙墓志铭》，见赵迅《纳兰成德家族墓志通考》，第45页。

年（1717）病殁。康熙帝闻其死讯，惋悼不已。丧仪倍极荣哀，赐谥"文端"①。在明府一家，明珠活到74岁，在当时已算高寿，但三子均寿算不长：长子性德（成德），31岁；次子揆叙，44岁；幼子揆方，29岁。揆叙殁时，兄成德、弟揆方均已先他而去。二年后，揆叙妻耿氏亦于49岁撒手尘寰。

耿氏出身满汉显贵，父为"三藩"之一靖南王耿继茂第三子耿聚忠，母和硕柔嘉公主，为清世祖福临从兄岳乐第二女。耿氏婚后无子女，揆叙弟揆方夫妇早卒，遗孤二——永寿和永福，由耿氏抚育。揆叙病逝后，康熙帝特下谕旨，命以永寿、永福承嗣揆叙。耿氏自幼"抚养宫中"，下嫁时因有"和硕公主"之封。她深得玄烨宠爱，即《耿氏墓志铭》所述："夫人一生得上（指康熙帝）眷最优，凡进见时，皇上以下皆以格格呼之，与皇妃同坐，饮食言笑，修家人礼。"揆叙殁后，玄烨对耿氏益发恩遇有加，五十八年（1719）四月初七日奉旨：以皇九子（指九阿哥胤禟）第三格格（即康熙帝孙女）下嫁永福（婚礼于翌年即耿氏殁后举行）。是年十一月初一，耿氏临终前在所呈遗奏中称：前年（1717）曾挑家人三十二房，其中二十房已往造甲屯（皂甲屯、皂荚屯）为臣夫（揆叙）守墓，另十二房与臣妾（耿氏自称）守墓。奏文特别提到："内有安尚仁，自臣妾公姑老仆，诸事能办，次子（永福）婚娶俱托伊经理也。"②她说安尚仁是"公姑"（指明珠与觉罗氏）老仆，诸事能办，奏请将永福与格格的婚姻大事托付与他，并将两子家务，一并交其管理。遗嘱奏上，旋即奉旨："格格所奏遗言，悉依之行。二子家务，俱着安尚仁经理。"康熙帝亲下谕旨，命安尚仁为揆叙守墓、并管理两子家务。这对世仆安氏来说，显然是莫大荣幸。而明珠一家祖孙三代（明珠、揆

---

① 清廷谥号，含"文"字者，有"道德博文""修治班制""勤学好问""锡民爵位"之褒义，含"端"字者，有"守礼执义"之褒义。吴振棫：《养吉斋丛录》卷12，北京古籍出版社1983年版，第141—142页。揆叙卒谥"文端"，说明清廷对其人品政绩给予很高评价。

② 王掞：《耿氏墓志铭》，载赵迅《纳兰性德家族墓志通考》，第51、53页。

叙、永福与永寿），均以安尚仁、安岐为总管，倚重之深，亦可想见①。安尚仁对明府也忠心耿耿。后来，他将自己的墓地安排在明珠祖茔附近②，以昭生为明府尽忠，死为明府守墓的夙愿。

关于安氏家世，还有两个悬而未决的问题：第一他们的来历，第二他们的亲属关系。这里先探讨第一个问题。乾隆五十五年（1790），朝鲜国王遣使至北京祝贺乾隆帝八旬寿辰，随行副使从官柳得恭（字惠风，号泠斋）撰有《滦阳录》一文，记述沿途经历见闻。他在京师，与扬州画家罗聘（号两峰）结为莫逆之交③，并从罗聘处得知：有一著名收藏家安岐，"本系朝鲜人，不知从何入中朝"④。是为朝鲜史籍中有关安氏的最早记录。在中国文献中，尽管后来有人依据安氏居地而称其为"奉天人""天津人"，但在其原籍朝鲜这一点上，一向没有异议⑤。之所以没有异议，一是在清代文献中，明确记载安氏是"高丽（或朝鲜）人"。一是在安岐印章中，有"朝鲜人""朝鲜安麓村珍藏书画印"二枚。至于安氏是何时、通过何种途径来华，则没有明确说法。其中，流行时间最长、范围最广的莫过于"从贡使入都"说。刘声木（体信）《苌楚斋随笔》卷8《高丽安岐史迹》称："安岐字仪周，号麓村，高丽

---

① 据昭梿《啸亭续录》卷3《明太傅家法》（载《啸亭杂录》，中华书局1980年版），明珠管理家仆自有一套章法："市贾奴仆，厚加赏赉，按口赒以银米，冬季赐以棉布诸物，使其家给充足，无事外求。立主家长，司理家务，奴隶有不法者，许主家者立毙杖下。所逐出之奴皆无容之者，曰：伊于明府尚不能存，何况他处也？故其下爱戴，罔敢不法。"明珠管理家仆，主要实施恩威并重、宽严相济之法。所设"主家长"即总管，长期由安尚仁担任，总管对家仆几乎握有生杀大权。昭梿此段记载采自明府旧仆英魁，比较可信。

② 皂荚屯东南3里处有真武庙，庙西台地上原有安尚仁墓，当地俗称安家坟。真武庙已无存，唯遗址尚存。见黄兆桐《关于纳兰性德在上庄地区史迹的调查报告》，打印稿本，2001年9月15日。

③ 罗聘（1733—1799），字两峰，号花之寺僧，甘泉（今江都人），"扬州八怪"（清代乾隆年间活跃在扬州画坛的八位画家）之一。其画仿古仙佛画法，有鬼趣图，为世所称，李斗：《扬州画舫录》卷2，第45页；卷3，第64页，中华书局2007年版。

④ ［朝］柳得恭：《滦阳录》卷2《罗两峰》，载金毓黻主编《辽海丛书》第一集，辽沈书社1984年版，第10页上。

⑤ 王守恂：《民国天津县新志》卷21《安尚义传》，称其"先世本朝鲜人，入籍奉天"（《中国地方志集成·天津府县志辑》第3册，上海书店出版社2004年版，第47页上）；徐珂：《清稗类钞·鉴赏类·安麓村藏书多善本》（中华书局1984年版）、杨彦和（绍和）《楹书偶录》均称安岐"天津人"（《墨缘汇观》郑本《附录》，第325页）。

旗籍朝鲜人安氏的家世与家事

□□县人。从贡使入都,因得故相明珠家窖金钞本书。虽系隐语,细加研索,能尽得其数与地址所在,地址即是俗所称为大观园是也。乃求见明公子孙,告以窖藏所在,尽发之。用其金为母,往天津、淮南业盐,富甲天下。"① 其说乃本于周凯(芸皋)《内自讼斋文钞·书安仪周事》,惟情节略有更动。《红楼梦》索隐派曾据以认为,贾宝玉的原型就是康熙年间权倾一时的相国(大学士)明珠之子纳喇性德(成德),而明珠生前藏匿的巨额财富,则由来自朝鲜的安岐通过破译隐语发现。但此段记载过于离奇,后人多认为荒诞不经。关键还在于,在后来得见的档案、碑文等史料中均明确记载,至迟康熙中期,安岐之父安尚仁已为明府总管。既然如此,又何待明珠故去,安岐"从贡使入都",始向其子孙揭明财宝窖藏之真相?足见此说不可信。但近年以来,论者习焉不察,仍有沿袭"从贡使入都"之说者②。由此可见,对安氏来华之时间与途径,实有进一步探究之必要。

笔者认为,安氏来华时间应在明末清初,途径则为被掳入旗。主要依据:其一,安尚仁、安岐父子为明府世仆;其二,他们隶属正黄旗满洲,旗籍与明府同③。这样一来,就基本排除安氏"从贡使入都"的可能。如众所知,天聪元年(明天启七年,1627)正月,清太宗皇太极遣军三万征朝鲜。这次侵略战争历时二月余结

---

① 刘声木:《苌楚斋随笔》卷8,中华书局1998年版,第172页。
② 王翁如:《安氏父子助捐重修天津城》,《历史教学》1995年第4期;韦明铧:《安岐与扬州——记中韩交往史上的一位扬州盐商》,《扬州大学学报》(人文社会科学版)2002年第4期;韦明铧:《安家巷安氏——南马·北安·西元》,《风雨豪门:扬州盐商大宅院》;罗文华:《大收藏家安麓村》,《七十二沽花共水》,南京师范大学出版社2007年版。
③ 姚大荣:《墨缘汇观撰人考》最先提出安氏旗籍说,他根据安岐刻孙过庭《书谱》,末有布乐亨跋,称麓村(安岐)为从父,下押"布乐亨"印的事实,认为布乐亨不类汉人名,"亦足为麓村本系朝鲜、后入旗籍铁证"(《墨缘汇观》郑本《附录》,第326页)。房兆楹《安岐》,则根据明珠旗籍推测安氏父子应隶属正黄旗,载[美]A. W. 恒慕义主编:《清代名人传略》(上),第804页。印证康熙四十八年十二月十六日《直隶巡抚赵弘燮奏报质审安尚仁等暗分盐引案情形折》,中有"安尚仁即安三,系明府家人,正黄旗人"之句(中国第一历史档案馆编:《康熙朝汉文朱批奏折汇编》第2册,档案出版社1985年版,第714页);又,雍正六年七月二十八日《内务府奏为议罪事》明确记载:安尚义、安岐父子隶属正黄旗满洲。载中国第一历史档案馆藏《内务府奏销档》第176册(满文档册),第130—170页(此满文档案系中国社会科学院近代史研究所博士后张建提供,谨致谢忱)。

束，给朝鲜城镇乡村造成严重破坏，大批人口被杀或被掳。因发生在丁卯年，朝鲜史书称"丁卯之役"。崇德元年（1636）十二月，皇太极复借口朝鲜败盟，再次出征朝鲜。此次战争发生在丙子年，朝鲜称"丙子之役"。满洲统治者把在两次侵略战争中掳掠的朝鲜人（包括少数投降者）带归国内，编入八旗满洲，成为旗籍朝鲜人。他们中的一部分作为自由民被编为朝鲜（高丽）佐领，大部分人则沦为满洲皇帝和贵族的包衣（家奴、家仆）。清朝定都北京（1644）后，一部分朝鲜包衣的身份地位逐渐提高，不仅可以为官为宦，且有跻身于贵族阶层者，其事迹俱详清朝官修《八旗满洲氏族通谱》卷72、73所载高丽（朝鲜）四十三姓。但《通谱》所录四十三姓朝鲜，仅为八旗满洲辖下朝鲜自由民（即所谓"正身旗人"）之一部，它如编入满洲佐领、管领下的"阿哈高丽"（即身份低下的旗籍朝鲜奴仆），却未包括在内①。明乎此，对安氏何以未跻身于朝鲜四十三姓，也就不难理解。安氏隶属正黄旗满洲，身份则为明府世仆，这一点，并不因其富甲天下、担任明府总管而有所改变。

清朝统治中国，实施旗民分治二元体制，即以八旗制度统辖满洲人的全部以及清初入旗的蒙古、汉、朝鲜人之一部，以省府州县制度管理人口众多的民人（主体是汉人）。旗人与民人管理制度不同，畛域分明，法律严禁彼此混淆。所以，除非找到某种证据，可以证明确实存在安尚仁父子随朝鲜使团来华事实，否则只能认为，朝鲜安氏，于清初被掳来华并编入旗籍，应是合乎情理的推断。

安尚仁生年不详，李次青《姜西溟事略》称：明珠家事，悉取决于安三（安尚仁），虽明氏子弟，犹仰其鼻息。故前人推测，明珠柄政之年（康熙十六年—二十七年），安三之齿，亦当在四十以上②。此说比较合乎情理，不妨据此假设：康熙二十七年（1688）即明珠罢政之时，安尚仁约有四十岁，据此推测，当他在雍正六年

---

① 鄂尔泰等：《八旗满洲氏族通谱·凡例》，沈阳书社1989年版，第5页。
② 姚大荣：《墨缘汇观撰人考》，《墨缘汇观》郑本《附录》，第328页。

(1728)病故时①,已是八十岁高龄。其时距清朝入关(1644)已八十有三年,如上溯皇太极第二次侵朝之"丙子之役"(1636),则更达九十一年之久。这又说明,如果安氏于清初来华之说言之成理,则其始迁祖必非安尚仁本人,应是其父辈或祖辈。只不过安氏入清后,长期在明府为奴为仆,地位卑下,直到尚仁一辈升为总管,才有了在史籍中崭露头角的机缘。

下面探讨第二个问题,安氏的亲属关系。关于安氏成员,见于史籍记载者有安尚仁(又称安三、安尚义)、安图、安岐(安奇)、安对(安凤)、安岐侄子布乐亨、儿子安元忠。但其间的亲属关系,前人说解不一。清礼亲王昭梿谓安三即安图;近人叶昌炽《藏书纪事诗》卷4称:安岐即安三,是安图之子;邓之诚《骨董琐记全编》卷4《安岐》条,谓安岐或作安图;姚大荣《墨缘汇观撰人考》认为,安三是安图俗称,安岐为其少子;而叶恭绰《墨缘汇观再志》、郑炳纯《墨缘汇观·前言》均持安三、安图、安岐祖孙三代说。以上说法均有误。按以档案,康熙四十八年(1709)四月十九日《直隶巡抚赵弘燮奏陈审理明珠家人安尚仁等隐匿盐引案折》载:"安尚仁即安三并子安岐,均系原任内大臣明珠家人。"②在雍正年间档案中,安尚仁改称安尚义(an šang i)③;在同期满汉文档案中,亦有安图(antu)系安岐(anki)兄之记载④。由此可知,安图与安岐应为兄弟关系,安图居长,安岐居次,尚仁(尚

---

① 中国第一历史档案馆编:《雍正朝汉文朱批奏折汇编》第13册,《署直隶天津总兵张三让奏报督催商人安岐等上紧修筑天津城垣折》,雍正六年九月初六日,江苏古籍出版社1988年版,第368页。

② 中国第一历史档案馆编:《康熙朝汉文朱批奏折汇编》第2册,第431页。

③ "尚仁"与"尚义"之由来,或与盐引假名"钱仁""金义"相关。

④ 《内务府奏为议罪事》(雍正六年七月二十八日):"antu i deo an ki"(汉译:安图之弟安岐),载中国第一历史档案馆藏《内务府奏销档》第176册(满文档册),第130—170页;又,《内务府总管大臣允禄等为偷刨银两之陈顺等审理定拟事奏折》(乾隆五年六月十六日)载:"安图入官房间之旁有伊弟安奇入官房一所"(中国第一历史档案馆编:《乾隆初陈顺等合伙偷刨安图入官房院内窖银案史料》,《历史档案》1992年第2期)。按:满语"奇""歧"音同,其时因存在满汉文对译情况,一名多译现象在清代官方文献中相当普遍,安岐与安奇为同一人应无疑义。

377

义)为父。据萧奭《永宪录》卷4记载,安图另有一弟安對,隶允禧(胤禧)门下,在扬州行盐,及胤禛登极,受谕命回到京城,在某王府当差。复印证前引允禄奏折,其中提到在天津业盐的"安凤"。"對"与"凤"音同,应为同一人,说明安尚仁另有第三子。但安岐、安對齿序前人记载歧互:安岐《墨缘汇观》记沈周《春江送别图卷》时写道:"吾仲兄《杏花书屋》……诸幅,与前所录者,皆用意之作。"① 按此记载,安岐之兄应有二人,其一为安图,另一则不详其名。倘据此推测,此兄即安對(安凤),也说得通。但问题是刘声木《苌楚斋随笔》卷八称:"事阅百余年,扬州人尚知有安二达子者(意即排行第二)"②,据此,安岐应长于安對。两相比较,安岐自述应更加可靠,而刘声木记载安氏事迹已在百余年后,既得自辗转传闻,讹误之处难以避免,故安氏三兄弟中,安图为伯,安對为仲,安岐为季的可能性较大。至于安图、安對、安岐以下世系,清人记载还提到安岐侄子布乐亨、儿子安元忠③。《清宫内务府奏案》乾隆十四年四月三十日《奏为安對子女亲丁事》,提供了关于安對一支世系的完整信息:

> 总管内务府谨奏,臣等遵旨查得安聪、朱隆阿俱系安對之子。安聪、朱隆阿及伊等子女七名口,现在江南,已令人前往传唤,速行来京。再查,伊等在京所有亲丁男妇大小三十九名口,请一并归入内务府管领下当差。查,安聪、朱隆阿办贡熟练,应将伊等遣往图拉处,令其办理贡物行走。如果实心黾勉,似有彼处司库缺出,酌量奏请补用④。

---

① 《墨缘汇观》郑本《附录》,第323页。
② 刘声木:《苌楚斋随笔》卷8,第172页。
③ 安岐刻孙过庭《书谱》,末有布乐亨跋,称安岐为"从父",下押"布乐亨""敬斋"二印(《墨缘汇观》郑本《附录》,第325页);李斗《扬州画舫录》卷13:乾隆甲子(九年,1744)五月,贺园落成。开白莲,中有红白一枝,时以为瑞。在相与唱和的二十余人中,有"朝鲜布乐亨在公"(第317页)。"敬斋""在公",应为布乐亨字或号。
④ 总管内务府:《奏为安對户口子女亲丁事》,乾隆十四年四月三十日,中国第一历史档案馆编:《清宫内务府奏案》第59册,故宫出版社2016年版。

旗籍朝鲜人安氏的家世与家事

前面提到，安对曾隶允禵（胤禵）门下，在扬州行盐，及胤禛登极，受谕命回到京城，在某王府当差。上引奏折附《安对户口花名清单》，在安对第六子朱隆阿名下注明："系怡亲王七品司库"，说明"某王府"即怡亲王府。怡亲王，圣祖第十三子允祥（胤祥），胤禛即位后，最受宠信。雍正八年五月薨，子弘晓袭。

至迟乾隆十四年，安对一族改归内务府管领。但"管领下当差"不是"为奴"，说明安对子孙未因隶属关系改变而沦为"罪籍奴仆"，依旧保持类似从前比较自由的身份。安聪、朱隆阿常住江南，不外乎在扬州经理盐务。乾隆帝将其调回京城，应是看中其经商才干。"办贡熟练"，指在为皇室筹办各类贡品方面驾轻就熟，内务府大臣因有派往图拉"办理贡物"[1]，酌情补用司库之议。

通过《安对户口花名清单》，可知安对三代世系：安对，已故。安对之子 12 名：安吉库（52 岁）、布乐亨（故）、安扎（故）、依常阿（故）、安聪（48 岁）、朱隆阿（46 岁，系怡亲王七品司库）、依升额（故）、安懋中、安寿保（24 岁）、安松林（22 岁）、墩哆（15 岁）、车轮（14 岁）。安对之孙 21 名，孙女 8 名。以上，亲丁男女共 46 名口。安对一支堪称瓜瓞绵绵，枝繁叶茂，而安图、安岐两支世系却扑朔迷离。

在安对诸子中，布乐亨、依常阿、依升额、墩哆、车轮等均满洲式名，是其逐步"满洲化"之佐证[2]。按，清代旗籍人（包括汉军、蒙古、朝鲜）均流行取满洲名，这是其有别于民籍人（以汉人为主体的民人）的一个显著标志。与此同时，许多汉军旗人、朝鲜旗人还会使用（或兼用）符合本族文化传统的姓氏与称名。在这方面，安氏亦较为典型。

---

[1] 外蒙古有图拉河，在今中央省。内务府大臣奏请将安对派往图拉办理贡物，或即毗邻图拉河某地。

[2] 清初朝鲜人入旗而"满洲化"之情况，参见李光涛《记汉化的韩人》，《明清史论集》，台湾商务印书馆 1971 年版，第 645—649 页。

二 安氏的家事

旗籍朝鲜人安氏与满洲叶赫纳喇氏为数代延续的主奴（主仆）关系，随着安尚仁成为明府总管，二者又衍生出一荣俱荣、一损俱损的共生关系。当明府如日中天时，安氏得以分享其巨大权势所带来的余润。而一旦明府失势，安氏也难免遭受池鱼之殃。难能可贵的是，安氏在经历劫难之余，仍能凭借着智慧与坚忍，拓展出新的生存空间，并创造新的业绩。关于安氏家事，可以概括为经营盐业、景德镇烧瓷、筑天津城、安图被诛、安岐与收藏等五部分。

（一）经营盐业

史书记载，明珠当政时，卖官鬻爵，货贿山积，及罢政，依旧广置田产，故家产丰盈，子孙历世富豪[1]。在明府的巨额财富中，有一部分系经营盐业而来。清代，食盐属国家专卖，利润巨大。满洲权贵，势豪之家，多从事盐业贸易。明珠派心腹家人安尚仁父子往天津盐运使衙门以批发价格买下食盐，然后加价零售。他从安氏父子身上抽取利息，并接受后者的孝敬。而后者在为主人牟利的同时，自己也从中赚取巨大利益，并成为当时最富有的盐商。安氏何时开始经营盐业已不可考。萧奭《永宪录》卷4载：安尚仁（安三）"当明珠为相时甚用事，圣祖（康熙帝）洞鉴。珠令潜处扬州，挟巨赀行江西吉安等四府三十万引[2]盐。及珠（明珠）病革，圣祖欲问，又以安三（安尚仁）祈恩，故复还京师。"明珠罢相（大学士）在康熙二十七年（1688），说明早在明珠秉政时期，安尚仁已受命前往扬州，并在江西吉安等四府经营盐业。及明珠病

---

[1] 赵尔巽等撰：《清史稿》卷269《明珠传》，中华书局1977年版，第9993页。昭梿：《啸亭续录》卷3《明太傅家法》，第448页。

[2] 引，即引票，为盐商运销官盐之凭照，户部印制。盐商行盐均按引配盐，有专卖区域，谓之引地。

重，康熙帝曾欲追究尚仁业盐一事，因有明珠代为转圜，尚仁得以无过，顺利返回京师。

清制，各地盐场行销官盐均有一定范围（专卖区），其中以天津为中心的长芦盐行销直隶、河南，以扬州为中心的两淮盐行销江苏、安徽、江西、湖北、湖南、河南六省。据档案记载：至迟于康熙中叶，安尚仁父子已在天津经营盐业。以后，他们对仅仅经营直隶这块地盘日感不足，遂从其他盐商手中接管更多地盘。康熙三十三年（1694），安尚仁假借"金义"之名办理盐引，取代盐商王谦在河阴、荥阳、荥泽、汜水（今河南中北部）四处的专卖权；三十五年（1696），复借"钱仁"引名，取代盐商张霖在陈州（今河南中东部）等七处的专卖权。张霖原借明府本利银，为抵还债务，将陈州等七处盐引四万二千二百六十二道，每引作价四两，合计窝价银一十六万九千零四十八两，更名过户与明府钱仁（即安尚仁）。四十二年（1703），安尚仁又假托家仆何英即何体仁名义，取代张霖在许州（河南中部）的专卖权。安氏之所以用假名办理盐引，与清廷禁止满洲权贵经营盐业与民争利有关。但许多人明知安尚仁即金义、钱仁①，却慑于明府威势不敢揭发。安氏不断扩张经营范围，变本加厉牟取暴利，最大受益者当然是幕后的明府。同一时期，安氏还将经营范围扩大到京师西南，与盐商孟恒为争夺直隶定兴（今河北中部）的引地发生了诉讼，以致被后者告上官府。四十八年（1709）三月，直隶巡抚赵弘燮审理安尚仁父子"假捏引名""与张霖同伙暗分盐引隐匿不报"一案。赵弘燮深知安氏背后靠山是明府，审理此案不免顾虑重重，在奏折中因有"臣秉心报恩，止知有

---

① 据《直隶巡抚赵弘燮奏报质审安尚仁等暗分盐引案情形折》（康熙四十八年十二月十六日）："金义、钱仁原无其人，系安尚仁引名。"（中国第一历史档案馆编：《康熙朝汉文朱批奏折汇编》第2册，第717页）迟至雍正三年，托名"金义""钱仁"的盐引已转为安岐使用，见《长芦巡盐御史郑禅宝奏报长芦商人安岐捐修天津城垣情形折》（附表：修订折一件），雍正六年四月初二日，内有："窃照雍正三年九月内据长芦商人金义、钱仁本名安岐具呈"等语，中国第一历史档案馆编：《雍正朝汉文朱批奏折汇编》第12册，第112页。

主，故不避嫌怨，据实奏明"之句①。尽管赵弘燮亲自过问此案，安氏父子仍迟未到案，赵不得不屡次咨部催提。同年十月初十日，安尚仁始到案，但他矢口否认有"假捏引名置买引窝"②之事。赵弘燮在审案过程中曾多次上奏，借以取得皇帝支持，但他仍不能不慑于明府余威（按康熙二十七年，明珠已罢相，授内大臣，但明府余威犹在）。在结案时，他借口牵连官员众多，乃大事化小，完全回避安尚仁"假捏引名"之罪，只认定：陈州等处原系招商认引，原是官物，张霖将每引作价四两转卖安尚仁实属非法，判处向其名下追出盐引价银十六万九千零四十八两，入官充饷③。随即将安尚仁开释，甚至对他用假名办理的盐引也未追缴。安尚仁死后，这些盐引由安岐继续使用。清朝律例，对伪造盐引、诡立假名、权势之人置盐引侵夺民利等行径，俱有惩治之条④，"旗人行盐，历来盐院、盐法道等官均有失察之咎"⑤。但满洲权贵驱使家仆"假捏盐引"，与民争利之事在当时并非个案⑥，官员或与之沆瀣一气，或

---

① 《直隶巡抚赵弘燮奏陈审理明珠家人安尚仁等隐匿盐引案折》，康熙四十八年四月十九日。

② 盐商行盐，认领引地费用不赀，故承为世业，谓之引窝。以后或有新商接充旧商，买单谓之窝单，买价谓之窝价。见《清史稿》卷123《食货四·盐法》。

③ 《直隶巡抚赵弘燮奏报质审安尚仁等暗分盐引案情形折》，康熙四十八年十二月十六日，中国第一历史档案馆：《康熙朝汉文朱批奏折汇编》第2册，第714页。

④ 《大清律例通考》卷13《户律·课程》载：凡伪造盐引、印信，贿嘱运司吏书人等，将已故并远年商人名籍、中盐来历填写在引，转卖诓骗财物，为首者，依律处斩；又定：凡监临（盐法）官吏诡（立伪）名及（内外）权势之人中纳钱粮（于各仓库）请买盐引勘合（支领官盐货卖）侵夺民利者，杖一百、徒三年；盐货入官。（盐引勘合追缴。）马建石、杨育棠主编：《大清律例通考校注》，中国政法大学出版社1992年版，第504、514页。又，《大清律》户律三《盐法》载，凡客商中买盐引勘后，不亲赴场支盐，中途增价转卖，阻坏盐法者，买主卖主，各杖八十；盐货价钱并入官。李鹏年、刘子扬等编：《清代六部成语词典》，天津人民出版社1990年版，第183页。

⑤ 《清康熙朱批谕旨续·直隶巡抚赵弘燮奏报张霖盐案折》，故宫博物院编：《文献丛编》第12辑，民国二十年印本，第35页下。

⑥ 如雍正帝近臣年羹尧管理河东盐务时"革退旧商，将伊子年富、年斌伪编商人富斌等名色，私占山西潞安、泽州等十七处盐窝，自出本银行盐，别令心腹人等伪编商名，私占陕西咸宁等十八处盐窝，代己行盐，前后得利银十七万二千二百两"（《清世宗实录》卷36，雍正三年九月庚申；参见《署川陕总督岳锺琪奏报与年羹尧闲言私语情由折》（雍正三年六月二十六日），年羹尧私下对岳锺琪说，"有一件事托你：我的两个儿子，一名年傅，一名年斌，河东盐商傅斌即此二子之名捏的，求你照看云"（中国第一历史档案馆编：《雍正朝汉文朱批奏折汇编》第5册，第410页）。年羹尧儿子假捏引名的做法，与明府如出一辙。

置若罔闻。明府安尚仁"假捏引名"案在皇帝"钦准"下草草收场，就是典型一例。

（二）烧造瓷器

安氏父子不仅为明府经营盐业，且在著名瓷都景德镇烧制瓷器。有学者将其所烧瓷器称为"安窑瓷"，说明此事在清代瓷器史中占有一定地位①。因此，也是安氏家史中不应忽略的一笔。雍正三年（1725）四月初三日江西布政使常德寿《奏覆安尚义在景德镇烧磁并无招摇折》内称：

> 江西布政使奴才常德寿谨奏，为据实奏明事。窃奴才前恭请训旨，蒙皇上面谕：着访查安尚义在景德镇烧磁有无招摇，等因。钦此。钦遵。奴才到任之后，遵即密委经历王联芳至景德镇地方细查。据该员回称：安尚义之子现在（扬）州行盐。自康熙五十九年起，差伊家人马自弘、杨宗、伙计俞登朝三人，每年用银九千两，在景德镇置买材料，雇工烧磁。所烧磁器尽行载到（扬）州，转送进京。历年以来，所用材料以及工匠价值俱预行给发，并无短少，亦无招摇生事，等语。奴才犹恐所访未实，又调浮梁县知县吴邦基到省，细加面询。据称，安姓家人在镇烧磁，从前未知确实。自邦基到任三年以来，并无招摇生事尅扣窑户，亦无片纸到官，甚属安静，等因。出具印结存案。为此据实缮折恭奏以闻。（朱批）知道了②。

据上引奏折，关于安尚仁（安尚义）在景德镇烧瓷事可以得出如下几点认识：第一，康熙末年，安尚仁之子（应为安岐，岐生于康熙二十二年，1683）在扬州经营盐业，自康熙五十九年（1720）

---

① 黄清华：《郎窑与康熙官窑关系考释》，《搜狐文化》，网址：http://cul.sohu.com，发布日期：2011—4—27，访问时间：2013—3—20。

② 中国第一历史档案馆编：《雍正朝汉文朱批奏折汇编》第4册，第725页。

起，派家人马自弘等三人，在景德镇烧制瓷器。第二，生产方式，每年用银九千两，在当地置买材料，雇工烧造。第三，产品用途，奏折只说全部运至扬州，再转运京师。笔者推测，瓷器除供明府消费（包括安岐在扬州的取用），按惯例一部分精瓷可能作为贡品（礼品）呈送皇帝本人或贵族。至于有学者认为，安窑属官窑性质，系为宫廷烧造御瓷[1]。此说恐难成立。理由是：其生产费用全部出自安氏；烧造过程由安氏家人全程管理，雇工烧造；烧造成品全部归安氏（明府）支配。其生产全过程既与内务府和地方官府无关，且与官窑生产模式明显不同。所以，不应将安窑所产与康熙时期作为官窑的"臧窑"[2]、"郎窑"[3] 相提并论。至于雍正帝面谕常德寿访查安尚仁（安尚义）在景德镇"有无招摇"，也并非他担心安氏"借烧造御瓷之名骚扰地方，欺压窑民"，而是另有原因：康熙末年，四阿哥胤禛与八阿哥胤禩、九阿哥胤禟发生储位之争，并成为政敌。胤禛即位（即雍正帝）后，谋划对胤禩、胤禟报复。雍正三年（1725），对胤禩、胤禟的迫害开始变本加厉，并延烧到安氏故主揆叙、揆叙近亲年羹尧、揆叙密友隆科多。随即，安尚仁（安尚义）长子安图也沦为被殃及的"池鱼"（说详后文）。正是在这种背景下，胤禛加强了对安尚仁父子的监视，其面谕常德寿访查安尚仁（安尚义）之旨，当由此而来。但从常德寿调查结果看，安氏在景德镇烧瓷五年，始终老实本分，并无任何招摇生事之举。加之安尚仁（安尚义）、安岐父子在危难关头，主动提出捐修被大水冲坏的天津城垣（说详后文），得以躲

---

[1] 黄清华：《郎窑与康熙官窑关系考释》，《搜狐文化》，网址：http://cul.sohu.com，发布日期：2011—4—27，访问时间：2013—3—20。

[2] 所谓"臧窑"，系指康熙二十年工部郎中臧应选驻景德镇窑厂监造之瓷器。其烧造模式是由代表中央政府的工部、代表皇室的内务府与地方官三者一起协调烧造，烧造经费由江西省藩库负责。详见黄清华《郎窑与康熙官窑关系考释》，《搜狐文化》，网址：http://cul.sohu.com，发布日期：2011—4—27。

[3] 郎廷极，镶黄旗汉军籍，祖籍辽东。十九岁步入仕途，任江苏江宁同知，后在云南、山东、福建、浙江等省做官。康熙四十四年（1705）他升任江西巡抚后，十分关注景德镇瓷业，并制成一种称之为"郎窑"的瓷器，以多种色彩著称。康熙五十一年，他被任命为漕运总督，三年后死于任上。

旗籍朝鲜人安氏的家世与家事

过一劫,并继续在景德镇烧制瓷器。又过二年,情况始有变化。雍正五年(1727)三月初九日内务府总管、淮安关监督年希尧奏折称:

> 内务府总管、管理淮安关务臣年希尧谨奏,为奏闻事。臣自本年正月初七日由臣淮安关署启行前赴江西,业经具折奏明。臣抵景德镇之后,随将窑务事宜斟酌料理……。再者,马士弘烧造酒圆俱书写成化年号,臣遵(谕)旨传唤马士弘严行申饬。据马士弘口称,原系愚昧无知,惟有惶惧叩首,自行认罪。其景德镇烧造磁器俱不许书写明朝宣德成化年号字款。臣去岁到淮之后,即遵将旨意行知江南总督、江西巡抚各衙门钦遵奉行。臣到江西,知该督抚俱经转行严示饬禁。兹臣于二月十五日由景德镇起行旋淮,三月初五日已抵臣署。所有微臣赴镇回署日期理合恭折奏闻。谨具折奏。(朱批)马士弘等不曾归并一事,磨坯房等事,伊等先前窑房不足用否,当合为一事,有用者留用,无用者令伊等完结他们所办之事,令其北上回京。安尚义效力处可以不必了,他们所办未完事务可着赵元接办,一切图样、从前所办的数目皆留与赵元,以免重复,可明白知会伊等奉行①。

年希尧是雍正四年(1726)被赐死的胤禛近臣年羹尧之兄。五年正月初一日,年希尧奉命自淮安关署往景德镇,督造瓷器。从其奏折可知,安氏烧造瓷器,从康熙五十九年(1720)开始,一直延续到雍正五年(1727),前后整七年。奏折中提到"烧造酒圆俱书成化年号"的马士弘,应即前引奏折所载安岐家人马自弘,其名字发生音变,同样是基于满汉文对译的缘故。马自弘管理烧瓷多年,具有丰富的专业知识,应是其长期留任的原因。该奏折还透露

---

① 《管理淮安关务年希尧奏报前赴景德镇料理窑务情形及回署日期折》,雍正五年三月初九日,中国第一历史档案馆编:《雍正朝汉文朱批奏折汇编》第9册,第208—209页。

385

了两个重要信息，一个信息是：安窑瓷器系明代成化瓷仿制品。其实，仿制明瓷并非安氏首创，略早于它的郎窑瓷（又名康熙瓷），就是依明宣德、成化年间上品瓷器仿制。正因为如此，郎窑瓷往往被误认为明宣德、成化瓷[①]。但不知胤禛基于何种考虑，这一仿制传统在雍正四年（1726）却被谕令制止了，随即马自弘仿制明瓷亦为年希尧所饬禁。再一个信息是，胤禛朱批中"安尚义效力处可以不必了"一句表明：自雍正三年（1725）以来，安窑瓷的一部或全部在"报效"名义下呈送给皇室。至此，胤禛指派年希尧前往整顿景德镇窑务，并组织烧造御用瓷器（年希尧组织烧造的瓷器也很有名，后世称"年瓷"），同时终止了安窑的生产。胤禛出此决策的动机尚不明晰（在时间段上，与安图被抄家、安岐父子修天津城大约同时，彼此间或有一定联系）。康雍年间景德镇"郎瓷""年瓷"的盛名，早为人们所耳熟能详，但知道"安瓷"者却寥寥无几。安窑瓷今已无存，质量当属上乘，所以才具有仿制明成化瓷的水平，并且多年"报效"皇室。不管怎么说，这也是安氏家史中的一段辉煌业绩。

（三）重筑天津城

在安氏诸业绩中，最令人惊愕的，莫过于以一己之财力重筑天津城。

天津城位于京师东南，海河下游入海（渤海）处。因地势卑下，入海口狭，稍遇洪水即酿成水患。明清以来，天津城墙屡次被大水淹泡，城内外顿成水乡泽国。雍正三年（1725）夏，大水再次泛滥，天津城、濠皆被洪水损坏。九月，安岐父子自请报效重修城墙，长芦盐政莽鹄立据以上奏。胤禛朱批："城工既有安岐承修，何必又欲伊父安尚义（安尚仁）前往。安尚义若自愿到工看视，一任其便。伊既急公捐修，尔同地方官亦宜相助料理。"[②] 胤禛迅速

[①] 房兆楹：《郎廷极》，[美] A. W. 恒慕义主编：《清代名人传略》（上），第714页。
[②] 《长芦盐政莽鹄立奏为请修天津城垣以保民居以固疆圉事》，雍正三年九月二十八日，允禄等编：《朱批谕旨》第16册，武英殿刻本。

谕准安氏捐修城墙，并指示地方官员相助料理，但工程起步却并不顺利。雍正三年十月工程启动不久，河水冻结，各处窑厂不便，城砖难烧。到翌年（1726）三月，河冰融化，立大窑七座、小窑三座，烧造城砖。一面纠集人夫拆除北门城楼并旧墙，一面预备物料，于五月内兴工动造。天津城垣周长一千六百余丈，截至当年十二月下旬，只有北门城楼一座修起，两旁月墙筑完，门东筑墙九十余丈，门西筑墙一百余丈，其余北边一带俱未拆修，东、西、南三面仍复未动①。工程一再延宕的原因，一是春夏雨水过多，窑厂难立；二是烧造的城砖赶不上进度。巡视长芦等处盐课监察御史马礼善将工程延宕情况据实奏上，请求予当事诸臣处分。奉朱批："明年岁内完工亦不为迟，有何处分之有？"但实际进度却是到六年（1728）三月，东北二面城垣、门楼才竣工，并开始修筑西南二面。

　　除了工程浩大、工期旷日持久外，施工中遇到的最大难题还是费用不赀，安氏父子为此承受了巨大压力。施工经费，主要来自销盐的营利，即郑禅宝奏折中所指："安尚义、安岐系侍郎臣永寿家人，原在天津料理盐行生意"，以及安岐禀文内称"现有盐窝产业措变，勉力偿修工程，断不敢有误"②。雍正、乾隆年间，盐商集体捐资"报效"朝廷，以支持地方公益事业（如水利工程维修）的情况并不鲜见③，但像安氏父子这样以一己之力支撑如此大规模工程的事件却少有闻见。房兆楹推测说：为修筑城墙，安氏似乎已耗尽家资，甚至不得不出售藏画以竟全功。与此同时，安氏一家又迭遭变故，不啻雪上加霜。雍正六年（1728）六月，安岐之父安尚义（安尚仁）病故④。此前，其长子安图因受揆叙、隆科多诸案

---

①《长芦巡盐御史马礼善奏报查看天津城垣堤工情形折》（附件：问对清单一件），雍正四年十二月二十五日，《雍正朝汉文朱批奏折汇编》第8册，第741—742页。

②《长芦巡盐御史郑禅宝奏报长芦商人安岐捐修天津城垣情形折》（附录：修订折一件），雍正六年四月初二日，中国第一历史档案馆编：《雍正朝汉文朱批奏折汇编》第12册，第112页。

③［澳］安东篱：《说扬州：1550—1850年的一座中国城市》，李霞译，中华书局2007年版，第148—149页。

④《署直隶天津总兵张三让奏报督催商人安岐等上紧修筑天津城垣折》，雍正六年九月初六日，中国第一历史档案馆编：《雍正朝汉文朱批奏折汇编》第13册，第368页。

牵连被捕入狱，不久抄没家产（均详后文）。其时尚仁年事已高，风烛残年，不堪噩耗的打击，严重的热症（一说伤寒），是其病殁的直接原因①。安尚仁病殁仅一个月，安图即被处死。安岐也因"侵吞"太监李玉银两案受到内务府审问。与此同时，安岐还患有疾病②。在精神肉体承受双重煎熬的情况下，他为了尽快完成城工，不得不拖着病体往来于京师与天津间。

天津筑城前后费时六载，安氏父子不仅捐资，并且经常到场监督。重修后的城垣周长一六二六丈六尺，高一丈九尺八寸，垛高四尺二寸，合计二丈四尺，共有城垛一四五四个。城基三丈二尺，上宽一丈九尺③。安氏以一己之力，成此浩大工程，其财力之雄厚固然令人叹为观止，而其捐资筑城的善举也受到世人盛赞。时人钱陈群《安麓村五十寿序》说：凡陶冶工作，麓村（安岐）必躬自督视，擘画尽善。经六寒暑工竣，费白镪（白银）数十万，存活失业穷民数千人。制度视大郡加壮丽焉④。民国《天津县新志》卷21《安尚义传》这样写道：

安尚义，字易之，其先世本朝鲜人，入籍奉天，以行盐寓天津。好施予，康熙五十年（1711）灾，饥民载道，尚义创建

---

① 《内务府奏为议罪事》（雍正六年七月二十八日）："正黄满洲旗回文称：我旗侍郎永寿家人安尚义（an šang i）目下患热病（harkasi）严重……后正黄满洲旗来文称：我旗永寿家人安尚义已病故。"载中国第一历史档案馆藏《内务府奏销档》第176册（满文档册），第130—170页。

② 《署直隶天津总兵张三让奏报督催商人安岐等上紧修筑天津城垣折》（雍正六年九月初六日），中国第一历史档案馆编：《雍正朝汉文朱批奏折汇编》第13册，第368页。内务府审问安岐，主要是为了调查安氏父子吞没已被抄家大太监李玉（li ioi）的七万五千两银一案。最终，内务府判定：李玉的七万五千两，以一年为限，从安岐名下照数催取，倘逾期未完，将其从严议罪。尽管安岐矢口否认吞没银两一事，但内务府既已定谳，他只能表示接受重罚，说："目下我父已病故……我如何辩白？我现今请修天津城，请赏期限。我情愿承受，花费家产，替父偿还。"见《内务府奏为议罪事》（雍正六年七月二十八日），载中国第一历史档案馆藏《内务府奏销档》第176册（满文档册），第130—170页。

③ 蔡启盛等：《光绪重修天津府志》卷23《安尚义传》，第20页下，《中国地方志集成·天津府县志辑》第1册，上海书店出版社2004年版。

④ 钱陈群：《安麓村五十寿序》，转引自姚大荣《墨缘汇观撰人考》。

粥厂，南门外（赈）之，继此十余年不辍，全活无算。卫城岁久倾圮，尚义与子岐捐赀修葺①。

安氏父子富足而慷慨，热心社会公益，除捐资修城，还在天津设粥厂赈济灾民，此善举前后持续十余年之久，许多饥民得以存活。

天津城垣、门楼竣工后，官府重新命名各城门额：东为"镇海"，南为"归极"，北为"带河"，西为"卫安"。其中，西门的"卫安"系雍正帝钦定。因其中有"安"字，民间传说含有褒奖安氏父子之意。事实上西门旧称"安西"，已有"安"字在内，可知上说之牵强。但此说流衍至今，仍为人们所津津乐道，亦足证天津百姓对安氏筑城功业的缅怀。如今，天津城垣早已消失，卫安里、卫安南里、卫安北里等地名尚存。

然而正如房兆楹《安岐》所指出的，虽然安氏为公益修城颇受赞誉，但人们很难相信此举完全出自自愿。前文已述，雍正三年（1725）四月，江西布政使常德寿曾受胤禛面谕，访查安尚仁（安尚义）在景德镇烧瓷有无招摇，是为安氏父子已遭清帝疑忌之明证。康熙末年诸皇子储位之争，最终导致胤禛嗣位后大力剪除政敌，此一背景，或为解析安氏自请筑城之动机提供了更深层次的思考。而笔者最近看到的一件档案则证明：安氏父子自请修城，实际是迫于雍正帝授意②。

（四）安图被诛

雍正初年，安氏亦如其家主明府，走过烈火油烹的鼎盛期而陷

---

① 王守恂：《民国天津县新志》卷21《安尚义传》，第47页上，《中国地方志集成·天津府县志辑》第3册，上海书店出版社2004年版。

② 见莽鹄立《为奏明留捐银两以资天津修城事》（台北"故宫博物院"藏：《宫中档奏折·雍正朝》，档案编号：402014369）一折，时任长芦盐政的莽鹄立为筹措修城之费，奏请挪用长芦交送山东笔帖式护军校银，并由各官捐助银两。雍正帝朱批则称："此事且缓，可问问安尚义之子，他等可愿捐此力否？"此折于雍正三年九月十二日奏上，同月二十八日即有莽鹄立安岐请修天津城之折。足见安氏是在雍正帝授意下提出捐修天津城的，并非自愿。此档案系台湾政治大学历史研究所博士研究生许富翔提供。

第二编 八旗制度与社会

入低谷。其中最大的事件,即安图因卷入隆科多案而招致杀身之祸。雍正四年(1726)正月,清廷审理隆科多案,株连到揆叙家人安图。关于此案颠末,萧奭《永宪录》卷4有所披露:

> (雍正四年正月)怡亲王允祥劾吏部尚书隆科多。饬由边外回京。九卿会提督阿奇图廷讯之。故罪臣揆叙家人安图夤缘隆科多,自康熙五十二年至雍正二年,计银三十余万两。又娶红带之女为妾,逼勒自缢。事觉拿交刑部,籍没其家。因逮隆科多家人牛伦等质审。安图之父安三,当明珠为相时甚用事,圣祖洞鉴。珠令潜处扬州,挟巨赀行江西吉安等四府三十万引盐。及珠病革,圣祖欲问,又以安三祈恩,故复还京师。及揆叙卒,无子,以所有家财八百万献于官府,令九贝子(胤禟)掌之。予安三银百万两资生,以赡养叙母妻。叙字凯功,为翰林院掌院学士兼工部尚书者十余年,圣祖最亲信。其卒也,相传欲以皇孙为之嗣。或即指允禟(胤禟,又称九贝子、九阿哥)子。图之弟封,隶允禟门下,仍居扬州行盐矣。上登极,命封回京,嘱照亲王府供采买,得无过①。

安图与安尚仁(安尚义、安三)、安岐同为明府家仆,明珠殁,继续服侍其子揆叙。安图之所以落难,首先是受到故主揆叙株连。康熙二十七年(1688),明珠淡出政坛后,次子揆叙为"圣祖最亲信",明府得以延续昔日荣华。但揆叙文才有余,权谋不足,随即卷入康熙末年储位之争。他作为朝中大臣,鼎力支持胤禛(四阿哥,即位后称雍正帝)的最大政敌八皇子(八阿哥)胤禩。胤禩幼时,由明珠堂侄女、康熙帝惠妃叶赫纳喇氏抚养,揆叙与胤禩素来熟识相结。揆叙次子永福又娶九皇子(九阿哥)胤禟第三女,两家为姻亲。这一联姻固然出自康熙帝宸断,但在储位之争中,揆叙与胤禟、胤禩结为一党,与胤禛为死敌,也是很自然的。胤禟在诸

---

① 萧奭:《永宪录》卷4,中华书局1997年版,第260页。

旗籍朝鲜人安氏的家世与家事

皇子中财力最大,据称就与联姻揆叙有关,而他自揆叙家获得的白银,则有五十万两、百万两、乃至数百万两的说法①。胤禛即位后,对胤禵、胤禟痛下狠手,削除爵位,玉牒除名,逐出宗室。雍正四年(1726)秋,胤禵、胤禟相继死于非命。此前二年(1724),胤禛对故去七年之久的揆叙依旧耿耿于怀。谕旨严斥称:"本朝大臣中居心奸险、结党营私,惟阿灵阿、揆叙二人为甚,当年二阿哥(指两度被废立的皇太子胤礽)之废,断自圣衷,岂行臣下蜚语遂行废立,乃阿灵阿、揆叙借此机会攘为己力要结允禵等同为党援,肆无忌惮,日夜谋为造作,无稽之谈转相传达,以致皇考圣心愤懑莫可究诘,此朕与阿灵阿、揆叙不共戴天之恨也。"② 胤禛还斥责揆叙利用数百万两家财,资助胤禵角逐皇位,且多方阻止胤礽复为太子,"无君无父莫此为甚"!谕令追夺揆叙全部封赠,并将其墓上碑文全部磨去,改镌"不忠不孝、柔奸阴险揆叙之墓"十二个大字,以正其罪。胤禛对故去多年的父皇亲近大臣如此羞辱,在清朝历史上罕有先例,足以彰显其心地偏窄、报复心强的秉性,同时也反映了当初诸阿哥(皇子)皇位之争的严酷。关键还在于:"罪臣"揆叙的数百万家财,很大部分来自安氏孝敬,揆叙一旦身败名裂,注定安氏在劫难逃。这也就应了中国的那句古话:"覆巢之下,安有完卵?"

在安氏三兄弟中,安图居长,蓄积最富,他在京师内城玉簪胡同宅院内窖藏了大量银两,一窖就有四五十万两。他的营利之途,已知除业盐外,复开设当铺。康熙六十年,他一次就给昌元、昌义两当铺各添本银十万两③,可知其财大气粗,罕有其匹。安图除报

---

① 房兆楹:《胤禟》,[美]A. W. 恒慕义主编:《清代名人传略》(上),第792—793页。《清世宗实录》卷40,雍正四年正月丁酉:指胤禟"得揆叙之银数百万两"。同上卷45,雍正四年六月甲子:"伊(塞思黑即胤禟)女聘与明珠之孙永福,索取赀财累百万金。"《清世宗实录》卷46,雍正四年七月甲辰:"塞思黑,当康熙六十年,得揆叙家之银已百余万。"萧奭:《永宪录》卷3,"且伊此前诈明珠家银百万两"(第222页)。

② 《揆叙列传》,佚名辑:《清内府八旗列传档案稿》上,第419—428页,全国图书馆文献缩微复制中心影印本,2001年。

③ 中国第一历史档案馆编:《乾隆初陈顺等合伙偷创安图入官房院内窖银案史料》,《历史档案》1992年第2期。

效揆叙大量银两外,对权臣隆科多也有巨额奉献。据前引《永宪录》,安图银铛入狱,罪名有两条,一是夤缘隆科多,馈赠白银三十余万两。但检阅实录、档案记载,可知实际情况并非安图"夤缘"隆科多,而是隆科多"挟势强索"安图①。如此,则犯罪主体应为隆科多,而清廷将安图的被"勒索"扭曲为主动"夤缘",不免有重其罪名之嫌。另一条罪名是,安图身为家仆,违法娶红带之女为妾,且逼令自尽。清制,"红带"指皇族爱新觉罗氏之血缘疏远者,又称"觉罗",因系红带而有是称;若皇族近亲则称"宗室",系黄带以别之,故有"黄带"之谓。清廷为保证宗室、觉罗血统纯正,严禁其与民人(主体是汉人)通婚;为维护其身份高贵,又禁止与旗籍包衣奴仆结亲②。法律规定:包衣奴仆对宗室、觉罗施加人身伤害,视凡人(平民)被殴加重惩处。安图实际身份系满洲家仆,视平民法律身份已低一等。他不仅违法纳觉罗女为妾,且置之于死地,仅此一条,似乎已死有余辜③。但实际情况是,如果没有胤禛对"罪臣"揆叙、隆科多的清算,安图靠山不倒,也不会有官府会为此"小题大做"。雍正六年(1728)七月,议政大臣等会审隆科多罪状四十一条,拟斩立决。胤禛谕命革一等公爵,从宽免死,严行监禁。"夤缘"隆科多的安图则被处死④。

此前一年,安图家产已被抄没。安图宅院位于京师内城什刹海

---

① 中国第一历史档案馆编:《雍正朝起居注册》,雍正四年正月二十八日:"隆科多挟势强索揆叙家人安图银两",第682页(中华书局1993年版)。《清世宗实录》卷44,雍正四年正月辛酉:"隆科多挟势婪赃,差家人王五、牛伦陆续索取揆叙家人安图名下骡马缎匹及古玩等物,并银十四万两。"

② 世铎等纂:《宗人府则例》卷31,道光三十四年刻本,第19—21页。多年以后,礼亲王昭梿在提到安图时还写道:"不肖宗室至有与联姻眷,亦数典忘祖矣。"(《啸亭续录》卷3《安三》)。这似乎表明,安图不仅娶了觉罗女,还与宗室有姻戚关系。所以昭梿骂这些宗室"不肖",对不起自己的老祖宗。

③ 《大清律例》卷27《刑律·斗殴上》:凡宗室、觉罗而殴之者,杖六十,徒一年;伤者,杖八十,徒二年;折伤以上,重者加凡斗二等,缌麻以上各递加一等;笃疾者绞(监候),死者斩(监候)。马建石、杨育棠主编《大清律例通考校注》,第826页。

④ 萧奭:《永宪录续编》,第418页。

旗籍朝鲜人安氏的家世与家事

边玉簪胡同，在家主明珠宅园附近①。当时从安图家中抄出白银竟达二百万两之多，数额巨大，连雍正帝也为之震惊。五年（1727）十月十四日上谕称："昨因安图犯法，查其家产，知伊埋藏之银甚多……若深藏于地中，将来岁月既久，子孙亦不知踪迹。弃置土壤，深属可惜。其作何晓谕、劝诫、禁止之处，著九卿会议具奏。"②经九卿会议，于十二月初五颁布禁止埋藏金银令，行文八旗及直省督抚，并令其转交各地方官，于城市、乡村出示晓谕。此禁令一经颁行全国，安图家埋藏大批金银的信息势必在更大范围内传播。何况京师有熟知安家底细的人透露说，在安图入官宅院内还埋藏着大量白银，随即引发一些市井百姓（有旗人也有民人）的觊觎。他们结为两拨，一拨以天津安氏家人的奴仆陈顺为首，伙同旗人江老格等，勾结玉簪胡同官房看守人，三次潜入原安家院内，共刨得银八千四百六十余两、金二千二百二十两；另一拨以太医院汉人医士齐殿玺为首，伙同正黄旗护军阿克敦及旗人法侃、塞楞厄、赫雅图等，认买安图入官房五十七间半，然后在内多次实施刨挖，共得银十万五千一百一十两。乾隆五年（1740），这两起案件被内务府衙门缉获，陈顺、齐殿玺等俱被逮捕，由内务府审理并按律治罪。结案以后，官府派员在安图入官房内继续刨找，居然又得银十万二千三百一十五两。随即将这些银两依不同成色进行处理，一部分交入内庭，一部分熔化贮库。其中有九五以下色银四万余两，遵照雍正帝旨意，交与圆明园工程处使用③。在前引雍正五年（1727）禁止埋藏金银令中曾明文规定：凡有将金银埋藏地中者，一经发觉，将埋藏之金银散给地方贫民；若被他人偷掘，已经拿获者，将金银追出，不给本主，亦令散给地方贫民④。但从本案结果

---

① 昭梿：《啸亭续录》卷4《京师王公府第》（第511页）："成亲王府在净业湖（即什刹海）北岸，系明珠宅。"

② 中国第一历史档案馆编：《雍正朝汉文谕旨汇编》第406号，广西师范大学出版社1999年版，第288页；允禄等编：《上谕旗务议覆》，天津古籍出版社1991年版，第98页。

③ 中国第一历史档案馆编：《乾隆初陈顺等合伙偷刨安图入官房院内窖银案史料》，《历史档案》1992年第2期。

④ 允禄等编：《上谕旗务议覆》，第99页。

看，追出的巨额银两并未按照规定"散给地方贫民"，而是全部入于皇家私囊。由此看来，雍正帝之所以要加重安图罪名，并置之于死地，并不排除寓有觊觎其巨额财产的动机①。

"刨银案"破案后，一时哄传京城。在辗转流传中又被人添油加醋，变形走样，以致演化为安仪周（安岐）偶然购得钞本书，破解书中关于窖金之隐语，并从明府中掘金数百万的传闻②。

安图一案，对安氏无疑是一次沉重打击。安图被诛，安尚仁（安尚义）病亡，安岐在内务府受审，安氏家业几遭倾覆，但安岐最终还是侥幸逃过一劫。究其原因，或基于以下几点：一是安岐平时行事比较谨慎，无甚劣迹③；二是与财大气粗、处事张狂的安图保持了一定距离④，当然问题关键还是他未像安图那样卷入储位之争，并且站在失败的一方；三是危难关头自请修筑天津城，获得胤禛首肯，因此对其网开一面；四是胤禛即位后，对安氏倚为靠山的明府后人，并未赶尽杀绝。叶赫纳喇氏为满洲世家"八大姓"之一，康熙一朝尤为显赫，其势力在朝中盘根错节。胤禛显然考虑到了这一点，故在清算揆叙之余，对其子永寿并未加害。雍正一朝，永寿历任正黄旗满洲副都统、兵部侍郎，九年（1731）正月病故（三十岁），过继子宁琇亦任副都统。明府余威未绝，对安岐应有一定庇护作用。

（五）安岐与收藏

安岐一生，除京师外，长期居住扬州、天津，两地都是盐商聚居地。

---

① 此即叶恭绰《墨缘汇观书后》所指："安氏之金钱古物之富，至于歆动当宁，故雍正乾隆皆不放过他"，见《墨缘汇观》郑本《附录》，第333页。

② 周芸皋：《内自讼斋文集》，载叶昌炽《藏书纪事诗》卷4，北京燕山出版社1999年版，第326页；刘声木：《苌楚斋随笔》卷8《高丽安岐事迹》，第172页。

③ 安岐行事一向比较谨慎，这从前引雍正三年四月江西布政使常德寿景德镇烧瓷调查的结果中可以得到印证；又，徐珂《清稗类钞·农商类·安麓村为明珠鬻盐》亦有"麓村实恭慎守法"的评价（第5册，第2323页）。

④ 昭梿：《啸亭续录》卷3《安三》，称安图"最为豪横"，这从他"娶红带之女为妾，逼勒自缢"诸事不难窥知。

旗籍朝鲜人安氏的家世与家事

扬州位于大运河和长江交汇点，控扼南北漕运和盐运之咽喉，自古以来商贸发达，经济富庶。清代扬州，富甲天下，为盐商荟萃之区①。关于安岐在扬州，刘声木《苌楚斋随笔》卷8《高丽安岐事迹》写道：仪周在扬州置巨宅，豪侈不可言，百余年后，扬州人尚知"安二达子"其人。有地名"芦刮刮巷"，原系"安家巷"，因俗呼而讹。虽屡经兵燹，仍未易称，可见安氏在当日，赫赫在人耳目。据说，在今日扬州，"安家巷"与"芦刮刮巷"二地名俱存，一在东关街，一在皮市街。刘声木以为"俗呼有讹"，可能记载有误，或两处都有安岐住宅的缘故②。

安岐晚年，得吴仲圭松泉图，遂以松泉老人自号③。他长住天津，前后约三十年。安岐一生，极富传奇色彩，概括起来，主要有四点：

其一，博文儒雅。安岐身为明府世仆，并没有功名，但由于家境优越，自幼受到良好教育，及长，学问宏通。他性嗜古诗，王翚《清晖赠言》，有古香斋主人题石谷荷锄图诗一首，即其所作④。后人回忆：天津诗学，遂闲堂张氏首倡其风，继之者则于思堂查氏，而"金氏子升、麓村安氏颉颃其间"⑤。说明安岐不仅能诗，对推扬天津一代诗风也有贡献。安岐雅好书法，对唐孙过庭《书谱》慕名已久。康熙四十五年（1706），从梁清标家觅得《书谱》真迹，如获至宝，适值书法家陈奕禧假道津门，安岐请他撰写《释文》一册，打算一并摹刻于石，以广流传。后听说吴中顾庭如父子精于摹勒，特意请至津门，《书谱》石刻五载始得告成⑥。安岐在扬州业

---

① 徐珂《清稗类钞·农商类·扬州之场商运商》："扬州为两淮盐商荟萃之区，盐商其总名也，有场商焉，有运商焉。场商由各场产盐收聚集堆，以待票商运往引地销售。场商所收之盐，则堆集于十二圩，盐船均停泊于此，淮盐总栈亦设于此"（第5册，第2322页）。

② 韦明铧：《安家巷安氏——南马·北安·西元》，《风雨豪门：扬州盐商大宅院》，江苏广陵书社2003年版。

③ 杨锺羲：《雪桥诗话三集》卷12，辽沈书社1991年版，第67页下。

④ 《墨缘汇观》郑本《附录》，第324页。

⑤ 杨锺羲：《雪桥诗话余集》卷2，第85页下—87页上。

⑥ 安岐：《刻孙过庭书谱跋》，《墨缘汇观》郑本《附录》，第337页。

盐时，曾将《书谱》刻石并嵌于康山草堂壁上①。满洲名宦完颜麟庆在《鸿雪因缘图记》中，记述道光壬寅年（二十二年，1842），应阮元（芸台）之邀游览康山并观书谱刻石事②。说明道光年间，《书谱》刻石仍在原址。如今草堂无存，康山地名犹在。

第二，好结名士。安岐为人慷慨，喜与名士交。朱彝尊（1629—1709，字锡鬯，号竹垞），浙江秀水（嘉兴）人，康熙十七年（1678）以布衣举博学鸿词科，次年（1679）三月考试，康熙帝称他为"老名士"，列一等，授翰林院检讨。据李斗《扬州画舫录》卷10记：他归途过扬州，安岐曾赠银万两③。但问题是，朱彝尊生于明崇祯二年（1629）④，清康熙十八年（1679）已五十岁，而安岐生于康熙二十二年（1683）。朱彝尊返乡时，安岐尚未出生，如何馈以万金？李斗记安岐事迹系得自后世传闻，未必准确，据此可见一斑⑤。不过，朱彝尊一生，与明府多有交集确也是事实。他因纳兰性德的推引，方有荐举博学鸿儒科之机遇。《明珠墓志铭》中说，明珠"尤喜寒士，严绳孙、朱彝尊、姜宸英、唐孙华之属，时延于家，多致显名于朝"。朱彝尊等汉人名士平步青云，与明珠提携有关，他曾助明珠（总裁官）纂修《明史》，性好聚书，多秘钞善本，藏书八万卷，有《曝书亭书目》。安岐与朱彝尊既有家主一方的渊源，又有共同嗜好，他后来到扬州行盐，因仰慕年事已高的朱彝尊，登门谒见，也并非没有可能。安岐在民间，素以"好士"称名，故时人云："江淮间文士之贫而不遇者，多依以为生，麓村始终礼遇之，不稍懈也。"⑥从与之交游的诸文士诗文中，

---

① 李斗：《扬州画舫录》卷1，第11页。
② 麟庆：《鸿雪因缘图记》第三集《康山拂楔》，北京古籍出版社1984年版。
③ 李斗：《扬州画舫录》卷10，第242页。
④ 叶昌炽：《藏书纪事诗》卷4，第330页。
⑤ 无独有偶，徐珂《清稗类钞·鉴赏类·安麓村》内称：安岐重刻孙过庭《书谱》，以袁子才（袁枚）主持风雅，馈二千金求题跋。袁仅书"乾隆五十七年（1792）某月某日，随园袁某印可，时年七十有七"二十二字归之，安已喜出望外。问题是：安岐生于康熙二十二年（1683），乾隆五十七年（1792）已在一百零九年之后，安岐与袁枚既非同时代人，又如何向其求题跋？可见此记载亦为捕风捉影之谈。
⑥ 徐珂：《清稗类钞·农商类·安麓村为明珠鬻盐》第5册，第2323页。

也不难窥知其慷慨侠义的人品。钱陈群《麓村五十寿序》赞扬"麓村慷慨,乐周人急"。有诗则谓:"高丽流寓抗浪人,姿颜自足多精神,平生然诺重义气,米家书画陶家珍"云①。安岐鉴别书画的友人,则有王石谷、张得天、顾维岳诸人。

第三,生活奢华。李斗《扬州画舫录》卷6载:扬州盐商,竞尚奢丽,一婚嫁丧葬,堂室饮食,衣服舆马,动辄费数十万,而尤以安绿村(安麓村即安岐)为最②。扬州盐商生活奢华,源于行盐的巨大收益。当时,安氏与同在扬州行盐的山西巨富亢氏齐名,并称"北安西亢"③。安氏生活奢华,富甲天下,当为事实。但安岐在商言商,精明能干,也是出了名的。据说,他在担任"盐务商总"(盐商首领)期间④,曾倡导革除两淮盐政诸多积弊,以苏民困⑤。安岐学问渊深,好结名士,仗义疏财,扶危济困,这些为人称道的品行,与他耽于享乐的生活习尚其实并不矛盾。在某种程度上,这或者就是一代盐商的缩影。

第四,富于收藏。明府几代均精于书画收藏、鉴赏,安岐显然受其家风涵濡,致富后陆续购入书画精品,且以收藏之富,鉴赏之精,名扬海内。乾隆五十五年(1790),朝鲜人柳得恭从扬州画家罗聘(号两峰)处得知:安岐为人极风雅,收藏最富,献书画于今皇上(乾隆帝),获赐白银一千两⑥。乾隆帝赐银千两,作为进呈书画的奖励,这恐怕只是传闻,未必可信。但安岐"收藏最富"之声誉在当时已为南北书画收藏界所皆知,应是大致不错的。钱

---

① 邓之诚:《骨董琐记全编》卷4《安岐》,北京出版社1996年版,第128页。
② 李斗:《扬州画舫录》卷6,第148—150页。
③ 李斗:《扬州画舫录》卷9,第203页。
④ 李斗《扬州画舫录》卷9:"是时盐务商总以安绿村为最"(第214页)。商总即盐商首领,由盐运使任命,数量因时而异。乾隆年间,随着盐商群体进一步集权化,复从商总中推举一位"首总",任期三年(见[澳]安东篱《说扬州:1550—1850年的一座中国城市》,第113—114页)。安岐担任的应即"首总"一职。
⑤ 徐珂《清稗类钞·农商类·安麓村为明珠鬻盐》:"时盐法沿自明季,麓村为商,以明之势,多所更张,无掣肘者,积弊为之一祛,民困得少苏,则其于淮盐亦非无功者",第5册,第2323页。
⑥ [朝]柳得恭:《滦阳录》卷2《罗两峰》,第10页上。

陈群《麓村五十寿序》赞扬他:"凡名人翰墨见辄别其真赝,不爽丝黍。"杨锺羲《雪桥诗话续集》卷5,说他"鉴赏古迹,不差毫发"。都是盛赞他在鉴别书画真伪方面已达到炉火纯青的水平。时人查礼,官至湖南巡抚,书法学黄庭坚,善画梅,好收藏,曾集六百余古印章为《铜鼓书堂藏印》四卷传世。他在《画梅三首》其三的小序中写道:"安仪周老人,貌俊神清,性好古,精鉴赏。筑古香书屋数椽于沽水上,中贮牙籤万轴,余尽商周秦汉青绿宝器、唐宋元明名家之翰墨也,寝食其间,俗夫不得窥户牖,时人比之清閟阁"云①。安岐将收藏书画之屋题名"古香书屋"(又名沽水草堂),经常邀集文人墨客,品评书画鉴赏古董,乐此不疲。

清末显贵、同时也是大收藏家的端方因鄙视安岐出身,曾说过:"安之人无足取"的话,但对其收藏之富、鉴赏之精却有极高评价:"海内法书名画之归麓村者,若龙鱼之趋薮泽也。又,其人夙精鉴别,得书画之佳者,辄考其纸墨,记其印章,定真赝而手录之,久久成巨帙。"②端方所说"巨帙",指安岐的传世名作《墨缘汇观》。安岐六十岁时,将四十年来亲眼所见书画名迹之记录,整理成编,撰为是书。他在书前《自序》写道:

>余性本迂疏,志居淡泊。自髫年以来,凡人生所好爱者,如声色之玩、琴弈之技,皆无所取,惟嗜古今书画名迹以自娱。每至把玩,如逢至契,日终不倦,几忘餐饮,自亦知其玩物之非,而性之所好,情不能已也③。

是书集录法书二卷、名画二卷,共四卷。卷末各有续录,略加评识。共列题七百三十条,附带论及的又数十条。所收书画名迹,

---

① 《墨缘汇观》郑本《附录》,第324页。
② 《墨缘汇观》郑本《附录》,第321页。
③ 安岐(题撰人未详):《墨缘汇观录·序》第1页,王云五主编:《丛书集成初编》第1577册,商务印书馆1937年版。

始于魏晋，至明末止。每件作品，先述其纸绢、尺寸、装潢、墨色，次叙内容、落款、印章，次述题跋、藏印、流传经过，次述前人品评得失及个人意见。据安岐自述，是书成于乾隆壬戌（乾隆七年，1742）七月十二日，长期以抄本传世。光绪乙亥（元年，1875），南海伍绍棠将其刻入《粤雅堂丛书》。光绪庚子（二十六年，1900），有端方摆印本；九年后（1909），端方再次刻本刊行。近年以来，版本愈多，影响愈广，说明其价值越来越为世人所认知①。

关于安岐殁后藏品下落，时人说法不一。一说出自乾隆帝，见《石渠宝笈》卷42《黄公望富春山居图卷一》："丙寅冬，安氏家中落，将出所藏古人旧迹求售于人。"② 说明其家败落在丙寅年即乾隆十一年（1746）。一说出自稍晚时候的礼亲王昭梿（1776—1829），谓安氏"近日有登仕版"，且与宗室联姻者③。两相比较，昭梿之说晚出，且得自传闻，不太可靠。而乾隆帝不仅准确提到安家败落的时间在丙寅年冬，且有将安岐大部珍藏收归己有的事实作为支撑，自当较为可信。钱塘名士符幼鲁曾于安岐家开馆设塾，法书名绘，相对品评，安岐赠以端溪砚。及安岐殁，所宝尽失。幼鲁在《试砚诗》中有如此回忆："竹雀匆匆啄夕阳，幽窗启处室生凉，徒教画轴云烟过，泪滴空余古研香；云林堂峻仿倪迂，彝鼎摩挲今在无，一片秋光上吟屋，萧寥阑角冷双梧。"④ 他的诗，对安家衰败之状极尽描绘之能事，抚今追昔，感慨万千。亦足为安岐殁后藏品流失之佐证。

---

① 有北京翰文斋民国三年（1914）排印本；上海有正书局民国初年排印本；王云五主编《丛书集成初编》，商务印书馆1937年印本；延边大学出版社"朝鲜族古籍丛书"1988年本；江苏美术出版社1992年本；岭南美术出版社1994年本。
② 乾隆《石渠宝笈》卷42，《四库全书·子部》，四库全书本。
③ 昭梿：《啸亭续录》卷3《安三》："明太傅擅权时，其巨仆名安图（笔者按，安三即安尚仁与安图为父子，此处应指安三非安图），最为豪横。士大夫与之交接，有楚滨、萼山之风。其子孙居津门，世为盐商，家乃巨富，近日登入仕版。有外典州牧不肖宗室至有与其联姻眷者，亦数典忘其祖矣。"（第456—457页）
④ 杨锺羲：《雪桥诗话续集》卷5，求恕斋丛书本，第17页下。

至于刘声木《高丽安氏事迹》所说，安岐后来尽载收藏回高丽（朝鲜），其子孙留在中国者仍为安氏云云，显为无稽之谈。实际情况是，安氏身后，其书画精品大部分转入宫廷，少部分散落于民间①。如今，安氏珍藏大部分已下落不明，只有少数保存在博物馆。今藏台北"故宫博物院"孙过庭《书谱》、黄子久《富春山居图》，即其中两件。宋范宽《雪景寒林图》，藏天津某博物馆。它如顾恺之《女史箴图》、隋展子虔《游春图》等，均为海内外博物馆的镇馆之宝。

三 结语

综上所述，安氏身份的准确定义，应为隶属正黄旗满洲的包衣朝鲜人（家仆朝鲜人），也可简称"旗籍朝鲜包衣"。有人把安氏称为"内务府包衣旗籍"②，不够准确，因为他们是明府包衣，而不是内务府即皇室包衣（安对一支除外）。作为旗人，其身份既有别于民人，也不应混同于朝鲜半岛的朝鲜人。

如果用一句简洁的话来概括安氏，恐怕只有两个字——"奇人"。安氏不仅将诸多社会角色——旗下世仆、权贵管家、大盐商、公益慈善家、著名鉴赏家与收藏家——兼容并蓄于一身，且把每种角色都演绎到淋漓尽致的程度，这难道不是"奇人"吗？更令人称奇的是，安氏父子系从厮隶走卒（家仆）的卑微境地起步，而取得一个又一个令人瞩目的业绩。

耐人寻味的一点：在安岐的书画印章中，至少有二枚带有"朝鲜"字样：一枚为"朝鲜人"，一枚为"朝鲜安麓村珍藏书

---

① 端方：《光绪庚子摆印本墨缘汇观序》记其下落称："其精者为长洲沈文悫（沈德潜）进诸内府，余则散处，而江南为尤多。赭劫以还，半归灰烬，十不存一。不佞所藏宋元人书札三十余品，皆安氏故物……其他如苏黄《寒食帖》、赵承旨《莲华经》，为盛伯希（盛昱）、王莲生（王懿荣）二祭酒所得。"引自《墨缘汇观》郑本《附录》，第321页。

② 郑炳纯：《墨缘汇观·前言》，第5页。

画印"①。安岐先世入清已近百年，长期隶属旗籍，因旗人间素有通婚之俗，故安岐之血统必非纯正朝鲜人。即便如此，从小小印章仍不难看出，安岐对母国的感情依旧深厚，对母国人民的认同依旧强烈，这与同样编入旗籍的其他异族人（如蒙古、汉军）后裔在认同问题上有无差异，值得进一步研究。

毫无疑问，作为旗籍朝鲜人的安氏，已化为清朝史主旋律中一个永远响亮的音符。其起伏跌宕的家世与充满传奇色彩的业绩，永远值得后人珍重。

（原载《清史研究》2013年第4期）

---

① 郑炳纯：《墨缘汇观·前言》，第6页，参见叶昌炽《藏书纪事诗》卷4，第327页，所记印文略有不同。

清朝皇帝与保母

论文提要：帝王尊崇保母，在中国历史上由来已久。清朝诸帝尊崇保母，虽是因袭明朝，也带有满族传统的印记。本文依据档案、碑传、家谱和实地考察，对清朝册封保母的缘起、内容、特点和终结，进行了考察。

关键词：清朝　满族史　保母（乳母）内务府包衣

保母又称乳母、奶母、乳媪，满语称嬷嬷、嬷嬷额涅[①]，即今人所云奶妈。在清代，举凡八旗世家，都有乳母。在旗人曹雪芹所著《红楼梦》中，女仆中地位最高者就是乳母。贾政的乳母赖嬷嬷，家有花园，孙子做县官；宝玉的乳母李嬷嬷，任意打骂奴婢；贾琏的乳母赵嬷嬷，连凤姐对她都以礼相待。非一般仆人可比。在旗人文康著《儿女英雄传》中，也用大量笔墨渲染安骥的嬷嬷爹（又称奶公、乳公）华忠，何玉凤嬷嬷爹戴勤一家在主人面前是如何的风光。不过，在旗人社会中，身份最尊显的乳母乳父，还是出在帝王家。

满洲皇帝的奶母是些什么人？生前与皇帝是怎样的一种关系，死后会得到哪些哀荣？她们的丈夫（即所谓奶公）和子孙又从中得到了什么优待？这些问题之所以令人感兴趣，不仅因为它是清朝内

[①] 奕赓：《佳梦轩丛著·寄楮备谈》："乳母，清语曰嬷嬷，乳母之夫曰嬷嬷妈。"（北京古籍出版社1994年版，第129页。）福格：《听雨丛谈》卷11《乳母》："京师呼乳媪为奶子、奶妈，文其词曰奶姥、奶娘，国语曰嬷嬷。"（中华书局1984年版，第228页。）

廷制度的一个方面，而且从一个侧面展示了清朝最高统治者——满洲皇帝——与身份卑微的仆妇间一种充满温情的特殊关系。

一　皇帝的保母与册封

清太祖努尔哈赤起于草莽，历尽艰辛，其子侄虽还不能享受锦衣玉食的生活，却在襁褓中受到奶母的呵护。今沈阳清昭陵东上岗子村附近，曾有"奶妈坟"一座，葬的是清太宗皇太极的奶妈奶公[1]。坟前原有石碑一通，人称"关家碑"。瓜尔佳氏汉姓关，乃清代满洲著名八大姓之一，皇太极的奶母可能是瓜尔佳氏。

及清朝入关，顺治帝福临、康熙帝玄烨均以幼年即位，保母在宫廷中的作用由此大增。福临即位时，年仅六岁，由亲叔多尔衮和堂叔济尔哈朗共同辅政。福临母亲孝庄皇太后是蒙古科尔沁亲王寨桑的女儿，福临出生不久，就与母亲分宫居住，数月方得一见。所以他在内廷接触最多的就是保母。

就目前所知，顺治帝保母有朴氏、叶赫勒氏、李嘉氏，清一色满洲旗人。

关于朴氏的出身背景，在清朝正史中语焉不详。近阅光绪二十四年隆钊修《辉发萨克达氏家谱》（下简称《萨氏家谱》）[2]，总算弄清了长期笼罩在这位满洲妇女身世上的谜团。朴氏的夫家即辉发萨克达氏，始祖伊拉达，二世祖他母布，三世祖吾达那，四世祖巴萨哩。朴氏是巴萨哩的妻子，本姓布母布哩氏，以后简称朴氏。布母布哩氏不见于《八旗满洲氏族通谱》，按《氏族通谱·凡例》的说法，只有那些元勋世宦或至少子孙中"有名位（即有一官半职）可考"的氏族，才符合收载条件。布氏（朴氏）未被收载，只能说明朴氏娘家身世卑微，名不见经传。

---

[1]　赋氏修：《清昭陵的陪葬墓》（2013—02—24，08：19：48），http://blog.sina.com.cn/u/1788615491。

[2]　萨氏修：《辉发萨克达氏家谱》，光绪二十四年隆钊写本，《北京图书馆藏家谱丛刊·民族卷》第38册，北京图书馆出版社2002年版。

《萨氏家谱·祖母受封例》载:"由太祖龙飞之日携族内府,世受皇恩,屡承天眷。"说明早在太祖开国时代,朴氏或者还包括她夫家的辉发萨克达氏,已成为努尔哈赤名下包衣。朴氏前后经历太祖、太宗、世祖、圣祖四朝,卒于康熙二十年(1681)[1]。照此以推,她去世时至少也该六十多岁,这在当时的满洲人中无疑享寿很高了。

朴氏丈夫巴萨哩早殁,葬在吉林辉发原籍,没有赶上"从龙入关"的风光。而他的族人,是在女家长朴氏带领下入居北京的。当时,福临尚在幼冲,加之体弱多病,作为他的保母,朴氏付出的心血可想而知。顺治七年(1650),摄政王多尔衮在外出行猎时猝死,十四岁的福临提前亲政,朴氏依旧追随其左右。当时活跃于清廷的耶稣会士记载说:顺治十六年(1659),当南明郑成功围攻南京的消息传到北京,福临曾大发雷霆,扬言要御驾亲征。面对百官劝阻,他竟用剑把御座劈成碎块,于是再没有人敢站出来谏止。其母孝庄太后转身退去,另遣福临奶妈出面劝阻,"因为奶母是被满人敬之如自己生身母亲一般的"[2]。这位敢于向福临进劝的保母可能就是朴氏,她在宫中的地位和受到的尊重不难想见。

顺治十八年(1661)正月,福临染上天花,数日后撒手尘寰,年仅二十四岁。年方八岁的康熙帝玄烨继承了皇位。又过八年(康熙十六年),玄烨已成长为英俊少年,并且于两年前在太和殿举行了隆重的亲政大典。七月,谕礼部:"世祖章皇帝乳母朴氏,保育先皇,克昭敬慎。朕躬幼时,殚心调护……每怀畴昔,时廑于衷;封典宜加,用彰隆眷。今封为奉圣夫人,顶戴服色,照公夫人品级。"[3]

历史上,帝王之子由保母养育有着悠久传统。而对保母赐以

---

[1] 卒年据鄂尔泰等纂《八旗通志初集》卷239,第5376页;中国第一历史档案馆译编:《雍正朝满文朱批奏折全译》,第983页。《辉发萨克达氏家谱》将其卒年系于康熙二十年,似误。

[2] [德]魏特:《汤若望传》,杨丙辰译,商务印书馆1949年版,第290页。

[3] 《清圣祖实录》卷68,第10页下11页上。

封号，尊以高位，赐以财富，也非清朝肇造。汉武帝曾号其乳母为大乳母，以公田赐之。东汉安帝封乳母王圣为野王君；顺帝封乳母宋娥为山阳君，邑五千户；灵帝封乳母赵娆为平氏君。又晋元帝封乳母阿苏为保圣君。唐中宗封乳母于氏为平恩郡夫人；玄宗封乳母蒋氏为吴国夫人，莫氏为燕国夫人；代宗封乳母吴氏为颖川郡太夫人；宪宗赠乳母卢氏为燕国夫人；哀帝封乳母杨氏为昭仪、王氏为郡夫人，封另一位王氏为昭仪，后因中书劝谏，改封杨氏为安圣君、王氏为福圣君、另一位王氏为康圣君。宋朝以下，这类记载仍不绝于书。至于北魏太武帝尊其乳母窦氏为保太后，元朝文宗封乳母夫为营都王，则是历史上少数民族皇帝尊崇保母的先例。

明永乐三年（1405），成祖朱棣追封乳母冯氏为保圣贞顺夫人，是明朝尊封保母之始。仁宗朱高炽初登基，封保母为翊圣恭惠夫人，置守坟人丁十二户；又封保母杨氏为卫圣夫人，其夫蒋廷珪为保昌侯，赐谥庄靖。都是前所没有的旷典。宣德元年（1426），宣宗朱瞻基封乳母尹氏卫圣夫人。从此沿以为例。① 明英宗尊保母张氏为佑圣夫人。万历时，保定人侯二妻客氏入宫为朱由校乳母，以姿色受宠幸。由校（熹宗）立，封客氏奉圣夫人。客氏后与大宦魏忠贤朋比，把持朝政。由此可见，清朝册封朴氏为"奉圣夫人"，完全是因袭明朝制度②。

清制，公、侯、伯及一品官，封光禄大夫，其妻封一品夫人。朴氏照公夫人品级，在清初皇室各保母中，所受尊荣的规格最高。这当然与她精心呵护两代幼帝有关。康熙二十年（1681）六月，朴氏溘然长逝，玄烨沉痛万分，在上谕中追忆了朴氏的音容

---

① 沈德符：《万历野获编》卷21《乳母异恩》，中华书局1959年版，第542页。记载有误，参见王世贞《弇山堂别集》卷72、74（四库全书本）；郭良翰：《明谥纪汇编》卷3、20（四库全书本）。

② 按郭良翰《明谥纪汇编》卷3，"国朝谥例：帝用十七字，后用十三字，皇妃或六字或四字或二字，亲王一字，东宫、郡王及文武大臣，若保母与王妃之以节死者，皆两字"。可见，清朝与保母二字谥，也是遵从明制。

第二编　八旗制度与社会

笑貌和对自己无微不至的关爱。为报答朴氏抚养之恩，不仅追加封号，还"特赐孝陵近地，葬如公夫人礼"，建祠墓道，春秋致祭①。

福临遗体火化后葬北京东北方的昌瑞山（在今河北省遵化市），即通常所称东陵。其陵墓孝陵又是在东陵起建的第一座陵寝。玄烨谕旨朴氏葬在孝陵，意在让她永远伴随着钟爱的小主子福临，用意是很明显的。但《萨氏家谱》却这样写着："德胜门外大豁口东满井祖茔坟座记载：首座葬布母布哩氏……其葬制，始祖为上，已婚男性并正妻按辈分左昭右穆顺延。"据此，朴氏不仅被萨克达氏奉为入关后的始迁祖，还在满井祖茔占据了主穴位置。问题是：朴氏一身，怎能兼有两墓？玄烨既已御赐"孝陵近地"，朴氏族人又怎敢违背？何况，朴氏生前已再婚，后夫名喀喇（说详后文）。这样一来，朴氏即便不葬在孝陵近地，按常规也不应入葬萨氏祖坟。实际情况是，朴氏和她的后夫一起葬在孝陵近地，至于萨氏在自家祖茔设置的，只是她的衣冠冢②。

在皇陵附葬保母的做法最晚始于唐代。唐昭陵附葬的彭夫人就是唐太宗李世民的奶妈。据说此坟仍存遗迹，墓呈圆锥形。清孝陵奶妈坟则应是有清一代奶妈坟之始。

在笔者所见满人祖谱中，女性被奉为始迁祖的，仅朴氏一例。清朝定鼎北京，满洲各姓随之入关，其迁徙之第一代为始迁祖，死后葬墓地首位。汉人葬俗，女性家长不可能被奉为始迁祖，因其是通过婚姻关系进入该族的异姓，与族中男性祖先并无血统上的联系。萨克达氏奉已改嫁的朴氏为始迁祖，说明清初满人葬制，还没有形成像汉人那样繁缛刻板的程式，仍带有很大随意性。当然，这种做法与朴氏的特殊地位也不无关系，毕竟她不是一位普通的女性长辈，而是皇帝的保母。

---

① 《清圣祖实录》卷96，第16页下17页上；参见萨氏修《辉发萨克达氏家谱》，光绪二十四年（1898）隆钊写本。
② 徐广源：《清东陵史话》，紫禁城出版社1997年版，第169—170页。朴氏墓在孝陵东马兰峪河东村东南处，遗址尚存。

福临保母，还有李嘉氏和叶赫勒氏。李嘉氏和叶赫勒氏都是在崇德三年（1638）正月福临诞育之初被选为保母入宫的。李嘉氏卒于顺治十七年（1660）十二月。第二年正月初七日，福临就因出天花死去。可以说，李嘉氏几乎陪伴了福临终生。福临对李嘉氏之死极为沉痛，上谕中除表彰她"尽心奉侍，进食必饥饱适宜，尚衣必寒温应候"外，还特别提到一个情况，"睿王摄政时，皇太后与朕分宫而居，每经累月方得一见，以致皇太后萦怀弥切。乳母竭尽心力，多方保护诱掖"①。这段话透露，睿王多尔衮摄政期间，福临与皇太后分宫而居，行动受到严格限制，往往数月才能一见。年幼的福临，独处宫中，实际是在保母精心呵护下成长起来的。

叶赫勒氏也是福临甫一降生，即开始保母生涯。而且同李嘉氏一样，生前死后均未及时得受恩封，也就是后来玄烨谕旨里所追述的："久更岁年，宠命未颁。"迟至康熙六十年（1721）四月，玄烨亲谒孝陵，叶赫勒氏的孙子怀诚与李嘉氏的儿子喀都礼一起叩请加恩。玄烨追念两保母"旧侍禁庭，殚心夙夜"的劳绩，准从其请，追封叶赫勒氏为佐圣夫人，李嘉氏为佑圣夫人。②

玄烨保母瓜尔佳氏，入侍年月无考，卒于康熙三十八年（1699）。玄烨特封保圣夫人，遣官致祭四次。初次祭文称：瓜尔佳氏由太皇太后从众保母中亲自拣选出来看护襁褓中的玄烨③。此太皇太后，指玄烨祖母孝庄太后。玄烨即位不久，母后佟佳氏去世，父母双亡，祖母成了他身边最亲近的长者。康熙六十年，玄烨谕令王大臣等："为朕御极六十年，奏请庆贺行礼。钦惟世祖章皇帝因朕年幼时未经出痘，令保母护视于紫禁城外，父母膝下，未得一日承欢。此朕六十年来抱歉之处。"④从玄烨出生，到父亲福临

---

① 《清世祖实录》卷143，第17页。
② 《清圣祖实录》卷292，第11页上下。谕祭文俱载鄂尔泰等纂《八旗通志初集》卷239，东北师范大学出版社1985年版，第5375—5376页。佐圣夫人、佑圣夫人墓均在清东陵孝陵东侧。
③ 鄂尔泰等纂：《八旗通志初集》卷239，第5376—5377页。
④ 《圣祖仁皇帝圣训》卷1，四库全书本。

第二编　八旗制度与社会

去世，中间长达八年，他多数时间随保母避痘在外①，不能在父母膝下"一日承欢"，享受寻常人家的天伦之乐。这段经历既使他抱憾终生，也是他与保母感情深笃的重要原因。瓜尔佳氏患病后，玄烨遣御医诊视，进方药，以时问状，及病重，屡次亲往探视。瓜尔佳氏病殁，玄烨又赐葬孝陵附近，位在奉圣夫人之次②。在朴氏、瓜尔佳等氏墓园中，还葬有他们的丈夫即人们习称的奶公。

另据前人考证，玄烨保母还有内务府汉姓孙氏。萧奭《永宪录》载："頫之祖□□与伯寅相继为织造将四十年……寅……奉天旗人，有诗才，颇擅风雅。母为圣祖保母，二女皆为王妃。"③ 寅指曹寅，内务府正白旗旗鼓佐领下人；父曹玺，外任江宁织造，内升兵部尚书；母孙氏为玄烨保母，二女皆为王妃。寅亦出任江宁织造，兼两淮盐政。嗜学，工诗，精鉴赏。子曹颙，仍任江宁织造。颙卒，頫补其缺。到雍正帝胤禛即位，頫因党附胤禛弟胤禟而被革职抄家。自玺至頫，曹家三世为江宁织造，将近四十年。到曹寅孙曹雪芹时，家境已败落。他落拓不羁，著《红楼梦》80卷而名垂青史。陈康祺《郎潜纪闻》说：康熙三十八年（1699）四月，玄烨南巡回程，驻跸于江宁织造曹寅衙署，重见保母孙氏，"色喜，且劳之曰：此吾家老人也"。于是赏赉有加。时值庭院中萱花盛开，御书"萱瑞堂"三字以赐。这件事，被说成是前所未有的旷典。据

---

① 玄烨避痘的确切地点在西华门外北长街路东，即喇嘛教福佑寺原址。该寺建于雍正元年，门外坊书"圣泽永垂，泽流九有"，正殿中奉康熙皇帝大成功德佛牌，东案陈设《圣祖御制文集》，西案设宝座，殿额题"慈容宛在"，皆雍正帝御书。即康熙帝少时保母护御之邸。内务府旗人英和《恩福堂笔记》中有记载。参见金梁《光宣小记·福佑寺避痘》，上海书店出版社1998年版，第71页；吴廷燮总纂：《北京市志稿·宗教志五》第8册，北京燕山出版社1998年版，第232页。

② 瓜尔佳氏墓在孝陵马兰峪东河东村北，2004年3月笔者至该地考察，墓前尚存石祭台一座，康熙四十年四月二十八日《保圣夫人瓜尔佳氏碑》和康熙四十一年五月二十九日《乳公图克善碑》各一通。清制，官五品以上，用碑，龟趺螭首，六品以下用碣，方趺圆首；庶人止用圹铭（尹泰等纂：《大清会典》卷101，雍正十年内府刻本）；又规定：民公以下，庶民以上，葬，永不许造地室（同上）。瓜尔佳氏夫妇不仅墓前有龟趺螭首碑，原先还造有地室，说明给她的待遇确实很高。

③ 萧奭：《永宪录·续编》，中华书局1959年版，第390页。

考，孙氏生于明崇祯五年（后金天聪六年，1632），① 卒年不详。俗话说"爱屋及乌"，终康熙一世，孙氏娘家、夫家同样荣宠不衰。

清帝诸子（阿哥）女（格格）出生后都有保母，但惟有即位阿哥的保母才有获封机会。孙氏没有像其前任那样得到追封，可能与后来政局变动有关。胤禛即位，一味诛除异己，祸及曹、李两家，其保母封号遂不得与。

胤禛即位时已四十五岁，在清朝入关以后的十个皇帝中，他即位时年龄最大。一旦统御万方，君临天下，虽然政务丛脞，首先想到的仍是褒扬自己的保母。雍正元年（1723），他册封保母王氏为顺善夫人、谢氏为恭勤夫人，并命谕祭四次，立碑其墓。②

胤禛即位是否得自篡夺，史家一直存有争论，但他通过与诸皇子的激烈角逐取得皇位，并在登基后对结怨诸皇子大加迫害的事实却是没有疑问的，也因此落得工于心计、猜忌多疑、刻薄寡恩、心毒手狠之类的贬词。不管胤禛基于何种考虑，这种甫一登基就册封保母的做法，在清朝诸帝中也是空前绝后的。王氏身世不详，惟谢氏墓地墓碑在历经数百年离乱和劫难后，居然留到现在③。胤禛在碑文中回忆幼年嬉戏保母身边的情景，她的音容笑貌仍栩栩如生，一切宛如昨日，而生灵已逝，不能不感慨年月之无情。

除了王氏、谢氏，据说胤禛的保母还有刘氏，封安勤夫人。④身世不详。

清初追封保母，主要行于顺、康、雍三朝。就目前所知，乾隆帝弘历追封的保母只有董氏，封温淑夫人。乾隆十六年（1751）

---

① 周汝昌：《红楼梦新证》，华艺出版社1998年版，第172页。
② 鄂尔泰等纂：《八旗通志初集》卷239载雍正元年《顺善夫人王氏碑文》《恭勤夫人谢氏碑文》。
③ 墓在今北京市大兴区榆垡黄各庄村东。2002年9月18日，笔者与细谷良夫教授、加藤直人教授、中见立夫教授一同前往考察。墓地南向，坟丘、神路、石桥、石五供已无存，仅留汉白玉华表、牌坊、墓碑。《八旗通志初集》称此碑立于雍正元年，但诰封碑的时间却写着雍正八年六月。前者或是诰封时间，后者是墓成立碑时间。巧的是，我们还遇到谢氏后人李广择老人。考察情况详见附记。
④ 奕赓：《佳梦轩丛著·寄楮备谈》，第129页。

十二月《温淑夫人碑文》称："朕惟宫廷重诸母之选传保攸隆，琬琰昭奕……尔乳母温淑夫人董氏，祗承禁掖，翼护朕躬。"① 是碑已残，满汉文合璧，由弘历亲撰并书。

关于清初诸帝保母的封典，俱载雍正朝修《八旗通志初集·列女传一》。值得注意的是，在乾隆朝重修《钦定八旗通志》中，相关记载已全部删除。合理的解释是，新一代统治者显然决定改弦易辙，并隐去这段历史。从此，皇帝保母再无受封机缘。

二 保母的优待措施

奶公均曾协助妻子看护年幼皇帝，皇帝施恩奶母，也不能不泽及奶公，由此形成特殊的旗人世家。优待措施主要有：

赐以世职。顺治八年（1651），福临赐奶公迈堪、满都礼、喀喇三等阿达哈哈番，准其子孙承袭。② 康熙六年，赐奶公图克善拜他喇步勒哈番。三等阿达哈哈番为正三品世职，拜他喇布勒哈番为正四品世职。清制，三等阿达哈哈番，岁支银160两，米80石；拜他喇布勒哈番，岁支银110两，米55石。说明奶公收入水平，大体接近八旗二品、四品官员，③ 应该说，给他们的待遇是不低的。

喀喇即奉圣夫人朴氏之夫，生前已晋二等阿达哈哈番，殁于顺治十一年七月。福临闻讯，赠谥"恭襄"，立碑墓前。④ 前面提到，朴氏前夫巴萨哩葬在吉林辉发原籍，喀喇是其后夫。奶公因夫以妻贵，故生前受职，死后追谥，无比荣光。

---

① 《乳母董氏碑》，北京图书馆金石组编：《北京图书馆藏中国历代石刻拓本汇编》第70册，中州古籍出版社1990年版，第172页。碑原在北京朝阳区酒仙桥东八间房村，今去向不明。

② 雍正二年十一月二十五日《和硕怡亲王允祥等奏查奶母子孙承袭封赏折》，中国第一历史档案馆译编：《雍正朝满文朱批奏折全译》，黄山书社1998年版，第983页。

③ 八旗二品官俸禄，岁给俸银155两，俸米77石5斗；四品官俸禄，岁给俸银105两，俸米52石5斗，鄂尔泰等纂：《八旗通志初集》卷45，第861页。

④ 《清世祖实录》卷85，第5页下。参见顺治十二年三月二十五日《乳公二等阿达哈哈番谥恭襄哈喇碑文》，晏子有：《清东西陵》，中国青年出版社2002年版，第452页。

迈堪即佐圣夫人叶赫勒氏之夫，满都礼即佑圣夫人李嘉氏之夫。孝陵建成后，满都礼奉命长期守陵，恪尽职守。康熙十四年十月，玄烨谒陵毕，驻跸汤泉，将御用貂裘、皂靴、马匹赏赐满都礼。满都礼大约死于康熙十八年前后，赐谥"良禧"①。

图克善是瓜尔佳氏之夫，曾任一等侍卫，殁于康熙二十六年。十二年后瓜尔佳氏病殁，玄烨再次御赐图克善碑文，共立于坟前。

世职由子孙承袭。《和硕怡亲王允祥等奏查奶母子孙承袭封赏折》载称：雍正二年（1724）十一月初九日奉旨：奶母之子海保，著补授包衣员外郎，赏戴翎子，赐银两千两。再，奶母之诸子，准袭何等官爵，著查成例，俾海保、讷尔特依等承袭。寻奏准，按照奶母诸子袭爵成例，赐海保拜他喇布勒哈番世职。② 海保父亲叫李登云（满文译汉），其母大概就是雍正帝保母谢氏③。日本学者铃木真在《雍正帝和藩邸旧人》一文中指出：康熙年间，胤禛受封镶白旗和硕雍亲王亦即镶白旗旗主，其亲信既包括傅鼐、常赉、博尔多、阿林、傅敏、遂和德这样的满洲人，年羹尧、沈竹、冯国相这样的汉军，也包括李登云、海保这样的包衣。后者因属保母一族，而与胤禛形成极密切关系。④ 这应是胤禛即位后要对他们赏庸酬功、加以封赏的原因。

保母隶籍内务府，出身无不卑贱，一旦有宠于当朝，子孙随之发迹。像前面提到的玄烨保母孙氏和她的夫家曹氏，莫不如此。再如谢氏之子海保，雍正初年不过一介笔帖式，不数年骤升至苏州织造。至于朴氏夫家萨克达氏一族，情况却有所不同。《八旗满洲氏族通谱》卷35载"各地方萨克达氏"："（正黄旗）包衣伊拉达，

---

① 康熙十八年三月十九日《乳公二等阿达哈哈番谥良禧满笃理碑文》，晏子有：《清东西陵》，第453页。
② 中国第一历史档案馆译编：《雍正朝满文朱批奏折全译》，第983页。
③ 笔者考察谢氏墓时见其后人姓李名广择，可以为证，详附记。
④ ［日］铃木真：《雍正帝と藩邸旧人》，日本《社会文化史学》第42号，2001年9月。

辉发地方人，其五世孙永德，现任七品官。满泰，原任骁骑校。六世孙八十七，现任守备。"文中提到的伊拉达，即辉发萨克达氏始祖。前四世，一直没有功名，正是从朴氏下一代即第五世起，才开始步入仕途。

由此又形成一个有趣现象：有些保母子弟如康熙时的孙家、曹家，雍正时的李家，都是显耀于当朝；但也有些保母子弟，在累积数代之功以后，才攀上仕途峰巅：如萨氏第九世中祥，历任公中佐领、骁骑参领、热河总管、粤海关监督等要职，殁于道光十五年（1835）；中福，历任员外郎兼公中佐领，郎中、张家口监督、江宁织造、骁骑参领、圆明园郎中，殁于咸丰十年；中祐，历任内务府会计司员外郎、福建泉州府知府。第十世诚明，历任员外郎、公中佐领、会计司郎中、银库郎中、骁骑参领、山海关监督、总管内务府大臣；诚基，公中佐领；诚英，历任护军参领、庆丰司员外郎、公中佐领，光绪十五年升总管内务府大臣。萨氏在第九、十两世颇为显达，尤其第十世，内务府总管就出了两个。下迄第十一、十二两世，仍以出仕者为多。

在《萨氏年谱》中，还载有两条特殊优待条例：

其一，不选宫女。"康熙十四年十一月初四日顾太监奉上谕：传内务府大臣噶鲁海拉孙，今选女子萨克达嬷嬷额娘一姓，族中女子等止选。"关于八旗女子入宫，清廷有两条规定。一为选秀女：八旗满、蒙、汉军正身（自由民）女子，年满十三岁至十七岁者，每三年一次参见验选，选中者，入宫为皇帝嫔妃或备王公贵族指婚之选，验选前，不准私相聘嫁。一为选宫女：内务府三旗佐领、内管领下女子，年满十三岁亦选秀女，选中者，留作宫女[①]。可见，两者不仅选取对象不同（前者为外八旗女子，后者为内务府上三旗女子），入宫后身份地位亦大相径庭。以往论者习焉不察，或将两

---

① 清制：凡选宫女，书其氏族年齿以备阅，每年于内府三旗佐领、管领及回子佐领、健锐营、番子佐领下女子，年十三岁以上者造册送司，奏交宫殿监督领侍等带领引阅，每六人为一班，挨次带领。入选者留宫，余令其父母择配，托津等纂：《大清会典》卷76《内务府六》，嘉庆二十三年殿本。

者混为一谈①。内务府女子被选入宫，充当内廷杂役，年满二十五岁始放出。为皇室无偿服役十余年不说，按当时标准，出宫时已是十足"大龄青年"，谈婚论嫁谈何容易？内务府女子不乐入选，乃人之常情。萨克达氏世代隶属内务府，只因朴氏曾任皇帝保母，才被赐予全族女子免选宫女优待条例，因此载入家谱，俾后世子孙铭记。

其二，抬旗。萨克达氏"原由盛京来时，系正黄旗内府满洲第三佐领下人，修谱时内府佐领系茂林承管②，因祖母前在朝有功抬入正黄旗满洲四甲第十六佐领下"。旗人隶属关系不同，由此形成身份地位差异。"抬旗"指由内务府抬入八旗满洲，或由下五旗抬入上三旗。抬旗者或为勋臣，或为皇后母家。有清一代，此类抬旗不一而足，而像萨氏这样因祖母保育之功而由内务府抬入正黄旗满洲，确属旷世之典。朴氏两世保母，所哺又是两个幼年登基的皇帝，故所得封赠最隆，而其他保母和亲族未必能享受如此优渥的厚遇。

挑选奶母，历朝原有不同规定。明朝选奶母之制，养于宫者曰坐季奶口，籍于官者谓点卯奶口，须有夫，年十五以上二十以下，形容端正，第三胎仅三个月者应选。产男用乳女者，产女用乳男者。乳母本人终身不得出，至崇祯乃令皇子至七岁放出。而清朝《总管内府现行则例·会计司》卷3《挑选嬷嬷妈妈里》载：凡挑选嬷嬷妈妈里（侍母），据宫殿监督、领侍太监等所传，即交各佐领、管领查选，将应选之人送与宫殿监督、领侍太监等挑取。雍正七年十月奉旨：阿哥公主等之嬷嬷妈妈里，著照雍和宫例，每月赏给银二两、白米二斛；看灯火妈妈里，赏给银一两、白米一斛半。乾隆三十九年二月奉旨，嗣后挑选照看阿哥等妈妈，著在京居住东三省侍卫官员妻室内会清语者挑选。道光五年十二月奏准，吉林将军遵旨派员送到清语妇人三名，请交敬事房预备典礼等项差使。③

---

① 笔者原来亦有此误解，此次对原文作了修正。
② 检福隆安等纂《钦定八旗通志》卷5《正黄旗包衣佐领管领》，满洲佐领无茂林一名，姑且存疑。
③ 裕诚等纂：《总管内府现行则例·会计司》卷3《挑选嬷嬷妈妈里》，故宫博物院文献馆1937年版，第46页下47页上。

413

据此，清朝乳母（保母）均选自内务府下各佐领、管领，待遇为每月银二两、白米二斛，明显高于看灯火妈妈里。福临保母清一色满洲人，对本族语言自然熟通，玄烨、胤禛保母虽然多冠以汉姓，至少也是满洲化汉人（曹雪芹家就是例子），对满语满文也并不生疏。但是到乾隆中期，为了让阿哥们从小熟通满语，只好从"在京居住的东三省侍卫官员的妻室内"挑选，说明这方面人才已越来越少。满洲统治者以一少数民族入主中原，为维护自己的特权，始终对汉文化的影响保持着高度警惕，因此把提倡以"国语（满语）骑射"为核心的本族传统文化作为历代统治者恪守的一条原则。选用擅长满语、习于满俗的旗人妇女充任皇子、皇女保母，与这一原则是合若符节的。然而到道光年间，只能派专人从吉林挑选会满语的保母，又说明这方面人选已是凤毛麟角。

不过，到道咸以降，清朝统治日益衰微，"祖宗家法"迅速隳坏，皇室保母的选用已不再限于旗人。末代皇帝溥仪的保母王焦氏，就是出身直隶河间府任丘县农村的汉族贫民。她于光绪三十二年（1906）入醇亲王府哺育溥仪，三年后随同入宫。溥仪曾深情地回忆："我是在乳母的怀里长大的，我吃她的奶一直到九岁，九年来，我像孩子离不开母亲那样离不开她。我九岁那年，太妃们背着我把她赶出去了。那时我宁愿不要宫里的那四个母亲也要我的'嫫嫫'……乳母走后，在我身边就再没有一个通'人性'的人了。"[①] 皇帝之所以对保母怀有深情，是因为从保母那里，得到了慈祥的抚爱、无微不至的关怀。在高墙环绕的宫禁中，充斥着争权夺利和尔虞我诈，在刻板的说教背后，泯灭的往往是人的本性，唯有保母使他们沐浴到人世间真情。

综上所述，帝王之家尊崇保母，在中国历史上由来已久。清朝诸帝尊崇保母，虽是因袭前朝，却也带有自己的一些特点，如从维护满洲传统文化出发，长期从旗人中选用保母。历史上保母缘恩放恣、扰乱朝政之事，史不绝书。后汉安帝保母王圣，勾结宦官、挥

---

① 溥仪：《我的前半生》，群众出版社1979年版，第81页。

霍国财、扰乱时政、构陷太子；明熹宗保母客氏，勾连宦官魏忠贤，擅政误国、荼毒海内。是两个著名例子。有清一朝，却无此类现象发生，这与严禁太监干政之措施可谓相得益彰。清朝册封保母，经历顺、康、雍、乾四朝乃止，终使迁延千年之久的保母册封之制寿终正寝。

附录：雍正帝保母谢氏墓考察记

2002年9月18日，一个阳光和煦的秋日，笔者与几位日本学者出北京城往南，前往雍正保母谢氏墓考察。墓在大兴区榆垡黄各庄村东，墓地南向，坟丘、神路、石桥、石五供已无存，仅留汉白玉华表、牌坊、墓碑。墓碑螭首龟趺，碑石四边浮雕龙珠，是清雍正八年（1730）六月胤禛追封保母谢氏为恭勤夫人的颂德碑。碑北立汉白玉华表（擎天柱）一对，光面六边形，顶为仰覆莲刻石，上有吼狮，下有覆莲石座，中嵌云版。

我们正在墓地徜徉间，一位面目黧黑的老汉踱过来。老汉很健谈，一问竟是谢氏后代李广择。老人自述六十五岁，有事没事就在这片墓地上转悠。老人的家史简单明了："我家自雍正以后就在旗，是正黄旗，入民国又改民人（民籍）。据说那时候有很多地，都是跑马占地圈来的，凡是拿眼睛看得到的（地方）都是。但是后来败落了。共产党土改时我家有五口人三十多亩地，又没雇工，够不上高成分，划了个中农。因为是谢氏后代，'文革'时又想给我父亲长一次成分，没有长成。"

现在有一种陈陈相因的说法，谓自康熙朝起，每有皇子、皇女出生，均在大兴、宛平两县选取民女为奶母。谢氏就是这样的一位民女。但问题是，谢氏封典，明确载在《八旗通志初集·列女传一》，而《八旗通志》是不可能收录民人事迹的。再者，李广择老人明言，祖上一直在旗；复印证前引《辉发萨克达氏家谱》，都说明谢氏籍贯应为内务府旗籍。

八旗官兵圈占畿辅土地始于入关初顺治年间，"跑马占地"一说由此而生。雍正年间,畿辅旗地早已稳定,不可能再有圈地事件发生。老人所称祖上圈占大片土地云云,应是捕风捉影之谈。

老人还给我们讲述了一个祖上打官司的故事:"大清朝后期,有个看坟的冒名谢氏之后,我太爷李朝俊为这进京打官司,跪铁索,走十二连桥(踩红烙铁)。衙门的大官问:'你是不是主?'我太爷回答:'我是主,他是奴。'这场官司本不难查,但如果查下去牵连太多,最后还是抹稀泥吧。反正有大清一天,让我太爷吃一天钱粮。至于冒名的那个人呢,该当官当官。后来我太爷一赌气,就葬在这块儿坟地上了,子午坟(南北向)。但是到国民党时,就不让我爷葬在这儿了。"

老人这段故事,得自祖上传闻。虽然只是一些梗概,从中还是能了解到一些有用的信息。清代旗人中,最明确最严格的身份界限就是"主"与"奴"的划分,两者在法律上有不同的适用条文。但是到清朝末叶,政治腐败,秩序紊乱,富裕起来的旗奴或冒充家主夤缘做官,或欺蒙霸占家主财产,此类事例屡见不鲜。李广择太爷状告坟丁未果,就是一个具体的例子。

如今的谢氏墓地衰败凋零,早已看不出当日盛景。幸亏遇到李广择,给我们做了介绍:"谢氏坟坐北朝南,前头摆放香案,上头是石五供。一边一个童男玉女,当然都是石头雕的。往前是两道宫门,第一道宫门两侧有朝房;第二道宫门两侧各有一个擎天柱。朝房前就是墓碑,雍正六年刻。碑前原来有一对石狮,被县文物局收走了。前头是石牌楼。牌楼往南下台阶,各有一排拴马桩。再往前是石桥,桥东有井。新中国成立后,对谢氏坟一直没保护。'文革'前修水利,把坟头给炸了。坟是找不到了,但周围墓墙基址还可以分辨出来。最可惜那个九龙香案,多好的物件!全给炸了。另外还有一个坟,一个棺材,说是谢氏大儿子的。里头俩罐儿,迁坟放进去的,应该是他的夫人。当时准备把牌楼也给炸掉,我叔叔跑到公社告,才算没炸。牌楼上一共是七个小牌楼,每个小楼上原来各有一条龙,我小时候就只有三条了。后来县文物局保留了一条,剩下的或者遗失或者被盗,反正是一条也没有了。你看这牌楼,花纹没有重样的。正面浮雕，有一个龙头凤尾象鼻蟒爪的怪兽。两边的浮雕上，也各有一个怪兽，谁也说不清是何物……"

石牌坊为四柱七楼，面宽九米、高五点五米，全部由汉白玉仿木构造。坊额正面是二龙戏珠图案，背面是八宝及莲花图案，坊侧两端各雕有直毛披肩发的狮子，也就是老汉所说"怪兽"。楼柱和正中花板上雕有祥云，充满佛教色彩。整个牌坊造型生动，精美绝伦，或出自大内匠役的手笔。

李老汉还告诉我们：坟地上的两根擎天柱（华表），跟天安门前的一模一样，早年被放倒了，前几天文物局修缮，刚用吊车立起来，但上头的莲花盘在前几年被偷了。

关于谢氏墓地的图纸，他叔叔在1947年时还到北京找过，据说在乾清宫。在那张纸上，这地方不叫"黄各庄"，而是叫"黄家庄"。二十多前，他亲自进城找到宽街的人大清史所，想问问坟图的事儿，都到了门口，又一想：你一个小小老百姓，谁接待你呀。就没进去……

昔日气势宏敞的墓地，疏落地长着一些杨树，在秋风中絮絮低语，似乎在感慨世事的沧桑，只剩下石牌坊和两根擎天柱南北矗立，形影相吊。它们是一部物化的史书，讲述着雍正皇帝和他保母的故事……

（原载《北京社会科学》2004年第3期）

清朝皇帝与保母续考

提要： 本文利用《清宫内务府奏销档》满文档案，对清宫乳母（保母）问题再作探考。重点考察乳母乳公满汉称谓、乳母人选、乳母优礼等相关问题。同时，就乾隆帝谕旨中有关优礼乳母并遵行"满洲之礼"的内容加以分析，进而说明满汉文化在清宫制度上的融通。

关键词： 清宫　内务府　保母（乳母）满洲之礼

笔者先曾撰写《清朝皇帝与保母》一文，依据档案、碑传、家谱和实地考察，对清宫册封保母的缘起、内容、特点与终结，进行初步考察。指出：帝王尊崇保母，在中国历史上由来已久。清朝诸帝尊崇保母，虽是因循明朝，也带有满洲传统印记。多年来，关于清宫保母问题，学界研究不断推进[①]。但以往研究主要局限于汉文文献，在研究深度和广度方面仍留有一定空间。近年《清宫内务府奏销档》的出版，为利用满文档案研究宫廷内部事务，提供了珍贵的一手史料。笔者撰此"续考"，着重就乳母乳公满汉称谓、乳母人选、乳母优礼等问题作更进一步考察。同时，就乾隆帝谕旨中有关优礼乳母并遵行"满洲之礼"的内容加以分析，进而说明满汉文

---

① 杨珍：《康熙皇帝的一家》，学苑出版社1994年版，第169、401—403、419—420页；杨永占：《清宫中的姥姥、嬷嬷、妈妈里》，《中国档案报》2002年6月14日；刘小萌：《清朝皇帝与保母》，《北京社会科学》2004年第3期；李婷：《清皇室保母研究》，硕士学位论文，黑龙江大学，2013年；沈欣：《再论清代皇室之乳保》，《北京社会科学》2016年第8期。

化在清宫制度上的融通。

一 乳母、乳公满汉称谓

笔者在前文中指出：保母又称乳母、奶母、乳媪，满语称嬷嬷（meme）、嬷嬷额涅（meme eniye），即今人所云奶妈。鉴于有人对乳母、保母、嬷嬷（嬷嬷）等身份异同提出异议（说详后文），因此有必要先就相关满汉称谓的原义和引申义加以澄清。

嬷嬷额涅（meme eniye）是组合词，实包括"meme""eniye"两词。关于"额涅"，康熙《大清全书》卷2："eniye"："面称娘之词"；康熙五十六年《御制满蒙文鉴》卷5："eniye"，"beyebe banjihangge be eniye sembi"（译文：生身者称额涅）。实即现代清宫戏中习称的"额娘"，母亲之意。因乳母不是亲生母亲，故在"eniye"（额涅）前，添加"meme"（嬷嬷或嬷嬷）一词。考"meme"之本意，指"奶头"或"乳房"①，其与"eniye"组合为"meme eniye"，意即乳母。正是基于上述理解，《御制满蒙文鉴》卷5："meme eniye"条解释说："huhun ulebuhe niyalma be meme eniye sembi, geli huhun i eniye sembi"（译文：哺育婴儿之人称嬷嬷额涅，又称婴儿之额涅）。

乳母之夫则称乳公或奶公，见《御制满蒙文鉴》卷5"meme ama"条："huhun ulebuhe niyalma i eigen be meme ama sembi"（译文：哺育婴儿者之夫称嬷嬷阿玛）。阿玛是满语父亲、爹的意思。满洲人文康《儿女英雄传》第一回提及安老爷家奶公华忠，又称嬷嬷爹，是民间关于"meme ama"的称谓。

在乾隆朝《御制增订清文鉴》等官修辞书中，关于"eniye（母）"，"ama（父）"，"meme ama（乳父）""meme eniye（乳

---

① 安双成：《满汉大辞典》第755页"meme"条，辽宁民族出版社1993年版。所引辞书均据日本東北大学東北アジア研究センタ：《モンゴル諸語と満洲語の資料検索システム》，http://hkuri.cneas.tohoku.ac.jp，下同。

母)"等词解释,完全沿用康熙辞书①。其中的一点变化是,增补了两个新词:"memeniye"与"memema"②。这两词分明是将"meme ama(乳父)""meme eniye(乳母)"两个组合词改制而成,即前一词减去元音字母"a",后一词减去元音字母"e"。查满文档案,至迟在雍正元年(1723)已有"memema"一词③。这两词究竟是旧词口语形式,还是人为创造新词?尚难推定。而雍正十三年(1735)十二月初九日内务府奏销档的一篇满文档案则证实,两词作为钦定用语,实源于乾隆帝即位初的一道谕旨(说详后文)④。

二 乳母人选

乾隆《大清会典》卷87《内务府》:凡宫中乳母保姥,于各佐领内管领下选充,仍别雇乳母,以哺乳母之子女。此处佐领、管领,均指内务府上三旗所辖,故清宫乳母为清一色内务府旗籍。

乳母担任哺育皇帝子女若孙重任,清廷对其身份有严格要求,除奶水好,没有异味外,还规定候选者必须是"体面人之妻"。据内务府满文档,康熙二十年(1681)十月十三日记载:"准会计司来文,给在兆祥所之阿哥喂奶,业已选取头德依佐领下刀万之妻。为给其子喂奶,买得正白旗伯费扬古佐领下乌色家内自湖广军中带来之妇庆姑,带去银七十四两。"翌年八月初二日,"准会计司来

---

① 《御制增订清文鉴》卷5:"meme eniye"条,"meme ama"条,乾隆三十六年。
② 《御制增订清文鉴》卷5:"memeniye"条:"wesihun niyalma de huhun ulebuhe hehe be memeniye sembi"(译文:给贵人哺育婴儿之妇人称嬷嬷涅);又:"memema"条:"memeniye i eigen be memema sembi"(译文:嬷嬷涅之夫称嬷嬷妈);参见《御制五体清文鉴》各同条,民族文化宫1957年版,第1193、1194页。
③ 《总管内务府奏为查明和硕恒亲王允祺之子奶公之宗支事折》(满文),雍正元年三月二十五日,《清宫内务府奏销档》第1册,中国第一历史档案馆、故宫博物院合编:《清宫内务府奏销档》,故宫出版社2014年版,第352—354页。
④ 《总管内务府奏请交付内阁写赏给乳母封号并赏妈妈里之子六十等官职折》(满文),雍正十三年十二月初九日,《清宫内务府奏销档》第12册,第356—366页。

文，给在兆祥所之阿哥喂奶，业已选取苏乐德依佐领下披甲色楞之妻，为给其子喂奶，买得镶蓝旗苍佐领下常寿之家妇大姐，带去银八十四两。"① 兆祥所，为皇幼子哺育处。清制，内务府佐领、管领下妇女生子，报名至会计司，待有皇子需要哺乳，将这些乳妇送交兆祥所，经"众祖母"（mamari，又译言妈妈里、侍母、保姥）挑选奶好者引见，由皇帝亲自选取。一旦乳母被选入宫，则由内务府会计司另择乳妇，代行其哺育幼儿之责。顺治十八年（1661）定，入选之乳母，则别买乳妇偿之，以哺其子女，价以八十两为则。② 上引档案中提及的头德依佐领下刀万之妻、苏乐德依佐领下披甲色楞之妻，都是由内务府选中的入宫乳母，而买得妇女庆姑、大姐分别用银七十四两、八十四两，则是用以补偿入宫乳妇之家另觅奶妈的费用。可见，相对于普通旗人家庭惯于役使仆妇充当乳母的情况有所不同，选充皇室乳母必须出身良家（"体面人之妻"）而非"包衣阿哈"（家奴）。

康熙三十二年（1693），内务府总管为给小皇子选取奶母，从十九名候选奶妇中，选出"奶好无味"的四妇，即旺建管领下护军莫希纳之妻，羊年二十三岁，汉人；松喜管领下闲散披甲巴图之妻，马年二十四岁，汉人；洪德依佐领下鸟枪披甲董启秀之妻，蛇年三十七岁，汉人；白斯哈佐领下闲散披甲马寿德之妻，鼠年十八岁，汉人。此四妇，均系内务府下汉姓人。内务府在此次选取乳母时发生的一个重大渎职事件，即没有发现其中一妇（巴图之妻）为包衣阿哈。事发，总管及属下官员均受惩罚。③ 说明满洲皇室从内务府妇人中选取乳母，有着严格身份限制。

---

① 辽宁社会科学院历史研究所译编：《清代内阁大库散佚满文档案选编》第3册，天津古籍出版社1992年版，第163、178页；杨珍：《康熙皇帝的一家》，第169—170页。
② 昆冈等纂：《大清会典事例》卷1218，光绪二十五年刻本。
③ 《玛思喀等为议处选阿哥奶母不合之官员事的题本》，康熙三十二年四月二十日，辽宁社会科学院历史研究所等译编：《清代内阁大库散佚满文档案选编》上，天津古籍出版社1992年版，第82—87页。

第二编 八旗制度与社会

三 乳母优礼

满洲皇室子女一旦呱呱落地，乳母并非一人。随着年龄渐长，脱离哺乳期，乳母相应减少。其中，只有那些最受倚信的乳母，才有长期随侍皇子（阿哥）的机缘，而一旦皇子有幸荣登大宝，随侍乳母便可获得殊荣。在清朝将近三百年宫史中，此类乳母充其量不过十数人。她们在受到皇帝优礼同时，也给清宫史上留下自己的印迹。那么，她们获得皇帝的恩荣有哪些？其家人又如何获得皇帝推恩？以下，就是皇帝优礼乳母的基本内容。

（一）乳母加封

据清实录等官书记载，清帝恩封乳母，始于康熙朝。玄烨亲政，提倡"敦崇孝治"，追尊母后，推恩外戚，复施恩于乳母，种种举措，无非基于阐扬孝道的需要。而阐扬孝道的终极目的，便是"移孝作忠"。康熙十六年（1677）六月庚子，谕吏部、礼部：慈和皇太后之父佟图赖，著加封为一等公。妻觉罗氏，封为公夫人。给予诰命，世袭罔替。同日，谕礼部：世祖章皇帝乳母朴氏，保育先皇，克昭敬慎。朕躬幼时，殚心调护。今封为奉圣夫人（feng šeng fu žin）。顶戴服色、照公夫人品级[①]。朴氏（piyoo hala）[②]夫姓辉发萨克达氏，她经历太祖、太宗、世祖、圣祖四朝，至是卒。玄烨沉痛万分，特赐孝陵近地，葬如公夫人礼[③]。清制，公、侯、伯及一品官，封光禄大夫，妻封一品夫人。朴氏既为福临乳母，又是玄烨保母。其封阶与皇太后之母同，如此殊荣，令后世乳母望尘

[①] 《清圣祖仁实录》卷68，康熙十六年七月庚子；陶钊修：《辉发萨克达氏家谱》，光绪二十四年本，《北京图书馆藏家谱丛刊·民族卷》第38册。本传及谕祭碑文，载鄂尔泰等纂《八旗通志初集》卷239，东北师范大学出版社1985年版，第5376页。

[②] 乳母满文姓氏均据《 jakūn gūsai tung jy i sucungga weilehe bithe · liyei nioi juwan uju》（汉译：《八旗通志初集·列女传一》），乾隆四年殿本。

[③] 《清圣祖实录》卷96，康熙二十年六月丙申。

422

莫及。

福临乳母还有李氏、叶赫勒氏（yehere hala）。李氏为内务府汉姓人，叶赫勒氏为内务府满洲人，均在崇德三年（1638）福临诞育之初被选入宫。李氏卒于顺治十七年（1660）十二月①。翌年正月初七，福临亦患痘疹亡。前后相距不过数日，这或者就是李氏死后未获追封的原因。也就是六十年后玄烨谕旨里所追述："久更岁年，宠命未颁。"时玄烨拜谒孝陵，叶赫勒氏孙子怀诚与李氏儿子喀都礼一起叩请加恩。玄烨追念两乳母劳绩，追封叶赫勒氏为佐圣夫人（dzo šeng fu žin），李嘉氏为佑圣夫人（io šeng fu žin）②。李嘉氏（ligiya hala），即前面提及的李氏，虽只一字之差，却反映她生前死后的身份变化。如众所知，清代汉军旗人（包括内务府汉姓人），原有经皇帝特旨，在汉姓后冠以"佳"字，以示跻身旗下满洲之典。而作为内务府下层为数众多的包衣阿哈尼堪（家奴汉人），则没有在汉姓后冠以"佳"字现象。由"李氏"改称"李嘉氏"，实际反映她家在内务府旗人中身份地位的提升。李嘉氏如此，诸如乾隆朝内务府汉姓人高佳氏、朝鲜姓人金佳氏等也莫不如此。另据朝鲜史籍记载，福临乳母还有内务府朝鲜人金氏，即乾隆朝内务府朝鲜姓人金佳氏，嘉贵妃一族③。

玄烨乳母瓜尔佳氏（gūwalgiya hala），卒于康熙三十八年（1699）。玄烨封其保圣夫人（boo šeng fu žin）。初次祭文提到：瓜尔佳氏是太皇太后亲自拣选，"命之保育"襁褓中的玄烨。由于福临、玄烨均系幼年即位，乳母的重要性可想而知。

沈欣一文认为：清宫乳母、保母是两种身份，并指出笔者将乳

---

① 《清世祖实录》卷143，顺治十七年十二月乙巳。
② 《清圣祖实录》卷292，康熙六十年四月己酉；本传及谕祭文见鄂尔泰等纂《八旗通志初集》卷239，第5377—5378页。据宫中档记载，怀诚实系叶赫勒氏曾孙，喀都礼是李氏（李嘉氏）之侄，见和硕怡亲王允祥等：《奏覆查报历代乳母子孙受封实袭例》（满文），《宫中档雍正朝奏折》第30辑，第80页。
③ ［朝］权以镇：《癸巳燕行日记》，［韩］林基中编：《燕行录全集》第35册，东国大学校出版部2001年，第132页；俞拓基：《燕行录》，《燕行录全集》第38册，第101—102页；金舜协：《燕行录》，《燕行录全集》第38册第380页。

母称为保母是错误的①。如从字面上探求，其观点似不无道理，但揆诸史实，却值得商榷。根据之一，比较《八旗通志初集》卷239《列女传一》满汉文本，在汉文本中：奉圣夫人朴氏、保圣夫人瓜尔佳氏、佐圣夫人叶赫勒氏、佑圣夫人李嘉氏，均称"乳母"（或乳媪）；顺善夫人王氏、恭勤夫人谢氏则称"保母"；而在满文本中，上述六人都称"memeniye"（乳母）②。足证此种语境下的乳母（乳媪）、保母均指同一身份。根据之二，瓜尔佳氏既为玄烨乳母，又为其保母，始终服侍玄烨；而前述朴氏，既是福临乳母，又是玄烨保母。均说明在实际生活中，乳母与保母身份不仅往往前后衔接，且经常转换。这正是朝野民间，习于把乳母称为保母的原因。从这个角度讲，称皇室乳母为保母并无不可③。

笔者前文还指出，对皇帝乳母（保母）赐以封号，尊以高位，赐以财富，在中国历史上早有先例。而清宫追封乳母"奉圣夫人""保圣夫人""佑圣夫人"，所用封号无不抄袭明朝。康熙帝保母还有内务府汉姓人孙氏（即江宁织造曹寅之母），两江总督噶礼之母等。

雍正帝保母有王氏、谢氏、刘氏。据《八旗通志初集》，雍正元年（1723），胤禛登基伊始，册封保母王氏为顺善夫人（šūn šan fu žin）、谢氏为恭勤夫人（gong kin fu žin），并命谕祭四次，立碑其墓④。另据《清宫内务府奏销档》，追封时间系于雍正三年十二月⑤。两个时间未知孰是，姑且存疑。又，《八旗通志初集》汉文

---

① 沈欣：《再论清代皇室之乳保》《北京社会科学》2018年第8期。
② 鄂尔泰等纂：《八旗通志初集·列女传一》，《jakūn gūsai tung jy i sucungga weilehe bithe · liyei nioi juwan uju》。
③ 又，沈欣《再论清代皇室之乳保》认为，汉语称谓"嬷嬷"一般专指乳母，而"嫫嫫"则指清宫中负责侍奉、引导皇子女生活起居和行为举止的保母，故两者不能等同。此说亦不确。汉语"嬷嬷"也好，"嫫嫫"也罢，均译自满语同一词汇"meme"，因此并不存在词意上的区别。
④ 鄂尔泰等纂：《八旗通志初集》卷239（东北师范大学出版社1985年版），载雍正元年《顺善夫人王氏碑文》《恭勤夫人谢氏碑文》。
⑤ 《总管内务府奏请交付内阁编写赏给乳母封号并赏妈妈里之子六十等官职折》（满文），雍正十三年十二月初九日载称：雍正三年礼部具奏，将世宗皇帝奶母追封为顺善夫人（šun šan fu žin）、恭勤夫人（gong kin fu žin），《清宫内务府奏销档》第12册，第356—366页。各有所据，暂且存疑。

本所称保母王氏，满文本写为"wanggiya hala"（王佳氏或王嘉氏）。如前所述，内务府汉姓人于汉姓后冠以"佳（嘉）"字，或出自皇帝特旨，但是否全部如此仍待查考。但不管怎么说，这应是身份提升并跻身"满洲"的明显标志。

雍正十三年（1735）九月丙辰，乾隆帝弘历甫即位，谕令礼部、内务府，将加恩顺善夫人王氏、恭勤夫人谢氏之处，详察典礼具奏①。次日又谕，追封自己的乳母董氏、陶氏，"为立家产"，各赏房屋一处，银千两②。同年十一月，内务府奏请撰拟乳母陶氏、董氏封号③。董氏追封温淑夫人④。弘历另有乳母周氏，事迹不彰。

关于顺、康、雍三帝乳母封典，俱载雍正朝修《八旗通志初集》卷239《列女传一》，笔者前文指出，乾隆朝重修《钦定八旗通志》，将恩封乳母记载全部删削，并据此推测，"新一代统治者显然决定改弦易辙，并隐去这段历史。从此，皇帝保母再无受封的机缘"。现在看，此说有误。诚如沈欣所指，皇帝册封保母成例并未截止于乾隆朝，而是一直延续至清朝后期。然而这里需要澄清的问题依旧是：清廷在《钦定八旗通志》中，何以要将相关记载全部删除？此疑点悬而未决，说明问题仍有探究余地。近阅《清宫内务府奏销档》，有助于上述疑问的澄清。

（满文）"ereci julesi meme eniye sere hergen be memeniye seme arakini . ere jergi baita oci, musei manju doro be dahame, wesimbure, ejere bade nikan hergen kamcibure be joo, fe dangse de bisire nikan hergen be gemu efule; jai gese hafan serengge, bai kesi isibume sirabure hafan, umai coohai dain i gong de duibuleci ojorakū, jalan halame siraburengge majige dabanahabi . ereci julesi memeniye i jalin de

---

① 《清高宗实录》卷3，雍正十三年九月丙辰。
② 《总管内务府奏为遵旨赏给妈妈里等房屋折》（满文），雍正十三年十月初八日，《清宫内务府奏销档》第11册，第391—393页。
③ 《总管内务府奏请交付内阁编写赏给乳母封号并赏妈妈里之子六十等官职折》（满文），雍正十三年十二月初九日，《清宫内务府奏销档》第12册，第356—366页。
④ 《乳母董氏碑》，载北京图书馆金石组编《北京国家图书馆藏中国历代石刻拓本汇编》第70册，中州古籍出版社1990年版，第172页。

šangnaha hafan be eici sunja jalan, eici ilan jalan sirabure babe booi ambasa gisurefi wesimbu, nenehengge be inu baicafi wesimbu" sehe. wang ambasai gisun, "erebe harangga bade afabufi, ereci julesi gese baita be icihiyara de damu manju hergen teile arakini, fe dangsede memema memeniye sere nikan hergen be meni meni harangga bai hafan akūmbure baicafi, mende tuwabume alafi efulekini babe gemu jang i sy de afabufi g'ao toktobume gisurefi alakini yabubukini seme afabuhabi."

　　（汉译文）"（谕旨）此后，meme eniye 之字，著写为 memeniye。若有此等事，遵吾等满洲之礼，著将具奏、记录中兼有汉字，及诏书、旧档中所有汉字，俱毁之。再，此类官职，乃平白加恩，不可比于军阵之功，于奕世承袭者稍强。此后，赏给奶母官职，或袭五世，或袭三世，著内务府总管议奏。以往事例，亦著查奏"，钦此。王、大臣等议："将此，交该处，此后办理此等事务，惟限满洲字书写。旧档中有关奶公、奶母汉字，各该处官员彻查，经臣等阅视饬令销毁。为官员世袭之诰辞及应行之处，俱交掌仪司，议定诰辞，饬令施行，等语，交付。"①

推究此段引文，要点有五：

（1）乾隆帝谕令，官文书中的满文"meme eniye"，此后一律改写"memeniye"；同理，"meme ama"改写为"memema"。乾隆一朝改造、新造、"钦定"满语词汇不少，对此学者多有研究。上引两词，或可认为开启了乾隆帝"钦定"满洲字的先河。

（2）乾隆帝谕令，将奏折、档案、诏书中所有关于封赠乳母的汉文记载，全部销毁。其态度之严峻，手段之彻底，堪与禁毁违禁书籍相比。然而，令人感到蹊跷的是，记载乳母事迹最完备的《八

---

① 《总管内务府奏请交付内阁编写赏给乳母封号并赏妈妈里之子六十等官职折》（满文），雍正十三年十二月初九日，《清宫内务府奏销档》第 12 册，第 356—366 页。

旗通志初集》一书，相关内容却未被删削。是书为大学士鄂尔泰于雍正五年（1727）奉敕纂，乾隆四年（1739）成书。可以说与上引谕旨颁布时间相距很近，却发生如此疏漏，实在耐人寻味①。

（3）乾隆帝谕令，将赐予乳公及子孙世职，由"世袭罔替"改为限定袭次。这与乾隆年间，为限制宗室贵族、异姓八旗贵族无限膨胀，而将"世袭罔替"改为"世袭递降"的思路可谓异曲同工。

（4）乾隆帝谕令，优礼乳母要遵行"满洲之礼"（manju doro）。按，满语"doro"含义颇丰，主要有"道""道理""规矩""教义""方法""方式""礼仪""礼节"等。此处汉译选用何词较为贴切，颇费斟酌。笔者之所以译为"礼"，是揣摩弘历此处用意，重在弃用明朝（汉人）旧制，改行满洲礼仪②。

（5）内务府总管在随后的议奏中，明确表示：以后此类文书，只用满文书写，俱交内务府掌仪司办理。这就是说，从此不再用满汉合璧体（这是清朝封诰标准格式），而是单用满文；封诰亦由内阁、礼部撰拟，改交内务府掌仪司负责。与此同时，凡官修书籍汉文本的相关记载一并删除③。此举意味着，乳母封赠，由以往的国家事务缩小为满洲皇室内部事务。

乾隆以降，封赠乳母之事仍史不绝书。嘉庆三年（1798）四

---

① 笔者按，从现存各类官书或档案看，乾隆帝有关汉文记载一概删去之旨实施并不彻底，如前举《八旗通志初集·列女传一》与同书《世职表》，均保留有相关内容。又，《清实录》汉文本中有关乳公、乳母封赠、赐谥记载亦未删除（详见《清世祖实录》卷55，顺治八年三月戊寅；卷69，顺治九年十月己酉；卷83，顺治十一年五月庚子；卷85，顺治十一年七月丙申；卷143，顺治十七年十二月乙巳；《圣祖仁皇帝实录》卷54，康熙十四年四月己亥；卷68，康熙十六年七月庚子；卷72，康熙十七年闰三月乙卯；卷194，康熙三十八年闰七月壬子）。同时，还存在因年代稍远，而将封赠乳母谕旨收入《清实录》的情况（《清高宗实录》卷3，雍正十三年九月丙辰；卷1498，嘉庆三年正月乙卯）。

② 笔者利用《中国基本古籍库》检索，乾隆官书中只在一处提到"满洲之礼"，见福隆安纂《钦定八旗通志》卷89《典礼志十二》："我满洲之礼，凡祭神祭天牺牲，俱用整齐全备者，稍有残缺即斥而不用。是以祭祀之牺牲供献神位不稍留剩，即胆与蹄甲亦取置碟内陈于旁。"同段话，又见允禄撰《满洲祭神祭天典礼》卷1。

③ 《八旗通志初集·世职表》载有恩赏乳母夫、子世职内容，在《钦定八旗通志·世职表》中已全部删除。

427

月，太上皇弘历谕令加恩嘉庆帝乳母①。道光元年正月，道光帝旻宁即位伊始，赠"皇上位下"二嬷嬷（jacin meme）张氏封号"循谨（julungga ginggule）"、三嬷嬷（ilaci meme）张氏封号"静勤（cibsen kicebe）"②。此两位嬷嬷，系旻宁乳母。道光三十年八月，咸丰帝奕詝甫即位，赠"皇上位下"二嬷嬷封号"娴敏（elehun ulhisu）"③。在上述两起封赠中，凡乳母应封清汉（满汉）字样，先由内阁撰拟，皇帝朱笔圈出，再由礼部移咨内务府办理。说明乾隆帝所定由内务府掌仪司撰拟封号一事未能长期施行。同治帝载淳即位，亦遵照成例，将乳母潘氏、王氏封赏④。所有这些封赠活动均限于宫闱内部。

（二）不选宫女

笔者前文已指出，选宫女是内务府一项特殊制度，选取对象为上三旗所属各佐领、管领下女子。在清宫诸乳母中，朴氏一家女孩首先获得特旨不选宫女⑤。嘉庆《大清会典》载，凡选宫女，唯盛京及关内关外打牲乌拉各庄女子及乳母之女，皆不赴选。光绪《大清会典》将此规定系于嘉庆五年（1800）⑥。说明至迟嘉庆初年，

---

① 沈欣：《再论清代皇室之乳保》，《北京社会科学》2018年第8期。
② 中国第一历史档案馆藏：《内务府·礼部来文》，《为抄录皇上位下二嬷嬷张氏三嬷嬷张氏等应封清汉字样事致内务府》，道光元年正月十八日，档案号：05—13—002—000112—0013。此件档案系王冕森提供，谨致谢忱。
③ 中国第一历史档案馆藏：《内务府·礼部来文》，《为皇上位下二嬷嬷封娴敏清汉字样事致内务府》，道光三十年八月十八日，档案号：05—13—002—000186—0134。此件档案系王冕森提供，谨致谢忱。
④ 沈欣：《再论清代皇室之乳保》，《北京社会科学》2018年第8期。
⑤ 陶钊修：《辉发萨克达氏家谱》，光绪二十四年本，《北京图书馆藏家谱丛刊·民族卷》第38册。又据中央民族大学赵令志教授提示：该家谱所载谕旨汉文本满文本内容不尽相同，满文本为："sargan juse sonjoro de, sakda meme eniye ajige meme eniye mukūn i emu halai sargan juse be gaijara benaka sehe."笔者直译为："选女子时，萨克达（或译老）嬷嬷额涅（乳母）、阿济格（或译小）嬷嬷额涅（乳母）族中一姓女子等，止选。钦此。"满文本提到乳母（嬷嬷额涅）有二位，一为老乳母，一为小乳母。二者是否均属萨克达氏，尚不得而知，而其中的老者当为朴氏。这道谕旨也就成为该族女子不选宫女的依据。
⑥ 托津等纂：《大清会典》卷76，嘉庆二十三年殿本；昆冈等纂：《大清会典事例》卷1218，光绪二十五年刻本。

不选宫女之例不仅适用于清宫乳母，同时包括盛京及关内外内务府各庄女子。

（三）赐予世职

前文已述，奶公协助妻子养育、看护年幼皇子（皇帝），皇帝施恩奶母，不能不泽及奶公及嗣裔。此类做法，贯穿于历朝历代，甚至有封王封侯者。具体到清朝，优礼乳公尚比较节制，赐予世职，一般在三品、四品之间。雍正二年（1724）十一月，和硕怡亲王允祥等奏，为钦遵上谕事：

> 雍正二年十一月初九日奉旨："奶母之子海保，著补授包衣员外郎，戴花翎，赏银二千两。再，奶母诸子，使袭何等官，著查例，俾海保、讷尔特等承袭，钦此。"钦遵。查得，顺治八年三月初三日，礼部议奏，授世祖章皇帝奶公迈堪、满都礼、喀喇等三等阿达哈哈番，准其子孙承袭。康熙六年，于圣祖仁皇帝奶公图克善，特旨授拜他喇布勒哈番，记录在案。今奶公李登云，及奶妈之子员外郎海保，或准袭三等阿达哈哈番、拜他喇布勒哈番之处，俟命下之后，钦遵施行。①

据此，顺治八年（1651）礼部议奏，赐奶公迈堪、满都礼、喀喇三等阿达哈哈番，准其子孙承袭②。康熙六年，赐奶公图克善拜他喇布勒哈番。迈堪即佐圣夫人叶赫勒氏之夫，满都礼即佑圣夫人李嘉氏之夫。图克善是瓜尔佳氏之夫，李登云是胤禛奶母谢氏之夫。遂奉谕旨，李登云授拜他喇布勒哈番。

---

① 《奏覆查报历代乳母子孙受封世袭例》（满文），雍正二年十一月二十五日，《宫中档雍正朝奏折》第30辑，第80页；参见中国第一历史档案馆《雍正朝满文朱批奏折全译》第983页，《和硕怡亲王允祥等奏查奶母子孙袭封赏折》（汉译文）。按，上引《和硕怡亲王允祥等奏查奶母子孙袭封赏折》，所译"吏部议奏"，应为"礼部议奏"。

② 《清世祖实录》卷55，顺治八年三月辛卯记载略有出入，称喀喇授拜他喇布勒哈番。但同书卷69，顺治九年十月己酉，记喀喇授二等阿达哈哈番。则此前一年应为三等阿达哈哈番。

|第二编　八旗制度与社会|

按，清朝八旗世爵世职之位有九，其等二十有七。一曰公，其等三；二曰侯，其等四；三曰伯，其等四；四曰子，其等四；五曰男，其等四；六曰轻车都尉（阿达哈哈番），其等四（一等轻车都尉兼一云骑尉，一等轻车都尉，二等轻车都尉，三等轻车都尉）；七曰骑都尉（拜他喇布勒哈番），其等二（骑都尉兼一云骑尉，骑都尉）；八曰云骑尉，其等一；九曰恩骑尉，其等一①。三等阿达哈哈番（三等轻车都尉）为正三品世职，拜他喇布勒哈番（骑都尉）为正四品世职。清制，三等阿达哈哈番，岁支银一百六十两，米八十石；拜他喇布勒哈番，岁支银一百一十两，米五十五石。奶公收入水平，大致接近八旗二品、四品官。

弘历（乾隆帝）即位初，沿用成例，谕令赏给奶母陶氏、董氏封号，奶公副管领索柱（soju）、奶母董氏之子披甲六十，赏给拜他喇布勒哈番。如前述，弘历此时做出的一个重要改变，即谕令将奶公世职由以往"世袭罔替"改为限定袭次："此类官职，乃平白加恩使世袭者，不可比于军阵之功，于奕世承袭者稍强。此后，赏给奶母之官职，或袭五世，或袭三世，著包衣总管议奏。以往之例，亦著查奏，钦此。"② 在此，乾隆帝列举了三类世职，一是加恩世职，二是军功世职，三是奕世世职。推究其意，军功世职最重要，其次是加恩世职，再其次为奕世世职。所以对后两者袭次要有所限制。内务府奉旨查奏称：世祖奶公迈堪之世职，至松古泰已袭六世；奶公满都礼之世职，至喀都礼已袭二世；奶公喀喇之世职，至常安已袭七世。圣祖奶公图克善之骑都尉，至富勒赫，已袭三世；世宗奶母之子海保、讷尔特，赏骑都尉，世袭罔替。查定例，计世承袭三等轻车都尉，除得原官者，再袭三世；骑都尉，除得原官者，再袭二次。今赏给奶公索柱、奶母之子六十之骑都尉，计算本身，可袭三世。除赏给奶公迈堪之三等轻车都尉已袭六世，赏给奶公图克善之骑都尉已袭三世，不议外（意即终止承袭）；奶公满

---

① 托津等纂：《大清会典》卷9《吏部二》。
② 《总管内务府奏请交付内阁编写赏给乳母封号并赏妈妈里之子六十等官职折》（满文），雍正十三年十二月初九日，《清宫内务府奏销档》第12册，第356—366页。

都礼之三等轻车都尉才袭二世,照例再袭二世;奶公喀喇,既服侍世祖章皇帝,又照顾圣祖仁皇帝,喀喇之三等轻车都尉,仍世袭罔替;赏给世宗奶母之子海保、讷尔特世袭罔替之骑都尉,亦算入本身,可袭三世。奉旨:"著照所议。"①

清制,八旗世爵(世职)承袭次数,以初受封之人为立爵官,不入次数。如追封,则初袭爵之人亦不入次数,继此为第一次,按次计算。若有旨世袭罔替者,不计次。计次者,次尽则改恩骑尉以世袭罔替焉②。依上引定例,内务府遵旨调整后的乳公承袭情况大致如下:一类,世祖奶公迈堪之三等轻车都尉,奶公图克善之骑都尉,袭次已尽。按清朝定例,应改恩骑尉,世袭罔替。一类,世祖奶公满都礼之三等轻车都尉,才袭二次,可照例再袭二次。一类,奶公喀喇既服侍世祖、圣祖两位皇帝,其三等轻车都尉,仍世袭罔替,此为特例。一类,世宗奶母之子海保、讷尔特之骑都尉,原系"世袭罔替",至此改为"算入本身,可袭三世"。属于此类待遇的还有高宗奶公索柱、奶母之子六十之骑都尉③。世职高低及袭次多寡,决定了承袭者本身及后嗣享受政治、经济特权的大小与时间长短。在这方面,乳公与其他八旗世职官员并无二致。

(四)奶公追谥

奶母死后追封,奶公则追以谥号。《清通志》卷53《谥略》"庶官谥"载:定例一品官以上应否予谥请旨定夺,予谥者交内阁撰拟谥号,工部给碑价,翰林院撰拟碑文;二品以下无谥,其有予谥者,系奉特旨或效职勤劳或没身行阵,或以文学或以武功均得邀逾格茂典。二等轻车都尉乳公哈喇,谥恭襄,顺治十一年八月谥。一等轻车都尉乳公迈堪,谥勤僖,康熙十四年四月谥;二等轻车都

---

① 《总管内务府奏请恩准奶公喀喇后嗣承袭其骑都尉职折》(满文),乾隆元年七月十九日,《清宫内务府奏销档》第14册,第373—380页。

② 托津等纂:《大清会典》卷9《吏部二》。

③ 《总管内务府奏请恩准奶公喀喇后嗣承袭其骑都尉职折》(满文),乾隆元年七月十九日,《清宫内务府奏销档》第14册,第373—380页。

尉乳公满达理，谥良僖，康熙十七年闰三月谥①。奶公品级不及二品，其谥号均系皇帝特旨。如前所述，喀喇系奉圣夫人朴氏之夫，殁于顺治十一年五月。福临闻讯，赠谥"恭襄"，立碑墓前。奶公因夫以妻贵，故生前受职，死后追谥，无比荣光。孝陵建成后，奶公满都礼奉命长期守陵，恪尽职守。康熙十四年十月，玄烨谒陵毕，驻跸汤泉，将御用貂裘、皂靴、马匹赏赐满都礼。满都礼大约死于康熙十八年前后。图克善是瓜尔佳氏之夫，曾任一等侍卫，殁于康熙二十六年。十二年后瓜尔佳氏病殁，玄烨再次御赐图克善碑文，共立于坟前②。

（五）家人抬旗

旗人隶属关系不同，身份地位亦有差异。"抬旗"形式多样，要而言之，或由内务府三旗抬入八旗满洲、汉军；或由下五旗抬入上三旗；或依照八旗序列由下一旗抬入上一旗；或由同一旗分汉军抬入满洲旗③。抬旗者或为勋旧近臣，或为皇后贵妃母家。奶母朴氏夫家萨克达氏，"原由盛京来时，系正黄旗内府满洲第三佐领下人，修谱时内府佐领系茂林承管，因祖母前在朝有功抬入正黄旗满洲四甲第十六佐领下"④。在各类抬旗中，像萨氏这样因祖母保育之功而由内务府抬入正黄旗满洲，确属旷世之典。朴氏两世保母，所哺又是两个幼年皇帝，故所得封赠最隆，其他保母和亲族均未能享受如此高礼遇。

不仅皇帝奶母奶公一支抬旗，皇子皇孙奶公亦有抬旗之例。雍正元年（1723）二月二十四日，和硕恒亲王（允祺）奏请，将其子弘升（hūng šeng）两位奶公的族人（mukūn），查出并交内务府总管。内务府寻奏，查出依兰泰管领下世子弘升之奶公、世子门下

---

① 《清朝通志》卷53《谥略·庶官谥》，文渊阁四库全书本。
② 刘小萌：《清朝皇帝与保母》，《北京社会科学》2004年第3期。
③ 王锺翰：《清新集》，新世界出版社2002年版，第122—123页。
④ 陶钊修：《辉发萨克达氏家谱》，光绪二十四年本，《北京图书馆藏家谱丛刊·民族卷》第38册。

典仪观音保，其子苏拉索柱、玉保，旧汉人壮丁三；又一奶公皂保佐领下六品官李奉先，其子护军福保柱，披甲五十七，旧汉人壮丁三。随即奉旨，将两奶公并其子、户下壮丁，一并交弘升管理①。弘升，允祺第一子，康熙五十八年封世子。此处记载表明，弘升两奶公的族人原隶内务府正黄旗，至此抬入弘升所在旗分（镶白旗满洲）。

皇后奶公亦有抬旗。雍正十三年（1735）十二月二十日，遵旨将高柱（g'oju）并其子共十三口，抬入（tukiyeme dosimbufi）包衣镶黄旗常在管领下，挑取食三两钱粮之披甲，食一两钱粮苏拉之差使。乾隆二年十月初三日奏：皇后奶公塞克之妻刘氏，媳妇寡妇刘氏，伊女丫头；次子马甲尼雅哈，伊妻王氏，伊子德保；三子辛保，伊妻赵氏；四子武达塞，共计十口。十月初一，入于镶黄旗常在管领下，酌情当差领取钱粮米石②。此文所称皇后奶公塞克，应即高柱满名，而其一家十三口在内务府下的隶属关系不详。内务府奏本中既使用"抬入（tukiyeme dosimbufi）"一词，且入于包衣镶黄旗常在管领，说明高柱原先身份与隶属关系较为卑下。如此看来，在内务府内部，旗人由较低阶层升入较高阶层，有可能也属"抬旗"之列。

（六）赏银立产

雍正十三年（1735）八月二十三日胤禛殁，九月初三弘历即皇帝位于太和殿，以次年为乾隆元年。同月谕：朕乳母等自幼育朕，理宜施恩。伊等家计俱贫。著视其家足用，赏房二三十间不等，并酌情赏银，俾立生产，不可过于千两。③ 同年十月，内务府遵旨议奏：赏给乳母董氏、陶氏等立家产银两、住房，并授予诰封等事。

---

① 总管内务府：《奏为查明和硕恒亲王允祺之子奶公之宗支事折》（满文），雍正元年三月二十五日，《清宫内务府奏销档》第1册，第352—354页。按，伊蓝泰管领即内务府正黄旗第三参领所属第五管领，皂保佐领即内务府正黄旗第五参领所属第五旗鼓佐领，见鄂尔泰等纂《八旗通志初集》卷4。
② 《总管内务府奏报请准将皇后之奶公塞克一家归入镶黄旗给差食俸折》（满文），乾隆二年十月初三，《清宫内务府奏销档》第19册，第96—99页。按，常在管领为内务府镶黄旗第五参领所属第十管领，见鄂尔泰等纂《八旗通志初集》卷3。
③ 《总管内务府奏请交付内阁编写赏给乳母封号并赏妈妈里之子六十等官职折》（满文），雍正十三年十二月初九日，《清宫内务府奏销档》第12册，第356—366页。

奉旨：著照所议①。从此，赏给房银，成为优礼乳母的一条定例。

（七）赐予坟园，规定葬仪、祭祀、赠银

修建坟园。康熙十六年（1677），为奉圣夫人朴氏"特赐孝陵近地"，建造坟园。三十八年（1699），为乳母保圣夫人在马兰峪建造坟园。雍正帝奶母恭勤夫人、顺善夫人，俱旧有坟园，亦照保圣夫人坟园修治。

乾隆二年（1737），内务府奏报乳母坟园规制：坟圈（kiowan）一，大门三间，二门一间，两侧随墙门（sui ciyang men duka）二，外墙圈（kūwaran）之院长二十二丈，宽十四丈；内墙圈之院长十丈十尺八寸，宽七丈六尺八寸；两侧饭茶饽饽房各三间，从二门礓磋（giyang ca）②之前至大门，甬道长九丈三尺，宽一丈二尺。工程用银，由广储司取用；碑石交工部竖立；为每年供祭，给田八十垧，所得地租用于供祭。看守坟园，使奶母包衣十户看守。所派十户人，由本地佐领兼管，每月每人一两钱粮，给随钱粮米石，建房一间居住③。按清制，亲王（固伦公主）茔制，坟园周百丈，置守茔十户；亲王世子郡王（和硕公主）茔制，坟园周八十丈，守茔八户；贝勒、贝子以下递减④。乳母坟园规制几与亲王（固伦公主）相等，远高于公夫人。

乾隆三年十二月，奶公索柱病故，并无坟园，内务府奏准在京城周边地方看视，择地安葬。索柱与奶公周宁安坟园，均照保圣夫人坟园规制修建。当时共修造奶公索柱、周宁安，王姓妈妈里、耿姓妈妈里四处坟园，包括油绘物料工匠佣金，估银一万二十九两二厘，由广储司取用⑤。翌年九月，发现内务府官员在督建奶公索柱

---

① 《总管内务府奏为遵旨赏给妈妈里孟氏等房屋事折》（满文），雍正十三年十月十四日，《清宫内务府奏销档》第11册，第454—457页。
② 礓磋，古代建筑中用砖或石砌成的锯齿形斜面的升降坡道。
③ 《总管内务府奏为遵旨复给妈妈里等修建陵园事折》（满文），乾隆二年七月十六日，《清宫内务府奏销档》第18册，第72—79页。
④ 托津等纂：《大清会典》卷30《礼部三十、三一》。
⑤ 《总管内务府奏请为妈妈里王氏等修建坟院折》（满文），乾隆三年十二月十九日，《清宫内务府奏销档》第19册，第409—419页。

坟园工程中严重渎职，问题包括偷工减料、以次充好，月台、甬路尺寸不符，石料厚薄宽窄不一，多处地基塌陷，圈墙开裂等。对当事各官分别惩处①。

葬仪与赠银。奉圣夫人朴氏去世，遣官致祭五次，礼遇最高，以后一般致祭四次。乾隆十六年（1751）十一月，周奶母封温淑夫人（nesuken 温良，mergen 淑）病笃，弘历遣三阿哥前往探视，内务府总管派郎中察喇办理后事。内务府具奏，从前奶母等病故，俱照夫人办理，遣官、读祝、四次祭祀。按一次祭祀三十五两银计算，共给一百四十两银。建造坟园，竖碑。是年十二月初三日，周奶母病故。葬仪照头品夫人例，棺木髹红漆，一品帏盖，前床摆设五供。停灵二十一日出殡，每日两个时辰摆设馔筵（饭桌），五次诵经。出殡时六十四人举䑓，举引幡三十二人，排列夫人仪仗。头七礼祭，设引幡一，馔筵（饭桌）九，羊五，烧酒、黄酒五瓶，楮钱一万四千张，金银锭一万四千。大祭之礼祭，亦照头七礼祭行。百日以后，满月、满百日礼祭。按所定葬礼祭祀时，比头七礼祭之例减半举行。奶母坟园，从前加恩建造，碑（eldengge wehe）仍未竖立，交工部照例立碑。棺帷、抬架、引幡、仪仗等物以及舁夫，俱交办理后事郎中察喇备办。例载，奶母病故，由该部照例遣官四次读祝致祭。所给银两，即一并用于头七、大七、元月（满月）、满百日之礼祭。又，从前为祭祀加恩赏给土地，过于百垧，后将一切祭祀事宜交付奶母之子六十，用赏给地租办理。奉旨，赏银一千两②，用于举办乳母葬礼。

乾隆二十九年（1764）十二月，刘奶母封安勤夫人病故。乾隆帝派四阿哥携茶酒往祭，复派内务府郎中察喇，与刘奶母之子巴达塞一同办理后事。凡赏赐银两、遣官办理后事、致祭次数、祭祀用银、坟园立碑，俱比照周奶母之例。③ 终乾隆之世，于乳母及家人

---

① 《总管内务府参奏广储司郎中奥杰等修建奶公等坟茔不牢折》（满文），乾隆四年九月初十日，《清宫内务府奏销档》第21册，第396—412页。

② 《总管内务府奏报安葬病故周奶母仪注折》（满文），乾隆十六年十二月初三日，《清宫内务府奏销档》第41册，第370—378页。

③ 《总管内务府奏请为已故刘奶母立碑片》（满文），乾隆三十年正月二十八日，《清宫内务府奏销档》第72册，第145—148页。

优礼诸项，如撰拟封诰，赏给骑都尉世职，赏给房屋，并赏银一千两等，均照乾隆元年之例行①。

以上胪举满洲皇帝优礼乳母的基本内容。清宫优礼乳母诸措施，有一逐步完善的过程，迄乾隆一朝基本形成。与明朝相比，清廷做法虽比较节制，但由于乳母一家恩荣均得自皇帝，故随带产生的恣意妄为、结党营私等问题亦复不少。

康熙时，满洲权贵肆意占取京城内官地，建造宏宅敞院。步军统领托和齐曾密奏玄烨奶公迈喀等"骗取"大片官地，请命下工部清查。玄烨览奏，对皇城脚下明目张胆圈占官地行径不仅不生气，反而以和事佬口吻叮嘱道："此等地方皆具奏而取，且已年久，今若复行查收，则将如寻隙。若有用处，可明降谕旨而取也。此事，知道了。著甚密之。"②不仅不予追究，反而谕示托和齐保密。其对奶公迈喀等人的宽纵据此可见一斑。

凌普是皇太子胤礽奶公，玄烨对他笼络有加。镶黄旗包衣第二□领第三满洲佐领，系康熙三十四年编立，初令灵普（凌普）管理③。玄烨知允礽赋性奢侈，为便于他从内务府取用财物，谕命凌普担任内务府总管，孰知凌普竟以贪婪而成巨富④。康熙四十七年，太子被废，凌普也被革职法办。类似情况还有八阿哥允禩乳公雅齐布。其叔厮长吴达理与御史雍泰同出关差，因雍泰少给银两，雅齐布诉之允禩，允禩借端将雍泰痛责。康熙帝闻知，将雅齐布发往翁牛特公主处。皇太子胤礽乘机奏报，八阿哥责备雍泰，皆其乳母之夫谮毁所致。允禩与皇太子遂成仇隙，复因充发雅齐布，怨恨索额图（八阿哥之妃系索额图之妹）一党⑤。允禩与父皇矛盾因此激化，最后发展到"父子之义已绝"地步。雅齐布亦被谕令正法⑥。

---

① 《清高宗实录》卷1498，嘉庆三年四月乙卯。
② 步军统领托和齐：《奏报骗取官地之人折》，康熙□年五月十五日，第一历史档案馆编：《康熙朝满文朱批奏折全译》，中国社会科学出版社1996年版，第1644页。
③ 福隆安纂：《钦定八旗通志》卷3，吉林文史出版社2002年版。
④ 《清圣祖实录》卷234，康熙四十七年九月丁丑、辛丑。
⑤ 《清圣祖实录》卷235，康熙四十七年十月癸卯、丙午。
⑥ 《清世宗实录》卷31，雍正三年四月癸未。

以上都是乳公结党营私,恃势妄为,牵连家主,最后同归覆灭的典型事例。这些事例除说明乳母一家与皇室(皇帝、皇子)关系密切,往往深陷权力斗争漩涡而难以自拔外,还说明,乳母一家无论气势如何熏灼,其命运最终操弄于皇帝之手。

结语

帝王之家尊崇乳母,在中国历史上源远流长。传统社会男尊女卑,"三纲"之一"夫为妻纲"。唯独乳母获封,光宗耀祖,其夫君子嗣亦得以沐浴皇恩。历代帝王封赠乳母,均为倡导"孝道",俾使天下臣民"移忠作孝"。满洲统治者于入关初积极接受儒家文化,奖掖孝道,封赠乳母,亦在情理之中。

满洲统治者建立清朝,在制度上多沿于明而又异于明,乳母制度亦不例外。"沿于明"者,如封赠乳母,赐爵乳公,赏给土地、房屋、银两,甚至连乳母封号都抄袭于明;"异于明"者,乳母事务归内务府管理,乳母清一色内府旗人(到晚清始有例外),赐予乳公八旗世职。从而确保乳母制度的满洲特色。

清宫乳母包括内务府满洲人、朝鲜人、汉姓人,且以后者为多。满洲乳母对本族习俗语言无不熟通,使皇室子女自幼涵濡于满洲文化。而作为内务府汉姓人的乳母,她们对满语满俗既不陌生,于汉人语言习俗亦耳熟能详。倘就满洲皇子所受教育来考察,皇帝培养皇子,选用满腹经纶的满汉名臣担任"师傅"教授学问固然重要,倚用乳母身传言教于朝夕之间,自幼及长,其影响同样深刻。正是两者的相得益彰,从雅俗两个方面塑造了一代代满洲统治者的素养与观念。

清初皇帝优礼乳母,渐成定例。乾隆帝即位伊始,谕令销毁官文书中一切汉文记载,并遵行"满洲之礼"。是对旧制一次大改变。结果,将优礼乳母从国家层面缩小到宫廷内部。乾嘉以降,此类事例不仅明显减少,待遇也远逊从前。关键在于,乳母虽劳绩可褒,毕竟只是一介仆妇。对其优礼固然有益于倡导"孝道",却不能不与尊卑有序的等级制度相抵。这或者就是乾隆帝决然作出更改的深意。至于说此举在多大程度上是遵行"满洲之礼",又在多大程度上是为了维护清朝"君君臣臣"等级秩序,抑或两者兼而有之,恐怕也是仁者见仁智者见智的一件事。

(原载《黑龙江民族丛刊》2018年第4期)

"和珅跌倒"后的官场贪腐
——以广兴案为例

提要：嘉庆帝即位伊始，锐意惩治贪腐，而巨憨和珅垮台，并未使官场贪黩之风有所收敛。嘉庆十四年（1809），以内务府总管广兴试法，在各类贪黩案中，颇为典型。本文以该案为例，集中考察清中期官场贪腐现象。广兴一案集中体现了政治特权与官场贪腐间的因果关系。嘉庆帝先杀出身"草根"的巨贪和珅，复将出身豪门的广兴杀一儆百。试图以此警示贵胄高官。实际情况却是，如此惩贪，并未脱离人治窠臼。只要官场上滋生贪腐的土壤依旧，也就无法遏制官贪吏黩现象的滋蔓。这正是皇权制度下整治官场贪腐的局限。

关键词：嘉庆　内务府世家　高佳氏　官场贪腐　广兴

乾隆后期，政治日益腐败，官员贪案相踵。嘉庆帝即位伊始，锐意整治贪黩之风，铸成惩治巨憨和珅大案。而和珅聚敛的巨额家产，则全部落于皇帝之手，民间因有"和珅跌倒，嘉庆吃饱"之谣。但和珅倒台，并未使官场贪黩之风有所收敛。其中，嘉庆十四年广兴贪腐案，在各类贪黩案中，颇为典型。这也是本文以该案为例，剖析清中期官场贪腐现象的原因。

一　广兴为官，"奇贪奇酷"

广兴，镶黄旗满洲人，大学士高晋第十二子。捐纳为主事，补官礼部。史书说他敏于任事，背诵案牍如泄水①，因资质和能力均在常人之上，颇得大学士王杰赏识，累迁给事中。嘉庆四年（1799），广兴以首劾和珅罪状功，擢副都御史。和珅为前朝权奸，长期把持朝柄，势力盘根错节，广兴却敢于对他发难。究其原因，不外乎以下三点，其一，具有超乎一般臣工的识见和胆量；其二，作为满洲世家贵胄，对"草根"出身的"暴发户"，心中颇有成见②；其三，作为皇家近臣，事先已从嘉庆帝获得某种暗示。以上三点之任一点，均不能排除，兼而有之也不是没有可能。但不论基于何种背景，纠举和珅并至其垮台，无疑成为广兴在政治舞台上脱颖而出的契机。

嘉庆九年，广兴擢升兵部侍郎，兼副都统、总管内务府大臣，署刑部侍郎。同侪因其疏于刑名之学而轻视之，他则引证律例，屡次纠正误判，众人乃服。广兴以首劾和珅之功，从正七品给事中超拔至正三品副都御史，至于侍郎、副都统、总管内务府大臣，已是正二品官。他只用了大约五年时间，就完成从下层官员到部院大臣的升迁，即便在满洲世家子弟中，晋升如此快速，也是凤毛麟角，足见嘉庆帝对这位满洲才俊的器重。

嘉庆十一、二年间（1806—1807），春风得意的广兴两次奉旨赴山东按事，三次往河南审案。他出身贵胄，生活奢靡，以"钦差"身份出行地方，所至之处，恣意铺张。铺陈饮馔均须华美，公馆凉棚，有用五色丝绸搭盖者。甚至在居处开池养鱼，传唤优伶唱曲，诸多繁费，均出自地方摊派③。前后州县各项供应约有十一万余两之巨，同时，贪赃索贿约八万两。广兴审理山东临清富户李瀚霸产一案，李瀚闻讯，使店中伙计到同人号钱店开写银票八张，计

---

① 赵尔巽等撰：《清史稿》卷355，中华书局1976年版，第11301页。
② 当朝满洲世家贵宦，与和珅关系多紧张，如广兴长兄书麟，史书说他素行清谨，和珅柄政，书麟独善其身，和珅尤忌之（《清史稿》卷343，第11125页）；又如阿桂，大学士阿克敦子，本人为乾隆朝"名臣之冠"，与和珅同值军机大臣十数年，两人"薰莸不相合"（昭梿：《啸亭杂录》卷2，第52页；卷8，第260页）。
③ 中国第一历史档案馆藏：《奏为审明广兴在东审案婪索证据并解各革员赴京质审缘由事》，嘉庆十三年十二月二十五日，档案编号：03—1630—038。

银八万两，托济宁知州张秉锐之子张承绪转呈广兴。广兴不受，理由是同人号银票取银不便，要求改换京中公盛号汇票。李瀚随即向济宁公盛号（京中公盛号分号）兑成银票五万七千两，陆续汇往京中公盛号（其余二万三千两银票，张承绪从中受用），入广兴私囊[①]。

广兴贪贿所得，除李瀚汇兑的五万七千两，还有鲁、豫两省地方官的苞苴。广兴为人高调，接见司道府县等官，从来盛气凌人。公馆铺垫饮食稍不如意，辄加呵斥，甚至吆喝罚跪。各官畏惧，供应竞相奢华，复担心他还朝后，弹劾纠举于己不利，乃纷纷馈赠，谄媚逢迎。高官如署河南巡抚阮元，送他"公帮银"一千两；河南布政使齐布森等，送他"公帮银"两千两；山东巡抚长龄，素有清名，也不能不违心地馈银三百两。广兴到山东审案，在东昌，收受知府嵩山一千两；在聊城，收受知县郭捍一千两，美其名曰"盘费"。

广兴第一次到河南审案，收受地方官公送"盘费银"两千两，仍不知餍足；第二次到河南，临行前对道员巴哈布说："昨日司道口许公送程仪银一万两，我不便携带"，嘱巴哈布转寄京中。巴哈布询问司道，诸官说上次送银两千两，广大人尚不满意，就公凑万两奉送。凑齐后由巴哈布经手汇兑到京，银票送广兴亲收。广兴第三次到河南审案，又叮嘱巴哈布，仍照前例由各官公送程仪银一万两，如前次寄京。广兴欲壑难填，予取予求，贪贿所得不少于八万两，难怪案发后嘉庆帝斥其"奇贪奇酷"[②]。

广兴自鲁、豫返京后，兼任总管内务府大臣，掌宫中财务大权。但他贪心不改，终因尅扣宫女缎匹一案被纠，罢职家居。随即牵出他出京办案贪赃枉法事。十四年（1809）正月，被嘉庆帝谕令处绞[③]。

广兴以贪黩见杀，固然是其恣意妄为、贪得无厌的结果，如换

[①] 中国第一历史档案馆藏：《吉伦布等为遵旨讯明广兴等受银两确证据事》，嘉庆十四年正月初六日，档案编号：03—2395—001。
[②] 《清仁宗实录》卷206，嘉庆十四年正月壬申。
[③] 同上。

个角度考察,与其个性的张扬亦不无关系。他在十数年政治生涯中,曾屡逢惊涛,均在嘉庆帝宽宥下迅速化解。第一次,嘉庆四年,受命往四川治理军需,他综核精严,每月省银数十万两。效绩显著,却为同侪所忌,以"骚扰驿传"被劾,而帝"宽宥之"。第二次,与四川总督魁伦屡次互劾,被招回京,降通政副使。第三次,嘉庆十一年,弹劾御前大臣定亲王绵恩"拣选官缺专擅违例",但廷臣查询,均不认可广兴所劾,降三品京堂,罢兼职。广兴的弹劾对象,如和珅、如魁伦、如定亲王绵恩,不是高官显要,就是王公贵族,地位一个比一个高,气势一个比一个大,广兴都无所忌惮,说明他为官,确有不畏权要或邀恩固宠的一面。这当然与他出身贵胄,有恃无恐的家庭背景有关。但不管怎么说,在短短七年间,三次受到弹劾或降职,亦说明他对官场的风涛凶险也不可能不知。所幸嘉庆帝对他恩宠有加,每次被劾或降职,不旋踵即再加擢用,且两次委以内务府总管重任。然而,就连如此垂恩的嘉庆帝,对他深为同侪所忌的缘由,也不能不心存疑问。一次,帝垂询道:"汝与初彭龄皆朕信任之人,何外廷怨恨乃尔?"① 初彭龄,山东莱阳人,与广兴同时。为官正直敢言,先后弹劾满汉大员如协办大学士彭元瑞、江西巡抚陈淮、前云南巡抚江兰、贵州巡抚伊桑阿和常明、陕西巡抚秦承恩、湖广总督吴熊光、湖广总督铁保、前山西巡抚成龄及金应琦、广西巡抚成林等,故为同官所忌,且屡次以参劾失实降职。晚年官至兵部尚书。嘉庆帝将二人相提并论,说明在他眼中,两人都具有耿介忠直的特点。他当时还不知道广兴的贪黩劣迹。而这,正是广兴与初彭龄的根本区别,也是两人秉性相似而人生结局却大相异趣的肯綮所在。嘉庆帝曾评价初彭龄"性偏急,嫉恶过严",而广兴除了"伉爽无城府,疾恶严"外②,还兼有贵胄出身养成的张狂不羁。且从此后数次奉旨往山东、河南按事,"益作威福,中外侧目"的记载看,广兴在官场上虽数度趑

---

① 赵尔巽等撰:《清史稿》卷355,第11301页。
② 同上书,第11302—11305页。

趄，却一直没有吸取教训，依旧颐指气使、专横跋扈，以致为更多官员所忌恨。

最能说明广兴个性张狂的事例，是他与老太监鄂罗哩的结怨。鄂罗哩，自乾隆中充近侍，以迄嘉庆年间①。年七十余，某日至朝廊与广兴坐地聊天，且以长者自居。广兴大不满，斥之曰："汝辈阉人，当敬谨侍立，安得与大臣论世谊乎？"②鄂罗哩蒙此大辱，恨之入骨，遂伺机倾陷之。十三年冬，内库给宫中绸缎不足数，且窳败，鄂罗哩密报广兴剋减，嘉庆帝即命传谕。鄂罗哩往见广兴而随意传言，广兴不知为帝旨，仍坐地上为己辩解。鄂罗哩旋即入奏，告其坐听谕旨。帝怒，当面诘问广兴，他不仅不认错，反而推卸责任，说总管太监孙进忠与库官勾通，欲交结外省织造，借机需索规费。帝以其不能指实库官何人，挟诈面欺，下廷臣议罪。不久，再次宽宥他，罢职家居。然而，树欲静而风不止，与广兴素有不和者乃蜂起媒蘖其短。帝密谕山东、河南两省巡抚察奏，遂交章劾其奉使时任意作威，苛求供顿，收纳馈遗诸罪状，下狱议绞。帝亲自廷讯，仍欲缓解其狱。广兴却没能理解皇帝意旨，依旧抗辩无引罪语，而赃私俱有实据。帝益怒，遂置之法，籍其家，子蕴秀发戍吉林。

《清史稿》卷355本传总结广兴一生道："伉爽无城府，疾恶严，喜讦人阴私。既得志，骄奢日甚，纵情声色，不能约束奴仆，终及于祸。"寥寥数语，将其秉性概括无遗：为人直爽，个性张扬，喜揭人短，不能自律，得志张狂，最终被权监设局，落得家破人亡下场。

二　出身贵胄，以身试法

广兴在嘉庆十一、二年间五次奉旨出京办案，可见嘉庆帝对其

---

① 检"中研院""整合财政内阁俸饷活计奏销内务刑科黄册资料库"，与太监颚罗哩有关的档案多达800笔，时间段为乾隆三十七年至嘉庆三年。嘉庆年间，是清宫中最资深太监之一。

② 赵尔巽等撰：《清史稿》卷355，第11301页。

倚重。他于所到之处大肆索贿，无所忌惮，恶名昭彰，以致民间有"广聚世间财"之谣。然而奇怪的是，对广兴斑斑劣迹，同行各官虽有风闻，却始终未置一词。都察院左都御史周廷栋，与广兴同赴山东、河南审案，时间长达半年，对广兴贪索受赃各款，并不参奏，甚至在皇帝召对时，仍不据实禀报，反而力言广兴"才具明敏"。另一同行大员户部侍郎托津，对其劣迹同样缄默不语。至于朝中大臣及言官等，亦无一人弹劾①。为何出现如此反常现象？究其原因，除了他是皇帝亲近家臣外，与其出身权贵的家庭背景也有直接关系。

广兴出身内务府世家高氏。高氏原为内务府镶黄旗第四参领第一旗鼓佐领下汉姓人。始迁祖高名选，祖籍奉天辽阳，太祖皇帝时率族人归②。子高登永（家谱中写为高登庸），任直隶兵备道；孙高衍中，由内务府主事历升都虞司郎中兼佐领、参领。高氏真正显赫自第四代高斌始。乾隆朝，高斌官拜文渊阁大学士，高氏成为内府包衣中的望族③。

高斌一生勤奋谨慎，忠于职守。他能够位极人臣，一是才干出众，对河务，每有巨工，辄受命督理。任南河总督时，排抑众议，开茅城锡山，以导洪泽之水入黄河。河道安澜十年④。二是得益于外戚身份。高斌女嫁弘历于潜邸，为侧福晋。弘历即位，册立贵妃，晋皇贵妃，死谥慧贤皇贵妃。高斌一族，蒙恩由内务府镶黄旗抬入满洲镶黄旗⑤。嘉庆二十三年（1818），命玉牒内改书为高佳氏⑥。

---

① 中国第一历史档案馆藏：《奏为遵旨议处十一年后山东科道于广兴奉差审案败检婪赃等事》，嘉庆十四年正月二十六日，档案编号：03—2395—005。
② 鄂尔泰等纂：《八旗满洲氏族通谱》卷74《高名选传》，第805页。
③ 伊桑阿续修：《奉天高佳氏家谱》1册，第1页上，中国科学院图书馆藏，乾隆五十六年本；福隆安等纂：《钦定八旗通志》卷142本传；赵尔巽等撰：《清史稿》卷310，第10629页。
④ 萧奭：《永宪录》，中华书局1959年版，第119页。
⑤ 伊桑阿续修：《奉天高佳氏家谱》，第1页下。
⑥ 唐邦治：《清皇室四谱》卷2，上海聚珍仿宋印书局1923年版，第20页下。

"和珅跌倒"后的官场贪腐

高斌身居高位,子孙亦世享恩荣。广兴父高晋乃高斌侄,高斌长兄述明第四子,由荫生入仕,累迁江宁织造、安徽巡抚。乾隆二十六年(1761),迁江南河道总督,寻迁两江总督。三十六年,授文华殿大学士,兼礼部尚书。高晋毕生治河,功绩卓著,后卒于河南黄河工次,赐谥文端[1]。

广兴长兄书麟,初授銮仪卫整仪尉。乾隆三十八年(1773)征大金川,为领队大臣,每力战则先登,克坚碉数十。金川平,加等议叙,图像紫光阁。官至安徽巡抚、两江总督。书麟素行清谨,和珅柄政,书麟独善其身,和珅尤忌之。嘉庆四年(1799),和珅败,书麟授协办大学士,闽浙总督。后以督师剿白莲教徒卒于军,谥文勤[2]。广兴次兄广厚,官至江苏布政使、浙江巡抚[3]。广兴本人为高晋子,虽以捐纳出身[4],但敏于任事,颇得颙琰倚信。案发前,两任总管内务府大臣。

广兴祖父高斌、父高晋、兄书麟,祖孙三人,先后入阁拜相(大学士),皆补满洲额缺[5]。其堂兄弟高杞,外任湖北、湖南、浙江巡抚,内任总管内务府大臣,亦为乾、嘉名臣[6]。在清代内务府世家中,像广兴一家地位显赫、权势熏灼者,确属凤毛麟角。

高氏一家尊显,与其联姻者亦多冠盖巨族,在朝中形成盘根错节的亲属关系。其姻亲邓氏、丁氏、锺氏、祁氏、董氏、罗氏、姚氏、苏氏等,与高氏同,皆为内务府汉姓世家;他如内务府满洲世家完颜氏、内务府朝鲜世家金氏,八旗满洲世家宗室氏(爱新觉罗氏)、西林觉罗氏、富察氏、索绰罗氏等,与高氏互结姻娅,俱详家谱。高斌孙高朴,在叶儿羌办事大臣任上以"玉石"案被诛抄

---

[1] 福隆安等纂:《钦定八旗通志》卷143,本传;赵尔巽等撰:《清史稿》卷310,第10634页。
[2] 赵尔巽等撰:《清史稿》卷343,第11125页。
[3] 同上书,第11127页。
[4] 佚名:《高佳氏家谱》,中国科学院图书馆藏,写本一册,记高晋一家世系,在第十二子广兴名下,注为"进士"。待考。
[5] 福格:《听雨丛谈》卷1,中华书局1984年版,第18页。
[6] 清国史馆撰:《清史列传》卷33,中华书局1987年版,第2545页。

家，他曾送内务府大臣金简几件玉器，金简担心被皇帝指为寄顿，上奏称："奴才与高朴不但同系内务府人，兼关亲谊。高朴家书单内有寄奴才物件，现存家内，而上年冬间尚有寄奴才玉扳指两个、小玉镜一个，不敢隐匿。"[①] 说明高氏与金氏，不仅同为与乾隆帝结亲的内务府世家，且互为姻亲。高斌另一孙高杞，乾隆年间官至内务府大臣、陕甘总督，其女嫁大学士英和次子奎耀[②]。说明高氏与索绰罗氏，也有联姻关系。

高氏与势家豪门间盘根错节的姻亲纽带，势必在朝中形成强大势力，彼此声气相求，荣损与俱，绝非一般势力可以摇动。这应是朝中大臣、科道言官乃至鲁、豫二省地方官，对广兴斑斑劣迹皆缄默不言的基本原因。从这个角度看，广兴在贪黩泥淖中愈陷愈深，以致无以自拔，与贵族世家享有的巨大权势是密切相关的。

三 亦官亦商，生财有道

广兴身为高官，却汲汲于经商盈利。其贪腐所得，基本投入商业营运，以求利上滚利。而这种明里为官暗里为商，身兼官商的现象，在当时官场上颇具代表性。

广兴与民间商人关系密切，平日广交官、商两道。其好友盛氏兄弟即五品衔盛时曾、刑部员外郎盛时彦，均是亦官亦商人物，曾代他隐匿寄存贪贿银两。盛时彦身为刑部郎中，公务之暇热衷经商。他与山西介休人捐职州同宋士耀等三家在京城肉市伙开人和号银铺，其中盛时彦出本银三千两，宋士耀与勤贻堂、东来号三家共出本银六千两。盛氏兄弟还通过贷放银两收取利息。及广兴案发，盛时彦被革职，与兄盛时曾同被拿问。

在民间商人中，广兴与晋商关系尤其密切，这集中反映在他与公盛号金铺的交往上。公盛号系山西闻喜县宁立达与周万锺、李相

[①] 中国第一历史档案馆编：《乾隆朝上谕档》第9册，档案出版社1991年版，第334—336、324页。

[②] 英和：《恩福堂笔记·诗钞·年谱》，北京古籍出版社1991年版，第367页。

辰、乔智槐三家资本合股所开。总铺位于京师珠宝市，在山东济南、济宁设有分号。广兴正是通过公盛号在两地的汇兑业务，完成巨额贿银的秘密转送。商人在商业交往中为便利起见一般取有堂号。广兴明里做官，暗地经商，为广结商缘，取有"澄怀堂"号，用于与商界的金融往来。

广兴颇具商业头脑，属官场中"多财善贾"一类。其贪贿所得，并非藏之府库，而是转手营运，以牟取更大利益。其投资渠道，一为放银债，一为置买商铺，目的是收取高额房租，京城俗称"食瓦片"。

据广兴银钱账目记载，他与多家商铺有债务往来。因资金雄厚，他在借贷关系中，总是居于出借一方。庆隆号油盐店台建生，借欠银四千两；崇文门外阎王庙前街复亨号（又称复亨账局）管事人梁嵩年（山西介休县人），自嘉庆十一年八月至十三年十二月，共向他借银三万七千两[①]。东四牌楼会成银号王焕文（浙江慈溪县人），"素与广大人家交易买卖"，先借广兴银一万两，俱八厘行息；又借一万两，七厘行息。每月利银，广兴照数收取。他还以澄怀堂名义，借给联发号温天如银三千两[②]。同时，把四万四千两银存放在会成银号生息。通过灵活配置，确保手中巨额银两均有稳定收入。

广兴在放债取利同时，复用大量银两广置商铺，目的是收取租银。在清廷清查广兴家产档中，逐项列举他置买商铺的地点、间数、租额，是了解该项投资的可靠依据（参见文末附表"广兴取租铺房清单"）[③]。统计得知：广兴在内外城共置商铺七十八处，房

[①] 中国第一历史档案馆藏：《复亨账局管事人梁嵩年借广兴银两数目清单》，嘉庆十三年十二月十四日，档案编号：03—2394—050。

[②] 中国第一历史档案馆藏：《查出广兴家银钱并账目清单》，嘉庆十四年正月初九日，档案编号：03—1631—046。

[③] 中国第一历史档案馆藏：《内务府奏案》，嘉庆十三年十二月二十六日，苏楞额奏折并附清单，档案编号：05—0540—082 至 05—0540—084；中国第一历史档案馆藏：《军机处录副奏折》，嘉庆十四年正月初六日内务府大臣英和等奏折并附清单，档案编号：128—1748 至 128—1756。参见邓亦兵《清代前期北京房产市场研究》，天津古籍出版社2014年版，第319—322页《附表17》，本文数据有修订。

五百二十五间又三个半间，每月租钱六百二十三千（吊）八百五十文（内租银一百二十两五钱，按银一两折钱一千文估算），每年租钱七千四百八十六千（吊）二百文（约合银七千四百八十六两余）。这部分租钱（银），构成广兴商业盈利的重要组成部分。

广兴购置铺面房，主要是在嘉庆十一年、十二年、十三年。其中，十二年为购置铺房的高峰期。这与他外出鲁、豫二地大肆受贿时间完全吻合，此即抄家档所载称的：广兴"资产多至七八万，玉器、绸缎等件尤复不少。伊总以旧有资财积年寄存当铺饰词抵赖。而查其交银月日，多在十一年八月以后，十二年十月以前，正值广兴在省审案之时。如此积蓄多资，恐不仅地方官馈遗结纳，或竟有因事受财，徇情枉断情事"①。如前所述，广兴最大一笔受贿，即审理山东富户李瀚案之所得。足证他大举经商的本银，主要来自外出审案的索贿和地方官的苞苴。

广兴购置的铺房种类繁多，包括碓房、汤锅铺、袜子铺、成衣铺、笔铺、猪肉铺、下水铺、烟袋铺、估衣铺、楠木作坊、小刀铺、雀儿铺、水屋、油盐店、草铺、大货铺、豆腐铺、酒铺、冥衣铺、切面铺、茅房、干果铺、木厂、首饰作坊、靴铺、茶行、广货铺、皮条铺、茶馆、傢伙铺、布铺、盒子铺、米铺、法帖铺、画铺、字画铺、古玩铺、缙绅作坊、羊肉铺、粮店、书坊、缎局、印局、米局、铜丝铺。举凡涉及城市居民衣、食、住、行者，几乎无所不包。足见其商铺投资的广泛。

广兴购置的七十八处铺面房，分布京师内城四十三处，分布外城三十五处。且无一例外，均坐落在繁华商业区，即内城隆福寺、交道口、鼓楼，外城正阳门、崇文门外、琉璃厂等处。在繁华商业区置买铺面房，既确保获取较高租息，同时兼有房产保值或增值功

---

① 中国第一历史档案馆藏：《奏为审明广兴在东审案婪索证据并解各革员赴京质审缘由事》，嘉庆十三年十二月二十五日，档案编号：03—1630—038。

效。据《内务府奏销档》稍早时期记载：内务府在京师共有铺面房五千一百九十九间，铺房每间收月租银约五钱（或五百文）①。而广兴铺房，每间月租银平均一两（一千文）余。其房租收入，如以间为计算单位，约高出内务府铺房一倍。这说明，他名下的铺房，在商业区位上比内务府铺房明显占优。乾隆中，内务府在京师收取房租每年约两万余两，而广兴一人的房租年收入即达七千四百余两，大致相当内务府房租收入的三分之一。由此可知，其房租收入虽不能与皇帝家攀比，然而在世家权贵中，当属"食瓦片"的大户了。

广兴投资不止限于城内，而是涉及城乡两个方面。他在将巨额银两用于城区放债、置买铺房同时，还把部分银两用于在京畿一带购置土地。其名下地亩总计五十四顷八亩九分，分布在东直门外、德胜门外，以及清苑、蠡县、安肃、三河、通州各处②。据抄家档载：此项地亩，均系广兴"自置"，而非"祖遗之业"③。又说明他名下的巨额田产，均非祖遗老圈地亩，全部是置买而来。由此可见，以广兴为代表的满洲权贵，在以合法或非法所得广置商铺、土田等不动产同时，也就兼有了官员、商人、地主的多重身份。

四　结语

与广兴案相关的还有一值得关注现象，即高氏作为乾、嘉年间最显赫的满洲世家，在四十一年间，却接连有三人因贪黩被杀。这在清朝二百六十八年历史中，是绝无仅有的。三人是：

高斌子高恒，乾隆初，由荫生授户部主事、郎中，出监山海关、淮安、张家口榷税、署长芦盐政、天津总兵、两淮盐政，内任

---

① 赖惠敏：《乾隆朝内务府的当铺与发商生息（1736—1795）》，"中研院"《近代史研究所集刊》1997年第28期。
② 中国第一历史档案馆藏：《内务府奏案》，嘉庆十三年十二月二十六日，苏楞额奏折附清单，05—0540—084。
③ 中国第一历史档案馆藏：《温承惠奏报查明广兴入官地亩数目》，嘉庆十五年四月二十日，档案编号：03—1790—012。

户部侍郎、总管内务府大臣。弘历屡次南巡,两淮盐商迎跸,治行宫扬州,弘历留数日乃去,花费不赀。高恒为盐政,令诸商每盐引输银三两为公使钱,乘机中饱私囊。事发,诸盐商称例年上贡及备南巡差共用银四百六十七万余两。乾隆三十三年(1768),高恒论罪斩首①。

高恒子高朴,初授武备院员外郎,迁兵部侍郎。因疏劾太监高云从泄密外廷,获弘历赞扬。乾隆四十一年(1776),他奉命往新疆任叶尔羌办事大臣,二年后(1778)被劾"役使回民三千采玉,婪索金宝,并盗卖官玉",就地处斩②。乾隆帝严办高朴,除斥其"恣意勒索,希图渔利"外,还担心其贪婪行径激起回乱,所以要以惩效尤。

再有即本文所考对象高斌孙广兴,嘉庆十四年(1809),以贪赃枉法论绞。据统计,有清二百六十八年间,一、二品官员经济犯罪案共一百〇八件,其中死刑立决六十八人③。这六十八人中,就包括高氏三人。那么,对此现象又该如何解读呢?

首先,满洲权贵,地位尊显,身份世袭,其享有的特权,并不会因家族内个别人员的犯案而被褫夺或受到削弱。说明满洲皇帝与构成其统治核心的世家大族,是一个超稳定利益共同体。同时,由于清朝是由少数族满洲人统治王朝,又决定满洲皇帝与满洲权贵家族(包括像高氏这样高度满洲化的内务府汉姓人)的相互依存度远超以往汉人王朝。

其次,高氏一家贪腐相踵的事实表明,清王朝为防范官员贪腐而设置的一系列制度,在位高权重的豪门显贵面前,基本失效。这种以满洲皇帝为核心、凝聚若干豪门世家的超级利益共同体,人数很少,地位很高、权势极大。他们高踞社会金字塔顶端,目无法纪,为所欲为,对官场贪腐之风的蔓延,起到推波助

---

① 赵尔巽等撰:《清史稿》卷339,第11072页。
② 同上书,第11073页。
③ 牛创平、牛冀青编:《清代一二品官员经济犯罪案件实录》前言第1页,中国法制出版社2000年版。

澜的作用。

同时应看到，在皇权至上制度下，世家豪门的尊崇地位与世袭特权虽然高度稳固，却也不是无条件地存在。换言之，显贵家族成员世袭特权的延续，乃至一般性贪腐，都是以不损害满洲皇帝为代表的最高统治集团的根本利益为前提的。具体就高氏而言，高恒、高朴、广兴三人相继铤而走险，大贪特贪，不仅败坏官场风气，甚至发展到与皇帝争利的地步，难怪要引起"龙颜"震怒，并对其痛下狠手了。从这个角度讲，高耸的皇权，实际是专制社会中阻遏官员恣意贪腐的最后一道闸门。一旦此闸门朽烂不堪，王朝也就真正步入了绝境。

嘉庆帝试图通过对广兴的严惩警示贵族官员：无论出身多么显贵，官位多高，靠山多大，一旦违法乱纪，必定严惩不贷。实际情况却是，如此惩贪，并未脱离人治窠臼。只要官场上产生贪腐的土壤依旧，就无法避免官贪吏黩现象的滋蔓。嘉庆、道光以降，政治日益衰朽，但官场惩贪案却不增反降，这当然不是权贵高官恪守官箴的结果，而是清朝吏治彻底崩坏，完全丧失约束机制的集中体现。随着内忧外患纷至沓来，社会矛盾不断加剧，最终导致清王朝覆灭，乃是尽人皆知的事实。

附表　　　　　　　　　**广兴取租铺房清单**

编号	铺房地点	铺房商号	铺房数	月租	置产时间
1	隆福寺	碓房	4间	3500文	
2	隆福寺	猪肉汤锅铺	4间（井1眼）	6400文	
3	隆福寺	袜子铺	3间	10800文	
4	隆福寺	成衣铺	3间	2500文	
5	隆福寺	成衣铺	1间	1000文	
6	隆福寺	笔铺	3间	8800文	
7	隆福寺	猪肉铺	2间	2000文	
8	隆福寺	下水铺	2间	1400文	
9	隆福寺	下水铺	2间	1500文	

续表

编号	铺房地点	铺房商号	铺房数	月租	置产时间
10	隆福寺	烟袋铺	2间	1150文	
11	隆福寺	画铺	2间	7200文	
12	隆福寺	估衣铺	2间	7200文	
13	隆福寺	楠木作坊	2间	7200文	
14	隆福寺	小刀铺	2间	1400文	
15	隆福寺	小刀铺	6间	4400文	
16	隆福寺	小刀铺	9间	14800文	
17	隆福寺	雀儿铺	5间	3600文	
18	交道口	水屋	4间（井1眼）	4000文	
19	交道口	晋昌号油盐店	4间	4000文	
20	交道口南边	烟袋铺	3间	3000文	
21	交道口南边	碓房	3间	3600文	
22	交道口南边	草铺	3间	3600文	
23	交道口南边	大货铺	2间	2400文	
24	交道口南边	大货铺	1间	800文	
25	交道口南边	小豆腐铺	2间	2000文	
26	交道口南边	酒铺	2间	2000文	
27	交道口南边	烟袋铺	1间	800文	
28	交道口南边	冥衣铺	1间	1200文	
29	交道口南边	切面铺	1间	1200文	
30	交道口南边	茅房	1间	2000文	
31	交道口南边	羊肉铺	1间	1200文	
32	交道口大街	冥衣铺	1间	1000文	
33	交道口大街	干果铺	3间	3000文	
34	交道口	聚盛号木厂	12间	9000文	
35	大沟巷	义顺号估衣铺	3间	10800文	
36	大沟巷	首饰作坊	2间	1400文	
37	大沟巷	下水铺	2间	1400文	
38	大沟巷	下水铺	1间	800文	
39	大沟巷	小刀铺	2间	1400文	
40	大沟巷	碓房	6间	3600文	
41	小石桥	聚盛号	3间	2500文	
42	鼓楼斜街	靴铺	2间	5200文	
43	鼓楼斜街	首饰作坊	1间	2000文	

| "和珅跌倒"后的官场贪腐 |

续表

编号	铺房地点	铺房商号	铺房数	月租	置产时间
44	崇文门外上四巷	勇信茶行	36 间	43000 文	嘉庆十一年十月
45	崇文门外上四巷	义顺广货铺	11 间	14500 文	嘉庆十一年十月
46	德胜门外大街路西	天顺皮条铺	2 间	1800 文	嘉庆十一年十一月
47	德胜门外大街路西	永兴茶馆	7 间	5100 文	嘉庆十一年十一月
48	德胜门外大街路西	永盛傢伙铺	9 间	5500 文	嘉庆十一年十一月
49	正阳门外布巷北口	广太和记布铺	楼房 4 间	15 两	嘉庆十二年二月
50	正阳门外大街	羊肉铺	楼房 6 间	42500 文	嘉庆十二年十月
51	鲜鱼口	布铺	5 间	16000 文	嘉庆十三年九月
52	琉璃厂	东升盒子铺	2 间	4000 文	嘉庆十二年四月
53	琉璃厂	米铺	2.5 间	2400 文	嘉庆十二年四月
54	琉璃厂	考古堂法帖铺	1 间	2900 文	嘉庆十二年四月
55	琉璃厂	绣锦斋字画铺	3 间	4200 文	嘉庆十二年四月
56	琉璃厂	宝如斋古玩铺	9 间	4 两 5 钱	嘉庆十二年四月
57	琉璃厂	缙绅作坊	8 间	8000 文	嘉庆十二年四月
58	铁辘轳把	聚隆粮店	34.5 间	27500 文	嘉庆十二年十月
59	花儿市	太源布铺	50.5 间	44 两	嘉庆十二年十一月
60	打磨厂	老二酉堂书铺	12 间	30000 文	嘉庆十二年十一月
61	打磨厂	天吉文记缎局	5 间	12000 文	嘉庆十二年十一月
62	打磨厂	铜丝铺	4 间	12000 文	嘉庆十三年十二月
63	栏杆市	协盛（成）茶行	堆房 68 间	40000 文	嘉庆十二年十二月
64	栏杆市	源昌粮食店	17 间	13000 文	嘉庆十二年十二月
65	北孝顺胡同	德丰缎局	18 间	18 两	嘉庆十二年十二月
66	北孝顺胡同	广源缎局	16 间	15 两	嘉庆十二年十二月
67	北孝顺胡同	怡远缎局	24 间	24 两	嘉庆十三年二月
68	西堂子胡同	广全印局	2 间	3200 文	嘉庆十三年正月
69	西堂子胡同	永吉米局	2 间	3200 文	嘉庆十三年正月
70	西堂子胡同	公顺米局	3 间	4800 文	嘉庆十三年正月

续表

编号	铺房地点	铺房商号	铺房数	月租	置产时间
71	西堂子胡同	同聚米局	3 间	4800 文	嘉庆十三年正月
72	西堂子胡同	义盛米局	3 间	4800 文	嘉庆十三年正月
73	西堂子胡同	全顺米局	2 间	3200 文	嘉庆十三年正月
74	西堂子胡同	恒隆兴隆米局	14 间	9800 文	嘉庆十三年正月
75	金鱼胡同	恒源米局	6 间	7200 文	嘉庆十三年正月
76	金鱼胡同	兴隆米局	4 间	4800 文	嘉庆十三年正月
77	金鱼胡同	西德盛米局	6 间	7200 文	嘉庆十三年正月
78	金鱼胡同	逢源米局	6 间	7200 文	嘉庆十三年正月

资料来源：中国第一历史档案馆藏：《内务府奏案》，嘉庆十三年十二月二十六日，苏楞额奏折并附清单，档案编号：05—0540—082、05—0540—083、05—0540—084；中国第一历史档案馆藏：《军机处录副奏折》，嘉庆十四年正月初六日内务府大臣英和等奏折并附清单，档案编号：128—1748 至 128—1756。参见邓亦兵《清代前期北京房产市场研究》，天津古籍出版社 2014 年版，第 319—322 页《附表 17》，本文数据有修订。

（原载《宏观视野下的清代中国》，中国人民大学出版社 2016 年版）

乾隆朝顺懿密太妃丧葬仪注考

摘要：顺懿密太妃王氏，出身江南，汉人。康熙五十七年（1718）册封密嫔，雍正二年（1724）晋封皇考密妃，乾隆元年（1736）尊为皇祖顺懿密太妃。密太妃身历三朝，乾隆九年（1744）四月十八日薨。乾隆九年（1744）四月十九日《总管内务府奏报宁寿宫顺懿密太妃丧葬仪注》之满文档案，详述密太妃丧礼制度的内容与特点，由此可知，妃嫔葬仪作为满洲皇室葬仪的一部分，具有等级制度、多元文化融通等特点，并带有满洲领主制残余。

关键词：密太妃　汉人妃嫔　满文档案　丧礼

顺懿密太妃王氏，出身江南，汉人。王氏于康熙二十余年入侍宫中，先后生皇十五子胤禑（愉郡王）、皇十六子胤禄（庄亲王）、皇十八子胤祄（早殇）。康熙五十七年（1718）册封为密嫔，雍正二年（1724）六月晋封皇考密妃，乾隆元年（1736）十一月尊为皇祖顺懿密太妃，乾隆九年（1744）四月十八日薨，年七十多岁。《清宫内务府奏销档》第30册载有乾隆九年四月十九日《总管内务府奏报宁寿宫顺懿密太妃丧葬仪注》一件，内容为操办顺懿密太妃丧事的礼仪规定与具体安排，这不仅为后世了解清朝皇妃葬仪制度提供了一个可靠个案，同时也是考察密太妃在皇室中处境的一个绝佳视角。清历朝皇帝多纳汉人妃嫔，而相关记载甚少。密太妃身历三朝，无论就其享寿之久、身份之尊，抑或所育皇子地位之显赫来看，均称得上是汉人妃嫔中颇值得关注的一位。以上，即笔者撰

| 第二编　八旗制度与社会 |

为此文的出发点。本文特将满文《总管内务府奏报宁寿宫顺懿密太妃丧葬仪注》转写、汉译并加注释，以密太妃家世为背景，并结合档案记载，重点考察顺懿密太妃王氏丧葬仪注的内容与特点，以就正于方家。

一　《总管内务府奏报宁寿宫顺懿密太妃丧葬仪注折》译释

乾隆九年（1744）四月十九日《总管内务府奏报宁寿宫顺懿密太妃丧葬仪注折》[①] 转写及汉译如下：

juwan uyunde, wesimbuhengge, dorgi baita be uheri kadalara yamun i jergi jurgan i gingguleme wesimburengge, hese be baire jalin, ning šeo gung ni ijishūn fujurungga kimcikū tai fei, ere biyai juwan jakūn i morin erinde bederehebi. baicaci, mutebuhe fei bederehede, juwan emu lama juwanjeolame ging hūlahabi. gin guwan be sain šamu mooi weilefi haksan obume cilehebi. jampan semerhen i oyo fajiran be gemu haksan gecuheri šuwase be buya muduri noho lamun juwangduwan obuhabi. jingse be mooi šurufi feigin latubuhabi. tukiyere giyase fangse tukiyere moo be gemu haksan obuhabi. gin guwan be hašara de si fan hergen i suje ilan, amba suje juwe obufi sunja jergi hašahabi. to lu bei dasihabi. dabali fulgiyan suje hūwaitahabi. gin guwan de tebure tucibure sain inenggi erin be, gin tiyan giyan yamun de afabufi tuwabuhabi. hošoi bolgo bodohonggo cin wang ni fujin sinahi etuhebi. funiyehe faitahabi. bolgo giyūn wang se, wang ni fujin sinahi etuhebi. bolgo giyūn wang soncoho faitahabi. wang ni fujin, wang ni ahūn deo juse soncoho, funiyehe faitahakūbi. wang ni harangga urse gemu sinahi etuhebi. sula amban ilan, hiya ninju tucibufi gemu sinahi etubuhebi. fei gung ni gegese sargan juse, taigiyasa be, gemu

---

① 中国第一历史档案馆、故宫博物院合编：《清宫内务府奏销档》第30册，故宫出版社2014年版。

456

sinahi etubuhebi. soncoho funiyehe, faitahabi. jai ubui emu hontohoi hahasi hehesi be gemu sinahi etubuhebi. gemu soncoho funiyehe faitahakūbi. ubui hontohoi dorgi amsun baita de afaha urse, kiyan cing gung ni buda cai urse be sinahi etubure be nakabuhabi. hošoi cin wang ci fusihūn. dorgi amban, hiyasa, jalan i janggin jergi hafasa ci wesihun, gurun i gungju hošoi fujisa ci fusihūn gūsai beise i fujisa, gegese ci wesihun irgen i gung heo be, gūsa be kadalara amban, aliha amban jingkini hafasai sargata be isabuhabi. isara dari gemu sorson muheren gaihabi. amasi genere de sorson hadahabi. muheren etuhebi. tucibure ebsihe inenggidari erde budai dere, šun dabsime efen i dere dobohobi. ede geren gemu isahabi. faidan faidahabi. doboro dari bolgo giyūn wang hisalahabi. dele ilan inenggi baita icihiyahakū, dergi booci fusihūn, uksun ci wesihun, wecehekū, metehekū gulu etuku etuhebi. gin guwan be ibebure tucibure de hiyoo ioi dats'ai be acara be tuwame tucibufi tukiyebuhebi. toktobuha faidan juwan ninggun morin tohofi, duin buktelin（buktulin）acifi, faidahabi. ts'oo ba li ton yamun de benefi taka toktobume sindahabi. acinggiyara de booi amban arki ilan hūntahan hisalafi hoošan sunja tanggū afaha deijihebi. wang sa, ambasa hiyasa gemu beneme genehebi. gungju fujisa gegese ambasa i sargata be gemu doigonde genehebi. tukiyere hūsun be sunja hecen i dorgi tukiyeme bahanara niyalma be sonjome gaifi giya i etuku etubuhebi. idu banjibufi, emu idu de jakūnju, niyalma obufi tukiyebuhebi. jai ubui emu hontohoi sinahi etuhe hehe be gūsin morilabufi, gin guwan i amargi be dahalame benehebi, gūwa hehesi be onggolo unggihebi. sinahi etuhe hahasi be bireme benehebi. jiha maktara de ubui hontohoi sinahi etuhe hafan baitangga bayara i dorgi juwan tucibufi idurame maktahabi. acinggiyara duka kiyoo de arki hisalara de, booi amban emke, dorolon i jurgan i amban emke, hisalahabi. ts'oo ba lii tun yamun de isinafi toktobume sindaha manggi, arki ilan hūntaha hisalafi, hoošan sunja tanggū afaha deijifi beneme genehe geren gemu facahabi. tanggū inenggi ebsihe inenggidari erde budai dere, šun dabsime efen i dere, juwe erin i dobohobi. dere doboro ebsihe ubui hontohoi hafan baitangga be sargata suwaliyame emu idu de juwan juru tucibufi juwe erin i doboro de dahame dosifi gasahabi. ere doboro de faidan faidara be nakafi waliyara dari faidahabi, sucungga nadan waliyara de yarugan fangse emke, suhe nadan tumen, hooŝan jiha nadan tumen afaha, niruha defeliyenggu hooŝan emu minggan afaha, hacingga icehe defeliyenggu hooŝan uyun minggan afaha, budai dere be dabume gūsin emu dere, honin juwan uyun, arki nure uyun malu sesi mudan ilan yalhū obufi bithe hūlame wecehebi. ere wecere de faidan faidahabi. fei i etuku ilan jergi, pijan buleku giyase obokū giyase i jergi i jaka buktelin aciha duin enggemu be buktelin suwaliyame sindahabi. wangsa, ambasa, hiyasa, hafasa, gungju, fujisa, gegese, ambasai sargata be benehe songkoi isabuhabi. genere de sorson muheren gaihabi. amasi jidere de sorson hadahabi, muheren etuhebi, siŝantume waliyara de suhe sunja minggan hooŝan jiha sunja minggan afaha, budai dere be dabume sunja dere, ilan honin, arki nure ilan malu obufi waliyahabi. faidan faidara be nakahabi. sucungga nadan waliyara onggolo ninju lama obufi nadan inenggi ging hūlahabi. waliyame wajiha manggi, sirame dehi jakūn hooŝang, dehi jakūn dooŝi be bakcilabufi nadan inenggi doocang arahabi. amba nadan de waliyara isabure be, gemu sucungga nadan i songkoi obuhabi. ere waliyara de fei i etuku ilan jergi, faidan i enggemu duin ŝusiha emke, gulhun seke emke, dasaha efen i dere emke, sindahabi, yehere tetun baitalahabi. jai faidan kiyoo jakūn enggemu be funcebufi acinggiyafi benere de faidahabi. sinahi etuhe geren gemu sinahi suhebi. tanggū inenggi jaluka manggi, uju fusihabi. biya jalure, tanggū inenggi jalure, emu barun i teile waliyara de, gemu suhe emu tumen, hooŝan jiha emu tumen afaha, budai dere be dabume juwan emu dere, sunja honin, arki nure sunja malu obufi waliyahabi. fei i etuku emte jergi sindahabi . waliyara dari dorolon i jurgan, weilere jurgan, booi ambasa tuwame waliyahabi. ubui hontohoi hahasi, hehesi be bireme isabuhabi. tanggū inenggi duleke manggi, biya jalume waliyara be nakahabi. tuwakiyara de cin i duka de booi bayarai jalan i janggin emke, juwan i da be dabume bayara juwan, šurdeme jakūn gūsai janggin jakūn, cooha jakūnju tucibufi tuwakiyabuhabi. dorgi duka be taigiyasa be jafabuhabi. nadan biyai tofohon, tuweri ten, fe doroi waliyara de budai dure emke, efen i dere emke, honin emke, arki emu malu, suhe juwe minggan, ilan hacin i hooŝan emu minggan afaha, hangsi de budai dere emke. efen i dere emke, honin emke, arki emu malu, ilan hacin i hooŝan orin emu afaha be, jiha faitafi sisihabi. fei, fungnehe aisin i ce be guwang cu syde afabuhabi. wecere bithe be bithei yamun ci arahabi. faidan i enggemu morin hašara suje sinahi boso, gin guwan jampan semerhin sektere dosire sishe jafu tukiyere hūsun giyase fangse suhe hooŝan besergen cacari, jai doboro dere cai waliyara de doboro efen i dere honin arki nure hūntahan taili sesi mudan tusergen i jergi jaka, jai lama, hooŝang dooši sede ulebure omibure jergi eiten jaka hacin be gemu meni meni harangga jurgan yamun ci belhehebi. ging, doocang tuwame hūlara soorin i pai be tukiyere doroloro de booi hafasa be tucibuhe be dangsede ejehebi.

amban meni gisurehengge, ning šeo gung ni ijishūn fujurungga kimcikū tai fei ere biyai juwan jakūn i morin erinde bederehebi. gin guwan de tebure tucibure sain inenggi erin be kin tiya giyan yamun de afabufi gingguleme sonjime, tuwabuci, ineku inenggi indahūn erinde gin guwan de tebuci sain, orin emu de suwayan muduri inenggi tasha erinde tucibuci sain, ineku biyai orin uyun de sucungga nadan i doroi waliyaci sain, sunja biyai tofohon de amba nadan i doroi waliyaci sain sehebi. ere tuwaha songkoi indahūn erinde gin guwan de tebuhe. fei gung ni sargan juse taigiyasa mamari be sinahi etubuki, soncoho funiyehe faitabuki, ubui hontohoi dorgi amsun i baita de afaha urse, kiyan cing gung ni buda cai urse ci tulgiyen, gūwa hahasi hehesi, jai tucibuhe buda cai urse be sinahi etubuki, soncoho funiyehe faitara be nakabuki, hošoi tob cin wang, wang ni fujin, jai hebengge ginggun giyūn wang ni fujin be sinahi etubuki,

459

第二编 八旗制度与社会

soncoho funiyehe faitabuki, tob cin wang ni juse, hebengge giyūn wang, wang ni fujin, wang ni deo, wang ni non be gemu sinahi etubuki, tob cin wang ni harangga urse, jai hebengge giyūn wang ni harangga urse be gemu sinahi etubuki, gemu soncoho funiyehe faitara be nakabuki, sula ambasa hiyasa be tucibufi sinahi etubure babe, hiya kadalara dorgi ambasa de afabufi kooli songkoi tucibukini. ineku biyai orin uyun de sucungga nadan i doroi bithe hūlame weceki, sunja biyai tofohon de amba nadan i doroi bithe hūlame weceki, amba nadan i doroi wecere de, hošoi tob cinwang, wang ni fujin, wang ni juse, jai hebengge ginggun giyūn wang ni fujin, hebengge giyūn wang, wang ni fujin, wang ni deo, wang ni non, jai sinahi etuhe geren be, gemu sinahi suki. tanggū inenggi jaluka manggi, hošoi tob cin wang, wang ni juse, wang ni harangga urse, jai hebengge giyūn wang, wang ni deo, wang ni harangga urse ubui hontohoi urse, fei gung ni taigiyasa uju fusiki. gūwa sinahi etuhe geren sinahi suhe manggi uthai uju fusiki. tanggū inenggi dorgi biyadari biya jalure doroi waliyaki. jai tanggū inenggi ebsihe inenggidari erde budai dere šun dabsime efen i dere doboro acinggiyafi benere faidan faidara ging hūlara doocang arara doboro waliyara jergi eiten babe, gemu neneme bederehe mutebuhe fei i kooli songkoi icihiyaki. acinggiyafi fei yamun de benere toktobume sindara babe, amban be encu gisurefi wesimbuki sembi. erei jalin gingguleme wesimbuhe, hese be baimbi seme jedz arafi, dorgi baita be uheri kadalara yamun i baita be kadalame icihiyara, sunja gilu ejehe hošoi hūwaliyaka cin wang, dorgi amban bime boigon i jurgan i aliha amban, booi amban haiwang, hebei amban, dorgi amban, hafan efulefi tušan de bibuhe, beidere jurgan i aliha amban, booi amban bime dergi adun i jurgan i baita be kadalame icihiyara laiboo, boigon i jurgan i hashū ergi ashan i amban bime fung cen yuwan i baita be kadalame icihiyara booi amban sanhe, gocika hiya, boigon i jurgan i ici ergi ashan i amban bime booi amban fuheng, aliha amban žin lan jy, ashan i amban muheliyen, deng jung yo. gioroi lersen, ashan i amban deling, baita wesimbure aisilakū hafan sahadai sede bufi ulame wesimbuhede, hese gisurehe songkoi obu sehe, jang i syi bithesi guwande benjihe.

译文：

（十九日）总管内务府衙门等部谨奏：为请旨事。宁寿宫顺懿密太妃（ijishūn fujurungga kimcikū tai fei），于本月十八日午时薨（bederehebi）①。查得：成妃（mutebuhe fei）薨时，曾以十一名喇嘛诵经十周。金棺以好杉木承造，髹金漆。帷盖顶、壁俱用金蟒缎，覆布用全细龙纹蓝妆缎，顶珠用木旋成，贴以飞金②。抬架枋子、抬扛皆髹金。金棺内衬西番字缎三、大缎二共五层，覆以陀罗被（to lu bei）③，以红缎系之。金棺殓殡吉日良辰，交钦天监衙门看之。和硕淳度亲王（hošoi bolgo bodohonggo cin wang）福晋成服（sinahi etuhebi）、剪发（funiyehe faitahabi）。淳郡王（bolgo giyūn wang）等、王福晋成服。淳郡王截辫（soncoho faitahabi），王之福晋、王之兄弟、诸子未剪发辫。王之属众俱成服。所派散秩大臣三、侍卫六十俱成服。妃宫内众格格、女孩、太监等俱成服、剪发辫（soncoho funiyehe faitahabi）。再，分内一管领（ubui emu hontoho）下男妇俱成服、未剪发辫。分内管领下料理膳食之众、乾清宫膳上、茶上之众未成服。和硕亲王以下，内大臣、侍卫、参领等官以上；固伦公主、和硕福晋以下，固山贝子福晋、格格以上；公、

---

① 平民死亡曰 akū oho、bucehe（没了，死了，亡了）；王公贵族曰 bederehe（薨），关笑晶：《清代满族的丧葬习俗——从〈御制增订清文鉴〉谈起》，《满语研究》2010 年第 1 期。

② 满文"feigin"为汉译借词，《增订清文鉴》《三合切音清文鉴》《五体清文鉴》均写为"aisin hoo šan"（飞金），《增订清文鉴》"feigin"条："aisin be umesi nekeliyen hoo šan i adali dabtafi, nirure latubure de baitalambi"［译文：把金（金箔）敲击薄如纸，用于涂绘粘贴］。

③ 陀罗被（to lu bei），又称陀罗经被、陀罗尼经被、陀罗尼衾，一种织有金梵字经文的随葬品。清朝帝后妃嫔葬用陀罗被，用黄缎，引藏文佛经，字作金色。据总管内务府《奏为议定贵人妃嫔所用陀罗被西番字缎缘由事》（乾隆三年九月二十日）：雍正朝起，帝、后、王公妃嫔丧葬始用陀罗经被；勋臣病殁，或特旨赏赐（中国第一历史档案馆、故宫博物院合编：《清宫内务府奏案》第 14 册，故宫出版社 2015 年版）。昭梿《啸亭续录》卷 1《赐它罗经被》则云："本朝王大臣有薨没者，上特赐它（陀）罗经被。被以白绫为之，刊金字番经于其上，时得赐者以为宠幸。"

侯、伯、都统、尚书、精奇尼哈番①之妻齐集。每集会，俱摘冠缨、去耳环，散去时再缀冠缨、戴耳环。出殡期间每日晨供馔筵（budai dere），夕供饽饽桌（efen i dere）②。聚集众人排队。每祭祀，淳郡王奠酒。皇上辍朝三日，大内（dergi boo）以下，宗室以上，不祭祀者着素服。

金棺启行（ibebure tucibure）时，以校尉（hiyoo ioi）③达才（dats'ai）④量为抬出。派定仪仗，备马十六匹，四包一驮，送往曹八里屯（ts'oo ba li ton）⑤衙门，暂行安厝。启行时，内务府总管，以烧酒三碗祭奠、纸五百张焚之。王、大臣、侍卫等俱往送。公主、福晋、格格、大臣之妻俱皆先往。舁夫选取五城内善抬之人，着夹衣，编班，每班八十人扛抬。再，分内一管领下成服妇人，以三十人乘马，在金棺后随往，其余妇人预先派往；成服男人全部往送。抛纸钱时，自分内管领下成服官员、拜唐阿（baitangga）⑥、护

---

① jingkini hafan，精奇尼哈番，八旗世爵第四等，子爵，正一品。
② efen（饽饽）：康熙《满蒙文鉴》：yaya ufa be suifi galai aracibe durun de gidacibe teliyeme carume bolame hacingga weilefi jeterengge be gemu efen sembi（将米粉在手中揉，压入模具，用蒸炸烙等方法制作的食品，俱称 efen）。本文所引辞书均据日本东北大学东北アジア研究センタ：《モンゴル諸語と満洲語の資料検索システム》（网络版），http://hkuri.cneas.tohoku.ac.jp，下同。
③ hiyoo ioi（校尉），始置于秦朝，为中级军官。隋唐时期定例为武散官低品官号。明以卫士为校尉。清入关前，天聪汗与诸王贝勒麾下，均设校尉，似为扈从，（参见中国第一历史档案馆等译注《满洲老档·太宗天聪》卷49，天聪六年二月初四，中华书局1990年版，第1230页）。清朝内务府掌仪司銮仪卫属下有民校尉，具体执掌待考。
④ dats'ai（达才、搭材），《清宫内务府奏案》记载，每年夏季三伏，内营造司官员会同銮仪卫官员带领校尉、搭材人等，在紫禁城内拔草，总管内务府：《奏为紫禁城校尉拔草事》，乾隆十五年六月二十八日（中国第一历史档案馆、故宫博物院合编：《清宫内务府奏案》第63册，故宫出版社2015年版）。其身份似与校尉接近。
⑤ 曹八里位于今北京市朝阳区西北部。明称曹八屯，清称曹八里屯。于敏中：《日下旧闻考》卷107云："曹八里屯有慈救寺。"又记："慈救寺在北顶东南，距德胜门外八里许，旧名五圣庵，康熙六十年重修。"（文渊阁四库全书本）慈救寺是明宫曹姓太监所修，故在八里屯之前冠以"曹"字。昆冈等纂：《大清会典》卷1186《内务府一七》（光绪二十五年刻本，中华书局1991年影印本）："园墓祭祀。原定，曹八里屯坟墓，由礼部工部光禄寺办理。乾隆二十四年奏准，园墓祭祀由内务府办理。"笔者按：康熙年间在曹八里屯设园寝。密太妃金棺先在此厝安，乾隆十年十月奉移于清景陵（康熙帝陵）妃园寝。
⑥ baitangga（执事人）：siden i baita de afaha jergi akū urse be baitangga sembi（承担公差而无品级者称 baitangga）（乾隆《增订清文鉴》）。

乾隆朝顺懿密太妃丧葬仪注考

军内派出十人，轮番抛撒。启动门、轿，祭奠烧酒时，内务府总管、礼部大臣各一祭祀。在曹八里屯衙门安厝后，祭烧酒三碗、焚纸五百张，往送之众俱离去。

百日期间，每日晨以馔筵，夕以饽饽桌，供祭两次。供祭期间，分内管领下官员、拜唐阿，连同妻子，十对编作一班，在两次供祭时跟随入内举哀。供祭时停其排班，每值祭奠排班。

初祭（sucungga nadan waliyara）①，设引幡（yarugan fangse）一架、纸锞（金银锭，suhe）②七万个、楮钱（纸钱，hoošan jiha）③七万张、画缎（整匹画纸，niruha defeliyenggu hoošan）一千张、楮帛（各色整匹纸，hacingga icehe defeliyenggu hoošan）九千张、摆馔筵三十一席、羊十九只、烧酒黄酒九瓮、饽饽（sesi mudan）④三盆，诵文祭祀。祭祀时摆设仪仗，妃之衣物三层、皮箱、镜架、脸盆架子等物，驮褡裢之四鞍与褡裢一并放置。诸王、大臣、侍卫、官员、公主、福晋、格格、命妇照送殡之例齐集，去时摘冠缨耳环，回时缀帽缨、戴耳环。

绎祭（sišantume waliyara）⑤，以纸锞五千个、纸钱五千张、馔

---

① nadan（七）：fangse tukiyefi ambarame waliyara be nadan sembi；ere waliyaranggesucungga nadanamba nadan uheri juwenggeri［举幡大祭称 nadan；此祭分初七（初祭）大七（大祭）共两次］（康熙《满蒙文鉴》卷3）。

② suhe（纸锞）：康熙《大清全书》译为：纸做的元宝。康熙《满蒙文鉴》解释说：aisin menggun i hoošan i araha šoge be suhe sembi（用金纸、银纸做成的锞子称 suhe）。

③ hoošan jiha（纸钱）：hoošan bejihai adali sacifi waliyara sindara de deijirengge be hooošanjihasembi，jai giran tuciburre de hobo i juleri maktara muheliyen hoošan be inu hoošanjihasembi（纸裁成钱状，祭葬时点燃，称 hoošan jiha；又，出殡时于棺前抛撒之圆形纸，亦称 hoošanjiha）（乾隆《增订清文鉴》）。

④ sesi mudan 为两种饽饽名。sesi（豆面剪子股）：fisihe bele be teliyefi tūku i tūme sedu suwaliyafi hasaha i mudan i gese murime arafi caruhangge be sesi efen sembi（将小黄米、小米蒸熟后槌击，杂以豆粉，拧成剪子状长条而油炸者，称 sesi 饽饽（乾隆《五体清文鉴》）；mudan（搓条饽饽）：mere ufa i teile ici fisihe je ufa be suwaliyafi dedubufi siberefi mudalime arafi caruhangge be mudan sembi（纯用荞麦粉或混以粟（小黄米）、黍（小米）粉，发酵后搓成长条、拧曲并油炸者称 mudan）（乾隆《五体清文鉴》）。索宁安辑《满洲四礼集》不分卷《满洲祭神祭天典礼·十月祭大神炸穆丹打糕仪注》条，有"炸穆丹"的具体方法（嘉庆六年省非堂刻本）。两种饽饽类似今日"油炸麻花"。民间饽饽种类甚多，详见关笑晶《清代满族的丧葬习俗——从〈御制增订清文鉴〉谈起》。

⑤ sišantume，绎祭，即初祭、大祭结束后的次日祭。

463

筵五席、羊三只、烧酒黄酒三瓮祭之,未曾排班。初祭(头七祭祀)前,以六十名喇嘛唪经七日。祭毕,继以僧、道各四十八名相对,做七日道场(doocang arahabi)。

大祭(amba nadan,大七)时齐集祭祀,俱照初祭。本次祭祀,放置妃之衣物三层、仪鞍四个、鞭子一条、整貂一张、饽饽桌一张。使用瓷器。又,留仪轿、八鞍,奉移时摆设。成服之众俱除服(sinahi suhebi)。满百日剃头(uju fusihabi)。满月、满百日、满周年祭祀,俱以纸锞一万个、纸钱一万张、馔筵十一席、羊五只、烧酒、黄酒五瓮祭之。放置妃衣物一层。

每次祭祀,礼部、工部、内务府总管等监临致祭,分内管领男妇齐集。百日后,停其满月祭祀。看守正门,派出内府护军参领一员、连同护军校在内护军十名;轮番派出八旗参领八员、兵丁八十名看守。内门交太监执掌。七月十五、冬至,照旧礼祭祀,用馔筵一席、饽饽一桌、羊一只、烧酒一瓮、纸锞两千个、三项纸(ilan hacin i hoošan)一千张;清明,用馔筵一席、饽饽一桌、羊一只、烧酒一瓮、三项纸二十一张,以碎钱填塞。

妃受封金册(fungnehe aisin i ce)[①],交广储司。祭文由翰林院撰拟。仪仗鞍马围缎孝布、金棺帷幕、铺设内褥、毡子、舁夫、枋架、锞子、纸、床、凉棚,以及供桌、茶、祭祀供奉饽饽桌、羊、烧酒、黄酒、酒杯、碟、饽饽(sesi mudan)、高桌等物,以及喇嘛、和尚、道士等饮馔一应事项,皆由各该部、衙门预备。派出内府官员,监督诵经、道场,奉牌位行礼,在案。

臣等议得:宁寿宫顺懿密太妃,于本月十八日午时薨逝。金棺殓殡吉日良辰,已交钦天监衙门谨选。看得:本日戌时,金棺宜殓;二十一日戊辰寅时宜殡;本月二十九日初祭(头七礼祭)为宜,五月十五日大祭(大七礼祭)为宜,等语。照此看来,戌时金棺出殡,着妃宫内众姑娘、太监、妈妈哩(mamari)成服,剪发

[①] 清沿旧制,皇帝册立皇后、册封皇贵妃、贵妃、妃等,俱用金册,即将册文镌刻于金册,以为凭证。制俱同,唯页数之多寡视册文之长短,页片之厚薄随金银之轻重,各照礼部开送定式成造,参托津等纂《大清会典》卷201《工部五》,嘉庆二十三年殿本。

辫。分内管领下除饭上人、乾清宫膳上人、茶上人外，其余男妇及派出饭上、茶上人令成服，毋庸剪发辫。和硕庄亲王（hošoi tob cin wang）、王福晋、愉恪郡王（hebengge ginggun giyūn wang）福晋着成服，剪发辫。庄亲王之子、愉郡王、王福晋、王弟王妹，俱着成服。庄亲王、愉郡王属众皆成服，毋庸剪发辫。所派散秩大臣、侍卫成服之事，交领侍卫内大臣照例派遣。本月二十九日初祭（sucungga nadan），诵读祭文致祭。五月十五日大祭（amba nadan），诵读祭文致祭。大祭致礼时，和硕庄亲王、王福晋、王之诸子及愉恪郡王福晋、愉郡王、王福晋、王弟王妹、成服之众，俱除服。百日满后，和硕庄亲王、王之诸子、王之属众及愉郡王、王弟、王之属众、分内管领之众、妃宫内太监薙头（uju fusiki）。其余成服之众除服后，立即薙头。百日内，每月满月礼祭。又百日期间，每日晨供馔筵，夕供饽饽桌，启送仪仗、诵经、作道场、供奉祭祀等一应事项，俱照先前薨逝成妃办理。将妃送往衙门安厝诸项，臣等另行议奏，等语。为此谨奏请旨，等因，缮折。

办理总管内务府衙门事务、记录五次和硕和亲王，内大臣兼户部尚书、内务府总管海望，议政大臣、内大臣、革职留任刑部尚书、内务府总管兼管上驷院事来保，户部左侍郎兼管奉宸苑事、内务府总管三和，御前侍卫、户部右侍郎兼内务府总管傅恒，尚书任兰枝，侍郎木和林，邓中优，觉罗勒尔森，侍郎德龄，交奏事员外郎萨哈代转奏。奉旨：依议，钦此。掌仪司笔帖式观德送来。

二　档案解读

（一）密太妃家世

关于密太妃出身，《清史稿》卷214《后妃传》、唐邦治《清皇室四谱》卷2均有记载，而最权威记载则见于官修《清文献通考》卷241《帝系考》。综合诸书和档案记载，可知：密嫔，王氏，知

第二编　八旗制度与社会

县王国正女。其母黄氏，苏州人①。入宫确切时间不详。康熙三十二年（1693）生皇十五子胤禑（后封愉郡王），三十四年（1695）生皇十六子胤禄（后封庄亲王），四十年（1701）生皇十八子胤祄（早殇）。康熙五十七年（1718）十二月册为密嫔，雍正二年（1724）六月尊封皇考密妃，乾隆元年（1736）十一月尊封皇祖顺懿密太妃。九年（1744）四月十八日薨，年七十余。②

关于康熙帝与其汉人妃嫔，杨珍《康熙皇帝的一家》已有专论③。笔者在此只就密太妃史事补充二点。第一，有学者认为，所谓王氏之父王国正曾任知县一事，于史无证，应是清廷为掩饰其出身卑微而授以的虚衔，其实际身份为苏州织户④。笔者认为，此说值得商榷。考清初诸帝纳汉女事并不鲜见。最早有世祖恪妃石氏为侍郎石申女，庶妃则有巴氏、陈氏、唐氏、钮氏、杨氏。圣祖汉人妃嫔，有密嫔王氏，知县王国正女；端嫔董氏，员外郎董达奇女；襄嫔高氏，高廷秀女；熙嫔陈氏，陈玉卿女；静嫔石氏，石怀玉女；穆嫔陈氏，陈岐山女；贵人袁氏、陈氏、易氏；庶妃张氏、王氏、刘氏等。世宗汉人妃子，则有齐妃李氏，知府李文烨女；懋嫔，宋氏。宁妃武氏，知州武柱国女；贵人李氏等。高宗汉人妃子，庆贵妃陆氏，陆士隆女；皇贵妃苏氏，苏召南女；婉妃陈氏

---

① 康熙四十八年七月十四日，李煦《王嫔之母黄氏病故折》："王嫔娘娘之母黄氏，七月初二日忽患痢疾，医治不痊，于七月十四日午时病故，年七十岁。理合奏闻。"朱批："知道了，家书留下了，随便再叫知道罢。"参见故宫博物院明清档案部编《李煦奏折》，中华书局1976年版，第73页。王利器：《李士桢李煦父子年谱》一书已关注此事（北京出版社1983年版，第371页）。李煦时任苏州织造。按，清官书记载，王氏于康熙五十七年封嫔，而上引李煦康熙四十八年奏折已称其"王嫔"。或当时宫中已予王氏"嫔"身份，尚未正式册封而已。

② 清官修：《清文献通考》卷241《帝系考》，文渊阁四库全书本。

③ 前辈学者郑天挺在《清代皇室之氏族与血系》一文中指出："清宫内之汉姓女子，汉军秀女而外，或选自汉官（世祖时），或纳自潜邸（世宗高宗时）。"（《探微集》，中华书局1980年版，第62页）。杨珍《康熙皇帝一家》中对康熙帝汉人妃嫔有开拓性研究（学苑出版社1994年版，第89—94页）。

④ 有关王国正出身苏州织户的观点，详见黄一农《二重奏——红学与清史的对话》，台北清华大学出版社2014年版，第290、294页；《〈红楼梦〉中"借省亲事写南巡"新考》，《中国文化研究》2013年第4期。

(嘉庆朝晋皇考贵婉太妃),陈廷璋女;芳妃陈氏,陈廷伦女;怡嫔,柏氏,柏士彩女①。以上顺、康、雍、乾四朝汉人妃嫔约近30人,其中仅恪妃石氏出身名宦,其他妃嫔之父担任中下级官员的只有4人(员外郎1、知府1、知州1),此外都是平民百姓。清廷既不以这些妃嫔出身平民为讳,又有何理由单独授密妃之父以虚衔(知县)?故虚衔说不能成立。清诸帝纳汉女为妃嫔现象一直延续到晚清。等而下之,纳为贵人、常在的汉女亦复不少。兹不赘述。

补充说明的第二点:在清帝诸汉人妃嫔中,为何密太妃王氏颇值得关注?

(1)年轻入宫,由普通汉女而封嫔,由嫔而妃,由妃而晋太妃。在历朝汉人妃嫔中,其位阶仅次于高宗庆贵妃陆氏、苏氏,仁宗贵婉太妃陈氏(嘉庆六年居寿康宫位次之首),还是比较高的。

(2)身历三朝,在宫中至少生活50多年。其享寿在历朝汉人妃嫔中虽次于贵婉太妃陈氏②,亦属高龄。

(3)备受圣祖恩宠,在九年间(康熙三十二年至四十年)连生三子(十五子胤禑,十六子胤禄,十八子胤祄,早殇)。康熙五十七年(1718)十二月辛未,圣祖赐密嫔册文曰:"咨尔王氏,早备令仪。久娴内则,贤明之性虽在小而必详,渊懿之衷每经时而加谧。"③说明王氏秉性贤良,待人谦和,举止有度,孝顺尊长。康熙六十一年(1722)十一月圣祖殡天,皇四子胤禛登基不足一月,即谕令她由嫔而晋妃。乾隆朝,再晋皇祖顺懿密太妃。说明雍乾两帝对她都很尊重。

(4)母以子贵。和硕庄亲王博果铎,清太宗皇孙,雍正元年正

---

① 有关清初诸帝纳汉女事俱详《清文献通考》卷241《帝系考三·后妃》;赵尔巽等撰:《清史稿》卷214《后妃》;唐邦治:《清皇室四谱》卷2《后妃》,上海聚珍仿宋印书局,1923年。
② 贵婉太妃陈氏,雍正时赐侍高宗藩邸,乾隆初赐号贵人,封婉嫔,晋婉妃。嘉庆六年于寿康宫位次居首。仁宗晋尊为皇考贵婉太妃。嘉庆十二年卒,年九十有二。
③ 《清圣祖实录》卷283,康熙五十七年十二月辛未。

月薨,无嗣。二月,世宗谕令将允禄(胤禛即位,该诸兄弟字辈"胤"改为"允")过继给博果铎,承受其家产,袭爵①。庄亲王为世袭罔替铁帽子王。允禄受此显爵,实属世宗对他的旷世之恩。此前,九阿哥、十二阿哥、十四阿哥均封贝子,至是,从未获封的允禄却一下子超越诸兄而为亲王。为此,他奏陈皇上,感激"圣主鸿恩",还表示"赏赐臣一公、贝子衔亦甚足矣。袭此亲王者,本身不称职。"胤禛朱批:"太后母下旨定夺。"②此"太后母",当指胤禛生母孝恭皇后乌雅氏(于是年五月二十三日崩)。当时,令允禄袭庄亲王爵一事已在朝野引起种种流言或非议。世宗为此自辩道:"朕为君上,多封诸弟数人为亲王,何所不可?而必藉承袭庄亲王,以加厚于十六阿哥乎?"③胤禛为什么要这么做?有人推测:在年长诸兄前,允禄虽年轻,却是圣祖临终病榻前随侍皇子之一。因此,他是胤禛继承皇位是否合法的现场目击者。不管是否有违反圣祖遗诏事件发生,对允禄都必须厚赏,以使其保持缄默④。此推测是否成立姑且勿论,而后果只有一个:密妃与两子(郡王允祹、亲王允禄)在皇室中地位明显提升。雍、乾年间,庄亲王允禄总理军政,在诸王中地位最显赫,其在数学天文乐理诸领域亦有极高造诣。此类记述颇多,不遑赘述。

乾隆九年(1744)四月十八日,密太妃在倍极恩荣后薨逝。高宗谕旨,悼念她"侍奉皇祖三十余年,淑慎温恭,慈祥和易",并盛赞她"寿逾七秩,福德兼备,亦史册所罕见"⑤。"福德兼备,亦史册所罕见",乃对其盖棺论定之语,同时,也为"为何密太妃王氏颇值得关注"之问,提供了一个可信的答案。

---

① 清官修:《清文献通考》卷246《封建考》。
② 《和硕庄亲王允禄奏请封公贝子折》(无年月),中国第一历史档案馆译编:《雍正朝满文朱批奏折全译》,黄山书社1998年版,第2529页。
③ 《清世宗实录》卷4,雍正元年二月庚申。
④ [美]房兆楹:《胤禛》,[美]恒慕义主编:《清代名人传略》(上),中国人民大学清史研究所翻译组译,青海人民出版社1990年版,第813—814页。
⑤ 《清高宗实录》卷215,乾隆九年四月乙丑。

（二）丧葬仪注内容

顺懿密太妃生前居宁寿宫①，薨于乾隆九年（1744）四月十八日午时。第二天，总管内务府为筹办密太妃丧葬仪注，奏上此折。奏折第一部分，系征引成妃葬仪成例。按，成妃，戴佳氏（达甲氏），满洲镶黄旗人，司库（内务府旗人）卓奇女，康熙十九年（1680）生皇七子胤祐，五十七年（1718）十二月册封成妃（与王氏封密嫔同时）。乾隆五年（1740）十月三十日薨，享年70多岁。乾隆六年三月二十四日巳时入葬景陵（康熙帝陵，在清东陵，今河北省遵化市）妃园寝。胤祐，脚跛。康熙三十五年（1696）出征准噶尔部，因功封贝勒。四十八年（1709），晋淳郡王。雍正元年（1723），封和硕淳亲王，雍正八年（1730）薨，第六子弘暻降袭淳郡王。清初定，妃丧，本宫及妃之子守制二十七个月，余妃之子不守制②。成妃薨时，弘暻在世，故其与淳亲王福晋一同戴孝，正符合妃子葬仪规定。

奏折第二部分，系内务府比照成妃前例拟定密太妃葬仪③，包括殓殡时辰，金棺启行时间，成服、剪发辫范围，丧葬仪注，初祭（头七）、大祭（大七）、绎祭，以及百日期间及百日以后诸多祭祀仪礼的内容。密太妃葬仪，其子庄亲王（皇十六子允禄）、孙愉郡王（第一代愉郡王皇十五子允禑薨于雍正九年，子弘庆袭）、王福晋、王子及弟妹，俱戴孝、剪发辫。密太妃金棺奉移，亦如成妃例，暂厝曹八里屯衙门，以后奉安于清东陵之景陵妃园寝。按，景陵地宫内除安葬圣祖康熙帝，还有孝成仁皇后、孝昭仁皇后、孝懿仁皇后、孝恭仁皇后和敬敏皇贵妃。景陵妃园寝内葬有四十八位

---

① 宁寿宫，位于紫禁城内外东路，明代供太后、太妃养老。康熙帝为让皇太后颐养天年，在此建造宁寿宫。乾隆帝扩建、改造宁寿宫，便形成今日格局。
② 《清世祖实录》卷12，顺治元年十二月壬戌。
③ "（乾隆）九年四月十八日皇祖顺懿密太妃薨。奉旨：除事出之日不计外，辍朝三日。皇帝亲诣，冠摘缨纬，祭酒行礼。余仪与五年成妃丧礼同。"允裪等纂：《大清会典则例》卷89《礼部·丧礼》，文渊阁四库全书本。

妃、嫔、贵人、常在、答应和皇十八子允祄。

（三）丧葬仪注特点

据上引档案，复结合相关记载，可就妃子（太妃）丧葬仪注，概括为以下五点：

（1）妃子葬仪是清朝皇室葬仪的一部分。满洲人建国初葬俗尚简。天命十一年（1626）八月十一日未时清太祖卒，十二日辰时，其后（后称大妃即多尔衮之母）被迫以身殉。《武皇帝实录》载称：大妃"与帝同柩，巳时移榇出宫，安厝于沈阳城北西北角"。就是说，死亡当日即行埋厝，可谓简单之至①。到太宗崇德年间，皇室葬仪已初具轮廓。乾隆《大清会典则例》卷89《礼部·丧礼》载"妃丧仪"：崇德六年九月十七日，关雎宫宸妃薨。王以下、佐领品级以上，固伦公主、亲王福晋以下、副都统夫人以上咸齐集。陈设彩仗（以下记奉移、初祭、周月祭、大祭、二周月祭、又行大祭等内容，以及太宗皇帝亲临祭祀等仪节，均从略）。②

清朝入关，皇室葬仪深受明制影响。顺治初，定制，妃嫔之丧，皆内务府掌行，临时请旨③。说明当时仍未有定制。此后，妃子丧仪制度逐步完善，祭礼亦趋繁缛。主要有：奉移殡宫祭礼、初祭礼、大祭礼；大祭礼与初祭礼同；初祭、大祭次日举行绎祭。此外，还有周月、二周月、三周月、百日祭礼。期年、清明、中元、冬至、岁暮，乃至整个祭期每日晨夕皆有祭。金棺由殡宫奉移园寝，复行奉安礼等。祭品有金银锭、楮钱、画缎、楮帛、馔筵、羊、酒。乾隆四十年（1775），奏定皇贵妃以下五等丧④。标志丧葬仪注基本定型。

（2）妃子葬仪带有满洲领主制残余。满洲早期，蓄奴制发达，同时，社会中残存的血缘纽带仍有活力，故给领主与奴仆关系蒙上

---

① 郑天挺：《满洲入关前后几种礼俗之变迁》，《探微集》，第73页。
② 允裪等纂：《大清会典则例》卷89《礼部·丧礼》。
③ 赵尔巽等撰：《清史稿》卷92《礼十一》，第10册，第2698页。
④ 同上书，第2708页。

一层虚拟的血缘色彩。崇德七年，多罗安平贝勒杜度死后月余，有房婢自缢死。法司议："诚欲殉葬，当与贝勒同死，何至剪发日久乃缢？明系为福晋所逼，福晋应论死。"奏闻皇太极，仅命将福晋饿禁三昼夜①。满洲旧俗：父母丧，子女剪发，夫丧，妻妾亦剪发、去耳环。意欲从殉者则否。房婢剪发正说明她无意殉死。而杜度福晋却逼其自缢而亡。由于蓄奴制的束缚，使属民与领主、小领主与大领主之间形成强韧的人身依附关系，形同主仆。大贝勒莽古尔泰死，依丧礼，除汗、诸贝勒、福晋、同姓宗室摘缨外，"本旗大臣以下，亦命摘缨，妇人皆穿孝"②。满洲礼服，帽顶以红缨为饰，遇丧事将红缨摘去，以表服丧之意。莽古尔泰死，汗、贝勒、宗室摘缨，是基于同族血缘的认同，而本旗臣属摘缨，妇人穿孝，却是慑于与旗主领属关系的羁束。《清太宗实录稿本》卷14载"自崇德元年丙子四月登基议定会典诸王丧礼"，称：本主死，"其家下人，过周年，方许戴帽缨子"③，领主所属（包括属臣、自由民、奴仆），为其服丧长达一年之久。明明是主仆关系，却被罩上一层家族血缘色彩，领主地位因此更为稳固。清朝入关后，这仍是满洲社会关系的一个特点。领主地位越高，剪发辫成服范围越大，人数越多。《清史稿》卷92《礼十一》称："世祖崩，圣祖截发辫成服。王、公、百官、公主、福晋以下，宗女、佐领、三等侍卫、命妇以上，男摘冠缨截发，女去妆饰剪发。"④又，圣祖母慈和皇太后佟佳氏，康熙二年二月崩，圣祖截发成服，军民摘冠缨，命妇去妆饰二十七日。

旗下属人为领主剪发截辫礼俗，在密太妃丧葬仪注中有明文规定：妃宫内众姑娘、太监、妈妈哩，以及"分内一管领"下男妇，

---

① 中国第一历史档案馆：《清初内国史院满文档案译编》（上编），光明日报出版社1986年版，第477页。
② 中国第一历史档案馆等译注：《满文老档》（太宗天聪）卷60，天聪六年十二月初二，第1353页。
③ 《清太宗实录稿本》，辽宁大学历史系"清初史料丛刊"第三种，1978年，第4页。
④ 赵尔巽等撰：《清史稿》卷92《礼十一》，第10册，第2690页。

俱为亡妃戴孝剪发截辫。何为"分内一管领"？《大清会典》卷77《内务府十》载：内管领三十人，掌供大内之物役。宫中之事，率其属而听焉（皇后宫内差务，内管领等轮班承应；皇贵妃贵妃位下，内管领各二人；妃嫔位下，内管领各一人）。笔者按，清内务府共设三十个管领，承担宫中各项杂役。其中，皇贵妃贵妃名下，各有两名管领男妇供其役使；妃名下，各有一名管领男妇为其服侍。按清制，妃（包括太妃）亡，其管领下男妇必须为其戴孝剪发，凸显其对主人的严格人身依附，同时也反映满洲蓄奴制度在清宫事务中的影响。迄至清末，"则国丧唯内府旗人用剪发制。孝钦、德宗两丧并出，内府人民发皆再剪云"[1]。慈禧太后、光绪帝先后亡故，故内务府旗人连续两次剪辫发服丧，同时说明剪辫发的范围较清初已大为缩小。

（3）妃子葬仪带有等级制特征。清朝皇室后妃葬仪的基本规则，按死者身份地位分为：皇后大丧仪、太妃丧仪、皇贵妃丧仪、贵妃丧仪、妃丧仪、嫔丧仪、贵人丧仪、常在答应等丧仪。身份越低，仪礼越简[2]。

需要说明的一点是：妃与太妃，辈分不同而葬仪同。且自顺治以降，历朝妃（包括太妃[3]）葬仪，均沿用成例。光绪《大清会典事例》卷495载"妃葬仪"：顺治十五年（1658）悼妃卒，十八年（1661）太宗贞妃卒，一应礼仪悉从妃例。康熙六年（1667）世祖恪妃卒、太宗康惠淑妃卒，一应礼仪，均与寿康太妃丧礼同。恪妃石氏为汉人，而康惠淑妃博尔济吉特氏乃蒙古，科尔沁郡王孔果尔女，于太祖诸妃中最高寿。康熙帝即位，尊其为皇曾祖母寿康太妃，薨于康熙四年。论辈分，寿康太妃比恪妃足足高三辈，而清廷

---

[1] 夏仁虎：《旧京琐记》卷5，北京古籍出版社1986年版，第71页。
[2] 允祹等纂：《大清会典则例》卷89《礼部·丧礼》。
[3] 昆冈等纂：《大清会典》卷38《礼部》："妃薨，持服散秩大臣二人，二周月内日上食三次，百日内日上食二次。均内务府官及执事内管领下官员男妇集齐。大内不停祭神。宗室以上三日不报祭，不还愿，奉移日，汉大臣不随送。百日致祭不读文，余如贵妃仪。嫔以下追封妃者，制造纸册，无绢印。太妃丧仪与妃同。"

仍将恪妃葬仪比照寿康太妃例办理，足证在办理妃（太妃）葬仪时只注重身份一致，并不考虑辈分与出身背景。康熙九年（1670）圣祖慧妃（博尔济锦氏）卒，二十八年（1699）世祖靖妃（浩齐特博尔吉吉特氏）卒，一应礼仪，均与恪妃丧礼同①。又说明，无论是汉人妃、满人妃乃至蒙古妃，葬仪前后相循，彼此少有区别。

清朝妃嫔，出身或显赫或平常，或旗籍或蒙汉，所育子女或早殇或封爵，而一旦薨逝，葬仪均沿用成例②。这样既避免了当事者彼此攀比，又减少了不必要的纠葛与矛盾。这应是满洲统治者自清初起，即在采撷明朝制度基础上，将宫廷礼仪（包括葬礼、朝会礼、婚礼、册封礼等）制度化、规范化、透明化的重要原因。

（4）妃子葬仪带有多元文化色彩。其中又包涵两层含义，一是汉满蒙藏多民族文化，二是儒道佛（汉地佛教与喇嘛教）等多重宗教与思想。其中，诸多仪节如殡殓、奉移、奉安时间，选定吉日良辰；死者亲属戴孝，祭祀摆设仪仗、桌张、奠酒，出殡舁夫抬杠，焚烧纸锞，抛撒纸钱；祭祀包括初祭（头七）、大祭（大七）、绎祭；满月、满百日、满周年祭；每年清明、七月十五、冬至、年末祭。祭祀时集僧、道做道场，唪经超度亡灵等，皆满汉共有礼俗。其中一些礼俗，明显渗透佛、道教影响。佛教主张人死后七七四十九天内超度亡灵，每隔七天一次祭祀。满语称"nadan waliyambi"，俗称"做七"，"过七"。满人接受此俗甚早。早在明正统四年（1439），朝鲜史籍就记录女真人"每遇七七日，杀牛或马，煮肉以祭"的习俗③。《满洲实录》卷3载：努尔哈赤妻纳喇氏卒，"太祖深为悼惜，将四婢殉之，宰牛马各一百，致祭"。"致祭"一词的满文写为"nadan waliyaha"④。清朝皇室葬仪，最重初祭（头

---

① 昆冈等纂：《大清会典事例》卷495《礼部二·六丧礼四》。
② 关于清室妃（太妃）丧葬仪注及"从妃礼"等情况，俱详《清通典》卷62《礼·太妃丧》；《大清通礼》卷47《凶礼·妃丧礼》，同上；《清史稿》卷92《礼十一》，第10册，第2706—2709页。
③ 《朝鲜世宗实录》卷84，二十一年正月己丑，日本东京大学文学部编：《满蒙史料·朝鲜王朝实录抄》，景仁文化社，1982年。
④ 《满洲实录》卷3，第120页满文体。

七)、大祭(大七)。

儒家文化对满洲葬仪有深刻影响。《礼记·昏义》记："礼始于冠，本于昏，重于丧祭"①，足见丧葬之礼在古代礼制中的重要性。同样，葬仪也是满洲礼仪中表现最集中之处②。乾隆年间索宁安辑《满洲四礼集》，是满洲葬礼儒家化的集大成者，整个葬仪包括初易簀、小殓仪节、大殓仪节、男妇剪发、妇女除耳环、妇女放发、男子留发、供饭仪节、发引仪节、安葬仪节、上坟仪节、除服仪节、居丧杂仪、奔丧仪节、殇丧仪节、满洲服制、满棺制度等诸多内容。而妃子葬仪所受影响除体现在诸多仪节，还突出反映在对儒家文化核心——孝道的阐扬上。葬仪彰显对高辈分妃子(首先是太妃)的敬重，遇到这种场合，在沿用成例同时，多采取皇帝亲诣葬仪的形式以表隆重。从康、雍、乾三帝为例考察：圣祖亲诣葬仪3次(皇祖贵妃1次，皇考妃2次)，即皇祖悫懿靖大贵妃博尔济吉特氏、皇考宁悫妃董鄂氏、皇考淑惠妃博尔济吉特氏。世宗临朝时间最短，无亲诣妃(太妃)葬仪记录。高宗亲诣5次(皇祖贵妃1次、皇祖太妃2次、皇祖妃1次、皇考妃1次)，即皇考齐妃李氏、皇祖悫惠太妃皇贵妃佟佳氏、皇祖顺懿密太妃王氏、皇祖纯裕勤太妃陈氏、皇祖定妃万流哈氏。总体看，康、雍、乾诸帝亲自祭奠之对象，均是妃(太妃)中辈分高、年龄长者。而在清官修《清通典》中，关于皇帝亲临妃(太妃)丧仪，均使用用一术语："皇帝亲诣，冠摘缨纬，奠酒行礼，余从妃礼。"③

如前所述：太妃与妃，辈分不同而葬仪同；同样，皇贵太妃与皇贵妃葬仪亦如是。此即清官修《清通典》卷62《礼·太妃丧》所称："国朝定制，皇贵太妃丧仪与皇贵妃例同，惟未赠谥以前称皇贵太妃，赠谥以后照所谥称。皇贵妃恭遇皇帝临丧，于殡前正中，行一跪三拜礼，其仪注由内务府奏进。太贵妃与贵妃同，太妃

---

① 郑玄注，陆德明音义：《礼记》卷20，四部丛刊景宋本。
② 关笑晶：《清代满族的丧葬习俗——从〈御制增订清文鉴〉谈起》，《满语研究》2010年第1期。
③ 《清通典》卷62《礼·太妃丧》。

与妃同。恭遇皇帝亲临,皆如皇贵太妃礼。"① 之所以有如此规定,显然是在对皇贵太妃、太妃表示尊崇同时,又不致紊乱乃至颠倒贵妃(贵太妃)、妃(太妃)之间的等级秩序。从而反映出满洲统治者在倡导儒家孝道思想同时,又恪守皇家等级制度的良苦用心。

密太妃丧葬仪注中的满洲旧俗,主要体现在:子女、近亲及属下剪发辫;金棺前设红色引幡(丹旐即引魂幡);参与葬仪者男去冠缨、女摘耳环,除服后男缀冠缨,女佩耳环;祭祀时摆放仪鞍、鞭子、貂皮、饽饽桌,以及衣物、皮箱、镜架、脸盆架子(如死者系男性,则陈设朝珠帽子弓箭刀枪之类);父母丧,持服百日(汉人则为三年);服丧期间男子禁止薙发。顺治六年(1649),太宗皇后博尔济吉特氏崩,梓宫奉安宫中,建丹旐门外右旁②。建幡为满人旧俗,溯其源头亦在入关前。

满洲习俗,男子将顶发四周边缘薙(剃)去寸余,而中间保留长发,分三绺编成长辫一条垂在脑后,名曰辫子。这是满洲人发型,与汉人全部束发不同③。清初满人家中,长辈去世,晚辈男摘冠缨女去发饰,并剪发辫,以寄托哀思。清朝入关,此俗被纳入皇家葬礼。《清史稿》卷92:"顺治十八年,世祖崩,圣祖截发辫成服。"④ 此礼俗一直延续到清末。夏仁虎《旧京琐记》称:"满制:凡有君后、父母、主父母之丧,皆剪辫发寸许,其意或以为殉也。"⑤ 剪辫发者为死者晚辈近亲或者奴仆。剪发长度,视亲疏关系而定。子为父母剪发,"以辫横度至口角剪之,孙为祖父母稍剪二三寸,妻为夫剪与肩齐,为公姑为祖公姑稍剪二三寸"。遇父母丧或帝后国丧,又有男子薙发之禁,百日满方准薙发。亦是满洲旧俗。索宁安《慎终集》载:"留发不论服之轻重,遇有服即不剃,

---

① 《清通典》卷62《礼·太妃丧》;允裪等纂:《大清会典则例》卷89《礼部·丧礼三》。
② 赵尔巽等撰:《清史稿》卷92《礼十一》,第10册,第2698页。
③ 郑天挺:《满洲人关前后几种礼俗之变迁》,《探微集》,第81页。
④ 赵尔巽等撰:《清史稿》卷92《礼十一》,第10册,第2690页。
⑤ 夏仁虎:《旧京琐记》卷5,第71页。

服除发随剃之，此旧制也。"① 乾隆朝申明祖制：禁百日内薙发，违者处斩②。此俗在朝野行近三百年，几与清朝统治相终始，不仅流行于满人社会，且为汉人等全体臣民所遵行。究其原因，除了清朝统治者的强制，与满汉人等深受"身体发肤受之父母"的儒家孝道思想的熏陶也是分不开的。

至于妃子葬仪中所见喇嘛唪经，超度亡灵；遮护金棺用西番字缎、陀罗被，祭祀用羊等，则反映蒙、藏等文化影响。综上所述，妃子葬仪在文化上多源多流，彼此融通。与此同时，满洲皇室凭借其至高无上特权地位，又使摘冠缨、剪辫发、去妆饰、禁止薙发等满洲旧俗，成为各族人必须恪守的国俗。

最后要补充说明的一点：密太妃在汉人妃嫔中虽相当尊显，却并不意味着清宫中满汉婚姻关系平等。一个基本事实是：满洲皇帝纳汉女现象自清初一直延续到晚清，但所纳汉女名分在妃（贵妃、太妃、妃）嫔以下（包括贵人、常在），皇后则为清一色旗籍女子（包括旗籍汉军和内务府汉姓女子）与蒙古贵族女子。这正是清朝统治者恪守"首崇满洲"原则在婚姻关系中的集中体现。

（原载《满语研究》2018年第2期）

---

① 索宁安撰：《满洲四礼集》，《慎终集·男妇剪发》。
② 赵尔巽等撰：《清史稿》卷92，第10册，第2702页。

乾隆帝恢复允禩允禟宗籍考

康熙帝晚年，围绕皇太子两度立废，诸皇子各结党援，钩心斗角，矛盾日深。皇四子胤禛登极后，残酷打击宿敌，尤以对八阿哥允禩、九阿哥允禟的清算最为彻底。长期以来，学界关于允禩、允禟案，主要围绕胤禛削其爵位，废其宗籍，强易其名，致其死地的史事展开，至于乾隆帝即位后纠正此案的努力，却鲜有关注。有鉴于此，笔者以近期查到的满汉文档案为基础，拟就乾隆帝恢复两人宗籍与原名始末加以考察。进而说明：乾隆帝重新处理此案，采取先易后难、循序渐进的方式；此举不仅对调整满洲皇室内部关系具有重要意义，对实现清朝统治的长治久安亦影响深远。

一 胤禛铸就阿其那、塞思黑铁案

关于雍正初年允禩、允禟一案颠末，长期以来一直是清史研究的一个热点，有关阿其那、塞思黑释义者亦复不少[1]。笔者在此不

---

[1] 代表性论文有：富丽《"阿其那""塞思黑"新解》，《文史》第10辑，1980年；玉麟《阿其那、塞思黑二词释义》，《红楼梦学刊》1981年第1期；杜家骥《雍正之弟改名阿其那、塞思黑问题试析》，《满族研究》1998年第2期；王锺翰《释阿其那与塞思黑》，《清史满族史讲义稿》，鹭江出版社2006年版；王锺翰《再释阿其那、塞思黑及其满族文化》，《清前历史与文化》，辽宁大学出版社1998年版；王锺翰《三释阿其那与塞思黑》，《历史档案》1998年第4期；王佩环《从新发现的满文档案再释阿其那与塞思黑》，《故宫博物院院刊》2000年第2期；沈原《"阿其那""塞思黑"考释》，《明清档案与历史研究论文集》（下），中国友谊出版公司2000年版；张书才《关于阿其那与塞思黑的满文原意》，《红楼梦学刊》2004年第4期。

第二编　八旗制度与社会

拟重复，仅就该案梗概及与本文相关的若干情节略加概括，以为全文之张目。

康熙帝晚年，皇太子胤礽两度立废，诸皇子勾心斗角、矛盾日深。八皇子胤禩谋立私党，皇长子允禔、皇九子胤禟、皇十子胤䄉、皇十四子胤禵均依附之。胤禛即位初，将表示诸兄弟行辈的"胤"字改为"允"，晋封允禩廉亲王，调回允禵，命允禟出驻西宁。在巩固帝位同时逐步瓦解宿敌势力。雍正二年（1724），胤禛首先将矛头指向允禩，斥其"素行阴狡，皇考所深知"①，以为清算允禩一党预留伏笔。翌年，借口允禩总理国家事务期间"有罪无功"，不予议叙。四年（1726）正月，胤禛召集宗室诸王公满汉大臣，将当年皇考斥责允禩谋害允礽谕旨公开发出，以示皇考与允禩早已恩断义绝。并用三个"自绝"即"自绝于天，自绝于祖宗，自绝于朕"来定性允禩案②，命遵先朝削籍离宗之典，革去黄带子。允禩既黜宗籍，改授民王，撤回所属佐领。旋命削王爵，交宗人府圈禁高墙。宗人府奏请，将其本身及子孙更改旧名，归并旗下佐领。允禩被归并于正蓝旗满洲召甯佐领下，对更改旧名之令拒不服从。众王大臣数次往催，不得已改称"akina"（阿其那），子hong wang（弘旺）改名"pusaboo"（菩萨保）③。

胤禛即位初，命贝子皇九子允禟出驻西宁，不准回京。雍正三年（1725），胤禛借口允禟纵容家人骚扰民间、傲慢无人臣礼，命革去贝子，撤所属佐领，留西宁幽禁。四年正月，京城捕役搜得允禟在京亲信寄其私书，字迹类似西洋字。胤禛询其子弘旸，得知是允禟自造字，乃斥其"从来造作隐语，防人察觉，惟敌国为然"④。

---

① 赵尔巽等撰：《清史稿》卷220《本传》，第9072页。
② 《清世宗实录》卷40，雍正四年正月戊戌。
③ 《盛京礼部为知会允禩更名阿其那及弘旺更名菩萨保事咨盛京掌关防佐领》（满文），雍正四年四月二十九日，赵焕林主编、辽宁省档案馆编：《黑图档·雍正朝》第9册，北京线装书局2017年版，"雍正四年部来档"。满文中没有与"akina"对应词汇，按沈原《"阿其那""塞思黑"考释》解释，此称来自akiyan之省文或口语音，意为"夹冰鱼"，即夹在冰层里冻死的鱼。
④ 赵尔巽撰：《清史稿》卷220《本传》，第9075页。

乾隆帝恢复允禩允禟宗籍考

还斥责允禟寄允祧书中，有"事机已失"语，言尤骇人。诸王大臣请治允禟罪，命削宗籍，逮还京。五月，诚亲王允祉、恒亲王允祺传谕正蓝旗大臣楚宗，令允禟改名。允祺与允禟同母，皆宜妃郭啰罗氏所生，并未卷入储位之争。胤禛复以允禟所拟名字"奸巧"，命诚亲王、恒亲王给他及八个儿子改名①。允禟被改名 seshe（塞思黑，厌烦之意）②。其长子改名 fusihūn（富希浑，下贱的）③、二子改名 fecuhun（佛楚浑，卑贱的）④、三子改名 ubiyada（乌比雅达，可恶的）⑤、四子改名 eimede（额依默德，讨人嫌的）⑥、五子改名 hairakan（海拉侃，可惜的）⑦、六子改名 dungki（栋启，昏庸的）⑧、七子改名 dusihiyen（杜希宪，糊涂人）⑨、八子改名 eihun（额依浑，愚蠢的）⑩。六月，诸王大臣仰承胤禛意旨，罗织允禩罪状40条，允禟罪状28条，奏请将其与允䄉"并正典刑"。胤禛谕命将罪状公布天下。八九月间，允禩、允禟相继死于狱。依附允禩的大臣鄂伦岱（佟国纲子）、阿尔阿松（遏必隆子）在戍所被处死，宗室苏努（褚英曾孙）被谪戍山西右卫（今右玉）。胤禛定谳

---

① 《盛京礼部为诚亲王定（恒）亲王奉旨给允禟及子更名事咨盛京掌关防佐领》（满文），雍正四年七月初十日，赵焕林主编、辽宁省档案馆编：《黑图档·雍正朝》第10册，"雍正四年部来档"；王佩环《从新发现的满文档案再释阿其那与塞思黑》（《故宫博物院院刊》2000年第2期）已利用此档案。

② seshe，《大清全书》"se"第52页上，"厌烦之意"。本文所引辞书均据日本東北大学東北アジア研究センタ：《モンゴル諸語と満洲語の資料検索システム》（网络版），http://hkuri.cneas.tohoku.ac.jp，下同。

③ fusihūn，《大清全书》有 fusihun，（"fe"第1页上），有"下"的意思；日人羽田亨：《满和辞典》，国书刊行会昭和12年版，第150页，有"卑下""下贱"意思。

④ fecuhun，《增订清文鉴》《五体清文鉴》《三合切音清文鉴》均译"行丑事的"。

⑤ ubiyada，《增订清文鉴》《五体清文鉴》《三合切音清文鉴》均译"厌恶"。

⑥ eimede，《增订清文鉴》《五体清文鉴》译为"讨人嫌""讨厌人"。

⑦ 王佩环《从新发现的满文档案再释阿其那与塞思黑》写为"海兰"，有误，应为"hairakan"（海拉侃），《增订清文鉴》《五体清文鉴》《三合切音清文鉴》均译"很可惜"。

⑧ dungki，《增订清文鉴》《五体清文鉴》《三合切音清文鉴》均译"浑"，或释"dolo getuken akū niyalma be dungki sembi"，即心愚之人。

⑨ dusihiyen，《增订清文鉴》《五体清文鉴》《三合切音清文鉴》均译"浑浊"，复指"痴呆""愚蒙"之人。

⑩ eihun，《增订清文鉴》《五体清文鉴》《三合切音清文鉴》均译"愚蒙"，《大清全书》译"无能无用""不济者"。

第二编 八旗制度与社会

苏努罪时，辞连褚英，斥其在诸皇子中制造纠纷，意在为曾祖鸣冤。苏努死于戍所，追夺宗籍，扬撒骨灰，诸子若孙均受株连。随即，皇十子允䄉、十四子允禵等或被夺爵，或遭禁锢。康熙年间形成的诸皇子党渐次解决。

允禩、允禟等既被革爵除籍，所属佐领撤回，家产亦被籍没。在康熙帝诸子中，允禟最富有，据说与明珠之子揆叙联姻有关。允禟女聘与揆叙之子永福，而从揆叙家索取的银两则有五十万两、百万两、数百万两之说①。

允禩、允禟因封爵所得庄园人口，数量可观。康熙三十七年（1698），胤禩封贝勒，分给山海关内外及盛京庄12（包括半庄1），园4，各类壮丁200余人（户）。四十八年，胤禟封贝子，给山海关内外及盛京庄10（合半庄1），园3，各类壮丁150余人（户）②。雍正四年，抄没允禩（阿其那）庄园及所属人口：山海关内外及盛京庄16（合半庄1）、园5，土地近999顷，包括庄头、园头、壮丁、妇女、儿童共计3348口，房4270间，牛326头，羊1140只。"此等房地，原来俱自上房分给"③，全部没入内务府④。允禟（塞思黑）庄田人口亦被抄没⑤。

康熙以来，诸皇子争立，王公大臣分别依附皇子，自成势力，形成朋党。胤禛诛除诸弟势力，不过是前朝储位之争的余波。他把

---

① [美]房兆楹：《胤禟》，[美]A. W. 恒慕义主编：《清代名人传略》上，第792—793页。《清世宗实录》卷40，雍正四年正月丁酉，指胤禟"得揆叙之银数百万两"。卷45，雍正四年六月甲子："伊（塞思黑即胤禟）女聘与明珠之孙永福，索取赀财累百万金。"卷46，雍正四年七月甲辰："塞思黑，当康熙六十年，得揆叙家之银 已百余万"；萧奭：《永宪录》卷3，"且伊此前诈明珠家银百万两"（第222页）。

② 光绪《大清会典事例》卷1198，《内务府屯庄亲王以下分给户丁庄园分例》。

③ 原句满文为："ere jergi boo usin, daci gemu dergi booci delhebume buhengge be dahame"。按，"dergi boo"，直译"上房"，指皇帝家。

④ 《盛京掌印关防佐领佛伦为报籍没阿其那盛京人丁家产地亩房屋亏欠银两数目等事呈总管内务府》（满文），雍正五年二月初四日，赵焕林主编、辽宁省档案馆编：《黑图档·雍正朝》第4册，"雍正五年京行档"。

⑤ 《盛京掌印关防佐领佛伦为报塞思黑盛京所属人丁家口房地牲畜数目及当差项目事呈总管内务府》（满文），雍正五年二月初四日，赵焕林主编、辽宁省档案馆编：《黑图档·雍正朝》第4册，"雍正五年京行档"。

争斗公开化，不仅彻底清算政敌，剪除其羽翼，且从制度上削弱宗藩特权，进而巩固皇权。胤禛在整肃允禩允禟之党后曾告诫王、大臣等："古人云：天无二日，民无二主。臣子之于君主，乃天经地义。如怀二心，而存犹豫瞻循之念，即为乱臣贼子。"[①] 胤禛强化皇权，对削弱满洲社会领主制残余无疑具有积极作用。换个角度讲，为乾隆朝统一多民族国家形成，也营造了必不可少的政治前提。正是从这一点上，不难看到其对个人权力的不厌追求与清国家发展趋势的契合。

然而，胤禛冷酷清算政敌，亦使皇室近支王公伤损大半。圣祖玄烨共35子，其中允祚、允禣、允䄉、允禶等早殇皇子16人。及胤禛即位，皇八子廉亲王允禩、皇九子贝子允禟、皇十四子郡王允禵相继除爵。其余有封爵皇子中，皇长子直郡王允禔，以"镇魇皇太子"案夺爵，囚禁府中。皇二子允礽即废太子，仍旧幽禁。皇十子敦郡王允䄉，康熙末年党附允禩，为胤禛所恶。雍正元年，以疏文内连书"雍正新君"，斥为不敬，夺爵[②]。以上，夺爵皇子6人。雍正初年安于其位者，仅皇三子诚郡王允祉（胤禛胞兄）、皇五子恒亲王允祺、纯亲王皇七子允祐、履郡王皇十二子允祹、怡亲王皇十三子允祥、愉郡王皇十五子允禑、果郡王皇十七子允礼。加上皇十六子允禄，雍正元年过继庄亲王博果铎（太宗孙），袭爵。共计8人。其中，皇三子允祉原与皇太子允礽相睦。胤禛即位，允祉揣度形势，唯求自保。胤禛命守景陵。八年，以"乖张不孝""与阿其那、塞思黑、允禵交相党附"诸罪，削爵禁锢[③]。他是允禩允禟案最后被株连者。综上，玄烨年长诸子基本被清除，年轻诸子对胤

---

① 满文写为："julgei niyalma henduhengge, abka de juwe šun akū, irgen de juwe ejen akū sehebi. amban oho niyalma dergi ejen de oci, abkai enteheme na i jurgan de holbobuhabi. aikabade juwetere mujilen hefeliyefi, tathūnjara tuwašara gūnin tebure ohode, uthai facuhūn amban hūlhai jui ombi."，引自《兵部咨内阁交出诸王大臣等参奏允禟改名所拟字样存心奸巧应发令拟改折》（满文），雍正四年五月二十日，"中研院"内阁大库档，登录号167477—009。

② 赵尔巽撰：《清史稿》卷220《本传》，第9076页。

③ 同上书，第9068—9069页。

禛皇位已不构成丝毫威胁。

此外，玄烨孙、裕亲王保泰（福全子），雍正二年坐谄附廉亲王允禩国丧演剧，夺爵①。以侄广宁袭爵，复以"不思感恩效力，反怀忤异志"罪夺爵，永远锁禁宗人府。②安亲王岳乐（阿巴泰子，后降袭郡王）孙女嫁胤禵，她支持其夫争夺皇位。胤禛登基后，谕令安郡王爵不准承袭，斥责他"谄附辅政大臣，每触忤皇考（玄烨）"③。简亲王雅尔江阿（太祖弟舒尔哈齐之后，第五代庄亲王雅布之后）也因"专惧允禩、苏努等悖逆之徒"等罪，革去王爵④。康熙末年建功西藏的著名将领、贝勒延信（豪格孙），则被强加"与阿其那等结党""阴结允䄉"等罪，夺爵，幽禁⑤。子孙降红带子。

胤禛为彻底铲除政敌，铸就铁案，不遗余力。主要手段：一是恣意丑诋允禩一党，杜撰允禩罪状40款，允禟罪状28款，曝露天下，使宗室王公、满汉大臣、八旗官兵、全国军民"皆知阿其那等种种悖逆奸诈恶乱之事"⑥。二是宣称清算允禩一党，乃秉承皇父遗愿，以彰显此举的合法性。三是撰文告祭奉先殿列祖列宗，以最大程度获得皇室宗亲支持。胤禛对同胞骨肉刻薄寡恩，打击报复无所不用其极，尤其对皇室近支，造成难以愈合的创伤，并成为乾隆帝即位后必须面对的一个严峻事实。

二　弘历赐阿其那、塞思黑子孙红带

胤禛生有10子，成年者只有4人。其中，第四子弘历，生于康熙五十年（1711）八月十三日。母钮祜禄氏，四品典仪凌柱

---

① 赵尔巽撰：《清史稿》卷219《本传》，第9056页。
② 《清世宗实录》卷49，雍正四年十月辛巳。
③ 赵尔巽撰：《清史稿》卷217《本传》，第9007页。
④ 《清世宗实录》卷41，雍正四年二月乙酉。
⑤ 赵尔巽撰：《清史稿》卷219《本传》，第9048页。
⑥ 《西安将军延信奏报国人恨阿其那等人折》，雍正四年十月十二日，第2516号，中国第一历史档案馆编：《雍正朝满文朱批奏折全译》，黄山书社1998年版；《清世宗实录》卷44，雍正四年五月戊申。

女,13岁时入胤禛府第,称"格格"。生弘历后,母以子贵,封熹妃,晋熹贵妃。弘历幼年天资聪颖,受到祖、父宠爱。雍正十一年正月,受封和硕宝亲王。在对准噶尔之役和西南苗疆用兵中,他参与军国要务,咨决大计,在皇室贵族中逐步树立起威信。十三年(1735)八月二十三日,胤禛崩逝,弘历继位,由庄亲王允禄、果亲王允礼等王公大臣宣读胤禛亲书密旨。弘历即位伊始,有意弥合皇室近支的深刻矛盾。但重新审理阿其那、塞思黑案,却有特殊难度。为此,先从阿其那、塞思黑子孙入手,予以宽宥:

(1)赐阿其那、塞思黑子孙红带,复原名。雍正十三年十月初八日,谕王公、大臣:"阿其那、塞思黑居心叵测不孝不忠,获罪于皇祖圣祖仁皇帝。皇考即位后,两人更居心险恶,隳坏国政,是以皇考特降谕旨,削除玉牒逐出宗室。盖两人之罪不止于此,此特皇考至仁至厚宽大之恩。惟阿其那、塞思黑之罪俱系伊等咎由自取,虽断无可恕,但伊等子孙俱系圣祖仁皇帝支派,倘全部开出玉牒,则将来伊等子孙与民人无别。当初办理此案,俱诸王、大臣等屡次奏请,并非皇考本意。将此如何办理之处,著诸王、满汉文武大臣、翰詹科道各陈己见,详加议奏。其内若有编为二管领、三管领之议,亦著陈奏。"[①] 谕旨要点有四:一是阿其那、塞思黑罪恶昭彰,断不可恕;二是伊等子孙俱系圣祖支派,若削宗籍,日久与民人(汉人)无异;三是当初定谳此案,系王大臣屡次奏请,非皇考本意。四是如何办理此案,命诸王、满汉文武大臣、翰詹科道官集议奏上。弘历即位伊始,皇考尸骨未寒,他主张维持皇考对允禩、允禟定性,可谓顺理成章;他欲给阿其那、塞思黑子孙恢复宗籍,以免圣祖支派日后混同于民人,理由相当充分;而且,他将宽

---

① 总管内务府奏:《为奉旨赐给阿其那塞思黑诸子红带准入玉牒归入原旗拨给房屋土地折》(满文),雍正十三年十二月二十一日,中国第一历史档案馆、故宫博物院合编:《清宫内务府奏销档》第12册,故宫出版社2014年版;参见《和硕裕亲王广禄等奏议阿其那塞思黑折》,雍正十三年十二月初十日,中国第一历史档案馆:《雍正朝满文朱批奏折全译》,第4992号,第2487页;《清高宗实录》卷4,雍正十三年十月癸酉。

宥范围局限于阿其那、塞思黑子孙,在清理历史积案方面采取循序渐进、先易后难方式,亦是明智之举。但他声称当初定谳此案,并非皇考本意,却有违基本事实。

随即由宗人府召集九卿、八旗大臣、官员等于午门前集议此事。这种由中央各衙署首官于午门前集议重大问题的情况,在清朝历史上并不多见。这既反映弘历对该问题的高度重视,也是他态度审慎并希望借助官场舆论的表现。集议结果,主张赐黄带者约占八成,其余提议赐红带,两议分别画题奏上①。当月二十七日,宗人府复传九卿等官会议。蹊跷的是,此次与会者均议赐给红带。意见反转,应与揣摩帝旨有关。给事中永泰等却为此参奏诸臣"旋画旋改,中无定见,视同儿戏"②。弘历则表示理解,认为此事关系重大,廷臣难于定议,是以众论游移。他还援举康熙五十四年圣祖将开除宗籍之莽古尔泰、德克类、阿济格子孙,给予红带、收入玉牒之例,谕令应遵循圣祖"成宪",对阿其那、塞思黑子孙予以宽大③。按,清制:太祖努尔哈赤六祖子孙,称觉罗,系红带子为标志;显祖塔克世子孙,为宗室,系黄带子为标志。清廷赐罪宗子孙红带子,实际是在恢复其宗籍同时,身份降一等对待,以示区别。

内务府复奏请,伊等名字既写入玉牒,所改(恶)名似不必写入。理由是:伊等名字原非世宗皇帝所改,俱系诸大臣等援引古代大奸憝务着落恶名之例,屡奏更改,请仍复原名,照例连同罪由一并写入玉牒之末④。均奏准施行。

---

① 画题(满文:huatilambi),官员议事在文稿上签字,表示认可。袁枚:《随园随笔》卷15《画题判行》:"今外省官行事曰判行,朝内官奏事曰画题。画题者,即著押之谓"(嘉庆十三年刻本);陈康祺:《郎潜纪闻》卷8:"康熙五十一年,通州增置仓厫,科臣奏请开捐,下内阁九卿议。惟安溪李文贞公及太仓相国王掞,皆不画题。"慧中:《台规》卷3:"雍正三年议准,凡会审事件,刑部移会到日,该道满汉御史到部公同确审取供,刑部定稿。先送刑部堂官画题,续送都察院画题。若意见不符,或有两议者,应于五日内缮稿送部,一并具题。"(乾隆都察院刻补修本)
② 永泰、明德:《奏为九卿等奉旨会议阿其那塞思黑之子孙给予红带黄带之处并不悉心酌议相应参奏事》,雍正十三年,"中研院"内阁大库档,登录号:161256—001。
③ 《清高宗实录》卷7,雍正十三年十一月癸亥。
④ 总管内务府奏:《为奉旨赐给阿其那塞思黑诸子红带准入玉牒归入原旗拨给房屋土地折》(满文),雍正十三年十二月二十一日,《清宫内务府奏销档》第12册。

在宽宥阿其那、塞思黑子孙同时,又表示有所区别。弘历认为,塞思黑诸子内,长子富希浑,为人恶劣。先前世宗皇帝时,已为戴罪之身,不同于其他诸子,故依旧戴铁锁禁锢,与妻、房婢(即小妾)一并禁锢于三眼井地方30间官房内,由内务府派兵严守。富希浑之子、两房婢(似指塞思黑小妾)则交弟海拉侃一处生活。规定:伊等俱属大奸憝之子,照旧不准外出行走,由现监禁处移出,交该旗佐领,不准出门①。

(2)赏给房地人口粮饷。清朝宗室贵族待遇优厚②。一旦被褫夺宗籍,所有特权化为乌有。阿其那、塞思黑子孙既恢复宗籍,必须给予一定待遇,以资生计。遂经内务府奏准:伊等原系正蓝旗满洲人,仍照旧并入正蓝旗满洲宗室佐领;阿其那之子菩萨保,与生母及阿其那两房婢一处生活,赐房20间、地15顷,人4对,作为家产。按,菩萨保被黜宗籍后,一度安插在热河行宫披甲。雍正七年,菩萨保因殴打千总陈京案,受到刑事追究,几乎丧命③。至此,脱离缧绁之苦,受赐房地,生活有了初步保障,但仍被囚禁,不能自由行走。同时,赐塞思黑第五子海拉侃地15顷;其余5子,地各10顷;赐海拉侃房20间,其余5子,房各15间;赐海拉侃人4对,其余5子各4对④。对海拉侃之所以待遇较优,与菩萨保情况相同,都是因为要赡养较多家口(包括富希浑之子、两房婢)。又定,菩萨保等,照正蓝旗满洲包衣毕里克图佐领下红带子全柱等例,每人每月供给3两钱粮米,未及龄者待及龄后,亦照例供给。上述待遇虽说不上优厚,但比较从前的窘迫处境,条件已相当改善。

---

① 总管内务府奏:《为奉旨赐给阿其那塞思黑诸子红带准入玉牒归入原旗拨给房屋土地折》(满文),雍正十三年十二月二十一日,《清宫内务府奏销档》第12册。参见《和硕裕亲王广禄等奏议阿其那塞思黑折》,雍正十三年十二月初十,中国第一历史档案馆编:《雍正朝满文朱批奏折全译》第4992号,第2487页。
② 世铎等:《宗人府则例》卷21,光绪三十四年刻本,第4页上、30页下。
③ 《双全等奏缴朱批谕旨折》,雍正七年六月十一日,中国第一历史档案馆编:《雍正朝满文朱批奏折全译》第3411号,第1785页;《双全等奏缴朱批谕旨折》,雍正七年六月十一日,同上第3412号,第1793页。
④ 总管内务府奏:《为奉旨赐给阿其那塞思黑诸子红带准入玉牒归入原旗拨给房屋土地折》(满文),雍正十三年十二月二十一日,《清宫内务府奏销档》第12册。

(3)宽免受株连贵族。胤禛清算政敌,广为搜剔,打击对象不限于允禩允禟二家。弘历在宽宥允禩允禟子孙同时,对因该案受到削爵、圈禁的允䄉、允䄔,予以宽释。封允䄔为贝勒,命照常上朝。三皇子允祉雍正八年夺爵,已殁,乾隆二年,追谥。又,弘时,胤禛第三子,弘历异母兄,《清高宗实录》称其"年少无知,性情放纵,行事不谨,皇考特加严惩"①,但是却只字未提其被革除宗籍的真实原因,乃是曾过继允禩为子。及允禩缘罪削籍,弘时亦被撤除黄带,交允祹约束。雍正十三年十月二十日庄亲王允禄奏:"查三阿哥从前原因阿其那获罪株连,与本身获罪撤去黄带者不同。今已故多年。"谕令收入玉牒②。

在对因允禩一案受株连者加以宽宥同时,复命查明罪黜之宗室觉罗。谕曰:向来宗室觉罗中有因罪革退名号并其子孙,除去玉牒、不准载入。皇祖圣祖仁皇帝恐伊等子孙年远湮没,与庶民无别,于康熙五十二年特谕宗人府查明,分赐红带紫带,附载玉牒之末。弘历以此为依据,命宗人府将宗室觉罗中此类人,遵照前例,逐一查明,分赐红带紫带、附载玉牒③。

(4)谕令废除圈禁高墙之制。清建国初,宗室贵族犯法,原有"囚禁高墙"之刑。诸如努尔哈赤长子褚英、大贝勒阿敏、其弟斋桑古,以及大贝勒代善子硕讬等,均曾被"囚禁(禁锢)高墙"④。"囚禁高墙"实即软禁,其对象仅限于汗(帝)亲族。清朝宗室犯法,仍有高墙拘禁之条。允禩落难,亦被"禁锢高墙"⑤。弘历即位初谕:八旗内务府高墙,原因旗人定罪后,不便与民人一处监禁,是以暂于各旗设立高墙分禁。今遇恩赦,一切杂犯俱已宽免。

---

① 《清高宗实录》卷5,雍正十三年十月己丑。
② 和硕庄亲王允禄:《奏为查三阿哥从前原因阿其那获罪株连应钦遵谕旨将三阿哥仍载入玉牒折》,雍正十三年十月二十八日,"中研院"内阁大库档,登录号:186206—001。
③ 《清高宗实录》卷4,雍正十三年十月乙亥。
④ 参见刘小萌《爱新觉罗家族史》,中国社会科学出版社2015年版,第45页、256—257页。
⑤ 《清世宗实录》卷42,胤禛四年三月甲辰。

其余重犯仍应归入刑部监内，分别旗民收禁。其八旗内务府高墙不必安设①。当时，有锁禁高墙之宗室新德、新福、云乔顺、宗教，散禁高墙之宗室鄂齐，在家锁禁之宗室丰库，散禁之宗室裕伸、德存、勇端、讷尔苏、广宁、扬德、华玢等，均系"平日行为恶劣，不安本分"者。宗人府在是否释放问题上态度游移，经弘历谕令全部放出高墙，各在家居住，不许出门②。同时，命巡查京城各处高墙及九门，有似此等问罪人犯，亦按新规处理。奕赓《管见所及》载："宗人府之高墙，沿明旧称也，至乾隆末年，渐改呼为空房。"③ 说明罪宗囚禁"高墙"之制乃源于明朝。弘历即位虽有废除高墙之谕，但后来仍不免有宗室犯罪，故"囚禁高墙"之刑改称"圈禁空室（房）"，实为其变种④。

综上，弘历即位初清理皇室积案，在宽宥力度和宽宥范围上仍有明显不足。以阿其那塞思黑案为例，在对其子孙网开一面同时仍多有限制；对阿其那塞思黑本人罪名，则未作任何更改；在释放"囚禁高墙"的"罪宗"时，对清初以来事关皇室宗亲的大案要案，如顺治年间摄政王多尔衮兄弟案等，亦未作任何触动。究其原因，一是弘历即位时年仅24岁，难孚众望；二是皇考尸骨未寒，自己尚在守孝之期；三是深受儒家"三年无改于孝道"理念影响，不敢有违皇考成命；四是他"翻驳"前案之举，在官场中遇到不小阻力⑤。上述情况，对初登大位的新君不能不形成一定压力。因此，从主客观讲，当时都不具备对历史积案彻底"翻驳"的条件。多年后弘历曾回顾说："朕即位之初，深有念于孔子三年无改之言，未

---

① 《清高宗实录》卷5，雍正十三年十月壬午。
② 《清高宗实录》卷4，雍正十三年十月丁丑。
③ 奕赓：《佳梦轩丛著》，北京古籍出版社1998年版，第104页。
④ 托津等纂：《大清会典》卷1《宗人府》（嘉庆二十三年殿本）："宗室觉罗犯罪，应枷及徒以上军流者，皆折以板责圈禁。板责以本府堂官监视，效力笔帖式掌板。圈禁皆于空室，枷罪徒罪拘禁，军流罪锁禁。"
⑤ 如署四川巡抚、兵部侍郎王士俊奏称："近日条陈，惟在翻驳前案。甚有对众扬言，只需将世宗时事翻案，即系好条陈之说。传之天下，甚骇听闻"，《清高宗实录》卷23，乾隆元年七月辛酉。

敢遽易成案。"① 如实道出了当年的苦衷。

尽管有此局限，弘历对罪宗及其子孙所做宽宥之举，已在皇室内部营造出异乎先朝的宽松氛围。与乃父胤禛刻薄寡恩、为政从严的做派比，弘历更倾向皇祖玄烨为政从宽的风格。有官员因此赞颂说："自圣主继承大业，所有政治之事，均效圣祖仁皇帝。一切政事，概宽舒大度。"② 这几句话，不应简单视作臣属对新君的谄媚之辞，而如实反映了弘历即位初带给政坛的新气象。

三 弘历恢复阿其那、塞思黑宗籍

弘历初步清理阿其那塞思黑案，始于雍正十三年（1735），迄乾隆四十三年（1778）彻底清理此案，中间隔了整整43年！是年，弘历67岁，他在位数十年，精心擘画，锐意经营，终于奠定清王朝的庞大疆域。经济繁荣，文化发达，国泰民安，其威望也臻于顶点。以此为背景，他终于有机会对清初以来皇室积累的大案、要案、冤案、错案，来一次史无前例大清理。

（1）恢复阿其那、塞思黑宗籍。弘历即位初，虽未恢复阿其那、塞思黑宗籍，但始终耿耿于怀。他曾说："此事重大，朕若不言，后世子孙，亦无敢言者。"③ 乾隆四十三年正月，谕令允禩、允禟仍复原名，收入玉牒，子孙一并叙入。他在解释此举理由时说，两位叔父虽曾"觊觎窥窃"皇位，但"未有显然悖逆之迹"。还提到，皇考（指胤禛）晚年，对铸就两弟兄之案常"愀然不乐，意颇悔之"④。将恢复两叔宗籍，说成是胤禛遗愿。此说虽有违事实，却是专制君主纠正前朝过失的惯用托词。二月，军机大臣等覆

---

① 《清高宗实录》卷1048，乾隆四十三年正月辛未。
② 《礼部侍郎图理琛奏陈受封官员光宗耀祖事折》，雍正十三年十一月初四日，中国第一历史档案馆：《雍正朝满文朱批奏折全译》第4891号，第2487页。
③ 《清高宗实录》卷1048，乾隆四十三年正月辛未。
④ 《清高宗实录》卷1048，乾隆四十三年正月甲戌、辛未；赵尔巽等撰：《清史稿》卷220《允禩传》，第9074页。

奏，查允禵、允禟子孙仍在圈禁者，惟允禟长子弘晸（当即前述富希浑），其余两家子孙，俱系正蓝旗官兵看守，不准出外行走。应将弘晸释放，并撤看守官兵。至所有女、孙女，年长者已嫁，未嫁者俱幼，报闻。授弘晸为散秩大臣①。早在雍正四年，富希浑即以"戴罪之身"被囚，当时他携妻育子，说明已成年。如按该年20岁估算，则52年后他被释时已逾古稀之年。但他晚年遭际仍不顺，寻封不入八分辅国公，坐事夺爵②。

（2）追复睿亲王等封爵。乾隆帝恢复允禵、允禟宗籍并改回原名，并非孤立之举，与之相得益彰的，则是追复清初宗室王公爵位的大规模行动。

首先，追复睿亲王多尔衮、英亲王阿济格、豫亲王多铎三兄弟封爵。顺治初，八旗诸王相互倾轧争权，摄政王多尔衮身后被削去王爵，财产籍没。多尔衮执政7年间，决策攻打北京，定鼎中原，实际奠定了清朝基业。这样一位元勋死后蒙垢受辱，自然令皇室面上无光。乾隆四十三年（1778），弘历下诏为其昭雪，盛誉他"定国开基，以成一统之业，厥功最著"，被"诬以谋逆"，构成冤狱。遂复睿亲王爵，追谥曰"忠"，由多尔衮五世孙淳颖袭爵，"世袭罔替"③。豫亲王多铎（多尔衮同母弟），"从睿亲王入关，肃清京辇，即率师西平流寇，南定江浙，实为开国诸王战功之最"，乃以睿亲王之诬狱株连，又英亲王阿济格（多尔衮同母兄），均恢复原封，子孙复还黄带子，叙入宗谱。

弘历又谕，其余宗室诸王贝勒等，如有显著功绩，其承袭子孙获咎议处者，仅当斥其本身，而不当追贬其祖宗世爵④。饶余亲王阿巴泰及其子安亲王岳乐，俱屡著功绩。以岳乐孙女嫁胤禵，胤禛登极后下诏："安郡王爵不准承袭。"至此，弘历追论先人功过，盛赞阿巴泰和岳乐屡著功绩，封华玘孙奇昆辅国公。又敬谨亲王尼

---

① 《清高宗实录》卷1050，乾隆四十三年二月丙申。
② 赵尔巽等撰：《清史稿》卷220《允禟传》，第9076页。
③ 《清高宗实录》卷1048，乾隆四十三年正月辛未。
④ 《清高宗实录》卷1048，乾隆四十三年正月辛未、丁丑。

堪，功勋颇显，且以力战捐躯。其子孙内亦止有一辅国公，命加恩晋封镇国公。谦郡王瓦克达、巽亲王满达海、镇国公屯齐，从前均著有功绩，已无承袭之人，命加恩瓦克达子孙，赏给一等镇国将军；满达海子孙，赏给一等辅国将军。屯齐子孙，赏给一等奉国将军。俱著世袭罔替①。

（3）恢复罪宗子孙身份。清朝自建国初，一起又一起内部争斗，使越来越多宗室贵族受到株连。太祖努尔哈赤起兵初，囚弟舒尔哈齐致死，又杀长子褚英。太宗皇太极时，幽禁大贝勒阿敏（舒尔哈齐子）致死。又追究大贝勒莽古尔泰与弟德格类"生前不轨"罪，因两人已死，处死其妹莽古济，莽古尔泰子额必伦、兄昂阿喇。诸子并黜宗籍，降为庶人。皇太极在位后期，褚英诸孙杜尔祜、穆尔祜、特尔祜均以战功封公爵。皇太极借口他们心怀不满，命革去诸人公爵，黜宗籍。皇太极死后，萨哈廉（代善子）长子郡王阿达礼，与叔父贝子硕讬谋立多尔衮，被处死，削除宗籍。

努尔哈赤、皇太极统治时代，由于内部争权夺势，一些宗室贵族被囚禁、处死，子孙弟侄也受株连。几十年中，积怨甚深，涣散了皇族内部凝聚力，削弱了其统治效能。清朝定鼎北京后，为迅速统一全国并建立起有效统治，迫切需要皇族成员的同心协力。摄政王多尔衮试图通过起用被削爵者子孙并复其宗籍方式，化解固有矛盾。顺治五年（1648），恢复阿敏子固尔玛珲、恭阿宗籍，复封爵。十年（1653），舒尔哈齐被重新恢复荣誉，追封和硕亲王。多尔衮主政时，还使杜尔祜兄弟重入宗籍，复封爵。同时，恢复代善子瓦克达、孙勒克德浑宗籍。瓦克达曾因硕讬、阿达礼一案受株连，除宗籍。顺治二年（1645）复宗室籍，叙功封郡王。勒克德浑为第一代顺承郡王，后世"世袭罔替"。

多尔衮摄政期间，为团结宗室贵族，曾为一些身败名裂的皇室子孙恢复宗籍，封给爵位。但是，由于他威福自专的秉性，在政治

---

① 《清高宗实录》卷1052，乾隆四十三年三月壬戌。

上不断诛除异己，又在皇族内部挑起新的争斗，铸成新的冤狱。他将太宗长子豪格诬陷瘐毙，就是最典型的一例。迨顺治帝亲政，组织对多尔衮一系反击。多尔衮亲兄阿济格首当其冲，成为反击牺牲品。阿济格身系缧绁，被赐自尽。随即追议多尔衮"阴谋篡逆""独专威权""竟以朝廷自居"诸大罪[1]，追削封爵，籍没家产。将其罪状，宣示中外。附从多尔衮的宗室贵族均受到严厉清算。努尔哈赤幼弟巴雅喇之子巩阿岱、锡翰伏诛；拜音图亦受削爵，幽禁，黜宗籍[2]。

到康熙晚期，包括努尔哈赤子孙在内的已革宗室有200人之多，而当时全部宗室人口还不到1800人[3]。已革宗室尽管身份不同，但血缘关系无法抹杀。康熙帝晚年谕令，将罪宗子孙名字附载《玉牒》，以红带子为标记[4]。乾隆帝即位后，为弥合储位争夺在皇室内部造成的深刻裂痕，对历史积案做了更为彻底的清理，并宣布，对罪黜宗室觉罗子孙，恢复宗籍。

然而，耐人寻味的是，弘历即位初，对获罪宗室或平反，或释放，或复封爵，同时却丝毫没有放松对宗室近支的警惕。乾隆四年（1739），他以"结党营私，往来诡密"罪名，把庄亲王允禄及其子侄弘晳、弘昌、弘晈、弘昇、弘普等人或革爵，或囚禁。真实原因是："恐将来日甚一日渐有尾大不掉之势。"[5] 他谕令弘晳及伊子孙未便仍留宗室，著宗人府照阿其那、塞思黑之子孙革去宗室给予红带之例。这一镇压使宗室成员大为震怖。三十多年后，他才谕令恢复弘晳等人宗籍。

---

[1] 《清世祖实录》卷53，顺治八年二月癸巳、己亥。
[2] 《清世祖实录》卷63，顺治九年三月癸巳。
[3] 郭松义：《清宗室的等级结构及经济地位》，《清代皇族人口行为和社会环境》，北京大学出版社1994年版，第120页；鞠德源：《清朝皇族宗谱与皇族人口初探》，《明清档案与历史研究》，中华书局1988年版，第422页。
[4] 此后形成定制：凡宗室觉罗，皆别以带，即宗室黄带，觉罗系红带，革退宗室者系红带，革退觉罗者系紫带，见托津等纂《大清会典》卷1《宗室府一》。
[5] （清）王先谦撰：《东华续录（乾隆朝）》乾隆十，清光绪十年长沙王氏刻本，乾隆四年十月己丑。

尽管有此插曲，总体看，自乾隆朝全面清理皇室遗案、恢复罪宗子孙宗籍与特权以后，清初以来一幕接一幕骨肉相残的悲剧不再重演。清朝统治者并不以此为满足，复制定"宗室犯罪停止革去宗室"律①，进而从法律上杜绝此类现象的发生。

综上所述，乾隆帝重新清理阿其那、塞思黑案，采取循序渐进、先易后难的方式；从第一步赐阿其那、塞思黑子孙红带，到第二步恢复其本人宗籍，其间历时43年。对该案的清理，并非孤立之举，而是他全面清理皇室积案的重要一步。从历史上看，多尔衮为舒尔哈齐昭雪，在其死后44年；乾隆帝恢复允禩允禟宗籍，在其死后52年；而他为多尔衮昭雪，则在其获罪127年以后。足见：即便是专制制度下"乾纲独断"的最高统治者，在"翻驳"历史积案方面也会遇到各种有形无形的牵掣。乾隆帝彻底清理历史积案，不仅对调整满洲统治集团内部关系具有重要意义，对实现清朝统治秩序的稳定与经济繁兴，亦影响深远。从这个角度讲，乾隆帝不仅以开疆拓土的"十全武功"而彪炳史册，他在"翻驳"历史积案时表现出的魄力、睿智与远见，同样值得铭记。

（原载《历史档案》2019年第2期）

---

① 世铎等：《宗人府则例》卷30，光绪三十四年刻本，第21页上。

关于清代内务府世家

清代内务府包衣，主要由皇帝亲领的上三旗（镶黄、正黄、正白三旗）包衣组成。包衣的全称是"包衣阿哈"，意为"家的奴仆"，内务府包衣出身卑贱，本是不争的事实。不过正如前辈学者指出的，因为他们入旗时间早，世代为皇室"家奴"，关系特殊，加之"近水楼台先得月"的便利，其仕进不仅远较汉人为优，就连一般外八旗人也难望其项背。所以也就不足为奇，内务府包衣何以会内任九卿、大学士、内务府大臣，外任织造、监督、总督、将军，不仅代不乏人，且有一家两三代连任高官者，这样就形成了内务府世家[①]。王锺翰师《内务府世家考》一文，广征博引，列举二十余家五六十人，对世家的概况、源流、特点作了精辟说明。在前人研究基础上，本文利用谱牒、碑文等史料，试就内务府世家的类型及其婚姻关系做一初步探讨。

一　世家的类型

归纳对象的特点并予以分类，是比较研究的必要前提。问

[①] 内务府包衣研究，见孟森《八旗制度考实》，《明清史论著集刊》，中华书局1959年版；郑天挺《清代包衣制度与宦官》，《探微集》，中华书局1980年版；祁美琴《清代内务府》，中国人民大学出版社1998年版。内务府世家研究，见王锺翰《清史续考》，华世出版社1993年版；赖惠敏《社会地位与人口成长的关系——以清代两个满洲家族为例》，"中研院"《近代史研究所集刊》1992年第21期；定宜庄《内务府完颜世家考》，《清史论丛》，辽宁古籍出版社1995年版。杨海英《佐领源流与清代兴衰》，《中国社会科学院历史研究所学刊》第3集，商务印书馆2004年版。

题在于，研究内务府世家应如何设定分类标准，是按族籍（如满洲、蒙古、朝鲜、汉人）还是籍贯？是按政治作为还是品秩高低？根据研究取向，本可以有不同选择，而笔者所最先关注的是世家的形成，即他们是通过什么途径从众多包衣中脱颖而出并走向辉煌的。这中间，至少有四种类型颇具特色——保母、军功、婚姻、科举。关于保母因怙恃年幼皇帝而最终成为内务府世家问题，笔者已另撰专文。在此，只就后三种类型作一概括说明。

（一）军功型

清朝入关初，满洲壮丁不过五万，全部八旗壮丁，合计三十余万，其中大半又是包衣壮丁①。他们面对的，则是人口逾亿的庞大明朝。从入关作战，定鼎北京，再到南下中原，剪除南明，荡平三藩，在半个多世纪里，始终是干戈扰攘、战事相踵。内府包衣亦如外八旗人，时时奉调出征。许多内府包衣骁勇作战，捐躯疆场，成为王朝"忠烈"，载入史册②；也有一些包衣，因军功卓著，跻身王朝新贵。时势造英雄，其时八旗世家多由军功起家，非独内府包衣使然，所不同者，后者因身份卑微，积军功而至高位的难度更大，付出的代价往往也更高。在此，只举前人尚未提及的两家——尚氏和董氏。

尚氏，内务府正白旗汉姓人，在《八旗满洲氏族通谱》卷74，被"附载于满洲旗分内之尼堪姓氏"。

尼堪，满语汉人意。清初，隶属满洲旗分的尼堪以其来源，大致划为三类：抚顺（抚西）尼堪、台尼堪、尼堪。俱详《清朝通

---

① 雍正元年五月初四日《和硕怡亲王允祥等为奏为查报顺康年间八旗男丁数目事本》称：顺治五年八旗丁册载，满洲五万五千三百三十丁；八旗壮丁共计三十四万六千九百三十一丁，其中以汉人为主体的包衣壮丁二十一万六千九百六十七丁。安双成《顺治朝八旗男丁满文档案选译》，《满学研究》第1辑，吉林文史出版社1992年版。

② 鄂尔泰等：《八旗通志初集》卷220—231《忠烈传》，东北师范大学出版社1985年版；福格：《听雨丛谈》卷1，中华书局1984年版，第17页。

志·氏族志》。其中，除台尼堪隶属八旗满洲外，抚顺尼堪和尼堪两类多隶属内务府。其共同特征：先世均为辽东汉人；入旗时间久远，一般在八旗汉军成立前；因与满洲人关系密切，被收入《八旗满洲氏族通谱》。作为"附载于满洲旗分内之尼堪姓氏"，他们可以被视为八旗内部满洲化程度最高的汉姓人。

尚氏一族，以尚大德立为一世祖。道光朝《尚氏宗谱》追述：大德祖父名九霄，为明金州卫官。九霄生子四，第四子尚清，娶项氏，生子三，长曰大贤、三曰大忠，第二子即大德。世居关东沈阳北门外山达然地方。① 说明尚氏先世本为明辽东军官，籍贯沈阳。至于《尚氏宗谱》说大德在清初担任过"侍从官"，恐非事实。文饰或虚构先祖辉煌业绩，本是修谱通病，《尚氏宗谱》也未能免俗。《八旗满洲氏族通谱》只说大德是正白旗包衣人，并未提及官衔，说明他也就是普通包衣。天命六年（1621），清太祖努尔哈赤进踞辽沈，大批明朝军民沦为满人包衣，大德入旗，或在此时。以后，大德从龙入关，葬在京都东直门外东坝河尚家楼（今地名尚在），成为尚氏的始迁祖。

在清代旗籍汉姓人中，尚姓有二大家，一为三藩之一的尚可喜之裔，一为内务府尚大德之裔。可喜子名之隆、之信，大德孙名志杰、志舜，因清初档案通行满文，志杰、志舜往往又译之杰、之舜（或之顺）。外姓人不明就里，或误为一姓。

清入关初，正白旗原为摄政王多尔衮所属。顺治七年（1650），多尔衮病死，世祖福临亲政，追论多尔衮悖逆罪，把正白旗据为己有。大德作为正白旗包衣，最初应为多尔衮所属，福临亲政后始转为皇帝亲统的内务府旗人。

大德五子，惟第四子尚兴有功名，从最低的拨什库达做起，升内务府正白旗第五参领第四旗鼓佐领、惜薪司掌印郎中。康熙十三年（1674）三藩之乱，尚兴以副将征湖广，四年后在洞庭湖

---

① 凝祥、凝瑞修：《尚氏宗谱》，道光乙酉年（五年，1825）刻本（残缺）1册，由尚氏第十三代孙尚焰先生提供。

阵亡。[1]

内三旗构成与外八旗不同,内参领下设内府佐领、旗鼓佐领、内管领。内府佐领,即满洲佐领;旗鼓佐领,即汉人佐领。内管领(满语为"珲托和",意即"半个佐领")成分复杂,内有所谓"食口粮人"(又称辛者库人),主要成分为罪籍奴仆,在内三旗中地位最低[2]。

内府三旗初设满洲佐领九,旗鼓佐领十二,高丽(朝鲜)佐领一,内管领二十。康熙中增至满洲佐领十五,旗鼓佐领十八,朝鲜佐领二,内管领三十。[3] 尚兴是正白旗包衣第五参领第四旗鼓佐领首任佐领,身故后改由异姓汪义图管理;汪义图缘事革退,改以尚兴子志杰管理;志杰升任内务府总管,改以海璋、萨齐库等异姓管理。志杰与弟志舜、侄尚琳还曾受命管理同参领第一旗鼓佐领。该佐领"亦系国初编立",始以高国元管理;高国元故,以曹玺管理;曹玺缘事革退,由张士鉴、郑连相继管理;郑连缘事革退,以曹寅管理;曹寅升任江宁织造,以齐桑格管理;齐桑格故,以内务府总管尚志杰管理;志杰年老辞退,以内务府总管尚志舜管理;尚志舜故,以员外郎尚琳管理。[4] 高国元父亲高闻举、曹玺祖父曹锡远、张时鉴(《八旗满洲氏族通谱》写作张时荐)父亲张良弼、郑连曾祖郑朝辅,均为各姓入关后的始迁祖,作为"附载满洲旗分内之尼堪姓氏",在《八旗满洲氏族通谱》卷74、76、77均各有专传。曹氏,即文学巨擘曹雪芹家族。曹寅,是曹雪芹祖父。这些正白旗旗鼓佐领下人,都是以军功起家,而成为内府汉姓人中的佼佼者。

---

[1] 鄂尔泰等纂:《八旗满洲氏族通谱》卷74;《尚氏宗谱》载康熙六年十一月二十六日尚兴诰封碑,称其原任"包衣卫勒勒诸尔汉"(还原满文为:booi weilere jurgan,直译内府工部,即营造司前身)郎中。碑文拓片载《拓片汇编》第62册,第101页。

[2] 奕赓:《佳梦轩丛著·寄楮备谈》说:"辛者库,乃半个佐领下食口粮人也,起初原系家奴,向例不许为官,内府俱贱视之。"北京古籍出版社1994年版,第120页。

[3] 鄂尔泰等纂:《八旗通志初集》卷41,东北师范大学出版社1986年版,第2册,第779—782页。

[4] 福隆安等纂:《钦定八旗通志》卷7,四库全书本,第35页上下。

关于清代内务府世家

旗鼓佐领长官（亦称佐领）向无世袭，升除完全取决于皇帝，这是与外八旗世袭佐领的一个重要区别。尚兴、志杰、志舜、尚琳祖孙三代先后担任旗鼓佐领，则是尚氏在康、雍年间颇受皇帝重用的明证。

尚志杰，尚兴长子，由护军授銮仪卫治仪正，康熙十三年（1674）随扬威大将军和硕简亲王出征吴三桂，转战江西、福建、湖广等地，战功卓著。升员外郎、佐领，进广储司郎中兼御书处总管，授杭州织造，辞未赴任，旋署总管内务府大臣、管理崇文门税务。志杰生于顺治七年（1650）正月，雍正三年（1725）卒，[①] 主要宦迹在康熙一朝。弟志舜，雍正四年至九年任内务府总管，直到病死，称得上是胤禛近臣。尚兴继子志立，由副将征吴三桂阵亡，赐总兵官[②]。

尚氏延至第四世，时天下大定，内务府旗员子弟不必再通过戎马倥偬的凶险生涯博取功名。他们沐浴在先辈福泽下，或承袭世职，或在内府做官。志立子尚锐，世袭云骑尉；志杰继子尚铭（本志舜次子），诰赠中宪大夫，晋武显大夫；志舜第四子尚瑛，初袭云骑尉，诰赠勇武将军；第五子尚琇，任南园苑丞，诰赠奉直大夫，晋武功大夫；第六子尚琳，任内务府堂郎中，河东盐政；第七子尚琮，任武英殿副监造。

尚氏第五世，以福海（尚铭继子，本尚琇次子）地位最高。历任热河总管、杭州织造、江宁织造、监督淮宿海三关税务等职，赏戴花翎及内府珍绮，御制诗画。福海生于康熙六十一年（1722）九月，卒于乾隆五十二年（1787）十一月，历仕雍、乾两朝。乾隆五十年（1785），受邀参加千叟宴，赐寿杖。诰授中宪大夫，晋武显大夫。

如上所述，尚氏凭借军功在康熙朝发达，康、雍之际，志杰、志舜兄弟两任内务府总管，在管理内廷事务方面做了大量工作。至福海，仍担任内务府要职。遗憾的是，《尚氏宗谱》在"文革"中

[①] 据《拓片汇编》第67册，第161页《皇清诰封资政大夫讳志杰尚公之墓》，碑原在北京朝阳区太阳宫尚家楼。

[②] 福隆安等：《钦定八旗通志》卷216有传。

497

第二编 八旗制度与社会

严重受损,对其五世以后情况,已难得其详。

董氏,内务府正黄旗汉姓人,在《八旗满洲氏族通谱》卷74中亦为"附载满洲旗分内之尼堪姓氏"。

始迁祖董文选,世居抚顺地方,入旗年份无考。前三世无功名,为普通包衣,至曾孙董德(得)启,原任员外郎董德(得)贵,始由军功获官爵、世职。《董得贵诰封碑》载:"董得贵,尔原系白身、包衣牛录章京,定鼎燕京入由山海关之日,击流贼马步兵二十万,尔同固山额真谭泰步战对阵,败之。嘉尔故授尔为拜他喇布勒哈番(骑都尉)。"① 董得贵初为"白身",也就是旗下无官职平民,后以军功擢正黄旗包衣第四参领第一旗鼓佐领长官(佐领),又任第五参领第六旗鼓佐领首任佐领。《八旗通志初集》卷四说该佐领系"国初编立",确切时间不可考,从其原籍地域看,应在太祖时期。入关时,董得贵在山海关对李自成农民军一役,作战勇敢,立有战功,获骑都尉世职。顺治朝,三遇恩诏,累加至二等阿达哈哈番(二等轻车都尉),任銮仪卫銮仪使,予侍郎品级。卒年不详。

长子浩善(郝善),由銮仪卫整仪尉改会计司郎中,管佐领事。康熙十三年吴三桂犯湖北,清廷发大兵征讨,特授郝善岳州水师副将,首开战功。此后,转战湖南、湖北、广西等地,屡建战功,晋总兵官。二十一年凯旋,随即病殁,归葬北京良乡县南方村(今南坊镇)。郝善以内务府汉姓人出任绿营将官,与他的出身背景显然有很大关系。说明在控制汉人军队方面,内务府汉姓人作为皇帝亲信爪牙,能起到满洲将帅所起不到的作用。郝善频年征战屡建战功,被后人称颂为"勇战敬官而以死勤事者"②。

次子殿邦,康熙十五年,以"从龙华胄"袭父爵二等阿达哈番,迄乾隆四年致仕,历仕康、雍、乾三朝,前后六十余年,黾勉

---

① 《董得贵诰封碑》,康熙十五年十月二十五日,《拓片汇编》第63册,第97页。残碑现在北京房山区良乡南坊村401所宿舍区楼群内。实地考察。参见《八旗通志初集》卷203,董得贵本传。
② 《董郝善及妻郭罗罗氏、继配黑摄李氏合葬墓碑》,康熙五十一年十一月二十一日,《拓片汇编》,第66册,第174页。

供职。历仕会计、营造两司员外郎、郎中兼佐领、参领，康熙五十五年以慎刑司郎中代内务府总管。八十四岁时寿终正寝，被誉为"三朝之硕辅，一代之伟人"①。他学识渊博，经济优长，其事迹频频见于内府档案，凡所服官，皆有建树。扈跸南巡，奉旨图写全河形势，日与河臣商榷，修防蓄泻之要，动中机宜。多年以后，当地故老对他的治河业绩仍念念不已。有九子、十二孙、七曾孙，多在朝内外任官，俱详《八旗满洲氏族通谱》卷74《董文选传》。因董氏家谱毁于"文革"，对乾隆朝以后董氏一族情况已无从知晓②。

上举尚氏、董氏，都是内务府汉姓人。熟谙掌故的内务府旗人福格说过："内三旗佐领，有满洲，有旗鼓，无蒙古、汉军"；旗鼓佐领由汉姓人编成；统于上三旗满洲都统；其在内务府仕途，与满洲同；升至九卿、大学士，亦多占满缺。③ 这些，都与汉军旗人构成明显区别，且反映了他们与满洲人的密切关系。可见，那种将旗鼓佐领混同于汉军佐领，或将旗鼓佐领下汉姓人混同于外八旗汉军旗人的说法，都是不够准确的。

（二）婚姻型

有清一代，内务府三旗女子通过选"秀女"晋身嫔妃者代不乏人，其母家一跃而为皇室戚畹，父兄子弟多跻身枢要。兹以高氏、金氏为例说明。

高氏，内务府镶黄旗第四参领第一旗鼓佐领下汉姓人。乾隆朝，因高斌官拜文渊阁大学士，高氏成为内府包衣中的望族。高斌曾祖高名选，祖籍奉天辽阳，太祖皇帝时归④。子高登永（家谱中为登庸），任直隶兵备道；孙高衍中，由内务府主事历升都虞司郎中兼佐领、参领。高氏真正显赫是自第四世高斌始。

---

① 《光禄寺少卿、内务府总管董公墓表》，《拓片汇编》，第76册。
② 2009年2月，北京史学者冯其利、杨海山两先生见告：他们曾对南坊村董氏墓地作过详细调查，并采访过十五世孙董桂林。
③ 福格：《听雨谈丛》卷1，第6、17、18页。
④ 鄂尔泰等纂：《八旗满洲氏族通谱》卷74《高名选传》，第805页。

高斌，雍正初授内务府主事，升郎中兼佐领、护军参领，外任苏州织造，浙江等处布政使，两淮盐政兼署江宁织造，升江南河道总督。其间，致力治河，修建水坝，改建水闸，积累了丰富经验，显露出超众的才干。乾隆初，调直隶总督，兼河道总督。在视察永定河后，疏请在该河上游修建水闸，以便疏浚下游。十年，授吏部尚书，仍管直隶水利、河道事。寻授文渊阁大学士。二十年卒于江南河道总督任上。高斌死后，弘历念其治河功，追谥"文定"，命与靳辅、齐苏勒、嵇曾筠三河臣同祭于河神祠，又入祀京师贤良祠。①

高斌一生勤奋谨慎，忠于职守。他能够位极人臣，一是才干出众，每有河务巨工，辄受命督理。任南河总督时，排抑众议，开茅城锡山，以浅洪泽之水入黄河。河道安者十年②。二是得益于外戚的特殊身份。高斌女嫁弘历于潜邸，为侧福晋。弘历即位，册立贵妃，晋皇贵妃，死谥慧贤皇贵妃。高斌一族，蒙恩由内务府镶黄旗抬入满洲镶黄旗。③嘉庆二十三年，命玉牒内改书为高佳氏。④

有清一代，照例予外戚以"抬旗"。圣祖玄烨生母孝康皇后一家，佟佳氏，原隶镶黄旗汉军，后抬入镶黄旗满洲，后族抬旗自此始。如系包衣旗人，则拔出内务府抬入满洲旗。内务府镶黄旗包衣陈善道，有女嫁圣祖玄烨，初为勤嫔，晋勤妃。雍正十二年（1734）九月奉旨：勤妃母之外戚，著出包衣，入于本旗。其族人七十余编为一个佐领，令其族人管辖。乾隆初，尊封纯裕勤太妃。⑤

弘历在潜邸时娶魏氏，内管领清泰女，入宫为贵人，累进贵妃。乾隆二十五年（1760）生仁宗颙琰，进皇贵妃。六十年，颙

---

① 伊桑阿续修：《奉天高佳氏家谱》1册，中国科学院图书馆藏，乾隆五十九年写本；《钦定八旗通志》卷142本传；赵尔巽等撰：《清史稿》卷310，第10629页。
② 萧奭：《永宪录》卷2上，第119页。
③ 伊桑阿续修：《奉天高佳氏家谱》。
④ 唐邦治：清皇室四谱》卷2，上海聚珍仿宋印书局1923年版，第20页下。
⑤ 《八旗满洲氏族通谱》卷74《陈善道传》，第806页；《清史稿》卷214，第30册第8912页。参［日］细谷良夫：《歴史語言研究所所藏「已入满洲姓氏」檔案——包衣ニルをめぐって》，载日本《满族史研究》第1号，2002年。

琰立为皇子，册封孝仪皇后。《清史稿》卷214说："后家魏氏，本汉军，抬入满洲旗，改魏佳氏。"魏氏隶内务府镶黄旗内管领，实际上并非汉军，因系外戚由内务府镶黄旗抬入满洲镶黄旗。改魏佳氏的时间也在嘉庆二十三年。①

话说回来，高斌子孙虽同样显赫，结局却大相径庭。高斌子高恒，乾隆初，由荫生授户部主事、郎中，出监山海关、淮安、张家口榷税，署长芦盐政、天津总兵、两淮盐政。乾隆中内任总管内务府大臣。时弘历屡南巡，两淮盐商迎跸，治行宫扬州，弘历留数日乃去，花费不赀。高恒为盐政，令诸商每盐引输银三两为公使钱，乘机中饱私囊。事发，诸盐商称例年上贡及备南巡差共用银四百六十七万余两。高恒论罪当斩②。大学士傅恒乞弘历念慧贤皇贵妃情面，姑贷其死，弘历却说："若皇后弟兄犯法，当如之何？"傅恒为孝贤皇后兄，闻谕战栗失色。高恒终被诛③。

高恒子高朴，初授武备院员外郎，迁兵部右侍郎。因疏劾太监高云从泄密外廷事，获弘历赞扬。乾隆四十一年（1776）奉命往叶尔羌办事，二年后被劾"役使回民三千采玉，婪索金宝，并盗卖官玉"，论斩④。

尽管高恒、高朴的行径玷辱了高氏的名声，高斌侄子高晋，却是位廉能大吏。高晋是高斌长兄述明第四子。述明，由护军于康熙年间随中路出征，嗣赴陕甘，授陕西兴汉镇总兵。雍正元年提兵驻扎红罗山军营，旧伤受瘴气病发，卒于军，蒙恩赐御祭，荫一子入监。高晋由荫生入仕，初授山东泗水知县，累迁江宁织造、安徽巡抚。乾隆二十六年迁江南河道总督，任内解除数县水患，修筑堤坝、水闸，挖渠疏导。寻迁两江总督，仍统理南河事务⑤。三十六年授文华殿大学士，兼礼部尚书。不久，疏请将江苏清河段黄河故

---

① 唐邦治：《清皇室四谱》卷2，第20页上。
② 赵尔巽等撰：《清史稿》卷339，第36册，第11072页。
③ 昭梿：《啸亭杂录》卷1，第22页；《清史稿》卷339将此事系于高朴。
④ 赵尔巽等撰：《清史稿》卷339，第36册，第11073页。
⑤ 河道总督原驻济州，雍正间分设南河，始以清江浦为督署。

道改道，以防止河水频频倒灌洪泽湖，他建议从陶庄向北开凿运河，直抵黄河旧道南侧的周家庄。此项计划付诸实施。高晋毕生治河，功绩卓著，后卒于河南黄河工次，赐谥文端。①

高晋有三子位居高官。长子书麟，初授銮仪卫整仪尉。乾隆三十八年征大金川，为领队大臣，每力战则先登，克坚碉数十。金川平，加等议叙，图形紫光阁。官至安徽巡抚、两江总督。书麟素行清谨，和珅柄政，书麟独善其身，和珅尤忌之。嘉庆四年，和珅败，书麟授协办大学士，闽浙总督。以督师剿白莲教农民军，卒于军，谥文勤。弟广厚，官至江苏布政使、浙江巡抚。高晋第十二子广兴，捐纳出身，敏于任事，背诵案牍如流水。嘉庆四年因率先弹劾和珅名声大振，颇得颙琰倚信，后来却威服自专，以致中外侧目。前后两任总管内务府大臣，嘉庆十三年以任意作威、收纳馈遗被劾，处死籍家②。

高斌、高晋、书麟，祖孙三人，先后入阁拜相（大学士），皆补满洲额缺③，这在内务府世家中，是罕有的荣耀。高斌孙高杞，外任湖北、湖南、浙江巡抚，内任总管内务府大臣，亦为乾嘉名臣。④

与高氏情况类似的世家还有朝鲜金氏。金氏列于《八旗满洲氏族通谱》卷72"附载满洲旗分内之高丽姓氏"。先祖新达理，原籍鸭绿江畔义州。投归太宗皇太极，授通事，隶内务府正黄旗第四参领第二朝鲜佐领。以后，该佐领一职始终由新达理后裔承袭。新达理孙常明，历仕康熙、雍正、乾隆三朝，任领侍卫内大臣、内务府总管，乾隆七年病重，弘历特派大皇子看视，加恩赐太子太保。不过更令金氏宠荣的，还是新达理之孙三保女儿被弘历纳为妃。乾隆初封嘉妃，进嘉贵妃，生永珹、永璇、永瑆三皇子⑤。

---

① 福隆安等纂：《钦定八旗通志》卷143本传；《清史稿》卷310，第35册，第10634页。
② 赵尔巽等撰：《清史稿》卷343，第37册，第11125、11127、11301页。
③ 福格：《听雨丛谈》卷1，第18页。
④ 《清史列传》卷33，中华书局1987年版，第9册，第2545页。
⑤ 赵尔巽等撰：《清史稿》卷214，第30册，第8919页。

乾隆年间金氏家族出了一位名臣金简，任总管内务府大臣、工部尚书、吏部尚书。他在兼掌武英殿修书处时，疏请采用活字版排印珍稀古籍，取名"武英殿聚珍版"。金简子缊布由内务府笔帖式出身，亦官至总管内务府大臣、工部尚书，也曾兼掌武英殿修书处。嘉庆初，其族由内务府包衣籍抬入满洲正黄旗籍①，嘉庆二十三年命玉牒改书为金佳氏。②

（三）科举型

清初内府旗人多以军功起家，无所谓考试，也无所谓科目。顺治年间八旗科举考试，时举时停，不甚重视，康熙年间渐成定制③。随着天下晏安，修文偃武，旗人读书向学，渐成时尚，正途与偏途，畛域也日趋分明。科举出身的世家大族，诗礼簪缨，名声显赫，其中最具代表性者有完颜氏、索绰络氏、蒙乌吉氏。

完颜氏，内务府镶黄旗满洲人，系出金章宗完颜璟④，世系绵长，至清代又累世高官，被誉为"金源世胄，铁券家声"。始祖守祥，金哀宗天兴末年避乱东归。十三世传至鲁克素，始徙居长白山下。天命初，瑚齐喀、达齐喀举族归⑤。初隶镶蓝旗满洲，寻以妹为太祖所纳，改入镶黄旗包衣佐领。

完颜氏秉持渔猎民族遗风，以骑射武功见长。先祖有名隆万杭爱者，生而智勇过人。性喜捕虎，杀虎至九十有九。一日家人报有虎，即持枪往追，跃上虎背，以枪戳之，虎亦咬其足。虎死，隆万杭爱亦伤重，环顾家人说："此吾命也，后世子孙当绘吾骑虎像祭之。"⑥ 隆

---

① 赵尔巽等撰：《清史稿》卷321，第36册，10788页。
② 唐邦治：《清皇室四谱》卷2，第21页上。
③ 福格：《听雨丛谈》卷7，第150页。
④ 崇实：《惕盦年谱》，光绪三年刊本，第1页上。关于完颜氏家族史，已有研究成果：定宜庄《内务府完颜世家考》，《清史论丛》，辽宁古籍出版社1995年版；景爱《皇裔浮沉——北京的完颜氏》，学苑出版社2002年版。
⑤ 崇实、崇厚：《清江南河道总督完颜公行述》，清刻本，第3页上。
⑥ 《阿什坦传》，钱仪吉纂：《碑传集》卷52，第5册，中华书局1993年版，第1504页。

万杭爱之英武,凛凛生威,是早期女真(满洲)民族骁勇善战的缩影。

达齐喀入旗后,先后参加朝鲜、蒙古、叶赫、乌拉、锦州、松山诸役,率所统兵为先锋。就是这样一个以赫赫武功传世的家族,在入关后却迅速改弦易辙,走上一条温文博雅、诗书继世的仕途。

顺治二年(1645),达齐喀子阿什坦,以通满汉文,选授内院中书。时天下初定,阿什坦翻译《大学》《中庸》《孝经》等儒家经典,刊行之,为翻译者奉为准则。九年,参加第一次为满洲人特开的科举考试,中翻译进士,殿试二甲三名,在中式的五十个旗人中名列第六,授刑科给事中。时稗官野史盛行于世,满人亦纷纷翻译。阿什坦颇不以为然,建言皇帝敕下八旗人等,自经史外,杂书不许翻译;又请严旗人男女之别。实际上是主张将满人行为言语纳入封建的伦理纲常。阿什坦笃于学问,重视实践,仕途却并不平坦。以不附权臣鳌拜,受到压抑[1]。康熙帝玄烨亲政后,誉其为"我朝大儒"[2],入国史儒林传。

阿什坦儿子鄂素、和素继承父业,同为出色翻译家。后者享誉尤盛,官内阁侍读学士、翻书房总管、武英殿总裁,玄烨三试八旗,满文俱第一,赐巴克什号,敕译《资治通鉴纲目》诸书,主编《清文鉴》,充皇子师傅有年。[3] 宗室昭梿说:"有户曹郎中和素者,翻译精绝,其翻《西厢记》《金瓶梅》诸书,疏栉之句,咸中綮肯,人皆争诵焉。"[4] 在各类书籍中,文学书籍的翻译难度尤大,词汇丰富,表现手法复杂,和素能以神来之笔,将其翻译得惟妙惟肖,没有对满汉文的精熟和深厚文学功底,显然难以胜任。不过,他的这类译作,多属"杂书",说明在翻译的旨趣和选用标准上,

---

[1] 麟庆:《鸿雪因缘图记》第三集《赐茔来象》,北京古籍出版社影印本1984年版。

[2] 盛昱:《八旗文经》卷57《作者考》,沈阳书社1988年版,第453页。

[3] 郑虎文:《代履亲王作内阁侍读学士完颜公和墓志铭》,钱仪吉纂:《碑传集》卷52,第5册,第1508页。

[4] 昭梿:《啸亭杂录·续录》卷1,第397页。

与其父阿什坦已有明显区别。

鄂素早亡,其子留保由和素抚养长大。旗人仕途较汉人为宽,本不必执拗于科举。何况科举虽被视为正途,但皓首穷经的苦读却意味着付出更多艰辛。留保十四岁入国子监读书,康熙五十三年中举后,连续几次会试未中。六十年会试,雍亲王胤禛检落卷,由圣祖玄烨特赐进士,改翰林院庶吉士,散馆授编修。雍正年间迁礼、吏、工三部侍郎。终雍正一朝,留保始终受到胤禛眷顾。① 和素子白衣保,科甲出身,康熙乙酉(四十四年)科副榜,官头等侍卫,兼郎中、佐领,翻书房总管。② 从阿什坦到白衣保,祖孙三代无不兼通满汉,先后主持内廷译书三四十年之久,这在清朝是绝无仅有的。

白衣保下传四世至麟庆。麟庆,字伯余,号见亭。祖父完颜岱,也是科甲出身,官河南布政使,逢三省白莲教起事,奉旨督防汉江,以劳瘁卒于军营③。父廷璐,官浙江温州府、山东泰安府知府,署山东督粮道。为人淡泊名利,于声色犬马舆服,一无所嗜,唯喜交游,客至留饮,日夜不倦。闲时吟诗赋词,皆清婉可诵。④ 麟庆母恽珠,江南阳湖才女,名画家恽格(字寿平,号南田老人)后代。麟庆的文学才能和艺术造诣,很大程度得益于母亲。麟庆以嘉庆进士授内阁中书,升兵部主事。道光初出守安徽徽州知府,升河南按察使、贵州布政使、湖北巡抚。可知他自科举步入仕途一帆风顺。

完颜氏家族前后出过两位治河名臣,一位是阿什坦孙子(麟庆的叔高祖)完颜伟,乾隆初年任江南河道总督、东河河道总督⑤。再一位就是麟庆,初任河南开、归、陈、许道巡道,日读古今名臣

---

① 赵尔巽等撰:《清史稿》卷290《留保传》,第10274页。
② 崇实、崇厚:《清江南河道总督完颜公行述》,清刻本,第4页上。
③ 昭梿:《啸亭杂录》卷7,第210页。
④ 陆继辂:《山东泰安知府完颜君廷璐墓志铭》,钱仪吉:《碑传集》卷110,第9册,第3169页。
⑤ 赵尔巽等撰:《清史稿》卷310,第35册,第10636页。

治河书，博览综合，洽闻强识。秋汛时，曾亲守危堤十三昼夜，督修抢险，写有"眼前都是倾危地，身外全成浩渺天"的诗句①。道光十三年擢江南河道总督。麟庆幼年，跟随祖父、父亲步履，往来于长江南北、黄河沿岸，增广见识。出仕后，宦迹遍及河南、贵州、湖北、江苏等省，对各地名山大川了然于胸。所至登临，采风问俗，援古证今，绘图撰文以记之，编为《鸿雪因缘图记》，自诩"此即我之年谱而别创一格耳"②。

麟庆两子崇实、崇厚，都是科甲出身。崇实字子华，号朴山、惕盦，生长富家，却能悬梁锥刺，勤奋向学，道光进士，选翰林院庶吉士。散馆后，崇实升迁很快，两年间就从正七品翰林院编修升至正三品户部左侍郎。崇彝《道咸以来朝野杂记》："道、咸间，士人多以点翰林为仕官捷径，由编修、检讨十年可至侍郎，虽未必尽然，亦差不多。咸丰初元，升途尤速……崇文勤公实，见亭河督公子，由道光庚戌翰林，至咸丰四年，已升至工部侍郎，才五年耳。"③ 以后，崇实担任驻藏大臣、成都将军、蒙古镶白旗都统、热河都统、刑部尚书、盛京将军等要职。在盛京期间，剿平盗匪，改革政务。身后追谥"文勤"④。

麟庆次子崇厚，道光举人，捐甘肃阶州知州。咸丰二年（1852），因其兄崇实报效朝廷军费银一万两，擢河南某地知府。十一年（1861），擢三口通商大臣，驻天津办理天津、芝罘、牛庄三口通商事务，从此长期办理外交通商。光绪五年（1879）赴俄签订《伊犁条约》。约成，朝野哗然，斥为卖国，交章弹劾。崇厚被判斩监候（后改监禁）。十年（1884），崇厚捐助军饷三十万两，获释。⑤

崇实子嵩申，同治初以荫生入仕，通过捐纳，晋户部郎中。嵩

---

① 麟庆：《鸿雪因缘图记》第1集《上南抢险》。
② 衡永编：《鹤槎年谱》，民国十九年刊本，第13页上。
③ 崇彝：《道咸以来朝野杂记》，北京古籍出版社1982年版，第23页。
④ 《清史列传》卷52，第13册，第4135页。
⑤ 赵尔巽等撰：《清史稿》卷446，第41册，第12476—12477页。

关于清代内务府世家

申锐意博取正途，一面做官一面应考。七年（1868）成进士，选翰林院庶吉士，散馆授翰林院检讨。父子两代翰林，一时传为佳话。从此青云直上，光绪年间任内务府总管大臣、刑部尚书。

麟庆半亩园藏书多达八万五千余卷，自诩乃萃集六七世之收藏，其中还是天聪年间始祖达齐喀略地山东时所携归者①。清初，满洲人从整体讲文化还比较落后，但就完颜氏来说，汉文化修养已相当深厚。② 从阿什坦到嵩申，前后八代，几乎代代以科举入仕，崇实、嵩申父子更是两代翰林。完颜氏累世诗礼簪缨，无愧满洲之冠，难怪当时人说："满洲旧族，簪笏相承，无如完颜氏之盛且远者。"③

崇实、崇厚年轻时官运亨通，除科甲出身、才能出众外，与连续捐助也有一定关系。崇厚十六岁时，因黄河开口设豫工捐例，麟庆一次为崇实、崇厚及亲族子弟报捐三万两；咸丰元年（1851），太平天国起事，户部因军饷匮乏，请敕内外臣工量力报效，崇实捐助饷银五千两，赏戴花翎。弟崇厚报捐万两，升河南知府。三年，太平军陷安徽、金陵，军情紧急。户部以库储告竭，春季不能放俸。咸丰帝命十八家富绅捐助，共凑二十余万，内崇实兄弟报捐一万二千两。七年，以上年直隶荒旱，入春粮米昂贵，崇实又捐助粟米千石。完颜氏历次捐出的银两数额巨大，只是家产中很少一部分，崇实自述："吾等有富名者，不过房产地土。"④ 可知其财富主要是房屋、土地等不动产。

光绪十一年（1885），慈禧太后懿旨：文铦、崇礼、崇厚、文

---

① 麟庆：《鸿雪因缘图记》第3集《琅嬛藏书》。
② 同样的例子还有饶余王阿巴泰，昭梿《啸亭杂录》卷6《红兰主人》载：崇德年间，阿巴泰率兵征明，南略地至海州而返，其邸中多文学之士，盖即当时所延致者。阿巴泰命其教诸子弟，故康熙年间宗室王公中以阿巴泰一族子弟文风最盛。
③ 震钧：《天咫偶闻》卷3，北京古籍出版社1982年版，第64页。徐宏：《论清代八旗科举世家——嵩申家族》（载《鞍山师范学院学报》2002年第4期）中根据嵩申会卷履历，指出：完颜氏一族自达齐哈至嵩申10代人中，朱卷中列名者有60人，有功名者20人，其中进士8人，举人2人，贡生4人，生员6人。出任各种官职的达50多人。
④ 衡永编：《鹤槎年谱》第7、28、30、32、43页；崇实：《惕盦年谱》，第31页上。

锡等筹捐三海工程银两。三海工程指修缮中、南、北海皇室园囿工程。这一次，仅崇厚一人，就报效十万余两[①]。崇礼，蒋姓，内务府正白旗汉姓人，圆明园苑丞起家，同治中，出任粤海关监督。时天下初平，百货填积，故税收最旺。归京后，大治宅第，极有富名。光绪间官至理藩院尚书、刑部尚书、大学士[②]。文铦，在崇礼之后亦曾任粤海关监督。[③] 文锡，索姓，父明善，内务府正黄旗汉姓。道光间，外任苏州织造、粤海关监督。咸丰间，内授内务府大臣。子文锡、孙增崇，相继任内务府大臣，累代富显[④]。

在内务府诸肥缺中，河工贪冒之巨，为诸工之最。清季薛福成《庸盦笔记》卷3《河工奢侈之风》说："余尝遇一文员老于河工者，为余谈道光年间南河风气之繁盛：维时南河河道总督驻扎清江浦，道员及厅汛各官环峙而居，物力丰厚。每岁经费银数百万两，实用之工程者十不及一，其余以供文武员弁之挥霍、大小衙门之酬应、过客游士之余润。"道光年间，麟庆任南河总督近十年，其俸银以外的收入应相当可观，所以有财力为子弟捐纳买官，以巨款置产。崇实、崇厚长期担任外官，聚敛财富也不少。

索绰罗氏，内务府正白旗满洲人，也是以科举闻名的内务府世家。其先祖布舒库，任内务府司库。子都图，内务府郎中，因身健如石，圣祖赐汉姓石。索绰罗氏发家，已在清中叶，最出名者有嘉庆年间大学士英和。英和的父亲德保和堂伯观保，都是进士出身，均选翰林院庶吉士，散馆后观保任翰林院编修，德保任翰林院检讨。[⑤] 后来，观保官至礼部尚书、都察院左都御史；德保官至广东巡抚、礼部尚书。

---

① 衡永编：《鹤槎年谱》，第33页下。
② 《清史列传》卷61，第16册，第4796页；崇彝：《道咸以来朝野杂记》，第44页。
③ 崇彝：《道咸以来朝野杂记》，第44页。
④ 《清史列传》卷47本传，第12册，第3740页；崇彝：《道咸以来朝野杂记》，第13、16页。
⑤ 鄂尔泰等纂：《八旗满洲氏族通谱》卷43，第522页。

关于清代内务府世家

英和少有隽才,权臣和珅欲妻以女,为德保婉辞。乾隆五十八年进士,选庶吉士,授编修,累迁侍读学士。仁宗亲政后,知拒婚事,又欣赏其才干,于是重用,先后任内务府大臣、翰林院掌院学士、军机大臣、户部尚书、协办大学士。英和创行海运,为清代行海运之始;又奏请官米搭放折色(银两),一直施行到清末。道光八年(1828),因监修孝穆皇后陵寝地宫入水一案被革职籍家,解发黑龙江充当苦役。三年后赦归。英和通达政体,遇事有为,屡掌翰林院,爱才好士。子奎照,进士出身,官至礼部尚书、军机大臣;奎耀,进士出身,官至通政使;奎照子锡祉,进士出身,历翰林院侍讲学士,后官长芦盐运使。① 英和本人及其父、两子(奎照、奎耀)、一孙(锡祉),皆以词林起家,他曾镌一印章,文为:"祖孙父子兄弟叔侄,四代翰林起家"。四代人不仅都是进士,且都是翰林,这样的成就,足以令士林仰视。

累世翰林,得益于严格的家教和强烈的功名意识。英和父亲幼读儒家经典,每背诵一字不讹后,必再读百遍,亲戚也都是饱学之士。其舅良卿,中进士后始辍官学,七旬时背诵经典,仍能从头至尾不遗一字,教诲晚辈说:"皆家塾官学之力也。"② 英和六岁得嗽疾,冬日晚不能秉烛夜读,如是者十年。十三岁结婚,妻萨克达氏,故漕运总督阿思哈女。婚后立志苦读,每天读书至深夜,妻在旁做针线陪伴。后来英和嘱画工绘《秋灯伴读图》,留示后人。

内府世家,由科举胜出的又有蒙乌吉氏,以乾嘉名臣法式善最有名。法式善在《存素堂文集》卷2《重修族谱序》中自述:"吾家先世虽繁衍,然莫详其世系……伏念自始祖从龙入关,至法式善八世矣,世无显官,其进身又多由军职。迨余高祖官内务府郎中,始习翰墨。"法式善一姓为内府正黄旗蒙古,起家微贱,前几世无高官,都由军职进身,至高祖孟成,任内务府郎中。内务府俗,例取一字为姓,蒙乌吉氏简称孟姓。③ 曾祖六格,官内管领;祖平安,

---

① 赵尔巽等撰:《清史稿》卷363,第38册,第11412页。
② 英和:《恩福堂笔记·诗钞·年谱》,北京古籍出版社1991年版,第31页。
③ 盛昱、杨锺羲:《八旗文经》卷58,辽沈书社1988年版,第469页。

贡生，内务府员外郎。

法式善，字开文，号时帆。本名运昌，高宗弘历特改名法式善，满洲语黾勉上进。又自号梧门，以幼时母课读之所，每日散学视梧荫逾门限。乾隆十八年（1753）生于西安门养蜂坊。不久，由圆明园银库库掌、叔父和顺收养①。和顺妻韩氏，内务府汉姓人，女诗人，号端静闲人，有《雁字诗》三十首，著《带绿草堂集》。法式善的早期教育，多受益于养母②。九岁，父病逝，家业中落，无力延师，韩氏亲自教读，以慈母兼严师。十一岁随韩氏寓外家，外家家道日衰，转食于外家之戚。至是一二月辄易一师。韩氏每日灯下必严核读书，未尝片刻松弛。十五岁，韩氏典衣买善本十三经及字典诸书。十六岁，选入咸安宫官学学习。

法式善很早就显露出作诗的天赋，十四岁游万寿山，至湖上有纪游五古诗，为韩氏所称赏。十九岁至二十一岁间，居僧寺中读书，两饭俱在官学中，夜则栖息禅榻。韩氏卒，依叔父信顺，居丰盛胡同，仍读书僧寺。二十四岁补廪膳生。二十七岁中举，仍读书智化寺，翌年中进士，殿试三甲引见奉旨改庶吉士。③ 四十二岁，官国子监祭酒。

法式善才华横溢，命运却颇坎坷，每官至四品即降贬。诗作被时人奉为圭臬，主持诗坛三十年④。他以激赏海内才俊为己任，如舒位、王昙、孙原湘，均汉人，曾作《三君子咏》以推扬之。嘉庆初，因疏请八旗在外屯田，受到申斥。纂有八旗人诗134卷，进呈蒙赐御制序，赐名《熙朝雅颂集》。著有《清秘述闻》《槐厅载笔》《陶庐杂录》《存素堂诗集》等书。法式善一族，从高祖时"始习翰墨"到他成为主宰诗坛三十年的文学巨擘，中间经历了三四代，大约百余年。子桂馨，中进士，入翰林，延续了其家文脉。

---

① 阮元：《梧门先生年谱》，嘉庆二十一年刻本，《北京图书馆藏珍本年谱丛刊》第119册，第1页上。
② 法式善：《先妣韩太淑人行状》，盛昱、杨锺羲：《八旗文经》，第429页。
③ 阮元：《梧门先生年谱》，第5页上。
④ 赵尔巽等撰：《清史稿》卷485，第44册，第13402页。

以上，对内务府世家三种类型做了初步归纳。军功型主要形成于清前期，带有鲜明的时代印记。科举型在清中叶开始崭露头角，是社会趋于安定、经济趋于繁荣，尤其八旗满洲、蒙古濡染汉文化日深的结果。婚姻型，作为专制帝权衍生的一种裙带现象，并不具有明显时间性。此外，有由偏途而成世家者，因篇幅所限，兹不录。

二　世家的婚姻关系

内务府世家的婚姻关系，可以分解为两层，第一层世家间联姻；第二层满汉通婚。

（一）世家间联姻

清代社会婚姻关系的基本特点是旗民不通婚，但在旗人内部，内务府三旗与外八旗之间，或者满洲、蒙古与汉军之间，婚姻不受任何限制。前举内务府汉姓人董郝善，官居总兵官，原配夫人郭罗罗氏、继配夫人黑摄李（赫舍里）氏，均满洲。碑记说："两夫人皆出名族，能执妇道，以佐公者也。"[1] 其弟得贵，原配夫人舒穆禄氏、继配夫人纳喇氏，亦满洲女[2]。

不过，基于生活环境、习俗的考虑，内务府旗人选择婚姻，往往注重内部通婚。热河总管尚福海有女八人：长适正红旗满洲他他拉氏，原任山西布政使善泰；次适内府正黄旗关氏，笔帖式长庆；三适内府镶黄旗赵氏，原任苑副容山；四适镶黄旗满洲富察氏，进士、兵部侍郎恭泰；五适镶蓝旗宗室书约；六适内府镶黄旗徐氏，笔帖式扬桑阿；七适内府正白旗苏氏，安徽旌德县知县延庚；八适内府正白旗李氏，笔帖式长顺。福海八女中，有五人嫁给内府旗人。萨克达氏中祥的五女，也是全部嫁给内府旗人。

---

① 《董郝善及妻郭罗罗氏、继配黑摄李氏合葬墓碑》，康熙五十一年十一月二十一日。
② 《董得贵及妻舒穆禄氏纳喇氏诰封碑》，康熙十六年十一月。

第二编　八旗制度与社会

在旗人内部婚姻关系中，尤其引人注目的是世家间联姻。人类社会中有两种关系是与生俱来的，一为血缘关系，一为姻缘关系。通过缔结婚姻，扩大地域联系，加强部落或部落联盟间的联系，早在各民族史前时代已是习见现象，满洲人也不例外。[①] 入关后，联姻仍旧是满洲皇室与异姓贵族（或外藩）、世家望族间加强关系的重要手段。

先看尚氏。热河总管福海妻有尤氏、乌雅氏。乌雅氏，在《八旗满洲氏族通谱》卷29中又写为吴雅氏。这虽是满洲中一小姓氏，因系雍正帝胤禛母家姓氏而显赫一时。胤禛生母德妃，乌雅氏，镶蓝旗包衣籍，出身卑贱[②]。一世祖额柏根、二世祖额森。额森长子魏武（威武、卫武），即德妃父，原任护军参领。康熙十七年，乌雅氏生胤禛而封德嫔，寻进德妃。胤禛即位，尊为孝恭皇后[③]，并将魏武、额森、额柏根三代追封一等公，世袭罔替[④]，一族人抬入正黄旗满洲。魏武之子傅启，承袭一等公，任散秩大臣兼佐领；魏武之弟岳色，特赐骑都尉，任司胙官。额柏根兄萨穆哈一系子孙，也多高官厚爵。其孙铎弼，任都察院副都御史、内务府总管兼佐领；曾孙海望（与魏武为叔侄关系），雍、乾名臣，历任内大臣、议政大臣、户部尚书，自雍正八年至乾隆二十年长期担任内务府总管[⑤]。尚氏所娶乌雅氏系何人女，虽不能指指，两家间联姻应无疑义。

再看高氏。高斌父亲高衍中，妻李氏，福建督粮道李应昌之女。女二人，长适内务府郎中邓之琮，次适内务府大臣丁皂保。邓

---

　① 刘小萌：《满族从部落到国家的发展》，辽宁民族出版社2002年版，第11—12页。
　② [日]铃木真：《雍正帝と藩邸舊人》，日本《社會文化史學》第42号，2001年。
　③ 《清内府八旗列传档案稿》，全国图书馆文献缩微复制中心2001年影印本，下册第825—830页；《清史稿》卷214，第30册，第8911页。
　④ 萧奭：《永宪录》卷2上，第103页。雍正六年魏武及祖、父三代诰封碑，今在北京朝阳区洼里乡北龙王堂村。实地考察。
　⑤ 鄂尔泰等纂：《八旗满洲氏族通谱》卷29，第377页；福隆安等纂：《钦定八旗通志》卷153本传。

关于清代内务府世家

之琮（又写作邓智宗），内务府镶黄旗人;① 丁皂保，内务府正黄旗人②。高斌妻陈氏，佐领阿麟之女；继妻祁氏，司库祁士杰之女；又继妻马氏，骁骑校马维藩之女。祁氏为正黄旗包衣旗鼓佐领人，祁士杰祖父祁天福，《八旗满洲氏族通谱》卷77有传。高氏与邓氏、丁氏、祁氏既同为内务府汉姓人，又同为官宦世家。

雍、乾权臣鄂尔泰，西林觉罗氏，仕大学士、封世袭伯爵，身后追谥"文端"。高斌女嫁其次子鄂实③。鄂实后建功西域，战死于叶儿羌，谥果壮，图形紫光阁。

高斌子高恒，妻那拉氏，光禄寺卿德尔弼之长女。高斌长兄述明，妻内务府员外郎朱国善之女。七子中，长子图克善，妻祁氏，头等侍卫七十之女；次子高诚，妻赵氏，护军参领哈尔敏之女；三子西宁，妻王氏，候选州同八海之女；四子高晋，妻王氏，刑部员外郎德林之女；五子高泰，妻董氏，内务府郎中董殿邦之女；六子高坤，妻陈氏，总领催默尔森额之女，继妻傅察氏，三等侍卫傅尔敦之女；七子高复，妻祁氏，内务府员外郎长龄之女。其中，长子、七子之妻都是祁氏，与高斌妻祁氏当为同一家族。高氏与祁氏，应为世代联姻的内府世家。五子高泰之妻系董殿邦女，董殿邦已见前述，历仕三朝，做过内务府总管，也是赫赫有名的世家。其他女之配偶，虽不能确指，也不排除世家望族之可能。

高斌弟高钰，妻锺氏，锺国鼎之次女。锺国鼎，内务府正黄旗汉姓人，父锺成管，兄锺国玺，俱任员外郎，《八旗满洲氏族通谱》卷78有传。高钰长子高谦，妻完颜氏，留保之女。完颜氏是最著名的内务府世家。留保，雍正年间历任礼、吏、工等部侍郎、尚书。第三子高益，妻姚氏，泰陵内务府大臣永泰之女；继妻罗氏，大理寺卿定柱之女；又继妻苏氏，户部郎中苏诚之女。罗氏、姚氏、苏氏同为《八旗满洲氏族通谱》有传的内务府

---

① 鄂尔泰等纂:《八旗满洲氏族通谱》卷77《邓安明传》。
② 鄂尔泰等纂:《八旗满洲氏族通谱》卷74《丁崇德传》。
③ 鄂容安等编:《襄勤伯鄂文端公年谱》,《北京图书馆藏珍本年谱丛刊》第91册,第464页。

汉姓之官宦人家。①

高斌孙高朴，在叶儿羌办事大臣任上因"玉石案"被诛抄家，他曾送给总管内务府大臣金简几件玉器，金简生怕被皇帝指为寄顿，急忙上奏说："奴才与高朴不但同系内务府人，兼关亲谊。高朴家书单内有寄奴才物件，现存家内，而上年冬间尚有寄奴才玉扳指两个、小玉镜一个，不敢隐匿。"② 说明高氏与金氏，不仅同为与皇室结亲的内务府世家，且互为姻亲，惟具体婚姻关系不详。

高斌另一孙高杞，乾隆年间官至内务府大臣、陕甘总督，其女嫁大学士英和次子奎耀。③ 可见高氏与索绰罗氏，也有联姻关系。

再看完颜氏。麟庆祖母索绰罗氏，为英和从姐，即完颜岱之妻。英和《恽太夫人传》记："吾从秭归完颜氏，为河南布政使讳岱之夫人，生吾甥泰安知府廷鏴。"④ 但从陆继辂《山东泰安知府完颜君廷鏴墓志铭》所述，廷鏴"妣索绰罗氏，生母陆氏"看⑤，索绰罗氏并非其生母。

麟庆有二女，一妙莲保，嫁内务府蒙古旗人国子监祭酒法式善之孙、内阁中书桂馨子来秀，来秀也是大学士英和外孙。⑥ 麟庆与法式善为世交，且二人皆好吟咏，长相往来，故他很满意两家结姻，曾说："余何幸以姻娅之谊，重邀翰墨之缘耶？"⑦ 英和则是麟庆座师。

咸丰三年，皇帝招对，问崇实："内廷主位有无亲戚？"回奏曰："锡祉是奴才长亲，缘内廷婉嫔乃锡子绥胞妹，实不敢明言有亲也。"⑧

---

① 鄂尔泰等纂：《八旗满洲氏族通谱》卷74《罗永升传》；卷77《姚达传》；卷80《苏敏善传》。
② 中国第一历史档案馆编：《乾隆朝上谕档》第9册，档案出版社1991年版，第334—336、324页。
③ 英和：《恩福堂笔记·诗钞·年谱》，第367页。
④ 英和：《恽太夫人传》，钱仪吉：《碑传集》卷149，第12册，第4387页。盛昱、杨锺羲：《八旗文经》，第431页。
⑤ 钱仪吉：《碑传集》卷110，第9册，第3169页。
⑥ 崇实：《惕盦年谱》，第12页上。
⑦ 麟庆：《鸿雪因缘图记》第三集《诗龛叙姻》。
⑧ 崇实：《惕盦年谱》，第29页下、30页上。

关于清代内务府世家

皇帝诸嫔妃,泛称主位。婉嫔,索绰络氏,后尊封婉贵妃,英和孙女;锡祉,是英和次孙。完颜氏与索绰罗氏为姻亲,与婉妃只是辗转的亲戚关系,故崇实"不敢明言有亲"。

麟庆另一女佛芸保,嫁礼部尚书宗室延煦。佛芸保与延煦皆有文学艺术修养,善画,夫妇合作有《避暑山庄图》。佛芸保有题自画山水小幅绝句云:"一川杨柳迎风舞,千树桃花冒雨开;偶向小窗闲点染,满天春色笔端来。"① 意境清悠,富有想象。延煦是咸丰翰林;父庆祺,道光翰林,官直隶总督;子会章,光绪翰林,三世翰林之家。延煦藏书极精,博雅好事,且伉爽敢言,曾因左宗棠朝班失次,具疏弹劾;慈禧皇太后谒东陵,诣孝贞显皇后陵寝,不欲行跪拜礼,延煦持不可,数次面诤,太后甚怒,终不得不如仪跪拜;后又有请醇亲王归邸不得干政之奏。因失欢于当道,死后竟未得追谥。这在有清一代,前所未有。延煦先娶麟庆女,继娶他他拉氏,为光绪帝瑜贵妃之姑②。这说明,完颜氏与皇室,除上面提到的婉妃,至少还存在另一层亲戚关系。

麟庆孙(崇实子)嵩申,娶杨佳氏,内务府世家锺祥子之孙女。没,纳侧室王氏③。杨佳氏俗称"锺杨"家。锺祥字云亭,内务府镶黄旗汉姓人,嘉庆戌进士,始发科第,仕至河道总督,继麟庆后任④。子侄孙辈多跻身仕途。累世巨富,屋舍连云;四乡田连阡陌,有终年取不尽之租。锺祥一家子侄辈,还与咸丰初大学士、蒙古旗人柏葰一家有多重联姻⑤。

至于索绰罗氏,与完颜氏、蒙乌吉氏均有姻缘关系,说见前文。英和子奎耀先娶高杞女,病故,续聘武勋王杨古利第五世孙女。杨古利,舒穆禄氏,满洲八大家之一,亦为望族。

---

① 李放:《八旗画录》,民国八年印本,第60页下。
② 赵尔巽等撰:《清史稿》卷442,第41册,第12428页;崇彝:《道咸以来朝野杂记》,第52页。
③ 衡永编:《鹤槎年谱》,第25页上;崇彝:《道咸以来朝野杂记》,第21页。
④ 《清史列传》卷38本传,第10册,第2984页。
⑤ 崇彝:《道咸以来朝野杂记》,第21页。

再看蒙乌吉氏。法式善养母韩氏，内务府正黄旗汉姓人。父韩锦，少有才，为高斌所赏，妻以女，所生女即法式善养母①。如此说来，高斌是法式善外曾祖。法式善长女适大学士三公宝之子、侍卫兼佐领世泰；次女适四川都统、宗室东林子云奎。幼女择婿启元，内务府主事、六库郎中福宁子。子桂馨，原聘章佳氏那彦成长女。那彦成是满洲科甲世家，祖父阿克敦，翰林出身，官至翰林院掌院学士、刑部尚书、协办大学士，追谥文勤；祖父阿桂，举人，官至领班军机大臣、大学士，追谥文成。那彦成本人中进士，选翰林院庶吉士，嘉、道年间历任尚书、直隶总督、陕甘总督。追谥文毅。那彦成善书法、能诗。但桂馨所聘章佳氏未过门以疾亡，遂续聘英和长女妙莲保②。

综合上述，内务府著名世家高氏、完颜氏、索绰罗氏、蒙乌吉氏、杨佳氏（锺祥家）间，存在着盘根错节的婚姻关系。联姻网络，还延伸到内务府和外八旗官宦人家，并与皇室形成多重姻亲关系。同样出身内务府世家的曹雪芹在《红楼梦》里，关于贾、王、史、薛四大家族之间互为婚媾"连络有亲"的艺术描写，正是对这一社会现象的高度概括。

（二）满汉通婚

内务府旗人是旗人的重要组成部分，通过内务府世家与汉人婚姻，有助于了解旗人与民人、满人与汉人间的通婚情况。

满汉通婚，在清初原无禁例，相反，作为笼络汉人的一种策略，还曾一度受到满洲统治者鼓励。太祖努尔哈赤时，抚顺城明军守将李永芳降附，娶贝勒（王）阿巴泰女；佟养性自明境投归，娶宗室女，两人遂以"额驸"（女婿之义）自炫，为清朝肇建竭尽披肝沥胆之能事。太宗皇太极攻取大凌河城后，采纳贝勒岳托建策，下令以诸贝勒女妻明朝一品降官，以诸大臣女妻二品降官，以国中

---

① 法式善：《先妣韩太淑人行状》，盛昱、杨锺羲：《八旗文经》，第429页。
② 阮元：《梧门先生年谱》，第13页上。

关于清代内务府世家

汉人女和庄头女给配众降兵。① 同时，汉人女嫁给满洲人的亦复不少。

清朝定鼎北京，仍准满汉官民相互婚娶，并制定出呈报具体办法：满洲官员之女欲与汉人为婚，以及汉官之女欲与满洲人为婚者，呈报礼部；无职者听其自便，无须报部。但当时满汉矛盾尖锐，通婚并不普遍。在内廷，世祖福临选汉官女备六宫，如恪妃，吏部左侍郎石申女。康熙六年卒，玄烨追封皇考恪妃。② 内务府满洲娶汉女情况也见诸记载。英和《恩福堂笔记·述事赋》记其先祖布舒库随某宗室王征西，客于陕西卢氏县一张姓人家，张姓唤子女谒王，择一女许配给他。大军凯旋，布舒库送女返京。未过半载，该女已满语纯熟。

康雍年间，满汉隔阂尚深，通婚阻力重重。乾嘉以降，满人深深濡染汉人文化，成见日消。许多满洲旗人常年出外做官，不能不密切与汉人交往。完颜氏与江南世家恽氏联姻，是一个典型例子。

麟庆母恽氏，江苏阳湖县望族。八世祖绍芳，明福建布政使参议。绍芳之孙日初，清初在东南沿海一带参与抗清斗争，后落发为僧，守节讲道，世称逊庵先生。日初是明朝忠臣，其子恽格（字寿平，号白云外史、南田老人）也不肯为官。一生以诗画为业，山水画、书法、诗文俱佳，被誉为"南田三绝"。恽珠作为江南名门之后，却嫁给内务府满洲士族完颜氏。恽珠生时，祖母梦老妪授巨珠，光满一室，因命名"珠"，珠颖惠过人，承父教，通《孝经》《尔雅》、毛诗，兼熟四子书。十岁能诗，尤精绘事。父毓秀任直隶肥乡县典史时，完颜廷鏴父亲完颜岱任县令，毓秀为完颜岱佐贰。廷鏴母索绰罗氏见恽珠有诗才，以"锦鸡"为题命做诗，援笔立就曰："闲对清波照彩衣，遍身金锦世应稀；一朝脱却樊笼去，好向朝阳学凤飞。"③ 索绰罗氏赞不绝口，乃三次派人议婚，固请乃许。为廷鏴正室。恽珠训子严，绝燕游，戒奢傲，不许杂览"不

---

① 《清太宗实录》卷11，天聪六年正月二十五日。
② 唐邦治：《清皇室四谱》卷2《后妃》，第9页下。
③ 震钧《天咫偶闻》卷4，第100页。

经之书",择师择交,防范无余力。麟庆年十二时,舅舅恽秉怡任塾师,罚令跪,并以"红日满窗人未起"命麟庆对,应声云:"青云有路我先行",以为佳对,乃喜,命之起,而训勉益力。廷鏴死后,恽珠随麟庆宦迹南北,不断告诫他勤政爱民、赏罚公平。麟庆从母亲处受益颇多,在其子崇厚、崇实编撰的家谱中有翔实记载。而恽珠亦以子麟庆贵,封一品太夫人。

同时应看到,像恽珠这样嫁为满洲人妻的事例,在当时并不多见。流行的满汉通婚,还是以满人纳妾形式出现。萧奭《永宪录》卷2载:"按国制,皇后诸妃及凡满洲之正室皆不与汉人联姻。"① 这里说不准联姻的只是"满洲之正室(嫡妻)",确实点到问题关键。换言之,满人纳汉女为妾,不在禁例之列。从《永宪录》还可得知,这种现象在雍正年间已相当流行。

具体到完颜氏一家,已知麟庆叔高祖留保,由养母郭氏一手带大。郭氏,顺天府人,留保父鄂素之妾。鄂素正妻萨克达氏,生二女及一子留保。留保三岁丧母,四岁亡父,郭氏亲生子早殇,哺留保成人。及留保由翰林官至吏部侍郎,郭氏获封一品夫人②。麟庆祖完颜岱原配索绰罗氏(大学士英和胞姊),继配陆氏,顺天香河陆先根之女,即麟庆父廷鏴生母③。廷鏴祖上,未必是纯正满洲血统,他本人,至少已有二分之一汉人血统;廷鏴娶恽珠,生麟庆,则麟庆身上,汉人血统已不少于四分之三。麟庆原配瓜尔佳氏、继配书书觉罗氏、继配程佳氏。程佳氏殁后,纳妾扬州洪氏。④

崇实妻满洲阿哈觉罗氏,粤海关监督克明额女。咸丰七年,买侍女诸葛氏,因"性情幽静举止端方",八年后纳为妾。诸葛氏本姓朱,朱者,明朝国姓。崇实细细询问,方知讳其家世,并不在意,仍令复其本姓,还给她取了一个艳丽字号"丽娟"⑤。崇实病

---

① 萧奭:《永宪录》卷2下,第179页。
② 袁枚:《留保传》,吴廷燮总纂:《北京市志稿·人物志上》卷18,北京燕山出版社1998年版,第472页。
③ 麟庆:《鸿雪因缘图记》第1集《环翠呈诗》,第34页。
④ 麟庆:《鸿雪因缘图记》第3集《卸肩集句》;崇实:《惕盫年谱》,第13页上。
⑤ 崇实:《惕盫年谱》,第63页下。

逝，诸葛氏为之尽节。这一悲剧性结局，似乎证明诸葛氏对他一往情深。诸葛氏没有生育。崇实生前曾谆谆嘱托崇厚：日后崇厚妾高佳氏得子，可过继诸葛氏。崇厚妻蒋佳氏，山东督粮道蒋明远之女。[①] 其祖父蒋攸铦，字砺堂，汉军镶红旗人。道光初，官至直隶总督、内阁大学士、军机大臣。[②] 同治五年，纳妾杨氏，直隶天津县人。后又纳妾高佳氏[③]。

仍以内务府世家为例。据萨克达氏家谱，凡正室一至三人均为旗人，妾则清一色民人。如中祥娶妾凤氏，中祥大弟中福娶妾蔡氏。耐人寻味的是，蔡氏死后并没有与丈夫葬在一地，而是寄葬在中祥妾凤氏为首座的另一块茔地。中祥二弟中祐，妾傅氏，江西卢式县人；中祥长子诚基，妾唐氏，宛平县人；中福长子诚明，妾王氏，山西人；中祐长子诚存，妾郭氏，直隶河间府交河县人；次子诚培，妾董氏，江西人；妾关氏，直隶顺天府宛平县人。

法式善妻富察氏，纳妾李氏、刘氏。除长女系富察氏所生，次女和儿子桂馨都是李氏所生[④]。桂馨虽为妾生，但是家中独子，他后来中进士，入翰林，联姻名门，丝毫未因生母身份受到歧视。这与男性传统社会中，人们首重血胤延续的观念应是呼吸相应的。

世家之妾，籍贯各处，说明来源复杂。这一方面是由于世家有较宽的社交范围；另一方面，他们宦迹南北，也会遇到比在京师更多的选择。其实，早在康、雍年间，通过织造从江浙一带购觅美女为婢为妾，在皇室中已见多不怪。

满人世家纳汉人为妾成风。男人应酬官场，所娶正房最好是旗女，纳妾则多为民女。这种变通办法，既维护了"首崇满洲"的古训，又满足了世家多妻（妾）多子的需要。一般说来，妾的地位低于正妻[⑤]，但由于年龄小，如育子女，在家中地位也会改观。一旦

---

① 衡永编：《鹤槎年谱》，第29页下、34页下、8页下。
② 赵尔巽等撰：《清史稿》卷366，第38册，第11448页。
③ 衡永编：《鹤槎年谱》，第24页上、27页上。
④ 阮元：《梧门先生年谱》。
⑤ 鄂尔泰等纂：《钦定中枢政考》卷1《封赠通例》："其妻非礼聘正室，或再醮，及娼优婢妾，俱不得封"，乾隆七年殿本。

有子金榜题名，出人头地，就不能不给家史留下耀眼的一笔。因此，在特定条件下，妾也有晋身正妻的机遇。

满人娶汉女的婚姻模式对陶融满汉虽有积极作用，却也带有明显局限。这或许表明，在传统父权社会的大背景下，该模式所反映的并不是一种平等社会关系。它折射出的，不仅有满人这一少数族群陈陈相因的自我保护意识，同时亦带有政治上与汉人的不平等。同治三年（1864）奏准，旗民生计维艰，听往各省谋生，并准与该地民人互相嫁娶。光绪二十八年（1902），清廷明确宣布准许满汉通婚。这种以满汉平等为前提并且不受任何人为因素限制的通婚模式，相对前者而言，显然是一个突破。

在人类社会中，正是通过婚姻媒介，一族血系传播到其他族群，与此同时，其他族群血系也汇聚到一族中，这是一个双向互动的混杂过程。世代愈远，混杂程度愈高，其从父系祖先所得遗传就愈少。从理论上讲，儿子从父亲得到的遗传占全部遗传的二分之一（另一半为母系），到孙辈只有四分之一，然后是八分之一……据此以推，至第十世孙，身上所有的远祖遗传只有一千零二十四分之一；降及数十世后，远祖遗传已无异于沧海一粟。[1] 联系前述内府世家的婚姻情况，不难得出如下答案：虽然清初八旗内部的满洲、蒙古、尼堪（汉人），是基于民族差异的划分，而不断往复的通婚，却使这种划分失去当初的血统含义，而蜕变为行政隶属的一种符号。同样，旗人与民人通婚，则在更大范围内导致了满汉血统的融通。

（原载《明清史论丛》，辽宁大学出版社 2004 年版）

---

[1] 潘光旦：《说家谱作法》，《潘光旦文集》第 9 册，北京大学出版社 2000 年版，第 515 页。

清代满人的姓与名

论文提要：清代满洲人简称满人，为今日满族先民。关于清代满人姓名问题，迄今已有不少撰述。大致可分两类：一类，为清代官私文献所记；再一类，出自今人记忆和追述。对前类记载，长期以来，学界尚少系统整理和研究；而在后类撰述中，则以满族故老历史记忆较为珍贵。尽管其说法不尽相同，却大大丰富了今人认知。但此类撰述也存有一个局限，即所记大多出自个人记忆，至于记忆是否准确，在代际传承过程中是否有附会、臆测，乃至杜撰成分，则完全无从查考。这或者就是目前有关满族姓氏与命名问题言人人殊、说法纷呈的一个原因。由此看来，回归历史原点，即以清代文献为基础展开探讨，就具有了独特价值。这正是笔者撰写本文的初衷。

本文重点利用清代官书、契书、碑刻、家谱、私家笔记，对清代满人姓氏命名系统，进行多角度考察。旨在说明：满人的姓氏命名系统，在内容上具有丰富多样、时间上具有流变性强、受汉文化影响强烈等特征。这些特征的形成，与满人传统文化的源远流长、社会发展的独特环境、外部条件的多样性，以及满汉文化日益陶融的发展趋向是分不开的。迟至清末，满人的姓氏命名系统，仍在一定程度上保存着自己的特征。这不仅是满人有别于其他族人的一个文化符号，也是其实现自我认同的重要依据。

关键词：清代　满人　满族　姓氏　命名　满汉文化

满人的姓氏与命名，是其传统文化中的重要组成部分，曾被清朝统治者提到"满洲根本"的高度而极力维持，但在汉文化影响下仍不免发生深刻变化。本文对满人姓氏命名系统，从姓氏、名字、字与号、辈字排名、避讳用字、更名冠姓等六方面，略作考察。

一　姓　氏

雍正十三年（1735）敕修、乾隆九年（1744）告竣的《八旗满洲氏族通谱》80卷，是清朝大型官修旗人谱书，内收录"国姓"即皇族爱新觉罗姓以外的八旗满洲姓氏七百四十一个，蒙古、高丽、汉姓五二五个，合计一二六六个。此外，乾隆朝官修《清朝通志·氏族略》10卷、《钦定八旗通志·氏族志》8卷，对《八旗满洲氏族通谱》亦有补充。上述官书，奠定了后人研究清代满人姓名问题的文献基础。

满人姓氏，来源复杂。以部为氏者，有瓜尔佳氏、钮祜禄氏、赫舍哩氏、纳喇氏、科尔沁氏、察哈尔氏、辉和氏、叶赫氏、土默特氏、巴颜氏、富察氏等。以地为氏者，有马佳氏、栋鄂氏、郭啰罗氏、兆佳氏、章佳氏、萨克达氏、瓦尔喀氏、宁古塔氏、瑚锡哈哩氏、佟佳氏、性佳氏等。以姓为氏者，有钮祜禄氏、舒穆禄氏、那木都鲁氏、赛密勒氏、尼沙氏、博和哩氏、辉罗氏、乌苏占氏等。以名为氏者，有石氏，国初功臣石国柱，本姓瓜尔佳氏，父石翰，居辽东，因名有石字，遂以为氏。顾氏，顾八代，官礼部尚书，本姓伊尔根觉罗氏，自八代开始子孙以顾为氏。鄂氏，鄂拜，官国子监祭酒，本姓西林觉罗氏，自鄂拜起，子孙以鄂为氏。省言为氏者，佟养正之祖本姓佟佳氏，因贸易关中其子孙俱以佟为氏。强氏，包衣强效，本姓强恰哩氏，自强效始，其子孙以强为氏。同族异氏者，伊尔根觉罗氏，其别支为蒙鄂啰氏、巴雅喇氏；乌灵阿氏，其别支为乌尔达氏；瓜尔佳氏，其别支为石氏；佟佳氏，其别支为佟氏。[①]

满人之姓，有源自女真者，即《清朝通志·氏族略》卷首所

[①] 《清朝通志·氏族略》卷10，浙江古籍出版社2000年版，第6803—6805页。

称:"今以《通谱》所载考诸往史,满洲氏族见于金史者什之三,蒙古氏族见于元史者什之一。"其源于金女真者,《钦定八旗通志·氏族志》"八旗满洲谱系"首列完颜氏。文中谨案:"完颜为大金国姓,我朝诞膺天命,金源族裔,旧隶八旗旧谱。原列第二十八卷,今谨遵圣谕,仿《通鉴辑览》,明祚既移,犹存宏光(弘光)年号之例,仍编于八旗满洲氏族之首。"据《清朝通志·氏族略》,源自金女真者尚有瓜尔佳、钮祜禄、舒穆禄、赫舍哩、那木都鲁、纳喇、额苏哩、尼沙、温特赫、博和哩、温都、辉罗等诸多姓氏。

满人之姓,有源自蒙古者。《钦定八旗通志·氏族志》"八旗蒙古谱系"首列博尔济吉特氏。文中谨案:"博尔济吉特,大元之姓,与内扎萨克四十九旗及喀尔喀四部落台吉俱系元代后裔,藩长均应汗王、贝勒、贝子、公封爵,同为我朝臣仆,岁时朝觐,奔走络绎,无外之规,实前代所未有。今纂八旗氏族志书,谨遵旨,以博尔济吉特氏载于蒙古姓氏之首。"源自蒙古尚有萨尔图、蒙古尔齐、郭尔罗特二百三十五氏。

满人之姓,有源自朝鲜(高丽)者。《钦定八旗通志·氏族志》"八旗高丽谱系"首列李氏。文中谨案:"李氏系出高丽国王之姓,我国家肇兴东土即称臣内属。其氏族隶满洲旗分甚繁,今纂八旗氏族志书,谨遵旨,以李氏列于高丽姓氏之首。"源自高丽(朝鲜)者有韩、张、柏、金等四十三氏。

满人之姓,有源自汉人者。《钦定八旗通志·氏族志》"八旗汉军谱系"共列张、高、陈、胡、黄等二百四十六氏。满人董鄂姓,相传是金女真时被掳宋朝宗室之后[1]。汉人女子嫁入满洲人家,多改称"某佳氏"。高斌,内务府镶黄旗第四参领第一旗鼓佐领下汉姓人,乾隆朝大学士,女嫁弘历于潜邸,弘历即位后晋皇贵妃(慧贤皇贵妃)。高斌一族,蒙恩由内务府镶黄旗抬入满洲镶黄

---

[1] 昭梿:《啸亭杂录》卷10《宋人后裔》,第325页;成全:《东北古迹》,席长庚编:《董鄂氏族史料集》,北京满学会,1998年,第57—58页。

旗①。嘉庆二十三年（1818），命玉牒内改书为高佳氏②。在《清朝通志·氏族略》中，高佳氏被列入"满洲八旗姓"。内务府镶黄旗包衣陈希敏，有女嫁圣祖玄烨，封勤妃。雍正十二年（1734）九月，奉旨：勤妃母之外戚，著出包衣，入于本旗。其族人七十余，即编为一个佐领，令其族人管辖。乾隆初，尊封纯裕勤太妃③。根据《八旗造送奏折事件清册》中《已入满洲姓氏》档记载，陈氏一族，原系太祖努尔哈赤时海城来归"旧尼堪"（陈汉人），编入镶黄旗满洲包衣牛录，后隶内务府。陈氏一族获准抬入镶黄旗满洲，改"陈佳氏"，相关档案题名"已入满洲姓氏"，表示汉人陈氏一族转为满洲氏族④。弘历在潜邸时，娶魏氏，内管领清泰女，入宫为贵人，晋贵妃。乾隆二十五年（1760），生仁宗颙琰，进皇贵妃。六十年（1795），颙琰立为皇子，册封孝仪皇后。魏氏因系外戚，由内务府镶黄旗抬入满洲镶黄旗，魏氏改称魏佳氏，时间在嘉庆二十三年（1818）⑤。

满人与他族通婚的结果，形成许多跨族姓氏。据《清朝通志》卷3—5《氏族略·满洲八旗姓》，仅"满蒙两见"姓氏就有：马佳氏、纳喇氏、完颜氏、乌扎喇氏、李佳氏、黄佳氏、章佳氏、蒙古尔济氏、留佳氏、珠佳氏、叶赫氏、拜佳氏、塔坦氏、兆垒氏、莽果氏、博尔济氏、陶佳氏、巴颜氏、瑚佳氏。其他满人之姓而与索伦（鄂温克）、锡伯、赫哲、达斡尔诸族兼通者，实繁有徒。

满人之姓，有得自皇帝赐姓者。早在清开国时代，就有汉人刘姓，满名"洛翰"，因扈从努尔哈赤受伤致残，赐姓觉罗⑥。据

---

① 中国科学院图书馆藏：《奉天高佳氏家谱》，手写本。
② 唐邦治：《清皇室四谱》卷2，上海聚珍仿宋印书局1923年版，第20页下，。
③ 鄂尔泰等纂：《八旗满洲氏族通谱》卷74《陈善道传》，辽海书社1989年版，第806页；赵尔巽等撰：《清史稿》卷214，第8912页。
④ ［日］细谷良夫：《歴史語言研究所所藏「已入满洲姓氏」檔案——包衣ニルをめぐって》，日本《満洲史研究》第1号，2002年，第69页。
⑤ 唐邦治：《清皇室四谱》卷2，第20页上。
⑥ 昭梿：《啸亭续录》卷3《洛翰》，《啸亭杂录》第465页；《八旗满洲氏族通谱》卷74《劳翰》，第807页。

清代满人的姓与名

《清朝通志·氏族略》：国初功臣瓜尔佳氏吴拜、舒穆禄氏纳木泰、佟佳氏扈尔汉、纳喇氏卓纳、兆佳氏满平阿，太祖努尔哈赤均赐姓觉罗氏。创制满文之额尔德尼，原姓纳喇氏，奉太宗皇太极谕旨入硕色族中，赐姓赫舍哩氏。布恕库，本姓温彻亨氏，皇太极赐姓乌鲁氏。准泰，官广东巡抚，本高丽那姓，奉旨赐姓满洲纳喇氏。翁金，官翰林院侍读学士，员外郎浑金养子，原籍江西，本姓无考，圣祖玄烨命编入满洲姓赫舍哩氏。索绰罗氏，内务府正白旗满洲人，也是以科举闻名的内务府世家。先祖布舒库，任内务府司库。子都图，内务府郎中，因身健如石，圣祖赐汉姓石。索绰罗氏发家，已在清中叶，最出名者有嘉庆年间大学士英和。英和父亲德保和堂伯观保，都是进士出身，均选翰林院庶吉士，散馆后观保任翰林院编修，德保任翰林院检讨①。后来，观保官至礼部尚书、都察院左都御史；德保官至广东巡抚、礼部尚书。

满人之姓，有通过更改而来者。蒙鄂啰氏，本姓伊尔根觉罗氏，氏族甚繁，分居东西二寨，西寨改为蒙鄂啰氏，东寨改为巴雅喇氏。纳喇氏，星根达尔汉，蒙古人，本姓土默特，因灭纳喇姓部，据其地，改姓纳喇氏；昂古里、星古里，辉发人，本姓伊克达哩，后依呼兰人噶扬噶土默图姓纳喇氏，遂改姓纳喇氏。富明阿，本姓萨克达氏，世祖福临命承袭伊舅乌尔丹世职，因改姓赫舍哩氏。乌鲁理，本姓乌苏氏，世宗胤禛命过继其舅大学士富宁安为嗣，因改姓富察氏。敏森，本姓那木都鲁氏，世祖福临命承袭其妻之外祖纠纳世职，因改姓库雅拉氏。

满洲之姓，有所谓"八大家"（八大姓）者。其中，又有宗室八大家与异姓八大家之别。宗室八大家，指清朝"世袭罔替""与国同休"的八大"铁帽子王"，见宗室奕赓所撰《佳梦轩丛著·煨柮闲谈》。异姓八大家，指满洲开国八大功臣之后，因无"钦定"一说，故具体指哪八家，说法不尽一致。雍正《八旗满洲氏族通谱》将瓜尔佳、钮祜禄、舒穆禄、赫舍哩、他塔喇、觉罗、佟佳、

---

① 鄂尔泰等纂：《八旗满洲氏族通谱》卷45《正白旗包衣布舒库》，第522页。

纳喇等八姓列为八大著姓。礼亲王昭梿《啸亭杂录》卷10载："满洲氏族以瓜尔佳氏直义公（费英东）之后，钮祜禄氏宏毅公（额亦都）之后，舒穆禄氏武勋王（杨古利）之后，纳兰氏金台吉之后，董鄂氏温顺公（何和哩）之后，辉发氏阿兰泰之后，乌喇氏卜占泰之后，伊尔根觉罗氏某之后，马佳氏文襄公（图海）之后，为八大家云。凡尚主选婚，以及赏赐功臣奴仆，皆以八族为最云。"①清末大学士崇彝《道咸以来朝野杂记》称：满洲八大姓为钮祜禄氏（译姓郎）、瓜尔佳氏（关）、舒穆禄氏（舒）、那拉氏（分叶赫、辉发二那拉）、完颜氏（王，或有姓金者）、富察氏（傅）、费莫氏（费）、马佳氏（马）、章佳氏，实为九姓。然费莫、马佳两姓原系一族②。昭梿、崇彝均为满蒙世家，说必有据，而所说歧互，乃因时代不同，识见有异，故不必拘泥一说。崇彝之说晚出，应反映清末人对满洲八大姓的理解。

满人原用本姓，后改汉姓，此现象自明末清初已露端倪。改姓有几种方式：一种意译：皇室爱新觉罗氏的"爱新"，满语原意为金，后改姓金；萨察氏的"萨察"，原意为"盔"，因用"隗"为姓；宁古塔氏，意为"六"，改姓为刘；乌雅氏，满语为猪，改姓为朱；钮祜禄氏（钮赫），原义为"狼"，改姓为郎。一种取本姓之第一字为单字姓：舒穆禄氏、舒舒觉罗氏改为舒氏，富察氏改为富氏，董鄂氏改为董氏等。满人原为双字或多字姓，改单字姓后，则易与汉姓混淆。又一种，以汉字谐音取代本姓，如瓜尔佳氏改姓关，裕瑚鲁氏改姓于，布尼氏改姓卜等。

满人冠汉姓现象虽发端于关外时期，但其普及，应在进入中原以后。一般说来，满人取汉姓，多与本姓保持一定对应关系，不过，在碑文中，还有一些有趣另案。顺治十二年（1655）三月刻《王法哈墓碑》，汉文部分为："顺治岁次乙未季春吉旦浩赠通义大夫法哈王公之墓"，满文部分为："ijishūn dasan i juwan juwe ci aniya

---

① 类似说法见徐珂《清稗类钞》第5册，中华书局1984年版，第2144—2145页。
② 崇彝：《道咸以来朝野杂记》，第47页。

| 清代满人的姓与名 |

ilan biyai sain inenggi guwalgiya halai sargan ilibuha. g'oming bume amcame fungnehe doro de husun buhe amban faha i eifu"①，其中提到，该碑为法哈之妻瓜尔佳氏所立，为汉文部分所无；而汉文部分谓法哈汉姓为"王"，满文部分却略而不言。综合满汉两部分文字，不仅确认王法哈为满人，且说明满人入关初已习惯冠汉姓。满洲瓜尔佳氏，一般冠汉姓为"关"，而墓主法哈却冠汉姓为"王"。这究竟反映满洲人冠汉姓带有很大随意性，还是另有原因，值得思考。康熙十七年（1678）《安氏茔地碑》载：满人翁格清，旧以赵为姓，入关后，他为祈祷子孙世世平安，"乃令举族咸以安为氏"。其子遂称安泰②。满人改汉姓的随意性，由此可见一斑。

尽管许多满洲男子姓名已趋汉化，仍在某种程度留有本族特色。相形之下，在香会碑题名中，凡满洲已婚妇女均称某门某氏，如伊门关氏、那门赵氏、苏门卜氏、穆门赵氏等等。前为夫姓，后为妇姓。如此表述，与汉人妇女如出一辙③。唯有觉罗门刘氏、觉罗门王氏、觉罗门纪氏、全门觉罗氏、胡门富氏之类，以其满人姓氏的特殊性，将身份显露无遗④。

乾隆帝把保持满洲本姓提高到捍卫"满洲根本"的高度来认识。谕旨称：八旗满洲、蒙古皆有姓氏，历年既久，多有弃置本姓沿汉习者。姓氏者，乃满洲之根本，所关甚为紧要。今若不整饬，因循日久，必各将本姓遗忘不复有知者⑤。又谕：满洲名氏从来都是取满语与汉语对音来书写汉字，不准依附汉姓，有意牵混。他要求满人名字的第一个字不准用汉姓，以免引起误解。有满人名"陶光"者，"陶"是汉人常见的姓；又有名"郭布亨"者，"郭"也容易令人联想到汉人郭姓。他们都受到乾隆帝申斥。乾隆时吏部带

---

① 顺治十二年三月《王法哈墓碑》，北京图书馆金石组编：《北京图书馆藏中国历代石刻拓本汇编》（下简称《拓本汇编》）第61册，中州古籍出版社1990年版，第75页。
② 《拓本汇编》第63册，第122页。
③ 康熙四十一年二月《曹国相创善会碑》，《拓本汇编》第66册，第6页。
④ 乾隆十三年三月《供茶会碑》，《拓本汇编》第70册，第18页。
⑤ 福隆安等纂：《钦定八旗通志》卷首12，第251页。

领引见有叫满吉善者，大臣留保之子。谕旨称：其名满吉善者，竟以满为姓矣。朕将满吉善之名改为吉善。吉善乃系觉罗，甚属尊贵，吉善竟不以觉罗为尊，以满为姓，照依汉人起名，是何道理？似此者，宗人府王公等理应留心查禁，今竟不禁止。王公所司何事？恐其尚有似此等者，著交宗人府王公等查明，俱行更改，将此严禁。①

二　名字

满人取名，内容丰富，来源复杂，不妨作一概括梳理：

爱新觉罗氏命名，早期受蒙古文化熏陶。被清朝尊为肇祖的孟特穆，即蒙古人常用以取名的"孟哥帖木儿"（蒙语"像铁一样坚硬、无坚不摧"之义）。太祖努尔哈赤诸子侄中，阿敏（蒙古语"气息""生命"义）、济尔哈朗（"幸福""快乐"义）、皇太极（"王子"义）等，都是蒙古名字。

满人早期风俗朴而不雕，因受渔猎采集传统影响，常取禽鸟、猎具命名。在努尔哈赤家族内，多尔衮词义为"獾"、固尔玛浑词义为"兔子"、博和托词义为"驼峰"、杜度词义为"斑雀"等。满人阿穆瑚兰，即"哨牲口的口哨"；伊斯哈，即"松鸭"；乌勒格善，即"一年的鹿"；纳辛，即"马熊"；那满，即"山羊"；噶鲁，即"天鹅"；萨克达，即"母野猪"；鄂硕，即"架鹰的三指皮巴掌"；尼鲁，即"披箭"；萨喇，即"箭桶"；苏纳，即"牵狗的绳子"；逊塔，即"顽鹰的网兜"；鄂费，即"打野鸡的脚套子"。不一而足，详见宗室奕赓《清语人名译汉》。②

满人先世生活简朴，刳木为器。幼子命名，又有察哈喇（柳瓢）、萨马拉（大木碗）、阿卜萨（桦皮桶）之类。

新生儿排行或身体某个部位或特征，也构成名字来源。克勤郡

---

① 世铎等：《宗人府则例》卷1，光绪三十四年刻本，第22页下—23页上。
② 奕赓：《佳梦轩丛著》，北京古籍出版社1994年版。下引例同。

王岳讬，义为傻公子、呆子；贝子傅喇塔，义为烂眼边；豫亲王多铎，义为胎。舒尔哈齐第八子贝勒费扬武（芬古），意为"老疙瘩"，即幼子，努尔哈赤第十二子阿济格，意为"小"。颖亲王萨哈廉，义为"黑"；贝子博洛，义为凉帽。

满人有用数字命名之俗。某人出生，祖父适值七十岁，因取名"那丹珠"（满语"七十"之意）。以后流行直接用汉语数字命名，如祖父时年六十二，即取名"六十二"。

满人早先命名，又有阿勒巴图（村粗）、阿礼（通天鬼）、阿彦托克托（灯笼）、阿勒哈（闪缎）、鄂勒和达（人参）、僧库勒（韭菜）之类，无不随意为之。

满人早期命名直露率真，与其古朴生活相得益彰，即便译为汉字，初期亦不以粗陋为羞。成书于崇德年间的《清太祖武皇帝实录》，努尔哈赤作弩儿哈齐，多尔衮作多里哄。顺治九年修《清太宗实录》初稿本，努尔哈赤孙萨哈廉作"查哈量"，侄拜尹图作"摆音兔"，女婿达尔汉额驸作"打儿汗额夫"，宗室篇古作"偏俄"。以后受汉文化濡染，始将寓意平安吉庆、福禄寿喜一类美好、雅驯的字眼运用于名字中。

满人命名，原有自身传统与特色，入关前已受到汉文化影响。清初皇室中取汉名者，最有代表性的当属顺治帝福临，取"福之将至"义。但因实录等官书中皇帝御名为避讳而缺笔，所以"福临"满文究竟如何书写，无从得知。福临第二、五、七子分别命名福全、常宁、隆禧，均带有祥瑞之意。康熙帝自幼习读儒家经典，深受汉文化影响，他给十三子至十六子命名，源于《礼记》和《诗经》。《礼·中庸》载："国家将兴，必有祯祥。""祯祥"被认为是吉事征兆。《诗·小雅·鸳鸯》称："君子万年，福禄宜之。""福禄"二字，多用为吉庆颂祝之词。十三子名胤祥，十四子名胤祯，十五子名胤禑，十六子名胤禄。玄烨没有将十五子命名为"胤福"，是避父亲福临名讳。胤，意为后代，与下一字配合，寄托了玄烨对后辈良好祝愿。根据同时期碑刻，宗室中镇国公"构挚"

(godzi)、"果色"（goose），也是汉名①。汉人民间，起名"狗子"的男孩俯拾即是，"构挐"是否脱胎于"狗子"，尚不敢断言。"果色"又名"高塞"，为清太宗皇太极子，清初著名宗室诗人。肃亲王豪格儿子取名富寿（fušeo），封和硕显亲王。既富且寿，取的都是汉语吉祥字。在碑刻中，他们的名字不仅满汉对应，而且汉名在先，满名只是汉名音译②。

以汉文福寿、吉祥、康泰等吉祥字命名，在清代成为满人习尚。顺治九年（1652），取中满洲状元麻勒吉，授弘文馆修撰，改名氏曰马中骥③。诸如文元、永祥、崇善、富祥、贵福、德昌、景和、寿山、福海之类，都是满人中流行名字。这类字词使用频率很高，为避免重复，只好用不同组合加以区别。乾嘉名臣、国子监祭酒法式善，字开文，号时帆，本名运昌，高宗弘历特改名法式善，满洲语黾勉上进。光绪年间，礼部侍郎宝廷，郑亲王济尔哈朗八世孙，其二子一名寿富，号伯福；另一子名富寿，号伯富。

满人入关后易患痘疫，婴儿多早殇，取佛保、众圣保、众僧保、众神保、观音保、菩萨保、韦驮保等带有宗教色彩名字者屡见不鲜。康熙十四年《清故淑女黑舍里氏圹志铭》记辅政大臣索尼长孙女黑舍里氏生前取法名"众圣保"④；又康熙四十四年阿进达墓碑载：阿进达殁后，其妻生一遗腹子，祖母"捧负珍如掌珠，锡以佛名众僧保"⑤，意在祷祝神佛保佑婴儿顺利成长。这些命名改用汉语，远比满语易说易记，仍带有满俗特色。

通过康熙年间碑刻，可以看到满人姓名存在几种并行不悖类型，反映了清前期满人命名的多样性：一类为地道满语名字，诸如萨什库、瓦尔大、舒禄、阿思哈、卜达、克什兔、乌尔兔、鄂那

---

① 康熙六年五月《构挐墓碑》，《拓本汇编》第 62 册，第 90 页；康熙十年九月《果色墓碑》，《拓本汇编》第 62 册，第 177 页。
② 康熙十四年四月《富寿墓碑》，《拓本汇编》第 63 册，第 71 页。
③ 谈迁：《北游录·纪闻下》，中华书局 1960 年版，第 363 页。
④ 《拓本汇编》第 63 册，第 69 页。
⑤ 盛昱辑：《雪屐寻碑录》卷 10，金毓黻编《辽海丛书》第 5 集。

海、色勒、都赖、法保、立哥、阿你妈、聂尔兑、厄义兔、八兔、那尔布等皆是。一类为满洲特色汉名，如七十四、四十二、三进保、长寿、存住、常寿、常保、常有、福海、奴才、药师保、花子、老米、关保、三达子、黑达子、六十五、贵禄、老哥、保住儿、丫头、索住、观音保、伽蓝保、二哥、进保、常在、来住等。一类为冠汉姓满名：王花子、刘保住、刘索住、白阿林兔、王白呀喇、赵拉达里、李五十八、赵六十八、鲍六十七、王克什礼、李五十、刘八十、张六十八、王二吉兔、白八十一、程六十儿、马二吉兔、王八十等[1]。镶黄旗满洲人恒斋，由部外放，辗转至四川成都后生一子，因起名成都[2]。则说明满人命名的随意性。

乾隆帝一向把维系满洲命名传统视为保持"国语骑射"的一个重要保证，屡屡颁行谕旨，对臣属的汉式名字不厌其烦加以"纠谬"。有宗室名"望瑞"，弘历认为他的名字用汉文联写，竟成汉人名字，下令更改[3]。又有满人叫"何督"，认为其名与汉人无异，命改"和都"或"赫督"[4]。乾隆帝规定满人取名只准用两个字，不准用三字，以与汉人相区别。贵州按察使喜崇福进京谒见，乾隆帝指责说，"'喜崇福'三字，竟似汉人名"，命他改为尼堪富什浑。又传谕八旗满洲、蒙古，嗣后旗人内有似此用汉人名者，永行禁止[5]。嘉庆年间，有觉罗名"觉罗太"，嘉庆帝严斥他"指姓命名致蹈汉人习气"[6]。

一般情况，汉军旗人自清初以来多用汉姓汉名，但内务府汉姓人或汉军世家，因与满洲皇室贵族关系密切，几代以后，亦有受满

---

[1] 康熙三十七年三月二十四日《东岳庙碑》，《拓本汇编》第65册，第118—120页；康熙三十七年三月《散司攒香会碑》，《拓本汇编》第65册，第121—122页；康熙四十一年七月十六日《重修三义庙碑记》，《拓本汇编》第66册，第17—18页；康熙五十一年八月《东岳庙速报司岳武穆鄂王碑记》，《拓本汇编》第66册，第168—170页。
[2] 《成都及妻库雅拉氏墓表》，《拓本汇编》第80册，第69页。
[3] 福隆安等：《钦定八旗通志》卷首11，第238页。
[4] 同上书，第246页。
[5] 福隆安等：《钦定八旗通志》卷首12，第255页。
[6] 世铎等：《宗人府则例》卷1，第24页上。

俗影响而取满名者。内务府汉姓人高斌一族，因与乾隆帝结亲而地位显赫。从第三四代起，高氏族人多改满洲名字。又如汉军李氏一族，明末辽东总兵、宁远伯李成梁之后，入清之初即有用满名者①。以上情况，与满人不同，不妨说是内务府汉姓人或汉军人在一定程度上涵濡满文化的表现。

三 字与号

清代满人除本名外，又加表字（或称"字"）。表字即人在本名外所取与本名有意义关联的另一名字。人们相互间为表敬重，以表字相称，不直呼其名，益显彬彬有礼。满人受汉人影响称表字后，称名系统趋于繁缛。满人彼此相见，不问氏族，先问台甫（犹言尊字、大号，即初次见面，向对方请问表字的敬辞）。久而久之，不论尊卑长幼远近亲疏，一股脑把称谓搁起来，都叫别号（即名和字以外另起的称号）。

安平郡王岳乐有子二十人，其中五人封爵。他们中间无杰出的军事统帅，却涌现出一些痴迷于诗琴书画的雅士。岳乐儿子玛尔浑，自称古香主人，著有《敦和堂集》。他画的钟馗，被大学问家孙星衍收集。其弟吴尔占，号雪斋，也能诗善画。岳乐女六郡主，远嫁蒙古，三十岁即抑郁而亡于草原，据说也是诗画兼工。她曾画一幅梅花，半株生机盎然，半株几近枯萎，为悲叹自己命运不济而作，引起时人同情。女孩子能同兄弟们一起吟诗作画，足见这是一个文学艺术氛围浓郁的贵族家庭。

满洲文士，除表字外，常用别号表示本人的旨趣、嗜好。清初满洲诗人鄂貌图，字麟阁，一字遇尧，开风气之先。高塞，清太宗皇太极第六子，雅好文学，号"敬一道人"。宗室岳端（或作袁端，蕴端）字兼山，又字正文，号"红兰室主人"，又号"玉池生""东风居士"，因是岳乐第十八个儿子，又自称"长白十八

---

① 参见本书《关于清代北京旗人谱书：概况与研究》，第1117页。

郎"。宗室博尔都，字问亭，号"东皋渔父"。饶余亲王阿巴泰第三代孙文昭，字子晋，号"芗婴居士""紫幢轩主人"，又自称"北柴山人"。雍正以降，满洲贵族中取字、号者蔚成风气。

在满洲子弟中，从清初开始，因为与汉士人频繁往来、唱酬应和，还出现了取双名和别号习气，这也是满洲旧俗中所没有的。嘉庆帝曾忆及幼年情况，一次，乾隆帝见他拿一把折扇，上面的题画诗句落款，有"兄镜泉"三字，询之是十一阿哥手笔，"镜泉"即十一阿哥自取别号。乾隆帝训斥说，做这种附庸风雅的事，殊非皇子所宜。皇子读书，只应讲求大义，使之有益于自己身心，这些寻章摘句都是"末务"，年幼之人怎能学如此虚伪的东西！他声称自己当皇子时从来不敢私取别号，仅有的一个别号还是皇考（指死去雍正帝）赐的。当以"国语骑射"为本，子子孙孙万勿效法汉人恶习[①]。为防微杜渐，他命将这番话写出来贴在皇子书房墙壁上，让他们触目惊心，永志不忘。从这件事不难看出，即使对生养深宫的皇子，民间的字号习尚也有莫大吸引力。在宗室贵族引领下，满洲官宦乃至普通文士，无不以互称字号为时尚。

世家女亦取名号。崇翰池妹，命名崇霱，号翠池，字蝶香，乳名芸。崇翰池女，乳名鹿格。鹿者取其福禄之意，又鹿与六音同，因其第六胎。

除字号外，还取带有宗教色彩的法号。崇翰池出生时，父母四十余岁，老来得子，非常欢慰，祖母尤钟爱。许以跳墙和尚，六岁留发为贤良寺晟一方丈之弟子，赐法名益安。崇翰池妻纳喇氏生长子，其父命乳名大堃，大名耆堃，《曲礼》六十曰耆，因其父是年六十，堃与坤同，取其厚重之意。又许以跳墙和尚即俗家弟子，六岁留发为贤良寺晟一方丈之长徒孙，赐法名富佑。崇翰池妻纳喇氏生次子，其父命乳名二堃，大名会堃，因是年有会试。仍许以跳墙和尚，为贤良寺晟一方丈之次徒孙，赐法名禅佑。崇翰二十一岁，弟崇霱生，乳名启格，号月池，亦许以跳墙和尚，为贤良寺晟一方

---

① 刘锦藻：《清朝续文献通考》卷94，第8540页。

丈之次弟子，赐法名静安。乃其父晚年庶出所生之幼子。崇翰池生第三子晋堃。双亲原拟照旧例将此孙满月后仍许以贤良寺为跳墙和尚，不料京师变乱，遂作罢论[①]。

四 辈字排名

汉人传统，族人取名流行字辈法，即同辈人取名排一相同字（又称派语），借以标明行辈、长幼和尊卑。满人早期命名带有随意性，不同辈分乃至同一辈分族人间常有同名混淆现象。为杜绝这类现象，命名按照汉俗逐渐使用派语，

康熙年间，首先被满洲皇室接受。确定皇子名首字用"胤"字，皇孙名首字用"弘"，第二字用"日"旁。乾隆、道光、咸丰三朝，又分别增加各四字，形成"胤、弘、永、绵、奕、载、溥、毓、恒、启、焘、闿、增、祺"十四代字辈。字辈一般由吉庆和吉利的单字组成，或五言或四言或七言，缀连起来，朗朗上口，组成代表一定含义、体现一定价值观，或对子孙寄予殷切期望的诗句。

升寅在《马佳氏宗谱》序中说："按代依字命名，或满或汉，总以本字冠首，名字既免重复，辈行亦易分晓。"马佳氏是满洲八大姓之一，族大支繁，子孙命名，每多重复。道光二年（1822），阖族公议，重修宗谱，以笃亲谊而正名号，拟定排辈十六字："文熙启秀，积庆开先，忠诚绍世，谦惠延年。"并规定自第十四代起按文字排。道光十七年（1837），因其中有应避清皇族名讳（"启"字），阖族商定，由原定十六字内酌定"绍世延熙，忠诚积庆"八字，仍从第十四代排起。

五 避讳用字

帝王时代为维护等级制度的尊严，说话写文章遇到君主或先祖

[①] 崇雯编：《崇翰池年记》，《北京图书馆藏珍本年谱丛刊》，北京图书馆出版社2001年版。

尊亲名字,不能直接说出或写出,叫作避讳。这本是汉人旧俗,也被满人接受。对满洲皇帝的避讳尤为严格。规定:圣祖玄烨,上一字敬避作元字。如有偏旁及字中全书者,俱于本字敬缺末笔,下一字敬避作煜字。世宗胤禛,上一字敬避作允字,有偏旁者敬缺末笔,下一字敬避作禎字。高宗弘历(歷),上一字敬避作宏字,如有偏旁及字中全书者敬缺末笔。下一字中写作林字,下写作心字(厯)。又规定:皇上御名,上一字右旁之下敬缺二笔,下一字右旁之下作又字。诗赋策经解中应抬头者,遇天、祖字抬三格,皇帝字抬二格,朝廷、宫殿等字抬一格。抬头字不许误写重改,恭默《圣谕广训》不许误写添改①。《大清律例》卷7:"吏律上书奏事犯讳"条:凡上书若奏事,误犯御名及庙讳者,杖八十。余文书误犯者,笞四十。若为名字触犯者,杖一百。皇帝即位之初,务必颁布上谕,宣示敬避之法。自清初至道光,御名上下二字,并敬避之。咸丰以后惟避下一字。又规定,孔子为百世师,对其名讳,亦须敬避。②

完颜氏崇实长子初名嵩祝,后避咸丰帝奕詝讳,改申字;娶乳名同。三儿生,名华祝,后避讳,改华毓。崇厚长子,乳名阶儿,大名三祝,避讳,改三奇,又改衡平。第二子名三捷。第三子衡永,乳名亮哥。四子衡光,乳名中哥。五子衡桂,乳名桂哥。六子衡彬,乳名彬哥。崇厚五个女儿也皆有乳名、大名。与男儿同③。

汉军祖氏自第八代起,为防辈分紊乱,起定名字各十字。其名曰:"承天泽建胤尚学裔贞章";其字曰:"绩宇渊平直蕃衍毓克匡遗传子孙",规定:凡命名起号,必查世谱,勿犯讳,勿失次,勿以字为名,勿以名为字,若有违者,即为不孝。祖氏第十代辈名本天字,为避明熹宗天启年号,改大字;第十三代本胤字,为避清圣祖太子讳,改应字④。

---

① 托津等纂:《大清会典》卷25《礼部十》,嘉庆二十三年殿本。
② [日]织田方:《清国行政法》,中国政法大学出版社2003年版,第86—87页。
③ 衡永编、崇厚述:《鹤槎年谱》,民国十九年刊本。
④ 祖建极续修:《祖氏家谱》,康熙刻本,藏日本东洋文库。

除避皇帝讳，还必须考虑避先祖名讳。满人平常称名不举姓，俗以本名第一字为姓，避讳方法亦照此推之。《辉发萨克达氏家谱》载，额德布称额讳德布，哇岱称哇讳岱，法辉称法讳辉，依次类推，虽套用汉俗，仍带有本族文化的印记。满人延昌纂修《图门世谱》："今于谱内及族中长辈官名、乳名之外选定曰'崇、荫、荣、熙'四字。"① 不仅避先祖官名、字号，连乳名都要避，为此特意将先祖乳名附载谱中。

六　更名冠姓

民国肇建，因优待条例有"先筹八旗生计，于未筹定之前，八旗兵弁俸饷，仍旧支放"的规定，八旗制度暂时得以保留。但许多旗人目睹时局丕变，深知八旗制度不足为据，为顺应时局变化，他们迈出的第一步，就是申请冠姓改籍。

"冠姓改籍"，只是一个笼统概念，依具体内容，又可分为申请复姓、申请复姓更名、申请冠姓、申请冠姓更名、申请冠姓（或复姓）改籍、申请冠姓（或复姓）更名改籍等若干情况。申请冠姓改籍的，有满洲、蒙古，也有汉军，而在《政府公报》上正式刊布消息的，则多为仕宦或向学之人。

（1）申请复姓，即申请恢复祖上汉姓。

（2）申请复姓更名。有些旗人在申请复姓的同时，要求更改汉名。

（3）申请冠姓。满、蒙旗欲改变称名不举姓旧俗，就要申请一个汉姓，加在名字前面，谓之"冠姓"。

（4）申请冠姓更名，即冠姓同时更改名字。

（5）申请复姓复籍（复籍即由旗籍改入民籍，用"复"字，主要指汉军，意指当初本为民籍，后编入旗籍，如今恢复民籍）。

（6）申请冠姓改籍。

---

① 延昌纂：《图门世谱》，咸丰年间稿本，收入《家谱丛刊·民族卷》。

（7）申请冠姓更名改籍。①

民国改籍，以冠汉姓为前提。对满、蒙旗人来说，意味着他们放弃本族传统，改从汉俗。这一条款，实际含有民族歧视内容。

申请冠姓改籍，须履行一定手续。首先由申请人呈报内务部民治司，该司核准后立案注册，再行文有关机构。为官为学者，往往在这方面比较积极，主要是为了自己前程考虑。他们在《政府公报》刊登启事，以广周知。

旗人申请冠姓，不一定申请改籍，申请改籍，却必须以申请冠姓为前提。对一些旗人来讲，从冠姓到改籍，是一个多步走的转变过程；但是对另一些旗人来讲，这一过程却可能在同一时间内完成。

旗人申请冠姓改籍，许多是基于无奈。旗人易受社会歧视，就业求职，往往遭遇常人没有的困难。为了谋生求职，只好申请冠姓改籍。

以上以清代文献为据，对满人姓氏命名系统的内容、特点、演变作了初步考察。满人姓氏命名系统，在内容上具有丰富多样、时间上具有流变性强、受汉文化影响强烈等特征。之所以形成如上特征，与满人传统文化的源远流长、社会发展的独特环境、外部条件的多样性，以及满汉文化日益陶融的发展趋向，是分不开的。同时应该看到，迟至清末，满人的姓氏命名系统在一定程度上仍保留着自己的特征。这不仅是满人有别于其他族人的一个文化符号，也是其实现自我认同的重要依据。

（原载《吉林师范大学学报》2014年第1期）

---

① 关于冠姓改籍问题，详见刘小萌《清代北京旗人社会》，中国社会科学出版社2008年版，第808—822页。

刘小萌 著

清史满族史论集 下

中国社会科学出版社

目 录

（下　册）

第三编　旗民关系

清代民间的"反清复明"活动与"明室宗裔"旗号 ……… （541）
清皇室与三藩"额驸" ………………………………………… （571）
内务府管领中的"尚藩"人口 ………………………………… （578）
康熙二十二年内务府"罪藩"女孩习乐考……………………（605）
乾、嘉年间畿辅旗人的土地交易
　　——根据土地契书进行的考察 ……………………… （623）
清代北京旗人的房屋买卖
　　——根据契约文书进行的考察 ……………………… （642）
从房契文书看清代北京城中的旗民交产 …………………… （676）
清代北京内城居民的分布格局与变迁 ……………………… （695）
清代北京旗人的茔地与祭田
　　——根据碑刻进行的考察 …………………………… （715）
清代北京旗人舍地现象研究
　　——根据碑刻进行的考察 …………………………… （743）
碓房与旗人生计 ……………………………………………… （769）
清代北京旗人与香会
　　——根据碑刻进行的考察 …………………………… （812）
民间寺观的"转香火"问题
　　——关于什刹海观音庵契书的考察 ………………… （866）

目 录

清代北京旗民关系
　　——以商铺为中心的考察 ………………………………（876）
清代满人的家塾
　　——以完颜麟庆家为例 ……………………………………（910）
清代满人的幕客
　　——以完颜麟庆家为例 ……………………………………（931）
清代东北流民与满汉关系 ………………………………………（945）
清代旗人民人法律地位的异同
　　——以命案量刑为中心的考察 ……………………………（984）
晚清八旗会馆考 ………………………………………………（1013）
清代京城满人信仰的多角度考察 ……………………………（1045）
清代北京旗人的房地契书 ……………………………………（1068）
清代北京碑刻中的旗人史料 …………………………………（1081）
关于清代北京旗人谱书
　　——概况与研究 …………………………………………（1096）
康熙年间的西洋传教士与澳门 ………………………………（1127）
葡萄牙与《中葡和好贸易条约》的签订 ……………………（1141）

后　记 ………………………………………………………（1157）

第三编

旗民关系

清代民间的"反清复明"活动与"明室宗裔"旗号

摘要：清朝统治中国，满汉矛盾是社会基本矛盾之一。在汉人反抗民族压迫斗争中，"反清复明"活动曾产生深远影响。清朝入关初，"反清复明"是汉人社会最有力的动员口号；民间的"反清复明"活动，始终以"明室宗裔"相号召，两者是一种相辅相成的关系；这一活动，席卷地域广，持续时间长，由盛而衰，具有阶段性特点。本文对清代民间的"反清复明"活动，分顺治、康雍、乾嘉、晚清四个阶段加以考察，并就其变化背景及特点作了分析。

关键词：反清复明　明室宗裔　满汉关系　辛亥革命　朱三太子

顺治元年（1644），清廷定都京师。随着清军南下，南明政权相继覆亡，意味着全国大规模抗清斗争的终结。此后，明遗民的反异族征服斗争，集中表现为"反清复明"的诉求。与之相表里的，即是以明室宗裔为象征。这一斗争，由盛而衰，几乎贯穿清代始终，因此具有持久性；这一斗争，在不同时期又呈现出不同特点，因此具有阶段性。关于清初"朱三太子"案真相，前辈学者已有深入研究[1]，但学界对之后近二百年间，民间打着朱明宗裔旗号掀起的反清（反满）活动，尚少系统梳理；对决定其兴衰的历史背景亦少分析。这正是笔者撰写本文的初衷。

---

[1] 孟森：《明烈皇殉国后纪》，《明清史论著集刊》上册，中华书局1984年版。

| 第三编　旗民关系 |

一　顺治年间的民间反乱与故明"太子"

明朝皇室人口众多，明清鼎革之际社会动荡，不少皇室宗裔散落民间。至于崇祯帝诸子下落，其说不一。《明史》记载，崇祯帝有七子，第一子朱慈烺，第二子怀隐王朱慈烜，第三子定王朱慈炯，第四子永王朱慈炤，第五子悼灵王朱慈焕，第六子悼怀王与皇七子。其中，第二、五、六、七子均殇。又称，李自成陷京师，太子慈烺落入自成之手，封"宋王"。待李自成兵败西走，太子不知所踪①。第三子定王慈炯和四子永王慈炤，为李自成抓捕亦不知所终。《明史》所列诸子名及排行，与其他文献所记牴牾，故不可信以为据。

关于清初明室最大疑案，是太子下落与真伪问题。《清世祖实录》卷12记载，顺治元年（1644）岁末，京师发生诈称皇太子事件，有刘姓者，自称崇祯帝太子。内监杨玉给他换衣服，送至故明周皇后父周奎家。时崇祯帝公主亦在周家。相见掩面泣，周奎跪献酒食。既而疑其伪冒，具疏以闻。清廷为辨真伪，命传故明贵妃袁氏及东宫太监辨视。皆表示不识。问以宫中旧事，亦不能答。袁氏等皆认为伪，而花园内监常进节、指挥李时荫等坚持是真。下法司覆勘，得假冒状。杨玉、李时荫等十五人皆论死。御史赵开心疏中，曾有"太子若存，明朝之幸"语，清廷认为是他留恋胜朝的真情表露，初亦论死，后清帝谕旨从宽，才幸免一死。

关于太子真伪，后世说法不一。清人全祖望《题庚园疑迹》一文，认为真太子先已被李自成兵害于通州东门外，以后现身者"皆非"②。清初统治者既定谳太子是假，铸成大案，全祖望当然不敢质疑。至民国初，黄鸿寿撰《清史纪事本末》，言太子是真，述其

---

① 张廷玉等：《明史》卷120《庄烈帝诸子》，中华书局1974年版。
② 全祖望：《鲒埼亭集外编》卷29《题跋》，清嘉庆十六年刻本。

清代民间的"反清复明"活动与"明室宗裔"旗号

被清廷杀害事甚详①。孟森复广征博引,辩正其为真太子,并说:"证太子之假冒者袁妃,其实袁妃即假冒也。"② 清廷指鹿为马,意在斩草除根。在事件审理过程中,摄政王多尔衮曾表示:"有以真太子来告者,太子必加恩养。其来告之人亦给优赏。"③ 实际情况却是,清廷对有关明皇太子传闻一向保持高度警惕,防其成为反清活动导火索。

顺治年间,清军在南下过程中,连续剪除明宗室福王朱由崧(年号弘光,在南京)、潞王朱常淓(在杭州)、鲁王朱以海(在浙东)、唐王朱聿键(年号隆武,在福州)、桂王朱由榔(年号永历,在西南)政权。其中,永历政权抗清历时最久,声势最大。顺治十五年(1658)末,桂王逃入缅甸,不久被吴三桂处死。此后,东南沿海虽有南明将领郑成功继续抗清,但清朝在中国大陆的统治秩序已基本建立。

清廷在征服全国过程中,前有南明政权抵抗,后有明遗民反抗,如何对待前明宗室贵族,是一个不能不予以重视的问题。明朝开国伊始,实行同姓贵族分封制。自洪武至崇祯,历代先后敕封亲王六十三。亲王嫡长子是王位继承人,余子封郡王,郡王之下,又按血脉亲疏和世系依次封为镇国将军、辅国将军、奉国将军、镇国中尉、辅国中尉、奉国中尉。亲王就封之后,在当地设王府(亦称"藩国")。他们坐食岁禄,广占田土,拥有巨大的经济特权和政治特权。至崇祯末年,尚存亲王二十八④。明室宗藩虽经明末农民军沉重打击,在中原各地仍保有一定实力。顺治帝即位诏中,为安抚前明宗室贵族,曾有"首倡投诚、先来归顺,赴京朝见者,仍给禄养"之承诺;攻克南京,再颁恩诏,重申"遇明朝子孙,素从优

---

① 黄鸿寿:《清史纪事本末》卷5,北京图书馆出版社2003年版,第36—37页。
② 孟森:《明烈皇殉国后纪》,《明清史论著集刊》上册,第30页。
③ 《清世祖实录》卷12,顺治元年十二月辛巳。
④ 张显清:《明代宗藩由盛到衰的历史演变》,《社会科学战线》1987年第2期。据白新良、赵秉忠《清兵入关与明朝宗室》(《辽宁大学学报》1990年第1期)统计:明末,宗室亲王、郡王约近三百,镇国将军以下难以估计。

厚"。据说清廷曾待晋王以"殊礼",他如江西益王、淮王,湖广惠王、桂王,四川蜀王,广西靖江王等,似乎也受到优待①。但就全局而言,对明室宗藩以严厉打压为主,当无异议。具体措施有四:

(1)没收地产。明室宗藩大地产称皇庄,主要集中在北直隶顺天、保定、河间、真定等府。诸王庄田(王庄)则遍及全国,分布在各王府所在地及周边地区。其中,仅山东济南德王、兖州鲁王、青州衡王,"原封及私置王庄不下万余顷"②,其他诸王田产,数额亦很可观。顺治二年(1645)九月,清廷宣布没收河间、滦州、遵化等府州县,山东德州、临清州、济南府,江北徐州,直隶属顺德府,山西潞安府、平阳府等处无主地及故明公、侯、伯、驸马、皇亲地,拨给驻防满洲官兵。四年正月,圈占畿辅各州县故明勋戚土地,拨给八旗官兵。七月,宣布将全国明勋戚赏赐地、私占地入官。同时,宣布各省前朝宗室禄田钱粮,与民田一体起科,造册报部③。通过上述措施,基本铲除了前明宗藩的经济特权。

(2)革除宗室名色。明室宗藩生活优裕,又广纳妻妾,因而使宗室人口迅速膨胀。万历二十二年(1595)载于《玉牒》的宗室人口为十五万七千,迄明末复增数十万④。成为寄生性极强的特殊利益集团。清朝入关初,为减少进军阻力,曾宣布"前朝诸王,仍照旧爵"⑤。不旋踵即将"恩例"弃置脑后。顺治三年(1646),清

---

① 《清世祖实录》卷9,顺治元年十月甲子;中国第一历史档案馆编:《清初内国史院满文档案译编》中(顺治朝),光明日报出版社1988年版,第110页。
② 《噶达洪题明藩田产租银开支已有项数难以再动支事本》,顺治十年正月十七日,《顺治年间清查起科明藩田产》,故宫博物院明清档案部编:《清代档案史料丛编》第4辑,中华书局1979年版,第155页。
③ 《清世祖实录》卷20,顺治二年九月甲子;卷30,顺治四年正月辛亥;卷33,顺治四年七月丙寅;卷25,顺治三年四月乙酉;中国第一历史档案馆编:《清初内国史院满文档案译编》中(顺治朝),第162、173页;档案俱详《顺治年间清查起科明藩田产》,故宫博物院明清档案部编:《清代档案史料丛编》第4辑。
④ 张显清、林金树等:《明代政治史》上册,广西师范大学出版社2003年版,第50页。
⑤ 中国第一历史档案馆编:《清初内国史院满文档案译编》中(顺治朝),第33页。

军定江西，时故明宗室团聚省城者近数千人。清廷谕：其宗室名色，概行革除；犯法者与小民一体治罪①。此举，意味着革除前明宗室的政治特权。

（3）遣送京城。清廷入关初，凡阵获诸王均留置京城。随着旌旗南指，有将各地藩王送京之举，首当其冲者有山东青州衡王世子朱由棷。安致远《玉硙集·李将军全青纪事》，载明青州守将李士元给朱由棷呈文，内称："山东豪杰荷戈砺刃，大者数万，小者千百为群，引领以望王义师之起。胜兵百万，可传檄而集。"但怯懦的朱由棷拒其建言。不久，清军克青州，衡王府被严密看守。顺治二年（1645）九月，朱由棷奉旨入京，随行至亲眷属有妃田氏并子女数口，滞留青州的尚有庶母刘氏、卜氏，嫂李氏、孤孀长女及宫人一百三十八口②。衡王世子入京未久，即发生震动朝野的明诸王"谋为不轨"案。《清世祖实录》顺治三年五月壬戌："京师纷传故明诸王私匿印信，谋为不轨。及行查，果获鲁（潞）王、荆王、衡王世子金玉银印。鲁（潞）王等十一人伏诛。"潞王封地在河南卫辉府、荆王在湖广蕲州府、衡王世子在山东青州府，其余数人情形不详，均应为明宗室。此案疑点在于：朱由棷辈先前既已主动乞降，怎敢在清廷重兵监视下"谋为不轨"？更令人感到蹊跷的是，既然是"私匿印信"，消息又如何走漏并在京城不胫而走？退一万步讲，诸王即便藏有旧印，也不过是怀故国之想，据此谳断其"谋为不轨"，显然过于武断。因此，不排除清廷有借兴此狱震慑明降藩之可能。清帝还为此辩解说："其阵获诸王，尽加收养，乃不知感恩图报，反妄有推立，鲁王等私匿印信，将谋不轨。朕不得已，付之于法。"③ 实际情况是，衡王世子等被处死后，清廷仍不

---

① 《清世祖实录》卷25，顺治三年四月乙酉；《有关清初镇压明宗室反抗的史料》，故宫博物院明清档案部编：《清代档案史料丛编》第3辑，中华书局1979年版，第100页。
② 《登莱巡抚杨声远启本》，顺治二年十月二十八日，"中研院"历史语言研究所编：《明清史料》丙编第三本，商务印书馆1936年版，第274页。
③ 《清世祖实录》卷26，顺治三年五月壬戌。

第三编　旗民关系

罢休，遣官至青州，"籍府中宫眷财物"①。王府亦被拆毁铲夷，盖造兵房。蒲松龄《聊斋志异》卷2《林四娘》，记她生前为衡王府宫人，遭难后化为丽人与青州道陈宝钥相恋。赋诗有："静锁深宫十七年，谁将故国问青天，闲看殿宇封乔木，泣望君王化杜鹃；海国波涛斜夕照，汉家箫鼓静烽烟，红颜力弱难为厉，惠质心悲只问禅。"②即影射衡王府被抄、宫人罹难一事。同年六月，清廷谕兵部：闻青州、大同，尚有故明亲王郡王在彼寄居，恐被流言诬害，致取罪戾。下令查明其眷属，委拨官兵，护送来京。他省地方，如有废藩寄居者，俱令查明奏闻③。清廷屡颁严旨，传谕全国，督催解京藩王亲子亲孙，疏远散宗仍准留居原地，此令在各地旧藩中引起极大惶惧。山东玉田王闻讯"破腕刎颈"，齐东王"数日不食"，两王妃相继自缢，各郡王"心怀疑虑"，"郡王之外尚有宗室及各王亲戚甚多……人人恐惧，众心甚是不宁"④。此举意味着，清廷通过强制送京，加强对明室亲藩的控制，同时斩断其在当地盘根错节的关系。

需要补充说明的一点，清廷虽有远宗不必送京之谕，并不意味着他们就有迁徙的自由。反之，对那些隐名埋姓藏匿民间者，一经发现，往往按"图谋不轨"予以严惩。永安王宗室朱华塘，封镇国将军。顺治二年，豫亲王多铎兵临江南，华塘迎降，遂携清廷恩诏一纸赴湖广招抚，见族中宗室俱已投顺，思年老走动不便，在九华山出家。后外出化缘，至江西九江府被缉。华塘时年七十九岁，衰病垂危，清廷竟以"诈传亲王令旨"罪处绞。又山西缉获民人王师弟等隐匿明定安王三岁幼子大壮儿一案，地方官府定谳称：大壮儿

---

① 朱廷佺撰：《圆寂清节禅师比丘尼李姑墓志铭》，引自周郢《林四娘本事新证》，《红楼梦学刊》2005年第5期。

② 蒲松龄：《聊斋志异》卷2《林四娘》，清铸雪斋钞本；安致远：《青社遗闻》卷3亦有类似记载。

③ 《清世祖实录》卷26，顺治三年六月丁亥。

④ 《有关清初镇压明宗室反抗的史料》，故宫博物院明清档案部编：《清代档案史料丛编》第3辑，第97页；《登莱巡抚杨声远启本》，顺治三年七月十九日，"中研院"历史语言研究所编：《明清史料》丙编第三本，第282页。

清代民间的"反清复明"活动与"明室宗裔"旗号

以襁褓之子,虽难以"谋叛"之犯加之,然以王孙而奉旨解京,似与常犯不同,仍拟绞罪,以蔽其辜。一直到福临亲政,对明宗室的打压才有所减轻。谕旨称:"自今以后,凡各省直有故明亲王、郡王流落地方者,该督、抚察其投诚实情,有无功次,并将伊家口起送来京,分别蓄养。"又宣布,其自镇国将军以下,不必起送,各照原籍编氓乐业,令其一体输税当差。此谕传布全国,有官员吹捧说:"此真千万世帝王敦大之仁""真同尧舜之仁"[①]。这些谀辞未免有些肉麻,同时也表明,在对待流散明宗室问题上,福临的态度确比多尔衮有所缓和。

(4)镇压反乱。清廷入关,对明藩臣民传檄宣布"义师为尔复君父仇",一时颇具迷惑性。一旦定鼎北京,南下征剿,与明朝共命运的诸藩多投奔南明政权。而在清廷统治区,不管皇太子或诸皇子生存与否,传闻却在民间广为流传。各地汉民掀起抗清活动,动辄以明室宗裔相号召。而各地宗裔,怀有故国之思,又不堪清廷严酷镇压与迫害,不少人也卷入其中。

顺治二年九月,镇守庐凤等府固山额真准塔奏报,故明新昌王潜遁海岛云台山,聚众作乱,攻陷兴化县。官兵进剿,破其巢穴。斩首三千级。获新昌王于淮安,斩之[②]。江西原系明朝藩封之地,清军南下,"宗室逃匿甚多,诸逆逗乱者,每挟之以号召,动称为朱千岁"[③]。明瑞昌王、麟伯王、霭伯王均寄身于当地抗清武装曹大镐营中。三年末,清军南下浙江,明蜀王朱盛浓、乐安王朱谊石据衢州抵抗,兵败被杀。清军抵汀州府,生擒唐王朱聿键,阳曲王朱盛渡、西河王朱盛淦、松滋王朱演汉、西城王朱通简遇害。五年三月,河西回人米喇印拥立延长王朱识𨨢起兵,甘、凉皆陷,渡河而东,连陷兰、岷、临洮,遂围巩昌,拥众十万,号称百万,关辐

---

① 《有关清初镇压明宗室反抗的史料》,故宫博物院明清档案部编:《清代档案史料丛编》第3辑,第105、94、115、117、119—121页。
② 《清世祖实录》卷20,顺治二年九月辛酉。
③ 《有关清初镇压明宗室反抗的史料》,故宫博物院明清档案部编:《清代档案史料丛编》第3辑,第95页。

大震。旋败①。八年，山东青州府故明宗裔聚众祭旗，"恣行不轨"。复有陕西降将王元、马德戕杀抚臣，议扶明庆王之孙。这些起事旋起旋扑，引起清廷高度警觉，不惜调集重兵，将起事扼杀于萌蘖之初。

十年四月，偏沅巡抚金廷献奏报，查获故明福清王嫡子朱由杞，并文卷一箱，内载故明宗族废绅往来书札。将由杞就彼处正法②。十月，朱由极自称明光宗（泰昌帝）第三子，杨得先等推以为主。造札印，煽乡民，授官职，集党羽，潜谋不轨。为宛平县民宁忠弼举首，磔为首者七人，斩附从者二十二人③。山西晋王驻太原府，城内宗室原有一千二百名，几乎被李自成军杀尽④。晋王降清后，其下郡王、阳曲王世子朱慎鈠、朱明鈶参与抗清。慎鈠被杀，明鈶逃脱。次年，他从南明永历处潜归原籍，充任材官，暗地联络明宗室十八人，"勾兵调将，散布谏（间）谍"，随身携带大明通宝、隆武通宝、永历通宝、弘光通宝为凭，传言"各处诸王宗室，俱相聚在永历处，络绎往来，各封名号，各处散布，各守信地，均有职掌"，事发处死⑤。

明乐安王朱议溯，顺治初，隐姓埋名于南昌乡下。顺治五年，金声桓叛清，议溯复王号。及清军破南昌城，声桓死，议溯家眷九十余口俱被杀戮，仅议溯逃出，削发为僧，称"三和尚"，一面行医度日，一面密谋起事，散发札付，鼓吹"恢复中原"。十一年，与僧人文秀、道士张应和等谋反事觉，在孝感被获，处死⑥。十二

---

① 《清世祖实录》卷38，顺治五年五月辛未；魏源：《圣武记》卷7，《国朝甘肃再征叛回记》，中华书局1984年版。
② 《清世祖实录》卷74，顺治十年四月己未。
③ 《清世祖实录》卷78，顺治十年十月丙戌。
④ 中国第一历史档案馆编：《清初内国史院满文档案译编》中（顺治朝），第55页。
⑤ 《有关清初镇压明宗室反抗的史料》，故宫博物院明清档案部编：《清代档案史料丛编》第3辑，第127页。
⑥ 《清世祖实录》卷85，顺治十一年八月壬午；《有关清初镇压明宗室反抗的史料》，故宫博物院明清档案部编：《清代档案史料丛编》第3辑，第122—125页。

清代民间的"反清复明"活动与"明室宗裔"旗号

年,宗室朱以檗前已降清,谋叛,事泄处死①。陕西平凉府捕获明宗室朱应龙等,应龙出家为道,改名王道真,扬言"恢复故业""欲要寻访好汉",散布札付,成员三十余人,编为十派,各有字号。及被捕,只揖不跪。供述身世:本名慈燃,天启东宫太子,辛酉相,刘妃生,时年三十四岁。"当日教我的是翰林学士雷同,系江浙人,奶母宋氏。我皇叔崇祯坐了(皇位),将我曾囚禁冷宫,自李自成克陷北京,我孤身逃出游方",辗转山东、山西、湖广、陕西、宁夏等地②。王道真供述东宫太子细节甚详,非草野之人可以杜撰。清廷却以"诈称天启东宫"罪将其处死。

十三年,河南南阳府抓获朱存梧,自称"明朝王子",要想中兴,因力单难成,欲结识好汉扶持。邀约武进士刘光进,密谋起事③。十六年,明宗室朱义盛谋反,清廷杀其并同党舒瑛、张定之、李勇士、李赞美、谭武周、陈国辅、魏名观、徐介石④。以上,就是顺治年间故明宗室参与反清活动,并被严酷镇压的一些片段。

不论昔日生活如何豪奢,地位如何荣光,随着大明王朝倾覆,这些宗裔贵胄均已沦落到社会底层。他们的特权被清廷削夺,对满洲人的异族统治素怀家仇国恨,故不惜铤而走险,奋起抗争。在南明诸政权中,均有藩王宗裔加入,其中永历政权坚持时间最长,聚集明宗室最多⑤。他们鼓吹"恢复故业""反清复明",与汉人各阶层反抗清朝军事征服与暴力镇压的诉求高度契合。他们身份特殊,在民间拥有较大影响,往往是密谋起事的串联者、发动者,同时起着"反清复明"的象征作用。他们的参与,壮大了民间抗清斗争的

---

① 《清世祖实录》卷92,顺治十二年六月壬戌。
② 《有关清初镇压明宗室反抗的史料》,故宫博物院明清档案部编:《清代档案史料丛编》第3辑,第129—132页。
③ 《有关清初镇压明宗室反抗的史料》,故宫博物院明清档案部编:《清代档案史料丛编》第3辑,第153—154页。
④ 《清世祖实录》卷127,顺治十六年七月戊辰。
⑤ 中国第一历史档案馆编:《清初内国史院满文档案译编》中(顺治朝),第432页;中国第一历史档案馆:《清初内国史院满文档案译编》(中),第432页;参见罗继祖《朱明后裔抗清而死者多》,《史学集刊》1986年第2期。

549

声势，鼓舞了百姓斗志，对力撑残局的南明政权也是支持。同时应看到，这些明室宗藩，大多是生于深宫、长于阿保之手的纨绔子弟，不谙世事，庸碌无为，难堪重整河山的重任。他们的起事，多数在密谋阶段即告夭折，并不足以构成对清廷的真正威胁。即便如此，仍遭残酷镇压。最终结局是，"故明各王等，多被杀戮"①。

二 康雍年间的民间反乱与"朱三太子"

顺治十五年（1658）底，长期盘踞西南地区的桂王朱由榔逃入缅甸。不久，缅王献出桂王，为吴三桂所杀。此后，除南明将领郑成功在东南沿海坚持抗清斗争，满洲统治者基本实现对明朝疆域的征服，建立起清王朝统治。在此前后，各地"反清复明"斗争仍此伏彼起，且多以朱明嗣裔为旗号，其中影响最大的非"朱三太子"莫属。

康熙十二年（1673）十一月二十一日，吴三桂据云南反，檄文中斥清朝"窃我先庙神器，变我中国冠裳"。他自称"原镇守山海关总兵官、今奉旨总统天下水陆大师、兴明讨虏大将军"，扬言将在甲寅年（1674）正月元旦，推奉三太子，"恭登大宝，建元周启"②。吴三桂在起事之初打出"朱三太子"旗号，意在争取汉人各阶层的广泛支持。十二月二十一日，吴三桂反乱消息传至京师。次日，汉人杨起隆诈称"朱三太子"（朱慈璊），谋于京师内外放火起事，建年号"广德"，联络旗下家人，称"中兴官兵"，头裹白布，身束红带。镶黄旗监生郎廷枢家人黄（黄吉）裁缝，正黄旗

---

① 《有关清初镇压明宗室反抗的史料》，故宫博物院明清档案部编：《清代档案史料丛编》第3辑，第115页。罗继祖：《朱明后裔抗清而死者多》，胪举宗室王公（包括若干太子、世子、将军）等十九人，"其记载所未及者尚不知凡几"（《史学集刊》1986年第2期）。白新良、赵秉忠：《清兵入关与明朝宗室》（《辽宁大学学报》1990年第1期）估计，从顺治三年至八年福临亲政前，故明亲、郡王等被清廷擒斩者即达五十余人，宗室被杀人口当在数万人以上。

② 《吴三桂檄》，徐凯：《吴三桂讨清〈檄文〉原文本考》，《清史研究》2017年第3期；［日］林春胜、林信笃编：《华夷变态》卷2，东洋文库，1958年，第53—54页。

清代民间的"反清复明"活动与"明室宗裔"旗号

原承恩伯周全斌子周公直家人陈益（陈乙）等，参与起事。郎廷枢获知其事，拿获家人黄裁缝等四人首告。周公直亦呈首。正黄旗都统图海、祖永烈亲领官兵往围，斩十余人，当场起获吴三桂颁"平北大将军印"。

清兵广为搜捕，擒同党数百，磔于市。起隆逃去。随即有人举首，称他仍藏大城（京师北城，即八旗驻防城）内。清廷排兵城上，闭九门，严守城内栅栏，按册逐一排查，"城中不火食者三日，而各处火起者无数。白日昏黑，居人面皆土色"。缉获党羽既多，斩决无地，"以车满载出九门斩之，尸积如山，如是者八日"①。事件余波一直延续到翌年初。城中居民惊恐不安。清廷出谕安民，人心始定。

关于杨起隆一案逮捕人数，《平定三逆方略》稿本记为二千人，定本改为数百余人；法司审讯，受审者供出同犯人数，稿本记为"至数万余"，定本改为"约有千人"。日本学者细谷良夫将清廷官修《方略》、朝鲜《李朝实录》、日本《华夷变态》详加比勘，认为清廷如是删改，主要是为了掩盖京城内发生大规模叛乱的事实②。从而说明：第一，杨起隆之变，并非孤立事件，与吴三桂叛乱直接相关；第二，即便在清廷统治中心，"反清复明"口号仍有社会土壤，尤其满人家中汉人奴仆相约举事，实际是满汉矛盾在八旗内部的一次爆发③。至于杨起隆下落，史书记载不一，有旋即就

---

① 佚名：《松下杂钞》卷上，孙毓修辑：《涵芬楼秘笈》第3集，上海商务印书馆1917年版。

② ［日］细谷良夫：《吴三桂的叛乱和杨起隆、朱三太子之关系——以三藩之乱研究为中心》，朱诚如主编：《清史论集——庆贺王锺翰教授九十华诞》，紫禁城出版社2003年版。

③ 耶稣会士白晋记载说："这些仆人都是汉族出身。他们暗中策划在一夜之间把他们的满族主人全都杀掉，同时在北京城的四角放火，轻而易举地杀死可能从他们手中脱逃的满族主人。"（［法］白晋：《康熙皇帝》，赵晨译，黑龙江人民出版社1981年版，第13页）。佚名：《松下杂钞》卷上："应熊遣人密约：凡京师满洲汉军之奴仆佃户，能杀其主者，即得其主之妻妾家当，能暗杀多人者，以差授职。"类似记载又见陈康祺《郎潜纪闻二笔》卷3，清光绪刻本；凌扬藻：《蠡勺编》卷19，清岭南遗书本；黄鸿寿：《清史纪事本末》卷12，北京图书馆出版社2003年版。

获,处以极刑①;有事后逃去,下落不明②;有化身道士,汉中纠党,康熙十九年被擒诸说③。又一说,起隆押送京城后与妻马氏及旧部对质,并不相识,证实非本人,乃其同伙④。后说载于清官修史书,可证清廷虽悬以重赏,起隆终隐没于民间。

康熙十七年(1678),台湾郑锦部攻海澄。有"山寇"蔡寅,托名"朱三太子",纠众数万,与郑军声气相通,克泉州,犯漳州,屡战皆胜。海澄公黄芳度与营总都巴败之于天宝山⑤。次年秋,阿巴泰率军进湖南,于新化县僧寺俘明太子朱慈灿。慈灿诉己系崇祯帝长子,十二岁遭闯难出奔南京,福王朱由崧曾置诸狱,释为民,即往河南随朽木和尚为僧,流落江西、湖广二十余年,因病还俗。阿巴泰疏陈谳词:慈灿既自称真系明嗣,当械至京师辨识。至京,令与前系狱之朱慈𤩽同党对质,俱不识,遂处斩⑥。

康熙四十六年(1707),一念和尚复借"朱三太子"名义组织反清活动,红布裹头,竖大明旗号,在太仓起事。扬言:"有朱三太子要复中原",散发札付,许事成后做官。失败后逃至苏州被获⑦。同时,在浙江破获张廿一兄弟聚众谋反案。参与鞫审的苏州

---

① 陈康祺:《郎潜纪闻二笔》卷3;凌扬藻《蠡勺编》卷19。
② 顾炎武:《顾亭林先生诗笺注》卷15,清光绪二十三年徐氏味静斋刻本。
③ 《清圣祖实录》卷91,康熙十九年九月戊寅;参见郑虎文《吞松阁集》卷23,清嘉庆刻本;吴振棫:《养吉斋丛录》附《养吉斋余录》卷4,第309页。
④ 《清圣祖实录》卷93,康熙十九年十一月乙酉;清国史馆撰:《清史列传》卷2《阿巴泰传》,中华书局1987年版,第91页。
⑤ 赵尔巽等撰:《清史稿》卷261,第33册,第9981—9982页;彭孙贻:《靖海志》卷4(清钞本),误将蔡寅记为朱寅,起事时间系于前一年。
⑥ 清国史馆撰:《清史列传》卷2《阿巴泰传》,第1册,第91页;康熙帝获知擒获伪太子朱慈灿消息后,当即表示怀疑,据说他曾将此事询问在内旧太监,答云:"彼时慈灿年甚小,必不能逸出",又认为"历年已久,至今始出,自然近伪",但为慎重起见,他还是谕令"事迹未明,不得即在军前完结",而是携回京师鞫审定夺,中国第一历史档案馆编:《康熙起居注》,康熙十八年十二月十三日记事,中华书局1984年版,第474页。
⑦ 《江南总督邵穆布奏报搜捕行盗人并取口供折》(附:《犯人钱保等初供》),康熙四十六年十二月二十六日,中国第一历史档案馆:《康熙朝满文朱批奏折全译》,中国社会科学出版社1996年版;李煦:《闻太仓有人起事折》(康熙四十六年十二月初七日)、《太仓一念和尚聚众起事折》(康熙四十六年十二月),故宫博物院明清档案部编:《李煦奏折》,中华书局1976年版。又一说,此前一念和尚已殁,他原籍金陵上元,世承指挥使。中年以甲申之变,祝发南岳,栖新宁放生阁近三十载。圆寂于庚戌年(康熙九年,1670),年七十五。"康熙中屡兴大狱,株连甚广,而不知一念实有其人,唯已早死。度其人必有过人之才,好为人假以号召",邓之诚:《骨董琐记全编》,北京出版社1996年版,第595页。

清代民间的"反清复明"活动与"明室宗裔"旗号

织造李煦奏称：张廿一等被捕后供出朱三太子，已逃往山东[①]。一念和尚与张廿一并不相识，而两案几乎同时发生，且都发生在江浙，说明作为反清复明象征的"朱三太子"，在江南民间还广有影响。此前数年，浙江还破获有何子奋一案。何自称"朱三太子之次子"。

同年四月，山东巡抚赵世显咨报，缉获改名王士元之朱三太子。自供："我原姓朱，是明朝后裔，排行第四，叫慈焕，我二哥哥早死了，我与三哥哥同岁，自十岁上就离开了"；曾在民间隐姓教书，称"王老先生"。时年七十五，有六子一孙，除第三子已死，其余均被拿获。妻、妾、儿媳各一，女三，在官府严厉稽查下先已投缳自缢[②]。六月，将朱三即王士元等父子六人解至京城，由九卿会审。

当时距清朝入关已六十余年，是"朱三太子"在民间的最后一次现身。关于其身份真伪，他供系先朝皇四子朱慈焕，原封定王。审讯过程俱载清廷档案，且有同案重犯的回忆为佐证，故对其身份的真实性应无异议[③]。尽管他否认参与一念和尚密谋不法事。但部覆命下，内有"朱某虽无谋反之事，未尝无谋反之心，应拟大辟，以息乱阶"之判语[④]。虽认定他未卷入谋反，仍拟死罪。待九卿复奏，称崇祯第四子已于崇祯十七年前身故，传唤明代老太监俱不识，明系假冒，"朱三父子应凌迟处死"。得旨允行[⑤]。慈焕自供系皇四子，清修明史却指其为第五子，欲盖弥彰，显然是为杀戮之行回护。孟森曾一针见血指出："以前朝皇子非罪名，务令以假冒为罪。"[⑥] 如果说顺治初年，清朝天下未定，摄政王杀故明太子，尚有维持大局的考量。那么六十余年后，当清廷江山已稳，仍执意处

[①] 李煦：《四明山现在情形并该案内之朱三太子已逃往山东折》（康熙四十七年闰三月二十四日）、故宫博物院明清档案部编：《李煦奏折》。
[②] 《朱三太子案》，《史料旬刊》第 2 期，北京图书馆出版社 2008 年版，第 77 页。
[③] 魏声龢：《鸡林旧闻录》（附《吉林地志》），吉长日报社 1912 年版，第 12 页下。
[④] 魏声龢：《鸡林旧闻录》（附《吉林地志》）。
[⑤] 《清圣祖实录》卷 235，康熙四十七年十月丁未。
[⑥] 孟森：《明烈皇殉国后纪》，《明清史论著集刊》上册，第 68 页。关于朱三太子真名，记载歧互，如慈炯、慈焕、慈璃、慈灿，孟森考订为慈灿（第 63 页）。

553

第三编　旗民关系

死七十五岁高龄的皇四子,则量刑未免过苛。此后,民间反乱虽仍有以"朱三太子"名义发动者,均系假托。

自顺治十三年(1656)以迄乾隆十七年(1752),打着"朱三太子"旗号或借朱明后裔名义进行"反清复明"活动的事件共有16起;其中,表明"朱三太子"身份的8起,时间主要集中在康熙五十年(1711)以前,事发地包括山西、云南、京师、福建、浙江、陕西、江苏、广东。① 以上只是概括统计,数字未必准确,但可知"朱三太子"在民间影响之广,号召力之强。

吴三桂起兵初,曾打出"朱三太子"旗号。及其事衰,有故明少卿李长祥建言他"亟改大明名号以收拾人心,立怀宗后裔以鼓舞忠义"。三桂以其言问谋士方光琛,答曰:"昔项羽立义帝,后又弑之,反动天下之兵。今天下在王掌握,他日又置怀宗后裔于何地?"自此三桂不再言复明。② 其后复有劝其复故明年号、立明后裔者。而谋士胡国柱谏曰:"大湖南北每袭故明旗号,迄无一成,盖历数已绝故也。"③ 三桂欲借帝号以自重,遂在群臣劝进下撕去假托胜朝"朱三太子"的伪装,借"周朝八百今重说"之谶,以国号"周"号召天下。但并未改变其政权颓势。后来的事态表明,明室宗裔在汉人各阶层中的影响,虽呈逐渐衰颓趋势,远比吴三桂及其谋臣估计得深远。

康熙六十年(1721)五月,台湾民朱一贵起事,自以朱姓,伪称明裔,攻占府城,称"中兴王下大元帅",兵败被俘,被解至京师杀害。总之,终康熙一朝,汉人民间打着"朱三太子"名号反清者尤多。康熙帝曾说过"匪类称朱三者甚多"的话④,雍正帝亦追述称:"从前康熙年间,各处奸徒窃发,动辄以朱三太子为名,如

---

① [韩]李平秀:《从天地会看清代民间社会的满汉关系》,《清代满汉关系研究》,社会科学文献出版社2011年版,第384—385页。
② 孙旭:《平吴录》,艺文印书局1969年版。
③ 刘健:《庭闻录》卷5《称兵灭族》,沈云龙主编:《近代中国史料丛刊》第3编第26辑,文海出版社1976年版。
④ 《清圣祖实录》卷233,康熙四十七年六月乙丑。

清代民间的"反清复明"活动与"明室宗裔"旗号

一念和尚以及朱一贵等，指不胜屈。"① 由此可见，"朱三太子"作为反清象征，在民间广有影响，因此胤禛才会发出"指不胜屈"的感慨。

雍正年间，打着明室旗号的起事仍史不绝书，并且不再局限于"朱三太子"一身。雍正初年，山东曹州民伪称"朱六太子"，"挟妖术惑愚民"②，清廷密令捕送京师。雍正六年，浙江有张云如朱明王朝后裔案。雍正七年，胤禛说："近日尚有山东人张玉，假称朱姓，托于明之后裔，遇星士推算，有帝王之命。以此希冀鼓惑愚民，现被步军统领衙门拿获究问。"③ 其假冒者被捕于京城，可知对清廷而言，辇毂之下也不能没有隐忧。雍正八年四月，四川忠州府有杨成勋"捏造妖谣，吹角啸聚"案。官府搜出诉状怨白等稿，言词虽鄙俚不经，其中引清丈苛虐以为言④。同年，广东有李梅"朱三太子"案；雍正十年，福建台湾府有吴福生大明招讨大将军案；雍正十二年，台湾诸罗又有民人吴齿甫等，将写有"大明朱四太子""大明复兴朱四太子三国公起义"等旗帜插于北门外田中，意图"招人为匪"，引起官府惶恐⑤。

雍正年间，清廷入主中原已八九十年，经过康熙年间休养生息，全国城乡经济繁荣，社会稳定。满洲统治者治国，一向以儒家文化为本，并采取弘扬理学、振兴文教、蠲免钱粮、赈济灾荒、清理刑讼、恩诏赦免、延揽名士、纂修明史等一系列措施，逐渐拉近了与汉人各阶层的心理距离。此消彼长，随着清朝统治的合法性逐渐深入人心，并为全国臣民所普遍接受，假冒朱氏"太子"的"反清复明"活动，在民间虽时有发生，但在起事规模、起事频率乃至影响范围和力度方面均已大逊于以往。所谓爝火余烬，时有复

---

① 胤禛：《大义觉迷录》卷1，中国社会科学院历史研究所清史研究室编：《清史资料》第4辑，中华书局1983年版。
② 赵尔巽等撰：《清史稿》卷292，第34册，第10308页。
③ 《清世宗实录》卷86，雍正七年九月癸未。
④ 《清世宗实录》卷93，雍正八年四月甲辰。
⑤ 《台湾诸罗县奸民插旗案》，《史料旬刊》第9期，北京图书馆出版社2008年版，第683页。

燃而已。这就从一个侧面说明，社会中的满汉矛盾虽未完全消弭，却有明显缓解。

三 乾嘉年间的民间反乱与伪托"牛八"现象

乾嘉年间，清朝统治盛极一时，但社会矛盾也在积聚。与前不同的是，这一时期的民间叛乱，不仅规模小，人数少，且多以宗教组织为依托。这些组织，多系明代民间宗教的延续。其教派名称、信仰内容、组织结构，亦与明代大体相同，诸如白莲教、罗教、弘阳教、三阳教、大乘教、闻香教、八卦教等，以及从中衍生的诸多支派。教派名目庞杂，教义大同小异。其中带有"反清复明"色彩的教派首领，有自称"牛八"或伪托"牛八"者。"牛八"两字合成为一"朱"字。教派首领以如此含蓄的方式，向教徒表明自己胜朝嫡裔身份，借以彰显秘密活动的合理性和正义性，达到凝聚人心之目的。

白莲教衍生出的无为教，祖师张保太，又作张宝泰，云南景东府贡生，康熙二十余年，在云南大理创无为教，自称四十九代收圆祖师。乾隆六年（1741）被捕，死于狱中。无为教的后继者强调教义中弥勒下凡管天下的说法，宣称李开花（即苏君贤）是皇帝。四川有所谓铁船教，其教首亦自称牛八。乾隆五十九年（1794）十一月谕：牛八掌教弥勒转世之语，现经福宁搜出邪经，系起自前明正德四年（1509），且乾隆二十二年、三十三年，河南、贵州所办邪教，已有牛祖、八牛（牛八）名目，自系奸人捏造[①]。以牛八影射朱字，说明牛八二字，暗喻朱明，并非确有其人。

至于"李开花是皇帝"谶言，在民间早有流行。其说最早流传于陕西，与明末李自成起事有关。明亡后，继续流传。雍正五年（1727）七月，山西泽州发生"妖言聚众案"。首谋翟斌如，通法术，借谈堪舆星命，妄号"神仙"。他拜陕西郃阳潘道人为师。后

---

① 《清高宗实录》卷1462，乾隆五十九年十月壬戌。

者宣称，欲于陕西辅佐李开花举事①。陕西曾有传言，说李开花（化）又名李九桃，原属无稽之谈。翟斌如还与山西长子县白莲教头目张冉公（张进斗）、靳广联系，意图起事，终以谋泄被杀。李开花是谶言中的理想君主，每一个意图和朝廷对抗自立为帝的人，都可应谶自称李开花。清廷四处追捕捉拿李开花，反而愈捉愈多②。但具体就这些供奉"李开花"的民间教首而言，其是否具有清晰的反清意识，则应具体分析，不可一概而论。

清茶教（又称大乘教、白阳教）是白莲教主要支派之一，由闻香教主王森子孙所创。王森，明万历顺天府蓟州人，后住直隶滦州石佛口，自称得妖狐异香，倡白莲教，自称闻香教主。信奉无生老母，宣传大乘教。旋被捕，毙于狱中。其子王好贤，与徒弟巨野徐鸿儒，踵其教义，徒党益众。天启二年（1622），筹谋起事，鸿儒自号中兴福烈帝，建元大乘兴胜，兴兵陷郓城，不久失败。鸿儒被擒，磔于京师，临刑前叹道："我与王氏父子经营天下二十余年，按籍而数，吾法门弟子已逾二百万。"③ 足见其教在民间影响的广泛。

清顺治三年（1646）六月，汉官林启龙奏：近日风俗大坏，异端蜂起，有白莲、大成、混元、无为等教，以烧香礼忏，煽惑人心。应行严捕，处以重罪，以为杜渐防微之计。从之④。顺治十三年，又禁白莲、闻香等教。雍正年间，王森第四代孙王敏迪，以传教被捕。乾隆中，湖北襄阳等地发现白阳斋教，教首王忠顺（王亨功），乃王森七世孙。忠顺被清廷处死，子殿魁继续在江南淮安、江宁、泗州等处传教。自明万历迄清嘉庆二百余年，王氏已阅十辈，屡经破案，其子孙仍不弃不舍，前赴后继。为逃避官府追捕，

---

① 《山西泽州妖言聚众案》，《史料旬刊》第9期，北京图书馆出版社2008年版，第630页。
② 喻松青：《明清时期的民间秘密宗教》，《历史研究》1987年第2期。
③ 张廷玉等：《明史》卷257《赵彦传》，中华书局1974年版，第6622—6623页；沈国元：《两朝从信录》卷21，明崇祯刻本。
④ 《清世祖实录》卷26，顺治三年六月丙戌。

改名清茶教，口传三皈五戒，为人供茶治病。入教者互称"爷"，"磕头礼拜俨若主臣"。故清廷定性，此教"潜蓄异谋实为各项邪教首恶"。教徒辗转传习，流布数省。嘉庆末年，教徒相继被官府捕获。起获《三教应劫总观通书》，宣传三劫说和天盘三副说，即过去燃灯佛掌天盘、九劫；现在释迦佛掌天盘、十八劫；未来弥勒佛掌天盘、八十一劫。未来佛即弥勒佛，将降于石佛口王姓家内[①]。教首借此引诱教徒缴纳"根基钱"，许愿"将来即为元勋钱"，宣扬将来弥勒佛出世，共享荣华。书中"反清复明"思想昭然若揭："清朝以（已）尽，四正文佛落在王门。胡人尽，何人登基；日月复来属大明，牛八元（原）来是土星。"[②]"王门"指教首王氏子孙。"反清"与"复明"互为表里，是斗争目的，"胡人"则是对满洲人贬词。说明清茶教以"复明"作为动员汉人的思想工具。如此明确的"反满""反清"内容，在芜杂的民间教派中并不多见。

清代中期，作为白莲教支派的混元教在京畿、直隶、河南等地趋于活跃。教徒烧香拜佛、念经敛钱，为人治病。乾隆四十年（1775），清廷查出河南鹿邑混元教首樊明德，所传《混元点化》一书，内有"换乾坤、换世界、反乱年、末结（劫）年"等语[③]，说明该派教义亦寓"反清"思想。樊明德被杀，弟子王怀玉逃脱。王怀玉弟子河南鹿邑人刘松，被遣戍甘肃隆德。刘松曾收安徽太和人刘之协为徒，后刘之协至隆德探视刘松，商量将混元教改称三阳教，将"混元点化经"改称"三阳了道经"，推刘松为"老教主"。为招诱乡民入教，"觅一人捏名牛八，凑成朱字，伪称明朝嫡派"，又指刘松养子喜儿（四儿）为"弥勒佛转世，将来保辅牛八"，扬

[①] 《王殿魁供词》《王兴建供词》，故宫博物院明清档案部编：《清代档案史料丛编》第3辑，第48、49页；那彦成：《那文毅公奏议》（初任直隶总督奏议）卷42，嘉庆二十年十二月十六日军机大臣字，清道光十四年刻本。

[②] 《谕那彦成将石佛口王姓为首传教者照律问拟》，嘉庆二十年十二月二十六日，故宫博物院明清档案部编：《清代档案史料丛编》第3辑，第36页。

[③] 《徐绩奏审讯混元教教首樊明德等情形折》，乾隆四十年四月二十二日，故宫博物院明清档案部编：《清代档案史料丛编》第9辑，中华书局2003年版，第165—166页。

清代民间的"反清复明"活动与"明室宗裔"旗号

言入教者可免刀兵水火一切灾厄。刘之协复吸取收元教首湖北襄阳人宋之清为徒。

收元教也宣扬弥勒佛转世和入教避劫说。数年间,宋之清收徒愈多,散布于湖北、陕西、四川、河南数省。他不肯将敛得银钱与刘之协分用,遂自立西天大乘教,称将有五魔下降,水火灾劫,必须尊奉弥勒佛,烧香念经,方能躲避。另拜河南南阳人李三瞎子为弥勒佛转世,立其子卯儿(卯金刀)为"牛八"[1]。同时,原收元教四川房县人王应琥(原籍湖北监利)及其师傅艾秀,为招诱信众,亦散布"弥勒佛转生河南无影山张家,扶助'牛八'即朱姓起事"[2]。

对于民间此类活动,清廷一向保持高度警惕,一旦发现,严惩不贷,反复搜剿,不留余孽,但是却难以杜绝其蔓延。先是,河南新野人廖日洲从枣阳人杨太习白莲教,杨太故后,他又从汝阳人方手印习牛八教。以后,方手印、廖日洲到襄阳传教,编有咒语,"以致愚民多有附和入教"。襄阳教民以武金卓等为骨干,"习牛八教,又名挥手教,烧香磕头,传有咒语八句"。教首廖日洲宣传说:"凡习牛八教出根基钱的,将来都有好处",命武金卓出钱八千文,其余教徒或千文,或数百文。教首称掌柜,下有管账,负责保管银钱。牛八教的活动自乾隆末年延续到嘉庆二十一年(1816),待襄阳武金卓等案发,清廷在湖北、河南等地再次兴起教案。[3]

乾嘉之际,以上各教首,相继被清廷缉捕处死,惟刘之协逃

---

[1] 《勒保奏审明刘松等倡教传徒情形折》,乾隆五十九年十月初六日,故宫博物院明清档案部编:《清代档案史料丛编》第9辑,第202—203页;《兵部为审明襄阳县民宋之清等倡立邪教事》,乾隆五十九年十一月初二日,"中研院"藏《内阁大库档》,登录号:182651—001。

[2] 《兵部为审明襄阳县民宋之清等倡立邪教事》,乾隆五十九年十一月初二日,"中研院"藏《内阁大库档》,登录号:182651—001。

[3] 孙玉庭等:《拿获牛八教匪犯武金卓解豫质讯由》,嘉庆二十一年九月十七日,台北"故宫博物院"藏:《军机处档折件》,第049152号;孙玉庭:《奏报将访获传习牛八教犯方有梅等解赴河南质办情形》,嘉庆二十一年十一月十九日,台北"故宫博物院"藏:《军机处档折件》,第049627号;阮元:《奏报审办襄阳牛八教邵元胜等案完竣》,嘉庆二十二年五月十六日,台北"故宫博物院"藏:《军机处档折件》,第051512号。

脱。之协逃脱后，继续以"弥勒佛转世，保辅牛八"为号召，在皖、豫、鄂、陕、川等省布教传徒，这成为嘉庆年间川楚陕白莲教起事之嚆矢。白莲教教义以祷告及念咒可以治病，号召徒党。关于起事缘起，《清史稿》卷344载称：乾隆年间，刘松以习混元教遣戍甘肃，复倡白莲教，与其党密谋在湖北、陕西、四川等地起事。清廷捕杀刘松，而徒党刘之协、宋之清传教于河南、安徽。以鹿邑人王发生诡称明裔朱姓，煽动民间，事觉被捕。王发生以童幼免死，遣戍新疆。刘之协远飏不获，各省大索，官吏奉行不善，颇为民扰①。上引记载有三点不确：第一，白莲教起事，并非刘松一人发起、领导、组织，而是由刘松、刘之协领导三阳教、宋之清领导西天大乘教、王应琥领导收元教等三教派合力进行；第二，刘松、刘之协并未以河南鹿邑王发生诡称"明裔朱姓"，而是以王发生堂侄王双喜为"牛八"②。第三，刘之协"远飏"之说不确。他潜匿河南邓州新野数年后，被捕押解京师，定罪名"白莲总教首"，凌迟处死③。

嘉庆元年（1796），白莲教起义爆发，迅速席卷川、鄂、陕、豫、甘五省，形成清代第一次大规模民间反乱。清廷遣将征剿，前后十历寒暑，耗费国帑以亿两计。起事者居无定所，行迹飘忽不定。清军顾此失彼，疲于奔驰，数千里内之黎民百姓皆被蹂躏荼毒。故彼时有："贼似梳，兵如篦，兵贼过后无余粒"；"贼至兵无影，兵至贼无踪；可怜兵与贼，何日得相逢"等谣④。白莲教首领王三槐等被俘廷讯，皆以"官逼民反"为词⑤。这正是酿成大规模民变且旷日持久的原因。其中，白莲教的宣传鼓动，也起到一定作用。

八卦教，与历史上活跃于京畿一带的红阳教（弘阳教）有关

---

① 赵尔巽等撰：《清史稿》卷344，第37册，第11139—11140页。
② 《乾隆末年白莲教秘密反清斗争·编者前言》，故宫博物院明清档案部编：《清代档案史料丛编》第9辑，第157页。
③ 庆桂等撰：《剿平三省邪匪方略》正编卷198，清嘉庆十五年武英殿刻本。
④ 奕赓：《佳梦轩丛著》，北京古籍出版社1994年版，第113页。
⑤ 《清仁宗实录》卷38，嘉庆四年正月己卯。

系，主要活动于华北地区。其中若干教派，有反清倾向。如震卦王中一派，又称清水教。乾隆三十九年（1774），山东寿张清水教徒王伦组织起事，攻打寿张、堂邑、阳谷三县，抢劫库银，戕害官吏。方据临清旧城夺新城，清军大集，擒伦于城中。

王伦起事失败，八卦教在北方农村继续秘密传布，主要活动于鲁、豫、直三省。教中按八卦分派，以坎、震、离三支最强。嘉庆十八年（1813），在京畿发动天理教起事的林清出于坎卦教；另一首领李文成，则属震卦教①。林清倡言李文成系八卦教主，习教之人遂各深信。嘉庆十八年七月十八日，嘉庆帝东巡启銮，秋狝并谒东陵。李文成、林清决策于九月十五日在京师、直隶、山东、河南同时起事。但事机泄露，九月初，李文成在滑县被捕。九月七日，冯克善带领教徒进攻滑县，救出李文成，华北十几个州县徒众提前起事响应。李文成在滑县署内设军帐，树大纛，自号"大明天顺李真主"②。"大明天顺"是明英宗朱祁镇复辟后年号，朱祁镇系明朝第六位皇帝（1435—1449年，1457—1464年两次在位）。第一次在位，年号正统。正统十四年（1449），土木堡之变，被蒙古瓦剌俘虏，弟郕王朱祁钰登基称帝，遥尊英宗为太上皇，改元景泰。瓦剌无奈，释放英宗，遂被景泰帝软禁于南宫。景泰八年（1457），石亨等人发动夺门之变，英宗复位称帝，改元天顺。李文成打出"大明天顺"旗号，除表明坚守"反清复明"的传统，与"夺门之变"（即夺取紫禁城）的暗喻或有一定关系。

九月十四日，林清集徒党数千人，在京城举事。分为二队，在大内太监引领下自东华门、西华门攻入紫禁城。他们从腰间掣出白旗摇展，或书"大明天顺"，或书"顺天保民"③，与清廷护军在隆宗门等处展开激战。至十七日，攻入紫禁城教徒及引路太监均被击毙或捕获。林清、李文成相继死，起事失败。

---

① 喻松青：《明清时期的民间秘密宗教》，《历史研究》1987年第2期。
② 蒋湘南：《七经楼文钞》卷5，同治八年马氏家塾刻本；那彦成：《那文毅公奏议》卷30，清道光十四年刻本；托津：《平定教匪纪略》卷首，清嘉庆武英殿刻本。
③ 昭梿：《啸亭杂录》卷6，第163页。

天地会在闽、台间流传已久,具有"反清复明"传统。以后蔓延至广东、广西、云贵、江西、浙江,然后流入湖南、湖北及四川等省。这里,一方面有其社会地理因素,或因土地贫瘠,人口过剩,生计艰难,社会上的游离分子众多,或因地势错杂,易于藏匿;一方面有其历史背景。清朝入关,清军南征,三藩之役,南方各地惨遭屠戮,所以反满意识较为强烈①。凡入会者要对天跪地立誓,故此取名天地会。其结会有十几人为一伙,也有数十人为一伙,各为党羽。如遇素不相识之人,问及有无兄弟,答以左右俱有兄弟,并将三指向心坎一按,便知是同会,大家彼此应照②。乾隆五十一年台湾林爽文起事,即有天地会背景。此后,天地会影响进一步扩大到中原内地和海外华人世界。关于其缘起,说法不同,一说康熙年间。传说称:康熙帝平西鲁(西域厄鲁特),深得少林寺僧之助,其后帝信谗言,火烧少林寺,寺僧大部死,仅五位幸存,即五祖。五祖避清军追捕,遇朱明后裔洪英、僧万云龙和其他兄弟,为"反清复明"组织洪门,即天地会。后与清军作战失败,五祖分散各地设立五房,伺机再起。在天地会起源传说中,为复兴朱明王朝必不可少的人物是崇祯帝嗣裔朱洪英。朱洪英是虚构人物,与以往民间起事中的"朱三太子"或朱明嗣裔如出一辙,都是复兴朱明王朝的象征人物。虽为虚拟,却为民间反抗活动的重要精神动力③。

乾嘉年间,因满汉民族矛盾总体趋缓,民间反乱真正以"反清复明"为宗旨者为数寥寥。这类活动,一般披着民间宗教的外衣。

---

① 赫治清:《台湾学者庄吉发"天地会"研究述评》,《中国史研究动态》1982年第4期。

② 闽浙总督等咨呈,乾隆五十四年三月二十九日,《内务府来文》,中国人民大学清史研究所等编:《康雍乾时期城乡人民反抗斗争资料》下册,中华书局1979年版,第812页;闽浙总督李侍尧奏,乾隆五十三年正月二十六日,《军机处录副奏折》,第717页。

③ [韩]李平秀:《从天地会看清代民间社会的满汉关系》,《清代满汉关系研究》,第386—387页。此外清末有郑成功创会说,见周育民《秘密会党与民族主义——评杜赞奇对清末革命会党观的论述》,《上海师范大学学报》2005年第1期。

清代民间的"反清复明"活动与"明室宗裔"旗号

有些教首借助"牛八"的隐讳表述,曲折传递"反清复明"的信息,但民族意识模糊,与底层民众的诉求基本脱节。其活动的真实目的,"不过为愚哄众人,希图多得钱财"①。说明这一时期民间的"反清复明"活动,总体呈日益衰微的状态。

四 晚清时期的民间反乱与"反清复明"口号的终结

清中叶以降,满汉关系虽逐渐陶融,但造成民族矛盾的根本症结——歧视汉人的现象——并未消弭。"首崇满洲",是满洲诸帝恪守的国策;以爱新觉罗皇族为核心的满洲权贵掌控军政大权,统治以汉人为主体的各族人民,更是清朝268年统治的基本事实。这就决定了,满汉矛盾是贯穿清朝统治始终的一条基本线索。而区别则在于,当清朝鼎盛时,此一矛盾若隐若现,基本处于蛰伏状态。一旦王朝统治盛极而衰,内忧外患纷至沓来,官贪吏蠹变本加厉,满汉矛盾重新激化。与此同时,民间久已衰微的"反清复明"活动,亦呈某种程度的"回光返照"迹象。在晚清时期形形色色的民间反乱中,明确提出"反清""反满"口号,伪托明室宗裔,并且产生广泛社会影响者,首推天平天国。

太平天国领袖洪秀全,广东花县人,生于耕读之家,自幼熟读"四书""五经",应试科举,但屡考屡挫。三十一岁(道光二十三年,1843)再次应试,仍名落孙山。受此打击,重病一场。同时,目睹清朝统治腐朽,对外丧权辱国,萌生造反思想。他附会此前得到的一部基督教布道书《劝世良言》,结合自己病中幻象,扬言自己曾上天堂接受上帝旨意,下凡救世,斩妖除魔,除去世间不平。随即创立"拜上帝会",通过传教组织发动群众。

道光三十年十二月初十(1851年1月11日),洪秀全聚集在桂平金田村的太平军,宣布起义。翌年二月,他在武宣东乡正式建

---

① 陕甘总督勒保奏,乾隆五十九年十月十三日,《军机处录副奏折》,中国人民大学清史研究所等编:《康雍乾时期城乡人民反抗斗争资料》下册,第824页。

563

国号"太平天国",自称"天王",登极即位。洪秀全为发动群众,主要采取创"拜上帝教"、否定儒教、捣毁民间偶像、易服蓄发,恢复汉人服饰等措施。同时,沿用民间反乱者一贯做法,伪称自己是"大明太祖之后裔,弘光皇帝七世孙"(还有伪称"前明泰昌七世孙""桂王第三子之裔"等说法)①;宣布加入上帝会者,"以恢复明室为志"。

在民间反清斗争中,太平天国无疑是彰显"反满"动机最著、态度最坚决者。太平军入湘鄂,陆续发布文告,以东王杨秀清、西王萧朝贵名义发布的《奉天诛妖救世安民谕》,将讨伐对象直指满洲最高统治者:"今满妖咸丰,原属胡奴,乃我中国世仇。"② 在《奉天讨胡檄布四方谕》中,以极其犀利的语言,全面控诉满洲统治者压迫汉人的罪恶③,包括强迫薙发留辫,改变中国(实为汉人)衣冠,淫乱中国女子(即满汉通婚),改变中国制度,使用"胡言胡语"(即满语满文)等。

对太平天国的发动者而言,民族压迫的历史记忆根深蒂固并非偶然。清初满洲统治者逼令汉人剃发编辫,改变衣冠,是最令汉人痛心疾首之事。南方汉人一再掀起抗清起事,前赴后继,可歌可泣,其事迹在后世口口相传。洪秀全家乡广东花县花山一带,是南明抗清最后基地之一。康熙二十四年(1685)清政府析南海、番禺二县之地置花县,并因花山得名。两广又是以"反清复明"为宗旨的天地会(三合会)长期活跃地区。对于太平天国"反满"檄文的发布,不能不考虑上述社会历史背景④。

---

① 陈洒勋、杜福堃编:《新京备乘》,南京出版社2014年版,第170页;《湘绮楼日记》,光绪二年三月初五日,李慈铭:《越缦堂日记补》第1册,第7页,引自陈登原《国史旧闻》第4分册,中华书局2000年版,第99页。又,《清史稿》卷475《洪秀全传》载称:"既破金陵,遂建伪都,拥精兵六十余万,群上颂称为明代后嗣。首谒明太祖陵,举行祀典,其祝词曰:'不孝子孙洪秀全,得光复我大明先帝南部疆土,登极南京,一遵洪武元年祖制。'"都反映洪秀全起事初假称"明室宗裔"事实。

② 杨秀清、萧朝贵:《奉天诛妖救世安民谕》,罗尔纲编:《太平天国文选》,上海人民出版社1956年版,第73页。

③ 杨秀清、萧朝贵:《奉天讨胡檄布四方谕》,罗尔纲编:《太平天国文选》,第77—78页。

④ 姜涛:《关于太平天国的"反满"问题》,《清代满汉关系研究》,第409页。

清代民间的"反清复明"活动与"明室宗裔"旗号

同时还应看到,在太平天国强烈"反满"宣传中,确有天地会的影响。在太平天国首领之一"天德王"洪大全的"自述"中称:洪秀全、冯云山等人,先曾往来两广,结拜"无赖",设立天地会名目①。"无赖"是统治者对反乱者的惯用之词。说明洪、冯等人曾借天地会名义在民间开展串联,故而清廷亦斥其"藉添弟会(天地会)名目裹胁贼匪,到处抢掠财物,屡与官兵打仗"②。有学者曾认为:洪秀全建立拜上帝会,实即天地会支派。洪在永安时,分封五王,自己但称太平王,似乎尚不敢违背天地会据山为王,共扶大明之旨。而且,应与积极拉拢两广地区天地会派的动机有关。太平军攻入湖南,檄文诏书,犹大申"反清复明"之旨,于"天父""天兄"诸语则竭力避免之。故天地会各派归之者至于五六万人。但洪秀全进取长沙后,得玉玺,称天王,天地会人渐与之脱离。盖此种做法与恢复明室之旨大有冲突。故此后天地会人反有加入曾、胡军队而与太平军决战者③。

太平天国在统治区内,宣布废除满洲统治者强加在汉人头上的发型服制:衣服,便帽去顶,袍去马蹄袖。纬帽外套马褂袴套,不准穿戴。各省文武官员军民人等,不准薙发④。这表明,太平天国反对民族压迫,不是单纯的政治策略、政治口号,而是一场席卷千百万民众的社会实践。太平天国领导者希望通过号召"反满",推动反清大业,争取汉人各阶层广泛支持。应该说,这一政治目的,随着太平军胜利进军,曾在很大程度上得以实现。

但洪秀全在定都金陵(江宁)初,明确放弃"复明"主张。他评论天地会说:"我虽未尝加入三合会,但常闻其宗旨在'反清复明'。此种主张,在康熙年间该会初创时,果然不错的;但如今

---

① 《洪大泉自述》,中国史学会主编:《太平天国》,上海人民出版社1957年版,第777页。
② 《洪大泉自述》,中国史学会主编:《太平天国》,第779页。
③ 毛以亨:《太平天国与天地会》,《申报月刊》第4卷1期,引自陈登原《国史旧闻》第4分册,第97—98页。
④ 《天王即位告天下诏》,陈洒勋、杜福堃编:《新京备乘》,第172页。

已过去二百年，我们可以仍说反清，但不可再说复明了……如现在仍以恢复明室为号召，又如何能号召人心呢。"① 洪秀全宣布放弃"复明"，是基于政治考虑。建立太平天国取代腐朽清王朝，显然比鼓吹"复明"，对汉人社会更具号召力。由此可见，在新的社会背景下成长起的太平天国领袖洪秀全，在识见上确比以往民间会党高出一等。仅凭这一点，似乎预示着其事业拥有更加光明的前景。然而如众所知，后来的历史进程导出的却是另外一种结局：洪秀全在金陵称帝后，妄自尊大，一意孤行，终将太平天国引向覆灭。

第一次鸦片战争后，天地会在各地发动多次起事，仍时时打出故明旗号。咸丰三年（1853）四月，闽南爆发天地会（双刀会）黄德美、黄威（位）起事，聚众万人，连克海澄、漳州、同安、厦门、漳浦，黄威自称"汉大明统兵大元帅"，年号"天德"，布告反清。台湾天地会李石亦举事，占凤山，以"兴汉灭满"为号召。同年八月，天地会支派小刀会首领刘丽川发动起事，占上海县城，杀知县袁祖德，俘苏松太道吴健彰。刘丽川为安定民心，以"大明国统理政教天下招讨大元帅"名义发布告示，声称"方今童君昏愦，贪官污吏，布满当朝。鞑夷当灭，明复当兴"②。称"大明国"，年号"天运"。小刀会所奉宗教，与太平天国互异，且许吸食鸦片，故太平军鄙视之。后来，刘丽川尊太平天国天王洪秀全为"主上"，自称"臣"，取消大明国号，改奉太平天国年号和制度。刘丽川占据上海，首尾十七个月。

咸丰四年（1854），广州府天地会（三合会）总会首陈松，与属下会首何六、陈开、李文茂、陈显良等联合，为实现"反清复明"目的，发动武装起事，宣布"兴汉灭满"。会众分三路围攻广州。清军得英军之助击退进攻。随即，陈开、李文茂率余部入广西，克浔州府城，建大成国。陈开自为国王称"平浔王"、李文茂

---

① 洪仁玕述、韩山文著、简又文译：《太平天国起义记》，杨家骆主编：《太平天国文献汇编》第5册，鼎文书局1973年版，第872页。
② 《大明国统理政教天下招讨大元帅刘示》（天运元年八月初五日），上海社会科学院史料研究所编：《上海小刀会起义史料汇编》，上海人民出版社1980年版，第4页。

清代民间的"反清复明"活动与"明室宗裔"旗号

封"平靖王"。七年,占柳州,改柳州为龙城府,建王府,设官分职。十一年,清军围攻浔州。陈开兵败,被俘处死。① 上述事实说明,迟至晚清,至少在南方一些地方,汉人王朝的"明",作为与满人王朝"清"对立的政治象征,在底层民众中仍具有一定影响。

光宣之际,全国革命形势迅速形成,同盟会等革命党人策划组织了一系列推翻清朝统治的起义,如萍浏醴起义、潮州黄冈起义、惠州七女湖起义、防城起义、镇南关起义、钦州、廉州起义、河口起义、安庆起义、广州起义。同时,民间会党打着朱明宗裔旗号发起的"反清复明"活动,犹如强弩之末,仍未绝迹。光绪二十八年(1902)洪全福(春魁)密谋起事,与梁慕光联络会党,在香港、广州等处设立秘密据点,组织军队,筹运军装机械,印制《大明顺天国南粤兴汉大将军讨清告示》,计划于十二月三十日夜起事,攻占广州。因事机不密,被湖广总督德寿访闻,会党多人被捕,洪全福被杀,起事失败②。辛亥年(1911),鄂军起义,兴国人朱滨偕同党军数千,自称朱洪武之后,自立为王,并出大总统印。后为防军擒拿③。至此,以朱明宗裔为旗号的"反清复明"活动,由盛而衰,在持续二百余年后,终于随着其对立面清王朝的倾颓而画上句号。

一个明显变化是,此一时期的"反清复明"活动,在传统口号的包装下实际已注入全新的内容。如洪全福起事,声明:"脱我汉人于网罗之中,行欧洲君民共主之政体。天下平后,即立定年限,由人民公举贤能总统。"④ 在宣扬反抗清廷民族压迫的同时,鼓吹西方民主制,提倡民选总统,反映了西方民主思潮与制度对清末中国社会的深刻影响。

---

① 《安睦百姓告示》(咸丰三年),《广东洪兵起义史料》上册,广东人民出版社1992年版,第53页。
② 《洪全福起事》,故宫博物院明清档案部编:《清代档案史料丛编》第1辑,中华书局1987年版,第142页。
③ 金城:《湘汉百事》卷上,《满清稗史》,中华书局1987年版。
④ 《洪全福纪律告示》,故宫博物院明清档案部编:《清代档案史料丛编》第1辑,第143—144页。

五 结语

综前所述，可将全文要点概括如下：

（1）清朝入关初，"反清复明"是汉人社会最有力的动员口号。无论"太子""朱三太子"是真是伪，实为民间"思明裔之一种公名"①，即民间反清斗争的重要象征。从"皇太子""朱三太子""牛八"的频频现身，再到伪托明裔发起反乱，实际呈现了有清近三百年间，汉人各阶层反抗清廷政治压迫、民族压迫的一条重要轨迹。

（2）清代民间"反清复明"斗争，始终离不开以明室宗裔相号召，两者是一种相辅相成关系。雍正《大义觉迷录》卷1曾感慨此种现象之多远超前代："从来异姓先后继统，前朝之宗姓臣服于后代者甚多，否则隐匿姓名伏处草野。从未有如本朝奸民假称朱姓，摇惑人心若此之众者。"② 胤禛此话，只道出此种现象以本朝为烈，却未揭明掩藏现象背后的深刻原因。而关键原因就在于：清朝作为少数族人所建王朝，其对汉民实施了一系列民族压迫和歧视政策，尤其清兵南下征服中大规模使用暴力，不能不在汉人各阶层留下刻骨铭心的惨痛记忆，并激起他们长久和坚韧的反抗。这就构成汉人社会"反清复明"诉求的坚实基础。与此同时，汉人社会根深蒂固的中原王朝"正统观"，大汉民族主义传统，儒家"华夷之辨"思想等，也助推了此一政治诉求的传播与传承。

（3）清代民间"反清复明"活动席卷地域广，持续时间长，由盛而衰，具有阶段性特点。

顺治年间，清兵南下，暴力征服，民族矛盾空前激化。"反清复明"成为汉人各阶层最集中的政治诉求，这一斗争此起彼伏，如

---

① 孟森:《明烈皇殉国后纪》,《明清史论著集刊》上册，第60页；又称："朱三太子为当时江湖拥戴之名，固不问其它故之人与否，但有烈皇之子见在，即以朱三太子奉之"（第66页）。

② 胤禛:《大义觉迷录》卷1，第6页上。

清代民间的"反清复明"活动与"明室宗裔"旗号

火如荼,明室嗣裔是汉人反抗的重要象征。

康雍年间,清朝统治秩序建立,经济繁兴,民族矛盾趋于缓和,民间"反清复明"活动渐失动力。伪托明裔现象虽时有发生,但起事规模缩小,影响有限。乾嘉年间,清朝实现空前"大一统",满汉矛盾进一步缓和,但盛极而衰,官贪吏蠹现象明显滋长,贫富对立冲突也在加剧。这一时期爆发的大规模叛乱(如川楚陕白莲教起事)的基本背景是"官逼民反"。起事者的基本诉求是反贪官不反皇帝,即使有反官府行为,也缺乏明确反清意识,更遑论专门针对民族压迫的口号。毕竟,对于底层民众而言,他们在日常生活中感受最深的莫过于官府贪黩,民不聊生,而非民族压迫。

道咸以降,清王朝内忧外患纷至沓来,为汉人社会的反清反满斗争重新注入了活力。崛起于广西山区的太平天国,秉持"反清""反满"双重目标,在民间反抗史上谱写了重要篇章。"反清"与"反满",是两个性质不同而又相互关联的口号。前者针对国家政权,后者针对统治民族。迄至清末,几乎所有民间会党或组织,无论新旧,均扬起"反清""反满"的旗帜。与此同时,"反清复明"的口号虽时有显现,实际影响却极其有限。随着国内外形势发生深刻变化,斗争的焦点随之转移。关键一点变化是:随着西方民族观与民主观在海内外汉人精英中的传播,将推翻清朝统治(即所谓"反清")与重建汉人帝制(具体表现为"复明")相熔接的传统诉求明显落伍,远不足以发动广大民众投身一场大规模战斗。而当时的革命党人,无论是章炳麟"改制同族,谓之革命;驱逐异族,谓之光复"观点,还是孙中山"三民主义"(民族、民权、民生)理论,都主张将民族革命与制度变革(推翻帝制实现共和)毕其功于一役。光绪三十三年(1907),广西会党首领王和顺加入同盟会,率众在钦州起义。他在自述由"反清复明"到接受孙文革命纲领的转变时说:"民族主义虽足以复国,未足以强国,必兼树国民主义,以自由、平等、博爱为根本,扫专制不平之政治,建立民主立宪之政体,行土地国有之制度,使四万万人无一不得其所。"上述事实说明，近代中国的发展已对社会变革提出更高要求，而"反清复明"的传统诉求恰恰不包括革新制度的内容。这正是其残余的一点影响力在清末革命大潮中彻底丧失的主要原因。

（原载《民族研究》2017年第4期）

清皇室与三藩"额驸"

摘要：清朝入关初，满洲皇帝为笼络汉人三藩，与其子弟建立多起婚姻，娶皇室女者为额驸。本文简要说明额驸的人选、品级以及在清廷中的地位，所尚公主的家世，"破格册封"的含义。清皇室与三藩联姻，用意深远，却未能消弭矛盾的爆发，所以"三藩之乱"平定后，汉人不再封王，汉人"额驸"遂成历史陈迹。

关键词：清皇室　三藩　满汉通婚　公主　额驸

清朝入关初，统治基础未稳，对西南和东南沿海广大地区的征服与控制，主要倚重平西王吴三桂、靖南王耿继茂（后由耿精忠袭爵）、平南王尚可喜、定南王孔有德。吴三桂镇云南，耿继茂镇福建，尚可喜镇广东，孔有德镇广西。四王地位尊显，战功赫赫，各拥重兵，呼吸响应，形成清王朝震慑南方的一道有力藩屏。顺治九年（1652），南明李定国攻陷广西桂林，孔有德遇难除爵，吴、耿、尚三王继续镇守其地，形同割据，史称"三藩"。其时，中原内地干戈扰攘，汉人反抗此伏彼起，八旗兵力有限，不免疲于奔命。在这种形势下，清廷只得暂时容忍三藩割据，为倚重其实力，又不能不加强对他们的笼络，缔结皇室与三藩子弟婚姻，赐以"额驸"封号，便成为笼络的重要手段之一。

顺治年间，三藩诸子相继上送京师，名义上是"奉侍"皇帝，实际上还兼充人质。但不管背景如何，至少从表面看来，这些子弟出入禁廷，姻联皇室，俨然是京师汉人中地位最显赫的贵族。

康熙元年（1662），辅政大臣索尼在京城，曾集合众多满汉大

第三编 旗民关系

臣集资重修古刹义利寺。三年后竣工，更名保安寺。由众善信集资庀材，对毁圮的寺庙重新修整扩建。在事毕由索尼撰写的《保安禅寺碑记》题名中，囊括了三藩诸子在内的许多贵胄高官。其排名次序如下：辅政大臣、一等伯加一级、内大臣索尼，少保兼太子太保、和硕额驸吴应熊，和硕额驸耿聚忠，和硕额驸尚之隆，少保兼太子太保、和硕额驸耿精忠，少保兼太子太保、俺达尚之信，哆啰额驸耿昭忠，太傅兼太子太师并内翰林秘书院掌院事、大学士加一级范文程，少傅兼太子太傅、内阁文院大学士宁完我、哆啰机昂邦（即内大臣）孙延龄，一等金钦尼哈番（一等精奇尼哈番）加一级祖泽洪，正黄旗都统张天福（以下满汉大臣官员60余名从略）。[①]

在排名中，辅政大臣索尼身历四朝，年老功高，理所当然名列第一，第二为吴三桂长子吴应熊，第三为耿继茂第三子耿聚忠，第四为尚可喜第七子尚之隆，第五为耿继茂长子耿精忠，第六为尚可喜次子尚之信，第七为耿聚茂次子耿昭忠，第八、第九分别为清朝重臣大学士范文程、宁完我，第十即迎娶孔有德女孔四贞的孙延龄。根据以上排名，可就清皇室与三藩关系得出如下认识：

第一，三藩诸额驸地位尊显。三藩诸子以父亲尊为王爵而自己又贵为额驸的双重身份，在京师汉官中居有最显赫地位。

在三藩中，平西王吴三桂虽降清最晚，但战功最著，实力最强。顺治二年（1645）晋封亲王。顺治十年，其长子吴应熊尚世祖皇帝福临最年幼异母妹（即清太宗第十四女），当时和硕公主年仅十三岁。应熊封和硕额驸后，仍留侍京师，顺治十四年加少保兼太子太保[②]。文献记载与碑文题名的爵秩完全吻合。康熙十二年（1673）十一月，吴三桂反，明年四月诏执应熊并其子世霖，处死。

在耿氏三兄弟中，长子耿精忠，顺治十一年（1654）遣往北京

[①] 索尼：《保安禅寺碑记》，康熙三年三月。碑在北京西城区厂桥西皇城根，北京图书馆金石组编：《北京图书馆藏历代碑刻拓片汇编》第62册，中州古籍出版社1990年版，第33页。

[②] 赵尔巽等撰：《清史稿》卷474，第42册，第12838页。

清皇室与三藩"额驸"

侍奉世祖皇帝,因父卓有战功,封一等精奇尼哈番,娶肃亲王豪格女,因称和硕额驸①。康熙二年(1663)赴福建习军事。当保安寺竣工日,他大概已经离京南下,但因为参与这次募捐盛举,所以也列入题名。康熙十年(1671)耿继茂死,精忠袭父爵,后因参与吴三桂叛乱,爵除。

次子昭忠,生于崇德二年(1637)。十五岁入侍禁廷,授一等精奇尼哈番,"以异姓诸王子之贵,加之额驸之贵",娶固山贝子苏布图女固山格格,由世祖皇帝赐婚得封固山额驸。寻加授多罗额驸,加太子少保、进太子太保。②

三子聚忠,顺治十五年(1658)十一岁时入侍内廷,五年后娶安亲王岳乐(饶余郡王阿巴泰子)之女。其女顺治九年(1652)生,时年十一岁。因有"世祖皇帝抚育宫中"名义,得享和硕公主(柔嘉公主)封号③。聚忠封和硕额驸,初授三等精奇尼哈番,康熙七年(1668)加太子少师。康熙十三年,兄精忠响应吴三桂反,清圣祖玄烨诏执聚忠于狱,明年七月释放复官职如故,十五年进太子太保。④聚忠和公主殁后葬北京门头沟区龙门耿王坟。⑤

聚忠、精忠所娶虽同为亲王女,但肃亲王豪格已殁,而安亲王岳乐却正处在权势熏灼的阶段,这或者就是老三聚忠排名在老大精忠之前的原因。老二昭忠之妻爵位最低,只好委屈排在后面。可见,额驸排名并不取决于他们的年龄长幼,而是由妻方身份高低来决定,这自然是皇权至高无上的体现。

平南王尚可喜有子三十三人,碑文中提到的只有二人,其一为次子尚之信。之信生于清崇德元年(1636),其兄早亡,遂为嫡长子。顺治十一年(1654)春,入侍世祖福临。是年,之信十八岁,

---

① 赵尔巽等撰:《清史稿》卷474,第42册,第12853页。
② 钱仪吉纂:《碑传集》卷6,第1册,中华书局1993年版,第126页;《清史稿》卷234,第31册,第9408页;鄂尔泰等纂:《八旗通志初集》卷188,第4466页。
③ 《耿聚忠妻和硕柔嘉公主诰封碑》,《北京图书馆藏历代碑刻拓片汇编》第62册,第25页;《八旗通志初集》卷188,第4466页。
④ 唐邦治:《清皇室四谱》卷4,上海聚珍仿宋印书局民国十二年排印本,第11页。
⑤ 《耿聚忠诰封碑》,《北京图书馆藏历代碑刻拓片汇编》第61册,117页。

福临十七岁，两人年龄相近，加之他留给人们的印象是："天资高迈，饶远略，爱人礼士，夙著贤声"，故深得福临器重，出入必从，呼为"唵答"①，特旨晋公爵，又进少保兼太子太保。

"唵答"，在碑文中写为"俺答"，为满语（anda，安达）音译，意为朋友、至交，是生活中使用频率很高的一个语汇。但尚之信所获"安达"，却不是随意性称呼，而是世祖特赐封号②，所以在正式场合必与其他爵秩一同冠于姓名前。之信此前已在父辈撮合下娶耿精忠妹，而与额驸爵位无缘，但清廷又不愿因此降低他的身份，故赐予"安达"封号。这一封号从顺治朝沿袭到康熙朝，待遇上与和硕额驸相等。由此可见清廷笼络藩王的一番苦心。

康熙十年（1671），尚可喜以年老多病为由奏请归之信，清廷乃遣之信赴广东佐军事。但他秉政后为人专横暴戾，很快失去父亲和朝廷信任，随即起兵响应吴三桂叛乱，不久降清。此后，康熙帝在公文中仍称他为："平南亲王安达尚之信"，直到被杀爵除③。

尚家只出了一位额驸，就是第八子尚之隆。之隆生于顺治三年（1646），顺治十四年（1657）与之孝、之廉、之辅、之佐等兄弟一起送往京师，三年后（1660）尚公主。公主为福临养女，即福临兄承泽亲王硕塞女，顺治五年（1648）生，后抚养宫中，出嫁时年仅十三岁，封和硕公主（后封和硕和顺公主），之隆得封和硕额驸。康熙十年（1671），他曾携公主及女儿远赴广州探视父亲。此后，长期留居京师。康熙十五年，兄尚之信响应吴三桂叛乱，康熙帝诏免之隆连坐罪。康熙四十一年（1702），授领侍卫内大臣。康熙六十一年（1722），卒。和顺公主卒于康熙三十年（1691）十一月，墓地即今北京市丰台区张郭庄公主坟。④

---

① 释今释：《元功垂范》卷下，北京图书馆影印清乾隆三十年刻本，第5页上。
② 《尚氏宗谱》，1994年第6次续修本，第196页；罗振玉编：《平南敬亲王尚可喜事实册》，北京图书馆影印民国十三年铅印本，第30页上。
③ ［日］细谷良夫：《围绕尚氏家族的诸史料》，《满学研究》第4辑，1998年。
④ 康熙三十一年（1692）三月刻《尚之隆妻和硕和顺公主谕祭碑》，《北京图书馆藏历代碑刻拓片汇编》第65册，第5页。

清皇室与三藩"额驸"

第二,三藩诸子所娶公主多为破格册封。顺治年间定:皇后所生女,封固伦公主;皇妃所生女,封和硕公主;亲王女,封和硕格格;郡王女,封多罗格格;贝勒女,封贝勒多罗格格;贝子女,封固山格格;公女,封公格格;若宫中抚养下嫁者,亦称为和硕公主。① 不过,无论是对外藩蒙古王公,还是对三藩这样的汉人重臣,清廷出嫁皇室女往往采取破格册封。耿氏三兄弟中,聚忠、精忠所娶为亲王女,按制应封和硕格格,却给予"和硕公主"封号;昭忠所娶为贝子女,按制应封固山格格,却给予"多罗格格"封号。究其原因,皇帝亲生女本来有限,能够活到出嫁年龄的为数更少,而需要通过婚姻关系加以笼络的对象却有很多,权宜之计只能是"破格册封"。而"破格册封"的口实也如出一辙——自幼"抚育宫中",即成为帝后养女。这种做法,并非清皇室所独创,早在汉唐时代中原王朝已屡试不爽。将皇室亲贵女升格为"公主",主要是为了提高被赐婚者的身份和待遇,满足后者荣誉心,进而实现政治上笼络和控制的目的。

除了三藩家的五位额驸,破格册封的还有因娶汉人"公主"而成为特殊额驸的孙延龄。延龄系定南王孔有德部将孙龙之子,幼年即与孔有德之女孔四贞订婚。顺治九年(1652),南明李定国进攻广西桂林,孔有德阖家遇难,四贞是唯一的幸存者,两年后被送到京师。因父亲为清朝殉节,孝庄皇后抚育宫中,视同郡主,食和硕格格俸禄。② 顺治十七年(1660),与孙延龄完婚,并遥控其父在广西旧部。延龄因此晋封和硕额驸,成为议政王大臣,赐袭一等男爵。这些虽是文献有征的史事,但令人感到蹊跷的是:在康熙三年保安寺碑文中,并未提及延龄最显赫的"额驸"头衔。这究竟是因为史书记载赐婚时间不确,还是延龄额驸身份未获正式册封?因史料缺乏,暂且存疑。

第三,清皇室与三藩的联姻用意深远。通过婚姻建立、扩大地

---

① 鄂尔泰等纂:《八旗通志初集》卷50,第968页。
② 鄂尔泰等纂:《八旗通志初集》卷178,第4294页。

域联系，增强不同部落首领间的感情，早在满族先世已是习见现象。在《满洲实录》卷1所载始祖传说中就提到：三姓人息争，共同推举布库哩雍顺为部主，并将本部之女妻之。这里体现了部落社会的基本原则：氏族外婚与部落内婚制的实行，形成一张联结起所有部落成员的亲属关系网络，彼此之间不是血亲就是姻亲。所以，布库哩雍顺只有在与三姓人建立起姻亲关系后，才能取得部落长资格。在以后满族由部落向国家的演进过程中，缔结婚姻关系始终是部落显贵扩大同盟关系、控制从属部落的重要手段。①

清太祖努尔哈赤建国后，将这种传统的政治手段发挥到淋漓尽致地步。赐婚对象既有本族将领大臣、蒙古贵族，也有汉人降官。从而在统治集团内部营造出盘根错节的亲属纽带，最大限度地巩固政权轴心，加快建国步伐。太祖努尔哈赤的10名出嫁女（包括2名养女）中，嫁给本族贵族的6名，嫁给蒙古王公的4名；太宗皇太极15名出嫁女（包括养女1名），嫁给本族贵族的3名，嫁给蒙古王公的11名，嫁给汉人的1名；世祖福临的4名出嫁女，嫁给本族和蒙古人的各1人，嫁给汉人的2名。② 这一统计虽未必很准确，对于了解清廷的联姻趋向还是很有帮助的，即首选为蒙古王公，其次才是本族人和汉人。

努尔哈赤攻取明朝抚顺，守将李永芳降附，娶贝勒阿巴泰女；佟养性自明投归，赐宗室女，两人对外均称"额驸"。与之比较，清皇室入关后与三藩诸子的联姻无疑具有更重要意义。这从三藩所拥有的强大实力，在征服南方广大地区所起的举足轻重作用，乃至发动叛乱初期所爆发出的巨大能量，均得以充分印证。何况，这种满汉联姻的规格，在有清一代也是最高的。

清皇室与三藩联姻可谓用意深远，照此办理，二三代后，藩王嫡裔尽为满洲皇室血脉，政治上割据一方、军事上拥兵自重的局面

---

① 详见刘小萌《满族的部落与国家》，吉林文史出版社1995年版，第10、11、114、267页。

② 姜守鹏等：《爱新觉罗家族全书——世系源流》，吉林人民出版社1996年版，第21页。

自然随之改观。但事态发展却很快表明,这种政治联姻,并没有达到预期目的:纠结在三藩叛乱这一重大历史事件中的矛盾如此错综复杂,如此不可调和,以致最终采取了大规模暴力冲突的形式,绝不是几重脆弱的婚姻纽带所能化解的。这个教训对清廷可谓刻骨铭心,所以三藩之后不再有汉人封王。汉人王子娶皇室女,也就成为清代满汉关系史中的一段绝响。

(原载《满族研究》2002年第3期)

内务府管领中的"尚藩"人口

康熙初年，平西、平南、靖南三王列藩分镇南疆，势倾朝野。吴三桂势力尤张，奏立十镇总兵官，皆其亲信。连兵数十万，运七布政司钱粮协济之，所属文武将吏拜除，疏请必从，谓之"西选"。康熙十二年（1673）底，吴三桂倡乱于滇黔，天下骚动。随后，耿精忠叛于闽，尚之信叛于粤东，孙延龄叛于粤西，三藩四部反乱势力迅即奄有云南、贵州、四川、湖南、广东、广西、福建全境，而江南、江西、浙江、陕西、湖北诸省亦皆被兵。蒙古察哈尔部布尔尼复反于关外，山西驻防蒙古兵叛应之。其安靖未有事者，唯京师及山东、河南而已。当是时，清王朝遇到定鼎中原以来最危急时刻。战火肆虐八年之久，终以"三藩"覆灭告终。关于清廷对"三藩"余部处置问题，学界已有探究[1]，唯独对"三藩"人口编入内务府管领（hontoho，直译珲托和）史事，因汉文史料语焉不详，鲜有涉及。本文拟以中国第一历史档案馆藏《内务府奏销档》十件满文档案（康熙朝九件，雍正朝一件）为基本史料，以内务府管领中"尚藩（尚之信）"人口为重点，就其来源、成分、分布、待遇以及内部差异等问题作一初步考察，以就正于方家。

---

[1] 滕绍箴：《三藩史略》，中国社会科学出版社2008年版；刘凤云：《清代三藩研究》，故宫出版社2012年版；李治亭、柳海松主编：《尚可喜及其家族研究》，辽宁民族出版社2016年版。

内务府管领中的"尚藩"人口

一 "尚藩"人口来源与主要成分

康熙二十年（1681）十月十四日，清廷取得云南大捷，全省荡平，标志着旷日持久的"三藩之乱"以清朝胜利告终。清廷将分解三藩余部，作为善后的一项重要措施。

战乱前，三藩中，吴三桂领53佐领，兼辖绿旗12000，加以余丁4000。平南王尚可喜麾下，有15佐领甲兵，另有绿旗兵6000。尚可喜曾自请削藩，率两佐领甲兵及老稚闲丁约24000有奇，归养辽东海城①。可知尚藩兵力，约有上万，合并老稚闲丁，人口不少于数万。耿藩亦有15佐领，同时兼辖绿营7000。

在长达八年战乱中，所谓"三藩四部"中的吴、耿二藩以及孔藩女婿孙延龄部，均遭受严重损失。唯独尚藩之信，因长期置身主战场之外，加以对清廷叛而复降、首鼠两端②，所部实力未受重创。尚藩投降初，康熙帝曾命其"精选万人"赴广西③。康熙十九年（1680）初，尚之信护卫张永祥、张士选赴京首告其谋叛。康熙帝命刑部侍郎宜昌阿等赴广东窥伺其状。五月，尚之信被逮，藩兵8000（绿营兵6000，余丁2000）听信分调云南之谣传，几乎酿成兵变。均说明其兵力仍很雄厚。

然而，尚藩拥有重兵，不仅没有成为他在战后向清廷邀功领赏的资本，反而随着战事结束，成为被清帝"赐死"的肇祸之端。关于个中缘由，学者已有鞭辟入里的剖析，在此不赘。随着尚之信被赐死，其弟之节、之瑛、之璜及部将亲信被斩首，尚藩属部顿时群龙无首。康熙二十年（1681）十月，帝谕议政王等曰：今逆贼殄

---

① 勒德洪等纂：《平定三逆方略》卷1，文渊阁四库全书本。
② 《清圣祖实录》卷91，康熙十九年八月甲申："先是吴三桂反，尚之信欲其父尚可喜从贼，迫之不已，尚可喜愤死，尚之信遂降吴逆。及其归正，仍怀两端。上数命进兵潮州、湖南，尚之信不行。永兴危急，亦坐视不救，后虽出师，辄自引退。"
③ 《清圣祖实录》卷72，康熙十七年三月癸未。

灭，疆宇以次平定。耿精忠、尚之信属下旗员，俱应撤还京师，量行安插①。在尚藩、耿藩旗员撤回京师的同时，"尚藩"名下各色"家人"（booi）②，作为被籍没对象，也被集中编队，迁往京师。康熙二十一年（1682）二月初七日，内务府大臣图巴等奏称：

> 去年十一月内，臣等衙门奏文内称："往查尚之信户口官员来时，请将今来人内之蒙古、旧人、各色匠人、单身妇女、女孩并入管领（hontoho），成对人（juru urse）③ 按管领下人等级各给予一两钱粮、口米；其中应赏之人，交户部，赏给之处俟出来时取办"，等语。奉旨："尚之信家蒙古、旧汉人、妇人、女孩，俱著入于管领，挑取披甲、护军。尚之信若有置买旧人，亦著收入管领。其新人停交户部，收揽后如数奏闻，余依奏。"遵旨议奏，"查得：尚之信头队之人四千一百六十，此辈中另立之人（enculeme ilibuha niyalma）四百二十三，其中，尚之信诸子、妻，弟诸子、妻，闲散妇人共计八十六；家中寡妇、单身女孩四百七十六；蒙古男人二，妇人四，男孩一，女孩一；朝鲜男人五，妇人七，男孩三，女孩三；旧汉人男人七十，妇人一百四，男孩五十五，女孩二十一。此外，新汉人三千三百二十二，其中各色工匠三百九十八，大夫二，厨子十六，鸟枪手七十一，鼓手十，蹴球手四，会弹三弦等乐人四，

---

① 《清圣祖实录》卷98，康熙二十年十月壬辰。
② 在清初满文文献中，满语"booi"，直译"家的"，一般系"家奴"（booi aha）"家人"（booi niyalma）之缩略语。因"booi"指称身份不一，故清代以来，"booi"即有"家人""家奴""奴仆""家的"等多种意译。在《内务府奏销档》中，凡"逆藩"人口，满文均写为某某人"booi"（直译"包衣"）。而作为"booi"一称主体（即家长）的，如"šang jy sin booi"，汉文对译为"尚之信家（的）"；"geng jing jung booi"，汉文对译为"耿精忠家（的）"。在笔者所引雍正四年满文档所附《挑选女子人口庄头花名册》（汉文档）中，"booi"的对译就是"家"，如"吴三桂家""尚之信家"等。在此种语境下，"booi"实际是"逆藩"家庭成员、近亲以及依附其名下各色人员的一个泛称。在本文中，笔者将根据档案的具体语境，将满文"booi"，酌情译为"家""家（的）""家人""户下"或"奴仆"。
③ "成对人"是满文"juru urse"的直译，结合档案的具体指代对象，知其指一对夫妻与其未婚子女共组的一个家庭。

内务府管领中的"尚藩"人口

戏子二。臣等议得:除将尚之信诸子、妻,弟诸子、妻,闲散妇人等入于管领外,家中寡妇、单身女孩、蒙古、朝鲜、旧汉人亦入于管领。各色工匠、大夫、厨子、鼓手等交该处,甄别合格者使入于管领,不及者悉数交拖克索(tokso,庄屯)。应赏之处分别记名亦交拖克索办理,若出赏项,由拖克索领取赏给。又各项另立之人(enculeme ilibuha niyalma)等,先前既全部给还原主(da ejen),请将此另立之人亦照旧例给还原主",等语。[1]

兹以上引奏折为基本史料,并参据其他档案,就尚藩人口迁居京城并编入内务府的情况,略作考察:

(1)北迁人数。据上引奏折,上年(康熙二十年)十一月,从广东迁往京城的尚之信"头队"人口共有4160人。既然说是"头队",那么,从逻辑关系推测,应该还有二队乃至三队。此仅就尚藩一家而言,如果再加上吴藩、耿藩以及孔藩孙延龄残部,则"三藩四部"编入内务府的人数应相当可观,由此导致内务府人口膨胀,应无疑义。

(2)主要成分。编入内务府的"尚藩"人口多,成分复杂,参据奏折记载,可知有如下几类:

第一,"新汉人"与"旧汉人"。在"头队"4160人中,新汉人(ice nikan)3322人,其余为旧汉人(fe nikan)。按,清初八旗满洲、蒙古、汉军,均有新旧之分。"新"与"旧",以入旗时间先后划限,且随时间推移,"新""旧"界限也有变化。清廷对编入内务府的尚藩家人援用此概念而划分新旧,不足为奇。随之而来的一个问题是:在这部分人中,何者为"旧"?何者为"新"?依据对上引档案的考察,可知"旧汉人"包括尚藩诸子侄夫妇、辽东旧汉人、旧奴仆、旧匠人,以及关外时期投附的蒙

---

[1] 内务府大臣图巴等:《为遵旨议奏事》(原档满文,笔者翻译,下同),康熙二十一年二月初七日,中国第一历史档案馆藏:《内务府奏销档》,胶片20,奏66册,第27—30页。

古、朝鲜人，主体为北方人。"新汉人"，则指入关后以及征服南方过程中的归附人员，主体为南方人，包括各种匠人、医生、厨子、戏子等。

清廷为何将尚藩人口划分"新""旧"？很可能是基于对"旧人"满洲化程度普遍高于"新人"，且其男丁尚勇好斗、体魄强健的认知。即时人所说："尚藩"新人"率多南方召募之人，大抵皆市井游惰窜居其中"；旧人即所谓"老营旧部"，多系边关河朔之人，"服食嗜好与满人汉军不殊"[1]。康熙帝在谈到如何对待吴藩降兵时也说过：其旗下人，"健丁颇多"[2]。或者正是基于此种认知，他谕令将尚藩中的"旧汉人"全部编入管领，或当兵食饷，或在辛者库当差；至于"新汉人"，则鉴别后区别对待，一部分合乎条件者编入管领，其余被淘汰者则编入拖克索（tokso，庄屯）。

第二，"尚藩"子弟妻孥。在没入内务府各色人员中，身份最特殊者当属"罪藩"与"罪臣"子弟妻孥。"罪藩"指三藩祸首，"罪臣"则指死心追随"三藩"，为其效尽犬马之劳而被清廷视为"罪大恶极"的军政要员。见于《内务府奏销档》记载，"罪藩""罪臣"主要有：吴三桂、耿精忠、尚之信、孙延龄[3]、尚崇谧[4]、

---

[1] 潘耒：《广南藩兵议》，贺长龄：《清经世文编》卷70《兵政一》，光绪十二年思补楼重校本。

[2] 中国第一历史档案馆整理：《康熙起居注》康熙二十二年二月初五日，中华书局1984年版，第952页。

[3] 孙延龄，隶汉军正红旗，早年迎娶定南王孔有德之女孔四贞，有宠于朝中。康熙四年出镇广西，任广西将军。康熙十二年吴三桂举兵叛清，康熙帝命孙延龄为抚蛮将军，与广西巡抚马雄镇一起镇守广西，但孙延龄于康熙十三年投向吴三桂，不久，孔四贞劝其反正，上书乞降，康熙帝准许，孙延龄准备叛吴投清。吴三桂计杀孙延龄与马雄镇。

[4] 尚崇谧，尚之信长子，娶大学士图海女，母耿氏，耿精忠长女。死亡时间不详，或与尚之信等同时处死。据尚久蕴《关东〈尚氏宗谱〉七修历程及其史学价值》中载：崇谧（字静伯，号默庵，清追于雍正十三年十二月十七日，以"乃参领兼佐领加二级尚维邦之祖父"为由，诰赠资政大夫，妣苏氏与何氏诰赠夫人。崇谧次子尚玉兴及妻宋氏在同一天诰赠资政大夫及夫人。之信的重孙尚维邦在同一天诰封资政大夫，妻那拉氏诰封夫人（李治亭、柳海松主编：《尚可喜及其家族研究》，第346页）。

内务府管领中的"尚藩"人口

吴应真①、谭天伦②、祖宏勋③、江元勋④、伪将军巴养元⑤、五什三等⑥。这些"罪藩""罪臣",或婴城固守以致身亡,或死心塌地战死沙场,或叛而复降终被清廷清算,而无论死因如何,其妻妾子弟乃至故旧,均难逃被抄家籍没并编入内务府为奴为仆的厄运。而其身份,亦比普通旗人卑贱。康熙帝曾谓:"全国大概无有不感激朕恩者。惟有包衣牛录、浑托霍(管领)内恶劣者,原系其祖宗为我祖先诛戮俘获为奴之卑贱者,与今旗人不同"⑦,即此之意。在前引档案中,内务府曾奏准将尚之信诸子侄并妻孥,包括与之关系密切的闲散妇人86人,编入管领⑧。然而数天之后,康熙帝又谕令终止此议⑨,即免于编入管领。不管这些人后来归宿如何,这一改

---

① 吴应真(u ing jen),应为吴三桂侄辈,身世不详。
② 谭天伦,四川总兵官谭宏之子。谭宏原为南明将领,顺治十六年降清,康熙十三年叛应吴三桂,降而复叛,康熙十九年死于达州。王先谦《东华录》(康熙三十年),康熙二十一年八月壬寅,刑部题:逆贼谭宏案内谭天伦等九人应即伏法。得旨:逆贼之子弟应照定例正法,但其中有身与其事行恶者,亦有无知牵累者,若概置于法尚觉可悯,谭天伦既系谭宏之子可即正法,陈朴等八人乃无知连累俱从宽免死,拨与盛京披甲新满洲为奴。清光绪十年长沙王氏刻本(参见《康熙起居注》同条,第889—890页)。
③ 原耿精忠麾下总兵官,三藩之乱中叛而复降,康熙二十一年正月处斩。
④ 祖宏勋,原耿精忠麾下总兵官,三藩之乱中叛而复降,康熙二十一年正月将其凌迟处死。
⑤ 巴养元,吴三桂麾下将军,康熙二十年清军破昆明城,巴养元等降,命械送京城,康熙二十一年正月将其斩枭示众(《康熙起居注》,康熙二十一年正月十九日,第813页)。
⑥ 五什三(ušisan),内务府包衣佐领下人,任经略莫洛标下总兵官,随征叛将陕西平凉提督王辅臣,投降。康熙二十二年三月被清廷处斩(《康熙起居注》,康熙二十二年三月,第973—974页)。
⑦ 《托和齐奏为检举奸佞折》,康熙四十三年正月初八日,中国第一历史档案馆编:《康熙朝满文朱批奏折全译》,中国社会科学出版社1996年版,第309页。笔者按,同页下注1,将"booiniru"译为"内府管领",误,应为"内府佐领";浑托霍(hontoho)意为"管领"。又,同书第1641页《步军统领托和齐奏报佛保等人劣迹折》,日期注为"康熙 年三月初四日"。结合上引文,知该折应系于康熙三十四年三月初四日。在托和齐折内,有"唯包衣牛录、浑托和下棍徒,本系斩其祖宗俘而为奴之贱人"语。
⑧ 内务府大臣图巴等:《为遵旨议奏事》,康熙二十一年二月初七日,《内务府奏销档》,胶片20,奏66册,第27—30页。
⑨ 内务府大臣噶鲁等:《为遵旨会议事》,康熙二十一年二月十三日,同上,第49—53页。

变至少说明,在处置"罪藩"子弟问题上,康熙帝对尚之信与其他"罪藩"是有所区隔的①。而此种态度,在其他记载中也不乏蛛丝马迹可以寻觅。

康熙十九年(1680)八月,康熙帝密谕:尚之信虽经犯法,伊等妻子不可令卑贱小人凌辱,应查明严禁,遣人护送来京②。护送到京以后如何安置?史书缺载。而据《尚氏宗谱》追述:尚之信妻子曾被"籍没入官",至四十一年(1702),帝始令"归宗完聚,仍赐田宅奴仆服役赡养"。据此来看,尚之信妻孥乃至近亲子弟即便未被编入管领,也还是被没入内务府,一直到二十年后始被开释。无独有偶,尚之信没入内务府的五女,亦同时获"特恩择配,复赐奴仆、妆奁"。此事不见于官书,只载于《尚氏宗谱》卷2《大房》。但从情理上讲,这种浩荡"皇恩"绝非尚氏宗裔敢于杜撰,当是实情。

康熙帝赐死之信,对其弟和硕额驸之隆、之孝等及所属人员却俱从宽免。多年后,复将之信、之节等"罪臣"嫡传子孙,特旨宽宥,不仅拔出内务府,重归家族,且出任世袭佐领③。乾隆五十年(1785)清廷举办"千叟宴",尚氏家族有五人参加,包括之信四世孙维纶、维枚④。均说明清廷在处置尚藩问题上,与对待吴、耿两藩确有区别。

究其原因:其一,在康熙君臣眼中,吴、耿、尚三藩,虽俱冠以"罪藩"之名,但罪恶程度有别。吴是肇事祸首,罪孽深重。康熙帝曾将他与耿精忠作比说:"吴三桂乃本身投诚之人,背恩反叛,自取诛戮。精忠祖父以来,受恩三世四十余年,非素蓄逆谋首倡叛

---

① 据敕谕载:尚之信耿精忠罪大恶极法应及族,但念尚可喜耿仲明航海归诚,著有劳绩,其兄弟俱从宽免罪,属下人有父兄子弟在贼中者一无所问。《清文献通考》卷151《王礼考》,文渊阁四库全书本。

② 《清圣祖实录》卷91,康熙十九年八月丙戌。

③ 尚崇璧:《平南敬亲王尚可喜事实册》,罗振玉编:《史料丛刊》,民国十三年铅印本,第30页下—32页下。

④ 柳海松、张扬:《尚氏家族与千叟宴》,李治亭、柳海松主编:《尚可喜及其家族研究》,第301页。

内务府管领中的"尚藩"人口

乱者比。"① 而与次等"祸首"耿藩相比，尚之信"罪孽"更轻，此即大学士明珠所云："耿精忠之罪较尚之信尤为重大，尚之信不过纵酒行凶，口出妄言，耿精忠深负国恩，擅自称帝，且与安亲王书内多有狂悖之语，甚为可恶。"② 其二，之信父可喜泛海归降之劳，尤为康熙帝所重，曾说：平南王尚可喜航海归诚效力行间，镇守粤东著有劳绩。在三藩四部中，唯有尚可喜始终秉持对清廷忠诚，即"当通城皆叛时矢志不移。临殁，犹被服太宗皇帝所赐朝衣，言虽死必葬于海州。倘有知觉，必效力于先帝。其忠诚之心、始终无二"③。康熙十九年（1680）八月，廷臣集议尚之信事。群臣咸以之信恶逆罪大，请置极典。康熙帝念其先人之劳，特赐自尽④。惩处力度，明显轻于其他两藩。说明清廷在惩处"罪藩"及其亲属的严厉程度上是有所区别的。这或者就是康熙帝否决将"尚藩"子弟编入管领之议，并在多年后加以宽宥的深层原因。同时又说明，"尚藩"妻孥虽未编入管领，但并未改变被没入内务府的宿命。由此，他们经历了由汉人藩王眷属沦为满洲皇室"罪籍"奴仆的痛苦过程。

第三，"尚藩"家人。指"尚藩"名下形形色色役使之人。在没入内务府的"尚藩"家人中，具有各种专业技能的工匠最受重视，见于档案记载者有：凉帽匠、裁缝、锃磨匠、箭匠、绣匠、雕刻匠、錾匠、铁匠、皮匠、弓匠、马医、玉匠、缝甲匠、酒醋匠、毡匠、木匠、累丝匠、玻璃匠、雕兰匠、背壶匠等。同受青睐的还有具有某项特殊技能之人，如尚之信头队中的牧丁、大夫（医生）、厨子、鸟枪手、鼓手、蹴球手、乐师、戏子等。当然，在尚藩家人中，各色工匠数量有限，为数最多的当属从事各种杂役的仆妇、差役，及寡妇、子女。

---

① 勒德洪：《平定三逆方略》卷1。
② 《康熙起居注》，康熙二十一年正月十八日，第812页。
③ 《清圣祖实录》卷96，康熙二十年五月甲子。
④ 潘耒：《广南藩兵议》，贺长龄：《清经世文编》卷70《兵政一》，中华书局1992年版。

第三编　旗民关系

清廷将尚之信赐死后,在广州曾发生都统赖塔、巡抚金俊与"钦差"刑部侍郎宜昌阿等沆瀣一气,瓜分尚藩巨额财产、隐没其"名下应入官妇女"的重大案件[①]。案情暴露后,清廷为杜绝此类现象,除严惩当事者外,特颁严旨:凡系逆犯应行入官匠役家属人口,有私带入京者,令首送到部。若已经私自放出为民者,亦令呈首。嗣后隐匿不首者,系官,交部从重议处。系平人,照例拟罪。其不行详查之都统等官,下部议处[②]。此道谕旨,实际反映皇帝与地方大吏、军事将领之间为争夺"尚藩"财产、人口而发生的明争暗斗与利益冲突。而清廷意旨,不外乎把上述人等在"抄家籍没"名义下编充到内务府,而不容臣属肆意侵蚀。

第四,"另立之人"。前引奏折内有"另立之人(enculeme ilibuha niyalma)等,先前既全部给还原主(da ejen),请将此另立之人亦照旧例给还原主"之句。"另立之人"一称含义不够清晰。从其词义推敲,应指尚藩麾下拥有独立户籍的"另户"[③]。这些"另户"既被勒令"给还原主",说明他们中很大一部分,原是满洲、蒙古人奴仆,早年逃出并归附于"三藩"属下。清朝入关初,满洲蓄奴制度发达,大批汉人奴仆不堪压榨,奋起逃亡。不少逃人辗转归入"三藩"旗下。顺治六年(1649),靖南王耿仲明南征广东,发生属下牛录章京魏国贤、旗鼓刘养正隐匿满洲逃人案。案发,清廷严谕定南王孔有德、靖南王耿仲明、平南王尚可喜:"朝廷及各王府并满洲下家人多被招诱,事甚的确,谕旨到时,王等即亲身严察,将所匿逃人尽行刷出。"[④] 耿仲明察出三百余逃人,解送京师,上疏请罪。廷议仲明当夺爵。时清廷尚依耿藩之力征广东,乃谕命宽

---

① 《康熙起居注》,康熙二十一年十月二十三日,第914页;康熙二十一年十一月初十,第918页;《清圣祖实录》卷114,康熙二十三年三月癸酉。
② 《清圣祖实录》卷112,康熙二十二年九月癸酉。
③ "另立之人"是满文"enculeme ilibuha niyalma"的直译,推敲其含义,应指尚之信麾下拥有独立户籍的属人,犹如八旗户籍中"另户"(或称"正户""分户")。参见拙文《八旗户籍中的旗下人诸名称考释》,《社会科学辑刊》1987年第3期。
④ "中研院"藏:《内阁大库档案》,《皇父摄政王敕三王刷出所匿逃人稿》,顺治六年,编号:164074—001。

内务府管领中的"尚藩"人口

宥之,只将当事兵丁正法①。十一月,耿仲明行至江西吉安府,尚未接到清廷宽宥之旨,惴惴不安,竟畏罪自尽②。七年(1650)正月,清廷又以平南王尚可喜、靖南王耿仲明率师征广东时,隐匿旗下逃人千余名。刑部鞫实,议削尚、耿王爵,各罚银五千两。得旨:尚可喜、耿仲明等有航海投诚功,免削爵,各罚银四千两。③其时,耿藩已畏罪自尽而清廷尚未得知。耿、尚等王部下,均系辽东汉人,而八旗满洲役使的汉人奴仆,绝大多数亦为"辽东旧人"。两者之间,难免有盘根错节的亲友关系。这应是耿、尚部下不惜铤而走险,隐匿众多逃人的缘故。清廷对此类案件一向严惩不贷,只是基于策略考虑,才暂且决定对两藩网开一面。但从耿藩畏罪自尽结局不难看出,"隐匿逃人"案发,引起他内心无法承受的惶惧。不久,又查出广西巡抚郭肇基、游击戴清音携带逃人53名案件。郭肇基等不具有耿、尚两藩的显赫权位,被清廷下令处死,家产籍没。④

一旦清廷平定"三藩",逃人问题再度引起清廷关注。前引奏折规定将此类人查出后"照旧例给还原主",而并非没入内务府。说明在逃奴所有权问题上,满洲君臣民之间,具有高度共识。这是清初统治者刻意维护满洲奴主利益的一项既定国策。康熙帝给出的理由是:"满洲生理全系家仆,查缉逃人不可不严。"⑤为缉捕藩下逃人,清廷不惜重惩窝主,同时加重对地方官员的考成和处分。解送逃人,对沿途地方官民造成严重骚扰,"最为民害"⑥。这种现象的蔓延,不妨视为清初满洲蓄奴制的一次回光返照。

以上,以"尚藩"为对象,考察其人口没入内务府的情况。与此前后,吴藩、耿藩残余人口,也被编队北迁,关于其安插情况,

---

① 《清世祖实录》卷46,顺治六年九月己巳、甲申、十一月壬午。
② 赵尔巽等撰:《清史稿》卷234,第31册,第9406页。
③ 《清世祖实录》卷47,顺治七年正月己卯。
④ 《清世祖实录》卷47,顺治七年六月己亥。
⑤ 《康熙起居注》,康熙二十年十月二十九日,第771页。
⑥ 《康熙起居注》,康熙二十年十月十四日,第763页。

仍有待更多史料的挖掘①。

二　管领下"尚藩"人口的分布与处境

　　管领是内务府的重要组成部分。清初，八旗分上三旗与下五旗，前者为皇帝自将，后者为各旗王公领有。在上三旗下五旗分治情况下，各旗所属包衣随之析为两个系统：上三旗包衣称"内务府属"或内府旗人，为皇家私属，编为内务府镶黄、正黄、正白三旗（俗称内三旗）。下五旗包衣称"王公府属"，为各王公私属②。内三旗与八旗（俗称外八旗），是既有联系又互相独立的两个组织体系。内三旗的组织结构与外八旗有所不同。内三旗以下，各设内参领；内参领下设内府佐领、旗鼓佐领、内管领。内府佐领，即皇帝所有满洲佐领，成分为满洲人员；旗鼓佐领即皇帝所有汉人佐领（或曰汉军佐领）③，成员由关外入旗辽沈旧汉人编成。内管领（hontoho，直译珲托和），长官亦称管领（booi da，直译包衣达，又译管领）④。主要负责内廷承应供用等事，以及洒扫糊饰，各仓库收储，监造酒醋、克食，冰窖藏冰，护军兵丁人等饭食。成员复杂，包括包衣、太监、匠役、兵丁、执事人（拜唐阿，即无品级当差人），其中一部分来源"罪籍"奴仆。身份最卑下者为"辛者库人"⑤。

---

　　① 可参考《康熙起居注》，康熙十九年十月十三日，提及自闽省搬移耿精忠家口事，第624页；同上，康熙二十二年四月初六日，记载吴三桂属下搬移，以及康熙帝"速令陆续就道"事，第984页。
　　② 福格：《听雨丛谈》卷1《八旗原起》，中华书局1984年版。
　　③ 奕赓：《寄楮备谈》（《佳梦轩丛著》，北京古籍出版社1994年版）说："内务府三旗汉军佐领，俱名旗鼓佐领，旧作齐固佐领。"伊桑阿等：《大清会典》卷153《内务府五》（康熙二十九年内府刻本），又把"旗鼓佐领"，直接写为"（内务府）汉军佐领"。
　　④ 康熙朝《增订清文鉴》："booi hontoho be kadalara hafan be booi da sembi"；乾隆《五体清文鉴》第1317条，与管领对应的满文亦为"booi da"。
　　⑤ 有关管领下辛者库人研究，见祁美琴《清代内务府》，中国人民大学出版社1998年版，第50页；王道瑞：《清代辛者库》，《历史档案》1983年第4期；定宜庄、邱源媛：《清初"浑托和"考释》，《燕京学报》2010年第5期。

内务府管领中的"尚藩"人口

内务府三旗的形成，是满洲皇帝独掌三旗，并在八旗中确立经济、军事、政治绝对优势的产物。同时，保留着满洲早期社会蓄奴制残余。康熙帝平定"三藩"，将大批"罪藩"人口编入内务府，不能不对其规模、结构产生深刻影响。内务府三旗初设满洲佐领9，旗鼓佐领12，高丽（朝鲜）佐领1，管领20。康熙三十四年，增至满洲佐领15，旗鼓佐领18，朝鲜佐领2，管领30[①]。

据笔者对《内务府奏销档》初步考察：在内务府30个管领中，至少有23个管领安插有"罪藩""罪臣"家人[②]。因相关档案仅看到3件，因此不排除其余7个管领亦安插有"罪藩"家人的可能。此30管领，从清初至康熙三十四年，有一个逐渐扩编的过程[③]。随之产生的一个问题是："罪藩"家人编入管领既在康熙二十二年（1683）前后，为何又见于《八旗通志初集·旗分志》所载康熙三十四年（1695）编设管领中？合理的解释应该是，这部分人在编入管领后，曾经历从旧管领中分析出新管领的转变。

在前举23个管领中，已知安插单一"罪藩"家人的有8个，而其他15个管领则是"三藩"家人的混杂安插。再者，23个管领中，安插尚之信家人的20个，安插吴三桂家人的8个，安插耿精忠家人的7个，安插孙延龄家人的2个。此数据虽不完整，却足以说明：尚藩家人在管领内安插范围最广，人数也最多。

对于上述推论，不妨援举数例以为佐证：康熙二十二年（1683），清廷选取内务府管领下33名10—13岁女孩学习乐器，名单中出自尚藩家人的女孩26名，出自吴藩、耿藩、孙延龄家人的

[①] 鄂尔泰等：《八旗通志初集》卷41《职官志八·内务府》，东北师范大学出版社1985年版。

[②] 详见本文附表《内务府管领下三藩人口分布表》。

[③] 管领一词，源起于"掌官防内管领处"，是隶属内务府的机构："掌供在内之物役。凡宫中之事，率其属而听焉"。其设置，据《清史稿》记，初置内管领8人。顺治三年（1646）增4人，十一年（1654）又增8人。此后康熙二十四年（1685）增4人，三十年（1691）增3人，三十四年（1695）增3人。共30人。雍正以后，管领数又有变化（参见《都统德普等奏报内府佐领管领及佐领骁骑校等数目事折》，雍正二年十一月十一日，中国第一档案馆译编《雍正朝满文朱批奏折全译》，黄山书社1998年版，第968—969页）。

女孩只有6名①。另据盛京《黑图档》，康熙二十二年"因罪拨给"盛京粮庄充当壮丁的三藩家人共计34户219名口，分散在11个粮庄内。其中，尚藩家人最多，30户190名口；耿藩家人1户7名口，吴藩家人2户17名口；巴图鲁公②家仆1户5名口。这些壮丁，只是编入庄屯"罪藩"家人中的一部分而非全部③。上述事例均说明：在没入内务府管领、庄屯的"罪藩"家人中，尚藩旧属为数最多。这与前述三藩余部中以尚藩人口最多的情况，显然一致。

内务府管领与庄屯中，虽均安插有"因罪籍没壮丁"（罪籍奴仆），实际处境却多有不同。管领下人主要居处京师皇城，在内务府驱使下，充当各种杂役。庄屯下人（包括庄头、壮丁、家口）则分布在畿辅及关外盛京等地庄屯，从事繁重的农业生产，并承担各项差役。如前述，清廷籍没尚藩家人，对何者编入管领何者编入庄屯，有着明文规定④：属"旧人"之列的蒙古人、朝鲜人并其全家，均编入管领；"旧汉人"，包括置买奴仆，无论男女长幼，成家或单身，亦悉数拨入管领。至于"新汉人"，则交内务府鉴别，凡鉴别合格者编入管领，不合格者交拖克索（tokso）安置。

如果进一步考察管领内部，各类人员之间同样存在身份差异与分工。一类为身强体壮、具有军事技能壮丁，挑取护军、披甲；一类为有家室子女的成年男女，按月领取一两钱粮、口米，即"辛者库"人；一类为年轻妇女（寡妇或单身），除供内务府役使，还作为清廷"赏婚"的人员储备，即必要时经皇帝"钦准"，许配旗人；再一类，10—13岁聪慧女孩，在宫廷太监看守调教下

---

① 内务府大臣：《为遵旨选取女孩学习乐器事》，康熙二十二年四月十八日，《内务府奏销档》，胶片20，奏67册，第272—279页。
② 康熙八年（1669）五月，辅政大臣、一等公鳌拜，被康熙帝玄烨捉拿问罪。鳌拜曾以军功赐"巴图鲁"号，故有"巴图鲁公"之谓。
③ 佟永功、关嘉禄：《满文档案与尚可喜研究之二例》，李治亭、柳海松主编：《尚可喜及其家族研究》，第135、137—138页。
④ 内务府大臣噶鲁等：《为遵旨会议事》，康熙二十一年二月十三日，《内务府奏销档》，胶片20，奏66册，第49—53页。

学习各种乐器，以供内廷服侍。① 以下，就四类人员简况分别考述之。

（一）披甲人

尚之信头队北迁后，康熙帝谕令：将其中的蒙古人②、旧汉人，包括置买旧人（udaha fe urse），挑取管领下披甲、护军。清制，内三旗旗人，除担任内廷供奉亲近差使，专供驱使外，亦如外八旗人，有按丁披甲义务。其中，满洲、朝鲜佐领，披甲人各89名（或90名）；旗鼓佐领，披甲人各59名；管领，披甲人各89名③。兵种为前锋、护军、骁骑（马甲），均分别编营。清中期，内三旗护军营额兵1065人，前锋营额兵1114人，骁骑营额兵5250人④。均布列皇城内，各按旗分，星罗棋布，拱卫皇宫，是直属皇帝的亲兵。

挑取披甲、护军，按规定领取粮饷，俗谓"钱粮"，包括月饷（每月发放一次）、季米（每季度发放一次）。顺治初年定，前锋、护军、领催、马甲（马兵），每名月给饷银二两，匠役每名月给饷银一两。六年（1649）定，步甲（步兵）月给饷银一两。九年（1652），前锋、护军饷额各增加一两。康熙初年，财政状况渐宽裕，提高饷额：前锋、护军、领催，月饷四两，马兵月饷三两。此规定实行不久因有对"三藩"军事行动，饷银减发一两。"三藩"动乱结束后，恢复旧饷额。季米发放分旗定期，屡有变动。康熙年间定：前锋、护军、领催、马兵，每年饷米46斛；步兵每年饷米

---

① 内务府大臣图巴等：《为遵旨议奏事》，康熙二十一年二月初七日，《内务府奏销档》，胶片20，奏66册，第27—30页；内务府大臣噶鲁等：《为遵旨会议事》，康熙二十一年二月十三日，同上，奏66册，第49—53页；内务府大臣：《为遵旨选取女孩学习乐器事》，康熙二十二年四月十八日，同上，奏67册，第272—279页。

② 需要补充说明的是：内务府曾奏请将尚之信、耿精忠、吴三桂家下蒙古全部编入管领披甲，而康熙帝最终决定只择其骑射优长者，见内务府大臣图巴等《为请旨事》，康熙二十二年五月二十日，《内务府奏销档》，胶片20，奏67册，第379页。

③ 托津等：《大清会典》卷77，嘉庆二十三年武英殿本。

④ 允祹等：《大清会典》卷91，乾隆二十九年武英殿本。

22 斛。以上为经常性粮饷，即时人所称"坐粮"。此外，养马有马银（马干草料），出征有行装银、盐菜银、出征口粮。① 由此可知，"罪藩"家人编入管领，一旦获取披甲资格，待遇较高，收入亦较稳定。

（二）辛者库人

管领兵额有限，按照每管领 89 名估算，30 个管领，也不过 2670 名甲缺。因知，编入管领的"罪藩"家人，大部分还是充当各种劳役。康熙二十一年（1682）二月十三日谕旨称：尚之信家人中的"成对人等（juru urse），按管领下人等级各给一两钱粮、口米"。此即管领下"辛者库人"（辛者库奴仆）。康熙《增订清文鉴》将"hontoho"释为："booi da i kadalahangge be hontoho sembi"；而康熙《清蒙文鉴》卷 2 则在前引释词基础上补充了一句："geli sin jeku jetere aha sembi"（第 14 页下）。此种解释，对后人显然造成某种误导。其实，"booi da i kadalahangge（直译：包衣达所管理者称珲托和）"，是指管领（hontoho）长官（booi da，亦称管领）所管辖的全体成员；而"sin jeku jetere aha"，则指管领中一部分依靠每月"一两钱粮、口米"的"辛者库"奴仆，两者不应混为一谈。正如有学者所指出的：辛者库人是"罪籍奴仆"，其成分有汉人，也有满洲；除没入管领，亦见于上三旗包衣佐领（内府佐领）、下五旗王公府属佐领，以及内务府庄屯②。

顺康年间，辛者库人主要来源为八旗"罪籍奴仆"③。一个典型例子是名将王辅臣，顺治年间曾任八王阿济格侍卫，八王得罪死，辅臣没入内务府辛者库。康熙初年陛见，特旨放出辛者库，改

---

① 陈锋：《清代军费研究》，武汉大学出版社 1992 年版，第 59 页。
② 王道瑞：《清代辛者库》，《历史档案》1983 年第 4 期。
③ 尹泰等：《大清会典》卷 151《刑部三》（雍正十年内府刻本）："凡旗下应入官之人，令入各旗辛者库。其内府佐领人送入官者，亦照此例入辛者库。辛者库人犯入官之罪者，照流罪枷责结案。"

隶旗下。后以战功擢为陕西平凉提督①。同期，还有一些军政官员（主体是旗员），因"叛降""贻误战机"、严重"失职"、阵前"败遁""脱逃"等罪名，本人受到重处，籍没家产，妻子与未分家子则没入内务府为奴②。与前述八旗"罪籍奴仆"不同的一点是，本文所考没入辛者库的"尚藩"人口主体为民籍，他们因家主"反乱"罪而被集体籍没，不仅人数集中，且数额巨大。这与雍乾年间，辛者库人主要来自因经济犯罪而被抄没的"罪官"家属，情况也有不同。

与内府佐领、管领下挑取披甲、护军的包衣（奴仆）相比，辛者库奴仆身份地位明显低下。前文已述，管领下真正有资格和机会挑取甲缺的包衣较少，大多数从事各种劳役。在内务府各色包衣中，辛者库人身份最低。这不仅因为他们是"因罪籍没"，罪名最重；且因为与其他拥有或多或少财产的内府奴仆相比，其财产在被籍没时已全部入官，并因此沦为完全依靠"一两钱粮、口米"勉强为生的皇家奴仆。在政治方面，他们的身份同样最低。奕赓《寄楮备谈》："辛者库，乃半个佐领下食口粮人也，起初原系家奴，向例不许为官，内府俱贱视之。"奕赓所说"食口粮人"，即"辛者库"奴仆。清廷不仅禁止其做官，还禁止其子弟参加科举考试。

与管领下辛者库人地位接近并人数众多者，是安插内务府庄屯的壮丁。庄屯壮丁隶属内府佐领，在山海关内、盛京内务府粮庄中，安插有三藩籍没人口③。康熙二十一年（1682）以后，内务府籍没尚藩家人，将条件较差不够编入管领资格者编入庄屯，还有一

---

① 刘献庭：《广阳杂记》卷4，中华书局1957年版，第182—185页。
② 《康熙起居注》，康熙二十年二月十五日，第667页；同上，康熙二十一年十月十八日，第913页；同上，康熙二十二年二月十一日，第958页；同上，康熙二十二年三月初八日，第965页。
③ 关于三藩人口安插盛京内务府庄屯事，见佟永功、关嘉禄《盛京内务府粮庄述要》，《历史档案》1995年第1期；《满文档案与尚可喜研究之二例》，李治亭、柳海松主编：《尚可喜及其家族研究》，第133—139页。

部分人拨往边外充当站台壮丁①。关于这些人的处境，内务府档案中多有披露，在此不赘。

（三）女性及眷属

在编入管领的"罪藩"人口中，很大一部分是女性。她们中间，除大部分派充内务府各种差役，还有一些人，以其特殊际遇，而形成某种特例。

（1）"罪藩"女孩，赏给衣物。康熙二十一年（1682）五月二十一日，御前二等侍卫海青（haicing）传谕："尚之信、耿精忠曾系朕怜爱之人，此正法之人，女孩何罪之有？著将女孩给予体面（derenggeken）处，伊等所穿衣服酌情给予度日具奏。"内务府遵旨议奏：尚之信女孩6，耿精忠女孩3，共9女孩，赏给抄家之棉绸衣服各二等，夹衣各一等，单衣各一等，麻衣各一等，绸被褥各三等。奉旨："著照所议。"②这说明，康熙帝在将尚藩、耿藩家女孩没入内务府初，曾谕令将其与罪藩本人加以区别，并赏给衣物。此一做法，与康熙帝多年后对尚藩妻子、儿孙网开一面，予以宽宥，撤出内务府，恢复名誉，是否有一定联系，待考。

（2）"罪藩"（"罪臣"）女孩，教习乐器。康熙帝谕令从管领下选出33名年幼女孩，以11人为一部，在掌仪司太监调教下学习

---

① 萨英额：《吉林外纪》说：驿站当驰送文报差使，称"站丁"；边台当查边、设立栅濠差使，称"台丁"。康熙二十二年，将三藩人口安插站台事，见孟宪振等译满文档案《康熙年间吉林至爱珲间的驿站》，《历史档案》1982年第3期；《尚书尚崇廙等议奏驿站男丁不宜考试生员折》，雍正八年六月十八日，中国第一历史档案馆编：《雍正朝满文朱批奏折全译》，黄山书社1998年版，第1985—1986页；又见《清史列传》卷80《逆臣传·吴三桂》（中华书局1987年版）："逆藩家口充发关东者络绎而来，数年始尽，皆发各庄头及站道当差"云；西清：《黑龙江外纪》卷3："吴、尚、耿三藩旧户，站上居多，皆无仕进之例，不应役则自食其力。"康熙年间，平定"三藩"，将其余部调入东北，充当驿站站丁。因此种调动带有一定惩罚性质，故有不准仕进之规定。站丁待遇低于旗兵的另一依据，是旗兵有饷站丁则无。站丁经济来源：当差之余，用官牛垦荒种地，不须纳税。参见刘小萌《吉、黑、辽三省清代遗迹的考察》，赵志强主编：《满学论丛》第5辑，辽宁民族出版社2015年版，第273、276—277、282—283页。

② 内务府大臣图巴等：《为遵旨赏给衣服事》，康熙二十一年六月初五日，《内务府奏销档》，胶片20，奏66册，第115—116页。

| 内务府管领中的"尚藩"人口 |

乐器。二十二年（1683）四月十八日上谕：

> 取三十三个女孩，分为三部教习，取南方人甚好。所用乐器、居住学习之房，俱著内务府大臣办理，派掌仪司体面首领太监阅看教习，看守照管，取紧要物件，衣食等物，著顾（gu）太监转奏，钦此。①

内务府掌仪司职掌宫内各项祭祀仪礼，下设中和乐处，负责内廷奏乐。康熙帝派掌仪司首领太监掌管教习事宜，说明教习33名女孩的目的就是为了日后承应宫中奏乐。她们的年龄在10—13岁之间，全系罪藩、罪臣家人之女。按康熙帝"取南方人甚好"的旨意，33名女孩籍贯以南人为主：广东20人、湖广2人、辽东7人、山东1人、江南1人、江西1人，另有1人籍贯不详。

每名女孩所习乐器，均预先指定，包括三弦（tenggeri）、二弦（el hiyan）、筝（yatuhan）、琵琶（fifan）、提琴（ti kin）、胡拨（hū boo）、押琴（yakin）、八角鼓（ba giyo gu）、札板（carki）、云锣（fila）②。这些弹奏乐器，以汉人传统乐器为主，也包括满人萨满祭祀神器演变来的乐器（如札板）。这集中反映了康熙年间宫廷乐器的某些侧影，具有满汉文化杂糅特色。

在中国历史上，宫中设女乐以服务于最高统治者的制度起源甚早。统之以教坊司则始于唐。明代，女乐隶属礼部教坊司，多是战败或被罚官员妻女。降及清初，顺治帝谕令停止使用女乐，改用太监③。但印证康熙帝谕令选取"罪藩"（"罪臣"）女孩由掌仪司太监教习乐器一事可知，顺治帝废除女乐之谕并未完全落实，女乐之

---

① 内务府大臣：《为遵旨选取女孩学习乐器事》，康熙二十二年四月十八日，《内务府奏销档》，胶片20，奏67册，第272—279页。
② 关于这些乐器的形制与特点，以及清初内务府掌仪司女乐废止问题，笔者另有专文《康熙二十二年内务府"罪藩"女孩习乐考》，《北京社会科学》2018年第5期。
③ 俞正燮：《癸巳类稿》卷12《除乐户丐户籍及女乐考附古事》，清道光日益斋刻本。

制彻底自清宫内销声匿迹,应在乾隆帝即位伊始①。

(3)"罪藩"("罪臣")妇女,赏给旗人为妻。没入内务府"罪藩"人口中,多为女性,她们年龄不同(或成年已婚,或丧偶守寡,或单身女孩),原有身份从贵族到使女,差异明显。如前述,清廷除将其大部编入管领从事各项劳役,又根据不同情况,将其中一部分赏给旗人为妻。受赏旗人身份不一,主要有如下几类:

一类,单身管领下人、贫乏庄头园头及额丁。康熙二十二年二月,内务府大臣为处置"被抄家人"一事议奏称:尚之信妾陈氏、张氏、李氏,魏普妻吴氏,侍卫郭襄妾杨氏,吴三桂家持锁钥妇人等6人(共11人)已遵旨"收揽";请将户部取来单身妇女、女孩109名,平均分给20个管领,作为"单身管领下人""贫乏庄头、园头"之妻……16岁以下14岁以上女孩6名、其他女孩50名、女乐9名,一并"收揽";给予乌拉人丁所余妇人26名,俱系弱者,查庄屯内无妻额丁配之。奉旨:"著照所议。"②

一类,管领下穷旗人。正白旗包衣苏尔德佐领衮代(浑带)管领下骁骑校阿赖(alai),因无力娶妻呈称:欲娶妻而家甚贫,大人若怜,请将被抄家尚之信家寡妇陈氏赏吾为妻。内务府大臣奏上,奉旨:"著娶之。"③

一类,内廷侍卫与旗员。二十二年五月十五日,内务府大臣奏:"领侍卫内大臣为蓝翎侍卫达尔楚(darcu)娶妻一事具奏,业交臣等,请将收揽之妇人、女孩使达尔楚阅看,奏请给予。"奉旨:"并无令达尔楚阅看一事,著将收揽之妇人、女孩酌情列名具奏。"

---

① 详见笔者《康熙二十二年内务府"罪藩"女孩习乐考》,《北京社会科学》2018年第5期。
② 内务府大臣噶鲁等:《为会议办理抄家人事》,康熙二十二年四月二十日,《内务府奏销档》,胶片20,奏67册,第304—307页。
③ 内务府大臣噶鲁等:《奉旨为骁骑校阿赖娶妻事》,康熙二十二年十月十三日,《内务府奏销档》,胶片20,奏67册,第199—200页。

内务府管领中的"尚藩"人口

内务府原拟选取管领下妇女供达尔楚阅看，显然有违帝旨，予取予求之权本应掌控在皇帝手中，而非年轻侍卫。内务府遵旨，于次日列出备选名单：尚之信家使唤妇人陈氏，二十六岁，广东人；尚之信闲散妇人陈氏，二十六岁，大同人；尚之信闲散妇人张氏，二十五岁，福建人；已正法江元勋妾高氏，三十八岁，福建人；伪将军巴养元次子巴启全妻曹氏，三十二岁，辽东人。内务府将此辈名氏逐一书写绿头牌，呈上御览。奉旨："著将抄家之内满洲、蒙古妇人查奏。"康熙帝对备选名单显然不太满意，因备选妇女清一色汉人，故谕令查找被抄家人中的满、蒙妇女。

五月十五日，内务府大臣再次奏称："五什三（ušisan）闲散妇人孙氏，二十七岁，辽东人；杨氏，二十一岁，蒙古；陈氏，二十八岁，辽东人；陶迈管领耿精忠家陶珲（tohūi）寡妇，三十五岁，蒙古，并十四岁男孩一；阿林管领耿精忠家班布什（banbusi）寡妇，三十七岁，蒙古，并十三岁男孩一，七岁女孩一；五十八管领耿精忠家杨三宇（yang san ioi）寡妇，四十二岁，蒙古，并十八岁男孩一，十六岁男孩一，十岁男孩一。"奉旨："著从中取来（dolo gaju）。"当日又奏：已将绿头牌交批本禅带（candai）。奉旨："五什三闲散妇人孙氏，著交蓝翎侍卫达尔楚。"[1] 耐人寻味的是，康熙帝虽谕令从被抄家人中选取满、蒙妇女，但在内务府所拟候选名单中却无满洲妇女，或说明被抄家人中确实没有合适人选。再者，康熙帝虽谕言选取满、蒙妇女，但他最后圈定的人选既非满洲，也非蒙古，而是二十七岁辽东汉人孙氏。孙氏原主五什三，原系王辅臣麾下叛将，此前两个月已被清廷处斩。孙氏既属"旧汉人"奴仆，把她赐给侍卫达尔楚为妻，在康熙帝眼中，也顺理成章。一位被籍没为奴的汉人妇女经皇帝钦定嫁年轻的满洲贵族为妻（或为妾），这虽然只是特例，却也蕴含着不少有待深究的内容。

无独有偶，数月之后，康熙帝又下达一道谕旨。二十二年八月

---

[1] 内务府大臣图巴等：《为赏给蓝翎侍卫达尔楚妻子事》，康熙二十二年五月十五日，《内务府奏销档》，胶片20，奏67册，第355—358页。

二十日，内务府奏称，本月内给二等侍卫额科图里（ekturi）、护军禅博伊（camboi）、预备打牲事项沃伦（weren）等妻事，业已具奏。奉旨："著给伊等被抄家人各一对。"故此，将被抄家人内尚之信家缝甲匠刘遂第（lio sui di）二十九岁，妻张氏二十五岁，男孩阿阳（a yang）六岁，乳儿一，母张氏六十四岁；放鸟枪刘克业（lio ke ye）四十三岁，妻陈氏四十岁；铁匠陈东升（cen dung šeng）四十二岁，妻张氏三十五岁，女孩瓜妹（guwa mei）十岁，母冯氏，七十六岁。请将此三对人给额科图里（ekturi）等，每人各给一对。"书写绿头牌呈奏。奉旨："著给之（bu）。"①

这三对人，实际是老少三代共组的3户家庭。康熙帝谕令将他们赏给额科图里等3人，后者应是清帝眷顾的近侍之人，故而才有赏庸酬功、沐浴皇恩的特例。内务府具奏初衷，原是请皇帝赏给3人妻子（也可能是奉旨议奏）。最终结果却是，康熙帝授意"给伊等被抄家人各一对"，即并非赐给3人妻子，而是赏给具有某种技能（裁缝、放鸟枪、铁匠）的家人。这些被抄家人被皇帝转赐，仍旧保持家庭的完整，说明即便是身份卑贱的内府奴仆，其身份也有别于真正意义的"奴隶"。他们被皇帝赐给新主，奴仆身份并没变化，改变的只是人身隶属。

（4）"罪藩"家人，以户为单位赏给公主作陪嫁人。雍正七年（1729）十二月十二日内务府奏，先前臣等衙门奏称：给喀尔喀王丹津多尔吉（danjin dorki）之子台吉多尔济色布腾（dorki sebten）指婚之四公主，将于本年腊月二十七日出嫁，请照从前已嫁额驸观保之淑慎和硕公主（mergen ginggun hošoi gungju）陪嫁之例给予。遵旨，依议。雍正四年（1726）腊月，淑慎公主下嫁额驸观保时，俱将"三反叛抄没家人"（ilan fudaraka talaha boigon niyalma）女孩10，人户10，及入官并存留三等庄1、半分庄1作为陪嫁。至此奏准，陪嫁四公主女孩10、人户10、庄2，亦照给予额驸观保之例选

---

① 内务府大臣图巴等：《为请旨事》，康熙二十二年八月二十日，《内务府奏销档》，胶片20，奏67册，第80页。

给。所选女孩10、人户10、2庄头名字,另附汉字折《挑选女子人口庄头花名册》①。

"三反叛抄没家人"与"三罪藩籍没家人"同义。文中四公主,指怡亲王胤祥第四女,雍正年间抚养宫中,封和惠和硕公主。雍正七年(1729)十二月,嫁喀尔喀博尔济吉特氏世子多尔济色布腾。淑慎公主,指理密亲王允礽第六女,雍正年间抚养宫中,封淑慎和硕公主,雍正四年(1726)十二月,嫁科尔沁博尔济吉特氏贝子观保②。作为两公主陪嫁的,各为女孩10人、人10户、三等庄1、半分庄1。说明康、雍年间公主下嫁,清廷均从内务府被抄家人中选取陪嫁人。在奏折附《挑选女子人口庄头花名册》中,还注明所选女孩10、人户10的旧有隶属关系,即吴三桂家人9,尚之信家人8,耿精忠家人3。值得注意的一点,10女孩子之父,以及另外10户的男性家长,多数具有一定专业技能:菜库库首、酒醋匠、毡匠、木匠、鸟枪披甲、医生、仓上人、牧丁、裁缝、裱匠、累丝匠、门隶、玻璃匠、绣匠、雕兰匠、背壶匠。显而易见,内务府选拔他们陪嫁,不能不考虑到公主下嫁蒙古贵族后的生活所需。

以上数例,从不同侧面反映了内务府管领下女性的特殊经历。她们人数很少,经历奇特。但至少说明一点,即同样是管领下女性,且同样身份卑微,但在实际生活中的处境和出路,却可能有种种不同,远不如以往人们理解的那么简单。

三 结语

"三藩"之乱平定后,三藩余部,首先是战乱中未受重创的尚

---

① 《总管内务府奏为四公主下嫁多尔吉色布腾核定陪嫁女子人口庄头数目事折》(附《挑选女子人口庄头花名册》),雍正七年十二月十二日,《内务府奏销档》(雍正朝),档案号:177—840、177—846。

② 杜家骥:《清朝满蒙联姻研究》附录一《满蒙联姻总表》,人民出版社2003年版,第625—626页。

藩，仍保有雄厚实力。如何安置尚藩降众，成为摆在康熙帝君臣面前的一道难题："平南藩下旧有卒万人，既诛之信，其军未有所属，措置之道，言人人殊。"当时最有力的一条建议，是将其麾下尽徙京城，分隶八旗，但实施此议又有"四善三难"。"四善"姑且勿论，所谓"三难"乃曰：彼一军之居岭南四十年，于兹买田宅结婚姻长子孙与土著无异，一旦驱之去安乐之土，就转徙之地，保无有愁苦怨咨环视而偶语者乎？其难一也。一军万人，通计家口不下数万，自广至京不下七八千里，水搬陆运舟车之力为费不赀，时绌举赢，能令措办无扰于民乎？其难二也。近畿之地悉为庄屯，圈田占房，为民大病。就令行赍居送安然至京，数万之众何以处之？其难三也[①]。正是因为存有如上数难，清廷经反复斟酌，安插三藩余部，主要采取如下措施：

（1）根据对象，酌情安置。或编入八旗驻防，或编为汉军佐领，或安插驿站、边台，或编入内务府管领、庄屯。尚、耿二藩麾下，均有一部分迁往京师或东北，编为汉军佐领[②]。康熙二十年（1681）九月，将额驸耿昭忠、耿聚忠家丁编为五个佐领，令在京佐领管辖[③]。二十二年，将尚可喜子侄从广东迁入京师，归隶汉军旗下；复将家下壮丁编立额驸尚之隆、尚之孝弟兄"养赡家口"的"福朱力佐领"（勋旧佐领）5[④]，在海城编守墓佐领2[⑤]。编此佐领之目的，一是"当差效力"，二是"养赡家口"。同时，将尚藩麾下绿营兵划归广东巡抚；将15佐领官兵，划归广州将军，作为八

---

① 潘耒：《广南藩兵议》，贺长龄：《清经世文编》卷70《兵政一》。
② 此方面研究见杨学琛《平南王尚可喜及尚府庄园》，滕绍箴：《论尚可喜家族旗籍认同问题》，［日］细谷良夫：《清末的汉军旗人——围绕尚氏一族》，均载李治亭、柳海松主编《尚可喜及其家族研究》。
③ 中国第一历史档案馆整理：《康熙起居注》，第756页。
④ 杨学琛：《平南王尚可喜及尚府庄园》，李治亭、柳海松主编《尚可喜及其家族研究》，第202—203页。
⑤ （康熙）二十年冬十二月葬王于海城县南。赐守墓闲散佐领二员，以司祭享之事，世袭罔替。又赐海城房屋地亩安插家口人丁。（张允格编：《续元功垂范》，第14页下15页上）。

内务府管领中的"尚藩"人口

旗驻防①。至于"罪藩"眷属家人,则作为"籍没人口",移往京师、盛京等地,分别编入内务府管领、庄屯。上述安置方式不仅彻底化除"三藩"余部尾大不掉隐患,同时满足了清廷自身需求,包括在东南沿海、东北边疆的军事布防与驿站边台建设。总体看,不失为清朝统治由大乱走向大治的一项卓有成效的战略措施。

(2)安置原则,"分散各处"。康熙二十年(1681)底,清廷会议将叛而复降的马承荫等五十二人皆革职,家口一并编入包衣佐领。君臣得出的一个共识是:"此等凶恶之徒,不可同聚,当行解散……此辈恶类令其聚集,有何益耶?俟众人家口俱到之日,或发八旗包衣佐领,或赏给贫穷护军骁骑,或分散各处。"安置原则是:"将此辈分散,不宜仍隶伊属。"②即从横、纵两方面隔断其旧有联系。基于此,对三藩余部中"逆类",无论安置旗下还是内务府,均采取"分散各处"原则,以避免聚众为乱的隐忧。

(3)在三藩余部中,笔者最关注的是没入内务府"罪藩"人口,其中又以尚藩人口为最。其身份属"罪籍奴仆",数量大,成分复杂,地位低下。其成分包括:"新""旧"汉人,"罪藩"子弟,各色家人及眷属。清廷对这部分人的安置方式:"旧汉人"、蒙古、朝鲜人的全部以及"新汉人"之一部编入管领,其余编入山海关内、盛京等处拖克索(庄屯),或充边外站丁。此外,

"另立之人"(另户),原系满蒙旗下逃奴,按清廷规定"归还原主"。"罪藩"人口大量没入内务府,使皇室奴仆队伍进一步膨胀,并导致管领和庄屯的增设与扩编。这些人员被分别安插于20个(后来是30个)管领与庄屯,同样体现"分散各处"、不使聚

---

① 《清圣祖实录》卷91,康熙十九年闰八月戊戌条;阮元《广东通志》卷174《经政略一七·兵制二》(清道光二年刻本):广州驻防八旗将军标左右前后四营,原系藩下左右翼镇所属。康熙二十一年设立将军,改设军标四营。档册原额领催九十五名,马甲二千九百五名,炮手二十四名,弓匠十六名(中略);乾隆二十一年,于汉军三千兵内将一千五百名出旗为民,由京师拨满兵顶补。又称:二十一年撤藩府改绿营,藩下十五佐领于汉军,驻广东别设将军都统以辖之。

② 中国第一历史档案馆整理:《康熙起居注》,康熙二十年十二月二十二日,第800页;康熙二十年八月二十日,第744页。

集的思路。

在内务府体制下,不仅内府佐领(包衣佐领)、旗鼓佐领、管领的人员构成存有差异,进一步讲,管领内部成员身份也有区别,除少数健丁挑甲当兵(护军、马甲),大多数人承担各项劳役。管领下身份最低者为"辛者库人",全家数口,从事繁重的劳役,每月只有一两钱粮和口米,经济待遇低,政治上亦受歧视。

管领下女性甚多,除充当各项劳役,其中一些人还被皇帝"收揽",以备"赏婚"之需。赏赐对象有侍卫、旗员、穷旗人、单身管领下人、贫乏庄头、园头乃至额丁。他们身份不一,说明"赏婚"范围比较宽泛;而他们的共性,即在于全部都是旗人。此举既满足一部分皇室臣仆婚配之所需,亦不失为满洲皇帝笼络旗籍臣仆的一种手段。至于将若干人户赏给下嫁公主做陪嫁人,其性质又当别论。

附表　　　　　　**内务府管领下三藩人口分布表**

序号	旗分、参领、管领	管领始建时间	管领名称	三藩名下家人
1	镶黄旗包衣第一参领第一管领	初系恭安管理	1 陶迈 2 刘保住	1 耿精忠家人 2 吴三桂家人
2	镶黄旗包衣第一参领第二管领	康熙二十三年编立	1 七十 2 七十 3 德慧	1 尚之信家人 2 尚之信家人 3 耿精忠家人
3	镶黄旗包衣第一参领第三管领	康熙三十四年编立	盛冠宝	吴三桂家人
4	镶黄旗包衣第二参领第四管领	初系吴巴海管理	海六十	尚之信家人
5	镶黄旗包衣第二参领第五管领	顺治八年编立	1 英图理 2 百龄	1 尚之信家人 2 尚之信、吴三桂家人
6	镶黄旗包衣第三参领第六管领	顺治八年编立	马尔浑	耿精忠家人
7	镶黄旗包衣第三参领第七管领	初系康太管理		

内务府管领中的"尚藩"人口

续表

序号	旗分、参领、管领	管领始建时间	管领名称	三藩名下家人
8	镶黄旗包衣第四参领第八管领	康熙二十四年编立	关六十	尚之信家人
9	镶黄旗包衣第四参领第九管领	初系殷达护齐管理		
10	镶黄旗包衣第五参领第十管领	康熙三十一年编立	1 穆森 2 穆森	1 吴三桂家人 2 尚之信家人
11	正黄旗包衣第一参领第一管领	顺治六年分立	1 托尔必 2 托尔必 3 托尔必 4 和善	1 尚之信家人 2 吴三桂家人 3 耿精忠家人 4 吴三桂家人
12	正黄旗包衣第一参领第二管领	顺治四年编立	关保	尚之信家人
13	正黄旗包衣第一参领第三管领	康熙三十四年分立	清泰	尚之信、吴三桂家人
14	正黄旗包衣第二参领第四管领	顺治十一年分立	索尔璧	尚之信家人
15	正黄旗包衣第二参领第五管领	国初编立		
16	正黄旗包衣第三参领第六管领	顺治十二年分立	1 黑达塞 2 黑达塞 3 黑达塞	1 尚崇谧家人 2 尚之信家人 3 尚之信家人
17	正黄旗包衣第三参领第七管领	康熙二年分立	1 阿林 2 阿林 3 海成	1 尚之信家人 2 耿精忠家人 3 尚之信、耿精忠、吴三桂家人
18	正黄旗包衣第四参领第八管领	康熙二十四年分立		
19	正黄旗包衣第五参领第九管领	康熙二十四年分立	静格里	吴三桂、尚之信家人
20	正黄旗包衣第五参领第十管领	康熙三十一年分立		
21	正白旗包衣第一参领第一管领	国初编立	恩克	尚之信家人
22	正白旗包衣第一参领第二管领	国初编立	1 瓦尔达 2 瓦尔达 3 瓦尔达	1 尚之信家人 2 尚之信家人 3 祖宏勋家人

第三编　旗民关系

续表

序号	旗分、参领、管领	管领始建时间	管领名称	三藩名下家人
23	正白旗包衣第一参领第三管领	康熙三十四年编立		
24	正白旗包衣第二参领第四管领	国初编立	1 禅布 2 禅布	1 孙延龄家人 2 尚之信家人
25	正白旗包衣第二参领第五管领	国初编立	那秦	尚之信家人
26	正白旗包衣第三参领第六管领	康熙十八年编立	1 五十八 2 五十八 3 五十八 4 五十八 5 五十八 6 五十八	1 孙延龄家人 2 尚之信家人 3 尚之信家人 4 尚之信家人 5 尚之信家人 6 耿精忠家人
27	正白旗包衣第三参领第七管领	康熙九年编立	1 浑带 2 浑带 3 浑带 4 浑带	1 尚之信家人 2 尚之信家人 3 耿精忠家人 4 耿精忠家人
28	正白旗包衣第四参领第八管领	康熙二十四年编立		
29	正白旗包衣第四参领第九管领	顺治八年编立	1 马尔汉 2 马尔汉 3 马尔汉	1 尚之信家人 2 尚之信家人 3 吴应真家人
30	正白旗包衣第五参领第十管领	康熙三十一年编立		
31	未详	未详	鄂索里	尚之信家人

说明：

1. 本表资料据《内务府奏销档》，内务府大臣：《为遵旨选取女孩学习乐器事》，康熙二十二年四月十八日，胶片20，奏67册，第272—279页；同上，内务府大臣图巴等：《为赏给蓝翎侍卫达尔楚妻子人事》，康熙二十二年五月十五日，胶片20，奏67册，第355—358页；同上，《总管内务府奏为四公主下嫁多尔吉色布腾核定陪嫁女子人口庄头数目事折》，雍正七年十二月十二日，附《挑选女子人口庄头花名册》，档案号：177—840、177—846；《八旗通志初集》卷3—5《旗分志》。

2. 表中"管领名称"与"三藩名下家人"的阿拉伯数字，表明彼此间存在的领属关系。如序号第一栏："管领名称"：1 陶迈；"三藩名下家人"：1 耿精忠家人。表示陶迈任管领时，属下有耿精忠家人。2 刘保住；2 吴三桂家人。表示刘保住任管领时，属下有吴三桂家人。其余皆同。

（原载《清史研究》2018年第1期）

康熙二十二年内务府"罪藩"女孩习乐考

康熙二十年（1681）十月，延续八年之久的"三藩之乱"以清朝胜利告终。战后，清廷将分解"罪藩"余部，作为善后的一项重要措施，或编入八旗驻防，或编为汉军佐领，或安插驿站、边台，或拨入内务府管领、庄屯，从而迅速化解了这一遗留问题。在"罪藩"余部中，作为"罪籍奴仆"被没入内务府的人口最多，安插情况也最为复杂①。康熙二十二年，康熙帝谕令从内务府管领下选取33名"罪藩"女孩学习乐器。本文由此入手，考察其谕令女孩习乐的目的，选取女孩标准、女孩出身、隶属关系（属何管领），所习乐器种类，进而探讨清宫撤废女乐的时间问题。

一 选取女孩标准、女孩出身与隶属关系

康熙二十二年（1683）四月十八日内务府大臣满文奏折《为遵旨选取女孩学习乐器事》，引康熙帝谕旨称：

> 取三十三名女孩，分三部教习，取南人甚好。所用乐器、居住学习之房，俱著内务府大臣办理。派掌仪司体面首领太监阅看教习，看守照管，取紧要物件，衣食等物，著顾（gu）太

---

① 关于此问题，见刘小萌《内务府管领中的尚藩人口》，《清史研究》2018年第1期。

监转奏。钦此。①

康熙帝谕令从管领下选出33名年幼女孩，以11人为一部（共分三部），在掌仪司首领太监调教下学习乐器。女孩年龄，在10—13岁之间，均系罪藩、罪臣家人之女。其中，出自尚藩家人的女孩26名（尚之信家人25名、尚崇谧家人1名），出自吴藩、耿藩、孙延龄家人的女孩6名②。说明所选女孩以"尚藩"旧属为主，这与笔者在《内务府管领中的尚藩人口》一文中得出的，"在没入内务府的'罪藩'余部中，以尚藩人口最多"的结论完全一致。

按照"取南人甚好"的旨意，选拔的33名女孩籍贯以南方人为主，其中广东20人、湖广2人、江南1人、江西1人、辽东7人、山东1人，另1人籍贯不详（参见文末附表1）。如就民间乐器普及程度及范围而言，南方似优于北方，但对10—13岁女孩来说，既未掌握乐器、乐理基本知识，安排她们习乐，与其籍贯并无必然联系。故虽有"取南人甚好"之旨，还是选拔了部分符合条件的北方女孩。又，7名辽东女孩中，学习押琴、云锣各2人，学习琵琶、三弦、八角鼓各1人，而安排学习满人传统乐器札板的，反而是2名广东女孩。也说明安排女孩学习某种乐器，与其籍贯无关。至于说康熙帝倾向选用南方女孩习乐，很可能与清宫乐器教习、演习教习乃至学戏女孩均属南人有关③。

33名女孩父母，均系没入内务府管领下的"罪藩"家人。其中，凉帽匠、裁缝、锃磨匠、箭匠、绣匠、雕刻匠、錾匠、铁匠、弓匠、玉匠等各色匠役19人，身份不明者14人。说明她们的父辈，多数是拥有某种专业技能的工匠。所以有此情况，与清廷将

---

① 内务府大臣：《为遵旨选取女孩学习乐器事》（原档满文），康熙二十二年四月十八日，中国第一历史档案馆藏：《内务府奏销档》，胶片20，奏67册，第272—279页。
② 俱详本文附表1：《管领下"罪藩"习乐女孩信息表》（康熙二十二年）。
③ 王政尧：《满族入关与清前期戏剧文化》，《清史研究》1994年第2期。

康熙二十二年内务府"罪藩"女孩习乐考

"罪藩"家人编入内务府时所立标准有关,即"甄别合格者使入于管领,不及者悉数交拖克索(tokso,庄屯)"①。而甄别的基本标准,即是否掌握某种专业技能。其结果,各色工匠被集中拨入管领,其余人员则多数安插于各地官庄(皇庄)。

33名女孩,均隶属内三旗管领。清初,八旗因统属关系不同,分为上三旗(镶黄旗、正黄旗、正白旗)、下五旗(正红旗、镶白旗、镶红旗、正蓝旗、镶蓝旗),前者为皇帝自将,后者为宗室王公领有。在上三旗下五旗分治情况下,各旗包衣随之析为两个系统:上三旗包衣称"内务府属"或内府旗人,身份为皇室私属,编为内务府镶黄、正黄、正白三旗(俗称内三旗);下五旗包衣则称"王公府属",身份为各王公私属②。内三旗与八旗(俗称外八旗),是既有联系又彼此独立的两个组织。

内三旗的组织结构与外八旗有所不同。内三旗以下,各设内参领;内参领以下,各设内佐领、旗鼓佐领、内管领。内佐领(或曰内府佐领)即满洲佐领,成分为满洲人员;旗鼓佐领(或曰汉军佐领)③,成分为辽沈旧汉人;内管领(或曰管领,满文hontoho,直译珲托和),成分比较复杂,主要有披甲、拜唐阿、匠役、苏拉、奴仆等,地位最低者有"辛者库人",长官亦称管领(booi da,直译包衣达)④。

内三旗的形成,是满洲皇帝独掌三旗,并在八旗中确立经济、军事、政治绝对优势的产物。同时,亦是清初满洲社会蓄奴制度异

---

① 内务府大臣图巴等:《为遵旨议奏事》(原档满文),康熙二十一年二月初七日,中国第一历史档案馆藏:《内务府奏销档》,胶片20,奏66册,第27—30页。

② 福格:《听雨丛谈》卷1《八旗原起》,中华书局1984年版,第4页;郑天挺:《清代包衣制度与宦官》,《探微集》,中华书局1980年版,第93页。

③ 奕赓:《寄楮备谈》:"内务府三旗汉军佐领,俱名旗鼓佐领,旧作齐固佐领。"载《佳梦轩丛著》,北京古籍出版社1994年版,第120页。伊桑阿等纂:《大清会典》卷153《内务府五》,把"旗鼓佐领"直接写为"(内务府)汉军佐领",康熙二十九年内府刻本。

④ 傅恒等:《御制增订清文鉴》:"booi hontoho be kadalara hafan be booi da sembi",乾隆三十六年殿本;《御制五体清文鉴》第1317条,与管领对应的满文亦为"booi da",民族出版社1957年影印本,第364页。

常发达的体现。

内管领始设与增设时间。《八旗通志初集》卷41《职官志》载：管领"原设二十员。康熙二十四年添四员，三十年添三员，三十四年添三员"。合计管领30。按：所谓"原设"，在时间概念上过于笼统，据同书卷3—5《旗分志》，实际包括："初"（意即"国初"）设管领9，顺治年间增7，康熙二年、九年、十八年、二十三年各增1。① 而33名女孩所属15个管领中，"国初"编立者4，顺治年间编立（或分立）者6，康熙二年、九年、十八年、二十三年各1，另有年代不详者1。② 也就是说，33名女孩所属管领，均系康熙二十三年（1684）前所编设者。这与康熙帝平定"三藩"后，将"罪藩"人口分散编入内务府各管领的措施正相吻合。

二 所习乐器种类

33名女孩所习乐器，均由掌仪司预先指定。其中，学习三弦（tenggeri）、二弦（el hiyan）、筝（yatuhan）、琵琶（fifan）、提琴（ti kin）、胡拨（hū boo）、押琴（ya kin）、八角鼓（ba giyo gu）、札板（carki）者各3名，云锣（fila）6名。这种搭配，应与33名女孩分为三部，每部11人的编制相对应。兹据满汉文献，就10种乐器的形制、特点、用途略作说明：

（1）三弦（tenggeri）。弹拨乐器。沈启元《大清全书》卷8译为："弦子"③；《御制满蒙文鉴》卷3："sukūi buriha weren de moo i fesin sindafi ilan murikū de sirge tabufi emu berhe i sujafi fitherengge be tenggeri sembi"（汉译："蒙皮音箱上置木柄，三轴上拉弦，用一弦码弹拨者，谓之三弦"）④。三弦柄长，音箱方形，两面蒙皮，侧抱

---

① 鄂尔泰等纂：《八旗通志初集》，东北师范大学出版社1985年。
② 详见本文附表2：《内务府管领下"罪藩"女孩分布表》。
③ 沈启亮：《大清全书》，辽宁民族出版社影印康熙二十二年京师宛羽斋本2008年版，第35页上。
④ 《御制满蒙文鉴》卷3，康熙五十六年殿本；参见赵尔巽等撰《清史稿》卷108《志八三·乐八》"弦子"。

于怀演奏。音色粗犷、豪放，适于独奏、合奏或伴奏。《皇朝礼器图式》卷9：三弦"斫檀为之，修柄方槽"①。清宫在"燕飨庆隆舞乐""燕飨番部合乐"等场合用三弦。

（2）二弦（el hiyan）。"el hiyan"为汉语借词，弹拨乐器。《御制五体清文鉴》第2728条，"二弦"满文写为"juwerge"。《御制增订清文鉴》解释说："durun tenggeri de adalikan moo i weren golmishūn hošonggo dorgi kumdu juwe murikū de sirge tabufi fitherengge be juwerge sembi"（汉译："形似三弦，木质长方形，中空，两轴上拉弦弹奏者谓之二弦"）②。清宫在"宴飨番部合乐"等场合用二弦。《皇朝礼器图式》卷9："二弦斫樟为之槽，面以桐，正方，底有孔。"二弦的演奏方法以指压弦发音，技法多吸收古琴，出音行韵，讲究吟揉绰注，弓法丰富，民间有"文武病狂，画眉点珠"之谓。

（3）筝（yatuhan）。弹拨乐器，早在春秋战国时期已流行于秦地。《御制满蒙文鉴》卷3："šetuhen ci ajige juwan duin sirge de berhe sujafi fitherengge be yatuhan sembi"（汉译："筝，比瑟小，在十四根弦上用双手弹奏者谓之筝"）③。筝外形近似长箱形，中间稍微突起，底板呈平面或近似于平面。头部有筝脚。在木制箱体面板上张设筝弦，弦数不等，弦下置码子（弦码），可左右移动，用以调整音高音质。筝音域宽广，音色清亮，表现力强。清宫在"宴飨笳吹乐""宴飨番部合乐"等场合用筝。

（4）琵琶（fifan）。弹拨乐器，《御制满蒙文鉴》卷3："fithere ergi onco bime muheliyeken dube ergi sibsihūn bime hiyotohon duin murikū de sirge tabufi fitherengge be fifan sembi"（汉译："弹奏一端

---

① 蒋溥：《皇朝礼器图式》卷9，清文渊阁四库全书本。
② 傅恒等：《御制增订清文鉴》，乾隆三十六年殿本；参见刘锦藻撰《清朝续文献通考·乐七》（光绪八年浙江书局九通全书本）、赵尔巽等撰：《清史稿》卷108《志八三·乐八》"二弦"条。
③ 《御制满蒙文鉴》卷3，康熙五十六年殿本；参见《御制五体清文鉴》第2720条（第720页）、《清史稿》卷108《志八三·乐八》"筝"条。

|| 第三编　旗民关系 ||

宽且圆，末端窄而翘，四轴上拉弦而弹奏者，谓之琵琶"）。① 琵琶木制，音箱呈半梨形，上装四弦，演奏时竖抱，左手按弦，右手五指弹奏，适于独奏、伴奏、重奏、合奏。是清宫"燕飨庆隆舞乐""宴飨番部合乐"时乐器。

（5）提琴（ti kin）。拉弦乐器。"ti kin"为汉语借词，满文或写为："tatuhan"，《御制增订清文鉴》："onggocon de adalikan buyarame efin de baitalambi"（汉译："形似胡琴，游玩时用"）。据明宋直方《琐闻录》、清姚燮《今乐考证》，提琴创于明代。适于伴奏昆曲清唱，复用于丝竹乐合奏。清李渔《闲情偶寄》卷7：女子宜学乐器有琵琶、弦索（按，泛指弦乐器）、提琴等，而"提琴较之弦索，形愈小而声愈清，度清曲者必不可少"②。《皇朝礼器图式》卷9："提琴竹柄木槽，冒以虺皮，龙首，四弦……竹弓系马尾二束，于四弦间轧之。"清宫用于"燕飨番部合乐"等场合。

（6）胡拨（hū boo）。弹拨乐器。"hū boo"为汉语借词，又作火不思、浑不似、胡拨思，均源于突厥语。唐代西域吐鲁番古画中已存其形。《元史》卷71《礼乐志五》："火不思，制如琵琶，直颈，无品，有小槽，圆腹如半瓶榼（ke，泛指乘酒或水的容器），以皮为面，四弦，皮绷同一弧柱。"③《皇朝礼器图式》卷9："火不思，桐柄梨槽，半冒虺皮，四弦……曲首凿空内弦，以四轴绾之，俱在右。"清宫用于"燕飨番部合乐"等场合。

（7）押琴（ya kin）。拉弦乐器。"ya kin"为汉语借词，满文写作："gituhan"。《御制满蒙文鉴》卷3："durun yatuhan de adalikan golmin juwe jušuru funcembi juwan sirge moo i cikten i gidame hishame guwemburengge be gituhan sembi"（汉译："形似筝，长二尺余，十弦，以木棒擦而鸣者谓之押琴"）④。或写为"轧琴""轧筝琴""轧筝"，形如筝，较小。清宫用于"燕飨番部合乐"等场合。

---

① 《御制满蒙文鉴》卷3，参见《清史稿》卷108《志八三·乐八》"琵琶"条。
② 李渔：《闲情偶寄》卷7《声容部》，清康熙刻本。
③ 宋濂等撰：《元史》，中华书局1976年版。
④ 参见《御制五体清文鉴》第2722条，第720页。

《皇朝礼器图式》卷9："轧筝，刳桐为之，似筝而小，十弦"，前后有梁，梁内施弦，各设柱，以小圆木轧之。

（8）八角鼓（ba giyo gu）。"ba giyo gu"为汉语借词，打击乐器。明沈榜《宛署杂记》卷五载："刘雄八角鼓绝，刘初善击鼓，轻重疾徐，随人意作声；或以杂丝竹管弦之间，节奏曲合，更能助其清响云。"① 其演奏八角鼓水平很高，被誉为京城八绝之一。清李声振《百戏竹枝词》："八角鼓，形八角，手击之以节歌，都门有之。"② 清代中期，在京城及各地驻防旗人中尤流行，并成为岔曲、鼓书、单弦等曲艺的伴奏乐器。晚清崇彝《道咸以来朝野杂记》载："文小槎者，外火器营人。曾从征西域及大、小两金川，奏凯归途，自制马上曲，即今八角鼓中所唱之单弦杂排（牌）子及岔曲之祖也。其先本曰小槎曲，减（渐）称为槎曲，后讹为岔曲，又曰脆唱，皆相沿之讹也。"③ 八角鼓对晚清京、津、东北等地民间曲艺单弦等的发展尤有影响。

清代，八角鼓是满人最具特色乐器，因鼓面呈八角形，一说代表八旗。七面框边内各嵌两至三枚小铜钹，一面嵌钉柱缀鼓穗，寓意五谷丰登。演奏时用指弹击鼓面发出清脆声音，摇震鼓身或手搓鼓面发出悦耳钹声。关于八角鼓缘起，前人多认为是满人所创，源于关外时期萨满祭祀时所用神鼓，后演变为满人自娱自乐一种乐器④，但据前引明沈榜《宛垣杂记》，此种乐器至迟明代已在北京流行，当非满人所创。

（9）札板（carki），又称楂板⑤、拍板，打击乐器。《御制满蒙文鉴》卷3 "carki"："moo be dergi be isheliyen fejergi be oncokon šusihe i adali arafi eici ilan eici sunja be uše ulifi tungken untun de

---

① 沈榜：《宛署杂记》，北京古籍出版社1982年版。
② 李声振：《百戏竹枝词》，杨米人等著、路工编选：《清代北京竹枝词》，北京古籍出版社1982年版，第161页。
③ 崇彝：《道咸以来朝野杂记》，北京古籍出版社1982年版，第105页。
④ 缪天瑞等主编：《中国音乐词典》亦持满族创制说，见"八角鼓"条，人民音乐出版社1985年版，第5—6页。
⑤ 《御制五体清文鉴》第2733条"carki"（楂板）（第723页）。

acabume tūrengge be carki sembi wecere de baitalambi uculere ficara fithere de inu baitalambi"（汉译："将上狭下宽牌状木板三或五个用皮条系在一起，打击发声者谓之札板，祭祀时用，歌唱吹奏弹奏时亦用"）①。《皇朝礼器图式》卷8："拍板，斫木为之，左右各三。近上横穿二孔，联以黄绒纰"，合击以为节。清宫在"朝会丹陛大乐""燕飨庆隆舞乐""燕飨番部合乐"等许多场合，均用拍板。

（10）云锣（fila）。满文"fila"意为"碟子"，此处指"geren fila"，即打击乐器"云锣"。《御制满蒙文鉴》卷3"geren fila"条："jiha fila i gese juwan ajige teišūn i can be dulimbai jurgan de duin juwe dalbade ilata obume ajige giyase de lakiyafi mudan acabume forirengge be geren fila sembi tongkišakū seme inu gisurembi"（汉译："将十个小碟状铜锣悬支架上，中部悬四，两侧各悬三，合曲调敲击谓之'geren fila'，亦称'tongkišakū'"）②。清宫用于"朝会丹陛大乐"等场合。《皇朝礼器图式》卷8："云锣范铜为之，形如小铜盘，十枚同悬……四周穿窍，系以黄绒纰"，皆系于架。

以上10种乐器，均属弹奏、拉弦、打击乐器，从一个侧面反映了康熙年间宫廷乐器的构成。

首先，10种乐器中带汉语借词5种，非汉语借词5种③。但这种差别，远不足以反映这些乐器自古以来在诸民族间辗转传播的复杂关系。如琵琶，原流行于波斯、阿拉伯等地，汉代传入中国。琵琶是以弹奏手法命名的乐器。东汉刘熙《释名》卷7《释乐器》："枇杷（按即琵琶）本出于胡中，马上所鼓也。推手前曰枇，引手却曰杷，象其鼓时，因以为名也。"④ 随着与西域文化的交流，传入中原。隋唐时已成为流行乐器，唐宣宗李忱《吊白居易》诗，曾

---

① 《御制满蒙文鉴》卷3，第24页下25页上。
② 同上书，第47页下。
③ 据邱源媛《清入关后宫廷满洲典礼文化的再塑造》（《中国社会科学院历史研究所学刊》第8集，2013年）统计：《御制清文鉴》载39种乐器中，属汉语借词的有15种。
④ 刘熙：《释名》，清文渊阁四库全书本。

康熙二十二年内务府"罪藩"女孩习乐考

有"童子解吟长恨曲,胡儿能唱琵琶篇",北方"胡人"既能诵咏《琵琶行》,弹奏琵琶亦应娴熟。又如胡拨(hū boo),如前所述,实源于西域乐器"火不思"。这些乐器,不仅长期流行于汉人社会,且为诸多民族所传承。降及明、清,亦为满、蒙等族所共享。如满语"carki"(札板),蒙古语"čargil";又满语"yatuhan"(筝),蒙古语"yatuɣ-a"①,均为满、蒙文化的共生物。蒙古筝一般十二弦,多至十四弦,少至十弦,其形制与满、汉之筝基本相同。

明万历二十三年(1595),朝鲜使者申忠一至努尔哈赤(清太祖)驻地费阿拉(在今辽宁省新宾县),努尔哈赤设宴接待,"宴时,厅外吹打,厅内弹琵琶,吹洞箫,爬柳箕,余皆环应,拍手唱曲,以助酒兴。"酒数巡,乌拉部新降酋长布占泰起舞。努尔哈赤也"自弹琵琶,耸动其身"②。说明琵琶之类的弹奏乐器,类似洞箫的吹管乐器,以及拉弦、打击乐器,在女真(满族)社会中已非常流行。

清太宗皇太极盛张宴席款待来朝各官时,现场有"弹满洲三弦、琵琶者"若干人、"弹汉人三弦、琵琶歌唱者"若干人③。又说明即便是诸族兼容并蓄的乐器,在经历复杂传播过程后,其形制亦难免会发生某些变异,并形成本族特征。

10种乐器中,如札板、三弦、琵琶,还是满人萨满祭祀神器。内务府满洲人完颜麟庆在《鸿雪因缘图记》中,记自家五福堂祭神情景。其中,祭祀神器有神箭、桦铃、拍板、手鼓、腰铃、三弦、琵琶、大鼓,凡八种④。《钦定满洲祭神祭天典礼》卷6载宫廷萨满(司祝)举行堂子祭与朝祭,诵神歌祝祷时所奏神器有三弦,长三尺四寸;琵琶,长三尺四寸;所奏鸣拍板,长一尺一寸五分,宽

---

① 邱源媛:《清入关前的宫廷礼乐及其政治文化意义》,《清史论丛》2006年号;《清入关后宫廷满洲典礼文化的再塑造》,《中国社会科学院历史研究所学刊》第8集,2013年。
② [朝]申忠一:《建州纪程图记》,第19页。
③ 中国第一历史档案馆编:《清代档案史料丛编》第14辑《盛京吏户礼兵四部文》,中华书局1990年版,第121—122页。
④ 麟庆:《鸿雪因缘图记》第3集《五福祭祀》,第760页。

二寸①。札板作为满洲先世祭祀神器，在明代海西女真辉发城考古发掘中已有实物②。

《大清全书》列举乐器还有 baksan ficakū，ficakū，hetu ficakū，jaidakū（笙、箫、笛、钹）等。值得关注的一点，这些吹奏、打击乐器，均带有不同于汉人社会的自有名称，足证其在满人社会中久已流行。

清宫乐制，有中和韶乐、丹陛大乐、中和清乐、丹陛清乐、导迎乐、铙歌乐、禾辞桑歌乐、庆神欢乐、宴乐、赐宴乐、乡乐，乐器则随所用而各异。据《皇朝礼器图式》卷8、9，清宫所用乐器近100种（回部、朝鲜国、安南国、缅甸国、廓尔喀部乐器除外），而康熙帝选取"罪藩"女孩所学乐器仅10种，且限于弹拨、拉弦、打击乐器。说明这些"罪藩"女孩，有可能只是备选清宫女乐的一部分，个中详情仍有待更多史料的挖掘。

三 清宫撤废女乐的时间

据前引康熙二十二年（1683）四月十八日奏折，可知从内务府管领下选取的33名女孩，被置于掌仪司首领太监管理下学习乐器。掌仪司作为内务府下设机构，"掌大内之祭祀，紫禁城内之庙祀，凡宫中朝贺筵燕嘉礼大事咸掌之……实内廷之礼部"③。其下教坊司，负责朝会设乐。顺治初年定，每年元日乾清宫檐下陈设中和韶乐，乾清门内后檐下陈设丹陛大乐，并元宵令节设乐，均奏交乾清宫总管内监，率本司（按指掌仪司）首领内监。陈设用教坊司领乐官妻四人，领教坊女乐于宫门内排立奏乐④。此外，宫廷内演戏，亦命教坊司奏乐⑤。

---

① 允禄等：《钦定满洲祭神祭天典礼》，清文渊阁四库全书本。
② 刘小萌、聂有财：《四平市周边明清史迹的考察——从辉发到叶赫》，赵志强主编：《满学论丛》第4辑，辽宁民族出版社2014年版。
③ 王庆云：《石渠余纪》卷3，清光绪十六年龙璋刻本。
④ 允裪等纂：《大清会典则例》卷162《内务府掌仪司二》，清文渊阁四库全书本。
⑤ 顺治帝命内廷排演尤侗新作《读离骚》，尤侗《自著年谱》记载此剧由"教坊内播之管弦"，王政尧：《满族入关与清前期戏剧文化》，《清史研究》1994年第2期。

康熙二十二年内务府"罪藩"女孩习乐考

中国历史上，宫中设女乐以服务于君王的制度起源甚早。林春溥《古史纪年》卷4："管子曰：桀之时女乐三万人，端简晨乐闻于三衢。"① 曹庭栋《宋百家诗存》卷14《龟山操》："孔子以季桓子受齐女乐，谏之不从，因以去鲁。"② 程嗣立：《唐元宗焚珠玉服玩论》："秦欲灭西戎，馈戎王女乐，戎王爱而受之，而由余遂行。则此服玩嗜好之端卒关政治得失兴衰治乱之本，可不慎哉?!"由余是西戎贤臣，秦穆公忧之，遂以女乐为"糖衣炮弹"馈赠戎王，由余失望出走，西戎为秦所灭。此事原载韩非子《十过篇》③。

耽于女乐虽有亡国之虞，历代帝王却乐此不疲，而宫中女乐统之以教坊司则始于唐。清官修《清文献通考》卷174《乐考二十俗部乐·女乐附》："教坊之名昉于唐元宗，置左右教坊以教俗乐，后世因之。我朝初制分太常、教坊二部。太常乐员例用道士，教坊则由各省乐户挑选入京充补。凡坛庙祭祀各乐，太常寺掌之；朝会宴享各乐教坊司承应。"④ 章学诚：《文史通义·内篇五》亦称："盖自唐宋以讫前明，国制不废女乐。"⑤ 据上引书，清初教坊司女乐系由各省乐户选充，身份是民籍，与本文所考"罪藩"女孩属内务府旗籍的情况有所不同。

历朝历代女乐身份虽不尽相同，但大多数情况下属于贱民身份当无疑义。如《魏书》卷111《刑罚志七》：强盗杀人者，首从皆斩，妻子同籍，配为乐户；其不杀人，及赃不满五匹，魁首斩，从者死，妻子亦为乐户⑥。而白居易《琵琶行》中刻画的那位"十三学得琵琶成，名属教坊第一部"的宫廷高级女乐，一旦暮去朝来颜色衰，终落得"老大嫁作商人妇"的凄凉结局。清沿明制，早在关

---

① 林春溥：《古史纪年》卷4，竹柏山房道光十七年刻本。
② 曹庭栋：《宋百家诗存》卷14《龟山操》，清文渊阁四库全书本。
③ 贺长龄：《皇朝经世文编》卷9《治体三》，光绪十二年思补楼重校本；参见清陈士珂《韩诗外传疏证》卷9，嘉庆二十三年刻本。
④ 清官修：《皇朝文献通考》卷174《乐考二十俗部乐·女乐附》，清文渊阁四库全书本。
⑤ 章学诚：《文史通义·内篇五》，民国嘉业堂章氏遗书本。
⑥ 魏收等：《魏书》卷111，清乾隆殿本。

外时期，满洲统治者已蓄女乐，对象是汉人女性俘虏，身份性质类同女妓。《清太宗实录》崇德三年（1638）七月丁丑，谕曰：礼部承政祝世昌徇庇汉人，奏请禁止阵获良人妇女卖与乐户为娼之疏，甚为悖谬。朕以娼妓有妨风俗，久经禁革。祝世昌沽名请禁，心迹显然。奉旨，交诸汉官会议。石廷柱、马光远等谓世昌"身在本朝，其心犹在明国。护庇汉人，与奸细无异"，应论死籍家，命从宽流徙边外①。清太宗皇太极既颁布"禁革"之令，说明阵获妇女卖充乐户现象确实存在，而汉官祝世昌却因谏止此事几乎酿成杀身之祸。这正是清初满洲社会蓄奴制度发达，且满汉畛域分明的集中体现。

及清廷定鼎北京，沿明制设教坊司，以掌宫悬大乐②。然而数年后，顺治帝却决意改弦易辙。顺治八年（1651）谕旨，停止教坊司妇女入宫承应，改用内监。九年，禁良为娼，以丧乱后良家女被掠辗转流落乐籍，其误落于娼家许平价赎归。十二年（1655），复用女乐48名，至十六年（1659），改用太监，遂为定制③。因清朝官书有此记载，有人遂认为，顺治帝废除女乐虽有曲折，终成事实。

然而，随之产生的一个问题是：顺治帝既废女乐，改用太监，康熙帝为何又有选取"罪籍"女孩在宫中习乐之谕？笔者认为，合理的推测只能是：康熙帝曾试图培养这些女孩并由其代司女乐之职。

理由之一，宫中女乐一向由内务府掌仪司掌管。康熙帝谕令掌仪司首领太监管理这些女孩，不过沿用旧制。而区别仅在于，顺治时宫中女乐，来自民间乐户，身份犹如"官妓"④，康熙时选取的习乐女孩，则属内务府旗籍。

---

① 《清太宗实录》卷42，崇德三年七月丁丑；卷43，崇德三年八月甲午。
② 福隆安等：《钦定八旗通志》卷43《职官志二》，吉林文史出版社2002年版。
③ 俞正燮：《癸巳类稿》卷12《除乐户丐户籍及女乐考附古事》，道光日益斋刻本。
④ 吴振棫：《养吉斋丛录》卷2，清光绪刻本。

康熙二十二年内务府"罪藩"女孩习乐考

理由之二，康熙帝之所以有此谕旨，与其对乐器、乐理的热衷分不开。在清初诸帝中，康熙帝是第一位熟通中原乐器、乐谱者。清宫懋勤殿旧藏圣祖谕旨档中有一道传给南府教习的上谕：询问南府教习朱四美、屠居仁，琵琶和琴有几调（音阶音符），各调起名之由来。又谕教习朱四美年事已高，"不要问紧了，细细的多问两日，倘你们问不上来，叫四阿哥问了写来，乐书有用处"①！说明他非常重视此事，而重视原因又与编纂乐书有关。此乐书，即《律吕正义》，康熙朝官修。康熙三十一年正月，帝召大学士、九卿等至御座前，亲自解说"五声八音八风图"②，又说明康熙帝不仅熟通乐器、乐理，且常有独到心得。

理由之三，宫中有学戏女孩亦南人。据康熙三十二年（1693）苏州织造李煦奏折中语："今寻得几个女孩子，要教一班戏送进，以博皇上一笑。"③话说得很随意，除反映内府旗籍李煦与康熙帝主仆关系密切外，还证明宫中确实存在江南女孩。否则，李煦不敢奏言将江南女孩学戏后送入宫中，康熙帝也不会以欣然接受的口吻说："知道了。"既然宫中不乏唱戏的江南女孩，那么，选取管领下南方女孩习乐也在情理之中。而据当时档案记载，在掌仪司管下，确实有教授弹琴、舞碟（演奏云锣）教习多人。如康熙二十年、二十一年内务府档案中，就有"准掌仪司来文"，为"教弹琴太监之人"和"教舞碟子太监之人"开支银两事④。其教授对象，除了内监，应该也包括掌仪司女孩。

理由之四，乾隆帝自述。魏源《古微堂诗集》卷4《都中吟》有"女乐革自乾隆中"之句，并引高宗御制《和白居易乐府上阳

---

① 故宫博物院图书馆掌故部编：《掌故丛编》第2辑《圣祖谕旨二》，民国十七年本。

② 王先谦：《东华录》康熙四十九年，康熙三十一年正月甲寅，清光绪十年长沙王氏刻本。

③ 《弋腔教习叶国桢已到苏州折》，康熙三十二年十二月，故宫博物院明清档案部编：《李煦奏折》，中华书局1976年版，第4页。

④ 关嘉禄等译：《清代内阁大库散佚满文档案选编》，天津古籍出版社1992年版；朱家溍、丁汝芹：《清代内廷演剧始末考》，中国书店出版社2007年版，第11页。

宫人曲》为证，内称"国初女乐沿明季，康熙女乐不盈千，雍正仅存十之七，乾隆无一女乐焉"①。乾隆帝晚年亦回顾说："至于女乐，自即位以来即不用。"② 足征乾隆帝除明言自己于即位之初即摒弃女乐之享外，还直露无隐地表示：父、祖两朝，宫廷女乐虽有减少，并未真正禁绝。

综上所考，所谓顺治朝禁革女乐一说未必完全准确。实际情况是，女乐在顺治末年虽经禁革，康熙年间在宫中又有所复活。同时也不能排除此种可能，即顺治帝所锐意废止的，只是民籍女乐，而内务府旗籍女乐不在此列，其中就包括前述"罪藩"女孩。但无论基于何种情况，均说明康熙、雍正两朝，宫中女乐人数虽在减少，却并未绝迹。迄乾隆帝即位，始被革除。换言之，清廷废除宫廷女乐并非一蹴而就，而是递经顺、康、雍、乾四帝，因此是一个渐进过程。

而与此变化互为表里的，则是民间贱籍"乐户"废除与宫廷乐制改革：雍正元年（1723），谕令除乐户籍，各省乐户皆令确查削籍，改业为良，更选精通音乐之人充教坊司乐工；七年（1729），以民间耻教坊司之名，"召募不应"，改称和声署。然而，民间承差人不乏鼓手乃至"屠沽之辈"，不能胜任其职。乾隆七年（1742）奉旨议定：额设乐工120名内逐一挑选，有出身清白且通晓音律者仍令当差，其不敷之额由内务府銮仪卫鼓手、校尉，以及佐领、管领下闲散人内挑选学习。后者隶属内务府旗籍，身份有别于民籍乐工。同时，更定和声署为乐部。复因"乐工"二字为人所轻贱，乃更易其名，即以所司之乐器分别其名，如称司钟、司磬、司琴、司瑟③。至此，在中国二千年宫廷史中声名狼藉的女乐制度彻底退出历史舞台。

---

① 魏源：《古微堂诗集》，清同治刻本。
② 刘锦藻：《清续文献通考》卷150《郊社考四》，乾隆五十七年闰四月条，浙江书局1882年版；俞正燮：《癸巳类稿》卷12《除乐户丐户籍及女乐考附古事》，清道光日益斋刻本。
③ 清官修：《皇朝文献通考》卷174《乐考二十》。

附表1　管领下"罪藩"习乐女孩信息表（康熙二十二年）

序号	原户主	父（母、姐）姓名、职业	女孩名字、年龄、籍贯	所习乐器	所属管领
1	šang cung mi 尚崇谧	han a fu 凉帽匠	女儿 a he, 11岁，广东	tenggeri 三弦	hedase 黑达塞
2	sun yan ling 孙延龄	guwan šeo sin	女儿 joo dil, 12岁，湖广	el hiyan 二弦	usiba 五十八
3	tantiyan luwen 谭天伦	gioi hūwa	女儿 cen da el, 12岁，湖广	yatuhan 筝	tolbi 托尔必
4	šang jy sin 尚之信	yu wan šeng	妹 yuwamboo, 12岁，广东	fifan 琵琶	usiba 五十八
5	šang jy sin 尚之信	ye ki fung 裁缝	女儿 a el, 11岁，广东	ti kin 提琴	ingturi 英图理
6	šang jy sin 尚之信	fung ši	女儿 juwežung, 10岁，广东	hū boo 胡拨	nacin 那秦
7	šang jy sin 尚之信	li fa	女儿 guwan io, 11岁，辽东	ya kin 押琴	alin 阿林
8	šang jy sin 尚之信	ma ši	女儿 a mei, 10岁，辽东	ba giyo gu 八角鼓	usiba 五十八
9	šang jy sin 尚之信	lio šeng hiong 锃磨匠	女儿 a boo, 12岁，广东	carki 札板	gondai 浑带
10	šang jy sin 尚之信	meng ing kui 箭匠	女儿 siyoo dzul, 10岁，山东	fila 云锣	engkei 恩克
11	šang jy sin 尚之信	cen ciyang	女儿 eljiye, 10岁，辽东	fila 云锣	tolbi 托尔必
12	šang jy sin 尚之信	fung šeng dung 绣匠	女儿 asu, 13岁，广东	fila 云锣	margan 马尔汉
13	šang jy sin 尚之信	ju sui ioi 雕刻匠	女儿 na gu, 11岁，广东	ba giyo gu 八角鼓	cisi 七十
14	šang jy sin 尚之信	u kui šeng 錾匠	女儿 na el, 11岁，辽东	ya kin 押琴	solbi 索尔璧
15	šang jy sin 尚之信	wang jing si	女儿 joo jiye, 11岁，辽东	fila 云锣	walda 瓦尔达
16	šang jy sin 尚之信	ma tiyan žung	妹 še gu, 12岁，辽东	tenggeri 三弦	usiba 五十八

续表

序号	原户主	父（母、姐）姓名、职业	女孩名字、年龄、籍贯	所习乐器	所属管领
17	šang jy sin 尚之信	hūwang ši de 铁匠	女儿 yan io, 13岁, 广东	yatuhan 筝	hedase 黑达塞
18	sun yan ling 孙延龄	cen ši	女儿 tiye wal, 13岁, 辽东	fifan 琵琶	cambu 禅布
19	šang jy sin 尚之信	fang io liyang 皮匠	女儿 dzoo jiye, 13岁, 广东	el hiyan 二弦	guwamboo 关保
20	šang jy sin 尚之信	jang de ming 弓匠	女儿 deng jiye, 10岁, 广东	hū boo 胡拨	cisi 七十
21	šang jy sin 尚之信	g'o biyoo 马医	女儿 a coo, 10岁, 广东	ti kin 提琴	gondai 浑带
22	šang jy sin 尚之信	wang tai šeng 铁匠	女儿 a dzao, 12岁, 广东	carki 札板	hedase 黑达色
23	šang jy sin 尚之信	iowan šang lung 铁匠	女儿 poson, 12岁, 广东	ti kin 提琴	tolbi 托尔必
24	šang jy sin 尚之信	hūwang ing sio 雕刻匠	女儿 a hūwan, 13岁, 广东	yatuhan 筝	usiba 五十八
25	šang jy sin 尚之信	u wen šeng 玉匠	女儿 a io, 12岁, 广东	fifan 琵琶	osori 鄂索里
26	šang jy sin 尚之信	liyang di ceng 绣匠	女儿 el mei, 13岁, 广东	tenggeri 三弦	margan 马尔汉
27	geng jing jung 耿精忠	da geo	妹 fu jeo, 11岁, 广东	hū boo 胡拨	gondai 浑带
28	u ing jen 吴应真	li žu hūng	女儿 wang cil, 10岁, 广东	el hiyan 二弦	margan 马尔汉
29	geng jing jung 耿精忠	cen a i 绣匠	女儿 a guwai, 10岁, 广东	ya kin 押琴	tolbi 托尔必
30	šang jy sin 尚之信	cen ši	女儿 a sy, 10岁, 广东	ba giyo gu 八角鼓	cambu 禅布
31	šang jy sin 尚之信	lio šeng	妹 a jin, 12岁, 江南	carki 札板	gondai 浑带
32	šang jy sin 尚之信	sioi jiya ho 绣匠	女儿 a cing, 12岁, 广东	fila 云锣	walda 瓦尔达

620

| 康熙二十二年内务府"罪藩"女孩习乐考 |

续表

序号	原户主	父（母、姐）姓名、职业	女孩名字、年龄、籍贯	所习乐器	所属管领
33	dzu hūng hiyūn 祖宏勋	g'o san 裁缝	女儿 dzeng el，11岁，江西	fila 云锣	walda 瓦尔达

本表资料据中国第一历史档案馆藏《内务府奏销档》，胶片20，奏67册，第272—279页，内务府大臣：《为遵旨选取女孩学习乐器事》，康熙二十二年四月十八日；《八旗通志初集》卷3—5《旗分志》。

附表2　　内务府管领下"罪藩"女孩分布表

序号	旗分、参领、管领	管领始建时间	管领名称	三藩名下家人
1	镶黄旗包衣第一参领第二管领	康熙二十三年编立	七十	尚之信家人（13、20）
2	镶黄旗包衣第二参领第五管领	顺治八年编立	英图理	尚之信家人（5）
3	正黄旗包衣第一参领第一管领	顺治六年分立	托尔必	谭天伦家人（3）尚之信家人（11、23）耿精忠家人（29）
4	正黄旗包衣第一参领第二管领	顺治四年编立	关保	尚之信家人（19）
5	正黄旗包衣第二参领第四管领	顺治十一年分立	索尔璧	尚之信家人（14）
6	正黄旗包衣第三参领第六管领	顺治十二年分立	黑达色	尚崇谧家人（1）尚之信家人（17、22）
7	正黄旗包衣第三参领第七管领	康熙二年分立	阿林	尚之信家人（7）
8	正白旗包衣第一参领第一管领	国初编立	恩克	尚之信家人（10）
9	正白旗包衣第一参领第二管领	国初编立	瓦尔达	尚之信家人（15、32）祖宏勋家人（33）
10	正白旗包衣第二参领第四管领	国初编立	禅布	孙延龄家人（18）尚之信家人（30）
11	正白旗包衣第二参领第五管领	国初编立	那秦	尚之信家人（6）

续表

序号	旗分、参领、管领	管领始建时间	管领名称	三藩名下家人
12	正白旗包衣第三参领第六管领	康熙十八年编立	五十八	孙延龄家人（2）尚之信家人（4、8、16、24）
13	正白旗包衣第三参领第七管领	康熙九年编立	浑带	耿精忠家人（27）尚之信家人（9、21、31）
14	正白旗包衣第四参领第九管领	顺治八年编立	马尔汉	尚之信家人（12、26）吴应真家人（28）
15	未详	未详	鄂索里	尚之信家人（25）

本表资料据中国第一历史档案馆藏《内务府奏销档》，胶片20，奏67册，第272—279页，内务府大臣：《为遵旨选取女孩学习乐器事》，康熙二十二年四月十八日；《八旗通志初集》卷3—5《旗分志》；末栏括号内数字与附表1三十三名女孩的序号相对应，以便参照。

（原载《北京社会科学》2018年第11期）

乾、嘉年间畿辅旗人的土地交易
——根据土地契书进行的考察

旗地是清代满族特有的土地制度，在清朝入关以后的百余年中，经历了由国有到私有、即由领主制经济到地主制经济的蜕嬗，显示出不同于民间土地的特点。乾隆、嘉庆两朝（1736—1820），正值清代经济的繁荣阶段，地主经济的发展，商业资本和高利贷资本的膨胀，为旗人土地关系演变注入了新的活力。关于这一时期的旗人土地关系，前辈学者多从租佃关系、民典旗地等角度进行研究，至于旗人内部土地交易问题，囿于史料的零散缺乏，较少专门探讨。笔者日前在中国科学院图书馆检得畿辅旗人土地契约文书20件，内典地白契5件，改典为卖白契1件，老典白契1件，卖地红契10件、买地红契执照3件，大体反映出旗人土地交易中形成的不同契约关系。契书时间上起乾隆九年（1744），下迄嘉庆二十五年（1820），为研究乾、嘉年间旗地提供了宝贵的第一手资料。这批契书均钤"南满洲铁道株式会社图书印"和"满铁北支经济调查所"朱红印文，编有顺序号；入藏日期注系昭和十八年（1943）8月。因知契书在日本帝国主义侵华时期曾辗转落入日本人之手。中国科学院图书馆创办时曾接收原属日本东方文化学会的大批典藏，契书当在其内。关于契书内容，本文不拟全面考察，试结合有关史料，就其所反映的清中叶畿辅旗人土地交易的主要形式和特点略作分析。

第三编 旗民关系

一 土地交易的主要形式

清朝入关初,圈占畿辅地区大片民地以为旗地,禁止越旗买卖和私售与民,违者以盗卖官田论①。以后,在农业生产和商品经济逐步发展的影响下,旗地的交易活动突破了禁令的限制。旗人间的土地交易主要采取"典"和"卖"两种形式。

典地,指典主(承典人)交付典价后,在典当期间获得该地的使用及收益权,原业主仍保有名义上的土地所有权和期满回赎权。土地的典价一般远低于卖价。原业主迫切需款,又想保持土地回赎权,常采取典的方式。到期后往往无力回赎,只得改典为卖,但所得找价很少。所以,典地是地主利用高利贷资本兼并土地的普遍方式。顺、康之际,旗人为了规避旗地不准买卖的禁令,只能采取典地的形式,这样一来,势必由典买典卖构成旗地交易的主要内容。旗人典主为了达到使原业主"日久难赎,名典实卖"的目的,往往采取"多勒年限"的手段②,典地回赎期限少则三四十年,多则百年。不少下层旗人因此失去土地。

另一方面,由于旗地的国有性质,旗人尚不具备明确的土地所有权意识,所订回赎期限,只是允许原业主回赎的上限,即确保典主经济利益而对原业主课以不得妄自赎回地产的起码年限,至于它的下限却未明文。康熙五十四年(1715)旗人拉巴的满汉文典契,是迄今所见畿辅旗人典契中为时最早的一件,其中规定:"一百年为满银到许赎",满文体写为:"emu tanggu(tanggū)aniya jalun amala da menggun bufi jolisi"③,意即"满一百年后原价取赎"。但对于回赎期限的下限究竟"后(amala)"到哪年为止,契中没有说明,应是早期旗人典契中的习见现象。这实际意味:当原业主无力收赎而年限已满之后,名义上的回赎权将继续保留。迟至乾隆九年

---

① 允裪等纂:《大清会典》卷10,乾隆二十九年殿本,第2页下。
② 《清高宗实录》卷557,二十三年二月甲戌。
③ 王锺翰:《康雍乾三朝满汉文京旗房地契约四种》,《北方民族》1988年第1期。

(1744),旗人五十四的典契还规定:"言定一典三十年后,原价取赎"①,仍旧沿袭着清初特点。

回赎期限长和期满后土地所有权的长期不确定性,与旗人土地买卖关系的发展形成日益尖锐的矛盾。乾隆二十一年(1756)户部奏称:"近年以来,案牍日多,构讼不息。臣等伏思:康熙年间典卖房地,至今多则八九十年,少亦三四十年。"②从这时起上溯八九十年,约当康熙初年,其间因典当事件而起的讼案连篇累牍,给统治集团管理旗地带来越来越多的麻烦。特别是在旗地辗转典当的场合下,一块旗地的所有权无异于被逐次分割,以至形成一地数主的复杂局面。有鉴于此,清政府在乾隆三十五年(1770)正式宣布:旗人典契载"二三十年至四五十年以上者,令现在主(即典主)一体上税",改典为卖,所以积年典契"不准控赎";同时将旗人典当"契载年份"与民人划一办理,"统以三五年以至十年为率,概不税契,逾限听典主执业"③。经此一番清理,旗人典地期限被严格限定在十年以内,杜绝了因回赎期过长而引起的积弊;同时,因土地多次转典而造成的土地所有权归属不明问题也得以祛除。

清政府的定例是对实际生活中法权关系的概括和规范,也是旗地私有化在上层建筑领域的反映,它反转来又对旗人土地典当关系产生了显著影响。嘉庆二年(1797)旗人西琅阿将三契6顷余土地典给外旗的恩荣,其中一件契文内容如下:

立典园汉(旱)地契人系镶红旗满洲勒善佐领下员外郎西琅阿,有红契自置园汉(旱)地座(坐)落在阜城(成)门外(从略)肆顷贰拾玖亩。今因乏用,情愿典与镶黄旗满洲德伦泰佐领下恩□名下为业,言明实典价贰两平纹银叁千两整。

---

① 本文附表8号契。
② 《内务府来文》,乾隆二十年,中国科学院民族研究所等编:《满族历史档案资料选辑》,1963年,第136页;《清高宗实录》卷526,二十一年十一月壬寅条参照。
③ 附表2号契;《户部则例摘要》卷16,铭新堂乾隆五十八年刻本,第10页上。

其银笔下交足，并无欠少，言定一典伍年为满。如伍年以后不能回赎不用知会原业主，任凭典主自用本佐领下图书尊（遵）例过税为卖。自典之后如有重复典当并有亲族长幼弟男子侄人等争竞等情，俱有原业主同中保人一面承管，恐后无凭立典契存照。

外旗红契一张跟随

嘉庆二年　月　日立典园汉（旱）地契人西琅阿

（以下中保人、说合人、管业人名从略）

旗人典契多为白契，是立契双方的私人契约。早期典契为满汉合璧，乾隆朝以后满人汉化日深，遂改以汉文书写。在有关典契中，出典一方一般称"业主""原业主""本主""本地主"，典卖一方称"典主""现业主"；关于典价收付，称"典与……名下为业"，而不书"永远为业"；对收赎期限也有明文规定。说明出典人虽然将土地典给典主，作为所得借款利息补偿，但名义上仍保留土地所有权和期满回赎权，这正是典与卖的主要区别。然而，由于乾隆三十五年（1770）所订回赎条件相当严苛，实际加速了由典到卖的过程。按上引典契，一典五年为满，如原业主逾限不赎，典主有权自行办理过契手续，改典为卖。再印证嘉庆十八年（1813）旗人积善典契中"言明一典八年为满，银到许赎，如过八年无力回赎，不必知会业主，听其福英阿（典主）遵例税契自便"云云，可知典主改典为卖自主权的说明，已成为清中叶旗人典契中习见的条款。基于经济压力被迫出典土地的原业主，事实上很难在较短期限内筹措到足够款项赎回原产，典主则可以凭借官府法令，在回赎限满后将低价典入的土地无条件地据为己有。土地契书中所见旗人五十四、西琅阿、积善等人在回赎期限年满后因无力回赎、被迫改典为卖的具体事例（俱详附表1号、2号、8号、9号、10号、12号、14号、20号契），证实旗地典卖通常就是卖的前奏。

改典为卖，是双方契约关系的变动，按例要在原有典契外，另立卖契。这类契书亦由卖方立契，并与中保人等一同签字画押后，

乾、嘉年间畿辅旗人的土地交易

交新业主收执。嘉庆七年（1802）西琅阿改典为卖契行文简略：

> 立字人系镶红旗满州（洲）勒善佐领下员外郎西琅阿，于嘉庆二年二月典与镶黄旗满洲德伦泰佐领下恩□名下园汉（旱）地三处，座（坐）落在阜城（成）门外（从略）陆顷叁拾肆亩半。今因无力回赎，为此具结一纸，任凭典主自行尊［遵］例纳税为卖。恐后无凭，立字存照。
>
> （以下立字人等签字画押从略）

是契亦为汉文白契，上首书"执照"二字。契中"无力回赎"四字则道出旗人改典为卖的主要原因。西琅阿在契中表示了听凭典主遵例纳税改为卖契的态度，意味原业主从此断绝了与该地亩的联系。但白契还只是私家交易的契书，不能作为具有充分法律权威的凭证。所以从清中叶又规定：旗人典契十年以内者不税契，限满改典为卖者必须纳税，并领取红契，否则"追契价一半入官，照例治罪"①。上引契书中的"恩□"即"恩荣"，嘉庆九年（1804），他以新业主身份到八旗左翼户关纳税并领取买地执照（参见附表第13号），从而完成了由典到买合法交易的最后一道手续。

典价低，卖价高，按照民间常规，改典为卖应由典主补给原业主若干地价差额，然而在旗人中间这种惯例却往往难以兑现。土地作为一种特殊商品，为私人占有后才具有可以买卖的属性，土地价格远比一般商品高，又不会被购买者消费掉，所以不像一般商品那么容易售出。这就为土地购买者乘人之危杀低地价提供了机会，在这方面，旗地与民地是没有分别的。但这还不是旗地找价困难的主要原因。

旗地找价难，首先是由其官有地性质决定的。清入关初旗地禁止买卖，旗地所有权属于国家，旗人只有使用权和收益权。康熙九年（1670）放宽限制，允许旗地在本旗内买卖；乾隆二十三年

---

① 本文附表13号契引户部条奏。

（1758）进一步放开禁令，准许越旗交易。但旗民不准交产的限制依旧如故，迟至清末才正式蠲废。在旗地从国有到私有的递嬗中，由于土地所有权与使用权长期背离，大为缩小了旗地合法交易的范围，势必为旗人典主创造压价的可乘之机。他们或者在写立典契时强迫业主添写虚价，名典实卖，以致后者"得价转不如卖"[1]，或者于典契中附以"自典之后，永不找价"[2]的苛刻条件，预先剥夺了原业主改典为卖时加找差价的权利。

再者，乾隆三十五年（1770）定例将典地期限严格限定在十年之内，迫使原业主在"无力回赎"的情况下同意改典为卖，而不再附加任何找价条件。印证本文所收契书，改典为卖交易三起：第一起，乾隆九年（1744）镶黄旗包衣五十四将三契共地14.38顷典给镶黄旗满洲苏海，典价银3132两；乾隆三十五年（1770）以后苏海改典为卖，即按此典价银纳税银93.96两（附表第1、2号）。第二起，嘉庆二年（1797）镶红旗满洲西琅阿典给镶黄旗满洲恩荣三契地共6.3顷余，典价银6700两（第8、9、10号）；嘉庆七年（1802）西琅阿与恩荣办理改典为卖手续时，后者未再找给地价（第12号）；到嘉庆九年（1804）恩荣到左翼户关补领官契时，即按原典价银额纳税银210两（第13号）。第三起，嘉庆十四年（1809）正蓝旗蒙古积善将一契地3.55顷典给正白旗蒙古福英阿，典价银400两，八年回赎期满后"无力回赎"，改典为卖。至二十五年（1820）法丰阿到左翼户关补领买地官契时亦按原典价银纳税12两（第20号）。

在上述三起交易中，新业主在改典为卖时都没有再找给原业主地价，他们在向户关办理买地契据时均按原典价银。而非找给地价以后的买地价银的百分之三纳税就是证明。这种不平等交易自然要激起失去土地一方的强烈不满，并千方百计维护自己的权益。自乾隆三十五年（1770）以迄嘉庆十二年（1807），清政府曾经三令五

---

[1]《清高宗实录》卷557，二十三年二月甲戌。
[2]《窦光鼐为陈留住控刘世瑞霸地事致内务府咨呈》，乾隆三十一年三月二十五日，中国第一历史档案馆编：《清代档案史料丛编》第5辑，中华书局1980年版，第88页。

乾、嘉年间畿辅旗人的土地交易

申禁止原业主"不得事后告找告赎",并以"照例治罪"相恫吓①,又表明原业主往往以"告找告赎"来对付典主改典为卖时的苛剥。

直接的买卖,是旗人土地交易的另一基本形式。旗地买卖,在清初属于违禁活动。康熙九年(1670),清政府规定:官兵地亩,不准越旗交易,兵丁本身种地,不许全卖②。表明同一旗分旗人互相买卖旗地已经合法化。土地可以买卖,其私有性趋向明显,不准越旗交易的禁令也无法长期维护。史料记载:正黄旗满洲、曾任工部尚书的萨穆哈(沙穆哈),于康熙中叶契典镶红旗色讷伊九丁田③;康熙五十四年(1715),镶黄旗人拉巴将55亩地、房基一段及有关附产典给别旗苏才敏④,都是不准越旗交产的规定形同具文的例证。越旗交易假"典当"名义以行,应是当时普遍现象。

乾隆二十三年(1758),清廷不得不面对事实,准许旗人田地"不拘旗分买卖"⑤。从此,旗地越旗买卖畅通无阻。本文所收契书,涉及13起土地买卖,其中同旗交易仅4起,而且集中在乾隆朝前半期(俱详附表)。这说明,越旗交易的规模在乾隆二十三年定例后有了长足的进展。乾隆二十三年定例与前述三十五年定例的颁行,异曲而同工,表明清政府在逐步摒弃以国有地为对象的传统政策,是旗地私有化的重要标志。

乾、嘉年间旗人卖地红契主要有两种:一种形制简陋,仅在草契上钤盖官印即可,另一种为官刻执照。两种红契均为满汉文合璧书写,惟官刻执照的满文体因左右翼而略有差异,左翼税关颁发《执照》上书"temgetu bithe",左翼税关颁发《执照》上书"akdulara bithe",都是契书、契据的意思。所钤印文,一为八旗左(或

---

① 托津等纂:《大清会典事例》卷136,嘉庆二十三年殿本,第18页下19页上,参13号、20号契。
② 鄂尔泰等纂:《八旗通志初集》卷18,东北师大出版社1985年版,第318页。
③ 关嘉录译:《雍乾两朝镶红旗档》,辽宁人民出版社1987年版,第5页;参钱实甫《清代职官年表》(四),中华书局1980年版,第3275页。
④ 王锺翰:《康雍乾三朝满汉文京旗房地契约四种》。
⑤ 《清高宗实录》卷557,二十三年二月甲戌。

者右）翼管税关防长方形朱印，一为立契人所在佐领图记，契书骑缝处墨书"卖字××号"，这些便是八旗红契的主要特征，多异于民间官契，这是由于清代社会旗、民两种管理体制并存造成的。关于旗人卖契反映的土地买卖关系，可以乾隆二十一年（1756）额尔登布卖契为例，略作剖析：

> 正蓝旗满洲德楞额佐领下乌枪护军额尔登布有地叁顷柒拾亩、土房贰处共拾柒间，坐落东安县新店村地方。今卖与本旗蒙古雅萨哈佐领下乌枪护军白福名下，价银五百两。此地倘有未扣完官银之公产、并重复典卖、亲族人等争执等情，俱系署佐领沙尔坦、骁骑校舒伏太、领催二僧保、卖主额尔登布，同保此照。
>
> 纳税银拾伍两
>
> 乾隆二十一年十一月　日立卖契人额尔登布（以下署佐领、骁骑校、领催签名画押，以及满文体一并从略）

据此契书，可知旗人卖契行文格式与典契大体吻合，它与后者的主要区别在于说明土地所有权的完全过割，所以凡典契中使用"典"字处这里则写为"卖"字。再者，订立典契无须向官府履行纳税手续；而买卖土地意味地产易主，故必须向官府纳税，并在红契上注明纳税金额。

八旗税收制度始于清朝入关。顺治元年（1644），由户部在八旗左、右两翼分设税关，任用旗员征收商税，计货价每两抽税三分。因其时旗人房、地等不动产均不准买卖，故交易对象，主要是作为特殊商品的旗下奴仆。雍正元年（1723），总理事务大臣等议覆：旗下人等典卖房地，从前俱系白契，所以争讼不休，建议此后凡实买实卖者，照民间例纳税。雍正帝令"照依施行"[①]。至此，八旗两翼税关始征旗地契税。契税，是历代统治者财政收入的一

---

① 鄂尔泰等纂：《八旗通志初集》卷70，第1347页。

乾、嘉年间畿辅旗人的土地交易

种来源，纳税人则借此获得土地所有权的法律保证。此外，专就旗人而言，还另有一层特殊含义在其中，即它是旗地买卖合法化的重要标志。因为只有当旗人土地私有权得到清政府事实上的认可以后，才可能建立起这种制度，并且依照民间成例，纳税额契。

清代民间土地买卖，有活卖、随找、绝卖等不同名目，实际上反映了地权转移的性质和程度。旗人卖契中尚未见此类契式，然而在说明土地所有权让渡时，却使用了"卖与……名下永远为业"和"卖与……名下为业"两种措辞①，彼此之间是否有细微差别仍待察考，不过，随着土地买卖关系的发达，特别是受到民间汉人影响，旗地买卖中"找价"现象的崭露头角，确是嘉庆年间旗人卖契中显映出的一个变动②。

民间土地交易受着宗法制的干预，按惯例"先问亲邻"，由他们在文契上画押，以表对契约的承认，并承担日后发生纠纷时出面作证的义务。旗地买卖，则照政府规定必须"呈明本管佐领"③。所以，旗人卖地红契上签名画押的，除立契者本人外，必有所在佐领的大小官员，由他们一同担保土地交易的合法性。雍正帝胤禛曾说："佐领之管佐领下人，无异州县之于百姓。"④ 旗人的土地买卖是在国家权力的基层代表佐领的直接监督下进行的，加以旗民不准交产禁令的存在，证明旗人与民人在掌握土地所有权的程度上仍有一定差距。

除上述典、卖两种基本形式，在旗人内部，还有"老典""长租"等非法的土地交易形式，但主要流行于正身旗人与非正身旗人间，这里不再赘述。

---

① 附表4号契、7号契称"情愿卖与……名下永远为业"；其余卖契称"卖与……名下（为业）"。
② 见3号契书粘连下手契主于嘉庆二十五年五月十六日书写的土地四至清单，内有"嘉庆十三年十二月又找价银一百两"句，可以为证。
③ 托津等纂：《大清会典》卷16，第17页下。
④ 允禄等编：《上谕八旗》，四库全书本，第59页上。

631

二 土地买卖的若干特点

八旗贵族官僚追求奢侈的生活，积极从事土地交易；破产的下层旗人生计无着，唯有剜肉补疮、出卖土地，旗地买卖活动因此愈演愈烈，酿成土地买卖关系中的若干新特点。

（1）土地所有权频繁转移。土地买卖的频率，与商品经济发展水平成正比。满族入关伊始，内部自然经济色彩比较浓厚，尚少土地买卖记录。康熙朝以后畿辅地区的商品经济发展到一个较高水平，对旗人生计产生深刻影响。伴随旗人经济地位的分化，旗地买卖的频率明显加快。档案载称：康熙年间，正黄旗满洲佐领海崇额，将宛平县彰义村3顷余旗地典给了镶白旗的方阿，后者于康熙五十四年（1715）转典给正蓝旗根杜。乾隆初年，这块旗地已落在正白旗满洲马姓名下[①]。一块旗地在数十年间辗转数主，已不再罕见。

乾隆初年，畿辅旗地已经为民人大批典占。据说达到"旗地之在民者，十之五六"的严重地步[②]。旗人地亩锐减，生计日蹙，对土地关系的频频变动起到推波助澜作用。在本文考察的20件契书中，有一些是作为上手契保留下来的，因而可以从中考察出若干旗地在数十年间周转流动的轨迹，兹援举数起以为证：

第一起：乾隆九年（1744）镶黄旗人五十四将白契置买14.38顷典给本旗苏海，乾隆三十五年（1770）定例后改典为卖。嘉庆十一年（1806），苏海将其中黄渠庄地计2顷余典与内务府正白旗满洲吉广管领下闲散奎某名下。从五十四的上手契主到奎某，这块地前后递经四主（详附表1号、2号契以及契书附注）。

第二起：嘉庆二年（1797），镶红旗满洲员外郎西琅阿将红契自置旗地6.3顷余典给外旗恩荣，七年限满改为卖契。此后仅仅过了五

---

① 中国第一历史档案馆藏：《八旗都统衙门档》职官项，第207号满文档（日期残缺）。
② 赫泰：《复原产新垦疏》，贺长龄等编：《皇朝经世文编》卷35，中华书局1992年版。

年（嘉庆十二年，1807），恩荣已将契内 14 段地陆续拨卖予正红旗汉军董翰军、正黄旗蒙古阿某、石佛寺庙内寂然、民人孙姓名下（详 8 号、9 号、10 号、12 号契及 13 号契附注）。在新一轮买主中，既有旗人，又有民人，乃至寺庙僧人。在土地频繁转手的情况下，即使形成较大的地产，有时也是不稳定的，一旦业主分块售出便重新陷于片段畸零。以上就是一个例子。

第三起：乾隆二十一年（1756），正蓝旗满洲额尔登布将 3.7 顷地卖给本旗蒙古白福，寻即转入同旗蒙古积善名下。嘉庆十四年（1809），积善复将其中 3.55 顷典给正白旗蒙古福英阿，后改典为卖（详附表 3 号、14 号、20 号契）。五十年间前后四易其主。在土地的转手中，典与卖经常是互相衔接的两个环节。破产业主不肯轻易放弃土地所有权，宁可采取典卖形式，而高利贷者虽然对典卖者推迟了出卖土地的时间，却使其在更为不利的条件下出卖土地。

另外，在嘉庆十六年至十九年（1811—1814）短短三年中，宗室成英的一块老圈子地竟转卖了二次（详附表 15 号、17 号契）。这与当时有关民间地亩"十年之间已易数主"[①]的略嫌夸张的说法相差无几了。

地权不断转移，破坏了土地关系的稳定，作为"八旗世业"在家庭中世代传承的"祖遗老圈"已经所余寥寥。在所见 15 件注明土地来源的契书中，有典契 5 件，卖契 10 件。5 件典契分别以"自置"（1 号契），"红契自置"（8 号、9 号、10 号契），"自置旗地"（14 号契）标明土地系自家置买，同时在契书末尾以"外有原白契三张跟随"（1 号契）、"外旗红契一张跟随"（8 号契）、"外有旗红契一张跟随"（14 号契），对上手契的处理做出交代。上手契，又称随契、随带契、老契，是交易双方立契交价时，由原业主交给现业主的有关旧契，作为土地交易合法化的一种凭据。在 10 件卖契中，注为"有地"的 6 契，"本身地"和"老圈地"的各 2

[①] 钱泳：《履园丛话》卷 4，中华书局 1979 年版，第 110 页。

契。事实上除了"老圈地",其他地亩多经转手。属于"老圈地"的,一为嘉庆十六年(1811)镶蓝旗宗室外奉国将军成英所售之10.3顷,一为嘉庆十八年(1813)镶蓝旗宗室佐领下员外郎敏维的3.8顷。清初宗室王公享有经济、政治特权,受地最多;且所设王庄领主农奴制关系尤为坚韧,较晚时候才为地主经济所摇动,土地关系比较稳定是自然的。

(2)地权趋向集中。土地买卖越频繁,土地再分配越迅速,地权集中越明显。清初授给旗人土地以等级高低和占有人丁多少为标准,故王公贵族所得最多,乃至旗员与富厚有力之家"得田每至数百垧";普遍旗人"或止父子,或止兄弟,或止一身,得田不过数垧"①。旗地占有,已奠定旗人经济地位分化的物质基础。康熙年间,旗人地主开始兼并旗地,到清代中叶,旗地高度集中态势已轮廓灿然,这在契书中同样得到充分反映:

首先,土地交易额高。在契书所反映的14起土地交易中,数量最多的两起14.38顷,最少的也在顷亩之上,其中5顷以上的就占有7起。土地交易数额之大,花费银两之多,实为民间土地交易所罕有。

其次,地产均由多段地块组成。在14起交易中,除2起(1号契、19号契)契载不明外,其余12起的段数自28依以次递减至2段。奉恩将军宗室诺穆谨28段6.99顷余,分布在阜成门外卧佛寺、滕公栅栏、杜家沅、洪门沟天主教坟、青龙桥,以及宛平县黄庄、云会寺庄、冉家村、化家坟地等处;海龄阿28段5.5顷坐落大兴县管头、半壁店等处,其中最大地块92亩,最小地块仅8分。这些由畸零分散的地块组成的大地产,应是不断实行土地兼并的结果。卷入旗地交易的旗人上起宗室贵族,下至披甲、闲散,属于不同阶级和阶层,但是由于大部分下层旗人已失去土地,使土地交易主要在旗人地主的范围内进行。这与当时民间土地买卖大量在小农之间进行的情景似乎有所不同。

---

① 《清世祖实录》卷127,顺治十六年八月壬辰。

乾、嘉年间畿辅旗人的土地交易

上述事实还表明，当旗地大量流入民间的同时，掌握在旗人地主手中的土地不仅没有耗减，反而有增无已。占地最多的皇庄、王庄姑置不论，乾、嘉年间有名的"贪相"和珅就有地8000余顷[①]，是旗人大地主的代表。权贵的家人依仗主势也兼并有数量可观的地亩，如出身公主陪嫁人的包衣那亲保，乾隆七年（1742）被查办时，除房产6000间外，有地595顷余，其中契买地25顷余，契典地336顷余，无文契地87顷余[②]，大部分土地都是兼并而来。旗人地主土地越多，地租累计越多，兼并力量就越强。在畿辅地区，旗人地主已成为地主阶级中举足轻重的力量。

村松佑次对雍正末年畿辅地区某王府取租册档和差银册档的研究表明：在该王府所有979.63顷土地中，原额地（即清初分授王公贵族的老圈地，包括投充地亩）约772.85顷，原租地（即王府在置买旗地、民地基础上所设租地）约206.78顷。后者系兼并所得，约占全部地产的21%。其中大部分来自旗产，属镶红、镶黄、正黄等旗，布散在昌平，延庆、西山常裕村、房山、安肃、清苑、顺义、安定门外闪各庄诸处[③]。可见，由于"旗民不准交产"的禁令，破产旗人首当其冲成为旗人大地主的蚕食对象。清代民地必须向国家交纳田赋，所以民间卖契书有"钱粮随时过割"句，以示纳赋责任的一同转移。而所见旗人契书均未涉及这项义务，有的还明确是"自置旗地"。这也反映了旗地向旗人地主手中集聚的事实。早在乾隆二年（1737），旗员色鲁即在一份密奏中忧心忡忡地指出旗人"生计尽失，典卖地亩者甚多，今兵丁贫者仅依饷米为生"[④]的窘迫处境。到清代中叶，在满、汉地主的竞相兼并下，大部分旗人已失去土地。

---

① 薛福成：《庸盦笔记》卷3，江苏人民出版社1983年版，第64页。
② 中国人民大学清史研究所、档案系合编：《康雍乾时期城乡人民反抗斗争资料》（上），中华书局1979年版，第432—433页。
③ ［日］村松佑次：《旗地の〈取租冊檔〉をよび〈差銀冊檔〉について》上下，《東洋學報》第45卷，1962年第2—3期。
④ 中国第一历史档案馆藏：《军机处满文录副》，乾隆二年七月初十色鲁奏。

(3) 土地交易中暴力因素削减。清初满族贵族官僚凭借政治特权和军事暴力占夺民地，设立皇庄、王庄、官庄，复以投充等强制手段兼并民地。而后，随着地主经济的发展，尽管他们还保持政治、经济特权，但在原先圈占土地基础上，主要通过价买的兼并土地。清代中叶，除了旗下奴仆典卖正身旗人土地仍受到禁止，在贵族与下层旗人、上三旗人与下五旗人、正身旗人与包衣旗人之间的土地买卖，不受任何身份限制，双方均以"情愿"二字作为缔结契约的前提。乾隆二十四年（1759）宗室诺穆谨的一件卖契这样写着："立卖地契人系镶红旗包衣常兴佐领奉恩将军诺穆谨，今有本身地……陆顷玖拾玖亩贰分，情愿卖与本旗满洲额尔青额佐领下闲散成禄名下永远为业，言定卖价纹银四千两整"；嘉庆十六年（1811）宗室成英的一件卖契的契文为："今据镶蓝旗宗室常龄佐领下奉国将军宗室成英，有老圈地陆段拾顷叁拾亩……卖与正白旗包衣贻恭佐领下候补主事那兴阿名下，价银一千五百两。"奉国将军是清朝宗室封爵第十一级，奉恩将军是第十二级，两位卖主都是有爵位宗室，而作为其买主的，一位是旗下闲散（未挑补任何官差的普通旗人），另一位是包衣佐领下人。清初包衣佐领下人，不过是满洲皇室贵族的私属，迨至清朝中叶，却可以合法地契买贵族土地。旗人土地买卖的身份限制大为松弛，据此可见一斑。

上述事实还表明：领主制经济的瓦解，引起旗人内部经济关系的新变革。部分上层旗人，在地主经济的发展中实力增长，成为旗人大地主，但也有一部分人，由于种种缘故家境败落。与此同时，大批非正身旗人（即非自由民）后裔——开户人，以及一部分户下人的经济、政治地位，却发生着实质性变化；乾隆初年，清政府正式允许包衣佐领下人与旗分佐领下人互为婚姻；不久，将官庄、王庄大部分壮丁放出为民；旗下大批开户人、"另记档案人"，也获得"出旗为民"的机会。乾隆年间几次动帑回赎旗地，其中，"奴典旗地"（即旗下奴仆和开户人典买正身旗人土地）多达五、六千顷，约占当时回赎旗地总额四分之一①，反映出一部分非正身人经济地位的崛起。传统的阶级分野在地主经济的发展中进行着新的组合，统治阶层的权势已不能单凭品级爵秩，还取决于经济的实力，首先便是土地占有的多少。

总之，通过价买途径积累土地，以及采用租佃制土地经营方式，已成为清中叶畿辅旗地经济关系的基本形态。乾、嘉年间迅速恶化的旗人生计，作为八旗制度结构性危机的产物，不应仅归结为八旗制度的束缚与汉族地主的兼并，同时是与旗地私有化进程中不断扩展的旗内土地买卖关系联结在一起的。

---

① 刘家驹：《清朝初期的八旗圈地》，文史哲出版社1978年版，第155页。

附表

旗人地契内容简表

| 编号 | 立契人 | 对象地说明 ||||| 价银（两） | 受契人 | 立契时间 | 契别 | 备注 |
		来源	坐落	面积（顷）	段数	附产					
1	镶黄旗包衣，香山总管兼员外郎五十四	自置	通州黄渠庄、石庄驹子房	14.38		土房5间	3132.3	镶黄旗满洲闲散苏海	乾隆九年七月二十三日	典地白契	乾隆三十五年以后改典为卖，参2号
2	镶黄旗满洲闲散苏海			14.38				镶黄旗满洲闲散苏海	乾隆三十五年以后	买地红契执照	
3	正蓝旗满洲护军额尔宗布	有地	东安县新店村	3.7	10	土房17间	500	正蓝旗蒙古护军白福	乾隆二十一年十一月	卖地红契	
4	镶红旗满洲奉恩将军宗室诺穆谨	本身地	阜成门外卧佛寺滕公栅栏、宛平县黄庄、云会寺庄、冉家庄等	6.992	28		4000	镶红旗满洲闲散成禄	乾隆二十四年正月二十七日	卖地红契	
5	镶黄旗满洲养育兵六达子	有地	永清县西义河邓家务	1.8			180	镶蓝旗包衣佐领下闲散梁志端	乾隆二十八年十一月	卖地红契	

乾、嘉年间畿辅旗人的土地交易

续表

编号	立契人	对象房说明					价银（两）	受契人	立契时间	契别	备注
		来源	坐落	面积（顷）	段数	附产					
6	正蓝旗满洲护军奇克慎	同上	东安县新店村	1.2	9		200	镶黄旗包衣人闲散李子柱	乾隆四十年六月	卖地红契	
7	镶蓝旗满洲护军寨龙阿	本身地	永清县刘家勒各庄	1.1	2		125	镶蓝旗包衣佐领下护军校福祥	乾隆四十二年四月	卖地红契	
8	镶红旗满洲员外郎西琅阿	红契自置	阜成门外八里庄北云会寺庄	4.29	11		3000	镶黄旗满洲闲散恩荣	嘉庆二年	典地白契	嘉庆七年改典为卖，参12、13号
9	镶红旗满洲员外郎西琅阿	红契自置	阜成门外田村北苹果园	0.532	3		200	镶黄旗满洲闲散恩荣	嘉庆二年	典地白契	嘉庆七年改典为卖，参12、13号
10	镶红旗满洲员外郎西琅阿	红契自置	阜成门外北关卧佛寺、神庙、九天庙红门沟、南关杜家沉等	1.518	6	砖井9眼	3500	镶黄旗满洲闲散恩荣	嘉庆二年	典地白契	同上

639

续表

编号	立契人	来源	对象地说明				价银（两）	受契人	立契时间	契别	备注
			坐落	面积（顷）	段数	附产					
11	镶白旗满洲都司海龄阿	有地	大兴县管头半壁庄等	5.5	28		550	镶蓝旗满洲闲散福新	嘉庆二年十二月	卖地红契	
12	镶红旗满洲员外郎西琅阿			6.345				镶黄旗满洲闲散恩荣	嘉庆七年	改典为卖白契	
13	镶黄旗满洲闲散恩			6.345			6700	镶黄旗满洲闲散恩荣	嘉庆九年八月	买地红契执照	
14	正蓝旗蒙古闲散积善	自置旗地	东安县新店村	3.55	10		400	正白旗蒙古领催福英阿	嘉庆十四年正月九日	典地白契	
15	镶蓝旗满洲奉国将军宗室成贵	老圈地	大兴县西里河	10.3	6		1500	正白旗包衣佐领下候补主事那兴阿	嘉庆十六年十二月	买地红契	嘉庆二十二年以后改卖，参卖，20号
16	镶蓝旗员外郎敏维	老圈地	固安县南柳林庄	3.88	13		450	镶红旗蒙古托金锋阿拉富明	嘉庆十八年四月	买地红契	

续表

编号	立契人	对象地说明					价银（两）	受契人	立契时间	契别	备注
		来源	坐落	面积（顷）	段数	附产					
17	正白旗包衣、候补笔帖式员外郎那兴阿	有地	右安门外西里河村	10.3	6		1000	正黄旗包衣佐领下试用知县彭龄	嘉庆十年十二月	买地红契	
18	正白旗汉军闲散双凤	有地	东安县蘩庄、新店	2.03	2		100	镶蓝旗汉军闲散赵德魁	嘉庆二十四年十月	卖地红契	
19	镶红旗汉军散尔布张延梁	自置地	固安县小店岔小黑营岔史家岱	7.24		庄伙4处土房20间	5000吊	吏部左堂熙	嘉庆二十四年十二月二十四日	老典白契	
20	正白旗蒙古福英阿		东安县新店村	3.55			400		嘉庆二十五年五月	买地红契执照	

（原载《清史研究》1992年第4期）

清代北京旗人的房屋买卖
——根据契约文书进行的考察

　　清王朝从奠基到建立起稳固统治，主要凭借的是八旗赫赫武功。因此，在定鼎北京后，将旗人置于高出民人的地位而优养有加，颁给旗地，拨给旗房，便是优养政策的重要内容。但在以后岁月里，旗地、旗房交易现象潜滋暗长，日渐繁兴。以此为机缘，又牵动旗人内部，以及他们与民人间经济关系和社会关系的变迁。关于旗地问题，中外学者已展开过比较深入的研究，成果累累，相形之下，旗房的买卖问题迄未有专门探讨。

　　有清一代，北京城既是全国政治、经济中心，又是旗人主要聚居地。旗房买卖现象尤为突出，于八旗制度的影响也尤为深巨。唯官修史书中有关记载零散疏略，笔者在研究这个问题时，着重利用了中国社会科学院近代史所、北京大学等单位馆藏的旗人房契文书。契书形制，包括典房白契、老典白契、转典白契、改典为卖白契、改典为买执照、杜绝卖契、找押白契、卖房白契、卖房红契、买房执照等，大致反映了房屋交易中形成的多种契约关系。契书时间，上起康熙四十八年（1709），下至宣统三年（1911），为时二百年之久，为全面系统地了解旗房买卖情况，提供了可靠依据。契书内容丰富，其中涉及旗民交产等问题，已另撰专文。这里仅结合有关史料，就北京旗人房屋买卖的形式和特点略作考察，以就正于同好。

一 旗房的由来与私有化

旗人房契文书盖源于房屋交易，数量庞杂，为了便于对它的内容进行具体分析，需要先对八旗住房制度的形成与变迁作一概括说明。

八旗住房制度创设于入关之初的大规模圈占民居。顺治三年（1646）二月，清廷借口京城内"盗贼窃发"，谕兵部严满汉分城之制①。依此规定，原居内城的民人应尽移外城（南城），内城则由"从龙入关"的八旗占住。所谓"满汉分城"，其实是不准确的。进入内城的八旗，包括满洲、蒙古、汉军以及投充旗下汉人，并非清一色满人；而外城居民固然以汉族为主，也还有回族人等。所以，"满汉分城"的实际含义应是旗民分城。清廷在京城强制推行旗民分居制度，寓有确保八旗组织在人数众多汉人社会中的独立性，维持其剽悍战斗力的目的，但对于数十万被驱赶民人来说，却是十足的暴力掠夺，也因此遇到重重阻力。由于顺治三年迁徙令实施不力，清廷在五年八月又重申前令，要求内城的汉官及商民人等尽快迁出，限期在第二年年底以前搬完②。经过顺治五年至六年间的大规模清理，内城汉人无论官民，一律移居外城，内城则成为旗人的天地。

正是从这时开始，清廷将圈占的内城民房分拨给旗人。除明朝勋臣贵戚的豪华府第被王公大臣占住外，规定八旗一品官给房20间，二品官给房15间，三品官给房12间，至八品官给房3间；拨什库（领催）、摆牙喇（护军）、披甲人各给房2间。尔后数年，迁入内城旗人不断增多，所圈民居不敷分配，清廷一度将分配住房的标准照例酌减。但从后来记载看，旗兵领有住房2间，仍是习见

---

① 《清世祖实录》卷24，第4页上。
② 鄂尔泰等纂：《八旗通志初集》卷23，第434页。

的现象①。分拨给旗人房屋的准确数字已无从得知。由于清廷对京旗兵额秘而不宣,增加了澄清这个问题的难度。有学者估计:清朝定鼎初,迁入北京的旗下人口约有 30 余万。这一数字,与明末北京城人口大致相当②。若按 3 口人一间房的标准来估算,内城房屋当在 10 万间左右。

与清廷在京畿方圆五百里内圈占大片旗地的做法鸣嘤相应的是,京城内旗房最初也属国有性质。旗人只有居住权,没有所有权,自然也不准随意买卖。顺治四年(1647),清朝建立买卖田宅税契制度,只以民人为对象③,不用说也就是基于这个缘故。然而,不过半个世纪光景,旗房的国有性质已消磨殆尽。

问题在于,清朝统治者恩养旗人"至优至渥",拨给房宅,圈给土地,又完善粮饷制度,使兵丁所得正项银米收入高于七、八品官,加以种种名目的赏恤,却不能制止他们走向畸富畸贫的分化。京城本是四方货物荟萃流转的大都会,商品经济素称发达。随着商业资本和高利贷资本膨胀,昔年"从龙入关"的旗人,虽然都从国家分得室庐,但日久天长,贫困者率多转售与人。他们只好僦屋以居,并节省钱粮交纳房租。这对已经拮据的生计来说不啻雪上加霜。尽管这种现象在乾隆年间才达到严重程度,它的端倪却显露于康熙初年。康熙三十四年(1695)官府调查证实:内城中无房旗人已有 7000 人之多。这件事很快引起康熙帝关注。一方面他自我安慰说:"无房舍者,七千有余人,未为甚多",另一方面却也不能不承认:"京师内城之地,大臣、庶官、富家,每造房舍,辄兼数十贫人之产,是以地渐狭隘。"④ 这时所说"大臣、庶官、富家",应指旗人中的钟鸣鼎食之家、绅缙素封之户,而成为其兼并对象的,则是窘乏潦倒的旗下"贫人"。兼并现象的滋蔓,损害的

---

① 昆冈等纂:《大清会典事例》卷1120,中华书局1991年版,第130—131页。
② 李慕真主编:《中国人口·北京分册》,中国财政经济出版社1987年版,第38页;侯仁之:《北京历史地图集》,北京出版社1988年版,第32页。
③ 伊桑阿等纂:《大清会典》卷53,康熙二十九年内府刻本,第13页上。
④ 鄂尔泰等纂:《八旗通志初集》卷23,第438页。

清代北京旗人的房屋买卖

不仅是旗人生计,且不利于清王朝统治基础的稳固,难怪会引起统治集团的焦虑。然而作为统治集团最高代表的康熙帝,却无意遏止这股咄咄逼人的势头,理由是:"若复敛取房舍以给无者,譬如剜肉补疮,何益之有?"既然八旗贵宦富家的兼并所得不准有丝毫触动,解决旗下贫人失房问题又刻不容缓,于是他只好另辟蹊径,下令在内城之外,每旗各造屋 2000 间,无屋兵丁,每名拨给 2 间。八旗共建房 1.6 万间,约费国帑 30 余万两。循着这条成轨,以后雍正、乾隆、道光等朝均陆续在京城内外起建旗房,以缓解无栖身之所者的燃眉之急①。在此同时,对内城中愈演愈烈的房屋买卖活动却取听之任之的态度。

旗房的兼并主要通过价买方式进行,而当旗房可以堂而皇之地进行交易时,也就凸显了它的私有性质。实际生活中业已发生深刻变化的经济关系要求上层建筑做出相应调整。雍正元年(1723)八旗田宅税契令的颁行,便是调整中举足轻重的一步。这年十月,总理事务王大臣等议覆:

> 查定例内,不许旗下人等与民间互相典卖房地者,盖谓旗人恃房地为生,民间恃地亩纳粮,所以不许互相典卖,斯诚一定不易之良法也。应将条奏所称旗民互相典卖之处无庸议外,至旗下人等典卖房地,从前俱系白契,所以争讼不休。嗣后应如所请,凡旗人典卖房地,令其左右两翼收税监督处,领取印契,该旗行文户部注册。凡实买实卖者,照民间例纳税,典者免之。至年满取赎时,将原印契送两翼监督验看销案,准其取赎。倘仍有白契私相授受者,照例治罪,房地入官。②

清朝定鼎北京,即由户部在八旗左、右翼设关,派满官征收商税,计货价每两抽税三分③。当时的"货",主要指各种动产,首

---

① 昆冈等纂:《大清会典事例》卷 1120,中华书局 1991 年版。
② 鄂尔泰等纂:《八旗通志初集》卷 70,第 1347—1348 页。
③ 伊桑阿等:《大清会典》卷 34,第 4 页下。

第三编　旗民关系

先是牲畜，其次是作为特殊商品的旗下奴仆。旗人的不动产——旗地、旗房，因不准买卖，故不在税契之列。康熙年间，旗房、旗地典卖活动由地下走向公开，逐渐充斥于旗下，并形成大量白契。所谓白契，是相对红契而言的，即立契双方的私家契约；红契（又叫印契）则是向官府投税钤印的契约。二者虽然都是实际生活中法权关系的书证。但由于官方只承认红契作为处理纠纷的可靠依据，所以它们的法律效力又是不同的。白契的日积月累，使交易双方经常为交易对象的归属与各自权益构讼不休，矛盾年深日久、纠结难解，给清政府实行管理带来越来越多的麻烦，最终导致旗房、旗地税契制度的应运而生。税契，是旗房所有权的法律保证，也是买卖合法化的重要标志。只有当旗房私有权得到清政府事实上的承认以后，才可能建立起这种制度。从此，旗人典卖房地，按规定必须到八旗左、右翼收税监督处领取红契（即官方颁给的财产转让文件）；凡实买实卖者照成例每两抽税三分，典买典卖不用纳税。

对于满洲人来说，从法律上确认田、宅等不动产的私有，是财产观念的重大进步。事实上，满族先民的私有财产仅限于动产[①]，不包括农业居民视为生命之源的基本生产资料的土地，以及作为稳定生活所必备的物质保证——房舍。这突出反映了一个渔猎民族与农业民族在私有制发展进程上的差异。满族先民传统的采猎经济，迁徙不定的生产方式，使他们难以固着于一块土地，即便在栖息一地时，总是在一年当中的大部分时间外出行猎，因此难以形成对不动产的私有观。清朝入关，大举圈占民间田宅，除了军事、政治上的迫切需要外，与传统观念的绵延存续也并非无缘。从这个意义看，当满族深入到汉族腹地，完全蜕变为一个农业民族，财产观相应由动产扩大到不动产以后，既意味着其私有制度的发展，同时是其内部社会关系逐渐接近于汉族社会的重要标志。同时应该看到，

[①] 见《朝鲜成宗实录》卷159，《朝鲜李朝实录》，日本东京学习院东洋文化研究所影印本，1964年，十四年十月戊寅记女真人婚姻所馈财物，及《满洲实录》卷1记努尔哈赤分家时所得"家产"（满文"aha ulha"，即"奴仆、牲畜"），知满人早先私有财产有甲胄弓矢、牲畜、奴婢、衣服、什物等，仅限于动产。

税契制度确立后，旗人对旗房及旗地的私有权仍然是不充分的。这集中体现在国家对旗人不动产买卖的限制方面，也就是严禁与民人交易，并把这种限制叫作"不易之良法"。旗人虽然成为旗房名义上的所有者，却没有充分支配权，继续受着国家权力的种种干预。这种现象一直延续到清末。

二 旗房交易的主要形式

旗房私有化的过程，也就是买卖活动走向活跃，买卖方式由简而繁的过程。房屋买卖关系，也就是使用权和所有权的转让关系。旗房买卖主要采取典和卖的形式。

"典"本身并无"卖"的含义，与卖合在一处，成为一种附加条件的出卖。房屋典卖的基本特点，就是作为债务人一方的房主直接以房屋在一定期限内的经济收益（主要是房租）抵算利息，交给典主（也就是债主）。在房屋出典期间，典主拥有使用权、处分权，或转典他人权。房主则保留出典限满后的回赎权。因此，典房是一种所有权与使用权分离的、不充分的房屋买卖形式。康熙五十三年（1714）镶白旗富绅满文典房白契，这同一旗分满洲人将房屋典卖给汉军的契书。康熙年间，北京内城满洲旗人渐染汉俗未深，且多不谙熟汉语、汉文，故写立书契仍习用满文。上引契书并非孤证[①]。

文化、语言间的隔膜显然在一定程度上妨碍了满洲人随心所欲地从汉人社会中汲取自身发展所亟须的经验和知识，其中就包括订立契书的规范化格式和与之相适应的行为准则。因此，早期满文契书普遍带有简陋粗疏的特点也就不足为奇了。以富绅满文典房契为例，除列明契约双方身份、对象房数量、契价交付、典当期限、中保人身份、立契时间外，于对象房来源、坐落、质地，出典原因，以及违约责任的说明，均付阙如。而这些条款，却是民间契书的基

---

① 王锺翰：《康雍乾三朝满汉文京旗房地契约四种》（收入《清史续考》，华世出版社1993年版）引康熙三十二年满文房契；又见本文所引康熙四十八年满文房契（本文附表编号1）。

本要素。说明对象房来源,也就是说明房屋所有权来源,早期满文契书缺此要素,与当时旗房私有关系正在发展但尚未成熟的状态也是分不开的。

不过,到了雍乾以降,满洲人契书行文不仅改用满汉合璧以至纯用汉文,在契式上也与民间小异而大同。下面的契书就很典型:

> 立典契人正黄旗满洲固山黑格佐领下披甲的达子,有祖业铺面瓦房前后粥铺二间,坐落在德胜门内路南。今因无银使用,情愿典于本旗满洲固山保平佐领下闲散杭日布名下永远为业。言定典价纹银一百二十两整。其银当日交足并无欠少,言定二十年之后银到许赎。自典之后若有来路不明、重复典卖、托(拖)欠官银、满汉亲族人等争竞,俱系本佐领黑格、骁骑校苏起、领催刘喜一面承管。恐后无凭,立此典契存照。
>
> 乾隆十年　月　立典契人达子(押)①
>
> (满文内容相同,从略)

这件契书取满汉合璧体,其中就立契人身份、对象房情况(产权来源、坐落、间数、质地)、出典原因、受契人身份、立契手续(契价的议定与过付)、权利和义务(回赎期限、立契人违约或对房屋所有权发生争执时的责任承担)等条款逐一做了说明。至此,满洲旗人的典契形制已基本完备。

在旗人典契中,出典一方一般称"业主""原业""原业主""本主""房主";典买一方称"典主""置主""银主""现业主"。关于典价收付,称"典与(于)……名下为业",而不书"永远为业"。对回赎期限亦有明文规定。说明出典人虽然将房屋典给典主,作为所得借款利息的补偿,但名义上仍保留着房屋所有权和期满回赎的权力,这正是典与卖的主要区别。当然也有例外,如上引契书称"典于……名下永远为业",就是一例。这种措辞主要用于典期

---

① 原契为汉文繁体,本文改作简体,下引各契均同。

较长或老典契中（说详后文）。

清前期，旗人典主为了达到使原业主"日久难赎，名典实卖"的目的，普遍利用"多勒年限"的手段[1]。典房回赎期限少则三五年，一二十年，多者长达五十年，甚至一百年。一些老典房契根本不注明回赎期[2]。

同时，由于清初旗房的国有性质，旗人缺乏明确的所有权意识。所订回赎期限，只是允许原业主回赎的上限，即确保典主经济利益而对原业主课以不得妄自赎回房产的起码年限，至于它的下限却不明确。这实际意味：回赎时效毫无限制，当原业主无力回赎而年限已满之后，名义上的回赎权将无限期保留。迟至乾隆前期，旗人契书中还有"以（一）典五十年之外许赎"，"以（一）典五十年之后许赎"，"二十年后银到许赎"之句[3]。仍旧沿袭清初旧俗。时效限制也就是有关权利的产生所需要的期限（占有时效）或请求期限。在汉族历史上，田宅典当的回赎时效限制在唐宋年间就已存在[4]，而满洲人的这一概念却姗姗来迟。

回赎期限长和限满以后房屋所有权的不确定性，与旗人房屋买卖关系的发展形成日益尖锐的矛盾，"案牍日多，构讼不息"[5]。在辗转典当的场合下，一所旗房的所有权无异于被逐次分割，并形成一房数主的复杂局面。于是，清廷在乾隆三十五年（1770）正式宣布：凡典契"载有二三十年至四五十年以上者，令现在主（即典主）一体上税"，改典为卖；所有积年典契"不准控赎"；又将旗人典当契载年份与民人划一办理，"统以三五年以至十年为率，概不税契，逾限听典主执业"[6]。从此，旗人典房期限被严格限定在

---

[1] 《清高宗实录》卷557，第6页下。
[2] 请见本文附表。
[3] 本文附表8号、10号、15号。
[4] 窦仪等撰：《宋刑统》卷13，国务院法制局民国七年重校天一阁本，第5页下6页上。
[5] 《内务府来文》，乾隆二十年，中国科学院民族研究所等编：《满族历史档案资料选辑》，1963年铅印本，第136页。
[6] 《户部则例摘要》卷16，乾隆五十八年刻本，第10页上。

第三编　旗民关系

十年以内，在房屋所有权上存在的混乱现象大为减少。

清政府的定例是对实际生活中法权关系的概括和规范，也是旗房私有化在上层建筑的反映，它反转来又对旗房典当关系产生显著影响。乾隆三十四年（1769）旗人德福将自典房一所老典给本旗包衣玉柱，原言定"老典一百年"，典价银一百八十五两。但不旋踵，清政府颁布了十年以上典契必须改典为卖，归现在主执有的规定。典主玉柱遂在乾隆三十八年（1773）到左翼税务监督办理改典为买手续，即按原典价银的百分之三纳税后，领取买地执照①。乾隆三十五年定例的实施，使许多典期在十年以上的契约关系为之中断。与此同时，也就加速了房产由典到卖的过渡。印证嘉庆九年（1804）岳兴阿典契中："言定一典八年为满，钱到许赎。八年以后，如业主不赎，准其现典主遵例过税，不与业主相干"；道光七年（1827年）讷谟恩典契中："言明一典八年，年届限，任从投税"等语②，又表明有关回赎权的时效限制，已成为清中叶以后旗人典契中习见的格式。

出典房屋的旗人，绝大多数是基于生计上的窘迫，也就是契书通常要注明的原因："乏用"，"无银使用"，"手乏不便"，"乏手无钱"。事实上，他们很难在较短期限内筹措或积攒到足够款项赎回原业，典主却可以凭借官府法令，在期限满后将低价典入的房屋据为己有。房屋契书中所见众多旗人在回赎期限年满后被迫改典为卖的具体事例，足以证明房屋典卖通常就是出卖的前奏。

改典为卖时，照例要在原典契外，由原业主另立卖契（民间又叫投税契），签字画押后交新业主收执，作为所有权完全转让的凭证。嘉庆二年（1797）景文、景和两兄弟所立契书行文简略：

> 立字人系镶蓝旗忠禄佐领下闲散觉罗景文同弟景和，将自置灰房一间空院一块，于乾隆五十一年二月十六日典与正红旗

---

① 参本文附表16号、17号。
② 参本文附表30号、40号、41号等。

清代北京旗人的房屋买卖

满洲吉兰太佐领下舒宁阿名下为业。现今实在无力回赎,情愿典主遵例过税。

嘉庆二年十月二十五日　　　立字人 景文（押）
　　　　　　　　　　　　　　　　　景和（押）

这件契书系汉文白契。契中"实在无力回赎"六字道出了旗人改典为卖时的普遍原因。景文、景和兄弟在契书表明听凭典主遵例纳税改为卖契的态度。卖契之签意味着原业主完全断绝了与房产的联系。但白契还只是私家交易的契约文书,不能作为享有充分法律权益的凭证。同年十二月,新业主舒宁阿到左翼户关办理了税契手续,从而完成了由典到买合法交易的最后一道手续①。

典价低,卖价高,按照民间常规,改典为卖应由典主补给原业主若干价格差额,即所谓"找价"。要求找价是有法律依据的,也即户部则例所明文规定的:"凡出典年满及出卖仍以典契论之田宅,原主欲赎无力者,许凭中公估,令现业主找贴原主一次价银。"②但在旗人中间,至少在一段时间里,要求找价却困难重重。京城旗房一向不准民人典买,如私行典买者,照民人典买旗地例办理③,这样一来,势必缩小旗房交易的范围,为旗人典主提供了更多压价机会。他们或者在写立典契时要挟原业主"添写虚价",或者在典契中附以"自典之后,永不找价"的苛刻条件④,预先剥夺了原业主改典为卖时加找差价的权利。

约自乾嘉年间起,找价做法开始流行于旗下。这首先是由于受到民间惯例的影响,其次则基于原业主不断以"告找告赎"来反抗典主苛剥的努力。嘉庆二十一年（1816）,苏那同嫂将祖遗住房一所典给麟春,当时言明典价银二百两整,一典八年为满。道光六年

---

① 参本文附表27号、28号。
② 《户部则例摘要》卷3,第11页下。
③ 昆冈等纂:《大清会典事例》卷160,第1034页。
④ 《清高宗实录》卷557,第6页下;《内务府来文》,中国第一历史档案馆编:《清代档案史料丛编》第5辑,中华书局1980年版,第88页。

(1826)，典期已逾。苏那与嫂因无力回赎，只好改典为卖，并立杜绝房契如下：

> 立杜绝字人系镶白旗满洲嵩明佐领下马甲苏那同嫂□□氏，有本身自置住房一所共计十三间半，坐落在总布胡同路北，典给正蓝旗满洲佐领麟□名下永远为业。今因无力回赎，当面言明将房价前后找清并无欠少，已（以）后如拆挪改移转行典卖以及遵例（过）税均与原业主无干。恐后无凭，立杜绝字存照。
>
> （立杜绝字人、中见人签名及年月均从略）①

契中有"将房价前后找清并无欠少"句，证明原业主在立新契时得到若干款项的补偿，但具体数额不详。道光十八年（1838）汉军姚明山将孟端胡同房产以3000吊价格出典，原典契书除正文外，于下方空白处墨书："现于道光二十九年七月十三日又付钱一百吊，言明前后业主以（已）逾八年之现（限），均无力回赎，全中言明任凭典主过税"云，显系改典为卖时补注。相对3000吊典价而言，后付的100吊不过是杯水车薪，但这区区100吊钱，看来也就是典主补给的找价②。又，道光九年（1829）巴衍善将瓦房14间典给宗室满某，典价清钱400吊；道光十二年（1832）重填卖契，契价清钱600吊③。这多出的200吊显然就是加价。从这些事实不难得知：清中叶以降，旗人中改典为卖时的找价不再是寥若晨星的现象，惟加价多寡视具体情况而大相径庭。

房屋的典买典卖，是传统社会里高利贷资本转化为不动产资本的一种普遍形式。高利贷者为了达到低价攫取房产的目的，采取了种种非法手段，除了在改典为买时尽量不找价或少给价外，司空见惯的还有：

---

① 原契存北京大学图书馆善本部。见本文附表32号，37号。
② 本文附表49号。
③ 本文附表41，43号。

违例老典。乾隆三十五年定例后,典期在十年以上者即为非法,"一经发觉,追交税银,照例治罪"①。但在实际生活中,于典契上多写年份甚至不写明典期的例子却屡见不鲜。尤其道光以降,清统治日益衰朽,对社会的控制力大为削弱,旗人中违例老典现象遂畅行不衰②。

契内多写修理费。房屋在出典期间有时是要加以维修的,因房屋所有权仍隶属原业主,维修费用由原业主承担一部甚至全部,从表面看似乎也合情合理。在这方面,旗人契书有着不同规定。有的契书规定:"大修两家,小修典主",或"大修房主,小修银主",即费用由双方承担,原业主要承担其中的主要份额③。但在大多数场合,这笔开支却无条件地强加在原业者身上。兹将契书有关条文择有代表性者胪列如次:

(1) 其应修理需要银两,典主记账,赎房之间(日),将修理用过银两并房价交完,方准回赎。

(2) 如有坍塌倒坏□典主修札(理)将所有银两上系。

(3) 任凭典主修理房屋居住,每间房作价银二十两,取赎之时照数交还不许短少。

(4) 其房现糟旧,由置主自变,永无反悔。

(5) 日后修理工料钱随时上契,不用通知,俟回赎之日如数归还方许赎。

(6) 因群房糟朽俱得翻盖修理□估写修理钱四百吊整。

(7) 如有添盖房间大小修理,不必通知业主自行修理粘单上契,如赎房之日一并清还。

(8) 自典之后有修补坍塌等项另计粘单(是契附粘单,上书:"于道光十二年五月修盖门房五间共合钱四百二十吊")。

(9) 日后如有坦(坍)坏修立(理)工料钱,随时上契,不必通知原业主常姓。回赎之日原典价一百八十吊外,修立(理)钱

---

① 《户部则例摘要》卷3,第12页上。
② 本文附表18号、45号、47号、50号、51号、52号。
③ 本文附表11号、23号、24号。

653

照数归还方许回赎［是契上又补注："现有修理坦（坍）坏房墙等共钱一百吊随时上契"］。①

房屋出典期间的工料修理费往往是一笔可观的开支，如道光六年（1826）满洲旗人忠庆同家人景生将绒线胡同房一处出典，典价450吊，契书上"估写"的修理钱就达400吊。这就是说，不管典主用于房屋修理的实际开支有多少，忠庆不交出850吊钱，就别想回赎。又如道光六年萨克升阿典契，原契价1200吊，但典主于典期届满之际以"修盖门房"名义报上费用420吊。这样一来，就给原业主回赎增加了更大难度。问题的关键还不在于回赎价格的加码，而在于典主完全可以利用"工料钱随时上契不必通知原业主"一类的规定，在工料费报价上大做手脚，或以少报多，或任意添盖，总之是要置原业主于欲赎无力的窘地。

有清一代，房屋典买典卖在北京旗人中之所以盛行不衰，原因大致有三：其一是为了逃税，以及在与民人交产时逃避纠查；其二是守业的心理，典卖按理可以回赎，因此可使出典者免去出卖祖业（即所谓"败家"）的耻辱；其三，为高利贷资本廉价兼并房产提供了重要手段。

除典买外，高利贷者廉价攫取旗人房产的另一惯用手段是抵押。抵押，在这种场合又称指房借银，即债务人向高利贷者长期借银，并以房屋为抵押物。若干年后，本利累积，无力偿还，债主便将房屋占为己有。这种情况下的房权转手，自然低于平均房价。抵押与典卖的区别：前者采用借贷方式，负债者按期向债主支付利息；后者却是暂时转移房屋使用权，即负债者直接以房屋在一定期限内的经济收益（房租）抵算利息，交给债主（典主）。实际上两者异曲同工，都是高利贷者巧取豪夺的方式。于是，借高利贷——房屋出押——丧失房权，便构成指房借银中屡见不鲜的三部曲。

乾隆二十八年（1763）八月和三十二年（1767）正月，镶蓝

---

① 依次为本文附表第5号、7号、8号（10号行文类同）、18号、29号（25号行文类同）、34号，36号（39号行文类同）、38号、44号。

旗汉军陆世俊曾先后两次从高利贷者鲁某处举债清钱六十吊。借钱时要立借据。借据上写着:"言明叁分行利,如利不到中保人一面承管。"清制,私人间借贷是合法行为,但为了约束高利贷者牟取暴利,规定了利率的最高数额。《大清律·户律·钱债》明文:凡私放钱债,每月取利不得过三分,年月虽多不过一本一利;违者,笞四十,以余利计赃,重者坐赃论,罪止杖一百[①]。所谓:"一本一利",即利息不得再滚入原本利息。如借银一两,按每月三分取利,积至三十三个月以外,利钱已满一两,与本钱相等。此后负债年月虽多,不准再照三分算利,即使五年十年,也只能以一本一利为限。违制者要给以重惩。但以上规定只是官样文章,实际上未能有效制止高利贷的苛剥。仍以前举旗人陆世俊为例,他从鲁某举债六十吊后,迫于生活压力,不得不继续饮鸩止渴,在乾隆三十二年七月再次向鲁某借钱四十吊。由于债台高筑,清偿无望,他终于在这年七月将住房抵押给债主,并写立契书如下:

  立找押房契人镶蓝旗汉军周□佐领下领催陆世俊,因无钱使用,将自置瓦房三间座(坐)落銮仪卫夹道路南,有老契纸一张,押到鲁名下借现钱肆拾千整。叁(次)共借找押钱壹佰千整,将押老契纸为凭。同保人说合,利息全改坐(作)分半行利。每月初五日取房租,利息钱壹千伍佰文。如一个月房租、利息不到,鲁姓要房;如钱、房不到,有中保人一面承管。恐后无凭,立此借找押契存照。
  有老契一张 此纸一张
  中保人 领催陈明(押)
  乾隆三十[二]年七月 立借找押[契]人陆世俊(押)

立契人陆世俊前后三次共借钱壹佰千整(约合100两银)。利

---

① 胡肇楷、周梦邻:《大清律例通纂》卷14,苏州嘉庆友益斋嘉庆十四年刻本,第1页上。

655

息虽然由原来的三分改作一分半,已违反官方"年月虽多不过一本一利"的定例。随着房子被抵押,陆世俊除每月交利息壹千伍佰文外,还须交纳房租。这些开支对于早已入不敷出的负债人来说足以构成不堪承受的重负。债主显然也了解这一点,所以才会乘人之危,胁迫负债人同意接受"如一个月房租、利息不到,鲁姓要房"的苛刻条件。结果可想而知,房子很快就落到了鲁某名下①。嘉庆间满洲旗人得硕亭所作竹枝词中一针见血地指出了京城内高利贷活动猖獗给旗人造成的严重伤害:"利过三分怕犯科,巧将契券写多多,可怜剥到无锥地,忍气吞声可奈何。"据他讲,高利贷者放旗债,都采取八分加一的办法(如借8两算作9两);为避开官府取利不得过三分的成例,又强迫借款人在借据上虚写若干,如借银十串写作百串之类,"旗人尤受其害"云②。

在大量的旗房交易中,与典卖等形式交织发展的始终是直接的买卖。至迟到康熙后期,同一旗分乃至不同旗分间的旗人互相买卖房屋活动已经出现③。因旗房交易为官府所禁止,故当时的契书均为白契。雍正元年(1723)清廷规定旗人买卖房屋必须税契,但买主往往视此为额外负担而百般规避。再者,旗民交产有干法禁,不得采取私相授受的方式。有此两条理由,足以使卖房白契充斥于旗人中间。当然,也有许多旗人旨在使自己的合法交易得到法律充分保护,在八旗两翼税务监督处税契,故形成大量红契。

由于旗人、民人隶属不同行政系统,税契机关也不同,导致两者红契在形制上的区别。清代民间卖房红契的全套文书由草契、官契、契尾组成。草契即契约双方的原始依据;官契是税契时领取的官刻契纸,行文同草契,钤有官府印文;契尾是税契后黏附契纸末尾的官文书。契尾格式例由皇帝裁定,各省督抚指令布政司印刷编号发给各州县地方官,在办理税契手续时使用。清初对契尾的使用

---

① 本文附表13号。
② 得硕亭:《草珠一串》,杨米人等著、路工编选:《清代北京竹枝词》,北京古籍出版社1982年版,第55页。
③ 本文附表1号。

清代北京旗人的房屋买卖

几经反复，到乾隆年间稳定下来，形成全国统一的官文书。

旗人红契均取满汉合璧书写，两种文体内容相同。契式主要有两种，一种为手写卖契，另一种为左右翼户关刻印的执照。执照也就是官刻契纸，其中又有卖房执照和买房执照之别。卖房执照与手写卖契均由卖房人写立并署名画押，税后由买主收存[①]；买房执照则系买主置产后未及时税契，若干年后到左右翼户关补办手续时领取。与前者不同的是：后者由买主写立并署名画押[②]。前面提到的改典为买执照实际上也是买房执照的类型之一。红契所钤印文，一为八旗左（或右）翼管税关防的长方形印，一为立契人所在佐领长官（亦叫佐领）的图记。契书骑缝处则手书"卖字××号"。这些便是旗人红契别于民间红契的主要特征。

关于卖契反映的房屋买卖关系，不妨以乾隆四十三年（1778）穆隆阿契书为例，并略作说明：

立卖房契人系镶蓝旗满洲铁柱佐领下护军穆隆阿，有本身房一所共计六十五间。坐落阜成门内孟端胡同内路北。今情愿卖于本旗宗室玉鼎住佐领下闲散宗室文魁名下永远为业。言定价银三百三十五两整，其银当日交足并不欠少。自卖之后，如有来路不明重复典卖拖欠官银亲族争竞等情，俱是佐领铁柱、骁骑校伯儿或、领催德什布仝卖主穆隆阿等一面承管。

            当堂收税银十两零五分
            骁骑校伯儿或（押）
乾隆四十三年　月　日　　立 卖契人穆隆阿（押）
            领　催德什布（押）

（满文体内容同，从略）

旗人卖契行文与典契大体相同，最重要的区别在于说明房屋所

[①] 本文附表31号。
[②] 本文附表55号，60号。

有权的完全转移，所以凡典契中使用"典"字处这里均写为"卖"字，并注明"卖于××名下为业"或"卖于××名下永远为业"。因为经过官府收税验契，所以卖契必书明税银数额（契税每银一两征三分，清末宣统年间增至九分）。

关于房屋来源，因涉及交易可靠性问题，故为买主所重。清初旗房由国家无偿拨给，以后世事变迁，递相转手，房屋来源渐趋多样。反映在契书中，遂有"本身""祖遗""祖遗分产""自置""自典""老典"种种区别。

旗人卖房，十之八九基于经济拮据。但至少在某些场合，也有倒卖牟利的动机。光绪十九年（1893）十月，内务府包衣、候补员外郎庆绪购得总布胡同房产一处，共115间，买价银2800两整。三年后转卖给庆德堂时，却得银12500两[①]。就是低价买进高价售出的一个典型事例。

旗人卖契，普遍要说明违约责任的担保人，以免一旦出现来路不明、重复典卖、拖欠官银、亲族争竞等意外问题时损及买主权益。具体规则有四种，即"由卖主一面承管"；"由中保人一面承管"；"卖主与中人承管"；以及由卖主和所在佐领官员共同担保。

中保人不是契约当事人，而是当事人订立契约时在场的人。清代民间卖房红契上署名画押者除立契人、中保人外，还有"左邻""右邻""房牙""总甲""代书"。民间交易受宗法制影响，习惯上要"先问亲邻"，如购买条件相同，亲邻有先买权。房牙是由官府认可的为买卖双方从事说合磋商并收取一定佣金之人；总甲是十甲（甲是城市基层行政组织）之长；代书则是官印契纸上的代笔人。从上述人等的署名画押中，不难看出传统宗法关系、人身依附关系、政治等级关系在民间交易中根深蒂固的影响。

房屋所有权的纯粹形态，应是完全的、自由的，即排斥一切他人、只服从自己个人意志的所有权。这在传统社会里显然是不可能

---

① 本文附表58号，59号。

实现的。相形之下，旗房买卖则受到更严格的限制，按规定必须"呈明本管佐领"①。因此，在旗人卖房红契上签名画押的可以没有中保人、说合人，却不能没有卖主所在佐领的大小官吏——佐领、骁骑校、领催。他们的在场，已成为合法交易的必要保证。雍正帝胤禛曾说："佐领之管佐领下人，无异州县之于百姓。"②足见旗人尽管基本上掌握了房屋所有权，并不能像商品所有者任意支配自己商品那样去处理房屋，而必须在国家权力的代表者佐领的直接监督控制下进行。同时还受到不准旗民交产等法令的束缚。

旗人卖契末尾，一般要说明上手契的处理。上手契是相对本契而言的。本契指转让权利之人亲自订立的转让权利契书，上手契又称随契、随带契、老契——指转让权利之人以前在受让权利时收执的书契。上手契的交代，是原业主的一种义务，也是产权合法的重要凭证。故旗人交易亦如民间，都很注重上手契的保留。因此，随着房屋所有权的辗转易手，上手契也就越来越多。迨及清末，一件房契牵连的上手契少则三、五张，多则十几张，已是常见现象③。有些康、雍年间老契，均得到精心保护。

三 旗房交易的几个特点

八旗贵族官僚为了满足没有餍足的物质贪欲，积极从事房屋交易，渐入贫困之境的下层旗人生计无着，唯有被迫出售住房，由此形成旗房买卖中的几个新特点。

（1）房屋所有权频繁转移。房屋买卖关系的发展与商品经济发

---

① 托津等纂：《大清会典》卷16，嘉庆二十三年殿本，第17页下。
② 允禄等编：《上谕八旗》卷5，第59页上。
③ 本文附表40号契注云："外随红白契纸七张"；41号契："外跟红契一张白契六张"；46号契："外随典卖字六张"；48号契："外有红契纸一张、白契纸八张交明"；56号契："红契一张，帖［贴］身白契十三张跟随"；59号契："本身旗红契一套，上手红契七套、白字五张"。

659

第三编 旗民关系

展水平是相得益彰的。满洲人入关初，自然经济色彩比较浓厚，房屋交易尚处在萌芽起步阶段。康、雍以降，在商品经济繁兴以及高利贷资本的推波助澜下，旗房易手速度开始加快。一处房产在数十年、以至百余年间轮换数主，成为旗下的习见现象。乾隆年间畿辅旗地为民人大批典买，据说达到"旗地之在民者，十之五六"的严重地步①。依旧在旗人名下的土地也集中到少数天潢贵胄、世宦阀阅，以及豪富素封之家。下层旗人地亩锐减，生计日蹙，对旗房所有关系的频频变化也起到推动作用。在笔者所见契书中，不少是作为上手契保留下来的，从中可以考知有关房产在一段时间里周转流动的踪迹。兹援举数起为证：

第一起，小哑叭（雅宝）胡同瓦房一所。乾隆十三年（1748），正蓝旗满洲旗人苏郎阿，将这所从镶白旗蒙古阿林处典买的瓦房，转典给本旗宗室富明阿。迄至乾隆四十七年（1782），这处房产依次经正白旗蒙古护军校绥哈、正蓝旗满洲领催武达色、同旗奉恩将军寿安、护军艾兴阿、马甲依昌阿、正白旗满洲觉罗永明、同旗满洲嘉珲辗转典买典卖②。从苏郎阿到嘉珲，前后仅三十四年，递经九主，平均不到四年易手一次。周转范围涉及镶白旗、正白旗、正蓝旗下的满洲和蒙古。

第二起，头锦儿（调儿）胡同房一所。康熙五十四年（1715），镶白旗满洲富绅将此房10间典与本旗汉军侯国用。后为镶白旗汉军张文辅、正蓝旗汉军王泽章、镶白旗满洲常远、同旗蒙古秀德依次典买。道光十三年（1833），其中4间房被典卖给正蓝旗满洲德禄保。百余年间，这处房产转手7次，卷入交易的包括镶白、正蓝两旗满洲、蒙古、汉军③。

---

① 赫泰：《复原产筹新垦疏》，贺长龄等编：《皇朝经世文编》卷35，道光七年刻本。
② ［日］石橋崇雄：《满文文書について》，日本東京大學東洋文化研究所：《中國土地文書目錄·解說》下，《東洋學文献センター叢刊》第48辑，1983年，第188—195页。
③ 见本文附表2号，5号，20号，25号，29号，44号。

以上两起房产交易形式均为清一色典买典卖。经济拮据的业主不肯轻易放弃房屋所有权，宁愿采取典卖的形式；而典主为达到以较低价格占有房产的目的，也乐于采取这种交易形式。不过，在更多场合，典与卖经常是互相衔接的两个环节。

第三起，东四牌楼十一条胡同住房一所共9间。原系镶白旗宗室奕补祖遗家产，嘉庆八年（1803）典给正白旗汉军惠某。不久，惠某出旗为民，入籍大兴县，遂于嘉庆十九年六月（1814）将这处房产卖给镶白旗满洲玉麟，价钱300吊。两个月后，玉麟转手倒卖，净赚250吊。以后各主或典或买依次为：正白旗满洲二等侍卫凌山、同旗蒙古副都统金某，同旗满洲世袭云骑尉倭惕庵、同旗蒙古凤瑞。咸丰三年（1853），为镶黄旗蒙古世袭云骑尉扎拉丰阿所购[①]。

这三处房产所涉及交易均限于旗人内部。有清一代，旗人是北京内城基本居民。满洲、蒙古、汉军的分别，并不是彼此交往的障碍，而共同生活环境，更为经济关系的密切提供了便利。不过到了清朝末叶，随着旗民畛域大为消融，内城房屋买卖主要在旗人民人间进行。

（2）房权的集中。在旗人的房屋交易中，始终并行不悖着两股趋向。一股是畸零分散的趋向，主要见于兄弟数人分家析产场合；另一股是不断集中并形成大房产的趋向，乃是不断兼并的产物。这里要考察的，是产生了重大社会后果的第二股趋向。清初分授旗房，本来就是以等级高低为标准的。王公贵族宅院宽阔，屋宇高宏，"多为明代勋戚之旧"。官员与兵丁得房也多寡悬殊。旗房与旗地的等级占有，构成旗人经济地位分化的重要物质前提。满洲亲贵、大臣，并不满足于按爵秩领受的田宅，又凭借政治特权，广置田宅。康熙年间，旗人上层的兼并活动还只是崭露头角。乾嘉以降，旗房不断集中的态势在契书中充分反映出来。为省繁文，据有关契书将两处大房产的形成过程图示如下：

[①] 全套红、白契共8张前后粘连，现存近代史所图书馆。

第三编　旗民关系

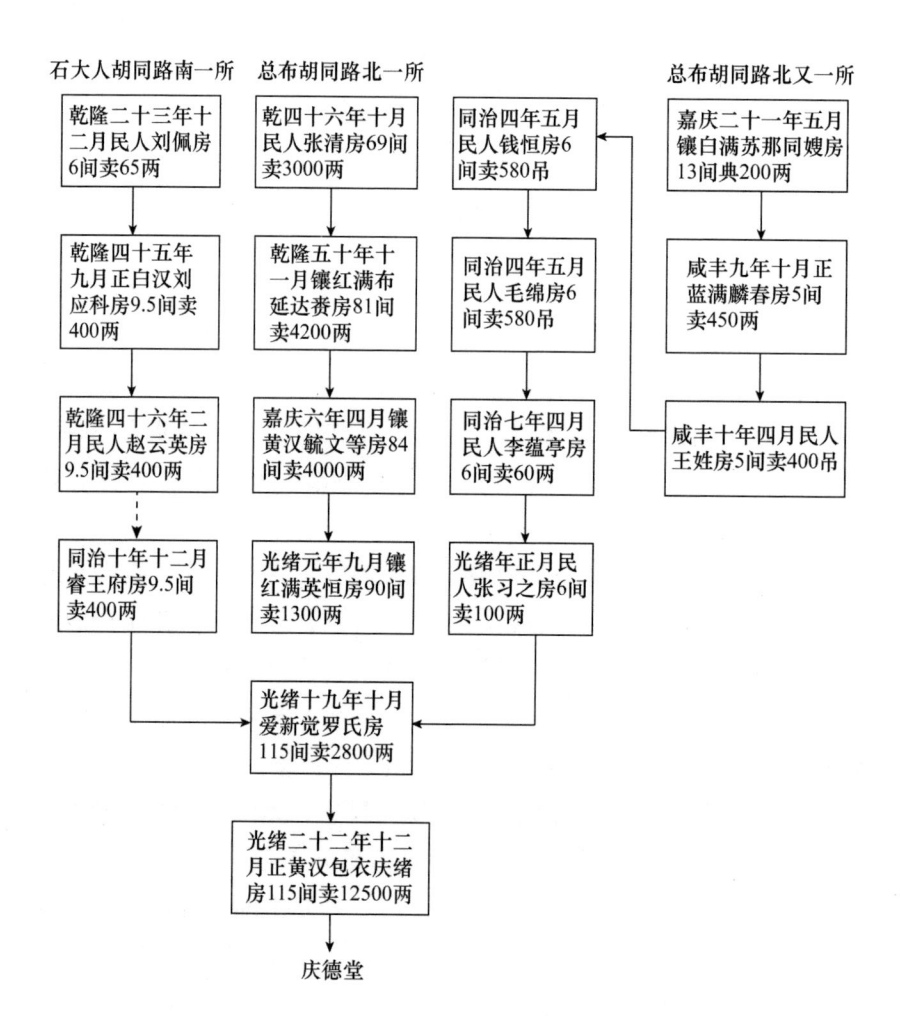

```
石大人胡同路南一所        总布胡同路北一所                                总布胡同路北又一所

┌──────────────┐      ┌──────────────┐   ┌──────────────┐      ┌──────────────┐
│乾隆二十三年十 │      │乾四十六年十月│   │同治四年五月  │      │嘉庆二十一年五月│
│二月民人刘佩房 │      │民人张清房69间│   │民人钱恒房6   │◄─┐   │镶白满苏那同嫂房│
│6间卖65两     │      │卖3000两      │   │间卖580吊    │  │   │13间典200两    │
└──────┬───────┘      └──────┬───────┘   └──────┬───────┘  │   └──────┬───────┘
       │                     │                  │          │          │
┌──────┴───────┐      ┌──────┴───────┐   ┌──────┴───────┐  │   ┌──────┴───────┐
│乾隆四十五年  │      │乾隆五十年十  │   │同治四年五月  │  │   │咸丰九年十月正│
│九月正白汉刘  │      │一月镶红满布  │   │民人毛绵房6   │  │   │蓝满麟春房5间 │
│应科房9.5间卖 │      │延达赉房81间  │   │间卖580吊    │  │   │卖450两       │
│400两         │      │卖4200两      │   │             │  │   │              │
└──────┬───────┘      └──────┬───────┘   └──────┬───────┘  │   └──────┬───────┘
       ┊                     │                  │          │          │
┌──────┴───────┐      ┌──────┴───────┐   ┌──────┴───────┐  │   ┌──────┴───────┐
│乾隆四十六年二│      │嘉庆六年四月镶│   │同治七年四月  │  │   │咸丰十年四月民│
│月民人赵云英房│      │黄汉毓文等房84│   │民人李蕴亭房  │  └───│人王姓房5间卖 │
│9.5间卖400两  │      │间卖4000两    │   │6间卖60两    │      │400吊         │
└──────┬───────┘      └──────┬───────┘   └──────┬───────┘      └──────────────┘
       │                     │                  │
┌──────┴───────┐      ┌──────┴───────┐   ┌──────┴───────┐
│同治十年十二月│      │光绪元年九月镶│   │光绪年正月民  │
│睿王府房9.5间 │      │红满英恒房90间│   │人张习之房6间 │
│卖400两       │      │卖1300两      │   │卖100两       │
└──────┬───────┘      └──────┬───────┘   └──────┬───────┘
       │                     │                  │
       └─────────────────────┼──────────────────┘
                             │
                    ┌────────┴────────┐
                    │光绪十九年十月   │
                    │爱新觉罗氏房     │◄──
                    │115间卖2800两   │
                    └────────┬────────┘
                             │
                    ┌────────┴────────┐
                    │光绪二十二年十二 │
                    │月正黄汉包衣庆绪 │
                    │房115间卖12500两│
                    └────────┬────────┘
                             │
                           庆德堂
```

图1　总布、石大人胡同大房产一处的集中过程

注：全套契书现存北京大学图书馆善本部。方框中注明立契人、立契时间、房间数和价银，受契人从略；方框间用虚线相连，表示房权转换关系有中断。"正白汉"即"正白旗汉军"简写，其他以此类推。总布胡同，当时又称总铺胡同、总把胡同，明代已成巷，位于北京东城。石大人胡同以明天顺年间权臣石亨旧宅得名，与总布胡同平行，在其北，故石大人胡同路南房宅与总布胡同路北房宅实相毗连。睿王府即睿亲王府。庆德堂待查。

清代北京旗人的房屋买卖

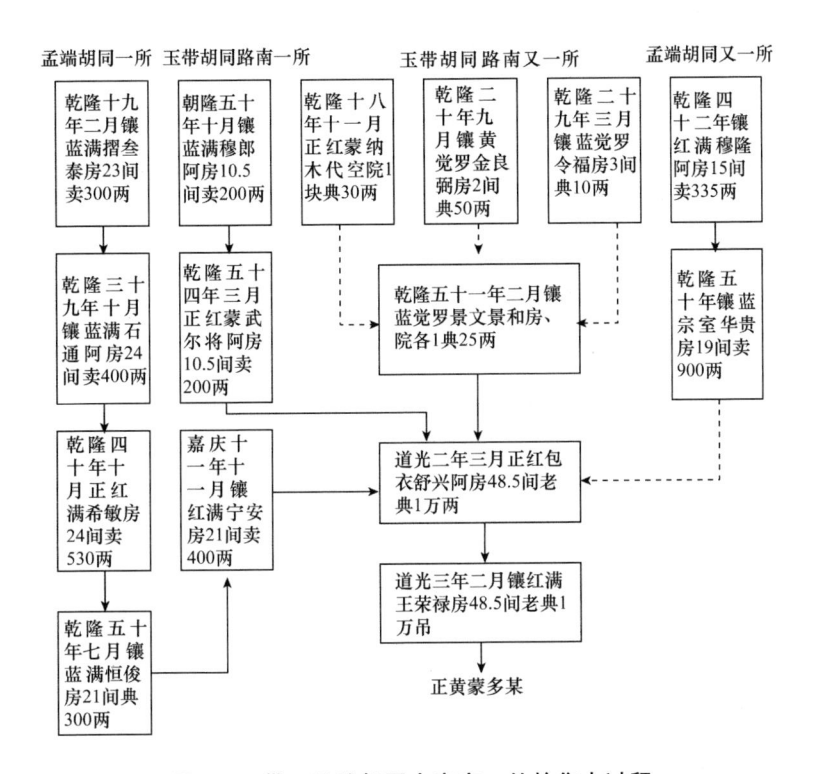

```
孟端胡同一所  玉带胡同路南一所           玉带胡同路南又一所        孟端胡同又一所

┌─────────┐ ┌─────────┐ ┌─────────┐ ┌─────────┐ ┌─────────┐ ┌─────────┐
│乾隆十九 │ │乾隆五十 │ │乾隆十八 │ │乾隆二十 │ │乾隆二十 │ │乾隆四十 │
│年二月镶 │ │年十一月 │ │年正月正 │ │年九月镶 │ │九年三月 │ │二年四月 │
│蓝满摺叁 │ │镶蓝满穆 │ │红蒙纳木 │ │黄觉罗金 │ │镶蓝觉罗 │ │红满穆隆 │
│泰房23间 │ │郎阿房   │ │代空院1  │ │良弼房2间│ │令福房3间│ │阿房15间 │
│卖300两  │ │10.5间卖 │ │块典30两 │ │典50两   │ │典10两   │ │卖335两  │
│         │ │200两    │ │         │ │         │ │         │ │         │
└────┬────┘ └────┬────┘ └────┬────┘ └────┬────┘ └────┬────┘ └────┬────┘
     │           │           │           │           │           │
┌────▼────┐ ┌────▼────┐      └─────┐ ┌───▼───────────▼───┐  ┌───▼─────┐
│乾隆三十 │ │乾隆五十 │            │ │乾隆五十一年二月镶 │  │乾隆五  │
│九年十月 │ │四年三月 │            │ │蓝觉罗景文和房、   │◄─┤十年镶蓝│
│镶蓝满石 │ │正红蒙武 │            │ │院各1典25两        │  │宗室华贵│
│通阿房24 │ │尔将阿房 │            │ │                   │  │房19间卖│
│间卖400两│ │10.5间卖 │            │ └─────────┬─────────┘  │900两   │
│         │ │200两    │            │           │            │        │
└────┬────┘ └────┬────┘            │           │            └───┬────┘
     │           │                 │           │                │
┌────▼────┐ ┌────▼────┐            │           │                │
│乾隆四  │ │嘉庆十  │              │           │                │
│十年十月│ │一年十  │              │           │                │
│正红满希│ │一月镶  │              │           │                │
│敏房24间│ │红满宁安│              │           │                │
│卖530两 │ │房21间卖│              │           │                │
│        │ │400两   │              │           │                │
└────┬───┘ └────┬───┘              │           │                │
     │          │                  │           │                │
┌────▼────┐    │                   │           │                │
│乾隆五十│    │                   │           │                │
│年七月  │    │                   │           │                │
│镶蓝满恒│    │                   │           │                │
│俊房21间│    │                   │           │                │
│典300两 │    │                   │           │                │
└────┬───┘    │                   │           │                │
     │        │                   │           │                │
     └────────┴───────────────────┴──►┌───────▼─────────┐◄─────┘
                                      │道光二年三月正红│
                                      │包衣舒兴阿房    │
                                      │48.5间老典1万两 │
                                      └────────┬───────┘
                                               │
                                      ┌────────▼───────┐
                                      │道光三年二月镶红│
                                      │满王荣禄房48.5间│
                                      │老典1万吊       │
                                      └────────┬───────┘
                                               │
                                          正黄蒙多某
```

图 2　玉带、孟端胡同大房产一处的集中过程

注：全套契书现存中国社科院近代史所图书馆。有关说明与上表同。孟端胡同、玉带胡同位于北京西城，彼此相接。

以上两图形象地说明，大房产是不断兼并的结果。其中，总布、石大人胡同一处由三所房产合成，玉带、孟端胡同一处则由四所房产合成。由于上手老契的残缺和下手契的中断，两图提供的并不是大房产集中过程的完整轮廓。卷入交易活动的既有旗人，又有民人。旗人中上起宗室外贵族，下至披甲、闲散，属于不同阶级和阶层。大房产形成过程也就是被兼并者不断失去房产的过程，而这一过程给人们留下的深刻印象或者可以用一句成语来概括——"螳螂捕蝉，黄雀在后"。随着大房产的集聚，交易额也在不断加增，于是愈到后来，交易范围愈小，主要在旗人贵族、官僚、富商、大地主范围内进行。

旗人大房产的形成，在史书中也得到充分印证。乾隆年间满洲大学士和珅贪婪暴敛，富甲天下。仅房产一项就达3851间。其中和珅花园一处有房1360间，又京城内外取租房1000余间①，多系兼并所得。是旗人大房产主的代表。和珅蠹国病民，家人也依仗主人权势聚敛房产。其家人刘姓、马姓二人，有住房182间，当铺、古玩铺8座，市房27所（契价银2.5万两）用于收租②。又，出身公主陪嫁人的那亲保，被查办时，有房3613间，内契买房1668间（两个半间折合一间计算），契典房1505.5间，指房借银对明取租房134.5间；无文契房216.5间③。

旗人大房产主的房屋主要用于出租。房屋越多，房租累计越多，兼并力量越强。乾隆年间恒亲王弘晊饕餮成性："俸粱除日用外，皆置买田产、室庐，岁收其利。"④清末京城富户"锺杨"家，内务府旗籍。先人锺祥，嘉庆间仕至河道总督。后人累代巨富，在京城内"户舍连云，几遍前后两街"⑤，是旗人中房地产最多的富户之一。

（3）房屋交易中暴力因素的削弱。清初满洲亲贵大僚凭借特权和强制手段占有大量民居。而后，随着满人社会内部地主租佃制生产关系的成熟，尽管他们依旧保持着政治、经济特权，但在房屋等不动产交易中，主要通过价买的经济手段实行兼并。清代中叶，除了旗下奴仆典买正身旗人房产仍受到禁止，在贵族与普通旗人，上三旗人与下五旗人，正身旗人与包衣旗人之间的房屋交易，已不受任何身份限制，双方均以"情愿"二字作为缔结契约的前提。乾隆五十年宗室华贵的一件卖契这样写着："立卖房契人系镶蓝旗宗室洋森佐领下宗室华贵，有自置房一所共计十九间，坐落在阜成门内

---

① 中国第一历史档案馆藏，定亲王绵恩：《内务府官租库呈稿》，嘉庆四年十二月二十七日。
② 薛福成：《庸庵笔记》卷3，商务印书馆光绪二十四年本，第43页。
③ 《内务府来文》，乾隆八年二月初三日，中国人民大学清史研究所、档案系合编：《康雍乾时期城乡人民反抗斗争资料》上册，中华书局1979年版，第432—433页。
④ 昭梿：《啸亭杂录》卷6，中华书局1980年版，第179页。
⑤ 崇彝：《道咸以来朝野杂记》，北京古籍出版社1982年版，第21页。

孟端胡同中间路北。今情愿过税,卖与正红旗包衣吉兰太佐领下候补笔帖式七十四名下永远为业";道光十七年九月宗室奎铭的一件卖契文为:"立卖字人厢红旗六族宗室华德佐领下四品宗室奎铭,今将自置房一所,坐落在东拴马桩路西……共计房十四间,今卖与正蓝旗包衣王□名下为业。"① 两位卖主都是天潢贵胄,其中一位还是四品职官,而作为他们买主的,却是包衣佐领下人。清初包衣佐领下人,不过是满洲贵族的私属。乾隆初,清政府正式允准包衣佐领下人与旗分佐领下人互为婚姻,表明他们的经济、政治地位发生了实质性变化。清朝中叶,他们已可堂而皇之地契买贵族房产。旗人房屋买卖的身份限制明显松弛,据此可见一斑。

以旗人内部经济关系的变迁为契机,一部分旗人的经济实力得到增长,同时也有少数勋臣贵戚后嗣,由于种种原因而家境败落。绮贝勒曾是清季贵族中酿起过轩然大波的著名人物,道光十九年(1839)因赴内城茶园登场唱曲,以至九城哄传。且登场时任由优伶辱骂,以博众茶客一笑。结果龙颜震怒,下令革去贝勒,重责四十板,令闭门思过,逾年而卒。绮贝勒平日耽于游乐,又不善理财,以至入不敷出,不得不出卖家产。在道光十六年(1836)的一件卖房白契上,绮贝勒的手迹仍宛然如昨:"立卖字人绮贝勒,今将自置新庄路南下处一所共计房一百零九间,情愿卖与纲贝勒名下为业。"② 荣华富贵已成过眼烟云,昔日颐指气使的贵胄子弟不得不弯下腰来写立"卖字"。何况落到这般田地的旧贵族也并非寥寥。震钧《天咫偶闻》卷3曾颇为感慨道:"世家自减俸以来,日见贫窘,多至售屋。能依旧宇者极少。"咸丰年间,衰朽的清王朝在内忧外患、国帑空虚的多重压力下,一度削减了百官公卿的俸银。但招致家境败落的真正原因显然不是俸银的减少,而是穷奢极欲的挥霍。

综上所述,旗人契约文书是一块蕴涵丰富的历史化石,正是通

---

① 本文附表21号,48号。
② 本文附表46号。

过对它的透视，使我们对清代北京旗人房屋买卖的历史面貌和特点有了一个大致清晰的了解：

与畿辅一带旗地一样，北京城内旗房也经历了一个从国有到私有的演变。由于这一演变是在商品经济比较发达、高利贷资本尤为集中的大都市中进行的，因此相对于植根在农村自然经济的大片旗地来讲，它迈进的步伐更快一些应在情理之中。雍正元年八旗田宅税契制度的设立，是旗房私有化的重要标志，并为旗房买卖关系的进一步发达拓宽道路。

旗房买卖关系的发达不仅表现为交易活动的增加，交易频率的加快，而且反映在交易范围的扩展上。最初的交易局限于同一旗分的满洲、蒙古、汉军之间，而它的发展却很快突破这种界限并进入一个比较开阔的空间。当越旗交易现象为人们所熟视无睹时，旗民间的买卖活动也在迅猛发展。

在城、乡两个方面发展起的旗地、旗房买卖关系，加剧了旗人的分化。随着中下层旗人的田宅率多转售与人，八旗制度的物质基础逐渐瓦解。对于清王朝的荣枯来说，这种变化产生的影响是很深远的。

旗人房契简表

附表

编号	立契人	对象房说明						价格		受契人	立契时间	契别	备注
		来源	坐落	质地	间数	附产	两	吊				
1	正红旗蒙古五十八		平则门外	瓦房	11	栏柜等	420		正红旗蒙古海潘儿	康熙四十八年九月	满文卖契	
2	镶白旗满洲富绅		崇文门内锅儿胡同		10		250		镶白旗汉军侯国用	康熙五十三年十月	满文典契	过3年后回赎
3	镶蓝旗满洲观音保		孟端胡同		20		227		镶蓝旗崇莹德满	乾隆七年三月	满汉文典契	
4	正黄旗满洲达子	祖业	德胜门内	铺面瓦房	2		120		正黄旗满洲杭日布	乾隆十年	满汉文卖契	无典期，写明"永远为业"
5	镶白旗汉军侯升、侯联登		崇文门内锅儿胡同	瓦房灰棚	10		250		镶白旗汉军张世杰	乾隆十一年六月	汉文老典契	典九年后银到归赎
6	镶蓝旗蒙古胡礼	本身房	拴马桥路西		22.5		200		正黄旗汉军陈国祥	乾隆十五年六月	满汉文卖契	
7	厢蓝旗包衣天觉	自卖[买]房	孟端胡同		18		150		正红旗蒙古长安	乾隆十八年八月	汉文典契	无典期

第三编　旗民关系

续表

编号	立契人	来源	对象房说明 坐落	质地	间数	附产	价格 两	价格 吊	受契人	立契时间	契别	备注
8	正红旗蒙古纳木代		玉带胡同东头	门楼	1	空院1块	30		镶蓝旗觉罗吉禄	乾隆十八年十一月	汉文典契	以（一）典五十年之外银到许赎
9	厢蓝旗满洲折叁泰		孟道胡同	瓦房	23		300		厢蓝旗满洲福格	乾隆十九年二月	满汉文卖契	
10	厢黄旗觉罗金良弼		玉带胡同东头	门楼灰房	12	大院1块	50		厢黄旗觉罗启通	乾隆二十年九月	汉文典契	以（一）典五十年之后银到许赎
11	厢蓝旗朱有良	原典	安福胡同	瓦房	5		48		杨某	乾隆二十一年三月	汉文转典契	五年为满，银到回赎
12	厢黄旗觉罗令福	本身	玉带胡同	灰房	3				厢蓝旗扎郎阿	乾隆二十九年三月	汉文找押契	无回赎期
13	厢蓝旗汉军陆世俊	自置	銮仪卫夹道	瓦房	3			100	鲁某	乾隆三十年七月	汉文典契	写乾隆二十八年八月、三十二年正月借据粘连
14	厢黄旗满洲舒通阿同子德福	自典	汤家胡同	瓦房、土房等	7.5		165		厢黄旗包衣玉柱	乾隆三十二年五月	汉文典契	无回赎期

668

续表

编号	立契人	来源	对象房说明 坐落	质地	间数	附产	价格 两	吊	受契人	立契时间	契别	备注
15	正黄旗塞同阿	自典	德胜门大街		2		50		刘某	乾隆三十三年三月	汉文老典契	二十年后银到归赎
16	厢黄旗满洲德福	自典	汤家胡同		7.5		185		厢黄包衣玉柱	乾隆三十四年九月	汉文老典契	老典一百年
17	厢黄旗包衣玉柱	典得	汤家胡同		7.5					乾隆三十八年九月	满汉文改典为买执照	原价银185两，纳税银5两5分。与第14号、第16号契粘连
18	正黄汉军陈鹏仪	自置	东栓马庄		22.5			600	厢蓝旗李尧	乾隆四十年二月	汉文老典契	无回赎期
19	厢蓝旗满洲穆隆阿	本身	孟端胡同		15		335		厢蓝旗宗室文魁	乾隆四十二年	满汉文典契	
20	镶白旗汉军张文辅	祖遗、自置	崇文门内锦儿胡同		10			500	正蓝旗汉军王某	乾隆四十九年三月	汉文典契	一典八年
21	厢蓝旗宗室华贵	自置	孟端胡同		19		900		正红旗包衣七十四	乾隆五十年	满汉文卖契	

续表

编号	立契人	来源	对象房说明 坐落	质地	间数	附产	价格 两	价格 吊	受契人	立契时间	契别	备注
22	厢蓝旗觉罗景文、景和	自置	玉带胡同	灰房	1	空院1块	25		正红旗满洲舒宁阿	乾隆五十一年二月	汉文典契	典五年银到许赎。此房产系第8号、第10号、第12号契三处住房合并而成
23	厢蓝旗汉军观音保	原典	拴马庄胡同	瓦房等	19			720	镶蓝旗满洲德通阿	乾隆五十一年七月	汉文典契	五年为满
24	厢蓝旗满洲德通阿	原典	东拴马庄胡同	瓦房等	19			720	厢红旗汉军周松年	乾隆五十四年九月	汉文典契	五年为满
25	正蓝旗汉军王泽章	自置	崇文门内锡儿胡同		10			500	镶白旗满洲常来	乾隆五十九年十一月	汉文典契	一典五年
26	厢红旗满洲巴宁阿	典得	孟端胡同		21				正红旗满洲舒宁阿	乾隆六十年九月	满汉文改典为买执照	原价银300两，纳税银9两
27	厢蓝旗觉罗景文、景和	自置		灰房	1	空院1块			正红旗满洲舒宁阿	嘉庆二年十月	汉文改典为卖契	现今实在无力回赎，情愿典主遵例过税

续表

编号	立契人	来源	对象房说明 坐落	质地	间数	附产	价格 两	价格 吊	受契人	立契时间	契别	备注
28	正红旗包衣舒宁阿	典得	王带胡同	灰房	1	空院1块				嘉庆二年十二月	满汉文改典为买执照	原价银25两,纳税银7钱5分
29	厢白旗满洲常远	自典	崇文门内锦儿胡同		10			500	厢白旗包蒙古秀德	嘉庆五年四月	汉文典契	一典五年,钱到许赎
30	正红旗满洲岳兴阿	祖遗自置	阜成门外月坛西	瓦房	20	大院1块		4000	厢蓝旗满洲清某	嘉庆九年三月	汉文典契	一典八年为满,钱到许赎
31	厢白旗满洲宁安	自置	孟端胡同		21		400		正红旗包衣舒宁阿	嘉庆十一年十一月	满汉文卖房执照	
32	厢白旗满洲苏那同嫂	祖遗	总布胡同		13		200		正蓝旗满洲麟某	嘉庆二十一年五月	汉文典契	一典八年
33	正红旗满洲舒兴阿	自置	孟端胡同		48.5	井1眼	10000		镶红旗满洲荣禄	道光二年三月	汉文典契	一典五年即35号契王荣禄
34	厢红旗满洲忠庆同家人景生	自置	缐缐胡同		12.5		450		厢红旗蒙古英某	道光二年十一月	汉文典契	一典八年

续表

编号	立契人	来源	坐落	质地	间数	附产	价格(两)	价格(吊)	受契人	立契时间	契别	备注
35	镶红旗满洲王荣禄	自置	孟端胡同		48.5	灰棚4座		10000	正黄旗蒙古多多某	道光三年二月	汉文老典契	"一典八年为满"。契书粘附白纸上书："以上共房四处统归舒宁字阿名舒兴阿。道光一年舒禄与王荣禄三年王荣禄出典又另立据无力回赎字据一张"。
36	镶红旗蒙古英麟	自老典	绒线胡同		10.5			1000	镶蓝旗宗室英瑞	道光四年十一月	汉文典契	一典八年为满
37	镶白旗满洲苏那同嫂	本身自置	总布胡同		13.5			1200	正蓝旗满洲麟某	道光六年	汉文杜绝契	今因无力回赎当面言明将房价前后找清并无欠少
38	镶蓝旗满洲萨克升阿	自典	按院胡同	糟烂房	15			1200	本旗蒙古七十五	道光六年三月	汉文典契	一典五年
39	镶蓝旗宗室英瑞	自老典	绒线胡同		10			1000	镶红旗满洲常庚	道光六年七日	汉文典契	一典八年为满

续表

编号	立契人	来源	对象房说明 坐落	质地	间数	附产	价格 两	价格 吊	受契人	立契时间	契别	备注
40	厢白旗蒙古讷谟恩	自置	宛平县衙署	糟烂瓦房	61		4000		厢蓝旗满洲凯某	道光七年六月	汉文典契	一典八年
41	厢红旗满洲巴衔善	祖遗	东拴马桩	瓦房	14			400	宗室满某	道光九年十一月	汉文典契	如过八年不赎任其置主过税不与本主相干
42	厢红旗满洲王荣禄	自置			48.5	灰棚4座			正黄旗蒙古多某	道光十年十二月	汉文改典为卖契	今无力回赎任凭典主遵例过税
43	厢红旗满洲巴衔善	祖遗	东拴马桩	瓦房	14			600	本旗宗室满某	道光十二年四月	汉文卖契	
44	厢白旗满福秀德	自典	崇文门内锡儿胡同		4			180	正蓝旗满洲德禄保	道光十三年十月	汉文典契	一典八年
45	厢红旗满洲巳故海福之母伊尔根觉罗氏	自置	太平街东		11			800	厢红旗宗室普姓	道光十三年十一月	汉文老典	永远为业

续表

编号	立契人	来源	对象房说明 坐落	质地	间数	附产	价格 两	价格 吊	受契人	立契时间	契别	备注
46	绵贝勒	自置	新庄路南		109	树木山石	4500		绵贝勒	道光十六年二月	汉文卖契	
47	厢白旗汉军白姓	自置	西拴马桩	瓦房	10			2500	潘姓	道光十七年	汉文老典	永不回赎
48	厢红旗宗室奎铭	自置	东拴马桩		14			800	正蓝旗包衣王某	道光十七年九月	汉文卖契	
49	厢红旗满洲姚明山	自典已逾八年之限	孟端胡同		22			3000	王姓	道光十八年八月	汉文老典契	一典八年
50	厢红旗宗室普龄	自置老典房	太平街东		12			1000	本旗满洲荣某	道光十九年五月	汉文老典契	永远为业
51	厢红旗满洲荣桂	自典	太平街东		12			1500	本旗噶某	道光十九年八月	汉文老典契	
52	正红旗满洲王振	老典	孟端胡同		51.5	井一眼		6000	厢蓝旗宗室惟某	道光二十三年四月	汉文老典契	永远为业，"自典之后八年后回赎遵例过税，不与原业主相干"
53	绵贝勒	自置	新庄路南		152	马圈花洞树木山石	5700		柏宅	道光二十五年八月	汉文卖契	
54	镶蓝旗宗室祥全	祖遗分产	背阴胡同		4			200	本族内宗室桂策	道光二十五年	汉文典契	

清代北京旗人的房屋买卖

续表

| 编号 | 立契人 | 对象房说明 ||||| 价格 ||| 受契人 | 立契时间 | 契别 | 备注 |
		来源	坐落	质地	间数	附产	两	吊				
55	厢黄旗蒙古扎拉丰阿	买得	东四牌楼北十一条胡同	瓦房	9					咸丰三年四月	满汉文买房执照	原价银110两，纳税银3两3钱
56	厢白旗包衣韩姓德安	自置	东拴马桩		15			1600	刘某	同治九年五月	汉文卖契	
57	正黄旗满洲公爵德寿	祖遗	什刹海沿		6				芮某	光绪元年十月	汉文卖契	原契房价处残缺
58	正白旗满洲已故博启善之妻爱新觉罗氏	自置	总布胡同	瓦房等	115	甜水井2眼	2800		庆宅	光绪十九年十月	汉文卖契	
59	正黄汉军包衣庆绪	自置	总布胡同	瓦房等	117	甜水井2眼	12500		庆德堂	光绪二十二年十二月	汉文卖契	
60	镶白旗包衣文福	买得	东总布胡同	灰瓦房	24				庆德堂	宣统三年二月	满汉文买房执照	原价银480两，纳税银43两2钱

注：笔者从北京旗人房契中择取与本文相关、或较为典型者共60件编为此表，其中第32号、37号、58号、59号契为北京大学图书馆善本部收藏，余均存中国社会科学院近代史所图书馆。

（原载《清史论丛》，辽宁古籍出版社1996年版）

从房契文书看清代北京城中的旗民交产

清朝定鼎中原后,以禁止旗人与汉民之间交产为"不易之良法"[1],但事与愿违,随着旗民间经济交往的增多,房地交易在城市乡村同时出现。就北京内外城而言,旗民交产主要是指房屋的互相典卖,而官书记载缺略。本文主要依据房契文书,对房屋交产的内容以及对旗民关系的影响作一初步探讨。

一 旗买民房与民买旗房

顺治初年,清廷圈占北京内城的民房以安置"从龙入关"的八旗官兵,原有居民,除寺庙僧侣和投充旗下者外,被强令迁往外城。其迁徙,直至顺治六年(1649)始告结束[2]。

清廷在北京城强制推行旗民分居政策,除基于减少满汉冲突的考虑外,主要还是为使八旗人丁起到居重驭轻拱卫皇城的作用,并确保八旗组织在人数众多的汉人社会中的独立性。从后来情况看,这种举措确实在一段时间内达到了预期目的。

实施旗民分居后,内外城居民成分不同,隶属制度有别,房屋性质也泾渭分明。外城屋舍系民人自建或自置,属个人私有;内城旗房系清廷圈占后无偿分拨给八旗官兵居住,属国有性质。因此,旗人只有居住权,无所有权,故不准许私相授受,尤其不许汉民置

---

[1] 鄂尔泰等纂:《八旗通志初集》卷70、卷23,东北师范大学出版社1985年版。
[2] 《清世祖实录》卷5,第15页上下;卷9,第13页下;卷24,第4页上;卷40,第9页上;卷41,第2页下。

买。在这种情况下，内城旗人首先染指外城民房也就不足为奇了。

（一）旗买民房

旗人置买民房现象，至迟在康熙初年已经出现。康熙四年（1665）题准：旗人居前三门外者，俱令迁入内城。汉人投充旗下者，不在此例①。前三门指崇文门、正阳门、宣武门，是连接内外城的通衢要道。前三门外是京师汉人官、民聚居地，也是繁华的商业和文化娱乐区，四方商贾辐辏云集，店铺楼馆鳞次栉比。一些旗人既已移居外城，势必要置买民人住房，惟数量不详。"汉人投充旗下者"，指顺治年间主动或被动投充到旗人名下并成为其私属的汉民，允许他们移往外城，实际上也就开创了旗人置买民房的先例。康熙十一年（1672）二月十一日民人张相等人卖房契上这样写着：

> 立卖房契人张相同弟张德位、侄张大仁，因为无银使用，将自置瓦房一所门面三间半到底七层，共计大小三十二间半。上下门窗户壁土木相连，坐落中城中东坊头牌头铺总甲车魁地方，凭中说合情愿出卖与正白旗李牛录下李□名下住座（坐）为业。三面议定房价银二百二十两整。其银当日收讫外无欠少。自立契之后倘有亲族人等争竞，卖主一面承管。两家各无反悔，如先悔之人甘罚白米百石入官公用。恐后无凭，立此卖契。永远存照。②

这件契书是笔者所见旗人置买民房的最早实证。因系卖主写立，故反映了当时民间卖契的典型格式，内容包括卖房人（立契人）姓名，立约原因，对象房来源、坐落、数量，买房人（受契人）姓名，房价过付，立约保证，立契年月，以及卖房人和中保人等署名。

据所见康熙年间房契可以看出，当时旗民间的房产交易主要集

---

① 昆冈等纂：《大清会典事例》卷1146，中华书局1991年版，第404页。
② 参见本文附表1号契。

中在外城一带（详文末附表）。值得注意的一点是，在这些房契中，作为买主一方的旗人均为汉姓。隶属旗籍的汉姓人，主要有汉军、内务府上三旗和下五旗王公府属包衣，以及前述投充人。他们原本就是汉人，与民人交往不存在语言、文化上的障碍，又熟悉民间缔结契约的规范，所以能在旗人置买民房方面开风气之先。但这还不是答案的全部。康熙二十年（1681）六月，汉军八品官王天荣因在关厢居住，交兵部议处。康熙帝谕云："汉军人员住关厢者甚多，向以为禁，似乎不当。今皆令其内城居住，则汉军富者一人得住数家之房，将使满洲贫者不得住房。此事应着再议，尔等另拟票签来看。"①"关厢"指城门外大街和附近地区。众多汉军旗人移住关厢，使有禁不行，以至连康熙帝都认为不应再墨守成规。但促使他转变态度的关键原因，则显然是内城中方兴未艾的旗房兼并现象，以及由此导致的"满洲贫者"失去住房。

内城旗房本属国有，但四五十年时间，典买典卖现象首先在旗人内部滋长起来。昔年"从龙入关"的旗人，富贵者除"以前分占，亦有额外置买者"，贫困者的住房却"率多转售与人"②。康熙三十四年（1695）官府的一次调查证实：内城无房旗人已有7000人之多，而八旗大臣、官员、富室"每造房舍，辄兼数十贫人之产"，是造成这种局面的基本原因③。由此可见，当康熙帝提出放宽汉军旗人移居外城限制时，确有其不得已的苦衷。康熙二十年八月议政王等议定：汉军有职无职人员愿在关厢居住者，听其居住；满洲、蒙古内年老有疾休致官员，愿在关厢居住者，亦听其居住④。至此，不仅汉军旗人获得移住外城的自由，连满洲、蒙古退休或告病人员也被允许移居外城。这样一来，势必进一步助长旗人置买民

---

① 朱一新：《京师坊巷志稿》卷上，北京古籍出版社1982年版，第25—26、52页；卷下，第243页。
② 中国第一历史档案馆编：《康熙起居注》（一），中华书局1984年版，第715、734页。
③ 《康熙起居注》（一），第1042页；鄂尔泰等纂：《八旗通志初集》卷23，第438页。
④ 《康熙起居注》（一），第734页。

房的风气。

不过,清廷在放松限制同时,对满洲、蒙古现任官员移居外城的动向仍严加提防。而旗民交产活动的变本加厉却一步步冲破这种人为樊篱,向更大范围扩展。雍正八年(1730)正月正黄旗满洲、觉罗博诺写立契书即可为证。他在说明房屋产权来源时写道:"原系自用价银七百二十两契买为业。"而该契随带上手契(指转让权利人此前在受让权利时收执的书契)则进一步表明:这处房产原系他购自民间[①]。契书又称,对象房"坐落北城日南坊二铺地方"。这处"北城",是指外城五城区中的北城。而日南坊二铺的确切范围是:东至观音寺街寺前与中城界,南至观音寺,西至琉璃厂桥,北至廊房头条胡同内之藁荐胡同[②]。因此不难推知,这件契书是满洲旗人置买外城民房的一个物证。参见本文附表,可知乾嘉以降,满、蒙旗人置买房产,已日益成为习见的社会现象。

(二)民买旗房

当旗人置买民房活动在北京外城不断加剧时,民人蚕食内城旗房的活动也在起步。民人的活动之所以在开始时举步艰难,主要是由于两个障碍。

障碍之一,与毗邻的民人社区相比,旗人社区较为封闭。《八旗通志初集》卷23记载,八旗按左右两翼分布,拱卫内城中央的皇城;同一旗分满洲、蒙古、汉军之间亦各有界址;旗下各参领,佐领,"俱照分定地方居住"。内城旗人,不只按八旗方位划分居址,其户籍、生计、职业,乃至婚丧嫁娶,事无巨细,都受到八旗制度的严格管理。

障碍之二,则是有关旗民交产的禁令。清廷将八旗视作"国家的根本",所以要一如既往地维护旗产的完整。问题是,几十万旗人被安置于内城,以当兵做官为主要生业,衣食日用无不依赖民

[①] 此契藏中国科学院图书馆。
[②] 朱一新:《京师坊巷志稿》卷上,第25—26、52页;卷下,第243页。

间，需要大批民人进入内城，从事商业、手工业、服务业。另外，雍、乾年间，许多汉军旗人、内务府和下五旗王公府属包衣人以及开户人、另记档案人等被"出旗为民"，进一步扩大了民人队伍。

内城民人的增多便利了旗人生活，同时也助长了对旗房的兼并。现存房契显示，乾、嘉以降，民人置买内城旗人房产的活动呈上升趋势。由于法律禁止民人置买旗产，故这类活动主要采取白契买卖和典卖的形式。乾隆五十一年（1786）八月旗人长安的典契：

> 立典契人系正红旗蒙古广福佐领下领催长安，今有自典住房一所，座（坐）落在阜城（成）门内孟端胡同东头路北大门，共计灰、瓦房二十七间。今中保说合，情愿转典与宛平县民王□名下为业。言定典价全钱一千五百吊正。其钱当中保笔下交足，并无欠少。言定一典八年为满，钱到回赎。如过八年不赎，遵例过税。自典之后，如有重复典卖、亲族人等争竞等情，具（俱）有典主、中保一面承管。恐口无凭，立典字存照。外有红契一张、白纸一张，一并跟随。

这件契约文书代表了旗人典契的通行格式。关于旗契与民契之别，笔者另文已述，不再重复①。为防止以典为名，逃避纳税，乾隆三十五年（1770）又定，典契十年以内不税，十年以外与卖同税，听现典主税契执业②。前引契书中"一典八年为满，钱到回赎，如过八年不赎，遵例过税"，即体现了该定例的规定。但揆诸事实，民典旗产既属违法，纵使回赎期满，现业主也不会主动到官府纳税过契，改典为买的。在这种场合，"典"往往就是"卖"的代名词。明乎此，对有些旗房落入民人之手后，虽辗转数主，迁延百余年，前后契约均为白契，也就不足为怪了。

现存房契中有这样一个典型例子：康熙四十八年（1709）九

---

① 刘小萌：《清代北京旗人的房屋买卖》，《清史论丛》，辽宁古籍出版社1996年版。
② 《户部则例摘要》卷16，铭新堂乾隆五十八年刻本，第10页上。

月，正红旗蒙古旗人五十八将平则门（即阜成门）外桥东北房一处十一间卖给同参领海潘儿。乾隆初年，这处房产已转入民人名下，乾隆二十七年（1762）民人张顺将它典与霍姓，一典三十年为满。契书上说明"外有老白契三张跟随"。咸丰七年（1857），这处房产的房主民人高文德在老典契中写着："祖置铺面房三处共十五间"，老典于民人张姓名下："永远为业。"契书末又注："白纸（即白契）四张，满洲字（即满文契，指上首第一张老契）一张，一并跟随，并无红契。"① 从康熙四十八年至咸丰七年近一百五十年间，此处房产先后易手七次，全部契书应有六件，现只存三件。从下手契书可以得知，全部契书均为白契，除上首第一张满文卖房白契出自旗人私相授受外，余下几张汉文典契或老典契则出自民人之手。这种一脉相承的交易方式，应与逃避官府纠察有关。老典与典的区别在于，老典契所定回赎期限很长，少则二三十年，多者五十、一百年，有些老典契甚至不写明回赎期限，代之以"永远为业"或"永不回赎"等字样②。足见老典等于变相的买卖行为，诚如时人所指明的："名曰老典，其实与卖无二。"③

典价低、卖价高，典和老典因此成为民间高利贷资本廉价兼并房产的重要手段。雍、乾以降，京城旗人迫于生计，违禁典卖房产与民人的越来越多。

乾隆四十七年（1782）十月八旗都统等奏准："民人等多有因谋买卖租债典买旗房而又另行典买房间，或自己居住，或索取重息者，除将已（以）前旗人已经卖与民人者毋庸置议外，嗣后旗人房间永远不准民人典买。如有阳奉阴违，或多方以指房借银为名倒写年月，或央烦旗人冒名典买，一经发觉，即照偷盗典买之例，将房撤出，并将价银追出入官，仍治以违禁之罪。"④ 由此可见，民人

---

① 本文附表55号契。
② 见本文附表第23号塞同阿老典契，第46号镶白旗白姓老典契。
③ 琴川居士编：《皇清名臣奏议汇编初集》卷45，云间丽泽学会1902年石印本，第3页下。
④ 裕诚等纂：《总管内务府现行则例·会计司》，故宫博物院文献馆民国二十六年校印本，第81页上。

典买旗房，除自己居住外，多用于出租，并"索取重息"。所谓"指房借银"，即债务人以房屋为抵押物，向高利贷者（即债主）长期借银。若干年后，本利累积，无力偿还，债主顺势将房屋攫为己有。这种情况下的房权转手，自然低于平均房价。乾隆二十八年至三十二年，镶蓝旗汉军陆世俊曾先后三次从高利贷者鲁某处举债共清钱一百千整（约合银一百两）。由于债台高筑，清偿无望，他被迫将自己的三间瓦房抵押给债主，并在契书中写明："每月初五日取房租，利息钱一千五百文。如一个月房租、利息不到，鲁姓要房。"债主乘人之危，才能胁迫债务人接受如此苛刻的条件。结果，抵押的房产很快落入鲁某名下[①]。

嘉庆年间，满洲旗人得硕亭在竹枝词《草珠一串》中，将京城高利贷商人盘剥旗人的情景刻画得淋漓尽致："利过三分怕犯科，巧将契券写多多，可怜剥到无锥地，忍气吞声可奈何。"据原注，放高利贷的以山西商人居多，都采取八分加一的办法（借八两算作九两）；为了避开官府取利不得过三分的规定，又强迫债务人在借据上比实数多写若干。此等盘剥伎俩，"旗人尤受其害"[②]。

"冒名典买"，也是民人巧取豪夺旗房的一种手段。其办法之一：为民人"冒名"旗人，即民人借旗人名义典买旗房，据为己有；其二为旗人"冒名"民人，即旗人将旗房"伪作民产，假写汉人名字，税契出卖与民人为业"。乾隆五十年（1785），内务府员外郎老格，因清缴官项，将自己房屋伪作民产售给民人。事发后交易双方并中保、说合人等均受到惩处，房屋与房价银一并入官[③]。

清廷对违法者的惩办不可谓不严，为防止"旗民业混淆"，采取了一系列措施[④]，但收效甚微。到清代后期，不要说普通旗人，

---

① 本文附表 22 号契。
② 杨米人等著、路工编选：《清代北京竹枝词》，北京古籍出版社 1982 年版，第 51 页。
③ 《内务府奏销档》，乾隆五十年十一月初三日，中国人民大学清史研究所、档案系合编：《清代的旗地》（下册），中华书局 1989 年版，第 1364 页。
④ 昆冈等纂：《大清会典事例》卷 607《八旗处分例·田宅》；卷 1120《八旗都统·田宅·拨给官房》。

连一些家境败落的天潢贵胄的祖业也相继成了民人的囊中之物。光绪元年（1875），正黄旗满洲公爵德寿的卖房契上写着："有祖遗房一所，坐落在后门外十岔海（今什刹海）南河沿大翔凤口东边路南，大门一间正房五间……随房并无红白契纸，现立白字契纸一张。今因手乏，凭中说合将房卖与芮名下永远为业。"① 这说明清季一些贵族也在无度的挥霍中家境败落，王府别业亦不能保有。

二 旗民交产的影响

旗置民产与民置旗产，这两种现象在内外城并行不悖地发展与交织，使旗民交产呈现出更为复杂的情景。

房产交易无疑促进了旗民成分的对流，与此同时，这种对流对房产交易也起到推波助澜的作用。于是，在北京内外城，逐步发展起旗民杂居的局面。以原由旗人聚居的内城为例，雍正年间，同一满洲佐领成员多数毗邻而居，被称为"世为同里"。但到嘉庆年间，他们的居址已"不尽毗连里巷"，而是散处"在数十里之内"了②。

同一地域内旗民的日益错居杂处，还导致了邻里关系的发展。乾隆二十二年（1757）八月，民人徐廷玫分卖房契就是一个令人信服的例证：

> 立分卖房契人徐廷玫同侄徐峻德、朗元，将祖遗铺面房贰间，座（坐）落安定门内大街路西，门面贰间贰接檐，前后共计瓦房肆间……北至马家香铺，南至管家布铺染坊。凭中说合，情愿卖厢黄旗汉军李□名下永远为业。价银贰佰伍拾两整……此房原系祖遗布铺，门面捌间半，前后共房肆拾贰间，一契内分卖房肆间。已在业主总房契上同业主、中保人写明。

---

① 本文附表58号契。
② 允禄等编：《上谕八集》卷5，四库全书本，第59页；昆冈等纂：《大清会典事例》卷1147，第424页。

第三编 旗民关系

恐后无凭,立此分卖房契永远存照。①

分卖房契即业主将房产一部分而非全部售出时所立契书。立契人徐廷玫有祖遗房产四十二间,因将其中铺面房四间卖给旗人李某,故写立分卖房契交新业主收存,作为产权分割的凭证。分卖房契不仅有民人写立由旗人收受的,也有旗人写立由民人收受的②。各种情况均使缔约双方形成一种新型的、更为密切的邻里关系。

旗民交产给双方带来的影响并不限于地域关系的演变,而且波及经济、文化、政治乃至社会生活各领域。

在经济领域,旗民交产为京城中的贵族世家、富商大贾、高利贷者变本加厉兼并房产提供了一个不断扩大的市场。当越来越多下层旗人、民人在困厄下售出栖息之所时,"房舍连云"的大房产主也就应运而兴了。他们的兼并所得主要用于出租,房租越多兼并实力就越强。尤其旗人大房产主,成为京城内举足轻重的力量。

旗民交产,对旗人经商也起到促进作用。清朝入关初,多次颁布有关旗人"居积牟利之禁",表面上说,是为了防止旗人恃强凌弱,骚扰民间③。但真正用心还是希望旗人以做官当兵为唯一职志,成为国家可以依靠的"干城"和"股肱"。日久天长,许多旗人谙于营生之道,甚至落到"经商逐利,不待禁而不能"的地步。在旗民交产中,属于商业用途的房屋不在少数,如"油盐纸马铺""粮食店油盐店""布铺""粥铺""素饭铺""车店草铺""大货铺""茶馆""碓房""寿艺庄、茶馆、菜局","文雅斋、成衣铺、堆(碓)房"等均是④。其他如"铺面房",也大抵与商业用途有关。引人注目的,有些旗人已将商业活动扩大到前三门外繁华街市⑤。

---

① 本文附表 20 号契。
② 本文附表 30 号契。
③ 王庆云:《石渠余纪》卷 4《纪旗人生计》,北京古籍出版社 1985 年版,第 196—197 页。
④ 依次见本文附表 15、18、20、34(41、42)、36、38、51、53、54、55、59 号契。
⑤ 本文附表 59 号契。

从房契文书看清代北京城中的旗民交产

旗民间这种频繁互动与彼此依存，不仅使内外城的经济生活连为一个整体，同时也瓦解着传统的此疆彼界。

在文化领域，旗民交产与杂居，使满洲人传统文化遇到无法抗御的巨大冲击。满洲人先世以渔猎为生，俗尚骑射。日久渐染汉习，不知征役之劳。乾隆帝曾斥责八旗子弟"不务本计，但知坐耗财用，罔思节俭"①。满洲统治者之所以一再提倡"国语""骑射"，是因为从康熙末年起，在京城成长起的新一代八旗子弟在与汉民的频繁往来中多使用汉语，作为母语的满语却日渐荒疏。乾隆年间，京城八旗子弟即便能讲满语，常杂以汉语，语熟成风，且发音不再纯正，常发生"音韵错谬"问题，即失却满洲正韵，而是音近汉人语气。与此同时，京师汉人语汇中，也吸收了不少满语词汇②。今存满洲、蒙古旗人房契，康熙年间尚用满文，雍乾以降改用汉文，恰是上述转变的一个缩影。

在政治领域，旗民交产愈演愈烈，使统治者反复重申的禁令成为具文。问题是，禁止旗民交产并不是一项孤立经济政策，而是与政治上实施"旗民分治"，生活中实行"旗民分居"政策相辅相成的。满洲统治者要长久维护自己的特权地位，就不能不殚尽心智地恪守这些陈陈相因的陋规，而社会生活中已经发生的深刻变化或迟或早总要引起上层建筑的相应调整。但满洲统治者在顺应历史潮流时却不免一波三折：咸丰二年（1852）第一次准许旗民交产，五年后借口"徒滋涉讼"，奏准仍复旧制；同治二年（1863）一度恢复咸丰二年定例，"庶旗民有无，均可相通"；光绪十五年（1889）又规复旧制，旗民不准交产。然民间之私相授受者仍多，终属有名无实③。待到光绪三十三年（1907）再度确认咸丰二年成案的合法性时，清王朝的覆亡已经指日可待了。

---

① 福隆安等纂：《钦定八旗通志》卷首11《敕谕五》，第226页上。
② 奕赓：《佳梦轩丛著·括谈上》，北京古籍出版社1994年版，第178页。
③ 户部井田科编：《户部井田科奏咨辑要》卷上，光绪朝排印本，第1页上，第13页上，第15页上；卷下，第51页下；沈家本：《变通旗民交产旧制析》，收入李光灿《评〈寄簃文存〉》，群众出版社1985年版，第886页。

附表

房契简表

编号	立契人	来源	对象房说明 坐落	质地	间数	附产	价格 银(两)	价格 钱(吊)	受契人	立契时间	契别	备注
1	张相等	自置	中城中东坊头牌头铺	瓦房	32.5		220		正白旗李某	康熙十一年二月	卖契	
2	孀妇李氏等	先夫遗下	东城朝阳关外坊一条巷内	破烂房	9	院落1段	360		镶白旗夏宅	康熙十二年六月	卖契	
3	夏班等	自置	朝阳关外北二条胡同	瓦房土房	11		200		正白旗林某	康熙三十一年四月	卖契	
4	王旗等	自置	南城东南坊六牌一铺	瓦房	9		470		色某	康熙三十四年十二月	卖契	
5	高岩等	祖遗	南城正东坊六牌四铺	瓦房	5	空院1段	430		镶白旗白某	康熙三十七年九月	卖契	
6	正白旗林淼等	自置	朝阳门外二条胡同	瓦房	12		260		本旗王某	康熙三十七年十一月	卖契	
7	色德立等	自置	南城东南坊六牌一铺,一牌三铺	瓦房	9		460		刘某	康熙三十八年十月	卖契	

从房契文书看清代北京城中的旗民交产

续表

编号	立契人	来源	对象房说明 坐落	质地	间数	附产	价格 银（两）	价格 钱（吊）	受契人	立契时间	契别	备注
8	王玺	自置	东城崇南坊一牌一铺、三铺	瓦房	26		1000		镶蓝旗佟某	康熙三十九年六月	卖契	
9	正白旗王璋等	自置	东城朝阳关外坊头铺	瓦房 土房	12		260		李某	康熙四十一年五月	卖契	
10	正红旗蒙古五十八		平则门外桥东北		11	栏柜等	420		同参领海潘儿	康熙四十八年六月	满文卖契	
11	正红旗满洲觉罗博诺	契买	北城日南坊二铺		10		720		李某	雍正八年正月	买契	
12	李慎斋		北城日南坊二铺	瓦房	11		260		何某	雍正八年九月	典契	
13	镶黄旗汉军白云鲲等	契置	南城正东坊六牌四铺	瓦房	5	板照蓬1间	200		张某	雍正九年三月	卖契	
14	孀妇周氏同男贺士庄等	自置	东城朝阳关外坊头牌头铺	瓦房	12		225		张某	雍正十年八月	卖契	

687

续表

编号	立契人	来源	对象房说明 坐落	质地	间数	附产	价格 银(两)	价格 钱(吊)	受契人	立契时间	契别	备注
15	魏其瑛	自置	东直门外北小街北往西炮局	瓦房	13	油盐纸马铺家伙	220		镶黄旗满洲查灵阿	乾隆元年十月	卖契	
16	正白旗汉军杨文耀	原典	东荣食胡同	瓦房	8		180		齐某	乾隆七年三月	典契	一典三年
17	齐相才	典得	东荣食胡同	瓦房	8		180		王某	乾隆十二年九月	典契	一典三年
18	张玫等	自置	阜成门外关厢西	铺面房	31.5		600		镶黄旗葛某	乾隆十六年十月	卖契	
19	正黄旗满洲克生额等	自置	鸭儿胡同	瓦房	3	灰棚2间	60		张孝友	乾隆十九年十月	卖契	
20	徐廷玫等	祖遗	安定门内大街	门面、瓦房	4		250		镶黄旗汉军李某	乾隆二十二年八月	分卖房契	
21	张顺等	自置	平则门外月墙对过路北	铺面房	12		420		霍某	乾隆二十七年三月	典契	一典三十年

从房契文书看清代北京城中的旗民交产

续表

编号	立契人	对象房说明					价格		受契人	立契时间	契别	备注
		来源	坐落	质地	间数	附产	银(两)	钱(吊)				
22	镶蓝旗汉军陆世俊	自置	銮仪卫夹道	瓦房	3			100	鲁某	乾隆三十年七月	找押房契	粘连借据
23	正黄旗塞同阿	自典	德胜门内大街		2		50		刘某	乾隆三十三年十二月	老典契	永远为业，二十年后银到归赎
24	正红旗满洲常禄	本身住房	阜成门内头条胡同	瓦房	15		400		韩玉琳	乾隆三十四年	卖契	
25	正白旗管领韩德保	原买重盖	鸭儿胡同	瓦房	9.5	空院1块灰棚1间	250		邵五德	乾隆三十六年四月	卖契	
26	正黄旗五德	自置	鸭儿胡同	瓦房	10		240		金某	乾隆三十八年二月	卖契	
27	镶红旗宗室奉文	祖遗	北城日南坊三铺	坍塌门面房	4		20		张某	乾隆三十九年四月	卖契	
28	张六格	祖遗	宣武门内西栓马桩	瓦房	10.5		130		镶红旗蒙古七十四	乾隆三十九年十二月	卖契	

689

续表

编号	立契人	对象房说明					价格		受契人	立契时间	契别	备注
		来源	坐落	质地	间数	附产	银（两）	钱（吊）				
29	李禄等	自置	东城朝阳关外坊东直门外五牌二铺	瓦房	32.5		650		马某	乾隆四十二年四月	卖契	
30	镶黄旗包衣辅杨妇氏等	夫遗	钟楼东南弯路	瓦房	5		110		谷某	乾隆四十五年四月	分卖房契	
31	正红旗蒙古长安	自典	阜成门内孟端胡同	灰房瓦房	27			1500	王某	乾隆五十一年八月	典契	一典八年为满
32	马成龙等	自置	东城朝阳关外坊东直门外五牌二铺	瓦房	30.5			1100	李某	乾隆五十五年	卖契	
33	李世庆	自置	东城朝阳关外坊东直门外五牌二铺	瓦房	30.5		800		镶黄旗包衣明德	乾隆五十五年十一月	卖契	
34	正黄旗蒙古佛柱	自置	臭沟沿茶叶胡同	铺面瓦房	4			210	唐某	乾隆五十五年十一月	卖契	
35	镶红旗汉军卢阳明等	自置	东四牌楼北十一条胡同	灰房瓦房	7			400	陈某	嘉庆八年四月	卖契	

从房契文书看清代北京城中的旗民交产

续表

编号	立契人	来源	对象房说明 坐落	质地	间数	附产	价格 银（两）	价格 钱（吊）	受契人	立契时间	契别	备注
36	正红旗满洲岳兴阿	祖遗自置	阜成门外月坛西路北	铺面瓦房	20			4000	镶蓝旗满洲清某	嘉庆九年九月	典契	一典八年为满
37	盛永成	自置	太平街东边		11			750	镶白旗满洲拉海	嘉庆十二年三月	老典契	永远为业
38	黄旗包衣戴裕德		东直门外大夫	瓦房	22.5	马棚8		1400	诚某	嘉庆十七年	卖契	车店、草铺
39	李秀钟	自置	三义菴西	瓦房	6			700	镶蓝旗满洲常兴	嘉庆二十年八月	典契	一典八年
40	镶黄旗管领杨永志	父遗	西安门内酒醋局	瓦房	7		150		董某	道光元年六月	卖契	
41	唐顺	自置	北沟沿茶叶胡同	铺面房	4			250	正红旗满洲定某	道光十年十月	卖契	粥铺
42	正红旗满洲定禄之妻	祖遗	北沟沿茶叶胡同	铺面瓦房	2			300	福某	道光十三年二月	卖契	粥铺

691

第三编 旗民关系

续表

编号	立契人	来源	对象房说明 坐落	质地	间数	附产	价格 银（两）	价格 钱（吊）	受契人	立契时间	契别	备注
43	董天祥同军	自置	西安门内酒醋局	瓦房灰房	8			420	镶黄旗管领杨永志	道光十三年五月	卖契	
44	宋茂	自置	雍和宫路西口袋胡同		8.5			450	镶黄旗佟门吴氏之子多某	道光十六年十月	卖契	
45	正白旗景星同弟	自置	东安门外北夹道	瓦房	5			250	杨某	道光十六年十二月	老典契	
46	镶白旗汉军白姓	自置	宣武门内西拴马桩	瓦房	10			2500	潘姓	道光十七年	卖契	永不回赎
47	镶黄旗管领杨德禄	自置	酒醋局北头	瓦房灰房	8			420	张姓	道光十七年四月	卖契	
48	镶红旗汉军姚明山	自典	孟端胡同		22			3000	王姓	道光十八年八月	老典契	一典八年
49	镶黄旗满奎姓	自置	东四牌楼北十一条胡同	灰房瓦房	7			600	丙姓	道光十九年二月	卖契	

692

从房契文书看清代北京城中的旗民交产

续表

编号	立契人	对象房说明					价格		受契人	立契时间	契别	备注
^	^	来源	坐落	质地	间数	附产	银（两）	钱（吊）	^	^	^	^
50	高成同子	祖遗	崇文门内总布胡同小街		20			1500	正蓝旗汉军常某	道光十九年五月	卖契	
51	正黄旗汉军顾寿之妻张氏	故夫自置	德胜门内大街	铺面房等	3			375	文夏	道光二十五年八月	卖契	
52	满氏	自置	西直门内半壁街		11		120		正黄旗汉军张姓	道光二十六年六月	卖契	
53	镶蓝旗满洲喜恩	自置	阜城门外月坛对过北大院	铺面房等	20			3084	福某	道光二十九年三月	卖契	
54	正红旗满洲玉树珊	自置	西四牌楼羊市	铺面房等	12		150		玉某	咸丰二年八月	卖契	
55	高文德	祖置	平则门外月墙对过路过路北	铺面房等	15			2000	张某	咸丰七年十月	老典契	永不回赎
56	镶白旗满洲包衣韩德安	自置	东栓马桩		15			1600	刘某	同治九年五月	卖契	

693

续表

编号	立契人	对象房说明					价格		受契人	立契时间	契别	备注
		来源	坐落	质地	间数	附产	银（两）	钱（吊）				
57	顺德	自己	宝钞胡同		11	宅基1块	100		常衍序	同治十二年十一月	卖契	
58	正黄旗满洲公爵德寿	祖遗	后门外十岔海南		6				芮姓	光绪元年十	卖契	契价残缺
59	镶黄旗满洲凤秀	祖遗	前门外杨梅竹斜街	铺面房等	14		140		镶红旗汉军王某	光绪五年三月	卖契	
60	张凤祥等	本身祖遗	东安门内南池子		8.5	地基1块	120		镶黄旗管领德存	光绪十五年十二月	卖契	

（原载《历史档案》1996年第3期）

清代北京内城居民的分布格局与变迁

清朝入关以后，以北京内城安置"从龙入关"的旗人。在以后的年代里，内城居民的分布格局发生了深刻变化：首先是八旗间的居址由模糊而消失，其次是民人大批入居内城形成旗人与民人的混居。有关这一变化，官私史书中语焉不详，本文主要依据所见房契文书加以探讨，以就正于方家。

一 八旗的居址与消失

清朝入关后，强令北京内城汉官汉民迁往外城（又称南城）居住，腾出内城安置八旗官兵及眷属。此即《八旗通志初集》卷1所称："自顺治元年（1644），世祖章皇帝定鼎燕京，分列八旗，拱卫皇居。"八旗具体方位：镶黄旗居安定门内，正黄旗居德胜门内，并在北方；正白旗居东直门内，镶白旗居朝阳门内，并在东方；正红旗居西直门内，镶红旗居阜成门内，并在西方；正蓝旗居崇文门内，镶蓝旗居宣武门内，并在南方。

清朝曾将八旗方位的缘起归结为汉人传统五行相胜说的影响：两黄旗位北，取土胜水；两白旗位东，取金胜木；两红旗位西，取火胜金；两蓝旗位南，取水胜火。这种解释颇牵强。满洲人早先行围狩猎之制，人分五部——围底（fere）、两"围肩"（meiren）、两"围端"（uturi）。每部以牛录为基本单位。以后由牛录而扩展为五牛录（后称甲喇），五甲喇合并为一固山（后称旗），复从一旗发展到八旗，八旗制度遂臻于完善。但行军作战仍存旧制：两黄旗为

第三编 旗民关系

围底,居北;两红旗为右围翼,居西;两白旗为左围翼,居东;两蓝旗为围端,居南。入关以前,八旗军无论行围出兵还是攻城、驻防,均按此方位①。入关以后,八旗在京师内城的分布格局,不过是沿袭以往成例。

清代官书有关北京旗人分布情况的早期记载,见于《八旗通志初集》和雍正朝《上谕旗务议覆》。前书始纂于雍正五年(1727),成于乾隆四年(1739);后书编刊分为两个阶段,雍正元年至五年(1723—1727)部分先成于雍正九年(1731),雍正六年至十二年(1728—1734)部分纂成于雍正末年,同时付梓。这就是说,清朝官书中有关入关初八旗在北京分布的记载,是在将近100年以后追述的。随之就产生了一个问题:清初北京内城既按八旗的旗分划分为八区,那么属于同旗的人们,是比较严格的按旗分居住,还是可以不住在本旗区域内呢?以往有学者根据曹雪芹家及平郡王讷尔苏、睿亲王多尔衮府第的位置得出"清初八旗人并非按旗分居住"的推论②。此说能否成立,需从八旗王公的居址谈起。

清朝定鼎北京后,宗室王公相继赐予府第。睿亲王多尔衮在入关前系镶白旗和硕贝勒,入关时以摄政王身份主政,其王府设在"明南内",即明朝在南内所建洪庆宫。清初著名诗人吴梅村有诗云:"七载金縢归掌握,百僚车马会南城"③,写的就是"南内"。指明代皇城的南部,实即位于紫禁城以东。顺治七年(1650)多尔衮死后被削夺爵位,王府遂废。至乾隆四十三年(1778)恢复睿亲王爵,因旧府已改佛寺,设新府于内城东南石大人胡同,属镶白旗界,但多尔衮之裔已改属正蓝旗,说明睿王府府址的确不在本旗地界。再考其他王府:康亲王(礼亲王)府,府址在镶红旗界,府主属正红旗;显亲王(肃亲王)府,府址在正蓝旗界,府主属镶白旗;简亲王(郑亲王)府,府址在镶红旗界,府主属镶蓝旗;信

---

① 刘小萌:《满族的部落与国家》,吉林文史出版社1995年版,第178—179页。

② 翔凤:《清初北京内城八旗驻地问题》,《红楼梦研究集刊》第五辑,上海古籍出版社1980年版,第84页。

③ 朱一新:《京师坊巷志稿》卷上,北京古籍出版社1982年版,第31页。

郡王（豫亲王）府，府址在镶白旗界，府主属正蓝旗。《八旗通志初集》卷23"诸王府第"条所列17个亲、郡王府中，可以考订府址在本旗界内的只有果亲王府（详见附表1）。足见王府不在本旗地界，是清朝通则，而非偶然一见的个例。

王府既不在本旗界内，为王府所役使的下五旗包衣人自然要随主人居住。至于包衣上三旗（即包衣正黄旗、包衣镶黄旗、包衣正白旗）人，他们的身份是皇室家奴，统属于内务府，其居址依工作性质而定，而没有严格居址，也应在情理中。《八旗通志》中于八旗下各甲喇、佐领的居址逐一开列，而于包衣各旗下人居址却付阙如，正是基于上述原因。前文提到的曹雪芹，隶属包衣正白旗旗鼓佐领。据说其祖上老宅在北京内城东南角的贡院邻近[①]。就是包衣旗人在正蓝旗界居住的一个事例。

然而从上述事实，能够得出"清初八旗人并非按旗分居住"的推论吗？本文的答案却是否定的。

如众所知，清代旗人分属两个组织系统，一个是前面提到的包衣旗人，即所谓"内务府属"和"王公府属"；再一个是隶属八旗都统的旗人，俗称"外八旗人"。后者作为旗人主体，是兵役的主要承担者。实际情况是，清统治者基于确保八旗军队战斗力的考虑，对于他们在内城的居址不能不加以严格规定。《八旗通志初集》卷23载称："都城之内，八旗居址，列于八方"。又说："凡旗分房屋，顺治十一年（1654）议准：八旗官员、兵丁，俱照分定地方居住。"这里所说的"八方"和"分定地方"，也就是八旗各自的旗界。著名汉人文士谈迁曾于顺治十年（1653）至十三年（1656）间往返于北京。他在《北游录·纪闻下》中写道：清朝"入燕（按指燕京，即北京）之后，以汉人尽归之外城。其汉人投旗者不归也。（旗人）分隶内城"[②]。谈迁还记录了八旗在城内的具体方位。所记虽然有误，仍反映了八旗各有居址的事实。稍晚时候

[①] 周汝昌：《曹雪芹小传》，百花文艺出版社1983年版，第81页。
[②] 谈迁：《北游录》，中华书局1960年版，第347页。

又有查慎行《人海记》提到："八旗官兵内城分驻之地，国初各有地界。"① 查慎行，康熙四十二年（1703）进士，他居住北京30年，任翰林院编修，在内廷行走7年。所记亦为亲所闻见。

清初京师八旗各居一定区域，彼此不相混淆。首先应是基于对旗人自上而下严格控制和管理的需要。都统"掌八旗之政令，稽其户口，经其教养，序其官爵，简其军赋"②，是各旗最高长官。各旗设有都统衙门，举凡军政、户籍、铨选、司法、婚娶丧葬、稽查不轨等事务，各有所司。八旗管理体制的完善与管理职能的正常履行，显然离不开同旗人的集中居住。

当时京师内城，不仅八旗分布各有界址，在每旗地界之内，满、蒙、汉军旗间，乃至旗下各甲喇、佐领人户，居住都有一定位置。佐领是八旗基层单位。每佐领一般辖管数十户，每户约计壮丁数口至数十口。他们按本旗方位被集中安置在某个街区的某条胡同。同佐领成员毗邻而居，首先是为了便于军事调动，也就是禁令中规定"凡旗下人远离本佐领居住者，人口财产入官，该佐领领催各罚责有差"的初衷③。同时，也适应了同族人聚族而居的需要。满洲八旗，原带有浓厚的血缘色彩。开国时代的满洲氏族长、部落长率部入旗后，出任官职，仍保留相当权威。这种权威，往往因同族世代隶属同一佐领而得以长期延续。久而久之，在佐领中便形成了几种类型：开国初期率部族归附的酋长，得授佐领，以统其众者，叫"勋旧佐领"；率众归附，卓有劳绩，被赐以人户而成佐领的，叫"优异世管佐领"；仅同弟兄族里归附，被授佐领者，叫"世管佐领"；因户小人稀，合编为一佐领，由两姓三姓轮流担任首长的佐领，叫"互管佐领"；由若干佐领各拨出余丁，攒为一新佐领者，称"公中佐领"。其中，惟公中佐领一职不在子弟中世袭。但在清前期，公中佐领所占比例很小④。清统治者为了加强对

---

① 查慎行：《人海记》，北京古籍出版社1989年版，第1页。
② 昆冈等纂：《大清会典》卷84，中华书局1991年版，第754页。
③ 福隆安等纂：《钦定八旗通志》卷30，吉林文史出版社2002年版，第534页。
④ 昆冈等纂：《大清会典事例》卷1111，第12册，第51页。

清代北京内城居民的分布格局与变迁

旗人的管理，还以佐领内的血缘组织为基础设立族长，凡遇涉及本族的公私事务，族长与佐领一同赞划①。血缘亲属关系的盘根错节与绵延存续，因此成为同佐领成员世代聚居的重要纽带。

尽管清统治者采取了一些措施，却难以保持旗人居址的稳定。经过顺治、康熙六、七十年的光景，八旗间泾渭分明的居住界限已经被打破。雍正三年（1725）八旗都统议覆时奏称：

> 八旗原定形胜地方，现今旗人不能确知。臣等拟将各旗地方指明东西南北，某旗与某旗接界，各按甲喇均匀区划……如此，各旗、各甲喇俱知本地界限，凡遇传集诚（差）遣等事，自不致有纷扰贻误之处。②

入关初划定的八旗界址，已经令许多旗人"不能确知"，足见问题的严重。而清朝这次重新划定八旗界址，仍旧是基于确保八旗军力的考虑，即遇到"传集差遣等事"，号令一下，迅速到指定地点集结。于是，就各旗各甲喇乃至各佐领居址做了详细规定：镶黄满洲、蒙古、汉军三旗，各按甲喇，自鼓楼向东至新桥，自新桥大街北口城根，向南至府学胡同东口，系与正白旗接界。满洲官兵，自鼓楼向东循大街至经厂，为头甲喇十七佐领之处。自经厂循交道口，转南至棉花胡同东口，为二甲喇十七佐领之处，等等。③ 在划界同时，为分辨八旗方位之制，还绘制了《八旗方位全图》（收入《八旗通志初集》），凡9幅。除《全图》1幅，以北京内城为背景，分示八旗居址外，另绘八旗《地图》8幅，即以旗为单位，每旗1幅，绘示满、蒙、汉军及所辖甲喇、佐领居住街巷胡同的具体情况。《八旗方位全图》行世之后，又为《钦定八旗通志》（俗称《八旗通志》二集）、吴长元《宸垣识略》、日人冈田玉山《唐土名

---

① 福格：《听雨丛谈》，中华书局1984年版，第132页。
② 允禄等编：《上谕旗务议覆》，天津古籍出版社1991年版，第47页。
③ 《上谕旗务议覆》凡写某甲喇某佐领"之处"，在《八旗通志初集》卷2写为某参领某佐领"居址"（满文本写为"tehe ba"），意义更为明确。

胜图绘》等中外官私史书辗转传抄,影响深远自不待言。

　　以上诸书,均刊行于清中叶乾、嘉之际。然而,正值《八旗方位全图》及其变种风靡海内外时,北京内城八旗居址不仅没有如官方所希望的那样固定下来,反而发生了更大变迁。有关这方面的变化虽然史书缺载,从时人留下的只言片语中已不难推见。雍正年间,胤禛在上谕中还可以说:满洲佐领下人口,多不及二百人,少或七、八十人,计户不过四、五十家,"世为同里"①。说明当时同佐领的人大体上还是毗邻而居的。然而到嘉庆年间,在提到满洲佐领时,却不能不承认,他们的居址已"不尽毗连里巷",散处较远者"在数十里之内"了。② 佐领是八旗的基本单位,因此,同佐领成员由聚居到涣散的变化,从更大范围讲,也就是同甲喇同旗人们的共同经历。

　　八旗居址的混淆,首先与八旗官兵频繁调动有关。清初以来,随着全国各地驻防兵力的增加,一部分北京旗人陆续调出;与此同时,不断有旗人基于各种原因在不同旗分间调动。顺治年间定,八旗官兵若遇调旗更地,仍准住原处;有情愿买房搬移者,听从其便③。调动后既准留住原地,也就开创了越旗界而居的先例。雍正年间,"京城佐领,越旗移置者甚多"④,以至雍正皇帝不得不下令将各旗各佐领下人丁重新"均匀分派"。这说明,不同旗分之人的杂居共处已随"越旗移置者"的增多而趋普遍。

　　其次,旗人住房私有化及房产交易盛行,对八旗居址的混淆也起到推波助澜的作用。雍正元年(1723),清廷颁布八旗田宅税契令⑤。此举标志着旗地旗房从国有到私有的转化,同时使旗地旗房交易首先在八旗内部合法化。从现存房契来看,旗人中的房屋交易也正是从这一时期开始流行起来的(参见附录表2)。

---

① 允禄等编:《上谕八旗》卷5,四库全书本,第59页上。
② 昆冈等纂:《大清会典事例》卷1147,第424页。
③ 鄂尔泰等纂:《八旗通志初集》卷23,第436页。
④ 鄂尔泰等纂:《八旗通志初集》卷17,第300页。
⑤ 鄂尔泰等纂:《八旗通志初集》卷70,第1347—1348页。

如果说旗人间房屋交易最初还只限于本旗范围的话，那么，私有化进程注定要推动它突破旗界向更大范围扩展。笔者据中国社会科学院近代史所收藏康熙五十三年（1714）至嘉庆二十五年（1820）北京内城房契统计，在总计83起交易中，涉及旗人与旗人交易的有43起。其中属同旗交易的虽有16起，但这16起中的12起，也是在外旗地界内进行的。如附表2第1号契，康熙五十三年（1714），镶白旗满洲人富绅与本旗汉军人侯国用交易的房屋坐落在崇文门内头锦儿胡同，属正蓝旗界；第3号契，镶蓝旗满洲人观音保与本旗宗室德满交易的房屋坐落在孟端胡同，属镶红旗界；第11号契，镶黄旗觉罗金良弼与本旗觉罗纳启通交易的房屋坐落在玉带胡同，属正红旗界；第13号契，正黄旗满洲人鹤伶与本旗满洲人达宁交易的对象房屋坐落在大帽儿胡同，属正红旗界。而属于同旗人在本旗界内交易的只有4起（即第4、19、42、44号契）[1]。

随着房屋交易的大范围展开，势必是不同旗分旗人纷纷跨界居住。与此同时，在内城的任一地方，各旗旗人的错居现象也在发展。仍据附表2考察，崇文门内头锦儿胡同一处房产，先后转手于镶白旗满洲、汉军、蒙古和正蓝旗汉军旗人[2]；阜成门内孟端胡同一处房产，先后转手于镶蓝旗满洲、正红旗满洲、镶红旗满洲、正红旗包衣人[3]；又拴马桥路西一处房产，先后转手于镶蓝旗蒙古、正黄旗汉军、镶蓝旗汉军和蒙古、镶红旗汉军和满洲旗人[4]。如果据此认为，清代中叶八旗人混居局面已经形成，应是大致不错的。

二 民人与旗人的混居

八旗人居址的混淆，还只是内城居民分布格局变迁的第一阶

---

[1] 关于对象房与旗界对应关系，请参照《钦定八旗通志》卷30《八旗方位总图》和八旗《地界图》；侯仁之主编：《北京历史地图集》（北京出版社1988年版）清代各图。

[2] 附表二第1、5、34、49、56号契。

[3] 附表二第10、26、27、38、63号契。

[4] 附表二第6、28、42、43、78号契。

第三编 旗民关系

段,伴随民人迁入内城的足步,则预示着更为深刻的变化。从康熙年间汉民流入内城到清末旗界完全消失,旗、民杂居共处,是一个经历了两百来年的渐进过程。

清朝圈占北京内城以后,这里便成为旗人盘踞的大本营,也是一座规模巨大的"满城"。以至在很长一段时间里,外国人称内城为"Tartar City"(鞑靼城),外城为"Chinese City"(汉人城),也说明旗民内外之分。内城在北,外城在南,彼此被一道高高的城墙阻隔着。而内城南面三门——宣武门、正阳门、崇文门,便成为旗、民往来的主要甬道。

清朝处心积虑地制造旗民畛域,意在利用八旗军兵拱卫满洲皇帝的宝座。但数十万八旗官兵携眷居住内城,他们的职业只限于当兵做官,不士、不农、不工、不商,衣食日用,无不依赖民间,这就进一步强化了城市的消费性质。因此,尽管顺治初年已将汉人"尽归之外城",却不能阻止从事商业贸易、手工业、服务业的汉人进入内城,这种交流的发展,最终成为内城旗界瓦解的一个重要因素。康熙五十四年(1715)旗员赖温密折奏称:

> 九门之内地方,甚为綦重,且外紫禁地方,所关更为綦重。因天下各省之人来者甚多,于外紫禁城内外地方开下榻之店者皆有……若外紫禁城内外店房皆予查禁,闲荡之人,零星商贩皆令于城外店房下榻,则城内风气似可改观,且良恶之人亦不可妄加栖止。①

从赖温奏折可以得知,当时来往于内城的民人已经很多。除居无定址的小商小贩、形形色色的观光客外,还有开设客店之人。赖温建议将内城所有客店不问青红皂白,一概查禁。康熙帝却未置可否,朱批:"九门提督会同该部议奏。"从后来情况看,不仅客店

---

① 中国第一历史档案馆:《康熙朝满文朱批奏折全译》,中国社会科学出版社 1996 年版,第 1008 页。

未能查禁，还出现了更多以旗人为服务对象的商业店铺。尤其在东华门、西华门外，民人开设的饭铺、酒铺生意兴隆，值班八旗兵丁"多进铺沽饮"。终于引起官府干预，命严行晓谕开酒铺民人：将东华门、西华门外所有热酒铺，一概禁止，令别谋生理。饭铺亦只令出卖饭肉菜蔬，永行禁其卖酒。清廷禁止内城卖酒，主要是担心旗人沉溺于享乐，经济上渐趋窘迫，军事上丧失尚武传统。至于饭铺、油盐等铺，为旗人日常生计所系，却不能不允许照常营业[①]。这些店铺中人，应属最早定居内城的汉人。

不过，相对城中数十万旗人来说，这些新迁入者为数还是寥若晨星。乾隆二十一年（1756）官府统计，内城开设猪、酒等店72处，售卖杂货、夜间容留闲杂人等居住的店铺44处，专门客店15处。总计不过131处。何况就是这为数很少的客店，也因有"宵小匪徒易于藏匿"而引起当局的忧虑。就在这一年，官府饬令所有内城客店移于城外，并重申："嗣后城内地面永不许开设。"[②] 嘉庆十七年（1812），查出民人孟大于内城四方栅栏（崇文门内西墙根）私开客店，共房17间。于是将该房及有关契纸查收入官[③]。说明禁令仍旧有效。

民人入居内城的活动之所以在开始时举步维艰，禁开客店的命令倒在其次，主要还应归结为有关旗民交产的禁令。民人定居内城，首先要解决住房问题，但内城房屋均为旗产。由于清廷视旗人为"国家的根本"，所以要一如既往地维护旗产的完整，并制定法律禁止民人置卖旗产。在这种情况下，留居内城的民人只有向旗人租赁住房，而一些旗人出于赢利动机，也乐于"私盖小屋，赁与民人开铺"[④]。于是双方一拍即合。然而，民人的定居，也带动了商

---

① 允禄等编：《上谕旗务议覆》，天津古籍出版社1991年版，第180、160页。
② 《金吾事例》，转引自吴廷燮等纂《北京市志稿》卷1，北京燕山出版社1990年版，第105页。
③ 《内务府官房租库呈稿》，嘉庆十七年八月十四日，转引自杨乃济《西华门札记》，《京华古迹寻踪》，北京燕山出版社1996年版，第367页。
④ 允禄等编：《上谕旗务议覆》，第160页。

业资本和高利贷资本的涌入。下层旗人迫于生计拮据、违禁将旗房典卖与民人事件就越来越多。这种现象至少在乾隆初年已初见端倪，中叶以后已不能不引起统治集团的关注。乾隆四十七年（1782）十月八旗都统等奏准：

> 民人等多有因谋买卖租债典买旗房而又另行典买房间或自己居住或索取重息者，除将已（以）前旗人已经卖与民人者无庸置议外，嗣后旗人房间永远不准民人典买。如有阳奉阴违，或多方以指房借银为名倒写年月，或央烦旗人冒名典买，一经发觉，即照偷盗典买之例，将房撤出，并将价银追出入官，仍治以违禁之罪。①

由此可知，民人典买旗人房产，除自己居住外，还用于出租，旨在牟取厚利。兼并旗房的主要手段有二：一曰"指房借银"，即债务人以房屋为抵押物，向高利贷者（即债主）借银。一段时间后，本利累积，无力偿还，债主顺势将房屋攫为己有。这种场合下的房权转手，自然低于平均房价。二曰"冒名典买"，具体方式，或由民人"冒名"旗人，即民人假借旗人名义典买旗房，据为己有；或为旗人"冒名"民人，即旗人将旗房"伪作民产，假写汉人名字，税契出卖与民人为业"。

尽管官员在乾隆四十七年（1782）奏议中提出（以）前旗人已经卖与民人者"无庸置议"，实际上认可了民人置买旗产的既成事实。不过，在网开一面同时，又采取下不为例的严厉态度，即所谓"嗣后旗人房间永远不准民人典买"。因此，在以后年代里，民人兼并旗房，为了逃避官府纠举惩办，仍旧流行典买的形式。当时典契所定回赎期限，短则三五年，多则二三十年，以至五十、一百年。有些老典契甚至不注明回赎期限，而是代之以"永远为业"或

---

① 裕诚等纂：《钦定总管内务府现行则例·会计司》卷4，故宫博物院文献馆民国二十六年校印本，第81页上。

"永不回赎"等字样①。足见老典等于变相的买卖。基于同样原因，白契买卖也很流行。以至有些旗房落入民人之手后，虽辗转数主，迁延百余年，前后契书均为清一色白契。如嘉庆十九年（1814）民人李金福将安福胡同一处房产卖与陈姓的契书上写着："外有图书纸一张，白契十五张一并跟随"（附表2第70号契）。"图书纸"通常指旗人在八旗左右两翼收税监督处领取的红契，只限于旗产交易，契书形制有别于民间红契（京城民人交易房产，照例到大兴、宛平县衙纳税，领取红契）。说明这处房产原系旗产，后来落入民人之手。因系违法行为，所以以后的交易为清一色白契。民人大量购买旗人房产，使大批民人入居内城成为可能。

现存房契，为了解民人入居内城情况，提供了更为具体翔实的资料。据附表2，早在乾隆元年（1736）以前，就有民人在东直门内北小街开设油、盐、纸马铺（第2号契）。乾隆中叶以后，民人入居者逐渐增多，契书中注明的房屋来源有：自置、祖遗、祖置、祖业、夫遗、买得、自盖、父置、自典。民人房源的日趋多样，实际反映了民人入居内城规模逐渐扩大的事实。雍正、乾隆年间，清廷为解决日益严重的"八旗生计"问题，强令住居北京的许多汉军旗人、内务府和下五旗王公府属包衣以及开户人、另记档案人等"出旗为民"，从另一渠道扩大了内城民人的队伍。所以到嘉庆以后，内城中的民人住户已经显著增多。

在内城民人中，经营商业者显然占有不小比例。据附表2，铺面房中表明具体用途的就有油盐纸马铺、烟袋铺、棉花铺、钱铺香铺、蜡铺等。这些铺面所在的东直门内北小街、安定门内大街、鼓楼前斜街、德胜门内大街、国子监西口、西四牌楼东边等处，都是内城中的通衢闹市。其中，鼓楼前斜街东口内的烟袋铺，自乾隆二十四年（1759）至嘉庆二十一年（1816）的57年中，虽然数易店主，老店风貌犹存，不能不认为是内城中的习见现象②。

---

① 刘小萌：《从房契文书看清代北京城中的旗民交产》，《历史档案》1996年第3期。
② 附表二第15、39、67、76号契。

第三编 旗民关系

近代以来，民人入居内城的人数迅速增多。尤其经庚子年（1900）义和团之乱和八国联军入侵造成的浩劫，内城居民构成发生了巨大变化。光绪初年，内城汉民不过3万余人，到清季宣统年间，内城汉民已增至约21万[1]。与此同时，八旗同旗同佐领的人们，逐渐散布于京城内外。以镶红旗满洲二甲喇17个佐领为例，据《八旗通志初集》卷2，其居址清初仅限于西安门大街南边板场、廊房、酱房、小酱房、细米、东斜街等六条胡同。然而到了清季，该甲喇下仅斌良1个佐领，户只有百余，口不足400，却已散居在京城内外至少70余处了[2]。毋怪乎光绪年间成书的《京师坊巷志稿》在追记内城八旗居址后感慨道："此国初定制也……近则生齿日繁，多错处矣。"[3] 随着内城旗界的消融，在同一地域内形成了各旗、各佐领人，乃至旗人与民人的交错杂居。这也就是"多错处矣"的真正含义。此时的旗人大多以个体家庭为单位居住一地，不要说传统的宗族组织早已瓦解，连同一家族的成员也难得一聚了。

清代北京内城居民分布格局的变迁是不依统治者意志为转移的。这一变迁，无论对旗人还是民人来讲，都产生了深刻的影响。民人定居内城以后，与旗人形成密切的邻里关系，增进了彼此的了解，有助于满汉民族隔阂的化解。商业活动的兴起，还促进了民间经济的发展。对旗人而言，由此引起的影响则波及经济、文化、政治乃至社会生活的各个领域[4]。

对清朝统治来说，这一变化也并非无足轻重。清初八旗劲旅攻无不克、战无不胜，龙行虎步，威震四方。入关后，清廷将他们安置内城，对外"居重驭轻"，以集结的重兵威慑全国；对内划定八

---

[1] 此为韩光辉《北京历史人口地理》据《皇朝文献通考·户口考》、宣统元年《京师内外城巡警厅统计书》等史料的统计，北京大学出版社1996年版，第125页。另据《北京市志稿·民政志·户口》：宣统二年，北京内城共有民人83808户。可以参考。
[2] 中国科学院图书馆藏：《光绪宣统民国户口册·镶红旗满洲二甲喇户口册》。
[3] 朱一新：《京师坊巷志稿》卷上，第182页。
[4] 见拙文：《从房契文书看清代北京城中的旗民交产》。

旗界址，"拱卫皇居"。北京内城无异于一座戒备森严的军事大本营。以后，城市的军事性质逐渐削弱，八旗的界址相应消融。同一旗分、佐领的人们散居各地，严密的组织随之涣散，军纪也日益废弛。加之享乐游嬉之风的披靡，骁勇善战的传统尽失。旗兵服役，不过虚应故事，除按月领钱粮外，很少到旗衙门应差，平日也无操练。八旗军队的不堪一击，实际是清朝统治衰朽的先声。

附表1　　　　康雍年间部分亲王郡王旗属府址对照表

爵号	旗属	府址	备注
康亲王	正红旗	普恩寺东，在镶红旗界	礼亲王改
显亲王	镶白旗	玉河桥东，在正蓝旗界	肃亲王改
裕亲王	镶白旗	台吉厂，在正蓝旗界	
庄亲王	镶红旗	太平仓，在正红旗界	即承泽亲王
简亲王	镶蓝旗	大木厂，在镶红旗界	郑亲王改
恒亲王	镶白旗	东斜街，在正白旗界	
怡亲王	正蓝旗	煤碴胡同，在镶白旗界	后改北小街，在正白旗界
果亲王	正红旗	草厂胡同，在正红旗界	
理亲王	镶蓝旗	王大人胡同，在镶黄旗界	
顺承郡王	正红旗	麻线胡同，在镶红旗界	
平郡王	镶红旗	石驸马大街，在镶蓝旗界	克勤郡王改
信郡王	正蓝旗	三条胡同，在镶红旗界	豫亲王改
愉郡王	正红旗	在正黄旗界	另有愉亲王府在正白旗界
履郡王	镶白旗	东北小街，在镶黄旗界	
淳郡王	镶白旗		
宁郡王	正蓝旗	新开路，在镶白旗界	
惠郡王	镶红旗		

注：亲、郡王爵号、旗属据《八旗通志初集》卷23；府址参据昭梿《啸亭续录》卷4；《清北京图》（乾隆十五年），载侯仁之主编《北京历史地图集》，北京出版社1988年版。

附表 2 　康雍乾嘉年间北京内城房屋交易略表

序号	立契人	对象房屋说明			价格			受契人	立契时间	契别	备注
		来源	坐落	间数	两	吊				
1	镶白满富绅		崇文门内头条儿胡同	10	250		镶白汉侯国用	康熙五十三年	满文典契	典期3年
2	民人魏其珍	自置	东直门内北小街	30	220		镶黄满查阿	乾隆元年	汉文卖契	油盐纸马铺
3	镶蓝满观音保		孟端胡同	20	227		镶蓝宗室德满	乾隆七年	满文卖契	
4	正黄满达子	祖业	德胜门内路南	2	120		正黄满杭日布	乾隆十年	满汉文卖契	粥铺，无典期
5	正黄汉侯连升		崇文门内头条儿胡同	10	250		镶白汉张世杰	乾隆十一年	满汉老典契	典期9年
6	镶蓝蒙金大纬	本身	拴马桥路西	22.5	200		正黄汉陈国祥	乾隆十五年	满汉文卖契	
7	镶蓝汉金大纬		帽儿胡同内路东	11	200		正红黄满鹤伶	乾隆十六年	汉文卖契	无典期
8	镶蓝包衣大觉	自买	孟端胡同东北	18	150		正红蒙长安	乾隆十八年	汉文卖契	典期50年
9	正红蒙纳木代		玉带胡同东头	1	30		镶蓝觉罗吉禄	乾隆十八年	满文典契	
10	镶蓝满折柔泰		孟端（端）胡同	23	300		镶黄觉罗纳启通	乾隆十九年	汉文典契	
11	镶黄觉罗金良弼	原典	玉带胡同东头	3	50		杨某	乾隆二十一年	汉文转典契	典期50年
12	镶蓝朱有良		安福胡同	5	48		正黄满达宁	乾隆二十二年	汉文分卖契	典期5年
13	正黄满鹤伶	祖遗	大帽儿胡同路东	11	250		镶黄汉李某	乾隆二十二年	汉文卖契	
14	徐廷玫等	祖置	安定门内大街路西	4	250		王某	乾隆二十四年	汉文卖契	铺面房
15	民人门廷桓	自置	鼓楼前斜街东口内	4	200		盖某	乾隆二十八年	汉文典契	烟袋铺
16	民人刘普	本身	东安门内葡萄园后身	7	180		镶蓝觉罗郎阿	乾隆二十九年	汉文典契	无典期
17	镶蓝觉罗福	自置	玉带胡同	3	10		鲁某	乾隆三十年	汉文找押契	粘连借据
18	镶蓝汉陆世俊		銮仪卫夹道	3		100				

续表

序号	立契人	对象房说明			价格		受契人	立契时间	契别	备注
		来源	坐落	间数	两	吊				
19	镶黄满舒通阿同子德福	自典	汤家胡同	7.5	165		镶黄包衣王玉柱	乾隆三十二年	汉文典契	无典期
20	民人李天祥	祖业	十一条胡同西口内	5		250	白某	乾隆三十二年	汉文典契	典期25年
21	正黄塞同阿	自典	德胜门大街路南	2	50		刘某	乾隆三十三年	汉文老典契	典期20年
22	正红满常禄	本身住房	阜成门内头条胡同	15	400		民人韩玉琳	乾隆三十四年	汉文卖契	
23	镶黄满德福	自典	汤家胡同	7.5	185		镶黄包衣王玉柱	乾隆三十四年	汉文老典改典为卖契	典期100年
24	正蓝满咸宁		十方院路南	6.5	80		正蓝满达子	乾隆三十九年	汉文卖契	
25	民人张六格	祖遗	宣武门内西栓马桩北口内	10.5	130		镶红蒙七十四	乾隆三十九年	汉文卖契	
26	镶蓝满石通阿	自置	孟端胡同中间路北	24	440		正红满希敏	乾隆三十九年	满汉文卖契	
27	正红满希敏	自置	阜成门内孟端胡同	24	530		镶蓝满佰永	乾隆四十年	满汉文卖契	
28	正黄汉陈鹏仪	自置	东栓马庄路西	22.5	600		镶蓝李尧	乾隆四十年	满汉文卖契	无典期
29	镶蓝满穆隆阿	本身	孟端胡同内路北	15	335		镶蓝宗室文魁	乾隆四十二年	满汉文卖契	
30	民人刘玉	自置	德胜门内大街路南	2	130		增某	乾隆四十三年	汉文卖契	棉花铺
31	镶黄包衣孀妇杨门蒋氏等	夫遗	钟楼东南弯路	5	110		谷某	乾隆四十五年	汉文分卖契	

第三编　旗民关系

续表

序号	立契人	对象房说明		价格		受契人	立契时间	契别	备注
		来源	坐落	间数	两	吊				
32	民人王禹平	自置	西单牌楼安福胡同	7	250		董祥临	乾隆四十六年	汉文卖契	
33	正白包衣汉张文铺	自置	宛平县衙门西边路北	57	2500		镶红宗室汉福恒元	乾隆四十八年	满汉文卖契	
34	镶白汉蒙张文铺	祖遗自置	崇文门内鲩儿胡同	10		500	正蓝汉王某	乾隆四十九年	汉文典契	典期8年
35	镶红蒙长七十四	自置	宣武门内西拴马桩北口内路东	9.5	450		镶红汉南永亮	乾隆四十九年	汉文典契	典期5年
36	镶蓝宗室华贵	自置	孟端胡同	19	900		正红包衣七十四	乾隆五十年	满汉文典契	
37	镶蓝满穆郎阿	自置	阜成门内玉带胡同	10.5	200		正红蒙武尔将阿	乾隆五十年	满汉文典契	
38	镶蓝满恒佼	自置	孟端胡同东口路北	21	300		镶红满巴宁阿	乾隆五十年	汉文典契	典期5年烟袋铺
39	民人王兆凤	自置	鼓楼斜街口内路南	1	520		黄某	乾隆五十一年	汉文卖契	
40	镶蓝觉罗景文等	自典	阜成门内玉带胡同	1	25		正红满舒宁阿	乾隆五十一年	汉文典契	典期5年
41	正红蒙长安	自置	孟端胡同东头路北	27	1500		民人王某	乾隆五十一年	汉文典契	典期8年
42	镶蓝汉观音保	原典	长安街拴马庄胡同	19	720		镶蓝满德通阿	乾隆五十四年	汉文典契	典期5年
43	镶蓝满德通阿	原典	长安街东拴马庄胡同	19	720		镶红汉汤松年	乾隆五十四年	汉文典契	典期5年
44	正红包衣乌尔江阿	自置	阜成门内玉带胡同路南	10.5	200		正红包衣舒宁阿	乾隆五十四年	满汉文典契	典期5年
45	镶红蒙噶尔布	自置	地安门外宛平县西边路北	54	2500		正黄包衣哈当阿	乾隆五十五年	满汉文典契	典期5年
46	民人张健神	自置	国子监西口外南边路西	3	280		施某	乾隆五十七年	汉文卖契	铺面房

710

续表

序号	立契人	来源	对象房说明 坐落	间数	价格 两	价格 吊	受契人	立契时间	契别	备注
47	民人蒋门靳氏等	买得	安定门内大街国子监对过路西	11	1110		李某	乾隆五十九年	汉文卖契	钱铺香铺
48	正黄蒙佛柱	自置	茶叶胡同东口外路西	4		210	唐某	乾隆五十九年	汉文卖契	粥铺
49	正蓝汉王泽淳	自置	崇文门内锦儿胡同	10		500	镶白满常某	乾隆五十九年	汉文典契	典期5年
50	民人王学	祖遗	七条胡同	13	200		李某	乾隆六十年	汉文卖契	
51	正黄满达宁	自置	西四牌楼北大帽儿胡同	23	1000		正黄汉张履庭	乾隆六十年	汉文卖契	典期5年
52	正黄汉王忠	祖遗	东安门外王府大街小抓帽胡同	7	200		冯某	嘉庆二年	汉文卖契	
53	民人李蓉	自置	王府大街小抓帽胡同	7	200		任某	嘉庆三年	汉文卖契	
54	民人冯焕	自置	安定门内国子监对过路西	11.5	1000		民人朱秉乾	嘉庆三年	汉文卖契	钱铺香铺
55	民人冯焕	自盖	王府大街小抓帽胡同	9			镶白蒙秀德	嘉庆三年	汉文投税契	此系在"祖遗空地"盖房后赴县投税
56	镶白满常远	自典	锦儿胡同东口内路北	10		500	镶白蒙秀德	嘉庆五年	汉文典契	典期5年

续表

序号	立契人	来源	坐落	间数	价格(两)	价格(吊)	受契人	立契时间	契别	备注
57	民人白君重		东四牌楼北十一条胡同西口路南	5		370	卢某	嘉庆七年	汉文卖契	
58	镶黄汉卢阴明同子	自置	东四牌楼北十一条胡同西口路南	7		400	陈某	嘉庆八年	汉文卖契	
59	民人雷有	祖遗	太平街	11		300	盛某	嘉庆八年	汉文卖契	
60	镶白宗室奕补	祖遗	东四牌楼十一条胡同东口内	9		450	正白汉惠某	嘉庆八年	汉文典契	典期8年
61	民人丁茂宗	自盖	后宰门外鼓楼前斜街口内	5.5		350	柳肇凯	嘉庆十年	汉文卖契	
62	民人施明达	父置	国子监西口南边路西	3	400	660	朱某	嘉庆十一年	汉文卖契	铺面房
63	镶红满宁安	自置	阜成门内孟端胡同路北	21			正红包衣舒宁阿	嘉庆十一年	满汉文老典契	
64	民人盛永成	自置	太平街东边路北	11	100	750	镶红满拉海	嘉庆十二年	汉文卖契	无典期
65	民人孙光德	自置	西四牌楼东边马市路南	3			常某	嘉庆十二年	汉文卖契	铺面房
66	镶蓝汉杨光裕	典得		25.5		2500	正白蒙额某	嘉庆十二年	汉文典契	典期7年
67	民人黄朝梁	自置	鼓楼斜街口内路南	2		575	柳肇凯	嘉庆十三年	汉文卖契	烟袋铺

清代北京内城居民的分布格局与变迁

续表

序号	立契人	对象房说明			价格		受契人	立契时间	契别	备注
		来源	坐落	间数	两	吊				
68	镶蓝汉吴长德	原典	东拴马庄中间路西	3		300	镶红汉赵裕福	嘉庆十六年	汉文典契	典期5年
69	民人王珽	自置	汤家胡同	7.5	100		宋某	嘉庆十八年	汉文卖契	
70	民人李金福	自置	安福胡同	5	100		陈某	嘉庆十九年	汉文卖契	典期8年
71	民人惠宝	自置	东四牌楼北十一条胡同东口内	9		300	郁(王)某	嘉庆十九年的	汉文卖契	
72	镶白满玉麟	自置	东四牌楼北十一条胡同东口内	9		550	正白满凌山	嘉庆十九年	汉文卖契	
73	正白满凌山	自置	东四牌楼北十一条胡同东口内	9		550	金某	嘉庆十九年	汉文卖契	
74	谷凤程	自置	钟楼弯路南	9		200	李某	嘉庆二十年	汉文卖契	
75	民人柳肇凯	祖遗	鼓楼斜街口内路内	5.5	300		李某	嘉庆二十一年	汉文卖契	铺面房
76	民人柳肇凯	祖遗	鼓楼斜街口内路南	2	200		李某	嘉庆二十一年	汉文卖契	铺面房
77	民人胡彦杰	自置	德胜门内西水关口外路南	3	150		杨某	嘉庆二十一年	汉文卖契	蜡铺
78	镶红汉周炳	原典	东拴马桩胡同	16		600	镶红满苏某	嘉庆二十一年	汉文典契	典期10年
79	正黄蒙额勒登布	祖遗	宛平县西边路北	62	1000		镶红蒙富某	嘉庆二十二年	汉文卖契	
80	民人王庆	自典	孟端胡同中间路北	20		1500	姚某	嘉庆二十四年	汉文典契	典期8年

713

续表

序号	立契人	对象房说明				价格		受契人	立契时间	契别	备注
		来源	坐落	间数 || 两	吊					
81	民人陈济安	自典	东四牌楼北十一条胡同西口内路南	5			200	李某	嘉庆二十四年	汉文卖契	
82	镶蓝满达林等	自典	按院胡同西头路北	15			1000	镶蓝满萨克升阿	嘉庆二十五年	汉文典契	典期5年
83	镶蓝满年长阿	自置	西单牌楼劈柴胡同中间	26			2750	镶白满恩某	嘉庆二十五年	汉文典契	典期8年

注：表中清代北京内城房契83件，时间起自康熙五十三年（1714），迄至嘉庆二十五年（1820），均为中国社会科学院近代史所馆藏。道光以后历朝房契为数甚多，从略。表中"镶黄满"即"镶黄旗满洲"，"镶黄包衣"即"镶黄旗包衣"，其余依此类推。

（原载《首都师范大学学报》1998年第2期）

714

清代北京旗人的茔地与祭田
——根据碑刻进行的考察

旗人的土地问题，是以往研究的一个重点，也是一个难点。旗地形态相当复杂，按性质分，有官庄、王庄、一般旗地之别；按来源分，有老圈、价买、典置、赏赐、置换、回赎、转让、继承等之别；按用途分，又有农庄、茔地、祭田之别。其中，茔地和祭田，作为安葬和祭祀先祖的用地，彼此关系密切，在以往的旗地研究中又很少专门的探讨①，故本文将它们放在一起考察。主要考察两个问题，茔地和祭田的来源；茔地和祭田的制度。

一 茔地和祭田的来源

满族人自清初起，已深深濡染汉人的孝道观，尊祖先，重丧葬，成为风靡全社会的一种时尚。厚葬必先立坟茔，尊祖需设祭田，《正黄旗满洲乌雅氏祭田记》说："建碑以表先茔，常存报本之意，置田以备祭祀，足征追远之诚"，表述的也就是"慎终追远"之意。② 茔地与祭田，作为旗人土地的一个重要组成部分，其

---

① 赖惠敏：《天潢贵胄——清皇族的阶层结构与经济生活》（"中研院"《近代史研究所专刊》第81辑，1997年）第三章《皇族的公产》第三、四节，主要依据档案，对皇族祭田进行了研究。金启孮：《北京郊区的满族》（内蒙古大学出版社1989年版）第三部分《园寝附近的满族》，对王公园寝的规模制度，有比较翔实的说明。
② 碑在北京房山区北羊头岗，刻于道光十四年四月，北京图书馆金石组：《北京图书馆藏中国历代石刻拓本汇编》（以下简称《拓本汇编》）第63册，中州古籍出版社1990年版，第122页。

来源主要有以下七种。

（一）老圈地

入关初期，旗人计丁授田，所授土地均圈自汉民，习称"圈地"（后称"老圈地"）。旗人最初的茔地、祭田，多设置在自家圈地内。康熙十七年（1678）旗人安氏茔地碑载称：

> 安氏佳城者，安氏所建之祖茔也。安氏世家长白，龙兴朗公（按，原文如此），公讳翁格清，旧以赵为姓，从龙之始，外同驰骋，内侍帷幄，历有奇勋……奄有四方，定鼎燕京，敛戈释马之日……遂请得畿西良邑之鲁村，膏壤近百顷，既而庶事乃备。公又怡然而喜曰：吾事竣，心则泰然而安矣。思古人每以地每以官以事而为氏，吾赞言辽安中土安，今身家亦安，是贻子孙以安，盍以安为氏？乃令举族咸以安为姓，而命名少子曰安泰。公又怃然曰：吾无不安，独先人之墓远在一方，不能伏□祭飨何心□。然吾老，□无□矣，此则子孙之责也。后以寿而卒……嗣君三人，皆歧嶷俊伟，或供职内府，或任事王田，绍先人之业而光大之。遂于庄西之近土竟获牛眠而建斯茔焉。①

翁格清一家原籍长白，也就是明辽东边外满族故地，后来随着不断壮大的后金（清）政权，先进入辽沈，后"从龙"入关，并安置在京西良乡鲁村，得良田近百顷。清朝入关，对八旗官兵莫不授田，授田标准每丁6垧（每垧6亩，合36亩）。按此方法授田，显然对占有众多奴仆壮丁的八旗贵族官员最为有利，因为"富厚有力之家，得田每至数百垧。满洲披甲人，或止父子，或止兄弟，或止一身，得田不过数垧"②。翁格清受田百顷（即1万亩），说明他家所属壮丁至少有200多人，应该是旗人中大户。而占有众多壮丁

---

① 碑在北京房山区良乡南鲁村，张凤□撰，《拓本汇编》第63册，第122页。
② 《清世祖实录》卷127，第15页上。

和良田，与他"从龙之始，外同驰骋，内侍帷幄，历有奇勋"的业绩又是分不开的。

翁格清原汉姓为赵，或即满洲觉罗姓。定居京畿后，因希望后世子孙代代平安，乃改汉姓为安，又命名少子曰安泰。这虽是濡染汉习，以吉祥字给子孙命名的结果，而满人改姓命名的随意性，据此也可见一斑。

旗人"从龙入关"以后，或安置北京内城，或分屯畿辅各县。前者为城居旗人，后者为屯居旗人。翁格清功成志满，退居庄田，当属"屯居旗人"之类。但从他三个儿子"或供职内府，或任事王田"的记载看，八旗子弟或当兵出仕，或在家掌管农事，本没有截然界限，只是各种机缘和个人选择的结果。

旗人入居北京后，祖坟均在关外，路远山长，祭扫祖茔成为许多旗人终生梦牵魂绕而难以实现的事。康熙帝平定全国后，特意网开一面，准许在京旗人去奉天设庄守墓，凡是退回所分畿辅旗地者，可在奉天如数拨给熟地。但绝大多数旗人显然更愿意留居北京。虽然他们将辽东视作原籍，但真正有条件殁后归葬的却寥若晨星，现实的选择只有在京郊设立新茔。翁格清就是如此，他选定的茔地就在良乡鲁村西的圈地上。

清朝入关初，旗人世家望族广占田土，最初的茔地多建于自家圈地。马佳氏是清代满族望族之一，与瓜尔佳、钮祜禄、舒穆禄、纳喇、董鄂、辉发、乌拉、伊尔根觉罗诸氏并称"九大家"。曾涌现赫东额、克库噶哈、雅希禅、图海、马尔赛、和起、升寅、宝琳、绍英等名将、名臣。该族族大支繁，早在入关前已析分为一系列宗支，各有茔地。开国名将雅希禅，天命年间卒，葬在盛京（沈阳）东北曾家屯。至其孙纳新、洪海，始随清世祖入关，设新茔于北京安定门外东北十二里关家庄地方，奉雅希禅为始葬祖。茔地方圆二百余亩，系老圈地。[①]

[①] 马熙运编：《马佳氏宗谱文献汇编》乙编卷6《北京雅希禅墓》，1995年铅印本，第514—515页。

第三编　旗民关系

镶白旗汉军高其位、高其佩兄弟，都是康、雍之际的显宦。其位官至大学士兼礼部尚书，其佩官至刑部侍郎兼正红旗汉军都统。后者还以指头画知名当世。第一世祖高友，明万历间自山东莱州府高密县草桥村迁居辽东铁岭卫，其后人于清初入旗，祖坟在沈阳新城堡。及第四世高尚仁、高尚义等"从龙入关"，设坟茔于广渠门外老虎洞圈地。到第五世高天爵，又在左安门外周家庄燕儿窝圈地设立新茔。以后随着子嗣繁衍，茔地不断增置，然多为价买，已非老圈旗地。①

另据档案中记载：正蓝旗宗室福伦等之六世祖镇国公托克托慧，在朝阳门外十里堡采立坟茔时，将自己名下圈地一块，坐落在滦州李福庄地方，作为后辈公中祭田，每年收取租银九十六两。②厢蓝旗近支宗室载钦等，原有祖遗老圈地一项，每年收取租银八十两，除祭祀上坟等项应用外，余剩钱按十房公分。③ 这些记载说明：除茔地外，旗人祭田也往往源于圈地。④

清开国勋臣、汉军旗人范文程卒于康熙五年（1666），祖茔原在关外，本人殁后则葬在北京怀柔城区北红螺山下卢庄村西的新茔。⑤ 范家祭田也相应分为两处。乾隆二十二年（1757）范文程嫡裔重立《范公（文程）祠墓碑记》，碑阳刻祠堂规制图、关东（即辽东）熊岳地方祭田义产清单，碑阴刻熊岳方位图。清单上载明：范氏在熊岳的祭田义产有六百垧，每百垧地设壮丁十名，分属都统、少保、司马、勋爵、司农、兼山等六房。后来又购置地十六顷一十六亩；房一百五十七间。⑥ 其中，六百垧祭田义产都是红册地

---

① 中国科学院图书馆藏：《镶白旗汉军高氏家乘》，写本。
② 中国第一历史档案馆藏：《宗人府来文》，《福伦等亲供事》，咸丰五年三月。
③ 中国第一历史档案馆藏：《宗人府来文》，《载钦等供事》，同治十三年三月二十七日。
④ 赖惠敏：《天潢贵胄——清皇族的阶层结构与经济生活》，第135、139页，载有宗室贵族祭田源于老圈地的事实。
⑤ 李霨：《范文肃公墓志铭》，钱仪吉：《碑传集》卷1，中华书局1993年版，第70页。
⑥ 《范公（文程）祠墓碑记》，刻于乾隆二十二年正月，碑在北京怀柔区城北卢村西，《拓本汇编》第71册，第95页。

（即入关前圈占的旗地）。可见，范氏祭田包括圈地和购置地，而圈地是主要部分。资料又显示：祭田只占范氏全部红册地中很少一部分。① 不过，到了晚清，范府实力亦如大清王朝，走过了"烈火油烹、繁花似锦"的好时光。耕种祭田的壮丁不断逃亡，② 范府只好将他们遗下的土地招民佃种，收取地租。

（二）购置地

顺治、康熙年间，旗地来源单一，决定了旗人的茔地、祭田主要来自于自家圈地。以后旗地来源日呈多样，购置地随之构成茔地、祭田的重要来源。购置地，也就是价买得来土地。

在茔地选择上，"风水"的好坏，逐渐成为考虑的重要因素，也是导致购置地增加的一个因素。风水，又称堪舆，堪指天道，舆指地道，综合起来，堪舆是指地理形势和自然环境。在人与环境的关系中，求得人和天地、自然的和谐，达到逢凶化吉的目的，便是讲究风水的宗旨。具体到选择茔地，必须考虑的要素包括"气"（取吉气，避煞气）、龙（山势）、穴（穴地）、砂（穴地前后左右回护的山峰）、水（与龙、穴、砂相关的流水或静水）以及位向。只有在这些方面都符合规矩，才称得上是风水宝地。但风水好的地点未必在自家老圈地内，在这种情况下，购置就成为添设新茔的重要手段。

另外，子孙后代不断繁衍分析，祖茔内余地逐渐减少，也促使旗人寻找新的来源。《德敏墓碑志》说："惟我祖茔限于地狭，难以安葬，余无可如何，图维数载，方卜葬于东直门外东坝之北，另造新茔，立向子午，兼癸丁三分。周围植树三百余株，置地二顷三十五亩五分。"③ 德敏隶满洲镶白旗，乾隆九年（1744）、二十六年（1761）两任荆州将军，第二次任职不久后殁，诰封光禄大夫。他

---

① 《范府关东地亩人丁册》《范宅老地账》《范府祠堂地亩和房间册》，中国科学院民族研究所等编：《满族历史档案资料选辑》，1963年铅印本。
② 《范府祠堂地亩和房间册》，道光十年十一月，《满族历史档案资料选辑》。
③ 碑刻于乾隆二十八年三月十八日，盛昱集录：《雪屐寻碑录》卷14，金毓黻：《辽海丛书》第九集，辽沈书社1985年版，第3046页。

请风水先生寻访数载,才在东直门外东坝之北选定新茔。所谓"置地",也就是购地。

又元福撰《乌雅氏祭田记》载:乌雅氏世隶正黄旗满洲,族大支繁,原难备载。其中元福一支始祖名翁握春,例赠光禄大夫,高祖名莫尔欢,官员外郎;曾祖名明安图,授职分部主事。① 自始祖以至高、曾三代,俱葬于京北大屯。祖名天文,隐居未仕,殁后葬于房山县北羊头冈村南。父亲名常明,生兄弟二人,长即元福,弟名元禄。两兄弟"幼而读书,长而俱入国学"。及年长,元福随父亲在乡料理家务,元禄则在京应事。元福生子四人,元禄生子五,其时家道日隆,人丁亦盛,孰知不数年间,元福之父、弟以及三子相继亡故。这给元福的心理造成沉重打击。碑文中还提到,常明死后没有随其父天文葬在房山县北羊头冈村,而是回葬京北大屯祖茔,"以守先人之墓为念"。

常明生前以祖茔狭隘,曾命元福在祖茔之北另择新地设茔,并将设立祭田的大事托付给他。而当元福撰写此碑时,距父亲辞世已过十数年,他本人也已七十有一,垂垂老矣,"忆吾父属吾之言,有不能不急为之图者"。于是"就吾父与吾所置地亩,在羊头冈者,旗地四顷、民地四顷六十亩,并有羊头冈所居房屋一所,共为祭田"。元福设立的祭田在祖父天文墓地所在房山县北羊头冈村,都是置买的旗地和民地,共计八顷六十亩,还有房屋一所。为此,他亲撰《祭田文》,镌碑树立。谆谆教导后嗣:"是祭田也,是祖、父艰难辛苦不易得之者也,是祖、父夙夜矜持惟恐失之者也。尔子孙其之克勤克俭勿怠勿荒,尚其遵祖训,听父言,勿以其为虚文故事也。"②

---

① 鄂尔泰等纂:《八旗满洲氏族通谱》卷30《哈达地方吴雅氏》(辽沈书社1989年版):翁鄂春(即翁握春)原任佐领,父名萨穆哈,伯名额柏根,为开国勋臣,创业名家,子弟累世簪缨。额柏根之孙魏武的女儿为康熙帝孝恭皇后,即雍正帝母,故雍正年间其族人贵幸无比。

② 元福撰:《正黄旗满洲乌雅氏祭田记》。刻于道光十四年四月,碑在北京房山区北羊头岗,《拓本汇编》第80册,第55页。

清代北京旗人的茔地与祭田

最迟从清代中叶起，置买已成为王公设置园寝地的重要手段。乾隆帝第五子荣纯亲王永琪一系，先后设立四处园寝，即：密云县董格庄荣纯亲王园寝、丰台区大灰厂荣恪郡王绵忆园寝、房山县大南峪奕绘贝勒园寝、海淀区马连湾载钧贝子园寝。这四处园寝，除一处是官府代购外，其余三处都是置换或购买。①

醇亲王奕譞，是晚清政坛上一言九鼎的人物。他是道光帝第七子，福晋叶赫那拉氏是慈禧皇后胞妹，正因为有了这层至亲关系，他先为慈禧皇后篡权"垂帘听政"出了大力，后又挪用海军经费为慈禧太后修建颐和园，故几十年间宠荣不衰。在慈禧太后意旨下，醇王一家竟出了两个皇帝（即光绪帝和宣统帝），贵显无比。即便有这般权势，醇王园寝也是通过置买得来。醇王为了选择风水宝地，颇费心思。事成之后，他将置买园寝经过赋诗刻石说：

中情犹豫逐时添，卜吉迟迟岁月淹；立异漫夸三识慧，决疑须协二人占；心通柳暗苍明境，语绝瓜田李下嫌（原注：妙高峰风水经李尧民看定本无疑义，旋有称不可用者，复倩萧山叶绣圃来视，始知皆属子虚）；分付舆儓宜便了，朴诚忠信喜相兼（命七品首领太监范常喜、护军校色克图董厥事，一切章程均极周妥，山田互易，公平售买，亦毫无抑勒沾染。虽由余指画，伊等实能恪遵）。戊辰嘉平年□月作并书勒石。②

戊辰年即同治七年（1868），醇王是在这年秋选定妙高峰东麓作为茔地的（在今北京海淀区北安河乡妙高峰）。此地泉壑幽美，层峦叠嶂，景色宜人，有唐代法云寺遗址，金章宗时，此处是西山八院之一香水院。当时他正在蔚秀园养病，某日到西山响堂庙闲游，该庙距妙高峰不过十里之遥，是醇王旧仆、太监王照禄、王正光修建的。他们带着风水先生李唐（字尧民）和醇王一起到妙高峰

---

① 金启孮：《北京郊区的满族》，第86页。
② 《醇王园寝诗刻》，刻于同治七年十二月十六日，碑在北京海淀区北安河宏伟村，《拓本汇编》第83册，第151页。

勘察，李唐认为该处"点穴最佳"，醇王喜极，不复狐疑，一言决断①。但不久就有人谓此处不可用，于是醇王又请叶绣圃再视，叶以为"不可用"一说"皆属子虚"，使醇王最终拿定主意，在此修筑园寝。醇王诗追述了选定吉壤的曲折过程，并对"山田互易，公平售买，亦毫无抑勒沾染"的做法表示满意。

为资助醇王置买茔地，慈禧太后和同治帝还拨给白银五万两。对此他不禁感激涕零，特别赋诗一首，刻碑立于园寝，作为纪念。诗曰："深公祇解巢由隐，支叟无由谢俗缘；何幸平生遭际盛，圣明钦赐买山钱（原注：买山建茔，蒙慈恩圣恩赐银五万两）"②。慈禧太后的恩赐，无非是对醇王的笼络。可见，在所谓"公平交易"的背后，体现的依旧是宗室王公的巨大特权。这应是王公贵族置买地与普通旗人置买地的基本区别。

（三）置换地

在茔地的多种来源中，置换地是比较特殊的一种。所谓"置换地"，也就是用自家土地交换来的茔地。旗人戴全德撰《北山墓地记》说：他家祖坟在顺义县彰禧庄，是老圈地，自高高祖以下已安葬五代，因无隙地，只好另择新茔。选择新茔的标准有二，一是距祖坟不宜太远：恐离祖墓太远，子孙祭扫时"顾其近宗而遗其远祖，失水源木本之义"；二是风水要好，必须是堪舆家认定的"吉地"。最后选定的新茔地在昌平州东（今北京怀柔区城西东坟村），距祖坟三十五里，便于岁时祭祀，子孙省视，且地方偏僻，价值不昂。

新茔地共十一顷四十八亩八分三厘，其中阴宅占地五十三亩三分三厘，阳宅占地五十七亩，家庙安云观占地十一亩九分三厘。以六顷作为看坟人赡养田，其余部分招人耕种。在上述茔地中，有六顷余是戴全德用俸银购买的，另外五顷官田，则是遵例用比它多三

---

① 奕谟：《退潜别墅存稿》卷1。
② 《醇王园寝诗刻》，刻于同治七年十二月十六日，碑在北京海淀区北安河宏伟村，《拓本汇编》第83册，第151页。

倍的自置地交换来的。在设置新茔同时还拨出通州大兴庄地十三顷六十九亩,立为祭田。①

清制：官员人等坟茔不能容葬者,准其兑换官地为茔。兑换条件,一是必须按一比三的比例,即"每官地一亩给地三亩,准其兑换",二是换出的土地收益要高出原入土地。这成为八旗官员置换官地为茔地的通例。有关交换事件不仅载在碑文,也屡见于档案记载：乾隆十年（1745）,正白旗满洲工部员外郎清福向内务府会计司呈称：用自置东直门外驼方营道南地五十亩,孙河马连店地一顷,换取驼方营道北内务府奉宸苑所属花匠郑名荣名下当差地五十亩,作为茔地。征得郑名荣同意后,会计司以清福所请符合"凡更换坟地者,每官地一亩,给地三亩交换"之例,准其更换地亩,并移咨正白旗满洲都统、奉宸院,派人带领双方当事人将更换地亩互相明白指交,记入各自档案。②

有的旗人为了征得对方同意,不惜用三倍的土地兑换。嘉庆元年（1796）八月初六日掌仪司呈稿《为咨行事》载称：镶白旗满洲道崇福因"祖坟狭隘,不能容葬",呈请将红契自置坐落顺义县西后桑园村地方土地二顷一十亩内,拨出地一顷四十四亩,遵照三亩兑换官地一亩之例,兑换掌仪司所属果园壮丁徐进荣名下坐落广渠门外燕窝村官地四十八亩为茔,并情愿将契内余地六十六亩一并给徐进荣名下添补当差。道崇福的二顷一十亩地,共取租钱五十七千五百五十文,比徐进荣四十八亩地的地租多出十九千一百五十文,因比官地租息,有盈无绌,掌仪司呈准了这起交易。③

嘉庆二年（1797）,绵八爷贝勒府用本府坐落通州台户村地三顷二十七亩,兑换阜成门外八里庄南边核桃园地方内务府花匠马平的一顷零九亩地。贝勒府所指地比马平官地整多三倍,每年取租钱

---

① 乾隆五十六年戴全德撰,嘉庆三年五月十三日铁保正书,碑在北京怀柔区城西东坟村,《拓本汇编》第77册,第35页。
② 乾隆十年五月二十三日会计司呈稿：《为更换茔地事》,韦庆远主编：《清代的旗地》下册,中华书局1989年版,第1242—1243页。
③ 韦庆远主编：《清代的旗地》下册,第1243—1244页。

一百三十吊八百文，比马平官地地租还多出八百文。经内务府核准换给。① 这又说明，即便是王公贵族，兑换茔地时也必须遵守有关规定。

清中叶以降，因数十万旗人长期聚居京城，使越来越多的人遇到祖茔因年久地窄，不能容葬的问题。另辟新茔，成为他们朝思暮想的一桩心事。近郊寻找不到，只好到远郊寻找，到后来，连在远郊或畿辅各县兑换茔地也成为一件难事。嘉庆三年（1798）三月，正黄旗满洲贡生灰瑞，指自置坐落新城县旗地四顷一十亩，每年取租钱一百零二千，兑换该县上清河村香灯官地一顷三十六亩余，每年官征租银二十二两二钱余，作为茔地。寻经内务府查清，灰瑞所指香灯地，已经正黄旗副催长福宁呈递兑换为茔。灰瑞的请求自然落空。②

正如前面已经指出的：有些旗人兑换茔地，首先注重的是"风水"好坏，至于地价的高低、租钱的多少，考虑倒在其次，所以才会出现不计较地价和收益的现象。不过，换一个角度看，官府之所以规定兑换地必须按三比一的比例，也是为了防止自身利益受到损害。顺理成章的推理是：旗人用于兑换官地的土地，通常都是硗瘠薄收或者地理偏远、难以管理的土地。只有在这一前提下，三比一的兑换比例才被认为是可以接受的。

除官地外，旗人兑换民地为茔有时也参照三比一比例。北京西郊恩济庄关帝庙，原置有民地一段，在八宝庄村西，计地五十二亩，租银二十六两。咸丰三年（1853）旗人崇宅欲兑换此地为茔，遂与关帝庙住持议定：换出双槐树村北地五段共计一顷六十三亩，每年取租钱一百八十吊。崇宅换出地约当换入地三倍，收益则相当换入地的六倍。③

---

① 嘉庆三年二月二十二日《管理三旗银两庄头处呈稿》，韦庆远主编：《清代的旗地》下册，第1245—1246页。

② 嘉庆三年三月初九日《管理三旗银两庄头处呈稿》，韦庆远主编：《清代的旗地》下册，第1246页。

③ 《关帝庙茶棚碑》，咸丰三年二月刻，《拓本汇编》第82册，第58页。

在宗室王公中，奕绘贝勒的园寝是典型的置换地。他看中的园寝在今房山县大房山之东大南峪，明神宗生母慈圣李太后曾为宝珠禅师王能贵建天台寺于峪中，从此，大南峪成为天台寺产。至清道光年间，天台寺早已衰败，四面地界又受到豪强侵蚀。道光十四年（1834），奕绘方袭多罗贝勒，派府员求访茔地，爱天台寺山林幽静，命二等侍卫阿禅泰用府中采育（在今北京市大兴区）地两千亩（多于天台寺地三倍有余）与寺僧商换得之。奕绘雅好文学，诗词文章皆称名当世，亲书易地诗券交给寺僧，存于上院法源寺，作为交易契据①。其诗曰：

> 永定河之西，大房山之东，是为大南谷，建寺万历中，环山多膏腴，寺僧颇素丰，其木宜柿栗，桃花路难通。迄今二百载，传徒懦以懵，皇庄向来横，况值州县慵，乃献法源寺，以势压彼凶。按碑问疆界，已非昔日封，转求大檀越，良田易青峰。
>
> 谷东果树林，官惟半顷薮，其余皆僧物，方家占来久，久则难变正，况埋祖父母，葬妻夺人墓，斯心汝安否？二顷我不需，其余僧不守，不守其弃诸，斯可为我有。我有采育田，每每二千亩，三倍于南谷，长老或肯受，与僧立诗券，贞珉建东阜。
>
> 东阜建碑亭，大书刻我诗，我诗胜券契，券契多假为。一为圣恩重，使我子孙知。一为寺僧弱，恐我子孙欺。一为土豪横，虑我子孙痴。南谷界已定，万世不可移，采育田已舍，万世不可追，此诗之墨草，法源实藏之，藏之若符契，文句同吾碑。②

易地诗券中"南谷"的"谷"即"峪"字。诗中追述了天台

---

① 金启孮：《大南峪绘贝勒园寝》，《京华古迹寻踪》，北京燕山出版社1996年版，第125页。

② 奕绘：《明善堂文集》卷7，天津古籍出版社1995年版，第289—290页。

寺的历史：二百年来，寺僧懦弱，常受到皇庄势力压迫，州县衙门却不为寺僧做主，僧众无奈，只好将本寺投献京城名刹法源寺（法源寺在北京菜市口西南胡同之西，唐名悯忠寺。明改景福寺。清雍正九年重修，赐额法源寺），希望借助该寺威势抗拒豪强欺压，但收效甚微。按旧碑所载查核寺庙四至，早已不是昔日疆界。最后，只好把寺庙近地换给"大檀越"（施主）奕绘，以减少损失。奕绘诗还记载了自己用采育（今北京大兴区采育）两千亩地与寺僧交换南峪地作为园寝的经过。为了永久保存，他又建碑亭于园寝东坡，镌诗券碑即"买山缘起碑"于亭中（及奕绘殁，其长子载钧以该碑不符园寝制度，撤去）。

奕绘易地成交后，为修园寝向户部预支十年俸银二万七千两，时值官钱三千三百万，分作二十年扣还。他在《借俸纪恩志愧诗》中说："圣恩许借买山钱，南峪深宜作墓田，贝勒葬妻容请地，小民乏食敢呼天；度支预领三千万，经费先亏二十年，世禄悠悠愧无补，勉将家学继前贤。"[1] 时奕绘嫡妻贺舍里妙华已殁，暂厝于房山县大灰厂奕恪郡王园寝，故诗中说"葬妻容请地"。这新园寝，就是南峪。奕绘因预借俸银又联想到平民百姓的贫乏，不免心有愧怍。实际情况是，立此园寝后仅四年（即道光十八年七月），奕绘就病逝了。当时寝工犹未竣，馆阁庵舍，尚未彩饰。预借的俸银如何扣还，自然就成了问题。不管怎么说，整整十年的俸银被提前预支，如此经济特权，也只有王公贵族才可能享有。

（四）回赎地

乾隆年间，清政府鉴于畿辅地方大批旗地被民人典买，严重影响旗人生计，先后四次回赎"民典"旗地。一些旗人将回赎的旗地作为茔地、祭田，以期永久保存。丰升额之妻赵佳氏《祭田碑记》说：乾隆八年（1743），朝廷特赐阿里衮（即丰升额之父）滦州地二十四顷七十亩、土房十二间半。阿里衮历官外任，家务荒疏，竟

---

[1] 奕绘：《明善堂文集》卷7，第288页。

清代北京旗人的茔地与祭田

被原业主盗典于民人。至乾隆二十七年（1762）始经查出，遵奉部文，代交典价五百两，赎回管业。四十五年（1780），因聘福晋奁费无资，将此地指借官银两千两，每岁息银三百两。后因息银拖欠，四房公议，将地归于长房，听其售价，以缴官项，立结存照。赵佳氏念及丈夫丰升额已逝，家业凋零，囊无余物，又不愿将此地委之他姓，遂将旧存钗钿衣服全行质售，始得了结二千三百两官债。①

阿里衮，钮祜禄氏，满洲正白旗人，乾隆朝历仕总管内务府大臣，湖广、两广总督，领侍卫内大臣等要职。乾隆三十四年（1769）缅甸之役卒于军，谥襄壮，祀贤良祠。后追加封号为果毅继勇公。有子四人，即赵佳氏碑文中提到的"四房"，长房即赵佳氏之夫丰升额，以下三房依次为倭兴额、色克精额、布彦达赉。丰升额袭封一等公，擢领侍卫内大臣、署兵部尚书。乾隆四十一年（1776）平定金川立功，加封一等子，以弟布彦达赉袭爵。乾隆四十二年卒，赐太子太保，谥诚武。②丰升额死后，家境衰落，赵佳氏为保住赎回的祭田，不得不将旧存钗钿衣服全行质售，才算了结官债。可见，即便是世家大族，要长久保有祖辈留下的茔地、祭田，也并非易事。这正是赵佳氏立祭田碑的用意所在。

《庆安茔地碑》也提到，乾隆二十五年（1760），先人孙尔松阿、嵩噶礼、蟒古赉将"前岁赎回祖茔明堂地一顷二十三亩以存公中，每岁所获租银以备修理坟茔之资"③。除北京外，在关外旗人中，同样存在将回赎地立为祭田的现象。④

回赎地虽然不构成茔地、祭田的主要来源，它的存在却凸显了

---

① 《赵佳氏祭田碑记》，刻于乾隆五十五年，盛昱辑录：《雪屐寻碑录》卷14，金毓黻编：《辽海丛书》第九集，1931—1934年本，第3054页。
② 赵尔巽等撰：《清史稿》卷313。《阿里衮·丰升额本传》，第35册，第10675页。
③ 《庆安茔地碑》，刻于嘉庆七年，盛昱辑录：《雪屐寻碑录》卷15，金毓黻编：《辽海丛书》第九集，第3058页。
④ 马熙运：《马佳氏宗谱文献汇编》乙编卷7《马佳氏宗祠碑文》，1995年铅印本，第535页。

727

民人占有旗地现象的严重。一些旗人为防止回赎地再度流失，往往刻碑存记。碑文除谆谆叮嘱后嗣谨守家业外，还详细开载土地段数、亩数、四至。几代以后，碑文逐渐涣涊不清，后世子孙还要重刻碑文，以垂久远。如上引《庆安茔地碑》，前载乾隆二十五年（1760）先人孙尔松阿、嵩噶礼、蟒古赉所撰旧碑文，后载嘉庆七年（1802）诸孙魁顺、来仪、来成、爱申禄、爱申诚、爱申明、爱申达新刻碑文。新刻碑文重申："今恐世远年湮，抑或后世儿孙及取租人等或典或售以至指地借贷，不顾先灵，许看守坟茔之人来禀，众人会同秉公办理，毫不姑容。"然而晚清以降，越来越多的中下层旗人生计凋零，茔地祭田或典或卖，厚葬与祭祖的习俗随之式微。

（五）遗留地

遗留地，指祖先分产时预留的公共用地，其来源实际是多种多样的，既有老圈地、置买地、置换地，也有回赎地。在大家族中，若干家支（房）通常保留一块祖遗公有茔地和祭田，祭田收益用于维护祖坟和祭祀。镶蓝旗宗室明善泰一族，其祖上自乾隆十七年（1752）分家时，将土地分为六份，另外留出祭田地三顷七十亩。这两项地每年共收租钱一百吊，收存以备修理坟茔，每年三次祭祀。除取自祭田收入外，六房子孙还要各拿出七吊二百文。[①] 属于同样情况的还有正蓝旗宗室福伦。其六世祖镇国公托克托慧生前，在朝阳门外十里堡采立坟茔时，将坐落在滦州李福庄的一顷老圈地作为后辈公中祭田，每年收租银九十六两。至五世祖镇国公阳复时，又在西山崇各庄采立坟茔一处。于是将租银分作两份，用为两处坟茔祭祀费用，并分派两房轮流管理。[②] 在档案中，还有十房子孙共同拥有一块"祖遗老圈地"作为祭田的记载。[③] 随着世系绵延，家支（房）分析增多，围绕祖遗地产生的矛盾也往

---

① 《宗人府来文》，《明善泰呈文》，嘉庆十七年八月。
② 《宗人府来文》，《福伦等呈文》，咸丰五年三月。
③ 《宗人府来文》，《载钦等口供》，同治十三年三月二十七日。

往愈演愈烈。因此,在八旗贵族中,关于祖遗地的诉讼案屡见不鲜。

富裕族人的捐赠,也是遗留地的一个重要来源。①

(六) 恩赐地

恩赐地,即最高统治者以朝廷名义,将某片国有地直接划归亡故的功臣作为茔地或祭田,以示褒奖。这种做法始见于关外时期。沈阳马佳氏《宗祠碑文》记载:克库噶哈,为清初名将,晋封男爵,及入关定鼎,留守陪都(沈阳),以战伤逝世。赐葬奉天大西边门外南孤家子地方,四时派员致祭,赐祭田一百五十亩,以示酬庸。其第四子农岱逝后,亦葬于此。大西边门又称怀远门,南孤家子地方位于今沈阳市大西路二经街一带。这片茔地是马佳氏在关外的祖茔之一。②

清廷入关以后,对八旗贵族赏庸酬功,继续采用赐予茔地或祭田的办法。康熙四年(1665),镶黄旗汉军,原大学士、兵部尚书、五省经略洪承畴死。清廷念其在招抚江南、平定西南建有殊功,赐谥文襄,于西直门外麦庄桥赐予茔地。③

除少数八旗贵族外,为皇帝所宠信的西洋传教士也曾蒙此惠泽。顺治十二年(1655),传教士汤若望奏请安立坟茔地方事,福临谕旨:"随伊心所愿地方问明启奏。"汤若望在平则门(阜成门)外利玛窦墓旁选定旗地十二垧,经户部奉旨换给。④汤若望不是旗人,却蒙恩赐予旗地,这自然是当时的特例。

清末统治衰朽,八旗贵族多耽于享乐,贪黩性成,"恩赐地"

---

① 这种情况亦见于东北满洲旗人,吉林档案馆主编:《吉林他塔拉氏家谱》,中国社会科学出版社1989年版,第131页;《专图呢吗察氏族谱》,李林:《满族家谱选编》,辽宁民族出版社1988年版,第90页。

② 马熙运编:《马佳氏宗谱文献汇编》甲编卷4,第35页;参见同书第489页《赐祭赐祭田》,第515页《马家坟与马家祠堂》。

③ 《洪士铭墓志》,康熙十八年刻,《拓本汇编》第63册,第130页。

④ 《赐汤若望茔地谕旨碑》,顺治十二年十月十五日刻,《拓本汇编》第61册,第81页。

仍然是最高统治者笼络满洲亲贵手段之一。洵贝勒《九龙山庄园碑》，就是一个实证：

> 洵贝勒府庄园处奉谕：著庄园处传知本府园头黄文□、□国臣、杨森，所有大宫山玄同寺沟一带相连山产，均划归本爵预修吉地之用，统名之曰九龙山。栽安界桩，以符恩赐原旨名称。所有伊等出力垦熟山地，俟占用时另行酌量给价，俾资移种，□示体恤。将此通传知之。特谕。①

此碑时间不明。据《清史稿》卷165：载洵，醇亲王奕譞第六子，光绪十三年（1887）封不入八分辅国公，十五年晋辅国公，十六年晋镇国公，二十八年（1902）过继给瑞郡王奕志，袭贝勒。三十四年（1908）加郡王衔。此碑应刻于光绪二十八年袭贝勒之后。宣统年间，载洵兄载沣（即溥仪父）任摄政王，一味集权，诛除异己。载洵以"近水楼台"，得以担任海军部尚书，改海军部大臣。时人称其为"乳臭少年，浮藻（躁）骄佚，素不解兵事"，"日以酒妓车马娱荡其心"②。可知是一不堪重任的纨绔子弟。

九龙山，在今北京市门头沟区大峪西的永定河南岸，与妙峰山隔河夹峙。洵贝勒为预修吉地，借"恩赐原旨"名义，将九龙山划归己有，栽安界桩，分割内外。对于界限内庄户垦熟山地，只说"俟占用时另行酌量给价"，至于地价多寡，业主同意与否，全无商量余地。这种做法，名义上是"恩赐"，实际上带有强占性质。

（七）拨给地

清朝初入关，在畿辅一带实行大规模"计丁授田"。占有众多

---

① 碑在北京海淀区北安河大工村，《拓本汇编》第90册，第135页。
② 王树楠：《武汉战记》，中国史学会主编：《辛亥革命》（五），上海人民出版社1957年版，第230页。

壮丁的王公显宦占地每至数千万垧，而普通旗人家中不过一、二丁乃至数丁，占地数垧以至数十垧而已。对于后者来说，就是这有限的土地也往往因连年征战、不善经营或天灾人祸而丧失殆尽，甚至落到死无葬身之地的窘迫地步。顺治十年（1653），诏：八旗贫无葬地者，每旗拨给坟茔地五十垧。① 第一批茔地是以旗为单位拨给的，每旗不过五十垧（合三百亩），说明贫无立锥的旗人虽然在增加，总数还不是很多。康熙初年，又将拨给公中茔地范围扩大到内务府各旗和王公府属佐领。十七年（1678），圣祖玄烨巡视京畿，见八旗亡故兵丁葬地狭窄，坟墓垒垒，亦有竟无茔地者，因谕令户部拨给地土。又以近京地亩，俱系内务府及王以下官员以上园地，命将当初分拨旗地时溢于正额者，清查拨给。寻议准：八旗内府佐领，每一佐领给坟茔地六垧。满洲、蒙古，每佐领给坟地三垧。汉军，每佐领给坟地一垧半。但这些坟地很快又人满为患，玄烨不得不再次上谕内务府："近闻从前所赐包衣佐领及浑托和人等葬地，今已无余。此等贫寒之人，在日辛勤供役，没无葬身之处，甚为可悯。著于户部查交尔衙门田地内酌量拨给。"②

清代中叶，失去土地的中下层旗人明显增多。他们的土地，一部分集中到八旗贵族手中，另一部分则在典、当名义下流入民间。乾隆初，据说畿辅"旗地之在民者，十之五六矣"。在这种情况下，清统治者即便拨给贫穷旗人若干公共茔地，也无异于杯水车薪。随着"八旗生计"愈演愈烈，旗下贫人葬地问题难以解决，是很自然的。

普通的八旗兵丁人数众多，无论是葬身公共茔地，还是自家坟茔，无不占地狭小，甚至连粗陋的墓碑都没有。至于阴宅、阳宅、墓道、碑碣等一应建筑，都是八旗世家大族的特有标志，而与他们

---

① 鄂尔泰等纂：《八旗通志初集》卷22，第410页。
② 鄂尔泰等纂：《八旗通志初集》卷22，第411页。

无缘。①

二　茔地和祭田制度

关于旗人的茔地和祭田制度，主要涉及社会功能、结构规模、管理办法、禁忌与习惯等四个方面。

（一）茔地与祭田的多重功能

在旗人的日常生活中，茔地和祭田的实际意义除了安葬和祭祀亡者外，至少还有如下功能：

其一，维系家族和宗族内部血缘纽带。祖茔设有始葬祖，以下各代分左昭右穆、按辈分排列。藉此空间关系，将亲疏贵贱的血缘关系明明白白地展示给后人。《德敏墓志碑》说："事死如生，事亡如存"，要求向对待生者一样侍奉前辈亡灵。祖先意识和族体意识还借助于常年祭祀、祖茔修整、举办家塾、救济族中贫人等活动得以强化。②

其二，提供生存保障。清制，因罪籍没之家，坟园祭田不得入官。这正是世家大族苦心经营坟园祭田的一个重要原因。这一规定至迟在雍正年间已经存在。③ 乾隆元年（1736）定：凡亏空入官房地内，如有坟地及坟园内房屋，看坟人口，祭祀田产，俱给还本人，免其入官变价。④ 钱泳《履园丛话》卷24《闺秀诗》："毕秋帆（毕沅）先生，购得朱长文乐圃，不过千金。没后未几，有旨抄

---

①　赵书：《外火器营满族乡杂忆》（《文史资料选编》第42辑，北京出版社1992年版）称其家有两处坟地，一处是位于朝阳门外东坝老坟，埋着自入关以来的前九代祖先，连一块简易石碑都没有。另一处是位于黄庄的坟地，只有1亩3分地，却埋着外火器营一支的四代先人。他家情况在普通旗兵中应是有代表性的。

②　吉林他塔拉氏家谱规定：祭田租粮如有余资，即作为族中婚嫁、丧葬、恤贫、存寡、奖善、旌贤等费。见《吉林他塔拉氏家谱》，第131页。

③　《正红满洲参领明图奏陈严禁擅毁祖坟变卖财物事折》，中国第一历史档案馆编：《雍正朝满文朱批奏折全译》，黄山书社1999年版，第2447页。

④　马建石、杨育棠主编：《大清律例通考校注》卷12《户律·隐瞒入官家产》，中国政法大学出版社1992年版，第500页。

其家产，园已造为家庙，例不入官，一家眷属，尽居圊中。"可作为祭祀产业不入官的一个佐证。毕源是汉官，但此种规定同样适用于八旗官员。① 同治《户部则例》卷10"存留坟地"条：凡八旗及汉员应行入官地内，有坟园祭田数在三顷以下者，免其入官；若在三顷以上，除给还三顷外，余地悉行入官。又说明晚清以降，对不入官田数已有所限制。而如果是宗室王公的话，即便获重罪，茔地祭产照例不抄没。咸丰十一年（1861），慈禧与恭亲王合作发动政变，受咸丰帝遗诏的八位"赞襄政务王大臣"同罹厄运。其中，郑亲王端华被赐自尽，家产抄没。但在北京西郊五路居的祖坟、祭田以及在直隶定州（今河北定县）大小王庄的庄田仍得以保留，用以养赡族人。②

其三，提供经济收益，缓解生计压力。大约从清中叶起，依傍郊外坟茔居住的旗人日渐增多。他们中除了因褫职籍家等原因而沦为赤贫者外，③ 多数是迫于生计的拮据。城市中的生活费大大高于乡村，使许多旗人由北京内城迁往郊区。也就是宗室奕赓所谓："近日生齿日繁，有不得不移住坟茔之势。"④ 文康《儿女英雄传》第一回记旗人安学海家境时说：

> 他家的旧宅子本在后门（即地安门）东步量桥地方……他自家却搬到坟园上去居住。他家这坟园又与别家不同，就在靠

---

① 内务府汉军旗人曹雪芹的名著《红楼梦》第十三回秦可卿魂托凤姐贾家后事一段有云："若依我定见，趁今日富贵，将祖茔附近多置田庄、房舍、地亩，以备祭祀、供给之费，皆出自此处；将家塾亦设于此。合同族中长幼，大家定了则例，日后按房掌管这一年的地亩钱粮、祭祀供给之事。如此周流，又无争竞，也没有典卖诸弊。便是有罪，己物可以入官，这祀祭产业，连官也不入的。便败落下来，子孙回家读书务农，也有个退步，祭祀又可永祭。"这段话固然是小说者言，却将旗人世家置办茔地、祭田时的心态表露得淋漓尽致。
② 此系好友、郑亲王端华裔孙辛旗先生见告。
③ 郭诚：《璞翁将军哀辞·序》，转引自周汝昌《曹雪芹小传》，百花文艺出版社1983年版，第143页。
④ 奕赓：《佳梦轩丛著·管见所及》，北京古籍出版社1994年版，第98页。同样议论又见道光元年武隆阿《筹议旗人生计疏》，王云五主编：《道咸同光四朝奏议》第1册，台湾商务印书馆1970年版，第36页。

近西山一带……这地原是安家的老圈地。到了安老爷的老太爷手里，就在这地里踹了一块吉地，作了坟园，盖了阴阳两宅（原注：相地者谓墓地为阴宅，居室为阳宅）。又在东南上盖了一座小小庄子。虽然算不得大园子，那亭台楼阁，树木山石，却也点缀结构得幽雅不俗。附近又有几座名山大刹。围着庄子，都是自己的庄田，佃户承种交租。①

安学海家的坟园，也是老圈地，而他之所以搬到坟园去住，一是靠近西山，远避都市喧嚣，便于静养；二是可以就近管理庄田。

正是因为茔地和祭田具有多重社会职能，才会在旗人社会生活中占有举足轻重的位置。防止茔地和祭田流失，则被提到"崇先报本，保产兴宗"的高度，这也是每一家庭子孙必须承担的神圣义务。基于这种情况，如果认为茔地与祭田在所有权方面的稳定性远远超过旗人名下的其他土地，应该是没有什么问题的。

（二）茔地和祭田的结构和规模

世家大族的茔地尽管规模不一，结构却大致一样。主要包括坟茔（王公叫宝顶）、碑碣、阴宅、阳宅、围墙、园林、祭田。有的祭田与坟茔毗连，也有的散在各处。

王公园寝的规模虽不能与皇帝"万年吉地"相比，亦已相当宏大。清末醇亲王园寝范围，据说连"宝顶"（即坟）、享殿、阳宅以及看坟佃户所耕种的土地统统包括在内，方圆约有几十里。② 园寝附有大片土地，一则为守护坟茔的包衣（家人）提供养赡之资（即所谓养身地），二则将收获物一部分用于园寝四季祭祀（即所谓祭田）。

八旗官员、富户的茔地大多规模可观。马佳氏雅希禅一支的茔地，方圆二百余亩，南为葬地，北为祭田，东南有五圣家庙，坐东

---

① 文康：《儿女英雄传》，齐鲁书社1990年版，第13页。
② 溥杰：《回忆醇亲王府的生活》，全国政协文史资料委员编：《晚清宫廷生活见闻》，文史资料出版社1982年版，第243页。

向西，其北有停枢之所。再北即守茔家人居处。茔地西南有河，踞河桥一里许即本族老夸栏（老茔地），苍松翠柏如团盖，遮天蔽日，周围筑有栏垣。后有土山，以雅希禅为主墓，附近散布有各房之分夸栏。家庙东北为未成年夭亡者葬地。① 按碑文记载：德敏新立茔地有二顷三十五亩五分；戴全德立茔地多达十一顷四十八亩八分余；景福给自己选定茔地只有三个墓穴，就有七十一亩。他家阳宅也修得很有气势：

> 其门西向，围墙三十九丈余，上房三间，向西罩房三间，耳房二间，后院耳房四间，大门西房七间，中间月洞门墙一道，其南北房六间，尚未起造。是年四月兴工，阅两月告成。共费银三千两。②

仅修筑阳宅就花了三千两，在当时是一笔很大的费用。不仅盖房筑墙，还要绕墙栽植槐柳，以"示兴发之象"。这也是当时富裕人家的习见做法。另外，有些人家在坟地四围植种松柏，密如墙壁，四围不再砌墙，名曰"松墙子"。

总起来看，茔地与祭田的规模与旗人家庭的政治、经济地位是成正比的。

（三）茔地和祭田的管理

关于茔地和祭田的管理，各族姓有一些约定俗成的规定。虽然其具体内容不尽相同，在维护茔地和祭田的稳定性方面所起作用则是一致的。戴全德家祭田有十三顷六十九亩，"每岁入其租息，备四时祭祀，以及修葺之用"。他有子五房，凡收租治祭备坟葺屋之事，皆按年轮管，契归长房收执。③ 乌雅氏家祭田有八顷六十亩，

---

① 马熙运编：《马佳氏宗谱文献汇编》乙编卷6《北京雅希禅墓》，第514—515页。
② 介臣撰：《东茔阳宅碑记》，刻于光绪四年七月，碑在北京丰台区岳各庄魏家村，《拓本汇编》第84册，第179页。
③ 乾隆五十六年戴全德撰，嘉庆三年五月十三日铁保正书，碑在北京怀柔区城西东坟村，《拓本汇编》第77册，第35页。

其收入"上不废先人之祭祀,下可养后人之身家"。赵佳氏家祭田多达二十四顷七十亩余。每岁租银三百两,宽街祠堂年节朔望需用香烛贡献共十处,计用银一百八十两;阿里衮、丰升额二处三节祭扫,计用银五十两,余银七十两备修墓用。

马佳氏升寅,满洲镶黄旗人,嘉庆年间署盛京将军,后移居北京东城新鲜胡同,任礼部尚书等职。道光十四年(1834),升寅卒。他生前清操亮节,无田产私蓄,及死,其子宝琳等人得朝廷赏赐和内外官员赗赠,始置地四顷于北京东北崔各庄,除立茔并养赡坟丁用地九十亩,余地三顷一十亩作为祭田。祭田每年收租京钱三百一十千,专为祠祭、墓祭之用。《家庙规则》特别规定:祠祭、墓祀余额,为添修祭器及岁修之用,如祠墓有大修兴作,应由有力子孙量力筹办。又申明:子孙固不得典售干咎,亦不准挪移他用,违者以不孝论。[1]

索绰络氏宗祠原在东四牌楼十条胡同,毁于一场大火。又改建于十条胡同东口外。光绪初年,因宗祠年久倾圮,重加修缮,计有房屋二百四十余间,祭田四百余亩。为防止家业流失,除将房产和祭田开单绘图、呈报本旗都统存案外,复勒石镶于祠壁,"以垂永久,俾子孙恪守"[2]。

坟茔一般几十年修理一次,费用通常出自祭田收益。庆安家祭田有三顷一十三亩,共二十四段。其中九段二顷七十亩地共收租银九十两零四钱,另外十五段四十三亩为坟丁养赡家口和葬埋下人用地,无租。他家自乾隆丁酉(1777)至嘉庆辛酉(1801),存积余剩祭费银五百五十四两五钱,作为修理坟茔之费。于壬戌年(1802)二月鸠工庀材,内外门、月台、通道、周围土墙、东西角门、耳房等,逐一修葺完固,用银五百六十两。[3]

---

[1] 马熙运编:《马佳氏宗谱文献汇编》乙编卷6,第516页,第528页。
[2] 国英撰:《吉林索绰络氏宗祠记》,光绪六年八月,碑在北京东城区建国门内大街,《拓本汇编》第85册,第21页。
[3] 《庆安茔地碑》,刻于嘉庆七年,盛昱辑录:《雪屐寻碑录》卷15,金毓黻:《辽海丛书》第九集,第3058页。

管理祭田是家族中一项"肥缺",容易引起各房觊觎以致纷争。为减少纷争,各家族向有不同的规定。主要方式,一种是前面提到的"按年轮管",利益均沾。还有一种是由长房管理。① 如果是贵族家,则归爵位高者管理。爵位最高者,往往也就是长房。赵佳氏一家,有世袭公爵一、世袭子爵一。其夫丰升额既是阿里衮长子,又袭一等公爵,故管理祭田,负责一切祭扫活动。也就是碑文中所说:"向来近族因无祭田,一切祭扫之事藉袭公爵者出资办理。"赵佳氏还特别规定:"嗣后长房子孙有袭公者有袭子者,则此地归之袭公之人,如不袭公而袭子,则此地归之袭子之人。"只有在长房后人陵替、无爵可袭情况下,才可由二三四房之嗣中有爵位者管理,即"应袭子爵即令袭子爵者承管此祭山"。赵佳氏明确规定四房中长房优先,长房中爵高者优先的原则,刻碑存记,目的则在于"祀田有专属,祀典有责成,即代远年湮,可以恪守"②。

(四) 禁忌与习惯

每一旗人家庭,关于茔地和祭田,都有自己的禁忌和习惯。前引荆州将军德敏墓碑志,对茔地、祭田事务作了十条规定,要求后世子孙严格遵守:(1)御赐碑文乃国家旷典,后世子孙务宜敬谨看守,毋致损坏。如有损坏碑文者,准众子孙公同逐出户外。(2)祖父坟墓毋因乏嗣而听风水之言,迁棺移葬,致使骸骨不安。如有迁移坟墓者,准众子孙公同逐出户外。(3)祭田存公,其每岁地租以备修葺墙垣、补种树木之用,毋得以糊口无资相(按此句后缺文)。(4)月台围墙宫门,务须随时修补,不得折毁,以失观瞻,如有折毁者,准众子孙将伊应得地租扣除赔修。(5)所栽树木,偶有回干,理宜补种,毋得砍伐活树以作炊爨,如有砍伐活树者,准众子孙将伊应得地租扣除补种。(6)阳宅原为上坟聚集起

---

① 赖惠敏:《天潢贵胄——清皇族的阶层结构与经济生活》,第136页。
② 《赵佳氏祭田碑记》,刻于乾隆五十五年,盛昱辑录:《雪屐寻碑录》卷14,金毓黻:《辽海丛书》第九集,第3054页。类似做法见于宗室贵族中,赖惠敏:《天潢贵胄——清皇族的阶层结构与经济生活》,第136页。

坐之所，毋得率性居住，任意骚扰，如有住公所以省房租者，准众子孙将伊应得地租扣除赔修。（7）子孙内或因阵亡而有功于国家者，准其入葬外，非正命而死者概不准入，如有妄行入葬者，准众子孙公同掷出。（8）使妾本非敌礼，岂容并葬，除妾有生子嗣者，权许并葬外，其余概不准入葬坟院，如有擅行入葬者，准子孙公同掷出。（9）无子嗣并未娶室者，不得冒入安葬，有碍风水，如有擅行霸入者，准众子孙公同掷出。（10）轮流祭扫，本令皆得尽其诚敬，原无分于尔我，每逢上坟，务须各家皆到，如有托故推病指差不到者，异日令伊知会众人，自行补奠。

这十条规定，比较完整地反映了旗人在丧葬和祭祀方面的禁忌和礼俗。其中，对毁坏碑文，妄迁祖坟，将使妾、非正命死亡子孙、未婚子孙妄行入葬等行为的处罚尤为严厉。"逐出户外"，也就是开除族籍。

在其他旗人碑记中，可以看到类似规定。景福《兀扎喇氏茔地碑记》，特别强调不得轻信术士之言，妄改茔地：父母茔地"堪舆家亟称之，佥谓富贵科名不可胜量"，十年来，自己仕途遂意，家道渐隆，就其明证。并遗言后世子孙："毋惑术士之言，妄为改作。"碑末言："计地七十一亩……点定三穴，多葬无益，道中尖地最为扼要。"[1]

关于婴儿、未婚子女、使妾不得入葬祖茔禁约，在相当长一段时间里也被旗人所广泛遵守。康熙二十一年（1682），皇室未满月公主病故，内务府总管巴图奏言："我朝之先例，幼童盖（概）不制棺……即于彼时用单被裹出，送一净地火化。勿敛勿埋，自然了之。"[2] 皇子媵妾亦不得入葬园寝。康熙五十二年（1713）闰五月内务府奏请，二阿哥身边之女亡故，即照从前阿哥身边女亡故后，

---

[1] 景福撰：《兀扎喇氏茔地碑记》，刻于光绪四年七月，碑在北京丰台区岳各庄魏家村，《拓本汇编》第84册，第169页。

[2] 中国第一历史档案馆编：《康熙朝满文朱批奏折全译》，中国社会科学出版社1996年版，第1539页。

送地坛后面茔地，斋戒后安葬例办理。① 同样，王公媵妾也不能入葬祖茔，必须另辟坟地。②

贵族早殇子女也是在祖茔外择地而葬。1962 年，在北京西城区德胜门外小西天现北京师范大学西南角，发掘一三层拱券顶豪华墓室，墓以砖、大理石和汉白玉构筑，棺床中央放置一木质骨灰盒，甬道中央有汉白玉碑一通，上刻"清故淑女黑舍里氏圹志铭"。圹志铭曰：

> 淑女黑舍里氏法名众圣保，皇清光禄大夫、辅政大臣、一等公文忠索公、一品夫人佟佳氏孙女，光禄大夫、太子太傅、户部尚书、保和殿大学士愚菴索公、一品夫人佟氏长女也。生而聪慧，三四岁俨若成人，至性温纯，动与礼合，事祖母、父母孝敬不违。咸谓异日必贵而多福也。岂料（顿嬗），忽遭疹疾。时淑女犹跪祷神前，顾保稚年以慰抚育至意也。虽古之娴习四教者不能及已，何天不佑，（顿）尔玉殒。祖母父母俱痛惜悯悼不能自已。因择吉壤以妥之。淑女年仅七龄，生于康熙戊申年（七年，1668）七月十三日，（卒）于甲寅年（十三年，1674）十二月二十七日。今乙卯（十四年，1675）四月廿一日葬于德胜门外之新阡。③

圹志铭即墓志铭，是埋入墓中记载墓主姓名家世和生平事迹的标识物。墓主黑舍里氏，系康熙朝辅政大臣索尼长孙女。索尼历仕清太祖、太宗、世祖、圣祖四朝，为开国勋臣，卒于康熙六年（1667）。黑舍里氏之父索额图，少年得志，康熙八年（1669）清除鳌拜一党，推为首功，升保和殿大学士。索额图兄噶布喇之女是康熙孝诚皇后，于康熙十三年（1674）生太子允礽。索额图兼有

---

① 中国第一历史档案馆编：《康熙朝满文朱批奏折全译》，第859页。
② 赖惠敏：《天潢贵胄——清皇族的阶层结构与经济生活》，第141页。
③ 沈荃撰并正书：《清故淑女黑舍里氏圹志铭》，碑阳满文，阴汉文，北京海淀区太平庄出土，现藏北京石刻博物馆，《拓本汇编》第63册，第69页。

皇后戚族和名门贵胄双重身份,自是宠荣无比。然而令他痛彻心脾的是,就在这一年,爱女黑舍里氏患痘疫亡。

痘疫,又叫痘疹,也就是民间俗称的"出痘"。在当时医疗条件非常落后的条件下,出痘是人生的一大关,须过此关,生命才算有了几分保障。不但小孩,大人也如此。顺治帝就是出痘死的。满洲人由关外入居关内,对痘疫的抵抗力似乎尤弱,出痘时亦如黑舍里氏,不过"跪祷神前"而已,因此丧命者比比皆是,故畏之尤甚。为了保证子女顺利成长,消灾免祸,满洲旗人亦如汉人,只有祈祷神祇保佑。给黑舍里氏取法名"众圣保",就是父母舐犊情深的一个例子。当时流行满族民间的名字还有"众僧保""菩萨保""佛保"等。①

黑舍里氏死时年仅七岁,照例不能入葬祖坟,为此索额图在索家祖茔北一里许为她专门修了坟墓。墓室豪华,用料精细,做工考究,随葬有瓷器、玉器、铜器,多为唐、宋以下历朝传世珍宝②。足见史书所载"索额图巨富,通国莫及"③,并非虚语。与黑舍里氏同地,尚有墓室三座,按常规推测,这三位墓主也应是索家不能入祖茔的成员。

不过,晚清以降,早殇幼子女不得入祖茔的旧例似乎已不再被严格遵守。恭亲王奕䜣早殇诸子女,都葬在园寝内。同治三年(1864)二月,奕䜣第二女夭折。她生于咸丰十年(1860)二月,卒时仅三岁。四个月后,奕䜣第三子载浚生。适逢清军克复太平天国都城天京(今南京市),当时奕䜣位极人臣,为议政王,于是恩封奕䜣诸子,刚刚满月的载浚竟得封辅国公。其获封年龄之幼,在有清一代空前绝后。奕䜣信佛,曾臆想载浚是爱女转世,心里稍感

---

① 康熙四十四年阿进达墓碑载:阿进达殁后,其妻生一遗腹子,祖母"捧负珍如掌珠,锡以佛名众僧保","岂意年方十岁,患痘而殇"。与众圣保的命运如出一辙,盛昱辑录:《雪屐寻碑录》卷10,金毓黻:《辽海丛书》第九集,第3000页。
② 北京市文物研究所编:《北京考古四十年》,北京燕山出版社1990年版,第209页。
③ 《清圣祖实录》卷99,第9页。

慰藉，谁知两年后载浚又夭折。及将载浚葬于昌平州翠华山（在今北京昌平区城东三十里翠华山前麻峪），奕䜣复将已故多年的第二女棺椁迁往一处安葬。他担心爱女葬处"无所表于后世"，又专门写了墓志铭。铭文写得真切动人，慈父爱女之心充溢其间。中曰："汝卒之四月，而汝弟浚生。阅二年，而浚又死。其殆汝之灵不昧，而故托伊以来耶？然无端而来，又无端而去，抑何必为此一见再见，以重伤吾之心耶？其当皆归于命耶？"①奕䜣为子女一再殇逝哀痛不已，深感生命的脆弱，人世的不可测，最终只有归结为命运安排了。

奕䜣卒于光绪二十四年（1898）四月，选定的园寝就在葬有早夭诸子女的翠华山麻峪。园寝中专门辟有一处俗称阿哥圈的"小园"，里面除早年入葬的第二女和第三子载浚外，还陆续葬有奕䜣第三女、四女和第四子不入八分公载潢。②其他如醇亲王早殇诸子女，也是集中葬在园寝的"阿哥圈"中，而并未另葬它处。据此看来，旗人中的某些禁忌，随着时间推移似乎也有所松动。

三　结束语

综合全文，主要依据碑刻史料，对清代北京旗人的茔地和祭田进行了初步考察。茔地和祭田，是旗人土地的重要组成部分，考察其来源，大体有七种，即圈地、置买地、置换地、回赎地、遗留地、恩赐地、拨给地。清入关初，旗地来源单一，圈地构成茔地和祭田主要来源，以后随着旗地来源多样化，以及风水意识的抬头、家族组织的分析等原因，茔地和祭田来源也变得复杂。这些情况，为了解清代旗人内部以及旗人与民人之间社会关系和经济关系，提供了一个新的视角。

---

① 恭亲王：《第二女墓志铭》，盛昱、杨锺羲编：《八旗文经》卷49，辽沈书社1988年版，第396页。
② 冯其利：《清代王爷坟》（下），《文史资料选编》第44辑，北京出版社1992年版，第284页。

茔地和祭田的管理与相关活动，是旗人生活的重要内容，对家族和宗族内部血缘纽带的维系起着至关重要作用。而它在提供生存保障、缓解生计压力等方面所起作用，也是显而易见的。

各族姓关于茔地和祭田的管理虽然有着不尽相同的规定，但它们在强化祖先意识、巩固血缘纽带、维系茔地和祭田稳定性所起的作用则是一致的。其中有关未婚子女、使妾不得入葬祖坟的禁例，以及祖坟内严格的辈分序列和与之相适应的祭祀程式，则是各族姓内部等级制度和宗法关系的集中体现。

在旗人土地中，茔地和祭田应是稳定性最强的一部分。这首先是由它们被赋予的"神圣"性质所决定的。此外，传统观念的束缚、族人之间的相互牵制、严格的防范措施等，也是遏制这部分土地外溢的重要因素。

揭示茔地和祭田的多重内涵，对了解旗人家庭组织、家族和宗族关系、风俗习惯、文化观念，也有参考价值。至于旗人的这些方面在多大程度上承袭了满人传统，又在多大程度上濡染了汉人观念，以及满洲旗人、蒙古旗人、汉军旗人家庭之间可能存在的差异等更深一层问题，仍有待专门的探讨。

（原载《清史论丛》2001 年号，中国广播电视出版社 2001 年版）

清代北京旗人舍地现象研究
——根据碑刻进行的考察

清朝定都北京,以内城安置"从龙入关"的旗人,民人全部移居外城,形成旗民分治格局。数十万旗人居住内城,除当兵做官外无所事事,加之经济收入比较稳定,到寺观赶会进香,施银舍物,很快成为一种时尚。更有善男信女,将土地慷慨施舍。舍地的既有旗人也有民人,而以旗人尤为踊跃。揭示旗人舍地现象,对了解旗人宗教信仰、与寺观关系以及土地等方面问题均有意义。笔者试以碑刻拓片为基本资料,从旗人舍地的来源、旗人施主的身份、旗人舍地的对象、旗人舍地的影响等方面进行初步考察。

一 舍地的来源

清代北京城内外的寺庙宫观,星罗棋布。寺观维持正常运转,主要通过两个途径:自身经营和施主(又称功德主、檀信、檀越)施舍,自身经营必须有寺观经济作为基础,不是许多寺观所能具备,接受施舍就具有了举足轻重的作用。施舍包括:不动产(房、地)、银钱(用于扩大基址、修葺殿宇、僧道日用、祭祀香火、传戒费用)、实物法器。其中,不动产可以提供长期稳定的经济收入(收取租银),尤为寺观所重。

对于施主善举,寺观通常刻立石碑。这种做法,首先是基于对施主的表彰,同时也寓有奖劝善信慷慨解囊的目的。另外,舍地碑无异于永久性契书,对于证明土地来源合法性、防止施主子孙或亲属无理纠缠乃至土地日久迷失，也具有重要作用。

舍地碑行文格式不尽相同，有的称颂施主善举，有的照录舍契原文。但不管怎么说，通常包含以下要素：施主姓名，舍地来源、额数，坐落四至，立碑时间，有的还要说明施主是旗籍还是民籍、施舍目的、所舍土地价格与质地，舍契交付，写字人、说合人、中保人（中见人）姓名，以及"永为寺业，各无争竞"，"永不反悔"之类的担保。

舍地碑对土地来源的说明通常比较简略，如说有地、有开荒民地、自置地、自典地、祖业地。说明土地来源，主要是为了确保产权让渡合法性，使用"有地"一类措辞却未免过于简单。其中，明确说明自置地的有康熙四十九年（1710）岫云寺《五十三舍地碑》，这也是目前所见旗人舍地碑中为时最早的一通：

> 大清康熙四十九年岁次庚寅闰七月
> 　信士五十三同男苏兴捐金买稻田一段计□顷，永远供奉岫云常住，以为香火。兹于康熙四十六年七月吉日买稻田一段四十亩，□至本寺地，南至本寺地，西至砖瓦窑，北至官道。又四十九年五月吉日买稻田一段六十亩，东至本寺地，南至鹌鹑户地，西至官道，北至本寺地。施主市银五百两买稻田二段共一顷。其地□□□址俱开分明。
> 　钦命潭柘山岫云寺□持道林□。[①]

岫云寺位于京西门头沟宝珠峰下，始建于西晋，初名嘉福寺。清代，因康熙帝题有"敕建岫云禅寺"，改名岫云寺。又因寺后山上有青龙潭，寺前山坡上遍植柘树，习称"潭柘寺"。

满人命名常取数字，是一种古老传统，如某人出生时，其祖父七十岁，就给他取名"那丹珠"，即满语七十之意。但满语名字毕

[①] 碑在北京门头沟区上岸栗园庄，北京图书馆金石组编：《北京图书馆藏中国历代石刻拓本汇编》（下简称《拓本汇编》）第66册，中州古籍出版社1990年版，第148页。

竟难懂，所以越来越多的人径用汉语，这是汉族所没有的习惯，说明信士五十三为满人无疑。五十三同子苏兴于康熙四十六年七月、四十九年五月前后两次置买稻田二段共一顷，用银五百两，舍给岫云寺作为香火地。

自置地也就是置买得来土地，因现地主拥有充分的土地所有权和处置权，施舍手续比较简便。相比之下，施舍自典地因涉及原主权益，产权关系比较复杂，转让地权难度也比较大。乾隆十九年（1754）《福增格施地供众碑记》载：

> 功德主、散秩大臣、副都统兼管右翼步军总尉事、佐领、和硕额驸福增格撰并书。
>
> 西峪云居寺，京西之巨制也。自滇师开山以来，不事庄严，清修苦行，因距先祖文端公先茔甚迩，是以余家三世护持焚修，将及六十年矣。今有增格典到正白旗汉军石勇佐领下伊凌阿地二十顷零五十亩、瓦房十五间、土房二十五间、场院、园子、井、树，坐落新城县栗各庄，用价银五千两，契写三十年后银到取赎。后因知增格愿舍与龙天常住供众，石姓原典主亦乐劝善举，亲写"永不取赎"契约。是以余情愿尽写舍契施与常住，永为寺业，各无争竞，久远存验。乾隆十九年闰四月十五日。①

云居寺又称西峪寺，位于今北京西南郊房山区，隋唐时代由幽州智泉寺静琬法师创建，历代屡有修葺，成为规模宏伟、僧侣众多的巨刹，以藏有万千珍贵的石刻佛经板而闻名遐迩。

上引碑文无异于舍地契的翻版，由施主亲自撰写并书。立舍契人福增格，又译福增额，大学士伊桑阿孙，尚郡主，诏封和硕额驸②。伊桑阿系康熙朝名臣，死谥文端，入祀贤良祠，《清史列传》

---

① 碑在北京房山区云居寺，碑阴为乾隆二十年四月八日（1755）《吴王氏施地碑》，《拓本汇编》第71册，第36页。
② 鄂尔泰等纂：《八旗满洲氏族通谱》卷14，辽沈书社1989年版，第2页上；《清世宗实录》卷43，第4页上。

卷9有传。其家祖坟位于云居寺东南,今北京房山区岳各庄镇皇后台村①。福增格祖孙三代、六十余年间对云居寺始终护持焚修,他将典到汉军旗人伊凌阿地二十顷零五十亩、瓦房十五间、土房二十五间及相关附产舍予该寺,正是这种关系的进一步发展。当初典买这些土地,福增额共用五千两银子。如此巨额施舍,至少在笔者所见旗人舍地碑中,是为数最多的一例。

福增格所施土地为自典地。与自置地相比,施舍典地难度较大。原因在于:典地是一种所有权与使用权分离的、不充分的买卖形式。在土地出典期间,现典主拥有使用权、处分权或转典他人权,原业主则保留出典限满后的回赎权(如上引碑文中所云:"约定三十年后银到取赎")。在此种场合,现典主无法实现真正法律意义的产权转移,只有原业主声明放弃回赎权,才另当别论。在这起施舍中,看到的正是这种情景:福增格在征得石姓原业主同意,并由后者亲笔书写"永不取赎"契约后,终于将土地施舍与云居寺。

问题是:如果原业主不愿放弃回赎权,是否还有权宜办法呢?不妨参考民间流行的做法。《诸公施舍永为药王庙碑记》载:村民张自贵施舍典契地五亩,典价一百五十吊,日后价归香火。②"价归香火"的意思,就是一旦原业主按典契规定期限回赎土地,所付价银归寺庙收取。另外,还有明确规定将价银依旧置地的,《李永福捐助烧煤地亩记》写明:施主李永福将自典地两段,一段三亩典价五十吊,一段三亩典价十九两,舍于寺,倘原业主赎回,价照旧置地。又载:海玉堂交寺银二十两,当年置典契地五亩,如原业主回赎,仍然置地。③ 在这种场合,碑文无一例外,都要注明典地价,

---

① 冯其利:《京郊清墓探寻——大学士墓》,《北京档案史料》2002年第2期,新华出版社2002年版,第300页。
② 《诸公施舍永为药王庙碑记》,光绪八年十月刻,碑在北京顺义区城北向阳村,《拓本汇编》第85册,第101—102页。
③ 《李永福捐助烧煤地亩记》,光绪十年三月刻,碑在北京昌平区阳坊镇西贯市清真寺,《拓本汇编》第85册,第140页。

以便日后办理回赎并用所付价银重新置地。诸如此类的做法，应该也适用于旗人。

二 施主的身份

在清代社会里，旗人有别于民人而自成一社会群体。在其内部，上起皇族贵胄，阀阅世家，下至普通旗人，以至奴仆家丁，又存在不同阶层。贵族显宦，广占庄田，家资富赡，施舍土地，尤为慷慨。前举福增格一次施地二十顷余，是一个很典型的例子。在他们的表率作用下，民间满汉旗民向各寺观捐献田产、钱财也很踊跃。云居寺所存乾隆二十年（1755）《吴王氏施地碑》、二十八年《功德碑记》《刘王氏舍地碑》、四十五年《施财置地斋僧功德碑》、嘉庆七年《施宝幡碑》、同治三年《施舍功德碑记》、光绪二年《施财功德碑》等，都是这种活动的实证。

岫云寺内观音殿、文殊殿、祖堂、龙王殿、大悲殿、孔雀殿、地藏殿等许多建筑，都是陆续由旗民人等出资捐造的。在捐造殿宇同时，还有人施舍土地，上引《五十三舍地碑》，就是旗人将自置地施舍该寺的一个例子。据《潭柘山岫云寺志》：捐造大悲殿者为"信官五十三"[1]，与上面提到的施主可能是同一人。如果此推断不错的话，五十三身为八旗官员，既独力捐造大悲殿，又购田施地，足以想见他信仰的虔诚和家资的富赡了。乾隆六年，怡亲王府总管李天福、王配为资助岫云寺举办龙华法会，各捐俸二百两，加上其他善信所捐二百五十两，合置昌平州稻地三顷十亩。[2] 李、王二总管是王府中地位最高的包衣旗人。当时，进香岫云寺者"自王公贵人下逮佣□氓隶"，慷慨捐施的实繁有徒。

戒台寺是与岫云寺、云居寺齐名的巨刹，位于今北京市门头沟区永定镇马鞍山麓。戒台寺在唐代额曰"慧聚"，明正统年间赐名

---

[1] 神穆德：《潭柘山岫云寺志》卷1，光绪九年刻本，第18页上。
[2] 《潭柘寺置地修道碑》，《拓本汇编》第69册，第96页。

"万寿"。寺内有规模居全国之首的戒台,素有"天下第一坛"之称,因常在此台开坛传戒,俗称戒坛寺或戒台寺。乾隆五十年(1785)《旗人常福保等舍地碑》,集中记载了旗人向戒台寺施舍土地的一些情况:

立舍地人厢白旗宗室永锡佐领下宗室常福保,有地三段九十(亩),坐落通州南□□庄。庄南一段廿亩,庄西一段五十亩,庄西南(一段)□□亩,同庄头周永佩、吴兴、倪秉仁舍与戒台寺。永作佛前香火,永不返悔。刻碑流芳。
乾隆四十二年正月立舍地人宗室常福保。

立舍地人厢白旗宗室永锡佐领下宗室荣喜,有开荒民地十一段一顷六十五亩,坐落通州南共吉店村南。同庄头周永佩、管家□昌、中见人吴兴、倪秉仁舍给戒台寺。永作佛前香火,永不返悔。刻碑流芳。
乾隆四十二年十二月十七日立舍地人宗室荣喜。

立舍地人厢白旗永锡佐领下宗室宁泰,有地一顷零二亩,坐落(通)州南共吉店西;又苏家庄,房地相连,四顷有余一段,同庄头杨蓉与本庄大和尚,舍给戒台寺,永作佛前香火,永不返悔,刻碑流芳。
乾隆四十四年八月廿八日立舍地人宗室宁泰。

固安县西蛮子营村关帝庙是戒台寺下院。立舍地人正黄旗汉军邵源浩佐领下吏部小京官杨,有地三段四十亩。坐落蛮子营村西二段,一段八亩,又一段五亩,村南一段廿七亩,同管家周德福、中人梁谟舍给戒台寺。永作佛前香火。
乾隆四十四年十月廿六日立舍地人杨晙。

立舍地人厢蓝旗包衣富森牛录马甲伊立布,有自置地一顷廿亩。坐落固安西苏家桥村北,南北地二段,每段六十亩。同婶母廖门李氏舍给戒台寺。永作佛前香火,刻碑流芳。中见人姚廷必、官保。

乾隆四十四年十一月卅日舍。

立舍地人徐廷佑,本身开荒民地十一段共一顷四十亩。坐落通州南宫(中缺数字),同中人情愿(舍给)戒台寺,永作佛前香火。刻碑流芳。自舍之后,如有亲族争竞□有□□,中保人一面承管。

乾隆四十七年四月初三日立舍地人徐廷佑。

(以下尚有乾隆四十八年十二月、五十年十月旗、民人等将"本身地"舍给戒台寺契书,涣漫不清)①

上引碑由戒台寺刻立,载有乾隆四十二、四十四、四十七、四十八等年旗民人等舍地情况,似乎是照录舍地契原文,可惜部分文字已泐,难以辨识。

舍地旗人中有厢白旗宗室常福保、荣喜、宁泰,正黄旗汉军吏部小京官杨某,镶蓝旗包衣牛录下马甲伊立布,他们的社会身份不尽相同,既有满洲也有汉军,既有皇室贵族(宗室),也有包衣牛录下人。徐廷佑身份可能是民人。

六位施主共舍地十顷五十七亩,其中五顷余的一位,一顷余的三位,九十亩和四十亩的各一位。旗人舍地多在顷亩以上。

碑文还反映了舍地必须履行的程序,由施主写立舍地契,并与庄头、管家、中见人等共同担保。碑文中提到的"庄头",均隶属宗室,即宗室常福保的庄头周永佩、吴兴、倪秉仁,宗室荣喜的庄头周永佩,宗室宁泰的庄头杨蓉。清初圈占畿辅大片土地,将其中一部分分给皇帝和王公贵族,建立官庄和王庄。庄头是管理农庄的头目,有条件设庄的宗室贵族,都占有大地产。以后,一些贵族又

---

① 《拓本汇编》第75册,第43页。

通过兼并扩大对土地的占有。宗室荣喜所施土地为"开荒民地",应是得自民间的土地。

清初圈占畿辅大片土地,除将其中一部分分给皇帝和王公贵族设庄,大部分分给八旗官兵作为份地。因为份地是按"计丁授田"原则分配,每丁五垧(一垧六亩),故占有大量奴仆壮丁的贵族、官员获益最多,"富厚有力之家,得田每至数百垧"①。从而拥有设立管家管理生产的条件。印证上引碑文,旗人舍地一般都在顷亩以上。慷慨的施舍,说明他们的社会身份虽不尽相同,均属旗人中富裕阶层。

旗人舍地,主要以家庭成员为单位。多数为男性家长(例甚多,从略),另外还有:父与子(《五十三舍地碑》),兄弟(《起刚等施舍房产碑记》),母与子(《圣文寺香火地碑记》),孀妇(《吴王氏施地碑》《重修关帝庙题名碑》),婶母同侄子(《旗人常福保等舍地碑》)。都是些与所施土地有产权关系的当事人。

旗人舍地,有时还以香会名义。在这种场合,施舍的是会众集体财产而非一家一户的私产。香会,是民间祭神修善的自发性组织,在旗人与民人中非常流行②。成立于雍正十三年(1735)的岫云寺楞严胜会,例年会费除佛供僧斋外,十三年间节余五百六十两银,置地二顷,岁入租银二百零十两,献给岫云寺永作香火之需。③乾隆十六年(1751)《广善米会置香火地碑》称:"京都西直门广善米会众发诚心愿买水园地供奉常住,以作永远功德。"该会用银一百五十两,置地三段四十四亩,每年取租银十六两,永作戒台寺香火费。乾隆五十八年(1793)《广善米会捐资题名碑》记载:该会由德胜门外索家坟药王庙一带旗民百余人组成,每年例往戒台万寿寺献供斋僧敬礼施食。会众捐资钱一百七十二吊,置地三十亩,"得租永作佛前香供"④。这两个广善米会,会址不同,一个在西直

---

① 《清世祖实录》卷127,第15页上。
② 刘小萌:《清代北京旗人与香会》,《燕京学报》12期,北京大学出版社2002年版。
③ 《潭柘山岫云寺楞严胜会碑记》,乾隆十三年秋,《拓本汇编》第70册,第34页。
④ 《广善米会置香火地碑》,乾隆十六年九月,《拓本汇编》第70册,第161页;《广善米会捐资题名碑》,乾隆五十八年八月八日,《拓本汇编》第76册,第60页。

门,一个在德胜门,可能并非同一香会。还有由宣武门内西单牌楼旗民组织的如意会,每年四月间往戒台寺"礼佛献供斋僧施食济孤"。在会首蒋廷臣、亢希表率下共施银三百两置地二顷,每年得租钱一百千,"永作佛前香火"①。这些香会施舍的虽是地租,其实也是施地,因土地所有权已归属寺庙,并立有碑石作为凭证。

三 舍地的对象

旗人舍地,以京郊名刹为主要对象,同时也包括居处附近的中小寺观。雍正十二年(1734)四月《重修关帝庙题名碑》,记载北京西北郊大榆河等村旗民人向当地关帝庙施舍土地的事实:

> 大榆河关帝庙施舍并自置香火地亩四至清开于左:
> 山主一等阿达哈哈番舒数舍地一段四亩,坐落庙南,东至旗地,西至庄窠,南至香火,北至旗地;又地一段四十亩,坐落村北,东至旗地,西至道,南至香火,北至旗地。内阁学士和素施庙身地一段。牛录章京兼员外郎事石头施庙身地一段。牛录章京□□科泰施地十八亩,坐落村东,东至旗地,西至民地,南至旗地,北至沙峒。宁秀布施地六亩,杜文路施地三亩,孔印凭施地三亩,共合十二亩,东至道西,西至旗地,南至香火,北至庄窠。安尚仁施地三十六亩,坐落关家坟西,东至坟,西至沟,南至道,北至旗地;又施地一段十四亩,东至道,西至龙母官香火,南至沟,北至道。姚门常氏施地八亩,庄门沈氏施地八亩,共合十六亩,坐落村南,东至沟,西至道,南至坟,北至坟。自置香火地二十四亩,坐落村东南,东西至旗地,南至坟,北至道。又置地四十五亩,坐落村东,东西至旗地,南至坟,北至坟。又置地五十亩,坐落村东,东西至旗地,南北至道。又置地十四亩,坐落村东,东西至旗地,

---

① 《如意老会置香火地碑》,乾隆四十一年四月,《拓本汇编》第73册,第177页。

南至道，北至旗地。又置地三十六亩，坐落村东，四至俱在旗地。又置地十五亩，坐落村东，东西至旗地，南至道，北至旗地。又置地四十五亩，坐落村东，东至沟，西至道，南至旗地，北至道。

厢黄旗包衣下那六哥、全德、全福、全安、全宁施香火地一段四十亩，坐落玉河村东洼，东至民地，南至旗地，西至其（旗）地，北至其（旗）地。又置买地一段十亩，坐落村东翟家坟前，东至旗地，南至道，西至旗地，北至道（按此两段地亩系补刻）。

十方檀信芳名开列于后：

大榆河合村众善人等，皂甲屯合村众善人等，新庄合村众善人等（以下八十四人名从略）。[①]

榆河，又称玉河（今南沙河），在皂甲屯东南方流过。榆河（玉河）村、皂甲屯（皂荚屯）、新庄一带，清属昌平州（今属海淀区上庄乡），是康熙朝权臣、大学士明珠家族的赐庄、宅院和祖茔所在地。康熙四十七年（1708），明珠故后，明府总管安尚仁将当地东岳庙（在皂荚屯东）、真武庙（即关帝庙，又称高庙，在皂荚屯村南三里）、龙母宫（全称"龙王圣母庙"，在皂荚屯东北）重修，各延高僧住持在内，朝夕焚修，供祀明珠牌位。新庄，原名新立庄，在皂荚屯西南，据说是由明珠家坟丁和其他人户迁入而形成（即今之上庄村）。[②] 据碑阳《重修关帝庙碑记》，关帝庙始建于康熙四十四年（1705），至雍正八年（1730），前后两次增修，庙观辉煌，巍然涣然。不想方过一年，突发地震，使二十年之经营毁于一旦。僧人通理痛心之余，乃"蓄地亩之力，集檀信之资"，再次重修，雍正十二年竣工，通理因撰此碑，将寺观兴筑始末并受施、自置地亩情况记载其上。

[①] 碑在北京海淀区上庄东北玉河村，《拓本汇编》第68册，第143—144页。
[②] 黄兆桐：《关于纳兰性德在上庄地区史迹的调查报告》，打印稿本，2001年9月15日。

关帝庙修筑仅二十年,通过善信"施舍"和"自置"已拥有四顷多土地,均位于榆河村附近。其中,庙身地二段,施舍地十一段一百八十亩,自置地八段二百三十九亩。施主为周邻各村居民,既有一等阿达哈哈番(即一等轻车都尉,为三品八旗世职)舒数、内阁学士和素、牛录章京兼员外郎石头这样的朝廷命官,也有屯居旗人和皂甲、大榆河、新庄等村村民。

安尚仁(又称安尚义、安三、金义、钱仁),正黄旗包衣人,其先世高丽人,清初入旗。安尚仁以替明珠贩盐而致富,与其子安岐贩盐于天津、扬州等处,拥资数百万。[①] 作为明府管家,安尚仁不仅主持了三寺观修缮工程,还一次性向关帝庙施地五十亩。这说明,碑记上的其他一些施主,可能也是该家族的包衣(家人)或者家庭成员。

从上引碑文还可得知,当地旗地与民地(包括关帝庙香火地)是插花交错在一起的。清初以来,满汉旗民的界限原本分明,尤其在京师,旗人居内城,民人居外城,不允许混杂。但在京畿地区,因旗地与民地往往交错在一起,且旗地基本由民人耕种,就从地域关系上为旗人与民人杂居创造了前提。作为同一地区甚至同一村落的居民,旗人与民人交往方式多种多样,向庙宇施舍土地,就是一项基于共同信仰而热心参与的社会活动。

有世家大族和周围村民提供资助并拥有数顷土地的大榆河关帝庙,应属于中等规模的寺观。等而下之,还有许多规模很小的寺观,作为本地居民的信仰中心,同样也是受施对象。昌平州沙河关帝庙,既是当地乡民供奉对象,也是开会聚议的场所,因此被"奉为香火寺"。该寺原有地二段,后来,正黄旗蒙古人赵仝氏同子伊兴阿又施舍一段十亩地[②]。就个体而言,这类寺观所受土地有限,

---

① 邓之诚:《安岐》,《骨董琐记全编》,北京出版社1996年版,第128页;房兆楹:《安岐》,[美] A. W. 恒慕义主编:《清代名人传略》(上),青海人民出版社1990年版,第804页。

② 《圣文寺香火地碑记》,乾隆五十六年六月,碑在北京昌平区沙河文庙,《拓本汇编》第75册,第179页。

几亩、十几亩，多不过几十亩，但由于为数甚多，星罗棋布于城郊村镇，受施土地总量还是很可观的。

旗人踊跃捐施，究竟基于哪些原因？

首先是信仰："永作佛前香火。"(《旗人常福保等舍地碑》)

其次是祈福，即所谓"植之福果，生生自是不断"(《吴王氏施地碑》)，"作功德"(《资福寺施地题名碑》)。佛教认为布施可以修福，修福可以免灾。死后登西方极乐净土，永享天福，福泽绵延不绝，惠及子孙。关福里置买二顷六亩地施与极乐庵，碑记中写道："凡我在族子孙，日后不得以常住地亩为己物，竭我培善之源，不能流传于后世也。"① 施舍行为必须得到后世子孙充分尊重，功德才能圆满，否则，前功尽弃，这正是许多施主所担心的。

再次是维持长期特殊关系。福增格舍地给云居寺，自述是因为该寺距祖茔甚近，是以三世护持焚修，将及六十年(《福增格施地供众碑记》)；旗员奎某为香山玉皇顶静福寺置地修树，修整店宇，也是因为寺后西山顶上有其亡妻李佳氏、王佳氏之墓。② 该处是奎某家祖坟阴宅，平日由静福寺悉心照料，给予一定回报也是合乎情理的。

与某个寺观保持一种特殊的亲密关系，在旗人贵族世家中是一种司空见惯的现象。有清一代，皇帝潜邸或王公府邸舍为寺庙的就有雍正潜邸、怡亲王府、醇亲王府。另外，有些寺庙本身就是世家大户家庙，如宗室额勒登保之妻张佳氏呈称："窃氏有祖遗老圈地在沧州许官屯地方，共计十八顷有余，系多罗平郡王祖遗之产，有老册载明亩数段落可凭，亦有原建家庙华严寺在彼。"③ 内务府旗人曹雪芹所著《红楼梦》第十五回写道：铁槛寺原是宁、荣二公当

---

① 《关福里施香火地碑》，乾隆四十四年十二月，碑在北京东城区羊管胡同极乐庵，《拓本汇编》第74册，48页。
② 《玉皇顶静福寺碑记》，光绪二十九年八月，碑在北京海淀区香山，《拓本汇编》第88册，第186页。
③ 《宗人府说堂稿》新整档，道光二十四年，转引自赖惠敏《天潢贵胄——清皇族的阶层结构与经济生活》，"中研院"近代史研究所，1997年，第132页。

日修造，现今还有香火田亩布施。是八旗达官贵人生活的真实写照。《红楼梦》里的贾府，本是以江宁织造曹家为生活素材。曹家极盛时，修造寺庙，资助佛事，都有史籍可考。康熙四十三年，曹寅在扬州重修理安寺松巅阁，又重修江宁二郎神庙、鸡鸣寺塔。玄烨南巡驻跸江宁织造府时，曾到香林寺亲题匾额。曹寅追随玄烨，也向香林寺慷慨解囊，大事捐施。《香林寺庙产碑》碑文称："前织造部堂曹大人买施秣陵关田二百七十余亩，和州田地一百五十余亩"。说明旗人舍地现象，并不限于京师一区。

四 舍地的影响

旗人施舍大量土地，无论对寺观，还是对旗人社会本身来说，都产生了相当深刻的影响。

（一）促进了寺观大土地的发展

清代北京地区寺观田产多寡不一，多者在百顷以上，少者只有十数亩、数亩乃至没有土地。地产的悬殊表现在：一方面，极少数名寺古观拥有大地产，普通中小寺观较少土地甚至没有土地；另一方面，城郊寺观通常占有较多土地，城区寺观只有少量土地或者没有土地。

旗人舍地，促进了寺观大土地的形成。兹以岫云寺、云居寺、白云观、红螺寺为例，略加说明：

清前期，岫云寺在几代住持的苦心经营下走向繁兴，地产随之扩大。前引五十三施地碑的立碑者为岫云寺住持道林。道林少依龙坡寺乾宗为僧，后入广济寺，康熙四十一年（1702）钦命为岫云寺住持，"住持二十余年，兴造最多"，六十一年（1722）圆寂。

乾隆初，恒实接任住持，岫云寺进入蓬勃发展时期。乾隆九年（1744）春，弘历驾幸，赐供银、金匾额、楹联等。翌年，恒实建无量寿会，数年后于下院翊教寺建龙华大会，扩大了岫云寺的影响。他还倡建楞严胜会，以八旗官员五三泰、铎尔跻色楞为首，组织会众按年捐献佛供僧斋银两。该香会将积累余银五百六十两，置地二顷，施与岫云寺，作为香火之需①。

雍正、乾隆年间，岫云寺地产急剧增长，主要得力于监院来琳的苦心经营。乾隆三十三年（1768），正黄旗汉军都统、总管内务府大臣兼管国子监事务德保撰《潭柘岫云寺募置香火田碑记》称：

> 宛平西山有寺曰岫云……灵祀既多，人天宗仰，四方之打包持盂至者充溢，选场粥版（饭），每虞不继。寺僧来琳受戒时，苦持宏愿，思所以振之。自雍正八年至乾隆三十年置民田及民自舍田、旗人自舍田共一百五十顷，而旗田不得与民授受。每四十二亩为一绳，六亩为一坰。其间间有隐占。丈量点对文令日严，所舍田又散处各州县，畸零窎远，科勘不易。琳得请于户部，以例免予丈量。下宛平县核按田数，永作寺产。有私相售者罪之。爰伐石树碑，而乞余记其颠末。②

德保在碑记中还说：自己初次扈跸来寺时年龄尚少，而来琳久以苦行闻，数十年来不改初衷，寺中僧众莫不借助他的努力得以养赡，他本人却依旧冷斋破衲。来琳的做法，固然是基于信仰笃诚，但力出于己而不自私，也实在难能可贵。

来琳，顺天宛平县人氏，幼依龙母宫祝发，及长诣岫云寺为僧。其时该寺屡遭岁歉，间或以秫粥度日。来琳先后任知客（负责接待外来宾客）、监院（总管一寺事务）诸职，为解决僧众生计，立下心愿扩充香火地。按碑文记载，在雍正八年（1730）至乾隆三十年（1765）短短三十五年中，经他购置的土地就有一百五十顷，数量惊人。如按《潭柘山志》卷2来琳本传，在他管理寺院的四十余

---

① 满洲旗员僧格勒撰：《潭柘山岫云寺楞严胜会碑记》，乾隆十三年。碑在北京门头沟区潭柘寺。载《拓本汇编》第70册，第34页。
② 碑在北京门头沟区潭柘寺。

年间，共增置香火地二百余顷。大约相当岫云寺地产的一半。①

云居寺的大量地产，也是通过置买或受施集聚起来的，确切数字已无从查考。乾隆十九年（1754），旗人福增格一次施地二十顷五十亩；乾隆四十二年至四十七年间，常福保等六人施地九顷五十五亩余。据此，受施地产已超过三十顷，是十足的大地产。乾隆八年四月刻《云居寺地产碑》，碑阳刻多罗宁郡王弘晈撰写碑文，阴刻地亩四至。记载云居寺土地四至的文字已涣漫不清，所幸有关该寺下院及土地亩数文字仍隐约可见："京都阜成门外口明寺香火旱地园地七十亩，涿州西北乡社村东南香火水稻地一顷二十二亩，涿州城东为坊村兴隆寺香火地五顷，新城县龙堂村通会寺香火地七顷，新城县栗各庄万寿庵香火地二十二顷，京都东城大佛寺（下缺）。"据此作不完全统计，云居寺下院地产至少有三十五顷之多。

位于京城西南的白云观是著名道教丛林。光绪十二年（1886）《白云观碑》碑阴刻本观地亩坐落契据清册：土地一百六十三顷五十七亩二分。其中房山县（字迹模糊，或为丰台）地二十二顷八十九亩，良乡县地三十三顷四十六亩九分余，武清县地四十三顷四十九亩五分余，顺义县地五顷九十四亩，昌平州地十六顷余，以及怀柔等州县。来源包括施舍地、典契地、自置地。施主有民人也有旗人。②

白云观各下院的土地也很可观。左安门内玉清观，有田产四十四顷七十八亩三分，除少部分在毗邻各处，多散布于朝阳门外大黄庄、京南赵庄、昌平州畚仓屯、通州小松垡村、朱家垡村、东安县夏家营、顺义县杜各庄等远近地方。这些土地"统系本观自置，亦有善信所施者"。玉清观监院由白云观派遣，土地则由本观承管，以所收租项，作为香供、岁修养众之费。契据文约，俱存白云观。③

---

① 近代以来，岫云寺土地有四万三千多亩。东到卢沟桥，南到良乡，西南到涿县，北到延庆，方圆几百里，都有它的庄房。每年租银有一两万两。胡乃光等主编：《北京风物散记》第一集，科学普及出版社1981年版，第140页。

② 光绪十二年夏刻，碑在北京西城区白云观，《拓本汇编》第86册，第12页。

③ 《玉清观田产碑记》，光绪十二年秋，碑在北京西城区白云观，[日]小柳司气太：《白云观志》，开明堂东京支店昭和九年本，第164—166页；参见《拓本汇编》第86册，第11页。

表1展示了玉清观受施房地的情况。

表1　　　　　　　　《玉清观自置受施房地一览表》

来源	原主	不动产	数额	坐落	备考
自置	聂姓	园地	12亩	观北	附产房2间红白契4张
自置	潘姓	房院	2所18间	观西	红白契24张
自置	窦姓	房院	1所6间半	观西	红白契3张
自置	刘姓	房基	1块	观西	红白契3张
自置	吕姓	园地	1段	观西	红白契4张
自置	李姓	地基	1块	观北	红白契2张
自置	张姓	地基	1块	观北	老契1张
自置	吴姓	园地	30亩	观南	老契1张
自置	刘姓	房	1所	观北	红白契9张
自置	傅姓	园地	4块40亩		红白契6张
自置	姜姓	地	10亩3分	朝阳门外大黄庄	红白契3张
自置	李姓	地	15亩	孟家庄	老契1张
自置	刘姓	地	2段1顷	京南赵村	老契1张
自置	边、宿姓	地	3顷98亩	昌平州奋奁屯	红、白契各3张
自置	五虎庙	地	3段	观南	红白契2张
自置	庆姓	地	3顷98亩	通州小松堡村	红白契3张
自置	朱、李姓	地	11段2顷70亩	通州朱家堡	附产房4间红白契4张
自置	关姓	地	21段9顷39亩	东安县夏家营	红白契3张
受施	王宅	铺面房	1所	崇文门外小市口	红契3张
受施	戴宅	地	13段7顷65亩	顺义县杜各庄	红白契5张
受施	海宅	地	1段14顷余	京南赵村	红白契3张

玉清观四十四顷余土地主要通过自置和受施两个途径获得。耐人寻味的是：十二次土地交易总共购得二十三顷十三亩三分地（平均每次一顷九十二亩余），而两次受施就得到二十一顷六十五亩地。这一现象或者有助于印证前面的推断，即施主主要是拥有大地产的豪门大户，而土地的出卖者则以中小土地经营者为多。白云观下院不限于京师，远在山东济宁州的常清观也是其下院。成为下院的条件："彼中住持，永遵白云规约。"[①] 在经济上也受上院控制。

---

①　蔡永清：《白云观捐产碑记》，[日]小柳司气太：《白云观志》，第145—146页。

一般情况下，寺观地产愈大，来源愈多，空间上的分布就愈广。岫云寺土地东到卢沟桥，南到良乡，西南到涿县，北到延庆，方圆几百里。云居寺地产，坐落在阜成门外，京郊新城县栗各庄、龙堂村，通州南共吉店村，固安县西蛮子营村、苏家桥村，涿州乡社村、为坊村等处。白云观地产散布于房山县（丰台？）、西便门外南圈，广安门外董家口村，京西冉家村，以及良乡、武清、顺义、昌平、怀柔等州县。相形之下，中小寺观土地主要集中在本地。不过，地产无论大小，基本都是由畸零小块组成。地权的不断转移，破坏了土地关系的稳定，是导致这种现象发生的基本原因。

怀柔县北红螺寺（资福寺），是佛教净土宗重要道场，始建于盛唐，也是京郊名寺。《资福寺施地题名碑》载有嘉庆八年（1803）至道光九年（1829）间各施主题名：

> 因远近施地功德注明芳名于左以垂不朽云：
>
> 京都厢黄旗汉军卢德芳佐领下卢静轩，嘉庆八年四月二十二日施水旱地共十二段，记（计）一顷六十五亩，坐落四至在原施契可凭。
>
> 京都正蓝旗满洲三甲喇恒庆佐领下尚福，嘉庆八年十一月初七日施地一顷水旱地二十段，计地九十四亩，坐落在原施契可凭。
>
> 京都正蓝旗满洲三甲喇恒庆佐领下药圣保，嘉庆八年十二月十三日施地一段四亩半，坐落四至在原施契可凭。
>
> 京都厢黄旗蒙古人张守信，嘉庆十年正月二十七日施地三段，共计地一顷一十亩，坐落四至在原施契可凭。
>
> □□□，嘉庆十二年十一月初四日作功德，施自置地十三段，共计地一顷九十三亩，坐落四至在原施契可凭。
>
> □炳□，嘉庆十四年十二月初五日作功德，施自置地二段，共计地八十四亩，坐落四至在原施契可凭。
>
> 陈自新、陈维新，嘉庆十五年正月二十四日作功德，施地四段，共计一顷二十二亩，坐落四至在原契可凭。

第三编　旗民关系

范树智，嘉庆十六年十月初六日作功德，施自置地一段，计地七十亩，坐落四至在原施契可凭。

京都厢黄旗满洲五甲喇文孚佐领下春保，嘉庆十八年十二月初一日作功德，施地一项（段），计地一顷四十九亩，坐落在原施契可凭。

京都厢黄旗满洲五甲喇文福佐领下达保，嘉庆十八年十一月二十三日施自置地七段，计地一顷二十亩，坐落在原施契可凭。

京都厢蓝旗绵翔，嘉庆十九年十一月十九日作功德，施地二十一段，计地九顷二十三亩，坐落四至在原施契可凭。

京都厢黄旗满洲常庆佐领下德兴额，嘉庆十九年十二月十九日施地九段，计地一顷五十亩，坐落四至在原施契可凭。

京都厢黄旗汉军范正容佐领下范正□，嘉庆二十四年十二月二十四日施地一段，计地四十亩，坐落四至在原施契可凭。

厢黄旗汉军范正耀佐领下范一振，道光二年十一月二十九日施地十一段，计地一顷三十一亩，坐落四至在原施契可凭。

陈门吕氏同侄群儿，道光八年十二月初十日作功德，施本身地二段，计地十亩，坐落四至在原施契可凭。

厢黄旗满洲□□佐领下户部笔帖式沙时敏，道光八年十二月二十□日施地五段，计地一顷六十四亩半，坐落原施契可凭。

陈门吕氏同侄群儿，道光九年十二月初三日作功德，施本身地一段，计地四十三亩，坐落四至在原施契可凭。①

据上引碑文，在嘉庆八年（1803）至道光九年（1829）的二十六年中，红螺寺共受施地一百一十六段二十五顷七十三亩。在十七起舍地活动中，注明旗籍者十一起，未注明者（应是民人）六起；前者舍地二十顷五十一亩，后者舍地五顷二十二亩。前者舍地

---

① 碑在红螺寺大雄宝殿前，拓片载《拓本汇编》第79册，第161—162页。

额数约为后者四倍。旗人施主中，舍地九顷余的一位，一顷至二顷间的七位，一顷以下的三位。旗人舍地数额多在顷亩以上，且总体规模超过民人，是一个显而易见的事实。

（二）旗人舍地导致旗地流失

寺观地产主要有三个来源：置买民田、民人自舍地、旗人自舍地。前两项属民间不动产交易，为法律所允许，问题出在最后一项——旗人自舍地。旗人自舍地中既有置买民人土地，也包括祖传旗地，而将旗地所有权转让给民人（包括寺观僧人），是为法律所禁止的。然而，在旗人舍地现象背后，掩盖的恰恰是旗地非法流入民间的事实。在这个问题上，许多旗人显然明知故犯。

按照文献记载，早在康熙年间，京畿民人典买旗地现象已崭露头角，且随时间推移呈愈演愈烈趋势。据说到乾隆前期，已有大约十之六七的畿辅旗地落入民人之手。[1] 此说或不免有些夸大，但旗地大量流失，以致严重影响到旗人生计，应是一个不争的事实。

旗地流失严重瓦解八旗制度的根基，满洲统治者不能无动于衷。从雍正年间起，开始大规模旗地清查活动，谕令将流入民间的旗地全部勒令回赎，重新置于旗人控制下。前引《潭柘岫云寺募置香火田碑记》所云"间有隐占"，即指旗地被民人典买占用现象，而"丈量点对文令日严"，则指大规模清查旗地活动。

民人舍地，在契书中往往言明是"民地""自置民地""自置老粮民地""册粮地"，有的还附加随带"粮银"（钱银）额数的说明。[2] 旗地无赋银而民地有赋银，现地主在取得民地所有权同时，必须承担起向国家交纳赋银的责任。旗人舍契中，大量使用"有地"一类含糊其辞的说明，又未见有随带"粮银"之类的文字，

---

[1] 赫泰：《复原产筹新垦疏》，贺长龄、魏源等编：《皇朝经世文编》卷35，上海九敬斋书店光绪二十八年石印本。

[2] 《拓本汇编》第78册，第73页。参见《显圣宫香会勒名》，《拓本汇编》第65册，第82页；《重修隆阳宫大殿建立禅堂成砌群墙置买并舍地亩等事序》，《拓本汇编》第72册，第145页；《云居寺地产碑》，《拓本汇编》第69册，第119页。

也说明施舍的多为旗地。

大量旗地在施舍名义下流入寺观,壮大了寺观经济实力,也凸显了它们的政治和经济特权。

岫云寺来琳置买或受施的二百余顷香火地中,相当一部分是旗地。令人惊异的是来琳的活动能量如此巨大,竟能以"所舍田又散处各州县,畸零弯远,科勘不易"为由,说服户部免于丈量,行文宛平县衙,永远作为寺产。在雍、乾两朝旷日持久的清查旗地活动中,类似网开一面的事情寥若晨星。来琳之所以能打通户部关节,内中缘故颇值得探究。

来琳自乾隆初年升监院,掌寺内一切事务,"相信益深、尽心益力,不数年殿堂寮舍百废俱兴,岫云名胜遂甲于畿内矣"[1]。乾隆九年(1744)、二十九年(1764)弘历两度驾幸潭柘寺,来琳均出面接待,颇得青睐。他还多次为皇太后、皇帝举办祝寿道场,平日结交王公贵族、满汉大臣如和硕庄亲王允禄、直隶总督方观承、内务府大臣德保辈,无一不是权势熏灼的显贵人物,进而在朝廷中获得可靠依托。他还通过接济狱囚、赡养游僧、印制经文、施舍棺木等善举,扩大在民间的美誉。来琳先后辅弼五任住持,历时四十余年,在寺内举足轻重,在寺外更是神通广大。他能够将旗产合法地转为寺产,盖缘于此种背景。

岫云寺的权势和声威既远近闻名,寺中僧人难免恣意妄为。在档案中有这样的记载:内务府属宛平县栗元庄(又写为梨园庄、栗园庄)庄头边国森,乾隆初年将庄地一顷三十亩出典于奉佛寺(奉福寺)僧人。在以后七十余年里,该地亩始终被寺僧典种。嘉庆五年(1800),新任庄头边训发现后,向奉福寺追讨官地。这一顷三十亩官地,每年租钱一百三十吊。七十余年中,寺僧收取地租已不止万吊,却仍不满足,声称必须先还典价,方能交出官地。及宛平县衙传讯各佃,奉福寺僧竟五次不到案,继续霸占官地。奉福寺僧胆大妄为,是因为该寺是岫云寺下院,且事情败露后,又有岫云寺

---

[1] 神穆德:《潭柘山岫云寺志》卷2,第11页下12页上。

僧盈科出面，呈请追还典价，企图霸地不还。宛平县官府慑于岫云寺声威，"并不实力严追，任其该寺僧人依仗潭柘声势，蔑法多端"①。这一案例充分说明，岫云寺因与皇室、贵族、高官保持千丝万缕的联系而形成巨大权势，地方官投鼠忌器，不能不让它几分。来琳有通天本事，打通关节，将购置和受施旗地永远据为己有，的确不是偶然的。

寺观在购置和受施同时，还通过放债（往往是高利贷）手段侵蚀旗地。为了掩人耳目，这类非法交易有时也采取"施舍"的形式。嘉庆十三年（1808）《玉保舍地碑》：

勒碑刻石以传不朽，恐悔将来。今作证明：

兹因厢蓝旗觉罗讳玉保有祖遗老圈地两顷，坐落在固安县外河村。因玉公往返取租，与本地万佛寺住持朗然相好。朋友有通财之道，相善岂无周旋之理？故玉公手乏，长租朗然之钱使至九百贯之数，因循日久，无力清还。玉公不肯侵染三宝之财，□怕堕无间之地狱，自己发□上之心，情愿补眼前之债。（因）将祖遗老圈地两顷布施与万佛寺朗然名下，长为香火之地，永无反悔之情。明则布施佛寺地，实系补还朗师财源。由此之后，地无回赎之理，钱无再讨之情。两家情愿，各无返悔。更有中人说合，同作证明。为此镌碑刻石，千古不朽，百代流芳，用垂不朽。

"祖遗老圈地"，指清初圈占并经祖先遗留下来的旗地，法律严禁转交民间。旗人玉保因借万佛寺住持朗然九百吊钱，年深日久，无力偿还，不得已将两顷老圈旗地交给朗然。明明是还债，却偏要以"布施"为名，即碑文所载："明则布施佛寺地，实则补还朗然财源。"朗然为防止玉保反悔，要求他写立"舍契"，邀集说合人、

---

① 嘉庆五年五月二十八日《掌仪司呈稿》，韦庆远主编：《清代的旗地》下册，中华书局1989年版，第1500—1503页。

中保人共同作证,勒碑刻石。特别申明:"由此之后,地无回赎之理,钱无再讨之情。"

民人侵蚀旗产(主要是房地),向有"指地(房)借银"之名。即债主长期借银给旗人,并以对方房地作为抵押物。待若干年后,本利累积,债务人无力偿还,顺势将抵押物占为己有。玉保因借银而失地,与"指地借银"的过程和结局如出一辙。

旗地不断流入寺观,不能不引起清廷的高度警惕并制订出相关法令。乾隆二十四年(1759)定:喇嘛不得借旗出名,税契置买旗地,如敢巧立影射,仍照民典旗地例办理①。又嘉庆二年(1797)十月十二日《内务府会计司呈稿》:关于北斗庙道士刘仁相契买旗人李宁等人旗地案,官府文书中有"寺庙住持借香火名色置买旗地者,自应仍照民典旗地例办理"句②。所谓"借香火名色",指寺观假借置办"香火地"名义购买旗地。清廷态度非常明确,一旦发现这种情况,按民人典买旗地例办理,勒帑回赎,仍归旗人管理。尽管如此,仍不断有旗人和寺观僧道知法犯法,寺观侵蚀旗地现象始终没有禁绝。同时,还存在内务府旗人非法盗取官地"施舍"寺观现象③。构成旗地流失的又一途径。旗地的大量流失,对清王朝赖以为统治根基的八旗制度所产生的瓦解作用,是不言而喻的。

概括全文,可以得出以下认识:

旗人所施土地,主要为自置地和自典地。后者产权关系比较复杂,为实现所有权转让,流行一些通融的方式。

施舍土地,必须办理产权移交手续,由施主邀集中证,书写舍契,并交出有关红白地契。尽管如此,仍不能禁绝施主子孙或亲族的纠缠。寺观刻立舍地碑,不失为预作防范的一种措施。

旗人施主,以富裕的中上层为主。他们经济实力雄厚,收入稳定,施舍土地多,质量好。施舍对象首先是名刹古观,此类寺

---

① 佚名:《钱谷指南》,《明清公牍秘本》,中国政法大学出版社1999年版,第294页。
② 韦庆远主编:《清代的旗地》下册,第1260页。
③ 韦庆远主编:《清代的旗地》上册,第237—240页。

观为数少，影响大，所受土地多，分布范围广；其次是众多中小寺观，它们的影响限于本地，受施土地少且基本集中在本地。

旗人舍地，导致两方面后果：促进了寺观大土地的形成与发展，又造成旗地的流失。有清一代，统治者禁止旗民交产，特别是严禁民人典买旗地，旗人却在"施舍"名义下将土地无偿让渡给寺观。旗地的流失，成为清廷屡禁不止的难题。

表2　　　　　　　　　与本研究有关的碑刻拓片目录

序号	碑名	时间	地址	出处	提要
1	五十三舍地碑	康熙四十九年闰七月	北京门头沟上岸栗园庄	《拓本汇编》第66册，第148页	旗人五十三买稻田二段共一顷舍给岫云寺
2	重修关帝庙题名碑	雍正十二年四月	北京海淀玉河村	《拓本汇编》第68册，第143页	碑阴刻大榆河关帝庙受施并自置香火地亩额数、坐落、四至
3	岫云寺置地修道碑	乾隆六年	北京门头沟潭柘寺	《拓本汇编》第69册，第96页	怡亲王府总管李天福等施银六百五十两合置稻地三顷十亩，岁收粳米六十五石
4	云居寺地产碑	乾隆八年四月	北京门头沟云居寺	《拓本汇编》第69册，第119页	碑阴刻认买入官地亩执照原文、云居寺土地四至、下院及土地亩数、旗人实泰置买寺产契书原文
5	施地供众碑记	乾隆十九年闰四月十五日	北京门头沟云居寺	《拓本汇编》第71册，第36页	和硕额驸福增格将所典二十顷地及房屋等附产（典银五千两）施与云居寺
6	和平寺香火地碑	乾隆十九年九月	北京昌平桃洼花塔村	《拓本汇编》第71册，第44页	碑阴刻香火地一顷二十七亩的段数、四至
7	吴王氏施地碑	乾隆二十年四月	北京门头沟云居寺	《拓本汇编》第71册，第56页	香会会首吴王氏施银三十两置地三十亩
8	冯天寿舍地碑	乾隆二十七年十月	北京门头沟戒台寺	《拓本汇编》第72册，第15页	民人冯天寿舍地一顷二十亩

第三编 旗民关系

续表

序号	碑名	时间	地址	出处	提要
9	刘王氏舍地碑	乾隆二十八年十二月	北京门头沟云居寺	《拓本汇编》第72册，第22页	民人刘王氏率孙刘魁玉舍祖业地六段计一顷八十亩
10	重修隆阳宫施买香火地碑记	乾隆三十一年三月	北京房山南尚乐石窝村	《拓本汇编》第72册，第139页	记民人施地亩数、坐落、四至以及置买地
11	重修隆阳宫大殿建立神堂成砌群墙置买并舍地亩等事序	乾隆三十一年五月	北京房山南尚乐石窝村	《拓本汇编》第72册，第145页	记民人施地亩数、坐落、四至以及置买地
12	潭柘岫云寺募置香火田碑记	乾隆三十三年四月	北京门头沟潭柘寺	《拓本汇编》第72册，第182页	雍正八年至乾隆三十年间岫云寺置民田及民人自舍田、旗人自舍田一百五十顷。住持来琳请于户部，免予查丈，永作寺产
13	关福里施香会地碑	乾隆四十四年十二月	北京东城羊管胡同极乐庵	《拓本汇编》第74册，第48页	舍昌平州自置地二顷六亩。碑记照录舍契全文
14	旗人常福保等舍地碑	乾隆五十年	北京门头沟戒台寺	《拓本汇编》第75册，第43页	乾隆四十二、四十四、四十七、四十八、五十年宗室常福保、荣喜、宁泰等人舍地契书原文
15	起刚等施舍房产碑记	乾隆五十四年冬月	北京西城北长街兴隆寺	《拓本汇编》第75册，第134页	舍自置房一所十二间
16	圣文寺香火地碑记	乾隆五十六年六月	北京昌平沙河文庙	《拓本汇编》第75册，第179页	旗人赵仝氏同子伊兴阿舍地一段十亩
17	玉保舍地碑	嘉庆十三年六月	北京西城小黑虎胡同	《拓本汇编》第78册，第34页	觉罗玉保借"舍"之名，将祖遗老圈地二顷抵债
18	白云观捐产碑记	嘉庆十六年正月	北京西城白云观	《白云观志》，第145—146页	天津民人蔡永清捐银六千两，为传戒费，又以制钱千吊、银二千助庄田二处，计地四十五顷

续表

序号	碑名	时间	地址	出处	提要
19	菩萨庙碑	嘉庆十六年	北京怀柔石厂村菩萨庙	《拓本汇编》第78册,第73页	满洲太学生佐良等施舍香火地二段五亩半。还有施舍民地,或以民地兑换香火地的记载
20	白云观火祖殿香灯布施勒名之碑记	道光六年	北京西城白云观	《白云观志》,第147—148页	满洲旗人、员外郎镱林施香灯钱六千七百两,还买上泽田三顷,岁收租银四百两,供办火祖殿等项开支
21	资福寺施地题名碑	道光九年十二月	北京怀柔红螺寺	《拓本汇编》第79册,第161—162页	碑阳刻嘉庆八、十、十八、十九、二十四、道光二、八年旗人、民人舍地亩数、坐落
22	真君殿香火殿	道光二十四年七月	北京西城云居寺	《白云观志》,第153页	王洪礼先捐修真君殿,至是复捐钱五百二十二吊文,置地八十七亩,岁收租钱五十二吊余
23	胡铭施地碑	咸丰元年四月	北京房山云居寺	《拓本汇编》第82册,第6页	民人胡铭舍自置保定府新城民地二十余顷(价银八千余两)
24	诸公施舍永为药王庙碑记	光绪八年十月	北京顺义北向阳村	《拓本汇编》第85册,第101—102页	本村民人施舍典地、祖遗地额数、坐落
25	李永福捐助烧煤地亩记	光绪十年三月	北京昌平阳坊镇西贯市清真寺	《拓本汇编》第85册,第140页	民人李永福舍自典地,并注明:"契纸交明,业主赎回,价照旧置地"
26	中元济孤勒石记	光绪十一年六月	北京西城白云观	《白云观志》,第157页	平则门内吕祖宫住持叶合仁等施银二百两,白云观恐日久废弛,按价拨出地一顷七十八亩半,收取租钱

续表

序号	碑名	时间	地址	出处	提要
27	刘素云道行碑	光绪十二年二月	北京西城白云观	《白云观志》,第158—159页	太监刘素云(法号诚印)多次布施巨额银两,为传戒费,又捐银三千余两,购置上泽田十五顷,每岁租银三百三十两
28	玉清观田产碑记	光绪十二年秋	北京西城白云观	《白云观志》,第164—166页	本观下院玉清观有受施及自置亩产四十四顷余,坐落二十余处
29	白云观碑	光绪十二年四月	北京西城白云观	《拓本汇编》第86册,第12页	碑阴刻本观地亩一百六十三顷余的坐落。施地者有旗人也有民人
30	四御殿皇经坛香火碑记	光绪十六年七月	北京西城白云观	《白云观志》,第173—174页	阜成门内吕祖宫住持叶合仁以五百二十四两银典置香火地一顷二十三亩余,舍与白云观
31	施地租碑	光绪二十二年三月	北京房山石楼乡	《拓本汇编》第87册,第144页	庄头胡殿臣劝说贵族奕宅、英宅将旗地余租施与紫竹院,以资香火
32	玉皇顶静福寺碑	光绪二十九年八月	北京海淀香山	《拓本汇编》第88册,第185页	碑刻香火地二十二顷余坐落、四至
33	花神庙施地碑	约在光绪二十九年以后	北京丰台花神庙村	《拓本汇编》第89册,第178页	康熙帝第二子允礽四世孙毓昭施地与花神庙

(原载《清史研究》2003年第1期)

碓房与旗人生计

清代北京城，以内城安置旗人，外城（即通常所称南城）居住民人，构成旗民分治的两元格局。内城是政治、军事中心，外城则是繁华的商业文化娱乐区。旗人既以当兵做官为职业，不能不在生活的各方面仰给于民人，而他们以时领取的银米总量巨大，也给民人提供了重要商机。因此，自清初以来，就不断有民人想方设法进入内城。这种进入起初只是临时性的，以后逐步定居，各色店铺随之扎下根来。在各色店铺中，有一种叫作碓房，专门负责粮米运输、加工，于旗人生计尤为密切，种种盘剥手段亦因此而生。考察碓房的由来、经营方式和特点，对了解清代北京商业发展、民人与旗人经济关系，以及旗人生活的实际状况，均有价值。鉴于官修史书中有关资料畸零，本文重点利用了海内外收藏的契约文书[1]。

一 旗人的粮米与仓储

以满洲人为核心的旗人阶层是清代社会中享有特权的阶层。皇室、贵族、高官姑且不论，就连普通八旗兵丁钱粮（甲银甲米），也是不低的。仅甲米（兵米）一项，前锋、护军、领催、马甲每人

---

[1] 本文重点利用了中国社会科学院近代史所图书馆、北京大学图书馆［收载于张传玺主编：《中国历代契约会编考释》（下），北京大学出版社1995年版］、日本东京大学东洋文化研究所仁井田升博士文库藏清代北京契约文书。在东京大学资料搜集时，曾得到日本大学博士生绵贯哲郎先生、东京大学博士生相原佳之先生热心帮助；"中研院"近代史研究所赖惠敏研究员提供了档案中有关碓房的宝贵资料。在此一并致以衷心感谢！

第三编 旗民关系

每年46斛（合23石），最低的步甲也有22斛（11石）。统治者有意把甲米定得高一些，以便兵丁养家，余粮则可变卖，作为一项辅助收入。当时一名七品官员的俸禄是每年银45两、米22.5石，八品官是银40两，米20石。所以雍正帝曾坦率地告诉八旗兵丁：他们的收入，实际上已多于七、八品官的俸禄。①

几十万八旗官兵聚居京城，每年领取的粮食究竟有多少，尚无精确统计。有学者认为，每年在京八旗官员的禄米（俸米）约需12万石，八旗士兵甲米约需175万石，八旗宗室勋戚及荫袭官员禄米约需100万石，此外还有八旗失职人员、鳏寡孤独养赡米石等，合计近300万石。②清代京城食粮主要来自南方漕运，分别由山东、河南、江南、浙江、江西、湖广运抵。据雍正《大清会典》卷40：江南额定漕粮179.4万千余石；浙江：63万石；江西：27万石；湖广：25万石；山东：37.5万余石；河南：38万石。以上合计约370万石，其中绝大部分入于旗人之手。③

漕粮由运河运抵通州上岸，按照米色和用途不同，分仓收贮。清制，旗人按身份地位之高下，在食用米的品质上有如下区别：宗室贵族之亲王以下辅国将军以上，异姓贵族之公、侯品级，以及一、二品官员，俱食用江米、白米、次白米、粟米；宗室贵族之奉恩将军，异姓贵族之伯、子、男下至恩骑尉，以及三至九品官员，俱食用老米、棱（稌）米；而众多八旗兵丁食用之米则称甲米，包

---

① 鄂尔泰等纂：《八旗通志初集》卷67，东北师范大学出版社1986年版，第1291页。八旗官兵所领俸米、甲米市价应高于其对应的俸银、甲银。中国第一历史档案馆藏：《内务府慎刑司呈稿》，道光朝刑第四十七包，道光二十八年八月十一日载："三旗营总清平应领本年二月季三色俸米二十五石，派本营官人持票赴仓关领，卸交兴隆硪房温仓铺内，价钱十一万三千一百五十文。"这二十五石俸米就值十一万余文，折合一百多两银子。

② 李文治等：《清代漕运》，中华书局1995年版，第71页。

③ 尹泰等纂：《大清会典》卷40《漕运》（嘉庆二十三年殿本）："额运四百万石，间遇升斗荒折，随时增减。"说明定额是400万石，但历年数额有所变动。如康熙二十四年，实运289万余石；雍正四年，实运329万余石（见上书同卷）。另据中国科学院图书馆藏子涛氏《旗务积略》（光绪十八年八月写本，第62页）：北京每年运入米麦豆共计360万余石。这应是晚清时漕运额数。

括老米、梭米、小米，按比例发放：老米五成，梭米三成五，仓米一成五，即所谓"三色米"①。

江米（giyang mi）就是糯米，白米（be mi）即优质稻米，次白米（ts be mi）是口感稍次的稻米；老米（lao mi），指漕运和存贮过程中因日久发热而变黄的稻米；梭米又叫梭子米（so dzi mi），近似老米而色红，串米时不易碎，味道不及老米；粟米即小米；仓米，指已入仓小米。②

通州三仓（大运西仓、大运中仓、大运南仓）主要存江米、白米、次白米、老米；京城各仓主要存三色米、麦、黑豆。因此，食用上品米的贵族、官员们必须出城到通州仓运米，而八旗骁骑校、护军校以下及兵丁则在京城各仓运米。

京城八旗，各有指定仓库：左翼镶黄旗，海运仓（东直门内鞭子胡同北口外）；正白旗，旧太仓（朝阳门内大百万仓南门）；镶白旗，南新仓（朝阳门内豆瓣胡同）；正蓝旗，禄米仓（朝阳门内智化寺西）；右翼正黄旗，北新仓（东直门内瓦叉儿胡同东口）；正红旗，兴平仓（东直门内扁担胡同南口）；镶红旗，富新仓（朝阳门内北小街）；镶蓝旗，太平仓（原与禄米仓同设一处，康熙四十四年移设朝阳门外瓮城之南）。

此外尚有：本裕仓（康熙四十五年设，在德胜门外清河地方），开放圆明园及郑家庄二处驻防官兵俸甲米石；万安仓（雍正元年设，在朝阳门外正白旗地方；乾隆四年，将储济仓新建廒归并管理，改名万安东仓；其旧廒名曰西仓）；储济仓（东直门外谢圣保园地）；裕丰仓（东便门外骆驼馆）；丰益仓（安河桥）；恩丰仓（在东华门北首东夹道）。其中，朝阳门内旧太仓、兴平仓、海运仓、富新仓彼此接近，规模最大，四仓为一大仓，即一仓四门③。

---

① 中国第一历史档案馆编：《雍正朝汉文朱批奏折汇编》第 1 册（江苏古籍出版社 1999 年版，第 752 页）："京仓所贮叁色米石，粳米为上，梭米次之，粟米又次之。向来八旗甲米叁色兼放，每色多寡例有定数。"参见子涛氏《旗务积略》。

② 参照［日］中岛干起《清代中国语满洲语词典》，东京外国语大学亚非语言文化研究所，1998 年，第 906 页。

③ 鄂尔泰等纂：《八旗通志初集》卷 25，第 471—473 页；福隆安等纂：《钦定八旗通志》卷 114，吉林文史出版社 2003 年版，第 1960—1962 页。

771

按八旗方位：左翼四旗镶黄旗居安定门内，正白旗居东直门内，镶白旗居朝阳门内，正蓝旗居崇文门内；右翼四旗正黄旗居德胜门内，正红旗居西直门内，镶红旗居阜成门内，镶蓝旗居宣武门内。对照上述各旗仓廒不难发现，八旗官兵领米，路程远近不等。由于京仓均集中在城东一带，右翼四旗领米，须从城西赴城东，中途还要绕行皇城，路程远较左翼四旗为远。

二　碓房的由来

清朝盛时，府库充盈，八旗官兵给养丰厚。旗兵每季领米一次，所以又叫"季米"。季米的发放分旗定期，大致有二种。第一种为"二五八冬"，即二月、五月、八月、十一月为领米期；第二种为"三六九腊"，即三月、六月、九月、十二月为领米期。[①] 届时仓前车水马龙，人头攒动。为了运输与发放便利，领米时各旗多以佐领为单位雇觅车辆，凭米票到指定仓房领米。松筠《百二老人语录》卷2载：

（满文）emu sakda hendume, mini sara emu niyalma bošokū ofi, caliyan i baita be icihiyarangge, umesi ferguwecuke sain, tesu nirui ursei caliyan i jiha ocibe, menggun ocibe, biyadari boigon i jurgan ci gaime tucibuhe manggi, nirui janggin i boode benebufi, jiha be ton i songkoi sindambi, ere hacin, tere hacin seme tebure ba akū. menggun oci, ubu aname dangsede acabume tondokosaka dengnefi sindambi. fulu tucinji-

---

[①] 清廷为了平抑市场米价，曾多次调整放米之期。康熙五十五年将八旗放米时间，统一由每年春（二月）、秋（八月）两季改为三季（即三月、八月、十一月），乾隆二年又改为四季（二、五、八、十一月）放给。尽管如此改动，但每次放米之后，距下次放米之期尚远，铺户依旧乘机囤积，以致米价日昂。以后又改为分别旗色、按月轮放的办法，即镶黄、正黄两旗，正、四、七、十月支放；正白、正红、镶白三旗，二、五、八、十一月支放；镶红、正蓝、镶蓝三旗，三、六、九、十二月（腊月）支放（尹泰等纂：《大清会典》卷44，雍正十年内府刻本；允裪等纂：《大清会典则例》卷177，乾隆二十九年殿本）。如此轮放，虽对平抑米价、防止囤积起到一定作用，却未能改变旗人贱价粜卖、贵价籴买的事实。详见［日］细谷良夫《八旗米局考——围绕清朝中期的八旗经济》，《集刊东洋学》第31号，1974年6月。

|碓房与旗人生计|

hengge ci turihe sejen i hūda be bumbi . funcerakūci wajiha, aika funce-ci, uthai nirui janggin de alafi, gubci nirui dorgi umesi yadahūn udu boode, dendefi bahabumbi . emu jiha emu fuwen seme gejureme gairakū ……nirui dorgi hafan ocibe cooha ocibe, bele gaire erinde, ini beye nirui mejige sebe gaifi, hūda ja sejen be baime turifi bele ušambi. boo tome aname benebuhe manggi, banjishūn boode nerginde sejen i hūda buci, alime gaifi uthai sejen i ejen de bahabumbi . suilashūn boode nerginde burakū oci, i uthai tere niyalmai caliyan ci elhei gaifi niyeceme sejen i ejen de bahabumbi .

（汉文）一老人云：吾知一人曾充领催，办理钱粮事务，甚为美善。其于本佐领下人钱粮，或银或钱，每月由户部领出时，送至佐领宅内，将钱如数散放，并无坐扣这项那项。银两按份照册公平秤放，余出者给雇车工价外，不余则已，有余即回明佐领，分予佐领中极贫之家，虽一分一文，并不苛取……佐领下或官或兵，关米时，伊亲率佐领下听事人，找雇贱价车辆拉米。逐户挨送。其充足人家如及时交给车价，即令车夫领去；贫穷人家当时不能措给，伊在钱粮内陆续坐扣，找还车夫……①

松筠在《百二老人语录》中，具体描述了清中叶满洲旗人生活的各个侧面，他以"一老人云"为开场白，一共讲述120个故事，从将军、都统、参领、佐领到领催，塑造了一系列正面形象，希望通过这些形象，达到对八旗子弟进行说教的目的。他笔下的人物，虽未必确有其人，却是对实际生活中同类人物的高度概括。他在此讲述的，是一自奉清廉的领催。当时官兵关领月饷季米，均由佐领

---

① 松筠，蒙古旗人，乾隆、嘉庆、道光三朝名臣，所撰《百二老人语录》，原本满文，后由蒙古旗人富俊译为汉文。关于《百二老人语录》版本和研究情况，见中见立夫教授《关于〈百二老人语录〉的各种抄本》，《清史论集——庆贺王锺翰教授九十华诞》，紫禁城出版社2003年版。本处所引《百二老人》满汉合璧本藏日本东洋文库。

773

下管理钱粮事务的领催负责。每季放米，由其率人赴仓领取。具体内容包括：雇车拉运，监督过秤装车，运回分送各户。清初同佐领人户集中居住在某街区，以后逐渐散居各处，随之，月饷、季米的发放越来越费时费力，车脚工价亦水涨船高。这些具体工作，琐碎而繁重，照例是钱粮领催的职责。而钱粮领催人品的高下，或贪或廉，又不能不影响到旗人生计。上引文提到，一些贫困户，因无钱付给车价，只有等待发放钱粮时再行扣还，也是当时实际情况的写照。

由于粮食来源和品质不同，旗人与民人的食物构成存在着明显差异。内城旗人主要食用南方运来的稻米，而外城民人所食多为北方产五谷杂粮。此即时人所谓："旗人平日多食老米，民人平日多食杂粮。"① 仓廒中存贮的稻米，很大一部分未经加工仍带硬壳，叫"粗米"，此米蜕壳后方可食用。"粗米"脱壳的过程叫作"春"，又叫"串米"。米经串治后称作"细米"。这样，主要为旗人加工稻米的碓房就发展起来。"碓"是春米工具②，碓房多为民人所开。《百二老人语录》卷2又云：

（满文）gemun hecen i yaya hūtung de bele niohure puseli neire šandung ba niyalma, urui gūsai ursei forgon dari gaiha sain bele be bargiyafi narhūn obume niohumbi seme, sunja amba hiyase de damu duin hiyase bumbi, yala šandung ba i niyalma de mujakū jabšabuha bime, suilashūn banjire gūsai gucuse, inenggi de alban kame genefi, boode niyalma komso ucuri, aika bele benjire šandung niyalma jihe manggi, i

---

① 福隆安等纂：《钦定八旗通志》卷77，第1321页。
② ［朝］洪大容：《湛轩燕记》记京城碓房："碓，用直木无双踏法。石臼石杵，杵圆而短，其大几满臼，置臼低斜外向，不如是，不善春也。一人春踏甚勤，冬日袷衣犹汗，一日能春两甑粟云"（［韩］林基中编：《燕行录全集》第49册，东国大学校出版部，2001年，第280页）。这是人力春米，在碓房中颇为流行。此外，还有水碓。金祥斋、邵义斋在《清末旗丁的生活》中回忆：碓房工具，用古老杵臼改进而成。在场棚内就地栽上手扶横架，架子前后各刨一坑，前坑埋一石槽，后坑为陷脚之用。横架下部有轴，安一杠杆，杠杆前端安装石碓，后端用于脚蹬，石碓一起一落，捣几百下以后，石槽里粗米即成精米，文安主编：《晚清述闻》，中国文史出版社2004年版，第22页。

| 碓房与旗人生计 |

jortanggi bele be ele komso bumbi, ini baru ton isirakū seme leheme gaici. i burakū sere anggala, hono ere bele be suwe jeci jekini, jeterakū oci, mende basa jiha bufi, suweci da bele be niyalma takūrafi gamakini seme, cingkai ekteršeme kaicama gisurembi, imbe ainame muterakū ofi, kirihai dulembi.

(汉文) 京城凡胡同内，有开设碓房、米铺之山东人，常收揽旗人每季关领之好米，谓之碓细。每五大斗止给四斗，实于山东人大有便宜。而度日艰窘之旗友，白日出当官差，家中人少。如遇送米来时，山东人故意将米少给。因缺数向争，彼不但不添，仍发豪横，并云：此是你们原米，好食则食，不食给我工钱，将你们原米叫人拿来罢。因无可奈何忍耐过去。

"碓房"，满语叫作"bele niohure puseli"（直译：碓米铺）；"碓细"，满语叫作"narhūn obume niohumbi"。松筠在这里特别说明，开碓房、米铺的，以山东人为多，平时里收多给少，或以劣充次，盘剥旗人，花样多多。

在清代北京，与旗人关系密切的民人，一为山西人，一为山东人。山西北与蒙古接壤，向南毗邻京、冀，素有经商传统，京师经营银钱业务之炉房、钱铺、票庄、当铺、印局老板等等，大半是山西人。而山东人与满洲人历史渊源最久，关系也最密切。山东东部一带素为富庶，但人稠地窄，故出外谋生者多。山东半岛与辽东半岛隔渤海湾相望，自明代以来，许多人浮海北上，谓之："闯关东"。关外地广人稀，物产丰饶，北上者络绎不绝，或春去秋归，或迁往不归，关外遂成山东人"第二故乡"。待16世纪末满洲人崛起于辽东，开疆拓土，建立清朝，编入汉军八旗的汉人，十之八九原籍山东。清朝入关，大批山东人随之来京，继而又从原籍招来不少亲朋。山东人素性吃苦耐劳，兼有经商传统，久而久之，旗人日用所需多由山东人承办，近水楼台先得月，老米碓房多由其经营也是很自然的。

那么，清代北京内城的碓房是何时兴起，又是如何兴起的呢？雍正年间镶红旗汉军副都统尚崇坦在一份奏折中称：

> 臣查八旗官兵自定鼎以来居住内城，所关米原系自行春碾，未有雇觅旁人者。乃数十年来享国家升平之福，惮劳苦而习宴安，遂有山东、山西两省来历不明之人入京开设碓碾。而旗人所关之米交与春碾，久久习熟，竟有关米出仓并不载运回家而直送至碾碓听其销算者，以致无籍奸民得以施其盘剥之计。除一石只春八斗外，或用大斗小升，多入少出；或因先借后还，贵价贱折；甚至有寄放既多乘便卖尽而飘然远遁者。①

这份奏折说得很清楚，清朝初期，八旗官兵领取的兵米俸米，原本自行加工。以后习于安逸，惮于劳苦，逐渐转给了不断进入京城的外省民人，首先是山东、山西人。他们开设碓房碾房，除了收取加工费，还想出种种额外盘剥的伎俩，影响到旗人生计。为此，尚崇坦向雍正帝建议：嗣后八旗所关粮米应令自行春碾；开设碾碓的民人概令移出外城；如敢仍留内城，由步营官员即行查拿交送步军统领，转交刑部治罪；如步军官员不行查拿，照失察例议处。尚崇坦的想法过于简单也过于粗暴。他认为只要把民人逐出内城，旗人就可"习力作之勤"，而"奸民"亦无所施盘剥之计。但已经习于安逸的旗人如何使之重操旧业？何况米石加工数额巨大，确实需要社会的专业分工和必要设备。难怪雍正帝对尚崇坦的建议未置可否，搁置一旁了。

除建议将民人逐出内城外，还有八旗官员建议设立官办碓房以取而代之者。即在各旗附近小巷内，照山东民人做法，每旗各设碓房十处，春串细米发卖。问题是，八旗食钱粮之人当时有九万五千五百余。八旗大员会议得出的结论是：食粮人数众多，碓房若立少不足敷用，若立百余处，又人多事繁。因此否定了官办

---

① 《雍正朝汉文朱批奏折汇编》第32册，第218—219页。

碓房的建议。① 总之，清廷自雍正朝起开始注意到碓房对旗人的盘剥问题，但是又找不到取代民间碓房的办法，只好任其发展。

乾隆初年，北京内外城的碓房至少已有千余家②。其中，内城碓房主要以旗人为对象，业务量尤大。根据契书记载，可以得知一些碓房的大概位置：位于内城西的有玉皇阁、护国寺、护国寺西口外大街、西四牌楼、阜成门内南沟沿十八半截胡同、鞍匠营西口内；位于内城东的有东四牌楼隆福寺西口、后门东板桥妞妞房胡同、东华门外南池子葡萄园、东安门内；位于内城北的有德胜门内路南；位于内城南的有宣武门内；位于外城的则有前门外杨梅竹斜街、正阳门外大蒋家胡同中间路南（附表第1、32、36、48、56、63、65、68、73、74、77、88、92、94号）。这些记载尽管很不完备，却反映了一些碓房设在闹市或通衢附近的事实③。

三　碓房的经营

碓房规模，大小不一。首先，从碓房的买卖契书考察：房价一般在100—200两，数量一般在二、三间至六七间（第1、36、48、56、77、88、94号）；房价在1000两（第65、74、75号）以上的，为数很少。光绪四年八月，宛平县周廷熙将鞍匠营西口内宝兴局碓房卖于屈、李等姓，价银2100两（第74号）。当属规模较大的碓房。

房价只能反映碓房固定资产的一部分，此外，流动资金多少也能反映碓房的营业额和规模。在本文考察对象中，张姓通泰号、屈姓宝兴局，均有能力在短时间内连续放债，且一笔债务动辄数千

---

① 《雍正朝汉文朱批奏折汇编》第28册，第669—671页。
② 嵇璜等撰：《皇朝文献通考》卷36，浙江古籍出版社2000年版，第5188页：(乾隆二年)京师"内外城碓房不下千余所，率每日卖米舂碓，肩挑出门，沿街货卖，少藉余利，以资糊口"。足见碓房数量之多。同时又说明，绝大多数碓房都是小本经营。
③ 嵇璜等撰：《皇朝文献通考》卷37，第5197页，则有"通衢僻巷，多设碓房"语。

两。足证都是颇有经济实力的碓房。东京大学东洋文化研究所藏《北京文书》中,包括许多旗人写给碓房的借钱(银)字据,其中,通泰号名下的借据有近70件,时间最早的为乾隆五十七年(1792),最晚的为光绪二十五年(1899)。通泰禄(通泰号)借给正黄旗满洲佐领续昌父亲的一笔债有13000吊(第104号);借给正黄旗满洲世袭佐领讷钦泰的债合计有26000吊(第59号)。而宝兴局借给正红旗满洲佐领德培的债多达35870吊(第86、95号)。这些债务不仅数额巨大,且还债时间相当长(说详后文),均说明大碓房拥有雄厚的经济实力和营运资本。同治十一年至十三年间,民人夏文瑞将位于后门内东板桥妞妞房胡同、德胜门的碓房陆续出卖(63、65、66号)。又说明,有些业主还拥有不止一处碓房。

碓房规模不同,经营方式也比较复杂。小型碓房,多属一家一户的个体经营,大一些的碓房,则有合股或多股合营。合资入股者称股东(也叫东人,铺伙),合股时要签订合同,基本原则是"赔赚均分(摊)"[①]。屈福禄、李瀛洲等人签订的合股合同载:将置到鞍匠营宝兴局碓房,价银1700两,生意按十成股分,各领五成股,永远为业(第75号)。说明该碓房由10股组成,利益与风险由股东共担。李瀛洲入股未久,将股份转卖给另一股东屈福禄(第79号),签有退股契约(第85号)。接着,姜容庄作为新股东,复与屈福禄合股(第80号)。可见,碓房的股东也并非一成不变。一些碓房在竞争中逐渐衰落下去,一些碓房却在竞争中发展起来。像上面提到的宝兴局碓房,业务不断扩张,最后落到屈姓一家手里。又说明,从独资到合股,或从合股到独资,均是碓房经营中常见的现象。

经营方式的不同,在很大程度上决定着碓房内部组织的差异。与个体经营者相比,合股经营的碓房内部结构比较复杂。股东下面,设掌柜、账房、跑外伙计、舂米工人、力笨(学徒)、厨子。

[①] 中国第一历史档案馆编:《嘉庆十四年通州粮仓吏胥舞弊案》,《历史档案》1990年第1期;《道光朝北京粮仓吏役舞弊史料》(上),《历史档案》1994年第2期。

碓房与旗人生计

掌柜是铺内管事；账房就是会计，管理账目；跑外伙计往来于户部银库和各储米仓廒，善于辨别白银成色和米石好坏；舂米工和力笨，是碓房的体力劳动者①。

碓房经营范围，均有一定地域性。它既以旗人米石为利润渊薮，势必努力控制并扩大已有地盘，彼此间亦展开竞争。光绪四年（1878）八月宛平县周廷熙实卖碓房契载：

> 立实卖字人系宛平县人周廷熙，与本族众东人等商允，将自己祖业遗留鞍匠营西口内路西宝兴局碓房生意一处，厢红旗满洲头甲双端佐领下、又正红旗满洲三甲翔凤佐领下、又厢蓝旗满洲二甲喇德本佐领下，共三个牛录兵丁米石配脚拉车，各有字据，以及垫办官项钱文账目，俱有字据，外交众军账目、铺底家具等件并无存留。今因无力成（承）做，托出知情底保人说妥，情愿将原字号宝兴局卖于屈福禄、李瀛洲名下承做，永远为主。同众亲友言明价银京平松江银贰仟壹佰两整。②

这是民人周廷熙将宝兴局碓房转卖给屈、李二人的契书。"众东人"即众股东。随着碓房易手，原有业务一并移交。宝兴局周姓旧业主与上述佐领的业务关系从何时缔结已无从得知，可以明确的是，此后屈姓新业主为了长期控制该佐领兵米的运输、加工，继续对该佐领官员大放其债。如镶蓝旗满洲佐领德本，因"置办官事军装器械账房等项无钱办理"，陆续借到宝兴局名下清钱2000吊。借钱字据载称：

> 同众言明：钱无利息，每甲米季给坐甲米一分满归，归完为止。情愿将本佐领下应领众军米石车脚交于宝兴局配脚拉

---

① 参考赵润龄《清季之碓房》（一个剥削企业），手写稿，北京市西城区政协文史资料组，1963年7月25日。
② 张传玺主编：《中国历代契约会编考释》（下），北京大学出版社1995年版，第1441页。

车。因众军米石关奚（系）重大，以借此钱作为车底押账。倘若以后有车辆不齐，再本佐领有升转之日，不拘何人承袭此职，管此图书，将此钱一并归清（第76号）。

佐领德本借的2000吊钱，虽无利息，接受的附加条件同样是：将本佐领众兵丁的米石车脚全部交宝兴局承揽。这样，宝兴局就通过与德本的债务关系，牢牢控制了该佐领兵米的运输加工。

正红旗满洲佐领德培"因置办官事、军装、器械、账房等，无钱办理"，与族祖长庆、堂叔祥明及伊母联名，向宝兴局借钱14000吊，除每月每吊按6厘行息外，答应将本佐领下应领兵丁米石交宝兴局配车拉脚。此后十年，德培又因订婚放定、结婚成亲、父母殡葬等公私事项续借35870吊（第86、95号）。如此巨额债务，自然难以偿还，作为交换条件，德培同意把本佐领米石运输加工业务长期由宝兴局包揽。

如出一辙的还有镶红旗满洲佐领恩龄。他借口办理本佐领公务，向宝兴局借银540两，言明："将本佐领下众军米石交与宝兴局配车拉脚，每季给土道一分半作为利息，日后将此银归清"（第105号）。所云"土道"，意思不明，或指加工、运输米石过程中产生的下脚料。

宝兴局位于鞍匠营（即今北京市西城区鞍匠胡同），靠近阜成门北顺城街，属内城正红旗界，而由其承揽业务的三个牛录（即佐领）则分别隶属镶蓝旗、正红旗、镶红旗满洲。按《八旗通志·旗分志二》：镶红旗满洲头甲（甲即甲喇，参领）的地址在"与正红旗接界之四牌楼大街，向南至单牌楼，转东至长安街牌楼"，即今西四大街往南至西单，再由西单转西长安街一带；正红旗满洲三甲的地址在"皇城西边所有之马状元胡同、太平仓胡同、毛家湾胡同、红罗厂胡同、拐棒胡同"，即今西四北大街东边一带；镶蓝旗满洲二甲的地址在"自江米巷向北至长安门大街，中府、左府、四眼井周围"，即今天安门广场西侧一带。在早期，各旗有各旗碓房，经营范围比较狭小，以后竞争加剧，一些碓房破落了，另一些碓房

碓房与旗人生计

的业务则不断拓展并突破了旗界。与宝兴局碓房形成稳定业务关系的三佐领分别位于内城西北、西南、正南,就是一个具体例证。

宝兴局的放债对象,除了以集体为单位的佐领,还包括大量旗人散户。他们分属正红旗满洲、正红旗蒙古、镶蓝旗满洲、镶红旗满洲、镶白旗满洲、镶黄旗汉军的各佐领(第86、91、95、98、103、105、106、109、111、113号)。按照八旗方位,正红旗居西直门内,镶红旗居阜成门内,并在西方;镶蓝旗居宣武门内,在西南方;镶白旗居朝阳门内,在东方;镶黄旗居安定门内,在东北方。尽管当时旗人的居址已不再严格局限在本旗地界,但上述事实仍有助于说明,宝兴局的营业范围已扩展到大半个内城。

通泰号又称"玉皇阁通泰号",位于宣武门内[①],属镶蓝旗界。通泰号的经营方式与宝兴局如出一辙,也是通过与佐领官员的重重债务,将佐领兵丁米石的运输、加工牢牢控制起来。正黄旗汉军增和佐领下众领催,因办理公事,先后向该碓房借钱8100吊,除按季还利外,"备车拉脚仍归通泰号"(第54号)。正黄旗满洲佐领毓横在借钱字据中言明:每季军米永远祈本铺备车拉脚,倘若不然,将本利全行归还(第55号)。正黄旗满洲世袭佐领讷钦泰,因"办公手乏"借通泰号清钱10600吊,言明"本佐领下每年众军甲米、正(月)四(月)七(月)十(月)米季在本铺备车拉脚"。以后续借15400吊,共欠钱26000吊,言明每季给老米2石2斗作为利息,永不更改(第59号)。正黄旗满洲佐领续昌等,因先父生前陆续借过通泰号13000吊,也接受"众军米石仍在通泰禄碓房配车拉脚"的条件(第104号)。八旗官员与碓房通过这种借贷关系,均可获得经济上的实惠,这应是双方一拍即合的原因。而受到损害的,大概就是佐领下的普通兵丁了。

在目前所见借钱(银)字据中,以通泰号名下的最多,其债务人既有佐领下官员,也包括众多散户。主要是正红旗满洲、蒙古、

[①] 中国第一历史档案馆编:《道光朝北京粮仓吏役舞弊史料》(上),《历史档案》1994年第2期。

第三编　旗民关系

汉军和正黄旗满洲、蒙古、汉军,还有一些镶红旗和镶蓝旗人(俱详附表)。由此可见,通泰号虽位于内城西南,其经营范围却涵盖到了内城西和内城北。

道光十一年,通泰碓房被牵扯进被革仓役放豆舞弊案。北新仓花户张凯因案被革,不思悛改,每于八旗官员领豆之日,串通同伙将好豆用水浸泡,任意掺合搭放。领豆者不能食用,找其更换,他就让这些人到通泰碓房换取。后者乘机"多方勒折,巧为扣算",旗人用 3 石仓豆才能从该碓房换得 1 石好豆。其实,这些好豆都是碓房主勾结张凯到仓上冒领的。案情败露后,监察御史韩大信直接上奏皇帝,"请旨敕办,以惩积蠹"。奏折还揭露了该碓房囤积粮食、转手倒卖的劣迹。[①] 但从后来的结局看,张凯等人财大气粗,四处行贿,这个案子居然久拖不决。通泰号不仅顺利逃过了这场官司,事后依旧财源滚滚,继续大放其债(详见附表)。

碓房最初由民人开设,随着经营主体的扩大,逐渐有一些旗人染指其间。乾隆三十七年,正黄旗蒙古常清将位于护国寺的祖遗碓房 2 间,后院 1 块,卖给官学生五勒棍布,售价 100 两(第 1 号)。契书注明此处碓房出自"祖遗",只是确切时间不详。常清属正黄旗人,碓房所在的护国寺,亦属正黄旗传统地界。常清的碓房,虽得自祖传,也有可能是通过交易购置而来,至于其交易对象是旗人还是民人,已无从得知。咸丰二年,正红旗满洲玉树珊,将坐落西四牌楼自置和盛碓房售给玉某(第 48 号);光绪五年,镶黄旗满洲凤秀将位于前门外杨梅竹斜街的祖遗文雅斋成衣铺、永珍楼碓房共 14 间,卖给王某(第 77 号);光绪十七年,镶黄旗满洲钟秀,将位于宣武门内的碓房卖给韩宅(第 92 号)。这些零星事例表明:约自清朝中叶起,已有旗人染指碓房生意,及至晚清,这种状况有增无减。与此同时,他们的经营范围也从内城扩大到外城,从前三门外热闹的商业区开始。不过,换一个角度讲,碓房的经营主体始终

---

① 中国第一历史档案馆编:《道光朝北京粮仓吏役舞弊史料》(上),《历史档案》1994 年第 2 期。

是民人而非旗人，也是没有疑问的。尤其道咸以降，有关记载明显增多，从一个侧面印证了民间碓房的发展（详见附表）。

四 碓房的放债活动

本来，碓房是以加工漕粮为主要营生的，但现存大量借钱（银）字据，集中反映的却是碓房的债务。这固然与借钱（银）字据的性质有关（该字据作为赋有法律意义的契约文书，具有长久保留价值），也在很大程度上反映出碓房首先是大碓房的经营特点，即它们不仅承办漕粮加工、运输，还把大笔资金投入金融借贷领域，以规取更多的利润。近人待余生《燕市积弊》卷1：

> 北京老米碓房都是山东人所开……山东人赋性朴实，原不会奸巧滑坏，惟独这行偏有许多的毛病。内城叫作碓房，又称为"山东百什户"（当初只准串米不准卖，故曰"碓房"），名为卖米，其实把旗人收拾的可怜，只要一使他的钱，一辈子也逃不出他的手[①]。

百什户，亦写"拨什库""拨什户""伯什户"，满语bošokū译音，汉译领催。领催虽为佐领低级官员，一旦掌旗人粮饷发放，位卑而权大。民人所开碓房，往往兼营放债（有时还是高利贷）。旗人为还债，时常把按季节关领粮饷的米票、俸票乃至不动产抵押。

[①] 待余生：《燕市积弊·米碓房》，北京古籍出版社1995年版，第31页。这一类的议论在当时相当多，如旗人冷佛的小说《春阿氏》第一回引文光的话说："咱们扎爷家里，闹得日月好紧，米跟银子，都在堆（碓）房里掏啦。"吉林文史出版社1987年版，第9页。旗人松龄的小说《小额》首页《题辞》也说：小额"不习弓马不临池，专吸旗人之膏脂，重利盘剥放大账，更比碓房盛一时。"日本汲古书院，1992年。芝兰主人：《都门新竹枝词·市井》一首："京师放债半山东，粮饷权衡握手中。剥削八旗成众怒，开仓一见眼睛红"（载雷梦水等编《中华竹枝词》第1册，北京古籍出版社1997年版，第353页）。也是讽刺开碓房的山东人。参见齐如山《故都三百六十行·老米碓房》，书目文献出版社1993年版，第102—103页。

"只要一使他的钱,一辈子也逃不出他的手"。碓房对负债者的控制甚至超过领催,故有"山东百什户"之谓。

民间碓房越来越深地干预旗人的家庭经济,乃至控制其经济命脉,主要依靠的就是放债。并因此构成民人与旗人经济关系的一个侧面。

从碓房一方说,放债必须有充足的流动资金(银两或钱)。就旗人一方而言,如果不是迫于经济压力,也不会与碓房缔结借贷关系。那么,旗人向碓房举债,主要基于哪些压力呢?

首先,因公举债。如前所述,佐领官员往往借口承办公务、捉襟见肘,向碓房举债。正红旗蒙古骁骑校富兴同领催丰甲太、兴奎,因有佐领下官事及拖欠钱文,向碓房通泰号借钱600吊;正红旗蒙古佐领吉隆阿因拖欠官项钱及置买凭戥夹剪等物,向通泰号借钱800吊;正黄旗汉军增和佐领下众领催,因办理公事、置办军器等物,陆续向通泰号借钱8500吊(第2、6、8、9、10、35、54、59、76、86、105号)。这类借银(钱)字据为数不少,足以证实这种现象的流行。当然,在众多因公举债的场合,不排除某些佐领官员是在假公济私,中饱私囊。

其次,因私举债。各色旗人,因生活窘迫多向碓房举债。从康熙朝起,京师旗人开始出现所谓"生计问题"。生计问题的实质,是旗人经济上分化加剧,一部分下层旗人陷于贫困。这一现象在雍正、乾隆年间愈演愈烈,尽管统治集团采取了一系列补救措施,效果并不明显。在写给碓房的借钱(银)字据中,旗人开具的理由主要有:"因父在日殡祖父手乏"(第19号)、"因办母丧仪"(第21号)、"因殡母无出"(第26号)、"因迎娶无资"(第28号)、"因父死乏用"(第29号)、"因迎娶无资"(第30号)、"因伊妹出阁"(第41号)、"因小女出阁无资"(第45号)、"因无钱办理部中查核办谱文书等项"(第57号)、"聘孙女无钱"(第87号)、"因父母病故殡葬、本身授室"(第95号)、"因办理白事度日"(第102号)、"因父病故手乏无资"(第112号)。婚、丧、嫁、娶,是人一生中遇到的几件大事,基于传统仪礼和风俗的约束,都不能草率处之，尤其给长辈送终，关系孝道，更是马虎不得。没有钱的，借钱也要大事操办。其结果，开销大，负担重，这成为旗人举债的重要原因①。

道光十七年，正黄旗汉军马甲姚双庆因妹妹出嫁，借通泰号清钱 42 吊（第 41 号）。四年后，因小女出嫁无资，又同叔弟德庆借通泰号清钱 45 吊（第 45 号）。咸丰三年，德庆先借通泰禄（通泰号）钱 99 吊 870 文，复因女儿出聘，续借 52 吊（第 50 号）。姚双庆、德庆的情况表明，晚清时，一些贫困旗人因频频举债，对碓房产生了越来越严重的依赖。

旗人举债，本在窘迫之时，即便饮鸩止渴也在所不辞。碓房关切的始终是，如何以最小的代价、最低的风险，牟取经济上的最大好处。基于此种关切，碓房放债，完全是"看人下菜碟"，即视对方的身份和具体情况，而对还债期限和利息高低，亦有种种灵活的规定。

其一，对还债期不予限定：镶红旗满洲佐领都某等为官项借到通泰号清钱 500 吊，言明每月 1 分行利，米季归还，归本除利（第 6 号）。字据只说到全部债务清偿时不再计算利息，但对还债期限却没有硬性规定。属于同样情况的还有：正红旗满洲原任佐领绅亮等，借到该碓房钱 700 吊（第 9 号）；正黄旗汉军领催文睿，借到该碓房钱 120 吊（第 13 号）；镶红旗满洲佐领善住，借到该碓房钱 835 吊（第 25 号）；正红旗蒙古佐领吉隆阿等，借到该碓房钱 800 吊（第 35 号）。在上述场合，借据都是只规定利率，对还债期限未予说明。这些债务人或为佐领，或为领催，都是旗人中有脸面的人物。而且，他们一般具备还债能力，但关键还是有权有势，握有碓房所觊觎的经济权（决定佐领的米石加工、运输），这是碓房要对

---

① 对旗人操办红白事时的奢费，时人多有劝诫。松筠：《百二老人语录》卷 1 载："每遇白事，安葬父母，为人子者，理当尽心，然尽力奢费，安葬事毕，甚至家计不能过度，伊父母如有知识，九泉之下必不心安。"又说："或有家本无力，一遇娶媳，势必借债，打棚借债，赁用彩轿，整理筵席。媳妇娘家亦尽力巴结买办，这样那样陪送许多，不过暂时华美而已，事后又须还债，因而当卖抵还。"

|第三编　旗民关系|

其刻意笼络的主要原因。

其二，对还债期予以限定，但时间长短不等。短者半年（第11、15、16号），长者则有三四年、五六年、十年乃至数十年者。镶红旗佐领诚善，向张姓碓房（通泰号）借钱540吊，每俸米季归钱50吊（第4号）。就是说，一年还200吊，三年内还清；镶蓝旗宗室贵当阿，借到通泰号清钱720吊，言明每年二八月俸银归钱20吊，三六九腊月米季归钱40吊（第19号）。就是说，一年内还债200吊，三年半后还清。镶红旗满洲亲军双桂，借到通泰号清钱150吊，言明每月1分行息，每米季归清钱10吊（第29号）。这笔债，约需三年零三个季度还清。正红旗蒙古云骑尉吉星保等，借通泰号清钱310千，言明无利息，共归四年为满（第43号）。以上为债期三四年者。

此外，债期五、六年者：正红旗蒙古马甲皂明等，借到通泰号钱250吊。言明：每米季归钱10吊（第17号）。一年还40吊，约六年后还清。镶红旗满洲佐领都尔松阿，借钱250吊，言明每季归钱10吊（第10号）。还债期限约为六年。正红旗蒙古阿木拉凌桂，借通泰号钱650吊，言明每季归50吊，六年半为满（第20号）。

债期九、十年者：正红旗蒙古佐领凤太等，借通泰号钱700吊，言明每季归钱20吊（第8号）。一年还80吊，九年内归还。正红旗蒙古养育兵皂老四欠通泰碓房50吊，并无利息，托本佐领下办事领催保姓说合，言明九年后归还（第89号）。

债期十年以上者：正黄旗汉军李秀，屡续借通泰号清钱500吊，言明停止利息，每年二月初二、八月初二日还钱25吊（第42号）。此债限期十年偿还。正红旗蒙古骁骑校富兴等，向通泰号借钱600吊，言明自第二年春季起，每季有余归钱10吊，无则止（第2号）。这笔债，至少需十二年才能还清。正黄旗蒙古一等男索诺木扎使，向通泰号借清钱1200吊，言明止利归本，每年归钱40吊，共归三十年为满（第5号）。

镶蓝旗宗室都姓，欠通泰号钱800吊。借钱字据言明，此钱无利息，将每年二、八月俸米票上代还，每季归钱8吊，每年共归钱

16吊，共归五十年，合一百季正（第33号）。这是借钱字据中，还债期限最长的一笔。

碓房对八旗贵族、官员大放其债，意在通过他们控制佐领的经济命脉，攫取暴利，所以并不汲汲于债务本身的些许收益，除了期限宽松，利息方面往往是取其少，甚至只要求"无利归本"（即只收本不收利）。如通泰号对镶红旗佐领诚善、正黄旗蒙古一等男索诺木扎使、正红旗满洲佐领忠文、正红旗蒙古世袭佐领图明阿、镶蓝旗宗室贵当阿、镶蓝旗宗室都姓、正红旗蒙古云骑尉吉星保、镶红旗满洲护军桂林等，都是按"无利归本"办理的（第4、5、12、14、19、32、33、43、62、76号）。

在利息方面，碓房亦视具体情况，而有种种变通的做法：

一笔债，只收取部分利息。正红旗蒙古骁骑校富兴等，共向通泰号借钱600吊，言明其中200吊每月2分利息，另外400吊停息（第2号）。

一笔债，由收取利息改为不收取利息。正黄旗满洲世袭一等轻车都尉玉某，嘉庆二年二月因升外任借通泰号清钱280吊，规定每月利息2分。嘉庆十一年九月廿四日算明，除债本未还外，净欠利钱41吊140文。于是补充规定：言明无利，一共本利321吊140文，每季归钱40吊（第3号）。这笔债原先是有利息的，久拖未还，九年后，碓房为了尽快收回旧债，只要求如期还债，不再计算利息。

一笔债，由不收取利息改为收取利息。正黄旗蒙古一等子庆禄，有先父在日借到通泰号清钱365吊140文，言明无利。道光二十九年三月续签借钱字据言明：每俸米季归钱20吊；今又借到100吊，3分行息（第47号）。庆禄除先父的旧债，又借新债100吊，对后来的这100吊，碓房是明确要收利息的。由不收利息改为收利息，显然是为了使负债者在经济上承受久拖不还的压力，促其如期归还。为此，碓房还有如期还债不取利、逾期则加利的做法（第39号）。

一笔债，由收取较高利息降至较低利息。此做法，主要针对长期欠债的八旗官员。镶红旗满洲佐领海长等，道光八年，因迎娶无资借通泰号清钱750千，言明每月1分5厘行息。此后十年，海长又续借二次，都是只借不还，债务累计到1992吊130文。钱债数额大，拖欠时间长。在最后一份借据中，作为债权人的通泰号改为5厘行息，又因还银无望，改以甲米、俸米冲抵，即每季甲米5石5斗，每季俸米25石，按市价合钱，除利归本（第30号）。

总之，在利息方面，碓房始终表现出很大灵活性，因此彼此间差异相当大。具体说，有每月每吊2—4厘（第54、59号）、5厘（第104号）、6厘（第31、86号）、1分（第6、8、29、52、55、60、82号）、1分2厘（第57号）、1分5厘（第7、9、13、18、25、30、38、99、101、102号）、2分（第3、10、17、20、27、37、44、46、50[①]、51、78号）、2分半（第32号）、2分7厘（第81号）、3分（第11、15、16、21、24、26、28、41、45、49、53、58、61、107、111号）等种种区别。通常，债务数额大，还债期限长的，利息比较低；反之，钱数比较少，还债期限短的，利率一般较高。

正黄旗汉军增和佐领下众领催，先因本佐领下兵丁米石在通泰号备车拉脚，办理公事，陆续借钱7600吊，言明每月利息2厘；后因置办军器等物又借钱900吊，言明每月利息4厘（第54号）。正黄旗满洲世袭佐领讷钦泰，同治九年五月，因办公手乏借到通泰号清钱10600吊，月利3厘。光绪二十六年、二十九年又续借15400吊，前后共欠26000吊。于是在契后补注：每季给老米2石2斗作为利息，永不更改（第59号）。以上两笔钱都是八旗官员为办理佐领公务借的，数额大，无还债期，利息也比较低。

在个人债务中，比较流行的还是3分行息。镶红旗满洲佐领德仪，借通泰号清钱158千950文（第11号）；正红旗满洲大同游击忠某，借通泰号清钱500吊（第15号）；镶红旗满洲佐领福广，借通泰号清钱100吊（第16号）。都是每月3分行息，半年内本利

[①] 第50号契，一部分按2分取息，另一部分按2分半取息。

碓房与旗人生计

归还。

正红旗蒙古佐领图明阿，借天顺局清钱120吊（第21号）；正红旗蒙古骑都尉哈弗那，借通泰号100吊（第24号）；镶红旗满洲护军明山，借通泰号40吊（第26号）；绪绵、绪山父亲亡故时借屈宅80两银，因拖欠未还，签下《分担欠账文约》，规定以兄弟分居各分账目银40两（第107号）；正红旗满洲麟泰，因有至要急难之项，借屈宅银100两（第111号）。以上几笔债务，多是临时取借，数额少，也是3分行息，通常在一年最多两年内本利归还[①]。

3分行息之所以流行，因为这是清政府规定的最高利息率，超过了，就属违法取利。《清律·户律·钱债》明确规定："凡私放钱债及典当财物，每月取利并不得过三分，年月虽多，不过一本一利。违者，笞四十，以余利计赃，重（于笞四十）者，坐赃论，罪止杖一百。"[②] 如借银一两，按每月三分取利，积至三十三个月以外，则利钱已满一两，与本相等，是谓一本一利。年月再多，不得复照三分算利，即使五年十年，亦止一本一息。清朝关于"三分取息"的限制初见于顺治五年（1648），反映出清统治者对高利贷危害的高度重视和抑制态度。大量借钱字据规定3分取利，都是遵照《清律》上限，至少从字面上看，属合法的借贷活动。

不过，尽管有官方禁令，高利贷并未从旗人生活中消失。嘉庆年间，满洲人得硕亭在竹枝词《草珠一串》中，将京城内高利贷商人盘剥旗人的情景描述得淋漓尽致："利过三分怕犯科，巧将契券写多多，可怜剥到无锥地，忍气吞声可奈何。"为了避开官府取利不得过3分的规定，高利贷主强迫债务人在借据上比实数多写若干，旗人尤受其害[③]。清朝末年，社会动荡，秩序紊乱，法律条文

[①] 档案中亦不乏碓房3分取息的记载："扎拉丰阿系正黄旗文贵管领下领催，向与恒利永碓房来往，其账目记载，陆续借用钱文5200吊，每月按3分行息。"《内务府慎刑司呈稿》，同治朝刑第5包，同治四年八月七日。

[②] 《大清律例》卷14《户律·钱债》，马建石、杨育棠主编：《大清律例通考校注》，中国政法大学出版社1992年版，第522页。

[③] 杨米人等著、路工编选：《清代北京竹枝词》，北京古籍出版社1982年版，第55页。

形同虚设。在这一时期的旗人借据中,公开出现了每月4分行息的字样(第113号)。与此同时,变相高利贷层出不穷,仍是碓房违法取利的手段。

碓房放债,为了保险起见,在所有借据中都写明了债务承袭和担保的条文。正红旗蒙古世袭佐领图明阿,父、祖生前曾借天顺碓房钱1044千余,陆续故去后,图明阿与碓房订立新的借钱字据,言明:愿将所有欠账归于本身名下(第14号)。这是祖孙三代的陈年旧债。镶蓝旗宗室贵当阿,因父生前殡葬祖父,借到清钱720吊,最后由其承受,续签借据(第19号)。这是父子两代的债务。旗人禄寿聘孙女无钱,借到碓房京钱250吊。借钱字据言明:福寿若有事故,俱有灵泉承管(第87号)。福寿、禄寿,应为兄弟关系;灵泉,或为子辈,或为异姓中保人。不管怎么说,有关债务承袭和担保的规定为债权人提供了法律依据。王延柱的父亲王维三生前欠屈姓碓房200两银,民国五年十一月欠银字据言明:将本铺材料布匹租出5年,以民国九年十二月为满(第119号)。可见即便是在王朝鼎革的动荡年代,父债子还的传统依旧有效。

五 名目繁多的偿债形式

3分行息的法律,限制了额外取利,为绕过这一条文,碓房采取了名目繁多的偿债形式:

其一,以实物抵债。碓房放债,往往要求旗人以某项实物作为抵押,首先是钱粮,包括兵丁的甲米、库银,官员的俸米、随甲米(以及代表一定实物的米票、俸米票)。正黄旗汉军马甲明廉,借通泰号清钱195吊750文。借钱字据言明,其债务,本利在内,分别用季米、库银和每月的钱粮偿还(第49号)。镶红旗满洲护军桂林,借通泰号清钱65吊,言明三、六、九、腊米季归还(第62号)。镶蓝旗满洲官员固普齐光,借信成局5000余吊,借钱字据规定:将每年二、八月俸银俸米按三成三分比例归还(第57号)。镶红旗佐领诚善向碓房借钱540吊,无利息,言定每俸米季归钱50

碓房与旗人生计

吊（第4号）。实物抵债之所以在旗人中流行，是因为八旗官兵的钱粮饷米（甲米、库银、俸米、随甲米），既是其赖以维生的稳定收入，也是偿还债务的可靠保证（当然，这也是旗人有别于民人的经济特权之一）。所以，民间商人店主，无不乐于向旗人放贷，以取厚利。而一些八旗兵丁，仅靠有限钱粮，终至入不敷出，债台高筑，钱粮也就有名无实了。

问题的关键，不在于旗人用什么还债，而在于这种交易是否等价。由于在以实物作价的场合碓房拥有显而易见的主导权，势必导致对实物价值的低估，遂使实物偿债成为碓房额外生利的重要手段。时人将此种盘剥手段譬之为"掏钱粮"，可谓一针见血。

其二，以动产或不动产（土地、房屋）抵债。又分典当抵押和出卖两种方式。

动产抵押，如指铺底借银[①]。张福指龙泉厂原倒聚盛厂家具铺底清单，借屈宅银100两（第97号）；王维三，借屈姓碓房银220两，以本身铺底字一套作押（第110号）。正黄旗汉军领催禄寿等，借通泰号清钱800吊，因无项归还，不得不将坟地二十八亩兑予通泰号带为耕种，"历年地内所有土产余资，除利归本，归完为止"（第60号）。在这种场合，土地收益的多少恐怕只能由债主说了算。

不动产典当。镶白旗满洲明昆，因父病故手乏无资，指锦什坊街王府仓中间住房一所情愿典与屈宅，典价银450两，一典2年。倘2年后不赎，准许典主遵例投税（第112号）。

指房借银则是不动产抵押的流行方式。正红旗蒙古桂山的遗孀桂希氏向屈姓借银300两，以一套16间的房契作为抵押，同时交付的有作为上手契的2张红契、28张白契。这意味着，一旦桂希氏不能在一年期限内归还本利，债主收房（第91号）。镶白旗"废员"（被撤职的官员）恒惠，借屈宅200两银，为此将本身房契一套8张、老红契2张一并抵押（第109号）。

镶白旗满洲马甲明昆因父亲病故，手乏无资，以本身住房一所

[①] "铺底"的含义相当复杂，通常指店铺中卖余之货或货架桌椅各种家具。

11间作抵押，借到宝兴局450两银，言定每月按2分5厘行息，一年内归还。同时写立借银字据和典房白契各一纸。四年后，明昆父子终因无力回赎，将出典房卖与屈姓"永远为业"。屈姓补给他卖价银圆150元。这是碓房以借银为始，最终将旗人住房据为己有的一个典型例子（第112、118号）。

不动产作为安家立命之本，主人非到万不得已不会放弃，即便已经抵押或典当出去，也会想尽办法在期限内赎回。正红旗满洲马甲胜魁以一所住房的房契为抵押，向屈宅借银110两，并规定："五年为期，准其赎房。如无力回赎，准许屈星垣收房抵价。"五年到期，胜魁不仅没能赎房，反而因聘女无资，又向债主续借65两。从后来的结局看，胜魁虽然从屈宅赎回了房子，但不久就以"手乏"的同样理由将其卖给了另一家叫仁厚堂的店铺（第103、117号）。可见，对债台高筑者来说，即便暂时赎回祖业，它的易手也只是早晚的问题。

正是通过这些方式，碓房主在放债过程中聚敛起越来越多的土地，进而兼具了店铺业主、商人、房产主乃至地主的多重身份（参考附表）。

除了放债，碓房复与佐领官员沆瀣一气，对普通旗人多方盘剥。旗人赴仓领米，各个环节都有使费[1]，其中有合法的也有非法的，而碓房对旗人的克扣尤为严重。碓房将米用大车运回，要收取拉脚费，加工脱壳要收取加工费。碓房与管仓员役、八旗佐领、领催串通作弊，串米过程或以劣充好，或以少充多，或米中掺土，种种盘剥手段，在芙萍《旗人旧俗志》中均有入木三分地揭露[2]。

---

[1]《内务府慎刑司呈稿》，嘉庆朝刑第12包，嘉庆九年五月十三日："马大：我系宛平县民人，与正黄旗管领下苏拉黄德素日相好，每季他托我下仓关米，今年正月下仓，黄名下2.6石，共卖钱7720文，仓内使钱456文，每石车脚钱260文，个儿钱80文，抬夫、过栅栏钱154文，饭钱50文、每石使钱100文，剩钱5120文。"

[2] 芙萍：《旗族旧俗志》，北京市民族古籍整理出版规划小组办公室，1986年铅印本。

碓房与旗人生计

碓房惯于囤积居奇，贱买贵卖，加剧了下层旗人的生计困难。八旗官兵每季领取米石，如自家吃用，一季可保无虞。大家庭领米很多，或有孤独旗兵，自食有余，大多拿到市面售卖①。因售卖总量巨大，每届官兵领米之期，市面米价随之跌落，而一旦流入市面的米石减少，米价又随之上扬。这几乎成了京城粮市价格涨落的规律。这部分转变为商品的粮食流入民间，对京城数十万民人的生计来说可谓举足轻重，旗人售粮得银，于生计也大有裨益。问题是许多旗人习于奢靡，不知节俭，"以所支之米，不运至家，惟图微利，一时即行变卖，及至此银费去，米价又贵"②。米价的一低一昂，让碓房看到牟利的商机，做起贱买贵卖的营生。也即时人所谓："乘贱收买，居奇抬价"，"既收春碓之利，更为敛屯之区"③。同时，碓房还成为八旗官员贪污米石后销赃的重要渠道④。

19世纪后半叶，越来越多的民人入居内城，尤其经过庚子事变八国联军的占领，内城居住格局发生了更大变化。大批民人涌入内城。碓房经营范围随之扩大，除旗人外，越来越多民人也纳入业务范围（第83、97、99、110、114、115、119、120、121号）。

综上所述，在清代北京各种店铺中，碓房是与旗人关系最密切

---

① 旗人的甲米和禄米除本身食用外，大半在市场上售卖，这卖出的部分基本流入民间，构成民人食粮的重要来源。详见［日］细谷良夫《八旗米局考——围绕清朝中期的八旗经济》。

② 《清圣祖实录》卷241，第4页上。

③ 均见嵇璜等撰《皇朝文献通考》卷37，第5197页。

④ 参见《内务府来文》刑罚类，第2113包，乾隆十四年，张二达子供称："系镶黄旗包衣达载通管领下，派定跟随在米仓仓长，回京之日在关防衙门听差。今年正月随往江南沿途支放太监、茶膳房等处米粮。按正项数目每日约用米三石七斗有零，共一百二十天应领正项米四百三十九石有零。本管包衣达青海向三仓值年包衣达阿林等商议，共领米五百石，其多领六十余石以备沿途抛洒添补之用，正月初二、初十两次领米三百八十石，下剩一百二十石存仓收贮，以备不敷。再正项应领面八千二百余斤，青海等议定共领面二万六千五百斤。其多领支面缘各处每日交面俱得多交，向来俱是如此。正月二次共领面二万三千八百斤，下剩面二千七百斤，也存舱内。五月七日到京。小的向儿子张常保说：广宁门外观音庵内存着米四十二石，面七口袋。你可将来卖给开碓房的民人邓三，讲定老米每石二千五百文，白米每石价钱三千二百文。"

793

的一种，其在内城的发展不能不对旗人生计产生深刻影响。正是从这一点，凸显了旗人与民人在经济上的交往和相互依存关系。清朝定鼎中原，给予旗人种种特权，但他们在生活上对民人的百般依赖，却使其经济特权受到越来越严重侵蚀。碓房在满足旗人基本生活需求同时，又对其进行经济上控制与盘剥，加剧了下层旗人的生计困难。其结果，不能不削弱清王朝的统治根基。

内城碓房业，几乎与清朝统治相始终。光绪三十一年（1905），漕运制度彻底废止，漕粮全部改征银两，碓房作用随之削弱。辛亥革命后，八旗制度迅速崩解，旗人们丧失了被称为"铁杆庄稼"的粮饷，加之近代机器加工业传入，碓房业迅速衰落①。经营者散伙的散伙，改行的改行。或开粮店，或改粮栈，或开饭馆，或从事金融、房地产，或投资新兴城市运输业（第123、124号）。不妨说，清代北京碓房的命运，是与八旗制度的兴衰息息相关的。

附表　　　　　　　　《有关契书借据表》

编号	契约名目	立契人	立契时间	受契人	契约内容	备注
1	卖房红契	正黄旗蒙古常清	乾隆三十七年	官学生五勒棍布	祖遗碓房2间、后院1块，位于护国寺，售价100两银	
2	借钱字据	正红旗蒙古骁骑校富兴同领催丰甲太、兴奎等	乾隆五十七年九月	张姓	因办事领催清明、六十八等有佐领下官事及拖欠钱文，共借得钱600吊，其中200吊每月2分利息，400吊停息；自明年春季起，每季除花费外有余归钱10吊，无则止	

---

① "北京民食，向恃南漕，昔有碓房，皆山东人，专司碓米，代汉官旗员领碓俸米，兼营放款，其势力最伟。自仓储停运后，此项工业遂衰，米皆上海运来，而碓工停。"吴廷燮等编：《北京市志稿》第3册，北京燕山出版社1998年版，第474页。

续表

编号	契约名目	立契人	立契时间	受契人	契约内容	备注
3	借钱字据	正黄旗满洲世袭一等轻车都尉玉某	嘉庆二年二月	通泰号张姓	因升外任借到清钱280吊，每月2分行息	补注：此项钱于嘉庆十一年九月廿四日算明，净欠利钱41吊140文，今言明无利，一共本利321吊140文，每季归钱40吊
4	借钱字据	镶红旗佐领诚善	嘉庆七年十一月	张铺	借钱540吊，无利息，言定自嘉庆八年每俸米季归钱50吊	
5	借钱字据	正黄旗蒙古一等男索诺木扎使	嘉庆九年二月	通泰号张某	嘉庆六年借到清钱1200吊，言明止利归本，本年八月起每年归钱40吊，共归30年为满	
6	借钱字据	镶红旗满洲佐领都某同领催武某莫吉格王某	嘉庆十年九月	通泰号	为官项借到清钱500吊，言明每月1分行利，米季归还，归本除利	
7	借钱字据	正黄旗汉军杨文宪等	嘉庆十一年十二月	张某	借钱250吊，言明每月1分5厘行利	
8	借钱字据	正红旗蒙古佐领凤太同骁骑校富克积善	嘉庆十三年	张某	因官事借钱700吊，言明每吊1分行利，每季归钱20吊	
9	借钱字据	正红旗满洲原任佐领绅亮同子现任佐领泰林	嘉庆十三年十月	张某	因官事无凑，借到钱700吊，言明每月利息1分5厘	

续表

编号	契约名目	立契人	立契时间	受契人	契约内容	备注
10	借钱字据	镶红旗满洲佐领都尔松阿	嘉庆十三年十一月	张姓	为公中官项事务，借到清钱250吊，言明每月2分行息，每季归钱10吊	
11	借钱字据	镶红旗满洲佐领德仪	嘉庆十四年八月	通太[泰]号张	借到清钱158千950文，言明3分行息，于嘉庆十五年二月内本利归还	
12	借钱字据	正红旗满洲佐领忠文	嘉庆十五年十月		欠到无利钱120吊，每年四季每季归钱10吊	
13	借钱字据	正黄旗汉军领催文睿	嘉庆十八年十一月	张三爷	借到清钱120吊，言明每月分半行息	
14	借钱字据	正红旗蒙古世袭佐领图明阿	嘉庆十九年八月	天顺碓房	先前父、祖借到钱1044千190文，陆续故去，今情愿将所有欠账归于本身名下，言明四季归还，每季随甲米5石5斗，并无利息	
15	借钱字据	正红旗满洲大同游击忠某	嘉庆十九年九月	张某	借到清钱500吊，言明每月3分行利，于明年3月内归还借本	
16	借钱字据	镶红旗满洲佐领福广	嘉庆二十年八月	通泰号	借到清钱100吊，言明3分行息，此钱二十一年二月俸米上本利一共归还	
17	借钱字据	正红旗蒙古马甲皂明等	嘉庆二十一年十月	通太[泰]号	借钱250吊，利息2分，归本撤利，言明每米季归钱10吊	
18	借钱字据	正黄旗汉军领催艾如寅	嘉庆二十一年十一月	通泰号	借到清钱70吊，言明每月1分5厘行息，每季归钱5吊	

碓房与旗人生计

续表

编号	契约名目	立契人	立契时间	受契人	契约内容	备注
19	借钱字据	镶蓝旗宗室贵当阿	嘉庆二十二年三月	通泰号	因父在日殡祖父手乏，借到清钱720吊，言明无利归本，二八月俸银归钱20吊，三六九腊月米季归钱40吊	末注：外欠米11石，每季归米1石
20	借钱字据	正红旗蒙古阿木拉凌桂	嘉庆二十三年九月	通太（泰）号	借到清钱412吊160文，每月2分行息，每年二、八季本身米票一张，照市价合钱，除利归本	末补注：嘉庆二十四年八月改立借据：因前欠通泰号京钱650吊，言明每季归京钱50吊，六年半为满
21	借银字据	正红旗蒙古佐领图明阿	嘉庆二十四年八月	天顺局	因办母丧仪，借到清钱120吊，言明自二十五年春季俸银起，作为三季，本利归完，按3分行息	
22	借钱字据	镶红旗满洲佐领庆住	嘉庆二十五年二月	通泰号张姓	借到清钱240吊，并无利钱，言明每季还钱20吊，二八月俸银上还钱15吊，俸米上还钱5吊	
23	合同	正黄旗满洲玉泰同侄常清		通泰号	与通泰号讲明借给米吃，每月5石按本家斗口，每石工价脚钱900文，半年一清；将本家应领俸米56石全卸给通泰号，除吃米之外按市价合钱归还账目	后注：外欠老米十石
24	借钱字据	正红旗蒙古骑都尉哈弗那	道光三年六月	通泰号	借到清钱100吊，每月利钱3分，将俸米归本撤利	
25	借钱字据	镶红旗满洲佐领善住	道光七年二月	通泰号张某	借到清钱835吊，言明每月1分5厘行息，每逢二八月还本	

797

续表

编号	契约名目	立契人	立契时间	受契人	契约内容	备注
26	借钱字据	镶红旗满洲护军明山	道光七年十月	通泰号	因殡母无出借到清钱40吊，言明每月3分行息，每季归本钱6吊	
27	借钱字据	镶红旗满洲庆五爷	道光七年十一月	天顺号	借钱175吊，2分行息，言明每季俸银归钱60吊	
28	借钱字据	镶红旗满洲乌林	道光八年正月	通泰号	因迎娶无资，借到清钱130吊，言明每月3分行息，归本钱30千；每季归本钱20千	
29	借钱字据	镶红旗满洲亲军双桂	道光八年二月	通泰号碓房	因父死乏用，借到清钱150吊，言明每月1分行息，每米季归清钱10吊	
30	借钱字据	镶红旗满洲佐领海长、领催松明	道光八年四月	通泰号	因迎娶无资借到清钱750千，言明每月1分5厘行息，每二八月季上归钱20千，俸米季上尽力归本，赶紧归完	契上补注：十一年十一月廿七日又借钱430吊。又补注：十八年六月二十四日算明，又借钱812吊130文，三次共1992吊130文，言明改为5厘行息，每季甲米5石5斗，每季俸米25石，按市价合钱，除利归本
31	借钱字据	正黄旗汉军护军校文睿	道光九年二月	通泰号	借钱512吊，每季俸归钱50吊，行息6厘	
32	借钱字据	正红旗蒙古领催胡孙布	道光十年二月	玉皇阁通泰号	借到清钱100吊，言明每月2分半行利，每米季除吃米1石，下卖钱归本	

|碓房与旗人生计|

续表

编号	契约名目	立契人	立契时间	受契人	契约内容	备注
33	借钱字据	镶蓝旗宗室都姓	道光十年七月	玉皇阁通泰号碓房张姓	欠钱800吊,言明此钱无利息,将每年二、八月俸米票上代还,每季归钱8吊,每年共归钱16吊,共归五十年,合一百季正	
34	借钱字据	正红旗满洲伊通阿	道光十二年三月	通泰号张姓	陈借到500吊,言明每俸银俸米季归钱30吊	
35	借钱字据	正红旗蒙古佐领吉隆阿	道光十二年五月	玉皇阁通泰号碓房	借到清钱500吊;再已故办事领催关住托(拖)欠官项钱180吊;索、保姓制(置)买凭戬夹剪官项之物又借钱120吊,共借钱800吊;每月给利息5吊	
36	卖房白契	大兴县民梅善	道光十三年五月	孙某	自盖碓房3间,位于东四牌楼隆福寺西口,价银150两	
37	借钱字据	正红旗蒙古马甲忠祥	道光十五年二月	通泰宝号	借到清钱100吊,言明每月按2分行息,每二、五、八、冬季米1分外,米1石,随旗官价合钱,除利归本	
38	借钱字据	正黄旗满洲马甲那蒙阿	道光十五年八月	通泰号张姓	借到清钱52吊,言明每月1分5厘行息,正四七十米季归钱5吊	
39	借钱字据	镶红旗满洲护军郭仁	道光十五年八月	天顺碓房	借到清钱80吊,言明并无利息,每米季归米2石,按官价合钱,如一季米不到,按3分行息	
40	借钱字据	正黄旗汉军佐领李绣	道光十六年九月	通泰号	借到清钱60吊,言明过年二月俸米票一张米25石按市价合钱,除利归还	

799

续表

编号	契约名目	立契人	立契时间	受契人	契约内容	备注
41	借钱字据	正黄旗汉军马甲姚双庆等	道光十七年十一月	通泰号	因伊妹出阁，借到清钱42吊，言明3分行息，每米季归钱10吊500文，一年归完	
42	借钱字据	正黄旗汉军李秀	道光十八年二月	通泰号	屡续借到清钱500吊，言明停止利息，每年二月初二、八月初二日还钱25吊	
43	借钱字据	正红旗蒙古云骑尉吉星保同那、桂、赵三姓	道光十八年九月	通泰号	清钱310千，言明无利息，每二、八月俸银上各归钱25千，每俸米季上各归钱15千，共归4年为满	
44	借钱字据	正红旗蒙古护军富庆	道光十八年九月	通泰号	借到清钱77吊，言明2分行息，每米季卸老米1石、（梭）米2石，按市价合钱，以钱8吊归利，归本归完为止	
45	借钱字据	正黄旗汉军马甲姚双庆等	道光二十一年十二月	通泰号	小女出阁无资，同叔弟德庆借到清钱45吊，言明3分行息，指甲米5石5斗按市价合钱	
46	借钱字据	正红旗满洲镇江理事同知觉罗海绵	道光二十九年二月	通泰宝号	借到清钱320吊，言明每月按2分行息，3年内本利归清	
47	借钱字据	正黄旗蒙古一等子庆禄	道光二十九年三月	通泰号	有先父在日借到清钱365吊140文，言明无利，自今言明每俸米季归钱20吊。今又借到100吊，3分行息，又每月银1两，每米季随米1分，铺内关取	

碓房与旗人生计

续表

编号	契约名目	立契人	立契时间	受契人	契约内容	备注
48	卖房白契	正红旗满洲玉树珊	咸丰二年八月	玉某	自置和盛碓房12间、后院1块，坐落西四牌楼、价银150两	
49	借钱字据	正黄旗汉军马甲明廉	咸丰三年四月	通泰号	借到清钱97吊，言明每月3分行息，每年正四七十月米季除卸老米1石，其余米零俟开账后全行归还除利作为归本。每年库银归钱5吊，每月钱粮给钱1吊	
50	借钱字据	正黄旗汉军马甲德庆	咸丰三年十二月	通泰禄记	先借到钱99吊870文，言明每月2分5厘行息；又因伊女出聘，借到52吊，言明每月2分行息。每年地租内归本6吊，每年库银内归钱10吊，每米季5石5斗，合钱若干全行归本；每月所食钱粮，除还利息外，归本钱1吊	
51	借钱字据	正红旗蒙古马甲百顺、领催百福	咸丰四年四月	通泰禄记	清钱202吊，言明2分行息；又欠钱51吊，言明停利，情愿将二人本身甲米2分，每季按官价卖钱，每季归停利钱2吊；其余钱除利归本，归本抽利，归完为止	
52	借钱字据	正红旗蒙古佐领瑞祥	咸丰六年十一月	天盛碓房	借到清钱1200吊，言明1分行息，每年二、八月俸米票一张，按市价归还	旁注："德和店将此钱冲清"
53	借钱字据	正黄旗汉军马甲明廉	咸丰六年十一月	通泰号	陆续借到清钱98吊750文，言明每月3分行息，每季米上除给利下余归本钱5吊，又每月归钱1吊，每年库银归钱5吊，通计每年除利合归钱37吊	

801

续表

编号	契约名目	立契人	立契时间	受契人	契约内容	备注
54	借钱字据	正黄旗汉军增和佐领下众领催	咸丰七年十一月	通泰号	因本佐领下兵丁米石在通泰号备车拉脚，办理公事陆续借钱7600吊，言明每月利息2厘；今置办军器等物又借钱900吊，言明每月利息4厘。每米季除利如有余项归本抽利，备车拉脚仍归通泰号	
55	借钱字据	正黄旗满洲佐领毓横	咸丰十年十二月	通泰号	借到清钱500吊，言明每月行息1分，并言明每季军米永远祈本铺备车拉脚，倘若不然，将本利全行归还	
56	卖房白契	孙廷璜	同治元年闰八月	尹某	祖遗自置三泰号碓房18间，坐落阜成门内南沟沿十八半截胡同，价银230两	
57	借钱字据	镶蓝旗满洲固普齐光	同治八年五月	信成局	因无钱办理部中查核办谱文书等项，借信成局清钱1000吊，每月行息1分2厘，每年2、8月俸银俸米按3成3分归还	外欠清钱3767吊500文。又批：8年4月、10年12月又续借826吊，1分行息
58	借钱字据	正黄旗汉军马甲祥瑞	同治九年二月	通泰号	借到清钱150吊，言明每月3分行息，每月钱粮、四七十月米季折银并米后十月库银一分归本，归完为止	
59	借钱字据	正黄旗满洲世袭佐领讷钦泰	同治九年五月	玉皇阁通泰碓房	因办公手乏借到清钱10600吊，言明月利3厘，本佐领下每年众军甲米、正四七十月季在本铺备车拉脚	契后补注：光绪二十六年正月续借通泰禄清钱14400吊，光绪二十九年二月续借钱1000吊，前后欠钱26000吊，言明每季给老米2石2斗作为利息，永不更改

续表

编号	契约名目	立契人	立契时间	受契人	契约内容	备注
60	借钱字据	正黄旗汉军领催禄寿等	同治九年九月	通泰宝号	前借到清钱800吊，每月按1分行息；因无项归还，情愿将坟地28亩对与通泰号带为耕种，历年地内所有土产余资，除利归本，归完为止	
61	借钱字据	正黄旗汉军马甲灵泉	同治九年十月	通泰宝号	借到清钱80吊，言明每月3分行息，每月钱粮银交利，余钱及库银归本	
62	借钱字据	镶红旗满洲护军桂林	同治九年闰十月	通泰号	借到清钱65吊，言明三、六、九、腊米季归还，不取利归本，归完为止	
63	卖房白契	夏文瑞	同治十一年十二月	某宅	自置油盐店、碓房5间、后院1块，位于后门内东板桥妞妞房胡同	
64	借钱字据	马甲柏顺	同治十二年四月	通泰号	借到钱180吊，自六月起至明年二月米季止，所有进项俱归通泰号	
65	卖房白契	夏文瑞	同治十二年五月	马宅	自置粮店、碓房3间，位于德胜门内路南，价钱1000吊	
66	卖房红契	夏文瑞	同治十三年四月	广宅	自置油盐店、碓房5间、后院1块，位于地安门东板桥妞妞房胡同	
67	借钱字据	正黄旗汉军马甲德明之妻孔氏	同治十三年五月	通泰号	欠清钱385吊，言明每月钱粮给钱10吊，每米季米折银一分，马甲米一分，归本二年为完	附注：每年给库银1包归本
68	倒铺底白契	胡学礼	光绪元年九月	天泰轩杜蓁	祖遗碓房2间，位于护国寺西口外大街，价钱850吊	地基为官地民产，每月地租照章交纳

第三编 旗民关系

续表

编号	契约名目	立契人	立契时间	受契人	契约内容	备注
69	借钱字据	正黄旗汉军弓匠德升同子福海	光绪二年闰五月	通泰号	借到清钱240吊，情愿每月大包钱粮银1包给利，每季米折银1包、甲米1分归本，每年库银1分满归	补注：再续借钱50吊，每月给小包银一分，归钱10吊，归完为止
70	借钱字据	柏顺	光绪三年八月	通泰号	因天寒凉，指明年六七八三个月银，借到清钱20吊，言明归完为止	
71	借钱字据	正黄旗汉军明廉	光绪三年十一月	通泰号	陆续借到清钱400吊，言明由光绪四年正月起米季米折米并八月库银归本；每月永泉养育兵钱粮一分给利	
72	借钱字据	柏顺	光绪三年十一月	通泰号	因手乏无钱，指光绪四年九、十两个月钱粮借到清钱32吊，归完为止	
73	倒铺底白契	董世明	光绪四年四月	明富民	自置泰来碓房，位于大蒋家胡同中间路南	
74	卖房契	宛平县周廷熙	光绪四年八月	屈福禄李瀛洲	将祖业遗留鞍匠营西口内宝兴局碓房卖于屈、李，价银2100两	附带交出镶红旗满洲双端佐领、正红旗满洲翔凤佐领、镶蓝旗满洲德本佐领米石配车拉脚字据等
75	入股合同	屈福禄李瀛洲	光绪四年九月		将置到鞍匠营宝兴局碓房，价银1700两，生意按十成股分，各领五成股，永远为业	
76	借钱字据	镶蓝旗佐领德本	光绪四年九月	宝兴局	因置办官事等项无钱办理，借宝兴局清钱2000吊；钱无利息，每季给坐甲米1分，归完为止	附带条件：将本佐领下应领众军米石车脚交宝兴局配车拉脚

804

续表

编号	契约名目	立契人	立契时间	受契人	契约内容	备注
77	卖房红契	镶黄旗满洲凤秀	光绪五年闰三月	镶红旗汉军王某	祖遗文雅斋成衣铺、永珍楼碓房14间，位于前门外杨梅竹斜街，价银140两	
78	借钱字据	镶红旗满洲松山	光绪六年	通泰禄	借到清钱180吊，言明2分行利，每季米账一分，除利满归	
79	卖碓房股东字据	李瀛洲	光绪六年七月	屈福禄	将自己名下股份卖与屈福禄	
80	入股合同	屈福禄 姜容庄	光绪六年七月		屈、姜合股经营宝兴局	
81	借钱字据	正黄旗汉军弓匠德升	光绪七年七月	通泰号	陆续借到清钱500吊，言明每月钱粮银一分出利钱，按2分7厘行息；每米季米银归本钱20吊，米上归钱10吊，库银归本钱一半；赏二分归本钱一半	
82	借钱字据	正黄旗汉军立顺	光绪七年十二月	通泰号	借到清钱250吊，言明每月钱粮银1分除利满归；每米季米一分并米折银满归；五月库银一分满归	
83	借银字据	宛平县张长春	光绪九年十一月	屈宅	指自置钱铺家具铺底借到银300两，按1分4厘行息，3个月归还	
84	借钱字据	正黄旗汉军马甲德福	光绪十年三月	通泰禄	借到清钱200吊，每月钱粮银一分出利，下余找回；每米季米折银满归，闰五月库银一分满归，闰月银米满归	
85	退股契约	宛平县张作相	光绪十年五月	骥廷选	情愿交退出铺事不管，不与张作相相干	

续表

编号	契约名目	立契人	立契时间	受契人	契约内容	备注
86	借押账字据	正红旗满洲佐领德培等	光绪十二年八月	宝兴局	因置办官事等项无钱办理，情愿将本佐领下应领众军米石交与宝兴局配车拉脚，借到清钱14000吊，每月按6厘行息，以借此钱作为车底押账	补批：十三年十月十七日因本身放定，续借钱500吊；二十二年八月又借清钱14000吊
87	借钱文约	正黄旗汉军领催禄寿同办事副领催灵泉	光绪十二年十月	通泰禄碓房	因禄寿聘孙女无钱，借到京钱250吊；每月有本佐领下公议钱8吊还息，每米季由公项留钱内归本钱20吊；福寿若有事故，俱有灵泉承管	
88	卖房红契	于梦赉	光绪十三年七月	邓普臣等	祖遗庆兴局碓房7间，位于东华门外南池子葡萄园，价银110两	
89	借钱字据	正红旗蒙古养育兵皂老四	光绪十四年三月	通泰碓房	陈欠50吊，并无利息，今托本佐领下办事领催保姓说合，九年后归还	
90	借钱字据	正黄旗汉军马甲万顺、恒顺同佺	光绪十六年十一月	通泰禄碓房	旧欠清钱180吊，续借200吊，言明每月钱粮内还利归本	
91	借银字据	正红旗蒙古桂希氏	光绪十六年十一月	屈宅	以本身坐落丰盛胡同房一处为凭，借到宅银300两，每月按5两行息，一年归还	随字外有红契2张、白契28张，一并跟随
92	杜绝卖房白契	镶黄旗满洲钟秀	光绪十七年正月	韩宅	原有灯笼铺、羊肉铺、碓房6间，位于宣武门内	按，该契价银不详
93	卖地白契	镶蓝旗满洲爱山	光绪十七年十二月	屈姓	因手乏情愿将自置米粮地一段8亩，内有树900余棵，出卖与宛平县民屈姓	按，该契价银不详

续表

编号	契约名目	立契人	立契时间	受契人	契约内容	备注
94	倒铺底白契	孙瑜	光绪十八年七月	庆兴局	祖遗碓房7间，位于东安门内，价银220两	
95	借钱字据	正红旗满洲佐领德培	光绪十九年七月	宝兴局	因父母病故殡葬、本身授室及当差办理官项手乏无资借到宝兴局清钱7370吊，以俸米票、俸银、步甲米等归还	
96	借银字据	正红旗蒙古护军恩厚	光绪二十年二月	通泰禄	借到纹银150两，言明以银米、恩赏银归本还利	
97	借银字据	张福	光绪二十年十一月	屈宅	指龙泉厂原倒聚盛厂家具铺底清单，借到屈宅银100两	
98	借银字据	镶红旗满洲额勒恒泰	光绪二十一年五月	屈宅	借到屈宅银20两，以俸银归还	
99	借银字据	信成局	光绪二十三年十月	屈宅	借到屈宅银100两，每月按1分5厘行息	
100	借银字据	正红旗蒙古亲军恩凌	光绪二十四年二月	通泰禄碓房	陆续借到银170两，言明每月由本身钱粮银给1两6钱；每米季米折银一分满归；米账一分满归；每年赏一分满归	契上补注：自光绪二十六年三月又续借银43两
101	借钱字据	正红旗蒙古前锋祥顺	光绪二十四年七月	通泰禄	借到京平足银18两，言明每月利息1分5厘，每季米账1分，除利归本，归完为止，永不续借	
102	借银字据	正红旗蒙古领催福喜	光绪二十五年五月	通泰禄	因办理白事度日陆续借到京平足银230两，言明每月利息1分5厘，每月给本身钱粮银1份，除利归本；每季米折银，归银5钱	

续表

编号	契约名目	立契人	立契时间	受契人	契约内容	备注
103	借银字据	正红旗满洲胜魁	光绪三十二年六月	屈星垣	因手乏，指原有住房一所，坐落锦什坊街小水车胡同，借到屈星垣银110两，每月利息1两6钱，5年为期，准其收房，如无力回赎，准屈星垣收房抵价	补批：宣统三年九月初十日胜魁同子奎玉因聘女无资，续借银65两，后作为房价175两归屈姓业产。屈姓不忍收房展限1年
104	借钱字据	正黄旗满洲佐领续昌同骁骑校、领催等		通泰禄	因先父在时陆续借过通泰禄碓房钱13000吊，言明每月按5厘行息，众军米石仍在通泰禄碓房配车拉脚	
105	借银券	镶红旗满洲佐领恩龄	宣统元年六月	宝兴局	因本佐领办公借到宝兴局银540两，将本佐领下众军米石交与宝兴局配车拉脚，每季给土道1分半作为利息，日后将此银归清	
106	限期还债甘结	正红旗满洲麟泰	宣统元年腊月	屈宅	因拖欠屈宅房租50余两，限期准于正、二月内全数奉还清理	
107	分担欠账文约	绪绵绪山	宣统元年四月	屈宅	因家中手乏无银，所欠屈宅银80两未还，每月3分行息，以兄弟分居各分账目银40两	此银原本家中堂前大人亡故花费使用
108	倒房字据	屈宅	宣统二年七月		典到西直门内曹公观后中街孟宅住房一所，典价200两，2年后银到准赎，倘8年后不赎，此倒字作废，准许典主遵例税契	补批：腊月初10日续借银50两
109	借银字据	镶白旗满洲恒惠	宣统二年五月	屈宅	因手乏无资借到屈宅银200两，每月按2分5厘行息，1年内归还	有本身房契一套8张、老红契2张作押

碉房与旗人生计

续表

编号	契约名目	立契人	立契时间	受契人	契约内容	备注
110	借银字据	北京王维三	宣统二年七月	屈宅	因手乏无资借到屈姓银120两，并无利息，每月归银12两，10个月归还；又借银100两，每月按2分5厘行息	以本身铺底字一套作押
111	借银约	正红旗满洲麟泰	宣统二年八月	屈宅	因有至要急难之项，借到屈宅银100两，3分行息，一年内限期归还	
112	典房白契	镶白旗满洲明昆	宣统三年七月	屈宅	因父病故手乏无资，指锦什坊街王府仓中间住房一所情愿典与屈宅，典价银450两，一典2年。倘2年后不赎，准许典主遵例投税	又批：借到屈宅银450两，每月按2分5厘行息，期至1年内归还
113	借银字据	镶黄旗汉军桂全	宣统三年二月	屈宅	借到屈宅银30两，每月行息4分，由本年秋季米票归本	
114	典房白契	宛平县王海	宣统三年七月	屈宅	因手乏，将自置住房一所坐落阜成门外铁铺胡同情愿典与屈宅，典价银100两，2年准赎。倘8年后不赎，准许典主遵例投税永远为业	
115	借银字据	北京王维三	民国元年九月	屈宅	因手乏借到屈宅银100两，每月归银12两	
116	续立还债新约	阜成门外永恒杠房铺东王子厚	民国二年四月	屈宅	前清时因手乏借到屈宅银125两，每月利息2分5厘，因屡讨未付以致拖欠利息百数余两。议准一年归银54两，5年还清	

809

第三编　旗民关系

续表

编号	契约名目	立契人	立契时间	受契人	契约内容	备注
117	卖房白契	正红旗满洲胜奎（魁）同子奎玉	民国三年七月	仁厚堂	自置房一处坐落锦什坊街小水车胡同内，卖于仁厚堂，价银235两	按此房原抵押于屈宅
118	卖房白契	镶白旗满洲恒惠之子明昆同子伊洪额	民国四年五月	屈姓	祖遗住房一所坐落阜成门内王府仓胡同，情愿卖与屈姓，卖价银150圆	按此房原典与屈姓，赎回后至此出卖
119	欠银字据	王延柱	民国五年十一月	屈宅	王延柱父王维三生前欠屈宅银200两，因将本铺材料布匹租出5年，以民国九年十二月为满，即将本铺材料布匹等变卖归还	
120	典地文约	汪可裕	民国六年二月	屈振兴	因乏手不便，将本身祖遗老粮民地一段5亩，典与屈振兴，典价银圆45元。一典5年，银到原价回赎	
121	当地契	何景山	民国六年二月	屈振兴	有典地1亩，典与屈振兴，当价银圆17元	
122	借钱字据	屈化氏	民国十三年五月		将自置房一处坐落内右二区王府仓路门牌33号，押给何宅，借到大洋400元，每月2分行息，每月房租15元，除利8元，下余7元退回屈宅。倘房空租，屈宅按月付利，不得拖欠。如有拖欠，准何宅另行税契。归还期限一年	

810

续表

编号	契约名目	立契人	立契时间	受契人	契约内容	备注
123	借钱字据	屈汉臣 崔久峰 张续田	民国十四年九月	屈宅	因立汽车行无钱使用，借到屈老太太现洋400元，将汽车底捐2个抵押，每月2分行息	
124	变更股份字据	崔久峰	民国十六年八月		屈汉臣从汽车行退股，全归崔久峰营业	

注：本表第1、36、48、56、63、65、66、68、73、77、88、92、94号契为中国社会科学院近代史所图书馆收藏；第57、74—76、79、80、83、85、86、91、93、95、97—99、103、105—124号契载张传玺主编《中国历代契约会编考释》（下），北京大学出版社1995年版；其余各契为日本东京大学东洋文化研究所仁井田升博士文库收藏。

（原载《清史论丛》2006年号，中国广播电视出版社2006年版）

清代北京旗人与香会
——根据碑刻进行的考察

清代北京城内外寺庙宫观林立,共有千处之多。在统治者的积极倡举和民间汉人风习涵濡下,世代居住北京内城的数十万旗人多笃信佛、道二教,并在日常生活中与寺观形成密切关系。寺观既是旗人宗教活动中心,也是他们慷慨捐资、施舍田地的对象,旗人为实施善举,还参与或组织了形形色色的香会。

香会,作为民间祭神修善的自发性组织,有着悠久历史[①]。更为重要的,还是它在民间信仰方面所起的作用。清代北京,每届寺观举行节庆活动,各处信士弟子朝顶进香之际,多有香会活跃其间。

关于北京香会,前人作过一些田野调查和开拓性研究。1925年,北京大学研究所国学门的顾颉刚等五人对妙峰山庙会进行了为期三天的实地考察,相关成果陆续在《京报副刊》登出,题为《妙峰山进香专号》,其中包括顾颉刚撰写的调查报告《妙峰山的香会》,以后结集为《妙峰山》一书,1928年出版。在此前后,满族学者奉宽撰有《妙峰山琐记》,金勋撰有《妙峰山志》(稿本),后两部著作虽不及顾颉刚之作闻名,却与之共同构成研究北京地区香会的起点。近年来,刘锡诚主编《妙峰山·世纪之交的中国民俗流变》一书和赵世瑜的论文《国家正祀与民间信仰的互动——以明

[①] 顾颉刚:《妙峰山的香会》,《妙峰山》中山大学语言历史研究所《民俗学会丛书》,1928年,第11页。

清京师的"顶"与东岳庙为个案》,则是这方面研究的延续。①

本文并非对清代北京香会全景式考察,而只关注其中与旗人息息相关的部分,首先是香会的名目,其次是香会的组织,希望以此为切入点,了解旗人参与香会活动的情况及其与民人的关系。鉴于有关记载少见于官私史籍,本研究是以现存寺观碑石拓片为基础的。

一 香会的名目

清廷定鼎北京初,强迫内城汉官和商民人等尽徙外城(南城),以内城安置"从龙入关"的八旗官兵及眷属,由此形成旗民分居格局。这种格局,一直维持到19世纪末。旗人作为内城主体居民,积极参与民间香会活动,并在这种活动中增进了与民人的交往。限于篇幅,这里不作面面俱到的胪列,仅以若干著名寺观为对象,进行初步考察。

(一) 都城隍庙香会

都城隍庙位于京师内城西旧刑部街,元称佑圣王灵应庙,明永乐中为大威灵祠,清朝改称都城隍庙。庙内塑十三省城隍。顺治帝入居北京初,岁遣大臣春秋两祭城隍,顺治十四年(1657)春,敕命重修都城隍庙。皇帝作礼于上,士民效法于下,中外善信,不分旗人、民人,纷纷结会捐金。十五年(1658)五月《西棚老会碑》称:"当神圣诞之期,修崇庆贺之礼,法事告成,凡心克尽。会首傅联登仔肩任劳,副会黑松等勖□协力,同会□应元等乐善输

---

① 刘锡诚主编:《妙峰山·世纪之交的中国民俗流变》,中国城市出版社1996年版。赵世瑜:《国家正祀与民间信仰的互动》,《北京师范大学学报》1998年第6期。这方面的成果还有[美]韩书瑞(Susan Naquin):《北京妙峰山的进香之旅:宗教组织与圣地》("The Pekin Pilgrimage to Miao-feng Shan: Religious Organizations and Sacred Site"),《中国的进香和圣地》(*Pilgrims and Sacred Sites in China*),加利福尼亚大学出版社1992年版。观北京师范大学中国民间文化研究所吴效群博士论文《北京的香会组织与妙峰山碧霞元君信仰》(1998年)。

资，胜念均不可泯，勒石以志流芳。"① 是碑题名由正白旗头等阿达哈哈番李世昌、正红旗甲喇章京杨茂春领衔，两人都是汉军旗人。

在碑刻中，香会又称"善会""圣会"，会史长者方可称"老会"②，否则只能称"善会""圣会"。上述香会明言"老会"，说明成立有年，惟具体年代无从查考。李世昌等汉军旗人，在信仰方面，本与民间汉人无别，作为清朝新贵，地位和社会影响又非一般汉人所能企及，由他们接办西棚老会，或主持会务，是很自然的。

凡香会，皆有会名，所谓"西棚"，即该会之名。按民间传统：香会会名，以最初成立时会址为准，以后无论迁移何处，时间延续多长，会员有多大变动，会名依旧，不能改变。这种传统，一直延续到近代。③

与西棚老会同时，都城隍庙还有挂灯会，始建于顺治二年（1645），到雍正十二年（1734）已近百年。设正、副会首、司房等职，会众多达六百人，主体为男性，每年按月轮值，义务在庙前挂灯照明。会碑由武状元、正红旗汉军刘塞都撰，厢红旗汉军、候选县丞吴宗泰书。碑阴题名，一类为典型的满洲人名，如阿尔太、萨哈立、柏度、丫思马、德山、哈尔巴、衣同保、屯太、德尔吐、札弄阿、巴音代、德楞阿等；一类为汉化式满名，如五十八、七十一、四十七、三达子、四达子、喜长、常保、常明、得金、憨徒、二格、八格等；再一类为满洲名前冠以汉姓，如刘发而面、沈三达立、刘六十、李萨哈喇、陈五达子、张四达子、刘法尔吐之属。④

---

① 《西棚老会碑》，顺治十五年五月，《拓本汇编》第61册，第118页。
② 顾颉刚：《妙峰山的香会》，《妙峰山》第38—39页："一个香会必须经过了一百年，方可改'圣会'为'老会'。老会是香会中的领袖。"但从碑刻看，一些成立几十年的香会往往自称"老会"。
③ 金受申：《香会》，《北京通》，大众文艺出版社1999年版，第155页。
④ 《京都城隍庙挂灯会碑》，雍正十二年七月，《拓本汇编》第68册，第146—147页。

在香会碑中，类似题名屡见不鲜①，是值得研究的文化现象。满洲人传统，一般"称名不举姓"，在满洲名前冠以汉姓，或径取一个汉式名字，自然是渐染汉俗的结果。同时也不能排除，有些汉军旗人因趋附满俗、在自己汉姓后取一满洲式名的情况。但不管怎么说，这些人属旗人当无疑义。

（二）碧霞元君祠香会

潘荣升《帝京岁时纪胜》："京师香会之胜，惟碧霞元君为最。"② 在道教神仙谱系中，男性高仙曰真人，女性高仙曰元君。碧霞元君，相传是东岳大帝女，宋真宗时封天仙玉女碧霄元君，下迄元、明，代加封号，清康熙年间，加封"天后"，民间俗呼泰山娘娘、娘娘神。据道教传说，碧霞元君主管招人魂魄、生寿短长、保佑子孙兴旺诸事，故民间信之弥笃，祭祀香火几乎无处无之，仅京城内外，祭祀元君的宫观祠庙就有二十处之多③。

环北京近郊四围，著名元君祠有五，俗称东、西、南、北、中五顶。西顶元君祠位于西郊蓝靛厂长春桥畔，始建于明万历年间，初号天妃宫，又名洪慈宫，清康熙间玄烨发内帑重葺，改名"广仁宫"。

西顶香会起于明末④，入清而不衰。康熙初年，"每岁四月初

---

① 带有类似题名的香会碑颇多，仅康熙年间就有：《东岳庙碑》，《拓本汇编》第65册，第119页；《散司攒香会碑》，《拓本汇编》第65册，第122页；《曹国相创善会碑》，《拓本汇编》第66册，第7页；《岳武穆鄂王碑》，《拓本汇编》第66册，第169页；《药王庙碑》，《拓本汇编》第67册，第105页；《马王庙奉祀碑》，《拓本汇编》第67册，第114页；《如意胜会碑》，《拓本汇编》第67册，第152页。雍正朝以下碑刻为数更多，俱从略。

② 潘荣升：《帝京岁时纪胜》，北京古籍出版社1981年版，第18页。

③ 吕威：《民国时期的妙峰山民俗研究》，《妙峰山·世纪之交的中国民俗流变》，中国城市出版社1996年版，第20页。

④ 2001年4月，笔者踏访西顶元君祠旧址（现为盲人工厂），见正殿东侧路口处卧残碑一方，文字残存无几，碑阳题名有宣城伯卫时春字样，碑侧题名有："总管香头陆□、朱朝等立。"据《明史》卷107（中华书局1974年本，第3248—3249页）：第一代宣城伯卫颖，天顺元年封，至第七代卫时泰，万历三十九年袭，崇祯十七年阊门死难。知此为明末香会残碑。

一日迄十八日，四方善信顶礼者扶老携幼而来，殆肩相磨，踵相接也"①。上供进香，搭台演戏，热闹非常。香会虽多，基本为民人。② 康熙九年（1670）《西顶娘娘进香会碑》题名会首中有"工部他吃哈番加一级信官伽蓝保"，碑侧题："京都北城鼓楼西各旗地方等处正会首□□等仝立"。鼓楼西属正黄旗界。该会照例于每年四月中旬"虔备冠袍带履金银贡器等项钱粮进献"于元君圣母。③ 大约同时还有由"京都定府大街龙头井众善"组织的香会。龙头井亦在正黄旗界。④ 这表明，康熙初年前往西顶拈香的旗人明显增多。此后见于碑文记载的有：

由"阜成门里朝天宫三条胡同仕宦满汉军民"组成的"西顶洪慈宫进香会"。按，乾隆时人吴长元《宸垣识略》卷首图，朝天宫三条位于内城西北。清初八旗分布的具体方位：镶黄旗居安定门内，正黄旗居德胜门内，并在北方；正白旗居东直门内，镶白旗居朝阳门内，并在东方；正红旗居西直门内，镶红旗居阜成门内，并在西方；正蓝旗居崇文门内，镶蓝旗居宣武门内，并在南方。朝天宫位于内城西北，应属正红旗界。"军民"的"军"，实际是指旗人，"军民"也就是"旗民"。该会成立于康熙十七年（1678），每年十二日奉香瞻拜。⑤

由"阜成门里朝天宫东廊下"满汉旗民组成的香灯会。东廊下胡同在朝天宫南。该会成立于康熙初年，会碑追述："是会也，每逢岁之丰歉，量捐资之多寡。每至孟夏之月，男女不下三五百。"⑥

由"西直门里西官园口"一带满汉旗民成立的香会。西官园口

---

① 《西顶施茶碑》，康熙四年，《拓本汇编》第62册，第62页。
② 《西顶进香碑》，顺治十一年四月，《拓本汇编》第61册，第62页；又《西顶施茶碑》，康熙四年，同上第62册，第62页；《西顶进香碑》，康熙八年四月，同上，第124—126页。
③ 《西顶娘娘进香会碑》，康熙九年四月，《拓本汇编》第62册，第151—153页。
④ 《西顶进香碑》，康熙三十一年四月，《拓本汇编》第65册，第6—8页；又第9—11页。
⑤ 《西顶洪慈宫进香碑》，康熙二十六年四月，《拓本汇编》第64册，第93页。
⑥ 《香灯会垂后碑记序》，康熙二十七年四月，《拓本汇编》第64册，第108页。

在朝天宫北。该会成立于康熙十四年（1675），会众例于元君诞辰（四月十八日）进香，"阅二十七年而不倦"，四十一年（1702）刻碑纪念。碑阴题名"信官""信士"中，多为旗人，已婚妇女约占半数。①

《宸垣识略》卷8又载："朝天宫在阜成门内朝天宫街，元之天帅府也……今虽有宫门口、东廊下、西廊下之名，其实周围数里，大半为民居矣。"这是乾隆年间记事，说明外城民人入居朝天宫一带由来已久。以上几个香会会址均集中在这一带，可能与较早形成旗民杂居的社会环境有关。

进香西顶的还有："西直门里南扒儿胡同弥罗庵"香会。南扒儿胡同在正红旗界。正会首以下男女各数百人。②

由"阜城关外六道口一带军民"组成的如意胜会。六道口村在阜成门西。该会成立于康熙五十八年（1719），会众"同为乐输，岁以为常"。近三百人中，妇女占半数以上。③

康熙中叶起，大规模征战明显减少，社会趋于安定，经济走向繁荣，旗人不必再像祖父辈那样终年戎马倥偬，四出征战，有了更多余暇过平民式生活。从会碑题名还可得知：不仅汉军旗人，还有越来越多的满洲旗人参与香会活动，成为这一时期兴起的新现象。

乾隆三十五年（1770），清廷在蓝靛厂设八旗外火器营，与西顶元君祠近在咫尺，营中官兵及眷属进香尤为便利。旗人和硕亭所作竹枝词《草珠一串》说："欲游西顶（原注：娘娘庙烧香必曰朝顶）顺长河（此河通昆明湖），一路楼台点缀多。万寿寺（在长河北岸）前需驻马，此中山子甚嵯峨（相传张南垣所堆）。"④清代京城旗民往游西山诸景，沿西直门外长河是一条重要通道，途中美景目不暇接。长河北岸的万寿寺殿宇宏丽，廊阁错落，园林秀美，假山嶙峋，是皇室贵族休憩赏玩之所。寺东是万寿街，因街两旁店铺

---

① 《曹国相创善会碑》，康熙四十一年二月，《拓本汇编》第66册，第6页。
② 《年例进香碑》，康熙三十一年四月，《拓本汇编》第65册，第12—14页。
③ 《如意胜会碑》，康熙六十一年，《拓本汇编》第67册，第151页。
④ 杨米人等著、路工编选：《清代北京竹枝词》，第56页。

均仿苏州样式,俗称苏州街。其北即为西顶元君祠,是旗民进香还愿、赶庙游乐的理想去处,故直到近代,香火历久不衰。

清代中叶以来,京郊五顶之外,以京东丫髻山和京西妙峰山的碧霞元君祠最为著名。

丫髻山在京东百里,旧属怀柔(今属平谷),二峰高出云际,形如丫髻,故名。山上旧有护国天仙宫,即碧霞元君祠。每年四月初八日四方聚会,庙会五日。清初,香火日盛。康熙四十三年(1704),玄烨驾幸丫髻山。御赐"敷锡广生"匾悬祠前。五十二年(1713)三月初一日,玄烨六旬寿辰前夕,遣皇十子、十二子奉敕前往降香,启建万寿道场。十八日诞辰日,在京皇会至丫髻山进香,彩楼仪仗,共二三万人。皇帝赐内帑,并皇会布施,建玉皇顶于山顶。玉皇顶建成后,御书匾额"清虚真宰"。五十五年(1716),玄烨再次驾幸丫髻山①。雍、乾年间,皇室屡屡降香丫髻山。嘉庆十五年(1810)九月十五日,颙琰前往丫髻山行宫,还发生了天理教徒林清串通内监攻入紫禁城的惊天大案。

因为皇帝的尊崇,丫髻山碧霞元君祠在京师旗民中的影响迅速提升。每岁四月初旬,丫髻山庙会四方云集,京师香会尤多,各立名目。其中有名放帑会者,会员一二千人,捐银数千两,至庙场放帑(施舍银两)。乞食穷民挨次排坐,每人给钱百文,麦食半斤。受施者多至二三万人。岁以为常。香会为首者多为满洲贵族与内府旗人②。《夜谈随录·孝女》记京城旗民妇女前往丫髻山碧霞元君祠进香的盛况:"旧说丫髻山上祀奉山顶碧霞元君之神,灵应昭于畿辅。上自大内后妃、中使及王公缙绅,下迄庶民,每际四月,则进香赛会者,车马络绎,不绝于道。而五更鸡鸣时即上殿进香者,谓之上头香。头香必待宫使巨珰,他人罔敢僭越。"③足见香火之兴盛。

---

① 吴景果纂修:《康熙怀柔县新志》卷2,第11页下—14页上,康熙六十年刻本,《中国地方志集成·北京府县志辑》第5册,上海书店2002年版。
② 吴景果纂修:《康熙怀柔县新志》卷4,第18页下19页上。
③ 和邦额:《夜谈随录》,中州古籍出版社1993年版,第254页。

清代北京旗人与香会

　　与丫髻山遥遥相对，京西妙峰山碧霞元君祠香火也很兴盛。因吸引八方香客，被誉为"金顶"。妙峰山在京城西北八十余里，山路四十余里，共一百三十余里。祠在万山中，孤峰矗立，山路盘旋而上，势如绕螺。香火起于明代，兴于有清。原称天仙庙，乾隆年间为道士主持，称灵感宫，嘉庆帝御赐惠济祠，即元君祠。每年四月十八日元君诞辰，从初一日起开祠，盛况空前，朝廷特派大臣拈香，凡京城旗民，远至数百里者，亦踊跃前往，且有徒步之徒，结队而行，不惮劳苦，各种香会随之而兴。

　　妙峰山香会有文会，也有武会。文会主要是举行祭祀庆典，为香客做各种善事——修道、清路、为夜行香客挂灯照明、提供茶水、免费提供修鞋服务，以及舍馒头、舍盐豆、舍鲜花、舍拐杖。武会主要活动为娱神，如踩高跷、扭秧歌、耍五虎棍等。见于碑碣记载的主要为文会。顾颉刚《妙峰山的香会》记峰顶元君祠内清代碑碣十二通，金勋《妙峰山志》载二十六通，其中无字碑一通。时间最早的为引善老会，康熙二年（1663）立碑，时间最晚的为万善长青献鲜圣会，光绪二十二年（1896）立碑。[①]

　　京城西北郊为山水胜境，清皇室自康熙、雍正至乾隆历朝累世经营，兴建畅春园、圆明园以及万寿山（原名瓮山，因慈禧太后办六旬万寿，改名万寿山）的清漪园、玉泉山的静明园、香山的静宜园（所谓"三山五园"），以供避暑栖息，周围设置八旗军队和特殊兵种火器营、健锐营、护军营。这些旗营，都是官兵携眷属驻扎，旗人家口多达数万。这一带又是通往妙峰山的要道，故很早就兴起尊奉碧霞元君的香会。已知的有：

　　献供斗香膏药圣会。会碑题称："京都顺天府宛平县西直门外

[①] 据笔者于2001年6月15日实地考察，祠前塔院西侧碑林尚存清代石碑七通：康熙二十八年三月工部营缮司主事张献撰并书：《妙峰山香会序》；乾隆七年三月宗室弘晁撰并书：《金顶妙峰山进香碑》，碑文中提到"二顶兴隆圣会"；乾隆三十五年四月立：《天仙圣女感应碑碣》，碑阴题记称"十人膏药老会"；乾隆四十七年七月立：《二人老会碑》；乾隆五十二年四月立：《献供斗香膏药胜会碑》；乾隆六十年夏月立：《修补道□圣会碑碣》；道光十六年四月立：《海灯老会碑》，碑阴刻同治二年七月《重建光明海灯碑文》。

成府村年例诚起"。成府村在海淀镇东北一里许,毗邻圆明园,村东北建有内务府三旗营房,村东南建有正蓝旗营房,村民主要为内务府旗人。雍正八年(1730),该村创办献供斗香膏药圣会,前几任会首多为年老妇人,每年四月初十上妙峰山进香,先期请海甸长生堂药铺照立会时老药方精制膏药,名"神效万应膏",进香时沿途施舍,据说"外贴内服,其效如神"云。① 乾隆五十二年(1787),重立会碑于峰顶元君祠前。据碑阴题名,该会有香首(会首)、副香首、都管、司都、厨房都管、吵子都管、执事上、钱粮上、号上、凳子上等分工。②

嘉庆年间,孝和睿皇后钮祜禄氏曾赐该会黄缎九龙弯脖伞、圣旨牌、龙旗、龙棍、銮驾,成为"奉旨香会"(也就是皇会),名声远播。光绪末年,仍然兴隆,会众达三百余人。

与膏药圣会关系密切的有海淀保福寺(在成府村南)引善音乐圣会。创于康熙年间,每年与膏药圣会合伙上山。会众百余人,多在乐部承差,乐谱为昆曲,以张、邓二姓最有名望。乾隆二年(1737)在峰顶立有会碑。③ 这样一个主要由民间艺人组成的香会,长期保持与成府村膏药圣会的合作关系,这对于揭示以香会为背景的旗、民关系,无疑是一个典型的例子。

二顶兴隆圣会。据乾隆七年(1742)三月宗室弘晃撰《金顶妙峰山进香碑记》,该会创立于雍正十一年(1733)七月,碑侧题称:"京都顺天府宛平县西直门内肯处诚起二顶兴隆圣会"。"肯处"指肯姓会首家居处,位于内城旗界。在会者约有百人,诸如孙韦驮保、德楞厄、那钦、孙佛保等均为旗人。④ 碑记中特别记载的刻字匠——王好珠、王好直、李肯魁,应是民人。

十人膏药老会。乾隆三十五年(1770)在峰顶立碑。值得注意的一点,碑文中称该会"起于乾隆三十一年(1766)",同时却又

---

① 金勋:《北京西郊成府村志》,中国科学院图书馆藏民国二十九年手写本。
② 《献供斗香膏药胜会碑》,乾隆五十二年四月。实地考察。
③ 金勋:《妙峰山志》,中国科学院图书馆藏稿本,第18页下。
④ 弘晃:《金顶妙峰山进香碑记》。实地考察。

自称"老会"。这与前人所谓百年以上香会方可称为"老会"的说法明显牴牾。合理的推断是：十人膏药会的渊源很早，所谓"起于乾隆三十一年（1766）"，指的应是重整香会时间，而并非创建日期。据会碑题名，会首有海塔思哈、高玉保、白拴住、穆克登额等十人，随香会首、制药弟子近五十人，其中如佛顺、辛达隆、泰宁、灵官保、长寿保、巴通阿、舒宁阿、乌林泰、明德、兴泰、富泰、马七十一、张七十四等，均系旗人。碑末又载："京都顺天府宛平县阜成门内祖家横街路东钱铺众善诚起。"① 按内城八旗方位，祖家横街在朝天宫东，属正红旗界，而这些钱铺商户当系民人。八旗兵丁月支饷银、季领饷米（官员则叫俸银、俸米），数额巨大，带动银两钱币在市面的频繁流动。银钱兑换、借贷离不开钱铺的中介，以致钱铺商人与旗人形成经济、文化、宗教等多方面联系。由入居内城的商民与旗人共组膏药老会，是清朝中叶旗人与民人密切交往的又一实例。

二人老会。顾颉刚《妙峰山的香会》提到峰顶元君祠前立有乾隆二年（1737）由皇城门（按，当为阜成门）朝天宫众善所立《二人圣会碑》。如今原址已无此碑，不过从依旧矗立原处的乾隆四十七年（1782）七月明智呈献《二人老会碑》上，仍可了解香会概貌。其一，该会可能是以军庄地方的善男为主组织的，在碑阴题名中有"军庄香首"的说法；其二，成员中包括许多旗人，如"当年香首"富勒贺以及会众花连布、明亮、明海、明智、千佛保、他克什布、他思哈、伊拉哈、巴克唐阿、乌金太、松龄、图六十等。其三，成员姓名前冠有"厨房弟子""拨号弟子""钱粮弟子""表作弟子""司房弟子""进香弟子"等名目，反映了香会内部的分工。

修补道口（路）圣会。乾隆六十年（1795）会碑称："今因京师内外善男信女秉诚以通神心，不外驰奉表章以上告，身不辞劳进

---

① 《天仙圣母感应碑碣》碑阴载十人膏药老会的碑记，乾隆三十五年四月十四日。实地考察。

香朝顶，年岁罔懈，作为例矣。又因往来维艰，崎岖难至，善士人等坚心向佛，不吝惜而愿捐资，整理道途，易高下而为平地。前有善士人等诚（起）此修道圣会，立此碑碣，奈风拍损坏，迄今住持僧重为募化宣武门内单牌楼众善人等共献碑碣于云聚寺中、书于孟尝岭上。"① 这个以修整香道为宗旨的香会，也是旗民兼容组织。碑阴题名中的富荣、康七达色、额僧额、穆滕额、他金阿、财神保、番六十四、孙章阿、张七十四等，应即出资刻碑的"宣武门内单牌楼众善人等"，应系旗人；而曹各庄、南庄、桃园、李园、樱桃沟、山岔涧（三岔涧）等进香山道沿途的"六村合会人等"，主体可能是民人。

当时，通往妙峰山的香道主要有四条，即由聂各庄台头村上山的北道、由北安河村上山的中北道、由徐各庄村上山的中道、由陈家村上山的南道。上述六村中，南庄、桃园、樱桃沟位于南道沿途。三岔涧又名涧沟村，位于北道、中道、南道三条香道的交汇点，是南来北往香客辐辏的去处。沿途村民投入修整道路活动，说明该香会在民间拥有广泛影响和号召力。

圆明园正白旗遵王荡平修道圣会。成立时间较晚，道光二年（1822）起会，光绪八年（1882）重整。据其"报单"（又称报子、会报、启帖，是进香前通知会众的公告）称："年例：二月初一日祭山。三月二十日起程，至塞（寨）尔峪落宿。次日兴工，由大觉寺修至大岭，遂移至萝卜地落宿，又由萝卜地修至娘娘顶（即妙峰山顶）。四月初一日朝顶进香，初二日回香（下山）。"② 寨尔峪和萝卜地均位于从北安河徐各庄村上山的中道。该会活动惯例，于每年开庙前为香客义务修路。同样承担修路义务的圆明园修道老会③，也是以旗人为主体的香会。

据近人记载：由乾隆朝至光绪二十年（1894）止，沿各路进香之茶棚（由善信设立的施粥茶供客食宿场所）已达三百数十所之

---

① 《修补道□圣会碑碣》，乾隆六十年夏月。实地考察。
② 奉宽：《妙峰山琐记》，中山大学民俗学会民国二十八年铅印本，第133页。
③ 顾颉刚：《妙峰山的香会》，《妙峰山》第53页。

多，文武皇会（香会而奉谕旨者为皇会，许用黄旗黄幌）达一百七十余堂。① 此说未必准确，却足以说明妙峰山香会的规模、声势和影响不愧为京师之冠。

碧霞元君虽属道家神祇，但真正意义上的妙峰山元君祠，却是一处熔道教、佛教、儒教、民间俗神于一炉的宗教盛会。以惠济祠而论，山门殿供奉道观的门神青龙、白虎；正殿即灵感宫供奉以碧霞元君为主的五元君（娘娘），两旁配殿供奉地藏菩萨、观音菩萨、药王扁鹊、月下老人、喜神、财神、王三奶奶。各路神灵共济一堂，最大限度满足了善男信女祈福、求财、寻医、问卜、释怨、乞子等多方面需求。这应是妙峰山香会蒸蒸日上，长盛不衰的重要原因，也是清代北京民间杂信并呈的缩影。

（三）慈善寺香会

慈善寺位于京西磨石口天太山（天台山、天泰山）上，又名天台寺，建于明末万历年间。满洲旗人富察敦崇《燕京岁时记》载："每岁三月十八日开庙，香火甚繁。"一说十五日开庙，为古佛成道之期。

今寺内尚存碑刻十五通（其中清代碑十二通，民国碑二通，无年月无字碑一通），多为乾隆年间香会碑，清朝中叶香火之盛，据此可知。寺东香道连接香山、八大处，沿途有宝胜仙桥、佛字石、满井茶棚、双泉寺、万善桥等遗迹，寺西南香道通金顶妙峰山（即南道）。秀色可餐的景观，闻名遐迩的香道，以及距京城较近的地理位置，使它成为旗民香会辐辏的又一去处。已知香会有：

普照报恩圣会。以供奉寺内神佛为宗旨。乾隆十年（1745）会碑称："天太（天太山）古佛，道高德重，神人皆钦。"碑阴题："大清国直隶顺天府大宛二县旗民人等各巷居住。"会首参将李世荣，"老会首"孙门都氏，会众一百三十余人，基本是已婚妇女。②

---

① 金勋：《妙峰山志》，第2页上。
② 《普照报恩圣会碑》，乾隆十年。实地考察。下同。

报恩秉心放堂老会。由"京都顺天府十方院那处"起会。十方院，在朝阳门里禄米仓，属镶白旗界。会碑追述：该会"朝礼福地天太山燃灯尊佛座前进香久矣"，"有求□应，无愿不从。在会善信无不被德沾恩"。说明会众对寺内神佛进香多年，感恩戴德。香会发起者那姓（满洲纳拉姓简称那姓），应是旗人。① 施舍钱物饭食与出家人（道士、道姑、和尚、尼姑），称"放堂"。有放内堂、放外堂二种：内堂只限于本寺观中人，外堂则不问来者何方。说明该会除佛前进香，还有向寺僧施舍的义务。

攒香放堂圣会。在西直门外两间房村赵某处起会。会众为"京都顺天府大宛二县旗民"。会碑称："合会善男信女城里关外各村各巷居住，众等秉心前往京西天太山慈善寺燃灯古佛老爷驾前献供香、元宝、纸障表词，放堂祈求平安"。可见也是"进香多年"的香会。碑阴题名有"当年会首"张凤山、孙九，"当年信女"刘门赵氏、马门老氏、傅门赵氏、赵门罗氏、王门刘氏等。② 是一个兼容旗民的组织。

如意礼忏钱粮圣会。会碑称："京都顺天府大宛二县旗民人等在德胜门西李广桥庐处诚起"。李广桥在什刹海南，属正黄旗界。该会内部分工比较细致，成员包括旗人、民人、僧人。③

如意攒香圣会。在西安门内旃檀寺西妞妞房徐某处起会。妞妞房在皇城内西北。会首徐某即乾隆四十三年（1778）四月会碑题名的"引善弟子徐六十六"，应系内务府旗人；信女徐门赵氏可能是其妻子。会众男女各数十人。碑文征引东汉明帝刘庄夜梦金佛，遣使者往西域求取佛法的典故，认为是佛教传入中国之始，还表达对寺内古佛的虔诚敬畏。

如意老会，全称"□吉如意老会"。会众为圆明园正白旗旗民，亦进香于寺内古佛。会碑立于乾隆四十八年（1783）三月，阳面满文，为其他会碑所无，弥足珍贵，惜残缺泐漫。碑阴汉文，称：

---

① 《报恩秉心放堂老会碑》，乾隆二十四年三月。
② 《攒香放堂圣会碑》，乾隆三十七年九月。
③ 《如意礼忏钱粮圣会碑》，乾隆四十一年四月。

"京都之西北有天太山，上有燃灯古（佛），精诚行化，慈爱救民。一时之鼎力进香者，上而公卿大夫有焉；虔心献供，农工商贾有焉。"正文旁题："三界十方旗民散处瞻神"，"吉祥康泰远近错居赖□"。

传膳路灯老会。乾隆六十年（1795）三月由"京都东安门外丰增胡同马处、地安门外东步梁桥冯处年例诚起"。东步梁桥又写为东步粮桥，两处均属内城旗界。"马处""冯处"即碑阴题名的当年会首马永安、冯文峰。会众有塔思哈、赵景兴保、那达阿、伊升阿、德太、五达子、宋七、赵九、梁二等满汉人。妇女有李门张氏、那门邹氏、汪门邹氏、胡门赵氏、马门卢氏等二十余人。

敬献鲜果圣会。雍正十年（1732）三月由"京都顺天府宛平县圆明园海淀成府三旗营众善弟子"起会。道光二十三年（1843）三月立会碑时，已有百年以上历史。会碑题名"众善弟子"塔克升布、哈当阿、乌尔恭阿、□奇成额、得明、德善等百余人，基本为男性旗人。

慈善寺会碑中屡屡提到"燃灯古佛"，指三世佛中过去佛，又称定光佛。相传他出生时，周围一片光明，似点燃无数明灯，因称燃灯太子，后得道成佛，称燃灯佛。燃灯佛在佛国中辈分最高，法力最大，被善男信女尊礼膜拜本不足为奇。耐人寻味的是，今日慈善寺内已无古佛踪影，而寺外又有碧霞元君、财神、龙王、吕祖、灵官、三皇、王三奶奶诸多神庙，应是后世陆续增置。这或者说明，慈善寺初为禅寺，后在民间信仰的涵濡下逐渐演变为释道合一、兼揉民间诸神的寺院。

据民间传说：顺治皇帝曾出家于此，苦修成佛，寺中佛像即他肉胎坐化而成，号魔王和尚。在《燕京岁时记》中，富察敦崇已斥"魔王"之说，"语多荒诞不经"。说明当时已有"魔王"之说。近代以来，慈善寺始终香火繁盛，开庙之期，远近旗民，善男信女焚香顶礼者络绎塞途，香会多达三十余堂[①]。这与妙峰山香火之盛可

---

① 常华：《天台松柏拥古刹》，《北京青年报》2001年12月4日；马芷庠：《北平旅行指南·天台寺》，《北京庙会史料》，北京燕山出版社1999年版，第219页。

(四) 东岳庙香会

道教自南宋以后，渐分教派，各立门户，至清代形成全真、正一两大教派，在北京，各以东岳庙、白云观为最著之丛林。两派教理不同，生活方式也有差异。白云观道士，素以修真念经为务，注重自我的身心修养；东岳庙所奉神圣，则极为庞杂，其道士掌祈祷符咒之术，迹近巫祝，尤易为民间接受，故每年庙会（三月十五日至二十九日）、每月庙会（十五日）间瞻礼进香者络绎于途，香会数量远多于白云观[①]。

东岳庙在朝阳门外二里许，为正一派（即张天师派）在华北的第一座大道观，供祭东岳大帝。东岳大帝信仰源于对泰山的自然崇拜。古代中国有五岳之说：东岳泰山、西岳华山、南岳衡山、北岳恒山、中岳嵩山。泰山为五岳之长，尊而又尊，遂被神化为"掌人间之福禄，操生死之大权"的万能之神，并被道教神团所吸纳。唐、宋以降，历代帝王对泰山神屡加尊号，先尊为"天齐君"，继尊为"天齐王"，以后加帝号。元朝尊其为"东岳天齐大生仁圣帝"，世称"东岳大帝"。

东岳庙始建于元，毁于元末兵火，明正统间重建。清康熙三年（1664）失火全烧，唯存左右道院而已。三十七年（1698），附近居民用火不慎，引发火灾，延烧到庙，殿宇被毁。玄烨发广善库银鸠工庀材，命和硕裕亲王董其事，经始于三十九年（1700）三月，迄工于四十一年六月。[②] 后因岁久剥陊，乾隆二十五年（1760）用内帑重加修葺，一年后竣工，弘历亲往瞻礼。[③]

据沈榜《宛署杂记》，至迟明代，东岳庙已有香会，到清代，香火更盛。信徒们依照官衙模式，为东岳大帝设置副贰佐辅以及职

[①] ［日］小柳司气太：《白云观志》（附东岳庙志），东方文化学院东京研究所昭和九年本，第87—88、220—221页。

[②] 玄烨：《东岳庙碑》，康熙四十三年十一月，《拓本汇编》第66册，第65页。

[③] 弘历：《御制东岳庙重修落成碑》，《白云观志》（附东岳庙志），第214—216页。

能机构——七十六司。庙中神像众多，以东岳大帝居首，下设文武辅臣、司命真君、炳灵君、天地水三官、文武财神、子孙爷、子孙娘娘、药王、鲁班、马神、瘟神、月下老人等等，多达千余。① 无论儒、释、道三教者流，乃至民间俗神，无不斋祀，又设十八地狱，兼察世间善恶。后阁有梓潼帝君，据说颇著灵验，科举之年，祈祷者相属。神座右有铜骡一匹，能治愈人疾病。病耳者则摩其耳，病目者则拭其目，病足者则抚其足。此等效应愈传愈神，曾有旗人将病儿送入观中为道②。

东岳庙"每于朔望时，王公大人以及世家巨族，执炬拈香，辐辏云集"③。尤其三月中旬，春暖花开，开庙半月。三月二十八日是东岳大帝诞辰，进香者人山人海，"民间多结香会，盛陈鼓乐旗幢前导……观者夹路"④。

现存碑刻拓本中，东岳庙香会名目最繁，数量最多。与西顶等处情况相同的是，顺治至康熙初，庙中香会虽多，尚少旗人踪迹。⑤自康熙二三十年起，以旗人为主体或旗民兼容者的香会始明显增多，举其荦荦大者有：

二顶圣会。始建于康熙十四年（1675），会首张全华，会碑题有"西华门四牌楼二顶进香圣会"，西华门外属皇城界，知其为内务府旗人香会⑥。均为男性。

金牛圣会。康熙二十三年（1684）会碑称"于西直门里小街

---

① 详北京市朝阳区文化文物局、北京市民俗博物馆编写：《东岳庙》，1999年铅印本。
② ［日］小柳司气太：《白云观志》（附东岳庙志），第218页；满洲旗人马佳氏马宜麟幼年多病，改为道士，秉愿募化，修理本庙东廊、西廊、各处道院工程，并在后院建立同善堂义学，又在马道口买地，设立义园，因有诸多善举，逐渐升至东岳庙第十七代住持。
③ 《掸尘会碑》，乾隆二十七年十月，《拓本汇编》第72册，第16—17页。
④ 李家瑞：《北平风俗类征》引康熙《宛平县志》，转引自《北京庙会史料》，北京燕山出版社1999年版，第31页。
⑤ 见《白纸会碑》，顺治三年九月；《东岳庙金灯碑》，顺治五年正月；《东岳庙掸尘碑》，顺治十六年八月；《寿桃会碑》，顺治十七年三月，《拓本汇编》第62册。《东岳庙圣会碑》，康熙四年三月，《拓本汇编》第62册；《四季进贡碑》，康熙十二年八月，《拓本汇编》第63册。
⑥ 《二顶圣会碑》，康熙十七年三月，《拓本汇编》第63册，第114—115页。

口诚起金牛圣会,年例进献冠袍带履金牛一乘种种钱粮,亦有年矣"①。小街口属正红旗界。正会首十五人,副会首近九十人,以下"子弟信众"数百人,清一色男性,多为汉姓旗人。至于那八七、苏拉太、关保住、他尔马、王六十八、康五十八、常英保、不拉哈者,则是典型满洲式汉姓。

散司会。成立于康熙初年,起会于东华门外,属皇城界。会众"攒印积金虔办冠袍带履供器等仪",照例于每年三月奉献于神前。② 三百余人,清一色男性。有当年香首、正香首、副香首、随会香首、厨茶房助工、音乐等名目。

扫尘会。成立于康熙二十九年(1690)。会众恭祭东岳大帝。碑记强调:"净外即以净内,扫室所以扫心。"可见香会所标榜的"扫尘"不仅指殿宇内尘埃,且包括心中的私欲杂念。碑侧题:"安定门大街中城兵马司胡同扫尘圣会"。兵马司胡同属镶黄旗界。会众千余人,清一色男性。③

扫尘净炉会。成立于康熙三十年(1691)。照例于每月初八日到庙瞻拜。会碑题:"九天、太乙、东岳三顶静(净)炉襢(掸)尘老会""都城内外各城坊巷居住"。九天宫在东岳庙东隔壁。该会正会首十三人,副会首二十八人,以下数百人,清一色男性。④

散司攒香会。始建年代不详,康熙三十七年(1698)会碑自称"老会"。由东四牌楼一带旗民组织。正会首中有名挠亥、李五十八者,副会首中有名四十九、马尔泰、克丫头者,应是旗人。以下"司房""管事""随会"人中,旗人众多。⑤

精忠会。成立于康熙五十一年(1712),由"朝阳关内外各巷居住信心弟子众善等诚起"。东岳庙两庑置七十六司,司各有神主

---

① 《金牛圣会碑》,康熙二十三年三月,《拓本汇编》第64册,第52—54页。
② 《散司会碑》,康熙二十九年三月,《拓本汇编》第64册,第144—145页。
③ 《扫尘会碑》,康熙二十九年三月,《拓本汇编》第64册,第146—147页。
④ 《扫尘会碑》,康熙三十年三月,《拓本汇编》第64册,第188—190页。
⑤ 《东岳庙碑》,康熙三十七年三月二十四日,《拓本汇编》第65册,第118—120页。《散司攒香会碑》,康熙三十七年三月,《拓本汇编》第65册,第121—122页。

之，速报司居东庑，神主为岳武穆（岳飞）。岳飞"秉精忠报国，遭奸佞陷害，志虽未逞于生前，神显灵于后世"，故深得旗民敬仰，凡有负屈含冤心迹不明者，均在此处设誓盟心，据说："其报最速"云。会众例于每年二月十五日恭庆精忠圣诞。①

子午会（又叫子午进善会）。成立时间不详。信官会首八人，正会首十八人，副会首四十二人，以下善信约四百九十人。清一色男性。照例于"每岁三春，洁具牲醴，肃将金帛"进献神前。碑侧题："京都西安门外土地庙诚起子午胜会"，"内外各城坊居住众善人等名列于后"②。西安门外为正红旗和镶红旗界。清代北京只有民人居住区才有"坊"的编制，又说明会员来源广泛，既有内城旗人，也有外城民人。

路灯会。成立于康熙五十五年（1716），每逢东岳大帝诞辰日"众信同心燃灯陈贡"③。正会首张答尔赛、押戚那、索柱、穆拉太、朱六十七等，以下副会首、当月会首等约六百人。除妇女二名，余皆男性。乾隆年间再立会碑，是一个很有影响的香会。

马王会。成立时间不详，康熙五十九年（1720）会碑自称"老会"，由"京都朝阳门内东四牌楼马市众善弟子"组成。东岳庙西廊三皇殿内有马明王，"马王为世明神，灵声赫耀，有叩必应，有感必通……凡都城里外蓄马之家悉赖其庇"，旗人以骑射为技艺，尤信之。会众例于每年三、六月出资设供演戏以娱马神。成员多达三百余人，从碑刻题名看，既有民人，也有旗人，还有从事马市交易的蒙古人。④

掸尘会。东岳庙神像众多，每逢开庙之日，顶礼膜拜者摩肩接踵，加之庙市繁华，百货填积，清洁环境成为一项十分繁重的工作，于是出现掸尘会等以清洁神像、清扫环境为义务的香会。该会

---

① 《东岳庙速报司岳武穆鄂王碑记》，康熙五十一年八月，《拓本汇编》第66册，第168—170页。
② 《子午会碑》，康熙五十五年四月，《拓本汇编》第67册，第48—50页。参见《子午进善会碑》，康熙五十六年三月，《拓本汇编》第67册，第64—66页。
③ 《路灯会碑》，康熙五十五年五月，《拓本汇编》第67册，第52—53页。
④ 《马神庙奉祀碑》，康熙五十九年六月，《拓本汇编》第67册，第113页。

始建于乾隆五年（1740），由"朝阳门内外信心善姓，议于每月十四开庙拂尘、进香献茶，岁以为常，永永勿替"①。旗人众多，正会首镶黄旗宗室吉腾、镶白旗宗室全康。该会自乾隆五年（1740）后，于乾隆二十七年（1762）、三十九年（1774）、同治六年（1867）、光绪十八年（1892）多次刻立会碑。乾隆三十九年会碑云："掸尘老会……肇于元季，隆于明代，辉煌轮奂（焕）于我朝（指清朝）……自有此庙，即有此会。"②此说恐有夸大，但不管怎么说，该会历史悠久，应无疑义。从碑刻题名考察，最辉煌时期大概在清代中叶。乾隆五年前后，会众至少三四百人，乾隆二十七年时约二百余人，三十九年时约三百余人，③到近代，人数呈减少之势。会众不甘心坐视老会衰落，同治六年三月重刻会碑，并在碑阴题称，"崇文门内外顺天府大、宛二县旗民众善人等同心公议重整老掸尘圣会"④。

献花会。照例于东岳庙众神前按时敬献香花。该会始建于康熙初年，会众清一色男性，主要有乾清宫、宁寿宫、寿康宫、雍和宫、圆明园等处总管太监、首领太监，八旗内参领、管领官员以及部分民人。设正、副会首，中军都管、□号都管、厨茶房都管、陈设都管。⑤

净水会。全称"东岳庙三伏供献净水会"，净水是神前供品，用净水喷洒醮坛，是道教斋醮中的仪程之一。每年伏天，会众盥漱晨集，抬取泉水，奉进庙中，逐殿更换水盂中净水。会众中妇女约占一半。⑥是会成立于雍正八年（1730）六月，至道光二十四年

---

① 《掸尘会碑》，乾隆五年三月，《拓本汇编》第69册，第56—57页。按顺治十六年已有掸尘会（见《拓本汇编》第61册，第138页），雍正十一年又有掸尘散司献茶会（见《拓本汇编》第68册，第116—118页）。是否本会源头，待考。

② 《掸尘会碑》，乾隆三十九年六月，《拓本汇编》第73册，第133—134页。

③ 《掸尘会碑》，乾隆二十七年十二月，《拓本汇编》第72册，第16—17页。碑阳左下方补刻《掸尘会因果感应记》。参见乾隆三十九年六月《掸尘会碑》。

④ 《东岳庙拂尘会碑记》，同治六年三月，《拓本汇编》第83册，第106—107页。光绪十八年又重刻会碑，《拓本汇编》第87册，第7—8页。

⑤ 《献花会碑》，乾隆六年三月，碑记后刻十四年重刻题记。《拓本汇编》第69册，第87页。参见《献花会碑》，乾隆二十一年八月，《拓本汇编》第71册，第85—87页。

⑥ 碑在北京朝阳区东岳庙，《拓本汇编》第70册，第27页。

(1844）历时百有余年，因镌"万善重修，净水老会"碑作为纪念。会众二百余人，多为旗人。①

盘香会。成立于雍正十三年（1735），每月朔望进香。乾隆五年（1740）会碑称："吾会中男女长幼九十余众，住居各地，同心共意，惟惧不终厥事"云。②碑阴题名分为乾隆五年、嘉庆九年（1804）两部分。题名局部泐漫，仍可辨识出尹四达色、关塔思哈、李菩萨保、达桑阿、翁七达子、丑格、塔门宗室氏、塔门赵氏、那门贾氏、付门布氏等旗人男妇姓名。

净炉会。成立于乾隆二十八年（1763）。会碑称：东岳庙"香火之盛，甲于都下，每月朔望，都人士进香顶礼者，自晨及暮，填集不绝。过此以往，扫除拂拭，虽设有庙户以供其役，而广殿修廊、集场甬道，区分林立，曲折逶迤，半月之中，迄无暇日。至于楮炉香鼎积烬充盈，所应筛淘匀正而不迨者，则赖有信心善士，于朔、望前一日相率到庙，为之淘匀拭净，务使炉无积滞、灰不飞扬而后去"。此即净炉会之宗旨，清理炉灰、拂拭香炉而已。碑阴题会众人名，有正会首、副会首，效力人之别。碑侧题称："朝阳门内净炉会旗民人等同立"③。

悬灯会。成立于嘉庆元年（1796），会众近四百人，碑阳题"万善吉庆，悬灯老会"，又题："东安门内北池子沙滩张处会同朝阳关内外旗民众善诚起"④。

掸尘放生会。成立年代不详，重整于嘉庆三年（1798），会众三百余人。会碑题"万善掸尘，放生老会"，又题："兹因京都顺天府大、宛二县朝阳关内外旗民人等众善诚起"⑤。

糊饰窗户会。成立年代不详。同治五年（1866）众善因会务废

---

① 《净水会碑》，道光二十四年七月，《拓本汇编》第81册，第84—86页。
② 《盘香会碑记》，乾隆五年。现存东岳庙碑林。
③ 《净炉会碑》，乾隆二十八年八月，四十九年重刻，《拓本汇编》第72册，第33—35页。
④ 《悬灯老会碑》，嘉庆元年八月，《拓本汇编》第77册，第8—11页。
⑤ 《掸尘放生会碑》，嘉庆三年五月，《拓本汇编》第77册，第31—32页。

弛多年，无人继理，遂发愿重整。首先将东岳庙、九天宫、慈尊寺诸处糊饰一新，所费甚巨。成员为"乾清宫等处总管首领太监、旗民"[①]，清一色男性，六百余人。

白纸献花会。成立年代不详，同治六年（1867）重整，会众多达九百六十人，清一色男性。按时置办白纸香花，供奉庙内众神。光绪二十年（1894），再次刻立会碑，"重整旧规，广结善缘，期其久而不弛"，并献十八狱各司铁五供三十六份、铁鼎炉盖一个、蜡阡四对。碑刻题名五百余人，以内务府大臣福锟领衔，以下有内务府属大西天、万佛楼、阐福寺、永安寺、丰泽园、勤政殿、瀛台、紫光阁、宝月楼、福华门、西苑门、水西门诸处僧人、道士、太监的头面人物。[②] 可知是一个以内廷人员为主体的香会。

在东岳庙形形色色的香会中，除直接服务于道观者外，还不乏为香客提供各种义务服务者。

献茶会。成立于雍正九年（1731），"每逢朔望日，虔诚献茶，供奉敬献东岳仁圣帝君尊前"，并张棚施茶，接待众香客。会众近三百人，基本为男性。[③] 善信很重视这些平凡的公益活动，认为善虽小，只要长久坚持，就能积累成大善。乾隆五十年（1785）、嘉庆十七年（1812）该会又两次刻立会碑，是一个名副其实的老会。[④]

献茶豆会。成立于乾隆八年（1743）。会众各捐己资，每月初一、十五日在东岳庙岱宗殿西边设缘豆，又于初二日、十六日在广嗣子孙殿北边摆设帐子桌凳壶盏等物，设清茶、缘豆、红枣、酱姜，"以结善缘"。"舍缘豆"原为佛教习俗，后为道教吸收，在民

[①] 《东岳庙糊饰窗户会碑》，同治五年八月，《拓本汇编》第83册，第89—90页。
[②] 《白纸献花会碑》，同治六年三月，《拓本汇编》第83册，第110页；又《白纸献花会碑》，光绪二十年三月，《拓本汇编》第87册，第84—86页。
[③] 《献茶会》，雍正九年八月，《拓本汇编》第68册，第97页。
[④] 《献茶会碑》，乾隆五十年五月刻，嘉庆十七年四月重刻，《拓本汇编》第75册，第36页。

间有广泛影响。① 这是一个基本由已婚旗民妇女组成的香会，成员百余人。

供茶会。成立于乾隆十三年（1748）。会众"每见寒暑风雨之际，男女老幼苦无汤水，心甚怅然，是以义集同心，择其忠厚端行者共成一会，曰赐福如意供茶老会。众善人等各捐己资，置桌凳壶盏，每月初一、初二、十五、十六等日在育德殿前玉皇阁下虔设清茶、姜豆，以结善缘"②。碑阴题名二百六十余人，有信士、信女、尼僧，妇女占半数。

清茶会。东岳庙每逢朔望，焚香顶礼者自晨至昏络绎不绝，于是有"皇城内外旗民众善人等"组织是会，届期备办清茶，从正殿暨各配殿并九天宫慈尊庙献供礼毕，于山门内鼓楼前设立茶棚，为众香客止渴之需。清茶会创自同治末年，到光绪十九年（1893）三月为"重整旧规"刻碑纪念。会众二百余人，基本为男性。③

以上列举东岳庙香会二十三个，事实上，旗民兼容的香会还远不止这些。

（五）白云观香会

清代北京道观丛林中最著名者，东有东岳庙，西有白云观。白云观在阜成门外西南五六里，历史悠久。按《日下旧闻考》，白云观为元太极宫故墟，内塑邱真人像，白皙无须眉。真人名处机，道号长春子，登州栖霞人，元太祖成吉思汗尊奉之，封为大宗师，掌管天下道教，使居太极宫，后改长春宫，即后之白云观。从此，白云观成为全真派第一丛林。

---

① 《东岳庙集义献茶豆老会碑记》，乾隆十四年六月。关于舍缘豆之俗，旗人富察敦崇在《燕京岁时记》中记载："四月初八日（笔者按，是为佛诞之日），都人之好善者，取青黄豆数升，宣佛号而拈之，拈毕煮熟，散之市人，谓之'舍缘豆'，预结来世缘也。"（北京古籍出版社1981年版，第61页）。佚名：《燕台口号一百首》中也有诗云："香会逢春设戏宴，分尝豆子结良缘。"（《清代北京竹枝词》）。又曹雪芹《红楼梦》第七十一回亦有舍豆结缘记载。

② 《供茶会碑》，乾隆十三年三月，《汇编》第70册，第18页。

③ 《公议同善重整献清茶圣会碑》，光绪十九年，《拓本汇编》第87册，第49—51页。

第三编 旗民关系

有清一代，清廷与白云观关系一直很密切。顺治十三年（1656），第七代住持王常月（号昆阳）奉旨主持白云观，世祖福临赐紫衣三次，又赐斋田，王常月辞谢曰："贫可养道。"名声益著，皈依者如流。他前后三次登坛传戒，度弟子千余人，被誉为全真派中兴之祖。康熙十九年（1680）逝世，玄烨闻讯，赐号抱一高士。①

康熙末年，道士罗守一自江西入京师。他冬夏身穿一衲佯狂于市，或取生米麦，以口吹之即熟；晚间店家举烛火，未及燃，他吹之亦炽；京师九门，一日九见其形，后忽隐去。熟睡三年后复现，遂往前门外蜜蜂窝，"窝洞在土山之凹，聚游蜂数百万，罗解衣赤身而入，群蜂围绕出入，于罗之七窍而不能蛰"。又传说他一餐能食斗米，鸡蛋三百枚，一啖而尽，略无饱色；或馈生姜四十斤，片时啖尽。种种怪异举动，皆为人之所不能，名声因此大振，朝野咸知。雍正五年（1727）春至白云观，不久坐化。胤禛闻讯，敕封恬淡守一真人，命建塔覆之，即今白云观东院内罗公塔。②

有清一代，白云观出了不少类似罗真人的奇异之人，如李圆裙、王赤脚、张睡师之辈，其行迹真真假假，加之传言辗转、添油加醋，益发显得扑朔迷离，也增加了旗民对他们的痴迷。

康熙四十五年（1706），玄烨见白云观地基太狭，大兴土木，动帑葺治。③ 乾隆年间，弘历又先后两次动帑重修。五十三年（1788）仲春御笔诗云："古观西郊外，逮今五百年；葺新不知几，有象那恒坚；前岁临真域，当春礼法宴，希敷万民福，宁渠为求仙。"④ 此前，弘历西巡启跸，路经此观，见栋宇颓圮，命内府发

---

① 崇实：《昆阳王真人道行碑》，光绪十二年，《白云观志》（附东岳庙志），第162页。
② 崇实：《罗真人道行碑》，光绪十二年四月十四日，载中国科学院图书馆藏《白云观碑拓本》（下简称科图《拓本》）。即今白云观东院之罗公塔，塔身题字："敕封恬淡守一真人罗公之塔"；上首书："内务府员外郎加二级兴清额、内管领加二级宁（录）监造"；下首书："大清雍正五年岁次丁未闰三月吉日立"。说明该塔由皇帝敕修，内务府建造。
③ 《重修白云观碑记》，《白云观志》（附东岳庙志），第141页。
④ 《弘历御笔诗碑》，乾隆五十三年二月，载科图《拓本》。

帑八千六百两有奇进行修葺，至是竣工，便道瞻礼，并题诗纪念。他在诗中表示，自己亲往瞻礼，宗旨并不是求仙，而是为了祈福于万民。这年，他已是七十八岁的老人。

光绪中叶，第二十代住持高仁峒（法名云峒，号云溪）通玄典，擅诗绘，与其戒友宫内大太监刘诚印（法号素云）同为慈禧太后所宠信，使全真派的影响达于内廷。高仁峒又劝说太监、贵宦，捐资赈济，创设粥厂。光绪二十六年（1900）"庚子事变"，八国联军抵近京郊，慈禧太后仓皇出逃，京城旗民惊恐万状。他募劝华俄银行总领事璞科第等人筹集巨款，购置米粟于白云观并城市各区，分设粥厂八所，兼施御寒冬衣。周围灾民"全活无算，近村老稚得免锋镝沟壑之虞"①。事后以"西便门内外二十一村"名义刻立的《云溪方丈功德碑记》中如此叙述，或者有些夸大，但高仁峒在危难时能有此义举，产生的社会影响无疑是很大的。基于这样一种社会背景，京城旗民热心参与白云观香会，虔敬有加，也就不足为奇了。见于碑刻记载的主要有：

永庆善会。供奉观中火祖（火德真君），每年六月二十三日为火祖诞辰，住持与众道士齐集火祖殿内，设香献灯，唪经顶礼，作法会终日，众香客进香瞻礼。该会始建年代不详，曾助香资钱六千七百四十二吊有奇，重修火祖殿，又置办香火地三顷，所得租钱，以备火祖圣诞之日献供斋众、各殿海灯油费。施主包括店铺商号二百四十余家，还有王永春、扎坤珠、清粥等旗、民五十余人。会首为十三家商号。②

祖师圣会。供奉吕祖，即吕洞宾祖师，是道教八仙中影响最大的一位。该会始建年代不详。会碑嵌于吕祖殿西壁，载称："有地安门外帽儿胡同、诰授一品命妇董母索霍拉氏暨男舒明一门，好善乐于施舍，自光绪元年（1875），接办祖师圣会，每岁四月十四日圣诞之辰，必熏沐焚香，讽经斋众，十有余年，虔诚未尝少懈。"③

---

① 高仁峒：《云溪方丈功德碑记》，光绪二十八年八月，载科图《拓本》；参见高仁峒《粥厂碑记》，光绪二十七年九月，《白云观志》（附东岳庙志），第176页。
② 《永庆善会碑》，年代不详，载科图《拓本》。
③ 《重修吕祖殿碑记》，光绪二十三年，载科图《拓本》。

她见吕祖殿被雨水渗透，又慨然捐银增修。

祈福消灾会。创立于同治元年（1862），由住持高仁峒等发起，每年四月初八日如期举行道场。该会宗旨，"无论满蒙回汉士农工商，凡抱有意乐施济众之愿者，均可从心助善纳资入会"，"虔集道众于真武殿前设坛唪经爇香焚楮，并修吉祥道场"①。

长春永久供会。创立于光绪八年（1882），由大太监刘诚印等人发起。刘是咸、同、光三朝大内权监之一，曾任掌玺太监，人称"印刘"。曾出资在京西蓝靛厂修建立马关帝庙，还为各处寺观慷慨捐献。在他发起组织的这个香会里，有内官、信官助善者百余人，每年为长春祖师和九皇祖师圣诞提供香资三百余两。② 观中邱真人塑像白皙柔和无须眉，有妇人之像，至迟明代，即有真人自宫之说③，内廷太监尊奉邱真人，盖缘于此。

（六）药王庙等处香会

京城药王庙有多处，主要供奉伏羲、神农、黄帝和历代名医扁鹊、张仲景、华佗、韦慈藏、孙思邈。紫禁城北一里许药王庙，"为都人锡福之地"，每月朔、望日，炷香燃烛者动以万计，兼之商贾百业之民摩肩接踵，拥途载道，为内城一大要区。康熙五十八年（1719），有"悬灯老会"共舍财于庙前建廊庑三十余楹，逢市出赁，以佐香灯之费。④ 乾隆初又有传膳一会，每年如期于药王前敬献香花，会众为"顺天府大、宛二县各城坊巷旗民众善人等"⑤。三十二年（1767）《传膳音乐圣会碑》记载"顺天府大、宛二县旗民众善人等"和"宝泉局、音乐拾番众等"题名约百人。⑥ 宝泉局隶户部，掌监收铜铅及鼓铸钱币事，下设四厂；音乐拾番应系乐部

---

① 《祈福消灾老会碑》，民国十一年四月初八日，载科图《拓本》。
② 《刘素云道行碑》，光绪十二年三月，载科图《拓本》。
③ 王世贞：《弇州山人续稿》卷60，见《白云观志》（附东岳庙志），第60页。
④ 《药王庙碑》，康熙五十八年九月，《拓本汇编》第67册，第104页。
⑤ 《传膳圣会碑》，乾隆十七年四月，《拓本汇编》第70册，第176页。
⑥ 《传膳音乐圣会碑》，乾隆三十二年四月，《拓本汇编》第72册，第168—169页。

神乐署的乐生。都是在衙门里当差的旗人或民人。四十四年（1779）《传膳老会碑》题名，会首为佐领那苏图，以下六十五人，基本为男性。①

大觉寺献灯会。会众于腊月除夕在大觉寺药王前献灯一宿。设正会首、当年会首。会众男性旗民数十余人，或助钱，或献鲜花。②

看丹村药王庙膏药圣会。看丹村在丰台镇西南，药王庙是远近闻名的古刹，供奉"药王"孙思邈、"药圣"韦真人（韦慈藏）、王真人以及十代名医。每年四月二十八，传为药王诞辰，开庙三天。该香会由"顺天府□街□旗民众等诚起"，虔心熬制膏药施治筋骨损伤。为表虔敬，按时在药王前进献香花，故自称"香花圣会"③。

关帝庙掸尘会。左安门外十里河，明代建伏魔大帝庙，"远近居民，有求必祷，祷无弗应"。该会乾隆八年（1743）刻立《关圣帝君碑记》，碑阴题名，碑侧刻九年十一月赎地记，谓本庙掸尘会众善人用银十两，赎地十三亩，以地租供神前香灯费用。④

戒台寺广善米会。戒台寺位于北京西郊永定镇马鞍山麓，唐代始建（一说建寺时间不晚于隋代），额曰"慧聚"，明英宗时赐名"万寿"。这里有规模居全国之首的戒台，故俗称戒坛寺或戒台寺。戒台寺多次重修，规模宏大，加之山川秀美，众多香客趋之若鹜。乾隆十六年（1751）《广善米会置香火地碑》称："京都西直门广善米会众发诚心愿买水园地供奉常住，以作永远功德。"用银一百五十两，置地三段四十四亩，每年取租银十六两。永远作为戒台寺香火费。五十八年（1793）《广善米会捐资题名碑》记载：该会由德胜门外索家坟药王庙一带旗民百余人组成，每年例往戒台万寿寺献供斋僧敬礼施食。会众捐资钱壹百柒十二吊，置地三十亩，"得租永作佛前香供"⑤。这两个广善米会，会址不同，一个在西直门，

---

① 《传膳老会碑》，乾隆四十四年四月，《拓本汇编》第74册，第33—34页。
② 《献灯圣会碑》，嘉庆十五年四月，《拓本汇编》第78册，第64—65页。
③ 《香花圣会碑》，乾隆十八年四月，《拓本汇编》第71册，第8页。
④ 《拓本汇编》第69册，第125—127页。
⑤ 《广善米会置香火地碑》，乾隆十六年九月，《拓本汇编》第70册，第161页；《广善米会捐资题名碑》，乾隆五十八年八月八日，《拓本汇编》第76册，第60页。

一个在德胜门，似乎并非同一香会。

以上所记多为名观巨刹，香客如云，成为考察的重点。此外还有为数众多的中小寺观，它们在社会上名声寂寂，却是本地居民进香还愿的中心，因此也形成形形色色的香会。如京西香山齐家村的"攒香老会"，就是由"阖村旗民人等"组织的小型香会，人数只有二十人。[①] 这类香会人数很少，为数众多，同样是旗人与民人杂糅的组织。

二 香会的组织

数量繁多的香会不仅在供奉对象、活动方式上存在种种区别，在组织、人员构成上也呈现出复杂形态。这里试从香会的组织、香会的会首、香会的会费、香会的范围、香会的人员构成等方面略作考察。

（一）香会的组织

香会首领为"会首""正会首"（又有"香头"之谓），正会首可以是一两人，三四人，也可以是十数人。正会首以下一般设若干副会首、承办会首，或当月会首。会内人员按职守划分的小组称"把"，各把管事人俗称"把儿头"（尊称"都官"或"督管"）。

东岳庙掸尘会，正会首以下，设承办会首、掸扫把都管、司房把都管、前引都管；又有神耳把、中军把、吵子把、亭子把、家伙把、采作、裱作、画作、茶房把、茶把、面把。

糊饰窗户会，设承办会首、承办执事都管、中军把、岳家楼村大把、厨把、钱粮把、茶把、铺摆陈设把、佟处小把、本会大把都管、裱作糊饰把、陈设把、司房。

清茶会，设香首、钱粮把、小把、大把、清音把、中军把、仲伙把、布棚把、衣服把、茶把等，还有神堂弟子、陈设弟子、擒牲

[①] 《攒香会题名》，光绪二十四年四月，《拓本汇编》第88册，第9页。

弟子、缮裱弟子、助布棚弟子、助大车弟子、助水车弟子。前者出力、后者出物。

慈善寺如意礼忏钱粮圣会，有总理都管、中军都管、陈设都管、拨号都管、神堂、厨房都管、钱粮都管、司房、裱作都管、车都管、献供、做供、礼忏以及正香首、副香首等名目。①

中军把，负责掌锣（锣有"天耳""神耳""中军"之称）；茶房、茶把、厨把、面把、仲伙把，负责饭食；钱粮把负责采办；布棚把、陈设把、衣服把等负责陈设、服装。前引司事负责进香前导（一说兼管会中庶务）。神堂把，专司祭神仪礼及供品。其他种种名目，多因事而设，以年久事湮，或有不能揣知其含义者。

香会各有会名（会号，又叫会万儿），多标明起会时地址。每临进香之期，例由会首率领诸执事人，肩担四面大锣于在会各家宅前或路旁粘贴"报单"（又称报子、会报、启帖），主要内容为进香日期、会规。妙峰山香会还贴出本会的彩绘朝山图。粘贴时敲起天耳，会众闻声出户，各道功德。该捐钱者捐钱，该赴会服务者赴会，绝无迟疑。行香走会时，皆设"椕子"（为一黑漆圆柜），正名曰"平"，即会之招牌。上插旗幌，飘带上分写会名和建立月日。前引司事手执三角小旗，正名"支竿"，俗名"拨子"，引导前行。这些就是香会进香的一般程序②。人数众多的香会，名目繁多，分工也较复杂，相形之下，小型香会的分工则很简单。

为了维持进香时纪律，香会各立会规。光绪年间，妙峰山"普兴万缘净道圣会"报单规定："本把人等不准拥挤、喧哗玩戏，亦不准沿路摘取花果，以及食荤饮酒，一概禁止。人多，饮酒不免有乱性妄为，口角淫词等事……恐其有失善道，不成体制。如不遵约束者除名不算。各宜戒之慎之！"妙峰山香会会规中还有："各会诸棚各把众位老都管行香坐棚文武，当通同一体，必应互辅。若有

---

① 《如意礼忏钱粮圣会碑》，乾隆四十一年四月。
② 金受申：《北京通》，第154页。

839

各把误有失神脱落之处,须破缝绽补,不令外人看出遗漏,以整局面。"① 从这两段记载中可以得知,香会并不是涣然无序的组织,通过各种有形无形的约束,规范会众的行为,同时也增强他们的凝聚力。

(二) 香会的会首

一个百年以上的"老会"无不享有盛名,会碑随之一立再立,香会的成功与否,除了会员的自愿程度、会规的约束外,在很大程度上取决于会首的资质、才干。那么,取得会首资格又凭借哪些条件呢?

其一是政治条件。都城隍庙西棚老会由李世昌、杨茂春等汉军旗人领衔,应是借重他们的政治地位,较高的政治地位,势必产生较强的号召力,对香会的发展,是一个有利条件。东岳庙掸尘会乾隆五年(1740)初创时旗人众多,其中不乏宗室成员,如正会首镶黄旗宗室吉腾、镶白旗宗室全康,承办会首宗室福泉、吉芬、全木、载坤、魁岗,掸扫把都管宗室德善、魁连,掸扫把信士宗室阿哈达、阿克丹、普顺,化外信士宗室载恩、奎秋、凤勋等皆是。反映了宗室在会中的核心作用。耐人寻味的是,同治六年(1867)重整掸尘老会会碑,仍把百余年前首创该会的宗室吉腾、全康奉为正会首。这种场合下的"会首",显然已是香会的精神领袖,同时作为在会众人凝聚力的象征。

其二是宗教条件。康熙四十一年(1702)二月《曹国相创善会碑》称:会首曹国相,"燕之清门庶人也,世居城西,尤好崇信佛教"。曹国相既称"清门庶人",应是道教中人,碑中说他"尤好崇信佛教",看来也是佛、道兼通的。② 白云观祈福消灾会,则是由该观住持高仁峒等人组织的。③ 高仁峒影响及于内廷,在民间亦有很大影响,由他发起香会,旗民自然闻风影从。

---

① 顾颉刚:《妙峰山的香会》,《妙峰山》,第22—23页。
② 《曹国相创善会碑》,康熙四十一年二月,《拓本汇编》第66册,第6页。
③ 《祈福消灾老会碑》,民国十一年四月初八日,载科图《拓本》。

其三是经济条件。康熙五十八年（1719），东岳庙献花会因会首财力匮乏，改由弟子傅胜龙接会。十余年后，傅胜龙独力难支，又请数人助力。① 傅胜龙接任会首，是因为他财力雄厚。白云观祖师圣会改由一品命妇董母索霍拉氏暨男舒明接办会务，是因为"乐善好施"②。索霍拉氏除平日施舍香资外，还捐银修殿，又说明"乐善好施"的前提也就是家资富赡。

长春永久供会会首、宫内大太监刘诚印，自幼入宫为太监，后皈依在白云观第十九代住持张耕云名下为徒，与第二十代住持高仁峒又是一同受戒的至契密友。他平时巧取豪夺，聚敛巨额财产，成为白云观的"护坛化主"，同治十年（1871）募捐银五千余两为传戒费，光绪八年（1882）复募七千余两为衣钵口粮传戒费，十年（1884）又募捐九千余两为传戒费，前后受戒者多达一千二、三百人。他还为观内修屋建舍，刊版印经，种种善举不可枚举。他见长春永久供会积蓄无多，自捐三千二百六十两，购买昌平州地方上泽田十五顷，每年收租三百三十两，交白云观永远为业，作为香供灯果之资。③

通常情况下，政治地位、宗教地位高者，家境通常比较富裕，也就易于博取"乐善好施"的赞誉，可见以上三个条件往往是相辅相成的。

担任会首，固然要承担捐献更多香资的义务，但对于居心叵测者来说，乘机巧立名目，聚敛钱财，也并非无益。车王府曲本的长篇《封神榜》写于同治年间，说唱中穿插了许多北京的风土民情，其中就有揭露道士借发起香会骗人财物的内容："王道起了个香油会，慈悲舍饭济贫穷。众多善人齐入会，来助王道为传名。王道吃斋为会首，他比僧人分外凶。白干布就是灯油香油的本，镇宅闲钱

---

① 《献花会碑》，乾隆六年三月。碑记后刻十四年重刻题记，《拓本汇编》第69册，第87页。
② 《重修吕祖殿碑记》，光绪二十三年，载科图《拓本》。
③ 《刘素云道行碑》，光绪十二年三月，载科图《拓本》。

心口嘣。大字香烛钱一吊,谁要来烧现给铜。花账本擎在手内,一吊他写二吊零。"① 子弟书《阔大奶奶听善会戏》,讲述的是尼姑庵借"娘娘圣诞"名义举办"善会","恭请"阔大奶奶到庵中听戏。这位旗人贵妇是庵中老施主,尼姑们请她赴会只是为了多得资助。② 民间文艺作品中这类栩栩如生的人物当然是虚拟的,却是日常生活中真实现象的写照。

(三) 香会的会费

香会的会费又称"香资"。捐献会费是会众的基本义务,也是香会活动得以维持的基本保障。沈榜《宛署杂记·朝东岳》:"民间每年各随其地预集近邻为香会,月敛钱若干,掌之会头。"会头,又称"香头",也就是会首。这是明末人记载,至清代没有多大变化。

会费主要有银钱、实物,平均派捐是一般原则③。十里河关帝庙每年五月十三日举行大型庙会,京都人士咸集以邀福佑,车击毂人骈肩,热闹非常。庙外有台,为演梨园地。嘉庆十六年(1811),头等护卫全国庆、全福、参领董连弟、宗室护军参领福宁、户部银库乌林大富宁、太学生吴永清、广东饶平游击周永泰等四十名满汉官员,相约每人每年施钱二十四千(约合二十四两),共计清钱九百六十千。除每月关帝庙香资十千,每年五月十三日、六月二十四日演戏一部,约需清钱四百千外,又约定:"余资若干,岁拟四人承办置买香火地。十年中则四十人各值年一次。"④ 因为会费是平摊的,机会和权力也均等。这大概不是偶然一见的例子。当然,也常有一些富裕人家慷慨解囊、额外多捐。

---

① 石继昌:《车王府曲海一勺》(下),《春明旧事》,北京出版社1996年版,第174页。
② 北京市民族古籍整理出版规划小组辑校:《清蒙古车王府藏子弟书》,国际文化出版公司1994年版,第113页。
③ 《妙峰山》第20页说:"他们的会费,是依地亩捐的,一亩地派多少钱,所以很公平。"可以参考。
④ 《关帝庙碑》,嘉庆十六年六月,《拓本汇编》,第83—84页。

会众在交纳会费的同时,还要提供义务劳动。

会费除维持日常支出外,节余部分通常置办不动产以收取租银钱。租银钱或留作本会自用,或献给寺观作为香火之资。妙峰山义合膏药老会,置房两处,一处在内城观音寺胡同,一处在孟端胡同,"每岁收租施舍万应神膏,并顶上香金四千"①。岫云寺楞严胜会,例年会费除佛供僧斋外,节余五百六十两银,置地二顷,岁入租银二百零十两,永作寺内香火之需。②

东岳庙献花会会首傅胜龙年事已高,担心"年深日久,废弛失所",决定将累年余剩会费治立铺面房四间,坐落内西华门外南池子路东,每年所收租银,交与接会之人,以备年例需用。白云观永庆香会,用会费余额置办香火地三顷,所得租钱,以备火祖圣诞之日献供斋众、各殿海灯油费。这些都是利用会费余额置办不动产收取租银钱的例子。

民间商家直接介入香会活动,捐献香资,是清代中叶出现的一个新气象,反映了民间商业的发展与繁兴。东岳庙清茶会的捐献者中有三合石场、永义局、万年堂、天顺号、合兴斋、万盛号等铺户。掸尘会"中军把"下有天恒鼓铺、"吵子把"下有兴顺鼓铺、"刻字"项下有泰和斋。白云观永庆香会施主以各店铺商号为主,包括车行、皮铺、米局、帽铺、棚铺、碾房、粮店、布铺、纸铺、缎铺、钱铺、当铺、窑厂等二百四十余家,该会会首为全兴当、全盛号、寿昌号、广聚皮铺、瑞元楼、三顺斋等十三家商号。丰台看丹村药王庙献供会中也包括有众多煤铺、皮局、米局、车铺、木厂、布铺。这些事实表明,伴随商业活动的繁兴和商业资本的强大,商人在香会中的作用也在增强。

香会的另一部分费用是由"化外信士""化外信女"即会外的善男信女提供的。

---

① 《金顶妙峰山义合膏药老会碑记》,乾隆四十年,转引自容庚《碧霞元君庙考》,《妙峰山》,第127页。
② 《潭柘山岫云寺楞严胜会碑记》,乾隆十三年秋,《拓本汇编》第70册,第34页。

光绪二十年（1894），长春宫总管刘得印自称受东岳庙神灵感应，自愿施助纹银五千两与香灯供膳窗户纸会，随即又募纹银五千两，共一万两。翌年经会首商量，在张家湾等处置地三十一顷余，用银一万三百余两，每年取租三百八十二两余、制钱一千三十五吊余，以所取租项作为例年妙峰山香道上妙尔洼（庙儿洼）茶棚、东岳庙十八狱常年香灯窗户纸会暨佛前供膳等项之需。①

在东岳庙掸尘会乾隆五年会碑题名中，"化外信士"一项载有和顺木厂、广成饭店、义聚号、富隆堂、德泰钱铺、源和号、洪顺号、泰和斋等商号铺号三十余家。可见，商号铺户除直接参加香会，还经常以会外资助者的身份出现。

寺观的大型修缮工程需用巨资，不是哪个寺观或香会可以独立承受的，多渠道募集资金成为唯一有效的办法。据碑文记载：慈善寺重修，得到几方面资助：若干香会（帘子老会、鲜果圣会、如意老会）；附近寺庙（法海寺、广福寺、戒台寺）；地方富户（赵德克金太、赵穆腾太、佟苔芬布等，都是冠以汉姓的旗人）；商号店铺（北辛安、悦来店、天宝店、万成店、义长号等）和各村（三家店、过街塔村、石府村、琉璃局、黑石头村、佟家坟、麻峪村、磨石口、东下庄村、五里坨村、秀府村）村民。② 十一个村子分布在方圆数十里内，共助善举。这种做法，应该是很流行的。

富裕人家交纳若干香资，既可博取"乐善好施"的美誉，也不乏"耗财买脸"的目的，然而对于经济拮据者而言，香资却是不小的一笔负担。更有不肖会首，借会敛钱，欺蒙良善，被清政府命令禁止。③

(四) 香会的范围

香会会名，通常以最初的会址为准，据此考察，可以大致了解会众来源。

---

① 《香灯供膳碑》，光绪三十二年八月，《拓本汇编》第89册，第103页。
② 《重修天太山大慈善寺警戒后世碑文》，实地考察。
③ 《清宣宗实录》卷323，道光十九年六月癸未。

清代北京旗人与香会

康熙年间,"阜成门里朝天宫三条胡同仕宦满汉军民"组成的西顶洪慈宫进香会,"阜成门里朝天宫东廊下"满汉军民组成的西顶香灯会,由"西直门里西官园口"一带满汉军民成立的西顶香会,由"阜城(成)关外六道口一带军民人等"组成的西顶如意胜会,由东四牌楼一带旗民组织的东岳庙散司攒香会等,会众均来自同一街区,说明一些香会在起会之初,会众的来源只限于狭小的地域。

相比之下,精忠会,由"朝阳关内外各巷居住信心弟子众善等诚起"。说明其成员居住在若干个毗邻的街巷,地域性较强。悬灯会,由"东安门内北池子沙滩张处会同朝阳关内外旗民众善诚起"。会首住在皇城内沙滩,会众则住在朝阳关内外,已形成跨地域联系。盘香会会碑自称:"会中男女长幼九十余众,住居各地。"所云"范围"究竟多大?无从查考,应包括不同地域的旗民。

有些香会,在多年的发展中不断吸收新会员,也扩大着地域上的联系。东岳庙掸尘会,始建于乾隆五年(1740),最初是由"朝阳门内外信心善姓"组织的,同治六年(1867)三月重刻的会碑中却称:"崇文门内外顺天府大、宛二县旗民众善人等同心公议重整老掸尘圣会。"其成员,几乎分布在京城各地方。该会《掸尘会因果感应记》又载:有本会善士、济南府章邱县郝庄张家贤,因捐资一百一十六千,题名碑石。后忽染危病,命在旦夕,夜梦一黄衣神人以红丸相救,诸病顷刻痊愈。黄衣人自称在"齐化门(即朝阳门)外东岳庙居住"[①]。此说固然荒诞,却说明入会的不仅有本地旗民,还有原籍外地的民人。

属于同样情况的还有前面提到的东岳庙献茶豆会。该会旗妇分属镶黄、正白、镶白、正红、正蓝各旗的满洲、蒙古、汉军;民妇的籍贯则包括顺天府玉田县、大兴县、通州以及淮安府山阳县、奉

---

① 此碑文补刻于乾隆二十七年十二月《掸尘会碑》碑阳左下方,《拓本汇编》第72册,第16—17页。

天关东、天津杨柳青等地。这样的香会,规模大,人数多,已形成大范围地域联系。

(五) 香会的构成

在碑刻中,会众又称"会末""信士""信女",指香会的一般成员。另外,还有"信官""信官女"等称谓,特指参加香会的官员或其妻子。

香会的构成,按社会成分分,约有三类:

以民人为主体的香会,有些由从事特殊行业者组成,如彩棚(陈设彩作)工匠组织的东岳庙"鲁班会"①,由羊行商户组织的元宝会,②由东四牌楼猪市同业组织的庆司会,③由西四牌楼猪市同业组织的财神会;④由大内太监为主的白纸会。⑤有些由外城(主要是南城)居民组成,如正阳门外猪市口百子会,⑥永定门内外石榴庄村民放堂吉祥会,⑦由"西直门外天禧昌运宫、大宅"等十余处村民组成的西顶进香会。⑧中顶位于右安门外,地近南城,民人香会居多。⑨

另外,还有居京外地同乡组成的香会。道光年间进香于东岳庙的"山东掸尘老会",碑阴题名包括糖店、席铺、皮铺、麻铺、煤铺、铁铺、布店等许多店铺商号。是带有同乡会性质的民人香会。⑩

---

① 《鲁班会碑》,乾隆十七年六月,《拓本汇编》第70册,第183—184页。鲁班会一直坚持到民国年间,有乾隆二十六年二月、乾隆五十四年六月、民国十六年四月等历次会碑为证,分见《拓本汇编》第71册、75册、95册。
② 《羊行会碑》,乾隆二十九年三月,《拓本汇编》第72册,第46—47页。
③ 《庆司会碑》,乾隆三十三年十二月,《拓本汇编》第72册,第191—192页。
④ 《财神圣会碑》,乾隆四十四年七月,《拓本汇编》第74册,第40—41页。
⑤ 《白纸会碑》,康熙三十年八月,《拓本汇编》第64册,第174页;《岳庙碑》,康熙三十五年三月。《拓本汇编》第65册,第74—76页。
⑥ 《中顶普济宫碑》,康熙三十五年六月,《拓本汇编》第65册,第85—88页。
⑦ 《放堂吉祥老会题名碑》,乾隆四十七年四月,《拓本汇编》第74册,第117页。
⑧ 《西顶进香碑》,康熙八年四月,《拓本汇编》第62册,第124—126页。
⑨ 《中顶泰山行宫碑》,康熙三年四月。碑在北京丰台区右安门外中顶村,《拓本汇编》第62册,第35—36页。
⑩ 《掸尘老会碑》,道光十七年六月,《拓本汇编》第80册,132—133页。

不过，即便是在这类香会里，有时也掺杂着一些旗人，比如在上举"山东掸尘老会碑"的题名中，就可以看见松年、哈清阿、伊凌阿、双庆、广庆、齐克唐阿等一些典型的满洲名字。清代山东青州、德州等处，均有八旗驻防，其中不乏在京做官、读书者。这些满洲人，很可能就是来自这样一些地方的旗人。外地旗人与民人共同组织同乡会甚至香会，是晚清出现的一个新现象，从一个侧面反映了旗人与民人关系的发展。

以旗人为主体的香会，一般起会于内城和京城西北郊的旗人聚居区。

旗民混杂的香会，往往起会于内外城结合部或近郊，这些地方较早形成旗民的错居。随着错居现象的蔓延和旗民交往的密切，这类香会也在不断发展。

香会的构成，按性别分，约有三类：

一类由清一色男性或基本由男性组成。如慈善寺圆明园海淀成府三旗营敬献鲜果圣会，会众百余人，基本为男性旗人。东岳庙献花会，糊饰窗户会，主要成分为宫廷内太监。白纸献花会，会众多达九百六十人，也是清一色男性。该会由内务府大臣、满洲大臣福锟领衔，以下有内务府属各处僧人、道士、太监的头面人物，[1] 是一个以内廷人员为主体香会。属于这类香会的还有东岳庙路灯会、献茶会、清茶会，药王庙传膳音乐会。

一类由男女混杂组成，如"西直门里西官园口"一带满汉旗民成立的西顶香会、由"阜城（成）关外六道口一带军民人等"组成的西顶如意胜会，东岳庙的净水会、供茶会等。慈善寺如意礼忏钱粮圣会包括许多已婚妇女如成门李氏、富门宋氏、赵门赵氏、杨门栾氏、赵门吴氏、陈门吴氏、蒋门王氏、李门荣氏、王门张氏、李门刘氏、赵门傅氏、那门刘氏、郭门朱氏、伊门刘氏、金门亢氏、白门蔡氏、关门贾氏、那门关氏、韩门朱氏、刘门崔氏、李门

---

[1] 《白纸献花会碑》，同治六年三月，《拓本汇编》第83册，第110页。又《白纸献花会碑》，光绪二十年三月，《拓本汇编》第87册，第84—86页。

王氏。值得注意的是：该会在总理都管（会首）下，会众按性别分设正香首、副香首等职。这种情况，并非个例①，说明依"男女有别"原则管理，是香会中比较流行的现象。

再一类基本由女性组成。早在明代，已有所谓"妇女会"②，是由妇女组织的香会。乾隆十四年东岳庙献茶豆会会碑载，该会会首中，旗人妇女有：镶白旗汉军董成名雄氏、正白旗蒙古信官阿南达张氏、正白旗汉军信官刘汉宝苏氏、正蓝旗满洲庞德舒陈氏、正红旗汉军吴琨李氏、镶黄旗满洲高□亮陈氏、□□旗蒙古屠禄尹颜氏、正白旗汉军金满李氏。民人妇女有：顺天府玉田县民林世隆贾氏、大兴县民郑自德张氏、淮安府山阳县民刘智李氏、大兴县民王全李氏、通州民武进孝王氏、大兴县民王玉李氏、大兴县民田□□马氏、大兴县民胡□□尤氏、大兴县民贾□魁刘氏、大兴县民徐朝栋尤氏、奉天关东民魏进宽刘氏等。

每名会首名下，又注妇女若干名，如镶白旗汉军董成名雄氏名下，注有董镇邦王氏、董奇何氏、董国政孙氏；正白旗蒙古阿南达张氏名下，注有阿木虎郎茶氏、所色金氏；正白旗汉军刘汉宝苏氏名下，注有刘明赵氏、刘成强贺氏、刘希福诸葛氏；正蓝旗满洲庞德舒陈氏名下，注有庞文辉刘氏、庞君福马氏、怕尔布李氏；顺天府玉田县民林世隆贾氏名下，注有林潘解氏、林盛王氏；大兴县民郑自德张氏名下，注有郑义花石氏、郑泰金孟氏；淮安府山阳县民刘智李氏名下，注有刘远公张氏、刘耀云吴氏、刘士印陈氏等等。

显而易见，这些夫姓相同而辈分不一的已婚妇女，属于同一个大家庭；每一位大家庭中的女性家长，也就是香会中的一名会首，于是在香会内部形成一个个以女性家长为首领，以血缘、姻缘关系为纽带、吸收不同辈分家庭成员的小群体。

碑阴题名还提到八旗信官的女眷：镶黄旗满洲抄武一等公关

---

① 如寿桃老会，正会首男性有王承惠等，女性有王门钱氏等，《拓本汇编》第64册，第161页；西直门里南扒儿胡同进香会，正会首男性有李国祥等，女性有王门那氏等，《拓本汇编》第65册，第14页。

② 沈榜：《宛署杂记》卷17，北京出版社1961年版，第167页。

门赵氏、正红旗满洲信官恒德和门觉罗氏、正白旗满洲信官武尔登吴氏、正白旗蒙古寇门佘氏、厢黄旗满洲信官陈布仲王氏、正白旗蒙古信官那亲魏氏、正白旗蒙古信官常索王氏、厢黄旗包衣孙国安刘氏、正蓝旗满洲大硕色关门侯氏、正白旗满洲觉罗信官呼布里赵门刘氏、厢白旗满洲李七十八张氏。民人妇女的来源也相当广泛，主要来自顺天府大兴县，还有原籍天津杨柳青的。另外，还有"当差庙户会首"贾玉等二十一人。① 烧茶送水，施舍缘豆，历来是妇女的职守，该会吸纳了众多妇女，与其服务性质或有一定关系。

在会碑题名中，凡已婚妇女均称某门某氏。在这一点上，旗人与民人、满人与汉人的表述方式合若符节，未婚少女却寥若晨星。

在供奉碧霞元君各香会中，妇女人数很可观。这一现象，在西顶会碑中尤为引人注目。② 进香慈善寺的普照报恩会、进香涿州元君祠的圣母会、进香妙峰山元君祠的成府村献供香斗膏药圣会，都包括众多妇女。碧霞元君（圣母）作为女性崇拜和法力无边的"治世大福神"，自然倍受妇女关注。何况与碧霞元君同受香火的，通常还有眼光圣母明目元君、子孙圣母佑渡元君、斑疹圣母慈幼元君、送生圣母保产元君，即所谓五顶娘娘。如果再附上乳母圣母养幼元君、催生圣母保幼元君、引蒙圣母导幼元君、痘疹圣母稳形元君，则合称九顶娘娘。这些女性神祇职司广泛，对于企盼生儿育女、禳灾祛病的妇女来说，吸引力尤大。

康熙二十九年（1690）东岳庙《扫尘会碑记》撰者云："或曰泰山之神为碧霞元君玉女也，今又天齐仁圣何与？予应之曰：天地之理，阴阳而已。祀碧霞元君玉女，所以宣阴教也。祀仁圣大帝，所以亨阳德也。而泰山之神究非有名象之可拟。道家所传，与吾儒之见不能无异也。"③ 天齐仁圣指东岳大帝。作者将世间男女阴阳尊卑有序的观念推及神界，认为对碧霞元君的尊崇只是道家所为，

---

① 《献茶豆会碑》，乾隆十四年六月，《拓本汇编》第70册，第102—103页。
② 赵世瑜：《国家正祀与民间信仰的互动》，《北京师范大学学报》1998年第6期。
③ 《扫尘会碑》，《拓本汇编》第64册，第146—147页。

颇不以为然。尊大帝而抑元君,尽在不言中。可见,在男权至上的社会里,元君信仰的风靡也曾遭到儒家道统捍卫者的异议。

总体来看,香会中女性远少于男性,是一个不争的事实。传统伦理道德的约束,使妇女少有在公众场合抛头露面的机会。统治者针对所谓男女混淆现象,三番五次颁布禁令,也限制了妇女参与香会的自由。康熙《大兴县志》卷1:"四月十八日元君诞辰,都中士女群聚而往曰香会,舆者、骑者、步者、拜者,盈衢塞路,有司莫能禁也。"① 男女群聚的进香活动很快引起统治集团的关注。康熙四十八年(1709),御史张莲疏称:民间设立香会,千百成群,男女混杂,请敕地方官严禁。谕旨施行。② 雍、乾年间,又宣布对京城各寺庙内妇女烧香之习悉行严禁。当时,仅北京城西郊就有大小寺庙千余所,每年"二三月间春融之后,旗民妇女浓妆艳服,逐队成群,任意缘山越岭进庙遨游"③。旗民妇女进香祈福,同时兼有踏春游玩的目的,呼朋引伴,乐此不疲。这种强烈的愿望不是一纸禁令所能阻拦的。乾隆二十七年(1762)奏准:"五城寺观僧尼开场演剧,男女概得出资随附,号曰善会,败俗酿弊,所关非细,应交步军统领五城顺天府各衙门严行禁止。"④ 此后,清廷于咸丰二年(1852)正月、同治八年(1869)十一月、光绪十年(1884)二月屡次谕旨重申,严禁妇女进寺院庵观烧香。⑤

统治集团三番五次颁布禁令,应是导致香会女性少于男性的一个基本原因。换个角度考察问题:尽管有官府禁令,仍有不少旗民妇女冲破了各种有形无形的束缚,她们不仅积极参与香会活动,甚

---

① 张茂节修、李开泰等纂:《大兴县志》卷1,第25页,康熙二十四年刻本,《中国地方志集成·北京府县志辑》第7册。
② 《清圣祖实录》卷238,第7页上下。
③ 《监察御史舒敏为请禁妇女游荡山寺习俗事奏折》,乾隆九年十一月十四日,《乾隆初年整饬民风民俗史料》(下),《历史档案》2001年第2期。
④ 《乾隆二十七年禁五城寺观僧尼开场演剧》,《台规》卷25,转引自王晓传辑录《元明清三代禁毁小说戏曲史料》,作家出版社1958年版,第41页。
⑤ 《清文宗实录》卷52,第20页上下;《清穆宗实录》卷271,第2页上下;《清德宗实录》卷178,第4页下。

至堂而皇之地将名字刻写在会碑上。这一事实说明,至少在某些时候或场合,特别是在广大民间,禁令并没有奏效。这正是最高统治者不得不一再重申禁令的缘故。

光绪十一年(1885)正月,御史张廷燎奏称:京师城外白云观,每年正月间烧香赛会,男女杂沓,并有托为神仙之说,怪诞不经等语。奉上谕:僧道造言惑众,及妇女入庙烧香,均干例禁,嗣后著该管地方官严行禁止。其余京城内外各寺观,如有烧香赛会,与此相类者,亦著随时查禁。① 正月十九日,传说是邱处机即长春真人成仙飞升日,俗称"燕九节",相传是日真人必来,或化官绅,或化游士冶女,或化乞丐,有缘遇之者得以祛病延年,故僧道旗民男女人等于是日辐辏云集,焚香持斋,彻夜达旦,谓之"会神仙"。此即张廷燎奏折中所指"托为神仙之说,荒诞不经等语"。

三　简短的结语

民国十七年(1928),顾颉刚先生在《妙峰山进香专号引言》中,曾就调查研究民间香会的意义作过如此评价:

> 朝山进香的事,是民众生活上的一件大事。他们储蓄了一年的活动力,在春夏间作出半个月的宗教事业,发展他们的信仰,团结,社交,美术的各种能力,这真是宗教学、社会学、心理学,民俗学,美学,教育学等等的好材料,这真是一种活泼泼的新鲜材料!②

顾颉刚先生这番话,是针对当时学者中轻视民间文化风俗调

---

① 《清德宗实录》卷202,第7页上。
② 顾颉刚:《妙峰山进香专号引言》,《妙峰山》,第9页。

查、认为这种调查"不入流品"的倾向而言。他认为,朝山进香,不仅是一项宗教活动,同时兼有发展信仰、增进友谊、密切交往乃至发挥艺术创造力的作用,正是在这个意义上,他强调:进香是"民众生活的一件大事",对香会的调查,将为宗教学、社会学、心理学、民俗学、美学、教育学(当然还有历史学)研究提供新鲜的一手资料。今天重温这段话,仍旧富有启迪。

那么,具体到本文所探讨的"北京旗人与香会"问题,又可以概括出哪些要点呢?

第一,香会的性质。香会是完全起自民间的组织,不带有任何官方色彩。早在明代,北京地区已流行各种名目的香会。东岳庙《白纸会碑》,碑阳重刻明崇祯十三年史可法所撰《六顶进供□□圣会碑记》,末署"顺治三年九月吉旦重修。领众弟子□维□、正会首刘门刘氏、侄男刘□□、女萧门刘氏"①。说明清初的一些香会原本是明代香会的延续。所云"六顶",包括弘仁桥、西顶、北顶、中顶、药王庙、进香六处。展翅圣会碑题"八顶进贡展翅老会"和"沿途寺庙二百六十四处",进香八处。② 扫尘净炉会碑题"九天、太乙、东岳三顶静(净)炉襌(掸)尘老会",进香三处。③ 此外还有进香"二顶""四顶"者,说明有些香会的活动场所非只一处。

不过,多数香会还是以某一寺庙宫观为特定对象的。妙峰山碧霞元君祠,可以吸致数百里甚至上千里以内的香火,聚集上百乃至数百的香会;小的宗教中心只能吸引周邻居民组织的一两个香会。香会人数多寡不等,多的达到六七百人,少的仅二三十人;时间也长短不一,长者绵延数百年不衰,短者则旋聚旋散。有的香会按行业组织,更多的则以地域为纽带。一些香会只是乡邻族党的狭小聚

---

① 《白纸会碑》,《拓本汇编》第61册,第19页。
② 《东岳圣会碑》,《拓本汇编》第62册,第49—51页。
③ 《扫尘会碑》,《拓本汇编》第64册,第190页。参见《三顶圣会碑》,《拓本汇编》第65册,第27—29页。

集，还有一些香会，形成跨地域的广泛联系。在供奉对象、活动内容和方式、人员构成等方面，香会也存在种种差异。

第二，香会所反映的信仰形态。清代民间主要流行佛、道二教。道教是本土宗教，兴起于汉末，唐以后盛行，明代皇帝多奉道教，嘉靖帝尤甚。佛教则是本土化的外来宗教。清朝统治者对道教的重视程度虽不如前朝，对佛、道两教还是兼容并蓄的。就本文考察看，都城隍庙、东岳庙、白云观、药王庙、碧霞元君祠、关帝庙等香会活动场所，属道教宫观。这足以说明，道教在民间始终保持着强劲影响。尤其碧霞元君崇拜，对广大妇女具有很强的亲合力。道教宫观的众多神祇，实际体现佛、道兼容的精神，并且吸纳了民间众多俗神。所以，在道教信仰的表象下，真正风靡的还是民间的所谓"杂信"。

第三，香会的社会功能。香会之所以长盛不衰，是因为具有多方面社会功能，且与普通旗民日常生活形成密切的联系。首先是宗教功能，它将具有共同信仰的人们组织在一起，举行各种宗教活动，并为寺观提供多种形式的帮助或服务。香会的捐助构成寺观的重要经济来源，它们甚至是寺观的最大施主。在宗教节日和庙会期间，香会的作用尤为重要。东岳庙道众多不过十数人，远不足以应付规模巨大的开庙活动，届时全仗各香会出钱出力，操办一应事务。正是由于众多香众的努力，使得庙会期间寺观环境整洁，供养丰足，香烟氤氲，灯烛通明，营造出浓厚的宗教气氛。香会还通过出巡、百戏、放生等娱乐和慈善活动，渲染节日盛典的气氛，使更多的善男信女乃至凡夫俗子趋之若鹜，扩大了宗教的传播与影响。香会还是社交的重要场所，增进了不同地区、不同阶层、不同民族、不同组织人们间的沟通，它将平日邈不相涉的人们集结在一起，因此具有重要的组织功能。香会名目尽管繁多，做功德，讲奉献，不索取，则是共同的宗旨，诸如集资修路、奉送膏药、施舍饭食、缝补鞋袜等种种善举，都是在宗教的形式下弘扬助人为乐的传统美德，所以又具有道德教化的功能。

最后，应特别关注香会对旗人的影响。清朝统治的一个基本特点,是实行"旗民分治"的两元社会体制,即以州县制度治理民人,以八旗制度管理旗人。具体到北京地区,统治者自清初以来,强制采取旗民分居措施,以旗人居内城,以民人居外城。在八旗制度严格束缚下的数十万旗人,长期生活在内城的狭小天地里,除了当兵和做官者以外,大多无事可做,组织香会,朝顶进香,遂成为生活中一件大事,其中排遣烦恼、自娱自乐、填补精神空虚的成分不少,这大概是旗人在香会中始终扮演重要角色的主要原因。

清初北京旗民的畛域极为鲜明,不同的组织隶属,不同的居住地域,不同的职业分工,不同的身份地位,对于满洲、蒙古旗人来说,还要加上不同的文化背景。满族统治者处心积虑构建旗民畛域,主旨是为了维护自己的特权利益。而香会作为旗人与民人、满人与汉人杂糅的民间组织,它的发展,却成为"旗民分治"体制的一种异己力量。正是通过这种完全自发的组织,旗人与民人密切了联系,他们基于宗教的信仰互结同心,彼此频频交往,共享精神上的安慰与欢娱,感情上也逐渐陶融。至于香会在融通满汉语言文化信仰风俗等方面所起的积极作用,也是不言而喻的。

附表　　　　　　　　　　**香会碑名表**

序号	碑名	时间	地址	出处	提要
1	西棚老会碑	顺治十五年(1658)五月	北京西城区成方街都城隍庙	《拓本汇编》第61册,第118页	祭城隍之神,会首傅联登、副会首黑松
2	西顶娘娘进香会碑	康熙九年(1670)四月	北京海淀区蓝靛厂广仁宫	《拓本汇编》第62册,第151—153页	题名会首中有"工部他吃哈番加一级信官伽蓝保",碑侧题"京都北城鼓楼西各旗地方等处正会首□□等仝立"

续表

序号	碑名	时间	地址	出处	提要
3	二顶圣会碑	康熙十七年（1678）三月	北京朝阳区东岳庙	《拓本汇编》第63册，第114—115页	会首张全华。成立于康熙十四年。会碑题称"西华门四牌楼二顶进香圣会"
4	金牛圣会进香碑	康熙二十三年（1684）三月	同上	《拓本汇编》第64册，第52—54页	碑文称"诸善在于西直门里小街口诚起金牛圣会，年例进献冠袍带履金牛一乘种种钱粮"
5	西顶洪慈宫进香碑	康熙二十六年（1687）四月	北京海淀区蓝靛厂广仁宫	《拓本汇编》第64册，第93—94页	成立于康熙十七年，祭祀泰山圣母，碑记称："阜成门里朝天宫三条胡同仕宦满汉军民，每岁十二日奉香瞻拜"
6	香灯会垂后碑记序	康熙二十七年（1688）四月	同上	《拓本汇编》第64册，第108—109页	成立于康熙初年，祭祀元君圣母，碑侧题："阜成门里朝天宫东廊下香灯圣会正会首罗司明（其他人名略）仝立"。男女不下三五百人
7	散司会碑	康熙二十九年（1690）三月	北京朝阳区东岳庙	《拓本汇编》第64册，第144—145页	成立于康熙初年，由东华门外众善弟子等诚起。会众"攒印积金虔办冠袍带履供器等仪"，照例于每年三月奉献于神前。三百余人，均男性
8	扫尘会碑	康熙二十九年（1690）三月	同上	《拓本汇编》第64册，第146—147页	祭祀东岳大帝，并扫除尘污。碑侧题："安定门大街中城兵马司胡同扫尘圣会"。千余人，均男性
9	西顶进香碑（共两碑）	康熙三十一年（1692）四月	北京海淀区蓝靛厂广仁宫	《拓本汇编》第65册，第6—8，9—11页	祭祀碧霞元君。会碑称已起会三十余载。碑侧题"定府大街龙头井年例进香老会杨时春众等仝立"。约一百七十人，均男性

续表

序号	碑名	时间	地址	出处	提要
10	年例进香碑	康熙三十一年（1692）四月	同上	《拓本汇编》第65册，第12—14页	祭祀碧霞元君。碑侧题称"西直门里南扒儿胡同弥罗庵进香圣会"。男女各数百人
11	东岳庙碑	康熙三十七年（1698）三月	北京朝阳区东岳庙	《拓本汇编》第65册，第118—120页	祭祀东岳帝君。碑侧题"东四牌楼散司老会"。二百余人，均男性
12	散司攒香会碑	康熙三十七年（1698）三月	同上	《拓本汇编》第65册，第121—122页	祭祀东岳帝君。设正会首十一人，副会首三十一人，司房管□二十一人，"随会"（会众）约二百人，均男性
13	曹国相创善会碑	康熙四十一年（1702）二月	北京海淀区蓝靛厂广仁宫	《拓本汇编》第66册，第6—8页	于元君诞辰日进香，"阅二十七年而不倦"（应建于康熙十四年前后）。碑阴题名有"信官"二十二人，"信士"近九十人，"信官女"近一百八十人。碑侧题"西直门里西官园口坐香圣会香首曹国相众等全立"
14	岳武穆鄂王碑	康熙五十一年（1712）八月	北京朝阳区东岳庙	《拓本汇编》第66册，第168—170页	祭祀速报司主神岳武穆鄂王（岳飞）。二百余人，均男性。碑侧题"朝阳关内外各巷居住信心弟子众善等"，"诚起每年二月十五日恭庆精忠圣诞碑"
15	子午会碑	康熙五十五年（1716）四月	同上	《拓本汇编》第67册，第50页	进香东岳庙。约五百六十人，均男性。碑侧题"京都西安门外土地庙诚起子午胜会""内外各城坊居住众善人等名列于后"
16	路灯会碑	康熙五十五年（1716）五月	同上	《拓本汇编》第67册，第52—53页	每年东岳大帝诞辰日"众信同心燃灯陈贡"。会众六百余人，除妇女二人外，余皆男性

续表

序号	碑名	时间	地址	出处	提要
17	药王庙碑	康熙五十八年（1719）九月	北京西城区旧鼓楼大街大觉寺	《拓本汇编》第67册，第104—105页	祭祀药王。碑阴题"悬灯老会众善人等"。三十六人，均男性
18	马王庙奉祀碑	康熙五十九年（1720）六月	北京朝阳区东岳庙	《拓本汇编》第67册，第113—114页	祭祀马神。碑阴题"京都朝阳门内东四牌楼马市众善弟子"。正会首七人，以下三百二十余人。均男性
19	如意胜会碑	康熙六十一年（1722）	北京海淀区蓝靛厂广仁宫	《拓本汇编》第67册，第151—152页	祭祀元君圣母。成立于三年前。成员为"阜城（成）关外六道口一带军民人等"。碑侧题"阜城关外六道口村西顶如意胜会香首李凤等立"。以妇女为多
20	献茶会碑	雍正九年（1731）八月	北京朝阳区东岳庙	《拓本汇编》第68册，第97页	会众"每逢朔望日，虔诚献茶，供奉敬献东岳仁圣帝君尊前"，张棚施茶，接待香客。近三百人，以男性为主，题名中有铺号。参见第47号碑
21	京都城隍庙挂灯会碑	雍正十二年（1734）七月	北京西城区二龙路成方街	《拓本汇编》第68册，第146—147页	创自顺治二年。会众约六百人，以男性为主。按月轮值，主体是旗人
22	盘香会	乾隆五年（1740）	北京朝阳区东岳庙	实地考察	成立于雍正十三年，会众于每月朔望进香，碑阴题名分为乾隆五年、嘉庆九年两部分。包括许多旗人男妇
23	掸尘会碑	乾隆五年（1740）三月	同上	《拓本汇编》第69册，第56—57页	该会为"朝阳门内外信心善姓"，"于每月十四开庙拂尘进香献茶"。人数众多，以男性为主。正会首镶黄旗宗室吉腾、镶白旗宗室全康等。碑阴题名"化外信士"中，有许多铺号。参见第36、41、54、63、70号碑

第三编　旗民关系

续表

序号	碑名	时间	地址	出处	提要
24	献花会碑	乾隆六年（1741）三月（碑记后间刻十四年重刻题记）	同上	《拓本汇编》第69册，第87—88页	按期敬献香花于神前。始建于康熙初年。会众三百余人，包括宫内太监、八旗内参领、管领官员。均男性
25	金顶妙峰山进香碑记	乾隆七年（1742）三月	北京门头沟区妙峰山碧霞元君祠	实地考察	碑记：二顶兴隆圣会，成立于雍正十一年七月初七日，在"京都西直门内诚起"。约百人，均男性
26	关帝庙碑	乾隆八年（1743）七月	北京朝阳区十八里店十里河	《拓本汇编》第69册，第125—127页	碑额题"掸尘老会"，碑侧刻"乾隆九年十一月十□日，今有本庙掸尘会众善人等赎地十三亩，用银十两，以□地□□圣前香灯费用。当年会首张廷弼领众善四十四人后殿扁（匾）上查名"。百余人，均男性
27	普照报恩圣会碑	乾隆十年（1745）	北京石景山区慈善寺	实地考察	会碑称"天太（天太山）古佛，道高德重，神人皆钦"。碑阴题："大清国直隶顺天府大宛二县旗民人等各巷居住"。会首李世荣，"老会首"孙门都氏，会众基本为已婚妇女，约一百三十人
28	供茶会碑	乾隆十三年（1748）三月	北京朝阳区东岳庙	《拓本汇编》第70册，第18—19页	会众于每月初一、初二、十五、十六等日在育德殿前玉皇阁下虔设清茶、缘豆，"以结善缘"。会众男女二百六十余人
29	楞严胜会碑	乾隆十三年（1748）秋	北京门头沟区潭柘寺	《拓本汇编》第70册，第34页	是会肇自雍正十三年，旗员五三泰、铎尔跻色楞等与会。至此以会费余银五百六十两，置地二顷，收租为本寺香火之需

续表

序号	碑名	时间	地址	出处	提要
30	献茶豆会碑	乾隆十四年（1749）六月	北京朝阳区东岳庙	《拓本汇编》第70册，第102—103页，又实地考察	该会起于乾隆八年，会众于每月初一、初二、十五日、十六日在庙内设清茶、缘豆、红枣、酱姜，"以结善缘"。会众百余名，基本为已婚妇女
31	广善米会置香火地碑	乾隆十六年（1751）九月	北京门头沟区戒台寺	《拓本汇编》第70册，第161页	会址在西直门。会众用银一百五十两置买三段地四十四亩，每年取租银十六两，永作戒台寺香火费
32	香花圣会碑	乾隆十八年（1753）四月	北京丰台区看丹村药王庙	《拓本汇编》第71册，第8页	会名膏药圣会，又称香花圣会。由顺天府新街口旗民众等起会，施舍膏药
33	献花会碑	乾隆二十一年（1756）	北京朝阳区东岳庙	《拓本汇编》第71册，第85—87页	会众主体为内廷太监（以乾清宫总管为首），以及部分旗人。均男性
34	路灯会碑	乾隆二十二年（1757）三月	北京朝阳区东岳庙	《拓本汇编》第71册，第101—102页	会众于每月初一、十五，在庙内神像前燃烛照明。二百余人，均男性
35	报恩秉心放堂老会碑	乾隆二十四年（1759）三月	北京石景山区慈善寺	实地考察	由"京都顺天府十方院那处"起会。会碑追述"朝礼福地天太山燃灯尊佛座前进香久矣"
36	掸尘会碑	乾隆二十七年（1762）十月	北京朝阳区东岳庙	《拓本汇编》第72册，第16—17页	会众于每月十四日更衣入庙，洒扫庭除。二百余人，多旗人男妇。参见第23、41、54、63、70号碑
37	净炉会碑	乾隆二十八年（1763）八月（四十九年重刻）	同上	《拓本汇编》第72册，第33—35页	会众于每月朔、望前一日相率到庙，将各殿香炉积灰淘清并拂拭干净，碑侧题名"朝阳门内净炉会旗民人等全立"。均男性

续表

序号	碑名	时间	地址	出处	提要
38	传膳音乐圣会碑	乾隆三十二年（1767）四月	北京西城区旧鼓楼大街大觉寺	《拓本汇编》第72册，第168—169页	活动地点在紫禁城北旧鼓楼大街大觉寺。碑阴题："顺天府大、宛二县旗民众善人等""宝泉局音乐拾番众等"，又设"拨号""厨茶房"，成员约百人，均男性
39	天仙圣女感应碑	乾隆三十五年（1770）四月	北京门头沟区妙峰山碧霞元君祠	实地考察	碑记：十人膏药老会创办于乾隆三十一年。会首海塔思哈等十人，随香会首、制药弟子等近五十人，旗人居多。碑记又载"京都顺天府宛平县阜成门内祖家横街路东钱铺众善诚起"。均男性
40	攒香放堂圣会碑	乾隆三十七年（1772）九月	北京石景山区慈善寺	实地考察	碑记"京都顺天府大宛二县旗民人等公议攒香放堂圣会，在西直门外往北两间房村，在赵处年例诚起。合会善男信女城里关外各村各巷居住，众等秉心前往京西天太山慈善寺燃灯古佛老爷驾前献供香、元宝、纸障表词，放堂祈求平安"
41	掸尘会碑	乾隆三十九年（1774）六月	北京朝阳区东岳庙	《拓本汇编》第73册，第133页	碑记称：该会"肇于元季，隆于明代，辉煌轮奂于我朝（指清朝）……自有此庙，即有此会，以清除殿宇尘氛，绵绵延延数百余年"。会众三百余人。参见第23、36、54、63、70号碑
42	如意礼忏钱粮圣会碑	乾隆四十一年（1776）四月	北京石景山区慈善寺	实地考察	会碑称："京都顺天府大宛二县旗民人等在德胜门西李广桥庐处诚起"。内部分工比较细致

续表

序号	碑名	时间	地址	出处	提要
43	如意攒香圣会碑	乾隆四十三年（1778）四月	同上	实地考察	在西安门内旃檀寺西妞妞房徐某处起会。会众进香祈福于寺内古佛。旗人男女各数十人
44	传膳老会碑	乾隆四十四年（1779）四月	北京西城区旧鼓楼大街大觉寺	《拓本汇编》第74册，第33—34页	碑阴题名："顺天府大、宛二县各城坊巷旗民众善人等"，首起为佐领那苏图，以下六十五人。主体为男性
45	二人老会碑	乾隆四十七年（1782）七月	北京门头沟区妙峰山碧霞元君祠	实地考察	进香碧霞元君。会众满汉旗民，清一色男性。当年会首为旗人富勒贺
46	如意老会碑	乾隆四十八年（1783）三月	北京石景山区慈善寺	实地考察	碑阳满文，碑阴汉文。会众为圆明园正白旗旗民，进香古佛
47	献茶会碑	乾隆五十年（1785）五月刻，嘉庆十七年（1812）重刻	北京朝阳区东岳庙	《拓本汇编》第75册，第36—37页	每月朔望，设献茶会于岱宗殿前"憩息有所，杯水作供"。会众五百余，主要为男性旗民。参见第20号碑
48	献供斗香膏药胜会碑	乾隆五十二年（1787）四月	北京门头沟区妙峰山碧霞元君祠	金勋《北京西郊成府村志》，又实地考察	雍正八年创办，成员为西直门外成府村旗民，前几任会首多为年老妇人。每年四月初十上山进香
49	广善米会捐资题名碑	乾隆五十八年（1793）八月	北京门头沟区戒台寺	《拓本汇编》第76册，第60页	碑记称："京都德胜门外索家坟药王庙年例诚起广善米会恭往戒台万寿寺献供斋僧礼□施食，众善捐资钱壹百柒十二吊，置地三十亩，得租永作佛前香供"。会众男女百余人
50	传膳路灯老会碑	乾隆六十年（1795）三月	北京石景山区慈善寺	实地考察	由"京都东安门外丰增胡同马处、地安门外东步梁桥冯处年例诚起"。男妇数十人

续表

序号	碑名	时间	地址	出处	提要
51	子孙胜会题名碑	乾隆六十年（1795）四月	北京门头沟区戒台寺	《拓本汇编》第76册，第99页	由京都永定门内外旗民人等组织，"恭往戒台寺进香，斋僧、礼忏、施食"，会众近百人，女性居多
52	修补道□圣会碑	乾隆六十年（1795）夏月	北京门头沟区妙峰山碧霞元君祠	实地考察	碑记称"因往来维艰，崎岖难至，善士人等坚心向佛，不吝惜而愿捐资整理道途"。此碑系"募化宣武门内单牌楼众善人等共献"。会众为男性
53	悬灯老会碑	嘉庆元年（1796）八月	北京朝阳区东岳庙	《拓本汇编》第77册，第8—11页	是会系"东安门内北池子沙滩张处会同朝阳关内外旗民"。男女近四百人
54	掸尘放生会碑	嘉庆三年（1798）五月	同上	《拓本汇编》第77册，第31—32页	碑记称"京都顺天府大、宛二县朝阳关内外旗民人等"。男性三百余人。参见第23、36、41、63、70号碑
55	献灯圣会碑	嘉庆十五年（1810）四月	北京西城区旧鼓楼大街大觉寺	《拓本汇编》第78册，第64—65页	该会全称"药王殿同心献灯圣会"，会众于腊月除夕在药王神像前献灯一宿。会众男性五十余人
56	献供会碑	嘉庆十五年（1810）	北京丰台区看丹村药王庙	《拓本汇编》第78册，第66页	碑阳额题"献供老会"，碑记中称起会"以历百有余年"，每年药王圣诞献供于该庙。碑阴提名称：京都西便门内外……两处年例诚起献供圣会各项旗民众善芳名。有旗人、民人、店铺名甚众

续表

序号	碑名	时间	地址	出处	提要
57	楞严圣会碑	道光二年（1822）四月	北京门头沟区潭柘寺	《拓本汇编》第79册，第28—29页	碑阴称"兹因朝阳门内外旗民众善弟子年例春季前往潭柘山岫云寺楞严古佛圣前呈供进香"云。又记：众善弟子资助金钱五百吊，交寺置地一段
58	掸尘老会碑	道光十七年（1837）六月	北京朝阳区东岳庙	《拓本汇编》第80册，第132—133页	碑阳"众善山东掸尘老会"，碑阴题名包括许多店铺。是带有同乡会性质的民人香会
59	大悲圣会碑	道光二十二年（1842）四月	北京门头沟区戒台寺	《拓本汇编》第81册，第45页	会首奕达宁。碑阳题："京都大悲圣会旗民善信人等共捐钱一百二十吊"，修板桥一座
60	敬献鲜果圣会碑	道光二十三年（1843）三月	北京石景山区慈善寺	实地考察	会碑称：雍正十年三月由"京都顺天府宛平县圆明园海淀成府三旗营众善弟子"起会。已有百年以上历史。"众善弟子"百余人，基本为男性
61	净水会碑	道光二十四年（1844）七月	北京朝阳区东岳庙	《拓本汇编》第81册，第84—86页	碑两侧题称"雍正庚戌年六月穀旦公立"，"嘉庆戊辰年六月穀旦重修"。至道光二十四年已历时百有余年。男妇约二百三十人
62	糊饰窗户会碑	同治五年（1866）八月	同上	《拓本汇编》第83册，第89—90页	该会宗旨为修整庙内窗棂。碑阴题称"乾清宫等处总管首领太监旗民"，人数多达六百余人
63	拂尘会碑	同治六年（1867）三月	同上	《拓本汇编》第83册，第106—107页	参见第23、36、41、54、70号碑。本会乃掸尘会之延续。碑阴载正会首仍为镶黄旗满洲宗室吉腾、全康。又题称："崇文门内外顺天府大、宛二县旗民众善人等全心公议重整老掸尘圣会"。约一百五十人

863

续表

序号	碑名	时间	地址	出处	提要
64	白纸献花会碑	同治六年（1867）三月	同上	《拓本汇编》第83册，第110—112页	该会置白纸香花，以供众鬼神文籍簿书所需，男妇多达九百六十人
65	净水会碑	光绪二年（1876）六月	同上	《拓本汇编》第84册，第123—124页	满汉旗民共组，男性为主有承办人、钱粮把、中军把、仲伙把、供水把、神堂把、扎采把、□事把之分工
66	长春永久胜会	光绪八年（1882）七月	北京西城区白云观	《拓本汇编》第85册，第88页	碑阴载会首旗人、民人一百二十人
67	刘素云道行碑	光绪十二年（1886）三月	同上	《拓本碑拓》，又《汇编》第86册，第4页	光绪八年，大太监刘诚印发起组织长春永久供会，包括内官、信官百余人，每年为长春祖师、九皇祖师圣诞提供香资
68	净炉会碑	光绪十三年（1887）三月	北京朝阳区东岳庙	《拓本汇编》第86册，第42—44页	碑阴为满汉旗民题名。碑侧题"朝阳门内外旗民众善人等"。男性为主
69	如意老会题名碑	光绪十八年（1892）正月	北京门头沟戒台寺	《拓本汇编》第87册，第1页	碑阳题称："京都顺天府大宛两县旗民人等公议同心重整新春如意老会"云
70	老掸尘会碑	光绪十八年（1892）三月	北京朝阳区东岳庙	《拓本汇编》第87册，第7—8页	会首、会众多为旗人，包括宗室、觉罗。碑阳题称"有善士旗汉人等创立斯会……例于每月十四日齐集至庙……一律扫除洁净"云。为国初建立之老会，至此再立新碑，"以垂久远"。参见第23、36、41、54、63号
71	献茶会碑	光绪十九年（1893）三月	同上	《拓本汇编》第87册，第49—51页	碑两侧题"皇城内外旗民众善人等"，"大清光绪拾玖年三月立"。该会创自二十多年前，至是刻碑纪念。有男妇二百余人，于每月朔、望，设棚备办清茶，为香客止渴之需

续表

序号	碑名	时间	地址	出处	提要
72	白纸献花会碑	光绪二十年（1894）三月	同上	《拓本汇编》第87册，第84—86页	会众五百余人，内有内务府大臣福锟等满汉大臣以及内宫太监
73	香灯供膳窗户纸会碑	光绪二十二年（1896）三月	同上	《拓本汇编》第87册，第146—147页	会费得大太监刘得印施助一万两，会众例于二月十九、三月二十八、七月三十日佛前供献，以及妙尔洼茶棚一例办理。会众包括太监、旗民男妇
74	攒香会题名碑	光绪二十四年（1898）四月	北京海淀区四季青祁家村	《拓本汇编》第88册，第9页	碑记题称："兹因京西香山齐家村攒香老会置神耳二堂"，"阁村旗民人等""众香首人名"及助银额数
75	永庆善会碑	年代不详	北京西城区白云观	《拓本》	该会供奉火祖，助香资钱置香火地三顷，又重修火祖殿。施主包括商号铺户二百四十余家，以及旗、民人等。会首为商号十三家
76	香灯供膳碑	光绪三十二年（1906）八月	北京朝阳区东岳庙	《拓本汇编》第89册，第103页	长春宫总管太监刘得印先后为香灯供膳窗户纸会施助纹银五千两，又募纹银五千两
77	祈福消灾老会碑	民国十一年（1922）四月初八日	北京西城区白云观	《拓本》	创立于同治元年，议定"无论满蒙回汉士农工商，凡抱有意乐施济众之愿者，均可从心助善纳资入会"

注：本表"出处"项下，《拓本汇编》指北京图书馆金石组编《北京图书馆藏中国历代石刻拓本汇编》，中州古籍出版社1990年版；《拓本》指中国科学院图书馆藏《白云观碑拓本》。

（原载《燕京学报》新12期，北京大学出版社2002年版）

民间寺观的"转香火"问题
——关于什刹海观音庵契书的考察

[摘要] 民间寺观的转手,俗称"转香火"。中国社会科学院近代史研究所藏有什刹海观音庵(海潮观音寺)转手契书一套,包括手本、转香火契、卖契、赠予契。本文以契书为基本史料,考察了观音庵由尼庙、僧寺转为民间私产,最终并入醇亲王府家庙的演变过程。认为民间寺观"转香火",具有卖、典(老典)、租(长租)、抵押(指房地借银)、施舍、馈赠等多种形式;交易双方,则有僧人之间、僧人与民人(或僧人与旗人)之间、民人之间、民人与旗人之间等不同范围。在寺观产业流入民间同时,民间不动产也在不断地转为寺观之产。这种跨越僧(道)俗两界的财产对流,应是清代社会中司空见惯的现象。

清代寺观保留的不动产交易契书,一类是僧人道士的专用书证——手本,再一类则是民间广泛流行的旗契(旗人契书)、民契(民人契书)。关于旗契、民契,笔者已有专门考察[1],这里只说明手本[2]。手本存世者堪称凤毛麟角,中国社会科学院近代史研究所

---

[1] 刘小萌:《清代北京旗人社会》,中国社会科学出版社2008年版,第891—901页。
[2] 手本一词,原有状词(法律用语)、公文、名帖等多重含义。明时,下属见上司或门生见老师所用名帖称手本。刘銮:《五石瓠》:"官司移会用六扣(按,六扣即六折)白柬,谓之手本;万历间士夫刺亦用六扣,然称名帖;后以青壳粘前后叶而绵六扣,称手本,为下官见上官所投。其门生初见座师,则用红绫壳为手本,亦始万历末年。"清代下级官员谒见上官时呈递的名帖亦称手本。寺庙手本,作为僧人呈报僧官的上行文书,其名称或由此而来。

民间寺观的"转香火"问题

《醇王府档案》中藏有什刹海观音庵契书一套七份,起首为手本两份,道光十年(1830)六月初四、六月十四日各一份。其中,日期稍前的手本文字如下:

> 具禀西北城关内鸭儿胡同观音庵住持湛一,为恳恩更名入册事:切此庵原系了尘住持,近因回住祖庭,今将此庵情愿请湛一在内住持永远焚修,诚恐稽查未便,理宜禀明。伏乞城主老爷恩准金批入册施行。
>
> 道光十年六月(朱笔添加:初四)

观音庵,又名海潮观音庵,位于京城西北城关内鸭儿胡同(鸦儿胡同)路南,什刹海的北岸。雍、乾年间原为尼庙,后改僧庙[①]。据《乾隆京城全图》,该庵因适应什刹海北岸街道和建筑走向,坐东北而朝西南,正院大殿三间,左右偏殿各二间,前有东西厢房各三间,南有小院,房(灰棚)两间。这种格局,直到晚清同治年间迄未改变(有同治十一年盛恺转香火契为证,见下文)。

从上引手本可知,道光年间,观音庵原由僧人了尘住持。道光十年(1830)六月,了尘因"回住祖庭",改由僧人湛一住持。为此,湛一写立手本,呈请更名入册。手本白纸墨书,呈报对象为"城主老爷",钤盖有"僧录司管理西北城诸山事务"红色印文。手本上还落有朱笔批语:"旧手本存案""奉印堂谕,准其更名入册"。将以上信息彼此参证,知手本呈报对象"城主老爷",应指京城僧录司下分管西北城诸山(寺庙)事务僧官;而朱笔批语中提

[①] 观音庵又名海潮观音庵,据中国社会科学院历史研究所藏雍正六年(1728)掌僧录司□印元焕、普彬进呈《六城寺庙清册·西北城关内外寺庙庵院僧尼清册》(钞本,历史研究所定宜庄研究员提供,下引阙名《八城庙宇僧尼总册》亦同,谨致谢忱)载:"鸦儿胡同,海潮观音庵,住持尼智成。"说明该庙雍正时期已存,为尼庙。又,历史研究所藏阙名《八城庙宇僧尼总册·西北城关内外寺庙庵院僧尼清册》(抄本)所载文字完全相同。据法国远东学院吕敏教授《北京内城寺庙碑刻志》(稿本)推定,阙名清册造制约在乾隆三十四年(1769)之后。两清册相隔至少四十 年,而智成尚在。由此可以推知,尼庙改僧庙当在乾隆三十四年以后。

到的"印堂",则指僧官上司即僧录司主官(正印或副印)。又,僧官批阅时,在手本"了尘""湛一"名字上端右侧均加有朱点(、)或朱圈(〇),起提示作用;又在正文结束语之后加一红色大勾("√",称朱勾),表示正文到此结束,以防他人添写。这都是清代官员批阅下行文书时的惯用做法,称"标朱"。

清沿明制,僧人道士由礼部僧录司、道录司管理。光绪《大清会典》卷36《礼部》载:凡僧官道官皆注于籍。京师僧官曰僧录司,正印一人,副印一人,左右善世二人,阐教二人,讲经二人,觉义二人。僧官分设各城者,东城、南城、西城、北城、中城、东南城、东北城、西城南路凡八处。

对比"僧录司管理西北城诸山事务"印文,还会发现一个问题:光绪《大清会典》所载京城八处僧官,有"东北城"却没有"西北城"。究其原因,清代京城僧官的管辖区划,前后屡有变动。据中国社会科学院历史研究所藏京城寺庙清册:雍正年间,京城僧官分设六处:东北城关、东南城关、西北城关、西城北路、西城南路、中城(皇城)①。乾隆年间,改设八处:西城北路、西城南路、西北城、西南城、东城、东北城、东南城、中城②。道光十年(1830)手本印文出自管理"西北城"的"城主老爷"(僧官),与乾隆清册记载正相吻合。至于光绪《大清会典》所载八处,为道光二十四年(1844)例,已在手本写立之后,故与印文不合③。

道光十年六月手本共两份,除前引一份,尚有日期略晚的一份。两相比对,差异有二。其一为文字,略晚的一份在"近因回住祖庭"后,多出"一人不能兼理二处"一句。其二为呈报对象、印文、批语,略晚一份的呈报对象为"印堂老和尚"(僧录司正印或副印),印文为"钦命管理僧录司印务批",手本正文后落有朱笔批语:"旧手本存案,准更名入册。"又在呈报日期"道光十六年六月"之上,朱笔加一"印"字;日期后朱笔添加"十四(日)"

---

① 雍正六年掌僧录司□印元焕、普彬进呈:《六城寺庙清册》。
② 中国社会科学院历史研究所藏:阙名《八城庙宇僧尼总册》,钞本。
③ 昆冈等纂:《大清会典事例》卷501《礼部·方伎》,光绪二十五年刻本。

民间寺观的"转香火"问题

两字。这些都表明,稍晚的这份手本,系湛一呈报给僧官上级僧录司主官(印堂老爷)而获批准者。

以上考察表明,寺庙转手(更换住持),必须由新住持出面呈报;呈报程序,由新住持写立手本一式两份,一呈报所在城区僧官,一呈报僧录司主官;经僧录司主官和僧官批准钤印,旧手本存档,新手本更名入册。至此,新住持取得对寺庙的合法拥有,并得到官府认可和保护。同时又说明,钤有官印的手本,是具有法律效力文书。不过,同为法律文书,手本与民间契书(民契、旗契)还是存有诸多差异:(1)呈报对象不同(寺庙向僧录司呈报,民人向大兴、宛平两县衙门呈报,旗人向八旗左右翼税关呈报)。(2)呈报者身份不同(手本限于僧、道,民契限于民人,旗契限于旗人)。(3)呈报目的不同(呈递手本是为了"更名入册",民契、旗契多用于不动产交易)。(4)转手理由不同(手本转手为"回住祖庭""一身不能照料二庙",民契、旗契转手多为"手乏无钱")。(5)转手价格不同(手本无价,民契、旗契有价)。(6)纳税与否不同(手本无税,民契、旗契均按百分之三取税)。(7)形制不同(手本无官刻文书,民契、旗契书均有官刻契纸而形制各异)。(8)附加条款有无不同(手本无附加条款,民契、旗契均有违约责任等附加条款)。(9)中保人的有无不同(手本无中保人,民契、旗契均有中保人等具名)。

这些区别有助于说明,手本在其形成之初,只是僧人道士向官府呈报寺观更名入册的文书,与民间流行的买卖契书,有着本质区别。不过,随着时间推移,尤其在寺观不断转手的过程中,手本作为住持合法拥有寺观的法律证明,逐渐被赋予类似契书的性质。下面,仍以近代史研究所藏观音庵契书为例,作进一步说明。

近代史研究所藏观音庵契书一套七份,除前述道光十年手本(两份),作为其下手契的,尚有五份,包括转香火契两份,卖契两份,赠予契一份,清一色白契。这些契书反映了观音庵在僧人、民人间几经转手,最终转为王府私产的过程。

前面提到,道光十年(1830)六月,观音庵改由湛一住持。据同治十一年(1872)十二月下手契,当观音庵再次转手时,住持已是盛恺。盛恺是何时从湛一处承接香火(寺庙)的,两人是否师

869

第三编 旗民关系

徒关系,已无从得知。不过,从契书"仝随庙字(指道光十年手本)一张"的文字来看,盛恺承接住持时,并未写立手本,当然也没有呈报僧官,而是采取私相授受的方式。这种方式,成为日后观音庵转手的固定模式。兹将盛恺写立"转香火"白契,征引如次:

> 立字转香火人盛恺,因回祖廷,一身不能焚修二处,情愿将自置德胜门内十刹海鸦儿胡同海潮观音庵一座,供养理旺在内焚修为业。理旺不肯空手接庙,仝众言明供养盛恺盘费钱壹佰八拾吊整。两家并无反悔。其钱笔下(中空数格)入庙之后,如有盛恺亲派人等出来争竞,有盛恺一面承管。恐口无凭立字为证。
>
> 前小院一所,大灰棚间半,小灰棚一间,仝随庙字一张。
>
> 转香人盛恺(押)
> 中保人王石(押)
> 接香火人理旺(押)
>
> 同治十一年十二月初六日 立

此契虽未明言买卖,却有"理旺不肯空手接庙,仝众言明供养盛恺盘费钱壹佰八拾吊整"的文字。所谓"盘费钱",其实就是变相卖价。因知此"转香火"契的性质,实为不动产买卖[①]。契中不仅载明转手价格,还有违约责任、附产说明、中保人及交易双方(转香人、接香火人)具名,这些都是民间卖契中的必要条款。随之,凸显了观音庵的私有性质。

光绪七年(1881),理旺又以"因回祖廷,一身不能焚修二处"的同样理由,写立转香火白契,将观音庵转给僧人定福:

---

① 类似的转香火契,见张荣芬、张薀芬、宣立品《大觉禅寺》(北京出版社2006年版,第199页)载寺藏契约093号:"立转供养香火静妙庵住持僧胜林,因一人不能照料二庙,情愿供养净持师替我接代焚修。有胜स陈欠账目全钱贰佰吊正,有净持替我清还□贰佰吊正。其钱笔下交清并无欠少,恐无凭,立转香火字存照。立转供养人胜林(押),接代香火僧人净持(押)。同治元年三月初二日。"

民间寺观的"转香火"问题

立字转香火人理旺，因回祖廷，一身不能焚修二处。愿将自置德胜门内十刹海鸦儿胡同海潮观音庵一座，供养定福在内焚修为业。定福不肯空手接庙，仝众言明供养理旺盘费钱贰佰吊整。两家并无反悔。其钱笔下（中空数格）入庙之后，如有理旺亲派人等出来争竞，有理旺一面承管。恐口无凭立字为证。

大殿三间，住房二间，山门群墙一盖（概）无有。

转香人理旺（押）
中保人马二（押）
接香火人定福（押）

光绪七年十二月初十日　立

理旺将观音庵转给定福，收取"盘费钱"贰佰吊，价格略高于前次交易的壹佰八拾吊。契书虽照样沿用"因回祖廷，一身不能焚修二处"的说法，只是寺庙交易的套语，不应视作转手的真实理由。契书说观音庵只有大殿三间，住房二间，山门群墙一概无有，足见这是一处规模很小的庙宇。十三年后（光绪二十年，1894）定福再次转手时，所写契书已彻底放弃"转香火"的说法，改用民间卖契的习惯用语：

立卖字僧人定福，今因手乏无钱，将自置海潮庵空地一块，并无砖瓦木植，座（坐）落在鸦儿胡同十刹海北河沿。自己无力不能兴修，情愿卖与刘名下使用。言明卖价银一佰捌拾两正。其银笔下交足无欠。自卖之后，倘有僧俗人等争竞者，有定福一面承管。恐后无凭立字存照。

外有白字贰张手本贰套跟随。

僧人定福（押）
代笔人　文海（押）

光绪二十年三月十一日

第三编 旗民关系

十三年间,小庙显然经历了一次大变故,可能是一场火灾,以致庙宇毁坏,砖瓦无存,只剩下空地一块。定福在契中明言庙产系"自置",出卖原因是"手乏无钱",交易对象也不再是僧人,而是刘姓民人。这次交易,从内容到形式,乃至契书行文,与民间不动产买卖已如出一辙。又过十年(光绪三十年,1904),业主刘绍堂将这块空地白契卖给兴隆木厂。卖契写道:

> 立卖地基文约人刘绍堂,今因自置空地一块。座(坐)落在十刹海北河沿鸦儿胡同中间。东至民房,西至龙华寺,北至官道,南至官道,东西宽肆丈五尺,南北长拾肆丈。今凭中说合,情愿卖与兴隆木厂使用。言明价银□兑足银贰佰柒拾两正。其银笔下交足无欠。立字之后,倘有亲族人等争论,有卖主人一面承管。恐后无凭立字存证。
>
> 随带白字三章(张)庙本二套跟随。
>
> 中保人王翰章(押)
立卖字人刘绍堂(押)
>
> 光绪三十年七月初六日 立

兴隆木厂是当时京城内承办皇工和王府工程的著名商家,厂主马文藏。马文藏购买这块空地,价银二百七十两,明显高于以往历次交易,这或者是因为地价升值,或者是因为他急于购买,且出手阔绰。具体原因无从查考。短短一个月过后,马文藏就将这块空地转手赠送给其老主顾醇亲王府,并写有赠予契一纸:

> 立字据人兴隆木厂商人马文藏,今将自置地基一段,座(坐)落在十刹海北河沿鸦儿胡同中间。东至民房,西至龙华寺庙,北至官道,南至官道,东西宽肆丈五尺,南北长拾肆丈。情愿进呈醇亲王府应用。恐日后有亲族人等争论,俱有兴隆木厂承管。为此进呈。
>
> 光绪三十年八月 日立字人马文藏(押)

民间寺观的"转香火"问题

兴隆木厂与醇王府的关系非同一般。光绪十五年（1889）载湉（光绪帝）大婚，慈禧太后归政。在此之前，以光绪帝名义发布上谕，宣布重新修葺西苑及万寿山殿宇，取"颐养冲和"之意，将清漪园改名颐和园，作为太后颐养天年之地。颐和园工程浩大，前后历时十年。当时，醇亲王奕譞总理海军衙门，同时负责园工，他仰承太后意旨挪用大笔海军经费用于园工，而兴隆木厂就是园工主要承包商之一①。光绪十六年（1890），奕譞死，子载沣袭醇亲王爵，与兴隆木厂的业务联系依旧密切。了解这段背景，对马文藏何以要将空地无偿进呈醇王府，也就不会有什么疑问了。据上引赠予契，观音庵所遗空地，正好位于醇王府家庙（祠堂）龙华寺东邻。这块空地在成为醇王府私产后，随即并入龙华寺②。这样一来，在几易其手之后，庙产变民产的最终结果是成为醇王府私产。这也是观音庵契书被保存在近代史所《醇王府档案》中的由来。

以上，根据契书与相关资料，概括考察了海潮观音庙一百七十六年（1728—1904）间隶属关系的变化。最后，就寺观"转香火"问题，提出几点浅见：

（1）清代寺观手本，最初只是僧人（住持）为"转香火"（更名入册）事呈报僧录司的文书；经僧录司批准并钤盖印章的手本是具有法律效力的文书；随着寺庙的一再转手，手本具有了类似契书（上手契）的性质，并与下手契一并粘连。这类手本，或可视作僧道中流通的特殊印契（红契）。

（2）小型寺观，多具有比较单一的私有性质。清代京城，佛道流行，寺观众多，形态迥异，大小悬殊，关系复杂。按当时的笼统

---

① 马氏兴隆木厂曾参与清皇宫、颐和园、北海（西苑）等大型皇家工程的修缮，是京城规模最大木厂之一。修缮颐和园，雇佣头目、匠夫、壮夫多达千余人。参见近代史研究所藏《醇王府档案·有关颐和园修建工程事》。马氏又有"六百年古建筑世家"的美誉，其十四代传人马旭初，在20世纪80年代，仍为京城最受尊重的古建专家。参见王受之《北京手记·哲匠世家》，中国青年出版社2008年版。

② 龙华寺全称大藏龙华寺，建于康熙五十八年（1719），位于北京市西城区后海北沿23号，今北海幼儿园，什刹海研究会、什刹海景区管理处编：《什刹海志》，北京出版社2003年版，第256页。

说法，即有"敕建""私建""官修""官庙""私庙"等区别[①]。问题还在于："敕建"庙未必都是官庙，而官庙的领属关系和生存方式又大相径庭。所谓"私庙"，则是相对"官庙"而言，实际说明的只是其民间性质，产权关系则相当复杂。如从今日产权关系概念分析，"私庙"之中，实际包含个人所有、家庭或家族所有、单一村落（街道）或多个村落（街道）所有、特定人群（如京西八旗各驻防营、京南行业或同乡会馆）所有等不同情况。

关于寺观所有权问题，不属本文探讨范围。本文只以观音庵为例说明：相比于形形色色的大中寺观，民间小型寺观所有权关系相对简单，且往往具有比较单一的私有性质。寺观的私有性，首先表现在住持对寺观拥有充分处置权（出卖权），这种权利不会遭到本地绅耆或其他相关人群的干预；其次，表现在寺观的频繁转手。道光十年（1830）至光绪三十年（1904）七十余年间，观音庵先后五次转手，且其手本的下手契，为清一色白契。都是其私有性的集中体现。这在民间小型寺观的转手过程中并不罕见[②]。

（3）私人寺观带有摆脱官府控制的倾向。不管民间寺观来源如何，产权关系怎样，清朝官府对寺观所有权归属，始终没有明

[①] 康熙六年，通计直省敕建寺庙一万二千四百八十二，私建寺庙六万七千一百四十（昆冈等纂：《大清会典事例》卷501《礼部·方伎》）。中国社会科学院历史研究所藏乾隆：《八城庙宇僧尼总册》（抄本）中，列有官修庙六十一处。又，"（嘉庆）六年谕，嗣后除京城各官庙照例不准招租外，所有私庙房间仍准照旧出租"。（昆冈等纂：《大清会典事例》卷501《礼部·方伎》）。

[②] 近代史研究所图书馆藏契书两件，与观音庵的转手过程如出一辙。原契抄录如次：第一件："立投契人李恭泰，因有大悲寺庙一处，坐落在高碑胡同，共计房二十三间，庙墙南北十三丈，东西十五丈，坍塌倒坏，净剩空地一块，本住持无力重修，情愿送李恭泰作为家庙，李恭泰给和尚清安银七拾两正作为香资，以为永远为业。恐后无凭，立字存照。均有源成号首饰铺一面承管。顺契人李恭泰（押）铺保人源成号（戳记）"（无年月白契）。第二件："立卖空地宛平县人李恭泰，因有祖遗自置大悲寺庙宇一座，共房二十三间，坐落在前门内高碑胡同东头路南，因年久失修早经坍塌，只剩空地一块。除邻居侵占不计外，现下东西长十一丈，南北长十丈，东至小胡同，西至小胡同，南至本人李姓地基，北至高碑胡同车道，四至分明。经中人说合，情愿卖与钱申泰木厂永远为业。言明价钱贰佰伍拾两。其银笔下交足，并不欠少。自卖之后，倘有亲族人等争竞或来路不明、契纸复出、别情发觉等事，俱有卖主一面承管，不与买主相干。空口无凭，立字为证。外有老白字一纸红契一套一并跟随。立卖字人李恭泰（押）宣统二年九月十五日（知情底保人、中保人等略）"（白契）。

民间寺观的"转香火"问题

确界定①。清前期,官府试图将公私寺观的"转香火"(转手),统统纳入僧录司(道录司)控制之下,借以加强对全社会寺观与僧人道士的掌控②。观音庵被登录于雍正六年僧录司《六城寺庙清册》和乾隆年间《八城庙宇僧尼总册》,即为明证。但后来的变化却表明:私人寺观的"转香火",普遍倾向于使用白契③,这就意味着交易双方的私相授受。真实目的,则是卖主(转香人)从买主(接香人)收取卖价,以实现寺观所有权的转移。通过"转香火"过程中的白契流行现象,或可看出私人寺观力图摆脱官府控制的倾向。随着清政府对社会控制力的逐步削弱,这种倾向也在相应增长。

(4)寺观转手,具有多种途径和复杂的表现形式。民间寺观的"转香火",具有卖、典(老典)、租(长租)、抵押(指房地借银)、施舍、馈赠、投身等多种形式;交易双方,则有僧人之间、僧人民人(或僧人旗人)之间、民人之间、民人旗人之间等不同范围。在寺观产业流入民间的同时,民间不动产也在源源不断地转为寺观之产。这种跨越僧(道)俗两界的财产对流,是清代社会中司空见惯的现象,值得继续研究。

(原载《北京社会科学》2013年第2期)

---

① 参见李贵连《清末民初寺庙财产权研究稿》(《近代中国法制与法学》,北京大学出版社2002年版,第150页);郭华清:《北洋政府的寺庙管理政策评析》[《广州大学学报》(社会科学版)2005年第1期]:清代政府没有对寺庙财产所有权的归属作出规定,因此寺庙财产所有权具有某种不确定性。例如,民间建造寺庙,按道理其所有权应该归"民间",但"民间"是一个不确定概念,一族、一姓、一村、数村都可以是"民间",都可以是寺庙拥有者。清朝时期寺庙财产所有权的这种不确定性,为清末官府占用寺庙移作他用留下了空间,也为民间对寺庙财产的争夺留下了空隙。

② 僧录司对寺庙与僧人日常生活的控制是多方面的,连僧人师兄弟分家析产这样的具体事务,都要呈报僧录司批准,见张荣芬、张蕰芬、宣立品《大觉禅寺》第189—190页载寺藏契约049、050号。

③ 参见张荣芬、张蕰芬、宣立品《大觉禅寺》第197页载寺藏契约086号:"立转香火文约僧人湛一,因本庙无人照管,将自治(置)西直门洞庙,转于月宽师焚修住持,永远为业。转价清钱叁佰叁拾吊整,当日交足并无欠少。言明自立字之后,如有僧俗人等争竞者,有立字见正人一面承管。原有城印手本二□白契三张。此系两家情愿,并无返回(悔),恐后无凭,立字存照。道光贰拾年四月十三日立字人湛一(押)(中保人、代笔人等略)"(白契)。

清代北京旗民关系
——以商铺为中心的考察

[摘要] 文章以清代京师（北京）内城商铺为切入点，就旗民关系的变化作了考察。清朝定鼎北京之初，实行旗民分治二元体制，强迫民人迁出内城，但是却无法阻碍其重新进入。本文第一部分，考察内城商铺的发展，指出嘉道以降，以三项制度（编查什家户、铺保制度、户口调查）的实施为标志，表明清政府完全接受民人定居内城的事实。第二部分，以房契为基本史料，从商铺的分工、商铺的转手、商人的构成等方面，就内城商铺与商人群体作了分析，指出京城经商人群的最大特点，是包括旗、民两个部分。旗人经商，并与民人频繁互动，密切了彼此关系，促进了旗民分治制度的瓦解。

[关键词] 京城　商铺　房契　旗民关系　满汉关系

北京的建城史至少可以上溯到西周初年武王分封时的燕国国都蓟城，迄今已有三千余年历史。辽太宗会同元年（938）以来，辽契丹、金女真、元蒙古以及明、清两朝均定都于此，北京的国都史已绵延一千余年。作为历代都城，北京长期是中国消费人口最集中的地区，无论消费规模还是消费层次，在同期城市中均首屈一指。顺治元年（1644），满洲人所建清朝入主中原，定鼎北京（京师），使古都呈现出不同于前代的若干特点。作为多民族聚居的都城，它不仅形成鲜明的地域特色、民族特色、文化特色，城市经济与商贸也空前繁荣。

商铺（商号）即商业性店铺，构成商业活动的基本要素，同时也是凸显都市社会、经济、政治、民族关系的一个窗口。本文以清代北京内城商铺为切入点，就旗民关系的变化作一初步考察。

一 内城商铺的发展

清朝统治中国，实行旗人与民人分治二元体制，即以八旗制度管理旗人，以省、府、州县制度统治民人。旗人主体是满洲人，民人主体是汉人，旗民分治的实质是满汉畛域。京城作为清朝首善之区，是旗民两元体制的集中体现。清廷入居京师，将内城（北城）民人强行驱往外城（南城），腾出内城安置随从满洲皇帝入关的数十万旗人。旗人与民人不仅在行政上各有隶属，在空间上亦彼此隔离，形成内城（北城）旗人与外城（南城）民人两个社会的并存。清朝统治者可以强行把民人迁出内城，却无法阻碍其重新进入。这一过程，自康熙年间崭露头角，雍正、乾隆年间持续发展。康熙后期，内城通衢要道商铺栉比，已呈现繁荣气象。[1] 康熙五十九年（1720）朝鲜使臣这样描述京城商肆的繁华：

> 市肆，北京正阳门外最盛，鼓楼街在次之（在宫城北）……而大抵市楼华饰，亦北京为最。每于市肆，辄悬竖木版，或排张绒帐，揭以佳号。或称某楼，或称某肆某铺。日用饮食、书画器玩，以致百工贱伎，无不列肆以售。而以白大布横张于肆前，或悬揭旗幢，大书某货和买，使过去者瞥见即知。而辄以佳名称之，如酒则称兰陵春，茶则称建溪茗之类是也。[2]

按其说法，外城商街以正阳门外最繁华，内城市肆则以鼓楼大街为最。店铺前悬挂的各色招幌，则说明其经营的性质，商铺名目繁多，或称某号，或称某楼，或称某肆某铺。在康熙《万寿盛典

---

[1] 刘小萌：《清代北京旗人社会》，第51、83页。
[2] ［朝］李宜显：《庚子燕行杂识》，［韩］林基中编：《燕行录全集》第35册，韩国东国大学出版部，2001年，第444页。

877

图》中,对此有生动翔实的描绘,在此不赘①。

当时,内城繁华之区已不限于鼓楼一带,诸如地安门街、东西安门外、东西四牌楼、东西单牌楼等处,也都是商铺密集之区。朝鲜使臣金昌业在游遍京城后曾如此概括:"城内人家无空隙,皆瓦屋,而路旁人家虽僻巷尽开铺子……城中市肆北最盛,次则东牌楼街,西不及东,西牌楼南北路旁皆官府及诸王第宅,铺子仅十之二三。城外市肆人家,南最繁华,正阳门外,为崇文门外次之,宣武门外又次之。东不及西,南不及东,北不及西焉。"② 北京内城,素有"东富西贵"之说③。不过谓东城大宅多,西部府第多。规制宏大的王公府邸,彰显了满洲贵族的权势,但是也限制了商铺的发展空间,所以说西牌楼(西四牌楼)一带商铺"仅"占全部住户十之二三,而东牌楼(东四牌楼)的商铺要多于西牌楼。朝鲜使臣指内城北商铺(市肆)"最盛"处,即紫禁城北鼓楼前大街(地安门外大街),"市肆之盛,几埒正阳门外。当街有大石桥,两旁设阑干,桥下水颇大,即流入宫墙为玉带河者也。过桥数百步,有三层楼,楼下四面有虹门,楼上悬鼓,是为鼓楼,即十字街也"④。鼓楼南大石桥,修于元代,称"万宁桥",至今尚为通衢。

民人进入内城,或开设店铺为坐商,或游走于街巷间为小贩。他们的到来,在繁荣内城商业同时,也给辇毂下的社会治安带来隐患。康熙五十四年(1714),旗员赖温在一份满文密折中奏称:

> 九门之内地方,甚为綮重,且外紫禁地方,所关更为綮重,因天下各省之人来者甚多,于外紫禁城内外地方开下榻之店者皆有……若外紫禁城内外店房皆与查禁,闲荡之人,零星

---

① 刘小萌:《清代北京旗人社会》,第84—85页。
② [朝]金昌业:《燕行日记》,[韩]林基中编:《燕行录全集》第32册,第39、115—116页;他还记载说:"市肆,北京正阳门外最盛,鼓楼街次之。"见第317页。
③ 崇彝:《道咸以来朝野杂记》,北京古籍出版社1982年版,第101页。
④ [朝]金昌业:《燕行日记》,[韩]林基中编:《燕行录全集》第32册,第39、115—116页。

878

商贩皆令于城外店房下榻，则城内风气似可改观，且良恶之人亦不可妄加栖止。①

清代北京内城，包括三个城区：中央是皇帝居住的紫禁城（今故宫博物院的范围）；紫禁城外是皇城（主要居住为皇室服务的内务府旗人）；皇城外是八旗及其眷属驻扎的大城。赖温所谓"九门之内地方"，指八旗居住的大城；而"外紫禁地方"，则指皇城。这说明，至迟康熙末年，来自各省的民人已陆续进入大城，其中一部分，是居无定址的流动商贩，下榻在皇城内外的客店。为了维护城内治安，赖温建议将皇城内外客店一概查禁。康熙帝却未置可否，朱批道："九门提督会同该部议奏。"从后来情况看，皇城内外的客店并未查禁。

雍正年间，紫禁城东华、西华二门外的饭铺、酒铺生意兴隆，值班八旗兵丁进铺沽饮，习以为常，以致引起清廷干预，谕令将两门外酒铺，一概禁止；饭铺亦只允许出卖饭肉菜蔬，永禁卖酒。两门外一带禁止卖酒，主要是担心值班旗兵沉溺于享乐，影响公务。至于饭铺、油盐等铺，为旗人日常生计所系，仍许照常营业②。雍正十年（1732），内务府官员丁皂保奏请严禁东西安门内的书场、茶社，以及皇城内街道搭棚设醮。其中有段话是这样说的：

> 皇城以内与紫禁（紫禁城）甚近，查旧例凡居住旗人不许在街在道搭棚设醮，扬幡挂榜，锣鼓喧哗，以内地理宜洁清故也。其东安门西安门内大路两旁人居稠密，在廛在舍听凭贸易经营，此实我皇上宽恤深仁爱民如子之至意，凡属旗民皆宜仰体圣心，尤当凛遵法度也。乃者奉行日久玩愒旋生，于大路两旁密支布伞，或作茶社，或作书场，人民拥挤，道路壅塞……

---

① 中国第一历史档案馆编：《康熙朝满文朱批奏折全译》，第1008页。
② 允禄等编：《上谕旗务议覆》，天津古籍出版社1991年版，第180、160页。

第三编　旗民关系

于肃清禁地旧例甚属不合。①

从丁皂保奏折不难得知，在皇帝"听凭贸易经营"的谕旨下，皇城内通衢两旁的商铺发展很快，同时出现茶社、书场等文化娱乐场所。民间商业的触角由大城进入皇城，并带动娱乐、文化性质的经营，是社会中出现的一个新气象。

在明代，皇城内悉为禁地，民人不得出入。清朝的变化是，东安、西安、地安三门以内、紫禁城以外皇城地区，允许旗、民人等自由行走、居住②。这一变化的准确时间和背景尚不清楚，但它对民间商业的发展乃至旗民交往产生的积极影响，是没有疑义的。

内城外来人口的大量增加，的确增加了治安的难度，而盗窃案件一再发生，引起清廷高度警惕。从乾隆年间起，步军统领衙门明显加强了对外来人口的监控，重点是流动人口的栖身地寺庙或店铺。乾隆二十一年（1756）步军统领衙门奏称，在内城一百三十一处店铺中，有开设猪肉、酒等店铺七十二处，白天售卖杂货、夜间容留闲杂人等居住店铺四十四处，客店十五处。并奏准，除七十二处商铺仍准营业外，其余查有接客情况的五十九处店铺、客店，一概限期迁往城外③。当时，内城店铺远不止此数，步军统领衙门所查一百三十一处，显然不是全部，而只是其中有容留人口嫌疑者。

---

① 中国第一历史档案馆编：《雍正朝汉文朱批奏折汇编》第30册，第520页。参见中国第一历史档案馆编《雍正朝满文朱批奏折全译》，第2595页。
② 朱一新：《京师坊巷志稿》，北京古籍出版社1982年版，第27页；参见吴廷燮主纂：《北京市志稿》第8册，北京燕山出版社1998年版，第421页。
③ "应准开设"的店铺72处，包括酒店（4处）、烟梗店（1处）、烟店（1处）、小猪店（3处）、鲜果店（1处）、鸡鹅店（2处）、猪店（51处，即猪市大街27处、西四牌楼21处、甘石桥3处），余不详。"应不准开设"的店铺59处，实际开列60处：车店（6处）、席店（7处）、酒店（4处）、砂锅店（4处）、大顺店（1处）、关东店（4处）、同仁和店（1处）、三合店（1处）、人和店（1处）、蒜店（1处）、草店（1处）、线店（1处）、鸡鱼店（1处）、义和店（1处）、四合店（1处）、瓦盆店（1处）、野鸡店（3处）、酒车店（10处）、姜店（1处）、赶脚驴店（2处）、瓷器店（1处）、蜜桃店（1处）、簸箩店（1处）、鸡鹅店（1处）、车脚柳罐店（1处）、柳罐店（1处）、席柳店（1处）、鸡鸭店（1处）。在镶黄旗地面鼓楼大街一带店铺最多，近20处。《金吾事例·章程》卷3，咸丰元年官刻本，第41页上下。所查131处店铺中，凡发现有容留流动人口者，均在强制迁出之列。

从该衙门所奏还可得知，在这以前，内城并无开设客店之禁，故对失察各官免予查参。至此规定：嗣后城内地方永不许开设客店。

民人进入内城，如若经商而非临时佣工，栖身客店究非长久之策，首先要解决的还是住房问题，但内城房屋均为旗产。清廷为维护旗产完整，一向禁止民人置买。在这种限制下，民人只得向旗人租赁房屋，而旗人也乐于将房子租与民人开铺①。民人在租赁旗房的同时，置买旗房的现象亦呈上升趋势。由于法律禁止旗民交产，这类交易通常采取白契买卖、典买、或长租形式②。

康雍年间，部分普通旗人生计窘困，出现了所谓"八旗生计"问题。清朝入关初，恩养旗人"至优至渥"，拨给房宅，圈给土地，建立粮饷制度，使兵丁所得正项银米高于七、八品官，加以种种名目的赏恤，却不能制止他们走向畸富畸贫的分化。京城本是四方货物荟萃流转的大都会，商品经济素称发达。随着商业资本和高利贷资本的膨胀，旗人虽然从国家分得室庐，但日久天长，贫困者率多转售与人，只能租屋以居③。旗人将破损老屋自行拆卸，售卖砖木，或径直将房屋变卖，举家搬往城外的现象亦有所发展④。生计的压力，以及内城房租高于外城，是导致这种现象蔓延的原因。乾隆四十六年（1781）的一份公文披露：迁往城外居住的旗人已达一万余户⑤。在旗人迁往城外的同时，许多民人进入城中，这样就形成不同居民成分的对流。这意味着旗民分居的格局已出现松动，并促使旗民交产现象的滋长。乾隆四十七年（1782）十月八

---

① 允禄等编：《上谕旗务议覆》，第160页。
② 刘小萌：《清代北京旗人社会》，第259页。
③ 鄂尔泰等纂：《八旗通志初集》卷23，东北师范大学出版社1985年版，第438页。
④ 雍正八年正月监察御史齐图奏称：旗人"毁京城内完好房屋卖给店铺者甚多。此皆系伊等祖辈为国出力，荷沐皇恩而立之家产，若自住富余，则应腾给人住，收租守业为生。但不肖之徒并不思此，因无人购买，唯急欲得银两，竟拆毁完好房屋，当柴变卖，甚是可惜，且城内街道一被毁，空地遍布，观之不齐整，夜间步兵巡逻亦难。"中国第一历史档案馆编：《雍正朝满文朱批奏折全译》，黄山书社1998年版，第1921页。
⑤ 台北"故宫博物院"图书文献馆藏：《清代宫中档及军机处档折件》，编号030617，《德福请将城内隙地建盖官房由》，乾隆四十六年五月十八日。

旗都统奏准：民人多有因谋买卖租债典买旗房，或自己居住或出租取重息者，除已经卖与民人者毋庸置议外，嗣后旗人房屋永远不准民人典买。如有阳奉阴违，一经发觉，即照偷盗典买之例，将房撤出，并将价银追出入官，仍治以违禁之罪。①清政府之所以认可民人置买旗房的既成事实，显然是因为此类事件太多，只能采取下不为例的宽宥态度。至于宣布永禁民人典买旗房，很快被证实只是流于一纸空文。在以后的年代里，民人置买旗房，为逃避官府纠举，仍流行老典长租、白契买卖等形式。清廷对违法者的惩办不可谓不严，为防止"旗产民业混淆"，采取措施亦不可谓不多②，但实际效果却无异于水泼沙地。

嘉庆六年（1801），都察院左都御史西成奏称：现在各省民人在城内卜居者，较之旗人已有十分之二三。伏查定例，旗民不许交产。今若尽驱城内居民使移居城外，未免过事骚扰，多费周章。他提出的解决办法主要有三：（1）将从前所有认买旗人房屋查明，据实呈报，登记造册，暂令居住；倘日后变卖，只许旗人承买，不得卖与民人；（2）如有民人愿卖而无旗人认买，准部官照例给价回赎，并将该房照原租酌减，令旗人居住，其租价即于每月钱粮内扣归帑项；（3）嗣后禁止民人再买旗房，如有违者，照民买旗地之例，将房入官，对知情典卖之旗人亦治以应得之罪③。与以往的官员相比，西成更倾向于采取和缓手段，即通过赎买的方式，逐步收回落入民人之手的旗人住房。但他的建议罔顾百多年来旗民交产所引发的深刻变化，也没有考虑旗民相互依赖且无法分离的基本事实。禁止旗民交产，违背交易双方的意愿和需求，至于将定居内城的民人重新迁往外城，更是无从谈起。他的建议自然被清廷搁置。

---

① 裕诚等纂：《钦定总管内务府现行则例·会计司》卷4，故宫博物院文献馆民国二十六年校印本，第81页上。
② 昆冈等纂：《大清会典事例》卷607《八旗处分例·田宅》；卷1120《八旗都统·田宅·拨给官房》。
③ 中国第一历史档案馆藏：《录副奏折》，档号63—2174—018，西成：《奏请将京都民人所买旗人房屋赎回并禁止民人嗣后再买旗房事》，嘉庆六年十一月十一日。

从顺治初年算起，民间与官府围绕内城居住权展开的博弈进行了百年之久，到嘉道年间，终于尘埃落定。总的趋势是民进官退，接受民人定居内城的事实。以此为背景，清政府为加强对内城控制，又陆续采取三项措施：编查什家户、建立铺保制度、户口调查。

编查什家户。清初沿袭明制，在地方州县以下建立保甲组织，十户为甲立一甲长，十甲为保立一保长，为统治者负起直接管理和监视人民的职责。康熙二十五年（1686），在近畿屯居旗人中试行保甲，将各庄屯旗丁同民户共编保甲，令旗人屯拨什库（屯领催）与保正、乡长共同稽查不轨[1]。雍正七年（1729），命近畿旗庄依仿汉民保甲之制，设立屯目、乡长。屯目、乡长的设立，意味着旗籍保甲长的产生，是旗人保甲组织走向完善的重要一步[2]。嘉庆十八年（1813）京城发生天理教徒袭击皇宫事件，一些旗人包括宗室贵族卷入其间。这一突发事件，促使清廷将编查旗人保甲的范围由畿辅扩大到京城[3]。同年十一月初四日清廷颁发谕旨称：内城地面，向系步军统领管辖，旧有什家户名目，即仿照保甲规制，核实编查，较为简易。所有内城旗民户口编查保甲事宜，责成步军统领衙门认真妥办。内城什家户，性质犹如十户编一甲。值得关注的是，其编查对象包括同一胡同居住的旗户、民户、铺户、僧道户[4]。编查什家户的目的，旨在加强对内城旗民的控制。倘若从旗民关系角度考察，同一地域的民户、旗户共同编查保甲，又未尝不是旗民分治体制进一步呈现裂痕的契机[5]。

---

[1] 吴廷燮总纂：《北京市志稿·民政志》卷3，第437页。
[2] 华立：《从旗人编查保甲看清朝"旗民分治"政策的变化》，《民族研究》1988年第5期。
[3] 《清仁宗实录》第280卷，第25页上下。
[4] 《金吾事例·章程》卷2，第57页上下、60页下。
[5] 在内城民户、旗户统一编查保甲同时，在外城和京畿居住的八旗官兵及眷属、宗室觉罗，亦相继编入当地甲册。见《清宣宗实录》卷286，第18页下；卷287，第19页上下；卷363，第24页下，卷364，第5页上；《北京市志稿·民政志》卷3，第473页。

建立铺保制度。道光九年（1829）五月，清政府颁布《整顿什家户章程》，内称：京城内开设大本铺户，铺东伙计多系良民，惟附近京畿民人来京开设小本生理者，此等铺户最易藏奸。章程规定，以后外州县民人来京开设小本买卖铺面，须由年久铺户结保（即作为担保人出具保结），方准开设；如无保结私行开设，一经查出，将该铺东伙分别递籍驱逐。① 从此，铺保制度在城内全面推广。实行铺保制的宗旨，是强化商铺间的彼此监督与连带责任，便于官府掌控，但铺户的合法权益（商业经营权、居住权），因此有所保障，也是一个不争的事实。

户口调查。清初以来，除八旗壮丁三年一编审外，清政府对内城居民的总体情况一直缺乏全面掌握②。嘉庆十八年（1813），确定内城编查什家户，始由步军统领衙门造具清册，分发各旗，就所属地段逐户查明姓氏、籍贯、年岁、行业、家口、奴婢，详载册内③。此即什家户册，应是内城户口普查的开始。道光二十五年（1845），户口普查进一步制度化，规定每年春秋二季更换新册之际，予限一个月，责成各旗在所属地面，按照册开户口普查一次。

《金吾事例·章程》卷3载有咸丰元年（1851）秋季八旗查报《住户铺户庙宇约计总数》，第一次披露了内城居民总户数与类别。其统计方法，是将内城居民分成三类：住户（包括旗户与民户）；铺户；寺庙户。统计结果表明：内城共有住户76443，铺户15333，庙宇866座。其中，各旗地界内：镶黄旗住户12502，铺户2163；正白旗住户7819，铺户2590；镶白旗住户7486，铺户1610；正蓝旗住户7159，铺户1472；正黄旗住户11716，铺户2239；正红旗户口5706，铺户1434；镶红旗住户6744，铺户1364；镶蓝旗住户8345，铺户1380；皇城内左右两翼住户8966，

---

① 《金吾事例·章程》卷3；参见《清宣宗实录》卷156，第18页。
② 清政府对内城八旗人口和寺庙人口均有专门调查，主要是疏于对民人情况的掌握。
③ 《金吾事例·章程》卷3，第6页上。

铺户1081。① 清制，八旗下各置满洲、蒙古、汉军三旗，合共二十四旗。步军统领衙门的查报，原以二十四旗为对象，分别统计。笔者为表述的方便，仍以八旗为单位，对数据作了汇总。这是需要说明的一点。

上引内城住户统计，按住户、铺户、寺庙户三类分列。此种分类，始于道光十二年（1832）六月顺天府尹申启贤奏准保甲条款。其中规定：清查户口，户定以三，曰居户、铺户、庙户②。此种分类引发的一个积极变化，在于淡化了内城的旗民畛域，无论旗户、民户均列入"居户（住户）"项下，不再有彼此轩轾。与前述编查什家户等措施，均不失为旗民分治体制的瓦解因素。

再者，值得注意的是铺户情况。（1）铺户总额，计15000余户，约为旗、民户数五分之一，说明铺户已是内城居民中举足轻重的一部分。（2）铺户分布，位于大城内八旗地面的有一万四千余户，位于皇城内的有千余户。前者的服务对象，主要是八旗之人（俗称外八旗人）；后者的服务对象，主要是内务府旗人（俗称内三旗人）。大城内铺户，明显多于皇城内，与外八旗人明显多于内务府旗人的情况是一致的。（3）具体到各旗地面，铺户分布并不均匀，由多到少依次为：正白旗、正黄旗、镶黄旗、镶白旗、正蓝旗、正红旗、镶红旗、镶蓝旗。两黄一白旗即八旗上三旗，分别居住内城之北和东北。其辖区内之所以铺户较多，一是住户（旗户、民户）本来就多，意味着消费群体的庞大；一是辖区内有重要的商业区，如正白旗地面的隆福寺商业区、两黄旗间地安门、鼓楼商业区等皆是。

清初以来，京城治安，置步军统领及巡城御史、兵马司指挥，与顺天府共同负责。最高官员为步军统领，以满洲亲近大臣兼任，掌京城内外门禁锁钥，统帅八旗步军、巡捕五营。内城治安，由八旗步军营担任，外城治安，由巡捕三营（后改五营）担任。京师八

---

① 《金吾事例・章程》卷3，第15页上至18页下。
② 《清宣宗实录》卷213，第15页上。

旗绿营，实际兼有卫戍、警备、消防、市政多重性质，"警察"与"军队"职能尚未分开。

光绪二十六年（1900）爆发的庚子事变，彻底改变了清初以来京城管理体制。八国联军侵入京城后，城市治安系统完全崩溃，联军在各占领地分建"安民公所"，维持秩序。第二年六月，联军根据《辛丑条约》规定，向清廷归还占领区，撤离京城。清政府设立京城善后协巡局，翌年改称工巡局。步军统领衙门是负责京城治安的旧机构，工巡局是新设的市政机构，管理新编警察。光绪三十一年（1905），设巡警部（后改民政部），工巡局改巡警厅，京师内外城各分十区。内城皇城内，分为中一区和中二区；东城分为内左一区至四区；西城分为内右一区至四区。外城东半部为外左一区至五区；西半部为外右一区至五区。至此，在京城沿用二百余年的八旗绿营治安系统，被完全取代。此种变化，表明八旗制度的进一步衰朽，对旗人社会冲击尤大。随着八旗分布格局彻底打破，更多民人涌入内城，形成更大范围的旗民混居。

二　商铺与商人

清代京城商业的发展离不开两个要素——商铺与商人。中国社会科学院近代史研究所藏有大批契书，是考察商业史的重要资料。借助契书，既可从微观上考察京城商铺的名号、规模、经营特色、管理方式、资本构成、交易形式，也可从宏观上把握商业发展的总体轮廓（商业面貌与特色，行业、业种分工与变化，商业人群构成）。[1] 以下，从商铺的分工、商铺的转手、区域优势与老字号、商人的构成、影响商业经营的因素五方面，就内城商铺与商人群体

---

[1] 关于北京房契，参见刘宗一、王育生《北京的房地契纸与契税》，《文史资料选编》第22辑，北京出版社1984年版；刘宗一主编：《北京房地产契证图集》，中国奥林匹克出版社1996年版；刘小萌：《清代北京旗人的房屋买卖》，《清史论丛》，辽宁古籍出版社1996年版；《清代北京旗人的房地契书》，《满学研究》第5辑，民族出版社2000年版；《清前期北京旗人满文房契研究》，《民族研究》2001年第4期。

略作考察，以说明旗民关系的变化及影响。

（一）商铺的分工

近代史所藏清代房契涉及各色店铺，汰去内容重复和性质不明者，约有六十余类：粥铺、素食铺（素饭铺）、大货铺、粮食店（米铺）、油盐店、布铺、烟袋铺、木厂、棉花铺、煤铺（煤厂）、纽子铺、烟铺、烟钱铺、钱铺、香铺、蜡铺、香烛铺、板厂、车铺、杆子铺、袜子铺、碓房、酒店、油酒店、剃头铺、干菜铺、茶馆、羊肉铺、绸缎局、菜局、金店、铁局（铁铺）、药局、广货铺、挂货铺①、帘子铺、文具店（文雅斋）、成衣铺、肉铺、山货铺、席铺、柜箱铺、盐店、估衣铺、首饰局（首饰楼）、粉坊、弓箭铺、鼓铺、灯笼铺、毡帘铺、裱画铺、栈房、当铺、挂炉铺（挂炉盒子铺）、账本铺、盔头铺、镊子铺、靴鞋店、油盐集货店、木店、桌椅铺、桤厂、包金作等。这些商铺，经营内容形形色色，既包括旗民的衣、食、住、行，日用所需，也涉及人们的精神、文化生活，宗教信仰。

清代北京，内城是京城的政治中心、军事中心，有皇室、王公、达官贵人、八旗官兵的聚居，因此也是消费中心。内城的基本居民是旗人，旗人以满人为主体，包括蒙古人、汉军人（早期入旗的辽东汉人）。他们以做官当兵为主要职业，领取月饷季米（按月领饷，按季领米），收入稳定，消费力强。服装饰物，消费习惯、风俗信仰，长期保持满洲特色。外城是京城的经济、文化、商业、娱乐中心。外城的居民是民人，民人以汉人为主体，士农工商，三教九流，社会成分复杂，消费内容丰富。外城有最繁荣的商业区（前三门外）、娱乐区（戏院、妓院）和数量众多的会馆（同乡会馆与行业会馆）。民人的日常生活，普遍带有汉文化特征。同时还有回族的特定居住区（今宣武区牛街一带）和自身文化。内外城居

---

① 挂货铺经营范围介于古玩铺与旧货店之间，同属古玩业，特点是品种更庞杂而已。孙健主编：《北京经济史资料》，北京燕山出版社1990年版，第228页。

民差异明显,对京城商业的分布与特色影响深远。内城商铺的分工,具有哪些特点呢?

第一,经营的多样性。有些商铺,白天经商,入夜则容留旅客,已见前述。又有烟钱铺、油盐店、油酒店、油盐集货店等,从店名即可了解其经营的多样性。如钱铺,除兑换银钱外,皆代买叶子烟、水烟,故店铺招牌皆书烟钱铺①。金店初作金珠贸易,至捐例大开,一变而为捐纳引见者之总汇。其上者能兼通内线,走要津,苞苴之人,皆由此辈,故金店内部必分设捐柜。其掌柜,交结官场,谙习仪节,起居服饰,同于贵人②。它如酒店兼存放,碓房、当铺兼放债,不一而足。

第二,经营的特色。有清一代,旗人始终是内城主体居民,旗人的特殊生活方式,给商铺的经营内容打上鲜明的烙印。内城商铺中,有几类与旗人生计关系尤为密切,最为官府关注。

一类是碓房,从事粮米加工。几十万旗人居住内城,所食粮米均来自漕粮。漕粮运抵京师,需加工才可食用,碓房遂应运而生。乾隆初年,京城碓房不下千余家。碓房加工粮米,兼营放债,对旗人的盘剥手段层出不穷,为时论所诟病。③

一类是米铺,从事粮米囤积、贩卖。在某些场合,米铺与碓房实为一体。八旗兵丁每季领米一次,家口少者,季米剩余部分拿到市场上出卖;而旗兵家口多者,或城内民人,则有从市上购买粮米的持久需求,经营粮食流转的米铺随之出现。内城米铺以东城最多,因官仓多在东城,而漕粮亦由通州河运而来,就近交易比较方便。嘉庆年间调查,城东朝阳门外太平、储济、裕丰、大万安、小万安五仓,及北左二营地方米铺(米局)甚多,仅左营一带就有二十九座,北营一带有三十七座。④城西西直门内外至新街口一带有

---

① 齐如山:《故都三百六十行》,书目文献出版社1993年版,第1页。
② 夏仁虎:《旧京琐记》。
③ 刘小萌:《碓房与旗人生计》,《清史论丛》2006年号,中国广播电视出版社2006年版。
④ 《金吾事例·章程》卷1,第61页上下。

米铺五十二座。各铺存储之米,自千余石至数百石、百余石、数十石不等。嘉庆十五年(1810),查得内城各门及东西两市各米铺囤积老米、梭米约计九万余石①,说明米铺主导下的粮食市场的流动量相当可观。米铺开设便利了粮食流通,旗民互通有无,主要作用是积极的。问题是米铺商人同其他商人有一个共同天性,即无限追逐商业利润,而不顾及手段和后果。囤积米石,贱买贵卖,旗兵放米时压价收买,米价腾昂时出售赢利,是米铺牟利的基本手段。米铺还把内城米石运往城外贩卖,以致引起内城米价上升。凡此种种,都直接影响到旗人生计。

针对这些问题,清廷主要采取三项措施,其一调整放米之期。康熙五十五年(1716),将八旗放米时间,由每年春(二月)、秋(八月)两季改为三季(即三月、八月、十一月);乾隆二年(1737)又改为四季(二、五、八、十一月)放给。尽管如此改动,但每次放米之后,距下次放米之期尚远,铺户依旧乘机囤积,以致米价日昂。以后又改为分别旗色、按月轮放。如此轮放,虽对平抑米价、防止囤积起到一定作用,并未能从根本上改变旗人贱价粜卖、贵价籴买的事实。其二,设立八旗米局,即官办米店,视市场情况收购或发卖粮米,以调整米价②。但米价仍未能平,且有勒买之弊,只好又谕命停止。其三,禁止内城米石出城。清政府屡次颁布城内米石不许出城,城外米石不许出境之令。道光二年(1822)四月定:嗣后仍照旧例,细米一石以内实系乡民买食者准其出城;粗米颗粒不准出城;城外之米无论粗细概不准出境;碓房如有违禁囤积至五百石以上者,查明照例严办,以除积弊。③

一类是钱铺。内城是皇室贵族荟萃之处,加以八旗官兵及眷属,消费力巨大,供给日用必需品和奢侈品的商业日益发达,促进货币流通的钱铺具有发展的肥沃土壤。嘉庆十五年(1810),京城

---

① 《金吾事例・章程》卷1,第64页上—66页下。
② 详见〔日〕细谷良夫《八旗米局攷——清朝中期の八旗经济をめぐって》,《集刊东洋学》第31号,1974年6月。
③ 《金吾事例・章程》卷1,第57页上下。

第三编　旗民关系

钱铺多至一千三十余家，其中内城六百八十五家①。钱铺的业务最初不过兑换银钱，随着其职能日趋多样化，发展起汇兑业务，发行各种银票、钱票、汇票，又发展起资金周转业务。出现了一批资本雄厚的钱庄、银号、票号、账局。钱铺的发展有利于商品经济的繁荣，同时也带来了一些问题，他们兼放钱债（银债），助长了高利贷的流行，严重损害旗人生计。再有，设局坑骗现象也屡禁不止。道光五年（1825）御史熊遇泰奏：

> 城市设有钱铺，原以便旗民日用。乃近年将兑银钱，仅写纸票，盖用铺户图记，名为钱帖。用钱者利其轻便，皆以钱帖交易，积至盈千累万，帖本亏短，度不能尝，往往闭门夜逸。案控纷缠，无岁无之。兹闻前月二十八九等日内，内城钱铺逃逸者多至四十余家。②

基于上述积弊，清政府对钱铺管理很严。措施主要有：命各旗地面留心查察，各铺不许多出钱票，以防商人弃铺逃走；实行五家联名互保，一旦发现五家一同关闭，即认定存心诓骗侵占，将铺东、管事人、铺伙送交刑部照例拟军发配；严禁私开钱铺，如有发现，将铺东、铺伙送刑部照违制律治罪。③ 又设立官钱铺（官钱局），负责兑放八旗兵饷。不想官钱铺散放兵饷，任意克扣，还搀用劣质小钱，对旗人态度异常强横④。最终不了了之。咸丰初，太平军兴，清廷财政濒于崩溃，滥发货币造成严重的通货膨胀。京城谣言四起，发生挤兑风潮，通行已久的钱票不能继续通行，钱铺因之大批倒闭。⑤

---

① 《金吾事例·章程》卷2，第27页上下。
② 中国第一历史档案馆藏：《军机处折件》，转引自孙健主编《北京经济史资料》，第879页。李静山：《增补都门杂咏》："铺保连环兑换银，作成局面惯坑人。票存累万仍关闭，王法宽容暗有神。"杨米人等著、路工编选：《清代北京竹枝词》，第104页。
③ 《金吾事例·章程》第2卷，第27—28页、第29页。
④ 《清文宗实录》第97卷，第49页下。
⑤ 孙健主编：《北京经济史资料》，第882—884页。

一类是当铺。京城当铺之外，民间尚流行小押，系临时性短期典当。不管名目如何，均是以物质钱，贱估价值，高定质钱利率，即高贷低借，以钱取息，钱还取物，过期将抵押物变卖，以此牟利。多属高利贷性质，旗人尤受其害。当铺除典当旗民日常用物，常典当旗兵饷米。此现象在康熙中叶已颇流行。康熙四十九年（1710）正月规定："凡收典兵丁口米（按即饷米）者，食米四年，米还原主，不还借银；食米三年，米还原主，银还四分之一；食米二年，米还原主，银还四分之一；食米一年以内，米还原主，银还四分之三。"① 当铺可连续数年低价典买旗人的饷米，足见问题的严重程度。但此种风气一直没有得到有效遏制。雍正年间，八旗官员再次奏陈，禁止八旗兵丁以饷米典借银两，凡典借银两，一概不予归还。以此惩戒违法当铺。

清朝定例，凡私放钱债及典当财物，银一两月息不得过三分；年月虽多，不过一本一利；违例多取，按律治罪②。但法律条文往往流于官样文章。实际情况是，每届开仓放米之前，不肖铺商即伙同领催，巧买兵丁米石。如一石米以时价折算，应为一两四、五钱银，而铺商在兵丁领米之前，只以五、六钱银买。待闭仓后，卖米人无米时，铺商即以每石米一两七、八钱或二两银的高价卖之③。兵丁若无银买米，唯有借贷，照例借七曰十，借二十曰三十，必立字据，以兵丁三季米为利息，方准借给。名曰放银，实则暗中典押兵丁口米④。当铺既典旗兵粮米，又典旗兵军器，后者尤为清廷所严禁⑤。清朝为遏制民间当铺的盘剥行径，又为缓解旗兵生计压力，自雍正朝起创办皇室内务府典当业（俗称内府官当），即由内库发

---

① 中国第一历史档案馆编：《雍正朝满文朱批奏折全译》，第303、313页。
② 马建石、杨育棠主编：《大清律例通考校注》，中国政法大学出版社1992年版，第522—524页。
③ 中国第一历史档案馆编：《雍正朝满文朱批奏折全译》，第740页。
④ 中国第一历史档案馆编：《雍正朝满文朱批奏折全译》，第313页。
⑤ 中国第一历史档案馆编：《雍正朝满文朱批奏折全译》，第379、395页；《钦定八旗则例》卷11，杨一凡、田涛主编：《中国珍稀法律典籍续编》第6册，黑龙江人民出版社2002年版，第113页。

出帑银开设当铺，进行营运生息增值银两。乾隆年间官当有十五座之多，成为皇室重要财源之一①。官当与民间私当的性质、规模、作用、影响有别，在此不赘。

碓房、米铺、钱铺、当铺关涉旗人经济命脉，加之高利贷盘剥、坑蒙欺诈等问题，尤为统治集团关注。为除积弊，采取了一系列对策。总体看，并未达到预期效果。至于靴铺、帽铺、翎顶铺、辫绳铺、服饰铺、绦带铺、斜皮铺、绣花铺、鞍鞯铺、扳指铺、马掌铺、弓箭铺、关东店等，也与旗人日常生活息息相关。

（二）商铺的转手

基于经营状况的好坏以及其他因素，商铺往往频繁转手。转手的形式多样，有典、老典、卖、出倒等。店铺的新旧铺东，既有旗人，也有民人。商铺转手现象，在契书中得到集中反映。在此举三处店铺为例。

第一，平则门外商铺一处。乾隆十一年（1746），正黄旗延宁将该处素食铺老典给旗人贾姓，言明九十年后原价许赎。但是诚如时人所云，老典其实与卖无异。乾隆三十七年（1772），贾达汉到衙门改典为买，将店铺归入自己名下。嘉庆九年（1804），其后人岳兴阿将该店典卖给旗人清某，仍为素饭铺，一典八年。道光二十九年（1849），旗人菩恩将其卖给福姓，已改茶馆。光绪三年（1877），福听泉转卖祁姓，仍开茶馆。二十七年（1901），赵西樵父子将其出倒②。该商铺在将近一百五十年间至少转手五次，先后开过素食铺、素饭铺、茶馆。

第二，德胜门内路南商铺一处。乾隆十年（1745），正黄旗满洲人达子将铺面瓦房二间典给本旗满洲人杭日布。时开粥铺。契内载"言定二十年之后银到取赎"。不久转到刘姓名下。在以后一百四十年间（至光绪十一年，1885），先后转手曾姓、霍姓、夏姓、

---

① 孙健主编：《北京经济史资料》，第916页。
② 见本文附表第5、8、11、25、31、38号。

马姓、得姓。店主有民人也有旗人。店铺由粥铺改为棉花铺、大货铺，后改"德胜馆"，经营内容不详①。

第三，东四牌楼南商铺一处。道光十三年（1833），顺天府学生员李惟昭将铺面房十三间卖给民人丁姓，开设瑞泰酒店。十六年（1836），丁文秀卖给刘姓。一年后，卖给旗人春姓。咸丰元年（1851）春龄卖给旗人卢姓，接着，转卖民人唐姓。这中间，一直开设瑞泰油酒店。同治八年（1869），民人唐汝仁将它卖给冯姓，开设北义合众铁铺。光绪九年（1883），冯成卖给旗人王姓，开设万利钱铺。该店在五十多年中至少转手七次，先后开过酒店、油酒店、铁铺、钱铺②。店铺在旗人、民人间频繁转手，是两者关系密切在商业领域的突出表现。

（三）地域优势与老字号

京城最繁华的商业区，外城在正阳门外，内城则有地安门外大街、东四隆福寺、西四护国寺、东单西单牌楼。位于商业区的店铺享有明显地域优势，年深日久，善于经营者易于形成具有招牌效应的"老字号"。兹以鼓楼前斜街两店铺为例，略作说明。

鼓楼前斜街一处，天成号烟袋铺。乾隆二十四年（1759）铺主门廷枢卖给民人王姓。五十一年（1786），王兆凤卖给黄姓。嘉庆十三年（1808），黄朝梁卖给柳肇凯，依旧开天成号烟袋铺。二十一年（1816），柳肇凯卖给李姓。道光十年（1830），李植卖给张姓，契内载明"现开胡天成烟袋铺"③。该套契书涉及七十年间的五次交易，清一色民红契。店铺虽一再易主，经营内容始终为烟袋铺，连店号都没有变。该烟袋铺应为原业主胡天成在乾隆二十四年以前创办，店铺字号径取其名。因有一定名气，以后的店主都沿用了旧店号。说明老字号的名品效应。这条斜街因卖烟袋出名，近代

---

① 见本文附表第4、9、22、24、30、34号，参见35、36号。
② 见本文附表第19、20、21、23、26、27、29、32、33号。
③ 见本文附表第6、10、13、15、17号。

|第三编　旗民关系|

以来即命名为烟袋斜街,沿用至今①。

鼓楼前斜街又一处,柳家杆子铺。嘉庆十年（1805）,丁茂宗将自盖铺面房五间半,卖给柳肇凯。二十一年（1816）,柳肇凯卖给李姓。道光十年（1830）,李植卖给张姓,开柳家杆子铺、全盛袜子铺。光绪二十二年（1896）,张志和卖给张姓,开协古斋裱画铺、柳家杆子铺②。这套契书也是清一色民红契。"柳家杆子铺"为柳肇凯创办,后来的店主同样沿袭了他的字号。

清代后期,京城形成一系列老字号,饭铺有砂锅居、会贤堂、庆云楼、都一处、烤肉季、东兴楼、便宜坊、全聚德、月盛斋,点心铺有瑞芳斋、芙蓉斋、桂英斋、金兰斋,绸缎铺有瑞蚨祥,靴鞋铺有内兴隆,朝靴铺有内联升,烟袋铺有同台盛,烟具铺有双盛泰,银号有"四大恒",药店有同仁堂……这些商铺系民人开设,以旗人达官显贵为主顾。内兴隆位于东四牌楼内钱粮胡同,东家姓苏,人称"靴苏"。每月必于店中支银一万两以作日用,每出门便成群骡马,势埒王侯③。说明名号经营有道,可积累雄厚的财力。"四大恒"又称"四恒号",即恒和号、恒兴号、恒利号、恒源号,始于乾嘉之际,亦设于东四牌楼一带。凡官府往来存款,及九城富户显宦放款,多倚为靠山。

（四）商人的构成

在北京这样一个商业大都市中,经商人群作为掌控流通的群体,是人们社会生活不可或缺的。流通是城市活力之源,商人活动

---

①　烟袋斜街街名出现的准确时间待考。王希来、周宇:《烟袋斜街商业的兴衰和重建的布局基调》称:"在斜街东口……光绪年间,先后出现了以经营烟具为主的'同台盛'和'双盛泰'两个店铺。由于两店老板从为西太后慈禧通洗水烟袋,于是斜街东口便出现了以烟袋作店幌的奇特商店。两家烟袋商店在此斜街中名声最佳,气派最大,烟袋幌最醒目,故市民便称斜街为烟袋斜街。"《城市问题》1988年第1期。参见什刹海研究会、什刹海景区管理处编《什刹海志》,北京出版社2003年版,第92页。但这种得自口传的说法未必可靠,根据近代史所收藏房契,早在乾隆二十四年（1759）,当地已有烟袋铺。
②　见本文附表12、14、18、37号。
③　齐如山:《故都三百六十行》,第4页。

涉及千家万户，实际构成京城人社会生活的命脉。京城经商人群有别于其他都市的结构特点，包括旗、民两个部分。

　　旗人作为重要的经商人群，其中除少数为内务府皇商，数量更多者为私商（个体商人）。清朝入关初，据说曾颁布有关旗人"居积牟利之禁"，表面上说，是为防止旗人恃强凌弱、骚扰民间①，真正用心还是希望旗人以当兵为唯一职志，成为国家的"干城"与"股肱"。清代中叶，一些官员在有关"八旗生计"的奏疏中反复强调，旗人不会经商，以致生计日蹙②。这样就出现了一个问题：旗人是否经商，以及旗人经商是否合法？以往论者，多沿用清人说法，认为旗人并不经商。但考诸事实，在清朝官书中，并无禁止旗人经商的明文。许多旗人习于当兵，仰给于月饷季米，却谙于营生之道，以至落到"经商逐利，不待禁而不能"的地步，确是普遍社会现象。但如果据此认为，旗人均与商业无缘，却未免以偏概全。具体就北京旗人来说，至少一部分贵族、官员、富户，入关初即有经商传统。

　　满洲贵族经商活动，在关外时期已有踪迹可寻。贵族经商，主要由手下家奴（家人）经营。康熙年间，大学士明珠经商有道，大盐商范时泰与他关系密切③。安尚仁（又称安尚义、安三、金义、钱仁），正黄旗包衣人，其先高丽人，清初入旗。作为明府管家，他以替明珠贩盐致富，与其子安岐贩盐于天津、扬州等处，拥资数百万④。另一权臣索额图，派家人往各地经商，往天津卫与盐商结伙贩盐，一次负债10万两，亏欠钱粮万两，很快弥补亏欠，不以为意。其下朴姓家奴，开设当铺，还在广东，河北衡水、枣强等地

---

　　① 王庆云：《石渠余纪·纪八旗生计》，北京古籍出版社1985年版，第196页。
　　② 如沈起元说："甲不能遍及，而徒使之不士、不工、不商、不兵、不民，而环聚于京师数百里之内，于是其生日蹙。"（贺长龄等编：《皇朝经世文编》卷35）梁师正亦称："百年休养，户口众多，无农工商贾之业可执，类皆仰食于官。"
　　③ 中国第一历史档案馆编：《康熙朝满文朱批奏折全译》，第293页。
　　④ 邓之诚：《安岐》，《骨董琐记全编》第128页，北京出版社1996年版；房兆楹：《安岐》，载［美］A. W. 恒慕义主编：《清代名人传略》（上），青海人民出版社1990年版，第804页。

经商行盐。康熙五十二年（1713）两江总督噶礼犯案，查出京城内当铺三个、畿辅当铺七个，分布：涿州、新城、定兴、易州、三家店五处。① 雍正二年（1724），查办原两江总督长鼐勒索银两案，其有当铺二，在通州张家湾和崇文门内单牌楼。管家屈泗，亦开钱庄、鞍铺、米店②。

普通旗人经商现象，康熙年间已比较普遍。这种现象不仅见诸文献，在契书中也有反映。至迟康熙后期，满洲旗人间已存在铺面房交易，是从事商业活动的一个证明③。开设商铺的旗人，有本地的，也有外来的。其合作对象，有旗人，也有民人。有人为牟取暴利，不惜营私舞弊。④

旗人经商，大致基于几方面原因：首先手中掌握一定银两，有营运的资本；其次商业利益驱动，有营运的动机；再次生计压力，有营运的需要。清朝后期，迫于生计压力，经商旗人明显增多。

旗人经商范围。从近代史所收藏契书考察，旗人经营对象包括粥铺、素食铺、大货铺、碓房、粮食店、油盐店、布铺、茶馆、油酒店、成衣铺、灯笼铺、木厂、估衣铺、羊肉铺、车铺、毡帘铺、挂炉铺、煤铺。虽不及民间商人行业众多，却也相当广泛。

旗人经商规模。在近代史所收藏二百五十余件与清代商铺有关的契书中，可以明确交易双方中一方或两方为旗人者一共四十六件（其中，注明旗人身份的四十四件，显系旗人名字的二件），占全部契书近五分之一。不能不考虑的因素是，一部分旗人在与民人的铺房交易中并不显示其旗籍身份；在许多场合，旗人铺主（铺东）并不现身，而是由代理人（管事人、经理、铺伙）出面。因此，旗人实际参与的程度，应大于上述比例。

旗人经商特点。其一，早期范围小，一般局限在本旗地面，交

---

① 中国第一历史档案馆编：《康熙朝满文朱批奏折全译》，第289、292、909、911页。
② 中国第一历史档案馆编：《雍正朝满文朱批奏折全译》，第692页。
③ 刘小萌：《清代北京旗人社会》，第107页。
④ 中国第一历史档案馆编：《康熙朝满文朱批奏折全译》，第375、1317页。

易对象往往是本旗人,以后范围逐步扩大,交易对象由旗人扩大到民人。在旗民交产的情况下,一处店铺往往在旗人和民人中反复倒手①。在一处房产分卖或多处房产归入一人名下的场合,还会导致铺房数量的盈缩。

其二,旗人经商,多为副业。中上层旗人,多有官职和俸禄。近代史所契书所载镶蓝旗满洲世袭轻车都尉兼勋旧佐领双林、正红旗满洲世管佐领海泉、镶红旗汉军候选知府王海、内务府镶黄旗蒙古慎刑司候补郎中韩恒芳、镶红旗头族奉恩辅国公光裕、镶黄旗满洲世袭三等承恩公钟秀、正蓝旗满洲内阁侍读常福、镶白旗满洲包衣公中佐领文福、镶黄旗满洲大理寺少卿凤秀等,均属此种情况。即便普通旗人,也多有稳定收入(粮饷),经商只是副业。

其三,旗人经商,具有隐蔽性。多采取代理方式,有条件者由家人出面代为经营。道光十九年(1839)九月戊午清帝谕旨,"已革三等侍卫宗室瑞珠,以现任职官开设茶馆,已属形同市侩,复于茶馆内开设蟋蟀盆,聚赌抽头"②。此旨反映了满洲统治者对旗员经商的价值判断。经商虽"形同市侩"但并没有违法,"聚赌抽头"则触犯了法律,因此受到革职、发送盛京的惩处。满洲二等子爵成全,庚子乱后俸米无着,在生计压力下到街前摆摊卖货,称"元记估衣局"。及两宫回銮,补给俸银俸米。成全在后来的自述中说:"余亦遵例不得营商,于是元记估衣局从此结束。"③这里的"例",非指律例,应指满洲贵族的基本行为规范,说明贵族经商并不为主流社会意识所认同。这是旗人经商受到制约的一个因素。

清朝进入北京初,将内城(北城)民人逐往外城(南城),内

---

① 刘小萌:《清代北京旗人社会》,第250页。
② 《清宣宗实录》卷326,道光十九年九月戊午。晚清时,宗室成员自甘堕落,违法经商者屡有查处,如宗室舒八、治恩等在灯市口开设米局,包揽打米分肥案(《清德宗实录》卷71,第10页上下);宗室祥山,违例私开小押案(《清德宗实录》卷537,第1页上)。
③ 席长庚整理:《成全自述》,北京满学会满学资料丛书,2001年,第33、35页。

城商铺为之一空。康熙年间，因旗人生计所需和对商业利益的追逐，不少民人重新进入内城。他们在内城开店，从事手工，或者佣工。乾隆年间，民人明显增多①。

民人契书中注明的房屋来源有：自置、祖遗、祖置、祖业、夫遗、买得、自盖、父置、自典。房屋来源的日趋多样，反映民人入居内城的规模在逐渐扩大。雍正、乾隆年间，清廷为解决日趋严重的"八旗生计"问题，强令住居京城的大批汉军旗人、内务府和下五旗王公府属包衣人以及开户人、另记档案人等"出旗为民"，从另一渠道扩大了内城民人数量。嘉道年间，内城民人显著增多。庚子之变（1900）八国联军侵入京城后，内城以八旗为主体的管理模式被彻底打破，民人大量涌入内城。

在内城民人中，经商者占有不小比例，已见前述。又据契书记载，铺面房中表明具体用途的有：油盐纸马铺、烟袋铺、棉花铺、香铺、钱铺、蜡铺、车铺、木厂、大货铺、粥铺、杆子铺、碓房、酒店、干菜铺、羊肉铺、铁铺、烟钱铺、广货铺、挂货铺、帘子铺、毡帘铺、煤铺、裱画铺、挂炉铺、首饰楼、弓箭铺、粉坊、鼓铺、灯笼铺、包金作等。这些铺面所在的东直门内北小街、安定门内大街、鼓楼前斜街、德胜门内大街、国子监西口、东四西四等处，多是内城的通衢闹市。

（五）影响商业经营的因素

清代京城商业的发展受到一系列因素影响，比如统治集团的政策，民族关系的变化，经济的兴衰、社会的治乱等。一般说来，社会稳定，经济繁荣，民族关系趋于缓和，商业就会获得较快发展；反之，社会动荡，内忧外患，经济凋敝，商业首当其冲遭到破坏。

光绪二十六年（1900）爆发"庚子之变"，繁荣二百多年的京城商业遭受重创。这年五月十八日，拳民火烧前门外某洋货铺，延

---

① 刘小萌：《清代北京旗人社会》，第331—340页。

烧广德楼茶园，大栅栏以东珠宝市为京师精华荟萃之地，化为灰烬。炉房二十余家，均设珠宝市为金融机构，市既被毁，炉房失业。钱店纷纷关闭，商民交困。① 翌日，东四牌楼著名钱铺四大恒（恒兴、恒利、恒和、恒源）首先歇业。步军统领崇礼，家素富庶。庚子乱中，宅邸为洋兵占据，存放在四恒生利的七十万两银，竟无从索回。清廷为稳定金融秩序，出内帑八十万两（一说内帑、部帑一百万两）接济四恒号，四恒号虽赖以稍安，乱后终一蹶不振。② 动乱中，许多店铺遭焚遭抢。全城二百一十余家当铺，尽遭涂炭，"不但架货被土匪抢掠一空，即砖石铺面亦被拆毁，东伙均一贫如洗"③。

　　动乱中许多店铺遭焚遭抢。商人赵西樵同子王经畬，在阜成门外有一处铺面房。契书记载，原"开设天兴轩茶馆一座，由二十六年七月遭兵灾，被本街上匪徒掠抢一空，手乏无力承做"。第二年不得不将铺面转倒新东家。王经畬同赵西樵之子文小峰在阜成门外还合伙开设了一处铺面，也在光绪二十六年乱中被抢一空。内务府正白旗汉军候补笔帖式钟浚，在东四牌楼西路北有铺面房一处，"原开设振阳楼挂炉铺，庚子事变家业全失，该号亦经团匪烧毁"，乱后重新修盖，不久出卖。柳茂林等人合伙在前门外珠宝市设立万宝斋账本铺，因二十六年被火烧毁，寸木瓦片全无，后改源兴号盔头铺生意。三年后出倒给蔡世恒等人。王廷臣等人，在鸡鸭市胡同口内开设聚华楼，红契于二十六年遗失。路荣卿在西河沿路北开设聚兴号镊子铺，老铺底契于二十六年遗失。镶红旗满洲宜龄等，在宫门口东廊下开设义和庆油酒店，庚子之乱时将房契遗失。山西祁县范宏锡，在宣武门内翠花街路东开设永顺粥铺，原契二十六年兵燹时遗失。刘芝山在前门外平乐园大街开设桌椅铺，后改设桅厂，

---

① 《清德宗实录》卷464，光绪二十六年五月癸亥。
② 陈夔龙：《梦蕉亭笔记》卷1，第38、22—24页；崇彝：《道咸以来朝野杂记》，第104页。
③ 中国联合准备银行调查室：《北京典当业之概况》，第54、69页。

第三编　旗民关系

老铺底契庚子变乱中失去①。以上只是契书中零星记载，却足以反映社会动乱对京城商业的巨大冲击。庚子乱中，九城商铺，被一抢而空。前门外一带商铺，被大火烧尽。无论满汉还是旗民，在巨变中都遭受了严重损失。

尽管在特定时期存在着一些不利因素，但整体来讲，清代京城基本是一个充满活力的商业社会。首先，这种活力源于都市的巨大消费市场，尤其八旗社会的寄生性，强化了内城的消费性质，刺激了商业的繁荣。其次，京城作为多民族（汉、满、蒙、回等）聚居的大都市，文化与消费的多样性，以及同一民族不同阶层的特殊需求，均为商品流通与商业发展提供了广阔空间。再次，京城商业的巨大活力，还源于民间根深蒂固的商业传统。尽管清廷对民人入居内城和旗民交产一再设限，旗人与民人却通过各种合法或不合法手段，不断突破官府的陈腐规定（如禁止旗民交产），进而推动内城商业的持续发展。京城商业的持续发展，主要是民间商人的积极参与，后起的旗籍商人亦功不可没。

清代北京内城商业的繁荣，集中表现为商铺的发展。因有官方的限制，这一发展经历了曲折过程。总的趋势是，民进官退。在旗人、民人双向需求的刺激下，内城铺户不断增多。嘉道以后，已成为内城居民中举足轻重的一部分。

商铺的发展，使旗人的生活质量大为提高，生活方式、社会观念随之改变。同时还应看到，商业资本首先是高利贷资本的活跃，也给旗人生计造成某些负面影响。

商铺的发展，对内城旗民产生了多重影响。首先，为民人追逐商业利益拓展了广阔空间。其次，以商铺为枢纽，民人与旗人发展起彼此依赖的新型关系。再者，促进旗民分治制度的瓦解。清初实施旗民分治，彼此畛域分明。嘉道年间编查什家户，将旗户民户（还有铺户）统一编查，有助于地域关系、邻里关系、亲缘关系的

---

① 均见本文附表第38—47号。

发展①。而旗民在商业经营中的多种互动形式（商铺间的铺保关系、合股经营关系、倒铺底关系，以及商铺内铺东与铺伙关系等），对陶融旗民（满汉）也有积极意义。

---

① 旗民分治制度的瓦解，在京城是一个多向、并进的过程。在商业以外领域，可以观察到同样的变化：一方面，八旗步甲、马兵额缺大量招募民人；另一方面，以满洲蒙古旗兵充补巡捕营（京师绿营）额缺。这些制度的实施，同样有助于旗民畛域的消融。

附表

本文引用契书简表

序号	立契人	来源	对象房说明				价格			受契人	立契时间	契类	备注
			坐落	质地	间数	附产	银（两）	钱（吊）				
1	正红旗蒙古马甲五十八		平则门外月墙对过路北	瓦房	12	栏柜、排子	420		本旗蒙古海潘儿	康熙四十八年九月	满文卖白契	
2	正红旗蒙古马甲五十八	祖占破烂房	平则门外月墙对过路北	瓦房	12	后院一块、栏柜等	420		本旗蒙古海潘儿	康熙四十八年九月	汉文老典白契	典期一百年，实际为卖
3	正红旗蒙古海潘儿	自置	平则门外月墙对过路北	破烂房	12	后院一块	420		宛平民张	雍正四年十二月	汉文卖白契	此契残缺
4	正黄旗满洲拔甲达子	祖业	德胜门内路南	铺面瓦房	2		120		本旗满洲闲散杭日布	乾隆十年	满汉文典红契	粥铺，二十年之后银到随取赎
5	正黄旗延宁	自置	平则门外街北、德胜门外夫北街东	铺面房门面房	21			2000	贾	乾隆十一年十二月	汉文老典白契	素食铺，九十年后原价银全归足许赎
6	门廷柩	祖置	鼓楼前斜街东口内路南	铺面房	4	排子板达具全	200		王	乾隆二十四年九月	汉民分卖红契	天成号烟袋铺
7	张顺	自置	平则门外月墙对过路北	铺面房门面房	12		420		山西大原县霍	乾隆二十七年三月	满汉文典白契	一典三十年

902

续表

序号	立契人	对象房说明					价格		受契人	立契时间	契类	备注
		来源	坐落	质地	间数	附产	银（两）	钱（吊）			
8	正红旗满洲贾达汉	老典	一处阜成门外；一处德胜门外			院二块	2000			乾隆三十七年	满汉文典改为买执照	
9	刘玉	自置	德胜门内大街路南	铺面房	21		130		增	乾隆四十三年九月	汉文民卖红契	棉花铺，民红契一张，图书契一张，老白契一张跟随
10	宛平县民王兆凤	自置	鼓楼斜街口内路南	铺面房	2			520	黄	乾隆五十一年九月	汉文民卖红契	天成号烟袋铺520吊作银260两
11	正红旗满洲岳兴阿	祖遗自置	阜成门外月坛西边路北大院	瓦房	1	大院1块		4000	镶蓝旗满洲内阁中书清	嘉庆九年九月	汉文典白契	素饭铺，一典八年有旗红契一张跟随
12	丁茂宗	祖遗自置	后苇门外鼓楼前斜街口内路北	铺面瓦房	20			350	柳肇凯	嘉庆十年九月	汉文民卖红契	祖遗自盖，无红白老契，350吊白银175两
13	宛平县民黄朝梁	自置	鼓楼斜街口内路南	铺面房	5.5			575	柳肇凯	嘉庆十三年十月	汉文民卖红契	设天成号烟袋铺，575吊合银287.5两
			门面瓦房	1								

903

续表

序号	立契人	来源	对象房说明 坐落	质地	间数	附产	价格 银（两）	价格 钱（吊）	受契人	立契时间	契类	备注
14	宛平县民柳肇凯	祖遗	鼓楼斜街口内路北	铺面房	5.5		300		李	嘉庆二十一年三月	汉文民卖红契	
15	宛平县民柳肇凯	祖遗	鼓楼斜街口内路南	门面房罩棚	2		200		李	嘉庆二十一年三月	汉文民卖红契	
16	山西太原府汶水县民霍七儿	祖遗	阜城门外月墙对过路北	铺面破瓦房灰棚	15			1100	高	道光五年二月	汉文民典白契	一典三十年为满，三十年内回赎契纸按月包租，外有老白契四张跟随
17	李植	自置	鼓楼斜街口内路南	门面房	2		150		张	道光十年十二月	汉文民卖红契	胡天成烟袋铺
18	李植	自置	鼓楼斜街口内路北	门面房	5.5		250		张	道光十年十二月	汉文民卖红契	柳家杆子铺全盛栈子铺
19	顺天府学文生员李惟昭	自置	东四牌楼南驴市胡同西口外南路东	铺面房	13	空院1块	400		丁	道光十三年十二月	汉文民卖红契	瑞泰酒店
20	大兴县民丁文秀	购自李惟昭	东四牌楼南驴市胡同西口外南路东	铺面房	13	空院1块		450	刘	道光十六年十月	汉文民卖红契	瑞泰油店

续表

序号	立契人	来源	对象房说明 坐落	质地	间数	附产	价格 银(两)	价格 钱(吊)	受契人	立契时间	契类	备注
21	大兴县民刘敷远	自置	东四牌楼驴市胡同西口外南路东	铺面房	13		400		春	道光十七年九月	汉文民卖红契	瑞泰油酒店
22	增德英	自置	德胜门内路南	铺面房	3		100		霍	道光十七年四月	汉文卖白契	大货铺
23	刘毂远	自置	东四牌楼驴市胡同	门面房闷排腰房	13			1820	春	道光十七年九月	汉文卖白契	瑞泰酒店
24	大兴县民霍俊	自置	德胜门内路南	铺面房	3			400	文宅	道光二十六年一月	汉文卖白契	大货铺
25	镶蓝旗满洲闲散萼恩	自置	阜城门内月坛对过北大院	铺面房	20	大院1块		3084	福	道光二十九年三月	汉文卖白契	设茶馆
26	镶黄旗满洲马甲春龄	自置	东四牌楼南驴市胡同西口外南路东	铺面房	13			2818	卢	咸丰元年闰八月	汉文卖白契	瑞泰酒店
27	镶黄旗汉军卢门李氏、故夫自置马氏		东四牌楼南驴市胡同西口外南路东	铺面房	13			3060	唐	咸丰元年闰八月	汉文卖白契	瑞泰酒店

续表

序号	立契人	对象房说明					价格			受契人	立契时间	契类	备注
		来源	坐落	质地	间数	附产	银（两）	钱（吊）				
28	宛平县民高文志	祖置	平则门外月墙对过路北	铺面房	15			2000	张	咸丰七年十月	汉文老典白契	寿艺庄、龙泉茶馆、菜局共铺三处、白纸四张满洲字一张，一并跟随，并无红契
29	大兴县民唐汝仁等	自置	东四牌楼南驴市胡同南路东	铺面房	13				冯	同治八年二月	汉文民卖白契	北义合众铁铺，有民红契五套，又有白字三张跟随
30	夏文瑞	自置	德胜门内路南	铺面房	3			1000	马	同治十三年五月	汉文卖白契	粮店堆房，外有民红契三套，又有白字三张跟随
31	福听泉	祖遗自置	阜城门外月坛对过路北大院	铺面房	20		200		祁	光绪三年	汉文卖红契	茶馆
32	大兴县民冯成	自置	东四牌楼南驴市胡同南路东	铺面房	13		220		王	光绪九年十月	汉文民卖白契	万利线铺
33	镶红旗汉军候选道王海	买得	东四牌楼南驴市胡同南路东	铺面房	13		220			光绪十年四月	满汉文纳税执照	
34	马有恒、马有昌	祖业自置	德胜门内路南	铺面房	8		100		得宅	光绪十一年四月	汉文卖白契	德兴馆

续表

序号	立契人	来源	坐落	质地	间数	附产	银（两）	钱（吊）	受契人	立契时间	契类	备注
35	马有恒马有昌	祖业自置	德胜门内路南	铺面房	8		100		得宅	光绪十三年六月	汉文民卖红契	德生馆
36	正红旗包衣佐领下护卫得汉源	买得	德胜门内路南	铺面房	8		100			光绪十四年正月	满汉文买执照	
37	张志和	自置	鼓楼前斜街口内路北	门面房	5		150		张	光绪二十二年八月	汉文民卖红契	协古斋棱画铺柳家杆子铺
38	赵西樵同子王经备		阜成门外	铺面房			800		王	光绪二十七年七月	汉文商业合同	天兴轩茶馆一座，由二十六年遭兵灾，转倒新东家
39	内务府正白旗汉军候补笔帖式钟凌	祖遗	东四牌楼西路北	铺面房	4		100			光绪二十八年五月	汉文补税底契	振阳楼挂炉铺，庚子事变经烧毁今又盖齐。粘连二十八年补税满汉文执照
40	内务府正白旗汉军候补笔帖式钟凌	祖遗	东四牌楼西路北	铺面房	4		100		正白旗德宅	光绪二十八年十二月	满汉文卖执照	振阳楼挂炉铺，楼一间烧毁未盖。粘连德氏二十九年五月满汉文执照

续表

序号	立契人	来源	对象房说明 坐落	质地	间数	附产	价格 银(两)	价格 钱(吊)	受契人	立契时间	契类	备注
41	王经畲 赵西樵 子文小峰	合伙开设	阜成门外北大院路北	铺面房	32	一切家具桌凳木器等物俱全	900		王姓	光绪二十八年	汉文倒白契	光绪二十六年被抢一空
42	柳茂林 张英臣 刘桂林	祖遗	前门外珠宝市中间路东	门面房	2		240		蔡世桓 刘国桢 赵凤岗	光绪二十九年四月	汉文倒白契	万宝斋账本铺,二十六年被火烧毁,后改源兴号盔头铺
43	王廷臣 李言卿	自置	鸡鸭市胡同口内路西	灰棚	2.5	墙一段	30		正红旗满洲永顺	光绪三十一年十月	汉文卖底契	红契二十六年遗失,粘连三十二年四月永顺满汉文旗底执照
44	路荣卿	祖遗	西河沿路北万寿关帝庙东隔壁	铺面房	一座		200		李	光绪三十三年三月	汉文倒铺底白契	聚兴号银子铺,老铺底契于二十六年遗失
45	镶红旗满洲宜龄等	祖遗	宫门口东廊下南口路西	铺面房	4		50			光绪三十三年四月	满汉文补税执照	义和庆油酒店,庚子乱时将房契遗失

续表

序号	立契人	对象房说明				价格		受契人	立契时间	契类	备注
		来源	坐落	质地	间数	附产	银（两）	钱（吊）				
46	山西祁县范宏锡	自置	宣武门内翠花街路东	铺面房	1		40		刘姓	光绪三十四年九月	汉文民卖白契	永顺粥铺，原契二十六年遗失
47	刘芝山		前门外平乐园大街路南	铺面房	24.5		1100		朱锦堂	宣统元年三月	汉文民倒铺底白契	德寿桌椅铺，改设复兴榥厂；底契庚子变乱失去

（原载《清史研究》2011年第1期）

清代满人的家塾
——以完颜麟庆家为例

完颜氏是清代满洲科举世家，麟庆在家谱中颇以其祖孙"三代翰林"自豪。麟庆一家之所以能达到如此高境界，除家学渊源、自身勤奋等因素外，与其成功的家塾教育显然分不开。那么，满人的塾教内容如何？与汉人塾教有无区别？汉人塾师对满洲精英阶层又产生什么影响？本文拟以完颜麟庆家为个案作一初步考察。

一　麟庆的家塾

清朝肇兴时期的满人，无论长幼，争相奋励，皆以行兵出猎为喜，娴于骑射，而疏于文教。努尔哈赤创业时代，开始注意子弟的培养。他重金聘请浙江绍兴人龚正陆为"师博"，教授诸子读书。这应是满人就塾并延聘汉人师傅的最早记载[①]。天聪五年（1631），皇太极看到大贝勒阿敏等轻易放弃滦州，而大凌河城明军守将被围四个月，弹尽粮绝，仍死守孤城，认为是明将"读书明道理"的缘故，下令诸贝勒大臣子弟，八岁以上十五岁以下，俱令读书，使其"习于学问，讲明义理，忠君亲上"[②]。其读书形式同样是指家塾。

满洲统治者入主中原，为培养以满人为主体的八旗子弟，在沿袭明制的基础上又有所损益，实施官私教育的双轨制。在京师，除

[①]　《朝鲜宣祖实录》卷70，二十八年十二月癸卯；卷127，三十三年七月戊午，《朝鲜李朝实录》，日本东京学习院东洋文化研究所影印本，1964年；［日］和田清：《清太祖の顧問の龔正陸》《東亞史研究》（滿洲篇），東洋文庫論叢第三十七，1955年。

[②]　《清太宗实录》卷10，天聪五年闰十一月庚子。

|清代满人的家塾|

选送八旗子弟入国子监学习外,设有官办贵族学校(宗室学、觉罗学)、八旗官学、内务府官学(景山官学、咸安宫官学、圆明园护军营官学等)。在各驻防地,亦兴建各类官学。使不同阶层、不同旗属、不同地域的旗人子弟,获得学习机会。八旗官学与府县官学的基本区别在于,入学者除读书外,尚有骑射、清文的培养,以符恪守"国语骑射"的祖训。但八旗官学虽有朝廷扶持,却无法避免覆盖面窄、管理松懈、教育质量低下诸问题。尤其嘉道以降,制度腐败,八旗官学"日久弊生,官学虽多,几同虚设"①。官学培养的学生,并不具备从科举考试的激烈竞争中脱颖而出的能力。因此,寄希望于科举正途的满人,一向是把子弟送入家塾(也包括私塾)就读,作为科考前的必由之阶。

一般认为,塾师多来自那些读书不多、无条件参加科举,或虽参加科举却屡受挫折的没落文人,但实际情况并非如此简单。据完颜麟庆《鸿雪因缘图记》记载,他初受业于河南偃师人郑道印(字月滩)。郑师乾隆乙卯(1795)进士,曾官教授(府、直隶厅儒学的学官,正七品)。八岁时,祖父完颜岱在河南盐粮道署内设家塾,麟庆师从安徽太湖岁贡生②曹萃庵(蓄斋)。十二岁起,师从阳湖恽秉怡(洁士)。秉怡是麟庆舅,恽珠兄③。在麟庆家执教时间最长(1802—1809),与麟庆关系尤为密切。其间,麟庆随父母辗转于京师、河南、浙江各地,秉怡始终随行,俨然是家中一员。麟庆十八岁时,随舅赴京应试,联捷南宫,秉怡却落榜,不久,返归故里常州。《光绪武进阳湖县志》卷23载:恽秉怡,字洁

---

① 国家档案局明清档案馆编:《戊戌变法档案史料》,中华书局1979年版,第286页。
② 明清时,每年从府、州、县学中选拔资深廪生,挨次送国子监读书者,称"岁贡生"。
③ 盛大士:《溪山卧游录》:"江左画家擅门业者,吾乡王氏外,惟毗陵恽氏为极盛。香山老人苍浑古秀,出董、巨而入倪、黄。南田翁花卉写生空前绝后,然其山水,飘飘有凌云气,真天仙化人也。后人世其家学者,指不胜屈。又有女史名冰字清于,与怀娥、怀英先后擅美。近闻完颜夫人字珍浦,博雅工诗文,兼长绘事,余女杰士征君秉怡之妹也。余恨不度亲见其笔墨。然恽氏一门才俊,东南竹箭灵秀所钟,其信然矣。"转引自钱丹《濮青士家藏珍本〈红楼梦〉轶事》,《图书馆报》2011年12月23日。

911

士，幼聪颖，年十六，读陆陇其书，慕其为人，以清操自励，屡试不第，务为经济之学。道光元年（1821）诏举孝廉方正，府县以恽秉怡名上，年已六十，辞。工书画。①据此上推，恽秉怡返乡时大约四十一岁。《鸿雪因缘图记》第一集《静存受经》在恽秉怡名下注："道光元年举孝廉方正"，而《县志》却明言其因年长而"辞"。该县志监修者中列有恽光业、恽鸿仪，在涉及族中长辈功名问题上应该不会出错，且与《县志》将恽秉怡纳入《人物传·隐逸》的做法相符合。恽秉怡受地方官推荐却辞而未就，麟庆将此事实略去，似有虚饰舅氏功名之嫌。但不管怎么说，秉怡平生注重实学，兼工书画，品格端方，应是大致不错的。麟庆提及的塾师还有钮士元（字瑜，顺天人，戊辰同榜举人，后官知县），执教时间不明。麟庆的四位汉人师傅中，进士一人、举人一人，岁贡生一人，"举孝廉方正"辞而未就者一人（参见本文附表1），他们在塾师群体中，当属较高层次。

麟庆两子中，长子崇实，五岁时，随母、祖母至徽州始入塾，开蒙师歙县人曹萃庵（蓄斋），廪贡生，他也是麟庆的启蒙师。老夫子先后执教父子两代，足证其学问人品颇为麟庆一家所推许。崇实七岁，改从程白莲读书，但程师病久不愈，改从李姓塾师。崇实称他为"李五世伯"，说明与前辈间存在着某种特殊关系。其间，父常驻河工防汛，母亦多病，李师执教宽纵，崇实对他不甚畏惧，日事游嬉，加之疾病困扰，以致学业荒废。十一岁起，改聘赵苏生（又名贞复，字绷人）授教。次年，他与比自己小六岁的崇厚，就学于河南按察使衙门内东南隅。三十年前，这里曾是麟庆幼年就读的家塾旧址。十四岁至十八岁，在清江浦南河总督衙署清晏园就塾，由京邀至举人潘诒棠（滋泉）授业。十九岁时，潘诒棠赴京参加会试，推荐弟潘械（逸泉）代为授课。又过五年，已回京师的麟庆一家因潘师不能北上，另延许曾望（可侯）夫子在家设帐。崇实

---

① 《光绪武进阳湖县志》卷23，《中国地方志集成·江苏府县志辑》第37册，江苏古籍出版社1991年版，第53页。

| 清代满人的家塾 |

从十四岁起到二十四岁止,与弟崇厚师从潘诒棠长达十年之久,受其影响最大。道光二十三年(1843)秋试,崇实中举,但他志在会试,仍在塾中就读。即年谱所述:"(二十八岁),仍从许可侯夫子看文。"① 三十一岁,中进士,授翰林院庶吉士。至此,就塾生涯始告结束(见附表2)。

崇厚六岁起即与兄同塾。不同年龄生徒聚在一起,塾师教学必须有一定针对性。因此,尽管他们在同一塾师下就读,学习内容却不尽相同。如年谱所记:崇实十一岁至十三岁,在赵苏生师指导下,作起讲,学吟诗。与此同时,七岁左右的崇厚则在赵师辅导下开始识字(附表3)。

崇实、崇厚二人自幼受到塾师悉心传授,兼以家学渊源、父母督责与个人勤奋,长大后均成为满洲科甲名臣。无独有偶,作为世家子弟的他们,同样重视对晚辈的塾教。崇实为长子嵩申先后聘请塾师胡承颐(字松涛,候补知县、同知)、狄尹(字衡巨,举人,教谕)、董学灏(字坦生,廪膳生,五品衔)、张远霖(字雨荪,廪膳生)、濮文暹(字青士,进士,刑部主事)、朱仪训(字燮臣,进士,工部主事,赏加员外郎)、林廷燮(字湛之,进士,刑部主事)、清文业师嵩连(字洛峯,翻译进士,户部员外郎,翰林院侍讲)、孟保(字定轩,刑部侍郎、镶白旗蒙古副都统)②。在诸师中,以濮文暹较为有名。

文暹,江苏溧水人,因太平军兴,道路阻断,咸丰九年(1859)与弟文昶(椿余)转道北上,在京中以顺天籍应秋试,同科中举。濮氏兄弟家学渊深,擅诗古文辞,且精于鉴赏。崇实素慕文暹名,聘其为两子师,于半亩园中设塾,优礼甚渥。十年(1860)初,崇实启程往成都就任,两子仍留家中,由濮氏兄弟教读。同年七月,崇实署四川总督,次年任成都将军。其间,濮氏兄弟亦携崇实两子往成都。《惕盦年谱》记:同治元年(1862),

---

① 崇实:《惕盦年谱》(《完颜文勤公年谱》),光绪三年刻本,第21页上。
② 《同治戊辰科嵩申会试朱卷》,顾廷龙主编:《清代朱卷集成》第31册,成文出版社1992年版,第277—279页。

913

"夏，为两儿延请濮青士孝廉入署设帐"；三年九月，送觉罗夫人率儿辈回京，"幕中西席濮青士昆仲亦同赴京应会试"①。次年（1865）四月榜发，嵩申落第，濮文暹与弟成为同榜进士。濮氏两兄弟乡试同榜举人，会试又同榜进士。时人传为"佳话"，亦足证两人学识的渊深。濮文暹既为崇实幕中宾客，又是家中塾师，说明在很多场合，这两种身份是重合的②。

濮文暹与弟文昶均喜作诗文，有《见在龛文集》。妻陈氏亦能诗。妹文漪，嫁典史何镜海芷泉，工诗词，有《弹绿女史诗稿》《弹绿词》。妹文湘，有《怀湘阁诗钞》。濮氏与恽氏、完颜氏同，也是"一门风雅"③。瓜尔佳氏震钧《天咫偶闻》卷3："文恪公（嵩申）官尚书，为余乙丑座师。榜后晋谒，极蒙嘉许，即以濮青士先生寿文见属。"也就是说，嵩申曾嘱咐门生震钧为濮师撰文颂寿。同书卷2，照录濮文暹任刑部提牢厅主事时所撰《提牢琐记》全文，文中将监狱腐败丑陋之真相，极尽披露。震钧在附记中写道："余师濮青士先生文暹……乙丑进士。官比部郎，外擢河南南阳府知府。有政声，以循吏荐卓异。诗、古文得阳湖恽氏之传……诗文高古，实近代一作家也。"濮文暹兄弟才华横溢，一家风雅，与完颜氏家无异。而所谓"诗、古文得阳湖恽氏之传"者，又说明濮氏在执教完颜氏家塾同时，亦从麟庆母、舅即阳湖恽氏的家学渊源中获得诸多裨益。不同的学术传承由此际遇而发扬光大。他们之间，表面看是雇主与西席的关系，实则为惺惺惜惺惺的密友关系④。光绪元年（1875），崇实奉旨派往奉天吉林查办事件，文暹作为幕

---

① 崇实：《惕盦年谱》，第59页下、第63页下。
② 汉文"西席幕宾"，在满文档案中对译为"soliha bithe tacibure gucusa"（引自佟永功、关嘉禄《满汉合璧档案精选释读》，辽宁民族出版社2018年版，第79、81页）。直译为"请来的教书朋友"。可见，在很多场合，幕客兼有塾师身份。以麟庆家为例，塾师潘诒棨、潘械都兼具幕客身份，参见本文附表。
③ 钱丹：《濮青士家藏珍本〈红楼梦〉轶事》，《图书馆报》2011年12月23日。
④ 满人上层社会，敬礼塾师，蔚成风气，非独麟庆一家如此。震钧：《天咫偶闻》卷3："盖王邸延师，敬礼出士大夫上。如红兰主人、同亭将军、怡贤王皆以好士闻。履邸之于阎百诗，果邸之于方望溪，慎邸之于李眉山、郑板桥；礼邸之于姚姬传为尤著。"（北京古籍出版社1982年版，第66页。）

客随同前往。崇实启程时撰《乙亥二月出使关东和青士通州道上见赠原韵》一诗①,是两人感情深笃的见证。

完颜氏家藏书极富,濮文暹昆仲得观《脂砚斋重评石头记》(甲戌本)乾隆年传抄本。其间,两兄弟与崇实结识了许多满汉名士,他们经常在半亩园饮酒联诗,以文会友,留下许多美好记忆。

完颜氏祖孙三代延聘的塾师,多为有功名汉人文士,籍贯则以江南为主。江南是清代经济最富庶、文化最发达地区,科举文化底蕴亦最深厚。虽然传统科举制度颇受后人诟病,但一般说来,文士的学识水准与其功名高低成正比,应无疑义。也正是在几代高师悉心教诲下,最终成就了完颜氏"科甲世家""三代翰林"(麟庆、崇实、嵩申)的荣光②。

二 满人家塾的特点

(一)家塾的层次

满人家塾,从广义上讲,可分三类:第一类皇帝家塾(上书房),第二类王府家塾③。这两类家塾情况特殊,姑且勿论。这里关注的是第三类,即普通满人的家塾。其中,又因家主身份地位不同而呈现种种差异。

一种是世家显宦家塾。清初以来,八旗社会的私家教育渐有起色。子弟六七岁时,有力之家往往专馆延师课读。前举麟庆家塾即属此类。一种是民间私塾。为数众多的普通满人无力以家为单位独开一馆,通常是送子弟外出集体就塾。康熙二十二年(1683)刊行的《大清全书》,是清代最早出版的一部满汉辞书,由汉人沈启亮编纂。他在序言中自述:早年曾"荷戈闽浙",在"奉汰归里"后"游学京师,业馆于厢黄旗下,幸就教于满洲诸儒"。说明他曾

---

① 崇实:《适斋诗集》卷4,载崇实《惕盦年谱》附诗集。
② 麟庆曾以外班拣选翰林,子崇实、孙嵩申均于殿试后钦点翰林院庶吉士,故有"三代翰林"之誉。
③ 刘小萌:《爱新觉罗家族全史》,吉林人民出版社1996年版,第229、240页。

在镶黄旗地界开学馆（私塾），并学习满语。乾隆年间前因居士《日下新讴》诗云："学帖标门教满洲，旗童秋爽竞来投，跏跌满炕喧功课，'阿厄呜窝'念字头。"形象生动地刻画出京城私塾先生教授满洲子弟的情景。私塾先生训蒙，往往标贴于门，大书一"学"字，以招学童。如系满洲师傅，则贴一满文"学"字。学习满文，须先从十二字头念起，阿、厄、呜、窝，便是字头起首之音。在穆齐贤满文日记《闲窗录梦》中，详细记录了道光年间京城旗人私塾的具体情况[1]。民间私塾的普及，使满人子弟普遍有了受教育机会，文化素养有所提高，也为满汉人交往提供了重要途径。

（二）塾师的等差

塾师身份有高低，水平有高低，其间差异大致与家主地位相对应。清历朝皇子从五岁入学读书，由皇帝遴选翰林院中博学鸿儒为师傅。雍正朝建立专供皇子读书的上书房，书房师傅"皆极词臣之选"。王府塾师亦多博学硕儒。等而下之，满洲世家的延聘对象也都具有很高水准。麟庆家的塾师已见前述，在此复就英和家塾师情况略作考察。英和，索绰罗氏，内务府正白旗人，礼部尚书德保之子。乾隆五十八年（1793）进士，选庶吉士，散馆授编修。官至军机大臣，户部尚书，协办大学士。英和工诗文，善书法，著有《恩福堂诗集笔记》《恩庆堂集》《卜魁集纪略》。索绰罗氏与完颜氏同为内务府满洲世家，且互为姻亲[2]。家谱记载：英和六岁至二十三岁，先后师从直隶举人刘坤、安徽进士程在嵘、直隶举人李阳林、江苏进士任大椿、江西举人刘肇虞、山东进士董猷定、安徽拔贡生侯坤、浙江优贡生卢登俊、安徽进士（后官湖北按察使）方礼、湖南举人萧大经、湖南进士（后官陕西布政使）唐仲冕，湖南进士罗廷彦、江苏举人李深源（附表4）。在十三名汉人师傅中，

---

[1] 松筠（穆齐贤）记，赵令志、关康译：《〈闲窗录梦〉译编》，中央民族大学出版社2010年版。

[2] 刘小萌：《清代北京旗人社会》，中国社会科学出版社2008年版，第564页。

举人五人，进士六人，拔贡生和优贡生各一。英和曾自诩索绰罗氏是"四世翰林，七科进士"（即父、英和、子、孙四代翰林），又说"国朝四代翰林之家……惟秦（指无锡汉人秦松龄、秦道然、秦蕙田、秦泰钧）与余家，父子孙曾均由庶吉士授职编检"。父、英和、两子（奎照、奎耀）、一孙（锡祉），皆词林起家，故时人又有"父子孙曾五翰林"之誉[1]。由此可见，引以为豪的满洲科举世家，无不以高水准的汉人师傅执教家中子弟。

至于普通满人家庭，塾师一般为具有最低级功名的秀才或无功名童生，即所谓"冬烘先生"者，是很自然的。

（三）家塾的区别

传统社会男女"授受不亲"，家塾亦有男女之别。完颜氏家谱记：麟庆纳扬州洪氏为妾后，为她聘女教师胡相端（智珠，顺天人），每日同崇实妹一同讲习琴书，并习绘事。智珠能诗，及壬寅年（1842）七月，麟庆罢河督，临别赠诗有"知公心比中天月，常向袁江北岸悬"句，格调清逸，为麟庆称赏[2]。崇实三十二岁时，三叔殁，留一女二男年尚幼。崇实延师为三人授读[3]。女塾一般延聘女性塾师，旨在培养闺中女子文化素养、道德伦理，在教学宗旨、教学内容上与通常意义的家塾有一定区别。《闲窗录梦》道光十五年正月十九日记，穆齐贤友人归真道人至公哈齐祥阿家教其女学诗。归真道人即陈廷芳之女，巴尼珲之妻，著有《冰雪堂诗稿》[4]。说明女塾师虽无功名，其中却不乏才华横溢者。有清一代，自满人中之所以涌现出一批能诗善画的淑女（女史）[5]，与女塾教育是分不开的。

---

[1] 英和：《恩福堂年谱》，《恩福堂笔记诗钞年谱》，北京古籍出版社1991年版，第19、44页。
[2] 麟庆：《鸿雪因缘图记》第三集《袁浦留帆》，北京古籍出版社1984年版；崇实：《惕盦年谱》，第13页下。
[3] 崇实：《惕盦年谱》，第26页上。
[4] 关康：《〈闲窗录梦〉研究》，硕士学位论文，中央民族大学，2011年。
[5] 参见震钧《八旗诗媛小传》（明文书局清代传记丛刊本）。

(四) 生徒的成分

完颜氏家塾的生徒，既有自家子弟，也有亲友子弟，满汉兼容。麟庆在恽秉怡塾中就读时，同塾有亲弟二、外兄二（顾寅亮，江苏人，监生；恽受章，后中举人，官知县）、外弟一（恽汇昌，后官训导），以及关系不明之汉军子弟二：张绮春（誊录官，后官盐大使）、豫泰（廪生，后中举，官知府）。受章、汇昌都是阳湖恽氏子弟，汇昌为秉怡子，与麟庆同辈。《武进阳湖县志》卷24《忠节传》，称其为县学增生[①]，工篆书，善画山水，性高旷。太平军陷阳湖，汇昌自经死。同塾汉人顾寅亮（字春谷）被并列为"外兄"（表兄），廷鏴继配（妾）有顾氏，江苏镇江人，麟庆称其"从母"[②]。寅亮应为其家子弟。

至于民间家塾（私塾），塾师无论旗民，亦往往兼收满汉子弟。《闲窗录梦》记：道光九年正月，穆齐贤在历代帝王庙开馆授徒，收取束脩补贴家用。私塾的生源，以旗人子弟为主，同时吸收部分民间子弟[③]。这在满汉杂居地区，是普遍现象。

(五) 塾教的内容

据《鸿雪因缘图记》：麟庆七岁入家塾，十一岁学诗，十二岁读经书，十四岁学作文，即应试文章。崇实，开蒙时间早于其父，五岁入塾识字。七岁，读唐诗。十一岁，学吟两韵诗。十三岁，始作破承题。潘师执教初，认为崇实以往所学浮而不实，命自四子书重加讲习。崇实后来深情回忆说："自五岁入塾后迁徙不常，又多疾病，所读诗书半皆荒废……实之能读书成立，受益于夫子者最深。"[④] 他在十六岁时，从师学文，麟庆也在公余之暇亲授试帖之法。十七岁，兼习二、三场工夫，并与李小叙、陈云岩联三痴诗

[①] 增生，明清府、州、县学名称之一。"增广生员"之简称，亦称增广生。
[②] 麟庆：《鸿雪因缘图记》第一集《寄畅攀香》，第87页。
[③] 关康：《〈闲窗录梦〉研究》，第88、89页。
[④] 崇实：《惕盦年谱》，第8页上。

社，学吟杂体诗。崇实二十岁后两次乡闱未售，有人劝其改谋它途，但他志在正途，三十一岁中进士，终成翰林。崇厚六岁始识字，其受教过程与兄大体相同（附表1、2、3）。

麟庆家的塾教内容在满人中是否具有普遍性？不妨再援举数例以为佐证：

（1）京师满人英和：六岁入塾识字，十岁初学诗，十二岁始学举业。①

（2）东北满人文祥（见附表5）：五岁，祖父教识字；六岁，祖父教三字经。七岁，秋初，师病故，辍学。八岁，读至孟子天时章。十岁，因续聘塾师疏懒，四子书尚未读竟。十一岁，仅将"四书"读完。十二年，初授诗经，讲论语，学作二韵诗。十三岁，读书经。十四岁，作六韵诗，学作八股。十五岁，读礼记，诵古文。陈师课读严而有法，以速成为戒。十六岁，随父外出，旷业半年，仅兼诵古文时文。十七岁，读《左传》，再读"四书"。十八岁，初学作赋。二十一岁，初读墨卷②。

（3）杭州驻防满人金梁（见附表6）：三岁时，父令识字。七岁，读三字经。八岁，学造句。九岁，读孟子。十三岁，为定诗课。十四岁，学作制艺。十五岁，为定文课。二十一岁，设小学于家，以新法教授。

由此可见，满人私塾在教学宗旨、教学内容以及教学阶段诸方面，与汉人私塾如出一辙③。在汉人塾师指导下，满洲幼童开蒙，首先识字，读《三字经》《千字文》；其次读四子书，学作诗。以后循序渐进、由浅入深，在反复研读儒家经典基础上，花费大量时间熟读、揣摩、演练时文、应试诗。终极目的只有一个，通过科甲正途，博取功名。同时说明，满洲精英的知识体系，以儒家文化为

---

① 英和：《恩福堂年谱》，第336、337页。
② 文祥：《文文忠公自订年谱》，光绪壬午年刻本。
③ 俞樾：《春在堂杂文》（《近代中国史料丛刊》第一辑）《候选训导恽君墓志铭》，记恽世临第三子恽俟孙（字书来）就学过程："生二岁而母梁夫人卒，继母戴夫人口授以'四书'及'孝经'。八岁始入塾，五年而十三经卒业……十一岁能为策论。十二岁始学为时文。"

基础，也是通过塾教完成的。

金榜题名的成功率本来不高，加之阶梯式的科考制度也不允许生徒一蹴而就。对生徒而言，就塾十余年二十余年，乃至"皓首穷经"，都是习见现象。在日复一日、年复一年的反复灌输下，儒家文化与观念成为满人的自觉意识，本来就是一个水到渠成的过程。何况这一过程自满人入关初已经开启，且随着代际交替而不断延续。换言之，至少从入关初起，以儒家文化为精髓的汉文化对满人已不再是异己力量。这中间，汉人塾师起到至关重要的作用。满人对汉文化的群体性认同是以个体认同为基础的；而个体认同的形成，则受益于经年累月的塾教。从这个角度讲，汉人塾师对满人文化、伦理道德、行为规范之熔铸，作用实莫大焉。

汉人师傅对满洲精英阶层影响深巨，在很大程度上成就了满洲人统治中国的宏大事业。但换个角度，从防范"汉化"角度讲，满洲统治者对汉人师傅也并非没有戒心，尤其是对那些可能不利于满洲统治的"离经叛道"之论。雍正帝就曾告诫满洲大臣说："切不可为其（指汉人师傅）所欺。"[1] 但满洲人要统治庞大国家，治理众多人口，必须重点培养满洲精英，自然离不开科考选士制度，也离不开汉人塾师。至于对汉人塾师的防范，就更无从谈起了。

（六）满洲文化的衰微

满人塾教虽以儒家文化为主体，并不意味对以"国语骑射"为象征的满洲传统文化弃之如敝屣，只是虽时间流逝，传统教育日渐式微而已。麟庆六岁时，祖父亲教识字，并习国书（满文）。尽管起步早，但效果不明，其传世之奏疏，均为汉文书写。骑射技艺亦很生疏，以致四十岁时，承蒙清帝赐予他紫禁城内乘轿的荣宠，竟高兴得忘乎所以。崇实自幼在家塾就读，十八岁始习骑射。这与其说是为了继承满洲传统，毋宁说是把这当成科举入仕的敲门砖。清廷规定，旗人应试，须加考骑射。但满洲子弟习射，实非汉人塾师

---

[1] 福隆安等纂：《钦定八旗通志》卷首9，吉林文史出版社2002年版，第189页。

所能胜任，唯有另聘旗人传授，或自身练习揣摩。家谱记载：崇实二十八岁中举，"暇，仍从许可侯夫子看文，并率家人在园习射"。比他小六岁的崇厚，随他习射园中，自然乐在其中。但习射只安排在闲暇时进行，又说明其重要性不及教育功能。

在京城的普通旗人私塾，满语教学也逐渐流于形式。在穆齐贤私塾中，教学主要用汉语汉文，对于那些需要挑差或参加翻译考试的旗人子弟，才教授满语满文。但实际效果不彰，以致在翻译考试、笔帖式考试中屡屡出现雇觅"枪手"的舞弊事件[①]。

即便在满洲"发祥之地"东北，私塾中的满语教学也呈每况愈下趋势。文祥自幼生长满洲故里，但于本族传统文化已相当隔膜。直到十九岁，父亲考虑到笔帖式场期临近，才命他学习清文（满文）。这种学习，显然带有临时抱佛脚的目的。二十岁时，他师从沈阳德克进布学翻译，满文水平始有提升（附表5）。与麟庆、文祥家相比，英和所受传统教育比较系统，这与其父礼部大臣德保的重视有关：七岁，从驻防兵李铎习清文、弓矢；九岁，从故御史札尔杭阿习清语、弓矢；十四岁，又从知府额鲁礼习清语[②]。至于出身杭州驻防的满洲名士金梁，尽管他毕生对满洲文化情有独钟，且为整理满洲国故做出突出贡献，但从相关记载看，他对"国语"却一窍不通。二十七岁中进士，随即派在内廷批本处行走，"公（金梁）以未习国文，又日思归，遂不入值，独居旅馆"[③]。不会满文，竟成为他步入仕途之初即打退堂鼓的一个因素。

三　结语

以上以完颜麟庆家为个案，复结合相关史料，重点考察了清代

---

① 关康：《〈闲窗录梦〉研究》，第89、90、98页。
② 英和：《恩福堂年谱》，第336—338页。
③ 申权编：《金公年谱》，民国间油印本，《北京图书馆藏珍本年谱丛刊》第198册，北京图书馆出版社2001年版。

满人的家塾，并从家塾层次、塾师等差、家塾区别、生徒成分、塾教内容五方面，阐明了满人家塾的形态与特征。而全文考察重点，则是围绕满人家塾展开的满汉关系。

近年来，有关满人是否"汉化"的争论颇引人关注①。有学者提出，正是由于八旗制度封闭性，使满人保留了自身特性，乃至民族认同。而本文有关满人家塾的考察则对上述观点提出反证。

考察结果表明：家塾（包括民间私塾）的普及，在使满人子弟普遍拥有受教育机会同时，也为满汉交往提供了一条重要途径。家塾生徒往往满汉兼容，这在满汉杂居地区，尤为普遍。说明满人在固有八旗制度（八旗社会）之外，还存在着错综复杂的社交网络。而围绕家塾展开的社交网络（包括师生网络、同窗网络、邻里网络），只是诸多社交圈之一。

考察结果还表明：汉人塾师，层次有别，在提高满洲子弟文化素养方面，均起到至关重要作用。塾教主旨，满汉无别，以造就合格应试人才为嚆矢；塾教内容，则以儒家文化为根本。前人讨论满人"汉化"问题，多着眼于"汉化"背景、现象、过程、影响，却疏于探讨"汉化"途径。而本文所考，正好揭示满人"汉化"的一条重要途径。笔者认为：自清初以来，满洲子弟首先是其精英阶层子弟，已开始为汉文化所陶融；陶融的基本途径，即在于自幼开始，且长达十数年之久的家塾教育。家塾不仅为满洲精英掌握儒家文化提供了重要条件，也为普通满人吸取汉人知识，提供了便利。在此基础上，才形成满洲各阶层首先是精英阶层对汉文化的普遍认同。没有这种认同基础，就不可能有满洲人对中国近三百年的统治。

回顾清王朝走过的历程，17世纪40年代满洲人入主中原，曾经伴随着剧烈的文化冲突与血腥屠戮；而20世纪初爆发的辛亥革命，则促成清帝逊位和清王朝终结。除去少数场合，后者基本是一

---

① 按，笔者此处所谓"汉化"，并非指汉人一方的主动灌输与满人一方的被动接受，其中应包含"涵化"即互相影响的含义。但"涵化"的结果，汉文化显然据有主导性优势。而汉文化实为历史上诸多民族文化所陶融，从这个角度讲，如曰"华化"或"中原化"亦无不可。

场不流血革命。构成如此反差的原因固然可有多种诠释,倘从文化角度分析,与满人逐渐陶融于汉文化(更准确说,应是以汉文化为主体的中华文化),以及文化认同基础上形成的民族国家认同,显然是分不开的。

附表1　　　　　　　　麟庆延师就塾表①

	籍贯、姓字、身份	学习内容	备注
六岁			祖父亲教识字,并习国书
七岁	河南偃师郑道印(月滩),进士,官教授		初次入塾应在六或七岁。此处暂记为七岁
八岁	安徽太湖曹萃庵(蓄斋),岁贡生		祖父在河南盐粮道署内设家塾
十一岁		始学诗	随长辈回京师。自八岁至十一岁,塾师未明
十二岁	江苏阳湖恽秉怡(洁士),麟庆舅,举孝廉方正,辞而未就	读经	同塾有两弟、三外兄弟(恽氏)等
十四岁		学作文	
十六岁			随父至浙江,舅恽秉怡同行
十七岁			随父至温州,舅恽秉怡同行
十八岁			随舅恽秉怡赴京应乡试,中举人
十九岁			中进士,以内阁中书用。恽秉怡落榜后归里
	顺天钮士元(瑜),戊辰同榜举人,后官知县		执教时间不明

麟庆(1791—1846)小传:完颜氏,字伯余,别字振祥,号见亭,内务府镶黄旗满洲人。嘉庆十四年(1809)进士,授内阁中书,升兵部主事。历任安徽徽州知府、颍州知府、河南分巡开归陈许道、河南按察使、贵州布政使、湖北巡抚,道光十四年(1834)擢总督江南河道,十九年兼署两江总督管两淮盐政。二十二

---

① 根据《鸿雪因缘图记》。

（1842），南河在桃北崔镇汛决口，麟庆以未能预防革职。以后基本在京赋闲。著有《黄运河口古今图说》《河工器具图说》《凝香室集》《鸿雪因缘图记》。

附表2　　　　　　　　　　**崇实延师就塾表**[①]

	籍贯、姓字、身份	学习内容	备注
五岁	歙县曹萃庵（蓄斋），附监生，廪贡生，亦为父麟庆启蒙师		随母、祖母至徽州，始入塾识字
七岁	程白莲	始读唐诗	
八岁	李五世伯		程师病久不愈，改从李五世伯温习
九岁			对塾师不甚畏惧，日事游嬉，所读诗书均荒废
十一岁	浙江钱塘县赵苏生（又名贞复，字绸人），廪贡生，世袭云骑尉，河南禹州吏目	始学吟两韵诗	
十二岁			在河南按察使衙门内家塾读书
十三岁	浙江钱塘县赵苏生（又名贞复，字绸人），廪贡生，世袭云骑尉，河南禹州吏目	作起讲　始作诗	与弟在黄大王庙读书
十四岁	浙江海盐县潘诒棠（滋泉），顺天壬辰科举人，拣选知县		在清江浦河督衙署内家塾，与兄弟同受业
十五岁	潘诒棠（滋泉），顺天壬辰科举人，拣选知县	自四子书重加讲读	在清江浦河督衙署内家塾
十六岁	潘诒棠（滋泉），顺天壬辰科举人，拣选知县	作文全篇诗多不合试律体	父公余亲授试帖之法
十七岁	潘诒棠（滋泉），顺天壬辰科举人，拣选知县	习二、三场工夫	联三痴诗社，学吟杂体诗
十八岁	潘诒棠（滋泉），顺天壬辰科举人，拣选知县		始习骑射

---

① 根据《惕盦年谱》《清代朱卷集成》第16册第110页《道光庚戌科崇实会试朱卷》。

|清代满人的家塾|

续表

	籍贯、姓字、身份	学习内容	备注
十九岁	潘诒棠（滋泉），顺天壬辰科举人，拣选知县		潘诒棠赴京会试，以弟代之
二十岁			入都乡试，落第
二十一岁			在庙用功，约同课诸人每月练习三文一诗，真草皆仿场规。应乡试，仍落第
二十三岁			为麟庆妾、扬州洪氏延女教师，同崇实妹一同讲习琴书绘画
二十四岁	许曾望（可侯），江南辛巳举人，国子监助教		潘师不能北上，另延许可侯在家设帐。中举人
二十五岁			应会试，落第
二十六岁			应会试，落第
二十八岁	许曾望（可侯），江南辛巳举人，国子监助教		仍从许夫子看文，并率家人在园习射
三十一岁			应会试，中进士，授翰林院庶吉士
三十二岁			三叔父没，遗一女二男皆庶出。将其生母接至同居，并延师授读
四十三岁	江苏溧水濮文暹（青士），举人，进士		在成都将军任。为两儿延请入署设帐

注：《道光庚戌科崇实会试朱卷》（《清代朱卷集成》第16册）"业师"栏中尚有："那眉峰夫子名峨，已巳进士，前刑部员外郎"。应系满人，授业时间不详。

崇实（1820—1876）小传：完颜氏，字子华、惕盦，又字朴山，别号适斋，室名半亩园、小琅轩馆，内务府镶黄旗满洲人。麟庆长子。道光三十年（1850）进士，散馆授编修，累官至成都将军、刑部尚书、署盛京将军。卒，谥"文勤"。

925

附表3　　　　　　　　　　崇厚延师就塾表①

	籍贯、姓字、身份	学习内容	备注
六岁	浙江钱塘县赵苏生（又名贞复，字䌽人），廪贡生，世袭云骑尉，河南禹州吏目	识字	
八岁	浙江海盐县潘诒棠（滋泉），壬辰科举人，拣选知县		在清江浦河督衙署内家塾
九岁	浙江海盐县潘诒棠（滋泉，壬辰科举人，拣选知县）		
十三岁		始习射	
十八岁	江苏华亭县许曾望（可侯），辛巳举人，国子监助教		潘师不能北来，另延许可侯来家设塾
二十二岁	许曾望（可侯），辛巳举人，国子监助教		暇则在园中习射
二十四岁			中举人
二十五岁			中进士

注：《道光甲辰科崇厚乡试朱卷》（《清代朱卷集成》第353册）"业师"栏中尚有"潘逸泉夫子讳椷，浙江海盐县人。附学生"。

崇厚（1826—1893）小传：完颜氏，字子谦，又字地山，一字鹤槎。麟庆子，崇实弟。道光己酉（1849）举人。由甘肃阶州知州累官至左都御史、吏部左侍郎、盛京将军。

附表4　　　　　　　　　　英和延师就塾表②

	塾师籍贯、身份、姓字	学习内容	备注
六岁	直隶举人刘坤		
七岁	安徽进士程在嵘		并从驻防兵李铎习清文、弓矢
八岁	安徽进士程在嵘		
九岁	直隶举人李阳林		并从故御史札尔杭阿习清语、弓矢

① 根据《鹤槎年谱》《清代朱卷集成》第353册《道光甲辰科崇厚乡试朱卷》。
② 根据《恩福堂年谱》。

续表

	塾师籍贯、身份、姓字	学习内容	备注
十岁	江苏进士任大椿	初学诗	
十一岁	江西举人刘肇虞		
十二岁	山东进士董猷定	始学举业	
十三岁	安徽拔贡生侯坤		
十四岁	安徽拔贡生侯坤		又从故知府额鲁礼习清语。补内务府会计司笔帖式
十五岁	安徽拔贡生侯坤		以大臣子弟挑侍卫、拜唐阿
十六岁	浙江优贡生卢登俊		
十七岁	安徽进士、后官湖北按察使方礼		
十八岁	湖南举人萧大经		
十九岁	湖南进士、后官陕西布政使唐仲冕，复受业于湖南进士罗廷彦		
二十岁	安徽拔贡生侯坤		
二十一岁	江苏举人李深源		
二十二岁	江苏举人李深源		中举人
二十三岁	江苏举人李深源		中进士，改庶吉士，武英殿协修

英和（1771—1840）小传：索绰络氏，初名石桐，字树琴，一字定圃，号煦斋，正白旗满洲人。礼部尚书德保之子。乾隆五十八年（1793）进士，选庶吉士，散馆后授编修。官至军机大臣，户部尚书，协办大学士，加太子太保衔。道光七年（1827）被降职，外放热河都统、宁夏将军。不久，因监修宣宗陵寝地宫浸水案，发配黑龙江充当苦差。道光十一年（1831）释归。道光二十年（1840）卒。英和工诗文，善书法，著有《恩福堂诗集笔记》《恩庆堂集》《卜魁集纪略》。

附表5　　　　　　　　　　**文祥延师就塾表**[①]

	塾师籍贯、身份、姓字	学习内容	备注
五岁			祖父教识字
六岁			祖父教三字经
七岁	同城佾生（孔庙中祭祀时的乐舞生，多为童生充任）曾爽		秋初，甫读至上论，师病故，辍学
八岁	山东诸城生员赵有成	岁底，读至孟子天时章	同巷常宅设塾
九岁	山东诸城生员赵有成		同巷常宅设塾
十岁	辽阳童生赵尚绸	师疏懒尤甚。交冬，四子书尚未读竟	同巷常宅设塾
十一岁	辽邑增生（增广生员）杨万青	是年，仅将"四书"读完	塾距家甚远
十二岁	辽邑增生杨万青	初授诗经，讲论语，学作二韵诗	
十三岁	辽邑增生杨万青	读书经	
十四岁	山东招远县生员陈锡智	作六韵诗，学作八股	杨师赴乡试，代请陈师就伊馆
十五岁	山东招远县生员陈锡智	读礼记，诵古文	陈师课读严而有法，以速成为戒
十六岁	山东招远县生员陈锡智	仅兼诵古文时文	随父外出，旷业半年
十七岁	辽阳生员高登	读左传，再读四书	陈师回山东，从高师读
十八岁	汉军正黄旗、生员张云龙	初学作赋	高师因老病回乡，延屯居张师授业
十九岁		父因考笔帖式场期临近，令学清文	应童子试，不售
二十岁	沈阳德克进布	学翻译	报捐监生备考
二十一岁		初读墨卷	应笔帖式考试，落榜
二十二岁	辽邑增生杨万青		师因文祥家寒，不受束修

① 根据《文文忠公自订年谱》。

清代满人的家塾

续表

	塾师籍贯、身份、姓字	学习内容	备注
二十三岁	汉军正黄旗、生员春旭名景晖		塾设岳父家，师系岳丈旧日窗友。入京乡试，中初试
二十四岁	汉军正黄旗、生员春景晖		入京复试，落第
二十六岁	汉军正黄旗、生员春景晖		春师长子成善号宝巌入读
二十七岁			春师回家，成善授妻弟读，与文祥互相切磋。入京会试，又不第
二十八岁			中进士，以工部部曹用

文祥（1818—1876）小传：瓜尔佳氏，字博川，号文山，盛京正红旗人。道光二十五年（1845）进士，历任工部主事、工部员外郎、太仆寺少卿、詹事府詹事、内阁学士、署刑部侍郎、八旗都统、步军统领。同治年间任军机大臣和总理衙门大臣，兼任都察院左都御史、工部尚书、吏部尚书、协办大学士、大学士。光绪二年（1876）逝世，谥文忠。

附表6　　　　　　　　　　**金梁延师就塾表**[①]

	塾师籍贯、身份、姓字	学习内容	备注
三岁			父令识字
六岁			在家识字如常课
七岁	曹稚秋（名文浚，秀才）	读三字经	始入塾
八岁	顾夫子	学造句	出就顾氏塾
九岁	丁衡斋	读孟子	
十岁	俞桂轩（名承瀛）		
十一岁	廖孝先（名寿祺），姻兄		

[①] 根据《金公年谱》《清代朱卷集成》第91册《光绪甲辰科金梁会试墨卷》。

续表

	塾师籍贯、身份、姓字	学习内容	备注
十二岁			袁氏家塾
十三岁	申采南（名沅藻，秀才）	为定诗课	盛氏家塾
十四岁	应升衍（名炳华，秀才）	始学作制艺	复肄业本营梅青书院
十五岁	应升衍（名炳华，秀才）	为定文课	
十六岁	应升衍（名炳华，秀才）		始应童子试
十七岁	应升衍（名炳华，秀才）		
十八岁	应升衍（名炳华，秀才）		精研经史，集十三经语，编为格言。题曰：经训。应试，不售
十九岁	钱履之（名福成，秀才）		科试入学，府院皆取第一
二十岁	蔡晋初（名庆澄，秀才）		乡试文以时事立论。未中
二十一岁			设小学于家，以新法教授
二十二岁			仍在家主小学。上书清廷
二十三岁			与同人倡立文明学社
二十四岁			在营内立小学堂
二十五岁			应乡试，中举人
二十七岁			应会试，中式进士。入都，应廷试，策对不拘格式，以文有"痛哭流涕"之句，触忌讳，遂未进呈。钦点内阁中书

金梁（1878—1962）小传：瓜尔佳氏，字锡侯，号小肃，晚号瓜圃老人，杭州驻防正白旗满洲人。光绪三十年（1904）进士。历任京师大学堂提调、内城警厅知事、民政部参议、奉天旗务处总办、奉天新民府知府、奉天清丈局副局长、奉天政务厅厅长、蒙古副都统等。民国成立后，因忠于清室，被逊帝溥仪召入小朝廷，封内务府大臣。1924年，溥仪被逐出宫，金梁到沈阳，曾任伪满奉天博物馆馆长、奉天通志馆总纂。1962年逝世于北京。著有《四朝佚闻》《瓜圃丛刊》《瓜圃丛刊叙录》《瓜圃述异》《清帝后外传外纪》《满洲老档》《黑龙江通志纲要》《雍和宫志》。

（原载"中研院"第四届国际汉学会议论文集：《覆案的历史——档案考掘与清史研究》，2013年）

清代满人的幕客
——以完颜麟庆家为例[①]

满洲完颜氏为清代内务府世家。在麟庆《鸿雪因缘图记》中，载有汉人幕客信息，为其他满人家谱所缺。本文即以麟庆家为主，就满人幕主与汉人幕客关系作一初步考察。

幕客，也叫幕宾、幕友、幕僚，民间俗称师爷。幕客作为衙门中官员的辅佐，早在先秦时代已有记载。战国时代的"食客"、汉代的"三司开府辟士"、唐代的"记室""从事"，从汉唐以至元明，均属幕客一类人物。故雍正帝说："今之幕宾，即古之参谋、记室。"[②] 但至少汉唐时官府幕僚，有的本身就是有品级的官人，有的则在被长官征辟后授以官职，与清代"延山林隐逸，有才调经画"者聘为幕客的情况，略有差异。

清代满人衙署中，均有汉人幕客。一说在明末清初，满人罕通汉语，不得不延揽名流[③]。此说不确。清初派往各地充任方面大员者多为汉军旗人，与汉人并不存在语言隔阂。何况即便是在"满人罕通汉语"的场合，汉人幕客熟通满语者又有几何？实际情况是，满人入主中原，百废待兴，大批官员派往各地，亟须军政等诸多方面的辅佐，延聘幕客，应在情理之中。及雍正、乾隆年间，此风尤盛，"各省督抚衙门事繁，非一手一足所能办，势必

---

① 本文系据笔者《满人家中的汉人——以完颜麟庆家为例》一文改定而成，载"中研院"第四届国际汉学会议论文集《覆案的历史——档案考掘与清史研究》，2013年。
② 《清世宗实录》卷5，雍正元年三月乙酉。
③ 平步青：《霞外捃屑》卷1，上海古籍出版社1980年版，第145页。

延请幕宾相助"①。幕客是各级衙署中不可或缺的一个群体。

一 麟庆的幕客

麟庆字伯余，号见亭，嘉庆进士，授内阁中书，升兵部主事。历任安徽徽州知府、颍州知府、河南分巡开归陈许道、河南按察使、贵州布政使、湖北巡抚，道光十四年（1834）擢总督江南河道。二十二年（1842），南河在桃北崔镇一带（江苏省泗阳县西北）决口，麟庆以未能预防革职。长子崇实，道光进士，散馆授编修，官至成都将军、刑部尚书、署盛京将军。次子崇厚，道光举人。由甘肃阶州知州累官至左都御史、吏部左侍郎、盛京将军。麟庆父子，颇以"科甲世家""三代翰林"（麟庆本人、子崇实、孙嵩申）自赏②。

在麟庆《鸿雪因缘图记》及崇实《惕盦年谱》中，提及的汉人幕客共计四十三人，包括完颜岱幕客一，廷鏴幕客六，其余三十六人均系麟庆幕客（详见文末附《麟庆一家幕客信息表》）。

一般认为，清代幕客籍贯，以江浙人为主体，绍兴人尤多。清代绍兴府包括山阴、会稽、萧山、诸暨、余姚、上虞、嵊县、新昌等八县，位于杭州湾南，因当地出过许多师爷（幕客、幕友），"绍兴师爷"之称不胫而走，其中不乏闻名遐迩的人物。雍正年间河南总督、汉军旗人田文镜幕下邬师爷（一说乌思道），据说能量极大，"威行一省，遍布党羽"③。田文镜呈给雍正帝奏折多出自其手笔，天长日久，连皇帝都知道其大名，以致某日田文镜请安折上，帝朱批："朕安。卿好。邬先生好否？"这固然是齐东野语，亦足见邬先生名动九重。而与其同时的如李卫幕客鲁锦、浙江巡抚

---

① 《清世宗实录》卷5，雍正元年三月乙酉。
② 麟庆曾以外班拣选翰林，子崇实、孙嵩申均于殿试后钦点翰林院庶吉士，故有"三代翰林"之誉。
③ 平步青：《霞外捃屑》卷2，第145页。

甘国奎幕客某，据说也是绍兴人①。

但是诚如瞿同祖先生所指出，以往关于绍兴师爷的流行观念似有夸大之嫌。实际情况是，除少数个案外，关于幕友籍贯的实际地理分布人们所知甚少。②因此，需要具体情况具体分析。就麟庆家幕客籍贯考察：江苏十九人（内阳湖恽氏外弟二），浙江十五人（属会稽、山阴者五人），顺天五人（内恽氏外弟二、章姓外甥一），安徽二人，四川一人，不明者一人（详见文末附表）。据尚小明研究，清代幕客籍贯，以江苏籍最多，以下依次为浙江、安徽、湖南等③。麟庆家幕客既以江浙籍为多，与上述情况基本吻合。究其原因，除了江浙两省文化素称发达，文人辈出外，至少还有两个特殊背景：其一，麟庆母亲恽珠出身江苏阳湖恽氏，故幕客中有恽氏五人；其二，麟庆任江南河道总督长达九年，河道总督原驻济州，雍正间分设南河，始以清江浦为节署，地处江苏。江浙文士得近水楼台之便，就幕者自然较多。

幕客本身不是官，不享受俸禄，但又不同于普通百姓。他们是衙门主官（幕主）的私人师友和宾客，起着顾问和帮办作用；在衙署编制人员以外，接受主官赠予束修；他们学有专长，活动领域广泛，概括而言，不外政事、兵事、文事三大类④。而麟庆门下幕客以刑名律例、钱粮会计、文书案牍等专业见长，则与幕主的任职性质相关。麟庆任河南按察使时，御史参奏河南驿马缺额、编派民车、捕务松弛不立章程等情，朝命钦差赴豫查办。其时群情汹汹，浮议纷起。麟庆邀幕客何炳（字虎文）、舍成（立甫）详查成案，据实入告，澄清了事实。麟庆因此逃过一劫⑤。麟庆在南河总督任，又有御史以工程不固、库款不清、劣幕营私、厅员衰老等情参奏，

---

① ［日］宫崎市定：《清代的胥吏和幕友》，《日本学者研究中国史论著选译》第6卷，中华书局1993年版。
② 瞿同祖：《清代地方政府》，法律出版社2003年版，第183页。
③ 尚小明编：《清代士人游幕表》，中华书局2005年版，第29页。
④ 尚小明编：《清代士人游幕表》，第17页。
⑤ 麟庆：《鸿雪因缘图记》第二集《榴厅治书》，北京古籍出版社1984年版。

清廷派大员查办。麟庆为清理河工账目，设局延聘刘霖（小梧）、王熙文（静轩）司幕务，逾年始竣。道光二十年（1840）冬，麟庆在短短两个月内就完成全年催征淮北盐课二百二十九万两重任，事毕感慨"真非始愿所及，然此皆众友赞襄之力"。遂邀集幕客萧令裕（梅生，司盐策）、沈元杰（咏楼，司刑钱）、沈桐（凤巢，司折奏）汲桃花泉煮碧螺春，品画评诗，对弈为乐。这些情况表明，幕客各有所司，辅佐幕主处理公务，必要时，为幕主排难解忧。

幕客活动不仅见于"公"的领域，对幕主的"私生活"（家庭生活）亦有参与。在这类场合，诗酒唱和是幕客与幕主互动的流行方式。蔡天培（桂山），为麟庆任河南开归陈许道时幕客，麟庆次子崇厚出生，蔡为其联吟祝贺[①]。庚寅年（道光十年）正月九日，雪积盈尺，麟庆集幕客及门下士三十四人联诗志喜。长孙嵩祝满月，麟庆张筵宴客，幕友沈凤巢同席赋诗[②]。此类酬应颇多，在《鸿雪因缘图记》中留有许多愉快情景和难以忘却的动人场面。

幕客与幕主既是一种雇佣关系，幕客在经济上依附于幕主，并对后者一味承应也就不足为奇，但有时也难免会帮倒忙。麟庆晚年幕客李云衢，善导引术（是民间将呼吸运动与躯体运动相结合的一种医疗健身方法），麟庆与之日日推演练习，却不甚得法。患手足麻木，延医诊治，仍不得要领。他又向昌祖求签，以致服补药过多，生毒疽，一年后溘然去世。

作为衙署文书的主管人员，幕客主要从下级文人中招募，有些做过书吏，有些则是被黜前任官吏，落第书生。大部分幕客都是秀才（生员）。由于秀才尚不够资格担任官职，他们就不得不在准备更高一级考试期间获得一些生活来源和应试经费。他们或者当私塾先生，或者当幕客。有些先做塾师，随后弃塾而就幕。因为幕客收入更高[③]。以上，只是州县衙署幕客的一般情况。至于麟庆家幕客

---

① 麟庆：《鸿雪因缘图记》第一集《大梁补梅》。
② 麟庆：《鸿雪因缘图记》第三集《抱孙铭喜》。
③ 瞿同祖：《清代地方政府》，第176页。

来源，情况又略有差异：职员六，监生六，廪生三，生员三，贡生二，恩贡一，优贡一，举人二，副榜[①]二，进士一，布衣二，门人一。"职员"当指衙门中无品级胥吏，布衣指无功名平民，监生即国子监生。生员中成绩或资格优异者，升入国子监读书，称贡生（包括恩贡、优贡）。廪生也是生员中成绩较优者，故能享受每年发给廪饩银的待遇。副榜、举人、进士的功名等级高于前者。在这些人中，先后为官同知、教谕、州判、州同、经历、典史、知县、巡检、主簿、知府者十五人，不明者六人（因身份有重合，人次多于四十三）。以上考察，说明麟庆幕客的身份构成高于一般州县衙署幕客。满洲大员位高权重，招募宾客待遇优厚，自然易于罗致优秀人才。其幕下人才济济，各有专长，可谓顺理成章。在麟庆幕客中，事迹较著者至少有三人：

其一，汪英福（春泉），江苏砀山人，以麟庆门生身份入幕。《鸿雪因缘图记·兰馆写照》："时有门人汪春泉，自丁亥岁（道光七年，1827）来参幕务。春泉精绘事，公余每详述旧游，倩创一稾，积三年得七十八帧。"《鸿雪因缘图记》的绘图，大半出自其手笔。

其二，恽光宸（浚生、薇卿），江苏阳湖恽氏，麟庆表弟。《鸿雪因缘图记》第三集《藏园话月》记：道光二十七年（1843）十月，河南乡试，"恽薇卿外弟名光宸者，恭膺简命，充正考官。初，道光乙酉（五年，1825），余任开归道时，薇卿昆季自江南负笈来学，读书官署，欲习幕务。先太夫人谓薇侄有翰苑才，不可入有司衙门，宜就学幕以成大器"。麟庆遵嘱，荐襄学使，寻聘主娄东、崇实（在清江浦）二书院。壬辰（道光十二年，1832）中举，戊戌（十八年，1838）成进士。至此以编修典试。崇实《惕盦年

[①] 科举考试中的一种附加榜示。亦名备榜。即于录取正卷外，另取若干名之意。乡试副榜起于明嘉靖时。清因之，每正榜五名取中一名，名为副贡，不能与举人同赴会试，仍可应下届乡试。会试副榜始于明永乐时，亦不能参加殿试，仍可应下届会试。清初，乡、会试正榜以外，还录取一定名额的"副榜"。

谱》亦称："是年（1838），署中幕客表叔恽光宸成进士，入词林，后官至江西巡抚。"①咸丰年间，恽光宸率清兵于南昌、九江等地对太平军作战，并为湘军筹措饷需。《清史稿》卷493《忠义七》有传。

清代江南士子整体文化水准远高于北方。由于当地科考竞逐功名难度太大，许多江南士子以"寄籍"为捷径，博取功名。所谓"寄籍"，指离开原籍所在地于异地落户。清朝对寄籍原有严格规定，即在所在地居住二十年以上，且房屋、田赋确有证据者始许于寄居地入籍。入籍者须在户部存案，才能参加当地科举考试，否则以冒籍论处。江南士子往往通过"寄籍"，先取得在顺天府大兴、宛平县参加秀才考试资格，遇乡试之年，由顺天学政送考，复由乡试而会试。恽光宸原籍阳湖，后寄籍大兴，并由此考取进士，成翰林。究其寄籍之始，或与麟庆家帮助有关。麟庆曾说，阳湖恽氏自明以来，科甲鼎盛，而翰林则自恽光宸始。恽光宸之孙毓鼎，光绪十五年（1889）进士，翰林院侍读学士、国史馆纂修。恽氏自寄籍京师后，科第连绵，两代翰林，并由江南乡绅转为北京世家。恽光宸是麟庆表弟，字薇卿，故其孙毓鼎字薇孙。曹允源撰《恽府君（毓鼎）墓志铭》载：恽毓鼎，字薇孙，一字澄斋，顺天大兴县人。先世籍江苏阳湖。曾祖煜，直隶河工主簿；祖光宸，道光进士，历官至江西巡抚；考彦瑄，同治举人，内阁候补侍读。有子四人，毓鼎其长。生子一，即宝惠，镶黄旗汉军副都统，公府顾问。女一，适常熟翁之铨，京兆昌平县知事。继配董夫人，生子四、女五，侧室王，生子三、女三②。恽毓鼎长子宝惠（字公孚）③，一女嫁完颜氏世贤（王世贤），说明两个亲属家族始终保持密切关系。

---

① 崇实：《惕盫年谱》（《完颜文勤公年谱》）光绪三年刻本，第9页下。
② 曹允源撰：《恽府君墓志铭》，载卞孝萱、唐文权编《辛亥人物碑传集》，团结出版社1991年版，第738页。
③ 恽宝惠（1885—1978）字恭孚，又字诉箦，直隶大兴人。1889年乙丑科进士。历任清朝兵部主事、陆军部郎中、禁卫军秘书处处长。民国成立后，任镶黄旗汉军副都统、北洋政府时任国务院秘书长、总统府顾问、京兆尹、蒙藏院副总裁。伪满洲政府时曾任内务府部长。1948年回乡总纂《毗陵恽氏家乘》。

民国初年，宝惠与崇厚子衡永（字亮生）同在溥仪小朝廷里任八旗都统。百年亲眷，异代同官。以辈分论，宝惠则低衡永一辈①。

其三濮文暹（青士），江苏溧水人，为麟庆之子崇实幕客兼塾师，学识渊深，与崇实交谊久。事迹详拙文《清代满人的家塾——以完颜麟庆家为例》。

二 满人的幕客

满洲王公府邸与高官大员门下，均有汉人幕客，其中不乏熟通军事、政务、经济、文学者，且多以诗文著述称名一时。康熙初，江苏太仓人陆世仪客江苏巡抚玛祜幕，在幕中辑《儒宗理要》，刊所著《思辨录》，佐治吴淞娄江，痛陈江南一切利弊。自玛祜幕归，二十日而卒。江西宁都人魏际瑞，先客浙江巡抚、汉军旗人范承谟幕，寻为平南王尚可喜聘为上宾。寻入于南赣总兵、满洲旗人哲尔肯幕，议抚，被吴三桂部下韩大任杀害。浙江平湖人邵延龄，滇变起，从安西将军赫业入蜀，定西大将军董额令参其军事三年。浙江秀水人徐善，先入京馆于侍郎徐乾学邸，后应明珠之请为幕宾，自著《徐氏四易》，参与编纂《大清一统志》。山西太原人阎若璩先为徐乾学邀为上宾，后应皇四子之聘抱病入都，参与修纂《大清一统志》《资治通鉴后编》。卒于都中。江苏江阴人蔡鹏，康熙十三年冬入安亲王幕，在幕二载，草军书，参军谋，助平吴、耿之乱。浙江仁和人戴梓，康熙十三年康亲王率师驻浙，在幕数载。参军事，劝降叛将。平台时，制冲天炮以献。出幕后任翰林院侍讲，入值南书房。②

年羹尧幕下多奇才杰士，耆年硕旧，除徐兰、严馨外，余皆湮没无闻。徐兰，江苏常熟人，少从王士禛学诗，诗体近李贺，擅画花卉及白描人物，线条生动，名盛一时。二十岁出游京师。曾随康

---

① 石继昌：《春明旧事》，北京出版社1996年版，第317页。
② 以上俱详尚小明编《清代士人游幕表》。

熙帝亲征漠北噶尔丹。雍正元年，青海罗布藏丹津叛，胤禛命年羹尧为抚远大将军，岳锺琪为奋威将军，率兵讨之。功成，年羹尧益骄抗，徐兰、严馨恐为所累，以年衰辞归，羹尧厚赠金币送还[①]。康雍年间入满人幕之汉人名士尚多，余不一一。

平步青《霞外捃屑》卷2记，祝经诰，淳邸礼为上宾。夏之翰，客于惠王邸。易宗瀛，湖南湘潭人，天资明敏，乾隆元年（1736），与弟宗涒同举博学鸿词，多罗慎郡王允禧慕其名，延致邸中，颇为礼待。出幕后选得曹娥盐场大使，王以诗送之。宗瀛工辞藻，著《翠漳书屋集》。宗涒少好学，博极群书。慎郡王亦延致邸中教习，甚见礼遇。居七年归，王赠"世孝"二字以宠其行。精于经术，著述颇伙。他如赵宁静入浙闽总督宗室德沛幕，张凤孙、迮云龙、李宗潮入云贵总督（川陕总督）庆复幕，夏敬渠、鲍皋、沈廷芳、翁照、钱大昕等入南河总督高斌幕。周大枢，果毅公阿里衮延为上宾。叶耥凤，客游山西巡抚石麟幕。刘鸣鹤、张凤孙、王杰，入川陕总督尹继善幕。姚世铼，入山西巡抚鄂弼幕。

有清一代，汉人文士佐理满洲幕主建功边疆者，实繁有徒。浙江秀水人钱受谷，父为大学士阿桂业师，乾隆进士，征缅之役为将军明瑞、傅恒奏调入幕，参与军事，理案牍，办军需。浙江仁和人张淦，先后客云贵总督福康安、闽浙总督富勒浑、两广总督吉庆幕，掌书记，参戎机，平黔苗，征台湾。浙江海宁人周嘉猷，乾隆末年入川督福康安幕，福康安转任云贵总督，仍随同往，佐平台湾林爽文之乱。山西寿阳人祁韵士，乾隆进士，翰林院编修、国史馆纂修，嘉庆年间因宝泉局账目亏空案遣戍伊犁，为伊犁将军松筠礼重。松筠调两江总督，仍襄理幕务，充印房章京，为松筠纂《伊犁总统事略》《西域释地》。自著《万里行程记》《濛池行稿》及《西陲百咏诗刻》。松筠幕中还有直隶大兴人徐松，嘉庆进士，授翰林院编修，坐事谪戍新疆，受命纂新疆地方志，成《新疆识略》。两人均为清代研究新疆史地名家。

---

① 昭梿：《啸亭杂录》卷10，中华书局1980年版，第201页。

清代满人的幕客

出身满人幕客而以才学晋身高位者，亦代不乏人。安徽休宁人汪由敦，康熙五十年浙江巡抚徐元梦闻其名，延致幕中。元梦入京为工部尚书，由敦以监生偕入都。出幕后由明史馆纂修擢吏部尚书、协办大学士。安徽桐城人方观承，《南山集》案发，祖方登峄、父方式济谪戍黑龙江，观承尚在幼年，免发遣。雍正九年，为族人某荐入平郡王福彭藩邸。随王赴北路军营征噶尔丹，著《从军杂记》。雍正帝命以布衣召见，赐中书衔。凯旋返京，补内阁中书。乾隆年间官至直隶总督、太子太保，谥"恪敏"。乾隆御制怀旧诗："以书记见用，古有今则无。有之祇一人，曰惟观承夫。"[1] 可见评价之高。刘纶（谥文定），少在尹继善幕，后荐博学鸿词，官至大学士。昭梿《啸亭杂录》卷10："本朝汉阁臣不以科目进者，惟公一人而已。"[2] 浙江仁和人孙士毅，进士出身，授内阁中书，升侍读，乾隆中随大学士傅恒督师云南。凯旋叙功，由郎中历官川督、江督、吏部尚书、大学士。

幕客一般随幕主进退而进退，于是在官场间形成一定流动性。而幕客在满汉官员间的横向流动，既为官场中常态，也是满汉互动的一个途径。翁照，江苏江阴人，监生。乾隆元年（1736）举博学鸿词，以疾未与试。十四年（1750），再以经学荐，不遇。性醇谨，不作妄语，事上接下，必以诚以礼，大吏争延幕下[3]。他先入南河总督嵇曾筠幕、浙江巡抚卢焯幕，后入内务府旗人河督完颜伟、高斌幕[4]。汪沆，浙江钱塘人，诸生。早岁能诗，与杭世骏齐名。乾隆时举博学鸿词，报罢。游天津，客查氏水西庄，南北论诗者奉为圭臬。大学士史贻直将以经学荐，以母老辞。他博极群书，好为实用之学，自农田、水利、边防、军政，靡不条贯[5]。曾客福州将军新柱幕，为之编纂《福州八旗志》。又为闽浙总督喀尔吉

---

[1] 清国史馆撰：《清史列传》，中华书局1987年版，第1292页。
[2] 昭梿：《啸亭杂录》卷10，第314页。
[3] 《清史列传》卷71，第5875页。
[4] 平步青：《霞外捃屑》卷2，第145页。
[5] 《清史列传》卷71，第5865页。

善、浙江巡抚庄有恭等满汉大员座上客。严如熤，湖南溆浦人，年十三，补诸生，就读岳麓书院，举优贡。研究舆图、兵法、星卜之书，尤留心兵事。乾隆末年，贵州苗乱，入湖南巡抚姜晟幕四载，撰《苗防备览》；入两广总督那彦成幕，筹海寇，撰《洋防备览》；入辰沅道傅鼐幕，筹屯田，有《三省边防备览》诸书。

汉人幕客既与满洲幕主关系密切，有好学者乘便研习满洲文化，成为兼通满汉的通才。扎克丹满文译本《聊斋志异》内有穆齐贤传，称其山东蓬莱人，少时读书塾中，见有肄业清文者，心甚忻慕，遂兼学之。后入京在惇亲王府档房当差。穆齐贤不仅有满文日记《闲窗录梦》传世，复担任满译本《聊斋志异》主校。同时参校者有满洲人德惟一，八旗进士；庆熙臣、长祥圗，八旗翻译举人。穆齐贤作为王府幕客，兼通满汉，其满汉对译水平居然超乎满洲文士之上。[1]

官场中形势一向波云诡谲，汉人幕客为幕主运筹帷幄，参与机要，政治上则形成荣损与俱的利害关系。年羹尧得势时，西席、幕客及其子弟无不鸡犬升天。赵健之父为年羹尧幕客，他由知县捐升，年羹尧令补宁夏监收同知，并兼摄中路同知印务，在任"渔利剥民，以饱欲壑"。西席张泰基父子、幕客赵士河之弟赵祺等十数人，均由年羹尧奏报，以"军功"升授。及年羹尧落难，幕客及子弟无一幸免[2]。浙江钱塘人汪景祺，康熙举人，雍正二年（1724）至胡期恒任所打抽丰，得交年羹尧。曾于羹尧幕中作《西征随笔》。羹尧被捕，有人举发：汪景祺诗句内有"皇帝挥毫不值钱"句，认为是"讥讪圣祖"；又"讥讽圣祖谥法"、作功臣不可为论；文稿中有历代年号论，指"正"字有"一止"之象，并引前代如正隆、正大、至正、正德、正统诸年号，称凡有正字者皆非吉兆，认为影射"雍正"年号。遂以"大逆不道"立决枭示，妻子发黑龙江披甲人为奴[3]。福建侯官人陈梦雷，先任翰林院编修，因故遭

---

[1] 赵令志、关康译：《〈闲窗录梦〉译编》。
[2] 萧奭：《永宪录》卷3，中华书局1959年版，第215、249页。
[3] 萧奭：《永宪录》卷3，中华书局1959年版，第256、304页。

贬，遣戍奉天。康熙三十七年（1698）被赦回京，受命为诚郡王皇三子允祉侍读。搜集古今图书，纂为大型类书《古今图书集成》。及胤禛即位，允祉被夺爵禁锢，梦雷再遭流放，死于戍所。浙江会稽人顾廷纶，嘉庆中客两江总督铁保幕。铁保入京任职，馆廷纶于家。及铁保遣戍吉林，廷纶慨然从行，历尽坎坷[1]。

汉人幕客水平参差，品行亦良莠不齐。对督抚大员的幕客，满洲统治者不能不有所防范。雍正帝就曾告诫督抚，对幕宾中的不肖之徒一定要提高警惕，勿为其鬼蜮伎俩所蒙蔽，以致败坏了自己的清节功名。他要求督抚延请幕宾时必须选择历练老成、深信不疑之人，将姓名具题。如果效力有年，果称厥职，咨部议叙，授之职位，以示砥砺[2]。但官场上贪腐之风盛行，劣幕舞弊问题难以根除。

三　结语

在麟庆家中，幕主与幕客并非简单雇佣关系，其间还穿插着师生关系、姻亲关系、地域关系，因此是一种复合型关系。从身份构成上考察，麟庆家幕客要高于一般州县衙门幕客，这在满洲大员衙署中，应带有普遍性。在麟庆幕客中，最值得关注的是恽光宸。他以表弟身份入麟庆幕，后寄籍京师，官至巡抚。光宸与孙毓鼎为两代翰林，麟庆与子崇实孙嵩申则称"三代翰林"。直到民国初年，这两个姻亲家族的关系仍在新的基础上延续。

满洲王公大员门下，均不乏幕客。换言之，考察清代满汉关系，汉人幕客无疑是一个有价值的切入点。汉人幕客与满洲幕主关系密切，形成荣损与俱的关系。大量事实说明：满人在固有的八旗制度（八旗社会）之外，还存在着复杂的社交网络，而围绕幕主幕客展开的活动不过是诸多关系圈之一。它如塾教圈中的师生网络（包括同窗网络、邻里网络、亲属网络），商圈中的交易网络，宗

---

[1] 尚小明编：《清代士人游幕表》，第144—145页。
[2] 《清世宗实录》卷5，雍正元年三月乙酉。

教圈中的香会信众网络，科考圈中的座师门生同门网络，官场中的同官同僚同乡网络，婚姻圈中的姻亲网络，家庭圈中的主仆网络等，不一而足。这些社交网络，都不是狭窄的八旗制度所能容纳、所能规范的。这也是今人研究清代满汉关系，既不能脱离八旗制度，又必须从视野上超越其藩篱的原因。

清代满汉关系虽在发展，其局限性亦相当明显。满人幕主与汉人幕客的单一雇佣模式，即可为证。归根结底，直至清帝逊位，尽管满汉人在文化上已基本陶融，政治地位并不平等；而幕主幕友雇佣关系中的不平等，很大程度上就是满汉政治不平等的反映。

附表　　　　　　　　　　麟庆家幕客简表

籍贯、姓字、身份	备注	文献出处
浙江会稽李耀璋（恒园）	完颜岱幕客	《鸿雪因缘图记·禹穴征奇》
浙江会稽娄道南（棠村），职员	麟庆幕客	《禹穴征奇》
浙江山阴姜颐（少川），职员	廷镠任温州知府时幕客	《永嘉登塔》
浙江会稽夏炳雯（晴豁），廪生	廷镠幕客	《永嘉登塔》
浙江会稽章耀（炎甫），布衣	廷镠幕客	《永嘉登塔》
江苏钮翰谦（莘川），恩贡	廷镠幕客	《永嘉登塔》
江苏周维让（简亭）	廷镠幕客	《阙里观礼》
江苏李文铨（闻泉），监生	廷镠幕客	《灵岩听涛》
四川蔡天培（桂山），贡生，同知	麟庆任河南开归陈许道时幕客	《大梁补梅》
江苏砀山汪英福（春泉），门人	麟庆任河南开归陈许道、按察使时幕客。精绘事	《兰馆写照》
江苏贾鹏程（子霄），举人，教谕	麟庆任河南开归陈许道、按察使时幕客	《兰馆写照》
江苏顾燮臣（华川），生员，典史	麟庆任河南开归陈许道、按察使时幕客	《兰馆写照》
浙江高镕（铸生），副榜	麟庆任河南开归陈许道、按察使时幕客	《兰馆写照》

|清代满人的幕客|

续表

籍贯、姓字、身份	备注	文献出处
安徽曹福榕（荫南），州判	麟庆任河南开归陈许道、按察使时幕客	《兰馆写照》
安徽武四箴（悔堂），布衣	麟庆任河南开归陈许道、按察使时幕客	《兰馆写照》
江苏廖寿孙（禹卿），经历	麟庆任河南开归陈许道、按察使时幕客	《兰馆写照》
江苏孙栻（世轩），典史	麟庆任河南开归陈许道、按察使时幕客	《兰馆写照》
顺天张澐（溥泉），监生，知县	麟庆任河南开归陈许道、按察使时幕客	《兰馆写照》
江苏阳湖恽际美（晴川），外弟，典史	麟庆任河南开归陈许道、按察使时幕客	《兰馆写照》
江苏阳湖恽焕（叔轩），外弟，巡检	麟庆任河南开归陈许道、按察使时幕客	《兰馆写照》
顺天章炳康（彭如），外甥，主簿	麟庆任河南开归陈许道、按察使时幕客	《兰馆写照》
浙江何炳（虎文）	麟庆任河南按察使时幕客，详查河南驿马缺额等成案	《榴厅治书》
浙江舍成（立甫）	麟庆任河南按察使时幕客，详查河南驿马缺额等成案	《榴厅治书》
浙江骆邦煜（曙霞）	麟庆任湖北巡抚时幕客	《扶风春饯》
江苏刘霖（小梧），职员	麟庆任南河总督时幕客，清理南河衙署积案	《荷亭纳凉》
江苏王熙文（静轩），监生，知府	麟庆任南河总督时幕客，清理南河衙署积案	《荷亭纳凉》
江苏萧令裕（楳生），贡生	麟庆任南河总督时幕客，司盐筴	《桃泉煮茗》
浙江沈元杰（咏楼），职员	麟庆任南河总督时幕客，司刑钱	《桃泉煮茗》
浙江沈桐（凤巢），廪生	麟庆任南河总督时幕客，司折奏	《桃泉煮茗》
浙江潘诒棠（滋泉），举人		《芭香写松》
浙江潘楲（逸泉），生员		《芭香写松》

续表

籍贯、姓字、身份	备注	文献出处
江苏祝嵩之（话石），职员		《芘香写松》
江苏杨崧森（申山），职员		《芘香写松》
浙江锺照（鉴之），廪生，州同		《芘香写松》
江苏虞廷皋（赓扬），副榜		《芘香写松》
浙江沈一鹹（巽帆），优贡		《芘香写松》
江苏姜洼（小崖），职员		《芘香写松》
江苏吴赓陛（应襄），监生		《芘香写松》
江苏黄锡申（艺屏），监生		《芘香写松》
顺天恽光容（豫生），外弟，生员，主簿		《芘香写松》
顺天恽光宸（浚生、薇卿），外弟，进士，知府，官至江西巡抚		《芘香写松》
顺天恽垲（伯明），外侄，监生，典史		《芘香写松》
李云衢	麟庆晚年幕客，善导引术，麟庆日与切磋，演练不甚得法，遂亡	《惕盦年谱》

清代东北流民与满汉关系

摘要：清廷对东北长期实施封禁政策，禁止民人（主体是汉民）流入。实际情况是，尽管有制度和政策限制，仍有大批内地民人不断进入东北地区垦荒。他们在发展边疆经济同时，对当地民族关系也产生了深刻影响。本文利用刑科题本等史料，以流民问题为切入点，重点就民人出关与清廷"封禁"、民人流动与旗民关系（主要是满汉关系）、民人流入与旗地流失、旗民杂居与"理事官"设置、商业发展与文化陶融等五个相关问题作一初步考察，以期就清代东北地区满汉关系变化，理出一条更为清晰的线索。

关键词：清代东北、封禁政策、汉人流民、满汉关系

东北是满洲人"发祥"地。清朝入关后，为维护"发祥"地的原生态，保护满洲人权益，以及国语骑射传统，采取了两项特殊措施，一是设立军府制，即分别设置奉天将军（盛京将军）、宁古塔将军（吉林将军）、瑷珲将军（黑龙江将军），进行军政合一的管制；一是实施封禁政策，禁止民人（主体是汉民）流入。实际情况是，尽管有制度和政策限制，仍有大批内地民人不断进入东北地区垦荒。他们在发展边疆经济的同时，对当地社会面貌、民族关系也产生了深刻影响。前人围绕东北流民问题，已有深入探讨[①]。本

---

① ［日］荒武達朗的《清朝後期東北地方における移住民の定居と展開》（《東方學》第96輯，1998年）依据乾隆末年移住吉林的汉民徐氏一族足迹，描述山东移民进入东北定居和散布过程。他在《清代乾隆年間における山東省登州府・東北（转下页）

第三编 旗民关系

文拟在前人研究基础上,以流民问题为切入点,就清代东北地区满汉关系的变化,作一多角度考察;在此基础上,概括东北地区满汉关系特点,并揭示其与中原内地满汉关系的异同。

一 民人出关与清廷"封禁"

清廷入关,为夺取全国统治权,驱使大批八旗兵丁入关作战,以致富庶的辽沈平原,一度呈现"荒城废堡,败瓦颓垣,沃野千里,有土无人"的荒凉景象①。为改变这种局面,清廷多次下令地方官吏招徕流民迁往辽东,开垦荒田。顺治八年覆准,山海关外荒地甚多,有愿出关垦地者,令山海道造册报部,分地居住。十年(1653),颁布"辽东招民授官例"②,鼓励汉人地主、官吏招民出关。辽东本为汉人传统居住区,只是由于明末清初连绵数十年战乱,以及原有辽东汉人多被编入八旗汉军"从龙入关",致使当地汉人急剧减少。然而一旦汉民重新在辽东集聚,还是触动了满洲统治者的隐忧。康熙七年(1668),该条例被明令禁止。此后,汉民

(接上页)地方間の人の移動と血縁組織》(《史學雜誌》第 108 编第 2 号,1999 年)一文中,对移民流入导致人口增加和耕地相对"狭小化"观点提出质疑,考察山东、东北两地间人口流动的性质和变化,认为人口流动创造了更有利的雇佣和收入条件,在人口的往复移动中宗族组织起到重要作用。同氏另撰《1870—90 年代北满洲における边境貿易と漢民族の移住》(《アジア経済》第 45 卷第 8 号,2005 年)。[日]柳泽明:《清代东北驻防八旗与汉人——以黑龙江地区为中心》(中国社会科学院近代史研究所近代政治史研究室编:《清代满汉关系研究》,中国社会科学文献出版社 2011 年版),利用满文《黑龙江将军衙门档案》,就清前期黑龙江地区"汉人"构成、汉人与其他族人的相互关系详加考察。台湾学者赵中孚《清代东三省的地权关系与封禁政策》("中研院"《近代史研究所集刊》第 10 期)、《清代东三省北部的开发与汉化》("中研院"《近代史研究所集刊》1984 年第 15 期)二文,前者研究东北旗人与民人土地关系,后者研究旗人民人对东北北部的开发和满人"汉化"。杨余练主编《清代东北史》第二章第四节、第四章第一节(辽宁教育出版社 1991 年版),李林《满族宗谱研究》第二章关于宗族迁徙内容(辽沈书社 1992 年版),张士尊《清代东北移民与社会变迁:1644—1911》有关清代东北移民政策变化六阶段、旗民二元体制变迁(吉林人民出版社 2003 年版)等研究,对笔者均有参考价值。

① 《清圣祖实录》卷 2,顺治十八年三月丁巳。
② 王河等纂:《盛京通志》卷 23,乾隆元年刻本,第 1 页下。

虽仍可到辽东垦荒定居，但开始受到限制。这标志着清廷对辽东地区从开放到限制的政策转变。

为防范出关的民人侵占旗地，损害满人生计，清廷于康熙二十八年（1689）起，在奉天一带划定旗界民界，禁止旗民越界耕垦①。旗界内，除旗人"份地"和"旗余地"（旗人在份地外开垦荒地），还有大片待垦生荒。满洲统治者试图用一道人为栅栏保护满人的经济利益，隔断与民人的交往。实际情况却是，从划定旗界民界之初，就无法杜绝界内"搀杂居住"现象。不过半个世纪，奉天、锦州境内已是"旗民杂处"②，虽有旗地民地之分，已形同虚设，其中既有民人而居旗地，也有旗人而居民地。③

随着大批内地汉民持续从陆路或海路进入辽东，清廷不能不面对事实，沿用内地成制增设州县，专门治理民人。顺治十年（1653），设辽阳府（后撤，改奉天府）并辽阳、海城二县。康熙初，辽东已设二府（奉天、锦州）二州（宁远、辽阳）七县（海城、锦县、广宁、承德、盖平、开原、铁岭）。"州县新设，户无旧籍，丁鲜原额，俱系招民，三年起科。"④ 雍正十二年（1734），增设复州、宁海县、义州。总计二府四州八县。康熙二十年（1681），奉、锦二府壮丁28724；乾隆六年（1741），二府壮丁增至60057（男妇359620口）。六十年间，人口增长2.1倍⑤。这反映了奉天地区民人持续增长的事实。

出关民人，从踏上东北这片广阔而肥沃的土地之日起，便与当地居民展开对土地的角逐。乾隆五年（1740）四月，奉命巡视盛京的兵部侍郎舒赫德面奉谕旨：

---

① 尹泰等纂：《大清会典》卷215《盛京户部》，雍正十年内府刻本；关于旗界与民界划分，参见张士尊《清代东北移民与社会变迁：1644—1911》，第246—247页。
② 王河等纂：《盛京通志》卷12，第3页上。
③ 中国第一历史档案馆编：《雍正朝汉文朱批奏折汇编》第22册，江苏古籍出版社1991年版，第60—61页。
④ 董秉忠等修：《盛京通志》卷17，康熙二十三年刻本，第1页下。
⑤ 董秉忠等纂：《盛京通志》卷17，第7页上；阿桂等纂：《盛京通志》卷36，民国六年据乾隆四十三年武英殿本印，第1页上，第7页上。

第三编　旗民关系

> 盛京为满洲根本之地，所关甚重，今彼处聚集民人甚多，悉将地亩占种。盛京地方，粮米充足，并非专恃民人耕种而食也。与其徒令伊等占种，孰若令旗人耕种乎！即旗人不行耕种，将地亩空闲，以备操兵围猎亦无不可。尔至彼处，与额尔图详议具奏。

舒赫德受命前往盛京，与将军额尔图研究对策，随即奏称：

> 奉天地方为满洲根本，所关实属紧要，理合肃清，不容群黎杂处。使地方利益，悉归旗人。但此等聚集之民，居此年久，已立有产业，未便悉行驱逐。须缓为办理，宜严者严之，宜禁者禁之。数年之后，集聚之人渐少，满洲各得本业，始能复归旧习。①

清廷的思路，首先是维护满人"根本"利益，也就是"使地方利益，悉归旗人"；但作为国家的统治者，他们又不可能一味偏袒满人利益，而罔顾广大汉民的死活②。这正是舒赫德把"宜严者严之，宜禁者禁之"作为处理移民问题基本原则的初衷。他认为，对在奉天居住年久、立有产业的民人，未便全部驱逐，并拟定封禁关外地区八条措施。归纳起来，要点有三：其一，山海关出入之人，必宜严禁，除工、商、孤身佣作民人外，一律不准出关；其二，奉天流民给限半年勒令回籍，不愿回籍者令入于奉天民籍；其三，奉天空闲田地专令旗人垦种，百姓人等禁其开垦。③

清廷提出以山海关为界，严禁汉民出关，标志着封禁政策的全面实施。但揆诸事实，该政策从实施之日起，就因附带若干条件而

---

① 《清高宗实录》卷115，乾隆五年四月甲午。
② 如主张对关外实施封禁的乾隆帝，在东巡至盛京时就写过："内地流民成土著，胥我赤子率听其"（徐世昌等编纂：《东三省志略·跋》，吉林文史出版社1989年版，第1页下）的话。
③ 《清高宗实录》卷115，乾隆五年四月甲午。

被大打折扣：既宣布禁止民人出关，同时又给工匠、商贾、孤身佣作民人开了一道口子；既宣布奉天流民给限半年勒令回籍，又借口"给限半年，勒令回籍实难办理"，准其取保入籍①。如此一来，自然难以达到封禁目的。何况，每逢关内灾荒，清廷为缓解灾情，放宽限制，允许灾民"出关求食"。而灾民一旦在关外站稳脚跟，多不愿再回原籍②。可见清廷对待汉民出关，在政策上始终依违两端。故封禁令颁布后，出关民人的规模仍在扩大。不仅人数持续增长，流向亦呈由近及远、由南向北的变化。

康雍年间，奉天府属（主要是辽东）人口增长幅度高于辽西锦州，因为辽东是传统农耕区，自"辽东招民授官例"颁行后，又是清廷经营重点。但从乾隆六年（1741）即禁令颁行第二年起，情况却有所变化。这一时期，流民增长最快地区，除东北政治、经济中心承德（今沈阳）一带外，还有以下地区：一是辽西锦州、广宁和宁远（今辽宁省兴城）等地。这里是山海关通往东北要道，一向是流民集散地。二是奉天北部开原、铁岭一带。此地在乾隆以前尚十分荒僻，此时人口迅速增长③。人口集聚的主要原因，当为该地是辽沈通往柳条边外吉林等处必经之路。在这种趋势下，清廷不得不退而求其次，逐步放宽对盛京以北地区的控制。乾隆二十七年（1762）定例，吉林宁古塔（今黑龙江省宁安市）、伯都讷（吉林省松原市宁江区）、阿勒楚喀（黑龙江省哈尔滨市阿城区）、拉林（黑龙江省五常市拉林镇）等地，不准流民居住。三十四年（1769），吉林将军傅良曾奏请，将阿勒楚喀、拉林地方流民二百四十二户，限一年尽行驱逐，乾隆帝谕令从宽处理："流寓既在定例之前，应准入籍垦种，一例安插，俾无失所。"同时，禁止民人向吉林一带流动。四十一年（1776）十二月十九日谕称：

---

① 《清高宗实录》卷127，乾隆五年九月丁酉。
② 长顺等修：《吉林通志》卷70，吉林文史出版社1986年版，第11页上下。
③ 乾隆六年，铁岭新编民户2599户，男女9336口；乾隆四十六年，民户4099户，男女42669口。四十年中，人口几增三倍半。黄世芳修、陈德懿纂：《铁岭县志》卷4，1931年铅印本，第1页上。

第三编 旗民关系

曾降旨曰：盛京、吉林地方为本朝初创丕基之地，若听与民人等杂居，以致废弃满洲风俗，关系甚巨，故前严禁民人等居住。但国家太平百余年，盛京地方又与沿海山东、直隶接壤，流民渐集年久，若一旦驱逐，则必致各失生计。是以于盛京地方设州县官管理。至吉林并不如盛京与有民人之地相连，不可令民居住，故裁州县官，严行查办。今闻流民渐多，等情。自富椿到任以来，并未奏查办之事。吉林地方有无集民之处，亦未具奏。此与满洲风俗攸关，不可不谨慎。将此著寄询富椿，于吉林乌拉所属地方有无民人居住？有则如何办理？除即行查奏外，永行禁止流民，毋许入境。赴吉林之流民皆经过盛京。嗣后，严禁民人从各边关、海船去吉林。由此亦降旨于将军弘晌。①

乾隆帝认为盛京、吉林二地情况不同，对当地流民应区别对待。盛京地区与内地相接，流入民人既多，若强制驱逐，必致各失生计，故设州县官管理；吉林则不同，因不与内地相接，不可令民人居住。他把这一问题提到维护"满洲旧俗"的高度来认识，授意吉林将军富椿到任后严行查办，永禁流民入境。同时，谕令盛京将军弘晌，加强对边关、海岸等通道稽查，从源头上遏止流民进入吉林的势头。但后来的进程却表明，清廷的上述措施，依旧没有产生多大实效。柳条边外吉林将军辖区，范围包括宁古塔、伯都讷和吉林乌拉等地。乾隆以前，当地汉民尚少，至此人口增长迅速。从吉林地区垦地数字即可看出：雍正十三年（1735）至乾隆四十五年（1780），旗地由 8426 顷余增至 24305 顷余，增长近 3 倍；同期，民地由 273 顷余猛增至 11619 顷，猛增 42.5 倍②。换言之，在四十五年间，民地与旗地之比由 1∶30 缩小到约 1∶2。民地数量大增，足证民人增长之迅猛。雍乾年间，出关流民自发地沿着锦州—开原—

---

① 《寄谕吉林将军富椿著查明吉林所属地方有无流民集居》，乾隆四十一年十二月二十日，中国第一历史档案馆藏：《军机处满文寄信档》，第 134—4—083 号。
② 阿桂等纂：《盛京通志》卷 37—38。

吉林一线，不断向东北方移动，以致清廷封禁政策不仅未能在辽东地区奏效，反而在柳条边外被打开缺口。民人的脚步，从此踏上吉林、黑龙江的广袤土地。

如前所述，清廷入关初，对留居关外的少数旗人，仍以军府制度统摄之。顺治十年（1653）起，因民人日渐增多，始设州县管理。雍正四年（1726），在吉林（船厂）增设永吉州，宁古塔增设泰宁县，伯都讷增设长宁县，俱属奉天府。此三州县之设，打破开原柳条边外无民户的传统旧制，是流民从南向北迁徙的重大突破[1]。设县之初，入籍民人有限，永吉州民人仅2040余名，长宁县仅170名。雍正七年、乾隆元年，泰宁县、长宁县相继裁撤。相比之下，宁古塔将军驻地吉林（船厂），聚集民商较多。这样，原先在柳条边以北设置的三州县，就只剩永吉州。

嘉道年间，清廷面临封禁与开发两难处境，封禁政策趋于松弛。在吉林以西蒙古地区，清廷曾严禁王公私行招聚民人开垦地亩。郭尔罗斯前旗首先招垦，科尔沁右翼诸旗继之。嘉庆四年（1799），郭尔罗斯已有垦地265600余亩，居民3330户，遂在垦地长春堡置长春厅，设理事通判进行管理。原议除垦熟地及现居民户外，不准多垦一亩、增居一户。话说得如此绝对，实际上流入民人却有增无已。十七年（1812），流民增至7000余口，所垦之地广二百三十里、纵百八十里。清廷多次降旨，查禁流民出口，但"每查办一次，辄增出新来流民数千户之多"，"查办流民一节，竟成具文"[2]。随着禁令松弛，陆续增设州县厅。说明蒙地招垦，对内地民人亦产生吸附效应。

咸丰年间，清廷摄于关内战乱，财政窘迫，在吉林、黑龙江地区实行局部开禁，放垦官荒，以裕饷实边。光绪初年，官府为整顿东部边防，招民实边。进入吉林以北的民人迅速增多。光绪八年（1882），吉林已设一府（吉林），五厅（长春、伯都讷、宾州、五

---

[1] 杨余练主编：《清代东北史》，辽宁教育出版社1991年版，第138页。
[2] 长顺等修：《吉林通志》卷2，第8页上下。

常、双城），一州（伊通），一县（敦化）。十五年，升长春厅为府，增设农安县，连同其余四厅，均辖于长春府。

黑龙江地区距内地遥远，清初不设州县。雍正初，民人增多，黑龙江将军博第疏请，将当地贸易民人分旗查管，即由旗署监管。民人初至，询明居址，令互结注册，贸易结束促其回乡，病故者除名。同时，禁止娶旗女、买旗屋及散处城外村庄。至于非贸易人员，量给限期，饬令回籍。说明清中期以前，黑龙江地区的满汉畛域还相当严格①。咸丰末年，清廷在松花江以北呼兰河流域招民开垦。这成为改变黑龙江地区封禁政策的开始。甲午战后，清廷彻底放弃封禁政策，转而采取积极招引移民政策，大力推进边疆地区垦荒。东北全境对移民开放。迄至清末，黑龙江已设二府、三厅、一州、四县。光绪三十三年（1907），清廷宣布辽、吉、黑三省全部改设行省②，即表明东北旗民二元体制的终结。

二　民人流动与旗民关系

乾隆五年（1740）封禁令的一项重要内容，是对流入民人强制入籍。此举显然是为加强对流民的控制和管理。但是，此禁令颁布本身即表明，很多流民并未入籍。清理户籍工作最初定限半年，后来展限到十年，可见实施之难。其时，丁、口每十年编审一次，每丁须征银一钱五分至二钱不等。再者，流民一旦补入丁册，编为保甲，还要负担诸如铺路、送粮等劳役。大批流民百般规避入籍，也就不足为奇。而对于清廷来说，财政损失倒在其次，关键在于难以有效管理日益庞大的流民群体。

"闯关东"民人中，以山东籍为主，其次为直隶籍、山西籍。至少在清前中期，许多民人采取春去秋归的方式，在原籍和关外往

---

① 长顺等修：《吉林通志》卷70，第2页上下。
② 在此以前，清文献中已有"东三省"一称，系一相约成俗的称谓，并无一般行省建置含义，见赵中孚《清代东三省北部的开发与汉化》，第1页。

返周转。他们一般是在贫困压力下抛离故土的，虽有举家迁往，但更为普遍的还是零散或结为帮伙前往。在刑科题本中，包含关东北流民以及旗民关系的丰富信息，以下分别若干情况，就民人流动形式、特点以及旗民关系，加以概括说明。

出关民人，单身或随亲友前往。山东即墨县民刘作彬，早年到岫岩，在各处佣工为生。他与刘贵合伙领参票刨参，刨得人参，照票上纳官参，余剩卖银，除去用度，按股分派；山西祁县人杨尚春，出关多年，在辽阳州刘儿堡开铺生理。山东诸城县民郭名江，父母早故，并无兄弟妻子。早年出关，在兴京各处佣工度日①。山东清平县民庞如祥，自幼随父到吉林宁古塔，在张家沟屯种地。后到珲春租地种烟②。

出关民人，自谋生计，多利用族人乡亲关系。山东莱阳县民解有仁，与民人王唐在族祖解光智家做月工。周广谦与张幅功在吉林伙种地亩，雇人帮工。李朝望籍隶山西，至奉天辽阳界八卦头堡，伊胞弟李朝章在彼开设酒铺生理，将伊荐至城外烧锅佣工③。

民人出关，初以奉天为跳板，以后向吉林、宁古塔及以远边地实施第二波第三波迁徙。关里民人祝二，在奉天生长，不知原籍。父故母嫁，在辽阳卖工度日。雇给民人马青来家做工。奉天岫岩厅人薛应珑，弟兄二人，并无妻子，至吉林地方佣佃度日④。吉林一带土著民人甚少，而外来者，大抵永平府属暨山东人居多。非挖参为业，即砍木营生。嘉、道年间，当地已是"人民稠密，五方杂处"⑤。更偏远的齐齐哈尔，"浮民无数，商贩私立家业者亦不少，皆例所禁"⑥。刘瑞，先世登州府永城县人，先移奉天复州，又移

---

① 杜家骥编：《清嘉庆朝刑科题本社会史料辑刊》第 2 册，天津古籍出版社 2008 年版，第 507、794—795、797—798 页。
② 杜家骥编：《清嘉庆朝刑科题本社会史料辑刊》第 2 册，第 885 页。
③ 杜家骥编：《清嘉庆朝刑科题本社会史料辑刊》第 3 册，第 1422、1450—1451、1601 页。
④ 同上书，第 1481、1474 页。
⑤ 萨英额：《吉林外纪》卷 8，光绪渐西村舍乙未年本，第 10 页下。
⑥ 西清：《黑龙江外记》卷 3，黑龙江人民出版社 1984 年版，第 29 页。

第三编 旗民关系

吉林伯都讷，累世为农。同治元年（1862），官府出放北团林子（今黑龙江省绥化市）荒，举家迁至。张天贵，原籍山东莱阳，乾隆年间，到岫岩大庄河北五道沟，居住百余年。其后人，道光十五年（1835），迁河南；咸丰十一年（1861），又到巴彦苏苏城（巴彦县）东北东包宝山居住，开荒种地。至此，完成由山东至黑龙江的辗转迁徙。按，巴彦苏苏，属呼兰城守尉。咸丰十年（1860），将军特普钦奏请，将呼兰所属蒙古尔山闲荒百余万垧招民开垦。①随即吸引大批民人迁入。宋景文，原籍山东海阳。清初迁奉天金州，嘉庆中，后人迁吉林伯都讷石城镇，僻荒占籍，后又迁黑龙江木兰镇②。

不同籍贯民人，在迁入地发展起新的社会关系。山东莱州府掖县人吴涌利，四十四岁，父母俱故，无妻室。因原籍穷苦无依，早年到吉林，在贺家屯左近卖工度日。与直隶盐山县民王勇咸同处做工。山东荣成县民宋元名、宋元德在岫岩大庄河屯，为吕化斋做工。同县民人吕振邦，自幼随父母出关，亦在本屯居住，佣工度日。曾与宋元名在宁海县地方卖工。顺天府怀柔县人蒋发，六岁时，父亲在外营生，并未回归，由胞伯养大。出边寻父，总没下落。后至吉林伯都讷厅，雇与李全家工作③。山东宁海州民李经晏，在大哥带领下至宁古塔城西租地耕种。雇山东潍县民李祥写账，直隶盐山县民张德山做饭，山东海阳县民姜岳喂猪，又雇奉天府承德县民人陈天佑等打短工④。上述事例还说明，同是流民，在本地化过程中，逐渐分化为地主、自耕农、佃农等阶层。

流民定居各地，经过若干年艰苦创业，励精图治，从他们中间

---

① 徐世昌等编纂：《东三省政略》卷7《财政·黑龙江省》，第3页上；闻衡：《清代"民籍"辗转迁徙黑龙江的碑刻证据》，《黑龙江史志》1993年第4期，王竞、滕瑞云编：《黑龙江碑刻考录》，黑龙江教育出版社1996年版，第196—197、202—203页。

② ［日］荒武達朗：《清朝後期東北地方における移住民の定居と展開》（《東方學》第96輯第10頁，1998年）。

③ 杜家骥编：《清嘉庆朝刑科题本社会史料辑刊》第2册，第804—805、855—856、988—989页。

④ 杜家骥编：《清嘉庆朝刑科题本社会史料辑刊》第3册，第1401—1402页。

涌现出最初的乡绅阶层。马藩,原籍直隶元城县,以经商至吉林,遂定居。乐善好施,人称"马善人"。子四,长子马维驭。乾隆丁未进士,吉林科甲以其为权舆。子弟多获功名①。于凌奎,山东潍县人,祖父因灾荒携家至伯都讷厅,落户当地。以力田起家。父好施予,凌奎有父风,精于筹算,家境日富。往奉天,道遇流民百数人,不知所往。凌奎资助其至伯都讷,以名下荒地分租之,屋舍什物俱备,至者如归。他延师课读两个弟弟。弟凌辰终成进士,累迁内阁侍读学士、大理寺卿。凌奎子七人,多有功名,入仕途,其家成为吉林望族②。马德坊,原籍山东,迁奉天复州,又随父徙居吉林缸窑之南屯。乐善好施。居复州时,尚幼,外出籴米,遇山东流民,饥饿无人色,倾囊与之。及长,好排难解纷,对无力还债者,焚其欠据。遇大灾之年,屯中极贫户百余口,出米二百石救济之,逾年乃止③。徐景和,山东莱州府昌邑县人,幼就塾,十三岁读毕六经。家道中落,年二十即课读。乾隆五十九年,偶遇从江南凯旋满洲某贝勒,相谈甚洽,随之北上。入京师,与满洲某协领同寓,颇受赏识,聘为"记室"(幕友)。协领系吉林驻防,遂携手出关。景和见吉林山水明秀,谋久居,然为八旗驻防地,不容汉人插足。不久,禁令稍弛,景和通过吉林某地方官,顺利入居永吉县尚礼镇,编入红册(土地、人口档册)。景和子嗣且耕且读,兼事农商,精医术,四方延医者络绎不绝。贫贱者求诊,则欣然往。有不能付酬庸者,反资助之。徐氏渐成地方望族④。清末"吉林三杰"之一徐鼐霖,即其族裔。同为"吉林三杰"的宋小濂,祖籍直隶宝坻,后迁奉天义州。其父宋永瑞行医至吉林,遂定居。这些乡绅,是从民人中涌现出的地方精英。他们精于生产,家资富赡,重视文教,乐善好施,热心公益,表率一方,在发展地方经济、维护社会

---

① 长顺等修:《吉林通志》卷114,第2页下3页上。
② 同上书,第5页下6页上。
③ 长顺等修:《吉林通志》卷115,第17页下18页上。
④ [日]荒武达朗:《清朝後期東北地方における移住民の定居と展開》(《東方學》第96輯,第4—5頁,1998年)。

955

秩序、推扬文化教育诸方面，均起着重要作用。

流民以种地佣工为主，还从事工、商、医等多种经营。山东莱州府胶州民张添文，早年出关在凤凰城南门外和周思彦等伙开饭店生理。山东莱州府昌邑县民庞自栋，父母俱故。到开原县卖工，有时讨乞度日。直隶永平府临榆县民孙荣武，父早故，母在原籍。出关到各处行医卖药为生，寄回银钱养赡母亲。山西太原人崔宗范，出关多年，在海城县牛庄西关永德碾房当铺伙。族中侄孙崔得官，早年出关，亦在碾房吃劳金为生。山东即墨县民张幅玉，五十四岁。父母俱故，并无弟兄、妻子。至三姓地方持票挖参。奉天广宁县民董昌居住魏家屯，在闾阳驿开药铺生理。直隶宁河县民张信，早年跟父母出关到开原居住，挑卖小菜度日，后开菜摊生理。山东莱阳县民龚三（龚玲），四十一岁，父早死，母八十一岁，无弟兄、妻子，出关多年，在承德县城小东关外开歇店生理。山西太原县民米如玉出关，到奉天兴京厅汪清河屯开酒铺生理。山西太原县民张秉贵、武成有在沈阳德盛门外伙开饭铺。山东堂邑县民郭琴，在沈阳各处卖工，后雇给饭铺吃劳金[①]。民人从事农、工、商、餐饮、医药等多种经营，既满足了自身生计需要，对活跃地方经济，提升当地居民生活水平，也有意义。

出关民人，与当地旗人形成密切关系。京师镶白旗满洲庆魁看坟家奴张英，居奉天柏杨木林子屯，民人张弼租他家房居住。张英所穿衣服鞋袜皆张弼妻承做，不要手工钱，张英也没向张弼要房钱。两人是表兄弟。三姓地方镶白旗披甲特松额契买遣奴刘汉云，租本家主伊凌阿房地耕种交租，又雇三民人为其做工。山东东昌府茌平县人吴文，至三姓大沟屯地方雇给种地民人王富林做饭，每月工钱三千文。京师镶黄旗满洲舒公门下家人潘谷金，在广宁东潘家屯居住，雇同屯民人孙祥做年工。同坐共食，并无主仆名分。宁远州民刘二，在前屯卫卖工。有南街东胡同住旗人刘作美雇他做工。

---

① 杜家骥编：《清嘉庆朝刑科题本社会史料辑刊》第3册，第918—919、926—927、941—942、955—956、1492、1505—1506、1559—1560、1597、1658—1659、1679页。

刘作美后租同屯周文喜三间房屋开伙食店，留刘二在店里打工。京师正蓝旗包衣壮丁史俊登，六十五岁，在开原县城南新屯居住，种地度日。民人李发，二十二岁，父早年病故，母改嫁新屯旗人李玉，别无亲人，就在新屯居住，卖工度日。威远堡边门台丁董长住，二十八岁，弟兄四人都没娶妻。旗人戴成美，是其族姑母儿子，时常来往。盛京户部六品官管下人刘敬，种地度日。雇旗人亲姑夫杜勇盛、旗人堂叔刘玉财、承德县民孙四屋（杜勇盛外甥）等作年工。内务府镶黄旗管下园丁刘进忠，二十三岁，在奉天新民厅半拉门堡居住。父母俱故，兄、弟、本人并没娶妻生子，雇给本堡民人王得章、韩经茶饭铺里吃劳金，讨要账目。奉天开原县民李玥，雇给旗人李文碌作年工，每年工价市钱七十五千。两人平等称呼，素日和好。旗人幅生额因乏钱使用，把册地作价当给旗人田智管业。田智又把该地与同屯民人李才、李旺伙种分粮。旗人李果，家有一日（垧）半地，租给邻屯民人贾俊耕种。一租三年，共租价钱九十五千，每年交草豆钱两千。贾俊把地与妻弟黄金花分种①。以上事例，足以反映旗民交往的广泛性，涉及生产、生活众多领域。这正是基层社会中满汉关系不断发展的具体写照。

除民人给旗人打工，旗人为民人打工情况亦屡见不鲜。直隶丰润县正蓝旗人王太富，兄弟三人，大哥、三弟都出关做买卖。王太富本人雇给重兴寺僧人缘顺做工，每年工价大钱六千六百六十五文。奉天宁海县汉军旗人金文发，二十九岁。父死母改嫁，并无弟兄、妻子，亦无亲人。无力租房，在外卖工度日，无一定住处。旗人苏元，曾与其父一处佣工。凤凰城镶黄旗人西礣（锡伯）来德，三十六岁。没娶妻，别无亲人。到开原城东各处卖工。蚂蚁岭屯山东阳信县民人张明九与堂兄张红安合雇他做月工。义州正黄旗闲散褚富，二十岁，在清河城屯居住。雇给朱家屯民人朱添才做工，每

---

① 杜家骥编：《清嘉庆朝刑科题本社会史料辑刊》第 3 册，第 1496—1497、1498—1499、1502—1503、1603—1604、1624—1625、1629—1630、1649—1650、1655—1656、1657、1662 页。

∥第三编　旗民关系∥

年工价市钱五十八千。与朱添才兄弟平等称呼，并没主仆名分。旗人陈有俊与刘建碌同居一堡。陈有俊雇给堡中看青，工价由堡中人伙出。京师镶黄旗觉罗戴二名下仆人李兴泳，居奉天锦县吕家屯，务农度日。民人张士孔，每年雇给吕家屯看青。工价由屯中人伙出。梁有与何均功，同系京师正黄旗人韩姓家坟丁。梁有受雇给本屯看青，工价亦由屯中人伙出，言明每日给工价粮五升。以上屯堡，多数或者全部应是旗民混居，所以才会有这种集体性质的雇工。山东商河县回民白三，嘉庆十五年（1810）春出关，至锦县缸家屯一带卖工度日，受雇于本屯旗人李才，同年冬返回原籍。十八年（1813）十月，再次出关卖工[1]。说明出关民人，除了大批汉人，还有回民。他们在原籍与关外住地间多次往返，或辗转搬迁。而最终的结局，大部分人定居东北。

上述情况还表明，尽管研究者普遍认为，清代旗人（主体是满人）享有种种高于民人（主体是汉人）的特权，但在实际生活中，尤其是在社会下层，普通旗民之间的身份差别（旗籍或民籍）并不明显。他们的差异，主要表现为经济地位的高低。

道光年间，辽东部分旗人因生计恶化，纷纷潜往黑龙江双城堡等地垦荒。双城堡原为调剂京旗生计而设，初定移拨京旗三千户，继改为一千户，其余旗丁从奉吉两省调拨。当地土地肥沃，地旷人稀，对辽东旗人产生很大吸引力。同期，金州、锦州等城旗丁，私往双城堡垦荒。不久，发现盛京旗人前往人户众多，"类因贫苦投依亲属就食"，以致引起清廷关注[2]。咸丰四年至同治六年（1854—1867），仅五常堡一处，领地流民、沈阳旗籍"援引就亲"落户者就有1800余户[3]。他们同地居住，密切交往、互为亲友，也就成为司空见惯的现象。

---

[1] 杜家骥编：《清嘉庆朝刑科题本社会史料辑刊》第3册，第1600、1609、1636、1637、1641、1652—1653、1659—1660、1572—1573页。
[2] 长顺等修：《吉林通志》卷3，第35页上下、45页上下。
[3] 长顺等修：《吉林通志》卷50，第35页上下、15页上下。

随着民人大量流入，东北地区呈现两种新变化，一是在以八旗制度为支撑的军府制（将军制）之下，逐步发展起与内地同质的州县制；一是随着旗民混居地域扩大，旗民同地、同屯居住现象也在发展。即《吉林通志》所称："此地旗人尽属屯居，与民杂处。"①他们或为邻里，或为亲朋，或为农友（工友）；或缔结租佃关系和某种雇佣关系。

需要澄清的一点，在清廷刑科题本中，载有不少旗民索欠未遂殴斗致死案②。但如果据此认为，当时社会中充斥着旗民（满汉）间的矛盾、对立、与冲突，则未免有失偏颇。首先，旗民间致死案件的汇集，是由该档案性质所决定的，并不能如实反映社会生活中旗民关系（满汉关系）的全貌。其次，民间借贷关系的缔结，无论是在民人之间、旗人之间、还是在旗人与民人之间，基本不出亲朋、邻里、主雇、同事的交际圈。这样一来，就为借贷双方的交易和权益，提供了较为可靠的保障。换言之，刑科题本中虽不乏旗民因借贷而反目成仇乃至酿成命案的事例，但这种情况在民间大量借贷活动中应较少发生；而平日习见的，则是旗民间在生活上互通有无，相互帮衬，乃至困境中的相濡以沫。

三 民人流入与旗地流失

清初东北可耕地的主体为旗地。随着民人大批流入，导致旗地向民人手中转移。这里所谓"旗地"，系指八旗官兵所有地，在内容上，与畿辅旗地有所不同。东北旗地，除内务府与盛京户、礼、工部官庄和王公庄园，主体为八旗官兵占有的"一般旗地"，主要名目有：

其一，清初分给八旗官兵"份地"。顺治二年（1645），奉天

---

① 长顺等修：《吉林通志》卷71，第7页上下。
② 杜家骥编：《清嘉庆朝刑科题本社会史料辑刊》第3册，第1597、1602、1607、1608、1609、1638—1639、1643、1645、1658—1659页。

等处初设防御，各授禄米田 50 垧。康熙十四年（1675），添设城守尉等官职，予禄米田 80 垧。旗下兵丁，授给口米田 10 垧①。禄米田、口米田，后称"老圈地""旗红册地"，领有者有使用权，无所有权，性质与关内八旗官兵份地同，均属国有地。乾隆四十五年（1780），盛京旗地有 2285716 垧②。

其二，旗人在老圈地（旗地）外自行开垦荒地，后经自报或查出者称旗余地。此地构成满人旗地外又一土地收入。旗地与旗余地，均属官府登记在册土地，统称"红册地"。按，盛京旗地与畿辅旗地的主要区别，畿辅旗地"并无国课"，而盛京旗地、旗余地，则要缴纳一定"国课"。但其税额少于民地。即：旗地每亩例征米肆合肆勺贰杪伍撮；应征豆者，每亩征豆贰合玖勺伍杪；每六亩，征草一束。旗余地，每亩征银自叁分至捌分不等③。康熙年间，一些大臣曾以旗余地征收钱粮过少为由，疏请尽撤入官，或租给民人耕种。康熙帝的答复是："盛京旗下人全赖田地为生，其开垦额外荒田，所得钱粮甚少，若竟撤回与民耕种，恐旗下人不能聊生。"④ 他担心将旗余地尽撤入官，满洲人"实难度日"⑤。不仅未准大臣建议，反而规定以后旗人自垦地亩毋庸入官。可见康熙帝把保证满人生计看得比征收赋税重要。清廷对盛京旗地虽依民地例课以赋税，但负担较民地为轻，同时明令"严禁旗民交产"。说明国家对该项旗地也是刻意保护，以防民人侵蚀。乾隆四十五年（1780），盛京旗余地有 223557 垧⑥。

其三，旗升科地。清廷自嘉庆五年（1800）起，把奉天旗民人等隐种余地呈报于官，每亩征银 3 分，同于民地，所以叫旗升

---

① 中国第一历史档案馆藏：《军机处满文月折档》，乾隆十二年四月二十六日。
② 阿桂等纂：《盛京通志》卷 38，第 17 页上。
③ 台北"故宫博物院"图书文献处藏：《清代宫中档及军机处档折件》，编号：084790 号，《户部片》，无年月。
④ 中国第一历史档案馆藏：《康熙起居注》，康熙十九年六月二十九日丙戌。
⑤ 同上书，康熙十九年八月初三日己未。
⑥ 阿桂等纂：《盛京通志》卷 38，第 20 页下。

科地。

其四,随缺地、伍田地。乾隆中期丈量奉天旗民余地,并准开垦零星荒地,作为官兵"随缺地"。官员按照级别,自城守尉、协领以至骁骑校,由180亩递减至108亩;马甲每人授田10垧(一垧6亩),步兵每人授田5垧,共计158200余垧(949200亩),禁止私自典卖。官兵与土地关系,或交该管旗界官署收租,或自行耕种[①]。嘉、道之际,奉天开垦马场作为旗兵"伍田地",共计389700余亩。每亩征银4分。与"随缺地"同,均具有职分田性质。

上述旗地名目虽不尽一致,但都是旗人占有地,即满人赖以为生的主要经济来源。

清初,东北有充足荒地可以开垦,是满人生计得以维持的重要前提。辽河流域土地,自清初即有旗界民界之分。旗界内除红册地和旗余地外,还有大片闲旷。康熙十八年(1679),清廷在奉天等地实丈土地5484155垧,分定旗地4605380垧,民地878775垧[②],民地仅占土地总数六分之一。一面是人数较少的满人占据着大片沃土,另一面则是人数越来越多的汉人,被局限在土地相对有限的民界内。二者之间围绕土地展开竞逐,已不可避免。

汉人对土地的追逐,是从垦辟荒地、首先是垦辟旗界内荒地开始的。清廷采取的对策:一是大力鼓励满人垦荒,以使满人占据尽可能多的土地;二是自康熙中期起,明确划定旗民之界,规定"嗣后分界之地不许旗人民人互相垦种"[③]。名义上说是为了避免滋生事端,实则是针对汉人越界垦荒采取的防范措施。

不过,清廷措施收效有限,民地数量,亦如流民人口,一直持续上升。雍正二年(1724),奉天民地不足6000顷,到乾隆十一年(1746),已达25243顷[④]。二十多年间增长3倍多。清廷封禁令对此现象也直言不讳:"盛京为满洲根本之地……今……聚集民人甚

---

① 崇厚等纂:《盛京通鉴》卷1,第3页,[日]内藤虎次郎编:《满蒙丛书》本。
② 《清圣祖实录》卷87,康熙十八年十二月癸未。
③ 《清圣祖实录》卷43,康熙二十八年十二月己卯。
④ 嵇璜等撰:《清朝文献通考》卷4,上海商务印书馆1936年版。

多，悉将地亩占种"；又称"奉天各处旗人，原藉地亩养赡家口，渔猎山水之利，比户丰裕。此数年来，生齿日繁，又因游民聚集甚多，将旷园熟土，大半占种……百姓开垦日久，腴田皆被所据，满洲本业，愈至废弛"①。说明奉天一带民人占荒现象之严重。不久，该现象蔓延到吉林："自设置永吉州以来，民人蜂入"，"内地游民私占闲旷，开垦土地，典买旗地者甚多"②。结果，旗民界限很快从混淆不清发展到"再无旗界民界之分"的地步。

当然，如果换个角度考察，乾隆禁令也并非一纸空文。在清廷三令五申下，民人公开占垦现象比较以往毕竟大为减少。与此同时，民人转而采取更为隐蔽、也更巧妙的方式耕种满人土地。概括言之，方式有二，一是典买旗地，一是"寄入旗人名下私垦"。

民典旗地现象，自乾隆年间日趋严重。乾隆十二年（1747）四月，盛京将军达尔党阿奏称，奉天旗人内，有将原给之口米田及亲身开垦熟地，以五、六十年乃至一百年为期，写立文契，典与民人耕种的情况③。同年十二月，又奏报：兵丁熟地典卖民人者殆三万垧，典卖价银六万余两。④乾隆中期，奉天民典旗地已达十二万余垧⑤。吉林乌拉等处出现同一问题，乾隆十四年（1749），查出民典旗地六千余亩。由于当地霜降早，且土地肥瘠高洼不等，一亩地卖价不过二、三钱银⑥。结合地契以及相关记载，可知满人典卖旗地，多系家贫所致。契内所云"度日不过，钱粮无凑"，是一种普遍现象。因此，满人在土地交易中多处于被动一方，也就不足为奇了⑦。

---

① 《清高宗实录》卷115，乾隆五年四月甲午。
② 第一历史档案馆藏：《满文军机处录副奏折》，乾隆十二年正月二十二日。
③ 第一历史档案馆藏：《军机处满文月折档》，乾隆十二年四月二十六日。
④ 第一历史档案馆藏：《军机处满文月折档》，乾隆十二年十二月十八日。
⑤ 福隆安等纂：《钦定八旗通志》卷66，吉林文史出版社2002年版，第32页下33页上。
⑥ 第一历史档案馆藏：《军机处满文月折档》，乾隆十四年九月初六日。
⑦ 定宜庄、刘小萌：《试述清朝乾隆年间的东北流民及其对旗人生计的影响》，《黑龙江民族丛刊》1988年第1期。

民人垦种旗地另一方式,是所谓"寄入旗人名下私垦"。为逃避清廷禁令,民人垦种旗地多取此种方式。他们从为满人佣工开始,假借为其开垦余地名义,广开荒地。满人因可从中获得一定好处,便也乐得不管,乃至出面包庇:"流民多藉旗佃之名,额外开荒,希图存身;旗人亦藉以广取租利,巧为护庇。"① 这种垦地,名义是旗人垦地(即旗余地),实则为民人私产。这种情况,在开发较晚、荒地尚多的吉林等地,发展尤为普遍。

清廷深知此弊,因此在乾隆一朝,对旗余地反复清理,查丈地亩,收取租税。乾隆十八年(1753),仅宁古塔一地,就丈出裁汰泰宁县交粮地亩及闲散民地并寄入旗人名下开垦地,共16744亩②。对旗余地的查丈,与其说对象是满人,不如说是借名垦荒汉人。四十六年(1781),清廷再次重申:民人永远不准私垦官地,凡旗人自身不种,又暗令民人耕种取租者,除照例治罪外,仍将该地撤回入官③。但这种"寄名私垦"现象却未能得到有效遏制。官府将导致此种结果的原因归结为:民人勤于劳作,满人怠惰,甚至并不亲自耕作④。由此流入民人之手的旗地究竟有多少,连清廷自己也难以估清。

总之,尽管有乾隆五年(1740)封禁令,旗地仍在迅速向民人手中转移。奉天一带依赖种地为生的满洲旗人,原有份地既多已典卖,垦辟荒地又难以与汉民竞争,多数人丧失了土地。十二年(1747),盛京将军奏报:官兵所有自身之田,及原办给官田内,除查无凭证者不计外,无地官360员,无地兵丁15331名;今有地官143员,原办给官地2000余垧,有地兵丁2140名,原办给官地

---

① 《清高宗实录》卷356,乾隆十五年正月乙卯。
② 《清高宗实录》卷452,乾隆十八年十二月戊子。
③ 《清高宗实录》卷1143,乾隆四十六年十月丁亥。
④ 《寄谕吉林将军和隆武等著外逃民人闲荒之田不得分与满洲耕种》,乾隆四十六年十月十三日,《军机处满文寄信档》,第136—1—100号;《寄谕吉林将军和隆武著民人所遗田地照索诺木策凌办法办理》,乾隆四十六年十月十八日,同上,第136—1—104号。

1万余垧①。奉天无地官员,几达有地官员3倍,无地兵丁则为有地兵丁7倍之多。这与京畿一带半数旗地落入民人之手的说法已相差无几②。说明在满汉人等围绕土地展开的竞逐中,满人处于节节败退的尴尬境地。

另据乾隆六年(1741)宁古塔将军鄂弥达对所属吉林乌拉三千满洲兵丁的调查:其中,富户21户,272口;中户848户,8829口;贫户1185户,8935口;赤贫户678户,2894口③。富户仅占全部人户千分之八,绝大多数是贫户和赤贫户。终乾隆一朝,关于东北旗人生计贫困问题,在官方文献中撷拾可见。

嘉庆八年(1803),富俊任盛京将军,清查民典旗地,限年首官,不首者治罪,追典价租息入官,结果,一年内立1600余案,应追缴者不下万人,且多系"年久转典,株连繁多。旗、民多穷苦,既获罪,又迫追呼"。富俊只好请清廷悉予宽免,即承认民典旗地既成事实。20世纪初期,奉天旗户地产大抵典兑民人,"昔日旗丁皆为业主,今则大抵受雇于人"④。说明正是在旗地典卖的背景下,许多旗人被动实现了由"业主"(地主)向佃农的转变。吉林旗地,也是大约半数成为民产,名为"典地当租,实与绝卖无异"⑤。除皇庄(官庄)、王庄的大地产外,一般旗地落入民间者为数最多。

不过,清廷有条件地认可民人典买旗地,并不等于承认他们拥有旗地所有权。而民人在"典""长租""押"等形式下实际取得旗地长期使用权,以致在经济上掌控失地旗人命脉,应是导致部分

---

① 中国第一历史档案馆藏:《军机处满文月折档》,乾隆十二年十二月十八日。
② 赫泰:《复原产筹新垦疏》,贺长龄编:《皇朝经世文编》卷35,上海广百宋斋光绪十七年刻本。
③ 《军机处满文月折档》,乾隆六年十一月二十七日。又见《清高宗实录》卷115,乾隆六年十一月辛卯,但删削较多,已难以看出其严重程度。
④ 沈阳东北档案馆藏:《奉天旗务处档》庚字第132号,宣统二年十一月,中国科学院民族研究所、辽宁少数民族社会历史调查组编:《满族历史资料选编》第3分册,1964年油印本,第141页。
⑤ 徐世昌等编纂:《东三省政略》卷7《财政·附吉林省垦务》,第5页上。

满人日趋贫困的重要原因。虽然清廷锐意保护满人土地所有权,满人却无力与一无所有的流民竞争,究其原因:

首先,满人受到八旗制度束缚。在东北地区,这种束缚突出表现为苛繁的徭役和兵役。康熙二十一年(1682),圣祖巡幸吉林,咨访得知:"兵丁役重差繁,劳苦至极。"仅他列举的各项"无益差徭"就有:三月寻觅鹰雏,八月放鹰,冬寒之时寻觅山鸡,以及一再的围猎,打鲟鳇鱼,采取东珠,搬移新满洲,造房、船只、桅木,还有侦查巡逻等差①。除兵役徭役,对旗人造成更大影响的还是频繁征调。雍、乾以降,清廷不断用兵西北、西南,每次都从关外征调大批八旗官兵,很多人战死沙场,或者终生丧失劳动能力。道、咸以来,征调愈发变本加厉,伤亡惊人。如《吉林志略》所云:"溯自咸丰二年,征调频仍,官弁兵丁效命疆场者,十居八九,生还故里者,十仅一二。"②类似记载又见《吉林通志》卷51,同治四年景纶奏:"吉林通省额兵本止一万一百五名,自军兴以来各省征调络绎不绝,计已数十次矣……撤回残伤几居其半,凡百差遣无一非兵……阵亡兵额,计之十余年来,数已逾万。"③晚出《东三省志略》亦以吉林为例回忆说:"吉林旗营,武功最盛,自国初以迄咸同之间,转战各省,捐躯报国者,实难以偻指计。"④以上记载,充分说明连绵征战给旗人生命财产造成的严重破坏。故旗人人户凋零,兼以家室穷苦,境况每日俱下。旗人在数量上根本无法与流民抗衡。旗兵出征自行备马置械,也是难以承受的负担。各项兵器,遇有残破,俱系兵丁自力修补。平时,旗兵参加每年春秋两季的行围、操演及名目繁多的徭役,使他们没有更多余力投入到生产劳动中⑤。民人则大不相同,雍正朝实行"摊丁入亩"政策后,

---

① 王河等纂:《盛京通志》卷2,第5页下。
② 袁昶:《吉林志略》,吉林文史出版社1986年版,第204页。
③ 长顺:《吉林通志》卷51,第23页下24页上。
④ 徐世昌等编纂:《东三省政略》卷8《旗务·吉林省》,第18页上。
⑤ 以八旗兵中为数最多的马甲为例,"以筋力任奔走之劳,人愈寡役愈繁,故俗于马甲有破马甲、穷马甲之目"(西清:《黑龙江外记》卷3,第34页);又说,"为兵者一身应役,势难及于耕耘,而闲处者又多无力购牛、犁,以开荒于数十百里之外"(同上,卷4,第42页)。

他们对国家的依附关系大为削弱。出关流民大多脱离户籍，成为真正意义上的"自由民"。因此，他们可以把充沛精力和大量时间投入到垦荒中去。某种意义上，旗民的上述差异，也就是旗民分治体制在经济领域中引发矛盾的集中反映。

其次，八旗官兵是满洲统治者依靠的重要军事力量，享有比民人优越的政治、经济地位，旗兵有固定兵饷，有国家发放的各种赈济，土地收入并不是他们生活的唯一来源。流民则大多是在关内土地兼并中被排挤出来、断绝生路的贫苦农民，他们铤而走险"闯关东"，对土地充满渴求。在他们身上焕发的坚忍与执着，不畏艰险的开拓精神，是被"恩养"政策所腐蚀的八旗官兵所望尘莫及的。

民人耕垦旗人土地，对满人生计不能不产生影响。但民人的到来，也产生更多积极效果：首先，人数众多的汉人取代少数满人，成为东北开发主力军，明显加快了边疆开发的步伐；其二，汉人带入先进生产技术、文化和生活理念，改变了包括满人在内东北诸少数族人的生活面貌，提高其生活质量。其三，汉人大批流入，推进满汉杂居局面的扩展，有助于破除清廷设置的"满汉分治"体制，为满汉关系的改善创造了条件。

四 旗民杂居与理事官设置

东北是满洲人肇兴之地，在辽东一带，早在天命年间已形成满、汉杂居局面。清初，当地满、汉人民随同迁入关内，留下大片荒旷，但在少数地区，仍有满汉杂居现象。顺治年间，行经山海关外中后所的旅行者看到：当地杂居满、汉数十家，向东滨海，多为屯牧蒙古人[①]。满、蒙、汉人同居一地，耕农牧放，形成多元经济共存互补的格局。

康熙帝为抵御沙皇俄国入侵，巩固东北边防，陆续调拨大批八旗官兵出关。康熙二十五年（1686），东北驻防旗兵有11018人，

---

① 谈迁：《北游录·纪闻下》，中华书局1960年版。

雍正十三年（1735）达到37257人，五十年中增加了三倍半。他们在驻防地方，开荒种地，供应本地军粮和日常生活需要。与此同时，康熙帝发遣"三藩"余部到东北各地，充当台丁、站丁和官庄壮丁，开荒种地，被编入旗。

如前所述，清廷为维护旗人利益，自康熙二十八年（1689）起，在奉天严格划定旗民界限，禁止旗民越界耕垦。但因旗界内，除旗人"份地"和"旗余地"，还有大片生荒，吸引大批民人涌入。王河《盛京通志》载：雍乾之际，辽东已是旗民杂处，但由于清廷"旗民分治"政策，他们的隶属关系却各不相同，即"编户则守令治之，八旗则城守辖之"①。更令官府棘手的是：同在一地的居民，州县所属民间编户外，旗人有属本城城守尉管辖的，有归他城城守尉管辖的，还有不隶城守尉而同属于将军者。这种状况，增加了管理难度。所谓旗界民界很快形同虚设。乾隆后期，奉天各州县及旗庄，已是旗民杂处，并无旗界民界之分了②。

为应对汉民大量流入的变化，清廷采取了二项行政措施，一是在民人聚集地增设府州县厅，所属民户，编社甲管理。每社或二三十户，或四五十家，社下编甲③。具体到东北各地，基层组织的编设情况似乎并不完全一致。见于《刑科题本》记载，其头目有总甲、保长（保正）、（屯堡）乡约、（屯堡）守堡、牌头（什家长）诸称④。一是沿用关内成法，在旗民杂居地区设立理事厅，负责处理旗民间刑事纠纷。关于设置州县问题，已见前文，不再赘述。这里要略加说明的，是东北地区理事官的设置。

清初，清廷在直省各八旗驻防地，设置理事同知、理事通判，专理旗民纠纷。即一旦发生满、汉交涉案件，由理事厅与地方官员

---

① 王河等纂：《盛京通志》卷12，第3页上。
② 《清高宗实录》卷998，乾隆四十年十二月乙巳。
③ 杨余练主编：《清代东北史》，第136页。
④ 清代保甲制，具有稽查、户籍、税收三项职能。民间凡编保甲，十家为牌，立牌长（牌头）；十牌为甲，立甲长；十甲为保，立保长（保正）（托津等纂：《大清会典》卷11《户部五》，嘉庆二十三年殿本）；京师外城行保甲制，内城行十家户制，性质相同。又，乡约有正副之分（约正、约副），由县官选派，在屯堡中掌训导教化、传达政令，调解纠纷。

第三编 旗民关系

会审。康熙二十五年（1686）谕旨：旗兵驻防江宁、杭州俱设理事厅官。其西安、荆州、镇江、福州等处，均有旗兵驻防，应将本省事简地方官员内，酌量改设理事厅官一员。此后，陆续在直隶永平府、保定府、天津府，热河宣化府，江南江宁府，山东青州府，山西朔平府、归化城，河南开封府，陕西西安府、潼关抚民，甘肃宁夏府，浙江杭州府、嘉兴府、乍浦，湖广荆州府，四川成都府，设理事同知各一员。以上，各省理事同知共二十一员。其中，除宣化府、归化城，系理藩院拣选，与蒙古参放，其余皆为满缺正五品[①]。乾隆中平定西域（新疆），将哈密理事官移驻伊犁。在关外奉天府、岫岩、兴京，直隶通州、易州，山西太原府等处，则增设理事通判，俱系满缺正六品。[②] 其中，奉天地区添设理事通判二员，一驻奉天府之盖平县，分管海、盖、复、金四县；一驻锦州府之锦县，分管锦、宁、广、义四县。职守是："如旗民官员有会审不公等事，即稽查揭报。"[③]

另据《大清律例》载：凡旗人谋、故、斗杀等案，仍照例令地方官会同理事同知审拟；凡各省理事厅员，除旗人犯命盗重案仍照例会同州县审理外，其一切田土、户婚、债负细事，赴本州县呈控审理。曲在民人，照常发落。曲在旗人，录供加看，将案内要犯审解该厅发落；各处理事同知遇有逃人案件并旗人与民人争角等事，俱行审理，不必与旗员会审。[④] 据此，理事官与地方官会审，主要是命盗重案（然后上报盛京刑部），至于田土、户婚、债负等轻案，则交地方官审理。这说明，地方官无权单独对旗人重犯定罪量刑，而旗员对民人重犯亦然[⑤]。过去有种观点，认为清廷设置理事

[①] 福隆安等纂：《钦定八旗通志》卷48，第905页；此后，在广东广州府，亦设理事同知一员，长善等纂：《驻粤八旗志》卷1，辽宁大学出版社1992年版，第51页。
[②] 福隆安等纂：《钦定八旗通志》卷48，第905页。
[③] 《清世宗实录》卷144，雍正十二年六月壬申。
[④] 《大清律例·诉讼·军民约会词讼》，雍正元年、七年定例，引自吴坛原著，马建石、杨育棠主编《大清律例通考校注》，中国政法大学出版社1992年版，第902页。
[⑤] 旗民间讼案，并非全部交理事官审理，具体分三种情况，即萨英额《吉林外纪》卷5所载："吉林地方，旗民交涉、贼盗案件及旗人斗殴人命事件，俱系刑司办理。徒罪以上者，俱报刑部。旗民交涉、斗殴、人命及单民案件，理事同知衙门办理。"（第15页上）

官,只是为了维护满人法律特权,现在看,此观点未免有失偏颇。理事官的设置,虽然并不能杜绝满洲旗员擅权妄为现象,但在原有基础上,提高审理旗民讼案的公平性,应有一定作用。再者,对减少旗民二元体制下官员审案过程中的拖沓、扯皮、偏徇、请托、舞弊现象,提高办事效率,也有积极意义。

旗民二元体制的实质,是旗民分治。在此种体制下,旗民间一旦发生重大刑案,地方汉官与驻防旗员会审案件确实存在难以沟通问题。即时人所称:"理事同知有管理民人、办理刑名之责,必得通晓汉文律例之人方能胜任。"① 胜任此职的官员不仅要满汉兼通,且能熟通刑法诉讼知识,具备鞫审定案能力。汉官熟通刑名者多,但兼通满汉、了解旗务者甚少。这应是理事官员一般由旗人担任的重要原因。

乾隆元年(1736),受命巡察宁古塔的满洲御史苏昌奏言:船厂(吉林)集聚民商甚多,请照各省满洲兵丁驻扎处,设理事同知管理之例,将永吉州知州一缺,补放满洲,并兼任理事同知;查船厂事繁,一人恐难兼理,请于永吉州知州外,再添设理事通判一员。又黑龙江与船厂相同,亦应一例添设理事通判一员。经议政王大臣会议议行②。是为吉林、黑龙江地区设立理事官之始。

苏昌还建议,对理事官人选要慎重考虑。他说:船厂将军衙门及所属宁古塔、三姓、白都纳(伯都讷)、阿尔楚喀(阿喇楚喀)刑名案件,向俱船厂理刑司审理,皆本处旗员,通清汉文、谙律例者甚少。审拟案件多与律例不符,辗转驳诘,案内干连人犯监禁日久,非慎重刑名之意。故此奏请自京师遣官往理③。以上记载说明:乾隆初年,随着奉天以北船厂(吉林)、黑龙江等地民人增多,已形成更大范围满汉杂居,遂有增设理事官的必要。而以往旗民诉案,均由宁古塔将军属理刑司审理,但旗员素质低下,不能胜任其

---

① 福隆安等纂:《钦定八旗通志》卷51,第972页。
② 《清高宗实录》卷48,乾隆二年八月庚午。
③ 福隆安等纂:《钦定八旗通志》卷177,第3111页;参见赵尔巽等撰《清史稿》卷309,第35册,第10608页。

969

职，或胡乱断案，或久迁不决，酿成不良后果。因此，他建议改由京师直接遣派理事各官。

如前所述，雍正四年（1726），柳条边外增设一州（永吉州）二县（泰宁县、长宁县），后因入籍民人有限，二县相继裁撤，惟剩永吉一州。但永吉州治驻船厂（吉林），属宁古塔将军辖区，但在行政上却受奉天府遥控。奉天府管理数千里内移民事务，官简事繁，"一切旗民事务由彼转咨，不但稽延时日，且办理掣肘，诸多未便"①。乾隆十二年（1747），经宁古塔将军阿兰泰奏准，永吉州改设理事同知，并就近改隶宁古塔将军。清廷在关外设置理事官的初衷，与内地各驻防地同，只是负责审理旗民要案。然而，随着永吉州知州为理事同知所取代，后者的职责范围也明显扩大，"所有旗民交涉人命盗案，及此前知州应办民人刑名、钱谷、杂税等项，俱令同知办理"②。这种旗民兼治职能，为内地理事官所不具备，说明东北地区理事官，在重要性上明显超过内地。嘉庆年间，清廷在吉林地区增设长春厅、吉林厅、伯都讷厅，设理事同知或理事通判。

理事官陆续添置，是民人流入越来越多，并导致旗民混居地区不断扩大的结果。同治元年（1862），黑龙江在呼兰城守尉之下，添设理事同知一员，管理赋课、刑名、旗民交涉事件。二年，设呼兰厅理事同知，管理境内土地开垦和民人事务。

理事厅官员有理事同知、理事通判，身份基本是旗人。理事厅则是介乎旗署与民署之间的行政管理机构。其职能规定明了："同知衙门，专管地方刑钱及旗民交涉一切事务，该厅俱行详呈本城副都统核转。"③所以，从设置初衷看，理事厅属旗署，但从基本职能看，却更加接近民署④。

光绪元年（1875），在盛京将军崇实主持下改革奉天官制，重

---

① 福隆安等纂：《钦定八旗通志》卷186，第3280页。
② 《清高宗实录》卷300，乾隆十二年十月壬戌。
③ 《造送会典馆清册》《伯都讷厅》，吉林文史出版社1986年版，第6页。
④ 张士尊：《清代东北移民与社会变迁》，第270页。

点破除旗民二元体制积弊。其中一项改革，即按照热河成例，将盛京境内各州县官通加理事等衔，并决定：嗣后一切地方案件，包括旗民诉讼，全归州县官审理，毋庸再与旗员会办①。此举一是划一了地方刑事审理权，一是将原属理事官的职能归并与州县官，是旗民二元体制下理事官制度的重大改革。光绪三十一年，吉林新设府州县官均加理事衔，满汉兼用，旗民兼理。至此，旗民二元体制已近尾声。

五 商业发展与文化陶融

民人的流入，带动商业发展。随着商业发展，以八旗驻防城为基地，发展起一系列贸易中心。康熙末年，盛京城中有酒肆上千家，当铺约三十家，锦州城内有当铺十九家。其他中小城市中，当铺、酒肆和烧锅（酿酒业）也很发达。

清初，内地罪犯主要发遣盛京以北尚阳堡（辽宁省开原市附近）。遣犯不是流民，但他们的进入，却无异于汉人开发东北边地的先驱。吉林乌拉（船厂），远在尚阳堡东北。康熙初年，尚被内地人视为畏途。康熙十八年（1679），更定新例，罪人当流者徙乌喇（吉林乌拉）。下廷臣议。汉官沈荃疏称："乌喇去蒙古三四千里，地极寒，人畜多冻死。今罪不至死者，乃遣流，而更驱之死地，宜如旧例便。"② 说明在时人眼里，隆冬时节的吉林乌拉，环境过于严酷，发遣至此，无异于被判死刑。

宁古塔，位于吉林乌拉东五百余里松花江畔。顺治末年，这里尚无汉人足迹。康熙五年（1666），将军巴海建城，以松木为墙，高二丈余，周围二里半。建城后，当地除满人外，十三省汉人纷至沓来③。康熙末年，宁古塔已有居民三四百户，商贾三十六家。最

---

① 张士尊：《清代东北移民与社会变迁》，第259页。
② 赵尔巽等撰：《清史稿》卷266，第33册，第9944—9945页。
③ 董秉忠等修：《盛京通志》卷10，第18页下19页上。方拱乾：《绝域纪略》，第110页，《黑龙江述略》（外六种），黑龙江人民出版社1985年版。

初满人居内城,汉人居外城和东西两门外,以后汉人俱徙城中。汉人开店贸易,货物商客络绎不绝,颇有华夏风①。但在各村庄,仍是满人居多,汉人居少②。

同期,宁古塔形成以物易物贸易市场。当地满人从盛京(沈阳)贩来布匹,与黑龙江流域诸族交易貂皮、鹿角、人参、黄狐、白兔等。商贾初通时,以貂皮易铁锅,置貂皮于锅内,盛满而止。后以数貂易一锅,再后则以一貂易数锅。上等貂皮产自北方鱼皮部,每岁至宁古塔交易者二万余,而贡貂除外。宁古塔人收购后,七、八月间贩售于京师,岁以为常。宁古塔建木城后,开四门,立集场,招远来商民贸易,风气亦渐改观③。东西关外有商市,商贾皆汉人,满洲官兵贫,衣食皆向熟贾赊取,月饷到后乃偿。④

齐齐哈尔一名卜魁,康熙二十八年(1689),设副都统镇守。三十二年(1693),将军由墨尔根城移此。筑木城,外包土城。土城内外,旗民杂处。城内街市,各旗分地建屋,间有汉民赁居贸易。《龙沙纪略》作者方式济,安徽桐城人,康熙进士,官内阁中书舍人,因父方登峄受戴名世《南山集》案株连,流放卜魁。据其记载:"入土城南门,抵木城里许,商贾夹衢而居,市声颇嘈嘈。"又称:"商贾往来无定,亦立册以稽。"⑤可知,内地商人已被单独记载档册,以便管理。当时,卜魁驻防八旗官兵将军、副都统以下二千余名,包括满洲、汉军、索伦、达呼里(达斡尔)、巴尔虎。除旗人外,还有形形色色、来源复杂的民人,包括屯丁、奴仆、放出家奴、遣犯、内地流民。仅卜魁一地,就有户口2万余。他们形成很大购买力,对远道而来的内地商贾形成显著的磁石效应。

---

① 方拱乾:《绝域纪略》,第108页;吴桭臣:《宁古塔纪略》,第232页,《龙江三纪》,黑龙江人民出版社1985年版。
② 吴桭臣:《宁古塔纪略》,第243页。
③ 张缙彦:《宁古塔山水记》,黑龙江人民出版社1984年版,第8页;方拱乾:《绝域纪略》,第110页。
④ 杨宾:《柳边纪略》卷3,第81、84页;方式济:《龙沙纪略》,第215页。
⑤ 方式济:《龙沙纪略》,第224、203页。

雍正初年，经由柳条边前往吉林、黑龙江的内地商人明显增多。左副都御使永福报称：威远堡边门，乃至吉林乌拉、打牲乌拉、宁古塔、伯都讷、齐齐哈尔、黑龙江之通衢，凡为绸缎布匹茶叶干果白米面粉烟草等一应货物，皆有南省海船商人、山海关内地民人、本地之人运至盛京货店卸货，其绸缎布匹等物，装载于四、五匹马拉大车上，其米面等物，即装载于单马拉小车上，出威远堡边门至吉林乌拉、宁古塔等地贸易。亦有商人驱赶货车出法库边门，途经蒙古至齐齐哈尔、黑龙江贸易。约莫估算，每年自此二门出边贸易之货车不下二、三千辆①。

乾隆年间，黑龙江地区屡经清廷谕旨，禁止流民携家居住，但从事商贸者例外。之所以网开一面，显然是为了满足当地旗民的日常生活需求。西清《黑龙江外记》卷5载，"商贩多晋人，铺户多杂货铺，客居应用无不备"，稍贵重货物或贩自京师。

嘉、道年间，旗署官员招晋商二十四家来此，力为保护，遂有"二十四牌"之名。日继月增，市声大起②。汉人至黑龙江贸易，以晋人最早，店铺有逾百年者，本巨而利亦厚。铺中执事，不杂一外籍人，各城皆设，已形成相当规模的商业网络。次则鲁人，多以贩牛为事。垦荒则以直、鲁两省人为多。值得注意的是，出关买卖人中，不仅有民人，还有旗人。③

随着商业网络的延伸，各城形成固定商业街市。时人记载：吉林各属城内："商贾云集，汉人十居八九"；其中吉林城铺商，以北街、西街最盛；吉林乌拉城，西门外有向西及南北街市，商贾辐辏；宁古塔城，铺商俱在东西南门外，惟东门外尤为丛集；伯都讷

---

① 永福：《都察院左副都御使永福奏请设税课于威远堡等边门折》，雍正二年正月十八日，中国第一历史档案馆编：《雍正朝满文朱批奏折全译》上，黄山书社1998年版，第614页。
② 徐宗亮：《黑龙江述略》，黑龙江人民出版社1985年版，第25页。
③ 直隶丰润县住包衣旗人王太富，其大哥、三弟，都出关做买卖，见《直隶丰润县包衣旗人王太富致死旗人暴云翔案》，嘉庆十年三月，杜家骥编：《清嘉庆朝刑科题本社会史料辑刊》第3册，第1600页。

城内商铺均在南街；三姓城，西门外街市最盛；阿喇楚喀城，西门外商贾辐辏①。

晚清，黑龙江地方，粮食、皮张、茸角都是贸易大宗。呼兰等处，粮产丰富，酿酒业发达，所产烟、靛、油、酒、苎麻、干鱼，北运境内各城，南运吉林各属。入冬则车马相接，日夜喧阗。灰鼠产布特哈、呼伦贝尔境，号索伦鼠，毛厚色润，而当地无硝匠、硝料，必携至京城，始能成裘。美裘一领，值银二十两。鹿多且贱，茸之佳者，每支可得银三十两，劣者亦值七、八两不等。南运广东，销路甚畅，煎胶成块，利至倍蓰。麂皮可制衣裤，入市出售，印以花纹，极软温耐久。麕麂诸肉，市亦有售，与兔肉相类，腊之颇佳。鹿尾亦称佳肴②。说明汉商涌入，促进了本地土特产的商品化。

位于图们江左岸珲春，西南通朝鲜庆源，东南通海参崴，西北通吉林、汪清、宁古塔等处，素为交通枢纽。自清代中叶，渐有山西、山东、直隶人到此营商。咸丰年间，商民交易尚以布易粟。光绪初，练军之一部靖边军驻珲春。借资兵力，始筑土城。官兵饷银流通市面，商民交易始用银。副都统依克唐阿又筹运制钱，军民称便。铺肆日增，遍满城内，数年间西关外已成闹市③。

随着民人大规模涌入，吉林、黑龙江地区土地占有情况发生显著变化。如前所述，雍正十三年（1735）以后的四十五年中，吉林地方旗地增长近3倍。同期，民地增长42.5倍。民地迅速增长，反映了汉人流民经辽东向东北边远地方扩散的迅猛势头。光绪十三年（1887）统计：黑龙江旗户约6万，丁口25万；民户3万。民人之不入户籍，联类聚居，以及游手谋生者，更不可胜记。满汉关系日益密切，习俗相融，各城妇女皆满洲装束，垦民亦如之④。

---

① 萨英额：《吉林外纪》卷2，第16下—18页下；卷3，第1页上下。
② 徐宗亮：《黑龙江述略》，第90—92页。
③ 佚名：《珲春地理志》，第772页，李澍田主编：《长白丛书·珲春史志》，吉林文史出版社1990年版。
④ 徐宗亮：《黑龙江述略》，第83页。

光绪末年,清政府在边疆地区设立招垦总局,招徕山东、直隶等省流民,领荒开垦。至此,民人终于合法拥有土地所有权①。

大片耕地开发,伴随着生产技术提高。康熙初年,北部宁古塔一带,风俗以耕牧为本,地广民稀,随意开荒而收获不菲,不施粪肥,数年后地力已尽,则弃去。②谷物主要有稗子、粟、大麦、黍、稷、高粱、荞麦。瓜茄菜豆,随所种而获。黑龙江地方播种期在三月以后,收成期在八月以前,早寒迟暖,气候使然。然土脉上腴,壮健单夫耕二三晌地,供八口家食,绰有余裕。随着汉人迁入,各类作物皆以"中土之法治之,其获且倍"③。"中土之法",即内地农民耕作法。满、汉农民长期在垄亩相连的田地上耕作,农业技术逐渐趋同,并共同积累了一套适合东北地方条件的生产经验。在气候寒冷、土质肥沃,新垦土地多的情况下,除园地精耕细作外,大田则用马拉大犁,起垄点种,广种多收;并且总结了多种粮谷轮作经验:"今岁豆,明岁粟,三岁谷,周而复始,地乃不伤,故曰正权也。今岁粟,明岁豆,三岁复粟,此谓迎权;今岁粟,明岁又粟,此谓重权。二者既竭地力,故所获每不丰。"④体现了满汉农民对轮作与增产关系的认识。

农业发展,还促进生产关系变化。在汉人影响下,旗地经济中残存的农奴制残余逐渐消退,满洲贵族与旗人富裕阶层转变为地主,下层屯居旗人耕田度日,以致沦为满、汉地主佣工、佃户。满、汉人民阡陌相通,疆理与共,在各方面通力合作。

17世纪东北地区各族中,满洲人最多。在吉林、黑龙江等地,除了八旗满洲驻防,还有旗籍索伦(鄂温克)、达呼尔(达斡尔)、

---

① 朱约之等修、安龙祯等整理:《珲春县志》卷10,第348页;卷3,第99页,李澍田主编:《长白丛书·珲春史志》,吉林文史出版社1990年版。
② 张缙彦:《宁古塔山水记》,第8页;方拱乾:《绝域纪略》,第108页;杨宾:《柳边纪略》卷3,第83页。
③ 张缙彦:《域外集》,黑龙江人民出版社1984年版,第54页;方拱乾:《绝域纪略》,第110页。
④ 杨同桂:《沈故》卷2,第7页下《老农语》条,金毓黻编:《辽海丛书》第1册,辽沈书社1985年影印本。

赫哲、蒙古巴尔虎、锡伯人等。满洲人农业技术，长期受到汉人影响，在东北边疆开发中，满人对当地诸族起到示范作用。索伦（鄂温克）、达呼尔（达斡尔），原不谙农事，康熙二十五年（1686），清廷遣满洲郎中博奇课其耕种，因课耕有法，禾稼大获，奉旨褒奖①。随即，遣满洲兵八十人前往黑龙江、松花江接壤地，遣满洲兵二百人前往齐齐哈尔，分别教训新满洲和旗籍索伦、达呼尔②。19世纪初，索伦、达呼尔"渐知树艺，辟地日多"。他们中的大部分，审户比丁，编为佐领，与八旗人丁无异。因与满洲文化关系密切，部分人丁被称为"新满洲"。他们在农牧生产方面，采用满洲某些技术；在社会结构上，沿用满洲八旗制度；在语言文字方面，掌握满语、满文。

在文化推广方面，谪戍边地的汉文士起到开风气之先作用。杨越，浙江山阴人，诸生，慷慨尚侠。康熙初，其友人有与张煌言私通者，事发，株连到他，死刑减等，流放宁古塔。宁古塔地初辟，严寒，民风朴鲁。杨越至，伐木构室，垒土石为炕，出余物交易菽粟。满汉旗民慕名求教，乃教之读书，明礼教、崇退让，亲自养老抚孤，赎入官为奴者，萧山李兼汝、苏州书贾朱方初及黔沐氏之裔忠显、忠祯等人，都获其周济。凡家贫不能举火及举办婚丧诸事，倡导众人集赀救助，在他带领下，居民相助恐后。遇有吝啬者，众人必嘲笑说："何以见杨马法？"③"马法"为满语，系对德高望重者的尊称。杨越初到宁古塔时年二十四，在当地居五十六年，卒于戍所。流人对东北边疆的文化推广、儒学传播起到很大作用。

西清《黑龙江外记》卷7记，水师营四品官果德兴，闻谪戍者讲四子书，爱之，遂命子弟悉读汉书。说明一些满人通过与流放文人接触，而有志向学。嘉庆元年（1796），齐齐哈尔设立讲授汉书的八旗义学，果德兴成为学长，流人龚光瓒（常州人）担任教书先生。在这个义学，满人西清也执教过一段时间。不少汉人以教汉书

---

① 长顺等修：《吉林通志》卷1，第12页下。
② 王河等纂：《盛京通志》卷2，第12页上下。
③ 赵尔巽等撰：《清史稿》卷497，第45册，第13800页。

维持生计，塾师以齐齐哈尔最多。墨尔根、黑龙江等处因蒙师寥寥，有志习汉文书者多雇佣晋商代替。当地无医师，由熟通医术的晋商兼充。晋商武诩，善针灸，施药济人，不计利。在弘扬中原文化过程中，汉人商人、流人、农民，实际发挥了三位一体的作用①。

王河《盛京通志》卷27《列女传》，载满洲赵氏、索伽氏、托科落氏、拿拉氏、觉罗氏、黑舍力氏夫死守节以及"事孀姑抚幼子"事迹，说明康熙初年，儒家节孝观已开始在辽东满人中流行。清中叶，黑龙江满洲、汉军及营站孀妇，有守节者照例旌表②。嘉、道以降，获得旌表的旗人节妇孝女为数更多③。因知东北满人并非只是被动地承受儒家文化，在向当地各族居民推扬儒家文化，倡忠孝，表纲常的活动中，他们扮演着十分重要的角色。此即嘉庆帝赠吉林将军松筠诗中所吟咏的："天造邦家肇，吉林实故乡。白山发祥远，黑水溯源长。守土依前则，诘戎率旧章。顽民勤教化，务令顺纲常。"④"纲常"即儒家三纲五常。《通鉴纲目》《三国志》（实为《三国演义》）等满文译本在黑龙江各族中颇流行，人们不仅传诵，且引为谈资。民间平日读的汉文书，有《三字经》《千字文》，于《百家姓》《名贤集》《论语》《孟子》《中庸》《大学》诸书，亦能朗朗上口。其佼佼者，能熟读儒学经典并背诵古文⑤。当地文化普及程度虽远逊内地，但比起清初来，已判若霄壤。

黑龙江诸族文化交流，并非单向同化与被同化，而是多向互动融通。在各族交往场合，许多人通晓对方语言。很多汉人熟通满语，即西清《黑龙江外记》卷6所述，"土人于国语，满洲生知，先天之学也；汉军等部学知，后天之学也"。当地晋商"与蒙古、索伦、达呼尔交易，皆通其语，问答如流，盖皆童而习之，惟通国语者寥寥，满洲多能汉语故也"。因满人多能用汉语交谈，所以通

---

① 赵中孚：《清代东三省北部的开发与汉化》，第6页。
② 西清：《黑龙江外记》卷7，第75页。
③ 长顺等修：《吉林通志》卷116—120。
④ 萨英额：《吉林外纪》卷1，第8页上。
⑤ 西清：《黑龙江外记》卷6，第61页。

满语者反而日见其少。同书卷6又称:"索伦语多类满洲,达呼尔语多类蒙古,听之既熟,觉其中皆杂汉语","布特哈近岁能汉语者亦多"。黑龙江地区驿站,多为康熙年间征沙俄时所置。清廷平定吴三桂,将其余部遣赴极边充站丁。几代以后,形成"非满非汉"亦即"满汉兼融"的特点①。

因长期杂居、密切交往,文化差异逐渐缩小。在满汉杂居村屯中,满人风俗渐有变化。奉天总的情况是:"满、汉旧俗不同,久经同化,多已相类。"② 不过,贯穿于文化相融的一条基轴,仍是汉文化影响日益走强。当汉文化成为多元文化中的主流文化时,汉语也就确立起作为共同语的地位③。嘉庆八年(1803),兵部将宁古塔防御色克金带领引见,色克金所奏履历,竟非满语。交军机大臣询问,答称平日屯居,本处汉人居多,故未能清语(满语)。说明随着大批汉人移入,杂居地区满人首先习用汉语。在交通便利、汉民众多的辽沈一带,近代以来,"土人皆用汉语,微特民人无习满语者,即土著之满人亦如之"④。

吉林地方"本满洲故里,蒙古、汉军错屯而居,亦皆习为国语(满语)。近数十年(嘉、道年间)流民渐多,屯居者已渐习为汉语。然满洲聚族而处者,犹能无忘旧俗"⑤。珲春一带,咸、同、光年间,直、鲁民人,络绎迁来,本地满人之言语、文字、风俗习惯,渐融于汉人。满人虽年老者尚操满语,然必兼善汉语。至于年少者,专以学习汉人书籍,满语完全丧失。⑥《海龙县志》则说,当地满俗原来就是半采汉制,后来满、汉习俗糅合在一起,就不知何为满制、何为汉制了。至于黑龙江地区,因距离内地最远,少数民族文化语言保留时间相对较长,也就不足为奇。

---

① 宋小濂:《北徼纪游》,黑龙江人民出版社1984年版,第13页。
② 王树楠、吴廷燮、金毓黻等纂:《奉天通志》卷98,1934年,第17页上。
③ [日]柳泽明:《清代东北驻防八旗与汉人——以黑龙江地区为中心》,《清代满汉关系研究》,中国社会科学文献出版社2011年版。
④ 张子瀛等纂:《承德县志书》上册,民国石印本,第59页。
⑤ 萨英额:《吉林外纪》卷3,第1页上。
⑥ 朱约之等修,安龙祯等整理:《珲春县志》卷17,第637页。

六 结语

（一）封禁政策评价

清廷自乾隆五年（1740）对东北地区实施"封禁"政策，前后延续百年之久。嘉道以降，禁令松弛。咸同年间，在"官荒放垦"背景下，封禁政策局部开禁。光绪年间，官府在沿边地区组织大规模放垦，表明禁令彻底废除。

然而，即便在封禁期间，亦因三种情况而网开一面：一是工、商、独身佣工，不在禁令之内；一是已经流入并定居者，往往准许就地入籍；一是直鲁等省遇有荒歉，准饥民出关就食。有此三项，注定清廷封禁令成效有限。尤其从长时段考察，封禁令实施，只是延缓东北边疆开发的进程，却未能遏止汉民大规模进入。

再者，清廷之所以对三类人网开一面，确有其不得已的苦衷，即八旗官兵，无论居城居乡，其日常生活，对上述三类人均形成严重依赖，故不能禁阻。笔者在《清代北京旗人社会》一书中曾指出：旗人社会并不是一个封闭的社会，八旗制度也不能为这种封闭性提供保障。旗人在生活各领域存在对民人的依赖，是八旗制度无法克服的内在矛盾（或者说是它的根本性缺陷），也是旗民关系（满汉关系）必然冲破满洲统治者设置的重重障碍而不断发展的基本原因[1]。这段话，原本是针对京城旗人社会讲的，而清廷在东北地区实施封禁政策的不彻底性、摇摆性乃至最终破产，证明上述观点同样适用于关外地区。

（二）民人流动，是一从南向北的递进过程

民人入居东三省，趋向虽一，在时间和地域上却有差异。奉天壤接内地，是出关民人最集中的居地，也是他们向更远方迁移拓垦的出发地。清初，奉天居户，本皆旗人，自顺治十年（1653），辟

---

[1] 刘小萌：《清代北京旗人社会》，第858页。

州县，招耕佃，乃有民籍。乾隆五年，始行封禁，但禁而不严。嘉庆以后，内地流民砍木、采金、垦田之冒禁者，惩之虽严，迄不能绝。[①] 光绪三十三年（1907）统计，奉天全省民人1365268户，8769744口；各地驻防八旗963116人[②]。

吉林位于东三省南北要冲，清初民户统隶奉天，有旗籍无民籍。雍正五年（1727）置永吉州、泰宁、长宁二县，仍属奉天府。乾隆十二年（1747）裁永吉州，改设吉林理事同知，户口始归本省编审。道光初，将军富俊屡议开荒，内地民人，如水归壑。光绪年间，民人增长，不啻数倍。清末统计，吉林全省民人566956户，4238163口。其中，旗籍51770户，410101口；民人515178户，3827862口[③]。

黑龙江地处东北边陲，距内地最远。向为八旗驻防之地，满蒙汉军外，尚有索伦（鄂温克）、达呼尔、巴尔虎、鄂伦春、赫哲诸族。清前期，内地民人居此者盖寡。咸丰初，开放东荒，客民入籍者渐多。后设呼兰厅理事同知、绥化厅理事通判治之，是为建设州县之始。庚子而后，燕、赵、齐、鲁之民负耒而至，各省商贾亦辐辏来集，于是地日以辟，民日以聚，繁庶之象渐异往时。光绪三十三年（1907），改设行省。黑龙江全省213090户，1455657口[④]。

（三）民人入居东北，对满汉关系影响深远

首先，土地结构变化。东北土地按性质分，主要为旗地、民地两大类。清初，东北土地以旗地为主，随着民人不断流入，旗地与民地比例关系发生深刻变化。有学者统计，从顺治十八年（1661）

---

① 徐世昌等编纂：《东三省政略》卷6《民政·奉天省》，第45页上。
② 徐世昌等编纂：《东三省政略》卷6《民政·奉天省》，第47页上下；卷8《旗务·奉天省》，第16页上下。同书又引另一说，称奉天旗人总数120万以上（卷8《旗务·奉天省》，第35页上）。
③ 徐世昌等编纂：《东三省政略》卷6《民政·吉林省》，第20页上，第21页上22页下，第23页上—24页上。
④ 同上书，第10页上、第26页上。

清代东北流民与满汉关系

至道光二十年（1840）以前一百八十年间，旗地由265万余亩上升为2340万余亩，增长近9倍；民地由6万余亩上升为520万余亩，增长86倍之多。显然，民地增长速度，大大超过旗地。以相互比例关系而言，顺治年间东北旗地为民地的43倍半，到道光年间，旗地只是民地4.6倍，而且黑龙江民地尚未计算在内。显然，旗地对民地优势已大为缩小[①]。光绪年间，清廷在东北实施大规模放垦，旗地对民地的优势遂成明日黄花。

其次，管理体制变化。清朝入关初，为保留"发祥"地原生态，维护满洲皇室与满人权益，在东北地区实施军府制（八旗制）。民人不断进入，导致州县制的设置，同时，标志清代东北旗民二元体制的雏形[②]。最初，州县制只是军府制的补充，犹如"八旗系统辖理下的边疆特区"[③]；以后，州县制不断发展，并形成与军府制互补格局；光绪三十三年（1907），东北建省，标志着中原行政制度彻底推广到关外，同时实现了东北与内地制度的完全一体化。此一重大变革，同样以民人的大规模入居为前提。

其次，民族结构变化。东北是满洲人"发祥"地，也是索伦（鄂温克）、鄂伦春、达斡尔、蒙古、锡伯、赫哲等民族故乡。清初，居民以满人为主，但是随着二百多年间民人不断涌入，旗民比例明显逆转。如前所述，清末，奉天省旗人96万余，占全省人口11%；吉林省旗人41万，占全省人口10%。黑龙江省旗人无确数，但旗人比例发生同样变化应无疑义。从而表明，19世纪末20世纪初，汉人已成为东北地区主体居民。

再次，满汉关系变化。在中原内地，八旗各驻防地无不处于汉人社会包围下。驻防初期，他们在当地是以"外来者""占领者"身份出现。满汉关系由紧张到改善，不能不在相当长时间内受到这种状况制约。在东北，情况恰恰相反，满人是这一广袤边疆原住

---

① 杨余练主编：《清代东北史》，第375页。
② 杨余练主编：《清代东北史》，第133页。
③ 赵中孚：《清代东三省北部的开发与汉化》，第2页。

民，汉人则是"外来者"或"闯入者"。主客易位，决定了东北地区满汉关系，从一开始即以互补关系为基轴，而非简单对立。清末人有云："东省为八旗根本之地，旗、民杂居，均属土著"。又说："满、汉杂处，畛域不分"①，反映了民人从非法"外来者"，到成为合法居民的漫长过程。旗民杂居密切了满汉关系，促进了彼此认同，表现在观念上，就是"均属土著"。其实，无论人数众多的汉民，人数较少的满人，还是其他少数族人，都参与了这一从隔阂到通融、从疏离到认同的历史过程。他们在做出自身贡献的同时，均付出了艰苦努力。

（四）东北地区满汉关系特点

与中原内地相比，东北地区的满汉关系具有自身特点。

首先，与内地旗人不同，很大一部分东北满人并未脱离生产领域。乾隆五年（1740），乾隆帝说："盛京地方，粮米充足，并非专恃民人耕种而食也。"足证在奉天地方，除民人外，旗人（包括官庄、王庄旗人壮丁）也是农业生产的重要力量。吉林旗人，素多打牲为业②。嘉庆末年，清廷在双城堡等地组织屯田，盛京闲散旗丁，视为"乐土"，纷纷呈请愿往耕种③。稍晚时候，黑龙江各处散居旗丁，从事农业，耕凿相安者，已不乏人。又或恃牧猎以为生，或倚樵薪为度日，率皆各执一业④。满人在日常生产、生活中，与汉人朝夕相处，建立起密切关系。

其次，与内地不同，东北满汉人之间，基本没有满城、汉城一类明显障碍。奉天"旗丁各户，散处城乡内外"，吉林"旗属各户，半居山乡"⑤。尤其屯居旗人，"散处各屯，率以务农、打牲

---

① 金梁：《奏为筹款迁拨旗户分赴安图开垦折》《奏设八旗工艺厂折》，《奉天旗制变通案甲乙二类》。
② 长顺等修：《吉林通志》卷71，第3页下。
③ 长顺等修：《吉林通志》卷2，第23页上。
④ 徐世昌等编纂：《东三省政略》卷8《旗务·黑龙江省》，第19页下；卷6《民政·黑龙江》，第10页上。
⑤ 同上书，第1页上、35页上。

为业"①。他们与民人交往的时间、空间以及交流范围,均很广阔。黑龙江双城堡等地推行京旗移垦,于京旗抵达前,"先招民户代之"②,也促进了满汉交往。

再次,汉民不断进入,促进旗民同地、同屯居住现象,自南向北,一波接一波,不断扩展,形成范围愈来愈大的满汉杂居。他们或为邻里,或为亲朋,或为主佃;或胼首胝足,筚路蓝缕,开垦荒地;或结伴谋生,相濡以沫。尽管东北地区存在汉民大量侵蚀旗地现象,并影响到旗人生计,但总体来看,因东北北部地广人稀,垦荒空间远较关内为大,在很大程度上缓和了旗民间的土地矛盾。加之,众多旗人并未脱离农业生产。东北地区满汉关系比较中原内地密切,矛盾亦较为缓和,乃是一个不争的事实。清朝末叶,尽管承受辛亥革命巨大冲击,东北地区却未发生类似关内局部地区的暴力反满事件,基本实现了国家制度的和平转型,避免了因社会大动荡所导致的巨大代价。穷源溯本,正是该地区满汉关系长期发展的必然结果。

(原载《清史研究》2015 年第 4 期)

---

① 萨英额:《吉林外纪》卷 8,第 126 页。
② 徐世昌等纂:《东三省政略》卷 7《财政·黑龙江》,第 3 页上。

清代旗人民人法律地位的异同
——以命案量刑为中心的考察

清朝为满洲人所建，"首崇满洲"为既定国策。这一国策在法律领域的体现，即旗人（主体为满人）享有高于民人（主体为汉人）特权。这一观点，已为学界广为接受。而本文所要探讨的，并非旗人法律特权的有无，而是在承认旗人拥有一定法律特权的前提下，重点探讨其特权的有限性问题，即旗人在什么条件下享有特权，在什么条件下又不享有特权。笔者认为，这一问题的澄清，不仅有助于全面认识清代旗民法律身份的异同，对深入了解清代旗民（满汉）关系，也有启迪。

关于清代旗民法律关系以及旗人法律特权问题，学界已有不少研究。瞿同祖指出，《大清律例》虽同样适用于满人汉人，但也有专为满人而设的专条；郑秦认为，旗人法律特权并非独立于国家法律（"大清律"）之外，而是构成后者的一个组成部分。苏钦、林乾、胡祥雨考察了旗人换刑特权的缘起、形成、削弱乃至废除。胡祥雨还指出，旗人特权的削弱，是清代法律常规化的重要表现。陈兆肆以满洲刑罚"断脚筋刑"为切入点，透视满汉刑法逐渐趋于"一体化"的过程。郑小悠研究刑部满汉官员权力结构、变化以及对案件审理的影响[1]。笔者拟在前人研究基础上，就嘉庆朝刑科题

---

[1] 瞿同祖：《中国法律与中国社会》，中华书局1981年版，第249页；郑秦：《清代司法审判制度研究》，湖南教育出版社1988年版；胡祥雨：《清代法律的常规化》，社会科学文献出版社2016年版；胡祥雨：《清前期京师初级审判制度之变更》，《历史档案》2007年第2期；苏钦：《清律中旗人"犯罪免发遣"考释》，《清史论丛》1992（转下页）

本中的旗民命案进行多角度考察,旨在说明旗人民人在重大命案的审理方面享有平等法律地位。

中国自汉代以降,即有杀人者死之令。相沿至明,以人命至重,依《唐律》而损益之,始汇为"人命"一篇,大概以谋、故、殴、戏、误、过失"六杀"统之。所谓"谋杀","或谋诸心,或谋诸人";所谓"故杀","临时有意欲杀,非人所知曰故";所谓"殴杀","独殴曰殴,有从为同谋共殴";所谓"戏杀","以堪杀人之事为戏,如比较拳棒之类";所谓"误杀","因斗殴而误杀伤旁人";所谓"过失杀",即"初无害人之意而偶致杀伤人者"①。清朝律例沿用《明律》,《刑律》列"人命"篇名,而将"六杀"律目调整为"谋杀人""斗殴及故杀人""戏杀误杀过失杀伤人"。其量刑,各按情节轻重或斩、或绞、或监候。

本文以清嘉庆朝刑科题本82件命案作为基本史料②。其中,66

(接上页)年号,辽宁人民出版社1993年版;林乾:《清代旗、民法律关系的调整——以"犯罪免发遣"律为核心》,《清史研究》2004年第1期;陈兆肆:《清代"断脚筋刑"考论——兼论清代满汉法律"一体化"的另一途径》,《安徽史学》2019年第1期;郑小悠:《清代刑部满汉关系研究》,《民族研究》2015年第6期。相关研究还有赖惠敏《但问旗民——清代的法律与社会》,五南图书出版公司2007年版;鹿智钧:《根本与世仆:清代旗人的法律地位》,秀威资讯科技股份有限公司2017年版。

① 朱轼:《大清律集解附例》卷19《刑律》,清雍正内府刻本。
② 俱见杜家骥编《清嘉庆朝刑科题本社会史料辑刊》(下简称《史料辑刊》),天津古籍出版社2008年版;为省繁文,以下将82条案例逐一编号,并据原书《目录》注明册(汉字)、页(阿拉伯数字):编号1,二,507;编号2,二,794;编号3,二,797;编号4,二,804;编号5,二,814;编号6,二,821;编号7,二,855;编号8,二,858;编号9,二,884;编号10,二,899;编号11,二,918;编号12,二,926;编号13,二,941;编号14,二,955;编号15,二,988;编号16,三,1401;编号17,三,1422;编号18,三,1450;编号19,三,1474;编号20,三,1481;编号21,三,1492;编号22,三,1496;编号23,三,1498;编号24,三,1499;编号25,三,1502;编号26,三,1505;编号27,三,1559;编号28,三,1572;编号29,三,1596;编号30,三,1598;编号31,三,1599;编号32,三,1600;编号33,三,1601;编号34,三,1602;编号35,三,1604;编号36,三,1606;编号37,三,1607;编号38,三,1609;编号39,三,1611;编号40,三,1615;编号41,三,1618;编号42,三,1619;编号43,三,1620;编号44,三,1621;编号45,三,1623;编号46,三,1624;编号47,三,1626;编号48,三,1629;编号49,三,1632;编号50,三,1633;编号51,三,1634;编号52,三,1634;编号53,(转下页)

件案例来自旗人与民人共同生活、关系密切并且存在广泛接触的东北地区，另外16件案例来自京城、直隶、甘肃等地；有8件案例涉及"存留养亲"问题①，12件案例涉及"恩诏"减刑问题②。这样，就为多角度考察旗民法律地位之异同，提供了可靠依据。

一　命案量刑标准

为考察清官府对旗民命案量刑是否一致，笔者将刑科题本中82件命案分为"民人杀民人""旗人杀旗人""旗人杀民人""民人杀旗人"四类情况，分别加以统计，基本情况如下：

（一）民人杀民人案（28件）

1. 斗殴杀人者绞律，"拟绞监候，秋后处决"（24件）。
2. 共殴人致死，下手致命伤重者绞律，"拟绞监候，秋后处决"（3件）。
3. 故杀者斩律，"拟斩监候，秋后处决"（1件）。

（二）旗人杀旗人案（17件）

1. 斗殴杀人者绞律，"拟绞监候，秋后处决"（12件）。

（接上页）三，1635；编号54，三，1636；编号55，三，1637；编号56，三，1638；编号57，三，1639；编号58，三，1640；编号59，三，1642；编号60，三，1643；编号61，三，1644；编号62，三，1644；编号63，三，1645；编号64，三，1647；编号65，三，1649；编号66，三，1650；编号67，三，1652；编号68，三，1653；编号69，三，1655；编号70，三，1656；编号71，三，1658；编号72，三，1659；编号73，三，1660；编号74，三，1661；编号75，三，1664；编号76，三，1665；编号77，三，1677；编号78，三，1679；编号79，三，1703；编号80，三，1797；编号81，三，1865；编号82，三，1866。

① 编号2，二，794；4，二，804；5，二，814；13，二，941；14，二，955；29，三，1596；67，三，1652；77，三，1677，俱见《史料辑刊》。

② 编号16，三，1401；19，三，1474；21，三，1492；22，三，1496；23，三，1498；32，三，1600；33，三，1601；34，三，1602；35，三，1604；36，三，1606；73，三，1660；76，三，1665，俱见《史料辑刊》。

2. 共殴人致死，下手伤重者绞律，"拟绞监候，秋后处决"（2件）。

3. 谋故杀一家二命斩决枭示例，"拟斩立决，枭首示众"（1件）。

4. 故杀者斩律，"拟斩监候，秋后处决"（1件）。

5. 谋杀人从而加功者绞律①，"拟绞监候，秋后处决"（1件）。

（三）民人杀旗人（旗奴）案（20件）

1. 斗殴杀人者绞律，"拟绞监候，秋后处决"（15件）。

2. 谋杀人伤而不死者绞律，减一等，"拟杖一百，流三千里"（1件）。

3. 故杀者斩律，"拟斩监候，秋后处决"（3件）。

4. 斗殴致死，如原殴并非致命之处，又非极重之伤越五日后因风身死者，将殴打之人免其抵偿，杖一百流三千里例，"杖一百流三千里"（1件）。

（四）旗人（旗奴）杀民人案（17件）

1. 斗殴杀人者绞律，"拟绞监候，秋后处决"（10件）。

2. 共殴人致死，下手伤重者绞律，"拟绞监候，秋后处决"（1件）。

3. 谋杀人者斩律，"拟斩监候，秋后处决"（2件）。

4. 奴婢殴良人至死者斩律，"拟斩监候，秋后处决"（4件）。

笔者按，清律谳断命案，死刑有二，曰绞曰斩，且有立决、监候之别。"监候"至秋审朝审时，分别情实缓决矜疑，奏请定夺②。在刑科题本82件命案中，按斗殴杀人律定拟61件，按共殴律定拟6件，按故杀律定拟5件，按奴婢殴良人律定拟4件（它略）。以

---

① 加功，法律术语，指以实际行动帮助杀人的犯罪行为，这与近代刑法所谓从犯相同。唐代已有此称，长孙无忌：《唐律疏议》卷17："诸谋杀人者徒三年，已伤者绞，已杀者斩，从而加功者绞，不加功者流三千里"（《四部丛刊》三编影印宋本）。

② 昆冈等纂：《大清会典事例》卷723《刑部·名律例·五刑》，光绪二十五年刻本。

上统计表明，清政府谳断旗民间命案均秉持共同标准，即有关"六杀"律例。而在谳断命案过程中，清官府对旗人或民人是否有所偏倚呢？不妨通过若干案例加以考察：

案例1，民人董玉梁向旗人李洪有索讨典地找价钱文，发生口角，踢伤李母李宁氏身死。此系民人杀旗人案。刑部据斗殴杀人律谳断：董玉梁拟绞监候，秋后处决①。

案例2，山西民人米如玉向旗人池亮索欠未遂，将其砍死。盛京刑部定谳：米如玉照故杀律，拟斩监候，秋后处决②。在这起民人杀旗人案中，有司对米如玉量刑之所以按故杀律论斩而非殴杀律论绞，主要是因为他夜间预谋用菜刀砍死睡梦中池亮，情节残忍，故从严惩处。

案例3，王府庄头王桂龄将差地十四顷余，租与民人张富贵同子张翼鹏承种。后屡欲增租，威胁撤地另佃。王九龄受命率家人前往撤地，张翼鹏等积怨已久，将其共殴致死。从案情看，两人矛盾激化主因，是庄头王桂龄违反清廷"不许无故增租夺佃"规定，以致佃户张翼鹏被逼积愤，将其共殴身死。有司则认为，起衅之由虽非张翼鹏，但他在王九龄返程途中拦路行凶，因有预谋行凶情节，故从严按故杀律，拟斩监候，秋后处决③。在这起民人杀旗人案中，有司同样依据案情做出从严谳断。而这种根据案情加以从重惩处的判决，同样见于旗人杀民人场合。

案例4，珲春旗人德受赊民人徐罗锅子十两银子木柴。徐讨要未遂，致起衅端。德受聚众殴伤徐罗锅子致死。刑部依谋杀律，拟斩监候，秋后处决。同案，德受之子彰锡保、德受之妻牛呼噜氏因参与作案，亦按情节轻重分别惩处④。在这起旗人杀民人命案中，

---

① 编号30，第4767包：《奉天海城县民董玉梁因索欠打死旗妇李宁氏案》（《史料辑刊》三，1598）。

② 编号71，第5755包：《奉天兴京厅客民米如玉索讨借钱砍伤旗人池亮身死案》（《史料辑刊》，三，1658）。

③ 编号39，第5159包：《直隶通州民张翼鹏等因增租夺佃纠纷共殴旗人王九龄身死案》（《史料辑刊》，三，1611）。

④ 编号43，第5223包：《吉林宁古塔珲春旗人德受因债务纠纷殴伤徐罗锅子身死案》（《史料辑刊》，三，1620）。

有司将主犯以谋杀律定拟，妻、子坐以应得之罪，并未因命犯身系旗人而有所徇庇。

综上可初步得出如下三点认识：（1）清官府审理旗民命案，秉持同样的量刑标准（律例），并未因旗民差异而有所轩轾。此即时人所称"旗人谋故斗殴致毙人命，向与民人一体科罪"之意①；（2）由于案情千差万别，有司对命犯量刑，不能简单套用"六杀"律，而必须参据诸多例文、成案做出适当调整，尽量做到定谳的公正合理。在这方面，对旗人民人亦无异视。（3）有清一代，旗民间命案虽时有发生，从未因判案严重失当酿成矛盾冲突。这种情况与清统治者对命案审理的高度重视，以及量刑标准的力求公允是分不开的。这种法律公正性，在贯彻"宽严相济"原则、实施"存留养亲"律、"恩诏"减刑（或免刑）等法律实践中，均有体现。

二 "宽严相济"原则

清廷审理旗民命案，一向秉持"宽严相济"原则，具体表现在两个方面，一是对等原则，即乾隆帝所言："一命必有一抵。"一是情有可原原则，即嘉庆帝所言"人命事关重大……情有可原，即开生路"②。落实到法律实践，就是对命案定谳、终审与实际执行死刑，持极谨慎态度。如前述，清律将命案按情节轻重分为六等（即"谋、故、殴、戏、误、过失六杀"），秋审时经由最高统治者"圣裁"，分别实、缓定拟。

然而，"宽严相济"原则说说容易，具体贯彻到法律实践中，如何把握好"宽""严"尺度，实际是一件很难的事。嘉庆帝曾就乾隆帝"一命必有一抵"之旨作过如下阐释："'一命一抵'，原指械斗等案而言，至寻常斗殴，各毙各命，自当酌情理之平，分别实缓。若拘泥'一命一抵'之语，则是秋谳囚徒，凡杀伤毙命之案，

---

① 祝庆琪等编：《刑案汇览》卷39《奴婢殴家长》，《刑案汇览全编》第6册，法律出版社2007年版，第2021页。
② 赵尔巽等撰：《清史稿》卷144，第15册，第4210页。

将尽行问拟情实，可不必有缓决一项。有是理乎？"可见，"一命一抵"是有极严格条件限制的，而如何在"情有可原"口实下为死囚放一条生路，则始终是清诸帝致力的重点。如往前追溯，至少在康熙年间，满洲统治者已非常重视"情有可原"情况下的量刑。清制，例于年末勾决死刑犯，分别实缓。康熙帝曾叮嘱当事诸臣："人命至重，今当勾决，尤宜详慎。"满臣伊桑阿列举可矜疑者十余人，皆得缓死。康熙帝复谕："此等所犯皆当死，犹曲求其可生之路，不忍轻毙一人。"① 某次，他阅朝审册，有以刃刺股致死而抵命者，谕曰："刺股尚非致命伤，此可宽也。"它日，又阅册，有囚当死，牵连数十人。帝问："此囚尚可活否？"众臣皆以情实对，惟汉臣吴正治揣知帝旨，乃曰："圣心好生，臣等敢不奉行，宜再勘。"退而细检，果得疑点，遂减刑。② 清帝通过此种方式，表示对人命的高度重视，以体现"皇上好生之德"③。这种态度，不能不对满汉群臣起到表率作用。而笔者的关注点仍在于，清廷在贯彻"宽严相济"过程中，对旗人与民人（满人与汉人）是否一视同仁？

案例1，山西太原府祁县人杨尚春，在辽阳州刘儿堡开铺生理，因索欠打死罗万金。此案由辽阳州初审，奉天府尹复审称：应如该州所拟，合依斗殴杀人律，拟绞监候，秋后处决。再，查杨尚春殴死罗万金，衅起索欠，殴由抵格，实系斗杀情轻，秋审应入缓决之犯。该犯有母李氏现年七十五岁，只生该犯一子。该犯常寄银钱养赡其母，并非忘亲不孝。而被杀之罗万金并无应侍之亲，现有二子成立。杨尚春似与留养之例相符，应行随本声请留养，听候部议。批红：三法司核拟具奏④。在这起民人命案中，有司先以命犯罪责

---

① 赵尔巽等撰：《清史稿》卷250，第32册，第9702页。
② 彭定求：《吴文僖公正治墓志铭》，钱仪吉纂：《碑传集》卷12；李元度：《吴正治事略》，李桓辑：《国朝耆献类征初编》卷6。
③ 赵尔巽等撰：《清史稿》卷250，第32册，第9697页。
④ 编号2，第4521包：《奉天辽阳州客民杨尚春因索欠打死罗万金案》（《史料辑刊》二，794）。

较轻,谳断"秋审应入缓刑",复以母老独子,声请"存留养亲"(说详后文)。这种审断,亦见于旗民相杀场合。

案例2,山东回民白三因向本屯旗人李才索讨工钱,发生口角。白三殴伤李才右眼并推磕鼻梁受伤。李才数日后患破伤风身死。盛京刑部审案,考虑到民人白三索讨工钱、殴伤并非致命等情节,故未按"一命必有一抵"原则惩处,而是从轻"照斗殴之案,如原殴并非致命之处,又非极重之伤,越五日后因风身死者,将殴打之人免其抵偿,杖一百流三千里例"定拟①。以上案例,均有助于说明清律"宽严相济"原则同样适用于旗人或民人命案。

清政府在审理旗民命案的某些特定场合,对旗人的量刑有可能比民人严格。雍正五年,旗人方冬魁饮酒沉醉,见张四不曾让座,遂恃强骂詈扭打,张四情急之下,用刀戳死冬魁。此案张四原拟绞监候,但因"向来居乡旗人欺凌民人甚多",特命将张四免死枷责,从轻发落,为旗人恃强凌弱者戒,并晓谕八旗及各屯庄居旗人咸使闻之②。若京师旗人酿成命案,刑罚也可能比较严厉,因为这体现"朝廷对旗人的约束力"③。但归根结底,此类个案与清律"宽严相济"原则并无牴牾,而是满洲统治者基于长远利益的考虑、首先是整饬八旗军纪的需要而做出的临时性调整。

三 "存留养亲"律

"存留养亲"律,指已拟徒、流、死犯,如符合"老疾应侍""孀妇独子"等条件,由刑部等机构提出留养申请,经最高统治者钦准,施以一定刑罚后准其留养。此律源头,可上溯到北魏孝文帝太和十二年(488)。从此,为历朝统治者所承袭。儒家强调以"孝"治天下,认为"孝"是立身治国之本。依据儒家经义,子孙

---

① 编号28,第5458包:《奉天锦县客居回民白三因索讨工钱殴伤旗人雇主李才致死案》(《史料辑刊》三,1572)。
② 《清世宗实录》卷56,雍正五年四月丁未,1985年。
③ 赖惠敏:《但问旗民——清代的法律与社会》,第213—214页。

第三编 旗民关系

对祖父母、父母应克尽孝道，正所谓"生事之以礼，死葬之以礼，祭之以礼"①。历代统治者将"存留养亲"入律，实际是儒家孝道观的突出体现，其关键点，是使民间老有所养，是中国古代法律家族化、伦理化的突出体现。而历朝统治者更深一层用意，仍在于维护自身统治。即如明何乔远《名山藏》卷48《刑法记》所云："存留养亲，教民孝也"；明袁可立《张家瑞墓志铭》："为亲而出，为亲而处。出不负君，移孝作忠。处不负亲，忠籍孝崇。"指把孝顺父母之心转为效忠君主。"忠"是"孝"的放大。这正是历朝统治者大力提倡孝道，为此不惜"法外施仁"的深意。

清朝为满洲人所建，而清初诸帝积极接受中原儒家文化，包括其伦理道德，乃是毋庸置疑的事实，至于说到清朝"存留养亲"律脱胎于明律②，就是突出一例。而其间的区别只在于，清律将适用"存留养亲"的祖父母、父母年龄，由明律八十岁以上改为七十岁③。说明条件有所放宽。清律规定：凡犯死罪者，系独子或无兄弟以次成丁者，祖父母、父母七十岁以上，或有残疾需侍奉者（即"老疾应侍"），可恳请准其不死，存留养亲。后增定，母（孀妇）"守节"20年，亦可援例声请存留④。同时，制定严格的呈报审核程序：有司推问明白，开具所犯罪名，将应侍缘由逐级上报，刑部复审后由皇帝特批，即所谓"取自上裁"⑤。为确保"孀妇独子"情况属实，还规定须由罪犯原籍取具邻保族长甘结，经地方官核实，印结报部。

---

① 《孟子》卷4《公孙丑章句下》，四部丛刊景宋大字本。
② 刘惟谦：《大明律》卷1《犯罪存留养亲》：凡犯死罪非常赦所不原者，而祖父母父母老疾，应侍家无以次成丁者，开具所犯罪名奏闻，取自上裁。若犯徒流者，止杖一百，余罪收赎，存留养亲（日本影印明洪武刊本）；同条又见申时行《大明会典》卷161《刑部三》（明万历内府刻本）。
③ 参见孔贞运《皇明诏制》卷10，明崇祯七年刻本。
④ 祝庆琪等编：《刑案汇览》卷2《犯罪存留养亲》，《刑案汇览全编》第1册，法律出版社2007年版，第206、214页。
⑤ 昆冈等纂：《大清会典事例》卷732《刑部·名例律·犯罪存留养亲一》；吴坛原著，马建石、杨育棠主编：《大清律例通考校注》，中国政法大学出版社1992年版，第236页。

清代旗人民人法律地位的异同

因案情千差万别,故律外有例,清朝"存留养亲"律附例文十八条,同样具有法律效力。同时,还有诸多成案以资谳狱时参考①,从而使相关规定更加细密,以便有司酌情定夺。关于"存留养亲"律的实施,笔者仅就旗民命案中"民人杀旗人""旗人杀民人"二类情况分别考察,旨在说明清统治者对旗人民人并无异视。

(一) 民人杀旗人

案例1,山东民龚三(龚玲)在承德县城开歇店生理,索欠起衅踢死旗人王奇开。盛京刑部谳断:将龚玲照斗殴杀人律,拟绞监候,秋后处决。再该犯供称"亲老丁单"之处,俟秋审时查明,取结办理。②

案例2,山西民侯思可,在京城东直门内开茶铺生理。护军佟德常在铺内吃酒喝茶,赊欠钱文。侯思可索欠,踢死佟德。刑部谳断:侯思可依斗殴杀人律,拟绞监候,秋后处决。查侯思可致伤佟德身死,衅起索欠,脚踢一伤,情节尚轻,既称查明该犯实系母老丁单,取结送部,与随案声请留养之例相符。相应照例枷号两个月,满日折责四十板,准其存留养亲③。(批红):侯思可著照例枷责,准留养亲。④ 刑部审理此案,确认民人侯思可案情较轻,"实系母老丁单",与留养之例相符。经清帝裁定实行。

(二) 旗人杀民人

案例1,民人张士孔,向雇主李兴泳借米未遂,口角争斗,

---

① 仅祝庆琪等编《刑案汇览》卷2、卷3《犯罪存留养亲》律目,就载成案(说帖)93例。
② 编号29,第4741包:《奉天承德县客民龚三因索欠踢死旗人王奇开案》(《史料辑刊》三,1596)。
③ 《大清律例·名例律上·犯罪存留养亲》《犯罪存留养亲第三条例文》:"凡斗殴及戏误杀人之犯,如有祖父母、父母老疾应侍,奉旨准其存留养亲者,将该犯照免死流犯例,枷号两个月,责四十板",《大清律例通考校注》,第243页。
④ 编号77,第4523包:《京城客居民侯思可因索欠踢死满洲镶黄旗护军佟德案》(《史料辑刊》三,1677)。

被李兴泳等共殴身死。李兴泳系京城镶黄旗觉罗戴二名下仆人，此为旗奴杀民人案。盛京刑部审理此案，查律文有：同谋共殴人因而致死，以下手致命伤重者绞监候；而李兴泳系旗下家奴，量刑加重一等，依"奴婢殴良人致死者斩监候律"定拟。又，该犯供称有母吕氏守节已逾二十二年，家无次丁，俟秋审时再行查办。（批红）三法司核拟具奏。① 命犯李兴泳既因旗奴身份而罪加一等（由绞监候改斩监候），又因母守节二十二年、家无次丁而被有司声请留养。说明"存留养亲"律相当宽泛，不仅适用于法律身份等同"良人"的旗民，也适用于法律身份低于"良人"的旗奴、卑幼②。但是，决不包括"非常赦所不原者"。也就是说，"存留养亲"条件除亲老丁单、家无次丁、孀妇守节外，"亦必本犯之罪有可原，其父母之情有可悯，然后准其留养"③。"十恶不赦"者不在此例。

历代统治者均视"存留养亲"为"法外之仁"④。该律既以"情"而非"法"为尺度，实施中难免出现一些问题，如"凶恶之徒，往往恃有恩例，肆意妄行，或人共殴，或推诿于一人，或一人独承"；或"无识之有司，又以姑息为宽大，迁就具狱"⑤。尤其犯人家属，捏报"单丁"，"贿求邻保捏结，朦准留养"，地方官"查报不实"等情况，屡有发生，"是以每年奏请独子留养之案甚多"⑥。尽管存在诸多流弊，清官府谳狱并实施此律，对旗人民人从无异视，应是基本事实。

---

① 编号67，第5615包：《奉天锦县旗下家奴李兴泳等因索欠纠纷共殴民张士孔身死案》（《史料辑刊》三，1652）。
② 按，此案量刑符合《犯罪存留养亲第六条例文》："凡旗人犯斩绞外遣等罪例合留养者，照民人一体留养。"《大清律例通考校注》，第244页。
③ 昆冈等纂：《大清会典事例》卷733《刑部·名例律·犯罪存留养亲二》。
④ 祝庆琪等编：《刑案汇览》卷2《犯罪存留养亲》，《刑案汇览全编》第1册，第196页。
⑤ 孔贞运：《皇明诏制》卷9。
⑥ 祝庆琪等编：《刑案汇览》卷2《犯罪存留养亲》，《刑案汇览全编》第1册，第216—217页；昆冈等纂：《大清会典事例》卷733《刑部·名例律·犯罪存留养亲二》。

四 "恩诏"减刑

满洲诸帝深受儒家治国理念之熏陶，把"尚德缓刑"视为"至治之极轨"，也即乾隆帝所谕："古帝王治天下之道，以省刑薄赋为先。"[①] 彰显这一理念的重要措施之一，即皇帝颁诏对罪犯实行特赦，时称"恩赦"，即"加恩赦之"意。"赦"指免除或减轻对罪犯的刑罚。刑科题本中所谓"事在恩旨以前"，则指大赦诏书颁布之前的罪犯，可援例赦免或赦减。在中国历史上，由最高统治者颁布恩诏对罪犯实行宽赦的做法可溯及战国时代秦国，"人君每假大赦之名，以上结天心，下要（邀）民誉，历世相因，遂成定例"[②]。而"恩赦"一词已见于汉代[③]。

清朝沿袭明制，颁布"恩赦"均有一定前提，"或因行庆施惠，或因水旱为忧，间一举行"[④]。且每次颁赦范围不一，并非所有罪犯均可援例赦免。清律例对何种情况可以援赦，何种情况不得援赦，均有严格规定。总的原则：凡过误犯罪，及因人连累致罪等，并从赦宥。"过误犯罪"，系指故杀、谋杀之外，原无仇隙，偶因一时愤激，相殴伤重致死之案。至于犯十恶、情罪重大者，以及命犯中"一应实犯（皆有心故犯），虽有赦并不原宥"[⑤]。又称"常赦所不原（免）"[⑥]。

案例1，奉天岫岩厅人薛应珑，至吉林地方佣佃度日，受雇于张明详，因索欠殴伤张明详身死。此案由吉林将军咨送刑部，刑部

---

① 昆冈等纂：《大清会典事例》卷733《刑部·名例律·犯罪存留养亲二》。
② 徐式圭：《中国大赦考》第二章《大赦之由来》，商务印书馆1934年版，第2、11页。
③ 班固：《汉书》卷6："（元光元年六月）复七国宗室前绝属者。师古曰：此等宗室，前坐七国反故绝属。今加恩赦之，更令上属籍于宗正也"，清乾隆武英殿刻本。
④ 昆冈等纂：《大清会典事例》卷729《刑部·名例律·常赦所不原一》。
⑤ 《大清律例·名例律上·常赦所不原律文》，《大清律例通考校注》，第236页。
⑥ 清代有许多"常赦所不原"案例，详见祝庆琪等编《刑案汇览》卷1《常赦所不原》，《刑案汇览全编》第1册，第179—192页。

第三编　旗民关系

复审称：应如该将军等所咨，薛应珑合依斗殴杀人律，拟绞监候。查该犯事在恩旨以前，衅起索欠，伤是他物，秋审系应入缓决之犯。薛应珑应减为杖一百，流三千里……（批红）依议①。

案例 2，山东民张幅玉，至三姓地方持票挖参，受雇于邢潆海。张幅玉因工钱纠纷殴毙邢潆海。刑部复审：应如该署将军所咨：张幅玉合依斗殴杀人律，拟绞监候。事结在恩诏以前，且"被殴先受多伤"，应准免罪。仍追埋葬银二十两给付尸亲具领。倘释后再行滋事犯法，应照所犯之罪加一等治罪。（批红）依议。②

案例 3，奉天承德县驿丁张泳成，因索债用木棍殴伤旗籍雇工张仁身死。刑部复审：应如该侍郎（按，指盛京刑部侍郎）等所题，张泳成合依斗殴杀人律，拟绞监候，秋后处决。查此案事犯在嘉庆十年八月二十五日恩诏以前，死者寻衅先殴，乃被回殴适毙，秋审时应拟缓决。应如该侍郎等所题，张泳成所拟绞罪应减为杖一百，流三千里，续奉本年正月初四日恩旨，应照例枷号四十日，满日鞭责发落。（批红）依议。③

以上三犯均民人，被杀者有旗人也有民人，原依"斗殴杀人律"定拟，皆因"事犯在恩旨以前"，且罪责较轻，符合"情有可原"条件，而予减刑。同时，对罪犯或追加埋葬银给付死者家属，或附加释放后再行犯法、罪加一等的警惩性条款。

案例 4，京旗包衣壮丁史俊登，在开原县城南新屯居住，种地度日。民人李发向其借钱不遂，推跌身死。刑部谳断：将李发照斗殴杀人律，拟绞监候，秋后处决。查该犯事犯在嘉庆十一年正月初四日恩旨以前，所得绞罪应否援减之处，听候部议……（批红）三法司核拟具奏。④ 此系民人杀旗人案。

---

① 编号19，第5765包：《吉林长春厅客民薛应珑因索欠殴伤前雇主张明详身死案》（《史料辑刊》三，1474）。
② 编号21，第5888包：《吉林客民张幅玉因工钱纠纷殴毙雇主邢潆海案》（《史料辑刊》三，1492）。
③ 编号33，第4881包：《奉天承德县驿丁张泳成因索债事致死旗人张仁案》（《史料辑刊》三，1601）。
④ 编号35，第4871包：《奉天开原县民人李发因借钱事推跌旗人史俊登内损身死案》（《史料辑刊》三，1604）。

清代旗人民人法律地位的异同

案例5，辽阳锡伯旗人吴全住典旗人赵常住红册地一垧，后听说该地转租他人，叫赵常住备价回赎。赵不允，致起衅端。吴全住用拳殴伤赵常住族弟扎布京阿身死。刑部谳语：吴全住依斗殴杀人律，拟绞监候。事犯在本年八月二十七日恩诏以前，应准免罪。倘释免后再行滋事犯法，应照所犯之罪加一等治罪。（批红蓝）依议。① 此为旗人杀旗人案，因事犯在"恩诏"以前，命犯获准免罪。同时，附加释免后再犯"加一等治罪"的附加条款。

案例6，奉天宁远州民刘二，为索讨工钱扎伤旗人刘作美，扎死其子刘香儿。刑部定谳：刘二合依故杀律，拟斩监候，秋后处决。此案事结在恩旨以前，逞忿迁怒，故杀幼孩，一死一伤，秋审应拟情实，刘二不准减等②。此系民人杀旗人案。刘二故杀幼孩，性质严重，故刑部从严定谳，虽事在"恩旨"颁布前，不准减等。这与前述"宽严相济"的法律原则是一以贯之的。

案例7，辽阳州壮丁于自潮、于自金听从于自彩等，谋杀内务府原任催长缪玉柱身死。刑部谳语：于自潮、于自金均合依谋杀人从而加功者律，俱拟绞监候，秋后处决。查于自潮、于自金事犯到官在恩旨以前，惟听从谋命，下手加功，秋审系应入情实之犯，均不准其援减。（批红）于自潮、于自金俱依拟应绞，著监候，秋后处决。余依议。③ 此起命案虽事在"恩旨"之前，但案犯不准援例减刑。理由是命案性质恶劣，罪不可赦。这与清廷"除夫殴妻致死，并无故杀及可恶别情者，仍照例准其存留承祀外，至弟杀胞兄，与殴杀大功以下尊长者，一经有犯，皆按律定拟，概不准声明独子"之律例完全吻合④，而与命犯户籍（旗籍

---

① 编号76，第5904包：《奉天承德县旗人吴全住因田地转佃殴毙旗人扎布京阿案》（《史料辑刊》三，1665）。

② 编号34，第4855包：《奉天宁远州民刘二因索讨工钱事扎伤旗人刘作美及其子刘香儿案》（《史料辑刊》三，1602）。

③ 编号73，第5906包：《奉天辽阳州旗人于自潮、于自金听从于自彩等谋杀催长缪玉柱案》（《史料辑刊》三，1660）。

④ 昆冈等纂：《大清会典事例》卷733《刑部·名例律·犯罪存留养亲二》。

还是民籍）无关。以上考察均证明，清廷"恩赦"律例对旗人民人一视同仁。

据光绪《大清会典》卷729—731，清朝颁诏大赦之例源自清太祖天命十年。而后，太宗崇德年间颁恩诏5次，顺治朝6次，康熙朝12次，雍正朝2次，乾隆朝33次，嘉庆朝16次，道光朝13次，咸丰朝5次，同治朝4次（光绪朝、宣统朝恩赦次数不详）。清廷对每次恩赦惠及对象、覆盖地域、赦免力度乃至适用时间等，均有限制①。其中，乾隆帝平均不足2年颁赦一次，在历代帝王中仅次于梁武帝（39次）②。清廷将"恩赦"作为"德政"一大举措，频频颁行天下，不分旗民，亦不分满汉，使一大批罪犯包括部分死刑犯得到赦免或减刑。这是满洲统治者"爱养生民、慎重刑狱"理念的集中体现，对笼络天下民心，缓和社会矛盾，体恤民间疾苦，减轻罪犯缧绁之苦，并俾其尽早脱离囹圄走上自新之途，均有一定作用。

五　"良贱相殴"律

清朝等级社会的性质在法律方面亦有鲜明体现。有司审理旗民命案，首先必须确定双方法律身份。至少在两种场合，双方法律身份并不平等：一种是奴婢与良人（良民）③相杀，一种是雇工与雇主相杀。而笔者的关注点仍在于，在这两种场合，有司对案犯的量刑是否考虑籍属（旗籍还是民籍）。

---

① 按，限制之种类，以实质言之，有罪人限制、罪名限制、罪质限制之分；以形式言之，又有特别限制、与附带限制二者，参见徐式圭《中国大赦考》第七章《大赦之制限》（第5页）。
② 据徐式圭《中国大赦考》第十章统计：自汉孝文帝迄明庄烈帝，计1880年共赦973次，平均两年十个月赦一次（第93页）。
③ 在清律中，"良（良人）贱（奴婢、雇工人）"是相对的一组身份概念。"所称良人，自系专指身家清白者而言。若受雇与人佣工，素有主仆名分，例不准报捐应试者，即不得以良人论"，祝庆琪等编：《刑案汇览》卷39《奴婢殴家长》，《刑案汇览全编》第6册，第2013页。

(一) 奴婢与良民

清律"良贱相殴"载:"凡奴婢殴良人(或殴,或伤,或折伤)者,加凡人一等;至笃疾者,绞(监候);死者,斩(监候)。其良人殴伤他人奴婢(或殴,或伤,或折伤、笃疾)者,减凡人一等;若死及故杀者,绞(监候)。"在此种场合,以奴婢殴家长刑罚最重,即分别情节轻重(殴伤、殴杀、谋杀等),而有斩、绞、凌迟等刑①。反之,家长杀奴婢,量刑减凡人一等。至于奴婢与家长以外的"良人"相殴致死,因彼此没有"主仆名分",量刑又分两种情况:

第一种是奴婢殴(家长以外)良人致死的情况,清律按"奴婢殴良人至死者斩监候律"定拟,即在确认奴婢法律地位低于良人前提下,对其加重惩处。在刑科题本中旗奴张英戳伤民人张王氏身死案中,刑部即如此定谳。换言之,张英并未因自己的旗籍身份而受到有司徇庇。他后来之所以侥幸逃过一死,一是适逢清廷颁布"恩诏",一是有司考虑到他在斗殴中属被动一方,即"被殴先受多伤",遂提出"秋审应拟缓决"的终审意见②。这又说明,即使在旗奴殴杀(家长以外)"良人"场合,有司量刑也会考虑情节轻重,是否适用"恩诏"等情。

而在其他旗奴殴伤民人致死案中,如蒙古旗人家奴王可英,殴扎民人刘文义致伤身死③;广宁旗奴高烟,因债务纠纷将民人董二殴伤致死④;奉天锦县旗奴李兴泳等,因借米纠纷殴伤民人张士孔致死案等⑤,有司均依"奴婢殴良人致死律"定谳,均未因命犯的

---

① 《大清律例·刑律·斗殴》,《大清律例通考校注》,第 834、836—842 页。
② 编号 22,第 4884 包:《奉天承德县旗人家奴张英因索要房钱等事戳伤良人张王氏身死案》(《史料辑刊》三,1496)。
③ 编号 24,第 4885 包:《直隶承德府丰宁县旗下家奴王可英因钱文事扎伤良人身死案》(《史料辑刊》三,1499)。
④ 编号 26,第 5278 包:《奉天广宁县旗下家奴高烟因债务纠纷殴伤董二身死案》(《史料辑刊》三,1505)。
⑤ 编号 67,第 5615 包:《奉天锦县旗下家奴李兴泳等因索欠纠纷共殴民张士孔身死案》(《史料辑刊》三,1652)。

第三编 旗民关系

旗人身份而有所宽纵。

第二种是（家长以外）良人殴奴婢致死的情况。清律以良人法律地位高于奴婢，故在殴伤场合对罪犯减一等量刑。刑部审理吉林民人吴文殴伤旗奴刘汉云案称："查律载：谋杀人伤而不死者绞监候，又良人殴伤他人奴婢减凡人一等。死及故杀者绞，又谋杀依故杀法各等语。是良人殴伤他人奴婢律得减凡人一等，至死仍同凡斗，拟以绞候。诚以人命不可无抵，而谋杀故杀亦止拟绞候，是于有抵之中，复示区别良贱之意。"考虑到吴文谋杀为奴遣犯刘汉云伤而不死，衅起寻常口角，与理曲逞凶者有间，将其照谋杀人伤而不死绞监候律，减一等，拟杖一百，流三千里。① 此系民人殴旗奴伤而未死案。可知有司对良贱相殴案根据具体案情分别谳断，即在良人殴伤他人奴婢场合，律得减凡人一等。但此律只适用于"殴伤"场合，如良人殴他人奴婢致死，"仍同凡斗"，不予减等。如此规定之深意，依旧是为了体现对人命的珍重，因此，即使杀死的是奴婢也不予减等量刑。

这里需要补充说明一点：由于清代民间的旗人称谓与法律身份并不完全对应，故不能据文献中"旗人门下家人""包衣旗人""包衣壮丁""家仆"等称谓，即轻易判定其法律身份的卑下，而判定其法律身份尊卑（属"奴婢"还是"良人"）的基本依据，还在于其与主人是否有"主仆名分"。

案例1，京旗满洲舒公门下家人潘谷金，雇民人孙祥做年工。"同坐共食，并无主仆名分"。因索欠用木棒殴毙孙祥之父。有司审定：潘谷金合依斗殴杀人律，拟绞监候，秋后处决。② 在本案中，旗籍"家人"潘谷金的法律身份是"良人"而非"奴婢"，而其与被害民人亦"无主仆名分"，故有司量刑视同凡论（即等同良人）。

案例2，正蓝旗包衣佐领下人王太富，雇给僧人缘顺做工。因

---

① 编号23，第4896包：《吉林三姓地方客民吴文因口角事殴伤他人奴婢案》（《史料辑刊》三，1498）。

② 编号25，第5105包：《奉天广宁县旗人门下家人潘谷金索欠殴伤孙添锡身死案》（《史料辑刊》三，1502）。

清代旗人民人法律地位的异同

没钱使用，将家中地亩央旗人暴云翔说合，租给僧人缘顺。王太富之父听说后殴打暴云翔，王出手劝架，误伤暴云翔身死。有司谳断：王太富依斗殴杀人律，拟绞监候，秋后处决。系屯居包衣，毋庸解部监禁。① "屯居包衣"王太富的法律身份与被害旗人暴云翔同属良人，故量刑依斗殴杀人律。

案例3，前引包衣壮丁史俊登被民人李发推跌身死案，刑部将李发照斗殴杀人律定拟②。在本案中，被害旗人"包衣壮丁"史俊登与案犯民人李发的法律身份亦等同凡人。

案例4，蒙古旗人文成家奴徐庭宝，与同旗巴彦家奴杨之幅，马甲富来家奴高连科，均在三河县屯居看坟，给地十八亩，四分伙种分粮。三人先将地亩押与民人何六、何老，后备钱回赎引起纠纷，何六扎伤徐庭宝致死。直隶总督审断：何六依斗殴杀人律，拟绞监候，秋后处决，何老照律杖责③。此案旗人"家奴"（坟丁）的法律身份等同凡人。

案例5，京旗满洲户下坟丁陈幅，在辽阳佣工度日。民人宋大借他市钱一千五百文。陈幅因索债用枪头伤宋大致死。盛京刑部谳断：将陈幅照斗殴杀人律，拟绞监候，秋后处决。④ 在本案中，旗人坟丁陈幅与被害民人宋大的法律身份皆同凡人。

5个案例中，尽管旗人称谓有"家人""屯居包衣""包衣壮丁""家奴""坟丁"等，但法律身份均等同凡论（良人）。在清代社会，一般说来，陈年旧仆、印契（红契）奴仆是真正意义的奴仆，法律地位低于良人（包括正身旗人和普通民人）；至于旗籍开户人、白契奴仆、"无主仆名分"雇工人等，法律身份则视

---

① 编号31，第4828包：《直隶丰润县包衣旗人王太富致死旗人暴云翔案》（《史料辑刊》三，1599）。
② 编号35，第4871包：《奉天开原县民人李发因借钱事推跌旗人史俊登内损身死案》（《史料辑刊》三，1604）。
③ 编号51，第5421包：《直隶三河县民何六因赎地事扎伤旗人徐庭宝致死案》（《史料辑刊》三，1634）。
④ 编号56，第5574包：《奉天辽阳州旗人陈幅因索债伤民人宋大身死案》（《史料辑刊》三，1638）。

同凡人[1]。有司鞫审旗民命案的基本前提，就是要明确当事双方的法律身份。在这方面，清官府对旗民命案的审理同样没有异视。

（二）雇工与雇主

清代旗民命案往往涉及雇工与雇主关系。刑科题本记录案件审理与谳断，必须明确两造社会身份，是否有功名，是平民抑或贱民；在宗族、家庭中是何种关系，出否五服，是什么服属，男女间是否夫妻等。其中有关雇佣关系者如：雇工属于长短工哪种类型，东伙平日如何相处，有无主仆名分，可否尔我相称、同坐共食。一旦涉案双方身份明确，再根据案情和律例做出相应鞫断。若双方是东伙关系，素无主仆名分，无论有无文契年限，判案俱依凡人科断；若雇工是长工，平日称雇主为老爷，有主仆名分，则认定雇工是雇工人身份，鞫审不依凡人论。因双方身份差异，同样性质的命案，量刑时对雇工人加一等治罪，对雇主减一等治罪。在这方面，同样不考虑旗籍民籍的差异。清律例载有：家长殴雇工人致死者，杖一百，徒三年；故杀者，绞监候；旗人殴雇工人致死者，枷号四十日，鞭一百。故杀者，亦照民人一律拟断[2]。就集中反映了双方法律地位的差异。

案例1，旗下闲散褚富雇给民人朱添才做工，因口角砍伤朱添才致死。盛京刑部谳断：褚富照斗殴杀人律，拟绞监候，秋后处决。在本案中，旗人褚富与雇主朱添才"兄弟平等称呼，并没主仆名分"[3]，法律身份等同凡论。

案例2，蒙古旗人王英，将地亩典给民人郭思聪。王英无力完

---

[1] 刘小萌：《八旗户籍中的旗下人诸名称考释》《试析旗下开户与出旗为民》，收入论文集《满族的社会与生活》，北京图书馆出版社1998年版，第158—159、175—177页；参见祝庆琪等编《刑案汇览》卷39《奴婢殴家长·殴死奴婢应分别红契白契》，《刑案汇览全编》第6册，第2016—2017页。

[2] 祝庆琪等编：《刑案汇览》卷39《奴婢殴家长·旗人马甲殴杀甫经典当家人》，《刑案汇览全编》第6册，第2020—2021页。

[3] 编号54，第5428包：《奉天义州旗人褚富因口角砍伤雇主民朱添才致死案》（《史料辑刊》三，1636）。

粮，向郭找价，不肯。又托工人（雇工人）张义忠等向其说合找价完粮。酿起事端，张义忠等将郭打伤致死。直隶总督谳定：张义忠合依共殴人致死，下手致命伤重者绞律，拟绞监候，秋后处决。王英系旗人，应行鞭责，年逾七旬，照律收赎。① 在此案中，旗人雇工与民人法律身份等同凡论。

案例3，旗人化睚泰雇房山县民冯三割麦，欠工钱未偿。冯三讨工钱扎伤化睚泰身死。刑部谳定：冯三合依斗殴杀人律，拟绞监候，秋后处决。② 在此场合，民人雇工与被杀旗人雇主亦等同凡论。

案例4，开原县民李玥雇给旗人李文碌作年工。彼此平等称呼，素日和好。后以口角起衅，李玥把李文碌殴伤致死。盛京刑部定谳：应将李玥照斗殴杀人律，拟绞监候，秋后处决③。有司将雇工人李玥的法律身份视同凡人，与旗人雇主的法律身份平等，故依斗殴杀人律定拟。

以上都是雇工人与雇主等同凡论的案例。雇工人于雇主因有"主仆名分"而有司不按良人身份科断的案例颇多，不再赘举④。

在上引"良贱相殴"案例中，值得注意的有2点：（1）在旗民命案的场合，决定刑罚轻重的关键因素是命犯的法律身份，而非户籍隶属（旗籍还是民籍）。（2）在此种场合，旗籍奴仆包括真正意义上的雇工人，其法律身份不仅低于旗人，同样低于民人。同时也说明：作为"良人"的旗民人等（即旗籍与民籍自由民），法律身份及地位平等，并不存在扬此抑彼的情况。

---

① 编号59，第5664包：《直隶丰宁县旗人王英雇工张义忠等共殴郭思聪身死案》（《史料辑刊》三，1642）。
② 编号61，第5694包：《直隶房山县民冯三讨工钱扎伤旗人化睚泰身死案》（《史料辑刊》三，1644）。
③ 编号69，第5698包：《奉天开原县民雇工李玥殴伤旗人李文碌身死案》（《史料辑刊》三，1655）。
④ 祝庆琪等编：《刑案汇览》卷39《奴婢殴家长·遭奴殴死同主雇工》，《刑案汇览全编》第6册，第2013页；《奴婢殴家长·家长非法殴死有罪雇工》，同上，第2022页；《奴婢殴家长·殴死雇工随带就食之女》，同上，第2024页；《奴婢殴家长·故死恩养三年以上典契雇工》，同上，第2025页。

六　命案审理程序

清代社会的基本特点是旗民分治两元体制，即以八旗制度统摄旗人（主体为满人），以州县制度管理民人（主体为汉人）。具体到各地，对旗民命案的审理程序，亦依管理体制差异而有所不同。概括言之，即此类案件经逐级审理后呈报刑部复审，疑难案件上呈三法司会审。通过命案审理的多层级设置，尽量实现谳狱的公正。

东北地区，因行政管理体制存在种种差异，对旗民命案的审理申报程序亦有相应区别。

在建立府州县制的盛京地区，由案发地基层组织头目（据刑科题本，有什家长、牌头、甲长、总甲①、堡保长、保正、屯乡约②、地方③、守堡、乡长等）呈报州（辽阳州、宁远州）县（广平县、开原县、海城县等）衙门初审，呈报府衙门（锦州府），再呈盛京府尹、盛京刑部，复审后拟律上报刑部。在设立理事厅的盛京地区，由案发地的基层组织头目呈报理事通判（岫岩理事通判、兴京理事通判）初审，上报奉天府尹、盛京刑部，复审后拟律上报刑部。上述地区发生的旗民命案，也有经盛京将军复审后咨行刑部的情况。

在吉林将军辖区，旗民间讼案之审理，具体有如下情况：如有旗民交涉、贼盗案件及旗人斗殴人命等案，俱系刑司办理。徒罪以上者，俱报刑部。至旗民交涉、斗殴、人命及民犯案件，由理事同

---

① 清顺治元年定：凡各府州县卫所所属乡村，十家置一家长，百家置一总甲。以后在城乡推行保甲制，十户为牌，立牌长（牌头、什家长）；十牌为甲，立甲长；十甲为保，立保长（保正）。《六部成语注解》："各大村镇，每村地分数甲数十百家。每甲之中又分某乡某排，一排之中有排甲稽查，一乡之中设乡约约束，又有里长司劝化之事，而统归总甲管辖。乃由州县官派官充之。"

② 乡约，乡中小吏，由知县任命，掌传达政令，调解纠纷。

③ 清代称里、甲长、地保、巡役等为地方。

知衙门办理①。具体程序：由案发地基层组织头目（牌头）呈报吉林厅理事同知，上呈宁古塔副都统（伯都讷副都统），复呈吉林将军，咨行刑部；或由案发地基层组织头目（里长）呈长春厅理事通判，上呈吉林将军，咨行刑部；或基层旗员（防御）呈报副都统（三姓副都统、宁古塔副都统），呈报吉林将军，将军咨行京师刑部。刑部终审，皇帝批红，遇到疑难案件由三法司会审具奏。

在各直省，以直隶顺天府为例，各州县初审后上报顺天府（如系旗民命案，呈报各路理事同知），顺天府复审拟律后上呈按察使复审，再呈总督复审拟律并咨行刑部。刑部终审，呈报皇帝裁决，如必要，经三法司核拟施行。在直隶各县府，则由基层巡检等官呈报知县初审，逐级呈报知府、直隶按察使、直隶总督并复审。在八旗各驻防地，遇有旗民命案，该管旗员即会同理事同知、通判，带领领催、尸亲人等公同检验，一面详报上司，一面会同审拟。如无理事同知、通判，即会同有司官公同检验，详报审拟②。逐级呈报将军并咨行刑部。刑部有疑难案件，会同兵部、都察院、大理寺会审具奏。

在京师，内城旗界命案，由本家禀报佐领径报刑部相验；如街道命案，无论旗民，由步军校呈步军统领衙门，一面咨明刑部，一面飞咨五城兵马司指挥速往相验，径报刑部；外城民界命案，无论旗民，俱令总甲呈报该城指挥，即速相验；呈报该城御史转报刑部、都察院。若系旗人，并报该旗③。

简言之，在各地区，所有命案均由基层衙门逐级审理并上报。按清制，州县可以审断笞杖及以下案件，督府可审断徒刑以下案件，其余流刑、死刑案件，虽由州县初审上报，府、按察司甚至督府逐级复审也只能拟律，最后上报刑部和皇帝④。故旗民命案

---

① 萨英额：《吉林外纪》卷5，吉林文史出版社1985年版，第74页。
② 《大清律例·刑律·断狱下》，《大清律例通考校注》，第1100页。
③ 《大清律例·刑律·断狱下》，《大清律例通考校注》，第1102页。
④ 南玉泉：《顺天府的设立及其在京畿司法管辖中的地位与职能》，中国政法大学法律古籍研究所编：《清代民国司法档案与北京地区法制》，中国政法大学出版社2014年版，第37页。

1005

的司法权集中于刑部。刑部官员熟通律例，可保证鞫狱的基本准确与公正，避免出现重大疏失。以下是经刑部驳回或加以更正的案例。

案例1，山东宁海州民李经晏在宁古塔城西租地耕种，雇佣民人。雇工陈天佑偷窃李经晏牛只，李追赶争斗，将陈殴伤致毙。盛京将军谳断，将该犯依擅杀律拟绞监候。而刑部终审称：李经晏系属寻常斗殴，今该将军将该犯依擅杀律拟绞，"罪名尚无出入，引断究有未符"，应改依斗殴杀人律，拟绞监候，秋后处决。又以该案事犯在嘉庆十年八月二十五日钦奉恩诏以前，死本理曲，伤系他物，秋审应入缓决，应将该犯减为杖一百流三千里；续奉本年正月初四日恩旨，应照犯罪得累减之律，再减为杖一百徒三年，仍追埋葬银二十两给付尸亲收领。在这起命案中，刑部认为盛京将军量刑偏重，由"擅杀"改为"殴杀"；复以事犯在两次"恩诏"之前，连续减刑，定为杖一百徒三年。

案例2，旗人杀旗人（宗室杀死坟丁）案。沈阳内务府壮丁张俊，因地被宗室得克吉恒额攘夺，妻被殴伤，伊侄复被捆绑，情急之下踢伤克吉恒额坟丁胡八十一肾囊身死。盛京刑部审理，将张俊依斗杀律拟绞，得克吉恒额等拟枷杖。刑部详核案情，谳词称张俊并无侵占别情，而宗室得克吉恒额等逼写退地契据，率多人索要饭食，喝令殴打捆缚，明系无故扰害，"属凶恶棍徒"；听从其指令殴捆张俊之胡八十一等，"均属棍徒为从"。刑部认为盛京刑部未考虑命犯被动行凶情节，"引断殊未允协"，驳回重审。（批红）部驳甚是，依议。①

案例3，旗人杀民人案。内务府园丁刘进忠雇给本堡王得章、韩经茶饭铺里吃劳金，讨要账目。本堡民人于景义赊欠铺里茶饭钱。刘进忠索债起衅，用刀戳伤于景义身死。刑部终审，认为刘进忠因被于景义欺侮屡次辱骂，心里气愤，起意致死，实属预谋诸

---

① 编号64，第5722包：《奉天开原县旗人张俊因田地之争伤胡八十一身死案》（《史料辑刊》三，1647）。

心，自应以谋杀律定拟；盛京刑部将刘进忠依故杀律科断，量刑虽无大谬，但在分寸把握上不够准确，未考虑"预谋"情节，故将量刑依据由故杀律改为谋杀律①。

案例4，旗奴杀民人案。正红旗章添保户下家奴姜亮，屯居涞水县卖酒生理，同村民人王立本陆续赊欠姜亮酒钱无偿，因此起衅殴斗，被姜亮等人殴伤致死。直隶总督将姜亮依共殴人致死下手伤重律拟绞监候具题，刑部以直督所拟"是将以贱殴良之案仅同凡科"，驳回重审②。

总之，各地衙署对旗民命案的审理呈报程序，依行政管理体制的差异而有所不同。但不管有何差异，均要经各级衙署拟律后送刑部审断。刑部素有"天下刑名总汇"之称，是以"刑者人命所系，而天下人命尤系于刑部之一官"③。刑部设有十八司，除督捕司专办逃旗现审外，其余十七司办理各省题咨准驳案件，并分办在京各处移送奏咨现审等件，"推原立法，所以专责成而均分理也"④。尤其秋审处等官熟通律例，法律经验丰富，专业素质高，由其对各直省题、咨命案复审，保证了案件定谳的准确和公正。从前引诸案看，不乏地方官或旗员谳断有失而被刑部驳回重审的实例。命案审理的多层设计，刑部终审和三法司核拟制的设置，均为清政府公正审理旗民命案提供了制度保证⑤。

---

① 编号65，第5711包：《奉天新民厅旗人刘进忠因债伤民于景义身死案》(《史料辑刊》三，1649)。

② 祝庆琪等编：《刑案汇览》卷39《良贱相殴·屯居旗人之家奴殴死民人》，《刑案汇览全编》第6册，第2012页。

③ 徐乾学：《刑部题名碑记》之一，《憺园集》卷26，《清代诗文集汇编》第124册，上海古籍出版社2009年版，第587页。

④ 祝庆琪等编：《刑案汇览》卷末，《刑案汇览全编》第8册，第3158页。

⑤ 刑部亦如其他五部，行满汉复职制。郑小悠：《清代刑部满汉关系研究》(《民族研究》2015年第6期)一文指出，自清初直到雍正、乾隆年间，刑部一直在很大程度上保留着汉官不问旗案的行政传统。这里的"不问"，不是不参与审理程序，而是强调汉官不做主张，不在意见上与满官相左。至于直省汉人的一般命盗案件，雍正以后，满官的参与度要比顺、康年间要更高一些。乾隆中后期、嘉庆、道光年间，汉官不办满案的旧例被打破。

七 结语

通过对刑科题本旗民命案的考察，并结合以往研究，可将清代旗民（满汉）法律关系概括如下：

第一，旗人拥有的法律特权，主要表现在两个方面：

一是满洲贵族特权。《大清会典》《宗人府则例》载有一系列维护宗室特权的律例，如宗室、觉罗有人命斗殴之讼，由宗人府审理，以后有所限制，改由宗人府与刑部决之①。清律"八议"（即议亲、议故、议功、议贤、议能、议勤、议贵、议宾）诸条，虽非清朝所创，而"悉仍唐律"②，但由于清朝统治的"异民族"性质（相对被统治主体民族汉人而言），则注定了该律被赋有民族压迫歧视的特色。

二是普通旗人（主体是满洲人）特权。表现主要有三：

（1）专门的司法审理权。内务府慎刑司掌管上三旗刑名及宫廷人员刑狱，步军统领衙门掌管京旗案件（以上两衙门只审断笞杖以下案件，徒以上案件均送刑部）③。清朝关于旗人军事案件的审谳，在《大清律例·兵律·军政》《八旗通志》《中枢政考》中均有详细规定。因此类案件与民事不相干，系由本管衙门自行追问。如涉及地方满、汉交涉案件，则由理事厅与地方官员会审。理事厅设在有八旗驻防的都邑关津，有理事同知、通判等官，多由旗人担任，地方官无权单独对满人定罪量刑。

（2）刑法中旗人"犯罪免发遣"律④。民人犯法，有笞、杖、徒、流、军5等刑罚，旗人则享有换刑特权，笞、杖刑各照数鞭责，

---

① 胡祥雨：《清前期京师初级审判制度之变更》，《历史档案》2007年第2期。
② 《大清律例·名律例上·八议律文》，《大清律例通考校注》，第206页。
③ 南玉泉：《顺天府的设立及其在京畿司法管辖中的地位与职能》，中国政法大学法律古籍研究所编：《清代民国司法档案与北京地区法制》，第36—37页。
④ 《大清律例·名律例上·犯罪免发遣》："凡旗人犯罪，笞杖各照数鞭责。军流徒免发遣，分别枷号"，该律附相关例文七条。《大清律例通考校注》，第217页。

徒、流、军刑免发遣、分别枷号；旗人犯盗窃罪免刺字，重犯刺臂，民人刺面①。《清史稿·刑法志》在解释这样做的原因时说："原立法之意，亦以旗人生则入档，壮则充兵，巩卫本根，未便远离。"

此律尤为后世所诟病，以其社会影响面广，一向被视作旗人（满人）拥有法律特权的基本依据②。不过，正如清末法学家沈家本所指：此律实非清廷所创，而是参据《明律》"军官、军人免徒流"条而仿照编纂。明代军官、军人，隶于各卫，以充营伍，各卫所差务殷繁，故犯流徒者，仍发各卫所充军当差。旗人犯罪折枷，与此意相符合。清朝定鼎中原，旗人世代当兵，时旗人壮丁有限，清律对犯罪旗人实施"换刑"，主要是基于保证兵源的考虑③。由此可见，问题的关键并不在于律文本身，而是在于八旗制度所带有的鲜明"满洲"特色，即作为清朝重要军事机器，同时也是满洲人军政合一的社会组织。八旗官兵既以满洲人为主体，也就注定了该律被视为旗人（主体为满洲人）法律特权的重要标志。而其在制造旗民畛域（满汉畛域）方面所起的深远影响，也不言而喻。

（3）民法中的旗民"不准交产"律。其真正含义，即旗地、旗房概不准民人典卖，反之旗人置买民地、民房，则无禁例。相关律例俱载《大清律例·户律·典卖田宅门》，从而体现了旗人（满人）的经济特权。

第二，旗人法律特权的有限性。在清代法律中，旗民法律关系既有不平等一面，也有平等的一面，后者主要体现在对旗民案件科罪时的统一标准，即以清律例为基本依据，并不问罪犯的具体身份（是旗人还是民人）。这种情况，在命案一类重大案件的审理上，得到集中体现。此即前人所指：清朝在制定法律条文时，坚决维护满人享有的特殊法律地位和司法特权，同时又坚持全国法制的统

---

① 伊桑阿等纂：《大清会典》卷129《刑部二十一·旗人犯罪》，康熙二十九年内府刻本；允裪等纂：《大清会典》卷68《刑部·刑制》，乾隆二十九年殿本。
② 郑秦：《清代司法审判制度研究》，湖南教育出版社1988年版，第63—74页。
③ 沈家本：《旗人遣军流徒各罪照民人实行发配折》，《寄簃文存》卷1，李光灿：《评〈寄簃文存〉》，群众出版社1985年版，第197页。

第三编 旗民关系

一，使关于满人的特殊司法制度统一于全国的司法体系中[①]。

上述情况，对全面评估清代旗民法律关系颇有启迪。长期以来，学界往往只关注旗人（主体是满洲人）民人（主体是汉人）法律关系不平等的一面，同时却忽略其平等的一面，所持观点亦难免偏颇。有清一代，旗民（满汉）间的刑事纠纷和各类案件在各地虽时有发生，却并未导致双方矛盾（旗民矛盾、满汉矛盾）的激化，这与清官府对旗民量刑标准的总体持平是分不开的。

第三，旗人法律特权的削弱。清廷入关初，满洲统治者对广大汉人实施强烈民族压迫政策，满汉人法律地位差异明显。康雍以后，随着清廷对满汉关系调整，旗人法律特权逐步削弱。首先表现为缩小旗人"犯罪免发遣"律的适用对象，同时扩大实刑范围[②]。其次表现为满洲贵族法律特权的限制。清初宗室犯命案有免死特权。道光五年（1825）改为："宗室酿成命案，宗人府会同刑部先行革去宗室，照平人一律问拟斩绞，分别实缓，其进呈黄册仍著由宗人府办理。"[③] 就是满洲贵族免死特权被削除的佐证。

再次表现为理事官性质与职能的转变。清制，民署旗署分治其事。旗务统于旗署，民署不得过问，遇有旗民田房讼事，知县须请旗员会审。在关外盛京，旧制旗人临审不跪，及崇实任奉天总督，乃奏请奉天州县官均加理事同知或理事通判衔，旗民诉讼概归知县审理。旗人民人的司法审理制度始归于一。在内地各直省，理事官的职权同样被削弱。

第四，旗民命案的性质。从现存刑部题本可看出，绝大多数旗民命案，多缘于当事双方的债务纠纷。命案双方或为亲友，或为主仆（雇主与雇工），平日关系密切，并无嫌隙，只因债务纠纷，一

[①] 郑秦：《清代司法审判制度研究》，第59页。
[②] 《大清律例·名律例上·犯罪免发遣》律附七条例文，《大清律例通考校注》，第218—220页；沈家本：《旗人遣军流徒各罪照民人实行发配折》，《寄簃文存》卷1，李光灿：《评〈寄簃文存〉》，第197—198页；参见祝庆琪等编《刑案汇览》卷1《犯罪免发遣》，《刑案汇览全编》第1册，第158—168页。
[③] 祝庆琪等编：《刑案汇览》卷1，《刑案汇览全编》第1册，第151页；参见昆冈等纂《大清会典事例》卷725《刑部三》。

时忿起,酿成惨剧。这说明,酿成旗民命案的基本原因是日常经济纠纷,而非身份、地位、籍贯(旗籍与民籍)畛域,更非族群(满人与汉人)冲突。换言之,旗民命案与社会中时隐时现的满汉矛盾并没有必然关联。

第五,旗人法律特权的废除。光绪三十三年(1907),清廷实行新政、预备立宪,以"融满汉"为当务之急。与以往不同的是,一些满洲大员,积极倡导化除满汉畛域。出国考察归来的端方,于六月二十二日奏上化除满汉畛域办法八条,其一即满汉刑律宜归一致。七月,清廷谕内阁:"现在满汉畛域,应如何全行化除?"命满汉大臣讨论奏上。奏议之一:旗人犯罪,与民人一体办理;旗人犯遣军流徒各罪,照民人一体发配;现行律例折枷各条,概行删除,以昭统一。就是改变旗、民法律上的不平等。

其实早在道光五年(1825),协办大学士英和"会筹旗人疏通劝惩"一折,已提出废除旗人换刑特权:既准旗人在外居住,所有笞杖徒流军各例,应照民人例一体办理;且屯居旗人原有照民人问拟之例。然此建策未能落实,又拖了八十多年,直到光绪三十三年(1907),旗民不平等的法律条文始被废除。同年八月,主持修订清律的大臣沈家本奏请:"嗣后旗人犯遣军流徒各罪,照民人一体同科,实行发配。现行律例折枷各条,概行删除,以昭统一而化畛域。"① 九月,慈禧太后懿旨,"满汉沿袭旧俗,如服官守制,以及刑罚轻重,间有参差,殊不足昭划一"。她命礼部、修订法律大臣议定满汉通行礼制、刑律,除宗室外,满汉同一。清廷议定《满汉通行刑律》,并于宣统元年(1909)更名《现行刑律》,公布施行。满、汉民刑案件,一律归各地审判厅审理。

相形之下,民法中有关禁止旗民交产律的废除却显得一波三折:咸丰二年(1852)第一次准许旗民交产,五年后借口"徒滋涉讼",奏准仍复旧制;同治二年(1863)一度恢复了咸丰二年定

---

① 沈家本:《旗人遣军流徒各罪照民人实行发配折》,《寄簃文存》卷1,李光灿:《评〈寄簃文存〉》,第198—201页。

例,"庶旗民有无,均可相通",但光绪十五年(1889)又规复旧制,旗民不准交产。"然民间之私相授受者仍多,终属有名无实。"[1] 待到光绪三十三年(1907)再度确认咸丰二年成案的合法性时,清王朝已来日无多了。

(原载《清史研究》2019年第4期)

---

[1] 《户部井田科奏咨辑要》卷上,第1页上,13页上,15页上;卷下,第51页下,光绪朝排印本;沈家本:《变通旗民交产旧制析》,《寄簃文存》卷1,李光灿:《评〈寄簃文存〉》第198—201页。

晚清八旗会馆考

摘要： 八旗会馆出现于晚清，主要分布在内地各省会都市。本文利用会馆《章程》《同乡录》《同官录》等史料，对各地八旗会馆概况进行了梳理，就其组织结构、管理制度、经费来源、基本功能等问题加以考察，并就八旗会馆与民间会馆异同、八旗会馆的发展与旗人地域观变化等问题加以探讨，借以揭示晚清时期旗民关系（核心是满汉关系）新变化。

关键词： 八旗会馆　旗民关系　满汉关系　同乡关系

会馆最初是指民间社会以地域关系为建馆基础的同乡组织，后来向工商业组织发展。会馆之设立，或出于同乡情谊，或用于同行间协调关系，联络感情。会馆首见于明，大行于清。清代各地，商业都市或交通冲要、水陆码头，均有同乡会馆，而以京师为最集中、数量最多、规模最大[①]。中外学人于民间会馆，已有大量研究，唯独对其中特殊一类即所谓"八旗会馆"，迄未有专门探讨。笔者长期关注清代旗人社会与满汉关系，对八旗会馆的兴趣亦由此而来。八旗会馆出现于晚清，主要分布于中原内地和东南沿海各都市。各地八旗会馆的基本状况如何？主要分布在哪些城市？其在组织结构、管理制度、经费来源、社会功能等方面与民间会馆有何异同？而其发展，又与旗人（核心是满洲人）地域观的演变有何关

[①] 中国会馆志编辑委员会编：《中国会馆志》，方志出版社2002年版，第65—66页。

联？以上问题，正是拙文所要探讨的[①]。

一 会馆基本情况

八旗会馆[②]，主要分布于中原内地及东南沿海省会城市，已知有18处，其中文献记载较详者8处，以下分别述之。

（一）江苏（苏州）八旗会馆

苏州八旗会馆位于今苏州园林博物馆，现归属拙政园。拙政园为苏州名园，在阊、齐二门间，本大宏寺遗址。明嘉靖中，御史王献臣建斯园，取潘岳"拙者为政"句命名。水石林木之胜，为苏州诸园之冠。清初，园归大学士陈之遴。陈宦于京师十载未归，图绘咏歌，未睹园中一树一石，及穷老投荒，穸庐绝域，此园籍没入官，为驻防将军府。驻防兵撤，又为兵备道馆。继为吴三桂婿王永康所得，崇高雕镂，备极侈华。"三藩"乱起，永康惧而先死，园籍没入官，改苏松常道新署。旋裁撤，园散为民居。历蒋氏、查氏，后归吴氏。咸丰庚申（1860），太平军陷苏州，忠王李秀成据为王府。城复，善后局发银三千两作值付吴氏，不久以园归公，暂为巡抚行辕。同治十年（1871）冬，江苏巡抚直隶南皮人张之万与右布政使恩锡、苏州织造德寿、粮储道英朴三满洲官员倡建会馆，以价银三千、修理银二千汇交藩库，购得此园[③]。此即苏州八旗会馆之由来。

苏州八旗会馆，全称八旗奉直会馆。所谓"奉直"，指清代奉天和直隶地区。"八旗"与"奉直"并称，说明会馆由旗籍以及民

[①] 笔者搜集资料过程中得到日本东北大学水盛凉一博士、政治大学许富翔博士的热情帮助，在此一并致以诚挚感谢。

[②] 各地八旗会馆称谓不一，或称八旗奉直会馆、八旗奉直东会馆、八旗奉直豫东会馆，本文除必要之处标明全称外，一般称"八旗会馆"，以省繁文。

[③] 长白世勋：《八旗奉直会馆记》，光绪十二年；苏州博物馆等编：《明清苏州工商业碑刻集》，苏州人民出版社1981年版，第364页；冯桂芬：《（同治）苏州府志》卷46，光绪九年刊本。

籍的奉天、直隶人组成。这种跨省合建（或称联省合建）会馆，在民间亦常见，如山陕会馆、闽浙会馆、两广会馆等。但由旗籍人士与民籍人士合办会馆，从旗民关系角度而言，却有特殊意义。清朝制度的一大特征是旗民分治，即以八旗制度统率旗人，以省府州县制度管理民人，故"旗民分治"的实质还是满汉分治。自清朝入关起，各地旗人均自为一区（无论在京师还是各驻防地），并与民人居住区彼此隔离。清中叶以来，满汉交往日益密切，反映在观念上的变化，莫过于彼此认同的加强。旗人主要生活在京师、畿辅、东北三地，而当地除旗人外，均生活着众多汉人。他们交往频繁，关系密切，地域认同感不断增强，以致视为同乡。这是一个长达二百余年的长时段演进过程，也是八旗奉直会馆应运而生的基本背景。

苏州是东南一大都会，水陆交通四通八达，各地商人纷至沓来，各类会馆应运而生。乾隆年间，苏州会馆已有90多所（包括公所）。有学者将苏州会馆分手工业、商业、手工商业、工匠、同乡、官商捐资合建、地方官吏创办等7类。其中同乡会馆由外地在苏州商人组成，他们不分行业，按地域纽带组合在一起；八旗奉直会馆则属"地方官吏创办的会馆"，并指出：这是原籍盛京、直隶而在江南及苏州任官的同乡，为联络乡谊而建，完全是"游宦者群集之所"，与商业贸易没有直接联系①。作者对会馆划分为7类，自有其道理。但进一步考察，就发现苏州八旗会馆既是按地域纽带组合的同乡会馆，只不过其"同乡"认同更为宽泛，不仅突破了旗籍民籍畛域，而且破除了省籍界限，又不纯粹是"地方官吏创办的会馆"，而是由外来旗民籍官员所创办，从而反映近代以来旗奉直籍官员在地域观上逐渐趋同的演变。

苏州八旗会馆曾悬有浙籍名士俞樾撰写的一副楹联："胜迹冠吴中，有梅村诗句，衡山画图，坐对茶花思往事；名流来日下，是

---

① 洪焕椿：《后记》，《明清苏州工商业碑刻集》，苏州人民出版社1981年版，第395页。

丰沛故家，金张贵姓，好凭酒盏话升平。"① 吴中，是苏州古名。"梅村"即吴伟业，字梅村，清初诗人。"衡山"是文徵明字，为明代四大画家之一。两者皆苏州人。如前述，八旗会馆前身即拙政园，文徵明曾作图记以志其胜。图中诸景凡三十有一。每一景系以一诗，诗有小引，述命名意。而清初陈之遴方盛，曾力荐吴梅村祭酒，意将虚左以待，及梅村至京，之遴已败，故梅村作《拙政园山茶歌》，感慨惋惜，有不能明言之情②。可知楹联上联是藉文衡山、吴梅村两名士与拙政园渊源，彰显名园胜迹之非同凡响。"日下"指京城，也是旗人最大聚居地。满洲皇室爱新觉罗氏，"爱新"汉译为"金"，此处"金张贵姓"的"金"，应指旗籍满洲官员，他们或出身世胄，是典型的"丰沛故家"；"金张贵姓"的"张"，是汉人大姓，此处应泛指民籍官民。这楹联，生动概括了会馆在旗民籍乡人共同倡始下设立的事实。此一事实，在各地八旗会馆中具有普遍性。楹联还表明：满汉名流，在会馆内饮酒赋诗，话旧迎新，正是他们联络感情、相与契合的重要方式。

苏州的繁盛颇得益于海运便捷，它如青岛、宁波、厦门、潮州等沿海商业城市，同样深得海运之惠，会馆设置亦多。但问题是，在上述沿海城市，唯独苏州设有八旗会馆。究其原因：苏州作为重要商市，同时亦为国家财赋重地。明朝曾在南京、苏州、杭州三地各置提督织造太监，专掌丝织品织造事宜，以供皇室消费。清沿明制，仍于三地置织造衙门，简任内务府旗人，管理织造。苏州又是苏省巡抚衙门所在地，除省级大员，担任道府州县官旗籍人士颇多。仅此两点，足证苏州八旗会馆之设并非偶然。

（二）福建八旗会馆

福州西北控扼延、建、邵、汀、福宁五府，永春一州，东南襟带兴化、漳、泉三府，龙岩一州，实为全闽中枢；且地属省会，四

---

① 蒙智扉、黄太茂、覃务波主编：《名人居室雅联》，广西民族出版社2001年版，第133页。

② 吴庆坻：《蕉廊脞录》卷7，中华书局1990年版，第213页。

民辐辏，五方萃处，虽有督、抚之设，而滨海重镇不能无虞，故自清初即有驻防将军之设。

福州八旗会馆，亦如其他同类会馆，是由来闽满汉官员所倡始。会馆位于福州鼓楼区道山路西段北侧，面向乌山，原是明代宦官高寀"中使园"（西园）遗址。清初驻兵园中，亭榭皆废。顺治间园归孙氏。后辗转多人之手，改建为旗人旅闽居所，俗称八旗会馆①。

关于会馆始建时间，一说"清中叶"，又一说乾隆年间②，但均未见有史书印证，且时间明显早于其他八旗会馆，不能不存疑。另据山东《八旗奉直乡祠碑记》：甲午年（1894），汉军旗人张国正莅任山东布政使，曾"谓江苏、福建诸省均有八旗奉直义地、乡祠，山东独无"③。按，八旗奉直乡祠，是八旗奉直会馆别称。据此，知福建八旗会馆建于甲午年（1894）之前，准确时间待考。

今存会馆编《旗奉直东同乡官录》（与《旗奉直东会馆月捐新章》合刊），说明会馆全称旗奉直东会馆，"旗奉直"者已如前述，"东"指山东。会馆作为旗民籍官商旅闽之所，规模宏大：主体建筑前后五进，有厅堂、戏台、花厅，还有花园、假山、鱼池、亭台楼阁，面积5000余平方米④。

从流传至今的会馆楹联，可窥知当年盛景及若干活动情况：《周彦升先生代张廉访题福州奉直会馆联》有云："古称燕赵，多慷慨悲歌之士；师法范姚，以功名气节相高。"旗奉直东人士分属旗民两籍，均来自北方，即所谓"燕赵"之地，正是从"多慷慨

---

① 福州市地方志编纂委员会编：《福州市志》第7册，方志出版社1999年版，第532页。

② 王日根编：《中国老会馆的故事》，山东画报出版社2014年版，第68页；《福州市志》第7册，第532页；福建省文史研究馆编：《福州坊巷志——林家溱文史丛稿》，福建美术出版社2013年版，第134页。

③ 《八旗奉直乡祠碑记》（光绪二十四年），转引自马德坤《民国时期济南同业公会研究》，人民出版社2014年版，第34—35页。

④ 福州市地方志编纂委员会编：《福州市志》第7册，第532页；王日根编：《中国老会馆的故事》，第68页。

悲歌之士"这一点上，他们找到某种人文精神与文化传统的契合。范指范承谟（1624—1676），字觐公，号螺山，辽东人，镶黄旗汉军，清开国功臣大学士范文程次子。进士出身，累迁浙江巡抚、福建总督。"三藩"乱闽，承谟拒不附俯降，被耿精忠囚禁，始终坚守臣节。康熙十五年（1676）遇害，清廷追赠兵部尚书、太子少保，谥号忠贞。姚指姚启圣（1624—1683），字熙止，号忧庵，原籍浙江绍兴。少任侠自喜，为明朝诸生。顺治初年，游通州，为土豪所侮，乃诣军前乞求自效。任通州知州，执土豪杖杀之，弃官归。顺治十六年（1659），附族人籍，隶镶红旗汉军。康熙年间随康亲王杰书平定耿精忠叛乱，台湾之役功勋卓著，历任福建总督、兵部尚书、太子太保等职，病逝于福州。两人虽属旗籍但先世本汉人，康熙年间同建大功于闽地，故被入闽旗奉直东籍乡人共奉为名宦先贤。同样寓意的楹联还有："豪士出幽燕，横海功名，遗老能言姚少保；名臣重瓯粤，对山祠宇，行人犹指范忠贞。"① 福州滨海，近代以来屡有边衅，楹联作者极力彰显范、姚建功闽地伟业，以砥砺乡人。又说明：八旗会馆除秉持团聚乡人、互帮互助的一般宗旨，还继承了旗籍人士忠君爱国精神和以名节相高的传统。

（三）山东八旗会馆

济南是山东省会，地处中原腹地，水陆辐辏，工商毕集。其商业繁荣程度虽不及江南苏杭及东南沿海一带，但较之它省，仍属上乘。济南较早建立的有山陕会馆。至光绪后期，全城有会馆19处，包括八旗会馆。②

八旗会馆位于今济南市院后街，东邻忠王祠（曾国藩祠）。《八旗奉直乡祠碑记》载："济南之有八旗奉直会馆，自同治壬申年（1872）始。"③ 在各地同类会馆中，该会馆设立较早。有人

---

① 胡君复编：《古今联语汇选》第5册《会馆》。
② 马德坤：《民国时期济南同业公会研究》，第33页。
③ 《八旗奉直乡祠碑记》（光绪二十四年），转引自马德坤《民国时期济南同业公会研究》。

说，该会馆由驻济旗人创立，"不涉及任何商业，纯属慈善互助团体"①。但从其别称"八旗奉直乡祠"看，其成员兼容旗籍与奉直民籍当属无疑。会馆楹联有："国家长白发祥，亿万年姬鸟姜嫄，丰镐衣冠辉帝里；海岱维（潍）青作镇，百七邑齐风鲁颂，圣贤桑梓说宗邦。"② 姬姓为黄帝之裔，姜姓为炎帝之裔，都是汉人最古老姓氏，与"丰镐衣冠"合指京畿直奉民籍官员，而"海岱维（潍）青""齐风鲁颂""圣贤桑梓"，皆指鲁地，从而点明旗奉直籍人为宦山东并联为同乡的事实。

据《八旗奉直乡祠碑记》：会馆初建，内无乡祠，因经费未充，屡议屡辍。迨甲午年（1894），布政使、汉军旗人张国正莅任，始厘定会馆旧章，谓江苏、福建诸省均有八旗奉直义地、乡祠，山东独无，因与会馆值年、知府天津人李浚三相商，捐资倡议兴建。不久，海城李秉衡就任山东巡抚③，而按察使、内务府汉军毓贤，正蓝旗蒙古、都转盐运使丰绅泰亦先后莅任。对张国正增建乡祠（会馆）之议，均表赞成。乃就原购历山门外南营义地，鸠工庀材，筹备兴建。会馆始建于丁酉（1897）仲春，阅十五月，以戊戌（1898）夏全工告竣。计房八十余间，额曰"八旗奉直乡祠"。

会馆坐北朝南，两进院落，大门内建南室五楹，为襄礼执事之地；二门则比栿为廊，对面建北室五楹作为正厅；再内作殡所，凡四十五间，每间列二号，可容九十棺；中三楹为设位受吊之处。随即申明条规，勒之于石：凡停厝之柩以三年为限，过期则代葬东南隙地中。会馆左右尚留余地，以备日后建房舍扩充。④ 馆内有戏楼，每逢年节，在此演戏。可见会馆兼有团拜、敬神、联谊、互助、抚恤、寄厝多项功能，在八旗会馆中，功能属比较完备者。

---

① 马德坤：《民国时期济南同业公会研究》，第34页。
② 胡君复编：《古今联语汇选》第5册《会馆》，引文疑有错字，笔者勘误见括号内。
③ 李秉衡，祖籍山东，乾隆年间由福山县迁至奉天（今辽宁）海城，故为海城籍。捐资县丞出身，历任直隶、山西等地知县、知州、知府。每到一地均精心吏治，深入了解下情，百姓"口碑载道"，称为"北直廉吏第一"。寻擢广西按察使、安徽巡抚、山东巡抚等职。
④ 马德坤：《民国时期济南同业公会研究》，第34—35页。

第三编 旗民关系

（四）河南八旗会馆

开封是河南省城，也是商业中心。向为客商云集、仕宦学商汇游群居之地。旅汴同乡会及会馆之多、势力之盛实为其他诸多城市所罕有。康熙年间，寓居开封的山陕商人在今老会馆街即龙亭东侧建山西会馆，是为开封第一家会馆。清代中叶是开封商业发展期，各地商帮在开封所设会馆有四五十家之多。

关于开封八旗会馆始建时间，一说建于康熙十八年（1679）[1]，又一说建于道光年间[2]，均未提供可靠依据，故始设时间待考。

会馆原址位于今开封市自由路中段路北（儿童医院院址）。近人追述，该馆坐北朝南，规模宏大，有五进大院。第一进院为迎门大厅，乃迎送过往官员洗尘饯别之所，东偏院临街，附设"八旗官学"。第二进院为总管、佐赞及其手下人员处理日常事务场所。第三进院为一南向大殿，内供顺治帝画像。大殿对面是可容纳三百人的戏园。每逢年节或皇帝寿诞，旗员聚此隆重颂寿，演戏一至三日。第四进院为花圃，亭台楼榭之间遍植海棠，故名"棠园"，乃过往要员旅宿，或名士耆宿赋诗唱和之所。第五进院通后门，为停棺寄柩之地[3]。

开封八旗驻防设于康熙五十七年（1718）[4]。八旗会馆既由客居开封旗籍人士创设，与当地驻防旗人并无直接联系。宣统元年（1909），王梦熊编有《八旗奉直宦豫同乡录》，知该馆全称应为"八旗奉直会馆"。

（五）湖北八旗会馆

武昌八旗会馆，全称武昌八旗奉直会馆，位于武汉菱湖之中，

---

[1] 陈雨门：《河南八旗会馆》，开封市地方志编纂委员会编：《开封市志资料选辑》1983年第2期；同氏：《河南八旗会馆和八旗》，政协开封市委员会文史资料研究委员会编：《开封文史资料》第5辑，1987年，第154—155页。

[2] 中国会馆志编辑委员会编：《中国会馆志》，第89页。

[3] 陈雨门：《河南八旗会馆》。

[4] 福隆安等纂：《钦定八旗通志》卷117，吉林文史出版社2002年版，第2015页。

风景极佳。恭钊《酒五经吟馆·年谱》丁丑年（光绪三年，1877）记事："从乡人之议，创办奉直会馆，集资营度，力任其难"，又记次年"会馆落成"①。恭钊字仲勉，号养泉，满洲正黄旗人，博尔济吉特氏，系出蒙古。八世祖恩格德尔为清朝开国功臣，尚公主。父琦善，仕至总督、大学士。恭钊以恩荫授官，光绪元年（1875）委署盐法武昌道，次年交卸盐道印，仍居武昌。据其年谱，湖北八旗会馆创设于光绪三年，落成于四年（1878）。又，今存《楚省八旗奉直同官录》，光绪五年（1879）刻本，亦可资旁证。《八旗奉直会馆章程》称：

> 会馆刱自京师而各省因之，棋布星罗，比比皆是，于以集少长，笃梓桑，诚善举也。矧省垣为仕宦所居停，商贾所辐辏，苟团拜无所，则聚晤难期。虽睹面之偶逢，究交臂而莫识。此会馆之不可不兴也，明甚。迩来川皖湘南吴越已皆渐次落成，即吾乡前者亦曾议及此举，祇缘游宦寥寥以致不果。比年以来，奉直满汉同乡服官在鄂者已多，即游幕富商亦复不少。兹合全省同人公议，拟于鹄垣兴建会馆一所，以叙岁时畅聚之情。即以敦乡里和亲之谊。②

说明湖北八旗会馆是在四川、安徽、湖南、江苏、浙江诸省同类会馆影响下建立的。从"比年以来，奉直满汉同乡服官在鄂者已多，即游幕富商亦复不少。兹合全省同人公议"句可知，会馆成员并不限于旗直奉籍在鄂官宦，还吸收了民籍"游幕富商"。

（六）浙江八旗会馆

浙江八旗会馆全称八旗奉直会馆，始设时间缺载。光绪七年

---

① 恭钊：《酒五经吟馆·年谱》，光绪十九年刻本，第3页下。据《八旗奉直会馆续议章程》（与《八旗奉直会馆章程》合刊），时任按察使衔湖北即补道的恭钊为建会馆捐银120两。

② 《八旗奉直会馆章程》（与《八旗奉直会馆续议章程》合刊）。

(辛巳，1881)《畿辅宦浙同官录》，前有布政使满人德馨序，序中称自己于己卯（光绪五年，1879）冬就任此地，有感于乡人为宦浙省者寥寥，"睹面复漠不相识，姓氏亦茫然莫辨"，为"联乡谊"，"乃于公暇之余偕二三同志，汇为是编"①。《同官录》与《八旗奉直会馆章程》合刊，可知光绪七年即会馆始设之年。

光绪十九年（1893），张大昌辑《杭州八旗驻防营志略》卷17"建筲志盛"项下，记"八旗会馆，在积善坊巷西"②。该地旧称"金衙庄"（今解放路东端与环城东路交叉处一带），以明隆庆二年（1568）进士、福建巡抚金学曾在此建别墅得名。清顺治时，归户部右侍郎严沆所有，题所居曰"皋园"。皋园"古树当轩，流泉绕户"③，有"杭州第一好园林"之称④。园内有梧月楼、沧浪书屋、跨溪、小太湖、墨琴堂、绿雪轩、芙蓉亭、怡云亭诸胜。嘉道年间，归大学士章煦，后归河道总督严烺。咸丰兵火，园毁树石无恙，吴梅村书"沧浪书屋"匾尚存。同治初，园由吴晓帆、濮少霞、陆存斋、万箎轩购得，榜曰"四间别墅"。未几，鬻于官，改八旗会馆，既改建浙江忠义祠，设采访忠义局⑤。

（七）广东八旗会馆

广东八旗会馆位于广州城外东隅（今东山区八旗二马路北侧），即驻防城外东南部湛塘涌口。当年此地多为湮塞淤积河滩地，南临珠江省河，北邻水师旗营操场。

起初，经水路来粤八旗官员从天字码头（今广州沿江路北京南路口）上岸，当地官员在附近接官亭接待。以后设立八旗会馆，一

---

① 德馨：《序》，《畿辅宦浙同官录》（又名《八旗奉直宦浙同乡录》），与《八旗奉直会馆章程》合刊，光绪七年刻本。
② 张大昌：《杭州八旗驻防营志略》卷17，马协弟主编：《杭州八旗驻防营志略、绥远旗志、京口八旗志、福州驻防志（附琴江志）》，辽宁大学出版社1994年版，第183页。
③ 厉鹗：《东城杂记》卷上《皋园》，清粤雅堂丛书本。
④ 梁章巨：《金衙庄》，《浪迹丛谈》卷1，清道光二十七年刻本。
⑤ 吴庆坻：《蕉廊脞录》卷3，中华书局1990年版，第213页。

是方便旗籍京官往来寄寓；二是方便同乡聚会；三是方便官员观礼水师操练。①

19世纪末粤海关税务司《海关十年报告》载：广州有23个会馆，其中之一是八旗会馆。八旗会馆建于1890年，建馆基金来自筹集捐款。官府拨给一块原为营房的土地。一部分土地用于兴建会馆，剩下部分作为房地产经营。所得房租，足敷日常开销。会馆用于会场和供来访旗人居住②。

笔者按，会馆建于1890年（光绪十六年）一说不确③。据《八旗荣任签题章程》，会馆筹建始于光绪九年（癸未，1883）。关于设立会馆理由，《章程》说："各省人之在粤者皆有会馆，岁时相叙，以联桑梓之情，而租息所余又得行诸善事。吾旗独无此举，未免慊然。即如近年来穷乏乡人偶有迫不及待之需，虽为数无多，亦必作集腋之举，是更不可不早为之计也。"④可见成立会馆理由一是联谊桑梓之情，一是救济乡人之困。由驻粤旗员尚其懋、裕宽、长善、崇光、锺泰发起，"集同人公议，仿照浙江湖南江西三省章程，定为缺捐之法，按照缺分优绌，以定题捐数目"⑤。因知会馆最初是由驻粤旗员仿照三省会馆模式，以"八旗之宦粤者"为对象，按缺捐资（即按官秩高低厘定银数）方式筹建。会馆地址选在水师操场，经始于癸巳（1893）之春，落成于乙未（1895）之夏⑥，共靡工费二万七千两余。

关于广东八旗会馆，最值得关注的一点：会馆成员的范围，一再扩大，即从旗籍到民籍，从官宦到商人。光绪九年（1883）会馆设立初，成员仅限旗籍官员，即《八旗荣任签题章程》所云：

---

① 汪宗猷、李筱文：《驻粤八旗》，广东人民出版社2013年版，第35页。
② 粤海关：《第二期十年报告》（1892—1901），彭泽益主编：《中国工商行会史料集》，中华书局1995年版，第646页。
③ 彭泽益主编《中国工商行会史料集》第1032页沿用此说。
④ 《八旗荣任签题章程》（光绪九年），与《八旗奉天直隶山东会馆章程》合刊，无年月刻本。
⑤ 《八旗荣任签题章程》（光绪九年），与《八旗奉天直隶山东会馆章程》合刊。
⑥ 参见《海幢晚钟》，《申报》1896年3月25日。

"各省会馆义庄公举,均有商贾分别捐助,我八旗仅有宦场一途。"因人数有限,经费不足,且各省同类会馆"皆以八旗奉直得名,而粤东独不同",光绪二十三年(1897),由管事旗员与布政使、汉官直隶丰润人张人骏(安圃)议定,扩大规模,吸收"奉天直隶同乡,无分满汉",联为一会。此后会馆进项虽有增益,仍苦不继。众人又议:"山东襟带畿辅,言语通而风气同,谊宜合也。"[①] 随即合八旗奉天直隶山东人为一会馆,规模始大。

会馆由最初的旗人会馆(1883),一扩至"旗奉直会馆"(1897),再扩至"旗奉直东会馆"(1898),前后用了15年。说明旗民畛域的破除已是大势所趋。非惟广州,这种旗省联合的民间组织在杭州、苏州、武昌、长沙等城已有先例。

广东八旗会馆的扩充并未到此为止。光绪三十一年(1905),驻粤满汉官员集议吸收同乡商人参加,增订商捐号捐,置义地,建养病所,兴学堂、运棺椁,"以为休戚与共之意"。三十四年(1908),重订《八旗奉天直隶山东会馆章程》。同时标志着会馆成员由单一官员群体扩大到奉直东三省商人,即在原有旗民官员组合基础上,进一步破除官商界限;与此同时,会馆经费亦由官员"按缺捐资"单一渠道扩大到商人"商捐""号捐"。商人主要居住广州,在香港还有70余户。在各地八旗会馆中,广东会馆商人最多。

广东八旗会馆范围的一再扩大以及捐资来源多元化,是其发展为同类会馆中功能最全、规模最大的一个重要原因。上述变化,与广州地区商贸经济高度发达、商人经济实力强、社会开放程度高,以及相得益彰的官商观念较新,显然分不开。有学者指出:"福州、广州等地外籍会馆的兴盛可以看作是沿海城市商业化的重要标记"[②],如就八旗会馆中商人势力的增长考察,答案何尝不是如此?

---

① 《重订八旗奉天直隶山东会馆章程》(光绪三十四年),与《八旗奉天直隶山东会馆章程》合刊。
② 王日根:《地域性会馆与会馆的地域差异》,《中国历史地理论丛》1996年第1期。

(八) 甘肃八旗会馆

甘肃八旗会馆全称"八旗奉直豫东会馆"（又称五省会馆），是已知同类会馆中跨省联合范围最广者，位于今城关区水北门北侧（永昌路），始建于光绪十七年（1891）[1]。内有前庭、戏楼、正堂、大门等建筑。辛亥革命后，改为五省（河北、河南、山东、辽宁、吉林）会馆[2]。满洲人崧蕃《兰州八旗会馆联》有云："此地为义轩故里，河岳根源，宜有群贤毕至；其人皆星凤瑰才，云龙硕彦，可谓异代同心。"[3] 光绪二十六年（1900），崧蕃由云贵总督调陕甘总督。

(九) 其他八旗会馆

除前述8处会馆文献记载较详外，同类会馆已知尚有10处：

（1）四川八旗会馆，在成都八旗驻防城内。

（2）山西八旗会馆，在太原府中心地带——中校尉营。

（3）山西（大同）八旗会馆。[4]

（4）陕西八旗会馆，在西安盐店街，全称八旗奉直会馆，辛亥革命后改顺天府、直隶省、热河省、察哈尔省和绥远省五省会馆。

（5）广西八旗奉直会馆，在桂林。

（6）奉天（沈阳）八旗会馆，坐落会馆胡同。规模宏伟，建有戏（剧）场。[5]

---

[1] 陈永革：《兰州清代会馆》，政协兰州市城关区委员会文史资料委员会编：《城关文史资料选辑》第7辑，1999年，第159页。

[2] 王君编：《纵横兰州》，甘肃人民美术出版社2011年版，第79—80页。

[3] 孟智扉、黄太茂、覃务波主编：《名人居室雅联》，第133页。

[4] 东亚同文会编：《支那省别全志》卷17山西省，转引自[日]薄井由《清末以来会馆的地理分布——以东亚同文书院调查资料为依据》，《中国历史地理论丛》2003年第3辑。

[5] 沈阳市地方志编纂办公室：《沈阳市志》卷16《风俗》，沈阳出版社1995年版，第394页。

(7) 安徽八旗会馆，在省会安庆[①]。

(8) 江西八旗会馆，在省会南昌，建于光绪九年（1883）以前[②]。

(9) 江苏（江宁）八旗会馆在江宁九连塘。[③]

(10) 湖南八旗会馆，建于光绪九年（1883）以前[④]。

通过上述考察，已知八旗会馆18处。其中，有14省省会各设八旗会馆一：河南开封、广东广州、福建福州、浙江杭州、山东济南、湖北武昌、甘肃兰州、四川成都、陕西西安、广西桂林、辽宁沈阳、安徽安庆、江西南昌、湖南（长沙）。又，江苏省、山西省各设八旗会馆二。山西八旗会馆一在太原一在大同。山西外接蒙古，战略地位重要，太原、右卫均设八旗驻防，杀虎口"乃直北之要冲……扼三关而控五路"[⑤]，是直通塞北通商孔道，清廷设税关由旗员管理。驿传道并理事同知等官亦倚用旗员。故有二会馆之设。江苏八旗会馆一在江宁一在苏州。清代江苏经济发达，既为清廷财赋重地，又是漕粮河运要道，农业、手工业、盐业与丝织业均在全国处于优势地位，故在行政区划上形成"一省两会"格局，即总督驻江宁（今南京），巡抚驻苏州。且两地各置布政使衙门一、内务府织造衙门一。任职两地旗员较多，尤其位高权重者。这些都是江苏一省设两八旗会馆的背景。

二 会馆的组织、管理、经费

八旗会馆出现于同治年间，发展于光绪年间，时间上晚于民间会馆，故在组织、管理、经费等方面多取仿后者。会馆议定《章程》，是管理的基本依据。

---

① 《开办直隶旅学》，《申报》1908年1月4日。
② 《八旗荣任签题章程》（光绪九年），与《八旗奉天直隶山东会馆章程》合刊。
③ 范金民：《明清江南商业的发展》，南京大学出版社1998年版，第302页。
④ 《八旗荣任签题章程》（光绪九年），与《八旗奉天直隶山东会馆章程》合刊。
⑤ 王霨纂、刘世铭修：《朔平府志·序》，东方出版社1994年版，第2页。

晚清八旗会馆考

（一）会馆的成员

八旗会馆按成员构成，约有三类：第一类为旗籍官员会馆，成员单一；第二类为旗民籍官员会馆，成员跨旗民两籍；第三类为旗民籍官商会馆。第三类会馆成员构成最复杂，联合程度亦高，不妨以福建会馆、浙江会馆、湖北会馆作为对象略作考察。

据《旗奉直东同乡官录》载，福建八旗奉直东会馆成员总计148人，其中旗籍51人，民籍97人。旗籍官员少于民籍官员，但位高权重者多，其在会馆中的影响不容轻忽[1]。

浙江八旗奉直会馆《同官录》有两个版本，一辛巳（1881）本，一甲辰（1904）本，时间相距23年，会馆成员完全更新，说明成员流动性较强。辛巳本共载成员112人，其中旗籍48人，民籍64人[2]。甲辰本共载成员115人，其中旗籍45人，民籍70人[3]。其共同处：旗籍官员人数较少，高中品级占优；民籍官员人数较多，但品级普遍较低。

据光绪五年（1879）《楚省八旗奉直同官录》载，湖北八旗奉直会馆中的文官，有湖北按察使庞际云、湖北督粮道署按察使恽彦琦等105人（其中旗籍33人）；武官有荆州将军宗室祥亨、荆州左翼副都统穆克德布、右翼副都统恩来等18人（清一色旗籍）。又据晚出湖北《八旗奉直会馆续议章程》，会馆成员122人，其中旗民籍官员106人（文秩94人，武秩12人）；直奉籍商号16家[4]。

综上所述，可就八旗会馆成员构成得出如下几点认识：

（1）会馆成员中旗籍官员成分有三种，一是八旗驻防官员，自将军、左右翼都统以下至佐领；二是文职的省道府州县官；三是绿

---

[1] 见《旗奉直东同乡官录》（与《旗奉直东会馆月捐新章》合刊），无年月刻本。
[2] 俱详《八旗奉直宦浙同乡录》（又题《畿辅宦浙同官录》），与《八旗奉直会馆章程》合刊，光绪七年（辛巳）刻本。
[3] 俱详《八旗奉直宦浙同乡录》（又题《畿辅宦浙同官录》），与《八旗奉直会馆章程》合刊，光绪三十年刻本。
[4] 俱详《八旗奉直会馆续议章程》。

营武官。旗籍成员来源亦比较复杂,包括京城满、蒙、汉军,内务府满洲、蒙古、汉军,内地驻防旗人,东北地区旗人。

(2) 会馆成员中旗籍官员虽少于民籍,但高中级官员明显占优。这是各地八旗会馆的普遍现象,也是其人员构成的基本特色。

(3) 会馆成员中官商之比悬殊。如众所知,在民间会馆中,官商比例不一,有些以官员居多,有些以商人居多。相比之下,八旗会馆均以官员为主体,商人人数很少。福建八旗会馆148人中,奉直东籍商人仅16人(占11%),其中木商7人,茶商9人①。湖北八旗会馆122人中,有武汉各商号(帮)16家(13%)②。此两会馆,商人所占比例只有十分之一强。此外,广东八旗会馆情况比较特殊,会馆商人虽无确数,已知在香港的就有70余家③。说明会馆中商人势力不容小觑。这显然与粤港地处东南沿海,商业外贸发达的背景有关。

(4) 会馆成员中的本地人员。一般而言,无论民间会馆或八旗会馆,只接纳外来同乡,如前述广东八旗会馆,其章程规定:"本省驻防虽系同乡,惟世居于粤,与宦游者迥别"④。其旗籍成员,只吸收京旗及外省驻防旗人。与之不同的是,福建、浙江、湖北八旗会馆,不仅接纳京旗和外地驻防旗人,也接纳省内驻防旗人也网开一面。福建会馆51名旗籍成员中,来自福州驻防的有25人,他们均在省内任职⑤。湖北八旗会馆,亦包括省内荆州驻防旗人,有文官也有武员。浙江八旗会馆情况相同。这些会馆虽吸收本地驻防旗人,只限于少数在省内府州县或绿营任官者。将吸收范围扩大到

---

① 俱详《旗奉直东同乡官录》(与《旗奉直东会馆月捐新章》合刊,光绪二十八年改订),无年月刻本。
② 《八旗奉天直隶会馆续议章程》(与《八旗奉直会馆章程》合刊)。
③ 《重订八旗奉天直隶山东会馆章程》(光绪三十四年),与《八旗奉天直隶山东会馆章程》合刊。
④ 《八旗荣任题签章程》(光绪九年),与《八旗奉天直隶山东会馆章程》合刊。
⑤ 如黄运昭,福州驻防汉军,翻译举人,官候补同知;黄曾学,福州驻防汉军,官候补通判;额勒登武,福州驻防满洲,南安县知县;宋天锡,福建驻防汉军,候补知县;李九盛,福建驻防汉军,官候补知县等。

本地驻防，可能是基于扩大旗籍同乡的需要。再者，这些驻防旗人既已跻身官场，确实也存在与外来官员相互攀附、引为奥援。至于这种现象是否反映外来旗人与本地旗人认同感的加强，仍是一个有待深究的问题。

（5）民籍官员中的寄籍人员。八旗会馆的民籍官员均来自奉直东三省，对此本无疑义。一个耐人寻味的现象是：其中很大一部分人实际是寄籍直隶顺天府的南方人。据福建《旗奉直东同乡官录》，寄籍顺天府大、宛两县的民籍官员有18人之多：如知府恽毓嘉，原籍江苏；候补知府傅家瑞，原籍广东；赖辉煌，原籍广东；候补通判钱大昌，原籍江苏；李懋猷，原籍安徽；候补知县周锺翰，原籍浙江；何金章，原籍云南；梁应棠，原籍广东（下略）。

湖北八旗会馆，民籍官员的寄籍情况如出一辙：道员瞿廷韶，祖籍江苏；同知狄云章，祖籍江苏；知县刘春生，原籍常州府武进县；知县杜廷琛，祖籍浙绍山阴县；县丞朱锟，原籍安徽；县丞梁成润，原籍广东（下略）。有官员原本出身江南大族，却径直将寄籍府县为籍贯，如恽彦琦，与恽毓嘉同族，父恽光宸，原任江西巡抚，原籍江苏省常州府阳湖县，籍贯却注为"顺天府大兴县"。清代江南士子整体文化水准大大高于北方，致使许多士子借助"寄籍"捷径，博取功名。具体方式，首先取得在顺天府大兴、宛平县参加秀才考试资格，遇乡试之年，由顺天学政送考，复由乡试而会试，遂得以顺天大、宛为寄籍。

在八旗会馆直隶籍官员中，除了原籍江浙两省，还有四川、山西、湖北、广东、安徽、云南等省者。说明八旗会馆编织的"同乡"网络，远比其会馆名称所标明的范围更加广泛。清末江苏布政使陆钟琦祖籍浙江萧山，入籍顺天已三代，及调任，先由旗顺直同乡各官在八旗会馆为其饯别，数日后复由浙江同乡各官，在全浙会馆公饯①。可见，寄籍现象的存在，为民籍官员扩大"同乡"网络提供了更多便利，同时，其对"同乡"的界定也更加灵活，可以根

---

① 《新旧藩司交代之忙碌》，《申报》1911年8月1日。

据实际需要随时调整，这已成为官场交往的一种常态。与寄籍现象相辅相成的，还有旗籍与民籍合注现象，见湖北八旗会馆的同官录载：游击周礼，注为"镶白旗庆禧佐领下永平府滦州人"；都司连璋，注为"镶蓝旗汉军续成佐领下顺天府宛平县人"；都司郑承第，注为"镶蓝旗汉军得喜佐领下顺天府永清县人"①。此种现象虽不普遍，却反映出某些旗籍官员有意模糊旗籍民籍界限的倾向。在这种表述下，无论他面对的是旗人还是民人，都是实实在在的"同乡"。

（二）会馆的管理

八旗会馆亦如民间会馆，为维持正常运转，必须建立一套管理制度。这套制度，借助会馆的章程得以集中体现。

（1）管理人员。八旗会馆取仿民间会馆，管理工作由同乡会员推选，最高者为总管（总理、经理、司事），下设佐赞（值年）若干，均由公举产生，下设司理或庶务、杂役、门斗若干人。

浙江八旗会馆的章程载："会馆必须有专人照料，方足以昭责成。"设司事一人，"经理一切"。凡大小事件，均由司事知会各同乡。司事薪水八千文，以资食用②。

河南八旗会馆，设总馆（总管）一人，掌管全馆事宜，从成员中年高、辈行高、威望高的三高者中推选。佐赞二人，辅助总馆或代行事务；下设庶务、杂役、门斗若干③。

广东八旗会馆，原设理事厅为首事，另由同乡公举诚实可靠、乡评素洽之二三人帮同经理。各处捐题统归首事催取。扩大为四省（旗）联合后，改由各省同乡公举"公正官商"三四人为总理。由推举出的官商共同承担领导责任，无疑提升了会馆管理水平。既有利于会馆对外交涉，也便于不同籍贯、阶层成员的聚合。凡馆内进

---

① 《楚省八旗奉直同官录》（武秩1册），光绪五年刻本。
② 《八旗奉直会馆章程》，与《畿辅宦浙同官录》（又名《八旗奉直宦浙同乡录》）合刊。
③ 陈雨门：《河南八旗会馆》，《开封市志资料选辑》第2期，1983年，第32页。

支款目、事理权衡、斟酌损益，均由总理会同值年，并约会各同乡，妥商集议。总理之下，设值年数人，亦由成员公举，任期一年，专理进支各款。值年下设司理一二人，负责日常事务。每月每人脩伙银二十两。该会馆因商人分处广州、香港两地，集中不便，又规定：香港 70 余家同乡商号，遇有应议公事，即就本港暂赁茶楼聚齐。①

在各会馆，值年具体负责各项事务，责任重大，故对其职权、任期、监督、惩罚，均有明文。

广东八旗会馆定：值年一年更换，专理是年进支各款；馆中一切事宜，仍须会同总理商办；至年终，所有进支清册分送同乡各宪及各总理，稽核无误，由新值年照册点收。又定：总理、值年有群情未洽者，随时传单，集众公议，另行推举，以示大公而维全局②。

湖北八旗会馆定：值年、首事知府一人，同通州县二人，佐职一人，铺商一人。一年更替，于团拜日公同议举③。说明值年一职，主要由推选出的府州县官担任，同时吸收铺商代表。

浙江八旗会馆定：值年每年更换一次，择派四人；如有不称职者，仍将上年熟手添派；交代时经手各件公同阅毕，交付接办之人。④

福建八旗会馆定：每年团拜后更换值年。届时旧值年须将全年账目开列清单，分给省内外各同乡查阅，并约同乡三数人公同新旧值年，将银物查点清晰，当面交接，以昭核实⑤。

（2）日常管理。浙江八旗会馆定：会馆桌椅木器陈设铺垫字画，均归司事照料，逐件登簿；一切各件，不准司事及同乡私借与他人使用；凡住在会馆者，使用一切木器，若有损坏，司事须令其

---

① 《重订八旗奉天直隶山东会馆章程》（光绪三十四年），与《八旗奉天直隶山东会馆章程》合刊。
② 同上。
③ 《八旗奉直会馆续议章程》（与《八旗奉直会馆章程》合刊）。
④ 《八旗奉直会馆章程》，与《畿辅宦浙同官录》（又名《八旗奉直宦浙同乡录》）合刊。
⑤ 《旗奉直东会馆月捐新章》（光绪二十八年五月改订），与《旗奉直东同官乡录》合刊。

赔偿；若司事徇情不举，即著令司事赔还。会馆房屋除正厅留作行台同乡聚集之处，其余房屋仍准同乡居住，租钱按月交付，以作公用，不许拖欠。正厅房屋出租，按时间长短核算，不得徇情私租私让。①

湖北八旗会馆定：会馆系属公所，凡同乡借用及因公进省者暂居，须先通知值年以便照料；至桌椅铺垫陈设等件，须登明账簿，由值年交看馆人查验，不得私自借出，亦不得挪东挪西。如有缺少，惟看馆人是问。又定：会馆议派同乡贸易中一人看管，每月酌给薪资三串，伙食钱两串四百文，照料门户什物等项，并募长班一名，每月给工食钱五串文，每遇团拜及会馆公事，所有同乡均责成一一知会，不准遗漏，并司洒扫启闭等事。②

（三）会馆的产权

民间会馆由乡人集资捐建，产权归公。八旗会馆始建，虽有官府提供经费或房基地之个案③，但总体来看，由旗民高官倡始，全体会员捐资，仍是普遍现象。在此种场合，产权亦归乡人共有。

辛亥鼎革后，旗制瓦解，有八旗会馆遇到产权归属问题。如湖北旗奉直会馆，原"系奉天直隶及满蒙汉八旗人公共之产"，武昌起义时被兵民焚拆殆尽。公产局将会馆基地招租盖房。不久，奉直人士及在京旗人控于临时大总统，称会馆乃满蒙汉三族公共之产，恳将基址发还。大总统特饬公产局限令克日退清，将地发还④。同期，苏州发生民间团体呈请将八旗会馆改归官有、不许奉直人干涉

---

① 《八旗奉直会馆章程》，与《畿辅宦浙同官录》（又名《八旗奉直宦浙同乡录》）合刊。
② 《八旗奉天直隶会馆续议章程》，与《八旗奉直会馆章程》合刊。
③ 近人回忆，河南八旗会馆是由官府拨款修建的（陈雨门：《河南八旗会馆和八旗》，《开封文史资料》第5辑，1987年，第154页）；粤海关《第二期十年报告》（1892—1901）称，广东八旗会馆基址由官府拨给官地，一部分土地用于兴建会馆，剩下部分做房地产经营，所得房租，足够支付日常开销。彭泽益主编：《中国工商行会史料集》，第646页。此说有待印证。
④ 《发还会馆》，《申报》1912年11月7日。

事件。地方政府依据李翰文撰《八旗奉直会馆创建碑记》中"各出俸余照原买价并加修葺工本如数缴公"的事实，否定了呈文，仍将拙政园产权交归产权人所有①。上述事实虽晚出，却为八旗会馆产权归属问题提供了有力佐证。

（四）会馆的经费

会馆经费来源有三：筹建费、入会费（喜金）、月费，这些经费均来自成员捐助。此外还有房租、放债生息等收入。会馆的支出则包括馆舍建设、维修、扩建、祭扫、节庆祝贺、团拜、演戏、娱乐、日常接待、慈善救助等。

（1）筹建费。主要用于会馆建设，收费原则官员按品秩民商按财力。捐资如有不敷，按同一原则追加。湖北八旗会馆筹建初，原议筹银3000两，规定旗民各官按品秩高低、是否实缺候补，分别捐银；又规定署缺减半。谁知开工后用度浩繁，用费超过5000两。因捐资不敷，实行追加。其中，文官94人，共收银4466两8钱，收钱163串文；武官12人，共收银491两；各商字号16家，共收银847两8钱（其中包括公捐汉口地基一块，价银705两），收钱624串文。以上，共收银5665两6钱，收钱787串文。②

从该项捐资可知，会馆同乡散布全省，而非省城一地；文官为数最多，捐资总额最大，其次是各商号，武官人数最少，捐资总额最小。复就个体考察，文官捐银最多，如希元、邵亨豫、庆裕、傅庆贻、庞际云、惠年、恽彦琦等满汉官员，捐银多在200两至180两，而武官除提督周得升、总兵魏大全外，捐银一般在二三十两以下。武汉各商号（帮），除同仁典店同知衔候补知县岳元翼，捐钱400串，其余15家捐银各一二十两至数两不等，并合捐地基一块。

（2）喜金。喜金即入馆费，是会馆经费重要来源，因此，就喜金缴纳、管理、生息、核查做出明确规定。关于捐助喜金办法，各

---

① 《争夺拙政园之指令》（苏都督指令三则之一），《申报》1912年5月23日。
② 《八旗奉天直隶会馆续议章程》（与《八旗奉直会馆章程》合刊）。

馆原则基本一致,即官员按品秩以及是否实缺、兼署、候补交纳。对铺商要求则比较灵活,只规定"各量其力",即商人根据自身财力决定捐资数额。

福建八旗会馆的喜金章程规定:文职实缺:将军、总督各捐银50两(兼署各捐银25两);都统捐银30两(兼署捐银15两);以下藩司、学司、臬司、盐法道、兵备道、知府、直隶州厅县等递减,至从八品以下佐贰各捐银3两(署理各捐银1两5钱),初到省候补者各捐银1两2钱。武职实缺:提督,捐银30两,署理代理兼理者各捐银20两,初到省候补者捐银10两,以下总兵、副将、参将、游击、都司、守备、千总、把总等递减。刑钱幕友得馆与候补厅县同;散席各幕友得馆与候补从八品佐贰同。又规定:凡同乡中经商来闽者喜金多寡各量其力。关于喜金交纳期限、交纳手续、逾期议罚、漏捐追责诸款,亦有明文①。

浙江八旗会馆,原无喜金之收,以致日常支出、维修费用诸项捉襟见肘,后仿河南会馆章程,规定初到省者,均须捐喜金一项。府班上缺者100两,次缺者50两,同通运副运判20两;州县上缺者100两,中缺者50两;盐大使上缺者50两,中缺者30两;候补者府班先捐30两,同通运副运判10两,州县30两,盐大使10两。实缺到任,即须如数付清;候补者俟署事及有差使时再行照付。至于到省大员,因不便勒捐,乃规定:"凡大宪到任,由值年者将捐簿呈阅,如何书捐,应请斟酌书写。"②

广东八旗会馆,初仿江西、浙江、湖南八旗会馆"缺捐章程",规定:将军、督、抚、都统、提镇、司道官位较崇,由海关及省中大府有隶旗籍者会同题捐催取;旗员到粤以及候补委署各缺,文职自府厅以下,武职自镇协以下,由首事差人持帖前往道喜,送给章程一本,请予照章题捐③。具体数额:将军捐银200两,总督800

---

① 《旗奉直东会馆月捐新章》(光绪二十八年五月改订),与《旗奉直东同官乡录》合刊。
② 《八旗奉直会馆章程》,与《畿辅宦浙同官录》(又名《八旗奉直宦浙同乡录》)合刊。
③ 《八旗荣任签题章程》(光绪九年),与《八旗奉天直隶山东会馆章程》合刊。

两，巡抚400两，以下旗民各官递降至典史、吏目，均按品级（分别实缺、署任）捐银（文武微末之弁免捐）。随着会馆范围扩大，吸收奉直东三省商人加入，更定：凡商家来粤，无论港省，一律签题：头等捐银150元，二等捐银100元，三等捐银50元。短庄生意25元。开市即交①。此即"官商两捐"。

（3）馆捐（月捐），即会馆成员按月捐资，是会馆经常性经费来源，收取原则同前。

福建八旗会馆原定"馆捐"数额偏高，出现拖欠拒缴现象，光绪二十八年（1902）改"馆捐"为月捐，仍分别等差规定月捐数额：将军50元，总督20元，都统4元；藩司8元，学司6元，臬司6元。以下文职，各道府同通州县盐场实缺署事者，应捐数目视缺况区分五等，自月捐8元递减至1元。武职亦分别实缺、署事、代理、兼理，分别官阶按月题捐：提督6元，总兵4元，副将参将游击2元，都司1元。对商人，规定灵活，只说"遇有兴造，应婉商资助，不必按月题捐"②。

湖北八旗会馆规定月捐：文职实缺，道员2两，知府直隶州1两5钱，同通8钱，州县1两2钱，佐职首领4钱，署事代理者减半，候补人员有差事者均照薪水抽捐1%。武职实缺，副将8钱，参游5钱，都守3钱。至同乡铺商，各按资本之多寡量力书捐③。

广东八旗会馆商人分居广州、香港，人数较多，规定"商捐由省城、香港同乡各号按号之大小，酌定年捐。以十元起马［码］，多多益善"④。

除会馆筹建为大宗开支，例年新春团拜等常项开支，亦由成员捐资。广东八旗会馆定："每值年终，由省外文武各缺，不论大小，酌筹若干，径寄理事同知收存，专为新春会馆团拜之用。如有不

---

① 《重订八旗奉直山东会馆章程》（光绪三十四年），与《八旗奉天直隶山东会馆章程》合刊。
② 《旗奉直东会馆月捐新章》（光绪二十八年五月改订），与《旗奉直东同官乡录》合刊。
③ 《八旗奉直会馆续议章程》（与《八旗奉直会馆章程》合刊）。
④ 《重订八旗奉直山东会馆章程》（光绪三十四年），与《旗奉直东同官乡录》合刊。

敷，则由各宪率同理事同知筹足补之。"①

各项捐资都是成员应尽义务，对官员有一定强制性。对违规不交者，订有罚则。广东八旗会馆明文：推诿不交者，"即是不顾桑梓蔑视公益，将事由标贴馆门，以后团拜各举即不通知，以难沾会馆之利益。如款交到，即行撤去"②。杭州八旗会馆规定："届期不交，由值年函催；如再不交，值年即知会同乡公函专差催交……应催不催，所欠捐款责令值年照数赔出。"③

（4）编制同乡官录。为明确成员权利义务，增强团体意识和归属感，会馆均编有《同官录》或《同乡录》。

湖北八旗会馆定：凡同乡官鄂者，均开明衔名、行号、年岁、三代、旗佐、籍贯、出身，汇齐刊刻同乡官录，每人分送一本，俾得周知④。福建八旗会馆刊刻《同乡官录》，均开明字号、旗属（籍贯）、出身、官衔、到任日期。浙江八旗会馆定：会馆刻印同乡录一本，凡同乡姓名、行号、出生日、籍贯、官职、三代（曾祖父母、祖父母、父母姓氏、履历，妻妾子女情况等），均须详细注明，随到随入，不得遗漏，由司事经理；每年团拜时，同乡均须列入，如有无故不到者，公同议罚⑤。

（5）经费的管理。经费是会馆正常运作的保证，各会馆对经费管理均有严格规定。

关于喜金管理，浙江八旗会馆定："喜资一项，凡初到省者，均令司事执簿请书，书后交值年收存，届时由值年收取。"⑥ 关于春节团拜费，规定预先筹办，"凑集公分"⑦。

---

① 《八旗奉天直隶山东会馆章程》。
② 《重订八旗奉直山东会馆章程》（光绪三十四年），与《八旗奉天直隶山东会馆章程》合刊。
③ 《八旗奉天直隶会馆月捐新章》（光绪二十八年五月改订），与《旗奉直东同官乡录》合刊。
④ 《八旗奉直会馆续议章程》（与《八旗奉直会馆章程》合刊）。
⑤ 《八旗奉直会馆章程》，与《畿辅宦浙同官录》（又名《八旗奉直宦浙同乡录》）合刊。
⑥ 同上。
⑦ 《八旗奉直宦浙同乡录》，与《畿辅宦浙同官录》（又名《八旗奉直宦浙同乡录》）合刊。

关于开支，浙江八旗会馆定：动用款项须商明斟酌可否，然后开支，不得随意浮支滥开；动用各项，须置簿详细登明；年终呈阅，以便核对；仍须逐款开明书单，粘贴会馆大厅，俾可咸知①。

关于生息，广东八旗会馆：值年将本馆存款详细核明，交总理值年公议发交殷实商号生息。浙江八旗会馆：捐项收清，交殷实铺户生息，若有错误，责成值年经手人赔偿。交商生息，须立一簿，写明交某铺本钱若干，每月息钱若干，每月取收若干，必须详细注明，如有拖欠，实力追索，否则着落值年经手人赔补。其取息经折及收簿，每月由值年公阅一次，以便考核②。

关于追责，广东八旗会馆：倘有亏欠、挪移，由值年肩任。至官商题捐会馆房租、地租一切各款，分期分季均有值年催收③。浙江会馆：值年经手银钱之人，如有亏挪浮开滥支各弊，一经查出，即严追勒赔，不准稍徇情面④。

三　八旗会馆的功能

八旗会馆作为旗奉直东籍人寓居外地的社会组织，与民间会馆同，具有敦睦谊、联感情、节庆娱乐、慈善施助、祀神宴会、官场应酬、旗民联谊、调整内部关系等多项功能。

（一）敦睦乡谊

福建八旗会馆《月捐新章》："会馆之设，原为情联桑梓。"⑤

---

① 《八旗奉直会馆章程》，与《畿辅宦浙同官录》（又名《八旗奉直宦浙同乡录》）合刊。
② 同上。
③ 《重订八旗奉天直隶山东会馆章程》（光绪三十四年），与《八旗奉天直隶山东会馆章程》合刊。
④ 《八旗奉直会馆章程》，与《畿辅宦浙同官录》（又名《八旗奉直宦浙同乡录》）合刊。
⑤ 《旗奉直东会馆月捐新章》（光绪二十八年五月改订），与《旗奉直东同乡官录》合刊。

广东八旗会馆《章程》："不有会馆，无以笃桑梓之谊，联冠盖之欢。"① 苏州八旗会馆既"为游宦者群集之所，亦以协寅恭敦乡谊也"②。均强调同乡联谊的重要性。

（二）祭祀神明

民间会馆各有祀神之典，如佛祖、观音、关帝，还有诸多家乡神或行业神。祭拜神祇，强化成员共同信仰和同乡意识，并寓有教化作用，是维持会馆正常运转的必要条件。与民间会馆不同的是，八旗会馆在奉祭宗教神祇同时，还注重对同乡籍名宦、牺牲将士的祭奠。苏州八旗会馆所奉乡神为清初以来旗奉直籍名宦。该馆《名宦题名碑》称："八旗奉直之著绩是邦者，且指不胜屈。故非特为乡里之荣，亦后之官斯土者所宜奉为圭臬者也。"③ 苏州名宦祠原在学宫，光绪十六年（1890），刚毅任江苏巡抚，倡议将名宦祠移至八旗会馆。名宦自石大将军（石廷柱）至吉勇烈公（吉尔杭阿）凡80人，咸勒于碑。其中，获清廷谥号者6人④，俱设木主于厅，以示达尊之意。80人中，顺治朝30人，康熙朝35人，雍正朝4人，乾隆朝6人，嘉庆朝2人，咸丰朝1人。官阶高者有将军、总督、巡抚，低者为府州县官。

名宦籍贯虽同属旗奉直籍，文字说明却较随意⑤。尤可注意者，

---

① 《重订八旗奉天直隶山东会馆章程》（光绪三十四年），与《八旗奉天直隶山东会馆章程》合刊。
② 刚毅：《八旗奉直会馆名宦题名碑》，光绪十六年（1890），苏州历史博物馆等合编：《明清苏州工商业碑刻集》，第365页。
③ 刚毅：《八旗奉直会馆名宦题名碑》，光绪十六年（1890），《明清苏州工商业碑刻集》，第365页。
④ 靳辅，河道总督，谥文襄，奉天人；傅腊塔，两江总督，谥清端，满洲人；尹继善，两江总督，谥文端，满洲镶黄旗人；鄂尔泰，江苏布政使，谥文端，满洲镶蓝旗人；裕谦，两江总督，谥靖节，蒙古正红旗人；吉尔杭阿，江苏巡抚，谥勇烈，满洲镶黄旗人。
⑤ 如称满洲人、满洲镶黄旗人、满洲正红旗人、满洲镶白旗人、觉罗正蓝旗人、蒙古正红旗人、汉军人、镶黄旗人、正白旗人、正红旗人、奉天人、直隶人、顺天人、大兴县人、宛平县人、辽东人、辽阳人、沈阳人、铁岭县人、任县人、广平人、献县人、景州人、山海关人、昌平州人、文安县人、天津县人、清苑县人、永平府人、河间县人、赤城县人、栾城县人等。

汉军旗人多未注旗籍，而写奉天，如两江总督马国柱、郎廷佐、范承勋，江南总督马鸣珮，漕运总督蔡世英，镇江副都统周维新等皆是；同时，满洲旗人也有写为"奉天人"的，如两江总督阿席熙。江苏巡抚周国佐，汉军人，则写为"辽阳人"。漕运总督施世纶，原籍福建泉州，因隶属镶黄旗，亦被列为同乡。概言之，碑文作者的关注点，并非80名宦是否旗籍民籍，而是他们均属同乡。这正是将其列为本乡名宦并以时祭奠的原因。其他八旗会馆，也有致祭先贤及昭忠祠活动。湖北八旗会馆规定：每年春秋二季，由值年诹吉备办香楮祭品，先期通知同乡前往拈香①。浙江八旗会馆供设乡贤牌位，每逢团拜先行展叩，以昭诚敬②。

八旗会馆所祭，无论名宦、先贤还是昭忠祠，对象均非宗教神偶尔是满汉名宦或殉国将士。这种体现浓厚官方意识形态的祭祀活动与民间会馆祭祀大相异趣。如果说后者祀神以陶冶道德、凝聚乡情、规范行规为主旨的话，前者注重的则是官箴、操守和为国尽忠的精神。这与八旗会馆以官员为主体的组织特点显然相得益彰。

（三）团拜娱乐

八旗会馆均有新春团拜之举，"所以联乡谊，纪胜游"③，"以叙岁时畅聚之情，即以敦乡里和亲之谊"④。八旗会馆设有厅堂、花厅、戏台，年节庆典时，梨园弟子粉墨登场，成为旗民切磋曲艺、观赏交流的场所。福州八旗会馆，内有全封闭式戏台，戏台坐南朝北，面向供殿。台后置固定木质屏风，设出入场门。看厅两侧建看楼。⑤《申报》载：1887年7月某日，苏州旗奉直籍官员"咸

---

① 《八旗奉直会馆续订章程》（与《八旗奉直会馆章程》合刊）。
② 《八旗奉直会馆章程》，与《畿辅宦浙同官录》（又名《八旗奉直宦浙同乡录》）合刊。
③ 《八旗奉天直隶山东会馆章程》。
④ 《八旗奉直会馆章程》（与《八旗奉直会馆续议章程》合刊）。
⑤ 刘闽生：《福建古剧场》，中国戏剧出版社2006年版，第254—255页。

集八旗会馆举行团拜,以笃桑梓之谊"。其时苏省大员自巡抚以下多旗人,补候之府厅州县官又不下数十,"冠裳济楚,极一时之盛"①。光绪二十一年(1895),署湖广总督张之洞纠参江西巡抚德馨,指其"性耽娱乐,尤嗜听剧,时常传集上海名优入署演唱,自制鲜明戏具衣装,见者哗然","因办军务奏请学臣监临乡试,乃于八旗会馆演戏"②。说明晚清政坛腐败,旗籍大员假公济私,常以八旗会馆为个人宴饮娱乐之所。

(四)公益慈善

民间会馆是乐善好施的慈善组织,施舍对象是同在异乡的乡亲。会馆有义地,一些贫困死者葬于义地,犹如长眠于家乡。会馆对贫困会员提供墓地,为死者廉价或免费提供棺材。会馆有固定停柩处,为成员暂厝灵柩待归葬故里。广东八旗会馆规定:病故委实无力殡殓者,本员及父母帮给银40两,兄弟妻妾子女皆减半,幼孩再减半;灵柩无力运回者,每具帮给银50两,眷口无力回旗者,每人帮给银30两,幼孩减半;赤贫如洗而患病者,由首事会同同乡查明实情酌给药资;赤贫无力婚嫁者,婚事帮给银10两,嫁事帮给银20两。如家无父兄亲属,全赖同乡为之经理者倍给③。这些措施,张扬扶弱济贫的社会正气,标榜同乡相恤的互助精神,有助于强化乡人的归属感和凝聚,对稳定社会秩序也有积极作用。

(五)官场应酬

会馆是旗籍官员与民籍官员、外来官员与本地官员交流、联络感情的重要场所。光绪二十二年(1896)初广东八旗会馆建成,以二月二十八日为团拜日,盛张筵席兼陈鞠部。首事请将军、都统等三大旗籍官员为主席,出名具柬,邀请省中各官宴饮,报称"驻

---

① 《团拜志盛》,《申报》1887年7月8日。
② 张之洞:《查明德馨参款折》,光绪二十一年七月初六日,《张文襄公奏议》卷38,《张文襄公全集》民国本。
③ 《八旗荣任签题章程》(光绪九年),与广东《八旗奉天直隶会馆章程》合刊。

防数百年来未有之盛会"①。会馆还是同乡官员为离任官饯行之所②，届时征召梨园子弟演剧侑觞③。新任大员抵达，亦于会馆酬应。光绪二十五年（1899），钦差大臣刚毅由金陵乘船抵苏州，受到抚藩臬各官盛大欢迎，并在八旗会馆行辕驻节④。三十年（1904），钦差大臣铁良到苏州，同乡大员倾巢出动在胥门外码头迎接，亦入驻八旗会馆行辕⑤。三十三年（1907），岑春煊就任两广总督，从码头至八旗会馆沿途，各行商会馆，各街闸门，一律张灯申祝⑥。翌年，苏州新旧织造交接，八旗奉直同乡在会馆拙政园欢迎新任织造械仲芘，欢送前任职造崇佑之。总督端方雇梨园子弟登台演剧以伸乡谊⑦。

（六）教育科举

八旗会馆场地宏敞，还被用于承担教育科举等公共职能。光绪二十三年（1897）三月，福州船政学堂招补学生，除举贡生员另行安排考场外，其余未冠幼童1658名、已冠幼童3038名、驻防幼童133名，均在八旗会馆参加考试⑧。江宁是江南诸省科举应试之地，八旗会馆与民间会馆同样承载为试子提供便利的功能⑨。江西客籍学堂因创办时经费不足，一度借八旗会馆（在南昌）先行开办，待学堂建成，始从会馆搬迁⑩。安徽布政使曾在八旗会馆（在安庆）倡设直隶旅学，以便旅皖官界子弟入堂。除在该会馆酌提公

---

① 《海幢晚钟》，《申报》1896年3月25日。
② 《章门宫报》，《申报》1886年10月17日；《新贵谒师》，《申报》1903年11月17日。
③ 《起节有期》，《申报》1899年9月8日。
④ 《相节莅苏》，《申报》1899年7月28日。
⑤ 《星使莅吴》，《申报》1904年9月16日。
⑥ 《预备欢迎岑督续闻》，《申报》1907年6月25日。
⑦ 《优待新旧织造之仪节》，《申报》1908年5月19日。
⑧ 《船政招考示谕》，《申报》1897年4月16日。
⑨ 吕作燮：《南京会馆小志》，《南京史志》1984年第5期。
⑩ 《客籍学堂迁移》，《申报》1907年1月19日。

款以充经费外，并劝北京同乡量力捐助①。

四 结语

（一）八旗会馆与民间会馆异同

（1）两类会馆共性。民间会馆一类是同乡会馆，一类是工商业行帮会馆。八旗会馆，不论联合范围大小，基本属同乡会馆。各会馆不管有何差异，地域性是其基本特征。

民间会馆，在组织管理、经费筹措、议事规则等方面，更具有民间性、平等性、透明性。在给同乡提供集会场所、救助贫困乡人、维护同乡利益、留宿新来同乡以及集体协商事宜等方面，也为八旗会馆提供了可资取仿的成熟范例。

（2）两类会馆差异。八旗会馆虽注重取仿民间会馆，两者在"同乡"认同、会馆层级、成员构成、民间化程度等方面，仍多有差异。

"同乡"认同。民间会馆，系由一地或数地"同乡"联合而成。其"同乡"认同，根据实际情况扩展或收缩，大者以一二省或数省为界，小者以工商业乡镇为单位。"同乡"认同从来没有一个绝对界限②。但无论民间会馆"同乡"认同如何，成员清一色民籍，当无疑义。八旗会馆的"同乡"认同相对更为宽泛，既有单一旗籍也有旗民籍联合，还有官商兼容。

会馆层级。民间会馆层级比较复杂，从跨省联合、单一省籍、府州县籍、直到乡镇组合。之所以如此复杂，很大程度反映各地商业、手工业发展的不均衡，以及特定地理位置、交通条件的影响。与之相比，八旗会馆层级单一，基本集中在省会城市。究其原因：各省官员中旗籍远少于民籍，但位高权重、把持要津者多，他们主要居住在省会城市。

---

① 《开办直隶旅学》，《申报》1908年1月4日。
② 王日根：《地域性会馆与会馆的地域差异》，《中国历史地理论丛》1996年第1期。

成员构成。无论民间会馆还是八旗会馆，中间均有官与商的身影，但两者所占比例和作用不同。如果说在前类会馆中商人往往居于支配地位，那么在后类会馆中官员首先是旗籍官员则占主导。

民间化程度。民间会馆是自发性乡人组织，自主性大，自治性强。八旗会馆既以官员为主体，高官为核心，不能不在很大程度上带有"官方"色彩。这种情况对八旗会馆产生了双向影响：一方面有助于提高会馆地位，便于对外交涉，成员凝聚；另一方面势必削弱其民间性和自主性。八旗会馆与地方官府关系远较民间会馆密切，也就不足为奇。

(二) 八旗会馆出现的意义

从八旗制度与旗民关系（满汉关系）角度考察，八旗会馆的出现有哪些意义？

第一，反映八旗制度的松弛。晚清以来，八旗制度对旗人束缚日渐松弛。随着旗员外任机会增多以及频繁调动，传统八旗制度已无法胜任对旗人的管理。以此为背景，八旗会馆在某种程度上承担起对外任旗员的管理、组织，并成为八旗制度的一种补充。

第二，反映旗人（满人）地域观的变化。八旗会馆成员不是只有满洲、蒙古、汉军旗人，同时吸收直隶、奉天、山东等省人，这些人们以旗人为核心，共组为一个会馆。这反映了晚清以来旗人（满人）地域观的变化，就是"我们是同乡"。这种地域观已超越狭隘的"旗人"意识、满人意识[1]。

第三，反映旗民（满汉）关系的变化。以往人们言及晚清旗民关系，常引用北京满族的一句俗话："不分满汉，但问民旗"[2]，借以说明旗籍民籍是社会成员的基本分野。而八旗会馆的发展则表明，仅强调旗籍民籍分野，并不足以概括旗民关系的全部。换言之，旗民之间除了彼此隔阂，还有相互融通的一面。戊戌变法高潮

---

[1] 参见刘小萌《清代东北流民与满汉关系》，《清史研究》2015年第4期。
[2] 《北京市满族调查报告》，《民族问题五种丛书》辽宁省编辑委员会：《满族社会历史调查》，辽宁人民出版社1985年版，第81页。

中，王照在京创办八旗奉直学堂，各地亦有八旗奉直小学堂之设①。说明"旗奉直"地域观，在汉人中同样有很大影响。因此，这是旗民（满汉）关系双向互动的一个结果，对化解社会中"满汉畛域"也有积极意义。20世纪初，清廷推行"新政"，宣布化除"满汉畛域"，满汉关系有了更多改善。只是由于诸多措施半途而废，加以新旧矛盾的丛脞与激化，终致革命爆发，清帝逊位，陶融满汉的努力也功亏一篑。

（原载《社会科学战线》2017年第10期）

---

① 胡思敬：《戊戌履霜录》卷1，民国二年南昌退庐刻本；梁启超：《戊戌政变记》卷7，清本。

清代京城满人信仰的多角度考察

摘要：清代京城是满洲人最大聚居区，其人员构成上起皇室宗亲下至普通旗人，成分复杂。同时，他们与汉人也有密切交往与互动。由此形成满人信仰的多重面向。本文对满人信仰世界的内容、特点进行多角度考察，并就满人与汉人信仰关系、满人内部信仰差异等问题略作探讨。

关键词：清代　京城　满人　信仰　满汉关系

顺治元年（1644），清朝定都北京，强迫内城（北城）汉民迁往外城（南城），腾出内城安置满洲皇室、王公贵族和八旗官兵。所谓内城，实际包括同心圆的三个城区。中央是皇帝居住的紫禁城，紫禁城外是皇城，皇城外是八旗驻扎的大城。此种格局，突显清朝制度三大特征：一是等级制度特征，二是民族压迫制度特征，三是旗民（满汉）分治二元体制特征，即以八旗制度统摄以满洲人为主体的旗人，而以府州县制度管理以汉人为主体的民人。有清一代将近三百年，上述制度虽在逐渐剥蚀，但基本延续到清末。清代京城满人的物质生活与精神生活，均离不开上述体制的包容。与此同时，他们与汉人也有密切交往与互动。正是在诸多因素的制约和影响下，满人信仰世界的演变呈现出多重面向。本文之所以定位于"多角度"考察，其原因盖缘于此。以下，试从萨满教残余、佛道兼容、民间杂信、信仰与世俗生活等四方面展开探讨。

一　萨满教残余

满人早期信仰萨满教，是北方通古斯语诸族中曾普遍流行的多神教信仰。他们认为万物有灵，因此不但对天、地顶礼膜拜，而且把与自己生活有密切关系的某些动物、植物也奉若神明，同时还供奉祖先为神。"萨满"则是有关宗教活动的主持人，被认为是沟通人与神的信使，其性质类似于汉人社会中的"巫"，或"跳大神的"。

清太祖努尔哈赤时，立神竿祭天，举凡用兵及国中大事必祭，是信仰萨满教的集中表现①。满人平日在家供"祖宗（神）版"，院落中竖"索罗竿"（神竿），祭祀时请萨满跳神。努尔哈赤第四子皇太极（清太宗）即位后曾说："所谓萨满书牍者，早有考究，而今荒疏矣。"② 萨满教并无经典，此处"书牍"当指民间神本，说明皇太极对萨满教基本内容是熟知的，大概也信奉过，后来却逐渐疏远。而这种对萨满教所持实用态度，与他在政治上除旧布新的建树也是并行不悖的。

皇太极在接触汉文化后，深感自身宗教和某些习俗的粗鄙。基于此，他在位期间严禁萨满跳神，违者处死③；同时，把萨满教的若干仪式加以修改，使其能够以国家"大礼"的面貌登上大雅之堂。清朝入关后，萨满教在趋于衰落的过程中呈现出某种程度分化，即走上"宫廷化"与"民间化"的不同道路，与满洲统治者的干预是分不开的。

---

① ［朝］李民寏：《建州闻见录》，第43页。
② 中国人民大学清史研究所、中国第一历史档案馆译：《盛京刑部原档》，群众出版社1985年版，第86页。
③ 刘小萌、定宜庄：《东北民族与萨满教》，吉林教育出版社1990年版，第130—131页。

(一)"宫廷化"表现

清廷在京城举行堂子祭祀,是把原有萨满教神祇、礼仪,用儒教传统仪制加以改造的产物。《满洲源流考》载:"我朝自发祥肇始,即恭设堂子,立杆以祀天;又于寝宫正殿,设位以祀神。其后定鼎中原,建立坛庙;礼文大备,而旧俗未尝或改。"①

堂子祭天,作为满洲旧俗,在关外时期已流行,入关后则蜕变为皇家祭祀的中心。清朝于顺治元年(1644)在京城长安左门外创建皇家祭祀场所。康熙十二年(1673)定,凡官员庶民等设立堂子致祭者,永行停止。从此,堂子祭祀成为皇家专有祭祀。乾隆年间,"堂子祭天"作为国家吉礼的一部分载入《会典》,成为清朝"特殊之祀典"。堂子祭祀内容不一,以元旦拜天,出师凯旋为重,须由皇帝躬亲致祭,其余祭礼遣官员代行。其他祭祀均为皇族宗室族祭,如每月初一的月祭,每年四月初八的浴佛祭,春秋两季的马祭、竿祭等。堂子祭祀的参加者只限于皇帝及宗室贵族。堂子内,惟有公以上亲贵有资格设竿致祭。元旦,仅亲王、郡王有资格行挂钱礼。

堂子所祭神祇庞杂。祭神殿祭佛祖释迦牟尼、观世音菩萨、关圣帝君。圜殿为主神之所在,祭祀纽欢台吉、武笃本贝子。尚神殿祭尚锡神(田苗神)。其中既有萨满教固有神祇,也有外来神灵。祭祀时萨满祝词,初用满语,乾隆后改用汉语。到嘉庆时,已罕有萨满跳神,然其祭仍未尝废弃。

宫廷祭祀的另一形式是坤宁宫祭神。其历史可溯及入关前盛京清宫的清宁宫祭祀。坤宁宫祭祀,是满洲家祭在宫廷生活中的特殊形式。供奉偶像,有朝祭神和夕祭神之分。朝祭神有佛祖、观音和关圣;夕祭神名目繁多,总称为穆哩罕诸神、画像神和蒙古神等。从众神称谓不难得知,其神灵世界已荟萃满、蒙、汉等族多元文化。特殊祭祀,则有柳枝求福仪,亦名换索仪,是为佛

---

① 阿桂等纂:《满洲源流考》卷18,辽宁民族出版社1988年版,第330页。

多妈妈（生育神）所设专祭；背灯祭，夕祭后掩灭灯火举行。均反映萨满祭祀古风。余如杀牲、"食祭余"等内容，亦保留满人传统特色。

坤宁宫是皇后寝宫，祭礼主持人和各类执事，由女性充任。顺治年间定，坤宁宫祭神殿设赞祀女官长（司祝）二人、赞祀女官十人，均于上三旗觉罗命妇内选取，且要谙习萨满教者。此即所谓"女巫选宗妇，距跃击鼓兼振铃"。"萨满身故，则传于其媳而不传女，盖其所诵经咒不轻授人也。"① 司香、掌爨、司俎、碓房执役人，由内务府管领下妇人充任。

乾隆年间编纂《满洲祭神祭天典礼》，是宫廷祭祀制度化的又一体现。书中所列坤宁宫祭祀，尚有元旦行礼、日祭、月祭、翼日祭、报祭、四季献神等诸多名目，成为皇家萨满祭祀定制。除了宫廷祭祀，宗室王公在府邸内亦长期保持萨满祭祀传统。恭王府内有与坤宁宫类似祭神场所，即嘉乐堂。在《样式雷嘉乐堂图》中，此殿名"神殿"，室内有灶台和万字炕祭台。

（二）"民间化"表现

萨满教随着大批满人举家迁徙进入京城，处在汉文化汪洋大海中，其日趋衰落是必然的。不过，在相当长时间里，它在满人中仍保持残余影响，也是事实。

在康熙《万寿盛典图》中，多处绘有萨满教信仰所特有的索罗竿。索罗竿由当初神树崇拜演变而来，竿上端置木斗，祭祀时在斗内放猪杂碎，以饲乌鹊。在满人萨满教信仰中，乌鸦、喜鹊是神鸟，人与天神沟通的媒介。而究其来源，则来自亚洲东北部以及隔海相望的北美洲西北沿海地区众多民族中曾广为流传的乌鸦信仰②。

关于满人萨满祈神活动，偶见于清代文人歌集、笔记和小说中。乾隆年间刊行《霓裳续谱》，是一部著名民歌集，其中收有民

---

① 章乃炜：《清宫述闻》，紫禁城出版社1990年版，第660页。
② 刘小萌、定宜庄：《东北民族与萨满教》，第92—94页。

歌《陈恺变羊》：

数 岔

陈恺变羊，

柳氏慌忙，

师婆子跳神设坛场，

他的神鼓儿响叮当。

岔 尾

跳罢了神收拾起，

柳氏净手把香香来上，

把个苍头哭得就泪汪汪。①

这首小曲反映了萨满祈神的过程。"师婆子"即女萨满。满人无论祭天祭祖，还是治病求子都离不开萨满。陈恺"变羊"，当指羊角风发作。羊角风即癫痫，病人发作时突然昏倒，全身痉挛，意识丧失，或口吐白沫。病人家属无计可施，只好请萨满跳神。萨满跳神时，以铜铃系臀后，摇之作声，同时手击神鼓，以壮声威。从这首小曲可知：清中叶，萨满跳神在京城满人中仍未绝迹。

乾隆年间满人和邦额《夜谈随录》一书，也记述过一段故事：京城人庄寿年，病况弥笃，无药能治，延请镶白旗蒙古人穆萨满作法驱怪。是日，"邻人观者如堵"，只见穆萨满头戴"兜鍪"（神帽），腰系铜铃，"挝鼓冬冬，日诵神咒"。跳神毕，趋步登楼，用神叉毙一狐。从此怪绝，病者痊愈②。这段故事若干情节显得荒诞不经（如黑狐为祟），但至少表明：乾隆年间，萨满巫术在京城满人社会中尚有一定影响。但从"观者如堵"的热闹场景看，萨满作法已是一种较为稀罕的现象。其作法手段，与汉人民间巫师的"攘鬼除妖"颇相类似，实际反映两者的合流。

---

① 《霓裳续谱》卷7，冯梦龙、王廷绍、华广生编述：《明清民歌时调集》下册，上海古籍出版社1987年版，第340—341页。

② 和邦额：《夜谈随录》卷8，中州古籍出版社1993年版，第250—251页。

晚清姚元之《竹叶亭杂记》回忆说："二十年前，余尝见之（指跳神），今祭神家罕有用萨吗（即萨满）跳祝者，但祭而已，此亦礼之省也。"① 说明迄至近代，京城满人的萨满跳神已近乎绝响。与此同时，祭祀程式也大为简化。据《赫舍里氏祭祀规条》载，祭祀时祖神画像已被香碟代替，祭天也不再像往昔那样于院外神竿前设祭，而是改在屋内，即向门设神桌一张，上摆香碟，"神竿"改成用三根秫秸捆成的草把，草把上系祭祀用猪胆，供奉神桌上。祭毕撤去神桌，"神竿"扔房上②。这些秫秸，已成为徒具象征意义的物件。

（三）萨满教残余为何在满人中长期保留？

第一，八旗制度的束缚。满人世代居住于相对封闭的旗人聚居区，自成一独立社区，有利于传统文化的传承。

第二，萨满祭祀与满洲家祭的交融。萨满教式微后，其原有要素作为满人家祭重要组成部分而在家庭（家族）中世代传承。此种交融，不仅见于前引满洲皇室《满洲祭神祭天典礼》《赫舍里氏祭祀规条》诸书，在满人家谱中亦不乏佐证。内务府满洲人完颜氏麟庆，嘉道年间任河道总督，他在自编家谱《鸿雪因缘图记》中，详记自家五福堂祭神盛况。届期在神杆前供糕酒，屋内西炕悬镶红云缎黄幔，粘纸钱三挂，前设红桌，供糕、酒各十三盘，香三碟，免冠叩首。又有请牲灌酒、供阿穆孙（祭肉）、夕祭、朝祭、背灯祭、杆前祭天诸仪。其祭祀程序，与《满洲祭神祭天典礼》大体吻合。祭祀神器则有神箭、桦铃、拍板、手鼓、腰铃、三弦、琵琶、大鼓，凡八种。麟庆曾说："余家旧有萨玛（译言祝辞），今则乐设不作"③。"萨玛"一般写作"萨满"，指萨满祭祀中跳神并行使巫术女巫（女萨满）。说明清中叶以降，满人家祭中繁缛的萨满跳神仪节已省去，形式亦趋简约，但在祭祀对象、仪节、程式乃至神

---

① 姚元之：《竹叶亭杂记》卷3，光绪癸巳年刻本，第4页下。
② 《赫舍里氏祭祀规条》，晚清手写本一函一册，中国科学院图书馆藏。
③ 麟庆：《鸿雪因缘图记》第三集《五福祭祀》，第760页。

器使用方面，均融入萨满文化要素。

　　萨满教神杆又称"索罗杆"，神杆祭祀本来就具有祭天、祭祖双重功能。因此，麟庆家神杆又称"祖杆"①，他与两子崇实、崇厚，无论在京在外，每居一处均举行安杆大祭。麟庆在山东泰安做官，初次举行安杆大祭，并写纸阄占得崇实、崇厚两子之名。视为家庭中一件神圣庄严大事。道光二十三年（1843），麟庆在京城新宅（弓弦胡同半亩园）举行安杆大祭，命长子崇实夫妇主持。并规定，此后每年举行一次。同治元年（1862），崇实就任成都将军，"因家眷请来神版，即以署中五堂作为神堂，择日竖杆大祭"②。神杆祭祀之所以受到重视，是因为它无论在形式还是内容上，均已蜕变为祭祖的一项重要活动。在其他满人世家，也有类似现象③。可见，这是晚清以来满汉世家在家祭方面最明显的差异之一。

　　第三，萨满医学的实效性。萨满教的功能并不限于宗教范畴，还具有社会功能，集中表现为满人传统医学的传承。康熙《御制清文鉴》卷13，将萨满作法诸词条列入《医疗项》下，盖缘于此。据《医疗项》载："萨满供祭渥辙库（家内神）跳神以驱妖魅，此谓之跳老虎神逐祟。"萨满跳神，或模拟老虎神的狰狞，或表演"妈妈神"的噢咻，或取仿"姑娘神"的腼腆，其主旨不外乎取悦或恫吓作祟的恶神，以收祛病康复之效。同类巫术还有："送纸通诚"，即在病人面前，由萨满烧纸钱以通达神明，求其救助；"叫魂"，即当小儿受惊吓时，延请萨满由受惊处起步，一边走一边高声呼唤病儿姓名，进屋乃止；"动鼓逐祟"，即将五色纸剪成条状粘贴柳枝上，然后由萨满敲击手鼓以驱走疠气④。

　　这类巫术，显然融入汉人民间巫术诸多因素，虽无科学道理可言，但对于病入膏肓的患者来说，在他们有限的理解范围内，确也

---

① 麟庆：《鸿雪因缘图记》第三集《双仙贺厦》，第607页。
② 崇实：《惕盦年谱》，第59页下；衡永编、崇厚述：《鹤槎年谱》，民国十九年本，第8页。
③ 金梁：《瓜圃述异》卷下，民国刊本，第24页下。
④ 均见傅达礼等《御制清文鉴》卷13，康熙四十七年内府刻本。

不失为希望的所在。而免疫力受精神作用的加强，或使患者抗病能力有所增强，进而得以痊愈。换言之，当巫术活动作用于特定对象时，有时的确能起到心理疗法作用。

萨满的医疗功能并不限于巫术，在长期实践中，他（她）们积累了丰富的民间医学常识和医疗经验。在顺治年间档案中，载有萨满为人催产、堕胎等诸多事例[①]。前引书《医疗项》又载"盐酒米袋烙风气病"疗法，即将盐、酒、米等物掺和一起炒热，放入布袋，然后置于因中风引起的病痛处；"烧柳汁熨咬伤"疗法，即将手指粗细湿润柳枝顶端齐齐截去，然后用火烧炙柳枝中段，随即将截面处流出柳枝液滴在被野兽抓咬伤患处以熨之。这种医治创口方法，应是满洲先民在古老狩猎时代不断摸索累积起的经验。复如"剖活牲胸膛熨伤""燃艾子炙伤痛"等因地制宜民间医术，均属萨满医疗范围。至于"剖活牲胸膛熨伤"之法，亦流行于蒙古游牧社会，足见萨满医术不仅吸收汉文化诸多成分，与蒙古游牧文化也有交融。

满洲早期社会没有专职医师，民间萨满既是巫师，也是医士，既是导人于冥冥之中的宗教人物，也是拯病人于水火的积善之士。这应是萨满教在缺医少药的满人中衰而不绝的一个因素。

二 佛道兼容

清代满人信仰的总体状况是儒、佛、道三教兼容。儒教及与之相适应的伦理道德观，作为社会主流意识形态，对社会每一成员——不分满汉——均有深刻影响。佛、道两家，则是人们宗教信仰的主宰。

佛教包括汉传佛教与藏传佛教（喇嘛教），对满人先世早有影响。永乐十五年（1417），明廷在建州卫设僧纲司，以女真僧人为

[①] 中国第一历史档案馆编：《清初内国史院满文档案译编》（中），光明日报出版社1989年版，第243—246页。

都纲,并在长白山建寺。同时,在黑龙江下游入海口特林建永宁寺。努尔哈赤称汗立国之初,在赫图阿拉城(辽宁省新宾县老城)东山顶上盖造佛寺、玉皇庙和十王殿,号称七大庙,已是佛、道教兼容。满人在祭祀天、地、山、禽鸟、动物同时,崇拜关帝、观音、佛祖。努尔哈赤平日家居,常常"手持念珠而数"①,言语间常称"我佛"如何②。说明他对蒙、汉等族广为笃信的佛教、道教不仅不陌生,而且践行于日常生活中。皇太极时,与蒙古诸部交往增加,藏传佛教(喇嘛教)在满人中影响明显加强。崇德三年,在盛京城外建实胜寺。七年,达赖喇嘛使者至盛京,受到皇太极盛情接待。

清廷入关初,强制将汉人逐出北京内城,同时,特准僧人道士留居寺观,不必搬迁。此举集中反映了满人在精神生活中对佛、道两教的尊崇。

顺治帝尊崇佛教。顺治帝从喇嘛诺木汗之请,命将京师西苑琼华岛山顶上广寒殿拆除,建白塔和永安寺。京城南海会寺,年久寺颓。众信徒欲重修,顺治帝命寺僧往江淮,延请禅僧性聪(憨璞)住持该刹。翌年巡狩南苑,于海会寺遇性聪(憨璞),并屡召入内廷,问佛法大意,奏对称旨,帝大喜,赐"明觉禅师"号,并谓:"朕初虽尊崇象教(即佛教),而未知有宗门耆旧,知有宗门耆旧,则自憨璞始"③。又为万安山法海寺慧枢和尚榜书"敬佛"二字,碑阴镌历代佛祖图④。这些都是福临礼佛、敬佛、崇佛的明证。

西华门外福佑寺,正殿奉"圣祖仁皇帝大成功德佛"牌,乃玄烨幼时随保姆避痘居处。即位后,发内帑重修或改建宝禅寺、法华寺、旃檀寺(弘仁寺)、静默寺、广济寺等众多寺庙。玄烨效其

---

① [朝]李民寏:《建州闻见录》,第43页。
② 广禄、李学智译注:《清太祖朝老满文原档》第2册,"中研院"历史语言研究所专刊第三十八,1973年,第15、17、18、140页。
③ 顺治十七年七月僧道忞撰:《海会寺碑》,北京图书馆金石组编:《北京图书馆藏中国历代石刻拓本汇编》(下简称《拓本汇编》)第61册,中州古籍出版社1990年版,第153页。
④ 即《敬佛榜书碑》,顺治十七年三月十六日,碑在北京海淀区正红村香山法海寺。周家楣、缪荃孙等编纂:《光绪顺天府志》卷17,北京古籍出版社1987年版。

1053

父,亦书"敬佛"碑,上刻大悲菩萨像,立于香山香界寺。他先后三次到岫云寺留住,并为寺中殿宇庭院赐名、书匾、题诗。三十一年,拨库帑一万两重修大殿。

雍正帝于禅门颇有造诣。京师西郊大觉寺,历经辽、金、元、明、清诸朝,已逾千载,为著名禅寺。胤禛早在藩邸时即加修葺,并推荐迦陵(性音)禅师任住持。胤禛自号"圆明居士",辑禅师语录,名《御选语录》。即位后,在内廷与王大臣参究禅理,集诸人语录,编为《御选当今法会》,附于《御选语录》。又撰《拣魔辩异录》,驳斥"异端"。

清廷入关初,于京师大兴土木建喇嘛寺。在德胜门外修黑寺,因覆青瓦,故有是称。前寺称慈度,后寺称察罕喇嘛庙。顺治二年,察罕喇嘛自盛京来,乃募化修建。安定门外东黄寺,顺治八年,奉敕就普净禅林兴建。时达赖喇嘛来朝,俾为驻锡之所。东黄寺西复建一寺,称西黄寺。两寺同垣异构,又称双黄寺。乾隆四十五年,六世班禅来京祝釐,因出痘圆寂于西黄寺。乾隆帝命修清净化域城。

京师雍和宫、嵩祝寺、福佑寺、双黄寺、慈度寺、察罕喇嘛庙、达赖喇嘛庙、隆福寺、大隆善护国寺、妙应寺、弘仁寺、阐福寺、普胜寺、普度寺、净住寺、三佛寺、长泰寺、圣化寺、大正觉寺、慈佑寺、永慕寺等,皆喇嘛寺。在承德避暑山庄,建普陀宗乘之庙、须弥福寿之庙、普宁寺、殊像寺、溥仁寺、溥善寺。清廷专设喇嘛管理。

相比顺、康、雍诸帝,乾隆帝对喇嘛教尤笃诚。在位时,组织翻译"满洲经"(即满文大藏经)。满洲经将修成,寄谕盛京将军弘晌,从盛京喇嘛寺中,择其大者选出一处,作为满洲喇嘛寺;从当地内府佐领及八旗满洲、锡伯人中选出数十人为喇嘛;并从京城喇嘛中选熟习满洲经者,派往盛京为彼处达(大)喇嘛,为满洲喇嘛教习满洲经[①]。此举不但寓有笼络蒙古、"兴广黄教"之目的,

---

① 《寄谕盛京将军弘晌著从盛京喇嘛寺内选一处为满洲喇嘛寺》,乾隆四十三年四月初二日,中国第一历史档案馆藏:《乾隆朝满文寄信档》,第019号。

似乎还兼有阐扬满洲文化，凝聚满洲认同之动机。

必须强调的一点是：满洲诸帝从清太祖起，崇佛同时亦尊道教。京师南苑小红门内元灵寺，建于顺治，乾隆重修。供奉三清、四皇、九天真女、梓潼、三官诸像。殿前石碑勒乾隆帝御制诗，诸联额亦皆皇帝御笔。雍正年间，在南海子晾鹰台北修宁佑庙，奉南苑安僖司土神像。建珠源寺，为团河龙王庙。在蚕池口建永佑庙，奉祀城隍神。庙西修大光明殿，内奉玉皇、三清四御、斗母、后土、宝月光元君、三星、三皇诸神。

明朝兴建紫禁城，未设内城隍庙，雍正四年（1726），胤禛敕建。印证了他迷信风水、笃信八卦的性格特点①。胤禛痴迷于道士法术，曾密谕地方大吏留心寻访"内外科好医生与深达修养性命之人，或道士，或讲道之儒士俗家"。道士娄近垣，江西人，被召入京师，居光明殿。据说有妖人贾某之鬼为患，娄道士设醮祷祈，立除其祟。又在雍正帝面前结幡招鹤，颇有验证，故封号"妙应真人"②。

京师最著名道观，东有东岳庙，西有白云观。清廷与白云观关系一直密切。康熙四十五年（1706），玄烨见白云观地基太狭，大兴土木，动帑葺治。乾隆年间，弘历又两次动帑重修白云观③。

东岳庙在朝阳门外二里许。除朔望外，每至三月，自十五日起，开庙半月。士女云集，至二十八日为尤盛，俗谓之掸尘会。其实乃东岳大帝诞辰。庙有七十二司，司各有神主之。相传速报司之神为岳武穆，最为灵异。凡负屈含冤心迹不明者，率于此处设誓盟心，其报最速。后阁有梓潼帝君，亦灵异，科举之年，祈祷相属。神座右有铜骡一匹，传能治愈人疾病。病耳者则摩其耳，病目者则拭其目，病足者则抚其足。康熙三十七年，居民不戒而毁于火。特

---

① 关于雍正帝热衷算命、笃信八字详情，参见陈捷先《雍正写真》四十五至四十七条，商务印书馆2011年版。
② 昭梿：《啸亭杂录》卷9《娄真人》，中华书局1980年版。
③ 参见刘小萌《清代北京旗人与香会》，《燕京学报》新12期，北京大学出版社2002年版。

第三编　旗民关系

颁内帑修之，阅三岁落成。乾隆二十六年，复加修葺，规制益崇。

满洲世家完颜氏麟庆、与子崇实、崇厚，孙衡永祖孙三代共编写四部谱书，书中详细记载其家举行安杆大祭、传统家祭、道观进香、署中筑佛堂等情景，真实反映满洲家庭在信仰上的佛道兼容与互补性。麟庆议婚，先向吕祖祷祝。麟庆父子与白云观关系密切。麟庆出资重修白云观宗师殿，并镌刻碑记。崇厚为之撰《白云仙表》，记全真道五祖、七真、十八宗师事迹，以"志数典不忘之意"。又为观中撰刻《昆阳王真人道行碑》《罗真人碑记》[1]。崇实另撰《邱长春真人事实》，以表对全真邱祖虔敬之心[2]。白云观至今保留有其父子施舍碑、功德碑。麟庆晚年日习"导引术"（民间将呼吸运动与躯体运动相结合的一种医疗健身方法），不甚得法。病重，访南城名医调治，又服参芪过多，生疽，病逝。死后与三亡妻合葬，以朝向不吉，又改。

在满人信仰中，关帝和娘娘神占有重要位置。关帝指三国时蜀国大将关羽。他生前最大官衔为"前将军"，最高爵位不过"寿亭侯"，然而宋朝以降，历经元、明，他的地位却不断上升。由封"王"而封帝，明神宗加封他为"三界伏魔大帝神威远镇天尊关圣帝君"，简称"关圣帝君"。清顺治帝给他的封号长达二十六个字，尊崇褒扬至于极点。关帝原为民间信仰和国家祭祀神明，以后声威大振，跻身于佛、道二教神祇。随之，被赋予越来越多的法力：司掌命禄、祛病消灾、除恶驱邪、招财进宝，以至社会各阶层，不分职业、族群、性别、文化程度，无不顶礼膜拜之。

清代，关帝庙遍及全国，京师尤胜，专供关公或兼供关公庙宇就有百处之多。朝鲜使臣记载说："家家奉关帝画像，朝夕焚香，店肆皆然。关帝庙必供佛，佛寺必供关帝，为僧者一体尊奉，曾无分别。"[3] 足见关帝信仰的普及。

---

[1] 崇实：《昆阳王真人道行碑》，光绪十二年，第162页；崇实：《罗真人道行碑》，光绪十二年四月十四日。

[2] 李养正编：《新编北京白云观志》，宗教文化出版社2003年版，第509—515页。

[3] [朝] 金昌业：《燕行日记》，[韩] 林基中编：《燕行录全集》第31册，东国大学校出版部2001年版，第289页。

清代京城满人信仰的多角度考察

这位由骁勇善战大将军演化来的神祇，对崇尚武功的满人来说，尤有魅力。王嵩儒《掌故零拾》卷1写道："本朝未入关之先，以翻译《三国演义》为兵略，故其崇拜关羽。其后有托为关神显灵卫驾之说，屡加封号，庙祀遂遍天下。"关帝及三国故事，在满人中家喻户晓。凡满人足迹所履，无不有关帝庙之兴修。满人视关羽为护国神，避其名讳，尊称"关帝"，俗称"关马法"。"马法"在满语中有"老爷""老翁"之意。关帝信仰之所以风靡于满人社会，除上述因素外，与满洲最高统治者吸取儒教传统，在八旗官兵中大力提倡忠君报国思想，也有直接关系。

在满人信仰中，娘娘神有重要地位，尤其在妇女中间。京城内外娘娘庙很多，香火盛者多在城外如妙峰山、丫髻山，近郊有东顶、南顶、西顶、北顶。康熙《万寿盛典初集》提到广仁宫，供碧霞元君，俗称西顶，是京城著名娘娘庙，在西郊蓝靛厂，与八旗外火器营毗邻。元君宫初号天妃宫，据说宋朝宣和间开始显灵，至清初，该宫碑碣犹存，殿宇破旧。圣祖玄烨发内帑重葺，落成后亲往瞻礼，题额曰："广仁宫"。从此，碧霞元君宫成了"西顶广仁宫"。每届开庙之期，清廷派大臣前往拈香。

"娘娘"其实是对一组女神泛称，以其职司分为子孙娘娘、接生娘娘、送生娘娘（管女监贫顺利生产）、眼光娘娘（管保护人不生眼病）、痘疹娘娘（管治"天花"）。痘疹娘娘地位最高，也是事出有因。满人由关外入居中原，畏痘疫尤甚。传说中"五台山出家"的顺治帝，即患痘疫而亡（蒙古人亦同，王公出过痘者称"熟身"，方许入京"觐见"，否则不许）。乾隆年间，宗室敦诚家一次染痘疫殇殁者多人，曾留下"燕中痘疹流疫小儿殄此者几半城"的骇人记载[①]。嘉庆年间，西方人种牛痘方法由菲律宾传至澳门，不久进入内地。但对普通满人来说，逃避痘疫肆虐的唯一希望仍然寄托在朝夕供奉的痘疹娘娘身上。

---

① 敦诚：《四松堂集》卷4，第24页下，敦敏：《懋斋诗钞》（外一种），上海古籍出版社1984年版。

三　民间杂信

在满人社会中与佛、道两教并行不悖的，还有民间"俗信"和"杂信"。康熙《万寿盛典图》在三处水井旁，绘有龙王庙。人们相信，龙王掌握着天上水源。在旱魃猖獗时节，龙王尤其受到人们顶礼膜拜。

满人亦如汉人，供奉"大仙"有狐（狐狸）、黄（黄鼬）、白（刺猬）、柳（蛇）、灰（鼠）之说。宗教界谓之"邪信"，以别于本门宗教的"正信"。有的信仰和供奉对象，虽出自某一正统宗教，但又不甚规范，宗教界谓此为"俗信"。民间濡染于"三教圆融"思潮，往往佛、道不分，再加上"三教"外形形色色的"俗信"，便成了"杂信"。除"家宅六神"外，供奉大小神祇还有土地爷、灶王爷、天地爷、"五大仙"、财神和福、禄、寿三星。年深日久，这些信仰均在满人中广为传布。

完颜氏几部谱书，详述家族成员日常生活中所见各种怪异现象，是其沉溺民间杂信的生动反映。据说麟庆母恽珠生时，祖母梦老妪授巨珠，光满一室，因命名"珠"。麟庆一生痴迷于灵异现象，《鸿雪因缘图记》记其在科考、升迁、祈雨等场合拜神求签情景，又记种种仙踪异迹。无独有偶，在崇实《惕盦年谱》（即《完颜文勤公年谱》）中，充斥了同类记载，如称崇实生时祖母恽氏梦东岳头陀，故取乳名岳保；二岁出痘，乳母刘氏梦华佗祖师，其母发愿每月上香烛钱；五岁，母渡江遇险，又有金甲神（靖江王）托梦渔翁救护；十岁得重病，食神赐红果，即仙丹，仍是华佗云天垂手。这类记载在完颜氏年谱中比比皆是，无不绘形绘色。正是通过这些民间"杂信"，集中反映了满汉信仰的兼容并蓄。从更大范围讲，多元信仰的陶融与互补，也是京城许多满汉家庭的习见现象。

从萨满教万物有灵、多神信仰到儒道兼容，乃至与"俗信""杂信"合流，是清代满人宗教信仰演变的基本轨迹之一。由于萨满教与汉地民间信仰均以多神崇拜为根基，并且均对外来宗教和信仰持兼容并蓄的开放态度，所以对满人来讲，这种演变并不存在感情障碍。

四 信仰与世俗生活

清代北京内城（北城）共有多少寺观，说法不一。据乾隆《京城全图》统计，大概有一千二百二十余处，内城寺观即使以半数计，也有六七百处。这些寺观，与满人日常生活息息相关，是其宗教信仰、世俗生活水乳交融的集中体现。此种交融，不仅渗透于日常生活各领域，而且贯穿于每个人从生到死的全历程。

（一）踊跃施舍

世代居住内城的数十万满人笃信佛、道二教，寺观不仅是宗教活动中心，也是慷慨捐施对象。皇室是满人最上层，他们广占庄田，家资富赡，赏赐或施舍财物土地予名刹古观，尤为慷慨。

在满洲贵族中，施舍府邸改建寺庙也是一种时尚。睿亲王多尔衮旧府在东安门内，明小南城旧宫遗址。顺治初，改为睿亲王府。康熙年间建玛哈噶喇庙，乾隆帝赐名普度寺。将府邸舍为寺庙的还有雍正潜邸、怡亲王府、醇亲王府。在满洲贵族表率下，普通满人向各寺观施舍钱物、田产也很踊跃①。

满人踊跃捐施，基于哪些原因？首先是信仰："永作佛前香火"（《旗人常福保等舍地碑》）。其次是祈福，即所谓"植之福果，生生自是不断"（《吴王氏施地碑》），"作功德"（《资福寺施地题名碑》）。佛教认为布施可以修福。《上品大戒经》说："施佛塔庙，得千百倍报。布施沙门（僧人），得百倍报。"施主修福免灾，死后登西方极乐净土，永享天福，福泽绵延不绝，惠及子孙。关福里置买二顷六亩地施与极乐庵，在碑记中写道："凡我在族子孙，日

---

① 刘小萌：《清代北京旗人舍地现象研究》，《清史研究》2003年第1期。

后不得以常住地亩为己物,隳我培善之源,不能流传于后世也。"①施舍行为必须得到后世子孙充分尊重,功德才能圆满,否则,前功尽弃,这正是许多施主所担心的。

(二) 组织香会

香会,作为民间祭神修善的自发性组织,有着悠久历史②。尤为重要的,还是它在民间信仰方面所起作用。清代京城,每届寺观举行节庆活动,各处信士弟子朝顶进香之际,多有香会活跃其间。其中,都城隍庙、蓝靛厂碧霞元君祠(洪慈宫、广仁宫,又称西顶)、妙峰山碧霞元君祠(金顶)、京西磨石口天太山(天台山、天泰山)慈善寺、朝阳门外东岳庙、阜成门外白云观、药王庙、西郊大觉寺、戒台寺等名观巨刹,以满人为主体或满汉(旗民)兼容的香会名目尤多③。同时,还有为数众多的中小寺观,它们在社会上名声寂寂,却是本地区居民进香还愿的中心,因此也形成形形色色的香会。

总体来看,香会中女性远少于男性。传统伦理道德的约束,使妇女少有在公众场合抛头露面的机会。统治者针对香会中男女混淆现象,三番五次颁布禁令,也限制了妇女参与香会的自由。早在康熙四十八年(1709),就有御史张莲疏称:民间设立香会,千百成群,男女混杂,请敕地方官严禁。从之。雍正二年,又有都察院左都御史尹泰奏请禁止妇女在寺庙进香集会④。乾隆年间,多次重申对京城各寺庙内妇女烧香之习悉行严禁,但每年"二三月间春融之后,旗民妇女浓妆艳服,逐队成群,任意缘山越岭进庙遨游"⑤,

---

① 《关福里施香火地碑》,乾隆四十四年十二月,碑在北京东城区羊管胡同极乐庵,《拓本汇编》第74册,第48页。
② 顾颉刚:《妙峰山的香会》,《妙峰山》,中山大学语言历史研究所"民俗学会丛书"1928年,第11页。
③ 刘小萌:《清代北京旗人与香会》,《燕京学报》新12期,2002年。
④ 《清圣祖实录》卷238,康熙四十八年六月庚子;中国第一历史档案馆:《雍正朝满文朱批奏折全译》,第636页。
⑤ 《监察御史舒敏为请禁妇女游荡山寺习俗事奏折》,乾隆九年十一月十四日,《乾隆初年整饬民风民俗史料》(下),《历史档案》2001年第2期。

说明有令不行。满汉妇女进香祈福，兼寓踏春游玩的目的，呼朋引伴，乐此不疲。这种愿望不是一纸禁令所能阻拦的。乾隆二十七年（1762）又奏准："五城寺观僧尼开场演剧，男女概得出资随附，号曰善会，败俗酿弊，所关非细，应交步军统领五城顺天府各衙门严行禁止。"① 此后，清廷于咸丰二年（1852）正月、同治八年（1869）十一月、光绪十年（1884）二月屡次谕旨重申，严禁妇女进寺院庵观烧香②。

统治集团三番五次颁布禁令，应是导致香会女性少于男性的一个基本原因。但换个角度考察：尽管有官府禁令，仍有不少满汉妇女冲破各种有形无形的束缚，积极参与香会活动，并且堂而皇之地将众多信女姓氏刻写在香会碑上。又说明官府禁令并未奏效，这正是统治者不得不一再重申禁令的缘故。

光绪十一年（1885）正月，御史张廷燎奏称：京师城外白云观，每年正月间烧香赛会，男女杂沓，并有托为神仙之说，怪诞不经。奉上谕：僧道造言惑众，及妇女入庙烧香，均干例禁，嗣后著该管地方官严行禁止。其余京城内外各寺观，如有烧香赛会，与此相类者，亦著随时查禁。③ 正月十九日，传说是丘处机即长春真人成仙飞升日，俗称"燕九节"，相传是日真人必来，或化官绅，或化游士冶女，或化乞丐，有缘遇之者得以祛病延年，故僧道满汉男女人等于是日辐辏云集，焚香持斋，彻夜达旦，谓之"会神仙"。此即张廷燎奏折中所指"托为神仙之说，荒诞不经"之状况。

在八旗制度束缚下的满人，长期生活在内城狭小天地里，除当兵做官者外，大多无事可做，组织香会，朝顶进香，成为生活中一件大事，其中除宗教信仰的驱动，排遣烦恼、自娱自乐、填补精神

---

① 《乾隆二十七年禁五城寺观僧尼开场演剧》，《台规》卷25，转引自王晓传辑录《元明清三代禁毁小说戏曲史料》，作家出版社1958年版，第41页。
② 《清文宗实录》卷52，咸丰二年正月辛巳；《清穆宗实录》卷271，同治八年十一月甲申；《清德宗实录》卷178，光绪十年二月壬子。
③ 《清德宗实录》卷202，光绪十一年正月乙丑。

空虚的成分不少,还有扩大社交圈的需求。这些都是京城满人积极参与香会活动,并在其中扮演重要角色的原因。

清初京城满汉畛域分明,不同的组织隶属、不同的居住地域、不同的职业分工、不同的身份地位、不同的文化背景。满洲统治者处心积虑构建满汉畛域,主旨是为了维护自己的特权利益。而香会作为满汉人等杂糅的民间组织,它的发展,却成为"旗民分治"体制的一种异己力量。正是通过这种完全自发的民间组织,满人与汉人密切了联系。他们基于宗教信仰互结同心,彼此频频交往,共享精神的安慰与欢娱,感情上也日益陶融。至于香会在融通满汉语言文化信仰风俗等方面所起作用,也不言而喻。

(三)庙会与娱乐场所

内城寺观不仅是满人信仰中心,也是庙会和娱乐场所。庙会最热闹的有两处:一处西庙,护国寺,在皇城西北定府大街正西,每月六次,逢七、八日开庙;一处东庙,隆福寺,在东四牌楼西马市正北,每月六次,逢九、十日开庙。是日,百货云集,凡珠玉绫罗,衣服饮食,古玩字画,花鸟虫鱼,以及寻常日用之物,星卜杂技之流,无所不有[1]。此外,每月逢五、六日,在白塔寺有市。举办庙会的寺观一般规模较大,而且选位适中,以照顾所辐射区域[2]。众多庙会,对满足满人日常所需、文化娱乐,以及刺激整个内城商业经济繁兴,均有重要意义。

(四)祈福与人生保障

祈福避祸、趋利避害是人生的基本愿望,上自天子下至庶民,如出一辙。满洲诸帝均为父母祈福或颂寿。康熙帝在南苑修永慕

---

[1] 旗人得硕亭《草珠一串》有云:"东西两庙货真全,一日能消百万钱。多少贵人闲至此,衣香犹带御炉烟",杨米人等著、路工编选:《清代北京竹枝词》,北京古籍出版社1982年版,第52页。

[2] 侯仁之主编、唐晓峰副主编:《北京城市历史地理》,北京燕山出版社2000年版,第211页。

寺，为孝庄太后祝釐。雍正帝在畅春园东建恩佑寺，为圣祖荐福。乾隆帝绍承父祖，为圣母太后建恩慕寺。在京东长河东修万寿寺，复在清漪园建大报恩延寿寺，均为圣母太后祝釐而建。乾隆三十六年，乾隆帝为圣母祝釐，巡幸五台山，诣殊像寺，归后写殊像寺文殊菩萨像，并系以赞语，于香山南麓建宝相寺。殿制，内方外圆，四方设瓮门，殿前御书额曰："旭华之阁"。

普通满人家婴儿出生，父母祈其无病无灾，顺利成人，往往到寺庙中许以"跳墙和尚"。"跳墙和尚"，又叫"俗家弟子"。前人解释说："小儿周岁……或恐不寿，则有舍在寺观冒为僧道出家者。其法于是日抱之入庙，予一帚使扫地，其师假作督责笞击之。预设一长凳，令小儿跨越而过，不可回头，即出庙归家，仿佛逾垣逃遁者，嗣后终身不宜再入此庙。"[1] 可见，父母令小儿舍身寺庙，不过徒具形式，跨凳象征跳墙，随即归家。从此多了一重佛祖护佑，这应是"跳墙和尚"的真实含义。满人崇雯《年记》（自传）中称：自己是父母四十余岁所生，非常欢慰，祖母尤钟爱，因许以跳墙和尚，六岁留发，成为贤良寺晟一方丈弟子，赐法名益安。他成家后生有二子，同样许以跳墙和尚。崇雯和崇霁兄弟二人都是贤良寺晟一方丈的弟子，儿子则是晟一方丈的徒孙，这种父一辈子一辈的关系不断延续，就形成与该寺的特殊关系。崇雯父亲生前把棺材备好寄存贤良寺多年，每月照付香资三吊。其母去世，请贤良寺僧人诵禅经。不妨说，一家人从生到死，都离不开寺观[2]。至于满洲贵族，多立有家庙，与僧道关系当然更加密切。

除许以"跳墙和尚"，还有一种替代办法，即父母为小儿发愿舍身寺庙，实际却以他人代替，名曰"替僧"[3]。同时，不排除某些满人子弟出家的事实。满人马宜麟幼年多病，被父母送入东岳庙做道士，他秉愿募化，修理本庙东廊、西廊、各处道院工程，并在

---

[1] 吴廷燮总纂：《北京市志稿》第7册，北京燕山出版社1998年版，第150页。
[2] 俱详崇雯编《崇翰池年记》，民国间稿本，收入《北京图书馆藏珍本年谱丛刊》第198册，北京图书馆出版社2001年版。
[3] 吴廷燮总纂：《北京市志稿》第7册，第421页。

后院建立同善堂义学，又在马道口买地，设立义园。因有诸多善举，终升至东岳庙第十七代住持①。

满人生老病死，均离不开寺观。副都统、和硕额驸福增格舍地二十余顷及房产给云居寺，自述该寺距祖茔甚远，是以三世护持焚修，将及六十年②；旗员奎某为香山玉皇顶静福寺置地修树，修整店宇，也是因为寺后西山顶上有亡妻李佳氏、王佳氏之墓③。此处是奎某家祖坟阴宅，平日由静福寺悉心照料，给予一定回报也合乎情理。

前文提到，满洲人由关外入居关内，对痘疫的抵抗力尤弱，丧命者比比皆是，故畏之甚。为保证子女顺利成长，消灾免祸，只有祈祷神祇保佑，手段之一即给子女取法名。康熙朝辅政大臣索尼长孙女黑舍里患痘疫，取法名"众圣保"，仍难免夭折。除法名外，满人中取名"众僧保""菩萨保""释迦保""佛保""观音保""韦驮保"的也很普遍。这是一种有别于汉人的民俗现象，早在明代女真、蒙古社会中已见端倪。足证清代满人信仰渗透于宗教活动与世俗生活两个方面，两者水乳交融在一起，并贯穿生命的始终。

五　结语

清代京城满人信仰的形成与演变，离不开与汉人、蒙古人的交流与互动。其中，满汉交流又是主导方面。概言之，满汉信仰的基本关系是"大同小异"。所谓"大同"，即满汉人等，均以佛、道以及民间杂信为基本信仰。这是满汉信仰的共同基础，也是满汉文化陶融的集中体现。所谓"小异"，主要表现为满人萨满教信仰残余。

---

① ［日］小柳司气太：《白云观志》（附东岳庙志），第218页。
② 碑在北京房山区云居寺，《拓本汇编》第71册，第36页。
③ 《玉皇顶静福寺碑记》，光绪二十九年八月，碑在北京海淀区香山，《拓本汇编》第88册，第186页。

|清代京城满人信仰的多角度考察|

满人信仰虽大体相同，但由于在隶属关系、族缘与文化背景、社会地位、受教育程度、地域分布、个人环境等方面存在诸多不同，导致其在信仰上的差异。前人于此少有述及，故不揣冒昧，概括为以下几点。

第一，满洲诸帝的信仰差异。如前所述，从太祖努尔哈赤起，信仰的基本特色都是佛、道兼容。但具体到个人，又有差异。顺治帝除崇奉喇嘛教之外，更致力于禅宗；雍正帝于禅门颇有造诣[①]，同时痴迷道士法术；康熙帝、乾隆帝均重喇嘛教，但对汉传佛教与道教并无排斥。嘉庆朝以后，喇嘛教在诸帝中的影响明显削弱。由此可知，目前海内外学界颇为流行的一种倾向——一味强调满洲诸帝对喇嘛教的虔诚，却无视其对汉传佛教、道教的尊崇；或将某位皇帝（如乾隆帝）对喇嘛教的虔诚，夸大为满洲诸帝乃至皇族的总体特征，均有失偏颇。

第二，满人信仰的地位差异。普通满人的宗教活动，围绕日常生活中切身利益展开，带有浓郁的功利色彩，而处于社会顶层的满洲皇帝与宗亲，其宗教皈依，则寓有更为复杂的诉求和更为多样的形式。差别之一，由萨满教蜕变来的堂子祭祀、坤宁宫祭祀，只存在于满洲皇室贵族；差别之二，普通满人的宗教活动限于民间，随意性较大，而皇室宗亲的宗教活动则表现为因公（国家祭祀）、因私两个层面，而在因公层面，均有典章制度的严格规定[②]；差别之三，满洲皇帝尊崇的喇嘛教，本为蒙、藏等族所共享，但在京城普通满人中却鲜有影响。对于其中原因，实有进一步探究之必要。

第三，满人信仰的旗籍差异。清代"满人"与"旗人"是两个概念，虽不能完全等同，在很大程度上却有重合。满人依隶属关系不同而有内、外旗之别。"外八旗"即八旗都统衙门领属满洲、

[①] 吴廷燮总纂：《北京市志稿》第8册，第28页。
[②] 因公的层面，表现为国家祭祀，主要包括太庙、郊祀、历代帝王庙、孔庙等，祭祀仪制均载《大清会典》《礼部则例》《太常寺则例》诸官书。"堂子祭天"虽作为国家吉礼一项内容载入《会典》，但只是"特殊之祀典"。可见，在清朝国家祭祀中，中华文化传统是主体，满洲传统文化与之并非一种两元并立关系。

蒙古、汉军,"内三旗"即内务府属上三旗(镶黄、正黄、正白)。他们族源不同,入旗后隶属关系有别,在文化风俗上既有共性,又有差异。反映在宗教信仰上,同样有种种差异。内务府蒙古旗人崇彝《道咸以来朝野杂记》中说:"满洲祭祀典礼,《大清会典》中自有记载。即近人所著《天咫偶闻》中,所记亦甚详。是否如此,以予非满洲人,不敢断定。"① 《天咫偶闻》一书,出自满洲名士震钧(汉姓名唐晏)之手,该书卷2详记满洲家祭仪礼,文末记:"此余家礼也。余家或小有不同,而大致无异。"② 前一"余家"指自己家,后一"余家"指"其余人家",说明满人家祭仪礼大体相同。崇彝身为蒙古旗人,对满人祭祀仪礼表示隔膜可以理解,而他对蒙古旗人的祭祀仪节却了然于胸,无不娓娓道来。另一蒙古旗人、协办大学士荣庆《日记》光绪四年(1878)腊月二十三日条记祖宗祀:以羊肉七方,关东糖七碟,烧酒七杯,灯七盏。灯用黄米成饭,置于盘底,用白棉捻加以黄油,燃于桌前,并燃达子香一盘。初祭物陈齐时,二人请下,揭开黄城,阖家一齐叩头廿一。又记正月初一家祭:接神西南方,拜佛拜灶祀圣人。③ 其祭祀仪礼,虽是满、蒙、汉杂糅,仍不乏蒙古文化基调。内务府汉姓人福格《听雨丛谈》卷6称:八旗满洲、蒙古、汉军各族,昔在辽东散居各城堡,故祭祀之礼,稍有同异,后世因之,不敢更张。大率满洲、汉军用豕,蒙古用羊。八旗汉军祭祀,从满洲礼者十居一二,从汉人礼者十居七八。内务府汉姓人,如满洲礼者十居六七,如汉军礼者十居三四④。内务府汉姓人祭祀仪节多从满俗,与其满洲化程度高成正比;相形之下,汉军仍在很大程度上保持汉人传统。以上记载虽就祭祀仪礼而言,却从一个侧面反映了旗籍人群内部信仰的差异。

第四,满人信仰的地域差异。清廷入关初,八旗兵主要聚居京师及畿辅一带。随着清廷对全国征服,八旗兵被派往各地驻防。从南到北,从东到西,在广袤疆域内,形成一系列驻防群体。到清代

---

① 崇彝:《道咸以来朝野杂记》,北京古籍出版社1982年版,第53—54页。
② 震钧:《天咫偶闻》卷2,北京古籍出版社1982年版,第25页。
③ 《荣庆日记》,西北大学出版社1986年版,第6、17页。
④ 福格:《听雨丛谈》卷6,中华书局1984年版。

中叶，满人已形成京旗、东北与西北驻防、内地驻防三大人群。反映在宗教信仰上，各地满人在既有信仰体系中，又掺入当地民间信仰的成分。福州满人系乾隆年间调自京城，驻防当地后，其信仰体系吸纳了福建民间流行的临水夫人（俗称"奶娘"）[1]。太平天国时杭州满营被毁，兵燹后调集福州等处驻防兵重建满营。临水夫人信仰随之传入杭州满营[2]。就是驻防满人辗转接受民间杂信的一个典型事例。福州驻防满人还信仰"珠妈"神，一说来自福建民间痘神[3]。

综上所述，清代满人信仰内涵丰富，满人内部以及满、汉、蒙、藏人在信仰方面的异同以及彼此渗透现象，均值得深入研究。而研究的深入仍有待更多史料的挖掘，以及历史学、宗教学、文化学、社会学等相关学科的合力。

（原载《吉林师范大学学报》2017年第3期）

---

[1] 临水夫人为福建地方信仰，其缘起说法不一。明人谢肇淛《五杂俎》卷15：罗源长乐皆有临水夫人庙，云夫人天妃之妹也，海上诸舶祠之甚虔，然亦近于淫矣。见明万历四十四年潘膺祉如韦馆刻本。清人俞樾《自福甯还杭州杂诗》："村社荒凉起暮烟，丛祠未识始何年；自从临水夫人外，又向山中拜马仙。"下注：闽中多临水夫人庙，考吴任臣上国春秋，陈守元女弟陈靖姑有道术，曾诛白蛇妖闽主鏻封为顺懿大人，殆即其人也。俞樾：《春在堂诗编》己壬编，春在堂全书光绪二十五年刻本。

[2] 徐一士：《杭州旗营掌故》："参差红烛间沉檀，为赛今年合境安。齐赴毓麟宫上寿，木樨香里倚阑干。"（原注：临水夫人庙在双眼井西，曰毓麟宫，亦曰天圣母宫，闽人尤信祀之。）《一士类稿》，中华书局2007年版，第334页。

[3] 麻健敏：《清代福州旗人珠妈信仰研究》，《福建论坛》（人文社会科学版）2006年第12期。

清代北京旗人的房地契书

有清一代，实行"旗民分治"体制，即以州县制度治理民人，以八旗制度治理旗人。旗人包括全体满洲人和一部分早先入旗的汉人、蒙古人。这种"分治"体现于社会生活的各个领域。同样，在作为经济生活重要方面的不动产交易中，旗契与民契区别也很明显。关于清代房地契书，已有不少研究成果①。本文仅就前人尚少考察的北京旗人契书的基本内容、特点和史学研究价值略作说明。

一　旗契的基本内容和特点

（一）旗契的缘起

房地契书是房地产权的合法凭证。中原地区自有田宅交易以来，就出现了契书。契书，分为白契和红契。旧制，房产交易后需向官府交税，称"税契"。官府收税后在契书上钤盖朱红官印。此种契书称"印契"或"红契"。红契是交税的凭证，也是产权合法的书证。由交易双方私相授受之契则称白契，它虽对交易双方的权利义务有约束力，但不能作为享有充分法律权威的凭证。

---

① ［日］清水金二郎：《滿州地券制度の研究》，人文書林，1946年；［日］矢野春隆：《華北地券制度の研究》，滿鐵刊，昭和十年；［日］清水金二郎：《契の研究》，大雅堂，昭和20年；［日］增田福太郎：《中國の社會と財產契約》，佐野書房，昭和43年；［日］天海謙三郎：《中國土地文書の研究》；［日］仁井田陞：《中國買賣法の沿革》，日本法制史學會年報《法制史研究》1号；［日］今崛誠二：《清代以降の家族制度——土地買賣文書による一考察》，日本法制史學會年報《法制史研究》25号，1975年；王锺翰：《康雍乾三朝满汉文京旗房地契约四种》，《北方民族》1988年第1期。

清代北京旗人的房地契书

明代北京城郊房地契税，由大兴、宛平两县按所辖地区征收。清承明制，入关伊始，规定北京民人税契，仍由大兴、宛平两县分管。同时确立八旗税收制度。顺治元年（1644），由户部在八旗左、右翼分设税关，任用钦差大臣（旗员）各一人负责征税。左翼在安定、东直、朝阳、广渠、左安、永定六门设役巡查，右翼在德胜、西直、阜成、西便、广宁、右安、永定七门设役巡查。因其时旗人房地等不动产均禁止买卖，故交易对象主要限于牲畜和作为特殊商品的旗下奴仆。迟至雍正元年（1723），即清朝入关80年后，八旗两翼税关始将旗房、旗地交易纳入税契之列。这一年，总理事务王大臣等议定八旗田宅税契令：

> 查定例内，不许旗下人等与民间互相典卖房地者，盖谓旗人恃房地为生，民间恃地亩纳粮，所以不许互相典卖，斯诚一定不易之良法也。应将条奏所称旗民互相典卖之处无庸议外，至旗下人等典卖房地，从前俱系白契，所以争讼不休。嗣后应如所请，凡旗人典卖房地，令其左右两翼收税监督处，领取印契，该旗行文户部注册。凡实买实卖者，照民间例纳税，典者免之。至年满取赎时，将原印契送两翼监督验看销案，准其取赎。倘仍有白契私相授受者，照例治罪，房地入官。①

此前，旗人对旗地和旗房只有占有权和使用权，没有所有权。房屋和土地作为不动产而被禁止买卖，因此，顺、康两朝旗人契书都是白契。自此，确立八旗田宅税契制，始有红契。

税契，本是历代统治者财政收入的一宗来源，而纳税人则借以获得对象物所有权的法律保证。具体到旗人来说，上述变化还包含有另一层重要含义在里面，即它是旗地旗房买卖合法化的重要标志。也就是说，只有当旗人对不动产的私有权得到清政府事实上的认可，才可能确立这种制度，并且按照民间成例，纳税领契。因

---

① 鄂尔泰等纂：《八旗通志初集》卷70，东北师范大学出版社1986年版。

此，从法律上确认田、宅等不动产的私有，既是满人财产观念的重大进步，也是私有制趋于完善的重要标志。不过，税契制度确立后，旗人对旗房及旗地的私有权仍然是不充分的，这集中体现在国家对旗人不动产买卖的限制方面，也就是严禁与民人交易，并把这种限制叫作"不易之良法"。旗人虽然是旗房名义上的所有者，并没有充分支配权，继续受着国家权力的干预。这种现象一直延续到清末。

从雍正元年起，八旗税契制度一直行用了近200年。及民国肇建，北京民人税契仍由大、宛两县分管，旗人税契改由左右翼牲税征收局主管。民国四年（1915）五月，成立监督京师税务左右翼公署（后改左右翼税务公署），始规定：凡城内及关厢契税，不分旗人民人统由公署主管，大、宛两县只征城外契税。至此，旗人契书与相关契税机构完全退出历史舞台。

（二）旗契的形制

清代北京民契规格沿用明制，在白契或官颁契格纸上钤盖大兴或宛平县印，后粘顺天府印制契尾，也有少数不粘契尾。俗称"民契"或"县契"①。早期旗契均为白契。乾嘉年间旗人红契主要有两种：一种形制简陋，仅在草契上钤盖官印即可；另一种为官刻"执照"。两种红契均为满汉文合璧书写，惟官刻执照的满文体因左右翼之别而略有差异。左翼税关颁发的执照上书"temgetu bithe"，右翼税关颁发的执照上书"akdulara bithe"，都是契书、契据的意思。所盖官印，一为八旗左（或右）翼管税关防长方形朱印，一为立契人所在佐领官员图记。契书骑缝处墨书"卖字＊＊号"。所有旗契一律不粘契尾。这些，就是旗契有别于民契的基本特征。

旗人与民人在红契上的另一个显著区别是担保人、中证人身份不同。民间不动产交易受着宗法制的制约，按惯例"先问亲邻"，充当"中保人"的通常是立契人亲友，由他们承担日后各种法律纠

---

① 刘宗一主编：《北京房地产契证图集》，中国奥林匹克出版社1996年版，第3页。

纷的连带责任。此外，在契书上画押的还有"左邻""右邻""房牙（或地牙）""总甲（或里长）""代书"。"房牙"是房产交易中介；"总甲"是十甲之长，即官府统治基层百姓的代理人；"代书"是契书代笔人。日后一旦发生纠纷，这些人有出面作证的义务。而旗人不动产交易，按官府规定必须"呈明本管佐领"①。所以，在旗人红契上签名画押的，除立契者本人外，照例由所在佐领的官员佐领、骁骑校、领催共同充当保人。

旗契与民契在形制上的区别，既是旗民分治制度的具体体现，也是清统治者防止民人染指旗产的重要措施。

旗契的特殊形制，一直沿用到民国初年。其时，旗人红契改由左右翼牲税征收局颁给，仍为官印执照，不过已纯用汉文。一套完整的红契通常包括草契、执照、验契执照，彼此粘连，上加盖左右翼牲税征收局关防。草契即底契，业主纳税或补税后领取执照，验契执照则是左右翼牲税征收局（后改左右翼税务公署）对旧契检验注册后颁给的凭据。

（三）旗契的税率

满人税制缘起于建国初。清太祖努尔哈赤据辽沈，行重税，按交易价值十分之一取税。清太宗皇太极即位，放宽对商业活动的苛刻限制，允许商品在境内自由贸易，为刺激流通，大幅降低税率，改为按3%取税。②清朝入关，沿旧制。雍正元年（1723）颁行八旗田宅税契令时规定：凡实买实卖者，照民间例纳税，典者免之③。

清朝末叶，财政日绌，愈加横征暴敛，税率屡次提高。光绪二十九年（1903）定，契价一两，征税三分三厘。宣统元年（1909）又改，买价一两，征税九分。民国初年仍沿用清代税制。但不管税率如何浮动，旗契与民契在税率方面始终保持一致。

---

① 托津等纂：《大清会典》卷16，嘉庆二十三年殿本，第17页下。
② 日本满文老档研究会译注：《满文老档》（太祖）卷60，东洋文库丛刊第十二，1955—1963年本，第883页；卷72，第1086—1087页。
③ 鄂尔泰等纂：《八旗通志初集》卷70。

第三编　旗民关系

清沿明制，卖契纳税，典契免税。乾隆三十五年（1770），鉴于旗人房地交易多以"典"为名逃避纳税，又有所谓"老典"者，"其实与卖无异"，遂规定：典契十年以内不税，十年以外与卖同税，听现典主税契执业①。此后，为引起旗人对纳税问题高度重视，将有关定例刊载在官刻契纸上。下面就是不同时期旗契上所载定例：

（1）钦差户部督理左翼税务监督五□为遵旨议奏事。准户部咨开：议覆御史增□等条奏案内，嗣后典契载有二三十年至四五十年以上者，令现在主一体上税，倘藐法行私，查出照漏税之例惩处。等因。乾隆三十五年七月十一日奉旨：依议，钦此。钦遵在案。

——引自《乾隆九年七月旗人苏海改典为买（地）执照》②

（2）钦差户部督理右翼监督惠框为给发执照事。准户部议覆左翼监督巴条奏：旗人有白契并老典房地于限内未行报出补税，请赏限二年，并典契载三五年已过十年原业主不能回赎者，照新例令典主呈明纳税执业。请一并予限二年，此次定限以后，再有隐匿不报，查出照例治罪。等因。一折。于乾隆五十五年一月二十七日具奏。二十九日奉旨：依议。钦此。知照到翼。

——引自《乾隆六十年九月镶红旗满洲巴宁阿改典为买（房）执照》

（3）钦差户部督理右翼税务监督成框为给发执照事。嘉庆五年八月准户部奏准：旗人契典房地已逾十年者展限五年补税。嘉庆十年九月二十九日复经具奏，于十月初一日奉旨：著再展限两年。钦此。钦遵。在案。嘉庆十二年九月底限满，本翼仍咨请宽限，经户部奏明，再行赏给余限一年。嗣后，已满十年典契，均定以一年余限，毋庸问明原业回赎与否，即令赴

---

① 《户部则例摘要》卷16，铭新堂乾隆五十八年刻本。
② 此执照粘于乾隆九年七月二十三日苏海典地白契，年月残缺，当在乾隆三十五年以后。

翼补税。倘逾余限仍不报税，一经查出或被人首告，即照例追价治罪。等因。九月二十六日奉旨：依议。钦此。钦遵。行知到翼。

——引自《嘉庆十三年六月正黄旗汉军福佑改典为买（房）执照》

（4）钦差户部督理税务监督宗室载框为给发执照事。准户部咨称：本部会议筹饷章程内开：置买田房未税契者于文到日限三个月一律补税，均免其罚赔治罪，概免钤用佐领图记，查照该业主原契，准予纳税。倘逾三个月限期，仍敢隐匿不报，一经查出，或被人告发，即照定例治罪，并追契价一半入官，仍令补纳正税。等因。具奏。奉朱批：依议。钦此。钦遵，行知到翼。

——引自《咸丰三年十二月正黄旗满洲那谦卖房执照》

除买卖不动产外，凡新建或改建房屋，均应按买契税率纳建筑契税。在这些方面，对旗民亦一视同仁。

（四）旗契的种类

清代民契仍袭明代，种类繁多，反映了交易双方形成的复杂契约关系。与之相比，旗契种类，则因其在早期受着满族社会私有化不够成熟和满人汉化程度未深的制约，不能不呈现由少而多的变化。

顺康两朝，旗契种类单调，行文简略。流行有典契、老典契、卖契。因当时还没有确立税契制度，所以旗契无一例外，均系白契。[①] 雍正朝后，卖契渐多，仍主要限于旗人内部。乾隆以后，契书种类丰富多样。按性质分，有典白契、找押白契、指房（或地）借银字据、抵押字据、改典为卖白契、老典白契、转典白契、改典为卖白契、改典为买执照、卖白契、卖红契、杜绝卖契、分卖红契、买执照、新建或改建房契、赠予房地契、置买官产执照以及分产字据（也叫"分家单""分产单"）等。反映了旗人内部或旗民

[①] 《清高宗实录》卷506，二十一年十一月壬寅："雍正元年以前，俱系白契。"

之间形成的复杂契约关系和所有权上的种种细微差别。① 民国初年，由左右翼牲税征收局颁发给旗人的契书也称执照。

二 旗契的研究价值

八旗制度是清代满洲人军、政、经合一的社会组织，研究满族史，把八旗制度诸问题作为对象，是很自然的。在这方面，旗契以其内容的丰富翔实，正可弥补官修史书的不足。契书反映的只是具体个案，但将众多个案联系在一起，进行纵向或横向排比分析，就不难对一系列带有普遍性问题，得出更深入的认识。从这个意义上讲，旗契的发掘利用，为开展个案与全局、微观与宏观的综合研究，提供了一个新的楔入点。这里，仅结合旗人社会生活中的若干具体问题谈一谈旗契的研究价值：

（一）旗人经商问题

清朝入关初，曾颁布有关旗人"居积牟利之禁"，表面上说，是为了防止旗人恃强凌弱，骚扰民间②。但真正用心还是希望旗人以当兵为唯一职志，成为国家可以依靠的"干城"和"股肱"。清代中叶，一些官员在奏疏中也提到旗人不会经商，并把这作为八旗生计日蹙的一个原因。③ 这样一来，就提出一个问题：清代旗人是否经商，旗人经商是否合法？

许多旗人习于当兵仰给于月饷季米，却谙于营生之道，以至落到"经商逐利，不待禁而不能"的地步。固然是事实。但如果据此认为，所有旗人都不经商，却未免以偏概全。根据满文房契，至迟

---

① 关于旗人房地契的主要种类，笔者已有专文论述，详拙著《满族的社会与生活》，北京图书馆出版社1998年版。
② 王庆云：《石渠余纪·纪八旗生计》，北京古籍出版社1985年版。
③ 如沈起元说："甲不能遍及，而徒使之不士、不工、不商、不兵、不民，而环聚于京师数百里之内，于是其生日蹙。"（《皇朝经世文编》卷35）梁师正亦称："百年休养，户口众多，无农工商贾之业可执，类皆仰食于官。"

康熙后期，北京旗人中已有进行店铺房买卖的①。

清中叶以降，为数可观的店铺房在旗人之间或旗人与民人间辗转交易，是旗人经商的一个实证。见于契书的有："油盐纸马铺""粮食店油盐店""布铺""粥铺""素饭铺""车店草铺""大货铺""茶馆""碓房""寿艺庄、茶馆、菜局""文雅斋、成衣铺、碓房"等。引人注目的，有的旗人已将商业活动扩大到前三门外的繁华街市②。商业活动的发展，说明自清代中叶以来，旗人经济生活，已由单一走向多元。

在各类店铺中，碓房于旗人的生计关系尤为紧密。清代在京八旗官兵食用米均来自江南漕粮。漕粮是带壳稻谷，不能食用，必须经过加工——"舂"，于是专门为旗人捣粮贩米的碓房就应运而生。碓房最初都是民人所开，尤以山东民人为多，到后来，也有的落入旗人之手。碓房一般设在各旗衙门附近，因专门承办八旗放米事宜，平日并不从事交易，所以皆无门市。碓房通过加工粮食环节控制旗人生计，进而兼放高利贷，达到盘剥的目的。现存契书，尤其是与通泰号、宝兴局有关的大量借据，为深入研究该问题提供了丰富史料。

（二）旗民交产问题

清朝定鼎中原初，意在建立旗人经济特权，强行圈占北京内城民房和畿辅民地作为旗房旗地，并将禁止旗民交产定为一项国策。但旗民间不断密切的往来却使这一禁令形同具文。从现有契书来看，笔者所见最早一件旗民交易旗地契书写于康熙二十一年（1682），这件汉文白契写着：

> 立退坟地人系厢红旗包下钮钮牛录下李八郎等，原有穆弘德祖坟地一块，在李八郎等地圈内，今有说合人将此坟地一块情愿赎讨归与坟主，言定赎坟银拾两正。两家情愿，不许反

---

① 康熙四十八年九月十一日旗人五十八卖房白契，存近代史所图书馆。
② 《清光绪五年闰三月镶黄旗满洲凤秀卖房契》，藏近代史所图书馆。

悔，恐后无凭，立此永远存照。

康熙二十一年二月卅日　立退坟地人李八郎等（押）①

"包下"是"包衣下"的简写。这份契书是镶红旗包衣牛录下李八郎写立，交给原坟地主人收存。形制极简陋，只提到对象地所有权的转让和价格，而该地面积、四至、位置、有无附产，乃至买主姓氏，一概阙如。如此简而又简的契书，或者与交易的非法性质有关。顺治初年，穆弘德家祖坟地被旗人李八郎圈占，至此以10两银价将坟地赎归。这份契书有助于说明：清朝入关还不到40年，旗地向民人手中回流现象已经在潜滋暗长。

旗人置买民房现象，至迟在康熙初年已经出现。康熙四年（1665）题准：旗人居前三门外者，俱令迁入内城。汉人投充旗下者，不在此例②。前三门指崇文门、正阳门、宣武门，是连接内外城的通衢要道。前三门外是京师汉族官、民的聚居地，也是繁华的商业和文化娱乐区，四方商贾辐辏云集，店铺饭庄酒馆鳞次栉比。一些旗人既已移居外城，势必要置买民人住房，惟数量不详。"汉人投充旗下者"，指顺治年间主动或被动投充到旗人名下并成为其私属的汉民，允许他们移往外城，实际上也就开创了旗人置买民房的先例③。内城旗人置买外城民房主要集中于前三门外商业区。

值得注意的一点是，在康熙年间房契中，作为买主一方的旗人均为汉姓。隶属旗籍的汉姓人，主要包括汉军、内务府和下五旗王公府属包衣，以及前面提到的投充人。他们原本就是汉人，相互交往不存在语言、文化上的障碍，又熟悉民间订阅契约关系规范，所以在旗人置买民房方面开风气之先。

当旗人置买民房活动在外城不断加剧时，民人蚕食内城旗房活动也在起步。乾隆四十七年十月定：城内旗人住房，止许旗人互相典买，不得卖与民人。如有旗人与民人钩通，顶名冒买等弊，一经

---

① 原件藏中国社会科学院近代史所图书馆。
② 昆冈等纂：《大清会典事例》卷1146，中华书局1991年版，第404页。
③ 近代史所图书馆藏康熙十一年（1672）二月十一日民人张相等卖房契。

发觉，即照偷典偷买旗地之例，缴房追价入官。① 而现存房契却显示，乾嘉以降，民人置买内城旗人房产的活动不仅没有收敛，反呈上升趋势。由于法律禁止民人置买旗产，故这类活动主要采取白契买卖和老典形式。

老典与典的区别在于，老典契所定回赎期限很长，少则二三十年，多者五十、一百年，有的老典契甚至不写明回赎期限，代之以"永远为业"或"永不回赎"等字样。因此老典等于变相的买卖行为，诚如当时人所指明的："名曰老典，其实与卖无二。"②

乾隆初年，畿辅地方民典旗地已不下数百万亩，典地民人不下数十万户。相当一部分旗地已落入民人之手。清政府从维护旗人生计的考虑出发，一面禁止民人置买旗产，一面动用巨帑回赎民典旗地，但从效果看，并不明显。

旗置民产与民置旗产，这两种现象在城乡并行不悖地发展与交织，使旗民交产呈现出更为复杂的情景，并导致了重大社会问题。它不仅使城乡、旗民间的经济生活连为一个整体，同时瓦解了旗人与民人间传统的此疆彼界。

（三）旗民杂居问题

清朝入主中原，实行旗民分居制度，旗人居住内城，汉人居住外城。规定除八旗投充汉人不动外，凡汉官及商民人等，尽迁外城（这里指南城）居住，百般阻挠旗人与民人的正常交往。清朝所以不遗余力地推行"旗民分治"，意在利用八旗组织拱卫满洲贵族的统治宝座，"八旗乃国家的根本"一语，形象地道出了清统治者对八旗的依赖。但是事与愿违，旗人与民人存在着经济、文化交往的迫切需要。定制不久，旗人已有移住城外的。乾隆初，在外城居住的旗人已有400余家。嘉庆年间，连宗室觉罗也纷纷迁往，例不能禁。当旗人移居外城时，在内城居住的汉民也在增长。

---

① 《清高宗实录》卷1166。
② 《皇清名臣奏议汇编初集》卷45，云间丽泽学会1902年石印本，第3页下。

1077

第三编　旗民关系

于是，在北京的内外城，逐步发展起旗民杂居的局面。以原由旗人聚居的内城为例，雍正年间，同一满洲佐领的成员多数毗邻而居，被称为"世为同里"。但到嘉庆年间，他们的居址已"不尽毗连里巷"，而是散处"在数十里之内"了①。

同一地域内旗民的日益错居杂处，导致了邻里关系的发展。乾隆二十二年（1757）八月民人徐廷玫等人分卖房契就是一个令人信服的例证。②分卖房契即业主将房产的一部分而非全部售出时所立的契约文书。立契人徐廷玫有祖遗房产42间，因将其中铺面房4间卖给旗人李某，故写立分卖房契交新业主收存，作为产权分割凭证。分卖房契不仅有民人写立由旗人收受的，也有旗人写立由民人收受的。乾隆四十五年四月十一日镶黄旗包衣巴宁阿佐领下孀妇杨蒋氏同子六儿、侄杨自新写立分卖房契称："因手乏无银使用，将夫遗（按：'自置'二字划去）钟楼东南湾路南正瓦房肆间、南瓦房叁间、西厢瓦房贰间、灰棚壹间，今同中说合分卖于谷口名下。"③交易双方无论属于上述哪种情况，均使彼此形成一种新类型的、更为密切的邻里关系。

在畿辅乡间，同样经历了由旗民分居到旗民杂居的变化。清初统治者实行大规模圈地的结果是旗人村屯的星罗棋布。最初，"老圈旗地界址甚为分明"。圈内民户被强迫迁往他处。清统治者锐意制造旗、民分住，但未能如愿。旗圈内有少数民户因恋土重迁，"不肯舍房就地，是以父子祖孙相沿居住"④。旗地采用租佃制后，大批民人藉租佃旗地以谋生。加之旗民间的频繁交产，民人有典买圈内旗地者，旗人有置买圈外民地者。旗屯汉民杂居共处的局面自康熙朝起迅速形成。

清朝入关初，满人用旗契，汉人用民契，两者泾渭分明。到后来，同一张契书上，除买卖双方外，作为中保、说合人的往往既有

---

① 雍正朝《上谕八集》卷5，四库全书本，第59页；光绪朝《大清会典事例》卷1147，第424页。
② 原件藏中国社会科学院近代史所图书馆。
③ 同上。
④ 孙嘉淦：《孙文定公奏疏》卷4《八旗公产疏》。

旗人又有民人。乾隆二十年七月十一日正黄旗满洲鹤伶卖房契，"中保人"写为"王姓"，当系汉人。嘉庆十年九月初九日民人丁茂宗的卖房契，"中保人"八十六、永恩、普和，为旗人；"说合人"王国梁、孟正珍，则为民人。在旗民交产的场合，这种现象尤为普遍。乾隆三十三年十二月二十五日正黄旗满洲塞同阿将德胜门路南一处房产老典与刘姓汉人，交易的"中保人"是他的胞弟吉尔泰，"说合人"有韩玉书、俞国栋、夏明文，均系汉人。乾隆三十九年十二月民人张六格将宣武门内住房一所卖与镶红旗蒙古人七十四，"中保人"名张得金布，似为汉姓旗人；"说合人"系伊藏阿，属旗人无疑。又乾隆五十一年八月十一日正红旗蒙古长安将阜成门内一处住房典与民人王某，"知情底保人"写为"三福"，是旗人；"中保人"有李瑞、张四，为民人。清代中叶以降，这一类现象不胜枚举，以至旗人间的不动产交易由民人牵线搭桥，或者民人间的不动产交易而由旗人往来"说合"的，也不再是寥若晨星的现象。① 所有这些事例都具体生动地反映出旗民关系日趋密切的变化。

（四）满语言问题

满入关初，仍通行满语。旗、民交往增多，杂居局面的逐渐形成，使满人传统文化遇到无法抗御的巨大冲击。满洲统治者之所以一再提倡"国语""骑射"，是因为从康熙末年起，在京城成长起的新一代满洲子弟在与汉民的频繁往来中多能使用汉语，作为母语的满语却日渐荒疏。

目前所见康熙年间满文契书无多，而汉语潜移默化之影响已昭然若揭。中国社会科学院近代史所藏康熙四十八年九月十一日旗人五十八满文卖房白契形制朴拙，在文字使用上，尚未脱离早期满语印迹，如称墙壁根为"gencehen"，木板为"undefun"，东北方为"šun dekdere ergi amargi"②，均为规范化满语所不取。而从"wase"

---

① 均见中国社会科学院近代史所图书馆藏房契。
② 只有在满文老档中，才经常使用如此累赘的方位表示法（直译为"太阳升起的方向北方"，用指"东北方"。）以后，表示"东"的方位词为"dergi"，当系"dekdere ergi"（升起的方向）两词的一头一尾"de""rgi"拼合而成。

（瓦）、"kiyoo"（桥）、"giyan"（间）、"langui"（栏柜）、"paidzi"（牌子）、"ping dzi men"（平子门）等诸多汉语借词的使用上，汉文化潜移默化的影响已一目了然。康熙五十三年十月初八日旗人富绅满文典房白契中，作为动词使用的"典了"一词，写为"diyalaha"，显由汉语派生。又康熙五十五年正月十八日旗人拉巴满汉文典地白契中，"文书"写为"wenšu bithe"，前一词是汉语"文书"音译，后者是满语"文书"之意，为一"满汉兼"复合词；"公爵"的"公"写为"gong"；国子监写为"gu tz giyan"，衙门写为"yamun"，档案写为"dang se"，蓟州写为"gi jeo"，孙家庄写为"sun giya juwang"，亩写为"mu"，太监写为"taigian"①。这些汉语借词，有些是在清朝入关前已融入满语，有些则是在入关后为满人所掌握。汉语借词的不断涌入，大大丰富了满语蕴涵，对满族文化发展也产生了积极影响。

满人早期文化比较落后，在以后的发展中不能不接受汉文化强烈影响，因此也就不能不在文化上表现为"汉化"过程。今存满洲旗人契书，康熙年间多用满文，雍乾以降改用汉文，到清末民初纯用汉文，恰是"汉化"过程的一个缩影。与此同时，越来越多的满洲人改从汉姓，如叫"张得金布""吴八十一"等等，不一而足。至于取汉语中表示福寿吉祥喜庆词汇来命名的，更成为一种时尚。

综上所述，北京旗人契书对推进满族史、八旗制度史研究有着弥足珍贵的价值。此外，对了解清代北京地方史也有重要参考意义，诸如城区建设布局、管理体制、人口分布、等级分化、民族构成、商品经济、城乡关系，乃至街道地名的变动等问题，都能从契书中得到有益启迪。目前，对旗契的整理、利用刚刚起步，本文只是一个初步尝试，抛砖引玉，谨就正于同好。

（原载《满学研究》第 5 辑，民族出版社 2000 年版）

---

① 原契载王锺翰《康雍乾三朝满汉文京旗房地契约四种》，《清史续考》，华世出版社 1993 年版。

清代北京碑刻中的旗人史料

在现存清代北京地区石刻中，旗人石刻占有很大比例。旗人石刻类型多样，主要有刻石、摩崖、碑碣、墓志等，内容涉及八旗制度乃至满汉旗民诸多方面，且所详者又往往可补文献史书之阙，研究价值之高不言而喻。目前围绕旗人碑刻展开的研究还刚刚起步，笔者试结合近时研究心得，就旗人碑刻的整理情况以及它的特点和价值作一概括说明，以期推动这方面研究。

一 旗人碑刻的整理情况

清代是等级制度高度发达的社会，对皇室和品官用碑，在规格、形制、题字等方面，都有严格的规定。旗人作为社会中的一个特殊群体，在国家的政治、军事生活中起着举足轻重的作用，尤其在开国时代，文则运筹帷幄，武则叱咤骑射，群英崛起，盛极一时。由此形成众多旗人碑刻。

旗人碑刻除散见于东北等地外，主要集中在北京地区。自顺治元年清廷入关定鼎北京，满洲皇室和八旗将士就世代居住在这里，围绕他们的历史足迹，留下了形形色色的碑刻。这些碑刻，为研究清史、满族史以及八旗制度史提供了大量珍贵资料。

关于清代北京碑刻，前人已做了大量搜集整理工作。清人钱仪吉（1783—1850）编纂《碑传集》，采辑清朝自天命纪元至嘉庆朝约二百年间碑版状记之文，旁及地志杂传等，分宗室、功臣、宰辅、部院大臣、内阁九卿、翰詹、科道、曹司、督抚、河臣、监司、守令、教官、佐贰杂职、武臣、忠节、逸民、理学、经学、文学、孝友、义行、方术、藩臣、烈女等二十五目，凡160卷，包括二千余人的历史资料。其中，旗人史料占有很大比重。

清朝宗室盛昱留心旗人文献，同表弟杨锺羲编纂《八旗文经》，堪称有清一代旗人文献的典籍。书中卷42—44碑、卷47—48墓碑、卷49墓志，收有若干反映北京旗人社会生活的原始资料。

盛昱字伯熙，清初肃武亲王豪格七世孙，隶镶白旗满洲。光绪二年（1876）进士，选翰林院庶吉士，后迁翰林院侍读。讨论经史、舆地及本朝掌故，皆能详其沿革。其间数上奏章，弹劾大员，以"清流"自诩。光绪十年任国子监祭酒，因政治上受到排挤，将精力投注于考据学问。他崇尚风雅，精通金石，对旗人碑刻情有独钟，"时出游衍蜡屐访碑，复广觅拓工，裹粮四出，近畿之碑响拓殆遍"[①]。多年搜集，集腋成裘，蔚为大观。盛昱既殁，原拓散亡，惟副本尚存，惜当初顾觅抄手誊录副本时，前后多有错谬，未及编次，遂有旗籍杨锺羲对副本加以编次，因无原拓可校，整理本仍不免缺讹。杨氏以往岁盛昱赠词中有"年年雪屐寻碑"一语，定书名曰《雪屐寻碑录》。

《雪屐寻碑录》整理后印行未果，日本学者内藤湖南闻讯辗转寻访，将书稿携归东瀛，然未及印行而殁。20世纪30年代金毓黻编纂《辽海丛书》，始由日本友人处借得书稿，编入第五辑印行。《雪屐寻碑录》凡16卷880篇，基本是北京旗人碑刻，属于汉人者寥寥数篇而已。收录范围以帝诏御制谕祭文为最多，又有家撰墓碑、明堂碑文及祠堂记等。

前人搜集金石碑刻，一向贵远而贱近，每得一唐刻宋拓，无不互相矜重，而不必文章名贵，书法精美，概因物以稀为贵。而盛昱搜集碑刻遗文，及于当世，确实是需要一些远见卓识的。至于是书之价值，诚如金毓黻所指出的："其粲然可观者多为典章文物之所存，盛衰荣悴之所系，谓为《文经》之亚，谁曰不宜？

[①] 金毓黻：《雪屐寻碑录·叙》，《辽海丛书》第5册，辽沈书社1985年版。

即其姓氏爵里宗支子姓之琐细者，亦多为公私记载所不及详，异日续辑通志、通谱诸书，蒐求八旗掌故，自必以是书为渔猎采伐之资。"

盛昱等以个人之力，自然难以将京畿一带旗人碑刻搜访殆尽，自清末民初以来，一些机构和个人继续这方面工作。如民国时《房山县志》《良乡县志》，溥儒编《白带山志》等，都收有一些相关资料。这类资料也逐渐为各图书馆、博物馆所网罗。其中北京图书馆收藏石刻拓本数量最多，特别是在20世纪50年代，北京图书馆与有关单位合作，对本地区石刻进行大规模传拓，使许多旗人碑刻得以保存，大大丰富了自盛昱以来的收藏。

1990年，中州古籍出版社出版《北京图书馆藏中国历代石刻拓本汇编》，其中清代部分30册，收拓本5000余种。该书收录旗人碑刻，不仅在数量上超过《雪屐寻碑录》，而且在范围上也较前书广泛，除了帝诏御制谕祭文、家撰墓碑、明堂碑文、祠堂记等之外，还包括题名、经刻、手书等等，对于研究清代北京旗人首先是满洲旗人社会生活、军事和政治制度、氏族谱系、民族关系、文化变迁、宗教信仰等，都有重要价值。

因《汇编》对单一民族文字碑文未全部收录，所以要了解北京图书馆满文石刻的准确情况，还必须参考《全国满文图书资料联合目录》[1]。该书石刻拓片部分，列有北京图书馆等单位收藏693件满文碑刻目录，附有碑名（一般为满汉文对照）、碑额、碑文文种（如单一满文或满汉文）、撰者、立碑时间、地点以及收藏单位说明，检索颇便。

徐自强主编《北京图书馆藏北京石刻拓片目录》，也是了解北京地区碑刻收藏情况的必要参考[2]。全书所收石刻6340种，以清代石刻最多，有3540种。主要有墓碑（包括墓表、谕祭碑、神道碑、先茔碑、墓碣）、墓志（包括生圹志）、庙宇碑（包括观、庵、祠

---

[1] 黄润华、屈六生主编：《全国满文图书资料联合目录》，书目文献出版社1991年版。

[2] 徐自强主编：《北京图书馆藏北京石刻拓片目录》，书目文献出版社1994年版。

堂、善会碑及修缮寺庙之捐资题名等碑）、题名和题字碑（包括榜书和帝王御笔诗文）、杂刻（包括感恩、功德、家祠、学校等碑）等，涉及旗人生活各个方面。

二　旗人碑刻的文字和语言特色

　　清代旗人碑刻文字，分为单一满文、满汉合璧、满蒙汉合璧、满蒙汉藏合璧、单一汉文等几种形式。在清代200多年里，满文又称清文，尊为"国书"，但就碑刻而言，还是满汉合璧者为多，这也是有清一代八旗行文的标准格式。近代以来，纯用汉文碑刻始逐渐增加。至于纯用满文的早期碑刻，存世者几稀。就笔者所知，有两通。一为顺治十三年（1656）《索尼先茔碑》，拓本现存北京大学图书馆①，另一为康熙二十三年（1684）江宁将军额楚诰封碑，纯用满文，现藏北京石刻博物馆。后者尚未公开展览，故鲜为人知，《全国满文图书资料联合目录》亦未收录。该碑在研究额楚身世，以及满文碑刻形制方面，都有重要价值。

　　满汉合璧碑刻虽内容大体重合，也有它独到价值：

　　第一，拾遗补阙。有些满汉合璧碑刻，某一文字部分早已湮漫模糊，难以辨识，另一文字部分则相对清晰，在这种场合，通过相对清晰部分可以完整地了解碑文内容。

　　还有些碑刻，满文部分与汉文部分内容有出入。顺治十二年（1655）三月刻《王法哈墓碑》，汉文部分为："顺治岁次乙未季春吉旦诰赠通义大夫法哈王公之墓"，满文部分为："ijishūn dasan i juwan juwe ci aniya ilan biyai sain inenggi gūwalgiya halai sargan ilibuha. g'oming bume amcame fungnehe doro de husun buhe amban faha i eifu"②。满文部分提到，该碑为法哈之妻瓜尔佳氏所立，为汉文部分所无；汉文部分谓法哈汉姓"王"，而满文部分略而不言。综合

---

① 黄润华、屈六生主编：《全国满文图书资料联合目录》，第254—255页。
② 顺治十二年三月《王法哈墓碑》，《北京图书馆藏中国历代石刻拓本汇编》（下简称《拓本汇编》）第61册，中州古籍出版社1990年版，第75页。

满汉两部分文字，不仅确认王法哈为满人，还说明满人入关初已习惯冠汉姓。

第二，诠释词义。碑刻汉文部分通常辞藻华丽，套语连篇，满文部分则相对朴实简洁。阅读满文部分，易于准确把握碑文原义。清初文献中屡有"黑白昂邦"一职，其意颇不可解，对应满汉合璧碑文，知"黑白昂邦"即满语"hebei amban"的音译，后译"议政大臣"，即有资格参与议政王大臣会议的大臣。

第三，考察语汇演变。满族入关后，深受汉文化影响，语汇更新速度很快，容量也不断扩大。以往研究满语词汇的演变，主要依据清代编撰满文辞书、文书档案，而满文碑刻作为民间语言活化石，准确无误地保留了不同时期满语语汇的构成与特点，为从历史语言学角度研究满语满文，开辟了新途径。

关于满语与汉语关系，有研究者指出：清初旗人中流行的汉语原是辽东语（沈阳语），明末辽东汉人大批编入八旗，以后随着满人进入北京，又将辽东语带入北京。辽东汉语因受到女真语（满语）影响，失去"失""吃""直""日"等音，而变成"斯""此""兹""依"[①]。印证顺康年间碑刻，"中原"一词，顺治八年八月《和格诰封碑》的满文写为："dzong yuwan"（宗原）；顺治十二年十月《赐汤若望茔地谕旨碑》中园头王九重的"重"字，满文写为："dzong"（音"宗"）。就是入关初期满语中汉语借词带有辽东语特点的两个实例。

三 旗人碑刻的研究价值

日本学者鸳渊一曾撰《满洲碑记考》，开创了利用碑刻史料研究满族史和清朝史的先河，但关于北京一带旗人碑刻，迄未有系统研究。以笔者的初步了解，旗人碑刻史料，至少具有以下几方面研

[①] 常瀛生：《北京土话中的满语》，北京燕山出版社1993年版，第127、130、145页。

究价值：

(一) 八旗人物

旗人碑刻，以诰封碑、墓志为主，集中反映贵族、官员的身世与政绩。

宗室王公碑刻数量很多，重要的有顺治八年肃亲王和格（豪格）诰封碑、十四年多罗贝勒杜尔户墓碑，康熙元年惠顺亲王祜塞墓碑、五年多罗贝勒常阿岱墓碑、六年辅国公构孳墓碑、十年镇国公果色墓碑、十一年礼亲王代善墓碑、豫郡王多铎墓碑、承泽亲王硕塞墓碑、十四年显亲王富寿墓碑、三十九年康亲王杰书墓碑、四十二年简亲王雅布墓碑、四十九年康亲王椿泰墓碑，雍正九年怡亲王胤祥庙碑、十年怡亲王胤祥祠碑、十一年贤良祠碑、十二年贤良寺碑，乾隆三年诚郡王允祉墓碑、八年庄亲王允禄世子弘普墓碑、十七年定亲王永璜墓碑、简亲王德沛墓碑、二十八年信郡王德昭墓碑、三十二年庄亲王允禄墓碑、纯亲王永祺墓碑、三十五年恭亲王弘昼墓碑、三十七年显亲王衍璜墓碑、三十九年诚亲王允秘墓碑、四十三年奠代善墓诗刻、肃亲王成信墓碑、四十四年弘曔墓碑、六十年诚郡王弘畅墓碑，嘉庆七年多罗贝勒绵惠谕祭碑，道光二年定亲王绵恩墓碑、四年顺承郡王伦柱墓碑、二十一年惇亲王绵恺碑、豫亲王裕全墓碑、成亲王永瑆墓碑，咸丰元年瑞郡王奕志墓碑、四年肃亲王敬敏墓碑，同治七年醇亲王园寝诗刻碑，光绪五年肃亲王华丰墓碑、十八年醇亲王奕譞墓碑、二十四年恭亲王奕䜣墓碑、豫亲王本格墓碑、三十四年肃亲王隆懃墓碑，以及民国六年庆亲王奕劻墓碑等。这些碑文，在研究宗室王公历史时，都有重要的参考价值。

有些碑文，虽也收入《实录》等官书，但撰修者基于种种考虑，对碑文加以修改或剪裁。对照碑刻原文，有助于恢复历史原貌。皇太极长子肃亲王豪格（碑文称"和格""合格"），为争夺皇位与睿亲王多尔衮深相结怨，顺治五年（1648），被摄政的多尔衮以微末罪名幽系，不久卒于狱。顺治八年福临亲政后，为豪格昭雪，复王爵，立碑表彰。《清世祖实录》卷59录其碑文有云："值睿王专政启衅，遽加以罪名，辄行拘系，抑勒致死。"核对碑刻原文则为："值墨儿根王专政，诬捏事端而拘禁之，遂而自终。"① 明确记载豪格系自尽而死，《实录》却代之以模棱两可的说法。顺治十五年九月，福临再次为豪格立碑。② 这些记载，对了解皇室骨肉相残的遗案是有裨益的。

多罗恭惠郡王稜德弘（即勒克德浑），和硕礼亲王代善孙、颖亲王萨哈廉次子，生前以功封多罗顺承郡王。《八旗通志初集》卷129载：勒克德浑顺治九年（1652）三月薨，年三十四，康熙十年五月，追谥曰恭惠，勒石记功。而据《多罗恭惠郡王碑文》③，追谥并勒石记功时间当在顺治十二年（1655）十月。说明《八旗通志》所记时间有误。

有些诰封碑，于碑主履历缕述颇详，可补文献记载之缺。觉罗巴哈纳，满洲镶白旗人，景祖觉常安第三兄之四世孙。年十七，效力行间，屡著劳绩。天聪八年（1634）授牛录章京世职。顺治元年（1644）任本旗蒙古、满洲固山额真。是入关时清军重要将领。顺治末年仕至秘书院大学士。康熙五年（1666）卒，赠谥敏壮。④巴哈纳虽载入《八旗通志》名臣列传，但篇幅较短，而原立于北京朝阳区十八里店满井的顺治十四年（1657）三月《巴哈纳诰封碑》，记载其"初任拜他喇布勒哈番管牛录"直到第十八任"少师兼太子太师、吏部尚书、加一级、中和殿大学士"的全部履历，⑤为了解他的事迹保存了重要史料。类似碑文以顺、康二朝为多。

清朝定鼎中原，国势日隆，开国勋臣的辉煌业绩，都镌刻碑铭，以垂久远。勋臣索尼，为清初政坛上四朝元老，宦绩卓著。关

---

① 顺治八年八月《和格诰封碑》，《拓本汇编》第61册，第42页。
② 顺治十五年九月《合格墓碑》，《拓本汇编》第61册，第126页。
③ 顺治十二年十月《多罗恭惠郡王碑文》，《拓本汇编》第61册，第80页。
④ 鄂尔泰等纂：《八旗通志初集》卷160，东北师范大学出版社1986年版，第4003—4004页。
⑤ 顺治十四年三月《巴哈纳诰封碑》，《拓本汇编》第61册，第98页。

于皇太极死后的继位之争，《索尼诰封碑》记载说："父皇太宗文皇帝宾天，国势抢攘无主，宗室昆弟，各肆行作乱，争窥大宝，尔重念父皇恩遇，坚持忠贞之心，不惜性命，戮力皇家，同叔和硕郑亲王扶立朕躬，秉忠义以定国难"，充分肯定了索尼在福临即位问题上所起的重要作用。又提及多尔衮擅政后对索尼的迫害："顺治二年二月二十八日后，墨勒根王心怀篡夺，知尔必为朕死，实难存留，以计遣祀昭陵，随无故削职，即安置彼处。朕亲政之后，知尔无辜召回。"① 索尼兄噶布喇的女儿嫁康熙帝玄烨，即仁孝皇后，因有这层关系，索尼、索额图父子在朝廷中权势熏灼，益发不可一世。与索尼家族有关的碑刻还有《索尼墓碑》《众圣保（索尼孙女）圹志》《噶布喇墓碑》。②

墓志，又称墓志铭，是埋入墓中记载墓主姓名家世和生平业绩的标识物。范文程、洪承畴、马鸣佩等人，都是清初汉军显赫人物，他们的墓志、祠堂碑，提供了关于家世、政绩、婚姻、子女的详细情况。③

大西农民军首领孙可望，张献忠义子，顺治十四年（1657）八月降清，编入旗籍，封义王。十七年（1660）死。关于其死因，向有病故和被清廷暗害二说。《清圣祖实录》卷2顺治十八年四月庚午："赐故义王孙可望，谥恪顺。"文辞简略。而《谥恪顺义王碑文》载谕旨全文，是研究孙可望的有用资料。④

一等阿思哈尼哈番巴尔达奇，原籍"京奇里兀喇"（今黑龙江流域精奇里江），索伦部达斡尔人首领。顺治年间率部内迁，编入

---

① 康熙六年四月《索尼诰封碑》，《吧汇编》第62册，第85页。
② 康熙七年四月《索尼墓碑》，《拓本汇编》第62册，第112页；康熙十四年四月《众圣保（索尼孙女）圹志》，第63册，第69页；康熙二十二年《噶布喇墓碑》，第64册，第42页。
③ 康熙四年七月《洪承畴墓志》，《拓本汇编》第62册，第58页；康熙五年正月《马鸣佩墓志》，第62册，第66页；康熙七年五月《范文程墓碑》，第62册，第115页；乾隆二十二年正月《范公（文程）祠堂碑》，第71册，第95页；康熙十年十二月《洪承畴及妻李氏合葬志》，第62册，第182页。
④ 顺治十八年四月《谥恪顺义王碑文》，《拓本汇编》第61册，第166页。

旗籍。墓碑称他："倾心内附，岁贡方物，及同党相残，又能率尔兄弟协力纳款。"该碑对研究清初东北边疆民族史有宝贵价值。[①]宁古塔将军巴海在招抚"新满洲"、巩固东北边防方面建有殊功，玄烨御赐诗有云："夙简威名将略雄，高牙坐镇海云东；旌麾列处销兵气，壁垒开时壮武功。"有关碑文与文献记载相得益彰。[②]

清初旗人建功立业，有武功，也有文治。《顺治九年满洲进士题名碑》，记载麻勒吉等五十名满洲进士的人名、旗籍，其中一甲三人，二甲七人，三甲四十人。内容远详于官书。进士哲库纳，碑文记为镶蓝旗人，而《八旗通志·儒林传》记为镶白旗人，似误。说明题名碑有证史功用。乾隆四年、十年、十三年、十六年《翻译进士题名碑》，也是研究满洲文士重要史料。此外，乾隆七年九月、二十年四月、二十九年四月、三十七年十二月、四十一年十月、五十五年十月，嘉庆七年至道光三年、道光四年至十年、十年至十六年、十六年至三十年，咸丰元年至同治十三年，光绪元年至三十二年《满御史题名碑》，为研究八旗御史和监察制度，提供了系统翔实的资料。

（二）八旗内外关系

研究八旗组织的学者，会关注到这样几层关系，一层是八旗内部满洲、蒙古、汉军人间关系，另一层是旗人民人间关系。而制约这两层关系的，则是满人汉人关系。如何捋顺这几层关系，把握其演变趋向和脉络，对正确认识清代旗人社会及其内外关系，均有意义。在这方面，旗人碑刻所蕴含的信息量非常丰富。

八旗组织包括满洲、蒙古、汉军三个部分，原本是多民族成分的结合体。正是由于这个组织的陶熔，才使多民族成分差异逐渐缩小。内务府和王公府属汉姓人，是汉军中与满人关系最紧密也最久远的一部分，因此被附载入《八旗满洲氏族通谱》。

---

① 载《拓本汇编》第61册，第65页。
② 康熙十七年四月《巴海诰封碑》，《拓本汇编》第63册，第117页。《巴海御赐诗碑》，第63册，第120页；康熙二十二年九月《巴海及妻艾新觉罗氏诰封碑》，第64册，第60页；康熙三十六年四月《巴海谕祭碑》，第65册，第102页。

第三编　旗民关系

尚氏家族，是内府汉姓的一个显赫家族，关于该家族，现存有康熙六年（1667）十一月《尚大德（尚兴之父）诰封碑》《尚兴诰封碑》《尚志杰墓碑》①。据《八旗通志初集》卷5，尚兴曾管理正白旗满洲包衣第五参领第六旗鼓佐领。《八旗满洲氏族通谱》卷74：尚大德，正白旗包衣人，世居沈阳地方，国初来归。子尚兴任郎中兼佐领，孙尚志杰原任郎中兼佐领、署内务府总管；尚志舜，原任内务府总管兼佐领。因为地位显赫、世代簪缨，祖坟所在地得名"尚家楼"。尚兴作为内务府包衣，在何衙门任郎中，官书所云不明，《尚大德（尚兴之父）诰封碑》提到，他曾任"包依卫勒勒诸尔汉郎中"[booi weilere jurgan i icihiyara hafan，直译为"（皇）家的工部郎中"]，即内务府营造司郎中。

董氏家族，是内府汉姓中又一世家。《八旗满洲氏族通谱》卷74董文选传：正黄旗包衣人，世居抚顺地方。其曾孙董得启，原任员外郎；元孙董思，原任銮仪卫銮仪使；董得贵，由佐领定鼎燕京时以功授骑都尉，三遇恩诏，加至二等轻车都尉，卒。其子董殿邦袭职，历任内务府总管，缘事革退。其亲兄之孙穆克登布袭职时削去恩诏所加之职。又董文选四世孙董顺邦、叶清额、董治邦、浩善（墓碑写作董郝善），五世孙三保、董玉麟、石图、八十八、萨哈尔图、董玉象、董色、众神保、增长、常海、禅布、延龄、延福，六世孙八十七、图尔秉阿、葛尔秉阿、朱尔杭阿、清明、七十八、塞克图等人，或跻身官场或博取功名，多非平庸之辈。

董氏祖茔在今北京房山区良乡南坊镇，存世有康熙十五年（1676）十月《董得贵诰封碑》、②康熙十六年（1677）十一月《董得贵及妻舒穆禄氏纳喇氏诰封碑》、康熙五十一年（1712）十一月《董郝善及妻郭罗罗氏继配黑摄李氏墓碑》③、乾隆朝无年月《董殿邦墓表》④等碑。董得贵，《八旗通志初集》卷203有传，管

---

① 碑在北京朝阳区尚家楼，《拓本汇编》第62册，第100—101页；第67册，第161页。
② 《拓本汇编》第63册，第97页。
③ 《拓本汇编》第66册，第174页。
④ 《拓本汇编》第76册。

1090

理正黄旗包衣第五参领第四旗鼓佐领。① 碑刻中记载了该家族屡受恩诏、世代为官、与满人通婚、取满洲式名等史料。

清初朝鲜人被大批编入内务府,著名的有金氏家族。存世有雍正七年(1729)《金花住神道碑》《金新达礼神道碑》。②《八旗通志初集》卷4：正黄旗包衣第四参领第二高丽佐领,系国初编立,始以辛达礼(新达礼、新达理)管理。金花柱(花住)是其子。辛达礼,原籍朝鲜易州(碑文写为翼州,即义州)地方,天聪元年(1627)率子弟归附。其子噶布拉、胡住、花住及孙辈、曾孙辈多担任八旗官职。花住子常明仕至领侍卫内大臣、内务府总管,乾隆七年(1742)赐太子太保。③ 标志着这一家族宠荣臻于顶点。以上两碑皆常明所立,是研究内府朝鲜人的宝贵史料。

研究八旗内外关系,婚姻问题不应忽略。对此,前人已作过一些研究。在旗人墓志和诰封等碑中,包含有一些新史料。

清朝入关初,在西南地区设"三藩"镇守。"三藩"指吴三桂、耿仲明、尚可喜。三人都是降清明将。清廷为笼络之,封吴三桂平西王、耿仲明靖南王、尚可喜平南王,并分别与三家族缔结婚姻关系。其中,耿氏家族与皇室有几层婚姻关系。耿仲明死后,子继茂袭爵。顺治十二年(1655),清廷以和硕显亲王姊,赐和硕格格号,妻继茂长子精忠;以固山贝子苏布图女,赐固山格格号,妻其次子昭忠。④ 其第三子聚忠,十一岁时,福临命入侍内廷。十五年,又以和硕公主(和硕安亲王女)许配之。诏书中谆谆叮嘱："尔勿以配和硕公主,为和硕额驸之势,越分悖理,有违正道。"康熙三年(1664)二月又封聚忠妻为柔嘉公主。⑤ 十年,耿继茂病

---

① 鄂尔泰等纂：《八旗通志初集》卷4,第67页。
② 《拓本汇编》第68册,第80—83页。
③ 鄂尔泰等纂：《八旗满洲氏族通谱》卷72,第790页,参见《拓本汇编》第69册,第183页。
④ 鄂尔泰等纂：《八旗通志初集》卷175,第4238页。
⑤ 顺治十五年五月《耿聚忠诰封碑》,《拓本汇编》第61册,第117页。康熙三年二月《耿聚忠妻和硕柔嘉公主诰封碑》,第61册,第25页。

故，长子精忠袭爵。十三年（1674），精忠叛，被诛爵除。而昭忠、聚忠都保持了对清廷的忠诚。① 碑刻还记载尚可喜子之隆妻和硕和顺公主、② 洪承畴孙（即洪士铭子）奕沔聘宗室贵族女等事实。③

清朝统治者为维护本族特权地位，曾三令五申，禁止旗民通婚，但清末以来，禁令形同虚设。满洲大臣端方的两妾杨氏、高氏都是汉人。中下层旗民间联姻也日益普遍。④ 与旗人婚姻有关的资料还有：乾隆十八年三月《永升妻红氏贞节碣》、二十四年七月《普福妻留嘉氏旌表碑》，嘉庆二十三年十二月《成都妻库雅拉氏墓碑》，道光十五年五月《成都及妻库雅拉氏墓表》，道光元年三月《岱清阿妻刘氏节烈碑》，道光十一年四月《福格妻康氏贞节碑》，同治八年《伊尔根觉罗室乌苏氏墓碑》，同治十年二月《福德及妻赫特勒氏墓碑》，光绪二十八年九月《德喜妻张氏等殉难碑》，宣统三年五月《长敬侧室魏氏墓碑》等。

（三）旗人宗教活动

清代北京地区流行佛、道等教，寺观庙宇林立，香火甚盛。清朝统治者在以儒学为统治思想同时，积极推举佛、道二教。顺治帝福临笃信佛教在历史上是很出名的。京城南海会寺，明嘉靖以来，香火盛极一时。入清，年久寺颓。顺治十三年（1656）众信徒欲重修，命寺僧往江淮，延请禅僧性聪（憨璞）住持是刹。第二年，福临巡狩南苑，于海会寺遇性聪，并屡召其入内廷，问佛法大意，奏对称旨，福临大喜，赐"明觉禅师"号。此后，福临对人说："朕初虽尊崇象教，而未知有宗门耆旧，知有宗门者

---

① 鄂尔泰等纂：《八旗通志初集》卷188，第4466页。
② 康熙三十一年三月《尚之隆妻和硕和顺公主谕祭碑》，《拓本汇编》第65册，第5页。
③ 康熙二十年三月《洪士铭妻林氏墓志》，在北京海淀区车道沟出土，《拓本汇编》第63册，第153页。
④ 光绪二十九年七月《端方侍姬杨氏高氏墓碣》，《拓本汇编》第88册，第180页；《德喜妻张氏殉难碑》，第89册，第139页。

旧，则自憨璞始。"① 这是福临接触佛教禅宗之始。性聪住海会寺五年，寺内殿宇廊庑与钟楼山门之属均修葺一新。顺治十七年（1660）春，福临还亲自为万安山法海寺慧枢和尚榜书"敬佛"二字②。同年五月二十一日又谕旨宣徽院发出告示保护法海寺免受搅扰，该告示被刻碑树立于寺旁，碑为满汉文合璧，碑阴刻有法海寺的四至界址③。这些，都是福临礼佛、敬佛、崇佛的实证。

康熙帝即位后，发内帑重修梵宇，广建佛刹，以致崇佛之风一时称盛。并给后世留下许多御制碑刻。雍正、乾隆二朝，国家富强，社会安定，最高统治者对于修葺北京地区著名庙宇更是乐此不疲，赏赐大量银两、土地、财物。在统治者的倡导和民人社会风气的涵濡下，众多旗人也是慷慨解囊、乐善好施，将大量钱财、土地施舍给寺院庙观。关于旗人社会生活的这一重要方面，官书和文集中都鲜有披露，唯独在碑刻中，得到集中反映。

当时京城内外兴修寺庙，捐资者身份可分为几类：一类由满人捐助；一类由满汉旗人捐助；再一类，由旗民合作捐资。从康熙中叶起，北京内城修缮庙宇，多由旗民共同捐资。与此同时，内城中不仅进入众多民人，而且还出现了"民居"④。越来越多的民人定期或不定期地进入内城，甚至定居下来，对打破旗民畛域，具有积极意义。值得注意的一点：约自道光以降，各种店铺商家越来越频繁地卷入这类社会公益事业，并在碑刻中留下大量记载。这对研究北京内城的商业发展，城市建设变化，旗民关系演变，都是宝贵的一手资料。

为组织进香、祭祀、捐修庙宇，或在庙会期间提供各项义务服务，北京旗民自发组织了名目繁多的"香会"。这类民间组织打破

---

① 顺治十七年七月僧道忞撰：《海会寺碑》，《拓本汇编》第61册，第153页。
② 即著名的《敬佛榜书碑》，顺治十七年三月十六日刻，碑在北京海淀区正红旗村香山法海寺，碑额双勾篆书"敕赐法海禅寺"六字，碑阴《西天东土历代佛祖之图》，《拓本汇编》第61册，第144页。
③ 碑在北京海淀区正红旗村，《拓本汇编》第61册，第150页。
④ 康熙二十七年九月《永寿观音庵碑》，《拓本汇编》第64册，第113页。

旗民界限，形成地域性组织，组织经常性活动，并且几十年乃至上百年地把活动延续下去。现存大量会碑、题名碑，为了解香会活动内容、人员构成提供了翔实资料。

（四）旗人土地

旗地问题是以往研究的重点，碑刻史料的挖掘，将为这一传统研究领域开拓出一片崭新天地。

旗人土地就其性质、来源、用途来说，相当复杂。以性质分，有官庄、王庄、一般旗地之别；就来源分，有老圈、价买、典置、长租、赏赐、置换、回赎、转让、继承等之别；就用途分，又有庄田、茔地、祭田等之别。前人研究旗地，主要侧重于官庄、王庄和一般旗地，碑刻则为研究旗人茔地、祭田提供了丰富史料。现存舍地碑、题名碑、善会碑、香火田碑，反映旗人将大量土地捐献给寺院的现象。尤为重要的一点：在"舍地"形式下，相当一部分旗地"合法"地流入了民间寺观，而清朝统治者在严禁民人置买旗地同时，对此种动向却采取了异乎寻常的宽容态度。

清廷虽三令五申禁止民人置买旗地，对宠遇优渥的传教士，却往往另案办理。顺治十二年（1655）十月十五日《赐汤若望茔地谕旨碑》，镌有福临将阜成门外旗地赏赐汤若望作为茔地的谕旨。清朝入关，圈占京畿一带大片土地作为旗地，安置"从龙入关"的旗人。汤若望作为西洋传教士，却受赐旗地。这虽然只是一个特例，却反映了福临对他的宠信。

雍乾年间清廷为维护旗人生计，多次大规模清理民典旗地，勒帑回赎。乾隆十五年（1750）十二月初十日奏："西洋人郎世宁等，于例禁之后私典旗地，应撤回治罪。"[①]但在随后的谕旨中，却"加恩免其撤回治罪"，甚至连定例以前所典旗地一概免其回赎。郎世宁奉旨后，深感皇恩浩荡，特镌刻《恩施郎世宁等价典旗

---

① 《清高宗实录》卷378，第16页。

地碑》，作为永久纪念。① 清廷如此做法，在当时又是一个特例。郎世宁，意大利米兰人，生于1688年（清康熙二十七年），康熙五十四年（1715）底到达北京，乾隆三十一年（1766）在京逝世，享年78岁。郎世宁历仕康、雍、乾三朝，在绘画方面造诣尤高，留下一批传世佳作。乾隆年间查出郎世宁违例典卖旗地时，他在内廷任画师已三十余年。乾隆帝对他如此厚待，自然是基于笼络目的。不过从另一角度讲，西洋人典买旗地毕竟寥寥可数，即便对他们网开一面，也丝毫无损于禁止民典旗地政策的大局。

又，满人姓名汉化，是该民族汉化进程的一个方面。前人研究，主要依据文献中零散记载。在旗人墓志、寺庙碑、香会题名碑中，关于旗人、首先是满洲旗人姓名，有大量原始、完整记载。而不同时期碑文，又为了解满人姓名变化过程、变化类型、变化特点，提供了一个更为清晰系统的轮廓。限于篇幅，不再赘述。

清代北京碑刻中的旗人史料，内容丰富。以上只是挂一漏万的说明，更加全面深入的考察仍有待来日。

（原载《文献》2001年第3期）

---

① 乾隆十五年十二月《恩施朗世宁等价典旗地碑》，《拓本汇编》第70册，第138页。

关于清代北京旗人谱书
——概况与研究

有清一代，八旗（首先是满洲旗人）世家大族素有修谱的传统。在历经百年来岁月沧桑、社会动荡，旗人谱书存世者依旧不少。日本学者多贺秋五郎潜心研究中国宗谱 30 年，在《中国宗谱的研究》中，他把旗人谱书纳入"东北谱"，下分汉人谱（居住东北的汉军和汉人）、满人谱（居住东北、北京、华中）、蒙人谱（居住东北、北京）①。近 20 年来，东北旗人谱书受到中国学者的重视，仅对吉林、辽宁两省不完全调查，就发现 500 部以上。有人据此估计，存世总数超过千部。同时陆续出版了一批研究成果②。相形之下，对北京旗人谱书的研究起步较晚。

近年来，笔者在研究北京旗人社会过程中，开始留意旗人谱书，迄今为止看过的各类旗人谱书，约有六七十种，分属旗籍满洲、蒙古、汉军、朝鲜（高丽）、锡伯、达斡尔、内务府包衣。尽管他们的旗籍和族源不同，但有一个共同特征，即都世居北京。其

---

① ［日］多贺秋五郎：《中国宗谱的研究》，日本学术振兴会，1981—1982 年，第 470—472 页。

② 徐建华：《中国的家谱》，百花文艺出版社 2002 年版，第 135 页。关于东北旗人家谱整理和研究成果有：李林《满族家谱选编》，辽宁民族出版社 1988 年版；李林《满族宗谱研究》，辽沈书社 1992 年版；李林《本溪县满族家谱研究》，辽宁民族出版社 1998 年版；魁升修，张晓光整理《吉林他塔拉氏家谱》，中国社会科学出版社 1989 年版；傅波、张德玉《满族家谱选》，中国社会科学出版社 1994 年版；傅波、张德玉《满族家谱研究》，辽宁古籍出版社 1996 年版；张德玉《满族宗谱研究》，辽宁民族出版社 2002 年版；佟明宽、李德进编《满族佟氏史略》，抚顺市新闻出版局 1999 年版；傅波主编《赫图阿拉与满族姓氏谱谱研究》，辽宁民族出版社 2005 年版。此外，来新夏《近三百年人物年谱知见录》（上海人民出版社 1983 年版）中，包括对若干旗人家谱的研究。

关于清代北京旗人谱书

中一些谱书，不见于现有谱书目录①，为研究清代北京旗人社会，提供了宝贵资料。

一　北京旗人谱书概况

北京是清代旗人的主要聚居地之一，也是达官贵人、世家大族为数最多的地区，旗人修谱蔚成风气，流传至今的仍相当可观，主要藏于国家图书馆、首都图书馆、中国科学院图书馆、北京大学图书馆，中国社会科学院历史所、近代史所、民族研究所，中央民族大学图书馆等单位。据说仅国家图书馆就藏有汉文八旗谱19种，满文家谱21种②。现在来看，国家图书馆的收藏应不止此数。此外，日本、美国等均有收藏。

关于北京旗人谱书，已有学者做过研究③。令研究者颇感困难的一点，这部分文献曾被各图书馆作为"善本"长期束之高阁，借阅不便。值得庆幸的是，近年来，国家图书馆将馆藏谱书（也包括部分外单位收藏）以丛书形式影印出版④。在这套丛书中，包括六

---

① 《美国家谱学会中国族谱目录》，成文出版有限公司1983年版，共收3140种家谱，主要是大陆以外日本、美国等收藏单位的目录；多贺秋五郎所作《中国宗谱的研究·现存宗谱目录》是中国、日本、美国三地的综合性目录，即在中国的873种、在日本的1276种（其中旗人谱书约40种）、在美国的1247种；中国出版的主要有：《中国历代年谱总录》（北京图书馆出版社1996年版），共收谱4450种；《中国家谱综合目录》（中华书局1997年版），共收家谱目录14719种；《上海图书馆馆藏家谱提要》（上海古籍出版社2000年版），共收录家谱11700种。

② 徐建华：《中国的家谱》，第135页。北京图书馆第二阅览部家谱整理小组整理的《北京图书馆满族宗谱叙录》（上）（下）（载《文献》1987年第2、3期）中，介绍21种汉文旗人谱书，除满洲旗人外，还包括旗籍蒙古博尔济吉特氏、达斡尔郭氏谱书。

③ 徐凯：《朝鲜佐领考》（载《韩国学论文集》1998年第7期）；《尼堪与满洲八旗旗分佐领》（载《中国史研究》2004年第1期）；《满洲八旗中的高丽士大夫家族》（载《明清论丛》1999年第1期）；《蒙古姓氏与满洲八旗旗分佐领》；杨海英：《佐领源流与清代兴衰》（载《中国社会科学院历史研究所学刊》第3集，商务印书馆2004年版）。

④ 北京图书馆编：《北京图书馆藏家谱丛刊·民族卷》（下简称《家谱丛刊·民族卷》），北京图书馆出版社2002年版。该书收录满、蒙、回、朝、达斡尔、锡伯、彝、纳西等族宗谱130余种，其中属于清代旗人范畴的有60余部，除宗谱、族谱外，还收有《八旗满洲氏族通谱》《爱新觉罗宗谱》、唐邦治《清皇室四谱》等相关文献。以其内容丰富、种类繁多，堪称旗人谱书集大成者。

十余种旗人谱书,这不仅使多年难题迎刃而解,且为研究者提供了莫大便利。

本文所云谱书,只是为了称呼简便,具体说来则有《通谱》《年谱》《族谱》《宗谱》《宗谱源流考》《支谱》《房谱》《分谱》《世系》《世谱》《坟谱》《谱单》《谱传》《家乘》《事迹官爵谱》《源流考》《世系生辰谱》《升官录》《年记》《事略》等种种名目。总之,是以某个家族或宗族系谱为中心、并记载其源流、制度、人物、史迹、信仰、传统等内容的文字纪录。

谈到旗人修谱缘起,首先不能排除汉文化影响。与中国历史上修谱的悠久传统一脉相承,旗人修谱的主要目的也是尊祖、敬宗、收族。祥安等续修《叶赫那拉氏族谱》[1],首载乾隆十一年(1746)四世孙常英《原序》,就阐明了修谱宗旨:"尊祖故敬宗,敬宗故收族。"所谓"收族",即将族人收于一谱,以增强家族凝聚力。旗人重视血统,雍正年间整饬旗务,比丁册按三代开载,更强化了这种意识。通过修谱,增强同族凝聚力,防止出现"冒宗""乱宗"现象。在这一点上,从满洲皇室《宗谱》《玉牒》,到寻常旗人谱书,其动机如出一辙。因此,有的旗人谱书特别规定:干犯名义者不书,逃入二氏者不书,螟蛉抱养者不书,不详所出者不书,以防乱宗。[2]

在清代旗籍汉姓人中,尚姓有两大家。一为"三藩"之一尚可喜之裔,一为内务府尚大德之裔。可喜子名之隆、之信,大德孙名志杰、志舜。因清初档案通行满文,志杰、志舜往往又译之杰、之舜(或之顺)。外人不明就里,或误为一姓。为防止子孙辈"误联"乱宗,大德一系《尚氏宗谱·凡例》中曾有特别说明:"平南王尚可喜系奉天海城人,其子之隆、之孝俱系国朝名臣,原不必以逆藩为讳。但吾族先世有谱,名氏昭然……居址世派迥别。且传载可喜纳款,旗以皂镶,号天助兵,入关后全支入镶蓝旗汉军,百余

---

[1] 祥安等续修:《叶赫那拉氏族谱》,清道光二十九年九思堂稿本,收入《家谱丛刊·民族卷》。
[2] 明海纂:《黑龙江库雅喇氏宗谱》,收入《家谱丛刊·民族卷》。

年从未有议系同宗者。恐后人误联，故及之。"① 纂修家谱宗旨之一，就是谨防"异姓乱宗"，二尚氏虽为同姓，却没有丝毫血缘关联，所以在谱书中特别加以强调。尚可喜一族，隶镶蓝旗汉军；尚大德一族，隶内务府正白旗。两氏畛域分明，分隶八旗不同系统。再者，尚可喜之子之信是"逆藩"，先降又叛，有辱臣节，故乾隆年间被载入《贰臣传》；大德之孙志杰、志舜，则为荡平"三藩"战争中功臣。薰莸不同器，这或者也是画清界线的一个理由②。

除了尊祖、敬宗、收族、纯洁血脉，修谱还有助于家产继承、官爵世袭、婚姻嫁娶、教育子弟、提高声望。家谱的中心，是记载世系。世系，又叫世表、世系表、世系图，是反映血族源流、亲疏关系和辈分的图表。有四种基本格式：

欧式，又称横行体，由北宋文学家欧阳修创立。其特点：世代分格，由右向左横行，五世一表，使用便利。欧式中，每个世代人名左侧都有一段生平记述，介绍该人的字、号、功名、官爵、生辰年月日、配偶、葬地、功绩。

苏式，又称垂珠体，由北宋文学家苏洵创立。其特点：世代直行下垂，世代间无横线连接，全部用竖线串连，图表格式也是由右向左排列，主要是强调宗法关系。

宝塔式，将世代人名像宝塔一样，由上向下排列。宝塔式采用横竖线连接法，竖线永远处在横线中间。但是对大家族来说，因人名不能排在同一页纸上，为写谱、看谱带来不便。

牒记式，不用横竖线连接世代人名间的关系，而是纯用文字表述血缘关系。每个人名下有一相关简介，包括：字、号、功名、官

---

① 凝祥：《尚氏宗谱》，道光乙酉年家刻本（残），复印件由尚焰先生提供。
② 2004年8月28日，笔者和日本东北学院大学细谷良夫教授在辽宁省海城市尚王陵考察时看到，尚大德在北京的一支后人，已于两年前主动派代表到海城，与尚可喜一族"认宗"，同时赠景山公园内槐树12棵（因"槐"与"怀念"的"怀"同音），铜鼎一个，并在陵园大门处竖起认祖归宗碑。这些尚大德后人大概没有看过本族宗谱，否则怎会出现这种祖宗早已担心过的"误联"？

爵、生辰年月日、葬地、功绩。以上四种世系表形式各有特色，在旗人谱书中均比较常见。

除了纪录世系，旗人谱书包含大量家族（宗族）制度内容，如族规、家训、祠堂、祠产、祭田、墓地。族规、家训，是同一祖姓内由历代先祖制订、要求全体族人必须遵守的一套行为规范和制度。其内容广泛，以传统伦理道德和宗法制度为基础。祠堂是祭祀祖先的场所，祖茔是列祖列宗长眠之地，尊祖敬宗对团结族人有着重大意义。族产、祭田是维系族人正常活动的物质基础。故族产、祭田、祖茔、各房墓地分布与坐向，均在详载之列①。

现存北京旗人谱书，基本属世家大族。其族人世代为官，谱书中自然少不了"恩荣"篇，集中记载皇帝对本族先辈的褒奖、封赠，包括敕书、诰命、御制碑文。对本族历史上重要人物，则立有专传。这既是为了光耀门楣、奖掖后嗣，同时也为了感戴皇恩。有的谱书还收有艺文、祖先遗像、手泽遗墨。

旗人热衷修谱，除受汉文化影响外，还基于自身特殊背景。

首先，承袭世爵世职需要：八旗佐领（牛录），向有世管佐领、勋旧佐领、公中佐领之别。其中，前两种佐领均属世袭性质。此外，八旗世爵也是世袭。康熙年间，功臣世家子弟奏请承袭世爵世职，为证明血统渊源，必须附上家谱。但私家谱牒，难免残缺错漏，有旗员建议：以后世袭官员家谱，皆事先保取，核实造册钤印，存于旗署，以备核查。②以后，清廷处理世袭事务档案越积越多，遂形成特有的八旗世袭谱档。再者，早期旗人谱书多很简明，通常只是表明世系源流的谱单，以后体例渐趋严整。在这方面，汉军旗人应领风气之先。他们熟通汉族传统文化，有些在明代就是军

---

① 如旗籍达斡尔郭氏《黑水郭氏家乘·先茔录》初集、二集。初集载黑龙江祖茔地，二集载本支五世以下在京郊各处茔地。并附详图。远支茔地可考者，也编为附录。均收入《家谱丛刊·民族卷》。

② 中国第一历史档案馆编：《康熙朝满文朱批奏折全译》，中国社会科学出版社1996年版，第1664页。

|关于清代北京旗人谱书|

功世家，本身就有家传老谱①。

雍正十三年（1735）敕修、乾隆九年（1744）告竣《八旗满洲氏族通谱》80卷，是一部大型官修旗人谱书。全书收录爱新觉罗皇室以外八旗满洲姓氏741个，汉姓、蒙古、高丽525个，合计1266个，记载八旗人物2万余。这部谱书，堪称八旗满洲重要氏族的谱系集成②。其资料，主要来自官方档案和私家谱书。该书既为旗人各族姓了解自身源流提供了基本线索和依据，对修谱之风的兴起，也起到推波助澜作用③。乾隆以降，修谱渐成旗人各族姓传统。

旗人重视修谱，还基于八旗制度性质。清朝前期，旗人血缘群体（从家族到宗族）经历了多次分解过程。第一次是入关前的编旗设佐（牛录）；第二次是由关外到北京的大迁徙；第三次是部分族人由北京陆续派往全国各地驻防。其结果，同一血缘群体成员在少则几十年多则上百年间，由原来聚居一地转变为散处全国各地。《八旗满洲氏族通谱》因修成较早，不能完整反映这一动态过程。而旗人谱书一续再续，为反映其宗族的繁衍分析，提供了更为全面、翔实的资料。《正白旗满洲叶赫纳喇氏宗谱》记

---

① 如汉军宁远李氏、广宁祖氏、沈阳甘氏、蔚州李氏，都是在明代任辽东军职，入清仍为官宦人家。宁远李氏原有老谱，明清鼎革之际，遭兵燹，旧谱散失；甘姓族谱则是在前代老谱基础上重修的；清代《张氏家谱》《李氏谱系》《祖氏家谱》，均始修于康熙年间。参见［日］多贺秋五郎《中国宗谱的研究》，第472—475页。另外，满洲人较早谱书有《镶黄旗钮祜禄氏弘毅公家谱》，始修于康熙二十七年（1688），收入《家谱丛刊·民族卷》。马佳氏族谱（安东本）载称："我马佳氏自盘古以来，至康熙四十一年（1702）四月间阖族会议，访立谱牒，以留后世参阅，以司马公为始祖，其盘古之人未可记载。"见马熙运编《马佳氏宗谱文献汇编》，1995年，铅印版。蒙古旗人谱书中时间较早的则有雍正十三年（1735）《蒙古博尔济吉忒氏族谱》，收入《家谱丛刊·民族卷》。

② 除了《八旗满洲氏族通谱》，在《皇朝通志·氏族志》中，也有旗人谱系的简要记载。

③ 恩龄修：《正红旗满洲哈达瓜尔佳氏家谱·凡例》（收入《家谱丛刊·民族卷》）称："谨遵钦定八旗满洲氏族通谱"（第二条）、"谱式系仿照钮祜禄氏十六房家谱体裁"（第一条）、并参照直隶昌黎县《万氏家谱》（第七条），"照巨榛前贤各家谱成（程）式恭办"。说明满人修谱除参照《八旗满洲氏族通谱》，还参考了民间满汉谱书的范本。

1101

族人分驻地方一共43处，除东北、京师地区，还包括乌什、伊犁、察哈尔、凉州、归化城、西安、易州、沧州、密云、河南、广东、青州、福建①。族人的大范围分布，显然是实施八旗驻防制度的结果，这样的例子，在旗人谱书中俯拾即是。他们在清廷调遣下前往各地驻防，并不是一种自由迁移，用社会学术语来说，属于机械性人口迁徙。这与同时代民人（主要是汉人）比较随意的流动迁徙，在性质上迥然有别。

《八旗满蒙氏通谱·纳喇氏》，系东陵赞礼郎兼防御德成额，请人自《八旗满洲氏族通谱》摘出有关那拉氏部分而成书。谱序中的一段话如实道出满人修谱的特殊心态："国朝自定鼎燕都，迄今百八十余年矣，满洲世仆，有留于乌拉、哈达、辉发、叶赫永镇者，有从龙神京散于八旗者，有派于诸处坐镇者。同宗分处，远隔天涯，虽支派一脉，相逢俱莫识，当面谁何矣，良堪叹也。况一族散于八旗甲喇佐领各异，而指名为姓相习日久，能识百十年前同族乎？深可畏也。"②这段话真实反映出修谱者对入关百余年间族人星散、远隔天涯的担忧，这种担忧显然强化了他们的修谱意识。而恒敬纂《讷音富察氏谱传》谱序一亦云："顾我满洲人氏，基始于长白一带，原无汉姓，各指其地而姓之。厥后族大丁繁，四方散处，遂又有一姓而各异其地者，同姓不同宗之说，因是而起。迨至分隶八旗而后，宗族之亲益散而不可核矣。"③富察氏，亦为满洲著姓，年深日久，散居各处。先是一姓异地，同姓不同宗；既而分隶八旗，族人分散；接着，同旗族人又被调往各地驻防，一系族裔益发涣散。民间宗谱多冠以地望，旗人宗谱多冠以旗分，并不是偶然的。为使分散的族人维持长久联系，旗人不仅热衷修谱，还重视

---

① 裕彬等续修：《正白旗满洲叶赫纳喇氏宗谱》，清同治庚午年抄本，收入《家谱丛刊·民族卷》。
② 成额等辑：《八旗满蒙氏通谱·纳喇氏》，清道光间抄本，收入《家谱丛刊·民族卷》。
③ 恒敬等纂：《讷音富察氏谱传》，清嘉庆十二年抄本，收入《家谱丛刊·民族卷》。

关于清代北京旗人谱书

谱书收藏。①

与民人谱书比，旗人谱书有哪些特点？

首先是文字。主要有纯用满文、满汉兼用、纯用汉文三种。值得注意的是，蒙古旗人谱书罕有用本族文字者。清前期，满洲旗人谱书多用满文或满汉兼用，以后，汉文成为主要书写文字。《黑龙江库雅喇氏宗谱》一修于康熙十五年，二修于雍正元年，三修于嘉庆二十五年，四修于道光二十年，都是在原创满文谱图基础上的续修。民国十四年（1925）五修，有感于国体变更，旗族式微，满文失传，始将满文改译汉文②。黑龙江驻防旗人地处边远，得以长期保留满洲文化和满文，相比之下，京城旗人早在康熙、雍正时期已深深濡染汉文化，其谱书很快采用汉文也就不足为奇。

其次是类型。金启孮在《马佳氏宗谱文献汇编·序》中云："满洲之修宗谱也，有力者编辑巨帙若干册，一般者亦仿古人世系总图法，以满汉文字各书写辈分，依层次列一世系表图，家置一编，以明所自，是以孝子贤孙每经若干年后，即倡议续修一次，以昭久远。"③金先生提到的谱书，既有只记载世系的谱单（谱图），也有记事详尽的鸿篇巨制。而谱单的流行，多见于旗人。

谱书每隔若干年照例重修。通常是三十年一修，但二十年、四十年、五十年乃至更长时间重修一次，也是正常的。新谱对老谱的更替，通常意味着老谱使命的完结，这或者是存世旗人谱书中，时间晚近的续修谱多于时间较早的续修谱，而时间较早的续修谱又多于始修谱的一个重要原因。

主持修谱者属于何种身份？金启孮先生说："所推主修之人，或雄于财，或显于宦，以其易于底成。"受到族人推举的或为富人

---

① 如恩龄修《正红旗满洲哈达瓜尔佳氏家谱》，修好后分存八处：陕西西安府满城内红旗街、陕西西安府城内三兆村祠堂、京都前门内细瓦厂祠堂、京都阜成门内武定侯祠堂、京都阜成门内巡捕厅胡同祠堂、京都良乡西关外茔地阳宅内、京都长辛店二老庄茔地东、西阳宅内。

② 收入《家谱丛刊·民族卷》。

③ 马熙运编：《马佳氏宗谱文献汇编》，1995年铅印本。

第三编 旗民关系

或为官宦,其实两者往往是兼而有之。他们既家资富赡,乐于捐资,又有社会地位,在族中拥有号召力。多贺秋五郎则认为:在宗族人数较少场合,修谱比较简单,由族中"有力者"和"有识者"出面即可。这里的"有识者",强调了主修者的文化素养。他同时指出,当宗族人数膨胀并分析为若干房派时,族长出面就显得格外重要;在这种场合,除了族长和编修者外,各房派之长也是必须参加的;有时,还要吸收外姓名士。[1]

满洲人谱书,多把先祖世系追溯到明末清初的始迁祖[2]。满洲先世以渔猎征战为业,故"国初以前,谱图世系,未能证实"[3]。其始迁祖,一般是率领族人由关外原籍迁入北京的第一代祖先。

而汉军旗人谱书,则承袭汉人修谱传统,上溯谱系,年代久远。康熙六十一年(1722)汉军李树德重修《李氏谱系·世表》:"李氏,原籍朝鲜人也,明初渡江内附,游至铁岭,因慕风土淳厚,遂家焉。"这个李氏,就是为明朝镇守辽东几世的宁远伯李成梁族裔[4],其先世朝鲜人,后徙居辽东铁岭。经历明清之际大动荡,其族裔又成为汉军巨族。该谱把世系追溯到明初。蔚州《李氏家谱·序》则自称为陇西李氏之后,世居山西孝义县,"明洪武年间,副尉讳让公,以军职调隶蔚州卫,始卜居焉"。有些谱书承袭汉人谱书陋习,动辄攀龙附凤,把世系一直上溯到古代某名族或名人。汉军《甘氏族谱》自称是周惠王之子带后人,至宋开宝初,以武功封伯爵,食邑于江西丰城,因为丰城人。数传至受和,随明成祖,征辽东有功,世授沈阳中卫指挥。[5]此甘氏,即"三藩"之乱中为清

---

[1] 〔日〕多贺秋五郎:《中国宗谱的研究》,第29—30页。
[2] 中国修谱,素有"小宗之法"和"大宗之法"。"小宗之法",即世系只上溯到始迁祖或五世祖;"大宗之法",即世系一直上溯到血缘始祖或受姓祖。满人谱书,比较符合"小宗之法"。
[3] 恩龄修:《正红旗满洲哈达瓜尔佳氏家谱·凡例》。
[4] 福隆安:《钦定八旗通志》卷194《李思忠传》,吉林文史出版社2002年版,第3434页。
[5] 福隆安:《钦定八旗通志》卷207《甘文焜传》,吉林文史出版社2002年版,第3695页。

廷尽节自刎、追谥"忠果"的云贵总督甘文焜之族。汉军《祖氏家谱·序》自称是商祖乙之裔，晋以后"世居范阳，至镇西将军逖之少子，始流寓于滁。历数十传而至明初，有自滁从戎度辽者，累功授宁远卫指挥世职，遂于宁远，迄今十有余世。门阀日启，瓜瓞日繁"。文中提到的镇西将军，即以"闻鸡起舞""中流击水"而脍炙人口的东晋名将祖逖。

这些家谱，上溯先祖时间越远，名声越大，可信程度也越差。至于蒙古旗人世家，多系元太祖成吉思汗之裔，其家谱虽上溯至元初，似乎并非虚无缥缈之语①。另外，满人谱书多记本族传统习俗祭祀礼仪，汉军谱书则无。这些差异，很大程度上是由旗人的不同民族来源、文化背景、心理状态所决定的。

二 北京旗人谱书的研究价值

北京旗人谱书内容丰富，笔者初涉其间，仅略举数端，以说明其研究价值。

（一）研究满洲族姓源与流

叶赫那拉氏是满洲八大姓之一，《八旗满洲氏族通谱》卷22载："其氏族散处于叶赫、乌喇、哈达、辉发，及各地方，虽系一姓，各自为族。"有清一代，叶赫一姓出过不少贵戚名臣。康熙年间明珠一家，其子纳兰性德，乃至清季主宰朝柄近50年的慈禧太后，都是其中声名素著者。因族大支繁，谱书传世者不少。如《叶赫那拉氏世系生辰谱》（记该氏在镶红旗满洲的一支），载始迁祖胡锡布以下七代世系；《正白旗满洲叶赫纳喇氏宗谱》（记该氏在正白旗满洲的一支），载始迁祖雅巴兰以下九代人世系；而《叶赫那兰氏八旗族谱》与前述《正白旗满洲叶赫纳喇氏宗谱》一脉相

---

① 《蒙古博尔济吉特氏族谱》《恩荣奕叶》。收入《家谱丛刊·民族卷》。

承，记始祖以下十五代世系①。

《正白旗满洲叶赫纳喇氏宗谱》载《族源》满汉文本各一。记事起自明初，止于后金天命三年（1618）。述叶赫源流："叶赫地方贝勒始祖原系蒙古人氏，姓土默特氏，初自明永乐年间带兵入扈伦国招赘，遂有其地，因取姓曰纳喇氏。后明宣德二年迁于叶赫河利城涯建城，故号曰叶赫国。其地在开原之东北，即明所谓之北关者是也。与明交会于镇北关，与海西女真接壤。所属有十五部落，而人多勇猛善骑射者，所属地方人心服悦，俱以贝勒称之。故始祖贝勒星恳达尔汉……在叶赫地方计一百九十年共八代、嗣贝勒十一辈。天命三年明万历十八年终。"按，"明万历十八年"应为明万历四十六年（1618）之误。是年叶赫部被攻灭，贝勒金台什、布扬武亡。上引记载有为清朝官修《满洲实录》《八旗满洲氏族通谱》所未详者，如称所属部落十五、世系八代、称贝勒者十一人等，是否可靠，仍待考证。该谱还收有康熙壬子年（1672）昆山徐乾学纂辑《叶赫纳喇氏事迹》，内容较详，惜明万历十一年以前记事残缺。

家谱又记载该族支三个世管佐领源流（主要集中在第四、七、十房）：始祖星恳达尔汉第六世（代）孙四房雅巴兰一支子十二，分三个佐领。据《八旗满洲氏族通谱》卷22及《八旗通志初集》卷5，该三佐领分别为正白旗满洲二参四佐，二参一佐，二参五佐。其中，二参四佐自阿什达尔汉起，始终由其直系子孙（第七房）承袭；二参一佐主要由十房子孙承袭，中间也穿插四房、七房子孙；二参五佐先后由十房、七房、四房子孙承袭。如果说前期佐领承袭在各房子孙间尚带有一定随意性的话②，愈到后来，则承袭关系愈明确，即第一个佐领属阿什达尔汉第七房，第二个佐领属额森第十房，第三个佐领属巴当阿第四房。明确承袭关系的好处是减

---

① 均收入《家谱丛刊·民族卷》。
② 北京国家图书馆藏：《满洲正黄旗已故世管佐领文普接袭宗谱》（抄本一册），该佐领前九次承袭，都是在始祖索呢音的长子、二子、三子、四子、五子、六子及其子孙中辗转。

少族人间关于佐领继承权的纷争，但选择继承人的标准首先不是才能、年资而是血统，这对八旗管理层素质造成的消极影响也显而易见。

延升主修《那拉氏宗谱》，奉明末辉发贝勒苏巴太为始祖。即辉发那拉氏，该氏与叶赫那拉氏本同族，谱书自称隶正白旗满洲，实为内务府旗籍①。

祥安等续修《叶赫那拉氏族谱》，载叶赫那拉氏镶黄旗满洲一支。述本族源流："我高祖讳章嘉，本朝鲜人，世为名阀。天命年间迁于辽，隶满洲，职居厩长，住叶赫氏那拉，暨我曾祖讳概吉顺，顺治元年从龙入都，本支仍居叶赫，族属甚繁，故谱中止叙进京之一派。"关于章嘉一族，《八旗满洲氏族通谱》卷 22 仅寥寥数语："（叶赫那拉氏镶黄旗）章嘉，原任厩长；其孙法尔萨，原任牧长；元孙常英，现系生员。"② 章嘉为内务府旗籍，清初根本称不上"世为名阀"。该谱书，只记载章嘉后人迁入北京的一支，与留在原籍的族人已一分为二。叶赫那拉氏先祖，本有蒙古血统，该宗谱则明言先世为朝鲜人。既然原籍朝鲜，如何又成了叶赫那拉氏？中间脉络似乎不很清晰。但不管怎么说，那拉氏几部谱书，说明该族除了女真、蒙古血统，还吸收了朝鲜人。这是满洲族多源多流的一个典型例子。

与一族多源互为补充的，还有所谓一族多流，即同一族源族人因各种原因分为不同族姓。《八旗满洲氏族通谱》卷 7，专载各地马佳氏，均按旗划分，立传及附载者六百余人，这些马佳氏的不同分支，同姓不同祖，因而各奉其祖，自修本支族谱③。这在满洲诸大姓中颇有代表性。是历代族人长期繁衍分析的必然结果。而且，在马佳氏中，向有"马佳、费莫、富察三姓不能结婚"的说法。关于三姓间关系，一说马佳原名费莫，为同族；一说明初先祖兄弟分

---

① 延升纂：《那拉氏宗谱》，朱丝横栏旧抄本，1 册。收入《家谱丛刊·民族卷》。关于该族，参见《八旗满洲氏族通谱》卷 24，辽沈书社 1989 年版，第 315 页。
② 鄂尔泰等纂：《八旗满洲氏族通谱》卷 24，第 292 页。
③ 《马佳氏宗谱文献汇编》，第 280 页。

炊，兄居嘉理库城马佳地方，因以为氏，弟氏费莫，皆同族而各自立谱；第三种说法则出自康熙帝之口：清初归化者为费莫，反正者为马佳。① 究竟哪种说法比较接近事实，就不得而知了。

（二）研究宗族制度

旗人宗族制度，渗透在社会生活各个方面，并集中记载于谱书中。

首先，谱书中载有族规、宗规，是一族人必须遵守的行为规范。《郎氏宗谱·家规》载《可行者十则》：崇儒风、正人品、敦本源、勤学问、重婚丧、谨仕进、诚祭祀、慎居正、恤藏获、奖节义；又载《可戒者十二则》：信异端、好莨菪（浪荡）、任残忍、尚奢侈、听谗谄、妄议论、妒富贵、羞贫富、傲长上、骄乡邻、荒酒色、拖债负②。《尚氏宗谱》则说："宗室有过行者，国有削籍之条；族有败类者，家有除名之议。"③ 对违反族规和触犯本族利益的，一般都根据情节轻重予以惩罚。《叶赫那兰氏八旗族谱》世系图，在镶蓝旗乌达哈名下注云："乌达哈因开门投降，故将其后倍（辈）永为佐领下人。"这个叫乌达哈的族人，可能是天命三年（1618）后金攻叶赫城时开门纳降者，故为族人所不齿，后嗣只能永远保持"佐领下人"（这里应是"户下"即家奴、家仆的意思）身份。在第八世费扬武名下又注："此人之后嗣与户下人认户，故合族议除在正白。"④ 费扬武后人因与户下人认户连亲，导致血统混淆，故被合族公议开除族籍。上引两例，说明叶赫那拉氏宗族制度的严厉。

谱书中详载墓地与祭田，也是宗族制度重要方面。《叶赫那拉氏族谱》记该族祖茔，原系老圈地，而新置东直门外东坝楼子庄西

---

① 《马佳氏宗谱文献汇编》，第512、513页。
② 郎氏纂修：《郎氏宗谱》3册，光绪壬寅年写本，中国科学院图书馆藏。
③ 凝祥：《尚氏宗谱》。
④ 额腾额纂修：《叶赫那兰氏八旗族谱》，清道光三年抄本1册。收入《家谱丛刊·民族卷》。

墓地，则由受赠地和置买地两部分构成。延升主修《那拉氏宗谱》，也明确记载祖茔是老圈地。实际上，入关初期，旗人墓地都来自老圈地，几代以后，再无余地，只能通过置买，设立新的墓地。选择墓地有一定标准。首先，尽量接近祖坟，以体现"亲亲之道"①。其次，必须考虑风水。该族在安定门外小黄庄选定一块墓地，北距京城五里许。风水先生认定此地"以土城为后帐，以京畿作前朝；左右相生，进退得位；沙迥水转，隐藏财禄之形；虎抱龙环，具有腾骧之势，生旺归库，代出相卿"。族谱还说，正是因为该地风水好，所以后辈仕途发达云。

延升主修《那拉氏宗谱》，明确记载其祖茔是老圈地。一世祖觉豁托、宗神保相继入葬祖茔。因父祖辈都葬在关外原籍，所以又在墓地首位立先代衣冠冢，以示对先祖敬慕和依恋。这种做法，于初入关的满洲人来说比较常见。许多满人初到北京，依旧把关外视为原籍，京师不过寄居之地。老人临终，或遗言子孙把棺椁千里迢迢运回关外安葬。以后，随着时间推移，满洲人逐渐成了"老北京"，乡土观念因之嬗变。其中变化，实在耐人寻味。

谱书还载有派语（又称字辈，也就是关于族人行辈的字语），借以标明族人行辈、长幼和尊卑。前文已述，兹不赘。

（三）研究世家大族

有清一代，旗人享有种种特权，其中最重要的，就是在仕途上远较民人为易。在总人口中只占很小比例的旗人，始终把持中央和地方大部分高职显爵，世代承袭，形成人数庞大的世家大族。世家大族间，又通过婚姻和亲属纽带，结成盘根错节的关系。尽管这些世家大族对清朝政治军事曾产生深刻影响，有关情况在官修史书中却难得一觅，谱书提供了这方面的丰富资料。

第一类，内务府世家。

首先是汉姓人世家，即《八旗满洲氏族通谱》中所谓"附载

---

① 载《叶赫那拉氏族谱·四世叔祖六十三公墓志》。

于满洲旗分内之尼堪姓"。尼堪，满语汉人意。清初，隶属满洲旗分的尼堪以其来源，大致划为三类：抚顺（抚西）尼堪、台尼堪、尼堪。俱详《清朝通志·氏族志》。其中，除台尼堪隶属八旗满洲外，抚顺尼堪和尼堪两类均隶属内务府。其共同特征：先世均为辽东汉人；入旗时间一般在八旗汉军成立前；因与满洲人关系密切，被收入《八旗满洲氏族通谱》。作为"附载于满洲旗分内之尼堪姓氏"，他们被视为八旗内部满洲化程度最高的汉姓人。反映这类世家的有《尚氏宗谱》，记载内务府正白旗尚氏，康雍之际，尚志杰、尚志舜兄弟先后任内务府总管，在管理内廷事务方面做了大量工作。《奉天高佳氏家谱》，记载内务府镶黄旗汉姓人高氏（高佳氏）。乾隆朝，因高斌官拜文渊阁大学士，高氏成为内府包衣中望族。高斌女嫁弘历（乾隆帝）于潜邸，死后谥慧贤皇贵妃。高斌子高恒、侄高晋，高晋子书麟，祖孙三人，先后入阁拜相（大学士），皆补满洲额缺。高斌孙高杞，亦为乾嘉名臣。长期以来，红学界利用《曹氏宗谱》研究曹雪芹家族，曹氏也属内务府汉姓世家。

其次是内务府满洲世家。隆钊修《辉发萨克达氏家谱》，记载福临（顺治帝）、玄烨（康熙帝）保母（乳母）奉圣夫人朴氏一族兴衰始末。完颜氏麟庆著有《鸿雪因缘图记》、子崇实、崇厚修《清江南河道总督完颜公（麟庆）行述》、崇实撰《惕盦年谱》，孙衡永编《鹤槎（崇厚）年谱》，以上祖孙三代一共编撰四部谱书，比较系统地记录了完颜氏一族从清初至清末的史迹。延升修《那拉氏宗谱》，记内务府正白旗满洲辉发那拉氏。该族清初宦迹平平，道光以降始走强。历任军机大臣、武英殿大学士麒庆，历任粤海关监督、总管内务府大臣俊启，都出自该族。粤海关是皇帝财富重要渊薮，历任监督均委以内务府旗人，俊启因此成为朝野咸知的首富。其自修豪宅在东华门北小草场，以逾制被御史参劾，豪宅被查抄，赐予慈禧太后弟弟照祥①。民国十一年（1922），其族裔成文、

---

① 崇彝：《道咸以来朝野杂记》，北京古籍出版社1982年版，第7页。

延昌、福灵阿祖孙三代，因参与溥仪大婚有功，赏给二品顶戴。说明该族与完颜氏一样，不仅始终隶属内务府旗籍，且与清朝近三百年统治相终始。它如英和《恩福堂笔记·年谱》，记内务府正白旗满洲索绰络氏；阮元《梧门先生（法式善）年谱》，记内务府正黄旗蒙古蒙乌吉氏。都是以科举起家的内务府世家①。

第二类，八旗世家，分为满洲世家、汉军世家、蒙古世家。

满洲世家。早在关外时期，富察即满洲著姓之一。《八旗满洲氏族通谱》卷 25 载："富察，本系地名，因以为姓。其氏族甚繁，散处于沙济、叶赫、额宜湖、扎库塔、蜚悠城、讷殷、额赫库伦、讷殷江、吉林乌喇、长白山，及各地方。"其中，镶黄旗满洲沙济富察氏是满洲世家中最有名望的一支。《沙济富察氏宗谱》修自乾隆四十五年（1780），道光七年（1827）由第十二世孙宝轮、诚复续修，自始祖檀都一直续至第十六世。檀都事迹缺载，下传第四世旺吉努，"国初率族众属下人等来归，初编半个佐领使统之"②。旺吉努孙哈锡屯，顺治年间历任议政大臣、内大臣，内务府总管，是该族步入显赫的开端。历康、雍、乾、嘉、道五朝，该族名臣辈出，如米思翰、马斯喀、马齐、马武③、李荣保、傅清、傅恒、明瑞、明亮、福灵安、福隆安、福康安、福长安、景寿等，均其族裔。而哈锡屯、米思翰、马斯喀、马齐、马武、傅恒等先后担任内务府大臣，足见该族与皇室关系密切。

米思翰，哈锡屯长子。康熙三年，由侍卫袭父一等男兼一云骑尉管佐领事。六年，任内务府总管。辅政大臣中有人欲向他借用皇家器具，被严拒④。康熙帝亲政，知其守正不阿，授礼部侍郎，擢户部尚书，旋列议政大臣。十二年，吴三桂、尚可喜、耿精忠三藩相继请撤藩，以试探清廷态度。疏下户、兵二部议，米思翰与兵部

---

① 以上俱详刘小萌《关于清代内务府世家》，《明清史论丛——孙文良教授诞辰七十周年纪念文集》，辽宁大学出版社 2004 年版。
② 鄂尔泰等纂：《八旗满洲氏族通谱》卷 25，第 325 页。
③ 同上书，《旺吉努传》，第 1 页。
④ 鄂尔泰等纂：《钦定八旗通志》卷 139《米思翰（附李荣保）传》。

尚书明珠商议结果，俱令撤藩，移山海关外。时廷臣有言不可撤藩者，以两议入奏。米思翰坚持宜撤。得旨允行。不久，吴三桂反，米思翰亦病卒。三藩反后，有大臣追究说，正是因为撤藩，才导致三藩的反乱。主张撤藩者一时人人自危。康熙帝则说：朕自少时，以三藩势焰日炽不可不撤。岂因其叛，就诿过于人?！及三藩平，玄烨追忆主张撤藩诸臣。米思翰子孙的权势在朝中更加炙手可热。

米思翰有四子。长子马斯喀[①]。初任侍卫兼佐领，升内务府总管、领侍卫内大臣。三十五年，玄烨亲征蒙古噶尔丹之役，马斯喀领镶黄旗鸟枪兵，因追剿残余时贻误军机，廷议革职。玄烨说：马斯喀办内务府事尚优，从宽留内务府总管及佐领。二子马齐，由山西布政使、巡抚仕至兵部尚书、户部尚书。三十八年授武英殿大学士。三子马武，由侍卫兼管佐领，升镶白旗汉军副都统。

康熙帝晚年，为建储事颇伤脑筋。诸皇子各结朋党、相互倾轧，又加剧矛盾激化。马齐、马武兄弟，身为朝廷重臣，却卷入其间，推波助澜，几乎招致杀身之祸。四十七年十一月，内大臣佟国维等，以建储事密奏，玄烨一面谕令满汉大臣会议保奏，一面关照马齐不要参与其事。但马齐却利用自己的威势对建储一事施加影响，以致大臣们一致保荐允禩。玄烨闻知大怒，命拘拿马齐。王大臣议拟马齐立斩，马武等坐罪有差，族人一概革职。最后还是玄烨曲从宽宥，交允禩严行拘禁，其族人官职革退。但此次风波不到一年，玄烨又重新启用马齐、马武兄弟，二人相继担任内务府总管大臣。玄烨谕言："马齐兄弟，旧所管镶黄旗佐领，前曾拨给允禩，今已撤回，可仍令马齐、马武等管辖，其族人并随入本旗。"玄烨六十大寿盛典，适逢马武兄弟复出不久。《万寿盛典初集》特别突出其兄弟二人身份，或者正反映出其地位依旧稳固、权势依旧熏灼。不久，马齐复授武英殿大学士。耐人寻味的是，尽管马齐兄弟在建储问题上，力挺胤禩（即后来之雍正帝）政敌，但胤禛即位后，对该族却表现出少有的宽容。雍正一朝，马齐受命总理国家事

---

① 马斯喀与弟马齐、马武传俱载《钦定八旗通志》卷140。

务，赏伯爵世袭罔替。乾隆四年，以三朝元老、八十八岁高龄去世。

雍正帝即位后，授马武领侍卫内大臣。四年，病故。谕曰："马武事我皇考五十余年，不离左右。恪恭谨慎，当盛暑严寒，无几微倦怠之色。其生平胸怀坦白，情性和平。"又说他是老臣中"年齿最高，效力最久，圣眷最渥"之人。这三个"最"字，充分反映了他在朝中的显赫地位。

马武弟李荣保，袭一等男兼一云骑尉，初任侍卫兼佐领，官至察哈尔总管。乾隆二年，以册立皇后大典，追封李荣保一等公。十四年，李荣保第十子大学士忠勇公傅恒经略金川，凯旋后赐建宗祠。其子福康安，乾隆末年，以屡立边功授大学士，破例进封郡王。李荣保女儿是乾隆帝第一位皇后（孝贤皇后），故其家人在乾隆帝前一直宠荣不衰。李荣保之孙福隆安娶皇四女和嘉公主，明瑞曾孙景寿娶道光皇帝第六女。此外如福灵阿、明亮等人，均娶皇族女。这种多重婚姻关系，即便在清朝满洲世家贵族中，亦不多见。

马佳氏为满洲著姓之一。明初之际，始祖马穆敦来居佳理库城马佳地方，因以为氏。康熙名臣图海、晚清名臣升寅、宝琳、宝珣、绍英，均出自该族。宝琳、宝珣编《升勤直公（升寅）年谱》①，是研究升寅史迹的重要资料。马熙运先生编著《马佳氏宗谱文献汇编》，是清代、民国间马佳氏各种族谱、宗谱集大成者。

钮祜禄氏亦为满洲著姓。《八旗满洲氏族通谱》卷5："钮祜禄，原系地名，因以为姓，其氏族甚繁，散处于长白山、英额，及各地方。"其中地位最显赫的为长白山钮祜禄氏额亦都一系。特成额、福朗纂修《开国佐命功臣弘毅公家谱》，清乾隆间抄本；《镶黄旗满洲钮祜禄氏弘毅公家谱》，清抄本②。弘毅公为额亦都。从清太祖征讨，身经百战，带兵近四十年，官至一等大臣。清太宗时追封弘毅公。额亦都有子十六，其三子车尔格，官至都统、户部尚

---

① 宝琳、宝珣编：《升勤直公年谱》，道光刊本。
② 均收入《家谱丛刊·民族卷》。

书；八子图尔格，二等公、内大臣、尚书；十子宜尔登，一等伯议政大臣；十一子鄂德，轻车都尉、户部侍郎；十三子绰哈尔，议政大臣、兵部侍郎；十六子遏必隆，太子太师、辅政大臣、一等公；其余长子、五子、六子、九子均官佐领。额亦都及子孙得谥者十余人，其孙陈泰，曾孙讷亲、阿里衮、达尔党阿，俱官至大学士①。同富察氏一样，钮祜禄氏也是最典型的满洲世家。

汉军世家。清朝入关初，满洲男丁不过5万余，加上家口，不足二三十万，然而它面对的，却是拥有上亿人口的汉人。尽管力量对比极其悬殊，满洲统治者却以摧枯拉朽之势，迅速打败明朝，取得对全中国统治。满洲人胜利的原因固然很多，有效利用汉军无疑是一个重要方面。汉军构成八旗的一个重要组成部分。那么，构成汉军中坚的有哪些世家？他们的来源是什么？入旗后如何发迹？在清朝统治集团中享有怎样的地位？与满洲、蒙古旗人是什么关系？探求这些问题，均离不开汉军谱书。

首先应提到的李氏家族。《李氏谱系》，康熙壬寅（1722）十世裔孙李树德重修，抄本2册②。自明初以迄康熙末年，共载十三世。家谱目录：卷1图系，卷2老长房，卷3老二房，卷4老三房、老四房、老五房。内容包括：世系、字号、生卒年月、履历、墓地所在、妻妾姓氏、子女生母与婚配。

第一卷《世次原始·始祖》称："李氏原籍朝鲜人也，明初渡江内附，游至铁岭，因慕风土淳厚，遂家焉，卜茔域于铁岭东南崔公堡之东，族人称为老坟，复因鼎革，碑记残毁，谱系散失，是以李哲根穗、李和山、李厦霸努、李把图理、李膺尼五位之世次无考未敢妄注也。"关于李氏谱系，日本学者园田一龟在20世纪30

---

① 鄂尔泰等纂：《八旗满洲氏族通谱》卷5额亦都巴图鲁传。
② 《李氏谱系》原本藏辽宁大学，日本东洋文库藏抄本。研究者有：[日]园田一龟：《李成梁と其の一族に就いて》，《東洋学報》26卷第1期，1938年；孙文良：《论明末辽东总兵李成梁》，《满族崛起与明清兴亡》，辽宁大学出版社1992年版；李林：《满族宗谱研究》，辽沈书社1992年版；[日]杉山清彦：《汉军旗人李成梁一族》，载京都大学人文科学研究所岩井茂树编《中国近世社会的秩序形成》，2004年。

年代即有考证，他认为，该族原是居住鸭绿江左岸女真人，14世纪末在始祖李膺尼带领下由朝鲜迁至中国铁岭，后编入明朝卫所并出仕做官。①

《李氏谱系》把李英列为一世祖，以军功授铁岭卫指挥佥事。以下三世，均世袭该职。第四世李泾有子四，居长者即明末辽东名将李成梁。李氏从第三世春字辈起，五个兄弟析为五房。李成梁一系属老长房，以下依次为老二房、老三房、老四房、老五房。

李氏家族成为明末最显赫的军功贵族，主要由于李成梁战绩。成梁生于嘉靖五年（1526），由辽东铁岭卫学生员袭指挥佥事、副总兵，万历二年（1574）升辽东总兵官。镇守辽东前后近30载，攻略女真、蒙古诸部，屡奏大捷。明帝祭告郊庙，受廷臣贺，赐其蟒衣金缯，加太子太保，拜宁远伯。边帅武功之盛，二百年间罕有其匹。万历三十六年（1608）82岁高龄始解任还京。成梁子弟皆列崇阶。子如松、如柏、如桢、如樟、如梅均官至总兵；如梓、如梧、如桂、如楠亦皆至参将。其族权势炙手可热，联姻多为勋贵。

尽管李氏父子屡次出兵围剿女真诸部，李氏一族与建州女真酋长后来被追尊为清太祖的努尔哈赤一家却缔有姻缘。萨尔浒之役（1619），明朝倾天下之力，尽征宿将猛士及朝鲜、叶赫精锐，四面出击，以期一举攻灭大金国（史称后金）。后金国集中精锐破其三路，唯剩李如柏一路，因逗留独全，乃仓皇退去。事后，御史、给事中交章论劾，疏中指称如柏曾纳奴（努尔哈赤）弟素儿哈赤（舒尔哈齐）女为妻，现生第三子，致有"奴酋女婿作镇守，未知辽东落谁手"之谣，请迅速械系，以平公愤②。但明帝念李氏父子勋劳，仅诏令如柏回京候勘。既入都，如柏惶惧不已，寻自裁。《李氏谱系》仅称如柏卒于泰昌辛酉年（1621），葬直隶良乡。至

---

① ［日］园田一龟：《李成梁と其の一族に就て》，《东洋学报》26卷第1期，1938年。
② 《明神宗实录》卷582，参见《启祯诗选》：周宗建《边事有感》四首，有句云："胡女自专帏幄重，将军终负策书盟。"自注："李如柏纳胡女为妾。"许重熙《五陵注略》言李如柏娶努尔哈赤侄女为妾，生子。

第三编 旗民关系

于其与努尔哈赤家的瓜葛、萨尔浒战事及如柏死因,则讳莫如深。

万历四十七年(1619)七月后金兵克铁岭,李氏家族二十余口罹难。凡死难者,在家谱中均注明:"万历己未年铁岭城陷殉难失塚"或"失塚无嗣"。李氏一族与崛起中的女真(满洲族)互为征伐,彼此杀戮,血债盈盈,仇怨不已。但入清之后,李氏族裔却很快成为满洲统治者的新宠。

明朝末年,李氏一族中声势最显赫的是李成梁老一房,入清以后,作为汉军旗人而人才辈出的则是李思忠老二房。思忠之父如椴,成梁侄。思忠本人初官明太原同知,后罢归寓居抚顺,其妻为抚顺佟盛年之姐。佟氏又称佟佳氏,本女真(满洲)。天命四年(1619),后金克抚顺,佟盛年之父养真(后代史书为避雍正帝讳,改称佟养正)及弟养性及佟氏一族俱降,思忠随妻族至佛阿拉(辽宁省新宾县旧老城)。不久,后金破铁岭,思忠父如椴与弟如梓及思忠的四兄弟俱死于难。

佟氏与清朝皇室爱新觉罗氏是世代姻亲,在清朝地位极其尊崇。养性娶清太祖努尔哈赤孙女,称额驸,长期统率八旗汉军。佟盛年满名图赖,军功卓著,顺治朝仕至兵部尚书、都统。更重要的是,康熙帝玄烨生母孝康皇后是盛年之女,父以女贵,康熙元年(1662)追封一等公,世袭罔替。盛年二子,一国纲,仕至内大臣、议政大臣、都统;一国维,由头等侍卫晋封一等公,其女又是玄烨孝懿皇后。这种与爱新觉罗氏父一辈子一辈的姻亲关系,注定佟氏荣宠有加的显赫地位。而李思忠一系,也因与佟氏联姻拥有了牢不可破的政治靠山。

按《李氏谱系》:李思忠初任正西堡备御,二任铁岭游击,三任盖州参将,四任副都统,五任礼部侍郎,六任陕西提督兼管四旗汉军官兵昂邦章京(昂邦章京即将军),世袭一等阿思哈尼哈番兼一拖沙喇哈番。《钦定八旗通志》卷194有传:"太祖定辽阳,敕思忠收集其族人之流亡者,思忠招徕户口并复故业。"这成为李氏一族劫难之余的转机。

思忠一系隶属汉军正黄旗,子孙多高官厚爵。长子荣祖,任佐领，工部郎中，参领；次子荫祖，授直隶、山东、河南总督，兵部尚书；三子显祖，由侍卫升参领，江南左路总兵官，康熙八年（1669）授浙江提督。思忠孙李鈉，官福建布政使，兵部侍郎、安徽巡抚；曾孙李树德（李鈉长子），由佐领升山东巡抚，授福州将军，署镶白旗汉军都统；李育德（李鈉次子），仕至四川按察使。第十一世李景纲（树德之子），袭授佐领，雍正元年（1723）升授銮仪卫前所掌印云麾使。李氏这一支中如恒忠、献祖等，在清朝均位居高官。

此外，老一房李如梧有二子宏训和继先。宏训有子献箴，继先有子丹箴、秉箴。丹箴、秉箴俱于铁岭之役殉难无嗣，献箴被掠，后被清太宗皇太极选充侍卫，累功授爵一等阿达哈哈番，官参领。献箴兄弟及族人多亡于后金，但其三子向尧、向舜、向禹，却为清廷效力阵亡。其第四子向文，由国学生授礼部员外郎，授佐领，升副都统、苏州等处地方副将军。向舜之子林盛，初袭父爵，康熙朝官至广西提督、镶红旗汉军都统、右翼四旗火器营总统。向文之子林隆，屡积军功，官至固原提督、镶红旗汉军都统。至第十一世，李氏子弟或在朝或在旗，仍旧为官为宦。

从明到清，李氏都是一个武功世家，但是随着清初文风蔚起，族中还出了一位颇有名气的诗人、文士，即思忠孙李锴（父李辉祖，湖广总督）。锴，字铁夫，号眉山，生于康熙二十五年（1686），由监生补授本旗银库笔帖式，隐居盘山。乾隆元年（1736）荐试博学鸿词特科不第，遂携其妻（康熙名臣索额图之女）至京郊隐居，以赋诗会友为乐，尤耽于经史，著述颇多[①]。

满洲统治者，一向以赐名、赐姓、联姻、收为养子等方式，笼络汉人降将降臣。李氏之满名，始由满洲皇帝所赐。李恒忠，初任侍卫，太宗皇帝赐名宜哈纳。子荣祖，满名立都；显祖，满名塞伯理。是否皇帝所赐无从得知。李向文，满名色冷（献箴四子，又写色稜）。老二房李献祖，满名代都（戴都）。其子李鈊，满名华色（花塞）；李鑰，满名尹寿。

---

① 盛昱、杨锺羲编：《八旗文经》卷58《作者考乙》，辽沈书社1988年版，第461页。

第三编　旗民关系

李氏老一房献箎一系和老二房思忠一系，均隶属旗主皇太极（后来的清太宗）麾下，年幼的恒忠、献箎、献祖等人还被选充侍卫（虾）。他们被赐满名，娶满妇，在语言、习俗乃至心态上逐步满洲化。同时被授以官职、世袭爵位、世袭佐领①，世代享受贵族特权。这无疑是满洲统治者成功控制和笼络汉军旗人的重要手段。

汉军著姓祖氏。与李氏同，初为明朝辽东军功大族。《祖氏家谱》，清康熙刻本，全8册，现藏日本东洋文库。祖氏原有明末老谱，康熙乙丑（1685），十二世孙祖建极续修族谱，15年后完成。

祖氏谱序自述先世为商朝祖乙之裔，晋以后世居范阳，至镇西将军逊之少子，始流寓于滁，历数十传而至明初。明洪武六年，世荣从戎辽东，任小旗。为祖氏辽东第一代祖。二代祖忠，永乐元年调定辽中卫正百户；三代祖原，承袭正百户；四代祖庆，洪熙元年承袭正百户；五代祖述，承袭正百户，正统八年阵亡，诏升宁远卫正千户，无嗣，弟起承袭。祖氏在辽东前四代都是死后归葬滁州，自祖述始葬宁远卫。五代祖起，景泰四年立功，升宁远卫指挥佥事；六代祖纲，承袭指挥佥事；七代祖旺，承袭指挥佥事，后有功，升宁远卫指挥同知。八代祖武，承袭指挥同知；次子承明，嘉靖时出征立功升宁远卫指挥使。八代祖仁，无官职。

明末清初，祖仁一支子孙声名最著，出了许多名将。家谱载：其子承训，少有大志，好习弓矢，往广宁提督李成梁军门请见，即置部下，后征倭，多立首功，神宗时由百千累官至辽阳副总兵。祖战绩甚多，临阵勇气莫敌，中外名为鹞鹰。

承训生三子。长子祖大寿，生于明神宗万历七年，由备御升宁远参将，天命十年清太祖征宁远，大寿与明总兵官满桂、宁远道袁崇焕婴城固守，金军不能克，太祖亦受伤死。大寿因此役扬名，升锦州总兵官。天聪五年七月，清太宗率军围大凌河城，三月城中食尽，总兵官祖大寿等欲突围不能出，被迫降。当时有祖泽洪、祖泽

---

① 李氏一族拥有正黄旗汉军的四个世袭佐领，俱详［日］杉山清彦《汉军旗人李成梁一族》。

润（大寿子）、祖可法、祖泽远等，皆大寿子姓。随即，大寿借口招降走入锦州城不归，崇德七年锦松大战明军大溃，大寿穷蹙无路，再次降，太宗仍优礼之，使隶汉军正黄旗。后金收服祖氏一族，骤添许多骁将。尤其大寿外甥吴三桂投降，为清朝敞开了进入山海关、定鼎北京的通道。

祖氏降清后，诸子侄皆官显爵①。承训次子大弼，由守堡累官至陕西宁夏总兵官。清世祖时授散秩内大臣，隶汉军镶黄旗。三子大成，明时官至参将。清世祖时任顺天保定府高阳县知县。农民军逼城，炮伤卒。

大寿长子泽溥，明崇祯时任锦衣卫指挥同知，后升总兵官。同左懋弟陈洪范并使清，入汉军正黄旗，任御前一等侍卫，寻升山东总督、福建总督。次子泽淳，崇祯时任锦衣卫指挥同知，清顺治时任御前一等侍卫，又任正黄旗副都统。三子泽清，世祖时任正黄旗佐领，康熙年任参领，又任广东高州总兵官，后因罪伏诛。四子泽深、五子泽汪、泽浃，均为汉军官员。

大寿侄泽润，《清实录》内称为大寿义子，而旗册称为大寿长子，实系大寿族侄，过继大寿为长子，崇祯时官至辽东招练营副总兵。清太宗赐一品，任正黄旗固山额真，世袭一等精奇尼哈番兼一拖沙喇哈番。泽洪，承袭指挥佥事官至辽东平夷营副总兵，大凌河之役降清，授一等精奇尼哈番，任吏部左侍郎兼内弘文院学士，纂修实录总裁，兼管镶黄旗副都统。子良辅，康熙时任三等侍卫；次良栋，康熙时镶黄旗副都统；良璧，镶黄旗参领，因远征噶尔丹之役有功擢福州将军。泽沛，崇祯时由守堡而参将，顺治时任镶白旗佐领，又任参将，福建驻防副都统。泽远，崇祯时由守堡官至辽东杏山营副总兵，清崇德七年授正蓝旗副都统管佐领事。八年，任礼部侍郎。顺治年间官至湖广总督、兵部尚书。

大寿降清后，子泽溥、泽淳皆选充御前侍卫，实际寓有扣为人质的目的。祖氏子弟或联姻满洲，同时受满洲文化影响。泽溥孙乳

---

① 鄂尔泰等纂：《八旗通志初集》卷173《祖大寿传》。

名四鞑子、五鞑子、六鞑子；泽远孙乳名苏巴礼、苏巴图。均按满俗，惟正名仍为汉名。而泽淳子名达赖、名班笛，则径取满名。

大寿卒于清世祖顺治十三年，寿七十八。仍以辽东为原籍，归葬宁远新祖茔。自子辈起，分葬于京郊右安门外草桥、左安门外、东直门外坝河、清河永泰庄等处。犹如京师土著。

汉军著姓郎氏。《郎氏宗谱》，光绪壬寅年（1902）写本1册，又封皮提署《牛胡鲁哈拉家谱》2册。主要内容：宗谱总图、宗系分图、述传、家规、外戚、修谱藏谱。

该谱记载自明末至清光绪年间始祖郎玉以下十代世系。其中，第二世郎山仕于明，至骠骑将军；第四世明忠（得功之子）为明协守辽东中路副总兵；显忠为明管易州参将都督同知；第五世郎万年，为明游骑将军镇广宁死其事。说明其前世为明朝军官，且有死其事者。至六世熙载，始降清。其本传称：熙载配马氏，生九男六女。熙载少为明秀才，"少既失母，而父复罹祸，因谋于父所辖旧将之豪勇者自为堡守，已而相率归者更得三堡，合精兵数千人。迨我太祖太宗皇帝立极开创于兴龙之地，公得以顺天应人率四堡之众以佐命，皇帝嘉纳之，授封男爵……世袭罔替。即今所袭者阿达哈哈番是也"。该谱还提到熙载妻马氏"系出三韩右族，为明怀远将军马公国都长女"云。

郎氏至第七世廷辅、廷佐、廷弼、廷相，始以军功发迹，成为汉军中名宦巨族。家谱中俱有传。廷辅字弼轩，为清资政大夫、世袭一等阿达哈哈番兼一托沙拉哈番，管镶黄旗参领、户部郎中。其本传记载了清初家中发生的一起事件，几乎酿成杀身之祸："我朝定鼎初，禁女子不得为汉服制，太夫人（即廷辅之母）稍迟闻禁，遂为家仆张二等质之于官，且按验时诸公俱幼，环膝相哭于太夫人之旁，太夫人亦相与无策。盖公早起罗鹑出也。公每出日晡归。是日适抵廓门，大风雨雪。公素不避艰险，不以为难。然觉心动，恍若所失不自安者数四，乃疾返间……入中堂，见太夫人方抚诸弟相哭不休，询在侍者得知底事，公怡色柔声劝夫人易旧章并大索素昔之冠袍带履等，餂火之于灶，因而灭迹。顷之司寇诸寮偕户部侍郎讳位公者至。讳位公者，公季父也。度嫂素昔之服尚多，藏畜未免口实，得公目告，侍郎公乃大喜，阳挽寮友发箧视之，竟无所据。仆得以诬主罪。及年十八，法当代父职，遂袭一等阿达哈哈番。"这件事说明二点，其一，清初，不但强令汉人男人剃发易服，对汉人妇女也一度有易服之命。以致汉人降臣降将无不战战兢兢。此事，史书缺载，赖郎氏家谱得以补充。其二，家仆告主未遂，反受惩罚，实际带有很大偶然性。这件事反映出清初家仆告主之盛行，这与史书记载是完全吻合的①。

郎廷佐，历任江西巡抚、福建、江南总督、兵部尚书。最大功绩是打败进攻长江的南明郑成功军，为清廷保住漕运，也稳定了其江山。顺治十六年（1659）郑成功率兵十万突入长江，廷佐"同将军哈坐镇孤城，密授方略，以奇计于旦日之内破贼数十万众"传中所云"奇计"，不过是以汉人降将身份，对郑成功伪降，趁郑军懈怠之机，突然发起进攻。康熙十三年（1674）耿精忠附吴三桂叛乱，廷佐嫡孙聘精忠侄女为配。廷佐以大义所在，特疏请明誓与逆藩不共天日。奉上谕为福建总督，以过劳疾甚，竟没于金华军中。时在康熙十五年（1676）。

弟廷弼，进士出身，礼部员外郎。本传称其"尝监司库藏，误怀一瓷皿，坐死罪……赦之，只免其官"。说是"误怀一瓷皿"，实际上讳言他贪赃。此后不久，发生西洋传教士汤若望与徽州布衣杨光先关于历法的争论。杨光先叩阍申诉至再至三，皇帝命复廷弼官职，使往决讼。据说他在"三数月间，是非粗判"，并因此积劳成疾而没。但从本传指汤若望"以西法新法摇惑中夏"的贬语看，廷弼似乎是站在杨光先一边。

就是这样一个很大程度上保持汉人传统和文化特性的世家，在宗谱封面上特意署上《牛胡鲁哈拉家谱》七字。按，"牛胡鲁"通常写为钮祜禄氏，即满语"nioheri"的音译，汉义为"狼"，转义

---

① 刘小萌：《满族从部落到国家的发展》，辽宁民族出版社2001年版，第304—305页。

为"郎"。郎姓,是满洲八大姓之一,载在《八旗满洲氏族通谱》,渊源有自,汉人郎姓与之风马牛不相及,却偏要使用这样一个满洲姓。其用意,实在耐人寻味。

汉军著姓高氏。《镶白旗汉军高氏家乘》,写本1册。记载始祖高友以迄第十一世子孙的世系、仕途、婚姻、子女、墓地等情况。时间自明末至清朝道光年间。谱书最后,有光绪丁酉(1897)第十二世孙高桂康七律一首。

高氏自第五世开始发迹。高天爵,官至两淮都转盐运使司,遭耿精忠之乱殉难;高膺爵,承袭世管佐领;高承爵,官至安徽巡抚、广东巡抚。高天爵十子中,高其位、高其佩最有名。其位,官至湖广提督、江南提督署两江总督,文渊阁大学兼礼部尚书;其佩,由难荫生授知州,晋四川按察使司、刑部侍郎、正红旗汉军都统。其以指头代笔作画,为时所重。高天爵侄子其倬,康熙进士,选翰林院庶吉士,历任云贵总督、闽浙总督、两江总督、工部尚书、户部尚书。一门贵幸无比。

谱书记载族人出旗为民情况,为它谱少见。第七世有:高长庚改名高岱,贡生,入湖北武昌府民籍。未入葬祖坟。高柱勋,入江宁民籍,任江宁督标千总守备;高昭勋,太学生,"遵例出旗入大兴县籍";配郎氏。他虽然改入民籍,第三女却嫁给正白旗满洲都察院笔帖式祥玉。高怡,山东长清县知县调补安徽县知县,入大兴县民籍;元配觉罗氏,户部河南司员外郎萨敬阿女。高愃,入大兴县民籍;高惠,江宁县典史,入大兴县民籍。第九世有:高若曾,太学生,入大兴县民籍。高洪,入大兴县民籍。乾隆中叶,清廷为缓和"八旗生计"压力,命汉军旗人大规模出旗为民。适逢高氏家族第九代,一些子弟因此转为民人,像高岱,最后竟不知所终,连祖坟都没入葬。说明出旗为民范围之广,连世家大族子弟也不能幸免。不过,这些子弟都是家族中旁支庶子,并不排除有人自愿摆脱旗籍的束缚。这些出旗子弟,有的妻子是满洲人,有的女儿嫁给满洲人,由此又形成旗人与民人间错综复杂的关系。

高氏是汉军著名世家大族,生前显赫,死后荣光,葬地规模明显大于一般旗人。始祖高友葬奉天。第四世尚仁等葬北京广渠门外老虎地圈地；第五世，高天爵葬左安门外周家庄燕儿窝圈地；高承爵葬密云县城东江水峪。高荫爵，葬顺义县秀才营①。高天爵子其位、其佩、高荫爵子其倬，都是朝廷高官。以后，高其位葬东直门外望京；高其佩葬广渠门外半壁店。高氏子孙从老墓地分出另辟新墓地的次数远高于一般旗人。

前面提及的沈阳《甘氏家谱》等，也是研究汉军世家的宝贵资料。至于旗籍蒙古、朝鲜、达斡尔世家谱书，存世者也不少②。达斡尔世家早先濡染蒙古文化，接着被满化，继而承受汉文化。在研究八旗内部民族关系（首先是外族成分融入满洲族的过程）、文化交流方面，这部分谱书具有不可替代的宝贵价值。

除了族谱、宗谱，旗人年谱如鄂容安等编《襄勤伯鄂文端公（鄂尔泰）年谱》、寿富编《长白先生年谱》（宗室宝廷）、不著撰人《阿文勤公年谱》（阿克敦）、那彦成等编《阿文成公年谱》（阿桂）、铁保编、瑞元、瑞恩续编《梅庵自编年谱》（铁保）、《盛意园先生年谱》（宗室盛昱）、柯汝霖编《范忠贞年谱》（范承谟）、法式善编《洪文襄公年谱》（洪承畴）、宋荦等编《如山于公年谱》（于成龙）、《文文忠公自订年谱》（文祥）、法良编《少司寇公（斌良）年谱》《松文清公（松筠）升官录》、申权编《金公（金梁）年谱》等，对研究旗人世家和重要人物，均有参考价值。

谱书中包含有大量反映旗人婚姻关系的资料。归纳起来，大致有二层：第一层世家间联姻，第二层满汉间通婚。关于这二层关系，笔者曾根据谱书进行初步考察③。

旗人谱书，一向重视姻亲，一般详细记载子女、婚嫁、女婿、

---

① 2004年9月2日，笔者与细谷良夫教授前往北京郊区顺义考察，顺路参观距城南4公里的李桥镇王家坟（王爷坟）的和硕和亲王（乾隆帝亲弟）墓碑。听当地人讲，过庄子营，有秀才营村，秀才即指高其倬。后人有居太原者，前些年还回来扫墓。

② 如关于旗籍蒙古世家有《蒙古博尔济吉忒氏族谱》《恩荣奕叶》；关于旗籍达斡尔世家有《黑水郭氏家乘》（包括乡土录、世系录、世德录、扬芬录、先茔录、旧闻录）。具详《家谱丛刊·民族卷》。

③ 参见本书《关于清代内务府世家》。

亲家情况。因为这是他们在选择婚姻门第时必须参考的因素。在中国传统社会，妾在家庭中的地位比较低，除非育有子女，一般不被收入家谱。但是，在旗人家谱中，也看到一些例外情况。妾无论是否生育，均被收入家谱。从一个侧面反映出妾在家庭内部的复杂处境。

汉军与满洲、蒙古同属旗籍，但从民族来源和文化传统来说，又与汉人接近，这就注定它在婚姻关系方面带有某些不同于满洲、蒙古旗人的特点。那么，汉军世家婚姻又是一种什么状况呢？

李氏一族地位尊崇，与满洲宗室有多重婚姻关系。思忠长子荣祖（满名立都），娶宗室镶黄旗满洲固山额真拜音图（努尔哈赤异母弟巴雅拉次子）之女。李氏与皇室贵戚佟氏，则为世代姻亲。思忠娶佟氏，吏部尚书正蓝旗都统佟盛年之姐，思忠长女嫁广东总兵官佟国玺。怀忠之子懋祖，显祖之子李键、李镛，耀祖之子李锦，光祖之子李钰，庆祖之子李清铠，铎之子李据德等，均娶佟氏女。懋祖孙女则嫁给福建巡抚佟国鼎之孙佟钜。

李氏与马佳氏大学士图海、觉罗氏内弘文院吏部尚书伊图、内大臣席尔根、伊尔根觉罗氏大学士伊桑阿、苏完瓜尔佳氏，及著名五大臣费英东之子刑部尚书索海、纳喇氏吏部尚书马希纳、富察氏镶黄旗都统征南大将军富呢雅汉、赫舍哩氏内大臣索额图、叶赫那拉氏大学士明珠等满洲显贵家族，均有婚姻关系。

李氏与汉军名臣显宦的姻亲关系更是盘根错节。姻亲中有：礼部尚书、都统祝世胤，绥远将军、云贵总督蔡毓荣，吏部尚书、大学士鲍承先，湖广提督柯永年，湖广总督石文晟，工部尚书蒋国柱，工部右侍郎臧国祚，户部郎中兼参领郎廷辅，广东协镇郎廷玺，福建水师提督施世骠，世袭靖海侯、镶白旗汉军施世纶，京口副都统祖泽源，福建将军祖良璧，福建副都统祖建极，辽东总兵官句天宠，河南总督、兵部尚书刘清泰，福建巡抚、兵部尚书杨熙，镇海将军、伯王之鼎，湖南巡抚金玺，南昌总兵杨长春，广东将军管源忠女，本旗都统周卜世，陕西巡抚张仲弟等。几乎涵盖了汉军所有著姓。

汉军高氏婚姻对象有不少满洲世家大族和皇室成员。高其倬，原配那拉氏，大学士、吏部尚书、内大臣明珠孙女；高绘勋，配觉罗氏，奉恩将军三等侍卫宗室华彬女（安亲王岳乐曾孙女）；高书勋，原配那拉氏，通政司经历富尔敦女；继配白氏，镶黄旗一等诚勇公班第女；高麟勋，原配马佳氏，古北口提督索拜女；继配宗室氏（爱新觉罗氏），奉国将军宗室衍德女。其女适一等公班第之孙、理藩院侍郎福禄之子官成。高岱，封郡主额驸，原配爱新觉罗氏，正白旗满洲宗室和硕亲王允祐孙女，慎郡王弘曔女。高氏与满洲纳喇氏、蒙古白氏间，还存在数代联姻现象。

高氏姻亲除旗人，还有不少民人。当然也是仕宦人家。这或者说明，汉军旗人在婚姻选择方面，不仅比满洲、蒙古旗人自由，且由于横跨旗民二界而拥有更大范围。

汉军郎氏宗谱的一大特色，是专门记载《外戚内家》《外戚外家》。所谓"外戚内家"指郎氏男性延聘嫡妻的娘家，如正黄旗汉军周氏，父阿达哈哈番周维屏；正红旗汉军孙氏，父宁夏巡抚孙茂兰；镶黄旗汉军卢氏，兄山陕总督卢崇峻、广东将军卢崇耀；镶黄旗汉军祖氏，父昂邦章京祖泽洪，兄副都统祖良，弟福建将军良弼，镇江驻防固山大祖良相；镶黄旗汉军范氏，父福建总督范承谟，弟浙闽总督范时崇。清一色同样出身辽东即所谓"三韩籍"的老汉军。"外戚外家"则指郎氏女性出嫁的夫家。值得注意的一点，郎氏女子的夫家，不仅有汉军旗人，还有民人。这种现象在内务府汉姓人很少看到。与李氏、祖氏的一个明显区别是，郎氏一族很少与满洲、蒙古旗人联姻。个中原因还不清楚。

总之，汉军世家的婚姻关系既有共性，也各有特点，仍有进一步研究的空间。

此外，旗人谱书在研究满洲家庭人口、风俗信仰、生计状况、教育科举、仕途升黜、民族交流、辛亥革命时期旗人遭遇与心态，以及重要历史事件与人物，北京城市史、商业史、建筑史、灾祸史、医疗史等方面，均有参考价值。

总之，除了官修史书、档案、契书、碑文，数量可观的旗人谱牒中蕴藏着研究清史、满族史、八旗社会史的丰富资料，等待着开发和利用。对谱书的利用，其意义不仅在于新史料的开发，而且将为新的研究角度和方法，提供有益的启迪。

（原载《文献》2006年第2期）

康熙年间的西洋传教士与澳门

明清时期的澳门,是天主教在东方的传教中心。西方传教士在中国传教活动的发展,与澳门有莫大关系。本文关注的是:康熙一朝61年间,清廷与西洋传教士的关系发生过怎样的变化,以及这些变化对澳门发展造成的影响。

一

西方天主教自明末经澳门传入中国后,其发展几经挫折。但明清两朝鼎革,却没有给它带来意料之中的冲击。新入主中原的满洲统治者,以宽容态度接纳了不久前还在明廷中获得恩宠的传教士们。顺治帝福临命传教士汤若望掌管钦天监,赐号"通玄教师"。传教士出入宫廷,结交权贵,传教事业有较大发展。

但福临倚用汤若望等人修订"时宪历",也引起某些守旧人士不满。顺治末年,有新安卫官生杨光先等上书,指责传教士汤若望等造历谬误,福临不纳。然而一旦福临逝世,传教士在中国的合法地位立即面临了严峻挑战。

顺治十八年(1661)康熙帝玄烨即位,年仅8岁,由鳌拜等四大臣辅政。政治气候的变化,使杨光先认为有机可乘,于康熙三年(1664)七月向礼部呈《请诛邪教状》,更加激烈地攻评汤若望等传教士勾结澳门葡萄牙人,图谋颠覆清朝:"假以修历为名,阴行邪教","已在香山岙(即澳门)盈万人,踞为巢穴,接渡海上往来",要求将汤若望等"依律正法"。鳌拜等四大辅臣对历法一窍不通，对福临重用西洋人则抱有敌意，听信杨光先等人讦语，将传教士汤若望、南怀仁、利类思、安文思及赞成西洋历法的钦天监官员李祖白等人下狱。是年冬，礼部和刑部会审此案。杨光先所控虽属捏造，仍胜诉。而有清一代第一场禁教风波随之掀起。

康熙四年（1665）正月初九日，礼部、吏部在密本中建议：汤若望所在教堂应拆毁，因系钦赏银两建堂，又赐有牌文，故留敕建教堂，仅毁天主画像。利类思等所在教堂，系钦派佟吉购房新建，亦应将利类思所在教堂，以及阜成门外教堂，均交工部拆除。教堂内所有天主教经卷、画像、《天学传概》书版，俱应焚毁。至于入教人等，既奉旨免于查议，应将其所发铜像、绣袋、书籍等物，收缴礼部销毁。在外省的教堂、堂内之物，应敕交各该督抚查收销毁。①

密本中所指汤若望教堂在北京宣武门内顺城街，明万历年间意大利传教士利玛窦始建教堂于此，至清顺治七年（1650），汤若望在其旧址改建大堂，名"无玷始胎圣母堂"，后称南堂。利类思、安文思二人于明末入华传教，清初被从四川掳至肃王府当差，形同罪奴。因行为端正、言语得体，渐得信任。随即在满人中布道，声望日隆，终得福临信任，召入宫廷任职。并于顺治十二年（1655）钦赐教堂于今王府井大街中段路东，本名圣约瑟教堂，即后之"东堂"。顺治十七年（1660），汤若望在福临赐予他的茔地上建一圣母小教堂。其地位于阜成门外滕公栅栏，自明末起这里便作为安葬传教士墓地。密本中所谓"阜成门外教堂"当指此。

此后不久，清廷分别判处汤若望等人凌迟、斩首、流徙。适逢北京发生强烈地震②。京师人心恐慌，认为是刑狱不公，上天示警

---

① 中国第一历史档案馆藏：《内阁满文密本档》，康熙四年二月二十四日广东总督卢崇峻题本。
② 康熙四年三月初二日午时，直隶通州地震，州城雉堞、东西水关俱圮，民房圮三分之一，城北三里地裂，涌出黑水。京师房屋倒塌不可胜计，城墙百余处塌陷。周围二十余府、州、县均震。中国地震局地球物理研究所、复旦大学中国历史地理研究所主编：《中国历史地震图集》（清时期），中国地图出版社1990年版，第26页。

康熙年间的西洋传教士与澳门

所致。经玄烨祖母孝庄太皇太后出面干预,汤若望等传教士幸免于死。①而礼部、吏部请将京师两座教堂"交工部拆毁"的建议也未获批准。尽管如此,清廷并未消除对各地传教士的疑虑,因汤若望供词中有"在各省教堂之西洋人亦皆布教纳徒"语,礼部、刑部题请密敕各省督抚,将在省传教士拿解到京,交刑部议罪。寻奉旨:"在省之西洋人,着免缉拿,可带至京城议奏。"②

这年三月,除直隶、河南、四川、广西四省声称没有西洋人外,山东省送到西洋人栗安党(又译作栗安当、李安堂)、汪儒望。山西省送到西洋人金弥格、恩理格(时郭多敏病故)。江南省送到西洋人张玛诺、鲁日满、毕嘉、潘国光、刘迪我、成际理、柏应理,湖广省送到西洋人穆迪我,江西省送到西洋人聂仲迁、聂伯多、殷铎泽,浙江省送到西洋人洪度贞、闵明我、费里伯、巴道明,福建省送到西洋人何大化、郭纳爵,陕西省送到西洋人李方西、穆格我,广东省送到西洋人瞿笃德、陆安德。③二十五人中,不乏在华生活传教数十年者,如栗安党,明崇祯七年(1634)至澳门,顺治八年(1651)在山东济南府购房建堂传教;金弥格于明崇祯三年(1630)抵澳门,至山西绛州旧堂居住、传教。

清廷决定,除汤若望、利类思、安文思、南怀仁四人仍留京师外,余者全部送广东省安插,并宣布无论在京在省,均禁止再行"传布邪教"④。其时,汤若望已年老中风,不久病故。

汤若望一案,在当时产生了多方面影响,除导致清廷盲目废除西法、排斥西洋人外,还涉及澳门葡人的去留问题。

关于这个问题,最初提出是在顺治十三年(1656)。当时,清廷为了对付割据台湾的郑成功政权,决定对山东、江南、浙江、福

---

① [德]魏特:《汤若望传》第2册,杨丙辰译,商务印书馆1949年版,第504页。
② 《内阁满文密本档》,康熙四年七月二十九日礼部尚书祁彻白等题本。
③ [法]荣振华:《在华耶稣会士列传及书目补编》(下),耿昇译,中华书局1995年版,第842页载被放逐传教士名单22人。
④ 《内阁满文密本档》,康熙四年七月二十九日礼部尚书祁彻白等题本。

1129

建、广东等省沿海地区实行海禁,严禁商民船只私自出海,违者处死;强令沿海居民内迁,实行坚壁清野。澳门属广东香山县,本在禁海迁徙范围。只是由于获得顺治帝宠信的传教士汤若望等人多方斡旋,一再声称"澳门有功于国",方使清廷收回成命,准许澳门葡人暂留当地,但航海亦被禁止。

康熙初年,清廷内部再次提出澳门葡人去留问题。康熙二年(1663)四月,广东督抚以澳门孤悬海岸警戒线外,经济上又日益窘困为理由,曾向朝廷提出"应遣回原籍"的意见。但兵部在后来的题本中则提出应准留住并解决其口粮:"查夷人既自明嘉靖年间从西洋远道而来,居住有年,则拟仍准留住。至每日所需粮米,请敕下该督抚派道府等员核查夷人户口,准许按人购米,不准额外供给。"讨论结果,兵部建议获得清廷批准。① 从此,澳门居民口粮全部由清朝官府售给。

三年(1664)十二月,在对汤若望一案的审理中,杨光先等人为置汤若望于死地,诬陷他在"香山澳布有邪教同伙,踞为巢穴,接纳海上往来之人"②。而刑部对"汤若望从香山澳带回南怀仁等十五人,皆安置于外省各堂"的口供也非常关注。在随后呈给清廷的密本中请求,将香山澳之西洋人是否仍供给钱粮,以及是否仍准留居该处等问题,一并密敕广东督抚核拟议疏。③ 至此,澳门葡人的去留问题被再次提出。

广东总督卢崇峻接到部文后,逐级密咨所属海盐道、市舶司查议。市舶司禀称:澳门夷人,早在嘉靖年间即来此地。昔日禁海以前,每有货物到澳,即收船税地租。自禁海后,不曾征收,且此处亦划归界外。自香山澳至虎门,皆有台墩武弁防守。今因禁海,封固甚严。"夷人只知贸易,今既禁海,已无长久之计,不敢妄议准留。"海盐道意见:"夷人不事耕作,禁海以来计口购米,钱财短少,终有穷竭之日,故不可准留。"而广东督抚的意见,与其下属

---

① 《内阁满文密本档》,康熙四年五月初五日礼部尚书祁彻白等题本。
② 《内阁满文密本档》,康熙三年十二月汤若望案传教士口供。
③ 同上。

康熙年间的西洋传教士与澳门

也如出一辙：

> 查得此澳，乃滨海一岛，原归香（前）山寨官兵就近管理，并设关闸，以便于防守。即在立界之前，亦只准内地商人至澳门贸易而已，从不准夷人私自越界行走。且自勘海立界之后，该澳孤悬界外，加之关闸封闭，官兵严守，故不敢私入界地行走。惟来此澳居住之夷人，年代已久，生齿日繁，集聚渐众，查老幼男女已有五千六百余口。彼等不能耕作，除经商外，委实无力谋生。自从禁止海船以来，苦不聊生。是以，臣等于康熙二年四月为明确夷人去留之事题复时，曾议理应遣回原籍。后由部查核复又题称，夷人自远土西洋而来，居住此地年久，拟仍准住，计口购米，足其食用。等语。故而准留至今。今又钦命查议，故经臣等再三深思，自从禁止海上贸易以来，夷人委实无力谋生，目前虽可计口购粮，然而银两有限，岁月无穷尽也，终非长久之计，臣等仍以为不宜准留。如今或送至京城，或遣回西洋，但候部院大臣议拟。①

对于广东督抚"不宜准留"的意见，礼部未置可否，仍请敕兵部议奏。从会议结果看，驱逐澳门葡人的意见再一次被否定。但此时的澳门已处在开埠以来最困难的境地。清朝的海禁政策使它在经济上入不敷出，经济萧条竟达到"城无百堵，众无一旅，家无积粟，凄凉满襟"的衰败景象。只是在葡萄牙人对广东大吏施以重贿后，才得以进行一些走私贸易，但这种活动不仅危险且极不稳定。

二

康熙八年（1669），玄烨亲政，清廷与传教士关系掀开了新的一页。

---

① 《内阁满文密本档》，康熙四年二月二十四日广东总督卢崇峻题本。

第三编 旗民关系

玄烨首先为汤若望冤狱平反，起用南怀仁为钦天监监副，重新使用比较精确的时宪历。自此以后，被南怀仁援引入京的传教士多被安排在钦天监供职。玄烨又下令被软禁在广东多年的传教士栗安党等20余人归各省居住。为笼络传教士，他亲自巡视北京天主堂，御书"敬天"二字匾额，赐悬堂中。并谕曰：朕书敬天即敬天主也。这一御书遂由各地教堂转抄。

玄烨年青好学，对有专长的西洋人抱有求贤若渴的热情。他曾派遣耶稣会士前往澳门，招通晓历法的徐日升、安多入京供职。不少具有科学知识、善造奇器的传教士在清廷中效力。玄烨患疟疾，张诚、白晋等进金鸡纳霜，不日康复。为此，赐西安门内广厦一所，又赐银两，在其旁隙地建筑圣堂（即北堂）。后颁银一万两，重修宣武门内天主堂。玄烨巡视塞外或江南，张诚、白晋、南怀仁与闵明我多扈从。平定"三藩"期间，南怀仁指导造炮120位，进呈《神威图说》。病卒。赐谥勤敏，并御制碑文。

康熙二十五年（1686），玄烨遣耶稣会士闵明我执兵部文，泛海由欧罗巴往俄罗斯京，会商交涉事宜。二十七年（1688），葡萄牙人徐日升、张诚二耶稣会士随索额图等往塞外与俄国议边疆，路途梗阻，召还。明年，葡人徐日升、法人张诚奉旨随索额图等北至尼布楚与俄国使臣议疆界，签订《尼布楚条约》。玄烨本人孜孜向学，每日召徐日升、张诚、白晋、安多等轮班至养心殿讲授西学，达数年之久。

尽管玄烨与传教士关系密切，对其传教活动并没有放任自流。亲政初曾规定：只"许西洋人在京师自行其教"，"不许传教于中国及直省，开堂者禁之"[①]。只是到了三十一年（1692），在张诚等传教士的游说下，他一度取消禁令，准人民自由信教。

玄烨积极延揽西洋人才的结果，凸显了澳门的重要地位。因为所有的西洋人，几乎都是经由澳门进入内地的。不过，真正使澳门处境明显好转的，还是海禁的解除。

---

① 夏燮撰：《中西纪事》卷3，岳麓书社1988年版。

康熙年间的西洋传教士与澳门

康熙六年（1667），在澳门议事会一再请求下，葡萄牙国王阿丰肃派撒尔达聂出使清廷。撒尔达聂使团在广东居留二年后进入北京。他们的费用全部由澳门葡人承担，高达3万多两。呈献的珍贵礼物有：国王画像、金刚石、饰金剑、金珀书箱、珊瑚树、珊瑚珠、象牙、犀角、乳香、花露、花毡、大玻璃镜等。撒尔达聂力图使清廷放宽海禁，但在台湾郑氏集团依旧负隅顽抗的情况下，改善澳门处境的努力注定落空。他本人也在返程道经江南山阳县时病故。[①]

康熙十八年（1679）十二月，清廷终于准许澳门葡人由陆路至广州贸易。其时，盘踞台湾的郑氏集团已成强弩之末。此前一年，葡萄牙国王阿丰肃再次遣使万里迢迢到北京，呈献方物和狮子一只。此举促成清廷对澳门葡人的网开一面。

二十二年（1683），清廷统一台湾，并在翌年解除了实行二十余年的海禁。接着开放澳门、泉州、宁波、松江为外贸港口，并设粤、闽、浙、江四大海关，允许各国商船前来贸易。粤海关监督宜尔格图奏言，往日洋船"多载珍奇，今系杂货，今昔殊异，十船不及一船"，遂将旧例丈抽之税议减。[②] 所谓"珍奇"，主要是满足极少数皇亲贵戚的豪奢生活，价值昂贵，数量却很有限。而"杂货"即日常用品的大量贩入，却与民间需求和中国市场的拓展息息相关。每只洋船的货价虽大不如前，数量却明显增多。这无疑是海外贸易向更大规模发展的一个反映。而海关税的减少，对发展贸易往来也有积极意义。此时的澳门，虽开始丧失长期专擅的中外贸易的枢纽地位，总的贸易形势却在明显好转。

三

康熙四十四年（1705）以后，清廷与罗马教廷发生"礼仪"

[①] ［瑞典］龙思泰：《早期澳门史》，吴义雄等译，东方出版社1997年版，第115页；梁廷楠：《海国图说·粤道贡国说》，中华书局1997年版。

[②] 梁廷楠：《海国图说·粤道贡国说》。

1133

第三编 旗民关系

之争,导致双方关系的破裂。也使澳门地位面临新的挑战。

自明末以来,耶稣会传教士多是沿用利玛窦的传教方式,尽量适应中国固有礼仪风俗和儒家文化,阻力较小,不少满汉官员亦对其教产生好感。玄烨本人对它也褒奖有加,认为"西洋人自利玛窦到中国,二百余年并无贪淫邪乱,无非修道,平安无事,未犯中国法度"[①]。问题在于,耶稣会的活动长期受到葡萄牙的支持和庇护,葡萄牙国力强盛时,罗马教廷不能不倾听耶稣会意见,而一旦葡萄牙国势衰落,耶稣会在中国的传教方式就在欧洲受到越来越多的非难和置疑。较晚时来华的多明我派、方济格派传教士率先对其传教方式大加攻击,而耶稣会内部不断增多的非葡籍传教士,希望摆脱葡萄牙控制,也发出要求改弦易辙的呼声。耶稣会则坚持自己的一贯做法。激烈的争论最后被交由教皇第十一格勒门德裁决,他断然否定了以往教皇对耶稣会传教方式的认可。

康熙四十三年(1704)教皇颁布《七条禁约》,交多罗大主教带往中国宣布。禁约规定:中国信徒从今以后不许用"天"字,亦不许用"上帝"字眼;教堂内不许悬挂"敬天"二字之匾;不许祭孔、祭祖,不许入孔庙行礼;不许入祠堂行礼;不许依中国规矩留牌位在家,因有"灵位""神主"等字眼。[②]

翌年十二月,多罗行抵北京。玄烨多次接见多罗,向他解释:祭孔是尊重圣人之意,祭祖是不忘养育之恩,敬天事君是天下之通义。这是中国传统伦理观念、风俗习惯,决不能放弃。为与教廷继续交涉,他要求多罗暂缓公布禁令。但多罗一意孤行,于四十五年十二月在南京公布了教皇禁止祀孔祭祖令。玄烨闻讯大怒,下令驱逐多罗,解送澳门,交付葡萄牙人软禁监管。多罗于四十九年(1710)病死。

为防止教廷对中国内部事务变本加厉的干涉,玄烨采取了一个重大步骤,即建立传教士领取信票制度。领票制度自四十五年

[①] 陈垣整理:《康熙与罗马使节关系文书》,北平故宫博物院影印本,1932年。
[②] 同上。

(1706)底开始实行。十一月二十日,员外郎赫世亨奏报传教士王义仁、高尚德在中国已分别居住十七年和十年,奉旨:凡留华传教士,其表示永不返回之西洋人,发给信票,钤总管内务府印;写明西洋人国籍、年龄、会别、来华年限、永不返回西洋,因进京朝觐,特颁给票字样;须以清、汉字缮写,按千字文编号,从头编记。① 为了领票,传教士必须申请入京觐见,由内务府发给印票。对于领票的传教士,清廷准许他留居中国,行止不予限制;拒绝领票的,各地教堂均不得居住,一概遣往澳门。四十六年(1707)三月,直郡王等为呈报西洋人孟由义等9人请安求票时奉上谕:"谕众西洋人,自今以后,若不遵利玛窦的规矩,断不准在中国住,必逐回去。"②

据内务府满文档载:从四十五年(1706)十一月发布上谕,至四十七年(1708)十一月间,领取信票的西洋人传教士共有48人。除3人居地不明外,分别来自山东(8人)、江西(8人)、江苏(8人)、湖广(5人)、陕西(4人)、浙江(3人)、山西(2人)、广东(2人)、京师(1人)、河南(1人)、江南(1人)、贵州(1人)、直隶(1人)等地。其中,博尔都噶国(葡萄牙国)传教士12人,意大利亚国(意大利国)传教士10人,佛郎西亚国(法国)传教士18人,伊斯巴尼亚(西班牙国)传教士5人,日尔玛尼亚国(德国)传教士1人,罗达聆日亚国传教士1人,波罗尼亚国传教士1人。他们中有40人属耶稣会士,8人来自方济格会。③

至四十六年(1707)四月,因拒绝领票被逐往澳门的法国、西班牙传教士已有10人。此外,西班牙人郭多鲁准住广东天主堂;葡萄牙传教士穆德我、安怀仁、利若瑟等5人是否驱逐待定。清廷

---

① 中国第一历史档案馆藏:《内务府满文行文档》,康熙四十七年三月二十二日总管内务府致兵部咨文。
② 陈垣整理:《康熙与罗马使节关系文书》。
③ 《内务府满文行文档》,康熙四十七年三月二十二日总管内务府致兵部咨文,康熙四十七年四月初十日总管内务府致礼部咨文。

第三编 旗民关系

令其暂住广东天主堂，不准传教，俟出使罗马教廷龙安国、薄贤士返回后一同入京觐见，届时再定是否给票。从后来的记载看，这几位传教士也领取了信票。

据说，康熙四十年（1701）时，全国有耶稣会士59人，方济格会士29人，多明我会士8人，巴黎外方传教会士15人，奥古斯定会士6人，共计117人。[①] 如按此数字估计，领票者还不到全部传教士的半数。其他没有领票的传教士，或者藏匿起来，或者被驱逐。

领票传教士主要是来自以澳门为其后盾的葡萄牙系统的耶稣会士，他们与其他教派传教士存在着深刻矛盾。耶稣会传教士通过领取信票，维持了在中国传教的权力，保持了澳门作为在华传教基地的地位。可是也因此受到其他教派更激烈的抨击。

为解决与罗马教廷的礼仪之争，玄烨于四十四年、四十五年、四十七年分三批派遣白晋、龙安国、薄贤士（博士贤）、艾若瑟、陆若瑟等耶稣会士出使罗马教廷。龙、薄于途中因船遭风暴沉没淹死，陆、艾未及返回中国亦相继病殁，未能及时复命。传教士白晋与沙国安曾奉朝命携带三十匹绸缎和其他礼品，经由澳门搭船前往罗马晋见教皇[②]，最终亦无功而返。

罗马教皇格勒门德十一没给康熙帝留下丝毫转圜余地，于康熙五十四年（1715）重颁禁约，强迫所有传教士宣誓服从，要求中国信徒必须遵行禁约，否则"依天主教之罚处之"。尽管如此，在康熙五十六年，仍有47位传教士领取了信票。[③]

五十九年（1720）底，教皇的另一使节嘉乐到北京，传达教皇禁约，在中国的全体传教士不得不表示服从。嘉乐试图说服玄烨接受教廷禁约，并允许教皇及其代表管辖中国境内各教区教会。这一要求有损于中国主权和君权，当然不会为康熙帝接受。阅罢禁约，他在上面朱批："览此告示……比比乱言者莫过如此。以后不必西

---

① 顾宝鹄编：《中国天主教史大事年表》，光启出版社1970年版，第38页。
② 《内阁满文行文档》，康熙四十四年十一月十九日内务府总管赫硕色咨文。
③ ［法］荣振华：《在华耶稣会士列传及书目补编》（下），第849页。

康熙年间的西洋传教士与澳门

洋人在中国行教，禁止可也，免得多事！"① 至此，清廷与罗马教廷的关系完全破裂，嘉乐被驱逐出境。

清廷与罗马教廷的礼仪之争最终导致玄烨下令禁止天主教。但终康熙一朝，禁令并未得到有效贯彻。值得庆幸的是，康熙朝后期与罗马教廷愈演愈烈的冲突，并没有对澳门构成不利影响。相反，这一时期的澳门还获得了新的发展，并在经济、文化上进一步密切了与清朝的关系。

对于清廷与罗马教廷的礼仪之争，葡萄牙政府和澳门当局从维护自身利益的目的出发，采取了谨慎态度。康熙五十年（1711），葡萄牙国王遣大臣往告教皇，谓"此事关系甚大，多罗之言不可信，应等嗣后到之消息"。又函告澳门当局，恐有多罗随从"妄传教化王在澳门禁止中国礼教"，命对此等人务必严禁，等候教皇裁断。②

从清朝一方来讲，玄烨也并未因与教廷的冲突改变其对西学的倾慕，并继续延揽由澳门入境的西洋人。四十六年（1707），派钦差大臣到广东，传旨与督抚：见有新到西洋人，若无学问，只传教者，暂留广东，不必往别省去；若西洋人内有技艺巧思，或系内外科大夫者，急速著督抚差家人送来。五十七年又谕：西洋来人内若有各样学问或行医者，必著速送至京城。③

见于康熙朝汉文朱批奏折的不完全记载，这一时期由澳门入境的西洋传教士一直络绎不绝：五十四年（1715）七月，耶稣会士郎世宁、罗怀中搭澳门往葡萄牙贸易商船回至澳门。郎世宁自称"画工"，时年27岁，罗怀中称系"外科大夫"，时年36岁。他们于上年三月二十一日在大西洋搭船，八月初十日到小西洋，是年四

---

① 陈垣整理：《康熙与罗马使节关系文书》。
② 中国第一历史档案馆编：《康熙朝满文朱批奏折全译》，康熙五十一年九月初二日武英殿总监和素奏折，中国社会科学出版社1996年版。
③ 中国第一历史档案馆编：《康熙朝汉文朱批奏折汇编》第1册，康熙四十六年五月二十六日两广总督赵弘灿等奏折；第8册，康熙五十七年七月二十七日广东巡抚杨琳奏折，档案出版社1984年版。

月十一日在小西洋搭船，七月十九日到澳门。① 行抵北京后，郎士宁供职内廷专事绘画，融通中西技法，取得了很高造诣。五十五年七月，由大西洋回帆的澳门船只搭载了西洋人三人，一名严嘉乐，38 岁，称会天文并会弹琴；一名戴进贤，36 岁，称会天文。自是年二月二十一日在大西洋搭载上船。又有西洋人倪天爵一名，亦称晓得天文。一并由驿送京。② 五十八年六月法兰西船载来会行医外科一名安泰，会烧画珐琅技艺一名陈忠信。七月澳门商船自小西洋回棹，搭西洋人徐茂升一名，据称晓得天文律法。③ 五十九年七八月间，陆续抵达西洋人中有席若汉一名，会"雕刻木石人物花卉，兼会做玉器"。同年八月，教皇使臣嘉乐航抵澳门，其随从人内有会画者二名，做自鸣钟者一名，知天文度数者一名，弹琴者二名，内科一名，外科一名，制药料者一名，俱送京师。④

在此前后，有能刻铜板的传教士法良，能造炮位的利白明，精通天文的庞嘉宾、德玛诺、孔路师、杨保、宋君荣，精于音律的石可圣，善做钟表的林济格，善制药的魏格尔（魏哥儿）等人，也陆续由澳门进入北京，供职于清廷。

随着西洋传教士不断东来，一些带有近代性质的自然科学成果继续进入中国，特别是有关天文、地理、医学、数学、音乐等方面。康熙后期，最有影响的一项学术工程是派遣耶稣会士白晋、费隐等测绘全国地图。历九年之久，传教士足迹遍蒙古、直隶、黑龙江、山西、陕西、甘肃、河南、江南、浙江、福建、江西、广东、广西、四川、台湾、云南、贵州、湖北、湖南等地。五十六年各省地图绘毕，白晋等汇成总图一幅，并将分省地图进呈御览，名《皇

---

① 《康熙朝汉文朱批奏折汇编》第 6 册，康熙五十四年八月十六日广东巡抚杨琳奏折。
② 《康熙朝汉文朱批奏折汇编》第 7 册，康熙五十五年八月初十日广东巡抚杨琳奏折，又同年九月初十日广东巡抚杨琳奏折。
③ 《康熙朝汉文朱批奏折汇编》第 8 册，康熙五十八年六月二十四日广东巡抚杨琳奏折，又同年八月十二日广东巡抚杨琳奏折。
④ 《康熙朝汉文朱批奏折汇编》第 8 册，康熙五十九年九月初八日两广总督杨琳奏折。

舆全图》。这些成果，尽管不一定代表当时西方最先进的科学文化水平，但对于长期处于封闭状态的中国来说，却无异于阵阵清风。一直到嘉庆年间，延续数百年之久的西洋传教士在京供职历史才告尾声。

当然，导致澳门地位加强的不仅是以传教士为载体的文化交流，也还有海外贸易的发展。

康熙五十六年（1717），清廷鉴于闽广等省贫民借出海之机流徙南洋，并将违禁物品私贩出海，下令禁中国商民前往南洋贸易。最初，澳门也在禁令之内。葡人闻讯大惊，通过耶稣会传教士李若瑟在京活动，又派代表赴广州，请中国官府给予特殊恩典。经两广总督杨琳奏请，以"澳夷"非华商为理由，特许他们前往南洋贸易，但不得夹带华人，违者治罪。[①] 本来，因广州等口岸的开通，澳门已不能再像往昔那样独享居停之利，但在华人被禁止前往南洋情况下，澳门葡人却意外得到了填补这一空白的难得机会。

每年冬，澳门商人前往小西洋、嘎拉巴、吕宋等地，售货毕，逢顺风，当年返棹。否则，留至第二年返回。他们运回当地的粗货、药材、香料、鱼翅、紫檀、槟榔、鹿筋、海菜等物。康熙五十五年（1716）三月至八月，澳门商船往外国贸易回帆者有11只。[②] 五十九年正月至八月，澳门本港回棹商船16只。[③] 关税每年达2万两。雍正二年（1724）两广总督孔毓珣奏疏内提到："禁止南洋之后，澳门西洋人非贸易无以资生，不在禁内，独占贩洋之利。近年每从外国造船驾回，连前共有二十五只。"[④] 注册商船在短短几年里激增到25只，说明澳门的对外贸易获得了新的发展。

其时，来自法兰西、英吉利、加剌巴、吕宋、苏栗等国商船也

---

① 印光任、张汝霖：《澳门记略》上卷，清光绪六年刻本，第26页。
② 《康熙朝汉文朱批奏折汇编》第7册，康熙五十五年九月初十日广东巡抚杨琳奏折。
③ 《康熙朝汉文朱批奏折汇编》第8册，康熙五十九年八月十四日两总督广杨琳奏折。
④ 《雍正朝汉文朱批奏折汇编》第3册，雍正二年十月二十九日两广总督孔毓珣奏折。

纷纷到广东贸易。"番舶年多一年",苏栗国船载的有药材、香料等物,英吉利船载的有哔吱缎、哆啰呢、洋布、黑铅、自鸣钟、小玻璃器皿、玻璃镜等物。英、法船还往往载来大量番银,广购商品。康熙五十五年二月至六月,广州港就到了法兰西船6只,英吉利船3只,俱系来广置货。至八月,统共到外国洋船十一只,共载银约一百余万两。广东货物不能买足,由各行铺户代往江浙置货。①事实上,这些到广东贸易的商船也往往要途经澳门。

概括全文,康熙年间清廷与传教士关系几经变化,并带给澳门不同的影响。第一次在康熙初年,其时玄烨年幼,由鳌拜等四大臣辅政,对传教活动严加禁止,又议将澳门葡人全部驱逐,虽未实行,却使澳门陷入空前困境。第二次在玄烨亲政之后,对传教活动转而采取灵活态度,传教士不断涌入,带来了欧洲奇器和技艺,也促进了澳门的繁荣。第三次在康熙四十四年以后,由于清廷与罗马教廷发生"礼仪"之争,玄烨决定只给那些"遵守利玛窦规矩"即允许教徒尊孔祭祖的传教士以合法居留权,拒绝者被驱往澳门。所幸当时澳门与内地贸易呈蒸蒸日上态势,以传教士为主要载体的文化交流也在持续发展,宗教上的轩然大波未能对澳门地位构成不利影响。

(原载澳门《文化杂志》中文版40、41期合刊,2000年;
"The Western Missionaries and Macao, during the Period of
Emperor Kangxi", *Reviw of Culture*, No. 3, 2002)

---

① 《康熙朝汉文朱批奏折汇编》第7册,康熙五十五年八月初十日广东巡抚杨琳奏折。

葡萄牙与《中葡和好贸易条约》的签订

提要：《中葡和好贸易条约》是近代以来中葡两国间签订的一个重要条约。葡萄牙政府在谈判过程中曾采用各种手段，以期从法律上确认对澳门的占领。清朝谈判官员的昏聩，使葡萄牙人几乎实现了他们在几个世纪里梦寐以求的目的。只是由于清政府在换约前提出修改条约的主张，才使其企图功亏一篑。本文依据中葡双方档案史料，对葡萄牙殖民主义者在这次修约交涉中企图侵占澳门的险恶用心和卑劣手法做一概括说明。

关键词：清代边疆史　中葡关系　条约

一　修约的过程

从1853年（咸丰三年）起，葡萄牙政府就准备与清政府修约。前后9年，几经周折，直到1862年（同治元年）才如愿以偿，草签了《中葡和好贸易条约》。葡萄牙政府为什么要在这一时期与清政府修约？这是否如国外有的学者所说，是基于"将澳门对华地位正式化的愿望"？

实际情况是，自1840年（道光二十年）日渐衰朽的清王朝遭受第一次鸦片战争的失败，葡萄牙老牌殖民主义者就以为有机可乘，迫不及待地尾随西方列强，对中国趁火打劫。特别是澳门的葡萄牙当局，进行了一系列侵略活动。1846年（道光二十六年）亚马勒担任澳门总督后，更肆无忌惮地破坏中国主权。为增加财政收入,他宣布对澳门居民征收地租、商税、人头税和不动产税;为蚕食中国土地,下令在三巴门外开辟马路,拆毁关闸;为实现对澳门的完全控制,又悍然封闭澳门海关,驱逐官吏。1849年(道光二十九年),恶贯满盈的亚马勒被刺身死,澳葡当局借机发难,进行武装挑衅,变本加厉扩大在澳门的权益。然而,葡萄牙人虽在逐步侵夺中国主权,却缺乏法律依据,其对澳门的占有也从未得到清政府承认,因此他们迫切希望通过与清政府谈判订约,将其侵略果实合法化。这就是葡萄牙人力争与清政府尽快定约的基本目标。

1853年6月15日,葡萄牙政府正式任命海军中校、澳门总督基玛良士为使臣,同清政府谈判签订通商通航条约事宜。[①] 当时,太平天国运动正在中国南部如火如荼地展开,太平军连克汉口、汉阳、武昌、九江、安庆等重镇,沿长江长驱直入,攻克了东南第一大都会南京,改称天京。全国局势如汤如沸,清朝统治者惊慌失措,葡萄牙人认准这是谋取私利的难得机会,故着手准备与清政府谈判。为了给即将到来的谈判做准备,葡萄牙海外委员会在呈给女王的文件中建议:首先要任命一位有广泛权力和不受任何限制的澳门总督,其次是要增强海军力量,"一艘小型蒸汽船、如有可能再多几艘,将会带来很大的便利"[②]。增强海军力量的目的,显然是为了炫耀武力,作为与清政府交涉时的依托。

1856—1860年(咸丰六年至咸丰十年),英、法在美、俄等国支持下发动了第二次鸦片战争,进一步加重了清朝统治危机。1858年(咸丰八年)5月20日,英法联军攻陷大沽炮台,进逼天津。清政府被迫与英、法、美、俄四国列强签订丧权辱国的《天津条约》。第二次鸦片战争的结局,充分暴露出清王朝腐朽虚弱的本质,在战争中标榜"保持中立"的葡萄牙政府看到西方列强疯狂攫取在

---

① [葡]萨安东主编:《葡中关系史资料汇编》第2册,澳门基金会,1997年,第1号文件:《外交部发基玛良士之全权证书》(1853年6月15日)。译文见中国社会科学院近代史所编《中葡关系史资料集》,四川人民出版社1999年版,以下所引译文均同。

② 《葡中关系史资料汇编》第2册,第2号文件:《海外委员会意见书》(1853年8月19日)。

葡萄牙与《中葡和好贸易条约》的签订

中国的特权，迫不及待地也要从中分一杯羹。但它深知自己国小势弱，单独与清政府交涉难以占到便宜。所以，从一开始就把借助西方列强势力作为胁迫清政府就范的主要手段。

早在1857年（咸丰七年）6月，葡萄牙海事及海外大臣就向外交大臣萨·达班德拉建议，积极与英、法两国政府接触，以便使葡萄牙公使获准参加已预定的同清朝钦差大臣的修约谈判。1858年4月，即英法联军北上攻打大沽之际，他再次重申：英法等国同清政府签订新约的日子已为期不远，有鉴于此，最好是澳门总督基玛良士也能参加谈判，以便为澳门这一殖民领地利益而斗争。同时应要求在伦敦和巴黎的使臣竭诚努力，争取两国政府的支持。

此后，葡萄牙驻英公使拉夫拉迪奥频频进行外交活动，但英国人的态度却相当暧昧，后者并不希望将自己用武力夺来的胜利果实轻易让予葡萄牙人分享。葡萄牙人很快意识到，英国人托词敷衍，不过是想将他们排斥在谈判以外。① 1858年8月，当基玛良士作为里斯本任命的全权公使，兴冲冲准备启程参加西方四强与清廷的谈判时，却失望地听说，天津会谈已经结束。为此，基玛良士在致本国政府的公函中非常遗憾地指出："值得记取的是葡萄牙失去了参加同中国达成协议从而进入强国同盟（在这里人们叫它'强国条约'）的有利时机"。为了摆脱这种尴尬处境，他再次呼吁尽快争取英法等国政府及其驻华公使的支持。②

不久，葡萄牙驻巴黎代办终于获知，法国外交部已向其驻华公使葛罗发出指令，同意葡萄牙全权公使加入谈判。葡萄牙政府再次致函外交大臣，建议从英国政府争取同样的支持。③ 谈判目的非常

---

① 《葡中关系史资料汇编》第2册，第11号文件：《外交大臣致海事及海外大臣公函》（1858年6月27日）。
② 《葡中关系史资料汇编》第2册，第13号文件：《澳门总督致海事及海外大臣函》（1858年8月21日）。
③ 《葡中关系史资料汇编》第2册，第15号文件：《海事及海外大臣致函外交大臣》（1858年9月8日）。

明确，就是要趁火打劫，"尽早同清帝国达成与列强相似的条约，并附加有利于澳门当局特殊地位的其他条件"①。

如上所述，葡萄牙政府极想利用清廷内外交困的窘境，最大限度地攫取在华权益，但它的这种努力至少在开始时并未得到西方列强积极回应。究其原因：在第二次鸦片战争中，葡萄牙并不是与清政府交战一方，然而当"桃子"熟了的时候，它却千方百计地要当坐享其成的"摘桃派"。对于葡萄牙人的贪婪请求，狡猾的英国人态度冷淡，应在情理之中。葡萄牙人在外交努力上的受挫，并没有使其放弃对在华特权的觊觎。

继《天津条约》之后，1858年11月，英、法、美三国又在上海与清政府分别签订《通商章程善后条约》。澳门总督、葡萄牙公使基玛良士闻讯，急匆匆赶往上海也要求参加修约谈判，但他的请求再次遭到清方拒绝。上海道台回答说，葡萄牙不需要一项新的条约，两个多世纪以前，我们已经签订了一个条约，我们之间从来不存在问题和不协调，葡萄牙是帝国所敬重的第一个国家，是好朋友，在朋友之间是不需要条约的。抛开其中的外交辞令，清政府的态度很明了：两国间的关系只能以旧约为基础，没有谈判的必要。这样一来，澳门地位当然也无从改变。

基玛良士又向在上海的钦差大臣桂良发出照会。照会说：中英条约，使英国在中国享受到前所未有的好处。因此，天朝帝国与葡萄牙之间的关系也应改变。修约可以保证葡萄牙人拥有与英国人相同的好处。②然而，他得到的答复却是：钦差大臣此次来沪，只办关税，其他事务，概不接办。并且拒收其照会。

基玛良士在碰壁之余，只好再次乞求英法美等列强的支持。他特别对法国公使布尔布隆寄予希望，认为会得到后者的真诚帮助。同时，考虑到对清政府炫耀武力的必要，他在致本国政府公函中强

---

① 《葡中关系史资料汇编》第2册，第16号文件：《海事及海外大臣致澳门总督令》（1858年9月27日）。
② 《葡中关系史资料汇编》第2册，第19号文件：《澳门总督致海事及海外大臣函》（1859年4月10日）。

葡萄牙与《中葡和好贸易条约》的签订

调:"当对付这些东方强国时,一艘战舰的出现总是适宜的。"① 这次出使,基玛良士滞留上海数月,由于没有军事后盾,又没有得到列强撑腰,修约请求被拒,不得不怏怏而返。

1859年(咸丰九年)5月,英国公使卜鲁斯同法国公使布尔布隆途径澳门,基玛良士以澳门曾为英法联军提供过不少帮助为理由,请求一道北上。这一次,卜鲁斯同布尔布隆至少在表面上,就支持葡萄牙与清政府修约达成一致意见。但当时英法公使北上换约前景尚不明朗,于是决定:英、法公使先动身北上,待他们到达白河并从那里前往北京时,基玛良士再启程赴上海,以便及时得到他们的消息。

6月,英法公使借口换约率军舰到大沽口,清政府要求转道大沽以北的北塘,由陆路赴京交换《天津条约》批准书。英法两国却坚持从大沽溯白河进京,并悍然进攻大沽口守军。结果,英军司令何伯所率舰队遭受重创,英法联军被迫撤退。基玛良士获知这一败讯,不禁大失所望。本来,英法两国公使都已收到本国政府支持葡萄牙参加对清谈判指令,战争再次爆发,却使所有的谈判戛然而止。

1860年(咸丰十年)8月,英法联军避开防守严密的大沽口,在未设防的北塘登陆,连败清军。8月24日侵占天津,10月,攻破北京。此前,咸丰帝仓皇出逃,留下恭亲王奕訢与英法议和。奕訢代表清政府分别与英法公使互换《天津条约》批准书,并分别订立中英、中法《续增条约》(即《北京条约》)。此后,俄国公使借口"调停有功",逼使清政府签订《中俄北京条约》,攫取了乌苏里江以东的大片中国领土。

北京条约的签订,扩大了西方列强在华特权,同时也进一步加重了中华民族的灾难。当战争硝烟再次散去后,葡萄牙人在法、俄等国支持下,终于取得了与清政府谈判修约的机会。

1862年(同治元年)4月,澳门总督基玛良士作为特命全权公使,再次北上谈判缔约。基玛良士北上,未经清政府同意。与他同

---

① 《葡中关系史资料汇编》第2册,第18号文件:《澳门总督及驻华公使致海事及海外大臣公函》(1859年1月7日)。

行的，是到北京接任法国公使一职的哥士耆和美国驻华全权公使蒲安臣。基玛良士认为，可以通过他们的影响，圆满完成即将开始的谈判。他们先到上海，然后乘法国"香港"号汽船到达天津。接着不顾清方阻拦，执意向北京进发。清政府以葡萄牙人在澳门不履行租约为理由，不准基马士良入城。后经哥士耆出面担保，基玛良士方于6月9日进城。

临行前，基玛良士已充分认识到任务的艰巨。他写道："要确定或改变澳门的政治地位，使事实上存在的东西得到承认，也就是说，要让中国政府把澳门领土看作是葡萄牙领土；在这个重要问题上，我会遇到很大的阻力。"① 那么，他所谓的"阻力"，主要来自哪几方面呢？

首先，葡萄牙企图独占澳门，缺乏历史依据。不仅从中方文献中找不到，而且在葡方资料中同样找不到有利证据。基玛良士本人在给政府公函中也不能不承认："没有发现任何一件可以作为我们应有权力的依据的材料，相反的东西我却看到很多。"并指出，甚至在总督亚马勒留下的信函中，也证明了中国人对澳门的主权："他（指亚马勒）为了摆脱中国人的控制，使这块殖民地独立，做了那么多努力，以及为关闭中国海关所采取的措施，可他还是认为葡萄牙交纳地租是合理的。"②

其次，独占澳门的企图，得不到英国等列强的全力支持。英国人对葡萄牙人"渔翁得利"的企图一向有所警惕，另外在香港贸易和中国海关等问题上，与盘踞澳门的葡萄牙人也存在着不同利益。英国人把澳门看成是与香港竞争的对手，故希望清政府能对澳门税务有所限制。③ 因此，在中国海关工作的英国雇员，从维护香港的

---

① 《葡中关系史资料汇编》第2册，第39号文件：《澳门总督及驻华公使呈海事及海外大臣报告》（1862年4月22日）。

② 《葡中关系史资料汇编》第2册，第40号文件：《澳门总督及驻华公使呈外交大臣报告》（1862年4月22日）。

③ 《葡中关系史资料汇编》第2册，第37号文件：《澳门总督及驻华公使呈海事及海外大臣报告》（1862年8月24日）。

葡萄牙与《中葡和好贸易条约》的签订

利益出发,支持清政府恢复澳门海关的要求。

当时担任总税务司的英国人赫德,就向清政府提出,在谈判中必须坚持在澳门设海关。理由是:其一,澳门走私入内地的鸦片,每月有五六百箱之多,其他漏税货物甚多,如能在澳门立关,于粤海关税务大有裨益;其二,澳门原系中国之地,只准西洋人在彼居住,且并非无银两之地。应令其每年呈纳租银一万二千两,藉可赔补立关之费。若该公使不肯答应,即不准其立约。他还说:"此次立约而不立关,实与粤海关税务有损;倘若立约而不明言澳门系中国之地,将来各国均以澳门为西洋地土,必致于中国大局有害。"① 话说得很堂皇,表面上看,似乎是站在清政府立场上考虑问题,实际上却与英政府的意向如出一辙。但不管英国人的真正打算是什么,他们的态度,增加了葡萄牙使臣如愿以偿的难度,应是事实。另外,法国人也与海关征税有利害关系,因为它指望通过海关收取《北京条约》规定给它的赔偿费。

再次,葡萄牙人独占澳门的企图,缺乏实力后盾。国际的交涉,从表面上看是外交人员的纵横捭阖,起决定作用的还是各自实力。所以,自古以来,诡谲多变的外交风云重演的都是同一个道理:"弱国无外交。"葡萄牙作为一个日薄西山的老牌殖民国家,曾有辉煌的过去,在与清政府交涉中,未尝不懂得炫耀武力的重要。基玛良士在争取签约过程中,几次向本国政府提出调派军舰,就是明证。然而,1859年(咸丰九年),当他听说本土打算让"蒙德戈"号双桅舰先他抵达上海时,却连忙表示反对。"蒙德戈"号只是一艘用栎木建造的木船,已使用了12年,早已破旧不堪。他认为派这样的船进入中国,不仅达不到威慑目的,反而有失葡萄牙海军的体面,因为它"根本不堪中国一击"②。1861年(咸丰十一

---

① "中研院"近代史研究所编:《澳门专档》第3册,1992年铅印本,第15号文件:《总税务司赫德爵士致总理衙门王大臣公函》(1862年6月8日)。

② 《葡中关系史资料汇编》第2册,第22号文件:《澳门总督及驻华公使呈海事及海外大臣报告》(1859年5月19日)。

第三编 旗民关系

年)4月,他在呈外交大臣的报告中,提出为了加速谈判,希望战舰尽快到达,并驶入北直隶湾。① 这就说明,当英法两国以坚船利炮胁迫清廷签订"城下之盟"时,葡萄牙人并非没有趁火打劫的居心,只是自身实力太弱,相距中国又太远,心有余而力不足罢了。

最后,从清政府的立场看,从没有承认过葡澳当局驱逐驻澳门海关和官吏行径的合法性。这一立场也增加了基玛良士完成使命的难度。

为举行这次中葡修约谈判,清政府任命总理衙门大臣恒祺、三口通商大臣崇厚为全权大臣。恒祺参加过几乎所有条约的谈判,经验丰富。在基玛良士眼里,他还是总理衙门中最傲慢无礼和固执的官员。令他们更为担心的是,恒祺于1855—1859年曾任粤海关监督,备知澳门情形,决不会轻易让步。因此预感到,"在承认澳门独立方面,将会遇到严重的困难"②。

早在谈判初,恭亲王奕䜣就在致葡萄牙公使照会中明确提出"互利"原则:"将来所议,但有利于贵国而无损于中国之事,本爵定当允为照办;若只顾一面得利,不问中国可行与否,贵国自必无此等事。"③ 而葡萄牙使臣从一开始就准备通过损害中国利益来满足本国的贪欲。这样一来,注定谈判进程一波三折。

中葡修约谈判从1862年6月开始,8月结束,堪称旷日持久。6月20日开始的首轮谈判中,恒祺等提出以澳门恢复中国海关为先决条件:"澳门必须仍归中国设官收税,并每年应输地租万金,方与议立条约。"④ 基玛良士坚决表示反对。因为缺乏占有澳门的充分证据,他只好强词夺理:其一,全面歪曲澳门历史,胡说澳门最初是葡萄牙人参与打击侵扰香山左近海盗而从中国皇帝得到的"补

---

① 《葡中关系史资料汇编》第2册,第31号文件:《澳门总督及驻华公使基玛良士呈外交大臣报告》(1861年4月26日)。
② 《葡中关系史资料汇编》第2册,第51号文件:《使团秘书庇礼喇报告》(日期不详)。
③ 《澳门专档》第3册,第18号文件:《总理衙门致葡萄牙全权公使照会》(1862年6月10日)。
④ 《澳门专档》第3册,第44号文件:《总理衙门奏》〔1862年8月11日〕。

偿",并成为自治殖民地。中国政府后来在澳门设海关,没有任何条约作为依据,也未征得葡萄牙政府同意。其二,提出"有利中国"论,胡说:"在澳门建立独立的和中立的葡萄牙殖民地,对葡萄牙和对在世界的这一部分拥有很大利益的其他国家是有利的,特别是有利于中国;在它同欧洲列强战争时,或在它们之间发生战争时,会较好地向它提供其领土完整的保证。"① 其三,提出中西关系"变化"论,他强调:"鉴于中国和西方的关系已发生全面变化,因而澳门也难以维持旧日的政治经济制度。"其四,引亚马留被杀一案,谓本国屡次照会,中国俱置之不理,作为敲诈清政府的一个口实,他说:"今中国既欲还澳门,即请先将此案查照抵偿办结,再行会议还地之事。"②

对于基玛良士的胡搅蛮缠,清政府谈判代表据理驳斥。当谈判双方僵持不下时,西方列强的干预最终起到关键作用。

法国公使哥士耆与葡萄牙公使基玛良士关系密切,基玛良士在法国公使馆住宿长达两个月。哥士耆在谈判中虽以第三国身份出面调停,却采取了明显偏袒葡萄牙人的立场。当他看到葡萄牙人要求遭到拒绝后,一面威胁如中国认为他的调停毫无用处,他将退出葡中谈判③,一面致函清政府谈判大臣,列举三条所谓的"理由"进行讹诈④:其一是说西方诸国均认为澳门已为葡萄牙所有,各派有领事,清政府是否允准,亦无分别;其二是说1856年(咸丰六年)英国领事与广东官府发生争端时,叶名琛强逼葡国人和美国人一同出境,不得照常贸易。两年后清政府赔补美国商人50万两,而未赔葡国,有欺软怕硬之嫌;其三是说,咸丰七年宁波百姓杀害葡国

---

① 《葡中关系史资料汇编》第2册,第63号文件:《澳门总督及驻华公使呈外交大臣报告》(1862年9月3日)。
② 《澳门专档》第3册,第30号文件:《恒祺致三口通商大臣崇厚公函》(1862年6月28日)。
③ 《澳门专档》第3册,第35号文件:《法国驻华临时代办克雷科斯基公爵致总理衙门大臣公函》(1862年7月29日)。
④ 《澳门专档》第3册,第33号文件:《法国驻华临时代办克雷科斯基公使致总理衙门公函》(1862年6月27日)。

十余人，清政府有亏于葡国。他还借英国之势恐吓道："澳门仍算中国地方，恐于中国未见获益……其好处得以保护中国海疆事务，若不能自主，将来计无所出，必致于香港勾结为患。"又说澳门为诸国通道，"设去此土，恐有一国早晚再择香港附近一岛据之，将又为中国别生事端"[①]。诸如此类，都是一些赤裸裸的强盗逻辑。为了说动清朝谈判大臣，他甚至妄称葡萄牙"亦系大国"，在澳门住居二百余年，近因中国未与换约，不能约束其众，以致漏税诸弊甚多，若换约必于中国税务有益[②]。

哥士耆摇唇鼓舌，软硬兼施，终于迫使清谈判大臣做出重大让步。事后，基玛良士感激地回忆起他给予的帮助："最终我能取得成就，大部分应归功于他的支援。"基马士良还谈到俄国公使把留捷克的"巨大援助"：（把留捷克）"在同恒祺进行的长时间会见中，没有说服他，但却肯定对他产生了很大影响"。此外，英国水师提督贺布、英国公使卜鲁斯，也在不同场合为葡使提供了帮助。

二 条约的内容

1862年8月13日，中葡在天津签订《中葡和好贸易条约》54条，并约定两年后仍在天津换约，使条约正式生效。基玛良士利用恒祺等人的昏聩和西方列强的助力，通过草签的《中葡和好贸易条约》，终于使葡萄牙"一体均沾"了英、法等西方列强通过武装干涉获得的一切侵略特权。事后，他在呈海事及海外大臣的报告中，将条约各款与1858年中英条约各款逐一比较。择要说明如下：

"第2条规定了无论是英国条约，还是同中国签订的任何条约都没有的新内容。这对于我们是一种急需，因为通过它消除了并永远不再有过去的年代强加给我们的、威胁我们未来的所有那些屈辱

[①]《澳门专档》第3册，第33号文件：《法国驻华临时代办克雷科斯基公使致总理衙门公函》（1862年6月27日）。

[②]《澳门专档》第3册，第13号文件：《三口通商大臣崇厚致总理衙门公函》（1862年6月7日）。

葡萄牙与《中葡和好贸易条约》的签订

性规定。"

"第3条给了澳门总督每年均可以陛下驻中国全权公使身份前往北京的便利,并规定如果中国政府今后让予其他任何外国使团除今日已建的居住地以外的永久居住地,这种让予普及葡萄牙,当然葡萄牙将会利用这种让与。此项条款类似于盟国在第一次战争结束时的1858年法国条约的第2条,是在炮身上加了一层防护罩,也如同同时代美国条约的第5条和第6条。"

"第7条与1858年法国条约的第4条完全一样。"

"第9条像第2条,是我们条约中最主要的一条,它专门谈到澳门,对于这一条,我们在呈送条约时,已经作了长长的报告。"

按照他的说明:第10条与大多数条约相似,向葡萄牙贸易开放了同样的港口,拥有相同的好处。第11条就是英国条约中的第13条,但在细节上做了必要修正。第12条与英国条约中的第9条相同。第13条就是英国条约中的第12条。同样,第14条至第22条与英国条约相同条款一样,但在细节上做了修正。第23条与英国条约第29条中的一部分相同。第24条至第50条就是英国条约中的相同条目,但做了必要修改。第29条与英国条约中的第9条第二部分相同。第52条为给予葡萄牙以让与其他国家同等的好处。

第53条包括了新内容,即中葡之间发生的任何争议均听从外国公使们裁决。

他在报告最后得意扬扬地指出:"第21条至第29条是重要的条文,因为它们是抄自英国条约,只是把香港改换成澳门,在涉及两个港口的司法权和非中国国籍方面,把英国殖民地改装成葡萄牙殖民地。"[①]

从基玛良士报告中可以看出,该条约草案,分别抄自中英、中法、中美《天津条约》,并由此攫取到西方列强在华的大部分特权。居心尤为险恶的一点:葡萄牙人为了使澳门取得与香港同样的

---

① 《葡中关系史资料汇编》第2册,第68号文件:《澳门总督及驻华公使呈海事及海外大臣报告》(1862年10月28日)。

殖民地地位，在条约中大量抄撮中英条约中有关香港的条款。企图为占有澳门制造法律依据。

对中国造成最大损害的是条约第9条。规定："仍由大清国大皇帝任凭仍设立官员驻扎澳门，办理通商贸易事务，并稽查遵守章程。但此等官员仍系或旗、或汉四五品人员，其职任、事权得以自由之处，均与法、英、美诸国领事等官，驻扎澳门、香港等处各员，办理自己公务，悬挂本国旗号无异"。这条规定虽然没有明言把澳门割让给葡萄牙，但将中国派驻澳门官员视同"诸国领事"，却近乎承认了葡萄牙对澳门的永久占有。

该约第2条也于中国明显不利。规定立约后，"将来只此为凭，彼此均应遵照新章办理，一切旧章自应革除，永远不得别有异议"。使清政府日后一旦发现约文有不妥之处，难以援引旧章要求改动。而用基玛良士自己的话来说，这一条款将消除所有那些令他们感到"屈辱"的旧章。

按条约第53条规定，如双方对约文解释出现分歧时，将由"同有和约之别国大臣从中剖断"。这样一来，就使对约文的最终解释权掌握在西方公使手中。显而易见，葡萄牙人通过《中葡和好贸易条约》谋取到了巨大利益，这些利益是他们在以往几个世纪里梦寐以求而不可得的。

令人同样感到气愤的是，条约明明使中国受到严重损害，而作为谈判大臣的崇、恒二人却在奏折中轻描淡写地写道：条约"惟添列澳门设官一款，其余各款与各国条款大略相同"①。关于条约第9条，则自欺欺人说："言明中国仍在澳门设官，而纳租一节，彼此俱置不论……是虽未尽依臣等之言，亦未全背臣等初意"②。明明是拱手出让了澳门主权，却还在觍颜自诩。清朝官僚昏聩无能的嘴脸，在此也得到淋漓尽致的暴露。总理衙门对澳门主权的丧失不仅懵懂无知，居然在致两广总督劳崇光公函中，要求对方按照条约中

---

① 《澳门专档》第3册，第44号文件：《总理衙门奏》（1862年8月11日）。
② 《澳门专档》第3册，第44号文件：《总理衙门奏》（1862年8月11日）。

葡萄牙与《中葡和好贸易条约》的签订

"澳门仍由中国设官"的规定，为在澳门设官、收税、巡防、稽查事宜，通盘打算，妥筹办法①。

条约签定后，葡国使臣基玛良士迫不及待地向葡萄牙外交大臣邀功说："长期以来那些被视为极其艰难的障碍终于被克服了，而且，曾被认为是不可能的条约谈判也实现了。""葡萄牙王室的权利和特权在这里以一种明确的和有尊严的方式确定下来，这还是第一次。"葡萄牙政府对谈判结果大喜过望，基玛良士被当作凯旋的英雄受到热烈欢迎。葡萄牙国王授予他子爵封号。与此同时，葡萄牙人的侵略行径并没有因为谈判桌上的收获而有所收敛，就在草约签订以后，澳葡当局加紧蚕食澳门以北、关闸以南大片土地。

如上所述，葡萄牙人之所以成功地草签了《中葡和好贸易条约》，主要是基于三条原因，首先是法国等列强的支持；其次是清政府谈判代表的昏聩；最后则是基玛良士个人的谈判技巧和手段。

三 换约时的交涉

中葡换约原定于1864年（同治三年）8月举行，而新任澳门总督、特命全权公使亚马廖（阿穆恩）于4月27日从澳门出发，5月20日到达天津。亚马廖看准清政府软弱可欺，得寸进尺，扬言换约后尚有会商事件，即要求在澳门以西各海口通商。总理衙门大臣认为其"肆意要求，亟须设法以折其方张之焰"，经反复研究，提出条约第9条中有关中国"仍设立官员驻扎澳门……其职任、事权得以自由之处，均与法、英、美诸国领事等官，驻扎澳门、香港等处各员，办理自己公务，悬挂本国国旗无异"一节，"与体制稍有窒碍"，于是决定向葡使提出修改。②

6月17日，新任总署大臣薛焕和三口通商大臣崇厚在天津接见

---

① 《澳门专档》第3册，第48号文件：《总理衙门致两广总督劳崇光公函》（1862年8月18日）。
② 宝鋆等编：《筹办夷务始末》（同治朝）卷5，北平故宫博物院影印本，1930年，《薛焕及崇厚奏》（1864年6月24日）。

亚马廖。亚马廖称此行专为换约,薛告称"尚有商议之事,议定后方可互换"。并提出修改条约第 9 条,同时要求葡萄牙人退出近年所占据的自三巴门至关闸地区。①

在条约葡、法文与中文本中,本来就存在一些词义上的差别。如中文本第 9 条中有"大西洋国大君主现谕令澳门官员实心出力帮同防备该处"一句。据此条文,尚可表明葡萄牙承认澳门是中国领土。但葡、法文本中却没有"帮同防备该处"之句。另外,葡文与中文本第 9 条在行文上也有明显差异。清朝代表巧妙地利用这一点,作为对第 9 条加以修订的理由。他们强调:没有任何更改条款的意思,只是想对其中某些不明确的地方进行磋商,以避免日后出现因片面理解导致的分歧。例如葡文本条约第 9 条的"中国皇帝陛下如果认为适宜,可任命一名代理人常驻澳门"一句②,中文本写作"仍由大清国大皇帝任凭仍设立官员驻扎澳门"。"仍由"这句话有依据旧例的意思。

亚马廖却援引条约第 2 条,以说明所有旧例已被宣布失效,包括过去的葡中旧约,以及中国政府在澳门设官制度。他还强词夺理说,中文本中的"官员"实际上就是指葡文本中的"领事",只是由于中国在这之前还没有出现领事这样一个特殊的职业,所以仍使用"官员"一词。他还断然拒绝退还三巴门外地区。③

亚马廖见换约不成,当场大闹,最后退出了会场。接着,向清政府发出照会,指责后者拒绝换约。总理衙门据理驳斥了亚马廖的说法,指出在正式签字换约前,要求对其中内容进行修订是完全合理的。亚马廖态度蛮横,他的照会没有得到英国驻华公使的公开支持④。对此,他十分失望,三天后不得不离开北京。行至上海,仍

---

① 《澳门专档》第 3 册,第 93 号文件:《总理各国事务大臣薛焕及三口通商大臣崇厚致总理衙门公函》(1864 年 6 月 21 日)。
② 《葡中关系史资料汇编》第 2 册,第 60 号文件:《大清国大西洋国和好贸易条约》(1862 年 8 月 13 日)。
③ 《葡中关系史资料汇编》第 2 册,第 74 号文件:《澳门总督及驻华公使阿穆恩呈外交大臣报告》(1864 年 6 月 2 日)。
④ 《澳门专档》第 3 册,第 103 号文件:《英国驻华公使致总理衙门》(1864 年 7 月 6 日)。

葡萄牙与《中葡和好贸易条约》的签订

寄希望于各国公使的声援和清政府态度的软化。无奈，只好返回澳门。此后，他多次照会清政府，希望重开谈判。但双方在中国应否在澳门设官及葡方应否将侵占的三巴门以北土地归还中国问题上一直僵持不下，谈判因此中断。

《中葡和好贸易条约》没有获得批准和互换，也就没有成为具有法律效力的正式文件。这意味着葡萄牙人谋求合法侵占澳门的计划遭到又一次挫折。此后，它没有放弃这方面的努力。1887年（清光绪十三年）《中葡和好通商条约》的签订，最终使清政府正式承认了葡萄牙人占领澳门的现实。

《中葡和好贸易条约》虽然胎死腹中，但通过条约交涉的长期过程，仍可得出如下认识：

第一，关于签约目的。大量事实说明，葡萄牙人争取签订《中葡和好贸易条约》的真正目的只有一个，就是从法律上确认对澳门的占领。为了达到这个目的，葡方绞尽脑汁，采取各种手段。所以，那种认为葡萄牙人是基于"将澳门对华地位正式化的愿望"而积极签约的说法，是值得商榷的。

第二，关于近代中葡关系的特点。葡萄牙人自明正德年间浮舟东来，就与中国建立接触，从此开启中葡两国交往的悠远历史。但近代以来，它已经衰落为日薄西山的老牌殖民主义国家，加之国小民寡，在侵略中国的过程中深感力不从心。为了在侵华利益集团中分得一杯羹，不得不时时企求西方列强的支持。于是，争取西方列强的外交努力，就构成它侵略中国整体计划中不可分割的一部分。

第三，关于中葡关系的走向。西方列强在侵华问题上一直是既有勾结又有矛盾，葡萄牙人与英、法等西方国家在侵华利益方面也并不总是吻合，这样一来，葡萄牙人借列强以自重的伎俩就不一定都能奏效。另一方面，从清朝来讲，虽然已是沉疴在身，毕竟"瘦死的骆驼比马大"，对葡萄牙的非分要求，也并不总是屈尊俯就。这两方面的因素相互作用，就决定了中葡关系发展中的一波三折。

对双方来说，都是既有斗争也有妥协。但发展到最后，连葡萄牙这样一个小国都可以从清政府那里予取予求。如此腐朽已极的王朝，除了灭亡，还能有什么结局呢？

（原载《中国边疆史地研究》2000年第2期）

后　　记

我从事清史、满族史研究三十余年，先后师从王锺翰、蔡美彪两位先生，又承蒙诸多前辈、师友指教，现在文集得以出版，在此谨致以感恩之情。长期以来，日本东北学院大学终身教授细谷良夫，中国社会科学院历史研究所研究员郭松义、定宜庄，中国社会科学出版社副总编辑郭沂纹，中国第一历史档案馆研究馆员张莉、吴元丰、郭美兰，北京市社会科学院满学研究所研究员赵志强、助理研究员关笑晶，中国人民大学清史研究所教授张永江、祁美琴，中央民族大学教授赵令志，中国社会科学院近代史研究所助理研究员张建，给予我的帮助尤多。并向赖惠敏研究员表示特别感谢。吉林师范大学教授许淑杰、孙守朋，副教授吴忠良、聂有财、徐立艳、许富翔，为我的研究提供诸多便利。博士永莉娜，博士生杨永旭、李新宇、德格吉日呼、佟文娟、刘国超、内玛才让、聂卓慧、关锐、灵灵，为文集出版认真校对清样。几十年一路走来，还受到许多熟悉或不熟悉朋友的关心、鼓励。中国社会科学院科研局"登峰战略"资深学科带头人项目为本书出版提供资助。在此一并致以诚挚感谢！

刘小萌谨识
2019年6月8日